FormularBibliothek Zivilprozess

herausgegeben von

Dr. Ludwig Kroiß,
Direktor des Amtsgerichts

FormularBibliothek Zivilprozess

Schuldrecht

2. Auflage

Kauf | Schenkung
Stephan Grüter, Rechtsanwalt und Fachanwalt für Steuerrecht und für Miet- und Wohnungseigentumsrecht
Nicole Schmidt, Rechtsassessorin

Bürgschaft | Darlehen | Leasing
Götz Kamecke, Rechtsanwalt und Fachanwalt für Bank- und Kapitalmarktrecht
Kathrin Strauß, Rechtsanwältin

IT-Recht
Dr. Michael Kummermehr, Rechtsanwalt
Mario Wegner, Rechtsanwalt

Nomos

Die Deutsche Nationalbibliothek verzeichnet diese Publikation in der Deutschen Nationalbibliografie; detaillierte bibliografische Daten sind im Internet über http://dnb.d-nb.de abrufbar.

FormularBibliothek Zivilprozess
ISBN 978-3-8329-5201-3

Einzelband **Schuldrecht**
ISBN 978-3-8329-5413-0

Hinweis:
Die Muster der FormularBibliothek Zivilprozess sollen dem Benutzer als Beispiele und Arbeitshilfen für die Erstellung eigener Schriftsätze dienen.
Sie wurden mit größter Sorgfalt von den Autoren erstellt. Gleichwohl bitten Autoren und Verlag um Verständnis dafür, dass sie keinerlei Haftung für die Vollständigkeit und Richtigkeit der Muster übernehmen.

2. Auflage 2010

FormularBibliothek Zivilprozess

Inhalt

Verweise erfolgen auf Randnummern

Musterverzeichnis

Verweise erfolgen auf Randnummern

§ 1 Einleitung

A. Einführung

I. Rechtliche Grundlagen

1. Vorschriften des BGB

1 Das Kaufrecht ist im Besonderen Teil des Schuldrechts des BGB in den §§ 433 ff BGB geregelt.

a) Sachlicher Geltungsbereich

2 Die §§ 433 ff BGB erfassen alle Kaufverträge; die Regelungen der §§ 373 ff HGB bleiben ebenso unberührt wie internationale Absprachen, insbesondere das UN-Kaufrecht (CISG). In sachlicher Hinsicht gelten die §§ 433 ff BGB für Mobilien und Immobilien, für Spezies- und Gattungskaufverträge, für Kaufverträge über Rechte (§ 453 BGB) und sonstige Kaufgegenstände (§ 453 BGB).[1] Sonderregelungen für spezifische Formen von Kaufverträgen sind in den §§ 454 ff BGB zu finden. Des Weiteren gilt das Kaufrecht kraft spezialgesetzlicher Anordnung auch für andere Verträge. Dies folgt hinsichtlich der Tauschverträge aus § 480 BGB; für bestimmte Typen von Werkverträgen ordnet § 651 BGB die Geltung des Kaufrechts an. Auf Verträge, welche die Lieferung herzustellender oder zu erzeugender beweglicher Sachen zum Gegenstand haben, findet nach § 651 S. 1 BGB grundsätzlich Kaufrecht und nicht Werkvertragsrecht Anwendung.[2] Soweit es sich jedoch um nicht vertretbare Sachen handelt, gelten gem. § 651 Abs. 1 S. 2 BGB zusätzlich einige Vorschriften des Werkvertragsrechts. Das Schenkungsrecht verweist für die Rechtsmängelhaftung auf Kaufrecht (§ 523 Abs. 2 BGB).[3]

b) Personeller Geltungsbereich

3 Die §§ 433 ff BGB gelten personell für Kaufverträge unabhängig von der persönlichen Eigenschaft der Vertragspartner, wobei jedoch die Verbrauchsgüterkäufe den zusätzlichen Anforderungen der §§ 474 ff BGB unterliegen.[4] Ein Verbrauchsgüterkauf liegt vor, wenn ein Verbraucher als Käufer (§ 13 BGB) von einem Unternehmer als Verkäufer (§ 14 BGB) eine bewegliche Sache kauft.

c) Wirksamkeitsvoraussetzungen

4 Ein Kaufvertrag ist wirksam zustande gekommen, wenn die Parteien bzw ihre Vertreter sich über die wesentlichen Vertragsbestandteile geeinigt haben und keine Nichtigkeitsgründe eingreifen. Es gelten hier, wie bei allen anderen Vertragsschlüssen, die Vorschriften des Allgemeinen Teils des BGB.

5 Besondere Schwierigkeiten können sich im Rahmen der Einigung aus der generellen **Vertragsfreiheit** des Zivilrechts ergeben. Grundsätzlich entscheiden Rechtssubjekte frei darüber, ob und mit wem sie einen Vertrag schließen, ob sie ihn wieder aufheben und wie sie ihn inhaltlich ausgestalten wollen; die Vertragsfreiheit in ihren Erscheinungsformen der Abschluss-, Aufhebungs- und Inhaltsfreiheit ist neben der Eigentums- und Testierfreiheit Grundelement der Privatautonomie.[5] Allerdings wird die Vertragsfreiheit nicht schranken-

---

1 Dauner-Lieb/Heidel/Lepa/Ring, Das Neue Schuldrecht, S. 229.
2 Dauner-Lieb/Heidel/Lepa/Ring, Das Neue Schuldrecht, S. 229.
3 Dauner-Lieb/Heidel/Lepa/Ring, Das Neue Schuldrecht, S. 229.
4 Dauner-Lieb/Heidel/Lepa/Ring, Das Neue Schuldrecht, S. 229.
5 Hk-BGB/Dörner, Vor §§ 145-157 Rn 4.

los gewährt; so ergeben sich zum Beispiel Einschränkungen der Inhaltsfreiheit aus allgemeinen Regelungsprinzipien des BGB (Typenzwang und numerus clausus des Sachenrechts), aus zwingenden Bestimmungen des positiven Rechts (zB § 134 BGB) oder den zum Schutze der schwächeren Partei geschaffenen Bestimmungen des Verbraucherschutzes.

2. EU-Recht

6 Im Zuge der Europäisierung wurde das Zivilrecht seit den 80 er Jahren immer stärker **europarechtlichen Richtlinien** unterworfen. Durch die Einfügung des Art. 100 a EWG-Vertrag im Jahre 1986, welcher heute in Art. 95 EG-Vertrag geregelt ist, wurde eine Kompetenz der Europäischen Gemeinschaft zum Erlass von Richtlinien zur Erreichung des Binnenmarktes begründet.[6] Dabei sind die Vorgaben des europäischen Gemeinschaftsrechtes durch die Richtlinien zwar nicht unmittelbar in den Mitgliedstaaten anzuwenden, müssen aber in mitgliedstaatliches Recht umgesetzt werden. So wurde im Jahre 1997 die **Verbraucherkreditrichtlinie**[7] erlassen, welche in den §§ 491 ff BGB ihren Niederschlag findet. Im Jahre 1990 kam die **Pauschalreiserichtlinie**[8] hinzu, welche nunmehr in den §§ 651 a f BGB geregelt ist. Das Schuldrecht wurde zudem ergänzt durch die Richtlinie über **Teilnutzungsrechte**[9] von 1994, die bedeutsame **Verbrauchsgüterkaufrichtlinie**[10] von 1999, die **Richtlinie zur Bekämpfung von Zahlungsverzug**[11] von 2000 und die **E-Commerce-Richtlinie**[12] von 2000.

7 Ziel ist dabei die Schaffung eines einheitlichen Verbrauchervertragsrechtes im europäischen Binnenmarkt. Durch die europäischen Verbrauchervertragsrechte soll der Verbraucher vor allem in die Lage versetzt werden, die ihm zukommende Rolle am Binnenmarkt auszuüben.[13] Gleichzeitig wird der Verbraucher als schwächere Vertragspartei auch geschützt, wenngleich er nach Vorstellung des Europäischen Gerichtshofes materiellrechtlich vom Leitbild des mündigen, informierten Verbrauchers geprägt ist.[14] Mit der Schuldrechtsreform im Jahre 2001 wurden die zunächst außerhalb des BGB geregelten Gesetze zum Haustürwiderruf oder zum Fernabsatz in das BGB aufgenommen. Gleichzeitig wurden in den §§ 13,14 BGB die Legaldefinitionen der Begriffe Verbraucher und Unternehmer eingeführt. In Zukunft ist vor dem Hintergrund der Schaffung eines europäischen Vertragsrechtes, welches losgelöst von der Beschränkung auf verbrauchervertragsrechtliche Regelungen eingeführt werden soll, eine noch stärkere Vereinheitlichung des europäischen Rechts geplant, welches sodann noch stärker das nationale Recht beeinflusst.[15]

II. Abgrenzung von anderen Vertragsarten

8 Aufgrund der Vertragsfreiheit kann es passieren, dass die Parteien einen Vertrag zwar mit „Kaufvertrag“ überschreiben, gleichzeitig aber durch die inhaltliche Ausgestaltung des Vertrages einen gesetzlich geregelten anderen Vertrag beschreiben, so dass die anwendbaren Normen durch Auslegung des streitigen Vertrages ermittelt werden müssen.

6 Vgl ergänzend: Dauses, Handbuch des EU-Wirtschaftsrechts, Art. 95 Rn 84.
7 Richtlinie 87/102/EWG v. 22.12.1986.
8 Richtlinie 90/314/EWG v. 13.6.1990.
9 Richtlinie 94/47/EG v. 29.10.1994.
10 Richtlinie 99/44/EG v. 25.5.1999.
11 Richtlinie 2000/35 /EG.
12 Richtlinie 2000/31/EG.
13 Micklitz, Die Verbrauchsgüterkauf-Richtlinie, EuWZ 1999, 485.
14 Staudinger/Weick, § 13 Rn 10; Hagenmeyer, LMKV, Einführung Rn 9.
15 Schulze, Grundzüge eines kohärenten europäischen Vertragsrechts, ZRP 2006, 155.

1. Abgrenzung zum Werk- und Werklieferungsvertrag

a) Werkvertrag

9 Während der Kaufvertrag grundsätzlich auf Verkäuferseite die schlichte Lieferung bzw Übergabe und Übereignung einer Sache zum Gegenstand hat, ist der Vertrag über die Herstellung oder Veränderung eines Werkes ein in § 631 ff BGB geregelter **Werkvertrag.** Allerdings können Verträge insoweit gemischte Elemente aus Herstellungs- und Lieferungsverpflichtungen enthalten, so dass eine Abgrenzung erforderlich wird. Relativ einfach ist die Einordnung des Werklieferungsvertrages. Nach § 651 S. 1 BGB finden auf einen Vertrag, der die Lieferung herzustellender oder zu erzeugende beweglicher Sachen zum Gegenstand hat, die Vorschriften über den Kauf Anwendung. Handelt es sich bei der herzustellenden oder zu erzeugenden beweglichen Sache um nicht vertretbare Sachen, so werden die §§ 642, 643, 645, 649 und 650 BGB mit der Maßgabe angewendet, dass an die Stelle der Abnahme der nach den §§ 446, 447 BGB maßgebliche Zeitpunkt, also die Übergabe der Sache, tritt.[16] Im Falle des Versendungskaufs ist insoweit die Übergabe an die zur Versendung bestimmte Person ausreichend.

10 Entscheidend für die Abgrenzung zwischen Kaufvertrag und Werkvertrag ist nach § 651 BGB in Fällen eines möglichen Werklieferungsvertrages die Lieferung der Sache.[17] Nimmt der Unternehmer seine Leistung an bereits im Besitz des Auftraggebers befindlichen Sachen vor, ist regelmäßig Werkvertragsrecht anwendbar.[18] Dabei ist es nicht erforderlich, dass der Unternehmer sich ausschließlich von Materialien des Auftraggebers bedient; selbst wenn er diese Materialien anzuliefern hat, ist entscheidend, ob das Werk am Erfüllungsort hergestellt wird. Zusammenfassend lässt sich somit sagen, dass der Kaufvertrag auf die Übereignung eines fertigen Produkts gerichtet ist, während beim Werkvertrag die Schöpfung des Werkes für den Besteller und beim Werklieferungsvertrag die mit dem Warenumsatz verbundene Übertragung von Eigentum und Besitz im Vordergrund steht.

b) Lieferung mit Montageverpflichtung

11 Von besonderer Bedeutung ist weiterhin, nicht zuletzt vor dem Hintergrund des Abschlusses zahlreicher Kaufverträge über Gegenstände mit Selbstmontage, der **Vertrag zur Lieferung mit Montageverpflichtung.** In diesen Fällen ist der eine Partner verpflichtet, eine Sache zu liefern und zu montieren und dadurch gegebenenfalls eine neue Sache herzustellen. Bei der Abgrenzung kommt es darauf an, ob es sich im Ergebnis um eine herzustellende Sache handelt oder ob die Montageverpflichtung insoweit von untergeordneter Bedeutung ist, zB wenn nach Lieferung die Herstellung auch vom Vertragspartner oder einem Dritten bewirkt werden kann.[19] Die Montageverpflichtung wird damit in Fällen der Lieferung mit Montageverpflichtung zum grundlegenden Abgrenzungskriterium zum Werkvertrag.[20] Ist die Montageverpflichtung lediglich von untergeordneter Bedeutung, so ist Kaufvertragsrecht anwendbar. Trägt die Montageverpflichtung dagegen den Vertrag, so handelt es sich um einen erfolgsbezogenen Vertrag, weil erst die fertige Endmontage den Herstellungserfolg bedeutet.[21] In diesem Fall ist Werkvertragsrecht anwendbar. Bei der Einordnung dieses Vertrages als Kauf- oder Werkvertrag kommt es somit darauf an, ob der Schwerpunkt des Vertrages auf der Lieferung oder auf der Montage lag. Die Auslegung erfolgt unter anderem

16 Hk-BGB/Ebert, § 651 Rn 4.
17 MüKo/Busche, § 651, Rn 7.
18 MüKo/Busche, § 651 Rn 8 ff.
19 MüKo/Busche, § 651, Rn 7.
20 Hk-BGB/Ebert, § 651 Rn 2.
21 BGH NJW 2002, 3323.

nach der Art des zu liefernden Gegenstandes sowie nach dem Wertverhältnis welches zwischen Lieferung und der Montage besteht. Je mehr die Übertragung von Eigentum und Besitz auf den „Besteller" im Vordergrund steht, desto eher ist von einem Kaufvertrag auszugehen.[22]

2. Schenkung

Die Abgrenzung zwischen Kaufvertrag und Schenkung richtet sich nach der Entgeltlichkeit und Unentgeltlichkeit des Vertrages.[23] Gegenstand des Vertrages muss eine Zuwendung des Schenkers an den Beschenkten sein; wobei unter Zuwendung die Hingabe von Vermögenswerten zu verstehen ist, welche zu einer Vermögensminderung (Entreicherung) auf Seiten des Schenkers und zu einer Vermögensmehrung (Bereicherung) auf Seiten des Beschenkten führt.[24] Wenn sich beide Parteien weiterhin darüber einig sind, dass die Zuwendung unentgeltlich erfolgt, liegt gem. §§ 116 BGB begrifflich eine Schenkung vor.[25] 12

Abgrenzungsprobleme können bei der gemischten Schenkung gegeben sein, bei der eine teilweise Unentgeltlichkeit vorliegt. Wurde eigentlich eine Schenkung bezweckt, kommt es aber zur Verpflichtung beziehungsweise Leistung des vermeintlich Beschenkten, kann eine Schenkung ausgeschlossen sein. Abgrenzungskriterium ist hierbei, ob die Gegenleistung nur im Rahmen eines „Freundschaftskaufs" durch den Verkäufer zu günstig abgegeben oder durch den Käufer bewusst mit einem symbolischen Preis erworben wurde, oder ob die Gegenleistung über eine reine Gefälligkeit deutlich hinausgeht. 13

Der Schenker hat nach §§ 121 BGB nur Vorsatz und grobe Fahrlässigkeit zu vertreten, so dass er im Vergleich zum entgeltlichen Rechtsgeschäfts in der Haftung gegenüber den ansonsten anwendbaren §§ 280 Abs. 1, 276 BGB, privilegiert ist. Der Beschenkte könnte in einem solchen Fall keine Mängelgewährleistung und damit auch keine Nacherfüllung verlangen. Dies kann insbesondere dann bedeutsam sein, wenn ein vermeintlich höherwertiger Gegenstand für einen symbolischen Preis abgegeben wurde. 14

3. Tauschvertrag

Auf den **Tauschvertrag** sind nach § 480 BGB die Vorschriften über den Kauf entsprechend anzuwenden. Bereits aus dem Wortlaut der Vorschrift ergibt sich, dass es sich bei dem Tauschvertrag nicht um einen Kaufvertrag handelt. Das maßgebliche Unterscheidungsmerkmal zwischen Kauf und Tausch liegt in der Gegenleistung, welche beim Kauf durch Zahlung, beim Tausch aber durch eine Sachleistung erfolgt.[26] Insbesondere beim Doppelkauf, wo sich Käufer und Verkäufer in Bezug auf unterschiedliche Kaufgegenstände in jeweils gegensätzlichen Rollen gegenüberstehen, können sich Abgrenzungsprobleme ergeben. Beim **Doppelkauf** ist gleichwohl von den Vertragsparteien eine Geldzahlung gewollt, wobei lediglich aus Vereinfachungsgründen die von den jeweiligen Vertragspartnern eigentlich zu zahlenden Beträge saldiert, beziehungsweise gegeneinander aufgehoben werden.[27] Umgekehrt ist dann ein Tausch gegeben, wenn anstelle einer eigentlich vertraglich möglichen Zahlung ausschließlich die Hingabe von Sachwerten angestrebt wird. Dabei können gleich- 15

22 OLG Karlsruhe, NJW-RR 1992, 1014.
23 MüKo/Magnus, CISG Art. 1, Rn 29; Westermann MüKo, Vor § 433 BGB, Rn 20.
24 HK-BGB/Schulze, § 516 Rn 3.
25 Hk-BGB/Saenger, Vor § 433 Rn 10.
26 Jauernig/Berger, vor § 433 Rn 9; Hk-BGB/Saenger, § 433 Rn 7.
27 Jauernig/Berger, § 480 Rn 2.

wohl für die einzelnen Tauschgegenstände Verrechnungspreise angesetzt werden, welche gegebenenfalls auf einer Seite auch eine weitergehende Zahlungspflicht auslösen.

16 Abschließend seien in diesem Zusammenhang noch die Kfz-Kaufverträge erwähnt. Die **Inzahlungnahme** eines Gebrauchtfahrzeuges[28] ist grundsätzlich nicht als Tausch zu verstehen, sondern entweder als wechselseitige Kaufverträge oder einen Kaufvertrag über ein Neufahrzeug und einen Agenturvertrag über das Gebrauchtfahrzeug.

4. Abgrenzung zum Mietkauf

17 Der **Mietkauf** ist ein Mietvertrag, bei dem der Mieter berechtigt ist, die Sache innerhalb einer bestimmten Zeit zu einem vorher bestimmten Preis zu kaufen, wobei die bis dahin gezahlten Mieten ganz oder teilweise auf den Kaufpreis angerechnet werden.[29] Es ist also ein Mietvertrag mit einem Kaufoptionsvertrag verbunden; wobei Miet- und Kaufrecht getrennt für jeden Teil angewendet werden.[30] Mit Ausübung der Kaufoption wird das Mietverhältnis fristlos gekündigt; bis zu dieser Willenserklärung des Mieters gelten aber die Gewährleistungsrechte aus dem Mietrecht. In der Regel ist der Vermieter hauptsächlich am Verkauf interessiert; dem Mieter wird hingegen die Finanzierung des Kaufgegenstandes erleichtert.

18 Bei dem Mietkauf kann es sich zudem um ein gekoppeltes Geschäftes insoweit handeln, als gegebenenfalls auch die Vorschriften über den Darlehensvertrag nach den §§ 491 ff BGB sowie die Vorschriften über Verbraucherdarlehensverträge nach den §§ 492 bis 498 BGB anwendbar sind. Bedeutsam kann die Vereinbarung eines Mietkaufs für die kaufrechtlichen Gewährleistungsrechte insoweit sein, als durch den Zeitablauf der Nutzungsdauer bei ausüben der Optionen keine neue Kaufsache, sondern eine gebrauchte Kaufsache vorliegt.

B. Kaufverträge

I. Hauptpflichten der Parteien

19 Der Kaufvertrag besteht als gegenseitiger schuldrechtlicher Vertrag aus zwei übereinstimmenden Willenserklärungen, nämlich **Angebot** und **Annahme**. Gemäß § 433 Abs. 1 S. 1 BGB wird der Verkäufer verpflichtet, dem Käufer die Kaufsache zu übergeben und ihm das Eigentum frei von Sach- und Rechtsmängeln an der Kaufsache zu verschaffen. Der Käufer ist neben der Verpflichtung zur Entrichtung des Kaufpreises zur Abnahme der Kaufsache verpflichtet, § 433 Abs. 2 BGB.[31] Neben diesen Hauptpflichten können weitere Vereinbarungen der Parteien hinzutreten. Diese können nach Art des jeweiligen Kaufvertrages stark variieren; insbesondere seien hier die Ratenzahlung, die Stundung des Kaufpreises oder Liefer- beziehungsweise Herstellungsverpflichtungen erwähnt.

20 Neben den Hauptpflichten sieht das Gesetz weitere **Nebenpflichten** vor, welche im Zusammenhang mit der Sachmängelgewährleistung ebenso wie die originären Gewährleistungsansprüche Klagegegenstand werden können.

21 Zusätzlich zu etwaigen vereinbarten allgemeinen Geschäftsbedingungen sollten die obligatorischen Schlichtungsverfahren beachtet werden. Nach den in den einzelnen Bundesländern verabschiedeten Gütestelle- und Schlichtungsgesetzten muss bei geringeren Streitwer-

28 MüKo/Westermann, § 433 Rn 28. ff.
29 BGH WM 1990, 1307.
30 Palandt/Putzo, Einf. v. § 535 Rn 22.
31 Hk-BGB/Saenger § 433 Rn 12.

ten der Klage zwingend ein außergerichtlicher Güteversuch vorangestellt werden oder zunächst der Anspruch im Mahnverfahren geltend gemacht werden.

II. Vertragsparteien

Zunächst sollte sich der beratende Rechtsanwalt bereits bei Mandatserteilung über die Vertragsparteien und den möglichen strategischen Einsatz in besonderen Konstellationen informieren. Es ist zunächst abzuklären, ob der Kaufvertrag zwischen einem **Verbraucher** nach § 13 BGB und **Unternehmer** nach § 14 BGB geschlossen wurde. 22

Der **Unternehmer** nach § 14 BGB ist eine natürliche oder juristische Person oder Personengesellschaft, welcher bei Abschluss eines Rechtsgeschäftes in Ausübung seiner gewerblichen oder selbstständigen beruflichen Tätigkeit handelt.[32] Gerade die Mängelgewährleistungsansprüche können bei Unternehmern auf beiden Seiten des Vertrages oder beim Unternehmer als Käufer eingeschränkt werden. 23

Neben der Einstufung der handelnden Personen ist es zudem erforderlich, die tatsächlichen Vertragsparteien zu identifizieren. Nicht selten haben bei **Ehegatten** nicht beide den Kaufvertrag unterzeichnet. Bei Gesellschaften bürgerlichen Rechts sollten zudem die einzelnen Gesellschafter bekannt sein, damit die Klage auch auf diese erstreckt werden kann. 24

Um Beweisprobleme zu überwinden, sollte darüber hinaus auch die Abtretung etwaiger Zahlungsansprüche erwogen werden. Dadurch kann die eigene Partei im Verfahren als Zeuge gehört werden. 25

III. Arten von Kaufverträgen

Die **Essentialia** eines Kaufvertrages sind die Vertragsparteien, die Kaufsache und der Kaufpreis.[33] Die Parteien des Kaufvertrages müssen sich also darüber einigen, dass ein Kaufgegenstand gegen Zahlung eines Kaufpreises übertragen werden soll. 26

Das Gesetz differenziert die unterschiedlichen Arten von Kaufverträgen entweder nach der Art und Weise des Zustandekommens des Kaufvertrages oder nach dem Kaufgegenstand. Die mit dem Kaufvertrag bezweckten Nebenpflichten können ebenfalls zu einer unterschiedlichen Einstufung führen. 27

1. Differenzierung nach der Kaufsache

Kaufgegenstand können Sachen sein;[34] der Sachbegriff umfasst alle beweglichen Sachen, unbewegliche Sachen (Grundstücke), Spezies-, und Gattungssachen und künftig entstehende Sachen. Darüber hinaus finden gem. § 453 BGB die Vorschriften über den Kauf von Sachen auf den Kauf von Rechten und sonstigen Gegenständen entsprechende Anwendung. 28

Der Standardfall nach § 433 Abs. 1 BGB bezieht sich auf den so genannten **Sachkauf**. Sachen im Sinne von § 90 BGB sind nur körperliche Gegenstände. Tiere werden nach § 90 a, soweit keine Sondervorschriften eingreifen, wie Sachen behandelt. 29

Während bewegliche Sachen regelmäßig formfrei verkauft werden können, sind beim Kauf unbeweglicher Sachen (Grundstücken) Formvorschriften, wie die notarielle Beurkundung gemäß § 311 b Abs. 1 BGB zu beachten. 30

32 Hk-BGB/Dörner § 14 Rn 3.
33 HK-BGB/Saenger § 433 Rn 2.
34 HK-BGB/Saenger § 433 Rn 4 f.

31 Gerade im Verhältnis zwischen Unternehmern werden häufig Rechte und sonstige Gegenstände im Rahmen eines Kaufvertrages veräußert. Vornehmlich sind hier der Kauf von Forderungen, aber auch Patent- und Markenrechte zu nennen. Weitere Rechte, welche Gegenstand eines Kaufvertrages sein können, sind Beteiligungen an Gesellschaften, namentlich Geschäftsanteile an GmbHs oder Aktiengesellschaften. Beim **Unternehmenskauf** existieren im Wesentlichen Mischverträge, in welchen Gegenstände eines Unternehmens mit Gesellschafterrechten und dem Recht zur Fortführung des Namens, zB bei freiberuflichen Praxen, verbunden sind. Beschränkt dingliche Rechte, wie Hypothek, Grundschuld und Pfandrechte können ebenfalls Kaufgegenstand sein.

2. Schuldrechtliche Differenzierung

32 Das Schuldrecht erlaubt eine weitergehende Differenzierung innerhalb der Kaufverträge nach den schuldrechtlichen Nebenabreden. Hierzu zählt insbesondere der **Eigentumsvorbehalt**, welcher als einfacher Eigentumsvorbehalt oder als erweiterter Eigentumsvorbehalt vereinbart werden kann. Während der Vorbehaltskäufer beim einfachen Eigentumsvorbehalt Eigentum mit Bezahlung des Kaufpreises erwirbt, § 929 a BGB, wird im Rahmen des verlängerten Eigentumsvorbehaltes gleichzeitig das Surrogat aus der Weiterveräußerung der Kaufsache an den Eigentumsvorbehaltsverkäufer abgetreten. Dies ist vor allem sinnvoll, wenn der Verkäufer nicht überblicken kann, ob der Vorbehaltskäufer die Kaufsache weiterveräußert hat oder gegebenenfalls durch Verarbeitung und Vermischung bereits gesetzlich Eigentum, insbesondere nach § 950 BGB, erworben wurde.

33 Weitere gesetzliche Regelungen finden sich in den §§ 454, 455 BGB, dem Kauf auf Probe (§ 434 Abs. 1 und Abs. 2 BGB), dem **Kauf mit Umtauschvorbehalt** sowie dem Wiederkauf nach § 456 ff BGB. Weiterhin wurde gesetzlich die Möglichkeit der Vereinbarung von Vorkaufsrechten festgelegt. Neben diesen besonders geregelten gesetzlichen Klassifikationen von Kaufverträgen können Nebenabreden zu Teillieferungen oder Dauerlieferungen getroffen werden, wie auch Rahmenbezugsverträge, welche allerdings regelmäßig den Charakter von allgemeinen Geschäftsbedingungen haben.

3. Differenzierung nach Kaufvertragsabschluss

34 Die Art und Weise des Kaufvertragsabschlusses kann ebenfalls den Vertrag klassifizieren. So können neben öffentlicher **Versteigerung** auch privatrechtliche Versteigerungen nach § 156 BGB gegeben sein, wie auch Verträge nach den besonderen Regelungen in § 312 ff BGB, welche besondere Vertriebsformen, wie etwa die Haustürgeschäfte, den Fernabsatz nach § 312 b BGB und den Vertrag im elektronischen Geschäftsverkehr nach § 312 e BGB betreffen.

4. Vertragsparteien, Handelskauf

35 Auf Verträge, die ausschließlich unter Kaufleuten geschlossen werden, finden die Sonderregelungen des Handelsgesetzbuches Anwendung. Besonders zu beachten ist hier die Prüfungs- und Rügepflicht nach § 377 Abs. 1 HGB, wie auch die besonderen Regelungen des kaufmännischen Bestätigungsschreibens, mit welchen einzelne Vertragsmodalitäten oder auch der gesamte Vertragsschluss schriftlich bestätigt werden.

36 Nach § 346 HGB ist unter Kaufleuten in Ansehung der Bedeutung und Wirkungen von Handlungen und Unterlassungen auf die im Handelsverkehr geltenden Gewohnheiten und Gebräuche Rücksicht zu nehmen. Dadurch kann gerade beim **Handelskauf** auch das

Schweigen relevant sein. Neben dem vorgenannten § 377 HGB ist hier insbesondere §§ 75 h, 91 a HGB zu nennen, mit welchen für die Fälle des Vertreterhandelns eine Anscheinsvollmacht konstruiert wird, wenn der Prinzipal nicht unverzüglich nach Kenntnis des Geschäftes durch den Handlungsgehilfen widerspricht.

5. Internationales Kaufrecht

Sofern der Kaufvertrag nicht von inländischen Personen abgeschlossen worden ist, sind die 37
Regelungen des UN-Kaufrechts sowie gegebenenfalls die Regelungen des internationalen Privatrechts zu prüfen.

C. Mandatsvorbereitung

Mit Beginn des Mandatsverhältnisses sollte sich auch der in einer kaufrechtlichen Angele- 38
genheit beratende Anwalt die erforderlichen Unterlagen möglichst vollständig und strukturiert beschaffen. Neben den unmittelbar zum Fall gehörenden Unterlagen sind hierzu aus formellen Gründen und Gründen der Vereinfachung weitere Unterlagen erforderlich.

Unterlagen zur **Mandatsführung:** 39

- Stammdatenbogen des Mandanten
- Kostenhinweis
- gegebenenfalls Honorarvereinbarung
- gegebenenfalls Vereinbarungen zur Haftungsbeschränkung
- Vollmacht

Neben diesen erforderlichen Mandatsunterlagen, welche bei jedem Mandat vorhanden sein sollten, benötigt der Anwalt im Kaufrecht zur Lösung und Bearbeitung des Falles noch die fallspezifischen Unterlagen:

- Kaufvertrag bzw Angebot und Annahmeerklärung nebst allgemeiner Geschäftsbedingungen und sonstiger Vertragsbedingungen
- vollständige Korrespondenz der Parteien
- gegebenenfalls vorhandene Rechnungen
- Abtretungen, Verpfändungen oder Bürgschaften zur Absicherung von Kaufpreis oder Kaufgegenstand
- die Klageschrift, wenn bereits ein Prozess anhängig ist, mit Ladung und allen Anlagen und dem exakten Datum der Zustellung, regelmäßig den Vermerk auf dem Umschlag zur Zustellung.

Dabei erleichtert dem Anwalt und dem Sekretariat ein vom Mandanten auszufüllender **Stammdatenbogen** die Aktenanlage. In dem Stammdatenbogen sollten neben der Anschrift des Mandanten gegebenenfalls bereits sein Bankkonto und die wesentlichen zur Kommunikation benötigten Adressen und Telefonnummern vorhanden sein. Ein weiteres Feld sollte den Daten der Rechtschutzversicherung des Mandanten vorbehalten sein.

40 ▶ **Muster: Mandantenstammdatenbogen**

1 **Stammdaten Mandat**

Wir benötigen zur Mandatsführung einige Daten zu Ihrer Person und zur Kommunikation. Bitte füllen Sie diesen Bogen daher so vollständig wie möglich aus. und reichen etwaige Daten, die Ihnen nicht vorliegen, nach.

Titel/Name:	
Vorname:	
Geburtsdatum und -ort:	
Straße:	
PLZ:	
Wohnort:	
Telefon:	
Telefax:	
Tel.beruflich:	
Mobiltelefon:	
Email:	
Personenstand:	
Name, Alter minderjähriger Kinder:	
Bankverbindung:	Kreditinstitut: BLZ: Kontonummer:
Rechtsschutzversicherung mit Vertragsnummer und vollständiger Anschrift:	Versicherer: Adresse: Vertrags-Nr.: Schaden-Nr.:

I. Kostenhinweis

41 Nach § 49 b Abs. 5 BRAO gilt bereits seit dem 1. Juli 2004 für Rechtsanwälte eine Pflicht, vor Übernahme des Auftrags den Auftraggeber über die Gebühren zu unterrichten, wenn sich die Gebühren nach dem Gegenstandswert richten. Insbesondere in zivilrechtlichen Angelegenheiten richten sich die Gebühren nach dem Gegenstandswert, so dass der Mandant darauf hinzuweisen ist. Zwar wird teilweise eingewandt, dass diese Hinweispflicht systemwidrig sei, weil der Rechtsanwalt auf etwas hinweisen muss, was geltendes Recht ist; der Gesetzgeber hat allerdings damit bezweckt, dem Mandanten bei Mandatserteilung bereits vor unerwartet teuren Abrechnungen aufgrund eines hohen Gegenstandswertes, zu schützen.[35] Diese Hinweispflicht soll eine Konkretisierung der **allgemeinen Berufspflicht** des Rechtsanwalts nach § 43 a BRAO sein.[36] Die besondere Schwierigkeit dabei besteht darin, dass sich insbesondere vor Übernahme eines Mandates die Gebühren oft nicht feststellen

35 Hommerich/Kilian, NJW 2007, 2308.
36 Grunewald, NJW 2008, 3621.

lassen. Dabei ist der grundsätzlich pauschale Hinweis darauf, dass sich die Gebühren nach dem Gegenstandswert richten für den Mandanten regelmäßig nicht nur wertlos, sondern auch ohne weitere Erläuterung nicht nachvollziehbar. Sinnvoll ist daher ein Formblatt, in welchem auf die Gebühren hingewiesen wird und gegebenenfalls Beispiele enthält für unterschiedliche Gebühren nach den jeweils verschiedenen Gegenstandswerten. Es kann ausreichen, eine Gebührentabelle mit den wesentlichen Gegenstandswerten zu erstellen und die für den Mandanten infrage kommenden Gebühren aufzustellen. Der Mandant sollte den Gebührenhinweis erhalten und auf einem gleich lautenden Exemplar dem Rechtsanwalt bescheinigen, dass er den Gebührenhinweis erhalten hat. Damit kann sich der Rechtsanwalt zum einen bereits im Vorfeld späterer Diskussionen bei der Rechnungsstellung ersparen, wie auch seinen Hinweispflichten genügen. Die anfallenden Gebühren sollten dabei grundsätzlich während des laufenden Verfahrens überwacht werden, damit der Mandant gegebenenfalls bei einer erheblichen Gebührensteigerung ein weiterer Hinweis erteilt werden kann.

Bislang ist immer noch nicht geklärt, welche Rechtsfolgen ein **Verstoß gegen die Hinweispflicht** nach § 49 b Abs. 5 BRAO hat. Teilweise werden lediglich berufsrechtliche Folgen angeführt[37] oder sogar die Möglichkeit von Schadensersatzansprüchen des Mandanten erwogen.[38] Wenn sich auch nach dem Sinn und Zweck der Vorschrift keine Schadensersatzpflicht ableiten lässt, vereinfacht der am Anfang des Mandats erteilte Hinweis jedoch den Umgang mit dem Mandanten im Hinblick auf die Gebühren und mögliche Rechnungen. In einem solchen Kostenhinweis kann der Mandant zudem darauf hingewiesen werden, dass Anwälte Anspruch auf einen angemessenen Vorschuss haben. Sollte sich später herausstellen, dass der Mandant die Honorarrechnung nicht begleichen kann, kann mit dem vom Mandanten gegengezeichnetem Hinweisbogen zudem gegebenenfalls auch der Beweis eines Eingehungsbetruges geführt werden. 42

▶ **Muster: Kostenhinweis** 43 2

Hinweisblatt

zu anwaltlichen Kosten

I. Bestimmung des Honorars

Die anwaltlichen und gerichtlichen Gebühren richten sich in zivilrechtlichen Angelegenheiten (Kaufrecht, Mietrecht usw.) in den meisten Fällen nach dem Gegenstandswert. Dieser Gegenstandswert bestimmt sowohl den Wert der anwaltlichen Tätigkeit, dient aber auch zur Bestimmung der Gerichtskosten. Für die Bestimmung der anwaltlichen Gebühren gelten dabei §§ 2 RVG, 49 b Abs. 5 BORA. Der Gegenstand der anwaltlichen Tätigkeit, ist das Recht oder das Rechtsverhältnis, auf das sich die Tätigkeit des Rechtsanwalts nach dem Auftrag bezieht. Dieser Gegenstandswert kann sich aus allgemeinen Vorschriften bestimmen, für gerichtliche Verfahren ist häufig ein Wert in der Kostenordnung vorgesehen. Bei Zahlungsklage ist danach zB der Wert der Forderung maßgeblich.

Für die Wertberechnung ist nach § 40 GKG der Zeitpunkt der den jeweiligen Streitgegenstand betreffenden Antragstellung maßgebend, die den Rechtszug einleitet, wobei der objektive Wert des Gegenstandes und nicht Ihre subjektive Bewertung maßgeblich sind.

37 Hartmann, NJW 2004, 2 1484.
38 Gerold/Schmidt/von Eicken/Madert/Müller-Raabe, RVG § 4 Rn 223.

§ 2 Gerichtliche Durchsetzung

A. Klägerstation

52 Bereits vor Einleitung gerichtlicher Schritte sollte sich der Anwalt des Klägers Gedanken darüber machen, welchen Verfahrensweg er für die gerichtliche Anhängigkeit wählt. Grundsätzlich stehen hierfür der ordentliche Rechtsweg wie auch das Urkundsverfahren zur Verfügung. Im Hinblick darauf, dass bereits im Mahnverfahren die besondere Verfahrensart gewählt werden muss, muss die Entscheidung, ob im ordentlichen Verfahren oder im **Urkundsverfahren** geklagt werden soll, bereits vor Einleitung des Mahnverfahrens getroffen werden. Dem Urkundsverfahren nach §§ 592 ff ZPO ist dann der Vorzug zu geben, wenn ein Anspruch, welcher die Zahlung einer bestimmten Geldsumme oder die Leistung einer bestimmten Menge anderer vertretbarer Sachen zum Gegenstand hat, sämtlich durch Urkunden bewiesen werden kann. Wenn sämtliche zur Anspruchsbegründung erforderlichen Tatsachen durch Urkunden belegt werden können, eignet sich das Urkundsverfahren also auch für den Anspruch auf Zahlung des Kaufpreises, wie für die Lieferung der Kaufsache gleichermaßen.

I. Außergerichtliche Aufforderung

53 Hat der beratende Rechtsanwalt alle Unterlagen vom Mandanten erhalten und den Sachverhalt geklärt, würde seine außergerichtliche Prüfung – sofern nicht bereits Klageauftrag oder Vertretung auf Beklagtenseite beauftragt worden ist – mit einem **Informationsschreiben** an seinen Mandanten abschließen. Sofern die Auseinandersetzung noch nicht die Stufe des gerichtlichen Verfahrens erreicht hat, endet das Informationsschreiben üblicherweise mit einer Empfehlung an den Mandanten, ob die weitere rechtliche Verfolgung der durch den Rechtsanwalt überprüften Ansprüche des Mandanten sinnvoll erscheint. Solange sich die Angelegenheit noch im außergerichtlichen Verfahren befindet, ist regelmäßig ein außergerichtliches **Aufforderungsschreiben** an die Gegenseite zu fertigen, weil die Mandantin regelmäßig die Verzugsbegründung entweder nicht juristisch korrekt oder nicht nachprüfbar beziehungsweise beweisbar eingeleitet hat. Das Aufforderungsschreiben an die Gegenseite kann dem außergerichtlichen Informationsschreiben an den Mandanten zur Freigabe beigefügt werden, um die zeitliche Abwicklung zu straffen. Dies erfordert allerdings, dass der Mandant den Anwalt bereits mit der außergerichtlichen Interessenvertretung betraut hat. War Gegenstand des Auftrages zunächst nur eine außergerichtliche Beratung, so ist noch kein Aufforderungsschreiben zu fertigen, weil dies weitere Kosten auslöst.

54 Das außergerichtliche Aufforderungsschreiben an die Gegenseite folgt dabei regelmäßig einem logischen und für die spätere Klageerhebung vorbereitenden Muster. Zunächst ist die anwaltliche Interessenvertretung unter Beifügung der Vollmacht – wenn nötig im Original – anzuzeigen. Der Grund des Auftrages und der vom Gegner bislang abgelehnte Anspruch des Mandanten sind in Grundzügen darzustellen und sodann die nötigen außergerichtlichen Erklärungen, beispielsweise Fristsetzung oder Zahlungsaufforderung, anzuschließen. Das Aufforderungsschreiben schließt mit der Androhung der Klage — sofern dies bereits vom Mandanten gewünscht ist – ansonsten mit der Androhung, dass dem Mandanten die klageweise Durchsetzung empfohlen würde, sofern der Gegner dem außergerichtlichen Begehren des Mandanten nicht nachkommt. Darüber hinaus wird das außergerichtliche Aufforderungsschreiben regelmäßig bereits mit der Verpflichtung zur Kostenerstattung der außergerichtlichen Inanspruchnahme des Rechtsanwaltes verbunden. Hier-

bei ist darauf zu achten, dass der Kostenerstattungsanspruch des Mandanten für die außergerichtliche Interessenvertretung ein Schadensersatzanspruch ist. Der Schadensersatzanspruch wird in richtiger Weise durch Beifügung einer auf den Mandanten ausgestellten Rechnung in Kopie geltend gemacht, wenn der Mandant die außergerichtlichen Kosten des Anwaltes bereits beglichen hat. In diesem Fall ist der Schadensersatzanspruch auch zu verzinsen. Hat der Mandant die außergerichtlichen Gebühren noch nicht bezahlt, besteht der Schadensersatzanspruch lediglich in einem Freistellungsanspruch von der anwaltlichen Rechnung. Auch darauf ist sinnvollerweise hinzuweisen.

Aus eigenen finanziellen Überlegungen heraus sollte der beratende Rechtsanwalt dem Mandanten daher frühzeitig seine Gebühren berechnen, um seine eigene Liquidität sicherzustellen. Dem Mandanten entsteht insoweit durch frühzeitige Zahlung kein Schaden, weil seine Zahlung zu verzinsen ist. Da der Freistellungsanspruch nicht zu verzinsen ist, führt eine erst spätere Geltendmachung des Anwaltshonorars auch gegenüber dem eigenen Mandanten zu einer Liquiditätsverschlechterung auf Seiten des Anwaltes, welche den Gegner unnötig privilegiert. 55

▶ **Muster: Außergerichtliche Aufforderung** 56

Verkäufer 3

Sehr geehrte Damen und Herren,

in oben genannter Angelegenheit zeige ich die anwaltliche Interessenvertretung des ■■■, an. Ordnungsgemäße Bevollmächtigung wird nachgewiesen durch beigefügte Originalvollmacht.

Grund unserer Beauftragung ist der Rücktritt unseres Mandanten von dem mit Ihnen geschlossenen Kaufvertrag vom 26. Februar 2009 über ein Fahrzeug ■■■ 6-Gang mit der Modellbezeichnung ■■■ und diversem aus dem vorgenannten Kaufvertrag ersichtlichen Sonderzubehör zum Preis in Höhe von 22.569,04 EUR. Zur Vermeidung von Wiederholungen verweise ich im Hinblick auf die Schilderung der Mängel auf die bisherige Korrespondenz zwischen Ihnen und unserem Mandanten. Essenziell ist nach wie vor, dass der Wagen beim Fahren, wie auch beim Bremsen nach links zieht und sich dadurch eine Schrägstellung des Lenkrades nach links bei gerader Fahrt ergibt. Darüber hinaus hakt die Schaltung in mehreren Gängen, insbesondere im ersten Gang und im Rückwärtsgang. Bei langsamer Fahrt entstehen im zweiten Gang scheppernde Geräusche. Darüber hinaus ist die Tür hinten rechts fehlerhaft eingesetzt, was sowohl beim Öffnen und Schließen, wie auch beim Fahren zu einer akustischen Beeinträchtigung und durch den fehlerhaften Einbau zudem zu einer optischen Beeinträchtigung führt.

Unser Mandant hat bereits kurz nach Abholen des Fahrzeugs im Werk ■■■ die Mängel geschildert und Ihnen die Möglichkeit zur Behebung der Mängel gegeben. Eine erste Mängelbeseitigung verlief erfolglos. Auch eine zweite Mängelbeseitigung führte nicht dazu, dass die Mängel beseitigt worden sind. Zur letztmaligen Möglichkeit, die Mängel zu beseitigen, hatte Ihnen unser Mandant eine Frist bis zum 9. November 2009 gesetzt. Dabei war der Rücktritt von dem Kaufvertrag bereits mehrfach angekündigt worden.

Namens und im Auftrag unseres Mandanten erklären wir hiermit den Rücktritt vom Kaufvertrag vom 26. Februar 2009 und fordern Sie auf, das Fahrzeug bis zum 15. Dezember 2009 bei der Ihnen aus dem Kaufvertrag bekannten Wohnanschrift unseres Mandanten abzuholen. Gleichzeitig haben wir Sie aufzufordern innerhalb der vorgenannten Frist den Kaufpreis vollständig zu erstatten. Dies kann durch Zahlung auf das in diesem Schreiben bezeichnete Anderkonto ■■■ erfolgen.

Sollten Sie die vorgenannte Frist zur Zahlung, wie auch zur Abholung des Fahrzeuges nicht einhalten, werden wir ohne weitere Aufforderung gerichtliche Hilfe in Anspruch nehmen.

Darüber hinaus sind Sie auch verpflichtet, die unserem Mandanten durch unsere Inanspruchnahme entstehenden Kosten im Wege des Schadensersatzes zu ersetzen. Eine auf unseren Mandanten lautende Gebührennote ist in Kopie beigefügt; unser Mandant hat unsere Rechnung bereits beglichen.

Bitte zahlen Sie den in der Gebührennote ausgewiesenen Gesamtbetrag iHv ▪▪▪ EUR innerhalb der vorgenannten Frist auf unser Konto ▪▪▪; Geldempfangsvollmacht ergibt sich aus der beigefügten Originalvollmacht.

Mit freundlichen Grüßen

▪▪▪

Rechtsanwalt ◀

II. Streitschlichtung nach § 15 EGZPO

1. Bisherige Regelung

57 Seit dem 1.1.2000 haben die Landesgesetzgeber gemäß § 15 a EGZPO die Möglichkeit, im Bereich des Zivilprozesses gestaltend tätig zu werden. Danach kann durch Landesgesetz bestimmt werden, dass bei

- vermögensrechtlichen Streitigkeiten vor dem Amtsgericht bis zu einem **Streitwert** von 750 EUR,
- Ansprüchen aus dem Nachbarrecht, sofern es nicht um Einwirkungen eines gewerblichen Betriebes geht,
- Ehrverletzungen außerhalb von Presse oder Rundfunk

vor der Klageerhebung zunächst vor einer Gütestelle ein Schlichtungsversuch unternommen werden muss. Die von der Gütestelle auszustellende Bescheinigung über den Schlichtungsversuch ist der Klage beizufügen (§ 15 a Abs. 1 S. 2 EGZPO). Die **erforderliche Schlichtung** kann nach § 15 a Abs. 3 EGZPO auch einvernehmlich von den Parteien unternommen werden. Die erforderlichen Kosten für das Güteverfahren werden zu den Kosten im Sinne von § 91 Abs. 1 und Abs. 2 ZPO hinzugezählt. Nunmehr hat der BGH die Frage geklärt, ob das hiernach obligatorische Streitschlichtungsverfahren eine Prozessvoraussetzung im Sinne von § 253 ZPO darstellt oder nachgeholt werden kann.[1]

58 Sofern Landesrecht ein entsprechendes Güteverfahren vorsieht, muss das Schlichtungsverfahren vor Klageerhebung stattgefunden haben. Dies wird im Übrigen von 15 a EGZPO gestützt, wonach der Kläger die Bescheinigung der Schlichtungsstelle der Klage beizufügen hat. Ein versäumtes Streitschlichtungsverfahren kann nicht nachgeholt werden. Eine ohne vorherige Durchführung des obligatorischen Schlichtungsverfahrens erhobene Klage ist unzulässig. Es kann auch nicht auf die Durchführung verzichtet werden, wenn eine Streitschlichtung offenkundig ergebnislos wäre. Allerdings sind die Regeln des Streitschlichtungsverfahrens nicht auf eine zulässige Klageerweiterung nach § 264 ZPO oder Klageänderung nach § 263 ZPO anwendbar, so dass kein Schlichtungsversuch zum laufenden Verfahren hinzukommen muss.

59 Nicht erforderlich ist ein Güteverfahren nach § 15 a Abs. 2 EGZPO neben dem Mahnverfahren, wenn die Parteien nicht in demselben (Bundes-) Land wohnen. Wohnen bedeutet

1 BGH WuM 2005, 64.

dabei für natürliche Personen Wohnsitz im Sinne der §§ 13 f ZPO und für juristische Personen ihren Sitz.[2] Wobei in vielen Schlichtungsgesetzen der Länder die Anwendbarkeit (bisher) auf Streitigkeiten innerhalb desselben LG-Bezirks begrenzt ist.

Das Schlichtungsverfahren bei die Veranlassung der Bekanntgabe des Güteantrages hemmt die Verjährung gemäß § 204 Abs. 1 Nr. 4 BGB. Nach § 15 a Abs. 6 EGZPO gelten die vor den Gütestellen geschlossenen Vergleiche als Vergleiche im Sinne des § 794 Abs. 1 Nr. 1 ZPO. 60

Nach § 15 a Abs. 5 EGZPO werden die Landesgesetzgeber ermächtigt, ein Ordnungsgeld für die im Gütetermin nicht erschienene Partei vorzusehen. Hiervon haben Bayern und NRW bisher keinen Gebrauch gemacht. Der Landesgesetzgeber kann aber bestimmen, dass die Gütestellen einen Kostenvorschuss verlangen dürfen, was die Kostenforderungen der Rechtsanwälte und Notare abdeckt und ein späteres Einfordern reibungsloser gestaltet. Bayern hat dies in Art. 14 BaySchlG normiert. Bedürftige Parteien, die sich eine anwaltliche Vertretung im Güteverfahren nicht leisten können, haben zudem die Möglichkeit, nach § 1 BerHG Beratungshilfe zu erhalten. Von diesem Grundsatz kann jedoch abgewichen werden, wenn die Gegenseite auch nicht anwaltlich vertreten ist. 61

Bisher hatten die folgenden Bundesländer Schlichtungsgesetze erlassen: 62

- Baden-Württemberg, SchlichtungsG
- Bayern, BayerSchlichtungsG,
- Brandenburg, BrandenburgSchlichtungsG,
- Hessen, Gesetz zur außergerichtlichen Streitbeilegung,
- NRW, Gütestellen- und SchlichtungsG,
- Saarland, LandesschlichtungsG,
- Sachsen-Anhalt, Schiedsstellen- und SchlichtungsG,
- Schleswig-Holstein, LandesschlichtungsG

Dabei haben die Länder bis auf NRW und das Saarland einen Höchststreitwert iHv 750,00 EUR vorgesehen, während in den letztgenannten 600,00 EUR als Schwellenstreitwert gilt.

2. Aktueller Stand der Schlichtungsgesetze

Die meisten Bundesländer haben die obligatorische Streitschlichtung geändert und im Wesentlichen nur noch auf nachbarrechtliche Verfahren und solche wegen Ehrverletzungen reduziert. 63

Für die Länder 64

- Sachsen-Anhalt
- Schleswig-Holstein

ist das jeweilige Landesschlichtungsgesetz mit Wirkung ab dem 31.12.2008 außer Kraft gesetzt worden. Hier sollen Schlichtungen nur noch für das Nachbarrecht und wegen Verletzung der persönlichen Ehre obligatorisch sein.

Für Baden-Württemberg gilt weiterhin eine obligatorische Streitschlichtung bis zu einem Gegenstandswert iHv 750 EUR. 65

Im Saarland gilt die obligatorische Streitschlichtung noch bis zum 31.12.2010 für vermögensrechtliche Streitigkeiten bis zu einem Streitwert iHv 600 EUR. 66

---

2 Zöller/Gummer § 15 a EGZPO, Rn 16.

67 In

- Bayern,
- Brandenburg,
- Hessen,
- NRW,

ist die obligatorische Streitschlichtung in vermögensrechtlichen Angelegenheiten bereits wieder abgeschafft, gilt aber noch im Nachbarrecht und bei Verletzung der persönlichen Ehre, sowie in Bayern wegen Ansprüchen nach dem AGG.

68 Damit kann in den Ländern, in denen die Streitschlichtung wieder abgeschafft wurde, auch ohne Schlichtung das ansonsten erforderliche Mahnverfahren oder direkt der Klageweg beschritten werden, auch, wenn es sich um geringe vermögensrechtliche Forderungen unterhalb der Berufungsgrenze, handelt.

III. Mahnverfahren

69 Ansprüche, die auf Zahlung einer bestimmten Geldsumme in Euro gerichtet sind, können nach § 688 ZPO im **Mahnverfahren** geltend gemacht werden. Ausgenommen von der Anwendbarkeit des Mahnverfahrens sind nach § 688 Abs. 2 ZPO Ansprüche eines Unternehmers aus einem Vertrag gem. §§ 491-504 BGB, wenn die Geltendmachung des Anspruchs von einer noch nicht erbrachten Gegenleistung abhängig ist und wenn die Zustellung des Mahnbescheides durch öffentliche Bekanntmachung erfolgen müsste.

70 Das Mahnverfahren hat verschiedene Vorteile, weil es unter anderem die Verjährung hemmt, § 204 I BGB, und dem Gegner die Ernsthaftigkeit des Zahlungsbegehrens vor Augen führt. Gleichzeitig bedarf ein Mahnbescheid keiner besonderen Begründung, so dass er auch für den Anwalt ein schnelles und effektives Medium ist, die gerichtliche Interessenvertretung einzuleiten. Gesetzgeberisches Ziel ist dabei auch, die schnelle und effektive Durchsetzung von regelmäßig unstreitigen Ansprüchen. Daneben kann gerade kurz vor Fristablauf durch die verjährungshemmende Wirkung des Mahnbescheides die anwaltliche Zeitplanung etwas entspannt werden, sofern der Antrag entsprechend bestimmbar gefasst werden kann, etwa weil auf ein außergerichtliches Schreiben Bezug genommen wird.[3] In der Praxis ist allerdings festzustellen, dass sich die Vorteile des Mahnverfahrens häufig ins Gegenteil verkehren. So hat der Antragsgegner mit Zustellung des Mahnbescheides zwei Wochen Zeit, Widerspruch einzulegen. Selbst für den Fall, dass kein Widerspruch erfolgt, kann gegen den erlassenen Vollstreckungsbescheid noch Einspruch eingelegt werden, so dass es doch zum ordentlichen Verfahren kommt. In diesen Fällen bedeutet das Mahnverfahren eine Verzögerung von wenigstens sechs Wochen.

1. Zuständigkeit

71 Unabhängig vom Streitwert ist für Mahnverfahren grundsätzlich das Amtsgericht zuständig. Nur in den Fällen, in denen die Zuständigkeit des Arbeitsgerichtes begründet ist, muss der Erlass des Mahnbescheides auch beim zuständigen Arbeitsgericht beantragt werden. Dabei richtet sich die Zuständigkeit des Amtsgerichts für Zahlungsansprüche nach dem allgemeinen inländischen **Gerichtsstand des Antragstellers**, § 689 Abs. 2 ZPO. Hat der Antragsteller im Inland keinen allgemeinen Gerichtsstand, so ist das Amtsgericht Wedding in

3 Hk-BGB/Dörner, § 204 Rn 2.

Berlin ausschließlich zuständig. Dies betrifft die Fälle, in welchen Ausländer einen Zahlungsanspruch gegen einen inländischen Antragsgegner geltend machen. Nach § 689 Abs. 3 ZPO können die jeweiligen Landesregierungen durch Rechtsverordnung zentrale Mahngerichte einrichten. § 689 Abs. 3 ZPO bestimmt insoweit, dass Mahnverfahren einem Amtsgericht für die Bezirke mehrerer Amtsgerichte zugewiesen werden können, wenn dies ihrer schnelleren und rationelleren Erledigung dient. Dabei kann die Zuweisung auf Mahnverfahren beschränkt werden, die maschinell bearbeitet werden. Es ist zudem zulässig, dass mehrere Länder die Zuständigkeit eines Amtsgerichts über die Landesgrenzen hinaus vereinbaren. In Nordrhein-Westfalen sind die Amtsgerichte Hagen und Euskirchen zentrale Mahngerichte, wobei nördlich von Köln das Amtsgericht Hagen und im übrigen Bereich des Amtsgericht Euskirchen zuständig ist. In Hessen ist das Amtsgericht Hünfeld zentral zuständig und in Berlin das Amtsgericht Wedding. Eine Übersicht der in den Bundesländern eingerichteten Mahngerichte ist auf der Internetseite www.Mahngericht.de/Mahngericht/Index.htm zu finden.

2. Form des Mahnbescheides

Vor dem 1.12.2008 konnten Mahnbescheide auf regelmäßig in Buchläden vertriebenen, 72
maschinell lesbaren Formularen beantragt werden. Darüber hinaus gab es Verfahren zur elektronischen Übertragung der Daten unmittelbar an das zuständige Mahngericht. Mit dem zweiten Justizmodernisierungsgesetz können Rechtsanwälte und Inkassodienstleister seit dem 1.12.2008 Mahnbescheide nur noch in maschinell lesbarer Form einreichen.[4] Eine solche maschinell lesbare Form sind

- Barcode-Antrag
- Online-Antrag mittels Signatur
- im Wege des elektronischen Datenträgeraustauschs per Diskette oder EGVP.

Gleichwohl auf den häufig noch vorhandenen Formularen eingereichte Anträge wären da- 73
nach zurückzuweisen. An die maschinell lesbare Form ist allerdings nur der Antrag auf Erlass eines Mahnbescheides gebunden. Folgeanträge, der Antrag auf Erlass eines Vollstreckungsbescheides oder auch Widersprüche sind nicht an die **maschinell-lesbare** Form gebunden und müssen weiterhin auf den amtlichen Vordrucken erfolgen. Die amtlichen Vordrucke sind verbindlich vorgeschrieben. Ist der Erlass des Mahnbescheides erst einmal beantragt, werden die erforderlichen Folgeanträge regelmäßig seitens der Mahngerichte mit der entsprechenden Verfahrensnachricht übermittelt.

3. Verjährungsunterbrechung

Nach § 204 Abs. 1 Nr. 3 BGB wird die Verjährung gehemmt durch die Zustellung des 74
Mahnbescheides im Mahnverfahren. Durch § 167 ZPO wird eine **Rückwirkungsfiktion** erreicht, durch welche eine Frist, die mit der Zustellung gewahrt werden sollte, bereits mit Eingang des Antrags an das entsprechende Gericht als gewahrt gilt, wenn die Zustellung demnächst erfolgt. Soll also vor Ablauf der Verjährung ein Anspruch noch geltend gemacht werden, kann mit rechtzeitiger Einreichung des Antrags auf Erlass eines Mahnbescheides die Verjährung gehemmt werden, selbst wenn der Mahnbescheid erst nach Ablauf der Verjährung zugestellt wird.

4 Mes, Becksches Prozessformularbuch, I B 1.

4. Verfahrensablauf

a) Antrag auf Erlass eines Mahnbescheides/Widerspruch

75 Das Mahnverfahren wird eingeleitet durch Eingang des Antrags auf Erlass eines Mahnbescheides beim zuständigen Amtsgericht. Das Amtsgericht stellt dem Antragsgegner nach elektronischer Prüfung des Mahnantrages diesen zu. Mit der Zustellung verbunden ist ein Widerspruchsformular, auf welchem der Antragsgegner innerhalb von zwei Wochen nach Zustellung schriftlich Widerspruch erheben kann, §§ 692 Abs. 1 Nr. 3, 694 ZPO. Dabei kann bei teilbaren Ansprüchen auch nur gegen einen Teil des mit dem Mahnbescheid verfolgten Anspruchs Widerspruch eingelegt werden. Der **Widerspruch** muss keine Begründung enthalten. Über den Widerspruch wird der Antragsteller informiert.

b) Antrag auf Erlass eines Vollstreckungsbescheides

76 Wird kein Widerspruch erhoben oder hat der Antragsgegner lediglich Teilwiderspruch erhoben, erhält der Antragsteller mit der Zustellungsnachricht ein Formular auf Beantragung des Erlasses eines Vollstreckungsbescheides. Der Antrag auf Erlass eines Vollstreckungsbescheides richtet sich dabei auf den nicht widersprochenen Teil des Anspruchs.

c) Vollstreckungsbescheid

77 Sofern kein Widerspruch eingelegt wird, erlässt das Mahngericht nach Eingang des Vollstreckungsbescheidsantrages den **Vollstreckungsbescheid**. Nach den §§ 694 Abs. 2, 699, 700 ZPO steht der Vollstreckungsbescheid einem für vorläufig vollstreckbar erklärten Versäumnisurteil gleich.

78 Nach Zustellung des Vollstreckungsbescheides kann der Antragsteller die Vollstreckung einleiten.

d) Einspruch gegen Vollstreckungsbescheid

79 Gleichwohl kann der Anspruchsgegner gegen den Vollstreckungsbescheid Einspruch einlegen. Hierfür gilt eine Notfrist von zwei Wochen. Der **Einspruch** gegen den Vollstreckungsbescheid richtet sich nach § 340 ZPO, ist allerdings an das für das Mahnverfahren zuständige Gericht zu richten. Dabei muss die Einspruchsschrift sowohl den Vollstreckungsbescheid bezeichnen, gegen den Einspruch eingelegt wird, wie auch die Aussage enthalten, dass gegen diesen Vollstreckungsbescheid Einspruch eingelegt werden. Sinnvoll ist es ebenfalls, bereits in der Einspruchsschrift nach § 340 Abs. 3 ZPO die Angriffs- und Verteidigungsmittel gegen den Mahnbescheid zu nennen, eine Entschuldigung für die Verspätung und gegebenenfalls weitergehende Anträge, wie Wiedereinsetzung bei unverschuldeter Fristversäumung.

80 Mit Eingang des Einspruchs gibt das Mahngericht den Rechtsstreit an das im Mahnbescheid bezeichnete Gericht ab. Damit wird auch im Einspruchsfalle aus dem Mahnverfahren ein „ordentliches“ Gerichtsverfahren, in welchem zunächst der Einspruch gegen den Vollstreckungsbescheid wie ein Einspruch gegen ein Versäumnisurteil verhandelt wird, § 700 Abs. 3, 4 ZPO. Dabei darf der Einspruch nach § 345 ZPO nur verworfen werden, soweit die Voraussetzungen des § 131 Abs. 1, 2 ZPO für ein Versäumnisurteil vorliegen, § 700 Abs. 6 ZPO.

▶ **Muster: Einspruch gegen Vollstreckungsbescheid und Wiedereinsetzungsantrag** 81

An das Amtsgericht 4

In Sachen

bestellen wir uns für die Antragsgegnerin.

Es wird beantragt, der Antragsgegnerin

Wiedereinsetzung in den vorigen Stand

hinsichtlich der Widerspruchsfrist zu gewähren.

Nach erfolgter Wiedereinsetzung legen wir namens und im Auftrag der Antragsgegnerin Widerspruch gegen den Vollstreckungsbescheid vom 10. August 2009, der Antragsgegnerin zugegangen am 27. August 2009, ein.

Hilfsweise legen wir gegen den Vollstreckungsbescheid des Amtsgerichts Hagen, Az ■■■ vom 10. August 2009

Einspruch

ein.

Es wird beantragt, die Zwangsvollstreckung aus dem Vollstreckungsbescheid des Amtsgerichts Hagen, Az ■■■ vom 10. August 2009 einzustellen.

Es wird angeregt, das Verfahren zunächst auf die Verhandlung und Entscheidung über den Wiedereinsetzungsantrag zu beschränken.

Begründung

Die Antragsgegnerin ist an die Adresse ■■■ verzogen. Dort ist die Antragsgegnerin bereits seit dem 1. Juli 2009 gemeldet. Die Antragsgegnerin wohnt dort in einer Wohngemeinschaft mit Herrn ■■■, welcher die Verlagerung des Lebensmittelpunktes bestätigen kann.

Beweis: Zeugnis des Herrn ■■■

Die Zustellung des Vollstreckungsbescheides konnte nicht ordnungsgemäß erfolgen. Nachdem die Antragsgegnerin die Wohnung unter der Anschrift ■■■, verlassen hatte und an die neue Adresse in ■■■ umgezogen war, hat sie bereits am 28. Juni 2009 das Namensschild vom Briefkasten unter der vorgenannten Adresse in ■■■ entfernt.

Beweis: wie vor.

Der Vollstreckungsbescheid konnte daher nicht rechtmäßig zugestellt werden und insoweit auch nicht rechtmäßig ergehen. Dies gilt umso mehr, als der am 18. Juli 2009 zugestellte Mahnbescheid vom 16. Juli 2009 ebenfalls nicht ordnungsgemäß zugestellt wurde.

Da die Antragsgegnerin von dem Mahnbescheid und dem Vollstreckungsbescheid keine Kenntnis hatte, sondern diese Kenntnis erst durch Mitteilung ihrer Tochter erhielt, welche unter dem 27. August 2009 gegen 23:00 Uhr abends die noch leer stehenden Wohnung aufsuchte, um einzelne Möbel heraus zu räumen. Die Tochter der Antragsgegnerin war durch eine Nachbarin über den Vollstreckungsbescheid in Kenntnis gesetzt worden, da dieser Vollstreckungsbescheid bereits geöffnet und ohne Umschlag im Hausflur des Objektes ■■■ herum lag.

Beweis: Zeugnis der Frau ■■■

Hinsichtlich des mit dem Mahn- bzw Vollstreckungsbescheides geltend gemachten Anspruchs auf ■■■ liegen der Antragsgegnerin keine Informationen vor, so dass ein entsprechender Anspruch bestritten werden muss. Der Anspruch ergibt sich auch nicht aus dem Vollstreckungsbescheid; weitere Informationen zu einem solchen Anspruch sind der Antragsgegnerin nicht bekannt. Der

Anspruch muss daher mit Nichtwissen bestritten werden. Nach Erhalt einer Anspruchsbegründung werden wir ergänzend vortragen.

Beglaubigte und einfache Abschrift anbei.

...

Rechtsanwalt ◀

e) Gerichtskosten

82 Die Gerichtskosten richten sich nach dem **Gegenstandswert**; nach Nummer 1110 GKG-KV fällt für das Mahnverfahren eine 0,5-Gebühr an, welche auf die Gebühren für ein eventuell später durchzuführendes streitiges Verfahren angerechnet werden, Nummer 1210 GKG-KV.

f) Anwaltsgebühren

83 Nach Nummer 3305 RVG-VV erhält der Anwalt des Antragstellers im Verfahren über den Antrag auf Erlass eines Mahnbescheides eine 1,0 **Verfahrensgebühr**, welche auf eine später anfallende Verfahrensgebühr für das streitige Verfahren anzurechnen ist. Im Verfahren über den Antrag auf Erlass eines Vollstreckungsbescheides erhält der Anwalt des Antragstellers eine 0,5 Gebühr nach Nummer 3308 VV-RVG.

84 Die Vertretung des Antragsgegners durch Einlegung des Widerspruchs wird nach Nummer 3307 VV-RVG mit einer 0,5 Verfahrensgebühr abgerechnet, welche ebenfalls auf eine später anfallende Verfahrensgebühr anzurechnen ist.

5. Anspruchsbegründung

85 Hat der Anspruchsgegner rechtzeitig Widerspruch erhoben oder Einspruch gegen den Vollstreckungsbescheid eingelegt, ist der Rechtsstreit von Amts wegen an das Gericht abzugeben, welches in dem Mahnbescheid gemäß § 692 Abs. 1 Nr. 1 ZPO bezeichnet worden ist, § 700 Abs. 3 ZPO. Das Gericht des streitigen Verfahrens überprüft sodann seine Zuständigkeit, wobei im Falle der Abgabe an ein an sich unzuständiges Gericht der Antragsteller hierauf hinzuweisen ist.

86 Nach § 696 ZPO ist das **streitige Verfahren** durchzuführen, wenn eine Partei die Durchführung des streitigen Verfahrens beantragt hat. Ansonsten wird das streitige Verfahren erst durchgeführt, wenn ein Antrag gestellt wird oder die weiteren Gerichtskosten eingezahlt werden.

Beratungshinweis: Es sollte in dem Antrag auf Erlass eines Mahnbescheides noch nicht die Durchführung des streitigen Verfahrens beantragt werden, weil hierdurch im Falle des Widerspruchs des Schuldners bereits die Gerichtskosten für die Durchführung des streitigen Verfahrens ausgelöst werden! Andernfalls sollte der Mandant auf diese Kostenfolge separat hingewiesen werden.

87 Die Abgabe des Verfahrens an das Streitgericht ist den Parteien mitzuteilen. Mit Eingang der Akten beim Streitgericht gilt der Rechtsstreit als dort anhängig. **Rechtshängig** ist die Streitsache allerdings bereits mit Zustellung des Mahnbescheides, wenn sie alsbald nach Erhebung des Widerspruchs abgegeben wird, § 696 Abs. 3 ZPO. Das Streitgericht fordert sodann den Antragsteller auf, den im Mahnbescheid geltend gemachten Anspruch innerhalb von zwei Wochen in einer der Klageschrift entsprechenden Form zu begründen. Nach Eingang der Anspruchsbegründung wird nach § 697 Abs. 2 ZPO wie nach Eingang einer Klage weiter verfahren. Geht die **Anspruchsbegründung** nicht rechtzeitig ein, so wird bis

zu ihrem Eingang Termin zur mündlichen Verhandlung nur auf Antrag des Antragsgegners bestimmt, § 697 Abs. 3 ZPO. Gleichwohl kann auch nach Ablauf der zur Einreichung der Anspruchsbegründung gesetzten Frist noch eine Anspruchsbegründung erfolgen. Zu beachten ist allerdings, dass die Hemmung der Verjährung nach § 204 Abs. 2 S. 2 BGB innerhalb von sechs Monaten endet, nachdem der Antragsteller zur Einreichung der Anspruchsbegründung aufgefordert wurde, wenn das Verfahren dadurch in Stillstand gerät, dass es von den Parteien nicht weiterbetrieben wird. Erst wenn die Parteien das Verfahren weiter betreiben, beginnt die Hemmung erneut. Im Hinblick auf die Verjährung eines Anspruches bestehen daher zwei Hemmungsmöglichkeiten. Einerseits kann durch gleichzeitigen Eingang eines Antrages auf Erlass eines Mahnbescheides innerhalb der Verjährungsfrist eine Verjährungshemmung bewirkt werden, soweit der Mahnbescheid alsbald zugestellt wird. Die alsbaldige Zustellung ist aber insbesondere von der rechtzeitigen Einzahlung der Gerichtskosten abhängig. Darüber hinaus sollte die Zustellung nicht durch die falsche Angabe der Anschrift des Antragsgegners verzögert werden, sofern es dem Antragsteller zumutbar ist, rechtzeitig die richtige Anschrift herauszufinden. Nach Zustellung des Antrags auf Erlass eines Mahnbescheides ist die Verjährung daher zunächst für sechs Monate gehemmt. Wird der Antragsteller nach Aufforderung zur Anspruchsbegründung nicht weiter tätig, endet die Verjährungshemmung innerhalb von sechs Monaten nach der letzten Verfahrenshandlung der Parteien oder des Gerichts.

Beratungshinweis: Es ist allerdings aus strategischen Gründen darauf zu achten, die Anspruchsbegründung zügig nach Anforderung durch das Gericht einzureichen. Beantragt der Anspruchsgegner Termin zur mündlichen Verhandlung, kann er den Antragsteller dadurch insoweit unter Druck setzen, als die Gerichte in solchen Fällen die Verfahren regelmäßig zügig betreiben. Setzt das Gericht sodann eine Frist zur Anspruchsbegründung, kann deren versäumen zur Verspätung mit weiterem Sachvortrag führen.

IV. Klageverfahren, § 253 ZPO

Die Erhebung der Klage erfolgt nach § 253 ZPO durch Einreichung einer Klageschrift bei 88
Gericht. § 253 ZPO spricht dabei von einer Zustellung, was für die **Rechtshängigkeit** bedeutsam ist. Mit Einreichung der Klage bei Gericht wird die Anhängigkeit der Klage erzielt. Erst die Zustellung der Klage führt zur Rechtshängigkeit nach § 261 Abs. 1 ZPO. Dies kann insbesondere für die fristwahrende Einreichung der Klage nach § 167 ZPO bedeutsam sein, weil danach eine Rückwirkungsfiktion besteht, sodass auch die Zustellung nach Fristablauf als rechtzeitig gilt, wenn bei Einreichung der Klage die Zustellung alsbald erfolgen konnte. Dies ist nur dann möglich, wenn die erforderliche Anzahl an Abschriften beigefügt waren und insbesondere rechtzeitig, das heißt, spätestens innerhalb von 14 Tagen nach Anforderung der Gerichtskosten durch das Gericht die Gerichtskosten bezahlt wurden.[5]

1. Formeller Inhalt der Klageschrift

Der Inhalt der **Klageschrift** richtet sich nach § 253 Abs. 2 und Abs. 3 ZPO. Die Klageschrift 89
muss danach enthalten:

- die Bezeichnung des Gerichts,
- die Bezeichnung der Parteien,
- einen bestimmten Antrag,

5 Hk-ZPO/Eichele, § 167 Rn 6.

- die bestimmte Angabe des Gegenstandes,
- die bestimmte Angabe des Grundes des erhobenen Anspruchs,
- die Angabe des Wertes des Streitgegenstandes,
- eine Äußerung dazu, ob durch den Einzelrichter entschieden werden kann,
- im Falle des Urkundsverfahrens eine entsprechende Erklärung nach § 593 Abs. 1 ZPO.

90 Die Klageschrift ist zudem schriftlich und in deutscher Sprache einzureichen. Allerdings kann fristwahrend eine Anhängigkeit durch Übersendung per Fax erreicht werden, wenn alsbald eine schriftliche, das heißt im Original unterzeichnete Klageschrift bei Gericht eingeht.[6]

91 Bereits in der Klageschrift muss für den Fall, dass im **Urkundsprozess** geklagt werden soll, nach § 593 Abs. 1 ZPO die Erklärung enthalten sein, dass im Urkundsverfahren Klage erhoben wird. Soll die Kammer für Handelssachen entscheiden, so muss die Klage auch bereits an die **Kammer für Handelssachen** gerichtet sein, § 96 GVG.

92 ▶ **Muster: Einfache Zahlungsklage**

5 An das Landgericht

Klage

der Frau ... (Anschrift)

- Klägerin -

Prozessbevollmächtigte: Rechtsanwälte ... Gerichtsfach ...

gegen

Herrn (Adresse)

- Beklagter -

wegen: Kaufpreis

vorläufiger Streitwert: 15.144 EUR

Hiermit bestellen wir uns für die Klägerin. Es wird gebeten, einen baldigen Termin zur mündlichen Verhandlung zu bestimmen, in dem ich beantragen werde:

1. Der Beklagte wird verurteilt, an die Klägerin EUR 15.155,08 nebst 5% Zinsen über dem jeweiligen Basiszinssatz seit dem ... zu zahlen.

2. Der Beklagte wird verurteilt, der Klägerin die Kosten für die außergerichtliche Rechtsverfolgung iHv ... EUR zu erstatten.

3. Der Beklagte trägt die Kosten des Rechtsstreits.

4. Das Urteil ist – notfalls gegen Sicherheitsleistung – vorläufig vollstreckbar.

Für den Fall, dass das Gericht das schriftliche Vorverfahren anordnet und der Beklagte nicht innerhalb der Frist seine Verteidigungsbereitschaft erklärt oder den Anspruch anerkennt, wird beantragt,

gegen den Beklagten ein Versäumnisurteil oder Anerkenntnisurteil ohne mündliche Verhandlung zu erlassen.

Es stehen keine Gründe einer Entscheidung durch den Einzelrichter entgegen.

---

6 Hk-ZPO/Saenger, § 253 Rn 2; BVerfG NJW 2001, 3473; BGH NJW 2004, 516.

Begründung

I.

Der Beklagte hat von der Klägerin mit Kaufvertrag vom ■■■ eine Stereo-Anlage Marke■■■ mit folgender Ausstattung ■■■ zum Preis von 15.144,08 EUR erworben.

Beweis: Kaufvertrag vom ■■■, Anlage K1.

Der Beklagte hat die Kaufsache am ■■■ abgeholt. Gleichwohl ist der Beklagte die Zahlung des Kaufpreises bislang schuldig geblieben.

II.

Mit anwaltlichem Schreiben wurde der Beklagte unter dem ■■■ zur Zahlung aufgefordert.

Beweis: Schreiben vom ■■■, Anlage K2.

Die zur Zahlung gesetzte Frist ließ der Beklagte ungenutzt verstreichen. Daher ist Klage geboten.

III.

Der Klägerin steht zudem ein Anspruch auf Erstattung der Kosten der außergerichtlichen Rechtsverfolgung zu. Der Gegenstandswert der außergerichtlichen Interessenvertretung entspricht dem gerichtlichen Gegenstandswert dieser Klage. Angesetzt wurde eine ■■■ Geschäftsgebühr nach Nr. 2300 VV RVG, § 13 RVG, eine Auslagenpauschale iHv 20,00 EUR nach Nr. 7200 VV RVG sowie Mehrwertsteuer iHv 19% nach Nr. 7008 VV RVG.

Beweis: Rechnung vom ■■■, Anlage K3.

Die Klägerin hat die Kosten der außergerichtlichen Rechtsverfolgung bereits beglichen.

Beweis: Kontoauszug vom ■■■, Anlage K4.

Beglaubigte und einfache Abschrift

■■■

Rechtsanwalt ◄

2. Begründetheit der Klage

Die Begründetheit einer Klage bedeutet, dass der Kläger mit seinem tatsächlichen Vorbringen die Tatbestandsvoraussetzungen des mit der Klage verfolgten Anspruchs erfüllt, was für den Fall des Bestreitens einzelner zur Ausfüllung des Tatbestands erforderlicher Tatsachen auch das Erbringen oder gegebenenfalls nur Anbieten des entsprechenden Beweises erfordert. Insbesondere im Hinblick auf den möglichen Erlass eines Versäumnisurteils gegen den Beklagten nach § 331 ZPO ist ein schlüssiger Klagevortrag erforderlich. 93

a) Schlüssigkeit

Wenn das tatsächliche Vorbringen des Klägers den Sachantrag rechtfertigt, ist die Klage schlüssig. Der Kläger muss also alle Tatsachen vortragen, welche in Verbindung mit einem Rechtssatz geeignet sind, seinen begehrten Anspruch zu begründen.[7] Im Hinblick auf ein zu erlassendes **Versäumnisurteil** kommt dem Kläger dabei die so genannte Geständnisfiktion nach § 331 Abs. 1 ZPO zugute, da danach das tatsächliche mündliche beziehungsweise schriftsätzliche Vorbringen des Klägers als zugestanden gilt, wenn der Beklagte in der mündlichen Verhandlung nicht erscheint. 94

Reagiert der Beklagte auf die Klage, so ist der entscheidende Zeitpunkt für die Schlüssigkeit der Klage der bis zum Schluss der letzten mündlichen Verhandlung vorgebrachte Vortrag 95

7 BGH NJW-RR 2002, 1324.

im Zusammenhang mit dem in der letzten mündlichen Verhandlung gestellten Antrag. Entscheidend ist daher der tatsächliche Vortrag des Klägers. Dieser ist vom beratenden Rechtsanwalt im Hinblick auf sämtliche in Betracht kommenden **Anspruchsgrundlagen** aufzuarbeiten und sofern möglich bereits in der Klageschrift mit den entsprechenden Beweisantritten zu versehen. Sicherheitshalber sollten zudem die Anspruchsgrundlagen, auf welche sich der Kläger mit seinem Anspruch stützt, auch in der Klageschrift bezeichnet werden. Dies verhindert zum einen, dass das Gericht einzelne Anspruchsgrundlagen übersieht, eröffnet zum anderen gegebenenfalls auch die Möglichkeit eines Hinweises nach § 139 ZPO. In der Beratung des Mandanten und der Fertigung der Klageschrift sollte sich der Rechtsanwalt daher klassischer Weise daran orientieren, **wer was von wem woraus** begehrt.[8]

96 Sodann ist in Bezug auf die hierzu jeweils ermittelte mögliche Anspruchsgrundlage der erforderliche Tatsachenvortrag herauszuarbeiten und mit den jeweiligen geeigneten Beweismitteln und Beweisantritten zu versehen.

97 In der Begründung der Klageschrift bietet sich daher ein Aufbau an, welcher den Tatsachenvortrag von den rechtlichen Ausführungen trennt. Der Tatsachenvortrag sollte dabei umfassend sämtliche Anspruchsgrundlagen abdecken, welche sodann in rechtlichen Ausführungen gegebenenfalls einzeln erörtert werden. Die Klagebegründung schließt mit Ausführungen zu Nebenforderungen, wie außergerichtliche Rechtsverfolgungskosten und Zinsen. Es ergibt sich danach der folgende Aufbau:

1. Tatsachenvortrag
2. Rechtliche Ausführungen
   a) Anspruch 1
   b) Anspruch 2
   c) Anspruch...
3. Nebenforderungen
   a) außergerichtliche Rechtsverfolgungskosten
   b) Zinsen
4. a) ...
5. gegebenenfalls Ausführungen zur Zulässigkeit, wie örtliche oder sachliche Zuständigkeit oder Zuständigkeit der Kammer für Handelssachen.

98 Die entscheidende Arbeit des Anwaltes besteht also in der Aufarbeitung des Sachverhaltes in Bezug auf die Anspruchsgrundlagen; rechtliche Ausführungen sollten danach auf das notwendige beschränkt werden, weil das Gericht ohnehin sämtliche in Betracht kommende Anspruchsgrundlagen unabhängig von den Ausführungen des Klägers überprüft und insoweit in seiner rechtlichen Würdigung auch frei ist. Dies kommt dem Kläger auch insoweit gelegen, als er seinen Anspruch auf Tatsachen stützen will und nicht auf sämtliche dargelegte Anspruchsgrundlagen. Eine Erweiterung der Anspruchsgrundlagen durch das Gericht ist daher unschädlich.

99 Der Kläger sollte sich gegebenenfalls zurückhalten mit Vortrag, welcher dem Beklagten zugute kommt, sofern der Kläger diesen Vortrag nicht bereits mit substantiiertem Sachvortrag vernichten kann. Werden etwaige **rechtshindernde** oder **rechtsvernichtende** Tatsa-

8 Hk-ZPO/Saenger, Vor §§ 253 – 494 a, Rn 38.

chen vorgetragen, welche der Kläger nicht durch widersprechenden Tatsachenvortrag ausräumen kann, wird die Klage unschlüssig.[9]

100 Bei der Schilderung der tatsächlichen Umstände, welche die Anspruchsvoraussetzungen stützen sollen, ist die Anspruchsgrundlage stückchenweise zu sezieren, insbesondere bei Sachvortrag zu **Rechtsbegriffen**. Schließlich umfasst der Tatbestand einer Norm auch Rechtsbegriffe, welche durch den geschilderten Sachverhalt ausgefüllt werden müssen. Dabei ist es nicht ausreichend, wenn ein Verhalten der Parteien durch Rechtsbegriffe umschrieben wird. Vielmehr ist es erforderlich, die zu dem Rechtsbegriff gehörenden Definitionen herauszuarbeiten und den dazu erforderlichen Sachvortrag zu stellen. So ist es zum Beispiel möglich, dass die Parteien der Ansicht waren, einen Kaufvertrag geschlossen zu haben. Der zur Schlüssigkeit gehörende Sachvortrag muss dabei allerdings die beiden korrespondierenden Willenserklärungen, nämlich Angebot und Annahme, umfassen.

101 Sofern der Kläger einzelne Bestandteile des Sachverhaltes nicht schildert, etwa aus Zeitmangel oder weil er dies nicht für nötig erachtet oder vergisst, ist spätestens bei der Erwiderung durch den Beklagten die Klage erneut auf Schlüssigkeit zu überprüfen und insofern auf Ergänzung und Erweiterung des Vortrags. Dies erfolgt bei Unterstellung der Richtigkeit des Beklagtenvorbringens. Dabei sind insbesondere die Beweisantritte des Beklagten bei entgegenstehendem Sachvortrag zu überprüfen und gegebenenfalls durch qualifiziertes Bestreiten zu entkräften.

b) Beweislast

102 Sofern es möglich und angesichts des Gegenstandswertes vertretbar ist, sind sämtliche beweisbaren Tatsachen unter Beweis zu stellen. Dadurch wird einem etwaigen entgegenstehenden Vortrag des Beklagten bereits ein substantiierter Vortrag entgegengestellt, was eine Duplik gegebenenfalls vermeiden kann. Grundsätzlich gilt bei der **Beweislast** das allgemeine Prinzip, dass derjenige, der sich auf eine für ihn günstige Rechtsfolge beruft, deren Voraussetzungen beweisen muss. Auch bei ansonsten schlüssigem Vortrag sollten daher die Mindestanforderungen an diese Beweislast erfüllt werden. Kann der Kläger bereits absehen, dass der Beklagte etwa aus außergerichtlicher Korrespondenz Einreden und Einwendungen geltend machen wird, so ist es empfehlenswert, bereits in der Klageschrift hierauf zu verweisen und entsprechend entgegenstehende Tatsachen bereits unter Beweisantritt vorzutragen. Dies sollte insbesondere dann erfolgen, wenn mit einer entsprechenden Replik gerechnet werden muss. Zwar kann der Kläger in den Fällen, in denen eine Beweislastumkehr zu seinen Gunsten wirkt oder ein Beweis des ersten Anscheins gegeben ist, wie auch in den Fällen, in denen eine gesetzliche Vermutung für die Darstellung des Klägers spricht, entsprechende Beweisantritte zur Verkürzung der Klageschrift unterlassen.[10] Da aber mit der Reform der Zivilprozessordnung dem Berufungsverfahren lediglich eine Überprüfungsfunktion im Hinblick auf die rechtliche Würdigung zukommt, nicht aber eine weitere Tatsacheninstanz eröffnet ist, empfiehlt es sich, bereits in der Klage, den Sachverhalt umfassend und unter Beweisantritt zu schildern.

3. Der Urkundenprozess

a) Vorteile des Urkundsverfahrens

103 Die Vorteile des Urkundsverfahren bestehen insbesondere darin, dass nach § 595 Abs. 2 ZPO als Beweismittel neben dem Nachweis der Echtheit oder Unechtheit einer **Urkunde**

9 OLG Düsseldorf, NJW 1991, 2089.
10 Hk-ZPO/Saenger, Vor §§ 253-494 a, Rn 38.

sämtliche Tatbestandsvoraussetzungen nur durch Urkunden zugelassen sind. Das gleiche gilt für etwaige Gegenansprüche, das heißt für die Klageerwiderung. Wendet der auf Kaufpreiszahlung in Anspruch genommene Beklagte daher Mängel ein, so müsste er diese in Urkundenform, das heißt durch eine Vorlage eindeutiger Schriftstücke, nachweisen. Kann der Beklagte seine Einwendungen nicht mit den im Urkundenprozess zulässigen Beweismitteln beweisen, sind diese nach § 598 ZPO als im Urkundenprozess unstatthaft zurückzuweisen. Dadurch erhält der Kläger regelmäßig schneller einen vollstreckbaren Titel, welcher nach § 599 Abs. 3 ZPO zwar gegebenenfalls unter Vorbehalt der Rechte des Beklagten ergeht, wenn dieser dem geltend gemachten Anspruch widersprochen hat; dieses Urteil ergeht aber nach § 599 Abs. 3 ZPO als Endurteil und ist insofern im Hinblick auf die Zwangsvollstreckung ein Vollstreckungstitel. Durch die Verkürzung der Ladungsfrist und die im Hinblick auf die Beschränkung auf Urkunden eintretende Beweiserleichterung wird das Verfahren zudem beschleunigt.

b) Abstehen vom Urkundsprozess

104 Stellt sich im Verfahren heraus, dass der Kläger nicht sämtliche anspruchsbegründenden Tatsachen mittels Urkunden nachweisen kann, so kann er auch nach § 596 ZPO vom Urkundenprozess **Abstand nehmen** und in das ordentliche Verfahren wechseln, ohne dass es der Einwilligung des Beklagten bedarf.[11] Das Abstehen vom Urkundenprozess ist nach § 596 ZPO bis zum Schluss der mündlichen Verhandlung möglich.

105 Neben dem Ausschluss etwaiger Einwendungen sind auch Widerklagen im Urkundsverfahren nicht statthaft, womit eine Beschleunigung durch die insoweit eintretende Beschränkung des Streitgegenstandes eintritt.

c) Übergang ins ordentliche Verfahren/Nachverfahren

106 Nach der Abstandnahme vom Urkundenprozess geht dieses Verfahren in das ordentliche Verfahren über.[12] Der Kläger kann daher dann auch im ordentlichen Verfahren seinen Anspruch mit **weiteren Beweismitteln** geltend machen, ebenso wie der Beklagte seine Einwendungen und Einreden ebenfalls mit anderen Beweismitteln nachweisen kann.

d) Erklärung zur Klage im Urkundsprozess

107 Die allgemeinen Prozessvoraussetzungen, wie auch die Anforderungen an eine Klageschrift sind beim Urkundsverfahren gleich mit dem ordentlichen Verfahren und an § 253 ZPO zu messen. Im Urkundsverfahren muss die Klage allerdings nach § 593 ZPO zusätzlich die **Erklärung** enthalten, das im Urkundenprozess geklagt werde.[13]

e) Kosten und Gebühren

108 aa) **Gerichtskosten.** Für die Gerichtsgebühren werden Urkundsprozess und das Nachverfahren als eine Instanz behandelt. Es entstehen daher durch ein vorgelagertes Urkundsverfahren auch bei späterem Nachverfahren keine weiteren Gebühren.

109 bb) **Anwaltsgebühren.** Gebührenrechtlich stellen für den Anwalt nach § 17 Nr. 5 RVG Urkundsverfahren und Nachverfahren **besondere Angelegenheiten** dar. Allerdings wird nach Nummer 3100 VV RVG die Verfahrensgebühr für einen Urkundenprozess auf die Verfahrensgebühr für das ordentliche Verfahren angerechnet, wenn dieses nach Abstandnahme vom Urkundenprozess oder nach einem Vorbehaltsurteil anhängig bleibt. Hat der

11 Hk-ZPO/Saenger, § 596 Rn 1.
12 Hk-ZPO/Saenger, § 596 Rn 5.
13 Hk-ZPO/Saenger, § 593 Rn 2.

Anwalt aber bereits einen Termin wahrgenommen, so entsteht eine zweite Terminsgebühr für die Wahrnehmung des Termins im Urkundsverfahren.

Muster: Klage im Urkundsprozess 110

6

An das Amtsgericht

[volles Rubrum]

Namens und in Vollmacht des Klägers erhebe ich Klage im Urkundenprozess und beantrage zu erkennen:

1. Der Beklagte wird verurteilt, an den Kläger ... Euro nebst Zinsen in Höhe von fünf Prozentpunkten über dem jeweiligen Basiszinssatz seit dem ... zu zahlen.
2. Der Beklagte trägt die Kosten des Rechtsstreits.
3. Das Urteil ist – notfalls gegen Sicherheitsleistung – vorläufig vollstreckbar.

Für den Fall, dass das Gericht das schriftliche Vorverfahren angeordnet und der Beklagte nicht innerhalb der Frist seine Verteidigungsbereitschaft erklärt oder den Anspruch anerkennt, wird beantragt,

gegen den Beklagten ein Versäumnisurteil oder Anerkenntnisurteil ohne mündliche Verhandlung zu erlassen.

Begründung

Der Beklagte hat vom Kläger mit Kaufvertrag vom... eine gebrauchte Waschmaschine der Marke ... Seriennummer ... Farbe weiß zu einem Kaufpreis in Höhe von 1000 EUR erworben.

Beweis: Kaufvertrag vom ..., Anlage K1.

Vorsorglich bietet er Beweis für die Echtheit der Urkunde, insbesondere die Echtheit der Unterschrift an, durch Vernehmung des Beklagten als Partei.

Beweis: Vernehmung des Beklagten als Partei.

Obgleich sich der Beklagte in dem beigefügten Kaufvertrag zur Zahlung des Kaufpreises verpflichtet hatte, hat er keinerlei Zahlung geleistet, so dass Klage geboten ist.

Die Höhe des Zinsanspruches ergibt sich aus § 288 Abs. 1 BGB; der Zinslauf ergibt sich aus § 286 Abs. 1, 2 BGB.

Beglaubigte und einfache Abschrift anbei.

...

Rechtsanwalt

f) Klageerwiderung im Urkundsprozess

Der Beklagte hat im Urkundenprozess verschiedene Möglichkeiten, die Klageabweisung zu beantragen. Der erste Ansatzpunkt ist bereits das Urkundenverfahren an sich. Dem Beklagten steht es daher zu, die Klage als im Urkundenprozess **unstatthaft** zu rügen und diesbezügliche Abweisung zu beantragen. Der Beklagte wird diesen Antrag dann stellen, wenn er die Unzulässigkeit der Klage oder das Fehlen der allgemeinen Prozessvoraussetzungen nachweisen kann. Das Fehlen der allgemeinen Prozessvoraussetzungen der Urkundenklage kann auch darauf gestützt werden, dass dem Kläger der ihm obliegende Beweis nicht mit den im Urkundenprozess zulässigen Beweismitteln gelingt. Dies wäre etwa dann der Fall, wenn bereits die Echtheit der Urkunde bestritten werden kann. 111

Daneben hat der Beklagte die Möglichkeit, seine Einreden geltend zu machen und den Klageanspruch an sich zu erschüttern, sofern dies durch Vorlage von Urkunden möglich ist. 112

113 Zuletzt kann der Beklagte, welcher weder die Echtheit der Urkunde bestreiten, noch seine Gegenrechte mittels Urkundsbeweis nachweisen kann, den Klageanspruch zunächst unter Vorbehalt seiner Rechte im Nachverfahren anerkennen.

114 ▶ **Muster: Klageerwiderung im Urkundenprozess an das Amtsgericht**

7

[Volles Rubrum]

Bestellen wir uns für die Beklagte und beantragen zu erkennen:

1. Die Klage wird abgewiesen;
2. Der Kläger trägt die Kosten des Rechtsstreits;
3. Das Urteil wird – notfalls gegen Sicherheitsleistung – für vorläufig vollstreckbar erklärt.

Hilfsweise wird beantragt,

dem Beklagten die Ausführung seiner Rechte im Nachverfahren vorzubehalten.

Begründung

Der von den Klägern vorgelegte mit Anführungszeichen „Kaufvertrag-Kurzfassung" überschriebene Vertrag sollte nicht nur von dem Beklagten, sondern gleichzeitig auch von dem weiteren Käufer, Herrn ■■■, unterzeichnet werden. Aus diesem Grunde ist in dem durch den Kläger vorgelegten Vertragsentwurf bereits ein weiteres Unterschriftenfeld mit der Bezeichnung des Herrn ■■■ vorgesehen.

Beweis: Kaufvertrag-Kurzfassung vom ■■■, Anlage K1, bereits benannt.

Es ist damit bereits nicht zu einem wirksamen Vertragsabschluss gekommen. Es kann sich also bei dem als Kaufvertrag vorgelegten Vertrag lediglich um ein Vertragsangebot des Klägers an den Beklagten und den weiteren Käufer, Herrn ■■■, handeln. Dementsprechend ist in dem Vertragsentwurf auch ausgewiesen, dass später ein Hauptvertrag geschlossen werden soll.

Beweis: wie vor.

Bei dem durch den Kläger vorgelegten Vertrag handelt es sich daher um den Entwurf eines Vorvertrages, welcher für die Parteien nicht bindend ist. Da dieses insoweit als Vertragsangebot zu wertende Schriftstück aber auch nicht von allen Parteien des Kaufvertrages unterzeichnet wurde, ist ein wirksamer Kaufvertrag darin nicht zu sehen.

Die Klage ist daher abzuweisen.

Beglaubigte und einfache Abschrift anbei.

■■■

Rechtsanwalt ◀

g) Abstandnehmen vom Urkundenprozess

115 Wie bereits ausgeführt, kann der Kläger nach § 596 ZPO bis zum Schluss der mündlichen Verhandlung vor dem Urkundsprozess in der Weise **abstehen**, dass der Rechtsstreit im ordentlichen Verfahren anhängig bleibt. Hierfür ist eine Einwilligung des Beklagten nicht erforderlich. Die Erklärung, vom Urkundsverfahren Abstand zu nehmen, ist unanfechtbar und bedingungsfeindlich.[14] Sofern der Streitgegenstand teilbar ist, kann sich die Abstandnahme vom Urkundsprozess auch auf einen selbstständigen Teil des Anspruchs beschränken. In diesem Fall wird das Verfahren abgetrennt und der Teil, hinsichtlich dessen vom Urkundsprozess Abstand genommen wurde, im ordentlichen Verfahren fortgesetzt, während hinsichtlich des anderen Teils das Urkundsverfahren bestehen bleibt.

14 Hk-ZPO/Saenger, § 596 Rn 2.

Die Erklärung kann nach § 596 ZPO bis zum Schluss der mündlichen Verhandlung abgegeben werden. Grundsätzlich kann auch noch in der Berufungsinstanz das Abstehen vom Urkundenprozess erklärt werden. In der Revisionsinstanz kann diese Erklärung nicht mehr erfolgen. 116

Da das Verfahren nach dem Abstehen vom Urkundenprozess als ordentliches Verfahren fortgeführt wird,[15] können sodann alle im ordentlichen Verfahren zulässigen **Angriffs- und Verteidigungsmittel** geltend gemacht werden. Dies eröffnet dem Beklagten bei dem Abstehen in der Berufungsinstanz die Möglichkeit, Aufrechnung und Widerklage geltend zu machen, welche sodann nach § 533 Nr. 1 ZPO als „sachdienlich" zugelassen werden müssen. Ein etwaiges noch erstinstanzlich anhängiges Nachverfahren würde beim Abstehen vom Urkundsverfahren in der Berufungsinstanz gegenstandslos und der Rechtsstreit insgesamt in der Berufungsinstanz entschieden. Damit geht dem Beklagten in einem solchen Fall eine Instanz verloren. 117

▶ **Muster: Abstehen vom Urkundenprozess** 118

8

An das Landgericht

In dem Rechtsstreit ■■■/■■■

nehmen wir namens und in Vollmacht des Klägers von dem Urkundenprozess Abstand und verfolgen seinen Anspruch nunmehr im ordentlichen Verfahren. Es wird weiterhin beantragt, nach den in der Klageschrift vom ■■■ mitgeteilten Anträgen zu entscheiden.

Beglaubigte und einfache Abschrift anbei.

■■■

Rechtsanwalt ◀

h) Einleitung des Nachverfahrens

Nach § 600 Abs. 1 ZPO ist der Rechtsstreit nach Abschluss des Urkundenprozesses im ordentlichen Verfahren anhängig, in dem dem Beklagten die Ausführung seiner Rechte vorbehalten bleiben. Unmittelbar mit dem Erlass des Vorbehaltsurteils beginnt das **Nachverfahren,**[16] so dass gegebenenfalls in dem gleichen Termin weiterverhandelt werden kann. Der Beklagte hat aber regelmäßig bereits bei der Klageerwiderung in dem Urkundsprozess seineAnträge und den Vorbehalt seiner Rechte im Nachverfahren geltend gemacht. Wird nach dem Vorbehaltsurteil nicht weiter verhandelt, kann auf Antrag einer der Parteien weiterer Verhandlungstermin bestimmt werden. Dies wird regelmäßig der Beklagte sein, welcher nunmehr im Nachverfahren sämtliche vorher ausgeschlossenen Beweismittel verwenden kann.[17] Dabei sollte zusätzlich daran gedacht werden, um Einstellung der Zwangsvollstreckung aus dem Vorbehaltsurteil zu ersuchen. 119

15 Hk-ZPO/Saenger, § 596 Rn 5.
16 Hk-ZPO/Saenger, § 600 Rn 1 f.
17 Hk-ZPO/Saenger, § 600 Rn 3.

120 ▶ **Muster: Fortsetzung des Rechtsstreits nach Vorbehaltsurteil**

9 An das Amtsgericht

In dem Rechtsstreit ■■■/■■■

hat das erkennende Gericht mit Urteil vom ■■■ dem Beklagten die Ausführung seiner Rechte im Nachverfahren vorbehalten.

Der Beklagte verfolgt daher seine Rechte im Nachverfahren weiter. Es wird gebeten, einen möglichst zeitnahen Termin zur mündlichen Verhandlung zu bestimmen.

Es wird beantragt zu erkennen:

1. das Vorbehaltsurteil vom ■■■ Az ■■■ wird aufgehoben und die Klage abgewiesen.
2. die Kosten des Rechtsstreits trägt der Kläger.
3. das Urteil ist – notfalls gegen Sicherheitsleistung – vorläufig vollstreckbar.

Ergänzend wird beantragt, zu erkennen:

Die Zwangsvollstreckung aus dem Vorbehaltsurteil des erkennenden Gerichts vom ■■■ Az ■■■ wird – notfalls gegen Sicherheitsleistung – eingestellt.

■■■

Rechtsanwalt ◀

i) Fortsetzung des Rechtsstreits durch die Klägerseite

121 Während der Beklagte mit seinen Anträgen im Nachverfahren die Aufhebung des Vorbehaltsurteils verfolgt, hat der Kläger die Möglichkeit, das Vorbehaltsurteil für **vorbehaltslos** erklären zu lassen.

122 ▶ **Muster: Aufhebung des Vorbehalts im Nachverfahren**

10 An das Amtsgericht

In dem Rechtsstreit ■■■/■■■

wurde dem Beklagten mit Vorbehaltsurteil des erkennenden Gerichts vom ■■■ die Ausführung seiner Rechte im Nachverfahren vorbehalten. Bislang hat der Beklagte seine Rechte im Nachverfahren nicht weiter verfolgt. Es wird daher gebeten, einen zeitnahen Termin zur mündlichen Verhandlung zu bestimmen. Es wird beantragt zu erkennen:

1. Das Vorbehaltsurteil des erkennenden Gerichts vom ■■■ wird für vorbehaltlos erklärt.
2. Der Beklagte hat auch die weiteren Kosten des Rechtsstreits zu tragen.
3. Das Urteil ist – notfalls gegen Sicherheitsleistung – vorläufig vollstreckbar.

■■■

Rechtsanwalt ◀

B. Beklagtenstation

123 Hat der Kläger schlüssig vorgetragen, so obliegt dem Beklagten erhebliches Verteidigungsvorbringen. Was die Schlüssigkeit auf Seiten der Klage, ist die **Erheblichkeit** für das Verteidigungsvorbringen.

124 Das Verteidigungsvorbringen des Beklagten ist nämlich nur erheblich, wenn es den schlüssigen Vortrag widerlegt oder sonst geeignet ist, den Klageanspruch zu widerlegen, und dadurch die Klage unbegründet ist. Der Beklagte hat dabei verschiedene Möglichkeiten, auf die Klage zu reagieren. Diese Möglichkeiten sind sowohl passiv, wie zum Beispiel im Falle

des schlichten Bestreitens beziehungsweise des qualifizierten Bestreitens des Sachvortrages oder auch im Falle der Aufrechnung, sowie prozessual gesehen aktiv, etwa durch eine Widerklage.

Allen **Verteidigungs- und Angriffsmöglichkeiten** des Beklagten ist gemein, dass er zum einen den Tatsachenvortrag des Klägers zu Fall bringen kann, zum anderen ergänzende Normen, wie zum Beispiel Einreden, vortragen kann, welche entweder den gegnerischen Vortrag ergänzen und den Anspruch beispielsweise durch Erfüllung zu Fall bringen oder dessen Durchsetzung entgegenstehen; darüber hinaus kann der Sachvortrag um weitere Tatsachen ergänzt werden, welche zur Begründung von für den Beklagten positiven Einwendungen oder Einreden führen, zudem kann sich der Beklagte auch auf die Diskussionen der Rechtsfolgen des mit der Klage geltend gemachten Anspruchs beziehen und die rechtliche Würdigung entkräften. 125

Aus anwaltlicher Vorsorge sollte der Beklagte sich auf alle vom Kläger geltend gemachten Anspruchsgrundlagen einlassen. 126

I. Sofortiges Anerkenntnis

Bestehen keine Möglichkeiten des Beklagten, durch eigenen Sachvortrag oder Würdigung des Vortrags des Klägers zu einer erheblichen Verteidigung zu gelangen, sollte zunächst ein **sofortiges Anerkenntnis** erwogen werden. Nach § 93 ZPO kann so die Kostenlast im Falle eines Anerkenntnisses für den Beklagten vermieden werden, wenn er den Anspruch sofort anerkennt. Ein solches Anerkenntnis ist dann gegeben, wenn der Beklagte durch sein Verhalten keinen Anlass zur Klageerhebung gegeben hat, der Anspruch zudem anerkannt wird und gleichzeitig das Anerkenntnis sofort erklärt wird.[18] 127

1. Anlass zur Klageerhebung

Bei der Bewertung, ob der Beklagte Anlass zur Klageerhebung gegeben hat, wird darauf abgestellt, ob das objektiv zu bewertende **Verhalten des Beklagten** für den Kläger die Annahme rechtfertigen konnte, ausschließlich durch Erhebung einer Klage sein Recht durchsetzen zu können.[19] Es wird also nicht nach einem etwaigen Verschulden des Beklagten gefragt, sondern lediglich das äußere Erscheinungsbild seines Verhaltens nach objektiven Kriterien ausgelegt. Maßgeblicher Zeitpunkt für die Beurteilung des Verhaltens des Beklagten ist insoweit der Zeitpunkt, zu welchem die Klage **anhängig** gemacht wurde. 128

Für Klageänderungen, welche im Laufe eines Prozesses erklärt werden, ist der entscheidende Zeitpunkt für die Beurteilung des Verhaltens des Beklagten im Hinblick auf § 93 ZPO die auf die Klageänderung oder Klageerweiterung folgende Prozesshandlung des Beklagten, sei es durch eine schriftliche Einlassung oder eine Erklärung in der darauf folgenden mündlichen Verhandlung. 129

Anlass zur Erhebung der Klage ist grundsätzlich dann gegeben, wenn sich der Beklagte mit seiner Leistung bereits in Verzug befand.[20] Damit ist es nicht ausreichend, wenn der klägerische Anspruch zum Zeitpunkt der Klage fällig war; es muss hinzukommen, dass der Kläger den Beklagten in Verzug gesetzt hat. Entscheidend zur Prüfung, ob Veranlassung zur Klage gegeben war, kann neben dem Schuldnerverzug des Beklagten auch ein sonstiges Verhalten des Beklagten sein, welches vom Kläger so verstanden werden muss, dass der 130

18 Hk-ZPO/Gierl, § 93 Rn 9.
19 BGH ZIP 2007,95.
20 Hk-ZPO/Gierl, § 93 Rn 11.

Beklagte den vollständigen Anspruch des Klägers nicht erfüllen werde. Dies kann unter anderem in einer offensichtlich unberechtigten Minderungserklärung, oder aber in einer Teilleistung zu sehen sein.[21]

131 Befindet sich der Beklagte nicht in **Verzug** und hat er weder die Leistung verweigert oder den Anspruch vorprozessual bestritten, kann grundsätzlich der Kläger nicht davon ausgehen, dass es zur Durchsetzung seines Anspruches einer Klage bedarf. Insoweit ist auch darauf abzustellen, ob der Kläger den Beklagten gegebenenfalls anwaltlich zur Leistung aufgefordert hat, weil dem Beklagten hierdurch die nächste Eskalationsstufe des Rechtsstreits, nämlich die Klagerhebung, vor Augen geführt wird. Ist ein solches Aufforderungsschreiben erfolgt, so kann der Beklagte im Falle der Nichtleistung bereits Anlass zur Klage gegeben haben, selbst wenn das anwaltliche Aufforderungsschreiben nicht dazu geeignet war, den Beklagten in Verzug zu setzen.

132 Dabei sind insbesondere auch die Fälle zu beachten, in welchen dem Beklagten gegebenenfalls die klagebegründenden Tatsachen nicht bekannt sind. Es ist dem Beklagten daher außergerichtlich ein angemessener **Prüfungszeitraum** zuzubilligen. Die Angemessenheit richtet sich dabei nach der möglichen Kenntnis des Beklagten von den klagebegründenden Tatsachen, wie auch von der Schwierigkeit der Sach- und Rechtslage. Hat sich der Beklagte außergerichtlich eine Verlängerung der Frist erbeten oder war die Frist zur Prüfung unangemessen kurz, so hat der Beklagte keinen Anlass zur Klageerhebung gegeben. Hiervon abzugrenzen sind die Fälle bewusster Verzögerung, welche der Beklagte gegen sich gelten lassen muss. Erfolgt die außergerichtliche Geltendmachung nicht und wird vom Gläubiger ein **Mahnbescheid** gegen den Beklagten beantragt, schadet allein der Widerspruch gegen den Mahnbescheid dem Beklagten nicht; schließlich ist der Mahnbescheid ohne Begründung und der Antrag im Mahnbescheid nur bedingt geeignet, das zu Grunde liegende Rechtsverhältnis und den Anspruch des Klägers darzulegen.[22]

2. Anerkenntnis im Sinne von § 93 ZPO

133 Das Anerkenntnis nach § 93 ZPO muss durch den Beklagten als **Anerkenntnis** nach § 307 ZPO abgegeben werden. Das bedeutet, dass das Anerkenntnis möglich sein muss und gleichzeitig unbedingt und vorbehaltlos abgegeben werden muss. Wird bei teilbaren Ansprüchen lediglich ein Teilanerkenntnis abgegeben,[23] so können sich die Wirkungen des § 93 ZPO nur auf diesen Teil beziehen. Zwar muss das Anerkenntnis nicht mit einer sofortigen Erfüllung verbunden sein, ein längerer Zeitabschnitt zwischen Anerkenntnis und Erfüllung kann aber dazu führen, dass das Anerkenntnis nicht als sofortiges Anerkenntnis zu sehen ist.

3. Sofortiges Anerkenntnis

134 Um die Wirkung des § 93 ZPO zu erreichen, muss das Anerkenntnis zusätzlich **sofort** abgegeben werden. Hierfür kann ein sofortiges Anerkenntnis gleichwohl gegeben sein, wenn der Beklagte zunächst seine Verteidigungsbereitschaft erklärt, sofern dies nicht mit einem Klageabweisungsantrag verbunden wird. Spätestens mit der Klageerwiderung muss das Anerkenntnis abgegeben werden, um ein sofortiges Anerkenntnis zu sein.

21 Hk-ZPO/Gierl, § 93 Rn 12.
22 Hk-ZPO/Gierl, § 93 Rn 24.
23 Hk-ZPO/Gierl, § 93 Rn 32.

4. Rechtsfolge

Hat der Beklagte ein sofortiges Anerkenntnis nach § 93 ZPO abgegeben, so kann das Gericht dem Kläger die Prozesskosten aufgeben. Im Zweifelsfall trägt der Beklagte dabei die **Beweislast**, dass die Voraussetzungen für ein sofortiges Anerkenntnis im Sinne von § 93 ZPO gegeben sind. 135

II. Bestreiten

Der Beklagte hat die Möglichkeit, den klägerischen Tatsachenvortrag einfach oder substantiiert zu **bestreiten.** Zudem kann der Beklagte mit Nichtwissen bestreiten. 136

1. Einfaches Bestreiten

Unstreitig ist ein Sachverhalt, den beide streitbefangenen Parteien übereinstimmend schildern oder auf den sich eine der Parteien nicht einlässt. Nach § 138 Abs. 3 ZPO bedeutet das **Nicht-Bestreiten** schlüssigen Vortrags ein Zugeständnis.[24] Beim einfachen Bestreiten schildert der Beklagte einen dem klägerischen Tatsachenvortrag entgegenstehenden Sachverhalt. Ob das einfache Bestreiten ausreicht, hängt zum einen von der **Beweislast**, zum anderen vom klägerischen Vortrag ab. Hat der Kläger seinen Vortrag unter Beweisantritt erbracht, reicht ein einfaches Bestreiten unabhängig von der Beweislast nicht aus, sofern dem Beklagten substantiiertes Bestreiten möglich und zumutbar wäre. Das Maß der Behauptungslast wird insoweit daran gemessen, in welcher Sphäre sich der behauptete Sachverhalt abgespielt hat. Gegen unsubstantiierten Vortrag kann grundsätzlich ein unsubstantiiertes Bestreiten erfolgen. Allerdings reicht für ein einfaches Bestreiten grundsätzlich nicht aus, den geschilderten Sachverhalt in Abrede zu stellen. Vielmehr müssen Tatsachen vorgetragen werden, welche in sich schlüssig sind und im Ergebnis dem klägerischen Vortrag entgegenstehen. Durch ein solches qualifiziertes Bestreiten obliegt es dem Kläger, seinen Tatsachenvortrag zu substantiieren. 137

2. Substantiiertes Bestreiten

Hat der Kläger bereits seinen Sachvortrag unter Beweis gestellt, obliegt dem Beklagten grundsätzlich auch seinen entgegenstehenden Vortrag ebenfalls unter Beweis zu stellen. Nur so kann es zu einer **Beweisaufnahme** kommen. Unabhängig davon ist die Beweislast zu beachten, nach welcher der Beklagte auch auf einen unsubstantiierten Vortrag des Klägers hin sein Bestreiten substantiieren muss, was insbesondere dann der Fall ist, wenn es sich um einen für den Beklagten günstigeren Tatsachenvortrag handelt oder er ohnehin zum Beispiel aufgrund einer Beweislastumkehr die Beweislast trägt. 138

3. Bestreiten mit Nichtwissen

Nach § 138 Abs. 4 ZPO ist auch ein Bestreiten mit Nichtwissen möglich. Dabei ist eine Erklärung mit Nichtwissen nur über Tatsachen zulässig, die weder eigene Handlungen der Partei noch Gegenstand ihrer eigenen Wahrnehmung gewesen sind. Dies können regelmäßig nur Vorgänge oder Tatsachen sein, welche sich in der Sphäre der anderen Prozesspartei abgespielt haben und welche der Gegner daher nicht kennen kann. Das **Bestreiten mit Nichtwissen** ist daher nicht allein vor dem Hintergrund des mit der Würdigung des Gerichts zur Möglichkeit der Kenntnis oder zum Bestehen einer Erkundigungspflicht verbundenen 139

24 Hk-ZPO/Wöstmann, § 138 Rn 5.

Risikos eine Ausnahme. Der so Bestreitende ist im Zweifelsfall auch zur Darlegung insoweit verpflichtet, als er seine **Unkenntnis** nachweisen muss. Dies gilt insbesondere für eigene Handlungen der Partei. Häufig neigen gerade größere Organisationen dazu, einzelne Tatsachen mit Nichtwissen zu bestreiten, weil der Geschäftsführer über diese Tatsachen keine Kenntnis hat. Hier werden durch die Gerichte grundsätzlich Erkundigungspflichten im Hinblick auf Vorgänge in der eigenen Sphäre unterstellt. Diese sind an der Genauigkeit des gegnerischen Vortrages zu messen.

III. Aufrechnung

1. Prozessaufrechnung

140 Nach § 387 BGB können zwei Personen, welche einander eine dem Gegenstand nach gleichartige Leistung schulden, ihre Forderungen gegenüber dem jeweils anderen Teil **aufrechnen**, sobald dieser die ihm gebührende Leistung fordert und die ihm obliegende Leistung bewirken kann. Eine wirksame Aufrechnung hat nach § 389 BGB zur Folge, dass die Forderungen, soweit sie sich decken, als in dem Zeitpunkt erloschen gelten, in welchem sie zur Aufrechnung geeignet einander gegenübergetreten sind. Damit wird die Aufrechnung im Prozess eine rechtsvernichtende Einwendung. Rechtsdogmatisch gesehen ist die Aufrechnung ein schuldrechtliches Gestaltungsgeschäft, welches als Erfüllungssurrogat wirkt. Die erstmalige Erklärung der Aufrechnung im Prozess stellt dabei gleichzeitig eine materiellrechtliche Erklärung durch einseitige Gestaltung, wie auch Prozesshandlung dar. Damit gelten für die **Prozessaufrechnung** neben den materiellrechtlichen Voraussetzungen auch sämtliche Voraussetzungen für eine wirksame Prozesshandlung. Mängel oder Fehler in der prozessualen Gestaltungserklärung führen dabei gleichzeitig zur Unwirksamkeit der materiell-rechtlichen Erklärung.

141 Prozessrechtlich kann die Aufrechnung sowohl als unbedingte Aufrechnung, wie auch als Eventualaufrechnung erklärt werden.

a) Aufrechnungslage

142 Die Aufrechnungslage nach § 387 BGB bedeutet, dass sich zwei gleichartige Forderungen gegenüberstehen müssen. Gleichzeitig müssen diese Forderungen gegenseitig sein, sowie fällig und durchsetzbar sein.

143 aa) **Gegenseitigkeit.** Die **Gegenseitigkeit** ist dann gegeben, wenn sich die zur Aufrechnung gestellte Forderung des Schuldners gegen die prozessual geltend gemachte Hauptforderung des Gläubigers richtet; das heißt, die streitbefangenen Parteien jeweils mit ihren eigenen Forderungen in einem Gläubiger-Schuldner Verhältnis mit umgekehrten Vorzeichen stehen.[25] Eine häufige prozessuale Besonderheit kann dabei darin bestehen, dass es sich bei der aufzurechnenden Forderung nicht um eine eigene Forderung des Schuldners handelt.

Beratungshinweis: Sofern der Schuldner, im Regelfall also der Beklagte, aus abgetretenem Recht aufrechnet, kann dies nur unter den zusätzlichen Voraussetzungen der Abtretung nach § 398 BGB, insbesondere unter Beachtung von § 406 BGB, vorgenommen werden.

144 Da es sich um eine eigene Forderung des Schuldners handeln muss, ist § 267 ZPO nicht anwendbar. Selbst wenn ein Dritter eine Forderung gegen den Gläubiger des beklagten Schuldners hat und grundsätzlich in eine Aufrechnung einwilligt, kann damit die Aufrechnung nicht bewirkt werden, weil es sich nicht um eine **eigene Forderung** des beklagten

25 BGH NJW-RR 2005, 375.

Schuldners handelt. Der Schuldner ist zudem nicht Inhaber einer Forderung, wenn er diesbezüglich nur Gesamtgläubiger ist, wie etwa der Gesellschafter einer GbR oder der Miterbe. Das gleiche gilt für die Mitgläubiger nach § 432 BGB; sofern mehrere hier eine unteilbare Leistung fordern können, so kann der Schuldner nur an alle gemeinschaftlich leisten und jeder Gläubiger nur die Leistung an alle fordern. Anders liegt der Fall, wenn die Mitgläubiger gleichzeitig Gesamtschuldner sind im Hinblick auf die gegenüber dem Schuldner aus der Mitgläubigerschaft zustehenden Leistung.

bb) **Gleichartigkeit.** Zusätzlich müssen die Forderungen gleichartig sein. Die **Gleichartigkeit** bedeutet, dass die zur Aufrechnung gestellten Forderungen beide auf Leistungen gerichtet sind, welche derselben Gattung angehören.[26] Dabei sind der Anspruchsgrund oder die Rechtsnatur des Anspruches gleichgültig. Grundsätzlich gleichartig sind daher Geldforderungen und sonstige Zahlungsansprüche.[27] Besonderheiten gelten dabei bei Ansprüchen, welche noch nicht eine Geldzahlung zum Gegenstand haben, aber mit einer Geldforderung aufgerechnet werden sollen.[28] Dies gilt etwa für Befreiungsansprüche, wie zum Beispiel mit außergerichtlichen Anwaltskosten. Sofern hier der Rechnungsbetrag noch nicht beglichen worden ist, ist der Schadensersatzanspruch lediglich auf Befreiung, nicht aber auf eine Geldzahlung gerichtet. Erst dann, wenn sich der Befreiungsanspruch in einen Zahlungsanspruch umgewandelt hat, kann wirksam die Aufrechnung erklärt werden.[29] 145

cc) **Hauptforderung.** Es muss zudem eine **Hauptforderung** des Gläubigers bestehen. Das heißt, dass auch aus Sicht des Gläubigers sich die zur Aufrechnung gestellte Forderung gegen ihn als Schuldner und seine Forderung gegen den Aufrechnenden als Schuldner richten müssen. Für den Fall, dass auf Gläubigerseite Gesamtgläubiger vorhanden sind, reicht es aus, wenn sich die Forderung des Schuldners gegen einen der Gesamtgläubiger richtet. 146

dd) **Durchsetzbarkeit.** Die zur Aufrechnung gestellte Forderung muss zudem voll wirksam, fällig und **durchsetzbar** sein.[30] Das bedeutet, dass die Hauptforderung im Hinblick auf die Wirksamkeit bestehen muss. Für den Fall, dass das Bestehen der Hauptforderung an ein Gestaltungsrecht geknüpft ist, muss dieses ausgeübt sein. Die Ausübung kann gleichzeitig mit der Aufrechnung im Prozess erfolgen. Dabei reicht es im Hinblick auf das Bestehen der Hauptforderung aus, dass diese zumindest bestimmbar ist. So etwa, wenn mit einem Schadensersatzanspruch aufgerechnet wird, dessen Höhe allerdings noch nicht feststeht, wohl aber Rechtsgrund und die Parameter für die Schadensbestimmung. 147

Für die Fälligkeit der zur Aufrechnung gestellten Forderung gilt § 271 BGB, das heißt, falls die Zeit für die Leistung nicht bestimmt und nicht aus den Umständen zu entnehmen ist, eine sofortige Leistung, andernfalls die sich aus Vertrag oder Gesetz ergebende Leistungszeit. 148

Die zur Aufrechnung gestellte Forderung muss zudem durchsetzbar sein. Das heißt es dürfen der Forderung keine Einwendungen oder Einreden entgegenstehen. Die Aufrechnung mit einredebehafteten Forderungen ist nach § 390 BGB ausgeschlossen. Durch § 390 BGB wird insoweit das bereits in § 387 BGB enthaltene Prinzip der **Vollwirksamkeit** der Aufrechnungsforderung konkretisiert. 149

ee) **Aufrechnung mit verjährten Forderungen.** Besonders zu prüfen ist in solchen Fällen stets die Aufrechnung mit verjährten Forderungen. Nach § 215 BGB schließt die **Verjäh-** 150

26 BGHZ 54, 244.
27 Staudinger/Gursky, § 387 Rn 77.
28 Staudinger/Gursky, § 387 Rn 77.
29 BGHZ 27, 123.
30 BGH NJW 1951, 599.

rung die Aufrechnung grundsätzlich nicht aus, wenn der Anspruch in dem Zeitpunkt noch nicht verjährt war, in welchem erstmals eine Aufrechnung möglich war. Diese Form der Aufrechnung mit verjährten Forderungen ist im Wesentlichen aus dem Mietrecht bekannt, wenn der Vermieter nach Ablauf seiner sechsmonatigen Verjährungsfrist für die Geltendmachung von Schäden und sonstigen Veränderungen der Mietsache mit dem Rückzahlungsanspruch des Mieters im Hinblick auf die geleistete Kaution aufrechnet. Erforderlich ist, dass Forderung und Gegenforderung zu einem Zeitpunkt entstanden sind, in welchem noch keine Verjährung der gegenseitigen Forderungen oder einer dieser Forderungen gegeben war.

b) Ausschluss der Aufrechnung

151 **aa) Gesetzliche Aufrechnungsverbote.** Nach § 391 BGB ist die Aufrechnung zwar nicht grundsätzlich dadurch ausgeschlossen, dass für eine Forderung verschiedene Leistungs- oder Ablieferungsorte bestehen. Ist aber vereinbart, das eine Leistung zu einer bestimmten Zeit an einem bestimmten Ort erfolgen soll, so soll damit gleichzeitig die Aufrechenbarkeit der Forderungen ausgeschlossen sein.[31]

152 Die Aufrechnung ist ebenfalls ausgeschlossen, wenn im Falle der **Beschlagnahme** einer Forderung im Sinne von § 392 BGB der Schuldner seine Forderung nach der Beschlagnahme erworben hat oder wenn seine Forderung erst nach der Beschlagnahme und später als die in Beschlag genommene Forderung fällig geworden ist. Ebenso kann nicht gegen unpfändbare Forderungen aufgerechnet werden. § 394 BGB bestimmt insoweit, dass die Aufrechnung gegen eine Forderung, welche der Pfändung nicht unterworfen ist, nicht stattfindet. Hintergrund ist der, dass die Aufrechnung grundsätzlich die Wirkung einer privaten Selbstexekutionen entfaltet.[32] Daher sollen die Pfändungsverbote auch bei der Aufrechnung beachtet werden. Ein besonderer Anwendungsbereich ergibt sich diesbezüglich aber vornehmlich für den Fall, dass Arbeitsverhältnisse betroffen sind.

153 § 393 BGB schließt zudem die Aufrechnung gegen eine aus vorsätzlich begangener **unerlaubter Handlung** resultierende Forderung aus. Hat der Verkäufer den Käufer also betrogen beziehungsweise im zivilrechtlichen Sinne arglistig getäuscht und dadurch einen Vorteil erlangt, kann er nicht mit Gegenforderungen aufrechnen.

154 **bb) Vertragliche Aufrechnungsverbote.** Darüber hinaus können auch in den vertraglichen Vereinbarungen der Parteien, **Aufrechnungsverbote** oder Aufrechnungsbeschränkungen vereinbart sein. Häufige Aufrechnungsverbote finden sich in Vereinbarungen, welche vordringlich Skontoregelungen betreffen, wie etwa „zahlbar innerhalb von 10 Tagen netto ohne Abzug“. Hierin kann bereits eine Vereinbarung nach § 391 Abs. 2 BGB gesehen werden, welche zu einem Aufrechnungsverbot führt.

155 Zuletzt kann noch Treu und Glauben ein Aufrechnungsverbot im Einzelfall normieren.

c) Aufrechnungserklärung

156 Nach § 388 BGB erfolgt die Aufrechnung durch **Erklärung** gegenüber dem jeweils anderen Teil. Dabei ist die Erklärung unwirksam, wenn sie unter einer Bedingung oder einer Zeitbestimmung abgegeben wird.[33] Dies bedeutet, dass die Aufrechnung grundsätzlich mit der Aufrechnungserklärung bewirkt wird. Der Eintritt der Aufrechnungslage ist insofern für die Aufrechnung unerheblich, bis die Aufrechnungserklärung dem Erklärungsempfänger

31 Hk-BGB/Schulze, § 391 Rn 2.
32 PWW/Pfeiffer, BGB, § 394 Rn 1.
33 Jauernig/Stürner, § 388 Rn 1.

im Sinne von § 130 BGB beziehungsweise §§ 131,132 BGB, zugegangen ist. Schließlich ist die Aufrechnungserklärung eine empfangsbedürftige Willenserklärung, welche rechtsgestaltend wirkt.

Der Ausschluss einer unter Bedingung erklärten Aufrechnung wirkt allerdings nicht im Falle der **Eventualaufrechnung** im Prozess.[34] 157

2. Eventualaufrechnung

Grundsätzlich erfolgt die Erklärung der Aufrechnung nach § 388 BGB, wobei eine unter einer Bedingung oder einer Zeitbestimmung abgegebene Erklärung unwirksam ist.[35] Dieser Bedingungsausschluss gilt aber insoweit nicht für die **Eventualaufrechnung**, weil diese streng genommen keine unter einer Bedingung oder Zeitbestimmung abgegebene Erklärung ist. Eine echte Bedingung ist ein zukünftiges ungewisses Ereignis. Anders als eine solche echte Bedingung wird die Prozessaufrechnung unbedingt erklärt. Diese soll allerdings erst dann wirksam werden, falls sich die zunächst bestrittene Hauptforderung als bestehend erweisen sollte. Damit ist die Prozessaufrechnung lediglich an eine bloße Rechtsbedingung geknüpft und erfolgt im Hinblick auf die rechtliche Würdigung der Hauptforderung unbedingt, womit das Bedingungsverbot nicht berührt ist. 158

3. Prozessuale Wirkung

Die **Prozessaufrechnung** hat damit eine rechtliche Doppelfunktion. Sie ist auf der einen Seite ein materielles Rechtsgeschäft im Hinblick auf die rechtliche Gestaltungserklärung, auf der anderen Seite die Geltendmachung eines prozessualen Verteidigungsmittels.[36] Da die Aufrechnung nach § 389 BGB bewirkt, dass die Forderungen danach als in dem Zeitpunkt erloschen gelten, in welchem sie bereits zur Aufrechnung einander gegenüber standen, führt die Aufrechnungserklärung zu auf den Zeitpunkt des Entstehens der Aufrechnungsforderung zurückgerechneten Erfüllung und damit in Höhe der zur Aufrechnung gestellten Forderung zur Klageabweisung. Grundsätzlich ist jede im Verfahren erklärte Aufrechnung eine Hilfsaufrechnung, womit sie erst durch das Gericht berücksichtigt werden kann, wenn die Klageforderung als schlüssig und zugleich begründet erachtet wird.[37] Gleichwohl sollte eine Hilfsaufrechnung auch als solche gekennzeichnet werden. Dies gilt umso mehr, wenn mehrere Hilfsaufrechnungen geltend gemacht werden. Dies gilt insbesondere für den Fall mehrerer Aufrechnungsforderungen, bei welchen erklärt werden sollte, in welcher Reihenfolge und gegen welche Hauptforderung sie erklärt werden. Hintergrund ist unter anderem § 322 Abs. 2 ZPO, welcher bestimmt, dass für den Fall, dass der Beklagte die Aufrechnung einer Gegenforderung geltend gemacht hat, die Entscheidung, sofern sie auf der zur Aufrechnung gestellten Forderung beruht, der Rechtskraft fähig ist. Aus der Rechtskraft ergibt sich insoweit auch, welche Forderung nach der Aufrechnung wegen gegebenenfalls entgegenstehender Rechtskraft später nicht mehr geltend gemacht werden kann. 159

Weitere Bedeutung hat die **entgegenstehende Rechtskraft** auch im Hinblick auf die Zurückweisung als verspätet nach § 296 ZPO. 160

Sofern keine rechtliche Kongruenz zwischen Forderung und Aufrechnungsforderung besteht, lässt § 302 Abs. 1 ZPO ein Vorbehaltsurteil zu, wenn nach Geltendmachung der 161

34 Jauernig/Stürner, § 387 Rn 21.
35 Jauernig/Stürner, § 388 Rn 1.
36 Stadtler/Musielak, ZPO, § 145 Rn 14.
37 Bamberger/Roth/Dennhardt, BeckOK BGB, § 388 Rn 5.

Aufrechnung einer Gegenforderung durch den Beklagten nur die Verhandlung über die Forderung zur Entscheidung reif ist.[38] Das Vorbehaltsurteil ergeht insoweit unter Vorbehalt der Entscheidung über die Aufrechnung. Dabei ist nach § 302 Abs. 3 ZPO das Urteil, das unter Vorbehalt der Entscheidung über die Aufrechnung ergeht, in Betreff der Rechtsmittel und der Zwangsvollstreckung als Endurteil anzusehen und insoweit der Berufung fähig. Der Rechtsstreit bleibt sodann nach § 302 Abs. 4 ZPO hinsichtlich der Aufrechnung, über welche die Entscheidung vorbehalten ist, anhängig. Erst dann, wenn sich in dem weiteren Verfahren ergibt, dass der Anspruch des Klägers unbegründet war, ist das frühere Urteil aufzuheben und der Kläger mit dem Anspruch abzuweisen. Nach § 302 Abs. 4 S. 3 ZPO wäre der Kläger auch dann zum Ersatz eines etwaigen Schadens verpflichtet, welcher dem Beklagten durch die Vollstreckung oder durch die zur Abwendung der Vollstreckung erbrachten Leistungen entstanden ist.

162 Eine Aufrechnung ist grundsätzlich auch im **Berufungsverfahren** zulässig; diesbezüglich bestimmt § 533 ZPO, dass für den Fall der Aufrechnungserklärung im Berufungsverfahren die Zulässigkeit nur gegeben ist, wenn der Gegner entweder einwilligt oder das Gericht die Aufrechnung für sachdienlich hält und wenn die Aufrechnung auf Tatsachen gestützt werden kann, die das Berufungsgericht seiner Verhandlung und Entscheidung über die Berufung ohnehin nach § 529 zu Grunde zu legen hat, das heißt, wenn grundsätzlich entweder bereits vom Gericht des ersten Rechtszugs festgestellte Tatsachen betroffen sind oder neue Tatsachen zu berücksichtigen wären nach § 529 ZPO.

4. Kosten der Prozessaufrechnung

163 Sofern die Aufrechnung als primäres Verteidigungsmittel eingesetzt wird, hat dies keine Auswirkungen auf den Streitwert oder die Kosten. § 45 GKG bestimmt allerdings für die hilfsweise Aufrechnung, dass sich der Streitwert um den Wert der zur Aufrechnung gestellten Gegenforderung erhöht, soweit diesbezüglich eine der Rechtskraft fähige Entscheidung ergeht. Damit wird im Falle der Eventualaufrechnung der **Streitwert** der Aufrechnungsforderung zum Streitwert der Klageforderung, für den Fall einer entsprechenden rechtskräftigen Entscheidung, hinzu addiert.[39] Die Kostenfolge muss daher bei der Strategieberatung zur Geltendmachung einer Aufrechnungsforderung bereits aus Haftungsgründen berücksichtigt werden.

164 ▶ **Muster: Klageerwiderung mit Aufrechnung**

11 An das Amtsgericht

[Volles Rubrum]

Bestellen wir uns für den Beklagten. Es wird beantragt zu erkennen, die Klage wird abgewiesen.

Begründung

Der Zahlungsanspruch des Klägers ist durch Aufrechnung nach § 387 BGB erloschen.

Es ist richtig, dass zwischen den streitbefangenen Parteien am ... ein Kaufvertrag über ein Fahrzeug der Marke ... mit der Fahrzeugidentitätsnummer ... geschlossen wurde. Es ist ebenfalls zutreffend, dass der Kaufpreis 13.450 EUR betragen sollte.

---

38 Bamberger/Roth/Dennhardt, BeckOK BGB, § 388 Rn 5.
39 Binz-GKG/Dörnhöfer, § 45 Rn 25.

Am Tage des Kaufvertrages des nunmehr streitbefangenen Fahrzeugs hatte der Beklagte ein weiteres Fahrzeug gleicher Bauart, allerdings mit der Fahrzeugidentitätsnummer ■■■ gekauft. Auch hier sollte der Kaufpreis 13.000 EUR betragen.

Beweis: Kaufvertrag vom ■■■, Anlage B1.

Da das mit diesem Kaufvertrag erworbene Fahrzeug mit der Fahrzeugidentitätsnummer ■■■ mängelbehaftet war, hat der Beklagte den Kläger unter dem ■■■ zur Nachbesserung aufgefordert. Als Mangel wurde insbesondere gerügt, der das Fahrzeug entgegen der vertraglichen Vereinbarung nicht über ein Antiblockiersystem verfügte. Darüber hinaus war das Automatikgetriebe des Fahrzeugs defekt. Bei eingelegtem Gang der Wahlstufe „D" kam es im Leerlauf, das heißt bei Stillstand des Fahrzeugs mit getretener Bremse, beispielsweise an Ampeln, zu einem plötzlichen Anfahren des Fahrzeugs durch die defekte Automatikschaltung.

Beweis: Sachverständigengutachten vom ■■■, Anlage B2.

Der Beklagte konnte den Mangel nicht beheben. Sowohl ein erster, wie auch ein am ■■■ durchgeführter zweiter Nachbesserungsversuch, verliefen erfolglos.

Beweis: Schreiben des Sachverständigen ■■■, Anlage B3.

Daraufhin erklärte der Beklagte den Rücktritt vom Kaufvertrag hinsichtlich des Fahrzeugs mit der Fahrzeugidentitätsnummer ■■■.

Beweis: Schreiben vom ■■■, Anlage B4.

Dem Beklagten steht daher nach dem erklärten Rücktritt ein Rückzahlungsanspruch in Höhe des für dieses Fahrzeug geleisteten Kaufpreises in Höhe von 13.000 EUR Zug um Zug gegen die Rückgabe des mangelbehafteten Fahrzeugs zu.

Das mangelbehaftete Fahrzeug wurde dem Kläger am ■■■ bereits übergeben.

Mit dem insoweit dem Beklagten zustehenden Rückzahlungsanspruch in Höhe von 13.000 EUR erklärt der Beklagte die Aufrechnung. Dies erfolgte bereits mit außergerichtlichen Schreiben vom ■■■.

Beweis: Schreiben vom ■■■, Anlage B5.

Durch die Aufrechnung mit der Gegenforderung in Höhe von 13.000 EUR ist nach § 387 BGB die streitgegenständliche Forderung erloschen.

Beglaubigte und einfache Abschrift anbei.

■■■

Rechtsanwalt ◄

► **Muster: Hilfsaufrechnung** 165

An das Landgericht ■■■ 12

Hiermit bestellen wir uns für den Beklagten. Es wird beantragt zu erkennen:

Die Klage wird kostenpflichtig abgewiesen.

Begründung

Der Kläger hat keinen Anspruch auf die geltend gemachte Kaufpreisforderung.

Das Fahrzeug ist mängelbehaftet, die Nacherfüllung ist bereits mehrfach erfolglos versucht worden und durch den Käufer ist der Rücktritt erklärt worden.

■■■

Hilfsweise rechnet der Beklagte mit seiner Gegenforderung aus dem Rücktritt wegen eines anderen erworbenen Fahrzeugs mit der geltend gemachten Kaufpreisforderung auf.

...

Beglaubigte und einfache Abschrift anbei.

...

Rechtsanwalt ◄

IV. Widerklage

166 Als weiteres Verteidigungsmittel steht dem Beklagten frei nach dem Motto „Angriff ist die beste Verteidigung“ die Möglichkeit einer **Widerklage** zu.[40] Nach § 33 ZPO kann bei dem Gericht der Klage eine Widerklage erhoben werden, wenn der Gegenanspruch mit dem in der Klage geltend gemachten Anspruch oder mit den gegen ihn vorgebrachten Verteidigungsmitteln in Zusammenhang steht. Da die Widerklage grundsätzlich wie eine eigenständige Klage behandelt wird, eröffnet sie ein separates Prozessrechtsverhältnis. Dies kann dazu führen, dass das Gericht über den Hauptanspruch oder die Widerklage per Teilurteil entscheidet. Darüber hinaus müssen neben den Vorgaben aus § 33 ZPO auch die Voraussetzungen nach § 253 ff ZPO gegeben sein. Dabei kann die Widerklage sowohl als unbedingte, wie auch als **Eventualwiderklage** erhoben werden; zudem kann über eine Drittwiderklage auch ein weiteres Prozessrechtsverhältnis mit bislang nicht am Rechtsstreit beteiligten Personen eingegangen werden. Praktisch gesehen kommt die Widerklage in ihrer Wirkung zunächst einer Aufrechnung gleich. Gegenüber der Aufrechnung bietet sie allerdings einige Vorteile, insbesondere für den Fall, dass die Gegenforderung die durch den Widerbeklagten geltend gemachte Forderung übersteigt. Während die Aufrechnung lediglich den Klageanspruch als Erfüllungssurrogat vernichtet, führt die Widerklage bestenfalls zur Titulierung des eigenen Anspruchs. Ein weiterer Vorteil ist darin zu sehen, dass die Verspätungspräklusion nach § 296 ZPO grundsätzlich die Widerklage nicht erfasst, da die Widerklage gerade kein Angriffsmittel, sondern der Angriff selbst ist.[41] Dadurch kann auch nach Ablauf der vom Gericht gesetzten Fristen im Rahmen des §§ 296, 273 ZPO beziehungsweise §§ 275, 276 ZPO und § 277 ZPO mit einer Widerklage ein bereits präkludierter Vortrag in das Verfahren eingeführt werden. Darüber hinaus dient die Widerklage der **Prozessökonomie**, weil gegebenenfalls nur einmal Beweis erhoben werden muss und anders als bei der Aufrechnung ein weiterer Rechtsstreit über die verbliebene Restforderung nach erfolgreicher Aufrechnung vermieden wird.

1. Zulässigkeit

167 Zunächst müssen auch bei der Widerklage die allgemeinen Prozessvoraussetzungen erfüllt sein. Das heißt, es muss eine ordnungsgemäße Klageerhebung nach §§ 253, 261 Abs. 2 ZPO erfolgen. Besonderes Augenmerk ist auf die sachliche **Zuständigkeit** des Gerichtes der Widerklage zu legen. Dies gilt insbesondere dann, wenn für die Widerklageforderung ein besonderer ausschließlicher Gerichtsstand gilt, welcher von dem Gerichtsstand der bereits anhängigen Klage abweicht. So etwa, wenn gegen eine beim Landgericht anhängige Klageforderung widerklagend Ansprüche aus Miet- oder Pachtverhältnissen geltend gemacht werden, welche nach § 29 a ZPO sodann abgetrennt und an das ausschließlich zuständige Amtsgericht verwiesen werden. Besteht kein ausschließlicher Gerichtsstand kann bei einer vor dem Landgericht erhobenen Klage auch eine Widerklage anhängig gemacht werden,

40 MüKo/Patzina, § 33 ZPO Rn 7.
41 MüKo/Patzina, § 33 ZPO Rn 10.

welche dem Streitwert nach eigentlich dem Amtsgericht zugewiesen ist. Diese ist insofern allerdings riskant, als § 10 ZPO, welcher früher insoweit die alleinige Zuständigkeit des Landgerichts für den gesamten Rechtsstreit regelte, zwischenzeitlich weggefallen ist. Wird die Widerklage wegen einer vor dem Amtsgericht anhängigen Klage eingereicht, obgleich dem Streitwert nach für die Widerklage eigentlich das Landgericht zuständig wäre, kann durch rügeloses Einlassen nach § 39 ZPO gleichwohl die Zuständigkeit des Amtsgerichts gegeben sein.

Beratungshinweis: Aus prozesstaktischer Sicht sollte daher bei der Widerklage zunächst das sachlich zuständige Gericht überprüft werden und sodann überlegt werden, ob bei einer teilbaren Forderung zunächst mit einem Teil die Aufrechnung erklärt wird und sodann mit dem für die jeweilige Instanz korrekten Gegenstandswert die Widerklage als Teilwiderklage erhoben wird.

Das angerufene Gericht der Widerklage muss zudem örtlich zuständig sein; ist das nicht 168
der Fall, gilt der besondere Gerichtsstand der Widerklage nach § 33 ZPO.

2. Besondere Prozessvoraussetzungen

Die Widerklage ist zudem nach § 33 ZPO an besondere Prozessvoraussetzungen gebunden. 169

a) Rechtshängigkeit einer Klage

Zum Zeitpunkt der Erhebung der Widerklage muss eine **Hauptklage** rechtshängig sein. Ist 170
die Klage nicht rechtshängig, das heißt insbesondere bereits durch Urteil, Erledigungserklärung oder Vergleich erledigt, ist eine Widerklage unzulässig. Ist aber die Widerklage zur richtigen Zeit während der Rechtshängigkeit der Klage bereits erhoben, so ist sie vom Bestand der Hauptklage unabhängig.

Die Widerklage kann dabei grundsätzlich bis zum Schluss der letzten mündlichen Ver- 171
handlung der Hauptklage erhoben werden. Hierzu kann es gegebenenfalls erforderlich sein, die Wiedereröffnung der mündlichen Verhandlung zu betreiben. Im schriftlichen Verfahren kann die Widerklage bis zu dem Zeitpunkt erhoben werden, welcher nach § 128 ZPO dem Zeitpunkt der mündlichen Verhandlung entspricht, beziehungsweise bis zu dem Zeitpunkt, bis zu dem Schriftsätze eingereicht werden können.[42]

Grundsätzlich kann eine Widerklage auch noch während der **Berufung** anhängig gemacht 172
werden.[43] Nach § 533 ZPO ist dies allerdings nur zulässig, wenn entweder der Gegner einwilligt oder das Gericht die Widerklage für sachdienlich hält und die Widerklage auf Tatsachen gestützt werden kann, die das Berufungsgericht in seiner Verhandlung und Entscheidung über die Berufung ohnehin nach §§ 129 ff ZPO zugrunde zu legen hat, das heißt die vom Gericht des ersten Rechtszugs festgestellten Tatsachen und neue Tatsachen, soweit deren Berücksichtigung zulässig ist.

b) Dieselbe Prozessart

Die Widerklage muss in derselben Prozessart erhoben werden wie die Hauptklage. Im Ur- 173
kunds- und Wechselprozess nach § 595 ZPO ist die Widerklage nicht statthaft, ebenso wie im Arrest- und einstweiligen Verfügungsverfahren.[44]

---

42 Hk-ZPO/Bendtsen, § 33 Rn 12.
43 Musielak/Ball ZPO, § 533 Rn 16.
44 MüKo/Patzina, § 33 ZPO Rn 5.

c) Parteien der Widerklage

174 Grundsätzlich muss bei Klage und Widerklage **Parteienidentität** bestehen. Das heißt die Parteien von Klage und Widerklage müssen identisch sein. Damit kann die Widerklage grundsätzlich von dem Beklagten der Hauptklage gegen den Kläger der Hauptklage erhoben werden.

175 Im Rahmen der so genannten Drittwiderklage können weitere Personen in das Prozessrechtsverhältnis zwischen den streitbefangenen Parteien hineingezogen werden. Dabei kann grundsätzlich jeder, welcher als Streitgenosse einer der streitbefangenen Parteien in Betracht kommt, nach §§ 59 ff ZPO klagen oder verklagt werden.[45] Unterschieden wird bei der Drittwiderklage dabei nach der so genannten streitgenössischen Drittwiderklage und der isolierten Drittwiderklage. Letztere führt dazu, dass ein bisher am Rechtsstreit nicht beteiligter Dritter in das Prozessrechtsverhältnis hineingezogen wird. Sinnvoll ist dies insbesondere, wenn der Kläger aus abgetretenem Recht klagt, weil in solchen Fällen durch die Drittwiderklage der Zedent als Zeuge ausgeschaltet werden kann.[46] Da § 33 ZPO den besonderen Gerichtsstand nur für die Widerklage, nicht aber für die isolierte Drittwiderklage eröffnet, ist hierbei insbesondere zu prüfen, ob das Gericht der Klage auch im Fall der Drittwiderklage örtlich zuständig ist nach den allgemeinen oder besonderen Gerichtsständen.

176 Da die Drittwiderklage an die allgemeinen Prozessvoraussetzungen gebunden ist, muss sie einen eigenen **Streitgegenstand** haben; das bedeutet, sie darf sich nicht in dem Bestreiten des klägerischen Anspruchs erschöpfen.

d) Eventualwiderklage

177 Grundsätzlich kann die Widerklage auch unter einer innerprozessualen Bedingung erhoben werden.

178 Eine weitere Möglichkeit der Widerklage ist die **Hilfs-Wider-Widerklage**, welche von dem Kläger als Verteidigungsmittel gegen die Widerklage des Beklagten geltend gemacht werden kann, für den Fall, dass der Beklagte mit seiner ersten Widerklage durchdringt.

3. Gerichtliche Entscheidung

179 Das Gericht verhandelt Klage und Widerklage grundsätzlich einheitlich. Möglich ist allerdings auch, dass Klage oder Widerklage durch Teilurteil vorzeitig entschieden werden.

4. Kosten

180 Nach § 12 GKG soll eine Klage grundsätzlich erst nach Zahlung der Gebühr für das Verfahren im allgemeinen zugestellt werden. Gleiches gilt für den Fall der Erweiterung des Klageantrages. Nach § 12 Abs. 2 GKG soll dies nicht für die Widerklage gelten.[47] Gleichwohl machen viele Gerichte die Zustellung der Widerklage von der Einzahlung eines Kostenvorschusses abhängig. Der Mandant sollte daher darauf hingewiesen werden, dass er gegebenenfalls einen Gerichtskostenvorschuss leisten muss. Hierbei ist insbesondere zu beachten, dass die **Fristen** zur Einzahlung des Vorschusses eingehalten werden müssen, um in einem solchen Fall die Rechtshängigkeit der Widerklage rechtzeitig zu bewirken. Wenn auch eine solche Vorgehensweise zivilprozessrechtlich unzulässig ist, würde ein Streit mit

45 LG Bonn NJW-RR 2002, 1399.
46 BGHZ 131, 76.
47 Binz-GKG/Zimmermann, § 12 Rn 14.

dem zuständigen Gericht das Verfahren nur unnötig verzögern. Eine solche Kostenentscheidung kann mit dem Rechtsmittel der Erinnerung oder Beschwerde angegriffen werden.

5. Gebühren

Nach § 5 ZPO werden zwar mehrere in einer Klage geltend gemachte Ansprüche zusam- 181
mengerechnet, Gegenstand von Klage und Widerklage werden allerdings **nicht zusammengerechnet**, sofern wirtschaftliche Identität des Streitgegenstandes besteht.[48] In diesem Fall ist nach § 45 Abs. 1 S. 3 GKG der Wert des höheren Anspruchs maßgebend. Handelt es sich bei Klage und Widerklage um wirtschaftlich nicht identische Ansprüche, das heißt solche, die nicht in getrennten Prozessen verhandelt werden, aber grundsätzlich getrennte Prozesse betreffen, werden diese nach § 45 Abs. 1 S. 1 GKG addiert. Wird die Widerklage hilfsweise beziehungsweise als Eventualwiderklage anhängig gemacht, werden die Ansprüche gebührenrechtlich insoweit erfasst, als über sie eine Entscheidung ergeht, § 45 Abs. 1 S. 2 GKG.

▶ **Muster: Widerklage** 182

An das Landgericht 13

In Sachen

bestellen wir uns für den Beklagten.

Es wird beantragt zu erkennen,

die Klage wird abgewiesen.

Widerklagend wird beantragt zu erkennen,

1. Die Klägerin wird verurteilt, an den Beklagten 4.646,65 EUR nebst Zinsen in Höhe von 5 Prozentpunkten über dem jeweiligen Basiszinssatz seit dem ■■■ zu zahlen.
2. Die Klägerin trägt die Kosten des Rechtsstreits.
3. Das Urteil ist – notfalls gegen Sicherheitsleistung – vorläufig vollstreckbar.

Für den Fall, dass das Gericht das schriftliche Vorverfahren diesbezüglich anordnet und die Klägerin nicht innerhalb der Frist ihre Verteidigungsbereitschaft erklärt beziehungsweise den Anspruch anerkennt, wird beantragt,

gegen die Klägerin ein Versäumnisurteil oder Anerkenntnisurteil ohne mündliche Verhandlung zu erlassen.

Begründung

Die Parteien des Rechtsstreits waren über einen Gesellschaftsvertrag miteinander verbunden. Der Beklagte war Gesellschafter der Klägerin, bis er mit Geschäftsanteilskaufvertrag vom 18. März 2009, unterzeichnet vor dem Notar ■■■, Urkundennummer ■■■/2009 seinen Geschäftsanteil an den jetzigen Alleingesellschafter der Klägerin veräußerte.

Beweis: Urkundennummer ■■■009, vom ■■■, Anlage B1

1. Dem Beklagten stehen aus seiner Tätigkeit als Geschäftsführer für die Klägerin aus dem Jahr ■■■ noch Gehälter in Höhe von 4.646,65 EUR zu. Diese wurden von der Klägerin bislang nicht gezahlt. Auf das Aufforderungsschreiben des Beklagten vom ■■■ reagierte die Klägerin nicht.

Beweis: Aufforderungsschreiben vom ■■■, Anlage B2.

48 BGH NJW 1965, 444.

2. Dem Beklagten steht gegen die Klägerin darüber hinaus ein Anspruch auf Zahlung des Gehaltes für den Monat April ... in Höhe von 2.938,64 EUR zu. Die Parteien haben mit notariellem Kaufvertrag vom ... auch eine Gesellschafterversammlung abgehalten, nach welcher sich alle seinerzeit noch beteiligten Gesellschafter einig waren, dass unter anderem der Beklagte aus der Gesellschaft ausscheidet. Der Beklagte wurde aus der Haftung im Innenverhältnis entlassen und als Geschäftsführer abberufen. Ihm wurde auch Entlastung erteilt. Eine Kündigung des Anstellungsvertrages erfolgte allerdings nicht.

Auch wenn eine Gesellschaft die Bestellung ihres Geschäftsführers wirksam widerrufen hat, beziehungsweise der Geschäftsführer gegebenenfalls auf die Bestellung verzichtet hat, allerdings keine Kündigung des Dienstvertrages erklärt wurde, kann der gekündigte Geschäftsführer die Weiterzahlung seines Gehaltes fordern, ohne seine Dienste der Gesellschaft anbieten zu müssen.

Bekanntlich wird sowohl in gesellschaftsrechtlicher als auch in prozessualer Hinsicht zwischen dem Organ- und Anstellungsverhältnis unterschieden. Das Organverhältnis endete mit der Abberufung mit der notariellen Vereinbarung vom .... Eine Beendigung des Anstellungsverhältnisses erfolgte allerdings zunächst nicht. Mit Schreiben vom ... wurde durch die Klägerin eine fristlose Kündigung des Anstellungsvertrages des Beklagten erklärt. Eine solche fristlose Kündigung wäre allerdings auch unwirksam, weil keine Kündigungsgründe für eine fristlose Kündigung bestehen.

Legt man die Kündigung vom ... als ordentliche Kündigung aus, endet das Dienstverhältnis daher nicht vor Ablauf des Monats ..., so dass der Beklagte bis zu diesem Zeitpunkt noch sein Gehalt fordern kann.

3. Mit seinen Gehaltsansprüchen für den Monat ... iHv 2.938,64 EUR erklärt der Beklagte daher die Aufrechnung mit der Klageforderung.

Der Beklagte macht mit der vorliegenden Widerklage zudem seine Gehaltsansprüche für das Jahr ... iHv von 4.646,65 EUR geltend.

Beglaubigte und einfache Abschrift anbei.

...

Rechtsanwalt ◀

V. Rechte des Käufers wegen Mängeln und Einreden

183 Der auf Zahlung des Kaufpreises verklagte Käufer kann sich prozessual auf verschiedene Weise wehren.

1. Bestreiten des Kaufvertrages

184 Die erste Möglichkeit, eine kaufvertragliche Verpflichtung anzugreifen, besteht für den Käufer darin, den **Abschluss des Kaufvertrages** zu bestreiten. Ein Kaufvertrag nach § 433 BGB ist eine Einigung der Parteien, welche durch zwei übereinstimmende Willenserklärungen hinsichtlich der wesentlichen Vertragsbestandteile zustande kommt.

2. Rechtshindernde Einwendungen

185 Der Kaufvertrag könnte zunächst aufgrund Rechtshindernder Einwendungen nichtig sein. **Als Rechtshindernde Einwendungen** kommen folgende Vorschriften in Betracht:

- Mangelnde Geschäftsfähigkeit, §§ 104 ff BGB,
- Gesetzlicher oder vertraglicher Formverstoß, §§ 125 ff BGB, für Grundstückskaufverträge gilt § 311 b Abs. 1 BGB,

- Vertrag über künftiges Vermögen oder Nachlass, § 311 b Abs. 2 und Abs. 4 BGB,
- Verstoß gegen ein Verbotsgesetz, § 134 BGB,
- Wucher und Sittenwidrigkeit, § 138 BGB,
- Anfechtung, § 142 BGB,
  Die Anfechtung ist jedoch gem. § 119 Abs. 2 BGB ausgeschlossen, wenn die Gewährleistungsregeln tatbestandsmäßig eingreifen.
- Formmangel beim Teilzahlungsgeschäft, § 502 Abs. 3 BGB,
- Schriftformverstoß beim Ratenlieferungsvertrag, § 505 Abs. 2 BGB

Zu beachten ist, dass gem. § 311 a Abs. 1 ff BGB die anfängliche objektive Unmöglichkeit kein Nichtigkeitsgrund ist.

3. Rechtsvernichtende Einwendungen

Der Anspruch auf Zahlung des Kaufpreises kann weiterhin aufgrund **Rechtsvernichtender** 186
Einwendungen untergegangen sein. Hierzu zählen folgende Untergangsgründe:

- Parteivereinbarung: Aufhebungsvertrag und Erlassvertrag; § 397 BGB,
- Erfüllung § 362 BGB, Annahme an Erfüllung Statt § 364 BGB, Hinterlegung § 372 BGB, Selbsthilfeverkauf § 383 BGB, § 373 HGB,
- Aufrechnung §§ 387 ff BGB; diese ist besonders praxisrelevant, etwa wenn dem Käufer aus einem anderen Vertrag Gegenansprüche zustehen oder gegebenenfalls Schadensersatzansprüche – möglicherweise auch wegen Verwendungen auf die Kaufsache – zustehen.
- Rücktritt vom Kaufvertrag; Rücktrittsgründe sind zum Beispiel: die Unmöglichkeit nach § 326 Abs. 5 BGB; der Verzug nach § 323 Abs. 1 BGB; der Sachmangel nach § 437 Nr. 2 BGB; die Störung der Geschäftsgrundlage nach § 313 Abs. 1 BGB.
- Gläubiger verlangt Schadenersatz statt der Leistung, gemäß § 281 Abs. 4 BGB,
- Kündigung bei Dauerschuldverhältnissen, § 314 BGB, wie zum Beispiel: §§ 312, 355, 356 bei Haustürgeschäften; §§ 312 d, 355, 356 bei Fernabsatzverträgen und §§ 501, 503, 355, 356 bei Teilzahlungsgeschäften.
- Rücktritt oder Kündigung des Unternehmers bei Teilzahlungsgeschäften, §§ 503 Abs. 2, 498 Abs. 1 BGB.

Sonstige Erlöschensgründe wie zum Beispiel die auflösende Bedingung (§ 158 BGB) oder der Zeitablauf (§ 163 BGB) haben im Kaufrecht keine Bedeutung.

Besonderheiten gelten bei Unmöglichkeit der Leistungserbringung. In diesem Fall geht die 187
Leistungspflicht gemäß § 275 BGB unter. Die Gegenleistungsverpflichtung, also die Verpflichtung zur Zahlung des Kaufpreises geht im Falle der Unmöglichkeit ebenfalls gemäß § 326 Abs. 1 BGB unter.

Zu beachten ist, dass nicht mehr zwischen nachträglicher und anfänglicher Unmöglichkeit, objektiver und subjektiver Unmöglichkeit, zu vertretender und nicht zu vertretender Unmöglichkeit unterschieden wird. Die Primärleistungspflicht erlischt in jedem Fall, denn etwas Unmögliches kann nicht geschuldet werden.

Ist der Anspruch nicht untergegangen, könnte der Anspruch allerdings weiterhin nicht 188
durchsetzbar sein.

4. Rechtshemmende Einreden

189 Nicht durchsetzbar ist der Anspruch dann, wenn Einreden entgegenstehen, welche den Anspruch zumindest zeitweise in seiner **Durchsetzbarkeit** hemmen. Im Gegensatz zu den Rechtsvernichtenden und Rechtshindernden Einwendungen, welche durch das Gericht von Amts wegen berücksichtigt werden, sind die Rechtshemmende Einreden nur zu beachten, falls diese von Seiten einer **Partei** geltend gemacht wurden. Als Rechtshemmende Einrede kommt insbesondere die Verjährung nach § 214 BGB in Betracht. Praxisrelevant ist zudem die Einrede des nicht erfüllten Vertrages nach § 320 BGB, insbesondere für die Fälle, in denen keine Vorleistungspflicht besteht und keine Verurteilung Zug-um-Zug beantragt wurde. Als zeitweilige Einrede kommen zudem Zurückbehaltungsrechte nach den §§ 273, 1000 BGB in Betracht, ebenso wie die Stundung der Leistung.

5. Mängeleinrede

190 Die in der Praxis am weitesten verbreitete Einrede ist die **Mängeleinrede gegenüber dem Kaufpreisanspruch** nach § 438 Abs. 4 S. 2 BGB, sofern die Kaufsache nicht im vertragsgemäßen Zustand, das heißt mit Mängeln behaftet, geliefert wurde. Nach § 433 Abs. 1 S. 2 BGB ist der Verkäufer verpflichtet, dem Käufer die Kaufsache frei von Sach- und Rechtsmängeln zu verschaffen. Ausgangspunkt der Beurteilung ist die vertraglich vereinbarte Beschaffenheit des Kaufgegenstandes im Zeitpunkt des Gefahrübergangs, § 434 Abs. 1 S. 1 BGB. Sofern keine besonderen Vereinbarungen getroffen sind, schuldet der Verkäufer eine Kaufsache mittlerer Art und Güte. Es kommt also bei der Beurteilung eines vom Käufer gerügten nachteiligen Zustandes der Kaufsache darauf an, ob sich diese Abweichung entweder im Rahmen des vertraglich vereinbarten oder aber im Rahmen des üblichen, das heißt mit typengleichen oder sonst wie vergleichbaren Gegenständen, verhält.

191 Neben der **üblichen Beschaffenheit** vergleichbarer Kaufgegenstände kann beim Fehlen sonstiger Vereinbarungen allerdings auch die nach dem Vertrag zu Grunde gelegte besondere Verwendung der Kaufsache für eine Auslegung der vertragsmäßig gewollten Beschaffenheit herangezogen werden. Eine Kaufsache ist nämlich nach § 434 BGB frei von Sachmängeln, wenn sie bei Gefahrübergang die vereinbarte Beschaffenheit hat. Soweit die Beschaffenheit nicht vereinbart ist, ist die Sache frei von Sachmängeln, wenn sie sich für die nach dem Vertrag vorausgesetzte Verwendung eignet beziehungsweise sonst, wenn sie sich für die gewöhnliche Verwendung eignet und eine Beschaffenheit aufweist, die bei Sachen der gleichen Art üblich ist und die der Käufer nach der Art der Sache erwarten kann. Ist weder eine Beschaffenheitsvereinbarung erkennbar, noch eine vertraglich vorausgesetzte Verwendung im Sinne von § 434 Abs. 1 S. 2 Nr. 1 BGB, greift § 434 Abs. 1 S. 2 Nr. 2 BGB als weitgefasster Auffangtatbestand ein. Maßgeblich für die Beurteilung, was als gewöhnliche Verwendung und übliche Beschaffenheit anzusehen ist, bestimmt dabei die Verkehrsanschauung. Entscheidend ist die Sichtweise eines vernünftigen Durchschnittskäufers, um sowohl unterdurchschnittliche Qualitäten, wie auch überzogene Anforderungen an die Kaufsache auszuschließen. Insbesondere für den Bereich der Kraftfahrzeugverträge existiert hierzu eine äußerst ergiebige und vielfältige Rechtsprechung, welche teilweise vor der Schuldrechtsreform noch zu § 459 BGB alte Fassung ergangen ist.

192 Bei der Bestimmung der Beschaffenheit, die bei Sachen der gleichen Art üblich ist und die der Käufer nach der Art der Sache erwarten kann, ergänzt § 434 Abs. 1 S. 3 BGB die heranzuziehenden Maßstäbe auch nach den Eigenschaften, die Käufer nach den öffentlichen Äußerungen des Verkäufers oder Herstellers oder deren Gehilfen insbesondere in der Wer-

bung oder bei der Kennzeichnung über bestimmte Eigenschaften der Sachen getätigt haben. Dann kann sich der Verkäufer einer Sache nicht mehr darauf berufen, dass in der Werbung üblicherweise Übertreibungen verwendet würden, sofern diese Übertreibungen nicht deutlich als solche erkennbar sind. Existieren Verkaufsprospekte über die Kaufsache, so ist bei Abweichungen der Kaufsache von Angaben im Prospekt bereits dann ein Sachmangel gegeben, wenn der Prospekt nicht explizit Grundlage des Kaufvertrages geworden ist.[49]

Nach § 434 Abs. 2 S. 1 BGB liegt ein Sachmangel vor, wenn die vereinbarte Montage, wie 193
zum Beispiel beim Liefervertrag mit Montageverpflichtung, durch den Verkäufer oder dessen Erfüllungsgehilfen unsachgemäß durchgeführt wird. Erfasst sind hiermit all diejenigen Fälle, in denen eine zunächst mangelfreie Sache geliefert wird, die nur dadurch mangelhaft wird, dass der Verkäufer sie sodann unsachgemäß montiert. Nach § 434 Abs. 2 S. 2 BGB liegt ebenfalls ein Sachmangel vor, wenn die Montageanleitung selbst mangelhaft ist und der Käufer infolgedessen die Sache falsch montiert (sog. „IKEA-Klausel").

Nach § 434 Abs. 3 BGB steht es einem Sachmangel gleich, wenn der Verkäufer eine andere 194
Sache oder eine zu geringe Menge liefert. Es wird nicht darauf abgestellt, ob die Falsch- oder Anderslieferung genehmigungsfähig ist oder nicht.

Die Rechtsmängel sind von § 435 BGB erfasst und von den Rechtsfolgen her den Sach- 195
mängeln gleichgestellt. Hierzu zählen insbesondere private Rechte Dritter, wie zB bestehende dingliche Belastungen der Kaufsache, obligatorische Rechte soweit sie einem Dritten berechtigten Besitz verschaffen sowie Immaterialgüterrechte und öffentlich rechtliche Beschränkungen.

49 OLG Oldenburg OLGR 2002, 118.

§ 3 Kauf beweglicher Sachen

A. Kaufpreisklagen

I. Einfache Kaufpreisklage

1. Vorprozessuale Situation

196 Es wurde ein schriftlicher Kaufvertrag über ein gebrauchtes Sofa zum Preis von 900 Euro geschlossen. Dabei ist zu unterscheiden, ob der Käufer das Sofa bereits abgeholt und zugesichert hat, später zu zahlen oder ob er den Kaufgegenstand weder bezahlt noch abgeholt hat. Der Verkäufer wünscht sich zunächst die prozessuale Geltendmachung des Zahlungsanspruches.

2. Anspruchsvoraussetzungen Kaufpreiszahlung

197 Ist zwischen den Parteien nichts anderes bestimmt, richtet sich die **Fälligkeit** des Kaufpreises nach § 271 Abs. 1 BGB. Das bedeutet, dass nach Abschluss des Kaufvertrages der Kaufpreis sofort fällig wird, wenn entsprechend § 271 Abs. 1 BGB eine Zeit für die Leistung weder bestimmt, noch aus den Umständen entnehmbar ist.[1] In diesem Fall kann der Gläubiger die Leistung sofort verlangen und der Schuldner sie sofort bewirken. Wie sich aus den weiteren Regelungen im allgemeinen Schuldrecht, speziell §§ 320, 322 BGB ergibt, besteht im Kaufrecht grundsätzlich keine Vorleistungspflicht. Ebenso wie der Verkäufer nach § 271 BGB mit Abschluss des Kaufvertrages unmittelbar den Kaufpreis verlangen kann, kann der Käufer mit Abschluss des Kaufvertrages unmittelbar Übergabe und Übereignung der Kaufsache verlangen. Aus diesem Gegenseitigkeitsverhältnis ergibt sich eine Zug-um-Zug-Verpflichtung der Parteien. Da eine solche Verpflichtung regelmäßig im Geschäftsverkehr nicht praktikabel ist, werden gleichwohl in den überwiegenden Fällen **Vereinbarungen** zur Fälligkeit getroffen. Speziell beim Autokauf werden zudem noch zusätzliche Leistungen des Verkäufers vereinbart, wie etwa Überführung, TÜV-Abnahme oder auch das Anmelden des Fahrzeugs für den Käufer.

198 Bei den häufigsten Geschäften zwischen Verbrauchern, welche sich heutzutage wohl auf der Internetplattform „Ebay" abspielen, ist regelmäßig eine Vorleistungspflicht des Käufers mit dem Kaufpreis normiert. Auch Allgemeine Geschäftsbedingungen von Unternehmern sehen häufig Regelungen zur Fälligkeit des Kaufpreises vor und sind dementsprechend zu beachten. Große Kaufhäuser haben zudem seit längerem Finanzierungs- und Teilzahlungsgeschäfte für sich entdeckt und bieten Ratenzahlung beziehungsweise Stundung des Kaufpreises an.

199 Eine auf Kaufpreiszahlung gerichtete Klage wird daher regelmäßig zumindest teilweise kostenpflichtig abgewiesen, wenn **vor Fälligkeit** des Kaufpreises derselbe eingeklagt wird. Sofern also keine ausdrückliche Vorleistungspflicht des Käufers gegeben ist, ist die Zahlungsklage im Hinblick auf den Kaufpreis nur Zug um Zug gegen Übergabe und Übereignung der Kaufsache zu erheben. Dies nimmt dem verklagten Käufer auch die Möglichkeit der Einrede nach § 320 BGB. Der zur Vorleistung verpflichtete Verkäufer kann sich dabei der Einrede des nicht erfüllten Vertrages auch durch Anbieten des Kaufgegenstandes und in der Klage durch Feststellung des Annahmeverzuges des Käufers behelfen.

---

1 Staudinger/Beckmann, § 433, Rn 149.

3. Strategische Überlegungen

a) Außergerichtliches Aufforderungsschreiben

Ein die Klage vorbereitendes Aufforderungsschreiben hat mehrere Funktionen. Zum einen sichert es das **Rechtsschutzbedürfnis.** Sofern der Anspruchsgegner nicht auf das Aufforderungsschreiben reagiert, gibt er Anlass zur Klage. Schließlich kann der Anspruch nicht auf einfacherem Wege als mittels der gerichtlichen Durchsetzung beigetrieben werden. 200

Ein weiteres wichtiges Kriterium, welches für den Einsatz außergerichtlicher Aufforderungsschreiben spricht, ist der psychologische Effekt gerade im Verhältnis zwischen zwei Verbrauchern; dem Käufer wird auf diese Weise die **Ernsthaftigkeit** des Kaufpreisverlangens verdeutlicht. Darüber hinaus dient das Aufforderungsschreiben auch der **Inverzugsetzung** des Käufers mit der Kaufpreiszahlungspflicht. Sofern der Schuldner der Kaufpreiszahlung der in dem Aufforderungsschreiben gesetzten Frist nicht nachkommt, ist ihm für den Fall der Klage grundsätzlich die Möglichkeit eines kostenschonenden sofortigen Anerkenntnisses im Rahmen der §§ 91 ff ZPO genommen. 201

▶ **Muster: Klagevorbereitendes Aufforderungsschreiben** 202

14

An Herrn Kurt Schuldner

Betrifft: Fällige Kaufpreiszahlung

Sehr geehrter Herr Schuldner,

in o.g. Angelegenheit zeige ich die anwaltliche Interessenvertretung der Frau Susi Gläubiger, an. Grund unserer Beauftragung ist der Kaufvertrag über das gebrauchte Sofa unserer Mandantin, welches Sie bereits abgeholt haben. Trotz vertraglicher Vereinbarung, den Kaufpreis am ... zu entrichten, haben Sie den Kaufpreis nicht bezahlt.

Namens und im Auftrag unserer Mandantschaft habe ich Sie daher aufzufordern, den Kaufpreis in Höhe von 900 EUR nebst Zinsen in Höhe von fünf Prozentpunkten über dem jeweiligen Basiszinssatz seit dem ... unverzüglich auf das in diesem Schreiben bezeichnete Konto anzuweisen. Wir haben uns als letzte Frist des Zahlungseingangs den ... notiert. Sollten Sie diesen Gesamtbetrag in Höhe von ... plus Zinsen in Höhe von ... Euro nicht bis zu diesem Datum eingehend auf dem vorbezeichneten Konto entrichtet haben, sind wir beauftragt, ohne weitere Aufforderung die gerichtliche Beitreibung einzuleiten.

Zum Nachweis der bestehenden Bevollmächtigung und der Geldempfangsvollmacht fügen wir die Originalvollmacht der Mandantschaft anliegend bei.

Da Sie sich mit der Kaufpreiszahlung in Verzug befinden, sind Sie auch verpflichtet, die durch unsere Beauftragung entstehenden Kosten zu tragen. Diese entnehmen Sie bitte der anliegend beigefügten Gebührennote, welche auf unsere Mandantschaft lautet und bereits beglichen ist. Für den Eingang des als Verzugsschaden geltend gemachten Honorars unserer Beauftragung gilt ebenfalls die vorgenannte Frist zum ....

Mit freundlichen Grüßen

...

Anlage ◀

b) Außergerichtliche Vorüberlegungen bei Zug-um-Zug-Leistung

Gerade bei Kaufverträgen über gebrauchte Fahrzeuge, aber auch bei anderen Gegenständen, bei welchen der Kaufpreis **Zug um Zug** gegen Übereignung und Übergabe der Kaufsache gezahlt werden soll, erfolgt die **Inverzugsetzung** des mit der Abnahme und Kauf- 203 preiszahlung rückständigen Käufers regelmäßig durch das Angebot der Übergabe der Kaufsache am Leistungsort. Da häufig nicht festgestellt werden kann, ob der Mandant den Käufer ordnungsgemäß in Verzug gesetzt hat, beziehungsweise die Inverzugsetzung gerade im Bereich der Veräußerung zwischen Privatpersonen telefonisch erfolgt und damit nicht beweisbar ist, sollte der Käufer außergerichtlich nochmals in Verzug gesetzt werden, um zum einen den Zinsanspruch des Verkäufers zu sichern und zum anderen die Kaufpreiszahlungsklage zu erleichtern. Ist dem Käufer die Kaufsache nämlich nachweisbar angeboten worden, so kann er sich nicht mit der Einrede des nicht erfüllten Vertrages nach § 320 BGB verteidigen. Darüber hinaus kann die Feststellung beansprucht werden, dass sich der Käufer mit der Kaufpreiszahlung in Verzug befindet, was wie bereits ausgeführt, die Vollstreckung erleichtert beziehungsweise ermöglicht.

204 ▶ **Muster: Außergerichtliche Inverzugsetzung bei Zug-um-Zug-Leistung**

15 Herrn ■■■

■■■ [Adresse]

Sehr geehrter Herr ■■■,

hiermit zeigen wir die anwaltliche Interessenvertretung der ■■■ [Verkäufer] GmbH aus ■■■, an. Namens und im Auftrag der von uns vertretenen Mandantschaft haben wir Sie aufzufordern, das von Ihnen am 9. Juli 2008 erworbene Fahrzeug, Marke ■■■ Ausstattungsvariante ■■■, Fahrzeugidentnummer ■■■ zum Kaufpreis von ■■■ Euro zuzüglich Zulassungskosten in Höhe von ■■■ Euro innerhalb einer Frist von fünf Tagen, mithin bis zum 10. September 2008, abzunehmen und zu bezahlen.

Sollten Sie den vorgenannten Termin ungenutzt verstreichen lassen, wenn wir unserer Mandantschaft empfehlen, den Anspruch auf Zahlung des Kaufpreises mit gerichtlicher Hilfe durchzusetzen.

Mit freundlichen Grüßen

■■■

Rechtsanwalt ◀

4. Prozessuale Durchsetzung

a) Vorüberlegungen zum Urkundsverfahren

205 Bei der klageweisen Durchsetzung eines Kaufpreisanspruches ist – gegebenenfalls bereits im **Mahnverfahren** – zu überlegen, in welcher Verfahrensart der Anspruch durchgesetzt werden soll. Grundsätzlich kann neben dem normalen zivilrechtlichen Klageverfahren auch erwogen werden, ob nicht gegebenenfalls der Kaufpreis im Urkundsprozess nach §§ 592 ff ZPO geltend gemacht wird. Nach § 592 ZPO kann jeder Anspruch, welcher die Zahlung einer bestimmten Geldsumme oder die Leistung einer bestimmten Menge an vertretbaren Sachen oder Wertpapieren zum Gegenstand hat, im Urkundenprozess geltend gemacht werden, wenn die sämtlichen zur Begründung des Anspruchs erforderlichen Tatsachen durch Urkunden bewiesen werden können.

206 Damit ist der **Urkundenprozess** grundsätzlich für Kaufpreiszahlungsklagen eröffnet. Die Vorteile des Urkundsverfahren liegen insbesondere darin, dass dem Klagegegner nur eingeschränkte Beweismittel zur Verfügung stehen. Der Kläger kann sich bei der Klage aussuchen, ob er das Verfahren im regulären Zivilprozess oder mittels Urkundenprozess einleitet. Sofern sein Zahlungsanspruch mittels einer Urkunde, also einem privatschriftlichen Kaufvertrag, nachgewiesen werden kann, führt das Urkundenverfahren zu einem erheblich

schnelleren Titel als ein herkömmliches Verfahren. Wegen der insoweit eingeschränkten Verteidigungsmöglichkeiten des Beklagten tritt eine erhebliche Verkürzung des Verfahrens ein. Sofern der Beklagte zum Beispiel Einwendungen, wie die Mangelhaftigkeit der Kaufsache, geltend machen will, wäre ihm dies nur anhand von Urkunden möglich, welche regelmäßig zu diesem frühen Verfahrensstadium noch nicht vorliegen. Dem Beklagten bleibt daher regelmäßig nur, den Kaufpreisanspruch zunächst im Rahmen eines Vorbehaltsanerkenntnisses anzuerkennen, um sodann in das ordentliche Verfahren zu wechseln. Nach § 599 Abs. 3 ZPO ist das Vorbehaltsurteil als Endurteil anzusehen, so dass daraus ohne Sicherheitsleistung entsprechend § 708 Nr. 4 ZPO vollstreckt werden kann.

Insbesondere unter **Haftungsgesichtspunkten** kann es teilweise empfehlenswert sein, dass 207
Urkundsverfahren zu wählen. Durch die schnellere Vollstreckbarkeit werden dem Schuldner Möglichkeiten zur Vermögensverschiebung, welche ihm während der teilweise langen Prozessdauer eines ordentlichen Zivilverfahrens zur Verfügung stehen, genommen.

Neben den allgemeinen Prozessvoraussetzungen muss die Klage nach § 593 Abs. 1 ZPO die 208
Erklärung enthalten, dass im Urkundsprozess geklagt werde. Darüber hinaus müssen nach § 593 Abs. 2 ZPO die Urkunden entweder in Urschrift oder in Abschrift der Klage beigefügt werden.

b) Allgemeine Prozessvoraussetzungen

Hinsichtlich der allgemeinen Prozessvoraussetzungen bei der Zahlungsklage müssen zu- 209
nächst die Voraussetzungen etwaiger **Gütestellen- und Schlichtungsgesetze** beachtet werden, falls der Streitwert der Zahlungsklage unter 650 beziehungsweise 700 EUR liegt.

Gerichtsstand der Zahlungsklage ist vorbehaltlich gesonderter Regelungen im Kaufvertrag 210
oder allgemeinen Geschäftsbedingungen der Erfüllungsort, da es sich bei der Kaufpreiszahlung regelmäßig um eine Schickschuld handelt. Erfüllungsort ist nach § 29 ZPO der Wohnort des Käufers.

▶ **Muster: Kaufpreisklage im Urkundsprozess** 211

[Volles Rubrum] 16

Wir bestellen uns für den Kläger und erheben namens und in Vollmacht des Klägers

Klage

im

Urkundsprozess

und beantragen zu erkennen:

1. Der Beklagte wird verurteilt, an die Klägerin 900 EUR nebst Zinsen in Höhe von fünf Prozentpunkten über dem jeweiligen Basiszinssatz seit dem ... zu zahlen.

2. Der Beklagte hat die Kosten des Rechtstreits zu tragen.

3. Das Urteil ist – notfalls gegen Sicherheitsleistung – vorläufig vollstreckbar.

Für den Fall, dass das Gericht das schriftliche Vorverfahren anordnet und der Beklagte nicht innerhalb der Frist seine Verteidigungsbereitschaft erklärt oder den Anspruch anerkennt, wird beantragt,

Gegen den Beklagten ein Versäumnisurteil oder Anerkenntnisurteil ohne mündliche Verhandlung zu erlassen.

Begründung

Die streitbefangenen Parteien sind durch einen Kaufvertrag über ein gebrauchtes Sofa miteinander verbunden. Darin verpflichtet sich der Käufer, für das Sofa einen Kaufpreis in Höhe von 900 EUR zu zahlen.

Beweis: Kaufvertrag vom ■■■ Anlage K1.

Der Beklagte hat den Kaufgegenstand bereits am ■■■ abgeholt.

Da der Beklagte den Kaufpreis nicht beglich, wurde er außergerichtlich unter Fristsetzung zur Zahlung aufgefordert.

Beweis: Anwaltliches Aufforderungsschreiben vom ■■■, Anlage K2.

Da der Beklagte die in dem Aufforderungsschreiben gesetzte Frist ungenutzt verstreichen ließ, ist Klage geboten.

Die Klägerin hat gegen den Beklagten nach § 433 Abs. 2 BGB einen Anspruch auf Zahlung des vereinbarten Kaufpreises in Höhe von 900 EUR.

Der Zinsanspruch richtet sich nach § 288 BGB. Vertraglich vereinbart war, dass der Beklagte den Kaufpreis am zweiten Tage nach Abholung des Kaufgegenstandes entrichtet. Damit kam der Beklagte bereits ohne Mahnung in Verzug. Ab diesem Zeitpunkt ist der Kaufpreis zu verzinsen und der Beklagte hat die Zinsen zu tragen.

Beglaubigte und einfache Abschrift anbei.

■■■

Rechtsanwalt ◄

212 Die Kaufpreiszahlungsklage kann auch im ordentlichen Zivilprozess geltend gemacht werden; in diesem Fall gilt das vorgenannte Muster, es ist jedoch der Hinweis, dass im Urkundsverfahren geklagt werde, zu entfernen.

II. Kaufpreisklage bei unbestimmtem Kaufpreis

213 Vor dem Hintergrund der Regelung nach § 315 BGB ist es auch möglich, die **Bestimmung des Kaufpreises** einer Partei zu überlassen.[2] § 315 BGB wird zudem in Kaufverträgen über verbrauchbare Rohstoffe, welche ebenfalls von Tagespreisen abhängig sind, wie Strom, Öl oder Gas, angewandt. Darüber hinaus ist die Kaufpreisbestimmung nach billigem Ermessen in solchen Konstellationen denkbar, in welchen die Gegenleistung entweder von einem Tagespreis abhängig ist, wie unter anderem beim Ankauf von Altmetall, oder, wenn die Gegenleistung nicht ausschließlich in einer Zahlung, sondern beispielsweise in einer weiteren Leistung oder einer Sache besteht. Dies kann dann der Fall sein, wenn Transportkosten in den Kaufpreis einkalkuliert sind und dieser aufgrund der Versandart oder des Transportmittels nicht vollständig kalkuliert werden kann.

214 Denkbar ist ebenfalls, dass die Parteien eine Regelung treffen, dass der Kaufpreis von einem Dritten bestimmt wird, beispielsweise einem Gutachter, oder aus allgemein zugänglichen Listen, wie zum Beispiel beim Autokauf, den Listenpreisen des Werkes beziehungsweise beim Gebrauchtwagenkauf der so genannten „Schwacke-Liste" entnommen wird.

a) Vorprozessuale Situation

215 Die Vertragsparteien haben sich im Rahmen eines Gebrauchtwagen-Kaufvertrages darauf geeinigt, dass ein Gebrauchtwagen des Käufers durch den Verkäufer „in Zahlung genom-

2 Horn, NJW 1985, 1118.

men" wird. Der Wert des angekauften Gebrauchtwagens soll nach der „Schwacke-Liste" berechnet werden und vom Kaufpreis des verkauften Wagens in Abzug gebracht werden.

b) Kaufpreis bei Ermessen

Ist bei einer Kaufsache der Kaufpreis nicht vollständig vertraglich bestimmt, so stellt sich 216
zunächst die Frage, welche der Parteien die **Bestimmung** des Kaufpreises nach billigem Ermessen entsprechend § 315 BGB durchführen soll. Schließlich gehen die Vorstellungen von Käufer und Verkäufer über einen angemessenen Kaufpreis regelmäßig auseinander. Sollte der Käufer einen seiner Meinung nach angemessenen Preis gezahlt haben, welcher unterhalb der Vorstellung des Verkäufers liegt, wird der Verkäufer unter Berücksichtigung der Billigkeit beziehungsweise der getroffenen Vereinbarung die Differenz einklagen.

▶ **Muster: Kaufpreisklage bei Bestimmung des Kaufpreises nach § 315 BGB** 217

[Volles Rubrum] 17

Vorläufiger Streitwert 10.000 EUR

Wir bestellen uns für den Kläger und erheben namens und in Vollmacht des Klägers

Klage

Wir beantragen zu erkennen:

1. Der Beklagte wird verurteilt, an den Kläger 10.000 EUR nebst Zinsen in Höhe von fünf Prozentpunkten über dem jeweiligen Basiszinssatz seit dem … zu zahlen.

2. …

Begründung

Der Kläger ist Gebrauchtwagenhändler und der Beklagte sein Kunde. Mit Kaufvertrag vom … haben sich die streitbefangenen Parteien darauf geeinigt, dass der Beklagte das Fahrzeug …, Fahrzeugidentnummer … zum Preis in Höhe von 25.000 EUR kauft.

Beweis: Kaufvertrag vom …

Hinsichtlich der Kaufpreiszahlung war vereinbart, dass das Altfahrzeug des Beklagten, Marke …, Fahrzeugidentnummer … durch den Kläger in Zahlung genommen wird. Vereinbart war, dass der Preis für das in Zahlung genommene Fahrzeug nach der Schwacke-Liste bestimmt wird. Dabei haben die Parteien zugrunde gelegt, dass es sich um ein Fahrzeug der Marke … mit Erstzulassung vom … und einer Kilometerleistung von … Kilometern, handelt. Darüber hinaus sollte das Fahrzeug die Ausstattungsvariante … aufweisen und dementsprechend mit Klimaanlage, Regensensor und CD-Wechsler ausgestattet sein. Ein solches Fahrzeug hat nach der Schwacke-Liste einen Wert in Höhe von 15.800 EUR.

Beweis: Sachverständigengutachten.

Der Beklagte hat das Fahrzeug bereits am Vorabend des Abschlusses des streitgegenständlichen Kaufvertrages auf dem Hof der Klägerin abgestellt. Eine gesonderte Untersuchung des Fahrzeugs erfolgte zunächst nicht, weil der zuständige Verkäufer der Klägerin auf die Angaben des Beklagten vertraut hat. Nachdem der Beklagte mit dem verkauften Gebrauchtwagen der Klägerin weggefahren ist und einen Teilkaufpreis in Höhe von 10.000 EUR entrichtet hat, stellte sich heraus, dass das in Zahlung genommene Fahrzeug einen deutlich höheren Kilometerstand aufwies als vereinbart, nämlich … Kilometer. Darüber hinaus war der CD-Wechsler in dem Fahrzeug nicht mehr enthalten, sondern durch ein billiges Radio ausgetauscht worden. Im Rahmen eines Austauschs der Frontscheibe war offensichtlich auch der Regensensor ausgetauscht worden. Da diese essenziellen Ausstattungsmerkmale nunmehr fehlen und das Fahrzeug eine deutlich höhere Fahrleistung aufweist, ist nach der Schwacke-Liste lediglich noch ein Wert in Höhe von ... Euro gerechtfertigt.

Beweis:

1. Schwacke-Liste, Vorlage im Termin
2. Sachverständigengutachten.

Mit Schreiben vom ... teilte der Kläger dem Beklagten mit, dass das Fahrzeug nicht die geforderten Ausstattungsmerkmale aufweise und zudem über eine höhere Laufleistung verfüge als kaufvertraglich vereinbart. Unter auszugsweiser Beifügung der Schwacke-Liste teilte der Kläger dem Beklagten mit, dass das Fahrzeug nunmehr noch einen Restwert in Höhe von ... Euro habe, so dass im Bezug auf den Kaufvertrag über das streitgegenständliche Fahrzeug lediglich ein Wert in Höhe von ... Euro angenommen werden könnte, so dass der Beklagte für den von ihm angekauften Wagen noch einen Betrag in Höhe von 10.000 EUR zu entrichten habe.

Beweis: Schreiben vom ...

Da der Beklagte trotz der nochmaligen Aufforderung des Klägers den vollständigen Kaufpreis für das Fahrzeug ... aus Kaufvertrag vom ... nicht beglichen hat, ist Klage geboten.

Der Kläger hat Anspruch auf Zahlung des Restkaufpreises in Höhe von 10.000 EUR nach § 433 Abs. 2 BGB iVm § 315 Abs. 1, 3 BGB. Bei Abschluss des Kaufvertrages bestand Einigkeit, dass der Kläger den Kaufpreis auf Basis der gängigen Listen bestimmen soll. Die Kaufpreisbestimmung des Klägers entspricht auch billigem Ermessen. Da das Fahrzeug nicht die unterstellte Ausstattungsvariante aufweist, kann es nach der Schwacke-Liste nur als Fahrzeug ohne diese Ausstattungsvariante angesehen werden. Werterhöhend kommt dabei hinzu, dass aus der Ausstattungslinie das Sonderausstattungsmerkmal Automatikgetriebe vorhanden ist, welches nach der Preisliste des Herstellers aufpreispflichtig ist. Unter Zugrundelegung dieser Ausstattungsmerkmale und der höheren Kilometerleistung ergibt sich auf Basis der Schwacke-Liste ein Kaufpreis in Höhe von ... Euro.

Beweis:

1. Schwacke-Liste, bereits benannt
2. Sachverständigengutachten.

Der Zinsanspruch ergibt sich aus § 288 BGB; spätestens seit der Aufforderung des Klägers an den Beklagten, den Restkaufpreis in Höhe von 10.000 EUR zu zahlen, ist der Beklagte in Verzug.

Beglaubigte und einfache Abschrift anbei.

...

Rechtsanwalt ◄

III. Ergänzende Anträge – Annahmeverzug

218 Nach § 756 ZPO darf der Gerichtsvollzieher die Zwangsvollstreckung dann nicht beginnen, wenn die Vollstreckung von einer Zug um Zug zu bewirkenden Leistung des Gläubigers an den Schuldner abhängt, bevor dem Schuldner die diesem gebührende Leistung in einer den Verzug der Annahme begründenden Weise angeboten wurde, sofern nicht der Beweis durch öffentliche oder öffentlich beglaubigte Urkunden geführt wird, dass der Schuldner befriedigt oder im Verzug der Annahme ist.[3] Aus diesem Grunde kann es sich

3 Musielak/Lackmann, ZPO § 756 Rn 5.

empfehlen, ergänzend zum Leistungsantrag nach Eintritt des Annahmeverzuges die **Feststellung** zu beantragen, dass sich der Schuldner im Annahmeverzug befindet. Wenn keine ausdrückliche Vorleistungspflicht des Käufers vereinbart ist und der Käufer seine Leistung noch nicht erbracht hat, müsste der Käufer zudem auf Zahlung Zug um Zug gegen die vom Verkäufer zu erbringende Gegenleistung, also Übereignung und Übergabe der Kaufsache, verklagt werden. Darüber hinaus könnte der Schuldner im Klageverfahren auf Kaufpreiszahlung die Unsicherheitseinrede nach § 321 BGB geltend machen. Ist nämlich der Käufer aus dem Kaufvertrag vorleistungspflichtig, so kann er die ihm obliegende Leistung verweigern, wenn nach Abschluss des Vertrages gegebenenfalls erkennbar wird, dass sein Anspruch auf die Gegenleistung durch mangelnde Leistungsfähigkeit des anderen Teils gefährdet wird. Ein weiteres Risiko bei der Zahlungsklage besteht darin, dass der auf Zahlung verklagte Käufer die **Einrede des nicht erfüllten Vertrages** nach § 320 BGB erhebt. In diesen Fällen würde die Verurteilung lediglich Zug-um-Zug erfolgen, was zudem regelmäßig mit einer teilweisen Klageabweisung und der entsprechenden Kostenfolge nach § 92 Abs. 1 ZPO einhergeht. In allen diesen Fällen sollte neben der Verpflichtung zur Zahlung des Kaufpreises auch die Feststellung beantragt werden, dass sich der Käufer im Annahmeverzug befindet. Es ist zudem auch möglich, isolierte Feststellungsklage, dass der Schuldner sich im Annahmeverzug befindet, zu erheben.[4]

Der **zusätzliche Antrag** zur Feststellung des Annahmeverzuges wirkt nicht Streitwert erhö- 219
hend, da keine Leistung betroffen ist.[5]

▶ **Muster: Antrag auf Feststellung des Annahmeverzuges in der Kaufpreisklage** 220

18

[Volles Rubrum]

Hiermit bestellen wir uns für den Kläger und erheben

Klage

Mit den Anträgen:

1. Der Beklagte wird verurteilt, an den Kläger 10.000 EUR nebst Zinsen in Höhe von fünf Prozentpunkten über dem jeweiligen Basiszinssatz seit dem … Zug um Zug gegen Übergabe des Fahrzeugs, Fahrzeugmarke …, Fahrgestell-Nummer … und Übertragung des Eigentums an diesem Fahrzeug, zu zahlen.
2. Es wird festgestellt, dass sich der Beklagte seit dem … in Annahmeverzug befindet.

Begründung

Am … vereinbarten die streitbefangenen Parteien mittels schriftlichen Kaufvertrages über das streitgegenständliche, im Antrag zu 1. genauer bezeichnete Fahrzeug, dass der Beklagte als Käufer des Fahrzeugs gegen Zahlung des Kaufpreises in Höhe von … Euro das Eigentum an dem vorgenannten Fahrzeug erhält. Der Kaufpreis sollte bei Übergabe des Fahrzeugs entrichtet werden.

Beweis: Kaufvertrag vom …, Anlage A1.

Der Kläger bot dem Beklagten mit Schreiben vom … das Fahrzeug an dessen Wohnsitz an. Der Beklagte äußerte sich nicht auf dieses Schreiben. Daraufhin bot der Kläger dem Beklagten unter dem … nochmals per Einwurf Einschreiben die Übergabe des Fahrzeugs an.

Beweis: Schreiben vom …, Anlage K2.

4 KG NJW-Spezial 2008, 653.
5 KG, MDR 2005, 898.

Daraufhin meldete sich der Beklagte am ■■■ telefonisch beim Herrn ■■■, einem als Verkäufer angestellten Mitarbeiter des Klägers und teilte mit, dass er das Fahrzeug nicht abnehmen werde und hierzu auch nicht verpflichtet sei, weil der vereinbarte Kaufpreis zu hoch sei.

Beweis: Zeugnis des Herrn ■■■, zu laden über den Kläger.

Der Anspruch des Klägers ergibt sich aus § 433 Abs. 2 BGB. Die Parteien haben sich über den Kaufpreis geeinigt.

Beweis: Kaufvertrag vom ■■■, Anlage K1, bereits benannt.

Rein vorsorglich wird ausgeführt, dass der Kaufpreis für das im Klageantrag zu 1. genauer bezeichnete Fahrzeug auch angemessen ist.

Beweis: Sachverständigengutachten.

Der Zinsanspruch ergibt sich aus § 288 Abs. 2 BGB. Der Beklagte befand sich spätestens seit dem ■■■, als der Kläger dem Beklagten das Fahrzeug angeboten hat, in Verzug; die Zinshöhe ergibt sich aus § 288 Abs. 1 S. 2 BGB.

Beglaubigte und einfache Abschrift anbei.

■■■

Rechtsanwalt ◄

IV. Klage auf Abnahme der Kaufsache

1. Abnahmeverpflichtung

221 Nach § 433 Abs. 1 S. 1 BGB ist der Verkäufer verpflichtet, dem Käufer die Kaufsache zu übergeben und ihm das Eigentum daran zu verschaffen. Der Käufer wird dementsprechend verpflichtet, den Kaufpreis zu zahlen und die Kaufsache **abzunehmen**, § 433 Abs. 2 BGB.[6] Neben der Verpflichtung zur Zahlung des Kaufpreises kann aber auch gerade die Abnahmeverpflichtung ein besonderes Interesse des Verkäufers darstellen und isoliert von der Zahlungsklage oder in Kombination durchgesetzt werden.[7] So ist es denkbar, dass der Verkäufer zum Zwecke der Räumung sein Inventar veräußert und daher ein besonderes Interesse an der Abnahme der Kaufsache hat, welches sogar gegenüber dem Kaufpreisanspruch in den Vordergrund rückt. Der Anspruch auf **Abnahme der Kaufsache** setzt voraus, dass der Verkäufer dem Käufer die Sache mangelfrei übergeben und diesem das Eigentum an der Kaufsache verschaffen kann, § 433 Abs. 1 S. 2 BGB.

2. Schadensersatz

222 Dem Verkäufer stehen zudem **Schadensersatzansprüche** zu, wenn der Käufer die Kaufsache nicht abnimmt.[8] Diese Schadensersatzansprüche bestehen unter anderem in etwaigen Lagerkosten. Darüber hinaus kann der Verkäufer auch vom Vertrag zurücktreten, wenn der Käufer entsprechend § 323 BGB seine fällige Leistung nicht vertragsgemäß erbringt. Die Schadensersatzpflicht tritt regelmäßig mit der Setzung einer Nachfrist zur Leistung ein, sofern diese nicht nach § 323 Abs. 2 entbehrlich ist. Darüber hinaus ändert sich im Verzug mit der Abnahmeverpflichtung auch das Risiko des Untergangs der Sache. Nach § 287 BGB hat der Schuldner während des Vollzuges jede Fahrlässigkeit zu vertreten.[9] Darüber hinaus

---

6 Hk-BGB/Saenger, § 433 Rn 12.
7 Hk-BGB/Saenger, § 433 Rn 15.
8 Hk-BGB/Saenger, § 433 Rn 15.
9 MüKo/Ernst, § 287 Rn 1.

haftet er auch für den zufälligen Untergang und nachteilige Veränderungen bis hin zur Zerstörung der Kaufsache.

3. Mängel

Die Abnahmeverpflichtung tritt dann nicht ein, wenn die Kaufsache nicht vertragsgemäß ist, also entweder vollständig von der vertragsgemäßen Sache abweicht oder **Mängel** aufweist. Auch hier können die handelsrechtlichen Gebräuche besonders zu beachten sein, wie etwa die Mängelrüge nach § 377 HGB. 223

4. Vorprozessuale Situation

Verkäufer und Käufer haben sich mit Kaufvertrag darauf geeinigt, dass der Käufer das gebrauchte Sofa des Verkäufers noch vor dessen Auszug aus der Wohnung abholt. Damit der Verkäufer das Sofa nicht anderweitig veräußert, hat der Käufer bereits einen Anteil des Kaufpreises entrichtet. Nachdem sich der Käufer auf mehrfache Telefonate hin nicht gemeldet hat, nachdem der Termin zur Abholung verstrichen ist, muss der Verkäufer die Wohnung räumen und stellt das Sofa bei einem Bekannten unter. 224

5. Vorprozessuale Überlegungen

Dem Verkäufer stehen verschiedene Möglichkeiten zur Wahl. Er könnte einerseits vom **Kaufvertrag zurücktreten** und das Sofa gegebenenfalls an einen anderweitigen Interessenten veräußern. Die Anzahlung ist dann mit dem **Schadensersatzanspruch**, welcher dem Verkäufer gegebenenfalls zusteht, zu verrechnen und ein etwaiger überschüssiger Betrag an den vormaligen Käufer zurückzuzahlen. 225

Zudem könnte der Verkäufer auch isolierte Klage auf **Abnahme** der Kaufsache einreichen oder die Klage auf Abnahme mit der **Zahlungsklage** hinsichtlich des Restkaufpreises und einen zusätzlichen Schadensersatzanspruch verbinden. 226

Auch wenn sich die Parteien wie hier auf einen feststehenden Termin geeinigt haben, an welchem der Kaufgegenstand abgenommen werden soll, empfiehlt es sich aus anwaltlicher Vorsorge gleichwohl, eine **außergerichtliche Aufforderung** zur Abnahme der Kaufsache auszusprechen, um den Verzug des Käufers zu zementieren. Vor dem Hintergrund eines vertraglichen Abholdatums kann die zu setzenden Frist dabei erheblich kürzer ausfallen. Handelt es sich tatsächlich um ein Schickgeschäft, so kann eine Fristsetzung entbehrlich sein. Die außergerichtliche Fristsetzung hat dann den Charakter einer Abmahnung, ist also nicht schädlich und führt vielmehr dazu, die Voraussetzungen für den Rücktritt nach § 323 BGB zu schaffen. 227

6. Klage auf Abnahme der Kaufsache

Gerichtsstand der Abnahmeklage ist grundsätzlich der allgemeine Gerichtsstand des Schuldners nach den §§ 12-19 ZPO, also der Wohnort des Käufers nach § 29 ZPO.[10] Der **Streitwert** bestimmt sich nach dem Interesse des Verkäufers an der Abnahme. Auch die Klage auf Abnahme der Kaufsache kann mit der Feststellung verbunden werden, dass sich der Käufer in Annahmeverzug befindet. 228

10 Hk-ZPO/Saenger, § 29 Rn 7.

229 ▶ **Muster: Klage auf Abnahme der Kaufsache**

19 [Volles Rubrum]

Hiermit bestellen wir uns für den Kläger und erheben namens und im Auftrag des Klägers

Klage

wegen: Abnahme der Kaufsache

Vorläufiger Streitwert: ▪▪▪

Namens und im Auftrag des Klägers wird beantragt zu erkennen:

1. Der Beklagte wird verurteilt, das Sofa, Marke ▪▪▪, 3-Sitzer aus braunem Velours abzunehmen.
2. Der Beklagte trägt die Kosten des Rechtsstreits.

Begründung

Die Klägerin ist Eigentümerin des im Klageantrag zu 1. genauer bezeichneten Sofas. Mit Kaufvertrag vom ▪▪▪ haben sich die Klägerin und der Beklagte darauf geeinigt, dass der Beklagte das streitgegenständliche Sofa zu einem Kaufpreis von 900 EUR erwirbt und am ▪▪▪ bei der Klägerin abholt.

Beweis: Kaufvertrag vom ▪▪▪, Anlage K1.

Der Beklagte hat zur Dokumentation seiner Kaufabsicht und Abnahmeverpflichtung bereits einen Teilbetrag in Höhe von 150 EUR angezahlt.

Beweis: Quittung vom ▪▪▪, Anlage K2.

Wie die Klägerin dem Beklagten bereits bei der Verhandlung über den Kaufpreis und Besichtigung des Kaufgegenstandes am ▪▪▪ mitgeteilt hat, war es ihr besonders wichtig, dass der Beklagte das Sofa am ▪▪▪, spätestens jedoch bis zum ▪▪▪, abholt. Die Klägerin zieht aus beruflichen Gründen nach München und hat ihre Wohnung in Düsseldorf gekündigt. Wie dem Beklagten bekannt ist, ist die Klägerin verpflichtet, ihre Wohnung zum ▪▪▪ zu räumen.

Nachdem der im Kaufvertrag bestimmte Zeitpunkt zur Abholung des Sofas verstrichen war, hat die Klägerin den Beklagten mehrfach telefonisch um Abholung des Sofas gebeten. Da der Beklagte die mehrfach vereinbarten Termine nicht eingehalten hat, hat die Klägerin den Beklagten zuletzt mit anwaltlichem Aufforderungsschreiben vom ▪▪▪ zur Abnahme des Sofas bis zum ▪▪▪ aufgefordert.

Beweis: Schreiben vom ▪▪▪, Anlage K3.

Da der Beklagte die gesetzte Frist wiederum nicht eingehalten hat, ist Klage geboten.

Beglaubigte und einfache Abschrift anbei.

▪▪▪

Rechtsanwalt ◀

7. Klage auf Abnahme und Zahlung des Kaufpreises

230 Die Klage auf **Abnahme** der Kaufsache kann auch mit der Klage auf **Zahlung** des Kaufpreises und der Feststellung, dass sich der Beklagte mit der Abnahme in Verzug befindet, verbunden werden. Hierzu sollte der Beklagte außergerichtlich in Verzug gesetzt werden. Sofern die Abnahme neben dem Kaufpreis einen eigenen Wert hat, weil der Kläger ein besonderes Interesse an der Abnahme hat, erhöht sich der Streitwert neben dem Wert des Zahlungsanspruches um den zu schätzenden Wert der Abnahmeverpflichtung.

▶ **Muster: Klage auf Abnahme verbunden mit Zahlungsklage hinsichtlich des Kaufpreises** 231

20

[Volles Rubrum]

Hiermit bestellen wir uns für den Kläger und erheben namens und im Auftrag des Klägers

Klage

wegen: Abnahme der Kaufsache und Zahlung des Kaufpreises

Vorläufiger Streitwert: 1.500 EUR.

Namens und in Vollmacht des Klägers erheben wir Klage und beantragen zu erkennen:

1. Der Beklagte wird verurteilt, an den Kläger 900 EUR nebst Zinsen in Höhe von fünf Prozentpunkten über dem jeweiligen Basiszinssatz seit dem ■■■ Zug-um-Zug gegen Übertragung des Eigentums an dem Sofa der Marke ■■■, 3-Sitzer, aus braunem Velours, Seriennummer ■■■, zu bezahlen.

2. Der Beklagte wird verurteilt, dass im Klageantrag zu 1. näher bezeichnete Sofa abzunehmen.

3. Es wird festgestellt, dass sich der Beklagte mit der Abnahme des im Klageantrag zu 1. genauer bezeichneten Sofas in Verzug befindet.

■■■

Rechtsanwalt ◀

B. Klagen des Käufers

I. Klage auf Übergabe und Übereignung der Kaufsache

232 Die Kehrseite der Klage des Verkäufers auf Zahlung des Kaufpreises und Abnahme der Kaufsache ist die Klage des Käufers auf **Übergabe und Übereignung** der Kaufsache. Diese Klage wird in der Praxis insbesondere dann relevant, wenn der Verkäufer mit der Lieferung der Kaufsache Schwierigkeiten hat. Zwar könnte der Käufer in einem solchen Fall nach §§ 271, 323 BGB auch vom Kaufvertrag zurücktreten und sich die Kaufsache anderweitig beschaffen, sofern dies jedoch nicht möglich ist und auch die Geltendmachung eines Verzugsschadens nicht zum gewünschten Ergebnis führt, sollte die Klage auf Lieferung der Kaufsache erhoben werden.

1. Vorprozessuale Situation

233 Käufer und Verkäufer haben sich über den Kauf eines gebrauchten Kfz geeinigt. Die Übergabe des Fahrzeugs sollte nach Zahlung des Kaufpreises in Höhe von 30.000 EUR auf das Konto des Verkäufers erfolgen. Trotz mehrfacher Aufforderung liefert der Verkäufer das Fahrzeug nicht aus, obgleich der Käufer den Kaufvertrag bereits erfüllt und die Kaufsumme bezahlt hat. Darüber hinaus nutzt der Verkäufer das Fahrzeug weiterhin.

2. Hauptpflichten der Parteien

234 Hauptpflicht des Verkäufers ist vor allem die **Übereignung und Übergabe** der verkauften Sache. Die Übergabe besteht in der Verschaffung des unmittelbaren Besitzes nach § 854 BGB.[11] Die Übergabe kann zudem durch Vereinbarung von einem Besitzmittlungsverhältnis nach den §§ 868, 930 BGB oder durch Abtretung des Herausgabeanspruchs an einen

11 Hk-BGB/Schulte-Nölke, § 854 Rn 3.

Dritten nach den §§ 931, 985 BGB, wie auch ohne unmittelbare Übergabe, falls der Käufer nach § 854 Abs. 1 BGB bereits im Besitz der Sache ist, erfolgen.

235 Neben der Übergabe ist die essenzielle Verpflichtung des Verkäufers, das Eigentum zu verschaffen. Die **Eigentumsverschaffung** erfolgt durch die Übergabe mit dem Willen, dass das Eigentum an der Kaufsache übertragen werden soll, entsprechend den §§ 929 ff BGB.

3. Prozessuale Erwägungen

236 Für den **Streitwert** der Klage auf Lieferung ist grundsätzlich der Verkehrswert der herauszugebenden Sache maßgeblich.[12] Dieser wird regelmäßig dem Kaufpreis entsprechen, kann allerdings auch davon abweichen. Örtlich zuständig ist regelmäßig das Gericht des allgemeinen **Gerichtsstands**, wobei abweichende Regelungen sich aus einem vereinbarten Erfüllungsort oder aus den Umständen ergeben können. Gegebenenfalls ist im Kaufvertrag eine Lieferverpflichtung vereinbart, so dass dann Erfüllungsort nicht der Wohnort des Verkäufers ist und damit der Gerichtsstand an den anderen Erfüllungsort wechselt; für die Klage auf Herausgabe von Grundstücken gilt nach § 24 Abs. 1 ZPO der dingliche Gerichtsstand ausschließlich.

237 ▶ **Muster: Klage auf Übergabe und Übereignung der Kaufsache**

21 [Volles Rubrum]

Hiermit bestellen wir uns für den Kläger und erheben namens und im Auftrag des Klägers

Klage

wegen: Eigentumsverschaffung

vorläufiger Streitwert 30.000 EUR

Namens und in Vollmacht des Klägers wird Klage erhoben. Es wird beantragt zu erkennen:

1. Der Beklagte wird verurteilt, an den Kläger das Fahrzeug Marke ▪▪▪, amtliches Kennzeichen ▪▪▪, Identifikation-Nummer ▪▪▪, zu übergeben und zu übereignen.
2. Der Beklagte wird verurteilt, die Übergabe und Übereignung gemäß Klageantrag zu 1. innerhalb einer Frist von zwei Wochen nach Rechtskraft des Urteils vorzunehmen.
3. Die Kosten des Rechtstreits trägt der Beklagte.

Für den Fall, dass das Gericht das schriftliche Vorverfahren anordnet und der Beklagte nicht rechtzeitig die Verteidigungsbereitschaft anzeigt, wird beantragt,

gegen den Beklagten ein Versäumnisurteil zu erlassen.

Begründung

Mit Kaufvertrag vom 11. Oktober 2009 einigten sich die streitbefangenen Parteien darüber, dass der Beklagte dem Kläger das im Klageantrag zu 1. genauer bezeichnete Fahrzeug zu einem Kaufpreis von 30.000 EUR verkauft. Der Kaufpreis sollte auf das Konto des Beklagten überwiesen werden, sodann sollte die Übergabe des Fahrzeugs erfolgen.

Beweis: Kaufvertrag vom 11. Oktober 2009, Anlage K1.

Noch am Tage des Vertragsschlusses überwies der Kläger den Kaufpreis auf das Konto des Beklagten.

Beweis: Kontoauszug vom 15. Oktober 2009, Anlage K2.

12 OLG Frankfurt, NJW 1970, 334.

Die Parteien hatten sich darauf verständigt, dass der Kläger am 13. Oktober 2009 das verkaufte Fahrzeug bei dem Beklagten abholen sollte. Als der Kläger bei dem Beklagten erschien, teilte dieser mit, er würde das Fahrzeug noch benötigen. Die Lieferung des durch den Beklagten bestellten Neuwagens habe sich verzögert, so dass der Beklagte darauf angewiesen sei, mit dem verkauften Fahrzeug noch zu fahren.

Da sich der Beklagte mit der Übergabe und Übereignungsverpflichtung aus dem Kaufvertrag im Verzug befindet, ist Klage geboten. Der Klageanspruch resultiert aus § 433 Abs. 1 S. 1 BGB.

Beglaubigte und einfache Abschrift anbei.

■■■

Rechtsanwalt ◀

Beratungshinweis: Auch bei der Klage auf Übereignung und Übergabe der Kaufsache ist zu überprüfen, ob sich der Käufer mit seiner Leistung in Vorleistungspflicht befindet. Ist dies der Fall, ist der Verkäufer erst nach Erfüllung der Vorleistungspflicht durch den Käufer zur Leistung verpflichtet. Besteht eine solche Vorleistungspflicht nicht oder hat der Käufer bereits geleistet, so bietet es sich auch hier an, die Klage auf Lieferung der Kaufsache mit der Feststellung, dass sich der Verkäufer in Verzug befindet, zu verbinden. Ist keine Vorleistungspflicht bestimmt, sollte die Klage zudem als Leistung Zug-um-Zug gegen Zahlung des Kaufpreises formuliert werden. Dies ist immer dann der Fall, wenn der Käufer den Kaufpreis bei der Übergabe entrichten sollte und der Verkäufer die Annahme des Kaufpreises abgelehnt hat.

II. Klage auf Übereignung der Kaufsache und Feststellung des Annahmeverzuges

Käufer und Verkäufer haben sich mit Kaufvertrag darauf geeinigt, dass der Käufer die Kaufsache gegen Zahlung des Kaufpreises an einem bestimmten Termin abholt. Als der Käufer zu diesem Zeitpunkt beim Verkäufer erscheint, lehnt dieser die Leistung ab und teilt mit, er wolle die Kaufsache nun doch nicht mehr verkaufen. 238

▶ **Muster: Klage auf Übereignung der Kaufsache und Feststellung des Annahmeverzuges** 239

22

■■■

Hiermit bestellen wir uns für den Kläger und erheben namens und im Auftrag des Klägers

Klage

[Volles Rubrum]

wegen: Übereignung und Übergabe der Kaufsache

vorläufiger Streitwert 10.000 EUR

Namens und in Vollmacht des Klägers erheben wir Klage und beantragen zu erkennen:

1. Der Beklagte wird verurteilt, dem Kläger das Fahrzeug Marke ■■■, mit dem amtlichen Kennzeichen ■■■, Fahrzeugidentifikationsnummer ■■■ zu übergeben und zu übereignen Zug-um-Zug gegen Zahlung des Kaufpreises in Höhe von 10.000 EUR.

2. Es wird festgestellt, dass sich der Beklagte in Verzug mit der Annahme der Zahlung des Kaufpreises in Höhe von 10.000 EUR befindet.

Für den Fall, dass das Gericht das schriftliche Vorverfahren anordnet und der Beklagte nicht innerhalb der Frist seine Verteidigungsbereitschaft erklärt oder den Anspruch anerkennt, wird beantragt,

gegen den Beklagten ein Versäumnisurteil oder Anerkenntnisurteil ohne mündliche Verhandlung zu erlassen.

Begründung

Mit Kaufvertrag vom ■■■ einigten sich die streitbefangenen Parteien darüber, dass der Verkäufer dem Käufer das im Antrag zu 1. genauer bezeichnete Fahrzeug zu einem Kaufpreis von 10.000 EUR verkauft. Die Übergabe sollte am ■■■ erfolgen. Es war zudem vereinbart, dass der Kläger zu diesem Zeitpunkt den Kaufpreis in bar entrichtet.

Beweis: Kaufvertrag vom ■■■, Anlage K1.

Als der Kläger am vereinbarten Datum zur Übergabe der Kaufsache erschien und den Kaufpreis entrichten wollte, erklärte ihm der Beklagte, dass er das Fahrzeug nun doch nicht mehr verkaufen wollte. Obgleich der Kläger auf den geschlossenen Kaufvertrag verwies, weigerte sich der Beklagte, den Kaufvertrag zu erfüllen.

Mit außergerichtlichem Schreiben vom ■■■ wurde der Beklagte durch die jetzigen Prozessbevollmächtigten des Klägers aufgefordert, Zug-um-Zug gegen Zahlung des Kaufpreises innerhalb einer Frist bis zum ■■■ das im Antrag zu 1. genauer bezeichnete Fahrzeug zu übereignen und zu übergeben. Da der Beklagte auch diese gesetzte Frist hat verstreichen lassen, ist Klage geboten.

Beglaubigte und einfache Abschrift anbei.

■■■

Rechtsanwalt ◄

III. Vorsorgliche erweiterte Anträge

240 Gerade bei der Klage auf Übergabe der Kaufsache sind häufig **Veränderungen und Verschlechterungen** der Kaufsache durch fortwährende Nutzung zu besorgen. Aus diesem Grunde kann es geboten sein, die weitere Nutzung der Kaufsache durch den Verkäufer zu unterbinden. Dies kann im Rahmen einer einstweiligen Verfügung erfolgen.

241 Grundsätzlich bedeutet die weitere Nutzung eines Fahrzeugs keine Gefährdung des Herausgabeanspruchs. Dies gilt sowohl für die Herausgabe nach einem Rücktritt vom Kaufvertrag, wie auch für die Übereignung im Rahmen eines Kaufvertrages. Für eine vorläufige Sicherstellung eines Kfzs durch einstweilige Verfügung ist ein Verfügungsgrund nur dann gegeben, wenn das Fahrzeug durch den Vorbehaltskäufer beziehungsweise durch den Verkäufer übermäßig genutzt wird und dies eine so erhebliche Wertminderung zur Folge hat, dass bei einer Vollstreckung des Titels auf Herausgabe der Sache ein wirtschaftlicher Wert nicht mehr vorhanden wäre.[13]

IV. Ansprüche des Käufers wegen Leistungsstörung

1. Vorgerichtliche Situation

242 Der Mandant kauft als Verbraucher von einem anderen Verbraucher ein als unfallfrei und „scheckheftgepflegt" bezeichnetes Fahrzeug. Bei der Probefahrt fällt ihm auch nichts Negatives auf; als er zu einem routinemäßigen Check up in seine Werkstatt fährt, stellt sich heraus, dass es sich bei dem Fahrzeug um ein Unfallfahrzeug gehandelt hat.

13 OLG Köln, NJW-RR. 1998, 1588.

2. Gesetzliche Grundlagen

Die gesetzlichen Grundlagen im Bereich der Leistungsstörungen finden sich zunächst im Bereich des allgemeinen Schuldrechts. Demgegenüber sind Sonderregelungen in §§ 434-442 BGB geregelt, welche allerdings mit Ausnahme einzelner Sonderregelungen zum Gefahrübergang und den Beschaffenheitsvereinbarungen grundsätzlich zurück verweisen in das allgemeine Schuldrecht. 243

a) Unmöglichkeit, §§ 275 ff BGB

Unmöglichkeit ist dann gegeben, wenn der Schuldner die Leistung nicht vertragsgemäß erbringen kann. Dabei ist zunächst zu unterscheiden, ob eine Gattungsschuld vorliegt. Demgegenüber wurde vor der Schuldrechtsreform häufig der Begriff der Stückschuld zur Abgrenzung verwandt. Sofern eine Gattungsschuld vorliegt, das heißt, wenn kein bereits konkretisierter Gegenstand Vertragsgegenstand ist,[14] kann nur Unmöglichkeit eintreten, wenn die gesamte Gattung untergegangen ist. In diesem Fall spricht man von **objektiver Unmöglichkeit**. Eine Unmöglichkeit kann in diesem Zusammenhang auch dadurch eintreten, dass der Gegenstand nach Übergang der Leistungsgefahr untergegangen ist, nach § 300 Abs. 2 BGB, wenn der Gläubiger der Leistung dadurch in Verzug geraten ist, dass er die angebotene Sache nicht angenommen hat. 244

aa) **Anfängliche Unmöglichkeit.** Nach § 311 a Abs. 1 BGB steht es der Wirksamkeit eines Vertrages nicht entgegen, dass der Schuldner nach § 275 Abs. 1 bis 3 BGB nicht zu leisten braucht und das Leistungshindernis schon bei Vertragsschluss vorliegt. In diesem Fall ist der Gläubiger nach seiner Wahl berechtigt, Schadensersatz statt der Leistung oder Ersatz seiner Aufwendungen in dem in § 284 BGB bestimmten Umfang zu verlangen, sofern der Schuldner das Leistungshindernis bei Vertragsschluss kannte oder seine Unkenntnis zu vertreten hat. Das heißt, dass im Falle der **anfänglichen Unmöglichkeit**, wenn der Schuldner die geschuldete Sache nicht übergeben kann, kein Anspruch auf Kaufpreiszahlung mehr besteht. Dieser Gegenanspruch, also die Verpflichtung zur Kaufpreiszahlung, geht im Falle der Unmöglichkeit nach § 326. Abs. 1 BGB unter. Die Leistungspflicht, also die Pflicht zur Übergabe und Übereignung der Kaufsache, ist ebenfalls nach § 275 BGB untergegangen. 245

Der **Schadensersatzanspruch statt Leistung** ist bei anfänglicher Unmöglichkeit nach den §§ 311 a Abs. 2 S. 1 BGB eine von § 280 Abs. 1 BGB getrennte selbstständige Anspruchsgrundlage. Dabei ist eine verschuldensabhängige Haftung insoweit gegeben, als der Schuldner haftet, wenn er das Leistungshindernis kannte oder seine Unkenntnis zu vertreten hat. Dadurch muss sich der Schuldner bereits vor Abschluss des Vertrages darüber informieren, ob die geschuldete Leistung tatsächlich erbringbar ist. Im Fahrzeughandel betrifft dies im wesentlichen Falle, in denen das geschuldete Fahrzeug noch umgebaut werden soll, der Umbau aber beispielsweise nicht möglich ist. Erfasst sind ebenfalls die Fälle, in welchen die Kaufsache bei Vertragsabschluss bereits untergegangen ist, sich der Verkäufer allerdings darüber nicht informiert hat. 246

Zwar ist eine verschuldensabhängige Haftung normiert, gleichzeitig wird aber die Darlegungs- und Beweislast umgekehrt, da grundsätzlich das Verschulden des Schuldners vermutet wird und der Schuldner insofern hier den Entlastungsbeweis antreten muss. 247

Da § 311 a Abs. 2 dem Gläubiger nach seiner Wahl Schadensersatz statt der Leistung gewährt, kann der Gläubiger beim Schadensersatz sogar das so genannte **positive Interesse** geltend machen. Das heißt, der Gläubiger ist so zu stellen, wie er stehen würde, wenn or- 248

14 MüKo/Emmerich, § 243 Rn 5.

dentlich erfüllt worden wäre. Es muss damit der gesamte Schaden einschließlich eines etwaigen entgangenen Gewinns, ersetzt werden. Dadurch wird der Schadensersatzanspruch auch bei teilweiser anfänglicher Unmöglichkeit dem Schadensersatzanspruch bei Nichtleistung und Schlechterfüllung gleichgestellt.

249 Der Gläubiger kann sich auch für den Ersatz seiner Aufwendungen nach § 284 BGB iVm § 311 a Abs. 2 S. 1 BGB entscheiden. Damit kann der Gläubiger anstelle des Schadensersatzes statt der Leistung Ersatz der Aufwendungen verlangen, welche er im Vertrauen auf den Erhalt der Leistung gemacht hat und billigerweise machen durfte. Grundsätzlich zu erstatten sind daher die Kosten des Vertrages, eventuelle Anreisekosten und Aufwendungen, welche im Hinblick auf die zu erwerbende Sache bereits getätigt wurden.[15]

250 **bb) Nachträgliche Unmöglichkeit.** Tritt das Leistungshindernis erst **nach Abschluss** des Vertrages, also nachträglich ein, so entfällt auch in diesem Fall nach § 326 Abs. 1 BGB wie bei der anfänglichen Unmöglichkeit der Gegenleistungsanspruch, das heißt der Anspruch auf die Zahlung des Kaufpreises. Der Käufer ist nach §§ 280 Abs. 1, 3, 283 BGB auf Schadensersatz statt der Leistung verwiesen. Damit ersetzt der Schadensersatzanspruch den ursprünglichen Leistungsanspruch. Erforderlich ist allerdings, dass der Schuldner nach § 280 Abs. 1 BGB die Unmöglichkeit zu vertreten hat. Wählt der Gläubiger den Schadensersatzanspruch, steht dem Schuldner, regelmäßig dem Verkäufer, ein Rückforderungsanspruch nach § 346 BGB zu.

251 Neben dem **Schadensersatzanspruch** kann der Gläubiger auch im Falle der nachträglichen Unmöglichkeit einen Aufwendungsersatzanspruch geltend machen.[16] Gleichzeitig steht dem Gläubiger ein Rücktrittsrecht nach §§ 325, 346 BGB zu. Der Rücktritt nach § 437 Nr. 2 BGB in Verbindung mit § 323 Abs. 1 BGB erfordert zunächst, dass eine angemessene Frist zur Nachbesserung gesetzt wurde, erst nach deren Ablauf ist der Käufer zum Rücktritt berechtigt. Damit hat der Gesetzgeber in dem seit dem 1.1.2002 geltenden neuen Schuldrecht den vorrangigen Gedanken zum Ausdruck gebracht, dass zunächst Erfüllung versucht werden soll.

252 Es können sich aus dem allgemeinen Schuldrecht auch Pflichtverletzungen nach den §§ 280-284 BGB ergeben, wenn leistungsbezogene **Nebenpflichten**, wie zB Aufklärungs-, Beratungs- und Verpackungspflichten übernommen und verletzt wurden.

253 Der insbesondere im Zusammenhang mit den außergerichtlichen Anwaltskosten häufig zitierte Schadensersatzanspruch wegen Verzuges nach §§ 280 Abs. 2, 288 BGB gewährt zudem einen Anspruch auf Erstattung der Verzugszinsen sowie nach § 291 BGB auf Prozesszinsen.

b) culpa in contrahendo

254 Eine weitere Schadensersatzgrundlage bildet die inzwischen gesetzlich normierte **culpa in contrahendo** nach den §§ 241 Abs. 2, 311 Abs. 2, 280 BGB. Allerdings können die Rechtsfolgen der culpa in contrahendo nicht neben der Mängelhaftung nach § 434 BGB geltend gemacht werden, wenn die Pflichtverletzung nur fahrlässig begangen wurde und sich auf einen der in den §§ 434, 435 BGB genauer geregelten Mängel bezieht.[17] Grundsätzlich gehen die Spezialregelungen nach §§ 434, 435 BGB den allgemeinen Regelungen vor, so dass zunächst die Nacherfüllung verlangt werden muss.

---

15 Derleder, NJW 2004, 969.
16 Wiesner, MDR 2002, 858.
17 Vgl OLG Düsseldorf, ZGS 2004, 271.

Anders verhält es sich beim vorsätzlich handelnden Verkäufer, welcher keinen Nacherfüllungsanspruch gegen den Käufer hat. 255

Auch gegenüber etwaigen Anfechtungsgründen wegen Irrtums nach § 119 Abs. 2 BGB sind die Regelungen der §§ 434 ff BGB spezieller; allerdings verdrängen diese erst die allgemeinen Regelungen ab dem **Gefahrübergang**. Hiervon ausgenommen ist die Irrtumsanfechtung nach § 123 BGB, welche stets möglich ist. 256

c) Besondere Sachmängel, § 434 BGB

In § 434 Abs. 1 BGB ist der **Sachmangel** definiert. Ausschlag gebendes Kriterium ist dabei die vereinbarte Beschaffenheit. Soweit die Beschaffenheit nicht vereinbart ist, ist die Sache frei von Sachmängeln, wenn sie sich für die nach dem Vertrag vorausgesetzte Verwendung eignet oder wenn sie sich nach § 434 Abs. 1 Nr. 2 für die gewöhnliche Verwendung eignet und eine Beschaffenheit aufweist, welche bei Sachen der gleichen Art üblich ist und die der Käufer nach Art der Sache erwarten kann.[18] Damit muss zunächst der Kaufvertrag auf eine etwa vereinbarte Beschaffenheit untersucht werden. Erst wenn eine solche nicht vorliegt, wird die nach dem Vertrag für die jeweilige Sache vorausgesetzte Art der Verwendung untersucht. Und erst danach werden Sachmängel anhand der Beschaffenheit der Vergleichsgruppe überprüft. 257

Entscheidend für die Beurteilung eines Sachmangels ist der Zeitpunkt des Gefahrübergangs. Nach § 446 BGB geht das Risiko des zufälligen Untergangs und der zufälligen Verschlechterung mit der Übergabe auf den Käufer über. D.h. es muss untersucht werden, ob der nach § 434 BGB entdeckte Mangel zu einem Zeitpunkt vor oder nach Übergabe der Sache beziehungsweise vor oder nach Eintritt des Annahmeverzugs eingetreten ist. Dabei kann bereits der Verdacht eines Mangels als solcher einen Mangel begründen.[19] 258

d) Beschaffenheitsvereinbarung

Da der Gesetzgeber für die Beurteilung der Sachmängel die **Beschaffenheitsvereinbarung** zugrunde gelegt hat, ist vor allem das von den Parteien vertraglich gewollte bei der Beurteilung der Beschaffenheit und der darauf basierenden Mangelhaftigkeit der Kaufsache zu untersuchen. Insoweit ist der Beschaffenheitsbegriff vor dem Hintergrund des vertraglichen Willens der Parteien weit auszulegen. Zumindest die Umstände, welche nach altem Recht (§ 459 Abs. 2 BGB) Gegenstand einer besonderen Zusicherung sein konnten, unterfallen immer noch dem Beschaffenheitsbegriff.[20] Das bedeutet, es sind grundsätzlich alle tatsächlichen und rechtlichen Verhältnisse, welche ihren Grund in der Sache selbst haben und dieser für eine gewisse Dauer anhaften, für die Beschaffenheitsvereinbarung heranzuziehen. Dabei ist es unerheblich, ob die Vereinbarung ausdrücklich erfolgte oder sich konkludent oder gar aus Handelsbräuchen ergibt. Nur bei formbedürftigen Kaufverträgen ist es erforderlich, dass die Beschaffenheitsvereinbarung ebenfalls von der Form des Hauptvertrages umfasst ist. 259

e) Eignung für die nach dem Vertrag vorausgesetzte Verwendung

Sofern keine ausdrückliche oder konkludente Beschaffenheitsvereinbarung vorliegt, bestimmt sich das Vorliegen eines Sachmangels von der nach dem Vertrag vorausgesetzten 260

18 MüKo/Westermann, § 434 Rn 20.
19 Vgl LG Bonn NJW 2004, 74.
20 MüKo/Westermann, § 434 Rn 21.

Verwendung, quasi als Auffangtatbestand nach § 434 Abs. 1 Nr. 1 S. 2 BGB.[21] Hierfür ist allerdings erforderlich, dass die Verwendung der Sache Vertragsgegenstand geworden ist. Der Verkäufer muss zumindest zum Zeitpunkt des Vertragsabschlusses wissen, zu welchem Zweck die Kaufsache angeschafft wird. Ist sodann eine nach Sicht des Käufers bestimmungsgemäße Verwendung nicht möglich, liegt ein Sachmangel vor.

f) Gewöhnliche Verwendung

261 Als weiterer Auffangtatbestand ist in § 434 Abs. 1 S. 2 Nr. 2 BGB die **gewöhnliche Verwendung** vorgesehen und die Beschaffenheit, bei Sachen gleicher Art. Dabei bestimmt sich die gewöhnliche Verwendung der Sache objektiv aus der Art der Sache und subjektiv, aus dem, was der Käufer als Beschaffenheit der Sache erwarten durfte. Hier konkretisiert § 434 Abs. 1 S. 3 BGB, dass zu der Beschaffenheit auch Eigenschaften gehören, welche der Käufer nach den öffentlichen Äußerungen des Verkäufers, des Herstellers oder seines Gehilfen insbesondere in der Werbung oder bei der Kennzeichnung über bestimmte Eigenschaften der Sache erwarten konnte. Auch hier ist allerdings eine Beweislastumkehr in soweit vorgesehen, dass der Verkäufer die nach öffentlichen Äußerungen oder sonst wie vorausgesetzte Beschaffenheit der Sache erfolgreich widerlegen kann, wenn er die zur Bestimmung der Beschaffenheit herangezogene Äußerung nicht kannte und auch nicht kennen musste (vgl § 434 Abs. 1 S. 3 BGB) oder, dass die besondere Beschaffenheit der Sache für die Kaufentscheidung unerheblich war. Das Vorliegen einer Ausnahme wird wegen der vermuteten Haftung des Verkäufers nur auf dessen Einwand hin geprüft, wobei die Darlegungs- und Beweislast beim Verkäufer liegt.

g) Montagemängel

262 Nach § 434 Abs. 2 BGB ist ein Sachmangel auch dann gegeben, wenn die vereinbarte **Montage** durch den Verkäufer oder dessen Erfüllungsgehilfen unsachgemäß durchgeführt worden ist.[22] Dies ist dann erheblich, wenn beispielsweise zwischen den Parteien ein Vertrag geschlossen wurde, welcher sich auf Lieferung und gleichzeitigen Aufbau beziehungsweise Installation eines Gegenstandes, wie etwa Videoüberwachungsanlagen oder Alarmanlagen, aber auch Einbauschränken oder Küchen, bezieht. Bei der Einordnung eines solchen Kaufvertrages als Kauf- oder Werkvertrag kommt es auf den Schwerpunkt des Vertrages an. Lag dieser auf der Lieferung und spricht auch das Wertverhältnis zwischen Lieferung und Montage für einen Schwerpunkt im Bereich des Kaufrechts, grenzt sich das Vorhandensein eines Sachmangels danach ab, ob die Montage nicht sachgemäß erfolgt ist. Bei solchen Kaufverträgen mit Montageverpflichtungen stehen dem Käufer auch die Gewährleistungsansprüche nach §§ 434, 437 BGB zu.

h) Aliud oder Mindermengen

263 Auch die Lieferung eines Aliuds oder die Zu-wenig-Lieferung wird nunmehr unter den Sachmangelbegriff nach § 434 Abs. 3 BGB gefasst, welche bestimmt, dass es einem Sachmangel gleichsteht, wenn der Verkäufer eine andere Sache oder eine zu geringe Menge liefert.Dabei bemisst sich die Bewertung einer Falschlieferung ebenfalls nach dem Vertragszweck oder der Vereinbarung der Parteien. Wird eine zu geringe Menge geliefert, so steht dem Käufer Nachlieferung zu, bei Übermengen erfolgt die Abwicklung nach dem allgemeinen Schuldrecht.

---

21 MüKo/Westermann, § 434 Rn 5.
22 MüKo/Westermann, § 434 Rn 30.

i) Rechtsmängel

Neben den sichtbaren Mängeln der Sache können auch Rechtsmängel bestehen. Nach §§ 433 Abs. 1 S. 2, 435 BGB hat der Verkäufer dem Käufer die Kaufsache frei von Rechtsmängeln zu verschaffen. Frei von Rechtsmängeln iSv § 435 BGB ist die Sache dann, wenn Dritte in Bezug auf die Sache keine oder nur die im Kaufvertrag übernommenen Rechte gegen den Käufer geltend machen können. 264

▶ **Muster: Nachlieferung, außergerichtliche Aufforderung** 265

Autoverkäufer 23

Autohaus Treu

Sehr geehrte Damen und Herren,

in o.g. Angelegenheit zeige ich die anwaltliche Interessenvertretung des Herrn ..., an.

Grund unserer Beauftragung ist der zwischen unserem Mandanten und Ihnen geschlossene Kaufvertrag vom 26. Februar 2009 über ein Fahrzeug ..., 92 kW 6-Gang mit der Modellbezeichnung 8PAABCA2A2MB und diversem aus dem vorgenannten Kaufvertrag ersichtlichen Sonderzubehör zum Preis in Höhe von 22.569,04 EUR.

Bekanntlich ist das von Ihnen gelieferte Fahrzeug mangelbehaftet. Zur Vermeidung von Wiederholungen weise ich im Hinblick auf die Schilderung der Mängel auf die bisherige Korrespondenz zwischen Ihnen und unserem Mandanten hin. Essenziell ist nach wie vor, dass der Wagen beim Fahren, wie auch beim Bremsen nach links zieht und sich dadurch eine Schrägstellung des Lenkrades nach links bei gerader Fahrt ergibt. Darüber hinaus hakt die Schaltung in mehreren Gängen, insbesondere im ersten Gang und im Rückwärtsgang. Bei kaltem Fahrzeug macht der Auspuff zudem scheppernde Geräusche.

Unser Mandant hat bereits kurz nach Abholen des Fahrzeugs im Werk Neckarsulm die Mängel geschildert und Ihnen die Möglichkeit zur Behebung der Mängel gegeben. Eine erste Mängelbeseitigung verlief erfolglos. Im Rahmen der zweiten Mängelbeseitigung wurde die fehlerhaft eingesetzte Tür korrigiert, die essenziellen, oben noch beschriebenen Mängel wurden allerdings nicht beseitigt.

Zur letztmaligen Möglichkeit, die Mängel zu beseitigen, hatte Ihnen unser Mandant eine Frist zum 9. November 2009 gesetzt. Dabei hat unser Mandant bereits mehrfach angekündigt, bei erfolgloser Nacherfüllung die Lieferung einer mangelfreien Sache zu beanspruchen.

Da die gesetzten Fristen erfolglos verstrichen sind, fordere ich Sie hiermit namens und im Auftrag unseres Mandanten auf, unserem Mandanten nunmehr ein neues, mangelfreies Fahrzeug bis zum 15. Dezember 2009 Zug um Zug gegen Rücknahme des momentan bei unserem Mandanten befindlichen Fahrzeugs zu liefern.

Sollten Sie die vorgenannte Frist zur Lieferung eines neuen Fahrzeuges nicht einhalten, werden wir ohne weitere Aufforderung gerichtliche Hilfe in Anspruch nehmen.

Mit freundlichen Grüßen

...

Rechtsanwalt ◀

j) Schadensersatz

Mit der Schuldrechtsreform zum 1.01.2002 wurde die allgemeine Schadensersatzhaftung auch auf das **Kaufgewährleistungsrecht** erweitert. § 437 Nr. 3 BGB verweist dementsprechend auch auf das allgemeine Schadensersatzrecht. Schließlich stellt die Lieferung einer 266 mangelhaften Sache grundsätzlich immer eine Pflichtverletzung im Vertragsverhältnis dar, womit das allgemeine Schadensersatzrecht eröffnet ist. Damit haftet der Verkäufer nunmehr bei jeder zu vertretenden Pflichtverletzung auf Schadensersatz; vor der Schuldrechtsreform war die allgemeine Schadensersatzhaftung hingegen nur auf Rechtsmängel und auf Mangelfolgeschäden beschränkt. Bei Mangelschäden, welche auf Sachmängeln beruhten, haftete seinerzeit der Verkäufer nur bei Arglist oder besonderer Zusicherung.

267 Nach § 437 Nr. 3 BGB werden durch den Verweis auf die allgemeinen Schadensersatzvorschriften sechs verschiedene Anspruchsgrundlagen eröffnet:

1. Der „einfache" Schadensersatz nach § 280 Abs. 1;
2. Schadensersatz wegen Verzögerung nach §§ 280 Abs. 1, 2, 286 BGB;
3. Schadensersatz statt der Leistung nach §§ 280 Abs. 1, 3, 281 BGB;
4. Schadensersatz statt der Leistung nach §§ 280 Abs. 1, 3, 282 BGB;
5. Schadensersatz statt der Leistung nach §§ 280 Abs. 1, 3, 283 BGB;
6. Schadensersatz statt der Leistung nach § 311 a Abs. 2 BGB.

268 Daneben können die in § 437 Nr. 3 BGB nicht genannten **Schadensersatzansprüche** unmittelbar nach §§ 280 ff BGB eingreifen, welche zudem nach der allgemeinen Verjährung verjähren und nicht nach den besonderen Regelungen in § 438 BGB. Durch die unterschiedlichen Schadensersatzansprüche, welche an verschiedene Pflichtverletzungen anknüpfen, ist daher zunächst zu prüfen, ob der Schadensersatz anstelle der Leistung nach § 280 Abs. 1, 3 BGB oder wegen einer Verzögerung der Leistung nur um den einfachen Schadensersatz nach § 280 Abs. 1 BGB gestritten werden soll. Nach Bestimmung der jeweiligen Anspruchsgrundlage muss dazu die passende Pflichtverletzung ermittelt werden und vor dem Hintergrund der Sonderregelung nach § 437 BGB insbesondere die Verjährung nach § 438 BGB geprüft werden.

3. Schadensersatz statt der Leistung, § 437 Nr. 3 iVm §§ 280, 281 BGB

269 Dem Käufer steht nach § 437 Nr. 3 BGB iVm §§ 280 Abs. 3, 281 BGB **Schadensersatz statt der Leistung** zu. Ersatzfähig sind dabei die sogenannten Mangelschäden, das heißt solche, welche durch Nacherfüllung beseitigt werden können. Neben diesem so genannten „einfachen" Schadensersatz, kann zudem Schadensersatz statt der ganzen Leistung, das heißt der sogenannte „große" Schadensersatz, begehrt werden, wenn die Voraussetzungen nach § 281 Abs. 1 BGB ebenfalls vorliegen. Dann kann der Gläubiger Schadensersatz statt der ganzen Leistung verlangen, wenn die Pflichtverletzung nicht unerheblich ist. Die nicht unerhebliche Pflichtverletzung kann dabei sowohl bei der Lieferung der Sache vorhanden sein, wie auch später bei der Mängelbeseitigung beziehungsweise Nichtbeseitigung. Erforderlich ist, dass der Schuldner dem Gläubiger erfolglos eine angemessene Frist zur Leistung oder Nacherfüllung bestimmt hat. Diese nach § 281 Abs. 1 S. 1 BGB erforderliche Fristsetzung kann entfallen, wenn der Verkäufer die Leistung ernsthaft und endgültig verweigert oder wenn besondere Umstände vorliegen, die unter Abwägung der beiderseitigen Interessen die sofortige Geltendmachung des Schadensersatzanspruches rechtfertigen, § 281 Abs. 2 BGB; ebenfalls entbehrlich ist die Fristsetzung, wenn nach der Art der Pflichtverletzung eine solche nicht in Betracht kommt, § 281 Abs. 3 BGB; in diesem Fall ist anstelle der Fristsetzung eine Abmahnung erforderlich. Nach § 440 BGB kann zudem die Fristsetzung entfallen, wenn der Verkäufer beide Arten der Nacherfüllung gemäß § 439 Abs. 3 BGB verweigert oder wenn die dem Käufer zustehende Art der Nacherfüllung fehlgeschlagen oder ihm unzumutbar ist. Als Fehlschlag gilt der zweite erfolglose Versuch, sofern sich nicht insbeson-

dere aus der Art der Sache oder des Mangels oder den sonstigen Umständen etwas anderes ergibt (§ 440 S. 2 BGB). Durch die Geltendmachung des Schadensersatzanspruches wird der Anspruch auf die Hauptleistung ausgeschlossen. Beim sogenannten „großen" Schadensersatz, das heißt, wenn Schadensersatz statt der ganzen Leistung verlangt wird, ist der Käufer zudem zur Rückgewähr des Geleisteten nach den §§ 346-348 BGB auf Anforderung des Verkäufers verpflichtet.[23]

a) Prüfungsreihenfolge Schadensersatz statt der (ganzen) Leistung

1. Kaufvertrag 270
2. Mangel bzw Pflichtverletzung
3. Fristsetzung, sofern nicht entbehrlich
4. Geltendmachung des Schadensersatzes

b) Vorprozessuale Situation

Der Käufer hat vom Verkäufer eine Eigentumswohnung erworben. Seinerzeit wurde ein 271
Marktpreis in Höhe von 1.800 EUR pro Quadratmeter zu Grunde gelegt. Später stellte sich heraus, dass der vom Verkäufer angepriesene Quadratmeterpreis um 200 EUR zu hoch war. Der Käufer begehrt daher vom Verkäufer Schadensersatz in Höhe von 14.000 EUR für die Wertdifferenz der 70 m^2 Wohnung.

▶ **Muster: Klage bei „einfachem" Schadensersatz, §§ 437 Nr. 3, 280 Abs. 1, 3, 281 Abs. 1 BGB** 272

24

An das Landgericht

[Volles Rubrum]

wegen: Schadensersatz

vorläufiger Streitwert 14.000 EUR

Namens und im Auftrag des Klägers erhebe ich Klage und beantrage zu erkennen:

1. Der Beklagte wird verurteilt, an den Kläger 14.000 EUR nebst Zinsen in Höhe von fünf Prozentpunkten über dem jeweiligen Basiszinssatz seit dem … zu zahlen.
2. Der Beklagte trägt die Kosten des Rechtsstreits.
3. Das Urteil ist – notfalls gegen Sicherheitsleistung – vorläufig vollstreckbar.

Für den Fall, dass das Gericht das schriftliche Vorverfahren anordnet und der Beklagte nicht innerhalb der Frist seine Verteidigungsbereitschaft erklärt oder den Anspruch anerkennt, wird beantragt,

gegen den Beklagten ein Versäumnisurteil oder Anerkenntnisurteil ohne mündliche Verhandlung zu erlassen.

Begründung

Der Beklagte bot im Jahre 2005 verschiedene Eigentumswohnungen unter der Anschrift … in … an. Der Kläger wandte sich an den Beklagten und fragte nach Informationen zu einem für seine Altersversorgung geeignetem Objekt und bat um Beratung, ob der Beklagte eines der angebotenen Objekte als Kapitalanlage empfehlen könnte. Der Beklagte übersandte dem Kläger daraufhin zunächst eine Aufstellung der sich in dem Objekt befindenden Eigentumswohnungen.

Beweis: Prospekt des Beklagten, Anlage K1.

23 MüKo/Ernst, § 281 Rn 136.

In dem von dem Beklagten übersandten Prospekt wurde die Werthaltigkeit der Eigentumswohnungen insbesondere darauf gegründet, dass der Gutachterausschuss einen Marktwert in Höhe von 1.800 EUR pro m² annehmen würde.

Beweis: wie vor.

In dem persönlichen Gespräch, welches zwischen den streitbefangenen Parteien anlässlich der Besichtigung geführt wurde, teilte der Beklagte dem Kläger mit, dass bereits einzelne Wohnungen mit deutlich höheren Preisen verkauft worden seien und mit einer Wertsteigerung zu rechnen sei.

Beweis: Aufzeichnungen des Klägers vom Termin vom ■■■, Anlage K2.

Der Kläger erwarb sodann das Objekt, Eigentumswohnung Nummer ■■■ im Hause ■■■ in ■■■ zum Gesamtkaufpreis in Höhe von 126.000 EUR, was einem Kaufpreis von 1.800 EUR pro m² bei einer 70 m² Wohnung entspricht.

Beweis: Kaufvertrag vom ■■■, Anlage K3.

Im Zusammenhang mit der Überprüfung und Neustrukturierung seiner Vermögensanlagen überprüfte der Kläger sodann auch die nunmehr streitgegenständliche Eigentumswohnung. Hintergrund war u.a., dass die Eigentumswohnung nicht ansatzweise die seitens des Beklagten prognostizierte Rendite erwirtschaftete. Dabei stellte sich heraus, dass die seinerzeit getroffenen Angaben zum Marktpreis entsprechend dem Gutachterausschuss falsch waren.

Anstelle eines Marktpreises in Höhe von 1.800 EUR pro m² hat der Gutachterausschuss lediglich bei der hier vorliegenden Bestandsimmobilie aus dem Jahr ■■■ einen Quadratmeterkaufpreis zwischen 1.460 EUR bis 1.590 EUR, mithin einen Mittelwert von 1.530 EUR pro m² angesetzt.

Beweis: Bericht des Gutachterausschusses, Anlage K4.

Darüber hinaus ist das Objekt aufgrund der Unsicherheiten des Klägers von einem Sachverständigen geschätzt worden, welcher zum Zeitpunkt des Kaufes einen Kaufpreis in Höhe von max. 1.600 EUR pro m² bestimmt hat.

Beweis: Gutachten des Sachverständigen ■■■, Anlage K5.

Durch die falschen Angaben im Prospekt und persönlichem Beratungsgespräch hat der Beklagte den Kläger veranlasst, das Objekt zu einem überhöhten Quadratmeterpreis zu erwerben. Aufgrund dieser Falschberatung ist dem Kläger ein Schaden in Höhe von 200 EUR pro m², mithin insgesamt 14.000 EUR, entstanden. Mit der vorliegenden Klage wird die Erstattung des zugesicherten Wertes zwischen dem tatsächlichen Wert des Objektes begehrt. Bereits bei Abschluss des Kaufvertrages wich der vertraglich vorausgesetzte Wert des Objektes von dem tatsächlichen Wert ab.

Eine Fristsetzung zur Nacherfüllung ist hierbei entbehrlich, weil eine Beseitigung des Mangels nicht möglich ist. Schließlich hat der Beklagte den Mangel auch zu vertreten, weil er die Fehlvorstellung auf Seiten des Klägers gerade hervorgerufen hat.

Mit außergerichtlichem Schreiben hat der Kläger von dem Beklagten bereits Schadensersatz in nunmehr mit dem Antrag zu 1. geltend gemachter Höhe gefordert.

Beweis: Schreiben vom ■■■, Anlage K6.

Der Beklagte hat die Erstattung des Schadensersatzes allerdings mit der Begründung abgelehnt, das Objekt erwirtschafte gleichwohl die seinerzeit vertraglich vorausgesetzte Rendite und der Quadratmeterpreis sei dabei unerheblich.

Beweis: Schreiben vom ■■■, Anlage K7.

Da der Beklagte außergerichtlich den geschuldeten Schadensersatz nicht geleistet hat, ist Klage geboten.

Beglaubigte und einfache Abschrift anbei.

■■■

Rechtsanwalt ◄

4. „Großer" Schadensersatz, § 437 Nr. 3 iVm §§ 280, 281 BGB

Grundsätzlich geht das Gesetz davon aus, dass der Käufer die Kaufsache behalten soll und im Wege des Schadensersatzesanspruches den durch den Mangel bedingten Minderwert oder gegebenenfalls Folgeschäden geltend machen kann. Gegenüber diesem „kleinen" Schadensersatz kommt zu dem der „große" Schadensersatz in Betracht. Dabei kann der Käufer die mangelhafte Kaufsache nach § 437 Nr. 3 BGB iVm § 281 Abs. 5 BGB, §§ 346 – 348 BGB entsprechend den Rücktrittsvorschriften zurückgeben und anstelle der Leistung Schadensersatz in Höhe des Wertes verlangen, welchen die Kaufsache in mangelfreiem Zustand gehabt hätte. Dabei berechnet sich der Schadensersatz nach der Differenzmethode oder der Surrogationsmethode. 273

a) Differenzmethode

Wenn beide Vertragspartner bereits geleistet haben, berechnet sich der „großen" Schadensersatz nach der **Differenzmethode.**[24] Das heißt, dass die mangelhafte Kaufsache vom Käufer an den Verkäufer zurückgegeben wird und er gleichzeitig seinen Vertrauensschaden oder weitere Schäden ersetzt verlangt. Dadurch werden beim „großen" Schadensersatz Rücktritt und Schadensersatz miteinander kombiniert. Es werden also nicht nur Leistung und Gegenleistung ausgetauscht, sondern auch der Minderwert ersetzt. 274

b) Surrogationsmethode

Neben der Differenzmethode, welche mit dem gegenseitigen Leistungsaustausch verbunden ist, kann auch die **Surrogationsmethode** gewählt werden. Dabei wird nach Wahl des Gläubigers dem Schuldner seine Gegenleistung belassen aber dafür die Leistung des Schuldners zurückgegeben und anstelle dieser Leistung Ersatz des Wertes verlangt, welchen die Schuldnerleistung bei ordnungsgemäßer Leistung gehabt hätte. In vielen Fällen ist daher der Schadensersatz nach der Surrogationsmethode günstiger, wenn beispielsweise die Leistung des Käufers nicht ausschließlich in Geld bestand; so wie es zB häufig bei der Inzahlungnahme von Gebrauchtwagen erfolgt. Der Käufer könnte dann seinen gebrauchten Wagen bei dem Verkäufer belassen und anstelle des mangelhaften Neuwagens den kompletten Wert inklusive seiner Leistung ersetzt verlangen. 275

c) Rechtsfolge großer Schadensersatz

Der „große" Schadensersatz stellt den Käufer damit so, als wäre er zurückgetreten und hätte zusätzlich Schadensersatz verlangt. Dabei erfolgt die Rückabwicklung des Kaufvertrages nicht über den Rücktritt, sondern über die Schadensregulierung im Rahmen des „großen" Schadensersatzes. Der Anspruch des Käufers richtet sich auf die Herstellung des gleichen wirtschaftlichen Erfolgs, wie er ohne das schädigende Ereignis eingetreten wäre. Die Anwendung der Differenzmethode oder der Surrogationsmethode ist daher nur insoweit entscheidend, als bei der Differenzmethode sämtliche ausgetauschten Leistungen zurückgegeben werden und lediglich die Wertdifferenz erstattet wird, während bei der Sur- 276

24 MüKo/Emmerich, vor § 241 Rn 29.

rogationsmethode[25] die Leistung des Käufers nicht zurückgefordert wird, er aber im Wege des Schadensersatzes den tatsächlichen Wert der Leistung des Verkäufers erhält.

d) Vorprozessuale Situation

277 Der Käufer hat bei einem Autohändler einen Neuwagen besichtigt; in der korrespondierenden Werbung wurde unter anderem darauf hingewiesen, dass das Fahrzeug serienmäßig mit Antiblockiersystem und Fahrerairbag ausgestaltet sei. Im Rahmen der Kaufverhandlungen betonte der Käufer, dass für ihn ausschließlich bei einem Neuwagen der Erwerb eines Fahrzeugs mit ABS in Betracht käme. Es wurde sodann ein Kaufvertrag zum Preis von 56.000 EUR geschlossen. Gleichzeitig wurde der vom Käufer bis dahin gefahrene gebrauchte Pkw zum Preis von 25.000 EUR vom Verkäufer in Zahlung genommen. Auf dem Kaufvertrag wurde dementsprechend vermerkt, dass der Käufer noch 31.000 EUR zu zahlen hatte; darüber hinaus war das Ausstattungsmerkmale „ABS“ auf der Rechnung für den Neuwagen ausdrücklich vermerkt. Später stellte der Käufer fest, dass das Fahrzeug nicht mit ABS ausgestattet war und verlangt vom Verkäufer Ersatzlieferung unter Rücknahme des Neufahrzeugs, aber Anrechnung des bereits übergebenen Altfahrzeugs, welches in Zahlung genommen worden war. Nachdem es zwischen den streitbefangenen Parteien nicht zu einer Einigung gekommen ist, verlangt der Käufer nunmehr Rückzahlung des Kaufpreises für den Neuwagen in Höhe von 56.000 EUR, Zug um Zug gegen Rückgabe des Neuwagens, allerdings ohne Rücknahme des in Zahlung genommenen Altfahrzeugs.

278 ▶ **Muster: Klage auf Schadensersatz – „großer“ Schadensersatz**

25 An das Landgericht

[Volles Rubrum]

Hiermit erheben wir namens und im Auftrag des Klägers Klage und beantragen zu erkennen:

1. Der Beklagte wird verurteilt, an den Kläger 56.000 EUR nebst Zinsen in Höhe von fünf Prozentpunkten über dem jeweiligen Basiszinssatz seit dem ■■■ Zug um Zug gegen Rückgabe des Fahrzeugs Marke ■■■ mit dem amtlichen Kennzeichen ■■■, Fahrzeugidentnummer ■■■, zu zahlen.
2. Der Beklagte trägt die Kosten des Rechtstreits.
3. Das Urteil ist – notfalls gegen Sicherheitsleistung – vorläufig vollstreckbar.

Für den Fall, dass das Gericht das schriftliche Vorverfahren anordnet und der Beklagte nicht innerhalb der Frist seine Verteidigungsbereitschaft erklärt oder den Anspruch anerkennt, wird beantragt,

gegen den Beklagten ein Versäumnisurteil oder Anerkenntnisurteil ohne mündliche Verhandlung zu erlassen.

Begründung

Der Kläger besichtigte bei dem Beklagten, welcher unter der Anschrift ■■■ sein Gewerbe betreibt und mit gebrauchten und neuen Fahrzeugen handelt, ein Neufahrzeug, des im Klageantrag zu 1. genauer bezeichneten Typs. Der Kläger war auf dieses Fahrzeug durch Werbeaussagen des Beklagten aufmerksam geworden, in welchem der Beklagte die Ausstattungsmerkmale dieses Fahrzeugs besonders beschrieben hat, insbesondere wurde damit geworben, dass das Fahrzeug serienmäßig mit ABS und Fahrerairbag ausgestattet sei.

Beweis: Werbung des Beklagten, Anlage K1.

---

25 Staudinger/Kaiser, § Einführung F V 3. e).

Im Rahmen der Kaufverhandlungen am ■■■ teilte der Kläger dem Beklagten zudem mit, dass für ihn ausschließlich ein Neufahrzeug mit ABS in Betracht käme. Die Parteien einigten sich dementsprechend mit Kaufvertrag vom ■■■ über den Ankauf des nunmehr streitgegenständlichen Fahrzeugs durch den Kläger. Dabei wurde im Kaufvertrag ausdrücklich festgehalten, dass das Fahrzeug mit ABS ausgestattet ist. Der Kaufpreis sollte 56.000 EUR betragen, wobei 31.000 EUR von dem Kläger gezahlt werden sollten; der Differenzbetrag in Höhe von 25.000 EUR erfolgte durch die Inzahlungnahme des Gebrauchtwagens des Klägers durch den Beklagten.

Beweis: Kaufvertrag vom ■■■, Anlage K2.

Entgegen der Darstellung des Beklagten verfügt das streitgegenständliche Fahrzeug allerdings nicht über das angepriesene Ausstattungsmerkmal Antiblockiersystem.

Beweis: Sachverständigengutachten.

Nachdem der Kläger im Rahmen einer Vollbremsung auf der Autobahn feststellen musste, dass das Fahrzeug seiner Meinung nach scheinbar nicht mit Antiblockiersystem ausgestattet war, befragte er zudem die Deutschlandvertretung des Herstellers, welche ihm mitteilte, dass das Fahrzeug in der konkret angebotenen Ausstattungsvariante tatsächlich nicht über ABS verfügt.

Beweis: Schreiben des Herstellers vom ■■■, Anlage K3.

Der Kläger hat bei den Vertragsverhandlungen ausdrücklich mitgeteilt, dass für ihn nur der Erwerb eines Fahrzeugs mit Antiblockiersystem in Betracht käme. Dies hat der Kläger durch die Beifügung der Werbung des Beklagten, wie auch durch die besondere Eintragung im Kaufvertrag dokumentiert.

Da das streitgegenständliche Fahrzeug aber nicht über diese Eigenschaft verfügt, liegt vor dem Hintergrund der anders lautenden vertraglichen Sollbeschaffenheit eine erhebliche Abweichung, mithin ein Mangel vor.

Nach dem § 437 Nr. 3 BGB iVm §§ 280, 281 BGB steht dem Kläger nach seiner Wahl Schadensersatz statt der Leistung zu. Im Rahmen des so genannten „großen" Schadensersatzes kann der Kläger daher die gekaufte Sache zurückgeben und den Kaufpreis zurückfordern und zu dem Ersatz des entgangenen Gewinns verlangen. Schließlich stellt der „große" Schadensersatz den Käufer so, als wäre er zurückgetreten und hätte zusätzlich Schadensersatz verlangt.

Der Verkäufer hat bereits außergerichtlich mitgeteilt, eine Rückabwicklung käme nur in der Gestalt in Betracht, dass der Kläger auch das von ihm in Zahlung gegebenen Fahrzeug zurücknimmt. Schließlich habe vor dem Hintergrund des Kaufvertrages über das Neufahrzeug der Beklagte den Gebrauchtwagen unter besonderen Bedingungen mit einem höheren Kaufpreis angekauft. Dem Kläger steht daher entweder nach der Differenztheorie bei Rücknahme seines Gebrauchtwagens die Differenz zwischen dem mit den Beklagten vereinbarten Ankaufspreis und dem tatsächlichen Wert des Fahrzeugs zu, oder nach der Surrogationsmethode die Rückzahlung des gesamten Kaufpreises ohne Rücknahme des in Zahlung genommenen Gebrauchtwagens, weil dieser insoweit als Surrogat für den entgangenen Gewinn beim Beklagten verbleiben kann.

Da der Beklagte außergerichtlich die Rückzahlung des Kaufpreises verweigert hat, ist Klage geboten.

Beglaubigte und einfache Abschrift anbei.

■■■

Rechtsanwalt ◀

5. § 437 Nr. 3 BGB iVm § 280 – Mangelfolgeschäden

a) Gesetzliche Grundlagen

279 Im Rahmen des Schadensersatzes kann zudem der Ersatz von so genannten Mangelfolgeschäden nach den §§ 437 Nr. 3 BGB iVm § 280 BGB verlangt werden. Mangelfolgeschäden sind solche, welche durch die mangelhafte Kaufsache an anderen Rechtsgütern des Käufers entstehen. Der Ersatz von Mangelfolgeschäden tritt grundsätzlich neben den Anspruch auf Nacherfüllung. Erfasst sind als **Mangelfolgeschäden** grundsätzlich alle Schäden, das heißt gleich, ob an Sachen oder an Personen. Erforderlich ist allerdings, dass der Schaden grundsätzlich ursächlich mit einem Mangel der Kaufsache zusammenhängt.[26] Sofern der Mangelfolgeschaden sich allerdings auf Pflichten aus dem Kaufvertrag bezieht, greifen wieder die allgemeinen Gewährleistungsregeln ein.

280 Zwar ist für die Geltendmachung eines Mangelfolgeschadens keine Fristsetzung erforderlich, allerdings muss ein Verschulden des Verkäufers im Sinne der §§ 276, 278 BGB iVm § 280 Abs. 1 BGB gegeben sein.

281 Grundsätzlich erfolgt die **Abgrenzung** zwischen § 281 BGB und § 280 BGB danach, ob eine vor dem Schadenseintritt erfolgte hypothetische Nacherfüllung auch den vermeintlichen Mangelfolgeschaden beseitigt hätte. Kann dies ausgeschlossen werden, handelt es sich um einen echten Mangelfolgeschaden, welcher sofort nach dem Schadenseintritt geltend gemacht werden kann. Bedeutsam ist dies insbesondere für die Verjährung, welche sich nach den allgemeinen Regeln richtet, sofern der Mangelfolgeschaden betroffen ist, und nicht nach den besonderen Verjährungsregeln nach § 438 BGB.

282 Schließlich haftet der Verkäufer einer mangelhaften Sache für den Fall eines Mangelfolgeschadens auch aus unerlaubter Handlung, sofern absolute Rechtsgüter des Käufers verletzt wurden.

283 Als **erstattungsfähige Schadenspositionen** können Finanzierungskosten oder auch Umzugskosten ebenfalls in Betracht kommen. Vorrangig wird es allerdings im Wesentlichen um Schadensersatz an betroffenen Gegenständen gehen.

b) Vorprozessuale Situation

284 Der Käufer erwirbt beim Verkäufer, welcher geschäftsmäßig Autoersatzteile vertreibt, einen Zahnriemen zum Einbau in seinen Motor. Dabei teilt der Käufer dem Verkäufer mit, dass er den Zahnriemen naturgemäß austauschen müsse, weil das Wartungsintervall bereits angelaufen sei und speziell bei seinem Motor ein defekter Zahnriemen zu einem Motorschaden führen könne, weil die Ventile beim Riss des Zahnriemens nicht richtig angesteuert würden und auf die Kolben schlügen. Der Verkäufer veräußert einen Zahnriemen, welcher infolge unsachgemäßer Lagerung – für den Käufer aber nicht erkennbar – bereits porös war. Nach wenigen Kilometern reißt der Zahnriemen, welcher einen Preis von 60 EUR hatte, und verursacht einen Motorschaden. Die Behebung des Motorschadens kostet 2.500 EUR, welche der Käufer nun vom Verkäufer ersetzt verlangen möchte.

285 ▶ **Muster: Ersatz von Mangelfolgeschäden**

26 Klage

An das Landgericht

[Volles Rubrum]

Wegen Schadensersatz

26 Staudinger/Matusche-Beckmann, § 439 Rn 20.

Vorläufiger Streitwert:

Wir bestellen uns für den Kläger. Namens und im Auftrag des Klägers erhebe ich Klage und beantrage zu erkennen:

Der Beklagte wird verurteilt,

I. an den Kläger 2.560,- € nebst Zinsen in Höhe von 5 % über dem jeweiligen Basiszinssatz seit dem ■■■, zu zahlen.

II. Der Beklagte trägt die Kosten des Rechtsstreits.

III. Das Urteil ist – notfalls gegen Sicherheitsleistung – vorläufig vollstreckbar.

Für den Fall, dass das Gericht das schriftliche Vorverfahren anordnet, und der Beklagte nicht innerhalb der Frist die Verteidigungsbereitschaft anzeigt oder den Anspruch anerkennt, wird beantragt,

gegen den Beklagten Versäumnisurteil oder Anerkenntnisurteil zu erlassen.

Begründung

Der Kläger macht gegen den Beklagten Schadensersatzansprüche nach § 437 Nr. 3 BGB iVm § 280 BGB geltend.

Der Kläger hat bei dem Beklagten, welcher geschäftsmäßig Autoersatzteile vertreibt, einen Zahnriemen zum Einbau in seinen Motor erworben.

Beweis: Kaufbeleg vom ■■■, Anlage K1.

Der Kläger hat dabei dem Beklagten mitgeteilt, dass der Austausch seines Zahnriemens notwendig sei, weil das Wartungsintervall bereits angelaufen sei und er befürchte, dass bei einem Reißen des momentan im Fahrzeug befindlichen Zahnriemens ein Motorschaden eintreten könne, weil die Ventile beim Riss des Zahnriemens nicht richtig angesteuert würden und dadurch auf die Kolben schlügen.

Nachdem der Kläger den Zahnriemen bei Kilometerstand ■■■ ausgetauscht hatte, riss der von dem Beklagten zu einem Kaufpreis von 60,- € neu erworbene Zahnriemen bereits nach 3,5 km.

Beweis: Inaugenscheinnahme des Zahnriemens.

Dadurch, dass der Zahnriemen gerissen ist, wurde ein Motorschaden verursacht, weil die Ventile keinen Halt mehr hatten und unkontrolliert auf die Kolben geschlagen sind.

Beweis: Sachverständigengutachten.

Die Behebung des Motorschadens an dem Fahrzeug des Klägers, Marke ■■■, Modell ■■■, Fahrzeugidentifikationsnummer ■■■, kostet 2.500,- €.

Beweis: Sachverständigengutachten.

Der Kläger hat mit dem Beklagten einen Kaufvertrag über eine neue Sache, nämlich einen neuen Zahnriemen, geschlossen.

Beweis: Kaufbeleg vom ■■■, Anlage K1, bereits benannt.

Gleichwohl war der von dem Beklagten an den Kläger veräußerte Zahnriemen nicht neu, sondern infolge unsachgemäßer Lagerung bereits porös.

Beweis: Sachverständigengutachten.

Für den Käufer war es allerdings nicht erkennbar, dass der Zahnriemen bereits infolge unsachgemäßer Lagerung unbrauchbar geworden war, zu dem Zeitpunkt, als die Parteien den Kaufvertrag geschlossen haben.

Beweis: Wie vor.

Der Beklagte ist dem Kläger daher im Wege des Schadensersatzes zum Ersatz der Mangelfolgeschäden verpflichtet. Der Anspruch auf Ersatz der Schäden, welche der Käufer an seinen Rechtsgütern außerhalb der Kaufsache erleidet, tritt neben den Anspruch auf Nacherfüllung im Hinblick auf die Nachlieferung eines dem Kaufvertrag entsprechenden Zahnriemens.

Den Beklagten trifft auch ein Verschulden. Unabhängig davon, dass der Beklagte um die Besonderheit des Motors des Klägers, in welchen der verkaufte Zahnriemen eingebaut werden sollte, wusste, war er verpflichtet, einen Zahnriemen zu veräußern, welcher neu und ohne Fehler geeignet war, seine bestimmungsgemäße Aufgabe im Motor des Klägers zu erfüllen. Indem der Beklagte dem Kläger einen defekten Zahnriemen veräußert hat, hat er die Ursache für den eingetretenen Motorschaden gesetzt. Hätte der Kläger nicht seine Pflicht verletzt und einen ordnungsgemäßen Zahnriemen verkauft, wäre es nicht zu dem Motorschaden gekommen.

Der Kläger hat die Pflichtverletzung auch zu vertreten. Schließlich war der Zahnriemen infolge unsachgemäßer Lagerung porös geworden. Wenn auch die Beschaffenheit des Zahnriemens nicht ohne weiteres erkennbar war, so hätte der Beklagte in seiner Sphäre alles Erforderliche tun müssen, um einen gebrauchstauglichen Zahnriemen zu veräußern. Hierzu gehört auch die sachgemäße Lagerung, um etwaige Schäden zu vermeiden.

Der Kläger hat den Beklagten auch außergerichtlich zur Erstattung der zur Reparatur des defekten Motors aufgewandten 2.500,- € aufgefordert.

Beweis: Außergerichtliches Aufforderungsschreiben, Anlage K3.

Der Beklagte hat hierzu entgegnet, dass es nicht sein könne, dass der veräußerte Zahnriemen defekt war und infolgedessen gerissen ist.

Beweis: Schreiben vom ■■■, Anlage K4.

Der Kläger hatte den Beklagten zudem zur Lieferung eines neuen Zahnriemens aufgefordert und dem Beklagten hierzu eine Frist gesetzt, welche der Beklagte ungenutzt verstreichen ließ; in dem Schreiben vom ■■■ hat der Beklagte dem Kläger mitgeteilt, dass er aus den gleichen Gründen, aus denen er eine Erstattung der zur Instandsetzung des Motors aufgewandten Kosten ablehne, auch nicht für eine Nachlieferung des Zahnriemens verantwortlich sei.

Beweis: Wie vor.

Der Kläger hat sich daraufhin einen gleichwertigen, neuen Zahnriemen bei einem anderen Anbieter besorgt, welcher ebenfalls 60,- € gekostet hat.

Beweis: Kaufbeleg vom ■■■, Anlage K5.

Der Beklagte ist zur Erstattung des für die Instandsetzung des aufgrund des gerissenen Zahnriemens defekten Motors verpflichtet und damit zur Zahlung von 2.500,- € brutto.

Darüber hinaus ist der Beklagte unter dem Gesichtspunkt des Verzuges auch verpflichtet, dem Kläger die Kosten für einen neuen Zahnriemen in Höhe von 60,- € zu erstatten.

Beglaubigte und einfache Abschrift anbei.

■■■

Unterschrift ◄

6. § 437 Nr. 3 BGB iVm §§ 311 a Abs. 2, 283 BGB

286 Ein weiterer Schadensersatzanspruch ist in den Fällen anfänglicher und nachträglicher Unmöglichkeit nach § 311 a BGB gegeben. Nach § 311 a Abs. 1 BGB steht es der Wirksamkeit eines Vertrages nicht entgegen, dass der Schuldner infolge von Unmöglichkeit von seiner Leistung frei wird und das Leistungshindernis schon bei Vertragsschluss vorliegt. In diesem

Fall kann der Käufer nach § 311 a Abs. 2 BGB nach seiner Wahl Schadensersatz statt der Leistung oder Ersatz seiner **Aufwendungen** entsprechend § 284 BGB verlangen. Eine Ausnahme gilt nur, falls der Schuldner das Leistungshindernis bei Vertragsschluss nicht kannte und seine Unkenntnis auch nicht zu vertreten hat. In solchen Fällen entsteht insofern eine Umkehr der Beweislast.

7. Aufwendungsersatz, § 437 Nr. 3 BGB iVm § 284 BGB

Nach § 437 Nr. 3 BGB iVm § 284 BGB kann der Käufer anstelle des Schadensersatzes nach 287 § 437 BGB auch den Ersatz **vergeblicher Aufwendungen** verlangen. Dabei steht dem Käufer der Anspruch nach § 284 BGB immer dann zu, wenn er grundsätzlich einen Anspruch auf Schadensersatz statt der Leistung hat. Sofern also die Voraussetzungen für die Geltendmachung eines Schadensersatzes statt der Leistung nach § 437 BGB iVm §§ 280 Abs. 1, 281-283 BGB beziehungsweise § 311 a BGB vorliegen, kann er auch Ersatz der im Vertrauen auf die ordnungsgemäße Leistung getätigten nunmehr überflüssigen Aufwendungen verlangen. Diese so genannten frustrierten Aufwendungen beinhalten grundsätzlich den Anspruch auf Ersatz der Vertragskosten, allerdings nicht das volle negative Interesse. Dabei ist erforderlich, dass diese Aufwendungen im Vertrauen auf die Leistung billigerweise getroffen werden konnten. Ausgeschlossen ist ein Ersatzanspruch hinsichtlich solcher Aufwendungen, deren Zweck auch ohne die Pflichtverletzung des Schuldners grundsätzlich nicht erreicht worden wäre. Damit wird ein Aufwendungsersatz für diejenigen Aufwendungen ausgeschlossen, welche auch bei ordnungsgemäßer Leistung nutzlos gewesen sind. Ersatzfähig sind danach alle freiwilligen Vermögensopfer, das heißt neben den Vertragskosten auch Reisekosten oder auch Finanzierungskosten.

a) Schadensminderungspflicht

Beachtlich ist hierbei insbesondere die **Schadensminderungspflicht** nach § 254 BGB analog. 288 Als engen Aufwendungsersatz werden Kosten angesetzt, welche der Käufer aufwenden musste, um den Kaufgegenstand zu erhalten. Hierzu zählen auch Maklerkosten sowie Registergebühren und Transportkosten. Ebenso werden Verwendungen auf die Kaufsache unter den Aufwendungsersatzanspruch gefasst. Sofern solche Aufwendungen wegen des Mangels ihren Zweck verfehlen, was immer dann der Fall ist, wenn der Käufer den mangelhaften Kaufgegenstand im Zuge des Rücktritts oder des Schadensersatzes zurückgibt, ist der Aufwendungsersatzanspruch gegeben; ist der Zweck nur teilweise verfehlt, weil der Käufer den Kaufgegenstand bis zur Rückgabe nutzen konnte, ist der Aufwendungsersatzanspruch ggf zu kürzen.Behält der Käufer die mangelhafte Sache, scheidet der Aufwendungsersatzanspruch aus.

b) Kein Aufwendungsersatz

Keinen Aufwendungsersatz kann der Käufer für die Kosten der Vertragsverhandlungen 289 oder den entgangenen Gewinn aus Alternativgeschäften verlangen. Gleiches gilt für die Kosten, welche zur Schadensentdeckung aufgewandt wurden.

8. Ausschluss der Mangelrechte

Nach § 442 BGB sind die Rechte des Käufers wegen eines Mangels **ausgeschlossen**, wenn 290 er den Mangel bei Vertragsschluss kennt. Gleiches gilt für den Fall, dass dem Käufer ein Mangel infolge **grober Fahrlässigkeit** unbekannt geblieben ist, es sei denn, der Verkäufer hätte den Mangel arglistig verschwiegen oder eine Garantie für die Beschaffenheit der Sache übernommen.

9. Vertraglicher Gewährleistungsausschluss

291 Grundsätzlich steht es den Vertragsparteien frei, die Haftung für Sach- und Rechtsmängel vertraglich zu beschränken oder gänzlich auszuschließen. Dies gilt allerdings nicht für die Haftung für vorsätzliches Handeln nach § 276 Abs. 3 BGB.

§ 4 Verbrauchsgüterkauf

Kauft ein Verbraucher von einem Unternehmer eine bewegliche Sache, so ist dies nach der Legaldefinition in § 474 Abs. 1 BGB ein so genannter Verbrauchsgüterkauf. Dies eröffnet den Anwendungsbereich der Sonderregelungen in den §§ 474-479 BGB, welche insoweit die Regelungen der §§ 433-453 BGB ergänzen, beziehungsweise teilweise ausschließen. Mit den Regelungen zum Verbrauchsgüterkauf hat der Gesetzgeber die Richtlinie 1999/44/EG vom 25. Mai 1999 umgesetzt und spezielle Schutzmechanismen für den Käufer in das Gesetz aufgenommen. 292

A. Tatbestandsvoraussetzungen

Die Regelungen des **Verbrauchsgüterkaufes** nach §§ 474 ff BGB erfordern, dass auf Verkäuferseite ein Unternehmer nach § 14 BGB handelt und der Käufer ein Verbraucher im Sinne von § 13 BGB ist. Kaufverträge zwischen Unternehmern oder ausschließlich zwischen Verbrauchern oder zwischen einem Verbraucher als Verkäufer werden von den §§ 474 ff BGB nicht erfasst. 293

I. Unternehmer

Nach der Legaldefinition ist ein **Unternehmer** eine natürliche oder juristische Person oder eine rechtsfähige Personengesellschaft, welche bei Abschluss eines Rechtsgeschäftes in Ausübung ihrer gewerblichen oder selbstständigen beruflichen Tätigkeit handelt. Da sich der Unternehmerbegriff vor dem Hintergrund der Verbraucherkaufrichtlinie und der Regelung zum Verbrauchsgüterkauf nicht nur am nationalen Recht orientiert, ist der Unternehmerbegriff vor dem Hintergrund des Gemeinschaftsrechts auszulegen. So ist zwar die Kaufmannseigenschaft nach §§ 1 ff HGB grundsätzlich als Auslegungskriterium heranziehungsfähig, da das Gemeinschaftsrecht allerdings von einem funktionalen Unternehmerbegriff ausgeht, ist ausreichend, dass der Unternehmer am Markt planmäßig und dauerhaft Leistungen gegen Entgelt anbietet.[1] Dafür ist nicht erforderlich, dass der Unternehmer einen in kaufmännischer Weise eingerichteten Gewerbebetrieb vorhält. Auch die Gewinnerzielungsabsicht ist für den Unternehmerbegriff nach § 14 BGB nicht erforderlich. 294

Da sämtliche Unternehmer vom Verbrauchsgüterkauf erfasst werden sollen, führen **Agenturgeschäfte** im Bereich des Gebrauchtwagenhandels ebenfalls zur Anwendbarkeit des Verbrauchsgüterkaufs.[2] Sofern der Gebrauchtwagenhändler bei wirtschaftlicher Betrachtungsweise als Verkäufer des Fahrzeugs anzusehen ist, ist das zu Grunde liegende Agenturgeschäft, bei welchem das Fahrzeug durch den Gebrauchtwagenhändler vermeintlich nur vermittelt worden ist, ein Umgehungsgeschäft im Hinblick auf die Anwendbarkeit der Verbrauchsgüterkaufvorschriften. Hierzu hat der Bundesgerichtshof entschieden, dass ein Agenturgeschäft dann nicht als Umgehungsgeschäft im Sinne von § 475 Abs. 1 S. 2 BGB bewertet wird, wenn es transparent abläuft und der „wirtschaftlichen Wahrheit" entspricht. 295

Neben dem Agenturgeschäft, welches häufig im Bereich des Gebrauchtwagenhandels vorkommt, sind auch andere Konstellationen denkbar, in welchen ein Unternehmer einen Verbraucher als Verkäufer vorschiebt, um entweder die Besonderheiten des Verbrauchs- 296

1 Hk-BGB/Dörner, § 14 Rn 3.
2 Hk-BGB/Saenger, § 475 Rn 2.

güterkaufvertrages oder der Mangelgewährleistung zu umgehen. In diesen Fällen richten sich die Mangelrechte des Käufers grundsätzlich gegen den Unternehmer, weil die Grundsätze zur Anwendung des § 475 Abs. 1 S. 2 BGB zum Agenturgeschäft auch auf andere Vertragsgestaltungen übertragbar sind, durch welche ein Eigengeschäft des Unternehmers verschleiert wird, um die Vorschriften zum Verbrauchsgüterkauf zu umgehen. Schließlich soll die Vorschrift des § 475 Abs. 1 S. 2 BGB verhindern, dass sich ein Unternehmer den Bestimmungen über den Verbrauchsgüterkauf entzieht. Daher muss die Anwendung der §§ 474 ff BGB auch auf die Unternehmer erstreckt werden, welche versuchen, durch eine entsprechende Vertragsgestaltung gerade diese Vorschriften zu umgehen.

II. Verbraucher

297 Nach § 13 BGB ist **Verbraucher** jede natürliche Person, die ein Rechtsgeschäft zu einem Zweck abschließt, der weder ihrer gewerblichen noch ihrer selbstständigen beruflichen Tätigkeit zugerechnet werden kann.[3] Auch der in § 13 BGB legal definierte Verbraucherbegriff ist vor dem Hintergrund europäischer Vorgaben auszulegen. Damit ist der Verbraucherbegriff doppelt zu prüfen; zunächst sind die europarechtlichen Vorgaben zu prüfen, sodann gegebenenfalls das nationale Verständnis des Verbraucherbegriffs.

298 Ähnlich wie bei der Auslegung des Unternehmerbegriffes folgt das Gemeinschaftsrecht einem **funktionalen Verbraucherbegriff**. Der funktionale Verbraucherbegriff richtet sich an der Schutzbedürftigkeit des Verbrauchers aus. Leitbild ist dabei der „selbstbewusste Verbraucher", welcher als natürliche Personen sich an den Angeboten des Binnenmarktes bedient und dabei selbstbewusst auftritt. Durch die Rollenverteilung zwischen dem Unternehmer einerseits und dem Verbraucher andererseits soll seine strukturelle Unterlegenheit besonders geschützt werden. Verbraucher ist danach derjenige, bei dem sich durch Auslegung des Rechtsgeschäftes ergibt, dass er die Kaufsache zu einem privaten Zweck erworben hat. Entscheidend ist dabei die Nutzung der Kaufsache; sofern eine Nutzung sowohl im privaten als auch im gewerblichen Bereich möglich ist, ist die überwiegende Nutzung maßgeblich. Hat ein Käufer dem Verkäufer eine gewerbliche Verwendungsabsicht der Kaufsache vorgetäuscht, kann er sich dabei allerdings nicht mehr auf die Schutzvorschriften des Verbrauchsgüterkaufs berufen.

III. Kaufgegenstand

299 Nach § 474 Abs. 1 BGB muss Kaufgegenstand eine **bewegliche Sache** sein. Dabei ist es unerheblich, ob es sich um eine neue oder gebrauchte bewegliche Sache handelt. Erfasst werden danach sämtliche beweglichen körperlichen Gegenstände im Sinne von § 90 BGB, einschließlich von Tieren nach § 90 a BGB. Ausgeschlossen werden durch die Begrenzung auf bewegliche Sachen als Kaufgegenstand Kaufverträge über Grundstücke und eingetragene Schiffe (§ 452 BGB) sowie Rechte im Sinne von § 453 BGB. Unter körperliche Sachen fallen ebenfalls die räumlich abgrenzbaren Stoffe wie Gase und fließendes Wasser, sofern sie in Behälter abgefüllt oder leitungsgebunden sind. Die Lieferung von Elektrizität und Fernwärme ist vom Anwendungsbereich des Verbrauchsgüterkaufes ausgenommen.

300 Als nicht körperlicher Gegenstand ist allerdings der Erwerb von Standardsoftware vom Verbrauchsgüterkauf umfasst, wobei die Art der Lieferung, das heißt sei es verkörpert auf einem Datenträger oder als „Download" von einem Datenträger des Verkäufers für die

3 Hk-BGB/Dörner § 14 Rn 2.

Einstufung als bewegliche Sache unerheblich ist, weil es nach Ansicht der Rechtsprechung auf die Verkörperung auf einem Datenträger des Verbrauchers ankommt. Der Begriff der beweglichen Sache wird in § 474 ff BGB daher weit ausgelegt. Eine Besonderheit besteht insoweit bei der Individualsoftware; diese wird regelmäßig unter einem Werklieferungsvertrag veräußert, welcher in Verbindung mit § 651 BGB ebenfalls den Anwendungsbereich des § 474 BGB eröffnet. Wird die Software oder anderweitig gelieferte Information nicht gespeichert, wie dies beispielsweise bei der Nutzung von Datenbanken im Internet oder aber Fernseh- beziehungsweise Radiosendungen über das Netz, erfolgt, so ist hierfür der Anwendungsbereich des Verbrauchsgüterkaufs ausgeschlossen.

Da § 474 BGB nicht zwischen neuen oder gebrauchten Sachen unterscheidet, finden die 301 Regeln des Verbrauchsgüterkaufs auch auf gebrauchte Sachen Anwendung.

B. Rechtsfolgen des Verbrauchsgüterkaufs

Nach § 474 Abs. 2 BGB sind die §§ 445 BGB und 447 BGB nicht auf Verbrauchsgüterkäufe 302 anwendbar. Damit findet auch bei der öffentlichen Versteigerung nicht die in § 445 BGB enthaltene **Haftungsbegrenzung** auf arglistig verschwiegene Mängel oder Beschaffenheitsgarantien Anwendung. Ausgenommen sind nach § 474 Abs. 1 S. 2 BGB nur die gebrauchten Sachen, welche in einer öffentlichen Versteigerung verkauft werden, an der der Verbraucher persönlich teilnehmen kann. Der Ausschluss von § 445 BGB in § 474 Abs. 2 BGB betrifft daher nur die Versteigerung neuer Sachen, bei welcher gegebenenfalls die besonderen Regelungen zur Zwangsvollstreckung und damit der Gewährleistungsausschluss nach § 806 ZPO eingreift.

Nach § 447 BGB geht beim Versendungskauf die Gefahr auf den Käufer über, sobald der 303 Verkäufer die Sache dem Spediteur, dem Frachtführer oder der sonst zur Ausführung der Versendung bestimmten Person oder Anstalt ausgeliefert hat. Durch den Ausschluss von § 447 BGB beim Verbrauchsgüterkauf geht die Gefahr insoweit erst auf den Käufer über, wenn die Sache geliefert worden ist. Beschädigungen auf dem Versendungsweg werden danach grundsätzlich über die Mangelgewährleistung abgewickelt.

C. Rechte des Käufers

Sind die Regelungen über den Verbrauchsgüterkauf anwendbar, so bestimmt § 475 BGB 304 insbesondere den Ausschluss von Vereinbarungen zum **Nachteil des Verbrauchers**. Damit wird die ansonsten mögliche Autonomie der Parteien zu Gunsten des Verbrauchers weitgehend eingeschränkt. Etwaige abweichende Allgemeine Geschäftsbedingungen und selbst individualvertragliche Vereinbarungen, welche vom gesetzlichen Leitbild der §§ 433-435 BGB, §§ 437,439-443, 447 BGB sowie §§ 476 und 477 BGB abweichen, sind unzulässig, wenn sie vor Mitteilung des Sachmangels getroffen wurden. Insbesondere Regelungen zur Haftung des Verkäufers wegen Sachmängeln und die Regelungen über den Verbrauchsgüterkauf können nicht abgedungen oder eingeschränkt werden. Etwaige entgegenstehende Vereinbarungen berühren dabei nicht die Wirksamkeit des Kaufvertrages, sondern führen nur zur Anwendung der gesetzlichen Vorschriften anstelle der abweichenden Vereinbarungen.[4] Dabei soll es allerdings zulässig sein, wenn der Verkäufer dem Käufer vor Vertragsschluss über konkrete Mängel in Kenntnis setzt, umso einen Haftungsausschluss nach § 442 Abs. 1 S. 1 BGB herbeizuführen.

4 Hk-BGB/Saenger, § 475 Rn 3.

305 Durch die Regelung in § 475 Abs. 1 BGB soll verhindert werden, dass der Verkäufer insbesondere die **Mangelgewährleistungsansprüche** des Käufers durch vertragliche Vereinbarungen ausschließt. Abweichende Vereinbarungen können insbesondere in Ansehung des Mangels nach Mitteilung eines Mangels durch den Verbraucher erfolgen. Für die Mitteilung eines Mangels durch den Verbraucher reicht danach aus, dass der Verbraucher grundsätzlich die Auswirkungen des Mangels beschreibt. Auch muss der Verbraucher durch seine Mangelmitteilung kenntlich machen, dass er sich auf die Vertragswidrigkeit der erhaltenen Leistung beruft. Nach einer solchen Vereinbarung können sich die Parteien grundsätzlich vergleichen und weitergehende Rechte ausschließen, weil § 475 BGB lediglich den Abschluss des Kaufvertrages, nicht aber die Verhandlungen über Mängel einschränken will.

306 Ausnahmen von dem Verbot nachweisbegründender anderer Vereinbarungen gelten unter anderem für Schadensersatzansprüche nach den §§ 437 Nr. 3, 440, 280 ff BGB, welche in den Grenzen von §§ 276, 278 BGB auch vor dem Hintergrund von § 475 BGB beschränkt werden können.

D. Umgehungsverbot

307 Nach § 475 Abs. 1 S. 2 BGB finden die in § 475 Abs. 1 BGB bezeichneten Vorschriften auch dann Anwendung, wenn sie durch **anderweitige Gestaltungen** umgangen werden. Dabei ist es nicht erforderlich, dass die Umgehung der zwingenden Vorschriften absichtlich erfolgt.

308 Eine Umgehung kann beispielsweise durch eine abweichende beschreibende **Beschaffenheitsvereinbarung** gegeben sein. Zur Überprüfung, ob eine Umgehung vorliegt, kann die Eignung der Kaufsache zur gewöhnlichen Verwendung und die übliche Beschaffenheit der Kaufsache herangezogen werden. Um für solche Fälle eine Umgehung auszuschließen, muss der Verkäufer den Käufer auf bekannte konkrete Mängel hinweisen; insbesondere die in der abweichenden Beschaffenheitsvereinbarung bestehenden Unterschiede zur üblichen Beschaffenheit der Kaufsache müssen besonders aufgezeigt werden. Nach Ansicht des BGH erfordern Beschaffenheitsvereinbarungen, welche vom gesetzlichen Leitbild abweichen, eine Konkretisierung und Transparenz möglicher Abweichungen der Kaufsache vom Üblichen, um nicht unter das Umgehungsverbot zu fallen. Unter das Umgehungsverbot fallen zudem Klauseln oder Bezeichnungen, welche die **Kaufsache schlechter** darstellen als sie ist. So zum Beispiel die Beschreibung eines Gebrauchtwagens als „Bastlerfahrzeug“,[5] wenn dieser Wagen noch zum Fahren bestimmt ist. Ebenso sind Darstellungen wie beispielsweise „gekauft wie gesehen“ als Umgehung anzusehen, wenn die Kaufsache dadurch als mangelfrei im vertraglichen Sinne beschrieben werden soll. Nach anderer Ansicht stellt die Klausel „gekauft wie gesehen“ keine Beschaffenheitsvereinbarung dar; zumindest wird durch diese Klausel nicht vereinbart, dass der Zustand der Sache mit etwaigen oder gar unbestimmten Mängeln der vertragsgemäße Zustand sein soll.

309 Eine weitere Umgehung kann durch die Wahl eines anderen Vertragstyps erfolgen. Hier sind insbesondere Agenturgeschäfte zu nennen,[6] etwa wenn ein Unternehmer für Verbraucher deren gebrauchte Sachen lediglich vermittelt. Im Bereich des Gebrauchtwagenhandels kommen solche Agenturgeschäfte bei Kommissionsverkäufen vor, wenn ein Verbraucher durch den Unternehmer in seinem Namen und auf seine Rechnung einen Gebrauchtwagen anbieten lässt. Solche Agenturgeschäfte stellen allerdings nicht grundsätzlich Umgehungs-

5 Hk-BGB/Saenger, § 475 Rn 1.
6 Hk-BGB/Saenger, § 475 Rn 1.

geschäfte nach § 475 Abs. 1 S. 2 BGB dar. Dies kann nur dann angenommen werden, wenn der Unternehmer ein vermeintliches Agenturgeschäft bewusst missbräuchlich einsetzt, um die Verbraucherrechte des Käufers zu beschneiden. In einem solchen Fall muss das Agenturgeschäft einer wirtschaftlichen Betrachtung unterzogen werden, im Hinblick auf die wirtschaftliche Risikotragung zwischen dem bisherigen Eigentümer des Fahrzeugs und dem Händler. Garantiert der Händler dem bisherigen Eigentümer beispielsweise einen Mindestverkaufspreis, so liegt wohl kein Agenturgeschäft vor, sondern vielmehr ein Gebrauchtwagenankauf.

E. Verjährung

§ 475 Abs. 2 BGB schließt Vereinbarungen zur Verjährung, welche zum **Nachteil des Verbrauchers** vom gesetzlichen Leitbild abweichen, insoweit aus, als eine Vereinbarung zu einer Verjährungsfrist ab dem gesetzlichen Verjährungsbeginn von weniger als zwei Jahren und bei gebrauchten Sachen von weniger als einem Jahr getroffen wird. Ob eine Sache als neu oder gebraucht anzusehen ist, richtet sich dabei nach objektiven Kriterien. Besondere Probleme bereitet dabei vor dem Hintergrund des Verbrauchsgüterkaufes der Tierkauf. Schließlich tragen Tiere bereits ab ihrer Geburt ein gewisses und nur schwer beherrschbares Sachmängelrisiko in sich, was grundsätzlich mit der gesetzlichen Regelung schwer vereinbar ist. Da die §§ 474 ff BGB für Tiere keine Sonderregelungen enthalten, ist angesichts der Möglichkeiten, zum Beispiel die Verjährung von Sachmängeln bei neuen oder gebrauchten Gegenständen unterschiedlich zu vereinbaren, gleichwohl zu bestimmen, wann Tiere als „neu“ und wann sie als „gebraucht“ einzustufen sind. Hierzu hatte der BGH einmal entschieden, dass solche Tiere nicht als „gebraucht“ anzusehen sind, die nur mit dem in ihrer Existenz wurzelnden Lebens- oder Gesundheitsrisiko behaftet sind. Junge Haustiere werden danach grundsätzlich als „neu“ eingestuft.[7] Dabei ist allerdings weiter streitig, ob und wann ein Tier auch unabhängig von der Frage, welchen Zwecken es dienlich sein soll und ob es schon für diesen Zweck verwendet wurde, gegebenenfalls nach Ablauf einer gewissen Zeitspanne nach der Geburt bereits als „gebraucht“ angesehen wird.[8] 310

Bei Einhaltung der Mindestverjährungsfristen nach § 475 Abs. 2 BGB kann zwar nicht der Fristbeginn, wohl aber die Verjährungsfrist zwischen den Parteien frei vereinbart werden. 311

F. Beweislast

Nach § 476 BGB wird vermutet, dass die Sache bereits bei Gefahrübergang mangelhaft war, wenn sich innerhalb von sechs Monaten seit Gefahrübergang ein Sachmangel zeigt, sofern diese **Vermutung** nicht mit der Art der Sache oder des Mangels unvereinbar ist. In dieser Regelung liegt eine Beweislastumkehr zu Gunsten des Käufers. Die Beweislastumkehr stellt den Käufer allerdings nicht von der Darlegung- und Beweislast für das Vorliegen des Mangels frei. Der Käufer muss daher beim Verbrauchsgüterkauf lediglich das Vorhandensein des Sachmangels nachweisen und, dass der Sachmangel innerhalb von sechs Monaten seit Gefahrübergang erkennbar geworden ist. Danach begründet § 476 BGB die Vermutung, dass die innerhalb der **Mangelentdeckungsfrist** erkannten Mängel bereits zum Zeitpunkt des Gefahrübergangs vorlagen. Durch die Beweislastumkehr ist es sodann Sache des Ver- 312

7 Eichelberger/Zentner, JuS 2009, 201.
8 Brückner, MDR 2002, 1406.

käufers, eine Entstehung des Mangels in der Sphäre oder durch sachwidrige Benutzung des Käufers nachzuweisen.

313 Die **Beweislastumkehr** gilt dann nicht, wenn die Vermutung, dass die Sache bereits bei Gefahrübergang mangelhaft war, mit der Art der Sache oder des Mangels unvereinbar ist. Auch für diese Ausnahmen von der Beweislastumkehr trägt der Verkäufer die Darlegungs- und Beweislast. Die Vermutung, dass der Mangel mit der Art der Sache unvereinbar sei, unterfällt dann nicht der Beweislastumkehr, wenn der Mangel typischerweise jederzeit auftreten kann und damit einen Rückschluss auf ein Vorliegen bei Gefahrübergang verbietet. Weitere Beispiele für die Unvereinbarkeit der Rückwirkungsvermutung mit der Art der Sache sind leicht verderbliche Waren oder Gegenstände mit Verschleißcharakter, wie dies an den Verschleißteilen eines Gebrauchtwagens oder auch bei Kleidung gegeben ist.

314 Eine Ausnahme kann auch aufgrund der Art des Mangels bestehen. Dies trifft insbesondere auf sinnlich deutlich wahrnehmbare Mängel, das heißt optische Beeinträchtigungen auf Oberflächen der Kaufsache oder hör- oder fühlbare Abweichungen von der Norm, zu.

315 Die **Rückwirkungsvermutung** greift auch grundsätzlich bei Tieren als Kaufsache ein. Auch die Wesensart von Tieren oder bestimmte Tierkrankheiten können der Rückwirkungsvermutung unterfallen. Auch hier gilt aber, das gegebenenfalls nach der Art des Mangels, das heißt bei vorliegenden Krankheiten insbesondere im Hinblick auf die Inkubationszeit, der Verkäufer die Rückwirkungsvermutung erschüttern kann, insbesondere wenn nicht geklärt werden kann, ob die Ansteckung eines Tieres vor oder nach dem Gefahrübergang erfolgte. Weitere Beispiele zu etwaigen Ausnahmen von der Rückwirkungsvermutung sind Allergien bei Tieren, welche gegebenenfalls bereits vor Gefahrübergang vorhanden gewesen sein können, wo jedenfalls das Vorhandensein des Mangels nicht nach der Art des Mangels mit der Rückwirkungsvermutung unvereinbar ist.

§ 5 Garantieerklärungen

Für Garantieerklärungen im Sinne von § 443 BGB, das heißt, wenn der Verkäufer oder ein Dritter eine Garantie für die Beschaffenheit der Sache oder für die Haltbarkeit der Sache übernimmt, sieht § 477 BGB Sonderbestimmungen vor. 316

A. Abfassung

Eine Garantieerklärung im Sinne von § 443 BGB muss einfach und verständlich abgefasst sein. Die Anforderungen an die Einfachheit und Verständlichkeit der Garantie werden als verbraucherschützende Norm aus dem Empfängerhorizont eines Durchschnittsverbrauchers ausgelegt. Im Regelfall ist zumindest erforderlich, dass die Garantieerklärung in deutscher Sprache abgefasst ist. Etwas anderes gilt nur dann, wenn das Verkaufsgespräch in einer anderen Sprache geführt worden ist. 317

B. Informationspflichten

Nach § 477 BGB muss eine Garantie auch den Hinweis auf die gesetzlichen Rechte des Verbrauchers enthalten, sowie den **Hinweis**, dass durch die Garantie diese gesetzlichen Rechte nicht eingeschränkt werden. Dabei muss der Garantiegeber den Inhalt der gesetzlichen Rechte nicht detailliert ausführen oder gar erläutern; es reicht insoweit der Hinweis auf die gesetzlichen Rechte. Sollte der Garantiegeber einzelne gesetzliche Rechte des Verbrauchers gleichwohl nennen, berührt das nicht die Wirksamkeit der Garantieverpflichtung, sofern der allgemeine Hinweis auf die weiteren gesetzlichen Rechte enthalten ist. Etwas anderes kann nur gelten, wenn durch die Nennung einzelner Rechte die Verständlichkeit der Garantieerklärung leidet. Inhaltlich muss die **Garantieerklärung** nach § 477 Abs. 1 Nr. 2 BGB den Inhalt der Garantie und alle wesentlichen Angaben, die für die Geltendmachung der Garantie erforderlich sind, das heißt, insbesondere die Dauer und den räumlichen Geltungsbereich des Garantieschutzes sowie Namen und Anschrift des Garantiegebers nennen. Das bedeutet, dass im Hinblick auf die Informationspflicht für den Fall einer beschränkten Garantie dargestellt werden muss, dass die Beschränkung nur die Garantieansprüche, nicht aber die gesetzlichen Rechte des Verbrauchers betrifft. Sollte der Verkäufer beziehungsweise der Garantiegeber die einzelnen Anforderungen an die Garantieerklärung nach § 477 Abs. 1 BGB nicht eingehalten haben, wird nach Vorgabe von § 477 Abs. 3 BGB die Wirksamkeit der Garantieverpflichtung dadurch nicht berührt. Die Verletzung der Sonderbestimmung für Garantien führt vielmehr dazu, dass der Verbraucher einen Anspruch auf Schadensersatz nach den §§ 280 Abs. 1, 311 Abs. 2, 241 Abs. 2 BGB haben kann. Dies ist etwa denkbar, wenn die Garantie eine beschränkte zeitliche Bindung hat, allerdings so unverständlich abgefasst worden ist, dass der Käufer seine Rechte nicht entsprechend den Vorgaben der Garantie geltend machen konnte. Der Käufer könnte sich dann zum einen weiterhin auf die Wirksamkeit der Garantieverpflichtung berufen und zum anderen auch Schadensersatzansprüche geltend machen. 318

C. Form der Garantie

Garantien können grundsätzlich formfrei erteilt werden. Dies gilt auch für den Verbrauchsgüterkauf. Allerdings gewährt § 477 Abs. 2 BGB dem Verbraucher ein Recht auf eine Garantieerklärung in **Textform**, dh, die Garantieerklärung muss nach § 126 b BGB in einer 319

Urkunde oder auf andere zur dauerhaften Wiedergabe in Schriftzeichen geeignete Weise abgegeben werden. Dabei muss die Person des Erklärenden genannt und der Abschluss der Erklärung durch Nachbildung der Namensunterschrift oder anders erkennbar gemacht werden.

D. Rechtsfolgen

320 Die Verletzung der Anforderungen aus § 477 BGB hat bereits nach § 477 Abs. 3 BGB nicht zur Folge, dass die **Garantieverpflichtung** unwirksam würde. Neben etwaigen Schadensersatzansprüchen des Verbrauchers aus der Verletzung der Schutz- und Aufklärungspflichten können den Garantiegeber zudem Unterlassungs- und Beseitigungsansprüche aus dem gewerblichen Rechtsschutz, insbesondere dem Gesetz gegen unlauteren Wettbewerb, wie auch aus dem Unterlassungsklagengesetz, treffen.

§ 6 Besondere Vertriebsformen

A. Fernabsatzverträge

In den §§ 312 b – 312 d BGB sind Sonderbestimmungen für Verträge im Fernabsatz enthalten. Nach § 312 b Abs. 1 BGB sind Fernabsatzverträge Verträge über die Lieferung von Waren oder über die Erbringung von Dienstleistungen, einschließlich Finanzdienstleistungen, die zwischen einem Unternehmer und einem Verbraucher unter ausschließlicher Verwendung von Fernkommunikationsmitteln abgeschlossen werden, es sei denn, dass der Vertragsschluss nicht im Rahmen eines für den Fernabsatz organisierten Vertriebs- oder Dienstleistungssystems erfolgt. Bei dieser besonderen Vertriebsform sind aus Gründen des **Verbraucherschutzes** deshalb besondere Normen in das Gesetz eingefügt worden, weil der Verbraucher gerade beim Fernabsatz weder seinem Vertragspartner begegnet, noch die Möglichkeit hat, vor Abschluss des Vertrages die Kaufsache in Augenschein zu nehmen. Gerade weil der Verbraucher nicht die Möglichkeit hat, die erworbene Ware vor Abschluss des Vertrages zu begutachten und sich gegebenenfalls durch Mitarbeiter des Verkäufers erklären zu lassen, sehen die Regelungen über den Fernabsatz, anknüpfend an die besondere Vertriebsform, besondere Informationspflichten des Unternehmers vor, sowie auch ein Widerrufsrecht für den Verbraucher. 321

Bei Anwendung der Regelungen zum Fernabsatz kann es zu Überschneidungen mit anderen verbraucherschützenden Regelungen kommen. Dabei gelten grundsätzlich die für den Verbraucher günstigeren Regelungen. 322

Hintergrund der Regelungen zum Fernabsatz ist die Fernabsatzrichtlinie 97/7/EG sowie die Finanz–Fernabsatz-Richtlinie 202/65/EG; die Auslegung der Regelungen zum Fernabsatzvertrag sind daher EG-konform zu treffen. 323

I. Anwendungsbereich

Nach 312 b Abs. 1 BGB ist der Anwendungsbereich für die Verbraucherschützenden Regelungen zu den Fernabsatzverträgen dann eröffnet, wenn zwischen einem Unternehmer und einem Verbraucher unter ausschließlicher Verwendung von **Fernkommunikationsmitteln** ein Vertrag über die Lieferung von Waren oder über die Erbringung von Dienstleistungen zu Stande gekommen ist. Anknüpfungspunkt ist dabei ein für den Fernabsatz organisierter Vertrieb beziehungsweise ein entsprechendes Dienstleistungssystem. 324

II. Vertragsparteien

Nach § 312 b Abs. 1 BGB müssen die Vertragsparteien auf der einen Seite aus einem **Unternehmer** nach § 14 BGB und auf der anderen Seite aus einem **Verbraucher** nach § 13 BGB bestehen. Damit sind Verträge, welche ausschließlich zwischen Unternehmern oder ausschließlich zwischen Verbrauchern abgeschlossen wurden, nicht vom Anwendungsbereich der Fernabsatzverträge erfasst. Ein Unternehmer ist dabei nach der Legaldefinition eine natürliche oder juristische Person oder eine rechtsfähige Personengesellschaft, welche bei Abschluss eines Rechtsgeschäftes in Ausübung ihrer gewerblichen oder selbstständigen beruflichen Tätigkeit handelt.[1] 325

1 Vgl oben Verbrauchsgüterkauf.

326 Ein Verbraucher im Sinne von § 13 BGB ist jede natürliche Person, die ein Rechtsgeschäft zu einem Zweck abschließt, der weder ihrer gewerblichen noch ihrer selbstständigen beruflichen Tätigkeit zugerechnet werden kann (vgl oben Verbrauchsgüterkauf).

III. Fernkommunikationsmittel

327 Der Vertrag muss nach § 312 b BGB ausschließlich unter Verwendung von **Fernkommunikationsmitteln** abgeschlossen werden. Fernkommunikationsmittel sind dabei nach § 312 b Abs. 2 BGB Kommunikationsmittel, die zur Anbahnung oder zum Abschluss eines Vertrages zwischen einem Verbraucher und einem Unternehmer ohne gleichzeitige körperliche Anwesenheit der Vertragspartner, eingesetzt werden können. Genannt werden insbesondere Briefe, Kataloge, Telefonanrufe, Telekopien, E-Mails sowie Rundfunk, Tele- und Mediendienste. Da die Aufzählung in § 312 b Abs. 2 BGB nicht abschließend ist, kommen grundsätzlich sämtliche Kommunikationsmittel in Betracht, bei denen die Parteien beim Vertragsabschluss nicht gleichzeitig körperlich an einem Ort anwesend sind. Erfasst ist daher auch die Kommunikation über SMS, sofern der Vertrag dadurch abgeschlossen wurde, wie auch über neuartige Möglichkeiten des Internet-Chat, wie beispielsweise Skype oder Microsoft Messenger oder ähnliches.

328 Entscheidend ist, dass der Vertrag **ausschließlich** unter Verwendung dieser Fernkommunikationsmittel abgeschlossen wurde. Die ausschließliche Verwendung von Fernkommunikationsmitteln bedeutet, dass Angebot und Annahme (§ 145 BGB, §§ 147 ff BGB) ausschließlich durch Fernkommunikationsmittel abgegeben worden sind. Abgrenzungsprobleme können sich dadurch ergeben, dass das deutsche Zivilrecht den Vertragsschluss auf die juristische Sekunde reduziert, in welcher korrespondierende Willenserklärungen, bestehend aus Angebot und Annahme, abgegeben werden. Da allerdings der Vorgang des Vertragsabschlusses über diesen juristischen Moment hinausgeht, insbesondere was Vertragsanbahnung und nachvertragliche Pflichten anbelangt, kann es zu Überschneidungen kommen. Die EG Richtlinien, welche den §§ 312 b – 312 d BGB zu Grunde liegen, behandeln auch grundsätzlich nicht die in den einzelnen Mitgliedstaaten in nationalen Regelungen erfassten Vorschriften zum Vertragsschluss, sondern den gesamten Vorgang bis zur Abwicklung des Vertrages. Vor dem Hintergrund der Richtlinienkonformen Auslegung versteht § 312 b BGB den Vertragsabschluss daher vor dem Hintergrund des gesamten komplexen Vorgangs bis zum gegenseitigen Leistungsaustausch und nicht nur den im Allgemeinen Teil des BGB geregelten juristischen Moment der Übereinstimmung zweier Willenserklärungen. Die Fernabsatzrichtlinie begreift den Fernabsatz und die dazu erforderlichen Kommunikationsmittel als umfassend „für den Vertrag bis zu dessen Abschluss einschließlich des Vertragsschlusses selbst“ (Art. 2 Nr. 1 FARL). Die ausschließliche Verwendung von Fernkommunikationsmitteln meint daher eine Verwendung für den gesamten Vorgang des Vertragsschlusses, beginnend bei der Anbahnung bis zum juristischen Moment des Vertragsschlusses. Die Phase der Vertragsanbahnung ist daher bei der Prüfung eines Fernabsatzvertrages insoweit einzubeziehen, ob auch hier ausschließlich Fernkommunikationsmittel verwendet worden sind. Wird lediglich der Vertragsschluss durch Fernkommunikationsmittel zwischen den Parteien bestätigt, kann die Anwendung der §§ 312 b – 312 d BGB daher ausgeschlossen sein, wenn in der Vertragsanbahnung Mittel der Direktkommunikation eingesetzt wurden. Schließlich soll beim Fernabsatz das Informationsbedürfnis des Verbrauchers geschützt werden, indem sichergestellt werden soll, dass insbesondere Verbraucher über alle erforderlichen Informationen hinsichtlich des Vertrages, das

heißt insbesondere hinsichtlich des Kaufgegenstandes und seines Vertragspartners, verfügen. Anders als beim Vertrieb in einem Ladenlokal kann der Verbraucher beim Fernabsatzvertrag die Kaufsache nämlich nicht prüfen, beispielsweise durch in Augenscheinnahme oder gar ausprobieren. Weitere Informationen kann der Verbraucher im Ladenlokal durch Befragen des Personals erhalten, was gerade den Unterschied zum Fernabsatz ausmacht. Besonders deutlich wird der Unterschied in der Vertragsanbahnung und -abwicklung bei komplexen Dienstleistungs- oder Versicherungsverträgen. Hier ist es geradezu üblich, dass die Vertriebsmitarbeiter oder Vertreter den Verbraucher im persönlichen Gespräch durch die einzelnen Paragraphen des Vertrages führen und über das Gespräch zudem ein Gesprächsprotokoll erstellen, in welchem die Wünsche und Vorgaben des abzuschließenden Vertrages gesondert festgehalten werden. All dies ist bei ausschließlicher Kommunikation über Fernkommunikationsmittel nicht möglich. Damit ist für die gesamte Vertragsanbahnungsphase zu prüfen, ob hier tatsächlich ein **Distanzgeschäft** vorliegt. Gab es einen persönlichen Kontakt zwischen den Parteien des Kaufvertrages ist daher zu prüfen, ob hierbei der Unternehmer den Verbraucher mit sämtlichen erforderlichen Informationen, welche für den Vertragsabschluss und den Kaufgegenstand erforderlich sind, ausgestattet hat. Sofern eine solche vollständige Aufklärung erfolgt ist und zumindest zu dem späteren Vertragsabschluss ein ausreichender unmittelbarer zeitlicher Zusammenhang besteht, ist der Anwendungsbereich der Fernabsatzregeln ausgeschlossen. Entscheidend ist dabei, dass die persönliche Kommunikation unmittelbar zwischen den später vertragsschließenden Parteien erfolgt ist. Nicht ausreichend ist es, wenn sich der Verbraucher in einem persönlichen Gespräch anderweitig informiert hat, später aber die an anderer Stelle besichtigte Kaufsache unter ausschließlicher Verwendung von Fernkommunikationsmitteln erwirbt. Für diesen Vertragsabschluss wäre dann gleichwohl der Anwendungsbereich der Fernabsatzregelungen eröffnet. Das gleiche gilt, wenn der Verbraucher auch bei einem persönlichen Kontakt zum Unternehmer oder seinen Erfüllungsgehilfen nicht die erforderliche vollständige Information und Aufklärung erhalten hat. Sofern es also einen persönlichen Kontakt zwischen dem Verbraucher und dem Unternehmer gegeben hat, ist penibel zu prüfen, ob hierbei sämtliche erforderlichen Informationen ausgetauscht wurden und damit der Anwendungsbereich der Fernabsatzregelungen ausgeschlossen ist.

Zu prüfen ist also, ob bei einem persönlichen Kontakt zwischen den vertragsschließenden Parteien diese Direktkommunikation geeignet ist, die aus dem Schutzzweck der Fernabsatzregelungen hervorgehenden typischen Defizite des Fernabsatzes auszugleichen und ob zudem ein ausreichender zeitlicher Zusammenhang zwischen der Direktkommunikation und dem Vertragsabschluss besteht. 329

IV. Organisiertes Vertriebs- und Dienstleistungssystem

Ist der Anwendungsbereich der Fernabsatzregelungen eröffnet, weil eine ausschließliche Verwendung der Fernkommunikationsmittel gegeben ist, ist zudem erforderlich, dass der Vertragsschluss im Rahmen eines für den Fernabsatz **organisierten Vertriebs- oder Dienstleistungssystems** erfolgt ist. Ein organisiertes Vertriebssystem bedeutet, dass der Vertragsabschluss nicht unter zufälligem Einsatz von Fernkommunikationsmitteln geschlossen wurde, sondern dass der Unternehmer in seinem Betrieb die organisatorischen Voraussetzungen durch die entsprechende personelle und sachliche Ausstattung geschaffen hat, um planmäßig und regelmäßig Geschäfte im Fernabsatz zu tätigen. Es ist dabei nicht notwendig, dass der Unternehmer ausschließlich im Fernabsatz sein Vertriebsgeschäft abwickelt. Zwar sind 330 grundsätzlich zur Bewertung einer organisierten Vertriebsstruktur im Fernabsatz objektive Gesichtspunkte heranzuziehen und somit die subjektive Sicht der Vertragsparteien unerheblich; sofern aber der Vertrag unter ausschließlicher Verwendung von Fernkommunikationsmitteln zustande gekommen ist, führt dies in der Verbraucherberatung lediglich zur Darlegungslast im Hinblick auf die Anwendbarkeit der Fernabsatzregelungen. Kann danach das objektive Erscheinungsbild eines Fernabsatzgeschäftes dargelegt werden, obliegt es dem Unternehmer, die Anwendbarkeit der Fernabsatzregelungen auszuschließen, indem er entsprechend vorträgt, das heißt zum Beispiel die ausnahmsweise Abwicklung des Vertrages unter Zuhilfenahme der Fernkommunikationsmitteln darlegt. Bei der Beratung des Unternehmers ist daher zu beachten, dass der Unternehmer die Beweislast für die grundsätzlich eng auszulegende Ausnahme trägt. Da die Ausnahme (es sei denn, dass der Vertragsabschluss nicht im Rahmen eines für den Fernabsatz organisierten Vertriebs- oder Dienstleistungssystems verfolgt) eng auszulegen ist, kann es bereits ausreichen, dass der Unternehmer den Anschein erweckt, über ein entsprechend organisiertes Vertriebssystem zu verfügen.

V. Ausgenommene Verträge, § 312 b Abs. 3 BGB

331 Nach § 312 b Abs. 3 BGB sind grundsätzlich die Vorschriften über Fernabsatzverträge nicht anzuwenden auf Verträge über Fernunterricht nach § 1 des Fernunterrichtsschutzgesetzes, über Teilzeitnutzung von Wohngebäuden im Sinne von § 481 BGB, über Versicherungen sowie deren Vermittlung, über die Veräußerung von Grundstücken und grundstücksgleichen Rechten, die Begründung, Veräußerung und Aufhebung von dinglichen Rechten an Grundstücken und Grundstücksgleichen Rechten sowie über die Errichtung von Bauwerken, über die Lieferung von Lebensmitteln, Getränken oder sonstigen Haushaltsgegenständen des täglichen Bedarfs, die am Wohnsitz, am Aufenthaltsort oder am Arbeitsplatz eines Verbrauchers von Unternehmern im Rahmen häufiger und regelmäßiger Fahrten geliefert werden, sowie Verträge über die Erbringung von Dienstleistungen in den Bereichen Unterbringung, Beförderung, Lieferung von Speisen und Getränken sowie Freizeitgestaltung, wenn sich der Unternehmer bei Vertragsschluss verpflichtet, die Dienstleistung zu einem bestimmten Zeitpunkt oder innerhalb eines genau angegebenen Zeitraums zu erbringen, sowie Verträge die unter Verwendung von Warenautomaten oder automatisierten Geschäftsräumen oder mit Betreibern von Telekommunikationsmitteln aufgrund der Benutzung von öffentlichen Fernsprechern, soweit sie deren Benutzung zum Gegenstand haben, geschlossen werden. Hintergrund der Ausnahme sind unter anderem die in Deutschland geltenden Spezialvorschriften, welche ebenfalls verbraucherschützenden Charakter haben und insoweit dem Fernabsatz vorgehen. So sind im Fernunterrichtsschutzgesetz bereits spezielle Formvorschriften und Informationspflichten vorgesehen, welche durch den besonderen Zuschnitt auf den Fernunterricht weder verallgemeinerbar sind, noch durch verallgemeinernde Regelungen zum Fernabsatz einen erweiterten Schutz eröffnen können. Hier ist daher eine Anwendung des Fernabsatzgesetzes nicht vorgesehen, sondern ausschließlich die Vorschriften des Fernunterrichtsschutzgesetzes.

332 Für die Teilzeitnutzung von Wohngebäuden nach § 481 BGB gibt es bereits ebenfalls eine speziellere Vorschrift, nämlich die sogenannte Time-Sharing-Richtlinie (RL 94/47/EG), welche in § 481 ff BGB umgesetzt wurde. Nach den §§ 481 ff BGB müssen solche Verträge über die Teilnutzung von Wohngebäuden grundsätzlich schriftlich abgeschlossen werden, weshalb die besondere Beweisfunktion und Warnfunktion zum Verbraucherschutz hier

bereits erfüllt ist. Da durch das Schriftformerfordernis ein besonderer Schutz bereits gewährleistet wurde, sind solche Verträge von der Anwendung der Fernabsatzrichtlinie ausgenommen.

Versicherungs- und Versicherungsvermittlungsverträge nach § 312 b Abs. 3 Nr. 3 BGB sind ebenfalls gesondert geregelt, nämlich in den §§ 48 a – 48 d VVG. 333

Ausgeschlossen von der Anwendbarkeit der Fernabsatzregelungen sind auch Immobiliengeschäfte nach § 312 b Abs. 3 Nr. 4 BGB. Dies hat unter anderem seinen Hintergrund darin, dass solche Verträge grundsätzlich besonders im jeweils nationalen Recht verankert sind und die besonderen Eigentumsvorschriften der Mitgliedstaaten durch die EG-Richtlinien nicht berührt werden sollen. Darüber hinaus bestehen gerade beim Immobilienkauf ausreichende Schutz- und Informationspflichten, wie unter anderem auch das Erfordernis der notariellen Beurkundung, womit ein besonderer Schutz bereits besteht und insofern die Fernabsatzregelungen obsolet macht. 334

Sinnvollerweise ausgeschlossen von der Anwendung der Fernabsatzregelungen sind auch Geschäfte des täglichen Bedarfs nach § 312 b Abs. 3 Nr. 5 BGB. Hintergrund ist einerseits, dass solche Geschäfte des täglichen Bedarfs häufig entweder nicht große Geldbeträge auslösen, so dass aufgrund der Masse der Geschäfte und deren finanziellen Umfang eine Verkomplizierung durch besondere Informationspflichten nach den Fernabsatzregelungen für unnötig erachtet wurde; Widerrufsrechte bei Lebensmitteln und verderblichen Waren sind zudem wegen der begrenzten Haltbarkeit nicht zweckmäßig. Entscheidend ist aber, dass die Lieferung von Lebensmitteln oder anderen Gegenständen des täglichen Bedarfs am Wohnsitz beziehungsweise am Aufenthaltsort oder am Arbeitsplatz des Verbrauchers erfolgen und gleichzeitig von dem Unternehmer im Rahmen häufiger und regelmäßiger Fahrten geliefert werden. Der Unternehmer ist auch hier in der Darlegungs- und Beweislast für das Vorliegen der Ausnahme, das heißt, dass er gerade keine häufigen Fahrten durchführt oder regelmäßig liefert. Entscheidend ist, dass der Betrieb für das Vorliegen der Ausnahme grundsätzlich auf eine Vielzahl von Fahrten eingerichtet ist und solche Fahrten auch tatsächlich anfallen. Das klassische Beispiel ist insofern der Unternehmer, der beispielsweise Lebensmittelbestellungen täglich ausfährt, nicht aber zum Beispiel der Heizöllieferant. 335

Die Ausnahme der **Geschäfte zur Freizeitgestaltung** und sonstigen Dienstleistungen in den Bereichen Unterbringung, Beförderung, Lieferung von Speisen und Getränken nach § 312 b Abs. 3 Nr. 6 BGB rechtfertigte sich zum einen aus den besonderen Vorschriften im Reiserecht nach den §§ 651 a ff BGB, welche die in § 312 b Abs. 3 Nr. 6 BGB zusammengefassten Leistungen üblicherweise besser erfassen, zum anderen vor dem Hintergrund der Regelung in § 312 b Abs. 3 Nr. 5 BGB. Da es sich bei den ausgenommenen Dienstleistungen um solche handeln muss, die zu einem bestimmten Zeitpunkt oder innerhalb eines genau eingegrenzten Zeitraums zu erbringen sind, wäre die Einräumung eines Widerrufsrechts zudem eine unnötige Benachteiligung für den Unternehmer, welcher auf die zeitliche Planung angewiesen ist. 336

Letztlich sind auch Verträge ausgenommen, die unter Verwendung von Warenautomaten oder öffentlichen Fernsprechern geschlossen wurden. Auch hier wurde aus Gründen der Praktikabilität einer Ausnahme zugelassen, weil zum einen Informationspflichten kaum erfüllt werden können, zum anderen ein Widerrufsrecht schlicht nicht ausgeübt werden kann. Eine Besonderheit hierbei sind die so genannten automatisierten Geschäftsräume. Hierbei muss es sich um solche Räume handeln, in welchen die Leistungen automatisiert erbracht werden. Zu denken wäre zum Beispiel an automatische Reinigungen, in welchen 337 der Kunde seine Kleidung in einen Warenautomaten wirft, der dann die entsprechende Dienstleistung automatisiert erbringt. Ebenso denkbar sind automatisierte Autowaschanlagen. Terminals an Tankstellen, welche ohne Personal eine Betankung mittels EC- oder Kreditkarte ermöglichen, stellen keine automatisierten Geschäftsräume dar, weil der Tankvorgang gleichwohl durch den Kunden vollzogen werden muss.

VI. Dauerverträge und Rahmenverträge

338 Nach § 312 b Abs. 4 BGB sind Vertragsverhältnisse, die eine erstmalige Vereinbarung mit daran anschließenden auf einander folgenden Vorgängen oder eine daran anschließende Reihe getrennter, in einem zeitlichen Zusammenhang stehender Vorgänge der gleichen Art umfassen, nur im Hinblick auf die erste Vereinbarung von den Regelungen zum Fernabsatz erfasst. Entscheidend ist, dass nach § 312 Abs. 4 S. 3 BGB die auf einander folgenden Vorgänge innerhalb eines Jahres stattfinden. Liegt mehr als ein Jahr zwischen den einzelnen auf einander folgenden Vorgängen, so gilt der nach Jahresfrist erfolgende Vorgang erneut als erster Vorgang einer neuen Reihe iSv § 312 b Abs. 4 S. 2 BGB. Damit sind Fernabsatzverträge grundsätzlich nicht nur Einzelverträge, sondern auch Dauerschuldverhältnisse oder Sukzessivlieferungsverträge beziehungsweise Rahmenverträge. Werden mehrere Warenlieferungen aufgrund eines zu Grunde liegenden Rahmenvertrages getätigt, so können nach § 312 b Abs. 4 BGB die besonderen Pflichten des Unternehmers im Bereich des Fernabsatzes auf den zu Grunde liegenden Rahmenvertrag beschränkt sein. Erforderlich ist, dass aufgrund eines solchen Vertrages gleichartige Geschäfte abgeschlossen werden. Abgrenzungsprobleme sind dann gegeben, wenn keine Grundvereinbarung vorhanden ist. In diesem Fall muss der inhaltliche Zusammenhang im Hinblick auf die Gleichartigkeit geprüft werden. Gerade in der Beratung der Verbraucher wird hier ein besonderer Anwendungsbereich eröffnet, wenn gerade keine Grundvereinbarung gegeben ist oder ein entsprechend langer Zeitraum zwischen den einzelnen Geschäften gegeben ist.

VII. Rechtsfolgen der Fernabsatzregelungen

1. Unterrichtung des Verbrauchers nach § 312 c BGB

339 Bei der Unterrichtung des Verbrauchers wird nach der Fernabsatzrichtlinie zwischen vorvertraglichen und nachvertraglichen **Informationspflichten** unterschieden. Eine weitere Unterscheidung erfolgt zudem hinsichtlich der Form der Information. Die vorvertraglichen Informationspflichten sollen gewährleisten, dass der Verbraucher eine informierte Entscheidung treffen kann. § 312 c Abs. 1 bestimmt insoweit, dass der Unternehmer dem Verbraucher rechtzeitig vor Abgabe von dessen Vertragserklärung klar und verständlich und unter Angabe des geschäftlichen Zwecks die Informationen zur Verfügung stellen muss, für die dies in der Rechtsverordnung nach Artikel 240 des Einführungsgesetzes zum BGB bestimmt ist. Auf Basis von Artikel 240 des Einführungsgesetzes zum BGB ist die Verordnung über Informations- und Nachweispflichten nach bürgerlichem Recht, die BGB-Informationsverordnung (BGB-InfoV) erlassen worden. § 1 BGB-InfoV bestimmt danach, eine ganze Reihe besonderer Informationen. Hat der Unternehmer dem Verbraucher nicht in einer dem eingesetzten Fernkommunikationsmittel entsprechenden Weise klar und verständlich die nach § 1 BGB-InfoV geschuldeten Informationen zukommen lassen, ist der Verbraucher nicht an seine Willenserklärung gebunden. Die vorvertraglichen Informationen müssen bei der ersten Kontaktaufnahme, welche auf einen Vertragsabschluss gerichtet ist, übermittelt werden. Hier ist die Nachweisbarkeit insbesondere für den Unternehmer besonders schwie-

rig, weil die rechtsbindende Wirkung der Willenserklärung des Verbrauchers erst nach ordnungsgemäßer Information eintritt, aber durch das gewählte Fernkommunikationsmittel gegebenenfalls Beweisprobleme bestehen. Schließlich kann der Unternehmer dem Verbraucher die erforderlichen Informationen auf einer Webseite, per SMS auf das Mobiltelefon oder auch mündlich übermitteln. Bei der mündlichen Übermittlung über ein von dem Unternehmer veranlasstes Telefonat hat der Unternehmer nach § 312 c Abs. 1 S. 2 BGB seine Identität und den geschäftlichen Zweck des Kontaktes bereits zu Beginn eines jeden Gespräches ausdrücklich offenzulegen.

Neben den vorvertraglichen Informationspflichten bestehen einzelne nachvertragliche Informationspflichten, wie unter anderem die Mitteilung über die Widerrufsfrist nach § 312 c Abs. 2 BGB. Hier Ist insbesondere bei Verträgen über Finanzdienstleistungen oder sonstige Dienstleistungen eine Information in Textform erforderlich. Ein Verstoß gegen die vorvertraglichen Informationspflichten soll nach Ansicht des OLG Hamburg zu einer Verlängerung der Widerrufsfrist führen. 340

2. Inhalt

Nach § 1 BGB InfoV muss der Unternehmer dem Verbraucher bei Fernabsatzverträgen seine Identität, wie auch das öffentliche Unternehmensregister, bei dem der Rechtsträger eingetragen ist, nebst zugehöriger Registernummer oder gleichwertiger Kennung, sowie die Identität eines Vertreters des Unternehmens in dem Mitgliedstaat, in welchem der Verbraucher seinen Wohnsitz hat, beziehungsweise für den Fall, dass es einen solchen Vertreter nicht gibt, die Identität einer anderen gewerblich tätigen Person als dem Anbieter, wenn der Verbraucher mit dieser geschäftlich zu tun hat, und die Eigenschaft, in der diese Personen gegenüber dem Verbraucher tätig wird, mitteilen. Zu diesen Mitteilungspflichten gehört auch die ladungsfähige Anschrift des Unternehmers und jede andere Anschrift die für die Geschäftsbeziehung zwischen dem Unternehmer, seinem Vertreter oder einer anderen gewerblich tätigen Person und dem Verbraucher erforderlich ist. Darüber hinaus ist die Ware oder die Dienstleistung hinsichtlich ihrer wesentlichen Merkmale zu beschreiben. Ebenso sind **Vorbehalte**, eine in Qualität und Preis gleichwertige Leistung zu erbringen und einen Vorbehalt, die versprochene Leistung im Fall ihrer Nichtverfügbarkeit nicht zu erbringen, zu erläutern. Der Unternehmer muss darüber hinaus den Gesamtpreis der Ware oder Dienstleistung einschließlich aller damit verbundenen Preisbestandteile sowie alle über den Unternehmer abgeführten Steuern oder für den Fall, dass ein genauer Preis nicht angegeben werden kann, die Grundlage für die Preisberechnung darlegen. Etwaige zusätzlich anfallende Liefer- und Versandkosten sowie ein Hinweis auf mögliche weitere Steuern oder Kosten, die nicht über den Unternehmer abgeführt oder von ihm in Rechnung gestellt werden, sind ebenso mitzuteilen wie Einzelheiten hinsichtlich der Zahlung und der Lieferung oder Erfüllung. Über die Kosten der Ware und ihres Versandes hinaus sind alle spezifischen zusätzlichen Kosten, die der Verbraucher für die Benutzung des Fernkommunikationsmittels zu tragen hat, wenn solche zusätzlichen Kosten durch den Unternehmer in Rechnung gestellt werden, zu erläutern. Zu den Informationspflichten gehört zudem die Information über das Bestehen oder Nichtbestehen eines Widerrufs- oder Rückgaberechts sowie die Bedingungen, Einzelheiten der Ausübung, insbesondere Namen und Anschrift desjenigen, gegenüber dem der Widerruf zu erklären ist, und die Rechtsfolgen des Widerrufs oder der Rückgabe, einschließlich Informationen über den Betrag, den der Verbraucher im Fall des Widerrufs oder der Rückgabe gemäß § 357 Abs. 1 BGB für die erbrachte Dienstleistung zu 341 zahlen hat. Zuletzt ist auf eine Befristung der Gültigkeitsdauer der zur Verfügung gestellten Informationen, beispielsweise die Gültigkeitsdauer befristeter Angebote, insbesondere hinsichtlich des Preises, zu informieren.

3. Transparenzgebot

342 Diese erforderlichen Informationen nach § 1 Abs. 1 BGB-InfoV sind entsprechend § 312c Abs. 1 BGB dem Verbraucher klar und verständlich zur Verfügung zu stellen. Dieses **Transparenzgebot** bedeutet, dass die erforderlichen Informationen nicht unter einer Vielzahl anderer Angaben mitgeteilt werden, so dass die erforderlichen Informationen untergehen. Insofern kann die geforderte klare und verständliche Information sich an den Anforderungen des Transparenzgebotes der AGB-rechtlichen Regelungen orientieren. Die verwandte Sprache muss sich an dem zu erwartenden Kundenkreis orientieren. Zudem ist ein entsprechendes Druckbild nach Schriftgröße und Sortierung zu beachten. Maßstab für die Beurteilung der Klarheit und Verständlichkeit der Information ist der durchschnittliche Verbraucher, welcher diese Informationen bereits aus ihrer optischen Gestaltung auch bei flüchtiger Betrachtung wahrnehmen können muss. Dabei können die erforderlichen Informationen auch in umfangreiche Geschäftsbedingungen einbezogen werden, solange die Klarheit und Verständlichkeit der erforderlichen Informationen weiterhin gewährleistet ist.

4. Zeitpunkt der Information

343 Nach § 312c BGB ist ein Zeitpunkt zur Übersendung der Informationen grundsätzlich nicht vorgegeben. Es ist lediglich erforderlich, dass diese Informationen nach § 1 BGB-InfoV **vor Abgabe der Willenserklärung** des Verbrauchers bei diesem vorliegen. Neben den besonderen Informationspflichten bei Telefonaten sind die Informationspflichten und die Möglichkeit der Kenntnisnahme bei anderen Medien vergleichsweise gelockert. Werden die Informationen auf einer Internetseite zur Verfügung gestellt, so reicht es aus, dass diese leicht erreichbar sind und von dem Verbraucher vor Abschluss des Vertrages eingesehen werden können. Es ist nicht erforderlich, dass der Verbraucher von diesen Informationen tatsächlich Kenntnis nimmt oder seine Kenntnisnahme dokumentiert. Da allerdings der Unternehmer die Beweislast für die rechtzeitige Information trägt, ist es in der Unternehmerberatung ratsam, sich die rechtzeitige Kenntnisnahme durch den Kunden bestätigen zu lassen.

344 Gerade im Bereich des Wettbewerbsrechtes kann eine Verletzung der Informationspflichten **Abmahnungen** und Unterlassungsansprüche von Wettbewerbern und Verbraucherverbänden auslösen. Darüber hinaus bestehen gegebenenfalls Schadensersatzansprüche des Verbrauchers gegen den Unternehmer.

5. Pflichten im elektronischen Rechtsverkehr nach § 312e BGB

a) Weitergehende Pflichten nach § 312e BGB

345 Ist der Fernabsatzvertrag im Wege des elektronischen Rechtsverkehrs zustande gekommen oder gab es eine entsprechende Vertragsanbahnung, bestehen für den Unternehmer weitergehende Pflichten im elektronischen Geschäftsverkehr nach § 312e BGB. Dieser bestimmt, dass der Unternehmer, der sich zum Zwecke des Abschlusses eines Vertrages über die Lieferung von Waren, dem Kunden angemessene, wirksame und zugängliche technische Mittel zur Verfügung stellen muss, mit deren Hilfe der Kunde Eingabefehler vor Abgabe seiner Bestellung erkennen und berichtigen kann. Darüber hinaus sind die in § 1 BGB-InfoV bezeichneten Informationspflichten dem Verbraucher rechtzeitig vor Abgabe von dessen

Bestellung klar und verständlich mitzuteilen. Darüber hinaus ist nach § 312 e Abs. 1 Nr. 3 der Zugang der Bestellung des Kunden unverzüglich auf elektronischem Wege zu bestätigen und dem Kunden die Möglichkeit zu verschaffen, die Vertragsbestimmungen einschließlich der allgemeinen Geschäftsbedingungen bei Vertragsschluss abzurufen und in einer wiedergabefähigen Form zu speichern.

Dabei gelten Bestellungen und Empfangsbestätigung als **zugegangen**, wenn die Parteien, für 346 die sie bestimmt sind, diese unter gewöhnlichen Umständen abrufen können. Diese dem Unternehmer obliegenden Informationspflichten und technischen Bereitstellungspflichten dienen vor allem dem Verbraucherschutz. Es sollen Mindestvoraussetzungen für eine formal faire Vertragsanbahnung und entsprechende Vertragsdurchführung sichergestellt sein. Da der Kunde seine Bestellung regelmäßig über mehrere Eingabefelder verteilt abgibt, soll den darin liegenden Gefahren vorgebeugt werden. Insbesondere soll sichergestellt werden, dass der Kunde eine andere als die gewollte Bestellung abgibt oder versehentlich mehrfache Bestellungen durchführt, weil er über die Bestellabgabe und den Eingang beim Unternehmer im Unklaren ist. Darüber hinaus sollen die Regelungen nach § 312 e BGB gewährleisten, dass dem Kunden vor Vertragsschluss sämtliche Vertragsbedingungen einschließlich der allgemeinen Geschäftsbedingungen in einer nicht mehr änderbaren Form vorliegen, um den Verbraucher vor dem Risiko der Änderung der Vertragsbedingungen zu schützen.

Die weitergehenden Pflichten im elektronischen Geschäftsverkehrs nach § 312 e Abs. 2 347 BGB sind dann nicht anzuwenden, wenn der Vertrag ausschließlich durch individuelle Kommunikation geschlossen wird, oder wenn die Vertragsparteien, welche nicht Verbraucher sind, etwas anderes vereinbart haben.

Die Regelungen über die Pflichten im elektronischen Geschäftsverkehr nach § 312 e BGB 348 sind insbesondere bedeutsam für den Lauf der Widerrufsfrist nach § 355 BGB. § 312 e Abs. 3 BGB bestimmt insoweit, dass die Widerrufsfrist abweichend von § 355 Abs. 2 S. 1 BGB nicht vor Erfüllung der in § 312 e Abs. 1 S. 1 geregelten Pflichten zu laufen beginnt.

b) „Nachvertragliche" Informationspflichten nach § 312 c Abs. 2 BGB

Spätestens bis zur vollständigen **Erfüllung** des Vertrages, bei Waren spätestens bis zur Lie- 349 ferung an den Verbraucher, hat der Unternehmer nach § 312 c Abs. 2 Nr. 2 dem Verbraucher sämtliche in § 1 BGB-InfoV bestimmten Informationen in dem dort bestimmten Umfang und der dort bestimmten Art und Weise in Textform mitzuteilen. Dies gilt insbesondere für die Mitteilung über das dem Verbraucher zustehende Widerrufs- und Rückgaberecht bei Fernabsatzverträgen.

6. Das Widerrufsrecht

§ 312 d BGB eröffnet dem Verbraucher bei einem Fernabsatzvertrag ein Widerrufsrecht 350 nach § 355 BGB. Anstelle des **Widerrufsrechts** kann dem Verbraucher bei Verträgen über die Lieferung von Waren auch ein Rückgaberecht nach § 356 BGB eingeräumt werden. Dem Verbraucher steht damit nach § 312 d Abs. 1 BGB iVm § 355 BGB auch nach Abschluss des Vertrages ein Widerrufsrecht zu, welches innerhalb von zwei Wochen gegenüber dem Unternehmer zu erklären ist. Die Erklärung muss keine Begründung enthalten und ist in Textform oder durch Rücksendung der Sache durchzuführen, nach § 355 Abs. 1 BGB.

a) Widerrufsfrist

Die Widerrufsfrist beträgt nach § 355 BGB zwei Wochen. Nach § 355 Abs. 2 BGB beginnt 351 die Frist zu dem Zeitpunkt, in welchem dem Verbraucher eine deutlich gestaltete Belehrung über sein Widerrufsrecht in Textform mitgeteilt worden ist. Der Unternehmer muss bei der Mitteilung die Erfordernisse des eingesetzten Kommunikationsmittels beachten und auch Namen und Anschrift desjenigen nennen, gegenüber dem der Widerruf zu erklären ist. Darüber hinaus ist ein Hinweis auf den Fristbeginn aufzunehmen. Werden die nach § 355 Abs. 2 BGB erforderlichen Angaben in der Widerrufsbelehrung erst nach Vertragsschluss mitgeteilt, beträgt die Frist abweichend von der in § 355 Abs. 1 S. 2 BGB geregelten Zweiwochenfrist einen Monat. Ist der Vertrag schriftlich abzuschließen, so beginnt der Lauf der Widerrufsfrist nicht bevor dem Verbraucher auch eine Vertragsurkunde, der schriftliche Antrag des Verbrauchers oder eine Abschrift der Vertragsurkunde oder des Antrags zur Verfügung gestellt werden. Die Beweislast für den Fristbeginn trifft den Unternehmer. Zusammenfassend lässt sich festhalten, dass die Widerrufsfrist erst beginnt, wenn der Unternehmer seine Informationspflichten nach § 312 c Abs. 2 BGB iVm § 1 BGB-InfoV vollständig erfüllt hat und zusätzlich nach § 355 Abs. 2 S. 1 BGB in Verbindung mit § 312 c BGB und § 1 BGB-InfoV in Textform eine Widerrufsbelehrung mitgeteilt hat, bei Warenlieferungen nicht aber bevor die Ware beim Verbraucher eingegangen ist, entsprechend § 312 d Abs. 2 BGB.

352 Nach § 355 Abs. 3 BGB erlischt das Widerrufsrecht spätestens sechs Monate nach Vertragsschluss. Bei der Lieferung von Waren beginnt die Frist nicht vor dem Tag des Zugangs der Waren beim Empfänger. Hat der Unternehmer den Verbraucher nicht ordnungsgemäß über sein Widerrufsrecht belehrt, erlischt das Widerrufsrecht nicht.

353 Aufgrund der verbraucherschützenden Funktion des Widerrufsrechtes bei Verbraucherverträgen nach § 355 BGB ist eine zum Nachteil des Verbrauchers abweichende Vereinbarung über das Widerrufsrecht und die Widerrufsfrist unwirksam. In der Unternehmerberatung wie auch bei der Prüfung der Ansprüche des Verbrauchers ist daher insbesondere zu überprüfen, wann und ob eine Belehrung über das Widerrufsrecht dem Verbraucher in Textform mitgeteilt worden ist.

b) Form der Widerrufsbelehrung

354 Die Widerrufsbelehrung muss nach § 355 Abs. 2 BGB in Textform nach § 126 b BGB erfolgen. Dabei ist die Form der Übermittlung grundsätzlich an dem für die Vertragsverhandlung eingesetzten Kommunikationsmittel zu messen. Wie schon bei den Informationspflichten nach § 312 c BGB iVm § 1 BGB-InfoV ist auch die Gestaltung der Widerrufsbelehrung grundsätzlich in der Vertragssprache, dh regelmäßig in deutscher Sprache, zu fassen und klar und deutlich zu formulieren. Wird die Widerrufsbelehrung nicht als gesonderte Belehrung übermittelt, muss sie sich von dem übrigen Text oder dem Vertragstext, sofern sie im Vertrag enthalten ist, deutlich hervorheben. Bei der Widerrufsbelehrung kann sich der Unternehmer auch an dem in Anlage 2 zu § 14 BGB-InfoV enthaltenen Muster für eine Widerrufsbelehrung orientieren. Zwar gibt es auch Stimmen in der Literatur und Rechtsprechung, nach denen auch die gesetzlich vorgegebene Widerrufsbelehrung nicht vollständig fehlerfrei und gegebenenfalls vor dem Hintergrund des Verbraucherschutzes unzulänglich formuliert ist, eine Nutzung des gesetzlich vorgegebenen Widerrufsformulars kann dem Unternehmer jedoch grundsätzlich nicht zum Vorwurf gemacht werden. Auch eine durch den Unternehmer selbst formulierte Widerrufsbelehrung muss sich daher an den inhaltlichen Vorgaben nach § 355 Abs. 2 BGB und den in dem Muster für die Widerrufsbelehrung in Anlage 2 zu § 14 BGB-InfoV ersichtlichen Erfordernissen messen lassen. D.h., die Widerrufsbelehrung muss den Verbraucher darüber aufklären, dass der Widerruf in Textform oder durch Rücksendung der Sache möglich ist. Darüber hinaus muss der Ver-

braucher darüber aufgeklärt werden, dass der Widerruf keine Begründung enthalten muss und innerhalb von zwei Wochen gegenüber dem Unternehmer zu erklären ist, wobei zur Fristwahrung die rechtzeitige Absendung genügt. Zusätzlich muss in der Widerrufserklärung Name und Anschrift desjenigen enthalten sein, gegenüber dem der Widerruf zu erklären ist. Sodann muss die Widerrufserklärung in Textform mitgeteilt werden.

B. Haustürgeschäfte

Aus besonderen Gründen des Schutzes von Verbrauchern, welche unüberlegte Geschäfte außerhalb von Geschäftsräumen des Verkäufers abschließen, ist zum 1. Mai 1986 das Gesetz über den Widerruf von Haustürgeschäften und ähnlichen Geschäften (**Haustürwiderrufsgesetz**) erlassen worden. Hintergrund ist die Richtlinie betreffend den Verbraucherschutz im Fall von außerhalb von Geschäftsräumen geschlossenen Verträgen der Europäischen Gemeinschaft, welche am 20. Dezember 1985 durch den Rat der Europäischen Gemeinschaft beschlossen wurde. Die Regelungen über den Widerruf von Haustürgeschäften sind daher grundsätzlich richtlinienkonform vor dem Hintergrund der EG-Richtlinie auszulegen. Mit der Schuldrechtsreform wurden die Regelungen über den Widerruf von Haustürgeschäften in das BGB integriert und mit den im Fernabsatzgesetz geltenden Widerrufs- und Rückgaberechten im Schuldrecht harmonisiert. 355

Gleichwohl sind auch nach der Schuldrechtsreform einzelne Regelungen vor dem Hintergrund europäischer Richtlinien auszulegen und gegebenenfalls zu ändern; so wurde bereits im Jahre 2001 mit Urteil des Europäischen Gerichtshofs (EuGH NJW 2002, 281) die Befristung des Widerrufsrechts bei fehlender Belehrung im § 12 ABGB geändert. 356

I. Voraussetzungen des Haustürgeschäftes

Nach § 312 BGB steht dem Verbraucher ein Widerrufsrecht gemäß § 355 BGB zu, wenn die Voraussetzungen des Haustürgeschäftes gegeben sind. 357

1. Verbrauchervertrag

§ 312 BGB ist nur auf Verträge zwischen einem Unternehmer und einem Verbraucher, die eine entgeltliche Leistung zum Gegenstand haben, anwendbar. 358

a) Verbraucher

Der Begriff des Verbrauchers ist in § 13 BGB legal definiert. Verbraucher sind dabei natürliche Personen, die ein Rechtsgeschäft zu einem Zwecke abschließen, der weder ihrer gewerblichen noch ihrer selbstständigen beruflichen Tätigkeit zugerechnet werden kann. 359

b) Unternehmer

Der Begriff des Unternehmers ist in § 14 BGB legal definiert. Ein Unternehmer ist danach eine natürliche oder juristische Person oder eine rechtsfähige Personengesellschaft, die bei Abschluss eines Rechtsgeschäfts in Ausübung ihrer gewerblichen oder selbstständigen beruflichen Tätigkeit handelt. Nach § 14 Abs. 2 BGB ist eine rechtsfähige Personengesellschaft dabei eine solche, die mit der Fähigkeit ausgestattet ist, Rechte zu erwerben und Verbindlichkeiten einzugehen. 360

c) Auslegungsregel

Da die §§ 312 ff BGB grundsätzlich dem Verbraucherschutz dienen, ist insbesondere bei Geschäften, die sowohl im privaten wie auch im beruflichen Interesse des Verbrauchers 361 abgeschlossen wurden, nach dem überwiegenden Vertragszweck zu untersuchen, ob ein Verbrauchervertrag vorliegt.

2. Entgeltliche Leistung

362 Bei dem Verbrauchervertrag muss es sich um einen Vertrag handelt, der eine **entgeltliche Leistung** zum Gegenstand hat. Erfasst sind damit grundsätzlich alle schuldrechtlichen Verträge über entgeltliche Leistungen, welche durch eine Willenserklärung des Verbrauchers gegenüber einem Unternehmer zustandegekommen sind. Entgeltliche Leistung ist dabei im Sinne des Wortlauts „Entgelt" zu verstehen. Daher ist es unerheblich, in welcher Form ein „Entgelt" durch den Verbraucher gegenüber dem Unternehmer geschuldet ist und, wie die Leistung des Verbrauchers bezeichnet ist. Dabei erfolgt die Auslegung nach der Entgeltlichkeit vor dem Hintergrund der Richtlinie betreffend den Verbraucherschutz im Falle von außerhalb von Geschäftsräumen geschlossenen Verträgen. Da diese Richtlinie grundsätzlich vom Anwendungsbereich her auf entgeltliche Geschäfte beschränkt ist, scheiden zunächst nur rein unentgeltliche Geschäfte für den Verbraucher vom Anwendungsbereich des Widerrufsrechtes bei Haustürgeschäften nach § 312 BGB aus. Alle Verträge, bei denen der Verbraucher ohne Gegenleistung eine Leistung erhält, also für den Verbraucher einseitig begünstigende Leistungen, scheiden daher grundsätzlich aus. Es ist allerdings erforderlich, dass der Verbraucher nicht nur keine Hauptleistungspflicht, sondern auch keinerlei Nebenleistungspflichten übernimmt. § 312 BGB stellt allein auf die Willenserklärung des Verbrauchers ab und soll diesen vor unüberlegten Verpflichtungen schützen. Damit sind auch einseitig verpflichtende Erklärungen des Verbrauchers, welche also keine Gegenleistung an den anderen Vertragspartner vorsehen, erfasst. Bei gemischten Verträgen, welche auch unentgeltliche Leistungen vorsehen, erstreckt sich die Anwendbarkeit des § 312 BGB auf den gesamten Vertrag, wenn es sich um ein einheitliches Rechtsgeschäft handelt. Erfasst werden daher alle Verträge, welche auf Basis eines einheitlichen Rechtsgeschäftes ein Entgelt des Verbrauchers vorsehen, gleich, wie dieses bezeichnet ist. Typischerweise werden dadurch Kaufverträge, aber auch sonstige Verträge, wie Dienstleistungsverträge, Miet- oder Pachtverträge, Geschäftsbesorgungsverträge oder auch Kredit- bzw Bausparverträge erfasst; ebenso einseitige Verpflichtungen des Verbrauchers im Hinblick auf andere Geschäfte, selbst wenn diese nicht als Haustürgeschäft geschlossen wurden, so etwa ein Schuldbeitritt.

3. Haustürsituationen

363 Das Haustürgeschäft muss in einer besonderen Haustürsituation abgeschlossen worden sein. Diese ist nach § 312 BGB dann gegeben, wenn der Verbraucher entweder durch mündliche Verhandlungen an seinem Arbeitsplatz oder im Bereich einer Privatwohnung, § 312 Abs. 1 Nr. 1 BGB, oder anlässlich einer vom Unternehmer oder vom einem Dritten zumindest auch im Interesse des Unternehmers durchgeführten Freizeitveranstaltung (§ 312 Abs. 1 Nr. 2 BGB) oder im Anschluss an ein überraschendes Ansprechen in Verkehrsmitteln oder im Bereich öffentlich zugänglicher Verkehrsflächen (§ 312 Abs. 1 Nr. 3 BGB) zum Abschluss des Vertrages bestimmt worden ist.

a) Bestimmen des Verbrauchers

364 Das Gesetz sieht vor, dass der Verbraucher zum Abschluss eines Vertrages bestimmt worden ist. § 312 BGB will den Verbraucher vor Überrumpelung in schützen. Nach § 312 Abs. 1 S. 1 BGB sind daher Orte für den Vertragsschluss erfasst, welche sich außerhalb der Geschäftsräume des Unternehmers befinden und an denen der Verbraucher regelmäßig

nicht mit einem Vertragsabschluss rechnet und durch diese besondere Situation überrumpelt werden kann. Für die Kausalität des in einer Haustürsituation geschlossenen Vertrages ist daher das Bestimmen des Verbrauchers insoweit maßgeblich, als es die besondere Überrumpelung zu Situationen widerspiegelt. Der Begriff des „Bestimmens" des Verbrauchers zum Abschluss des Vertrages schließt dadurch auch solche Situationen aus, in denen zwar ein Vertrag im Rahmen einer Haustürsituation geschlossen wurde, der Verbraucher aber nicht durch den Unternehmer ausgewählt und überrumpelt wurde, weil er selbst beispielsweise um das Gespräch gebeten hat. Der Verbraucher wurde in solchen Situationen nicht durch den Unternehmer zum Vertragsabschluss bestimmt; also nicht besonders durch den Unternehmer in einer schutzwürdigen Situation ausgewählt und überrumpelt.

Letztendlich erfolgt über das Merkmal der „Bestimmung" auch der Ausschluss einzelner 365
in den in § 312 Abs. 1 S. 1 Nr. 1-3 BGB genannten Situationen geschlossenen Verträgen, wenn gerade die Vertragsanbahnung auf andere Weise und an anderen Örtlichkeiten außerhalb des Schutzzweckes von § 312 Abs. 1 BGB begonnen hat. Ist die Vertragsanbahnung nicht in einer Haustürsituation erfolgt, also regelmäßig auf Wunsch des Verbrauchers, scheidet ein Bestimmen durch den Unternehmer aus.

b) Zeitlicher Zusammenhang

Teilweise sind Verträge mit einem Verbraucher bereits in einer Haustürsituation angebahnt 366
worden, wurden aber erst später an einem nicht mehr durch den Schutz von § 312 Abs. 1 BGB erfassten Ort abgeschlossen. Auch in solchen Fällen kann wegen der Vertragsanbahnung an dem geschützten Ort auch noch ein Haustürgeschäft vorliegen, wenn ein enger zeitlicher Zusammenhang zwischen der mündlichen Verhandlung und der Abgabe der Willenserklärung des Verbrauchers besteht. Der BGH unterscheidet hierbei zwar nicht nach dem zeitlichen Zusammenhang, aber auf Basis der Fortwirkung der durch die besondere Situation des Haustürgeschäftes hervorgerufenen Wirkung. Zweifellos bleibt aber der zeitliche Zusammenhang ein erstes Abgrenzungskriterium. Je länger die Haustürsituation zurückliegt, umso eher wird bereits auf Grunde des zeitlichen Abstandes ein Fortwirken der Haustürsituation zum Abschluss des Vertrages ausscheiden. In den Fällen, in welchen allerdings im Zusammenhang mit der Haustürsituation sämtliche Unterlagen, insbesondere ein Vertragsformular, übergeben wurden, welche durch den Verbraucher nicht unmittelbar gegengezeichnet wurden, kann auch nach einer gegebenenfalls längeren Überlegungsfrist gleichwohl noch ein Fortwirken der Haustürsituation gegeben sein.

4. Rechtsfolgen des Haustürgeschäftes

Nach § 312 Abs. 1 S. 1 BGB steht dem Verbraucher gemäß § 355 BGB ein Widerrufsrecht 367
zu, wenn eine Haustürsituation gegeben ist. Die Folgen des Widerrufsrechtes des Verbrauchers ergeben sich aus den §§ 355, 357 ff BGB. Alternativ kann der Unternehmer dem Verbraucher anstelle des Widerrufsrechts ein Rückgaberecht nach § 346 BGB einräumen, wenn zwischen dem Verbraucher und dem Unternehmer im Zusammenhang mit dem Haustürgeschäft oder einem späteren Geschäft auch eine ständige Verbindung aufrechterhalten werden soll.

5. Belehrungspflicht

Nach § 312 Abs. 2 BGB hat der Unternehmer den Verbraucher über das diesem nach § 312 368
Abs. 1 BGB zustehende Widerrufsrecht oder Rückgaberecht zu belehren, wobei auf die Rechtsfolgen des §§ 357 Abs. 1, 3 BGB hingewiesen werden muss. Die Ausgestaltung der

Belehrung über das Widerrufsrecht ist in § 355 BGB geregelt. Diese Regelungen werden durch § 312 Abs. 2 BGB insoweit ergänzt, als zusätzlich auf die Rechtsfolgen nach § 357 Abs. 1, 3 BGB hingewiesen werden muss.

II. Ausschluss des Widerrufs- oder Rückgaberecht § 312 Abs. 3 BGB

369 Das Widerrufs- oder Rückgaberecht des Verbrauchers ist dann ausgeschlossen, wenn nach § 312 Abs. 3 BGB die mündlichen Verhandlungen, auf denen der Abschluss des Vertrages beruht, auf vorhergehende Bestellung des Verbrauchers geführt worden sind. In diesem Fall ist der Verbraucher nämlich nicht mehr überrumpelt und insoweit nicht schutzwürdig. Übersteigt das von dem Verbraucher zu leistende **Entgelt nicht 40 EUR** und hat der Verbraucher die Leistung bereits bei Abschluss der Verhandlungen erhalten und auch sofort bezahlt, ist ein Widerrufs- oder Rückgaberecht ebenfalls ausgeschlossen. Hintergrund ist, dass bereits abgewickelte Bagatellgeschäfte zu einem unverhältnismäßigen Aufwand führen würden, wenn sie nach § 312 Abs. 1 BGB rückabgewickelt würden. Dies dient letztendlich auch der Entlastung der Justiz. Darüber hinaus ist dem Verbraucher das Risiko des Vertragsschlusses nach Vorstellung des Gesetzgebers – immerhin handelt es sich um einen mündigen und informierten Verbraucher – hinreichend deutlich, wenn er unmittelbar im Zusammenhang mit den Verhandlungen seine Leistung bereits erfüllen muss.

370 Zuletzt soll kein Widerrufs- oder Rückgaberecht bestehen, wenn nach §§ 312 Abs. 3 Nr. 3 BGB die Willenserklärung des Verbrauchers von einem Notar beurkundet worden ist. Schließlich hat bereits das notarielle Beurkundungserfordernis eine ausreichende **Warn- und Hinweisfunktion**, um den Verbraucher vor übereilten Verträgen zu schützen. Der Notar ist schließlich ebenfalls verpflichtet, den Verbraucher auf die Folgen seiner Willenserklärung hinzuweisen, so dass durch die Einschaltung eines Notars nach dem Willen des Gesetzgebers die Überrumpelungssituation ausgeschlossen ist. Problematisch sind dabei allerdings die Fälle, in denen der Verbraucher sich bereits durch den Vertrag in der Haustürsituation gebunden sieht und den notariellen Abschluss des Geschäftes lediglich als reine Formalie betrachtet. Insbesondere seit Mitte der 90er Jahre wurden viele Fälle von so genannten „Mitternachtsnotaren“ bekannt, bei welchen die Verbraucher insbesondere im Zusammenhang mit Schrottimmobilien zu später Stunde noch eben einen Kaufvertrag unterzeichnet haben. Entsprechend kritisch wird dieser Ausnahmevorschrift in der Literatur gesehen; allerdings dürften hier schon allein aus der besonderen Situation der notariellen Beurkundung ausreichend Gründe vorhanden sein, den Vertrag außerhalb der Regelungen nach § 312 BGB anzufechten; gegebenenfalls kann bei richtlinienkonformer Auslegung des einheitlichen Vertragsvorgangs auch gleichwohl § 312 BGB anwendbar sein.

1. Beweislast

371 Bereits nach den allgemeinen Beweislastregeln muss jede Partei das für sie günstige beweisen. Insofern muss auch der Verbraucher die Anwendbarkeit der für ihn günstigen Regelungen nach den §§ 312 ff BGB nachweisen. Die **Beweislast** betrifft dabei zum einen den Umstand, dass die Erklärung des Verbrauchers auf den Abschluss eines Vertrages über eine entgeltliche Leistung gerichtet war, wie gegebenenfalls auch die erforderliche Kausalität, wenn Vertragsschluss und Haustürsituation nicht gleichzeitig vorliegen. Hier kann gege-

benenfalls der Beweis des ersten Anscheins noch für die ausreichende Kausalität sprechen.[2]

2. Verhältnis zu anderen Vorschriften

Nach § 312 a BGB ist das Widerrufs- oder Rückgaberecht nach § 312 BGB ausgeschlossen, 372 wenn dem Verbraucher zugleich nach Maßgabe anderer Vorschriften ein entsprechendes Widerrufs- oder Rückgaberecht eingeräumt wurde. Durch diese Regelung soll vermieden werden, dass durch das Eingreifen eines weiteren Schutzgesetzes der Verbraucher unter Umständen schutzlos gestellt wird, weil gegebenenfalls bereits durch die Anwendbarkeit von § 312 BGB das dortige Widerrufs- beziehungsweise Rückgaberecht immateriell ausscheidet oder die entsprechenden Fristen zur Belehrung eingehalten wurden.

Fernabsatzverträge und Haustürsituationen schließen sich bereits begrifflich aus. 373

C. Widerruf und Rückabwicklung

I. Widerruf

Mit Erklärung des Widerrufs ist der Verbraucher nicht mehr an den Vertrag gebunden. 374 Nach § 357 BGB finden auf das Widerrufs- und Rückgaberecht grundsätzlich die Vorschriften über den gesetzlichen Rücktritt entsprechende Anwendung. Allerdings ist der Verbraucher nach § 357 Abs. 2 BGB bei Ausübung des Widerrufsrechtes auch zur Rücksendung der erhaltenen Sache verpflichtet, wenn diese durch Paket versandt werden kann. Ansonsten besteht lediglich eine Verpflichtung zur Herausgabe und Übereignung. Beim Versand der Kaufsache mittels Paket trägt Kosten und Gefahr in der Rücksendung der Unternehmer. Durch die Ausübung seines Widerrufsrechtes nach § 312 d BGB dürfen dem Verbraucher die regelmäßigen Kosten der Rücksendung vertraglich auferlegt werden, wenn der Preis der zurückzusendenden Sache einen Betrag von 40 EUR nicht übersteigt oder wenn bei einem höheren Preis der Kaufsache noch keine Leistung des Verbrauchers bis zum Zeitpunkt des Widerrufs erbracht worden ist. Dies gilt nicht für den Fall, dass die gelieferte Ware nicht der bestellten entspricht. Hat der Verbraucher die Kaufsache bereits in Gebrauch genommen, so hat er nach § 357 Abs. 3 BGB Wertersatz für eine durch die bestimmungsgemäße Ingebrauchnahme der Sache entstehende Verschlechterung zu leisten, wenn er spätestens bei Vertragsschluss in Textform auf diese Rechtsfolge und eine Möglichkeit, die Verschlechterung zu vermeiden, hingewiesen worden ist. Dies gilt nur dann nicht, wenn die Verschlechterung ausschließlich auf die Prüfung der Sache zurückzuführen ist. Dem Verbraucher steht daher grundsätzlich bis zur Erklärung des Widerrufs ein Prüfungsrecht zu, welches insoweit unentgeltlich ist, als sich dadurch eine Verschlechterung der Sache ergibt. Erst dann, wenn er die Kaufsache tatsächlich in Gebrauch genommen hat, muss er Wertersatz leisten. Wie dieser Wertersatz allerdings zu bestimmen ist, hängt jeweils vom Einzelfall ab. Insbesondere ist hier gegebenenfalls der Wertersatz für Verschlechterungen infolge der Prüfung bei dem Wertersatz für die bestimmungsgemäße Ingebrauchnahme abzuziehen.

II. Rückgabe

Neben einer Widerrufserklärung kann der Widerruf auch konkludent durch Rückgabe er- 375 klärt werden. Diese ausdrückliche Möglichkeit ist in § 312 d Abs. 1 S. 2 BGB iVm § 356

2 OLG Stuttgart, NJW-RR 1989, 1144.

BGB eröffnet. Hiernach kann der Unternehmer beim Vertragsschluss aufgrund eines Verkaufsprospektes im Vertrag das Widerrufsrecht nach § 355 BGB durch ein **Rückgaberecht** ersetzen. Dazu muss im Verkaufsprospekt eine deutlich gestaltete Belehrung über das Rückgaberecht enthalten sein und der Verbraucher die Möglichkeit haben, den Verkaufsprospekt in Abwesenheit des Unternehmers eingehend zur Kenntnis zu nehmen und dem Verbraucher zusätzlich das Rückgaberecht in Textform eingeräumt werden. Da der Begriff des Verkaufsprospektes nicht legal definiert ist, muss dieser aus Gründen des Verbraucherschutzes weit ausgelegt werden. Ursprünglich waren als Verkaufsprospekte nur Druckerzeugnisse gemeint, womit Kataloge und auch Postwurfsendungen umfasst waren. Vor dem Hintergrund des verbraucherschützenden Charakters der Vorschriften zum Fernabsatz muss der Begriff des Verkaufsprospektes auch auf elektronische Verkaufsprospekte und damit auch auf Werbung per E-Mail oder im Internet erweitert werden. Nach § 356 Abs. 2 BGB kann das Rückgaberecht innerhalb der Widerrufsfrist ausgeübt werden. Der Verbraucher muss dabei die Sache zurücksenden, wenn diese als Paket versandt werden kann. Ist ein Versand als Paket nicht möglich, wird das Rückgaberecht durch ein Rücknahmeverlangen ausgeübt. Bei dem Rücknahmeverlangen gilt § 355 Abs. 1 S. 2 BGB ebenso, so dass das Rücknahmeverlangen keine Begründung enthalten muss und in Textform zu erklären ist.

III. Klage auf Rückabwicklung wegen Rücktritts

376 Mit der Schuldrechtsreform hat der Käufer anstelle der Wandlung nach § 437 Nr. 2 BGB ein Rücktrittsrecht erhalten. Nunmehr hat der Käufer bei zentral Rechtsbehelfe im Falle der Leistungsstörungen, nämlich Rücktritt und Schadensersatz. Die Ausübung des Rücktritts ist dabei ein Gestaltungsrecht des Käufers.

1. Rücktrittsvoraussetzungen

377 Grundsätzliche Voraussetzung für den Rücktritt ist nach § 437 Nr. 2 BGB die Fristsetzung durch den Käufer mit angemessener Frist und das fruchtlose Verstreichen dieser Frist. Darüber hinaus muss eine Pflichtverletzung des Verkäufers vorliegen. Die Pflichtverletzung umfasst dabei alle Formen der Leistungsstörung, das heißt neben der Leistung einer mangelhaften Sache auch die Fälle der Unmöglichkeit und des Verzugs.

2. Ausschluss des Rücktritts

378 Nach § 323 Abs. 6 BGB ist der Rücktritt ausgeschlossen, wenn der Gläubiger für den Umstand, der ihn zum Rücktritt berechtigen würde, allein oder weit überwiegend verantwortlich ist oder wenn der vom Schuldner nicht zu vertretende Umstand zu einer Zeit eintritt, zu welcher der Gläubiger in Verzug der Annahme ist. Zentrale Bedeutung erlangt nach § 323 Abs. 6 BGB dabei das Vertretenmüssen der Pflichtverletzung durch den Verkäufer. Darüber hinaus ist der Rücktritt ausgeschlossen, wenn der Mangel der Kaufsache nur unerheblich ist. Der Rücktritt ist darüber hinaus ausgeschlossen, wenn der Käufer dem Verkäufer oder auch der Verkäufer gegenüber dem Käufer, welche sich in Zahlungsverzug befindet, nicht die nach § 323 Abs. 1 BGB erforderliche Frist zur Leistung oder Nacherfüllung gesetzt hat, oder wenn diese Frist noch nicht abgelaufen ist. Dies wird insbesondere bedeutsam für zu kurze Bestimmungen der Frist, weil dadurch nicht die Fristsetzung an sich unwirksam wird, sondern lediglich die unangemessen kurze Frist in eine angemessen lange Frist umgewandelt wird. Bei der Fristsetzung ist zudem zu beachten, dass die begehrte

Leistung darin bezeichnet ist. Die Fristsetzung kann allerdings dann entbehrlich sein, wenn die Nacherfüllung bereits unmöglich ist, oder wenn der Schuldner die Leistung ernsthaft und endgültig verweigert, nach § 323 Abs. 2 Nr. 1-3 BGB. Eine Nachfristsetzung ist danach ebenfalls entbehrlich, wenn bereits eine Nacherfüllung fehlgeschlagen ist oder weitere Nacherfüllungversuche für den Käufer unzumutbar sind.

3. Rücktrittserklärung

379 Der Rücktritt erfolgt durch Erklärung des Rücktritts. Als Gestaltungsrecht ist die Rücktrittserklärung eine einseitige Willenserklärung, welche bedingungsfeindlich ist. Mit Zugang der Rücktrittserklärung beim Verkäufer ist das Rücktrittsrecht unwiderruflich ausgeübt. Dadurch wandelt sich das Vertragsverhältnis in ein Rückabwicklungsverhältnis gemäß §§ 346 ff BGB um.

4. Beweislast

380 Nach den allgemeinen Beweislastregeln hat der Zurücktretende insbesondere das Vorliegen des Rücktrittsgrundes, wie auch den Zugang der Rücktrittserklärung zu beweisen. Der Verkäufer kann den entsprechenden Nachweis erbringen, dass ein Rücktrittsrecht nicht vorlag, etwa weil kein Anspruch auf Nacherfüllung bestand.

5. Prozessuales

381 Die sachliche Zuständigkeit richtet sich nach dem Streitwert. Bei der Klage auf Rückabwicklung bestimmt sich der Streitwert nach der Minderleistung beziehungsweise den Wert der Nacherfüllung. Damit sind weder Leistung noch Gegenleistung maßgeblich für den Gegenstandswert, sondern lediglich die Vermögensbeeinträchtigung, welche sich aus der Leistungsstörung ergibt (OLG Düsseldorf, JurBüro 1986, 433).

382 Örtlich zuständig ist das Gericht am allgemeinen Gerichtsstand des beklagten Verkäufers, sowie der besondere Gerichtsstand des Ortes, an dem sich die Sache bestimmungsgemäß befindet. Wurde die Kaufsache dem Verkäufer bereits zurückgegeben, richtet sich die örtliche Zuständigkeit nach dem Wohnsitz beziehungsweise Geschäftssitz des Verkäufers.

383 ▶ **Muster: Klage auf Rückabwicklung wegen Rücktritts**

27

An das Amtsgericht

Klage

[Volles Rubrum]

wegen: Rückzahlung des Kaufpreises

vorläufiger Streitwert: 1500 EUR

Hiermit bestellen wir uns für den Kläger. Namens und im Auftrag des Kl. erhebe ich Klage. Es wird beantragt zu erkennen:

1. Der Beklagte wird verurteilt, an den Kläger 1000 EUR Zug um Zug gegen Übergabe des Computers Marke ... Modell ... Geräte Nummer ..., zu bezahlen.

2. Es wird festgestellt, dass sich der Beklagte mit der Rücknahme des im Antrag zu 1. genau bezeichneten Gegenstandes seit dem ... im Annahmeverzug befand.

3. Der Beklagte wird verurteilt, an den Kläger Zinsen in Höhe von fünf Prozentpunkten über dem jeweiligen Basiszinssatz aus 1000 EUR seit dem ... zu bezahlen.

Für den Fall, dass das Gericht das schriftliche Vorverfahren anordnet und der Bekl. nicht innerhalb der Frist seine Verteidigungsbereitschaft erklärt oder den Anspruch anerkennt, wird beantragt, gegen den Bekl. ein Versäumnisurteil oder Anerkenntnisurteil zu erlassen.

Begründung

Der Kl. hat mit Kaufvertrag vom ■■■ von dem Bekl. einen Computer des im Antrag zu 1. genau bezeichneten Fabrikats erworben. Dabei sind die Parteien ausweislich der Bescheinigung des Computers im Werbeprospekt des Bekl., wie auch im Kaufvertrag, davon ausgegangen, dass der Computer eine Vorrichtung zur Aufnahme einer Telekommunikationskarte für den drahtlosen Internetempfang besitzt. Die Parteien waren ebenfalls davon ausgegangen, dass die Kaufsache mit wenigstens 8 GB Arbeitsspeicher ausgestattet werden kann.

Beweis: Kaufvertrag vom ■■■, Anlage K1.

Der Kläger ist Verbraucher nach § 13 BGB; der Beklagte Unternehmer nach § 14 BGB.

Unmittelbar nach Lieferung des im Antrag zu 1. genau bezeichneten Gerätes hat der Kläger festgestellt, dass ausweislich der Beschreibung in der Gebrauchsanleitung eine Möglichkeit zur Aufnahme einer Telekommunikationskarte nicht gegeben ist. Gleichzeitig hat der Kl. festgestellt, dass in den Computer ein Arbeitsspeicher von 4 GB anstelle der vertraglich vereinbarten 8 GB eingebaut war.

Beweis: im Bestreitensfalle Sachverständigengutachten.

Mit Schreiben ■■■ hat der Kläger die Beklagte aufgefordert, die vertraglich vereinbarten Leistungen zu erbringen und den Computer mit 8 GB Arbeitsspeicher auszustatten, sowie die erforderliche Vorrichtung für die Aufnahme einer Telefonkarte einzubauen.

Beweis: Schreiben vom ■■■, Anlage K2.

Die Beklagte hat mit Schreiben vom ■■■ erklärt, dass die Aufnahme einer Telekommunikationskarte technisch nicht möglich wäre und dass der Kl. sich insoweit eines anderen Gerätes bedienen soll oder das nachfolgende Gerät erwerben solle. Hinsichtlich des verbauten Arbeitsspeichers von 4 GB hat die Bekl. erklärt, dass dies nur gegen Mehrkosten vorgenommen werden könnte und insoweit die vertragsgemäße Leistung abgelehnt.

Beweis: Schreiben der Beklagten vom ■■■, Anlage K3.

Mit weiterem Schreiben vom ■■■ hat der Kl. die Bekl. nochmals zum Einbau der vertragsgemäßen Komponenten aufgefordert und hierzu eine Frist von zwei Wochen gesetzt, welche am ■■■ abgelaufen ist. Nach fruchtlosem Fristablauf hat der Kl. dem Bekl. gegenüber den Rücktritt vom Kaufvertrag angedroht. Der Kl. hat zudem den in Antrag zu 1. genau bezeichneten Computer gemeinsam mit dem vorgenannten Schreiben an die Bekl. übersandt.

Beweis: Schreiben vom ■■■, Anlage K4.

Die Beklagte hat dem Kläger den streitgegenständlichen Computer am ■■■ unter Verweis auf ihr vorheriges Schreiben wieder zurückgesandt.

Beweis: Schreiben vom ■■■, Anlage K5.

Da inzwischen auch die durch den Kläger gesetzte Frist verstrichen war, hat der Kläger der Beklagten gegenüber mit Schreiben vom ■■■ den Rücktritt vom Kaufvertrag erklärt und die Rücküberweisung des Kaufpreises auf sein Girokonto verlangt.

Schreiben vom ■■■, Anlage K6.

Der Kläger ist zum Rücktritt berechtigt. Der Anspruch auf Rücktritt ergibt sich aus den §§ 437 Nr. 2, 4; 140; 323 BGB. Der zu 1. genau bezeichnete streitgegenständliche Computer weist nicht die vereinbarte Beschaffenheit auf. Die fehlenden Erweiterungsmöglichkeiten und der fehlende Arbeitsspeicher sind eine mehr als unerhebliche Abweichung vom vertraglich vereinbarten Zustand. Die Beklagte hat trotz Fristsetzung die erforderliche Nacherfüllung nicht geleistet.

Da sich der Beklagte seit Rückforderung des Kaufpreises in Verzug befindet, ist der Kaufpreis daher seit diesem Datum zu verzinsen.

Beglaubigte und einfache Abschrift anbei.

...

Rechtsanwalt ◄

§ 7 Kaufverträge unter Nutzung der Internetplattform „eBay"

A. Einleitung

384 Inzwischen ist die Auktionsbörse eBay der weltgrößte Marktplatz für den Verkauf von Gütern und Dienstleistungen. EBay wurde 1995 in Kalifornien als Marktplatz für den Austausch von Sammlerartikeln gegründet. In den letzten 10 Jahren hat sich eBay dabei zum globalen Marktführer für Internet-Auktionen entwickelt, auf dem sowohl gebrauchte wie auch neue Gegenstände sowohl von Verbrauchern untereinander, wie auch zwischen Unternehmern, sowie zwischen Unternehmern und Verbrauchern gehandelt werden. Zu jeder beliebigen Zeit verfügbar werden ca. 30 Millionen Artikel angeboten. Dabei soll nach Aussagen von eBay der Anteil verkaufter Artikel von gewerblichen und privaten Verkäufern jeweils ca. 50 % betragen. Nach Mitteilung von eBay gab es im Jahre 2008 weltweit rund 516.000 eBay-Shops, die von ungefähr 276 Millionen angemeldeten Mitgliedern weltweit genutzt werden. Allein in Deutschland sollen über 65.000 eBay-Shops existieren und zusätzlich 12.000 Powerseller. Nach Darstellung von eBay verdienen mehr als 64.000 Menschen in Deutschland einen maßgeblichen Teil ihres Lebensunterhaltes durch Kaufverträge über die Internetplattform. Im Mai 2009 haben nach eBay Angaben in Deutschland über 14,5 Millionen Menschen Artikel erworben oder verkauft. Die Dimension der Internetplattform ist zu einem festen Bestandteil des täglichen Lebens auch in Deutschland geworden. Alleine im Zeitraum von April 2008 bis März 2009 haben die gewerblichen Händler bei eBay-Deutschland ein Handelsvolumen von 3,1 Milliarden EUR umgesetzt.

385 Von den gehandelten Gegenständen sind inzwischen auch Fahrzeuge über eBay-Motors erfasst, wie auch Immobilien über eBay bereits angeboten werden.

386 Nach deutschem Recht stellen die als Auktionen bezeichneten Abläufe Kaufverträge dar, und keine Auktionen im juristischen Sinne. Dadurch sind insbesondere die verbraucherschützenden Vorschriften, wie das Fernabsatzgesetz und die Regelungen zum Verbrauchsgüterkauf zu beachten. Die sich aus Käufen über die Internetplattform eBay ergebenden Streitigkeiten betreffen zumeist die üblichen kaufrechtlichen Streitigkeiten, wie Nichtlieferung beziehungsweise Nichtbezahlung und Falschlieferung sowie die Lieferung von defekten Artikeln. Neben diesen „üblichen" Streitigkeiten führen Besonderheiten bei Nutzung der Internetplattform eBay zu weiteren möglichen Streitigkeiten. EBay ist von dem Grundsatz geprägt, dass sich die Parteien des Kaufvertrages gegenseitig bewerten können sollen. Durch einen Überblick über die Bewertungen der auf der Auktionsplattform Handelnden können sich die Vertragsparteien im Vorfeld überlegen, ob sie mit dem jeweils anderen kontrahieren wollen. Da die Bewertungen der eBay-Mitglieder durch jedermann im Internet einsehbar sind, erweitert sich das Streitspektrum auf die Möglichkeiten zur Löschung von auf der Internetplattform abgegebenen Bewertungen.

B. Rechtliche Grundlagen

387 eBay versteht sich als Auktionsplattform. Waren werden durch Verkäufer angeboten und Käufer können zu den angebotenen Waren entweder eine so genannte „Sofortkauf-Option" ausüben und direkt den Artikel ersteigern, so dass hier die üblichen kaufrechtlichen Vorschriften ohne weiteres Anwendung finden; in der so genannten Auktions-Variante wird ein Artikel für eine begrenzte Zeit zum Kauf angeboten; dies allerdings unter der Besonderheit, dass Kaufinteressenten ihrerseits den Kaufpreis ähnlich wie bei einer Auktion be-

stimmen und höher bieten können. Dabei kann der Verkäufer zum einen, einen Mindestpreis vorgeben, sich zum anderen zusätzlich das Recht vorbehalten, einzelne Kaufinteressenten zB für den Fall schlechter Bewertungen, abzulehnen. Grundsätzlich kommt der Kaufvertrag mit dem „Höchstbietenden" zum Ende der Laufzeit zu Stande. Nach § 156 BGB kommt bei einer Versteigerung der Vertrag durch den Zuschlag zu Stande. Gerade dieser Zuschlag fehlt aber bei Onlineauktionen im Sinne von eBay. Schließlich kommt bei eBay der Kaufvertrag zwischen dem Anbieter und dem jeweils Höchstbietenden durch Zeitablauf zu Stande, welcher allerdings keine Willenserklärung wie beim Zuschlag entsprechend § 156 BGB gefordert, darstellt. Damit stellt bereits das Einstellen des Kaufgegenstandes verbunden mit dem Start der Auktionen die Abgabe eines verbindlichen Verkaufsangebotes dar. Durch die Abgabe des Höchstgebotes nimmt der Käufer das Angebot des Verkäufers an, womit der Kaufvertrag abgeschlossen wird. Da es sich hierbei um den Abschluss eines Kaufvertrages im Wege des Fernabsatzes handeln kann, sind die §§ 312 b – 312 d BGB zu beachten. Gleichfalls zu beachten sind die Regelungen über den Verbrauchsgüterkauf, wenn der Verkäufer Unternehmer und der Käufer Verbraucher ist.

Zusätzlich zu beachten sind die allgemeinen Geschäftsbedingungen von eBay. Die auf der Internetauktionsplattform handelnden Personen müssen Mitglieder von eBay sein und sich damit mit ihrer Anmeldung den allgemeinen Geschäftsbedingungen von eBay unterwerfen. 388

Dabei regeln die allgemeinen Geschäftsbedingungen von eBay zum einen die Anmeldungsformalien und Einzelheiten zum Nutzungsvertrag und Kündigungsrecht, sowie auch Bestimmungen über Auktionsabläufe und die dabei zugelassenen beziehungsweise verbotenen Artikel. Die **Richtlinien** von eBay werden regelmäßig aktualisiert und sind im Internet zu finden. 389

Da durch das Anbieten von Artikeln auf der Handelsplattform eBay gegebenenfalls auch markenrechtlich bedeutsame Sachverhalte betroffen sind und gegebenenfalls auch Urheberrechte verletzt werden können, ist auch das UWG gerade in Bezug auf die Abmahnfähigkeit von Angeboten beachtlich. Ebenfalls in den eBay-Grundsätzen, also in allgemeinen Geschäftsbedingungen geregelt sind Möglichkeiten, zur vorzeitigen Beendigung von Auktionen sowohl durch den Verkäufer wie auch durch eBay, womit die Angebotsannahme vor Zeitablauf konkretisiert werden kann. 390

C. Zustandekommen des Kaufvertrages

I. Angebot

Da das Anbieten von Waren über die Internethandelsplattform eBay keine „Auktion" im rechtlichen Sinne darstellt, erfolgt das Angebot des Verkäufers durch das Einstellen seines Artikels auf der Internetplattform eBay und durch das **Starten** der Auktionen. Das Angebot ist dabei regelmäßig nach der Art der Auktion zumindest aber im Hinblick auf die Gültigkeit bis zum Ablauf der vorbestimmten Angebotszeit bedingt. Dadurch wird bei eBay ein Angebot unter der Bedingung abgegeben, dass sich bis zum Zeitablauf nach dem Muster der vorgesehenen Auktionen ein Käufer findet. Insofern genügt es den Voraussetzungen nach §§ 145, 147 Abs. 2, 148 BGB und ist nur bis zum Ablauf der vorgesehenen Auktionszeit gültig. 391

II. Annahme

Die Annahme eines Angebotes und damit das Zustandekommen eines Kaufvertrages ist bei Internetauktionen nach dem Muster von eBay grundsätzlich von der gewählten Auktionsart 392 abhängig. Der Verkäufer kann sein Angebot entweder als „Auktion" oder als „Auktion mit Sofort-Kauf-Option", wie auch als „Multi-Auktion" oder als „Sofortkauf" anbieten.

1. Auktion

393 Die Verkaufsvariante Auktion ist der klassische eBay–Verkaufsweg. Der Verkäufer stellt ein Angebot für einen befristeten Zeitraum ein und jedes eBay–Mitglied kann durch Eingabe eines Kaufpreises den Willen zur Annahme des Angebots erklären. Orientiert an dem Muster einer Auktion erlischt ein abgegebenes Angebot, wenn bis zum Ablauf der Annahmefrist ein anderer Käufer ein höheres Gebot abgibt und damit die Annahme zu seinem höheren vorgeschlagenen Preis erklärt. Der Kaufvertrag wird zwischen dem Verkäufer und demjenigen geschlossen, welcher bei Ablauf der Annahmefrist das höchste Gebot abgegeben hat. Nach den eBay-Grundsätzen kann dabei der Ablauf der Annahmefrist auch in besonderen Fällen durch Beendigung des Angebotes eintreten.

2. Auktion mit Sofort-Kauf-Option

394 Ein Verkäufer kann sein Angebot auch als Auktion mit Sofort-Kauf-Option einstellen. In diesem Fall haben die potentiellen Käufer die Möglichkeit, bis zur Abgabe eines ersten Gebotes den Kaufgegenstand zu einem von dem Verkäufer vorher eingestellten Betrag direkt zu erwerben. In diesem Fall endet die Auktion und derjenige, welcher die Sofort-Kauf-Option gewählt hat, erwirbt den Gegenstand. Entscheidet sich der potentielle Käufer gegen die Sofort-Kauf-Option und gibt stattdessen einen Gebotsbetrag ein, läuft die Auktion wie eine weiter oben genannte „einfache" Auktion ab, das heißt der Käufer, welcher das höchste Gebot abgegeben hat, erwirbt mit Ablauf der Annahmefrist den angebotenen Gegenstand.

3. Multi-Auktion

395 Wählt der Verkäufer die Variante „Multi-Auktion" hat er die Möglichkeit, mehrere gleiche Artikel einzustellen. Die Käufer bieten auf eine durch sie selbstbestimmte Anzahl an Artikeln und geben hierzu einen Kaufbetrag ein. Der Zuschlag erfolgt auch in dieser Auktion durch Zeitablauf, wobei die Vertragsannahme sich nach dem höchsten Gebot richtet. Derjenige mit dem höchsten Gebot erhält dabei die von ihm vorher eingestellte Anzahl der hiermit zu erwerbenden Artikel; unterschreitet die gewünschte Artikelanzahl bei dem höchsten Gebot die Anzahl der angebotenen Artikel, werden diese absteigend nach Verfügbarkeit an die nächst höheren Gebote verteilt.

4. Sofortkauf

396 Die Auktionsvariante „Sofortkauf" stellt lediglich ein Kaufangebot dar; da eine Auktion nicht stattfindet, kann der Käufer den Kaufgegenstand hier nur durch einen einfachen Klick bestätigen und wird insofern durch die Annahme des Kaufangebotes Vertragspartner. Bei dieser Kaufvariante erfolgt der Vertragsschluss also nicht durch Zeitablauf, sondern durch die Annahme durch den Käufer, welcher die „Auktion" beendet. Hat sich bis zum Ablauf der Angebotsfrist kein Käufer gefunden, erlischt das Angebot.

397 Im Rahmen der „Sofort-Kauf-Option" kann der Verkäufer neben dem vorgeschlagenen Preis zum Sofortkauf auch einen im Hintergrund bei eBay hinterlegten Mindestpreis angeben und Käufer auffordern, über die Option „Preis vorschlagen" ein eigenes Angebot abzugeben. Ist das Angebot des potentiellen Käufers über dem hinterlegten Mindestpreis, stellt es ein eigenes Angebot des potentiellen vormaligen Käufers an den Verkäufer dar, welches

der Verkäufer innerhalb einer Annahmefrist von 48 Stunden annehmen kann. Wird das Angebot nicht angenommen, erlischt es.

5. Vorzeitige Beendigung der Auktionen

Nach den Grundsätzen von eBay sind sämtliche abgegebenen Angebote, wie auch die An- 398
nahme eines Angebotes verbindlich. Allerdings soll der Verkäufer in Ausnahmefällen die Möglichkeit haben, sein Angebot zurückzunehmen. Hierüber werden beide Vertragspartner informiert. Die Beweislast für das Vorliegen eines Ausnahmetatbestandes trägt dabei der Verkäufer. Ist nach den eBay-Grundsätzen kein Ausnahmetatbestand gegeben, führt das vorzeitige Beenden einer Auktion zum Eintritt des Zeitablaufes nach den Auktionsbedingungen, dh, der Käufer, welcher zum Zeitpunkt der Beendigung der Auktion das höchste Gebot abgegeben hat, erwirbt den Kaufgegenstand. Gerade hierüber entstehen oft Streitigkeiten, weil Verkäufer teilweise hochwertige Artikel im Wege der „Auktion" veräußern und mit einem Mindestgebotpreis von 1 Euro bei eBay einstellen. Findet sich nur ein Käufer, welcher bis zur Beendigung der Auktion oder bis zum Zeitablauf lediglich ein Mindestgebot von beispielsweise 1 Euro abgegeben hat, so kommt der Kaufvertrag mit diesem zu Stande.

▶ Muster: Klage auf Übergabe und Übereignung der Kaufsache bei vorzeitiger Beendigung der Auktion 399

28

An das Amtsgericht

[Volles Rubrum]

wegen: Erfüllung eines Kaufvertrages

Vorläufiger Streitwert 350 EUR

Namens und im Auftrag des Klägers erhebe ich Klage und beantrage zu erkennen:

1. Der Beklagte wird verurteilt, die DVD mit der Software ■■■ Vollversion für Handy oder PDA, Softwarestand März 2006, inklusive der MAPS OF WESTERN EUROPE, einer Produktkeykarte und einer 16 Kanal BLUETOOTH GPS MAUS an den Kläger zu übergeben und ihm das Eigentum hieran zu verschaffen, Zug um Zug gegen Zahlung von 1,00 EUR.

2. Es wird festgestellt, dass sich der Beklagte mit der Annahme des Kaufpreises in Höhe von 1, 00 EUR im Annahmeverzug befindet.

3. Der Beklagte wird verurteilt, den Kläger von einer Zahlung in Höhe von 33,93 EUR nebst Zinsen in Höhe von 5%-Punkten über dem jeweiligen Basiszinssatz hieraus seit Rechtshängigkeit an die Prozessbevollmächtigten freizustellen.

Sofern das Gericht das schriftliche Vorverfahren anordnet, beantragen wir bereits jetzt bei Säumnis der Beklagten den Erlass eines entsprechenden Versäumnisurteils, im Falle eines Anerkenntnisses den Erlass eines entsprechenden Anerkenntnisurteils ohne mündliche Verhandlung.

Eine Güteverhandlung hat offensichtlich keine Aussicht auf Erfolg, da die Gegenseite die Ansprüche außergerichtlich vollumfänglich zurückweist.

Begründung

I.

Der Kläger begehrt von dem Beklagten Erfüllung des im Rahmen einer Internetauktion geschlossenen Kaufvertrags über eine DVD mit der Software ■■■, Vollversion für Handy oder PDA, Softwarestand März 2006, inklusive des Kartenmaterials von Westeuropa, einer Produktkeykarte und einer 16 Kanal Bluethooth GPS Maus. Der Beklagte bot diese Gegenstände ab dem ■■■ auf der Webseite der eBay International AG zum Verkauf an.

Beweis: Angebote des Beklagten vom ■■■, Anlage K1.

Dem Angebot war eine Produktbeschreibung beigefügt. Der Startpreis belief sich auf 1,00 EUR.

Der Beklagte beendete die Auktion vorzeitig am ■■■. Zu diesem Zeitpunkt war der Kläger mit einem Gebot von 1,00 EUR Meistbietender.

Beweis: Mitteilung der eBay International AG, Anlage K2.

Über den Unterzeichner forderte der Kläger mit Hinweis auf § 9 Abs. 3 iVm § 9 Abs. 1 und 2 der AGB von eBay International AG von dem Beklagten die Lieferung der erworbenen Artikel Zug um Zug gegen Zahlung des zum Zeitpunkt der Rücknahme bestehenden Höchstgebots in Höhe von 1,00 EUR. Der Unterzeichner übersandte dem Beklagten eine Aufforderung zur Leistung per Brief und fügte diesem Brief den Kaufpreis in Höhe von 1,00 EUR bei. Für die Abgabe einer Einverständniserklärung hierzu wurde dem Beklagten eine Frist bis zum ■■■ eingeräumt.

Beweis: Schreiben des Unterzeichners vom ■■■, Anlage K3.

Darauf hin sandte der Beklagte den Kaufpreis an den Unterzeichner zurück.

Der Beklagte hat den Vertrag zu keinem Zeitpunkt dergestalt angefochten, wie es das Zivilrecht verlangt. Grundsätze der eBay AG zum Streichen von „Geboten" finden keine Anwendung (Oldenburg, MMR 2005, 766 ff).

II.

Zwischen den Parteien ist ein wirksamer Kaufvertrag zu einem Preis von 1,00 EUR zu Stande gekommen. Die Parteien haben im Rahmen der von dem Beklagten initiierten Internetauktion einen Kaufvertrag zum Kaufpreis von 1,00 EUR geschlossen. Mit der Einstellung des Angebots für die Versteigerung auf der Webseite der eBay International AG liegt nach höchstrichterlicher Rechtsprechung die ausdrückliche Erklärung, er nehme bereits zu diesem Zeitpunkt das höchste wirksam abgegebene Kaufangebot an (BGHZ 149, 129, 133 ff). Dies entspricht auch den allgemeinen Geschäftsbedingungen der eBay International AG (§ 9 Abs. 3 AGB). Die Annahmeerklärung des Klägers liegt in dem online abgegebenen Höchstgebot. Gemäß § 9 Abs. 3 der AGB der eBay International AG kommt mit dem Ende der Laufzeit der Online-Auktion oder im Falle der vorzeitigen Beendigung durch den Anbieter zwischen diesem und dem Meistbietenden ein Kaufvertrag zu Stande. AGB für Internetauktion können als Auslegungsgrundlage für Erklärungen bei Internetauktionen herangezogen werden; der Rückgriff auf derartige AGB lässt Schlussfolgerungen auf die wechselseitigen Erwartungen von Anbieter und Bieter und deren gemeinsames Verständnis über die Funktionsweise der Online-Auktion zu (BGHZ 149, 135). Danach kann nicht zweifelhaft sein, dass das Angebot des Beklagten sich sowohl im Fall des Ablaufs der von ihm bestimmten Laufzeit, wie auch im Fall der vorzeitigen Beendigung der Online-Auktion durch ihn an den jeweils Höchstbietenden richtete. Aus dem maßgeblichen objektiven Empfängerhorizont des Klägers hatte die Willenserklärung des Beklagten ohnehin den in § 9 Abs. 3 der AGB von eBay International AG niedergelegten Inhalt.

Das Angebot des Beklagten als Versteigerer war verbindlich und nicht widerruflich. Das folgt aus § 9 Abs. 1 der AGB von eBay International AG. Dort wird die gesetzlich (§ 130 Abs. 1 S. 2 BGB) vorgesehene Möglichkeit des vorherigen oder gleichzeitigen Widerrufs der Willenserklärung ausgeschlossen. Die Besonderheit von Internetauktionen fordert die Unwiderruflichkeit der Vertragsangebote. Der Bieter wäre der Willkür des Anbieters ausgesetzt, wenn dieser es sich jederzeit überlegen könnte, ob er ein Angebot gelten lassen will oder nicht (NJW 2005, 1053; NJW 2004, 2831 f).

Der Beklagte vertritt fälschlicherweise die Auffassung, dass er die Auktion vorzeitig beenden und die Gebote der Käufer streichen könne, was dazu führe, dass kein wirksamer Kaufvertrag zu Stande gekommen sei. Dies aber berührte die Wirksamkeit seines zuvor abgegebenen Angebots nicht (MMR 2005, 330 f). Nach der gesetzlichen Regelung kann der Erklärende eine verbindliche oder nicht (mehr) widerrufliche Willenserklärung im Wege der Anfechtung wieder beseitigen. Diesen Grundsatz bestätigt § 9 Abs. 3 der AGB von eBay International AG, in dem dort festgelegt wird, dass bei vorzeitiger Beendigung der Auktion der Vertrag mit dem zu diesem Zeitpunkt Höchstbietenden zu Stande kommt. Am Bestand der vom Beklagten abgegebenen Willenserklärung ändert auch das Streichen vor Beendigung der Auktion nichts, wenn er nicht gleichzeitig über einen Anfechtungsgrund verfügt und nach Maßgabe der gesetzlichen Bestimmungen die Anfechtung erklärt. Dem Beklagten fehlt es an einem Anfechtungsgrund im Sinne des § 119 Abs. 2 BGB. Neue Anfechtungsgründe kann der Beklagte nicht nachschieben (genau so OLG Oldenburg, MMR 2005, 766 ff).

Für die außergerichtliche Tätigkeit hat der Kläger eine nicht anrechenbare Gebühr in Höhe von 0,65 aus einem Gegenstandswert in Höhe von 350,00 EUR an die Prozessbevollmächtigten des Klägers zu zahlen. In Höhe dieser Kosten (33,93 EUR) kann der Kläger von dem Beklagten die Freistellung von der Zahlung gegenüber seinem Prozessbevollmächtigten verlangen. Der Gegenstandswert bemisst sich am Wert der angebotenen Artikel. Der Beklagte selbst bemisst den Wert der Artikel auf mindestens 350 EUR. Die marktüblichen Preise für Software und einen 16 Kanal Bluethooth GPS Empfänger übersteigen den Betrag von 350,00 EUR.

Hinsichtlich des Klageantrags zu 2. folgt das rechtliche Interesse an der Feststellung daraus, die materielle Rechtslage in der Zwangsvollstreckung möglichst rasch und einfach durchzuführen. Ein alsbaldiges Interesse ist auch gegeben, denn der Kläger wird regelmäßig daran interessiert sein, sofort mit der Beitreibung seiner Ansprüche zu beginnen, wenn er einen vollstreckungsfähigen Titel in den Händen hat.

Der geltend gemachte Zinsanspruch ergibt sich aus §§ 288, 290 BGB.

Beglaubigte und einfache Abschrift anbei.

...

Rechtsanwalt ◄

► **Muster: Rückforderung des Kaufpreises nach Rücktritt** 400

29

An das Amtsgericht

[Volles Rubrum]

wegen: Rückzahlung des Kaufpreises

Streitwert 643,00 EUR

Namens und im Auftrag des Klägers erhebe ich Klage und beantrage zu erkennen:

1. Die Beklagte zu verurteilen, an den Kläger einen Betrag in Höhe von 643,00 EUR zuzüglich Zinsen in Höhe von fünf Prozentpunkten über dem jeweilig gültigen Basiszinssatz seit dem ... zu zahlen,
2. Die Beklagte zu verurteilen, an die Klägerin die außergerichtlichen Kosten in Höhe von 60,33 EUR zuzüglich Zinsen in Höhe von fünf Prozentpunkten über dem jeweilig gültigen Basiszinssatz seit dem ... zu zahlen,
3. Der Beklagten die Kosten des Rechtsstreits aufzuerlegen,
4. Das Urteil notfalls gegen Sicherheitsleistung für vorläufig vollstreckbar zu erklären,

5. Im Falle der Anordnung des schriftlichen Vorverfahrens durch das Gericht, bei Säumnis der Beklagten den Erlass eines entsprechenden Versäumnisurteils, im Falle eines Anerkenntnisses den Erlass eines entsprechenden Anerkenntnisurteils ohne mündliche Verhandlung.

Begründung

I.

Die Parteien streiten über die Rückzahlung des Kaufpreises nach erklärtem Rücktritt.

Der Kläger ersteigerte am ■■■ über die Internet-Auktionsplattform „eBay" eine von der Beklagten unter der Artikelnummer ■■■ angebotene Sofagarnitur zu einem Preis von 421,00 EUR zzgl Versandkosten in Höhe von 222,00 EUR. Dabei trat der Kläger unter dem Namen „■■■" und die Beklagte unter dem Namen „■■■" auf der Internetauktionsplattform auf.

Beweis:

1. Angebot unter der Artikelnummer ■■■, Anlage K1,

2. Kaufbestätigung „eBay" vom ■■■, Anlage K2.

Am ■■■ entrichtete der Kläger den Kaufpreis durch Banküberweisung auf das Konto der Beklagten. Die Lieferung der Ware durch die Beklagte erfolgte jedoch nicht. Der Kläger forderte die Beklagte mehrfach per Email auf, einen Liefertermin anzugeben und die Ware schnellstmöglich zu liefern. Die Beklagte verschob zweifach den Liefertermin und gab schließlich an, die Sofagarnitur am ■■■ liefern zu wollen. Hiermit zeigte sich der Kläger nicht einverstanden und erklärte am ■■■ gegenüber der Beklagten den Rücktritt vom Kaufvertrag.

Beweis: Email des Klägers vom ■■■, Anlage K 3.

Dies nahm die Beklagte zur Kenntnis und versicherte, die Rückzahlung des Kaufpreises bereits veranlasst zu haben. Der Kläger konnte jedoch keinen Zahlungseingang auf seinem Konto feststellen und forderte die Beklagte wiederholt auf, den Betrag seinem Konto gutzuschreiben.

Als der Kläger bis zum ■■■ keinen Zahlungseingang auf seinem Konto feststellen konnte, setzte der Unterzeichner der Beklagten am selben Tag letztmalig eine Frist bis zum ■■■ und kündigte für den Fall des fruchtlosen Fristablaufs die gerichtliche Geltendmachung der Forderung an. Auch hierauf erfolgte keine Reaktion der Beklagten.

Beweis: Außergerichtliches Schreiben vom ■■■, Anlage K 4.

II.

1. Die Beklagte ist verpflichtet, dem Kläger den Kaufpreis zurückzuerstatten.

Der Kläger hat gegenüber der Beklagten wirksam den Rücktritt vom Kaufvertrag erklärt. Hierdurch entsteht ein Rückabwicklungsverhältnis, welches die Beklagte verpflichtet, den gezahlten Kaufpreis nebst Versandkosten an den Kläger zurückzuerstatten.

2. Dem Kläger sind weiterhin durch die außergerichtliche anwaltliche Inanspruchnahme Kosten entstanden, die unter dem Gesichtspunkt des Verzugsschadens ebenfalls von der Beklagten zu tragen sind und die folgendermaßen beziffert werden:

Gegenstandswert: 643,00 EUR; 0,65 Geschäftsgebühr, § 13 I RVG, Nr. 2300 VV 42,25 EUR, Auslagenpauschale für Post- und Telekommunikationsdienstleistungen, Nr. 7002 VV 8,45 EUR, 19 % Umsatzsteuer (MwSt.) aus 50,70 EUR nach Nr. 7008 VV RVG 9,63 EUR, mithin 60,33 EUR.

Der Verzug ergibt sich aus §§ 280, 282 BGB.

Beglaubigte und einfache Abschrift anbei.

■■■

Rechtsanwalt ◄

▶ Muster: Rückabwicklungskaufvertrag wegen Mängeln 401

30

An das Amtsgericht

[Volles Rubrum]

wegen: Rückabwicklung Kaufvertrag

Streitwert 393,99 EUR

Namens und im Auftrag des Klägers erhebe ich Klage und beantrage zu erkennen:

1. Der Beklagte wird verurteilt, an den Kläger 393,99 EUR nebst Zinsen in Höhe von 5%-Punkten über dem jeweiligen Basiszinssatz seit dem ▪▪▪ Zug um Zug gegen Rückübereignung und Rückgabe der 4 Reifen (Marke, Bezeichnung) ▪▪▪ zu zahlen,

2. Es wird festgestellt, dass sich der Beklagte seit dem ▪▪▪ im Annahmeverzug befindet,

3. Im Falle der Anordnung des schriftlichen Vorverfahrens durch das Gericht, bei Säumnis der Beklagten den Erlass eines entsprechenden Versäumnisurteils, im Falle eines Anerkenntnisses den Erlass eines entsprechenden Anerkenntnisurteils ohne mündliche Verhandlung.

Begründung

I.

Der Kläger kaufte am ▪▪▪ vom Beklagten 4 im Antrag zu 1.) genauer bezeichnete Autoreifen. Der Kaufantrag wurde mittels Inanspruchnahme der Internetplattform der ebay International AG geschlossen.

Unter dem ▪▪▪ bot der Beklagte unter der Artikelnummer ▪▪▪ 4 Reifen mit der Bezeichnung ▪▪▪ zuzüglich Versandkosten iHv 30,00 EUR, an. Der Kläger erwarb diese mit „Höchstgebot" zum Kaufpreis von 363,99 EUR.

Beweis: Bestätigung der eBay International AG, Anlage K1.

Der Kläger teilte dem Beklagten unmittelbar nach dem Kauf mit, dass der Fachhändler ▪▪▪, bei welchem er die Reifen montieren lassen wollte, die Reifen nicht montiere, weil jeder Reifen eine Beschädigung an der Reifenwand habe und so die Gefahr bestünde, dass diese platzen. Bei jedem Reifen seien Fehler bei der Demontage gemacht worden, dh es wurde das Demontagewerkzeug falsch herum angesetzt und so seien die Schäden entstanden. Es bestünde die Gefahr, dass der jeweilige Reifen bei höheren Geschwindigkeiten platzt.

Beweis:

Zeugnis des Reifenhändlers ▪▪▪,

Schreiben des ▪▪▪ vom ▪▪▪, Anlage K2.

In der Beschreibung des Artikels teilte der Kläger jedoch mit, dass die Reifen in Ordnung seien. Wörtlich heißt es hier: „Hallo, Sie bieten hier für 4 Sommerreifen der Marke ▪▪▪, die Reifen sind in gutem Gebrauchszustand ohne irgendwelche Beschädigungen, die Reifen haben 2 x 5,5 mm und 2 x 6 mm."

Jede defekte Stelle an den Reifen wurde markiert und es wurden Fotos von den Reifen angefertigt. Diese sandte der Kläger dem Beklagten am ▪▪▪ zu. Ferner teilte der Kläger in dieser E-Mail mit:

„Da es keine gebrauchsüblichen Schäden sind, sondern es sich hierbei um einen völligen Defekt der Reifen handelt, gehe ich davon aus, dass ich mein Geld und den Versand an Sie wieder bekomme."

Beweis: E-Mail des Klägers vom ▪▪▪, Anlage K3.

Der Beklagte antwortete hierauf per Mail: „Hallo, die Reifen habe ich selbst bei eBay ersteigert und nie montiert. Die Reifen waren und sind in Ordnung. MfG“

Beweis: E-Mail des Beklagten vom ..., Anlage K4.

Mit Schreiben vom ... forderte der Unterzeichner den Beklagten auf, den klageweise geltend gemachten Betrag in Höhe von 393,99 EUR bis zum ... zu erstatten.

Ferner wurde der Beklagte aufgefordert, die Reifen bis zum ... bei dem Kläger abzuholen oder abholen zu lassen. Es wurde darauf hingewiesen, dass der Kläger die Reifen nach fruchtlosem Ablauf der Frist kostenpflichtig einlagern werde.

Beweis: Schreiben des Unterzeichners vom ..., Anlage K5.

Mit Schreiben vom ... teilte der Prozessbevollmächtigte des Beklagten mit, dass ein Recht zum Rücktritt nicht bestehe.

II.

Der Kläger hat einen Anspruch auf Rückabwicklung nach § 346 BGB i.V. mit §§ 437 Nr. 2, 323 Abs. 1, 2 Nr. 1 BGB. Seine Erklärung an den Beklagten vom ... ist als Rücktritt zu deuten. Einer Fristsetzung mit Ablehnungsandrohung bedurfte es nicht. Insbesondere, weil der Beklagte bis heute Ansprüche des Klägers kategorisch zurückweist.

Durch den wirksam erklärten Rücktritt entstand ein Rückgewährschuldverhältnis. Der Beklagte war somit seit diesem Zeitpunkt verpflichtet, die Kaufsache bei dem Kläger abzuholen oder abholen zu lassen.

Auf Grund der Tatsache, dass weder Zahlung noch Abholung der Reifen erfolgte, befindet sich der Beklagte im Verzug. Der Kläger hat diesbezüglich ein Feststellungsinteresse, um eine Vollstreckung effizient durchführen zu können.

Der Beklagte ist durch sein Verhalten verpflichtet, die Kosten der vorgerichtlichen Inanspruchnahme des Unterzeichners zu tragen. Diese errechnen sich wie folgt:

Bei einem Gegenstandswert iHv 393,99 EUR ist eine 1,3 Geschäftsgebühr nach § 13 I RVG, Nr. 2300 VV iHv 58,50 EUR, sowie Auslagenpauschale für Post- und Telekommunikationsdienstleistungen nach Nr. 7002 VV iHv 11,70 EUR, sowie 19% Umsatzsteuer (MwSt.) aus 70,20 EUR nach Nr. 7008 VV RVG 13,34 EUR, mithin insgesamt 83,54 EUR, entstanden.

Der Zinsanspruch folgt aus §§ 280, 286, 288 BGB.

Beglaubigte und einfache Abschrift anbei.

...

Rechtsanwalt ◄

402 ► **Muster: Kaufpreisrückzahlung nach Falschlieferung**

31 An das Amtsgericht

[Volles Rubrum]

wegen: Rückzahlungsansprüche aus Kaufvertrag

Streitwert 357,00 EUR

Namens und im Auftrag des Klägers erhebe ich Klage und beantrage zu erkennen:

1. Die Beklagte zu verurteilen, an den Kläger einen Betrag in Höhe von EUR 357,00,- zuzüglich Zinsen in Höhe von fünf Prozentpunkten über dem jeweilig gültigen Basiszinssatz seit dem ... zu zahlen,

2. Die Beklagte zu verurteilen, an die Klägerin die außergerichtlichen Kosten in Höhe von EUR 83,54,- zuzüglich Zinsen in Höhe von fünf Prozentpunkten über dem jeweilig gültigen Basiszinssatz seit dem ■■■ zu zahlen,

3. Der Beklagten die Kosten des Rechtsstreits aufzuerlegen,

4. Das Urteil notfalls gegen Sicherheitsleistung für vorläufig vollstreckbar zu erklären,

5. Im Falle der Anordnung des schriftlichen Vorverfahrens durch das Gericht, bei Säumnis der Beklagten den Erlass eines entsprechenden Versäumnisurteils, im Falle eines Anerkenntnisses den Erlass eines entsprechenden Anerkenntnisurteils ohne mündliche Verhandlung.

Begründung

I.

Die Parteien streiten über die Rückzahlung des Kaufpreises nach erklärtem Rücktritt.

Der Kläger ersteigerte am ■■■ über die Internet-Auktionsplattform „eBay" ein von der Beklagten unter der Artikelnummer ■■■ angebotenes Sofa mit Schlaf-Funktion zu einem Preis von 208,00 EUR zzgl Versandkosten in Höhe von 149,00 EUR. Dabei trat der Kläger unter dem Namen „■■■" und die Beklagte unter dem Namen „■■■" auf der Internetauktionsplattform auf.

Unmittelbar nach dem Kauf entrichtete der Kläger den Kaufpreis durch Banküberweisung auf das Konto der Beklagten. Die Lieferung der Ware durch die Beklagte erfolgte daraufhin erst am ■■■. Da der Kaufartikel erheblich von den Angaben in dem Angebot abwich, erklärte der Kläger am ■■■ gegenüber der Beklagten den Rücktritt vom Kaufvertrag.

Beweis: Email des Klägers vom ■■■, Anlage K1.

Hiermit erklärte sich die Beklagte einverstanden und vereinbarte mit dem Kläger einen Abholtermin, woraufhin das Sofa am ■■■ von einer Spedition abgeholt wurde. Auf Nachfrage des Klägers teilte die Beklagte am ■■■ mit, dass die Gutschrift für die Rückerstattung des Kaufpreises bereits angelegt sei und mit dem nächsten Zahlungslauf auf dem Konto des Klägers gutgeschrieben werde. Als der Kläger bis zum ■■■ trotz mehrerer Zahlungsaufforderungen keinen Zahlungseingang auf seinem Konto feststellen konnte, setzte der Unterzeichner der Beklagten am selben Tag letztmalig eine Frist bis zum ■■■ und kündigte für den Fall des fruchtlosen Fristablaufs die gerichtliche Geltendmachung der Forderung an. Auch hierauf erfolgte keine Reaktion der Beklagten.

Beweis: Schreiben vom ■■■, Anlage K 2.

II.

1. Die Beklagte ist verpflichtet, dem Kläger den Kaufpreis zurückzuerstatten.

Der Kläger hat gegenüber der Beklagten wirksam den Rücktritt vom Kaufvertrag erklärt. Hierdurch entsteht ein Rückabwicklungsverhältnis, welches die Beklagte verpflichtet, den gezahlten Kaufpreis nebst Versandkosten an den Kläger zurückzuerstatten.

2. Dem Kläger sind weiterhin durch die außergerichtliche anwaltliche Inanspruchnahme Kosten entstanden, die unter dem Gesichtspunkt des Verzugsschadens ebenfalls von der Beklagten zu tragen sind und die folgendermaßen beziffert werden:

Nach dem Gegenstandswert iHv 357,00 EUR hat der Kläger insgesamt 83,54 EUR an Anwaltskosten bezahlt, welche sich aus einer 1,3 Geschäftsgebühr nach § 13 I RVG, Nr. 2300 VV iHv 58, 50 EUR, Auslagenpauschale für Post- und Telekommunikationsdienstleistungen gem. Nr. 7002 VV iHv 11,70 EUR sowie 19 % Umsatzsteuer (MwSt.) aus 70,20 EUR, Nr. 7008 VV RVG iHv 13,34 EUR zusammensetzen.

Der Verzug ergibt sich aus §§ 280, 282 BGB.

Beglaubigte und einfache Abschrift anbei.

■■■

Rechtsanwalt ◄

403 ► **Muster: Klage auf Übergabe und Übereignung der Kaufsache**

32 An das Amtsgericht

[Volles Rubrum]

wegen: Erfüllung eines Kaufvertrags

Gegenstandswert 4.000,00 EUR

Namens und im Auftrag des Klägers erhebe ich Klage und beantrage zu erkennen:

1. Der Beklagte wird verurteilt, an die Klägerin vier gebrauchte Billardtische Marke ■■■ Antik, 9 Fuß, vier Billardlampen, 8 Queues, vier Mal 16 Billardkugeln und vier Billardkugeln-Aufbewahrungsboxen Zug um Zug an die Klägerin gegen Zahlung von 1.205,00 EUR zu übergeben und zu übereignen;

2. Es wird festgestellt, dass sich der Beklagte im Annahmeverzug befindet.

Sofern das Gericht das schriftliche Vorverfahren anordnet, beantragen wir bereits jetzt bei Säumnis der Beklagten den Erlass eines entsprechenden Versäumnisurteils, im Falle eines Anerkenntnisses den Erlass eines entsprechenden Anerkenntnisurteils ohne mündliche Verhandlung.

Eine Güteverhandlung hat offensichtlich keine Aussicht auf Erfolg, da die Gegenseite die Ansprüche außergerichtlich vollumfänglich zurückweist.

Begründung

I.

Die Klägerin begehrt von dem Beklagten die Übergabe und Übereignung von vier gebrauchten Billardtischen, Marke ■■■, Antik, 9 Fuß, welche der Beklagte unter Zuhilfenahme der Internetplattform eBay an die Klägerin unter der eBay Artikel Nummer ■■■ am 6. Mai 2008 verkaufte. Der Beklagte bot diese Tische ab dem ■■■ auf der Webseite der eBay International AG zum Verkauf an.

Dem Angebot war eine Produktbeschreibung beigefügt. Der Startpreis belief sich auf 799,00 EUR.

Die Klägerin war zum Ablaufzeitpunkt der Auktion, am ■■■, ■■■ Uhr, Meistbietende mit einem Gebot über 1.205,00 EUR.

Beweis: Mitteilung der eBay International AG, Anlage K1.

Gemäß der Artikelbeschreibung handelte es sich um vier Billardtische der Marke ■■■ mit der Bezeichnung „■■■". Die Tische sind in einem Antik-Look gefertigt. In der Artikelbeschreibung führt der Beklagte aus: „Zur Versteigerung steht ein Set aus 4 Stück 9 Fuß Brunswick Pool – Billardtischen. Es handelt sich hierbei um sehr seltene antike Ausführungen, welche in Sammlerkreisen sehr begehrt sind. Die Tische werden mit jeweils einer Billardlampe, 2 Queues, sowie einem Satz Kugeln mit Aufbewahrungsbox versteigert."

Neben den vier bezeichneten Tischen waren also auch vier Billardlampen, 8 Queues und vier Mal 16 Billardkugeln (1 Satz = 16 Kugeln), sowie vier Aufbewahrungsboxen für 16 Billardkugeln Gegenstand des Kaufs.

Beweis: Artikelbeschreibung des Artikels Nr. ■■■, Anlage K2.

Mit E-Mail vom ■■■ forderte die Klägerin den Beklagten vergeblich auf, bis zum ■■■ mitzuteilen, unter welcher Anschrift die erworbenen Artikel abgeholt werden könnten.

Mit Schriftsatz vom ■■■ forderte der Unterzeichner den Beklagten auf, bis zum ■■■ mitzuteilen, wo die erworbenen Tische gegen Zahlung des Kaufpreises von 1.205,00 EUR entgegengenommen und übergeben und übereignet werden können.

Beweis: Schreiben vom ■■■, Anlage K3.

Eine Reaktion erfolgte nicht.

Die Tische haben einen Wert von jeweils mindestens 1.000 EUR inklusive dem jeweiligen Zubehör Lampe, 2 Queues, 16 Billardkugeln sowie Aufbewahrungsbox für 16 Billardkugeln.

Beweis: Einholung eines Sachverständigengutachtens.

II.

Zwischen den Parteien ist ein wirksamer Kaufvertrag zu einem Preis von 1.205,00 EUR über vier gebrauchte Billardtische Marke ■■■, Modell ■■■ Antik, 9 Fuß, vier Billardlampen, 8 Queues, vier Mal 16 Billardkugeln und vier Billardkugeln-Aufbewahrungsboxen zu Stande gekommen.

Die Tische nebst Zubehör hatten einen Zeitwert von mindestens 4.000 EUR zum Zeitpunkt der Auktion. Sofern eine Übereignung durch den Beklagten nicht erfolgen kann oder wird, steht der Klägerin Schadensersatz wegen Nichterfüllung gemäß den §§ 280, 281 BGB in Höhe der Differenz von 2.795,00 EUR zu. Die Parteien haben im Rahmen der von dem Beklagten initiierten Internetauktion einen Kaufvertrag zum Kaufpreis von 1205,00 EUR geschlossen. Mit der Einstellung des Angebots für die Versteigerung auf der Webseite der eBay International AG liegt nach höchstrichterlicher Rechtsprechung die ausdrückliche Erklärung, er nehme bereits zu diesem Zeitpunkt das höchste wirksam abgegebene Kaufangebot an (BGHZ 149, 129, 133 ff). Dies entspricht auch den allgemeinen Geschäftsbedingungen der eBay International AG (§ 9 Abs. 3 AGB). Die Annahmeerklärung des Klägers liegt in dem online abgegebenen Höchstgebot. Gemäß § 9 Abs. 3 der AGB der eBay International AG kommt mit dem Ende der Laufzeit der Online-Auktion oder im Falle der vorzeitigen Beendigung durch den Anbieter zwischen diesem und dem Meistbietenden ein Kaufvertrag zu Stande. AGB für Internetauktionen können als Auslegungsgrundlage für Erklärungen bei Internetauktionen herangezogen werden; der Rückgriff auf derartige AGB lässt Schlussfolgerungen auf die wechselseitigen Erwartungen von Anbieter und Bieter und deren gemeinsames Verständnis über die Funktionsweise der Online-Auktion zu (BGHZ 149, 135). Danach kann nicht zweifelhaft sein, dass das Angebot des Beklagten sich sowohl im Fall des Ablaufs der von ihm bestimmten Laufzeit, wie auch im Fall der vorzeitigen Beendigung der Online-Auktion durch ihn an den jeweils Höchstbietenden richtete. Aus dem maßgeblichen objektiven Empfängerhorizont des Klägers hatte die Willenserklärung des Beklagten ohnehin den in § 10 Abs. 3 der AGB von eBay International AG niedergelegten Inhalt.

Das Angebot des Beklagten als Versteigerer war verbindlich und nicht widerruflich. Das folgt aus § 10 Abs. 1 der AGB von eBay International AG. Dort wird die gesetzlich (§ 130 Abs. 1 S. 2 BGB) vorgesehene Möglichkeit des vorherigen oder gleichzeitigen Widerrufs der Willenserklärung ausgeschlossen. Die Besonderheit von Internetauktionen forderte die Unwiderruflichkeit der Vertragsangebote. Der Bieter wäre der Willkür des Anbieters ausgesetzt, wenn dieser es sich jederzeit überlegen könnte, ob er ein Angebot gelten lassen will oder nicht (NJW 2005, 1053; NJW 2004, 2831 f).

Beglaubigte und einfache Abschrift anbei.

■■■

Rechtsanwalt ◀

404 ▶ **Muster: Klage des Verkäufers auf Kaufpreiszahlung**

33 An das Amtsgericht

[Volles Rubrum]

wegen: Erfüllungsanspruch aus Kaufvertrag

Streitwert: 172,89 EUR.

Namens und im Auftrag des Klägers erhebe ich Klage und beantrage zu erkennen:

1. Den Beklagten zu verurteilen, an den Kläger einen Betrag in Höhe von 172,89 EUR nebst Zinsen in Höhe von 5 Prozentpunkten über dem jeweilig gültigen Basiszinssatz seit dem 1. September 2008 Zug-um-Zug gegen Versendung des LCD-Monitors der Marke ▪▪▪, Modell ▪▪▪, zu zahlen,

2. den Beklagten zu verurteilen, an den Kläger einen Betrag in Höhe von ▪▪▪ nebst Zinsen in Höhe von 5 Prozentpunkten über dem jeweilig gültigen Basiszinssatz seit dem 1. September 2008 für die diesem entstandenen außergerichtlichen Kosten zu zahlen,

3. im Falle der Anordnung des schriftlichen Vorverfahrens durch das Gericht, bei Säumnis des Beklagten den Erlass eines entsprechenden Versäumnisurteils, im Falle eines Anerkenntnisses den Erlass eines entsprechenden Anerkenntnisurteils ohne mündliche Verhandlung.

Begründung

I.

Die Parteien streiten um die Erfüllung eines Kaufvertrages.

Am ▪▪▪ schlossen die Parteien unter Zuhilfenahme der Internetplattform eBay.de einen Kaufvertrag über einen LCD-Monitor, 22“, der Marke „▪▪▪“ mit der Artikelnummer ▪▪▪ zu einem Kaufpreis in Höhe von 164,99 EUR zuzüglich Versandkosten in Höhe von 7,90 EUR. Der Kläger handelte als Verkäufer unter dem eBay-Benutzernamen „▪▪▪“, der Beklagte gab als Käufer unter dem Benutzernamen „▪▪▪“ das höchste Gebot ab.

Beweis: Kaufbestätigung von eBay.de vom ▪▪▪, Anlage K1.

Bereits während der Internetauktion kontaktierte der Beklagte den Kläger und bat diesen, sein Gebot nicht zu berücksichtigen, da nicht der Beklagte selbst, sondern seine 13-jährige Tochter das Gebot in Höhe von 164,99 EUR abgegeben hatte.

Beweis: Email des Beklagten vom ▪▪▪, Anlage K2.

Für diese war das eBay-Mitgliedskonto des Beklagten zugänglich, weil dieser es versäumt hatte, den Computer auszuschalten oder sein Mitgliedskonto zu sichern. Daraufhin versuchte der Kläger, den Artikel mithilfe der „Sofort-Kaufen“-Option zu einem Kaufpreis von 163,99 EUR an die unterlegenen Bieter zu verkaufen, welche jeweils das zweit- bzw dritthöchste Gebot abgegeben hatten. Diese hatten jedoch kein Interesse mehr an dem Artikel.

Beweis: Emails des Klägers vom ▪▪▪ und vom ▪▪▪, Anlagen K3, K4.

Daraufhin forderte der Kläger den Beklagten auf, den Artikel entgegenzunehmen und den Kaufpreis zu bezahlen. Dies lehnte der Beklagte zunächst ab, schlug aber dem Kläger vor, den Artikel nun doch abzunehmen, ihn jedoch erst am ▪▪▪ zu bezahlen.

Beweis: Email des Beklagten vom ▪▪▪, Anlage K5.

Mit dieser Vorgehensweise erklärte sich der Kläger einverstanden. Eine Zahlung des Beklagten erfolgte jedoch nicht. Mit Schreiben des Unterzeichners vom ▪▪▪ forderte der Unterzeichner den Beklagten zur Zahlung des Kaufpreises Zug-um-Zug gegen Versendung der Kaufsache auf.

Beweis: Schreiben vom ■■■, Anlage K6.

Auch hierauf reagierte der Beklagte nicht, so dass nunmehr die Erhebung der Klage geboten ist.

II.

Der Beklagte ist zur Zahlung des Kaufpreises zuzüglich Versandkosten in Höhe von 172,89 EUR Zug-um-Zug gegen Entgegennahme der Kaufsache gem. § 433 Abs. 2 BGB verpflichtet.

Es ist durch Abgabe des höchsten Angebots durch den Beklagten und durch die Bestätigung dieses Angebots durch den Kläger ein Kaufvertrag zustande gekommen, mit den sich aus § 433 BGB ergebenden Pflichten.

Unerheblich ist in diesem Zusammenhang der Einwand des Beklagten, seine Tochter habe das – letztendlich höchste – Gebot abgegeben. Nach § 2 Ziffer 7 der Allgemeinen Geschäftsbedingungen von eBay.de hat jedes Mitglied sein Passwort geheim zu halten sowie den Zugang zu seinem Mitgliedskonto zu sichern. Gegen diese Pflicht hat der Beklagte verstoßen, indem er den Computer nicht ausgeschaltet oder wenigstens den Zugang zu seinem Mitgliedskonto nicht derart gesichert hat, dass seiner Tochter der Zugang zum Mitgliedskonto des Beklagten unmöglich gemacht wird.

Die Konsequenz dieses Pflichtverstoßes ergibt sich aus § 2 Ziffer 9 der Allgemeinen Geschäftsbedingungen. Nach dieser Vorschrift haften Mitglieder für sämtliche Aktivitäten, die unter Verwendung ihres Mitgliedskontos vorgenommen werden. Eine Ausnahme für diese Haftung kommt nur dann in Betracht, wenn das Mitglied den Missbrauch nicht zu vertreten hat. Eine solche Ausnahme liegt jedoch nicht vor, vielmehr hat es der Beklagte versäumt, sein Mitgliedskonto zu sichern und so zu verhindern, dass Dritte darauf zugreifen und seine Daten verwenden. Der Beklagte hat mithin mindestens fahrlässig gehandelt und haftet somit für die Aktivitäten seiner Tochter, welche diese durch Verwendung seines Mitgliedskontos vornahm.

Nach alldem ist der Kaufvertrag wirksam zwischen den Parteien geschlossen worden und der Beklagte hat den Kaufpreis Zug-um-Zug gegen Versendung des Artikels zu zahlen.

Der Zinsanspruch folgt aus §§ 286, 288 BGB.

Beglaubigte und einfache Abschrift anbei.

■■■

Rechtsanwalt ◀

▶ **Muster: Schadensersatz statt der Leistung bei Falschlieferung** 405

34

An das Amtsgericht

[Volles Rubrum]

wegen: Schadenersatz statt der Leistung

vorläufiger Streitwert 4.900 EUR

Wir bestellen uns für den Kläger und erheben namens und im Auftrag des Klägers Klage.

Es wird gebeten einen baldigen Termin zur mündlichen Verhandlung zu bestimmen; es wird beantragt:

1. Der Beklagte wird verurteilt, Zug um Zug gegen Rückgabe der mit Angebot Nummer ■■■ erworbenen Uhr, Markenbezeichnung ■■■, Seriennummer ■■■ an den Kläger 4.900 EUR nebst Zinsen in Höhe von fünf Prozentpunkten über dem jeweiligen Basiszinssatz seit Rechtshängigkeit, zu zahlen.

2. Der Beklagte trägt die Kosten des Rechtsstreits.

Für den Fall, dass das Gericht das schriftliche Vorverfahren anordnet und der Beklagte nicht innerhalb der Frist seine Verteidigungsbereitschaft erklärt oder den Anspruch anerkennt, wird beantragt,

gegen den Beklagten ein Versäumnisurteil oder Anerkenntnisurteil ohne mündliche Verhandlung zu erlassen.

Einer Entscheidung durch den Einzelrichter stehen klägerseits keine Bedenken entgegen.

Begründung

Der Beklagte stellte am ■■■ als Verkäufer die im Antrag zu 1. genauer bezeichnete Uhr bei der Internetauktionsplattform eBay unter dem im Antrag zu 1. genauer bezeichneten Artikelnummer ein. Dabei wählte der Beklagte die Verkaufsvariante „Auktion“. In dem Angebot zur Auktion teilte der Beklagte mit, dass es sich um eine originale Uhr der Marke ■■■ und des Modells ■■■ handeln würde. Es wurde mitgeteilt, dass diese Uhr auf Echtheit überprüft worden sei, obgleich der Beklagte die Originalpapiere der Uhr nicht mehr besitze. Für die Echtheit garantiere der Beklagte aber.

Beweis: Ebay-Angebot vom ■■■, Anlage K1.

Der Kläger war mit einem Gebot in Höhe von 500 EUR zum Zeitpunkt der Auktionsbeendigung Höchstbietender.

Beweis: Kaufbestätigung von eBay vom ■■■, Anlage K2.

Der Kläger bezahlte über den Online-Zahlungsdienst PayPal noch am gleichen Abend den verlangten Kaufpreis, welcher dem Beklagten zeitgleich gutgeschrieben wurde.

Beweis: PayPal-Ausdruck vom ■■■, Anlage K3.

Der Beklagte übersandte dem Kläger mit Paket vom ■■■ eine Uhr, welche die in dem im Antrag zu 1. genauer bezeichnetem Angebot abgebildet war und die in dem Angebot bezeichnete Seriennummer trug. Der Kläger begab sich unverzüglich zu dem Juwelier ■■■, um die erhaltene Uhr auf Echtheit überprüfen zu lassen. Dabei stellte sich heraus, dass die erhaltenen Uhr eine Fälschung war und nicht einmal 500 EUR wert ist. Nach dem Gutachten des Juweliers ■■■ hat die übersandte Uhr einen Wert von ca. 160 EUR, weil es eine Fälschung ist, welche zwar mit einem automatischen Werk, aber eben nur mit einem Nachbau und keinem originalen Werk der Marke ■■■, versehen ist.

Beweis: Gutachten des Juweliers ■■■ vom ■■■, Anlage K4.

Vorsorglich stellen wir unter Beweis, dass die erhaltene Uhr mit der im Antrag zu 1. genauer bezeichneten Seriennummer keine Original ■■■ Uhr entsprechend dem Angebot ist.

Beweis: Sachverständigengutachten.

Der Kläger forderte den Beklagten daher mit Schreiben vom zur Nachbesserung durch Lieferung einer Original-Uhr der Marke ■■■ und des Modells ■■■, auf.

Beweis: Schreiben vom ■■■, Anlage K5.

Der Beklagte lehnte allerdings eine Nachbesserung ab und teilte mit, dass er davon ausgegangen sei, dass es sich um eine Original-Uhr gehandelt habe und dass er schließlich nicht habe beurteilen können, ob es sich um ein Original oder eine Fälschung handeln würde, weil die Fälschung offensichtlich so professionell gemacht worden sei, dass er ebenfalls getäuscht worden sei.

Beweis: Schreiben vom ■■■, Anlage K6.

Da der Beklagte die Nachbesserung abgelehnt hat, forderte der Kläger den Beklagten mit Nachricht vom ■■■ auf, ihm Schadensersatz in Höhe von 4.900 EUR Zug um Zug gegen Rückgabe der übersandten Uhr, zu leisten.

Beweis: Schreiben vom ▪▪▪, Anlage K7.

Mit E-Mail vom ▪▪▪ verweigerte der Beklagte den Schadensersatz.

Eine entsprechend dem Angebot gut erhaltende funktionstüchtige originale Uhr der Marke ▪▪▪, Modell ▪▪▪ hat zurzeit einen Marktwert in Höhe von 5.400 EUR.

Beweis: Sachverständigengutachten.

Zwischen den streitbefangenen Parteien ist ein Kaufvertrag über eine Original-Uhr der Marke ▪▪▪ und des Modells ▪▪▪ zu Stande gekommen. Der Beklagte hat eine solche Uhr bei eBay angeboten. Hierfür hat er die Angebotsvariante „Auktion" gewählt und die Auktion freigeschaltet und damit sein Angebot im Internet verfügbar gemacht. An dieses Angebot war er bis zum Ablauf der Auktion am 23.6.2009, gebunden.

Der Kläger hat durch Eingabe eines Gebotsbetrages in Höhe von 500 EUR dieses Angebot insoweit angenommen, als er zum Ablauf der Angebotszeit Höchstbietender war. Da es sich bei der von dem Beklagten übersandten Uhr nicht um die angebotene Original ▪▪▪ handelte, war die übersandte Kaufsache mangelbehaftet bzw stellte eine Aliud-Lieferung dar. Dem Kläger steht insoweit ein Anspruch auf Nacherfüllung zu. Da der Beklagte die Nacherfüllung verweigert hat, kann der Kläger nach §§ 433 Abs. 1, 434, 437 Nr. 3, 281 BGB nunmehr Schadensersatz statt der Leistung verlangen. Schadensersatz statt der Leistung bemisst sich dabei nach der Beschaffenheitsvereinbarung der Kaufsache entsprechend dem Kaufvertrag, dh entsprechend der durch den Beklagten gewählten Beschreibung in seinem Angebot. In dem Angebot hat der Beklagte eine originale Uhr der Marke ▪▪▪ und des Modells ▪▪▪ angeboten. Es stellt daher eine Beschaffenheitsvereinbarung dar, dass nunmehr die Original-Uhr Vertragsgegenstand ist.

Der dem Kläger zustehende Schadensersatz besteht in Höhe der Differenz zwischen dem Marktwert der Kaufsache und dem Vertragspreis. Nach §§ 280 Abs. 1, 281 Abs. 1, 249 BGB berechnet sich dieser Schadensersatz nach der Differenzmethode. Der übliche Preis einer solchen, wie der im Angebot veräußerten Uhr beträgt 5.400 EUR. Da der Kläger bereits 500 EUR angezahlt hat, beträgt der Schaden 5.400 EUR abzüglich des Kaufpreises in Höhe von 500 EUR, mithin 4.900 EUR.

Da sich der Beklagte mit Ablehnung der Nacherfüllung in Verzug befindet, ist der Schadensersatzanspruch des Klägers nach §§ 288 Abs. 1, 286 BGB zu verzinsen.

Beglaubigte und einfache Abschrift anbei.

▪▪▪

Rechtsanwalt ◄

6. Entfernung einer negativen Bewertung

a) Bewertungssystem

Auf der Internethandelsplattform eBay existiert ein **Bewertungssystem**. Beiden Vertrags- 406
partnern soll die Möglichkeit gegeben werden, die Durchführung des auf eBay geschlossenen Kaufvertrages zu bewerten. Neben der grundsätzlichen Klassifikation des Ablaufs, das heißt der Bewertung der Transaktion als „positiv", „neutral" oder „negativ" kann zusätzlich ein Text zur Bewertung des Handelns des Vertragspartners eingegeben werden. Dazu können die Liefergeschwindigkeit, die Verpackung, die Portokosten anhand eines Sternensystems von 1-5 Punkten ebenfalls bewertet werden. Aus der Gesamtzahl der Bewertungen wird sodann ein Prozentsatz ermittelt, welcher die Anzahl der positiven Bewertungen im Verhältnis zu den negativen Bewertungen darstellt und eine Einschätzung des jeweiligen Vertragspartners ermöglicht. Gerade im Zusammenhang mit der Abwicklung zeigte sich in

der Vergangenheit aber das Problem, dass teilweise unsachliche Bewertungen abgegeben wurden. Hier könnte es zudem vorkommen, dass die Verkäufer auf eine negative Bewertung eines Käufers ebenfalls mit einer negativen Bewertung reagiert haben, um sich zu rächen. Seit Mai 2008 hat eBay daher einzelne Änderungen im Bewertungssystem vorgenommen, um einen Teil der Streitigkeiten um die Bewertung zu vermeiden. Verkäufer können seither keine negative oder neutrale Bewertung mehr abgeben. Im Gegensatz zur Zeit vor Mai 2008 ist es nunmehr auch möglich, irrtümlich oder vorzeitig abgegebene Bewertungen im Bewertungsprofil eines Verkäufers zu revidieren oder anzupassen. Dadurch soll das Bewertungssystem auf eBay grundsätzlich fairer werden. Da eBay letztlich von der Bewertung der Verkäufer durch die Käufer lebt, sollen Verkäufer keine negativen oder neutralen Bewertungen mehr abgeben können, damit die Käufer nicht aus Angst vor einer negativen Bewertung durch den Verkäufer eine fälschlicherweise positive Bewertung des Verkäufers abgeben. Im Zusammenhang mit Verkäufen auf eBay bleibt aber gleichwohl die Möglichkeit der negativen Bewertung mit Text durch den Käufer bestehen, so dass sich weiterhin im Zusammenhang mit eBay-Verkäufen das Problem der Entfernung einer negativen Bewertung ergibt. Die entsprechende Klage auf Widerruf einer negativen Bewertung kann dabei sowohl isoliert wie auch ergänzend neben einer Zahlungsklage geltend gemacht werden. Die Klage auf Widerruf einer negativen Äußerung im Bewertungsforum von eBay kann sich zum einen auf § 823 Abs. 1 BGB iVm § 1004 BGB analog stützen, wie auch gegebenenfalls auf § 824 Abs. 1 BGB als Spezialfall der allgemeinen Beseitigungsklage. Mit der Unterlassungsklage nach § 823 Abs. 1 BGB iVm § 1004 BGB wird damit regelmäßig die Verletzung des Persönlichkeitsrechts des negativ Bewerteten verteidigt. Weil negative Bewertungen auch geeignet sind, einen negativen Einfluss auf weitere Geschäfte über eBay zu nehmen, insbesondere wenn sie zB die Vertragstreue infrage stellen, kann der Anspruch in solchen Fällen auch auf § 824 BGB geschützt werden, welcher einen Schadensersatzanspruch für den Fall gewährt, dass ein anderer der Wahrheit zuwider eine Tatsache behauptet oder verbreitet, die geeignet ist, den Kredit eines anderen zu gefährden oder sonstige Nachteile für dessen Erwerb oder Fortkommen herbeizuführen. Der Schadensersatzanspruch wird dabei durch Widerruf der negativen Tatsachenbehauptung, gegebenenfalls aber auch durch Ersatz des materiellen Schadens und sogar des immateriellen Schadens möglich.

b) Prozessuales

407 Grundsätzlich ist für die **örtliche Zuständigkeit** der allgemeine Gerichtsstand nach §§ 12-19 ZPO eröffnet. Zusätzlich ist der Gerichtsstand der unerlaubten Handlung nach § 32 ZPO sowohl für den Fall der Unterlassungsklage nach § 823 BGB iVm § 1004 BGB analog, wie auch der Klage auf Widerruf unwahrer Tatsachenbehauptungen nach § 824 BGB, eröffnet. Das Besondere am besonderen Gerichtsstand der unerlaubten Handlung nach § 32 ZPO, ist, dass grundsätzlich das Gericht zuständig ist, in dessen Bezirk die Handlung begangen wurde. Dabei bezeichnet die unerlaubte Handlung grundsätzlich jeden rechtswidrigen Eingriff in fremde Rechtssphären. Durch die Verbreitung einer ehrenrührigen oder sonst wie unwahren negativen Tatsachenbehauptung wird als Tatort dabei grundsätzlich der Erfolgsort angesehen, das heißt bei Verbreitung im Internet jeder Ort, wo das Medium bestimmungsgemäß abrufbar ist. Dadurch kommen bei der unwahren Tatsachenbehauptung im Internet grundsätzlich mehrerer Gerichtsstände infrage, wenn an mehreren Stellen, das heißt überall dort, wo ein internetfähiger Rechner steht, die unwahre Tatsachenbehauptung abgerufen werden kann. Nach § 35 ZPO hat der Kläger unter mehreren zuständigen Gerichten die Wahl. Er kann daher die Unterlassungsklage aus Bequemlichkeit sowohl an

seinem eigenen Gerichtsstand anhängig machen wie auch an Gerichten, deren für ihn positive Rechtsprechung ihm bekannt ist, was weitere strategische Möglichkeiten eröffnet.

Die **sachliche Zuständigkeit** richtet sich nach den allgemeinen Normen nach dem Streitwert. 408
Der Gegenstandswert ist dabei nach § 48 Abs. 2 GKG zu bestimmen. Danach ist in nichtvermögensrechtlichen Streitigkeiten der Streitwert unter Berücksichtigung aller Umstände des Einzelfalles, insbesondere des Umfangs und der Bedeutung der Sache und der Vermögens- und Einkommensverhältnisse der Parteien, nach Ermessen zu bestimmen, wobei der Wert nicht über 1.000.000 EUR angenommen werden darf. Seit bei eBay seit Mai 2008 dem Verkäufer die Möglichkeit genommen wurde, eine negative Bewertung einzustellen, sind Klagen auf Entfernung einer negativen Bewertung nur noch für Bewertungen möglich, welche die Käufer abgegeben haben. Die Würdigung der Umstände des Einzelfalles und das sich daraus ergebende Interesse des Verkäufers an der Entfernung einer negativen Bewertung bemisst sich danach zwangsläufig nach dem vom Verkäufer mit der negativen Bewertung befürchteten drohenden Umsatz- beziehungsweise Gewinnrückgang. Zur Bestimmung des Gegenstandswertes sind daher die durchschnittlichen Umsatzzahlen mit einzelnen Verkäufen und gegebenenfalls auch die bestehende Gewinnspanne heranzuziehen.

► **Muster: Klage auf Rücknahme und Unterlassung einer negativen Bewertung** 409

An das Landgericht 35

Klage

[Volles Rubrum]

Wegen Unterlassung, Widerruf

Vorläufiger Streitwert 12.000 EUR

bestellen wir uns für den Kläger und erheben namens und in Vollmacht des Klägers Klage. Es wird beantragt zu erkennen:

1. Der Beklagte wird verurteilt, es bei Vermeidung von Ordnungsgeld bis zu 250.000 EUR, ersatzweise Ordnungshaft oder Ordnungshaft bis zu sechs Monaten es zu unterlassen, wörtlich oder sinngemäß im Zusammenhang mit der Durchführung des Kaufvertrages der streitbefangenen Parteien zur Artikelnummer ... wörtlich oder sinngemäß die Behauptung aufzustellen und/oder zu verbreiten, der Kläger verhalte sich nicht vertragstreu und versuche, seine Kunden zu betrügen.

2. Der Beklagte hat die auf der Internetplattform zu dem in Ziffer 1. genannten Artikel abgegebene Bewertung zurückzunehmen durch Löschung der Behauptung im eBay-Bewertungsportal.

3. Der Beklagte trägt die Kosten des Rechtsstreits.

4. Das Urteil ist – notfalls gegen Sicherheitsleistung – vorläufig vollstreckbar.

Für den Fall, dass das Gericht das schriftliche Vorverfahren anordnet und der Beklagte nicht innerhalb der Frist seine Verteidigungsbereitschaft erklärt bzw den Anspruch anerkennt, wird beantragt,

gegen den Beklagten ein Versäumnisurteil oder Anerkenntnisurteil ohne mündliche Verhandlung zu erlassen.

Mit einer Entscheidung durch den Einzelrichter sind wir einverstanden.

Begründung

Der Beklagte kaufte von dem Kläger am ... auf der Internetplattform eBay ein Teeservice aus Porzellan zum Preis von 1.560 EUR. Nach Lieferung der Kaufsache und Zahlung des Kaufpreises rügte der Beklagte Mängel der Kaufsache. Der Kläger erkannte die Mängelrüge des Beklagten an und erklärte sich mit der Rückabwicklung einverstanden. Am ■■■ veröffentlichte der Beklagte in dem Bewertungsforum der Internet Handelsplattform eBay die Bewertung: „billiger Schrott – Achtung Betrüger!"

Beweis: Bewertung Auktion Nr. ■■■ durch den Beklagten, Anlage K1.

Mit Schreiben vom ■■■ durch den jetzigen Prozessbevollmächtigten des Klägers wurde der Beklagte aufgefordert, die vorgenannte Bewertung zurückzunehmen

Beweis: Schreiben vom ■■■, Anlage K2.

Mit Schreiben vom ■■■ lehnte der Beklagte die Rücknahme der Bewertung ab.

Beweis: Schreiben vom, Anlage K3.

Die Behauptung ist geeignet, den Kläger in seiner Ehre zu verletzen. Die Behauptung ist darüber hinaus geeignet, die Entscheidung Dritter hinsichtlich zukünftiger Vertragsabschlüsse mit dem Kläger entscheidend zu beeinflussen. Schließlich drückt sich das Vertrauen der Kunden in einem Verkäufer durch die hinterlassenen Bewertungen aus, so dass potentielle Käufer sich an den bislang abgegebenen Bewertungen orientieren. Insbesondere bei negativen Bewertungen ist damit zu rechnen, dass potentielle Käufer keine Artikel mehr von dem Kläger erwerben. Schließlich können potentielle Käufer anhand des eBay-Bewertungssystems sofort feststellen, ob ein Verkäufer eine negative Bewertung erhalten hat. Wenn ein Mitglied 1000 positive, aber vier negative Bewertungen erhalten hat, dann errechnet sich das neben dem Mitgliedsnamen verzeichnete Punktesystem nach Maßgabe der positiven Bewertungen im Verhältnis zu den Gesamtbewertungen inklusive der negativen Bewertungen, dh 1000 geteilt durch (1000 + 4) Mal 100. Es ergibt sich damit ein Prozentsatz von 99,6 % an positiven Bewertungen, wenn bereits auf 1000 positive Bewertungen nur vier negative Bewertungen abgegeben werden. Potentielle Käufer können daher bereits aus dem Prozentsatz der positiven Bewertungen ersehen, dass negative Bewertungen abgegeben wurden, welche sich ungleich stärker auswirken als positive Bewertungen.

Darüber hinaus kann der Bewertungspunktestand durch jedes Mitglied eingesehen werden. Dabei berechnete eBay für jede erhaltende positive Bewertung einen Punkt und substantiiert für jede negative Bewertung einen weiteren Punkt vom Bewertungspunktestand. Zuletzt können die abgegebenen Bewertungen im Bewertungsforum eingesehen werden, wo sich die negative Darstellung, welche der Kläger durch den Beklagten mit seiner in Antrag zu 1. genannten Bewertung erhalten hat, am stärksten auswirkt.

Beweis: Sachverständigengutachten.

Die Behauptung des Beklagten ist auch unwahr. Der Kläger hat das verkaufte Porzellan sehr genau nach Art und Fertigung beschrieben.

Beweis: Vorlage des Angebots zur Artikelnummer ■■■, Anlage K4.

Darüber hinaus war das Teeservice mehrfach fotografiert und die Fotografien sogar vergrößerbar in das Angebot eingestellt.

Beweis: wie vor.

Der Beklagte konnte sich damit bereits aus der Auktion ein umfassendes Bild über das angebotene Porzellan machen.

Beweis: Tatrichterliche Inaugenscheinnahme des veröffentlichten Angebotes.

Der Kläger hat das streitgegenständliche Porzellan mit einem Anfangspreis von 1 Euro eingestellt. Es ist dem Kläger selbst unerklärlich, weshalb das nunmehr streitgegenständliche Porzellan zu einem Gesamtkaufpreis von 1.530 EUR veräußert wurde. Vergleichbare Angebote des Klägers werden zu Preisen zwischen 55 und 80 EUR verkauft.

Beweis: Anlagenkonvolut Angebote des Klägers, Anlage K5.

Damit konnte sich der Beklagte bereits im Vorfeld über vergleichbare Angebote – ein anderer Anbieter hat das Teeservice gleichen Musters und gleichen Fabrikats in den vergangenen 12 Monaten ca. 160-mal verkauft – des Klägers alleine 112-mal informieren.

Es war daher nicht der Kläger, welcher einen Preis für das angebotene Teeservice in der Höhe, zu dem der Kaufvertrag abgeschlossen wurde, vorgeschlagen hat, sondern andere potentielle Käufer und letztlich der Beklagte selbst. Ein betrügerisches Verhalten kann dem Kläger daher nicht unterstellt werden.

Beglaubigte und einfache Abschrift anbei.

■■■

Rechtsanwalt ◄

§ 8 Der Kauf unter Eigentumsvorbehalt, § 449 BGB

410 Nach § 449 BGB kann sich der Verkäufer einer beweglichen Sache das Eigentum bis zur Zahlung des Kaufpreises vorbehalten. Der Käufer erwirbt ein **Anwartschaftsrecht** und das Eigentum an der Sache wird unter der aufschiebenden Bedingung der vollständigen Zahlung des Kaufpreises übertragen. Diese Art des Kaufvertrages hat im Warenverkehr erhebliche Bedeutung und bietet sich immer dann an, wenn der Käufer den vollen Kaufpreis nicht sofort entrichten kann. Dies kann entweder daran liegen, dass der Käufer den Kaufpreis erst mit der gekauften Sache erwirtschaften muss oder die Kaufsache weiter veräußert und erst hierdurch den Kaufpreis aufbringen kann. In solchen Fällen dient der Kauf unter Eigentumsvorbehalt sowohl dem Käufer, welcher nicht sofort den Kaufpreis entrichten muss, wie auch dem Verkäufer, welcher durch den Vorbehalt des Eigentums ein Kreditsicherungsmittel unmittelbar an der Kaufsache behält. Schließlich steht der Kaufvertrag unter der Bedingung vollständiger Zahlung des Kaufpreises und der Verkäufer bleibt bis zum Bedingungseintritt Eigentümer. In § 449 Abs. 1 BGB ist zudem eine Auslegungsregel enthalten, dass in dem Fall eines Eigentumsvorbehaltes auch die Übereignung nach § 929 BGB durch die Kaufpreiszahlung bedingt ist.

A. Vereinbarung

411 Der Kauf unter Eigentumsvorbehalt erfolgt dann, wenn spätestens bis zur Übergabe der Eigentumsvorbehalt vereinbart wird. Möglich ist die Vereinbarung eines Eigentumsvorbehaltes nur bei beweglichen Sachen, wobei auch unwesentliche Bestandteile nach den §§ 93-95 BGB und Zubehör nach § 97 BGB sowie Inventar nach § 98 BGB ebenso erfasst werden. Allerdings ist der Eigentumsvorbehalt nach § 449 Abs. 1 BGB nicht auf Grundstücke anwendbar. Das gleiche gilt für Rechte, weil die Anwendbarkeit auf bewegliche Sachen begrenzt ist. Der Eigentumsvorbehalt kann dabei insbesondere als einfacher Eigentumsvorbehalt, wie auch als so genannter verlängerter Eigentumsvorbehalt vereinbart werden. Gebräuchlich sind zudem auch der Kontokorrent Vorbehalt und der weitergeleitete Eigentumsvorbehalt.

412 Durch die Vereinbarung eines Eigentumsvorbehaltes werden die Pflichten des Verkäufers modifiziert. Die Übereignungsverpflichtung wird durch eine Verpflichtung zur aufschiebend bedingten Übereignung ersetzt und die Verpflichtung zur Übergabe wird zur Vorleistungspflicht, so dass die Einrede des nicht erfüllten Vertrages nach § 320 BGB ausgeschlossen wird. Das Rücktrittsrecht des Verkäufers bestimmt sich nach § 323 Abs. 1 BGB, wird aber regelmäßig erst dann möglich, wenn der Käufer mit fälligen Kaufpreisraten in Verzug ist und auch auf eine Nachfrist hin nicht bezahlt.

B. Ansprüche des Verkäufers

413 Die Ansprüche des Käufers bei der Vereinbarung eines Eigentumsvorbehaltes richten sich nach der vertraglichen Vereinbarung der Parteien. Es besteht weiterhin ein Anspruch auf vollständige Bezahlung der Kaufsache, welcher aber vor dem Hintergrund der üblichen Ratenzahlungsvereinbarung erst dann gesamtfällig wird, wenn einzelne Raten ausbleiben. Dadurch, dass der Gefahrübergang bereits eingetreten ist, trägt der Käufer nach § 446 BGB die Gefahr des Untergangs, so dass ab der Übergabe der Verkäufer weiterhin auf Zahlung des vollständigen Kaufpreises bestehen kann, selbst wenn die Kaufsache untergegangen ist.

I. Herausgabe und Rücktritt des Verkäufers, § 449 Abs. 2 BGB

Der Verkäufer kann nach § 449 Abs. 2 BGB aufgrund des Eigentumsvorbehaltes die Sache nur herausverlangen, wenn er vom Vertrag zurückgetreten ist. Schließlich hat der Käufer aus dem Kaufvertrag bereits ein Recht zum Besitz nach § 986 Abs. 1 BGB an der Kaufsache erlangt, bis die Voraussetzungen des Rücktritts für den Verkäufer gegeben sind. Ist ein Zahlungsverzug eingetreten, kann dieser den Verkäufer zum **Rücktritt** nach §§ 323, 324 BGB berechtigen. Der Rücktritt ist also entweder nach § 323 Abs. 1 BGB möglich, wenn der Käufer mit dem Kaufpreis beziehungsweise den einzelnen Raten in Verzug ist und der Verkäufer dem Käufer eine angemessene Nachfrist gesetzt hat, welche fruchtlos verstrichen ist. 414

Nach §§ 324, 346 BGB kann der Verkäufer auch vom Kaufvertrag zurücktreten, wenn durch den Käufer eine sonstige Vertragsverletzung begangen wird. Dies kann dann der Fall sein, wenn der Käufer die Kaufsache entgegen den vertraglichen Vereinbarungen weiter veräußert oder sie sonst wie unsachgemäß behandelt. In beiden Fällen ist der Rücktritt vom Vertrag nach § 349 BGB durch den Verkäufer zu erklären. Dabei ist die Rücktrittserklärung eine empfangsbedürftige Willenserklärung, deren Zugang der Verkäufer beweisen muss. 415

II. Prozessuale Durchsetzung

1. Geltendmachung der ausstehenden Kaufpreisrate

Prozessual stehen dem Verkäufer beim Eigentumsvorbehalt verschiedene Möglichkeiten zur Verfügung. Er kann einerseits aus dem Kaufvertrag und der Ratenzahlungsvereinbarung im Falle des Zahlungsverzuges des Käufers auf Zahlung der fälligen Raten klagen. Damit wird vor allem der Streitwert des Verfahrens gering gehalten, wenn lediglich eine der fälligen Raten eingeklagt wird. Dies birgt allerdings auch das Risiko, dass die Angelegenheit nicht berufungsfähig ist. Eine solche Klage empfiehlt sich für den Fall, dass der Verkäufer die wirtschaftliche Leistungsfähigkeit des Käufers nicht überstrapazieren will und auch die Kaufsache nicht zurückverlangen möchte. 416

2. Gesamtkaufpreis

Nach Fristsetzung und weitergehendem Zahlungsverzug des Käufers kann der Verkäufer nach den vertraglichen Ausgestaltungen des Eigentumsvorbehalts regelmäßig auch den gesamten Kaufpreis einklagen. 417

3. Rücktritt

Zuletzt kann der Verkäufer den Rücktritt vom Kaufvertrag erklären und sodann die Herausgabe der Kaufsache verlangen. Vorbehaltlich etwaiger Vertragsstrafen oder eingetretener Wertminderungen erfolgt die Herausgabe Zug um Zug gegen Rückzahlung der bereits geleisteten Raten. 418

C. Rechte des Käufers

Der Käufer hat grundsätzlich ein vertragliches Recht zum Besitz. Darüber hinaus ist er vor Zwischenverfügungen des Verkäufers nach § 161 BGB geschützt. Der wichtigste Schutz des Käufers besteht in dem Anwartschaftsrecht, welches ihm ein schuldrechtliches Besitzrecht gegenüber dem Verkäufer gibt und durch die §§ 861, 1007 BGB gegenüber Dritte schützt. 419

Durch ein Anwartschaftsrecht kann der Käufer sich auch gegen Zwangsvollstreckungen in die Sache durch die Gläubiger seines Verkäufers mit der Drittwiderspruchsklage verteidigen.

§ 9 Rückgriff des Unternehmers

Wenn der Unternehmer die verkaufte neu hergestellte Sache als Folge ihrer Mangelhaftigkeit zurücknehmen musste oder der Verbraucher den Kaufpreis gemindert hat, kann der Unternehmer von seinem Lieferanten Ersatz der Aufwendungen verlangen, die er im Verhältnis zum Verbraucher nach dessen Nacherfüllungsrechten nach § 439 BGB hatte, geltend machen. Hierzu sind in den §§ 478 BGB und 479 BGB besondere Regelungen getroffen. 420

A. Erleichterter Regress des Unternehmers

Diese Sonderregelungen erleichtern dem Unternehmer den Regress gegenüber seinem Lieferanten insoweit, als unter anderem die Gewährleistungsrechte ohne Nacherfüllungsfrist geltend gemacht werden können. Hinsichtlich der Kosten, welche der Unternehmer zur Nacherfüllung gegenüber dem Verbraucher aufwenden musste, steht ihm ein besonderer Regressanspruch zu. Dadurch ist gewährleistet, dass der Unternehmer, welcher eine neue Sache verkauft hat, einerseits seiner Nacherfüllung gegenüber dem Verbraucher nachkommt, weil er einen gleich lautenden Anspruch gegen seinen Lieferanten hat und insoweit nicht in eine Regressfalle gerät. Der verbesserte Verbraucherschutz wird damit nicht zum Nachteil des Einzelhändlers aufgewertet, welcher gegenüber dem Verbraucher ansonsten ohne Rückgriffsmöglichkeit die Mängel aus der Sphäre des Herstellers zu tragen hätte. Damit kommt der Rückgriff des Unternehmers letztlich den Verbrauchern zugute. Gleichzeitig erfolgt die Geltendmachung etwaiger Regressansprüche stets chronologisch in der Kette der Vertragsbeziehungen, das heißt zwischen dem Verbraucher und dem Verkäufer und sodann zwischen dem Verkäufer und seinem Lieferanten und gegebenenfalls zwischen diesem und dem Hersteller oder weiteren Lieferanten in der Lieferkette. Für die Verbraucher entfällt durch die Regressmöglichkeit des Unternehmers eine ansonsten gegebenenfalls schwierige Suche nach dem Hersteller, weil nun jeder in der Lieferkette den Rückgriff jeweils bei seinem Vertragspartner nimmt. 421

B. Anwendungsbereich

I. Verbraucher am Ende der Lieferkette

Die §§ 478, 479 BGB sind Ergebnis der Umsetzung von Artikel 4 Verbrauchsgüterkaufrichtlinie. Damit ist der Rückgriff des Unternehmers nach den vorgenannten Paragraphen nur möglich, wenn am **Ende der Lieferkette** ein Verbrauchsgüterkauf steht. Ist der Endkunde ein Unternehmer, scheidet die Anwendbarkeit der Regelungen zum Verbrauchsgüterkauf aus und damit auch die Rückgriffsmöglichkeit des Unternehmers. Problematisch wird dabei der Rückgriff des Unternehmers, wenn die Kaufsache in einem Glied der Kette von einem Verbraucher angekauft und weiter veräußert wurde. In diesem Fall könnten nur die dem Verbraucher vorgeschalteten Unternehmer einen Rückgriff nehmen, gegen den Verbraucher wäre der Rückgriff nach §§ 578, 479 BGB allerdings nicht möglich. 422

Neben der notwendigen Voraussetzung des Verbrauchsgüterkaufs und der Beteiligung von Unternehmern und letztendlich einem Verbraucher am Ende der Kette kann der Rückgriff des Unternehmers nur bei der Veräußerung neuer Sachen Anwendung finden. Für gebrauchte Kaufgegenstände ist bereits nach dem Wortlaut von § 478 Abs. 1, Abs. 2 BGB keine Anwendung möglich. Der gesetzgeberische Grundgedanke für den Ausschluss der Anwendung bei gebrauchten Sachen ist insoweit von praktischen Erwägungen geprägt, dass 423 regelmäßig bei der Veräußerung gebrauchter Gegenstände keine geschlossene Vertriebskette vorliegt, womit ein erleichterter Rückgriff des Unternehmers nicht erforderlich ist. Damit ist es erforderlich, dass für den Rückgriff nicht nur am Ende der Lieferkette ein Verbraucher steht, sondern dass die Sache bis zum Verbraucher weiterhin durchgängig als neue Sache verkauft wurde. Eine Anwendbarkeit scheidet denknotwendig auch dann aus, wenn in der Lieferkette ein Unternehmer Änderungen an der Sache vorgenommen hat.

II. Mangelhafte Kaufsache

424 Darüber hinaus muss die verkaufte neu hergestellte Sache mangelhaft gewesen seien. Dabei muss sich die Mangelhaftigkeit der Kaufsache nicht nur aus der zwischen dem Verbraucher und dem letzten Unternehmer vereinbarten Beschaffenheit, sondern auch aus der zwischen den einzelnen Unternehmern in der Lieferkette vorausgesetzten Beschaffenheit ergeben.

425 Der Lieferant haftet insofern nicht für eigene Beschaffenheitsvereinbarungen des letzten Unternehmers gegenüber dem Verkäufer, wenn diese über das zwischen dem Lieferanten und dem Unternehmer vertraglich Vereinbarte hinausgehen.

III. Nacherfüllung an Käufer

426 Darüber hinaus muss aufgrund der Regelungen in § 439 Abs. 2 BGB der Verbraucher am Ende der Lieferkette Nacherfüllungsrechte geltend gemacht haben, nämlich entweder den Kaufpreis gemindert haben oder die Sache infolge ihrer Mangelhaftigkeit zurückgegeben haben.

C. Rechtsfolge

I. Entbehrlichkeit der Frist zur Nacherfüllung

427 Musste der Unternehmer eine neu hergestellte Sache als Folge ihrer Mangelhaftigkeit zurücknehmen oder hat der Verbraucher den Kaufpreis diesbezüglich gemindert, so wird der Rückgriff des Unternehmers dadurch erleichtert, dass es für die Geltendmachung seiner Rechte gegen seinen Lieferanten **keiner Frist** zur **Nacherfüllung** bedarf. § 478 Abs. 1 BGB privilegiert den Unternehmer gegenüber seinem Lieferanten, um diesem eine schnellere Abwicklung des Nacherfüllungsanspruches des Verbrauchers zu ermöglichen. Dem Unternehmer stehen gegenüber seinem Lieferanten zudem sämtliche in § 437 BGB bezeichneten Rechte, also Rücktritt und Minderung, wie auch Schadensersatz, zu. Im Verhältnis des Unternehmers zu einem anderen Unternehmer ist allerdings entscheidend, dass der Unternehmer, welcher den Rückgriff durchführt, die mangelhafte Sache zurücknehmen oder die Minderung des Kaufpreises hinnehmen musste. Wenn es dabei auch nicht darauf ankommt, ob der Verbraucher den Unternehmer zur Rücknahme tatsächlich gezwungen hat, wird die wesentliche Verteidigung des Lieferanten bereits in einem Angriff auf die Verpflichtung zur Rücknahme bestehen. Schließlich ist der Rückgriff des Unternehmers in solchen Fällen ausgeschlossen, in denen er die Kaufsache lediglich aus Kulanz zurückgenommen oder entsprechend den Kaufpreis herabgesetzt hat. Das gleiche gilt, wenn der Verbraucher gegenüber dem Letztveräußerer verbraucherschützende Widerrufsrechte ausgeübt hat. Der Unternehmer muss sich insofern bereits bei der Ausübung etwaiger Nacherfüllungsansprüche des Verbrauchers im Hinblick auf den Rückgriff gegenüber dem Lieferanten auf diesen Einwand vorbereiten und das Vorliegen eines Mangels sorgfältig prüfen. Hierzu wird teilweise vertreten, dass der Unternehmer sich zudem insoweit rechtstreu verhalten müsse, dass

er sämtlichen Verpflichtungen zur Nacherfüllung innerhalb der vom Verbraucher gesetzten Fristen nachkommen müsse, weil ein Rückgriff dann ausscheide, wenn durch unterlassene Nacherfüllung erst eine Minderung des Kaufpreises oder eine Rückgabe der Kaufsache eingetreten ist. Nach teilweise vertretener Ansicht hätte dann der Letztverkäufer das Risiko der Rückgabe oder Kaufpreisminderung zu tragen und könnte diese Verantwortlichkeit nicht im Rahmen des Rückgriffs gegenüber seinem Lieferanten geltend machen. Dem steht allerdings entgegen, dass der Verbraucher nach § 439 BGB nicht nur Nachlieferung oder Nachbesserung verlangen kann. Der Verbraucher hätte eine mangelhafte Sache auch bereits von vornherein zurückweisen können, womit die Rückgriffsmöglichkeit des Unternehmers eröffnet wäre. Der Rückgriff des Unternehmers nach § 478 BGB differenziert nämlich nicht nach den Rechtsfolgen der Mangelhaftigkeit auf Unternehmerseite, sondern im Hinblick auf die Verantwortlichkeit für die Mangelhaftigkeit an sich.

II. Aufwendungsersatz

Nach § 478 Abs. 2 BGB kann der Unternehmer beim Verkauf einer neu hergestellten Sache 428 von seinem Lieferanten Ersatz der Aufwendungen verlangen, die er selbst im Verhältnis zum Verbraucher nach § 439 Abs. 2 BGB zu tragen hatte, wenn die Kaufsache bereits beim Gefahrübergang auf den Unternehmer mangelhaft war. Durch diesen verschuldensunabhängigen Aufwendungsersatzanspruch wird die Regressmöglichkeit des Unternehmers nach § 437 BGB um den Aufwendungsersatz erweitert. Entscheidend ist, dass bereits beim Gefahrübergang zwischen dem Unternehmer und seinem Lieferanten der Mangel der Kaufsache vorhanden war. Ersetzt werden danach lediglich Aufwendungen, also freiwillige Vermögensopfer des Unternehmers, nicht aber eine Vergütung für seine Tätigkeit. Auch hierbei ist der Aufwendungsersatzanspruch auf die tatsächlichen Kosten für die Rückabwicklung oder Minderung begrenzt; Kosten für eine kulanzweise Regelung sind dagegen nicht erstattungsfähig. Auch im Hinblick auf seinen Aufwendungsersatzanspruch muss der Unternehmer daher bereits bei Geltendmachung etwaiger Mängelrechte des Verbrauchers genau prüfen, ob er die Nacherfüllung gegebenenfalls hätte verweigern können. In diesem Fall erhält er keine Erstattung seiner Aufwendungen.

III. Verjährung

Grundsätzlich bestimmt sich die Verjährung für die Rückgriffsansprüche des Unternehmers 429 nach § 438 BGB. Nach § 479 Abs. 2 BGB tritt die Verjährung des Anspruchs des Unternehmers gegen seinen Lieferanten wegen des Mangels einer an einen Verbraucher verkauften neu hergestellten Sache allerdings frühestens zwei Monate nach dem Zeitpunkt ein, in dem der Unternehmer die Ansprüche des Verbrauchers erfüllt hat. Entscheidend ist hierbei also das Vertragsverhältnis zwischen dem Letztverkäufer und dem Verbraucher. Spätestens fünf Jahre nach Lieferung der Sache endet die Ablaufhemmung der Verjährung nach § 479 Abs. 2 BGB.

Durch die **Verjährungsregelung** in § 479 Abs. 2 BGB entsteht die besondere Problematik, 430 dass die originären Verjährungsfristen nach § 438 Abs. 1, Abs. 2 BGB bei beweglichen Gegenständen also im Regelfalle zwei beziehungsweise nach der regelmäßigen Verjährungsfrist drei Jahre, eher ablaufen, als der Verjährungsanspruch des Unternehmers als Letztverkäufer gegenüber seinem Lieferanten, welcher sich nach § 479 Abs. 2 BGB richtet. Wird also ein Ladenhüter nach fünf Jahren von einem Unternehmer an einen Verbraucher veräußert, sind die Gewährleistungsansprüche des Lieferanten gegenüber seinem Lieferanten oder dem Hersteller regelmäßig bereits abgelaufen, bevor die Verjährung der Nachlieferungsansprüche des Verbrauchers gegenüber dem Unternehmer eintritt. Dies würde allerdings dazu führen, dass durch die Ablaufhemmung der Verjährung der Unternehmer seinen Lieferanten länger in Regress nehmen könnte, ist dieser seinerseits den Hersteller. Nach teilweise vertretener Ansicht sollen aber die Mängelansprüche auch des Lieferanten gegenüber seinem Lieferanten erst durch den Verkauf an den Verbraucher wieder aufleben, so dass auch die eigentlich verjährten Ansprüche des Lieferanten danach noch durchsetzbar sein sollen.

431 Gleiches gilt für den Aufwendungsersatzanspruch, welcher nach § 479 Abs. 1 BGB in zwei Jahren ab Ablieferung der Sache verjährt. Dabei bedeutet Ablieferung der Sache nämlich Ablieferung an den Verbraucher als letztes Glied der Kette. Die Ablieferung an die einzelnen Unternehmer innerhalb der Kette ist für den Lauf der Verjährungsfrist für den Aufwendungsersatzanspruch bedeutungslos.

IV. Beweislast

432 Hinsichtlich der Beweislast findet auch im Verhältnis zwischen dem Unternehmer und seinem Lieferanten eine Beweiserleichterung statt, wenn sich der Mangel innerhalb einer Frist von sechs Monaten seit Gefahrübergang gezeigt hat. Entscheidend für den Lauf der Frist zur Beweiserleichterung ist der Gefahrübergang auf den Verbraucher.

433 Im übrigen gelten die allgemeinen Beweisregelungen, das heißt der Unternehmer muss den Mangel nachweisen und für den Fall des Aufwendungsersatzes seine Kosten; der in Regress genommene Lieferant trägt die Beweislast dafür, dass die geltend gemachten Aufwendungen für die Nacherfüllung nicht erforderlich waren.

V. Lieferkette nach § 478 Abs. 5 BGB

434 § 478 Abs. 5 BGB verweist auf die Anwendbarkeit des § 478 Abs. 1-4 BGB, sodass die Regelung auf die Ansprüche des Lieferanten und der übrigen Käufer in der Lieferkette gegen den jeweiligen Verkäufer entsprechende Anwendung finden. Wenn die Schuldner Unternehmer sind, hat auch der in Regress genommene Unternehmer jeweils die Möglichkeit, den Regressanspruch an seinen Lieferanten bis zum ersten Glied in der Kette weiter zu reichen.

435 ▶ **Muster: Rückgriffsanspruch des Unternehmers (Schreiben an Lieferant)**

36 Sehr geehrte Damen und Herren,

wir zeigen die anwaltliche Interessenvertretung der ▪▪▪ GmbH, Adresse, an. Ordnungsgemäße Bevollmächtigung wird nachgewiesen anhand beigefügter Originalvollmacht.

Unsere Mandantschaft hat von Ihnen am ▪▪▪ das Fahrzeug der Marke ▪▪▪, Fahrzeugidentifikationsnummer ▪▪▪, erworben. Mit Kaufvertrag vom ▪▪▪ hat unsere Mandantschaft dieses Fahrzeug an einen Verbraucher weiterveräußert. Bereits zwei Monate nach dem Verkauf an den Privatkunden wurde dieser wieder bei unserer Mandantschaft vorstellig und führte das Fahrzeug vor. Dabei zeigte sich, dass sich der zweite und vierte Gang nicht schalten ließen. Ursache ist offensichtlich ein defektes Schaltgetriebe. Um die dem Privatkunden zustehenden Ansprüche auf Nacherfüllung zu erfüllen, hat unsere Mandantschaft ein neues Schaltgetriebe in das Fahrzeug eingebaut. Dies löste Kosten iHv ▪▪▪ Euro aus.

Nach § 476 BGB gilt die gesetzliche Vermutung, dass ein Mangel bereits bei Gefahrübergang vorhanden war, wenn sich dieser Mangel innerhalb von sechs Monaten nach der Übergabe der

Kaufsache zeigte und die Feststellung eines konkreten Zeitpunkts des Eintritts des Mangels nicht möglich ist. Unsere Mandantschaft hatte daher keine andere Wahl, als der ihr obliegenden Pflicht zur Nachbesserung nachzukommen. Wir bitten Sie daher, die unserer Mandantschaft entstandenen Aufwendungen nach den §§ 478 Abs. 2, 439 Abs. 2 BGB zu erstatten. Bitte überweisen Sie den Gesamtbetrag in Höhe von ▪▪▪ auf das in diesem Schreiben bezeichnete Konto. Hierzu haben wir uns eine Frist von 7 Tagen, mithin bis zum ▪▪▪, notiert.

Mit freundlichen Grüßen

▪▪▪

Rechtsanwalt ◀

▶ **Muster: Rückgriffsklage des Unternehmers** 436

An das Landgericht ▪▪▪ 37

[Volles Rubrum]

Klage

wegen: Rückgriff

Vorläufiger Streitwert 6.000 EUR

Wir bestellen uns für den Kläger. Namens und im Auftrag des Klägers erheben wir Klage und beantragen zu erkennen:

1. Die Beklagte wird verurteilt, an den Kläger 6.000 EUR Zug um Zug gegenüber Annahme und Übereignung des Fahrzeugs (Fabrikat, Modell, Identifikationsnummer) zu zahlen.
2. Es wird festgestellt, dass sich die Beklagte mit der Rücknahme des im Antrag zu 1. genauer bezeichneten Fahrzeugs seit ▪▪▪ in Annahmeverzug befindet.
3. Die Beklagte wird verurteilt, an den Kläger Zinsen in Höhe von acht Prozentpunkten über dem Basiszinssatz aus 6.000 EUR seit dem ▪▪▪ zu zahlen.
4. Die Beklagte trägt die Kosten des Rechtsstreits.
5. Das Urteil ist – notfalls gegen Sicherheitsleistung – vorläufig vollstreckbar.

Für den Fall, dass das Gericht das schriftliche Vorverfahren anordnet und die Beklagte nicht innerhalb der Frist ihre Verteidigungsbereitschaft erklärt oder den Anspruch anerkennt, wird beantragt,

gegen die Beklagte ein Versäumnisurteil oder Anerkenntnisurteil ohne mündliche Verhandlung zu erlassen.

Mit einer Entscheidung durch den Einzelrichter besteht Einverständnis.

Begründung

Die Beklagte ist Hersteller des Fahrzeugs Marke ▪▪▪, Modell ▪▪▪, Fahrzeugidentnummer ▪▪▪. Der Kläger hat das im Antrag zu 1. genauer bezeichnete Fahrzeug mit Kaufvertrag vom ▪▪▪ von der Beklagten erworben, um es im Rahmen ihres Autohauses an Endkunden zu veräußern.

Beweis: Kaufvertrag vom ▪▪▪, Anlage K1.

Der Kaufpreis wurde vom Kläger vor Anlieferung des Fahrzeugs per Banküberweisung beglichen.

Beweis: Vorlage des Kontoauszugs vom ▪▪▪, Anlage K2.

Mit Kaufvertrag vom 12. April 2009 verkaufte der Kläger das im Antrag zu 1. genauer bezeichnete Fahrzeug an den Privatkunden ▪▪▪.

Beweis: Verbindliche Bestellung eines Neufahrzeugs (Kaufvertrag) vom 25. April 2009, Anlage K3.

Schon einen Monat nach Auslieferung des Fahrzeugs an den Privatkunden wandte sich dieser an den Kläger und forderte mit Schreiben vom ■■■ Nacherfüllung durch Lieferung eines neuen Fahrzeugs des gleichen Typs gegen Rückgabe des im Antrag zu 1. genauer bezeichneten Fahrzeugs. Herr M. teilte mit, dass das gelieferte Fahrzeug mangelbehaftet sei. Bereits einen Monat nach Anlieferung des Fahrzeugs stellte der Kunde fest, dass sich der zweite und vierte Gang bei dem Fahrzeug nicht mehr schalten ließen. Darüber hinaus stelle sich bereits bei einer ersten Wäsche heraus, dass der Lack mangelhaft ist. Die Mangelhaftigkeit äußert sich durch eine offensichtlich zu wenig resistente und schmutzabweisende Oberfläche des Lackes. Verschmutzungen auf dem Lack, wie zum Beispiel Insekten, lassen sich allenfalls mit professioneller Hilfe entfernen, wobei bereits eine hinzugezogene Fachwerkstatt bestätigt habe, dass der Lack bereits jetzt unbehebbar beschädigt ist. Darüber hinaus ziehe das Fahrzeug beim Bremsen nach links und weise eine Schrägstellung des Lenkrades nach links auch bei gerader Fahrt auf. Da eine umfassende Nacherfüllung angesichts der vielen Mängel nicht möglich war, forderte der Kunde die Rückgabe des Fahrzeugs gegen Lieferung eines baugleichen neuen Fahrzeugs.

Beweise:

1. Schreiben vom ■■■, Anlage K4
2. Zeugnis des Herrn M.

Das Fahrzeug wurde durch den Kläger untersucht. Hinsichtlich des fehlerhaften Lackes ist eine unsachgemäße Benutzung durch den Endkunden auszuschließen.

Beweis: Sachverständigengutachten.

Hinsichtlich der nicht funktionierenden Gangschaltung bzw des fehlerhaften Getriebes ließ sich ein Fremdverschulden durch unsachgemäße Benutzung ebenfalls ausschließen.

Beweis: Sachverständigengutachten.

Aus diesem Grunde nahm der Kläger das Fahrzeug zurück und lieferte dem Endkunden ein baugleiches Neufahrzeug.

Beweis: Zeugnis des Herrn M., bereits benannt.

Der Kläger forderte die Beklagte als Hersteller des streitgegenständlichen Fahrzeugs zur Rücknahme des Fahrzeugs und Erstattung des Kaufpreises auf.

Beweis: Schreiben vom ■■■, Anlage K5.

Da die Beklagte die Forderung auf Rückgabe des Fahrzeugs Zug um Zug gegen Erstattung des gezahlten Kaufpreises ablehnte, ist Klage geboten.

Der Kläger ist zum Rücktritt berechtigt nach den §§ 346 Abs. 1, 323 Abs. 1, 478 Abs. 1, 437 Nr. 2, 434 Abs. 1, Abs. 2 BGB. Einer Fristsetzung bedurfte es insoweit nicht.

Da die Beklagte die vom Kläger geforderte Rückabwicklung des Kaufvertrages abgelehnt hat, befindet sie sich seither in Verzug, womit die Rückzahlungsforderung zu verzinsen ist. Der Zinssatz ergibt sich aus § 288 BGB.

Beglaubigte und einfache Abschrift anbei.

■■■

Rechtsanwalt ◀

§ 10 Kauf unbeweglicher Sachen

A. Kauf von Grundstücken

Beim Kauf von Grundstücken können grundsätzlich in der Abwicklung des Kaufvertrages die gleichen Probleme auftreten, wie beim Kauf beweglicher Sachen. Streitig werden können dabei grundsätzlich Zahlung des Kaufpreises und Übergabe und Übereignung der Kaufsache, sowie Mängelansprüche und die sich daraus ergebenden Rechte des Käufers gegen den Verkäufer. Durch das Erfordernis der notariellen Beurkundung des Grundstückskaufvertrages erübrig sich allerdings ein Großteil möglicher Klagen, weil der Grundstückskaufvertrag an sich regelmäßig mit einer Vollstreckungsklausel versehen ist, so dass unmittelbar aus der notariellen Urkunde vollstreckt werden kann. Da wesentlicher Bestandteil des notariellen Kaufvertrages der Kaufpreis ist, welcher durch eine Zwangsvollstreckungsunterwerfung des Käufers abgedeckt ist, erübrigt sich eine vertiefte Darstellung der Kaufpreisklage beim Kauf von Grundstücken. Der Schwerpunkt der prozessualen Klagemöglichkeiten liegt aus der Natur der Sache eher bei den Rechten des Käufers. Hier ist insbesondere die Klage auf Übereignung der Kaufsache, also die Auflassungsklage, wie auch die Geltendmachung von Schadensersatzansprüchen zu nennen. 437

I. Auflassungsklage

Regelmäßig wird der Notar beim Grundstückskaufvertrag auch mit der Durchführung des Vollzuges beauftragt. D. h., die Grundbucheintragungen, also Eigentumsvormerkung, wie auch die Löschung der gegenstandslos gewordenen Rechte beziehungsweise Einholung entsprechender Löschungsbewilligungen werden üblicherweise durch den Notar vollzogen. Hierzu gehört auch die Überwachung des Endvollzuges, das heißt den Nachweis vollständiger Kaufpreiszahlung und die Prüfung sämtlicher für die Umschreibung erforderlichen Unterlagen. Regelmäßig wird dabei auch bereits eine Auflassungserklärung des Verkäufers aufgenommen, welche nach § 925 Abs. 2 BGB bedingungsfeindlich ist. Bei der Abgabe der Auflassungserklärung ist die notarielle Beurkundung bei gleichzeitiger Anwesenheit beider Vertragsparteien erforderlich. Die Auflassungserklärung muss vor einem deutschen Notar oder im Rahmen eines gerichtlichen Vergleichs erklärt werden, § 925 Abs. 1 BGB. Dabei bedarf die Erklärung keiner bestimmten Form, sie soll aber vor dem Hintergrund der Regelung in § 311 b Abs. 1 BGB nur protokolliert werden, wenn die erforderliche Urkunde über den Vertrag entweder nach § 925 a BGB gleichzeitig errichtet wird oder vorgelegt wird. Da aber die Auflassung nicht zwingend in dem Kaufvertrag erklärt werden muss, wie auch grundsätzlich Kaufverträge von ausländischen Notaren beurkundet werden können, kann die Situation entstehen, dass zwar ein wirksamer Kaufvertrag geschlossen wurde, nicht aber die Auflassung als erforderliche Erklärung zum Grundbuchvollzug abgegeben wurde. In solchen Fällen kann der Käufer nur noch auf Auflassung klagen, wenn sich der Verkäufer nicht außergerichtlich einigen will. 438

1. Prüfung des Kaufvertrages

Der Klage geht zwingend die Prüfung des Kaufvertrages im Hinblick auf die Voraussetzungen der Auflassung voraus. Zu einem schlüssigen Vortrag im Rahmen der Klagebegründung gehört auch die Darlegung der Erfüllung der Auflassungsvoraussetzungen unter Vorlage des Kaufvertrages. Die Auflassung ist eine Willenserklärung und als solche bedingungsfeindlich. Der erforderliche Klageantrag ist daher zu richten auf Abgabe einer Wil- 439 lenserklärung zur Auflassung eines genauer bestimmten Grundstückes. Ist nach einem solchen Tenor eine Verurteilung erfolgt, kann der siegreiche Käufer die vollstreckbare Ausfertigung des rechtskräftigen Urteils dem Notar vorlegen und danach vor dem Hintergrund von § 894 ZPO allein seine Erklärung der Auflassung gegenüber dem Notar abgeben, welcher sodann die Auflassung beurkundet. Um diesen notwendigen Zwischenschritt zu umgehen, kann der Klageantrag eleganterweise bereits auch die Bewilligung der Eintragung des Klägers als Eigentümer nach Verurteilung zur Auflassung umfassen. In diesem Fall würde das Urteil ausreichen, um die Auflassung einzutragen. Entscheidend ist, dass das Grundbuchamt den Urteilstenor für die Umschreibung als ausreichend ansieht. Damit müssen sich alle für die Auflassung erforderlichen Erklärungen aus dem Tenor nach § 894 ZPO ergeben.

2. Herausgabeverlangen

440 Als weitere Ergänzung des Klageantrags der Auflassungsklage kann die Herausgabe des Grundstücks verlangt werden, sofern der Käufer noch nicht im Besitz des Grundstücks ist. Hierzu ist allerdings ebenfalls eine genaue Bezeichnung des Grundstückes erforderlich, welche sich regelmäßig aus dem Grundbuch ergibt, welches einzusehen ist. Gegebenenfalls ergibt sich die genaue Bezeichnung des Grundstücks auch aus dem Kaufvertrag, wobei in dem schuldrechtlichen Verpflichtungsgeschäft auch eine Bestimmung des Grundstücks anhand der Lage und Adresse ausreichend sein kann, was bei der Klage auf Auflassung, welche sämtliche Voraussetzungen für eine Eintragung im Grundbuch umfassen soll, regelmäßig nicht ausreicht. Hier müsste die Grundbuchbezeichnung genannt werden.

II. Prozessuales

441 Örtlich zuständig für die Auflassungsklage ist das Gericht des allgemeinen Gerichtsstands des Schuldners nach den §§ 12-19 ZPO. Der ausschließlich dingliche Gerichtsstand nach § 24 ZPO setzt voraus, dass der Kläger bereits Eigentümer des Grundstückes ist. Damit ist § 24 ZPO für den Gerichtsstand der Auflassungsklage nicht anwendbar.

442 Für die Bestimmung der sachlichen Zuständigkeit ist § 6 ZPO heranzuziehen; hierbei gilt regelmäßig der Verkehrswert des Grundstückes.

443 ▶ **Muster: Klage auf Auflassung (einfach)**

38 An das Landgericht

Klage

[Volles Rubrum]

wegen: Auflassung

Vorläufiger Streitwert 50.000 EUR

Wir bestellen uns für den Kläger. Namens und im Auftrag des Klägers erheben wir Klage und beantragen zu erkennen:

1. Der Beklagte wird verurteilt, das Grundstück Suitbertusstrasse 15, 40223 Düsseldorf, eingetragen im Grundbuch zu Düsseldorf, Gemarkung ..., Flurstück-Nummer ..., Grundbuch Blatt-Nummer ... an den Kläger aufzulassen und die Eintragung im Grundbuch zu bewilligen.
2. Der Beklagte trägt die Kosten des Rechtsstreits.
3. Das Urteil ist – notfalls gegen Sicherheitsleistung – vorläufig vollstreckbar.

Für den Fall, dass das Gericht das schriftliche Vorverfahren anordnet und der Beklagte nicht innerhalb der Frist seine Verteidigungsbereitschaft erklärt oder den Anspruch anerkennt, wird beantragt,

gegen den Beklagten ein Versäumnisurteil oder Anerkenntnisurteil ohne mündliche Verhandlung zu erlassen.

Begründung

Der Kläger erwarb mit Kaufvertrag vor dem Notar ..., zur Urkundenrollenummer ... beurkundet das im Antrag zu 1. genauer bezeichnete Grundstück. Kaufvertraglich vereinbart war ein Grundstückspreis von 50.000 EUR. Die Auflassung soll entsprechend der vertraglichen Regelung erst nach vollständiger Zahlung des Kaufpreises auf das von dem Notar eingerichtete Anderkonto Nummer ... erfolgen.

Beweis: Kaufvertrag vom ..., Anlage K1.

Der Kläger hat den Kaufpreis in voller Höhe entrichtet; der Kaufpreis wurde auf dem Notaranderkonto am ... gutgeschrieben.

Beweis:

Vorlage des Kontoauszugs des Klägers, Anlage K2,

Vorlage der Bescheinigung des Notars vom ..., Anlage K3.

Die nach dem Kaufvertrag vorausgesetzten Voraussetzungen für die Auflassung sind damit gegeben.

Damit ist der Beklagte nach den §§ 433, 873, 925 BGB zur Auflassung des im Klageantrag zu 1. genauer bezeichneten Grundstücks an den Kläger verpflichtet.

Beglaubigte und einfache Abschrift anbei.

...

Rechtsanwalt ◄

B. Auflassungsklage mit Eintragungsbewilligung

Grundsätzlich kann das vorgenannte Muster einer Auflassungsklage in der einfachen Form 444
verwendet werden. Das darauf basierende Urteil tenoriert die Auflassung. Damit reicht es allerdings nicht zum Vollzug der grundbuchlichen Eintragung aus. Hierfür ist erforderlich, dass beide Erklärungen gleichzeitig protokolliert werden, § 925 BGB. Der obsiegende Käufer müsste daher mit einer vollstreckbaren Ausfertigung des rechtskräftigen Urteils vor einem Notar seinerseits die Auflassung erklären, um die dafür erforderlichen Voraussetzungen nach § 894 ZPO zu schaffen. Aus diesem Grunde liegt es nahe, die Bewilligung der Eintragung, welche eine Willenserklärung darstellt, auch im Tenor als solche zu kennzeichnen. Sofern der Käufer sich noch nicht im Besitz des Grundstücks befindet, ist es ebenfalls nahe liegend, den Verkäufer neben der Abgabe der Auflassungserklärung auch zur Herausgabe des Grundstücks verurteilen zu lassen. Dies gilt insbesondere bei abgeschlossenen Räumen, aber auch für den Fall, dass das Grundstück noch mit Gegenständen voll gestellt ist, welche der Verkäufer entfernen muss, wie zum Beispiel landwirtschaftliches Gerät oder nicht fest mit dem Erdreich verbundene Aufbauten.

445 ▶ **Muster: Auflassungsklage mit Herausgabeantrag**

39 An das Landgericht

Klage

[Volles Rubrum]

Wir bestellen uns für den Kläger. Namens und in Vollmacht des Klägers erheben wir Klage und beantragen zu erkennen

1. Der Beklagte wird verurteilt, die folgenden Willenserklärungen abzugeben:

a) Es besteht zwischen Kläger und Beklagtem Einigkeit, dass das Eigentum an dem Grundstück ■■■, ■■■, eingetragen im Grundbuch von Düsseldorf, Grundbuch Blatt-Nummer ■■■, Gemarkung ■■■, Flurstück-Nummer ■■■, auf den Kläger übergeht.

b) Hiermit bewillige ich die Eintragung des Klägers als Eigentümer des vorstehend unter a. genauer bezeichneten Grundstücks in das Grundbuch.

2. Der Beklagte wird verurteilt, dass im Klageantrag zu 1. Buchstabe a. genauer bezeichnete Grundstück zu räumen und geräumt an den Kläger herauszugeben.

3. Das Urteil ist – notfalls gegen Sicherheitsleistung – vorläufig voll vollstreckbar.

Für den Fall, dass das Gericht das schriftliche Vorverfahren anordnet und der Beklagte nicht innerhalb der Frist seine Verteidigungsbereitschaft erklärt oder den Anspruch anerkennt, wird beantragt,

gegen den Beklagten ein Versäumnisurteil oder Anerkenntnisurteil ohne mündliche Verhandlung zu erlassen.

Begründung

Der Kläger erwarb mit Kaufvertrag vor dem Notar ■■■, zur Urkundenrollenummer ■■■ beurkundet das im Antrag zu 1. genauer bezeichnete Grundstück. Kaufvertraglich vereinbart war ein Grundstückspreis von 50.000 EUR. Die Auflassung soll entsprechend der vertraglichen Regelung erst nach vollständiger Zahlung des Kaufpreises auf das von dem Notar eingerichtete Anderkonto Nummer ■■■ erfolgen.

Beweis: Kaufvertrag vom ■■■, Anlage K1.

Der Kläger hat den Kaufpreis in voller Höhe entrichtet; der Kaufpreis wurde auf dem Notaranderkonto am ■■■ gutgeschrieben.

Beweis:

Vorlage des Kontoauszugs des Klägers, Anlage K2,

Vorlage der Bescheinigung des Notars vom ■■■, Anlage K3.

Die nach dem Kaufvertrag vorausgesetzten Voraussetzungen für die Auflassung sind damit gegeben.

Damit ist der Beklagte nach den §§ 433, 873, 925 BGB zur Auflassung des im Klageantrag zu 1. genauer bezeichneten Grundstücks an den Kläger verpflichtet.

Der Räumungsanspruch des Klägers ergibt sich aus § 985 BGB. Die Parteien haben sich schuldrechtlich über den Verkauf des im Antrag zu 1. a. genauer bezeichneten Grundstücks geeinigt. Nach der Verpflichtung zur Auflassung ist der Kläger Eigentümer des Grundstücks und kann hiernach die Herausgabe von dem Beklagten verlangen.

Nach der kaufvertraglichen Regelung des zwischen den Vertragsparteien vor dem Notar ■■■ geschlossenen Kaufvertrages zur Urkundenrolle Nummer ■■■ tritt der wirtschaftliche Übergang des

Grundstücks bereits mit vollständiger Zahlung des Kaufpreises ein. Da der Kaufpreis bereits am ■■■ entrichtet wurde, steht dem Kläger seit diesem Zeitpunkt ein Anspruch auf Herausgabe des im Klageantrag zu 1. a. genauer bezeichneten Grundstücks gegen den Beklagten zu.

Beglaubigte und einfache Abschrift anbei.

■■■

Rechtsanwalt ◀

C. Mängelgewährleistung aus Sicht des Käufers

446 Wie auch bei dem Kauf beweglicher Sachen kann der Käufer unbeweglicher Gegenstände Mängel geltend machen.

I. Rücktritt und Rückabwicklung

447 Dabei kann der Käufer sowohl **Kaufpreisminderung** wie auch **Rückabwicklung** des Kaufvertrages verlangen. Bei der Kaufpreisminderung besteht insbesondere das Problem, dass die Auflassung erst dann erfolgt, wenn der Kaufpreis bereits gezahlt wurde. Die Mängelansprüche werden daher zumeist erst nach Auskehrung des Kaufpreises vom Notar an den Verkäufer offenbar. Die Geltendmachung der Mängelgewährleistung erfolgt daher durch Rückzahlung eines Teiles oder des gesamten Kaufpreises. Hier ist vor der Klage eine besondere kritische Prüfung des Notarvertrages erforderlich, weil die Mängelgewährleistung in Grundstückskaufverträgen regelmäßig ausgeschlossen ist. Ist dies der Fall, kann eine Mängelgewährleistung nur dann erfolgreich geltend gemacht werden, wenn dem Verkäufer ein arglistiges Verhalten und Kenntnis des Mangels nachgewiesen werden kann.

448 Örtlich ist das Gericht des allgemeinen Gerichtsstandes nach §§ 12-19 ZPO zuständig. Da der Kläger zum Zeitpunkt der Geltendmachung der Mängelansprüche regelmäßig bereits eingetragener Eigentümer ist, ist auch § 24 ZPO anwendbar, womit der Gerichtsstand der belegenen Sache die Zuständigkeit des Gerichtes begründen kann.

449 Die sachliche Zuständigkeit richtet sich bei der Rückzahlungsklage nach der Höhe der Klageforderung.

II. Minderung und Schadensersatz

1. Klage auf Minderung wegen zu geringer Grundstücksfläche

450 Neben dem einfachen Schadensersatz kann auch bei Grundstücken grundsätzlich eine Minderung des Kaufpreises nach den §§ 437 Nr. 2, 441 BGB durchgesetzt werden. Dabei hat der Käufer ein Wahlrecht, ob er neben der Erfüllung Schadensersatzansprüche nach den §§ 437 Nr. 3, 280 BGB oder Schadensersatzansprüche statt der Erfüllung nach den §§ 437 Nr. 3, 281 BGB geltend macht. Die Geltendmachung des Anspruchs auf Minderung nach den §§ 437 Nr. 2, 441 BGB geht insoweit gegebenenfalls über Schadensersatzansprüche hinaus, weil der Kaufpreis in dem Verhältnis herabgesetzt wird, in welchem der tatsächliche Wert der Kaufsache in mangelfreiem Zustand zum Zeitpunkt des Verkaufes zu dem wirklichen Wert gestanden hätte. Gerade bei der Minderung wegen Beschaffenheitsfehlern, wie zum Beispiel wegen zu geringer Grundstücksfläche, kann die Minderung lohnend sein; dies gilt insbesondere für den Fall, dass das Grundstück besonders günstig erworben wurde, weil die Minderung das Verhältnis des tatsächlichen Wertes zu dem Wert im tatsächlichen Zustand erfasst. Dazu ist es erforderlich, dass der Kläger den Verkehrswert des Grund-

stücks mit der vertraglich geschuldeten Fläche bestimmen lässt und sodann den Verkehrswert der tatsächlich überlassenen Fläche. Der Kaufpreis wird dann in Relation zu dem Wert in mangelfreiem Zustand gesetzt, woraus sich ein Minderungsbetrag auf Basis der tatsächlichen Werte ergibt, welcher sodann als Minderungsbetrag geltend gemacht wird. Eine ähnliche Vorgehensweise empfiehlt sich bei der Veräußerung von Immobilien, wenn die vertraglich geschuldete Wohnfläche nachteilig von der tatsächlichen Wohnfläche abweicht.

2. Prozessuales

451 Die sachliche Zuständigkeit richtet sich nach dem Gegenstandswert, das heißt nach dem Rückzahlungsbetrag auf Basis der Minderung.

452 Die örtliche Zuständigkeit wird von dem allgemeinen Gerichtsstand des Beklagten bestimmt. Der ausschließlich dingliche Gerichtsstand nach § 24 ZPO ist insoweit nicht einschlägig, weil es sich um Klagen handelt, bei denen mit Rechtskraftwirkung über das Eigentum entschieden wird. Dies ist regelmäßig bei Klagen auf Minderung nicht der Fall.

453 ▶ **Muster: Klage auf Minderung wegen zu geringer Grundstücksfläche**

40 An das Landgericht

Klage

[Volles Rubrum]

wegen: Minderung

Vorläufiger Streitwert 34.500 EUR

bestellen wir uns für den Kläger und erheben namens und in Vollmacht des Klägers Klage. Es wird beantragt zu erkennen:

1. Der Beklagte wird verurteilt, an den Kläger 34.500 EUR nebst Zinsen in Höhe von fünf Prozentpunkten über dem Basiszinssatz seit dem ▪▪▪ zu zahlen.
2. Der Beklagte trägt die Kosten des Rechtsstreits.
3. Das Urteil ist – notfalls gegen Sicherheitsleistung – vorläufig vollstreckbar.

Für den Fall, dass das Gericht das schriftliche Vorverfahren anordnet und der Beklagte nicht innerhalb der Frist seine Verteidigungsbereitschaft erklärt oder den Anspruch anerkennt, wird beantragt,

gegen den Beklagten ein Versäumnisurteil oder Anerkenntnisurteil zu erlassen.

Mit einer Entscheidung durch den Einzelrichter sind wir einverstanden.

Begründung

Der Kläger hat mit notariellem Kaufvertrag vom ▪▪▪ vom Beklagten das Grundstück ▪▪▪, ▪▪▪, Grundbuch zu Düsseldorf, Gemarkung ▪▪▪, Flurstücke Nummer ▪▪▪, erworben. In dem notariellen Kaufvertrag ist für das 1200 m^2 große Grundstück ein Kaufpreis von 230.000 EUR bestimmt, welchen der Kläger auch entrichtet hat.

Beweis: notarieller Kaufvertrag vom ▪▪▪, Anlage K1.

Nach Auflassung des Grundstücks am ▪▪▪ hat der Kläger mit seinem Architekten die Vorplanung zur Bebauung des Grundstücks durchgeführt. Dabei fiel auf, dass das Grundstück anstelle der kaufvertraglich bestimmten 1200 m^2 lediglich 1020 m^2 groß ist.

Beweis:

1. Zeugnis des Architekten ▪▪▪,

2. Sachverständigengutachten.

Der Kläger hat das Grundstück sodann durch den Sachverständigen K. vermessen lassen. Auch dieser kam zu dem Ergebnis, dass das Grundstück lediglich eine Grundfläche von 1020 m² hat. Der hinzugezogene Sachverständige hat zudem den Verkehrswert des 1020 m² großen Grundstückes mit 229.500 EUR bewertet.

Beweis:

1. Gutachten des Sachverständigen K. vom ■■■, Anlage K2
2. Sachverständigengutachten.

In der Lage, in welcher sich das veräußerte Grundstück befindet, wäre das zum Preis von 230.000 EUR verkaufte Grundstück mit einer Grundfläche von 1200 m², wie mit Kaufvertrag vereinbart, 270.000 EUR wert gewesen.

Beweis: wie vor.

Wegen der zu geringen Grundstücksfläche steht dem Kläger ein Anspruch auf Minderung des Kaufpreises um 34.500 EUR zu. Dies ergibt sich aus der folgenden Berechnung:

Kaufpreis multipliziert mit dem tatsächlichen Wert des Grundstücks, geteilt durch den Wert der vertraglich geschuldeten Sache. Als Ergebnis ergibt sich ein Betrag in Höhe von 195.500 EUR, somit eine Differenz in Höhe von 34.500 EUR zu dem von dem Kläger entrichteten Kaufpreis.

Dem Kläger steht die Minderung nach §§ 437 Nr. 3, 280 BGB zu; die Angabe der Grundstücksfläche ist eine Beschaffenheitsvereinbarung, wobei die Angabe der Grundstücksfläche als „ca.-Fläche" unerheblich ist. Mit der Angabe einer „ca.-Fläche" sollen lediglich geringfügige Abweichungen erfasst werden und diesbezügliche Gewährleistungsansprüche ausschließen. Die vorhandene Abweichung zwischen 1200 m² an vertraglich zugesicherter Fläche zu 1020 m² an tatsächlicher Fläche bedeutet eine Abweichung von 15 %, welche mehr als nur geringfügig ist.

Der Beklagte wurde außergerichtlich bereits zur Zahlung des Minderungsbetrages aufgefordert.

Beweis: Schreiben des Prozessbevollmächtigten des Klägers, Anlage K3.

Da der Beklagte die Erstattung des Minderungsbetrages abgelehnt hat, ist Klage geboten.

Beglaubigte und einfache Abschrift anbei.

■■■

Rechtsanwalt ◄

III. Schadensersatz wegen Mangels

Dem Grundstückskäufer stehen zudem weitergehende Ansprüche bis zur Rückabwicklung 454
des Kaufvertrages im Rahmen der Gewährleistung zu. Regelmäßig ist allerdings ein Anspruch auf Minderung oder Schadensersatz lukrativer als die Rückabwicklung des gesamten Kaufvertrages.

455 ▶ **Muster: Klage auf Schadensersatz wegen Mangels**

41 An das Landgericht

Klage

[Volles Rubrum]

Vorläufiger Streitwert 250.000 EUR

Wir bestellen uns für den Kläger und erheben namens und in Vollmacht des Klägers Klage. Es wird beantragt zu erkennen:

1. Der Beklagte wird verurteilt, an den Kläger 250.000 EUR nebst Zinsen in Höhe von fünf Prozentpunkten über dem jeweiligen Basiszinssatz seit dem ■■■ zu bezahlen.
2. Der Beklagte trägt die Kosten des Rechtsstreits.
3. Das Urteil ist – notfalls gegen Sicherheitsleistung – vorläufig vollstreckbar.

Für den Fall, dass das Gericht das schriftliche Vorverfahren anordnet und der Beklagte nicht innerhalb der Frist seine Verteidigungsbereitschaft erklärt oder den Anspruch anerkennt, wird beantragt,

gegen den Beklagten ein Versäumnisurteil oder Anerkenntnisurteil ohne mündliche Verhandlung zu erlassen.

Begründung

Mit notariellem Kaufvertrag vor dem Notar ■■■, zur Urkundenrolle Nummer ■■■ erwarb der Kläger von dem Beklagten das Grundstück ■■■, ■■■, Grundbuch von Düsseldorf, Grundbuch Blatt Nummer ■■■, Gemarkung ■■■, Flur Stück-Nummer ■■■, auf welchem neben einem Mehrfamilienhaus eine große Lagerhalle errichtet ist.

Beweis: Kaufvertrag vom ■■■, Anlage K1.

Die Auflassung erfolgte am ■■■. Unter dem ■■■ erfolgte die Eintragung des Klägers als Eigentümer in das Grundbuch.

Beweis: Grundbuchauszug vom ■■■, Anlage K2.

Eine Woche nachdem der Kläger die Eintragungsnachricht des Grundbuchamtes erhalten hatte, erteilte er dem Bauunternehmen Meyer KG den Auftrag zur Errichtung einer Garage. Bei Durchführung der erforderlichen Fundamentaushübe wurde ca. 50 cm unter der Oberfläche auf dem Grundstück ■■■, Flurstück ■■■ in einem Bereich ca. 20 m von der auf die ■■■ hinausführenden Grundstückseinfahrt und 50 m von der westlichen Grundstücksfläche entfernt in einem ca. 8 m^2 großem Teilstück eine gräuliche Substanz aufgefunden. Spätere Untersuchungen zeigten, dass es sich hierbei um eine metallische Paste handelte, wodurch das Grundstück insbesondere an diesen Stellen erheblich kontaminiert war.

Beweis: Zeugnis des Geschäftsführers der Meyer KG.

Untersuchungen eines Sachverständigen haben ergeben, dass das Grundstück auf einer Fläche von wenigstens 500 m^2 erheblich kontaminiert ist.

Beweis:

1. Zeugnis des Sachverständigen Z.
2. Sachverständigengutachten.

Die Kontamination muss professionell ausgehoben und sodann einer geregelten Entsorgung zugeführt werden.

Beweis: wie vor.

Hierfür fallen wenigstens 250.000 EUR an Entsorgungskosten an; wobei 50.000 EUR auf den Aushub und den Abtransport sowie 200.000 EUR für die sachgerechte Entsorgung und gegebenenfalls Zwischenlagerung anfallen.

Beweis: wie vor.

Bei dem Termin mit dem durch den Kläger beauftragten Sachverständigen, welcher an verschiedenen Stellen des Grundstücks Probebohrungen durchführte, meldete sich der Zeuge Z. Dieser Zeuge war Mieter des Beklagten, bevor das Grundstück an den Kläger veräußert wurde. Der Zeuge hat seinerzeit den Beklagten über die Kontamination informiert. Dem Zeugen Z. war die Kontamination aufgefallen, als er die Auffahrt neu pflastern lassen wollte. Nach Mitteilung an den Beklagten hat dieser dem Zeugen Z. mitgeteilt, er solle sich um die Kontamination keine Sorgen machen, er – der Beklagte – werde sich darum kümmern. Anstatt die Kontamination zu beseitigen hat der Beklagte seinerzeit aber lediglich den Eingangsbereich nebst Vorhof plattiert und damit die Kontamination lediglich zugedeckt.

Beweis: Zeugnis des Zeugen Z.

Dem Beklagten war daher die Kontamination bereits seit fünf Jahren bekannt. Im Hinblick auf die vorhandene Kontamination handelte der Beklagte daher arglistig. Der im Kaufvertrag vereinbarte Gewährleistungsausschluss wirkt daher nach § 444 BGB nicht in Bezug auf die nunmehr festgestellte Kontamination.

Der Beklagte wurde außergerichtlich mit Schreiben vom … aufgefordert, den kontaminierten Grund auszuheben und den kontaminierten Boden fachgerecht zu entsorgen.

Beweis: Schreiben vom …, Anlage K3.

Als der Beklagte nicht auf die Aufforderung des Klägers reagierte, wandte sich dieser erneut, nunmehr per Einschreiben und Fristsetzung mit Ablehnungsandrohung an den Beklagten.

Beweis: Schreiben vom …, Anlage K4.

Da der Beklagte den dem Kläger zustehenden Schadensersatz nicht ausgeglichen hat, ist Klage geboten.

Beglaubigte und einfache Abschrift anbei.

…

Rechtsanwalt ◄

► **Muster: Rückabwicklung des Kaufvertrages wegen Mängeln** 456

An das Landgericht 42

Klage

[Volles Rubrum]

wegen: Wandelung

Vorläufiger Streitwert 800.000 EUR.

Wir bestellen uns für den Kläger und erheben namens und in Vollmacht des Klägers Klage. Es wird beantragt zu erkennen:

1. Der Beklagte wird verurteilt, an den Kläger 400.000 EUR Zug um Zug gegen Rückauflassung des Grundstückes …, …, eingetragen im Grundbuch zu Düsseldorf, Grundbuch Blatt …, Gemarkung …, Flurstück Nummer … und Bewilligung der Eintragung des Beklagten im Grundbuch, zu bezahlen.

2. Es wird festgestellt, dass sich der Beklagte mit der Rückabwicklung des Kaufvertrages über das im Antrag zu 1. genauer bezeichnete Grundstück seit dem ■■■ in Verzug befindet.

3. Der Beklagte trägt die Kosten des Rechtsstreits.

4. Das Urteil ist – notfalls gegen Sicherheitsleistung – vorläufig vollstreckbar.

Für den Fall, dass das Gericht das schriftliche Vorverfahren anordnet und der Beklagte nicht innerhalb der Frist seine Verteidigungsbereitschaft erklärt oder den Anspruch anerkennt, wird beantragt,

gegen den Beklagten ein Versäumnisurteil oder Anerkenntnisurteil ohne mündliche Verhandlung zu erlassen.

Begründung

[■■■]

■■■

Rechtsanwalt ◄

§ 11 Besondere Kaufverträge

A. Kauf auf Probe

Als besondere Art des Kaufvertrages ist in den §§ 454, 455 BGB der Kauf auf Probe geregelt. 457
Bei einem Kauf auf Probe oder auf Besichtigung steht die Billigung des gekauften Gegenstandes im Belieben des Käufers. § 454 Abs. 1 S. 2 BGB bestimmt insoweit eine Auslegungsregel, dass der Kauf im Zweifel unter einer aufschiebenden Bedingung, nämlich der Billigung, geschlossen wurde. Damit ist auch zugleich der typische Inhalt eines Kaufs auf Probe und auf Besichtigung festgeschrieben, nämlich das Vorliegen der Billigung des Käufers. Für den Verkäufer bedeutet auch der Kauf auf Probe eine Bindung an den Kaufvertrag. Lediglich für den Käufer wirkt die Bedingung, nämlich die Billigung, und verlangt gegebenenfalls eine Nachuntersuchung des Kaufgegenstandes (§ 454 Abs. 2 BGB). Wenn die Parteien nichts Besonderes bestimmt haben, ist gegebenenfalls durch Auslegung zu ermitteln, ob ein Kauf auf Probe oder Besichtigung nach den §§ 454, 455 BGB vorliegt. Dieser Kaufvertrag wäre zu dem Kaufvertrag unter einer aufschiebenden Bedingung abzugrenzen. Entscheidendes Abgrenzungskriterium ist dabei, dass der Verkäufer an den Kaufvertrag gebunden ist, während die Verbindlichkeit des Vertrages nach dem Belieben des Käufers bestimmt wird. Steht dem Käufer nach der vertraglichen Vereinbarung ein Rückgaberecht zu, so muss der Kauf auf Probe bereits ausscheiden, weil denknotwendig ein Rückgaberecht nur dann eingeräumt wird, wenn der Kaufvertrag an sich bereits abgeschlossen ist.

B. Abgrenzung

I. Kauf nach Probe

Weiterhin muss eine Abgrenzung zu dem früher in § 494 BGB aF geregelten Kauf nach 458
Probe erfolgen. Bei dem Kauf nach Probe wurde damals eine Probe beziehungsweise ein Muster veräußert, dessen Eigenschaften als zugesichert für eine unbestimmte Vielzahl nachfolgender Käufe der gleichen Gattung gelten sollten. Der Käufer muss daher nur ein Probestück erwerben und kann dessen Beschaffenheitsmerkmale an der Beschaffenheit der weiteren gelieferten Gegenstände messen.

II. Erprobungskauf

Der Kauf auf Probe kann zudem als Erprobungskauf erfolgen. Bei dem Erprobungs- oder 459
Prüfungskauf ist ebenfalls ein Kaufvertrag unter einer aufschiebenden oder auflösenden Bedingung geschlossen, wobei allerdings der Bedingungseintritt nicht allein im freien Belieben des Käufers steht. Die Vertragsparteien haben in diesem Fall objektive, gegebenenfalls auch durch Dritte nachprüfbare Kriterien aufgestellt, so dass der Bedingungseintritt erfolgt, wenn die Kaufsache den Kriterien oder Beschaffenheitsmerkmalen entspricht.

C. Billigung, § 454 Abs. 1 S. 2 BGB

Bei der Billigung oder im Falle der auflösenden Bedingung bei der Missbilligung handelt es 460
sich um eine empfangsbedürftige Willenserklärung.

D. Auslegungsregel, § 454 Abs. 1 S. 2 BGB

In § 454 Abs. 1 S. 2 BGB ist eine Auslegung für den Bedingungseintritt vorgegeben. Aus- 461
zulegen ist, ob im jeweiligen Kaufvertrag im Einzelfall eine aufschiebende oder auflösende

Bedingung gewollt ist. Soll eine aufschiebende Bedingung vereinbart sein, so ist die ausdrückliche Billigung des Käufers erforderlich; richtet sich die Bedingung nach der erklärten Missbilligung des Käufers, so handelt es sich um eine auflösende Bedingung.

462 Die Einstufung der Bedingung als auflösende oder aufschiebende Bedingung ist insoweit relevant, als bei der aufschiebenden Bedingung bis zur ausdrücklichen Erklärung der Billigung kein wirksamer Kaufvertrag besteht. Damit ist der Käufer nicht zur Kaufpreiszahlung verpflichtet, kann allerdings auch nicht Übergabe und Übereignung der Kaufsache verlangen. Der Verkäufer muss dem Käufer daher nach § 454 Abs. 2 BGB die Untersuchung der Kaufsache gestatten. Dabei erfolgt die Untersuchung der Kaufsache nach § 269 BGB am Sitz des Verkäufers.

E. Billigungsfrist, § 455 BGB

463 Nach § 455 BGB können die Parteien grundsätzlich eine Frist zur Billigung oder Missbilligung vereinbaren. Neben der Vereinbarung bzw bei Fehlen einer solchen Vereinbarung kann nach § 455 S. 1 BGB der Verkäufer einseitig eine Billigungsfrist bestimmen. Ist die Kaufsache dem Käufer zum Zwecke der Probe oder Besichtigung bereits übergeben worden, so gilt nach der Auslegungsregel des § 455 S. 2 BGB sein Schweigen auch als Billigung. Die Billigung kann daher nach der ausdrücklichen gesetzlichen Vorgabe auch konkludent erfolgen.

464 Die Billigungsfrist kann verlängert werden. Eine nicht angemessene Frist setzt eine angemessene Frist in Lauf.

F. Gefahrübergang

465 Beim Kauf auf Probe geht die Gefahr erst mit Billigung auf den Käufer über.[1]

G. Widerrufsrecht

466 Wird zwischen den Parteien der Kauf auf Probe als Fernabsatzvertrag im Sinne des §§ 312 b Abs. 1, Abs. 2 BGB geschlossen, so steht dem Käufer gemäß §§ 312 d Abs. 1 S. 1, 355 BGB ein Widerrufsrecht zu. Die Widerrufsfrist beginnt nicht mit der Übergabe und Übereignung der Kaufsache auf den Käufer, sondern erst mit Billigung des Kaufgegenstandes. Auch wenn die Billigungsfrist bereits verstrichen ist, ohne dass der Käufer eine Erklärung abgegeben hat, kann er dennoch von seinem Widerrufsrecht Gebrauch machen.

H. Einwendungen und Einreden

467 Ist im Kaufvertrag eine aufschiebende Bedingung nach den §§ 454, 455 BGB vereinbart, tritt der Gefahrübergang nach den §§ 446, 447 BGB erst mit der Billigung ein. Das Risiko des zufälligen Untergangs oder der Verschlechterung der Kaufsache liegt daher bis zur Billigung beim Verkäufer. Dies wird insbesondere dann bedeutsam, wenn der Verkäufer dem Käufer die Kaufsache zur Erprobung zur Verfügung gestellt hat.

I. Beweislast

468 Für die Beweislast ist grundsätzlich nach den allgemeinen Regeln von demjenigen etwas zu beweisen, für den es günstig ist. Dazu gehört auch bei Ansprüchen aus einem Kaufvertrag

1 BGH NJW-RR 2004, 1058.

der Nachweis des Vertragsabschlusses. Insbesondere beim Kauf auf Probe kann der Käufer den Verkäufer durchaus zwingen, den unbedingten Vertragsabschluss oder die Billigung des Käufers nachweisen zu müssen. Beruft sich der Verkäufer gegenüber dem die Übergabe und Übereignung verlangenden Käufer auf die Regelungen nach §§ 454, 455 BGB, muss der Käufer nachweisen, dass kein Kauf auf Probe vereinbart war.

§ 12 Wiederkauf

469 Der Verkäufer kann sich in dem Kaufvertrag das Recht des Wiederkaufs vorbehalten. Dadurch kann mit Erklärung des Verkäufers gegenüber dem Käufer, dass das Wiederkaufsrecht ausgeübt werde, ein Wiederkauf zustande kommen. Der Verkäufer kann sich damit also das Recht vorbehalten, durch einseitige Erklärung einen Kaufvertrag abzuschließen. Damit wird durch den zu Grunde liegenden Kaufvertrag gleichzeitig ein aufschiebend bedingter Rückkaufvertrag abgeschlossen. Durch die Vereinbarung eines Wiederkaufs können die Parteien einen Wiederkaufspreis unabhängig vom ursprünglichen Kaufpreis festlegen, so dass für beide Parteien der Vorteil des Wiederkaufs darin liegt, dass ein vorbestimmter Preis für die Sachnutzung bereits feststeht. Dabei richtet sich der Vertrag und seine Abwicklung nach kaufrechtlichen Normen, womit ansonsten mögliche und teilweise einfache Regelungen ausgeschlossen werden. Denkbar wäre zum Beispiel die Vereinbarung eines Rücktrittsrechtes bei gleichzeitiger Vereinbarung eines Nutzungsentgeltes oder einer Abgeltung für einen etwaigen Wertverlust. Das Wiederkaufsrecht ist dabei sozusagen der Ausgangsfall für das Heimfallrecht, welches im Zusammenhang mit Erbbaurechten vereinbart werden kann, wie auch die Wiederkaufsrechte der nach den §§ 20, 21 ReichssiedlungsG oder Rückübertragungsansprüche nach § 164 BauGB.

470 Inhaltlich werden mit dem Kaufvertrag über die Sache durch die Vereinbarung des Wiederkaufs zwei Kaufverträge geschlossen, wobei der Wiederkaufvertrag durch die Ausübung des Wiederkaufsrechtes aufschiebend bedingt ist. Nach anderer Ansicht ist das Wiederkaufsrecht ein Gestaltungsrecht.[1] Da auch für den Wiederkaufvertrag grundsätzlich Vertragsfreiheit besteht, sind die Parteien vor allem bei der Vereinbarung des Wiederkaufspreises frei. Nur für den Fall, dass kein Wiederkaufspreis vereinbart wurde, sieht § 456 Abs. 2 BGB eine Auslegungsregel vor, nach der der ursprüngliche Kaufpreis im Zweifel auch der Wiederkaufspreis ist. Durch die Vertragsfreiheit kann das Wiederkaufsrecht auch zu Gunsten eines Dritten eingeräumt werden. Es kann gleichzeitig von Bedingungen abhängig gemacht werden. Es ist auch nicht erforderlich, dass der Wiederkaufvertrag zwingend gleichzeitig mit dem Kaufvertrag abgeschlossen wurde; der Wiederkaufvertrag kann insofern auch später abgeschlossen werden. Allerdings bedarf der Wiederkaufvertrag der für den jeweiligen Kaufvertrag entsprechenden Form, so dass bei Grundstückskaufverträgen die notarielle Form vorgeschrieben ist. Hierbei ist insbesondere darauf zu achten, den Wiederkaufanspruch gegebenenfalls durch eine Vormerkung zu sichern.

471 Obgleich im BGB nicht geregelt, kann anstelle des Wiederkaufsrechtes auch ein Wiederverkaufsrecht vereinbart werden. Dabei liegt es nahe, einzelne Bestimmungen über das Wiederkaufsrecht analog auf das Wiederverkaufsrecht anzuwenden. Schwierig wird allerdings die Anwendung der Regelungen zur Haftungsprivilegierung des Wiederverkäufers, weil er ansonsten eine schadhafte Kaufsache zu einem inkongruenten Kaufpreis zurückveräußern könnte, ohne für Veränderungen oder Verschlechterungen der Kaufsache zu haften. Einfacher als die Vereinbarung eines Wiederverkaufsrecht ist allerdings die Vereinbarung eines Abschlusses auf Rückkauf, welche gegebenenfalls unter einer Bedingung oder Befristung gestellt wird.

1 Vgl BGH NJW 2000, 1332.

A. Anspruch des Wiederkäufers auf Herausgabe der Kaufsache, §§ 457 Abs. 1, 456 Abs. 1, 433 BGB

472 Der Wiederverkäufer ist nach § 457 BGB verpflichtet, dem Wiederkäufer den gekauften Gegenstand nebst Zubehör herauszugeben.

I. Anspruchsvoraussetzungen

473 Um den Herausgabeanspruch nach § 457 Abs. 1 BGB ausüben zu können, muss ein Wiederkaufvertrag vorliegen, in welchem ein Wiederkaufsrecht vereinbart wurde, welches durch den Wiederkäufer auch ausgeübt wurde.

II. Vereinbarung des Wiederkaufs

474 Nach § 456 Abs. 1 BGB kommt der Wiederkauf zustande, wenn sich der Verkäufer im Kaufvertrag das Recht des Wiederkaufs vorbehalten hat. Es ist damit zwingend das Vorliegen eines Kaufvertrages nach § 433 BGB erforderlich.

III. Vorbehalt des Wiederkaufsrechts

475 Gleichzeitig muss sich in dem Kaufvertrag oder gegebenenfalls in einem weiteren zu dem vorliegenden Kaufvertrag korrespondierenden Vertrag der Verkäufer das Recht des Wiederkaufs vorbehalten haben. Unabhängig von der dogmatischen Einordnung des Wiederkaufsrechtes ist gegebenenfalls durch Auslegung zu ermitteln, ob es sich bei einer Erklärung der Parteien um ein Wiederkaufsrecht für den Verkäufer handelt. Dabei muss sich das Wiederkaufsrecht auf den ursprünglich dem Kaufvertrag zu Grunde liegenden Kaufgegenstand beziehen. Da auch der Wiederkaufvertrag die Essentialia negotii eines Kaufvertrages enthalten muss, müssen sich bei der Vereinbarung des Wiederkaufsrechts diese Essentialia negotii aus der Vereinbarung unmittelbar ergeben. Die Kaufsache steht insoweit fest, ebenso wie der Wiederverkäufer, so dass nur Regelungen über den Wiederkäufer bzw den zur Ausübung des Wiederkaufsrechts Berechtigten und den Wiederkaufspreis getroffen werden müssen. Entscheidend bei der Auslegung eines Vertrages ist, dass es sich für die Vereinbarung eines Wiederkaufsrechts um eine Möglichkeit des Verkäufers handelt, den Kaufgegenstand aufgrund einseitiger Erklärung zurück zu erwerben.

IV. Wiederkaufspreis, §§ 456 Abs. 2, 460 BGB

476 Aufgrund der Vertragsfreiheit sind die Parteien grundsätzlich in der Vereinbarung eines Wiederkaufspreises frei. Dabei können insbesondere die Benutzung des Kaufgegenstandes wie auch etwaige Transportkosten oder sonstige Wertminderungen, gegebenenfalls auch Verwendungen des Wiederverkäufers, bei der Vereinbarung des Wiederkaufspreises Berücksichtigung finden. Ist keine Vereinbarung über den Wiederkaufspreis getroffen, wird nach der Auslegungsregel nach § 456 Abs. 2 BGB angenommen, dass der Wiederkaufspreis dem ursprünglichen Verkaufspreis entspricht. Die Parteien können zudem vereinbaren, dass der Wiederkauf zum Schätzwert erfolgt. In diesem Fall wird der Wiederkaufspreis durch Schätzung ermittelt; nach § 460 BGB, welcher allerdings auch im Fall des Wiederkaufs zum Schätzwert abdingbar ist, wird der Wiederverkäufer insofern privilegiert, als er für eine Verschlechterung, den Untergang oder die aus einem anderen Grunde eingetretene Unmöglichkeit der Herausgabe der Kaufsache nicht verantwortlich ist. Gleichzeitig ist der Wiederkäufer in einem solchen Fall zum Ersatz der Verwendungen nicht verpflichtet.

V. Form des Wiederkaufs

477 Der Wiederkauf muss grundsätzlich der Form des jeweiligen Kaufvertrages entsprechen. Beachtlich ist dies regelmäßig beim Grundstückskaufvertrag, welcher nach § 311 b Abs. 1 BGB die notarielle Beurkundung vorsieht.

VI. Ausübung des Wiederkaufsrechts

478 Das Wiederkaufsrecht wird nach § 456 Abs. 1 S. 1 BGB durch eine einseitige empfangsbedürftige Willenserklärung des Wiederkäufers ausgeübt. Die Erklärung ist grundsätzlich formfrei mit Ausnahme der Grundstückskauffälle. Die Ausübung des Wiederkaufsrechtes muss zudem nicht begründet werden. Die Wiederkaufserklärung ist allerdings bedingungsfeindlich. Für den Fall, dass das Wiederkaufsrecht mehreren gemeinschaftlich zusteht, kann es nur im Ganzen, das heißt, durch Erklärung jedes Berechtigten ausgeübt werden, § 461 Abs. 1 BGB. Für den Fall, dass das Wiederkaufsrecht für einen der Berechtigten erloschen ist oder von diesem nicht ausgeübt wird, sind die anderen Wiederkaufsberechtigten weiterhin berechtigt, das Wiederkaufsrecht im Ganzen auszuüben.

VII. Rechtsfolgen

479 Durch die Ausübung des Wiederkaufsrechts wandelt sich die Rechtsbeziehung zwischen den Parteien des ursprünglichen Kaufvertrages und entsprechend den Bedingungen des Wiederkaufvertrages. Sämtliche Ansprüche aus dem ursprünglichen Kaufvertrag erlöschen, sofern sie im Widerspruch mit dem Wiederkaufvertrag stehen. Mit Ausübung des Wiederkaufsrechtes ist der Wiederkäufer Zug um Zug zur Zahlung des Wiederkaufspreis verpflichtet, der Wiederverkäufer muss nach § 457 Abs. 1 BGB dem Wiederkäufer die Kaufsache nebst Zubehör herauszugeben. Wird im Zusammenhang mit der Abwicklung des Wiederkaufvertrages dieser vernichtet, zum Beispiel weil die Erklärung zur Ausübung des Wiederkaufsrechtes angefochten wird oder der Wiederkäufer vom Wiederkaufvertrag zurücktritt, kann wieder auf den ursprünglichen Kaufvertrag zurückgegriffen werden.[2]

B. Schadensersatzanspruch des Wiederkäufers nach §§ 457 Abs. 2, 456 Abs. 1 BGB

480 Nach § 457 Abs. 2 BGB ist der Wiederverkäufer dem Wiederkäufer zum Ersatz des Schadens wegen Veränderung oder Verschlechterung der Kaufsache verpflichtet, wenn dieser vor Ausübung des Wiederkaufsrechtes durch den Wiederverkäufer verschuldet wurde.

481 Für die Haftung des Wiederverkäufers nach Ausübung des Wiederkaufsrechts stehen dem Wiederkäufer alle Rechte eines Käufers entsprechend den allgemeinen Regelungen, dem Wiederverkäufer alle Rechte eines Verkäufers zu.

I. Voraussetzung der Haftung nach §§ 457 Abs. 2, 456 Abs. 1 BGB

1. Vorliegen eines Wiederkaufvertrages

482 Grundlage eines Wiederkaufsrechts ist ein abgeschlossener Kaufvertrag nach § 433 BGB, in welchem die Vereinbarung eines Wiederkaufsrechtes getroffen wurde. Insofern kann auf die obigen Ausführungen verwiesen werden.

2 BGH NJW 2000, 1332, 1133.

2. Haftungsrahmen

Der Wiederverkäufer haftet für eine Verschlechterung, den Untergang oder einer aus einem anderen Grunde eingetretenen Unmöglichkeit der Herausgabe des Kaufgegenstandes, sofern dies durch den Wiederverkäufer vor Ausübung des Wiederkaufsrechts **verschuldet** wurde oder der Wiederverkäufer den Gegenstand wesentlich verändert hat. Da der Wiederverkäufer im Besitz der Kaufsache ist, obliegt ihm die Erhaltungspflicht der Kaufsache bis der Wiederkauf ausgeübt wurde. Allerdings soll die vertragsgemäße Nutzung, welche dem ursprünglichen Kaufvertrag innewohnt, nicht zulasten des Wiederverkäufers gehen, weil er die Nutzungen berechtigt zieht. Gleichzeitig sollen die Regelungen über den Wiederkauf den Wiederkäufer insoweit nicht privilegieren, als er sowohl den Kaufpreis aus dem ursprünglichen Kaufvertrag erhalten hat, die bestimmungsmäße Nutzung der Kaufsache kennt und die danach üblichen Wertminderungen abschätzen kann. Um den insoweit bestehenden Abweichungen zum allgemeinen Gewährleistungsrecht gerecht zu werden, sieht § 457 Abs. 2 BGB für den Wiederkauf eine abschließende Regelung zur Haftungsverteilung vor. Dabei werden grundsätzlich vier Tatbestände in § 457 Abs. 2 S. 1 BGB unterschieden: 483

Zunächst die Verschlechterung der Sache, der Untergang der Sache und die Unmöglichkeit der Herausgabe aus einem anderen Grund, sowie als dritten Tatbestand die wesentliche Veränderung der Sache durch den Wiederverkäufer. Für die Fälle der Verschlechterung, des Untergangs oder der Unmöglichkeit der Herausgabe ist ein Verschulden des Wiederverkäufers nach §§ 276, 278, 457 Abs. 2 BGB erforderlich, welches sich nach den allgemeinen Regeln richtet. 484

Für die wesentliche Veränderung der Sache haftet der Wiederverkäufer ohne Verschulden. Dies ist insoweit auch angemessen, weil anders als in den ersten drei Fällen die wesentliche Veränderung der Sache sich nicht aus der gewöhnlichen Verwendung ergibt. 485

II. Rechtsfolgen

Vor Ausübung seines Wiederkaufsrechts kann der Wiederkäufer die Kaufsache besichtigen und dadurch etwaige Beschädigungen feststellen. Da die Veränderungen oder Verschlechterungen der Kaufsache gegebenenfalls zu einem abweichenden Wiederkaufspreis führen, steht dem Wiederkäufer für solche Veränderungen und Verschlechterungen oder den Untergang der Kaufsache Schadensersatz nach den allgemeinen Regeln zu. Sofern der Wiederkaufvertrag keine anderen Vereinbarungen vorsieht, sind Minderungen des Kaufpreises nach § 457 Abs. 2 S. 2 BGB ausgeschlossen, wenn der Kaufgegenstand ohne Verschulden des Wiederverkäufers verschlechtert wurde oder die Veränderungen der Wiederkaufsache nur unwesentlich sind. 486

C. Anspruch des Wiederkäufers auf Beseitigung von Rechten Dritten, §§ 458, 456 Abs. 1 BGB

§ 458 BGB bestimmt, dass der Wiederverkäufer verpflichtet ist, etwaige Rechte Dritter zu beseitigen, wenn er vor Ausübung des Wiederkaufsrechtes über den gekauften Gegenstand verfügt hat. Dabei sind den rechtsgeschäftlichen Verfügungen des Wiederverkäufers, Verfügungen, die im Wege der Zwangsvollstreckung oder Arrestvollziehung oder auch durch den Insolvenzverwalter erfolgen, gleichgestellt. 487

§ 458 BGB ermöglicht eine strenge Haftung des Wiederverkäufers für Verfügungen über die Kaufsache während der Schwebezeit. Die Rechte bei Nichterfüllung des dem Wieder- 488 käufer zustehenden Beseitigungsanspruchs nach § 458 BGB richten sich nach den allgemeinen Regeln. Das heißt, der Wiederkäufer ist darauf angewiesen, zunächst eine Fristsetzung mit Ablehnungsandrohung nach §§ 280 Abs. 1, Abs. 3, 281 BGB zu setzen und kann nach deren fruchtlosem Ablauf nach seiner Wahl Schadensersatz statt der Leistung nach § 325 BGB verlangen oder nach §§ 323 ff BGB den Rücktritt erklären. In den Fällen, in denen die Beseitigung der Rechte Dritter nach § 275 Abs. 1 BGB unmöglich ist, steht dem Wiederkäufer ein Schadensersatzanspruch nach § 283 BGB gegen den Wiederverkäufer zu. Das Verschulden des Wiederverkäufers kann sich dabei aus zweierlei ergeben; einerseits aus getroffenen Verfügungen, mit welchen die Rechte Dritter begründet wurden und andererseits aus dem Unterlassen der Beseitigung der Rechte Dritter. Dem Wiederkäufer steht weiterhin nach § 285 BGB ein Anspruch auf Herausgabe oder Abtretung des Surrogates zu.

D. Anspruch des Wiederverkäufers auf Verwendungsersatz

489 Hat der Wiederverkäufer auf den gekauften Gegenstand Verwendungen gemacht, so kann er dann für diese Ersatz verlangen, wenn der Wert des Gegenstandes durch die Verwendungen erhöht ist. Gleichzeitig steht dem Wiederverkäufer ein Wegnahmerecht an Einrichtungen zu, mit denen er die herauszugebende Sache versehen hat. Der Begriff der Verwendungen richtet sich nach §§ 994, 996 BGB. Liegen generell Verwendungen vor, so ist zwischen werterhaltenden, notwendigen und werterhöhenden Verwendungen zu unterscheiden. Die notwendigen Verwendungen sind insoweit nicht ersatzfähig, weil sie aus der Nutzung der Kaufsache durch den Wiederverkäufer resultieren. Der Ersatzwert erhöhender Verwendungen richtet sich nach dem Wert des Kaufgegenstandes bei Gefahrübergang im Verhältnis zum vereinbarten Kaufpreis. Streitig ist dabei, ob die Werterhöhung objektiv bestimmt wird oder ob die Grundsätze über die aufgedrängte Bereicherung angewendet werden können.

490 Haben die Verwendungen zu einer wesentlichen Veränderung der Kaufsache geführt, scheidet ein Verwendungsersatzanspruch aus, weil der Wiederverkäufer nach § 457 Abs. 2 BGB für wesentliche Veränderungen schadensersatzpflichtig ist.

§ 13 Optionsvertrag

Die Option ermöglicht dem Käufer innerhalb einer vorher bestimmten Frist, einen Kaufvertrag zu vorher bestimmten Bedingungen abzuschließen. Der Verkäufer unterbreitet dem Käufer ein verbindliches Vertragsangebot, welches der Käufer nicht sofort anzunehmen braucht. Der Verkäufer bleibt während der Optionsfrist an sein Angebot gebunden. Nur der Käufer kann durch die Ausübung seiner Option, also durch Erklärung der Annahme des Angebots, den Kaufvertrag zustande bringen. Weicht der Käufer aber von den in dem **Optionsvertrag** vereinbarten Bedingungen bei der Optionsausübung dergestalt ab, dass er den Vertrag zu anderen Bedingungen annehmen möchte, so handelt es sich nicht um die Ausübung der Option. Vielmehr ist darin die Ablehnung des verbindlichen Angebots zu sehen. Gleichzeitig unterbreitet der Käufer damit ein neues Kaufangebot. Der Optionsvertrag ist dann sinnvoll, wenn zum Zeitpunkt seines Abschlusses für den Käufer noch nicht alle Faktoren überschaubar sind. Eine andere Möglichkeit für den Käufer besteht in dem Abschluss eines Kaufvertrages unter einer aufschiebenden oder aufhebenden Bedingung. 491

§ 14 Teilzahlungskauf

492 Da immer mehr Käufer nicht in der Lage sind. die Kaufsache gleich bei Vertragsschluss vollständig zu bezahlen, die Kaufsache aber dennoch sofort haben möchten, spielt der Teilzahlungskauf insbesondere im Verhältnis zwischen Verbrauchern und Unternehmern eine bedeutende Rolle im heutigen Wirtschaftsleben.

A. Teilzahlungsvereinbarung

493 Im Rahmen einer Teilzahlungsvereinbarung ermöglicht der Verkäufer dem Käufer die Zahlung des Kaufpreises in Raten bei sofortiger Übergabe der Kaufsache.

494 Da der Verkäufer hierdurch ein Risiko eingeht, wird regelmäßig ein Eigentumsvorbehalt (§ 449 BGB) vereinbart. Aber auch der Eigentumsvorbehalt bewirkt keinen umfassenden Schutz des Verkäufers. Bei Nichtzahlung der Raten hat der Verkäufer durch den vereinbarten Eigentumsvorbehalt zwar einen Anspruch gegen den Käufer auf Rückgabe der Kaufsache, jedoch besteht die Gefahr des Untergangs oder Verschlechterung der Kaufsache in der Zeit, in der sie durch den Käufer gebraucht worden ist. Diese Gefahr berücksichtigt der Verkäufer daher regelmäßig bei der Kalkulation des Kaufpreises. In der Regel liegt der Gesamtkaufpreis bei einem Teilzahlungskauf über dem Kaufpreis, der bei Vertragsschluss zu zahlen wäre, wenn sogleich der gesamte Preis gezahlt würde.

495 In diesen Fällen ist – wenn es sich beim Verkäufer um einen Unternehmer im Sinne des § 14 BGB und beim Käufer um einen Verbraucher im Sinne des § 13 BGB handelt – wiederum der Käufer schutzwürdig.

B. Verbraucherkredit, § 499 BGB

496 Mit der Schuldrechtsmodernisierung im Jahre 2002 ist das Verbraucherkreditrecht in das Bürgerliche Gesetzbuch eingearbeitet worden. Die Verbraucherschutzvorschriften finden auf alle Verträge Anwendung, durch die ein Unternehmer einem Verbraucher einen entgeltlichen Zahlungsaufschub von mehr als drei Monaten oder eine sonstige entgeltliche Finanzierungshilfe gewährt, § 499 Abs. 1 BGB. Die Vorschriften greifen weiterhin nur ein, wenn der Preis der Kaufsache EUR 200,00 übersteigt (§ 499 Abs. 3 in Verbindung mit § 491 Abs. 2 Nr. 1 BGB). Die weiteren Voraussetzungen sind den §§ 499 ff BGB zu entnehmen.

C. Schriftform

497 Ein Teilzahlungskaufvertrag bedarf der Schriftform, §§ 501 S. 1, 492 Abs. 1 BGB. Der Schriftform ist genügt, wenn Antrag und Annahme durch die Vertragsparteien jeweils getrennt schriftlich erklärt werden, § 492 Abs. 1 S. 3 BGB. Dem Verbraucher ist eine Abschrift des Kaufvertrages auszuhändigen. Dies ist insoweit von Bedeutung, als die Widerrufsfrist des § 355 Abs. 2 S. 2 BGB erst mit Aushändigung des Vertrages zu laufen beginnt (dem Verbraucher steht gemäß §§ 501, 495 BGB ein Widerrufsrecht nach § 355 BGB zu). Die erforderlichen Angaben des Teilzahlungsvertrages sind § 502 BGB zu entnehmen. Mängel der Schriftform beziehungsweise fehlende Angaben führen zur Nichtigkeit des Teilzahlungsgeschäftes. Die Mängel werden jedoch geheilt durch die Übergabe der Sache an den Verbraucher, § 502 Abs. 3 BGB.

D. Verbraucherschutz

Weitergehende Vorschriften zum Schutz des Verbrauchers sind die Regelungen zum Verbrauchsgüterkauf, die Vorschriften bei Fernabsatzverträgen und Haustürgeschäften gelten ergänzend. 498

§ 15 Ratenlieferungsvertrag, § 505 BGB

499 Der Ratenlieferungsvertrag ist ein Kaufvertrag, bei welchem der Verkäufer seine Verpflichtung in Teilleistungen erbringt oder regelmäßig Sachen gleicher Art liefert oder bei dem für den Käufer eine regelmäßige Erwerbs- oder Bezugsverpflichtung besteht (§ 505 Abs. 1 BGB). In vielen Fällen führen Ratenlieferungsverträge für den Käufer zu einer langfristigen Bindung und einer damit einhergehenden Zahlungsverpflichtung. Häufig sind für den Käufer bei Abschluss des Vertrages die Zahlungsverpflichtungen nur schwer zu übersehen, weil sie den Käufer erst für die Zukunft belasten. Im Gegensatz zum Dauerlieferungsvertrag steht die Anzahl der gelieferten Teilmengen im Voraus fest. Ist eine Sache aus einer Teillieferung mangelhaft, so stehen dem Gläubiger die allgemeinen Gewährleistungsrechte zu (§ 437 BGB).

A. Abgrenzung von anderen Vertragstypen

500 Es ist gemäß § 505 Abs. 1 BGB zu unterscheiden zwischen:

- Verträgen über die Lieferung von Teilleistungen
- Verträgen über die regelmäßige Lieferung von Sachen gleicher Art
- Verträgen mit wiederkehrender Erwerbs- oder Bezugsverpflichtung

B. Verträge über die Lieferung von Teilleistungen

501 Hierbei handelt es sich um einen Vertrag, welche die Lieferung mehrerer als zusammengehörend verkaufter Sache in Teilleistungen zum Gegenstand hat. Dabei ist der Kaufpreis für die Gesamtheit der Sachen in Teilzahlungen zu entrichten (§ 505 Abs. 1 Nr. 1 BGB). Sowohl der Käufer als auch der Verkäufer erbringen ihre jeweiligen Verpflichtungen aus dem Kaufvertrag in Raten. Der Käufer erwirbt zum Beispiel eine Lexikonreihe. Der Verkäufer erbringt seine Verpflichtung dergestalt in Raten, dass er regelmäßig Bände der Reihe liefert, der Käufer entrichtet den Kaufpreis in Teilzahlungen.

C. Sukzessivlieferungsvertrag

502 Bei dem so genannten Sukzessivlieferungsvertrag wird ein Vertrag über die regelmäßige Lieferung von Sachen gleicher Art geschlossen. Klassischer Anwendungsfall ist der Abonnementvertrag.

D. Vertrag mit wiederkehrender Erwerbs- oder Bezugsverpflichtung

503 Kommt es weder auf die Gleichartigkeit der verkauften Sache noch auf die Regelmäßigkeit der Lieferung und die Gleichartigkeit der Sache an, handelt es sich um einen Kaufvertrag über den wiederkehrenden Bezug oder Erwerb von Sachen. Diese Vertragsgestaltung beinhaltet einen wechselnden Bedarf des Käufers und hat nicht gleichartige Lieferungen zum Gegenstand. Ein bekanntes Beispiel ist die Mitgliedschaft in einem Buchklub, welche eine Mindestabnahmeverpflichtung beinhaltet.

E. Widerrufsrecht nach § 355 BGB

Auch für Ratenlieferungsverträge enthält das BGB verbraucherschützende Regelungen. So wird dem Verbraucher insbesondere ein gesetzliches Widerrufsrecht eingeräumt (§§ 505 Abs. 1 S. 1, 355 BGB). 504

F. Schriftform

Ratenlieferungsverträge bedürfen der Schriftform. Hiervon kann abgewichen werden, wenn dem Verbraucher die Möglichkeit verschafft wird, die Vertragsbestimmungen einschließlich der allgemeinen Geschäftsbedingungen bei Vertragsschluss abzurufen und in wiedergabefähiger Form zu speichern (§ 505 Abs. 2 BGB). Der Unternehmer ist verpflichtet, dem Verbraucher den Vertragsinhalt in Textform mitzuteilen (§ 505 Abs. 2 S. 3 BGB). 505

§ 16 Der Handelskauf

A. Handelskauf

506 In den §§ 373 – 381 HGB sind ergänzende Regelungen für den Handelskauf vorgesehen. Damit trägt das HGB dem Umstand Rechnung, dass es die besonderen Gepflogenheiten der Kaufleute normiert und dass im Handelsverkehr gegebenenfalls vom allgemeinen Zivilrecht abweichende Regelungen gelten. Der Handelskauf erfasst dabei den Kauf von Waren, also handelbar bewegliche Sachen, sowie Wertpapiere, soweit es sich für beide Parteien um ein Handelsgeschäft nach § 343 HGB handelt. Handelsgeschäfte sind danach alle Geschäfte eines Kaufmanns, die zum Betrieb seines Handelsgewerbes gehören. Dabei enthält das HGB zum Handelskauf lediglich einzelne ergänzende Vorschriften, welche regelmäßig zu Gunsten des Verkäufers wirken. Mit Ausnahme der besonderen Regelungen kann auf die allgemeinen Vorschriften des zivilrechtlichen Kaufes nach den §§ 433 ff BGB zurückgegriffen werden.

507 Beim Handelskauf wird grundsätzlich zwischen dem einseitigen und dem beidseitigen Handelskauf unterschieden. Bei einem beidseitigen Handelskauf müssen beide am Kaufvertrag beteiligte Parteien Kaufleute seien. Insbesondere vor dem Hintergrund von § 377 HGB, welcher für den beidseitigen Handelskauf besondere Untersuchungs- und Rügepflichten auf Seiten des Käufers vorsieht, ist die Kaufmannseigenschaft beider Parteien entscheidend. Da allerdings die Untersuchungs- und Rügepflicht den Käufer trifft, reicht es für die Begründung des Handelskaufs aus, dass der Verkäufer lediglich Scheinkaufmann ist. Erforderlich für die Annahme eines Handelskaufs ist, dass zum Zeitpunkt des Vertragsschlusses die Kaufmannseigenschaft, wenn auch nur dem Schein nach, bei beiden Vertragsparteien gegeben ist. Fällt die Kaufmannseigenschaft später weg, können trotzdem die Regelungen des Handelskaufs für das vorher getätigte Geschäft angewendet werden. Neben § 377 HGB sind insbesondere die Regelungen zum Schweigen eines Vertragspartners beim Handelskauf beachtlich.

B. Kaufmännisches Bestätigungsschreiben

508 So ist es im kaufmännischen Verkehr üblich, dass ein zunächst mündlich geschlossener Vertrag von einer der am Geschäft beteiligten Parteien schriftlich bestätigt wird. Ergeben sich hierbei Abweichungen von der mündlich getroffenen Vereinbarung, so kommt der Vertrag gleichwohl mit dem Inhalt des kaufmännischen Bestätigungsschreiben zu Stande, wenn der andere Teil nicht unverzüglich widerspricht. Der Anwendungsbereich eines kaufmännischen Bestätigungsschreibens ist dann eröffnet, wenn der Empfänger Kaufmann im Sinne der §§ 1 ff HGB ist. Es werden ebenso kaufmannsähnliche Personen, auch der Fiktiv- und Scheinkaufmann, erfasst, so dass auch Angehörige freier Berufe, wie unter anderem auch Anwaltskanzleien Empfänger eines kaufmännischen Bestätigungsschreibens sein können.[1]

509 Für den Absender eines kaufmännischen Bestätigungsschreibens ist die Kaufmannseigenschaft keine zwingende Voraussetzung, solange der Absender gleich einem Kaufmann am Geschäftsleben teilnimmt.

510 Dazu ist es erforderlich, dass tatsächlich Vertragsverhandlungen zwischen den Kaufvertragsparteien stattgefunden haben, welche nach Überzeugung zumindest eine der beiden

1 OLG Düsseldorf, NJW-RR 1995, 501.

Parteien bereits zu einem Vertragsabschluss geführt haben. Dabei ist das kaufmännische Bestätigungsschreiben von der Auftragsbestätigung abzugrenzen, welche eben gerade die Annahme eines Vertragsangebotes darstellt und nicht einen bereits geschlossenen Vertrag wiedergibt.

Darüber hinaus muss in dem kaufmännischen Bestätigungsschreiben der wesentliche Vertragsinhalt wiedergegeben werden. Nur dann durfte sich der Absender darauf verlassen, dass der Empfänger mit dem im kaufmännischen Bestätigungsschreiben niedergelegten Inhalt einverstanden ist. Weicht das Bestätigungsschreiben dabei erheblich vom Inhalt des geschlossenen Vertrages ab, liegt bereits begrifflich kein Bestätigungsschreiben vor. Insoweit werden arglistiges Handeln, aber auch erhebliche Abweichungen vom Inhalt des geschlossenen Vertrages nicht zu einem kaufmännischen Bestätigungsschreiben führen. 511

Erforderlich ist weiterhin, dass das kaufmännische Bestätigungsschreiben in einem unmittelbaren zeitlichen Zusammenhang zu dem Vertragsschluss versandt wird. Grundsätzlich ist ein unmittelbarer zeitlicher Zusammenhang gegeben, wenn der eigentliche Vertrag nicht länger als 3-5 Tage zurückgelegt. Schweigt der Empfänger auf das kaufmännische Bestätigungsschreiben oder widerspricht er nicht unverzüglich, wird der Inhalt des kaufmännischen Bestätigungsschreibens zum Vertragsinhalt. Ein unverzügliches Widersprechen ist dabei regelmäßig nur innerhalb von ein bis drei Tagen möglich. 512

Das kaufmännische Bestätigungsschreiben führt grundsätzlich zu einer Umkehr der Beweislast im Hinblick auf die Vollständigkeit und Richtigkeit des Bestätigungsschreibens. Hat der Empfänger nicht unverzüglich widersprochen, so ist er mit dem Gegenbeweis einer anderen Vereinbarung ausgeschlossen, soweit diese über die Regelungen aus dem Bestätigungsschreiben hinausgeht oder von diesem abweicht. Der Versender hat lediglich den Zugang des kaufmännischen Bestätigungsschreibens nachzuweisen. 513

§ 17 Vorkaufsrechte

514 Geregelt in den §§ 463-473 BGB kommt dem Vorkauf im Rechtsverkehr eine besondere Bedeutung zu. Dabei wird zwischen dem Eigentümer einer Sache und einem Dritten, dem Vorkaufsberechtigten, vereinbart, dass der Dritte die Kaufsache zu denen mit einem späteren Käufer ausgehandelten Bedingungen erwerben darf, wenn der Verkäufer die Kaufsache veräußert. Nach § 463 BGB kann das Vorkaufsrecht dann ausgeübt werden, sobald der Verkäufer mit einem potentiellen Käufer einen Kaufvertrag über den Gegenstand geschlossen hat. Damit besteht eine Schwebezeit für den Vorkaufsberechtigten bis zum Eintritt des Vorkaufsfalles. Mit Eintritt des Vorkaufsfalles kann der Vorkaufsberechtigte innerhalb einer gegebenenfalls noch zu bestimmenden Frist sein Vorkaufsrecht ausüben und in den Kaufvertrag anstelle des potentiellen Käufers eintreten.

515 Die Rechtsnatur des Vorkaufsrechtes ist nicht dogmatisch erläutert. Teilweise wird im Vorkaufsrecht ein doppelt bedingter Kaufvertrag gesehen, welcher zum einen durch den Abschluss eines Kaufvertrages mit einem Dritten und zum anderen durch die Ausübung des Vorkaufsrechtes an sich bedingt ist. Teilweise wird auch vertreten, dass das Vorkaufsrecht ein durch den Abschluss eines Kaufvertrages mit einem Dritten aufschiebend bedingtes Gestaltungsrecht sei. Zudem wird vertreten, dass mit Vereinbarung der Vorkaufsberechtigte um ein unbefristetes und unwiderrufliches Vertragsangebot über die Kaufsache erklärt wird, welches sich durch dem insoweit durch die Ausübung des Vorkaufsrechts auflösend bedingten Kaufvertrag zwischen dem Verkäufer und dem Käufer konkretisiert.

516 Der wesentliche Anwendungsbereich der Einräumung vertraglicher Vorkaufsrechte liegt in der Absicherung des Erwerbers, insbesondere bei Grundstücken und Geschäftsanteilen. Indem sich die Parteien gegenseitige Vorkaufsrechte einräumen, kann schuldrechtlich sichergestellt werden, dass nur die ursprünglich in einem Rechtsverhältnis gebundenen Parteien weiterhin berechtigt sind und das Eindringen Dritter verhindert wird. Zwar ist ein dingliches Vorkaufsrecht an Geschäftsanteilen nicht möglich, es können aber entsprechende Regelungen im Gesellschaftsvertrag getroffen werden, welche letztendlich über die Einziehung der betroffenen Geschäftsanteile einer Absicherung des mit dem Vorkaufsrecht verfolgten Zweckes gewährleisten.

517 Bei Grundstücken besteht der wesentliche Anwendungsbereich des Vorkaufsrechtes einerseits in der Absicherung mehrerer an einem Grundstück Berechtigten untereinander gegenüber dem freihändigen Verkauf an Dritte, sowie bei einer Vereinbarung zu Gunsten eines Mieters oder Pächters im Ausschluss von Risiken einer Vertragskündigung im Verkaufsfall durch den potentiellen Erwerber.

A. Arten des Vorkaufsrechts

518 Bei den Vorkaufsrechten ist zwischen **vertraglichen** und **gesetzlichen** Vorkaufsrechten zu unterscheiden. Nach §§ 2034-2037 BGB sind dem Miterben beim Verkauf eines Erbteils gesetzliche Vorkaufsrechte eingeräumt, ebenso wie dem Mieter im Falle der Bildung von Wohnungseigentum nach § 577 BGB. Darüber hinaus bestehen gesetzliche Vorkaufsrechte aus dem öffentlichen Recht, wobei insbesondere das Vorkaufsrecht der Gemeinde nach den §§ 24 ff BauGB bedeutsam ist. § 463 BGB unterscheidet nicht zwischen der Art des dem Vorkaufsrecht unterliegenden Gegenstandes. Damit ist die Anwendbarkeit des Vorkaufsrechtes neben Sachen auch für Sachgesamtheiten, Rechte und Teile von Gegenständen vereinbar.

B. Anspruch des Vorkaufsberechtigten auf Verschaffung des Kaufgegenstandes

Ist ein Vorkaufsrecht nach § 463 BGB vereinbart und der Verkaufsfall eingetreten, kann der Berechtigte gegenüber dem Verpflichteten durch Erklärung im Sinne von § 464 Abs. 1 BGB das Vorkaufsrecht ausüben. 519

I. Kaufvertrag zwischen Verkäufer und Drittem

Neben der wirksamen Vereinbarung eines Vorkaufsrechtes kann das Vorkaufsrecht erst dann ausgeübt werden, wenn zwischen dem Verkäufer und einem unbeteiligten Dritten ein wirksamer Kaufvertrag abgeschlossen worden ist. Zur Wirksamkeit dieses Kaufvertrages ist es erforderlich, dass etwaige Formvorschriften eingehalten worden sind, wie die notarielle Beurkundung beim Grundstückskaufvertrag nach § 311 b Abs. 1 BGB. Ist über die Kaufsache wirksam ein Vorkaufsrecht vereinbart worden, so ist der Kaufvertrag zwischen dem Verkäufer und dem Dritten solange aufschiebend bedingt, wie der Vorkaufsberechtigte sein Vorkaufsrecht ausüben kann. 520

II. Begründung des Vorkaufsrechts

Die Vereinbarung eines Vorkaufsrechts im Rahmen der §§ 463 Abs. 5 ff BGB erfolgt durch einen Vertrag zwischen dem Verkäufer und dem Vorkaufsberechtigten, sofern nicht ein gesetzliches Vorkaufsrecht gegeben ist. Das Vorkaufsrecht kann darüber hinaus im Wege eines Vertrages zu Gunsten Dritter zwischen dem Verkäufer und einem Dritten zu Gunsten des Vorkaufsberechtigten vereinbart werden. 521

III. Vorkaufsfall

Die Ausübung des Vorkaufsrechts erfordert den Eintritt des Vorkaufsfalles. Der Vorkaufsfall tritt nach § 463 BGB dann ein, wenn der zum Vorverkauf Verpflichtete mit einem Dritten einen Kaufvertrag über die Kaufsache abgeschlossen hat. Dieser Kaufvertrag steht unter der aufschiebenden beziehungsweise auflösenden Bedingung, dass der Vorkaufsberechtigte sein Vorkaufsrecht nicht ausübt. Abgrenzungsprobleme ergeben sich dann, wenn es sich im Hinblick auf die Kaufsache bei dem zwischen dem Dritten und dem Verkäufer geschlossenen Vertrag nicht um einen Kaufvertrag handelt. Dies ist gegebenenfalls durch Auslegung zu ermitteln. Im Zweifel sind dabei Verträge, welche einer Umgehung des Vorkaufsrechtes dienen, dahingehend auszulegen, dass das Vorkaufsrecht gleichwohl ausgeübt werden kann. 522

Ein Vorkaufsfall scheidet dann aus, wenn der Käufer nicht Dritter ist. Dies ist regelmäßig dann gegeben, wenn der Gegenstand, auf den sich das Vorkaufsrecht bezieht, mehreren Eigentümern gehört und diese nur untereinander ihre Anteile veräußern. 523

Mit Eintritt des Vorkaufsfalles kann der Berechtigte sein Vorkaufsrecht ausüben. Dabei ist es unerheblich, ob der vorgesehene Käufer vor Ausübung des Vorkaufsrechtes vom Kaufvertrag zurücktritt oder ob im Kaufvertrag ein Rücktrittsvorbehalt des Vorkaufsverpflichteten eingeräumt ist. 524

IV. Mitteilungspflicht, § 469 BGB

Mit Eintritt des Vorkaufsfalles hat der Verpflichtete dem Vorkaufsberechtigten den Inhalt des mit dem Dritten geschlossenen Vertrags unverzüglich mitzuteilen. Dabei kann auch der 525

Dritte die Mitteilung gegenüber dem Vorkaufsberechtigten übermitteln. Die Mitteilung umfasst den gesamten Vertragsinhalt, welcher zwischen dem Verpflichteten und dem Dritten geschlossen wurde. Da eine Änderung des Kaufvertrages zwischen dem Dritten und dem Verpflichteten auch nach Übermittlung der Mitteilung über den Eintritt des Vorkaufsfalles möglich ist, ist der Vorkaufsberechtigte in einem solchen Fall erneut umfassend über die Vertragsänderung zu informieren. Die bisher übersandte Mitteilung wird dadurch unrichtig und erfüllt nicht das Mitteilungspflichterfordernis nach § 469 BGB.

V. Ausübung des Vorkaufsrechtes

526 Das Vorkaufsrecht muss gegenüber dem Verpflichteten ausgeübt werden. Erforderlich ist nach § 464 Abs. 1 BGB die Abgabe einer Erklärung gegenüber dem Verpflichteten. Diese Erklärung ist eine einseitige empfangsbedürftige Willenserklärung, welche unwiderruflich und bedingungsfeindlich ist. Wird die Erklärung daher mit Bedingungen verbunden oder mit weitergehenden Erklärungen, dass einzelne vertragliche Vereinbarungen aus dem zu Grunde liegenden Kaufvertrag nicht erfüllt werden, ist das Vorkaufsrecht nicht wirksam ausgeübt.[1]

527 Die Erklärung zur Ausübung des Vorkaufsrechtes bedarf nach § 464 Abs. 1 S. 2 BGB nicht der für den Kaufvertrag bestimmten Form und kann insoweit formlos ausgeübt werden. Dies gilt auch für den Fall, dass der Kaufvertrag an sich beurkundet werden muss. Ist der zu Grunde liegende Kaufvertrag zu beurkunden, ist es auch bereits die Vereinbarung des Vorkaufsrechtes, so dass auf eine besondere Form bei Ausübung des Vorkaufsrechtes verzichtet werden kann.

VI. Ausübungsfrist

528 Nach § 469 Abs. 2 BGB ist die Ausübung des Vorkaufsrechtes fristgebunden. Sofern mit Vereinbarung des Vorkaufsrechtes keine besondere Frist vereinbart wurde, kann das Vorkaufsrecht bei Grundstücken nur bis zum Ablauf von zwei Monaten, bei anderen Gegenständen nur bis zum Ablauf einer Woche ausgeübt werden. Der Fristenlauf beginnt mit dem Empfang der Mitteilung über den Eintritt des Vorkaufsfalles nach § 469 Abs. 1 BGB.

VII. Ausschluss des Vorkaufsrechts

529 Das Vorkaufsrecht wird insbesondere durch Ablauf der Ausübungsfrist ausgeschlossen. Darüber hinaus können Vorkaufsberechtigter und Vorkaufsverpflichteter bei noch bestehendem Vorkaufsrecht einen Erlassvertrag nach § 397 BGB abschließen, welcher mit seiner Erfüllung das Vorkaufsrecht ebenfalls ausschließt. Die Ausübung des Vorkaufsrechtes kann zudem bei Vereinbarung des Vorkaufsrechtes an vertragliche Bedingungen geknüpft sein. So können Vorkaufsberechtigter und –verpflichteter bei der Vereinbarung des Vorkaufsrechtes festlegen, dass dieses vom Ausgang eines Vorverfahrens abhängig ist. Meldet sich der Vorkaufsberechtigte nicht auf eine vorgezogene Mitteilung der Verkaufsabsicht im Vorverfahren, so kann dadurch die Ausübung seines Vorkaufsrechtes ebenfalls beschränkt werden.[2]

---

1 BGH WM 1962, 1091, 1094.
2 BGH NJW 1993, 324.

VIII. Verjährung

Eine Verjährung des Vorkaufsrechts nach den allgemeinen Regeln ist ausgeschlossen, weil es sich beim Vorkaufsrecht nicht um einen Anspruch iSd §§ 194 ff BGB handelt. 530

IX. Rechtsfolgen

Nach § 464 Abs. 2 BGB kommt mit Ausübung des Vorkaufsrechtes der Kauf zwischen dem Berechtigten und dem Verpflichteten unter den Bedingungen zu Stande, welche der Verpflichtete mit dem Dritten vereinbart hat. Entscheidend für den Kaufvertrag ist damit der zwischen dem Vorkaufsverpflichteten und dem Dritten abgeschlossene Kaufvertrag, in welchen der Vorkaufsberechtigte insoweit eintritt. Der Kaufvertrag zwischen dem Vorkaufsverpflichteten und dem Dritten war ohnehin bis zur Ausübung des Vorkaufsrechtes schwebend unwirksam und wird mit Ausübung des Vorkaufsrechtes vollständig unwirksam. Um hier etwaige Schadensersatzansprüche auszuschließen, empfiehlt sich die Aufklärung des Käufers über das Vorkaufsrecht. 531

X. Beweislast

Regelmäßig wird es der Vorkaufsberechtigte sein, welcher prozessuale Schritte gegen den Vorkaufsverpflichteten und gegebenenfalls gegenüber dem Dritten geltend macht. Bereits aus den allgemeinen Regeln ergibt sich danach, dass derjenige, welcher einen Anspruch geltend macht, das für ihn Günstige beweisen muss. Damit trägt die Beweislast für das Bestehen eines Vorkaufsrechtes, wie auch den Eintritt des Vorkaufsfalles und die Ausübung des Vorkaufsrechtes der Vorkaufsberechtigte.[3] 532

3 BGH NJW 1990, 1473.

§ 18 Tausch

533 Bei einem Tauschvertrag werden von den Parteien verschiedene Vermögenswerte gegeneinander ausgetauscht, wobei auf keiner der beiden Seiten eine Geldleistung erbracht wird; ausgenommen ist gegebenenfalls eine Aufstockungszahlung bei abweichenden Werten der hingegebenen Gegenstände. Auf den Tausch sind nach § 480 BGB die Vorschriften über den Kauf entsprechend anzuwenden, womit die Vertragsparteien jeweils im Hinblick auf den empfangenen Gegenstand wie Käufer, und auf den hingegebenen Gegenstand wie Verkäufer zu behandeln sind. Solange eine Währung und entsprechende Zahlungsmittel existieren, ist der Tausch daher eher von untergeordneter Bedeutung.

534 Sowohl die Erfüllungsansprüche der Parteien, wie auch die Ansprüche bei Leistungsstörungen sind entsprechend dem Kaufrecht anwendbar. Es kann allerdings im Hinblick auf Nacherfüllungsansprüche zu Abwicklungsproblemen kommen, weil der Tausch grundsätzlich stark individualisierte Güter betrifft. Insofern ist es häufig nicht möglich, einen weiteren vergleichbaren Gegenstand aufzutreiben.

535 Beachtlich sind auch die Möglichkeiten der Minderung, da der Minderungswert sich nach objektiven Kriterien bemisst und dadurch von den Vorstellungen der Parteien stark abweichen kann.

Inhalt

Verweise erfolgen auf Randnummern

Musterverzeichnis

Verweise erfolgen auf Randnummern

§ 1 Einführung in die Beratungspraxis[1]

Literatur

Boos/Fischer/Schulte-Mattler, KWG, 3. Aufl. 2008; Claussen, Bank- und Börsenrecht, 4. Aufl. 2008; Derleder/Knops/Bamberger, Handbuch zum deutschen und europäischen Bankrecht, 2. Aufl. 2009; Kümpel, Bank- und Kapitalmarktrecht, 3. Aufl. 2003; Lang/Assies/Werner, Schuldrechtsmodernisierung in der Bankpraxis, 2002; Lwowski/Merkel, Kreditsicherheiten, 8. Aufl. 2003; Münscher/Grziwotz/Lang/Krepold, Praktikerhandbuch Baufinanzierung, 2. Auflage 2007; Schimansky/Bunte/Lwowski (Hrsg.), Bankrechts-Handbuch, 3. Aufl. 2007; Schwintowski/Schäfer, Bankrecht, 2. Aufl. 2004

A. Bankrecht in der Anwaltspraxis

Das Bank- und Kapitalmarktrecht spielt in der heutigen Anwaltspraxis eine immer stärker werdende Rolle. Der Allgemeinanwalt wird sich am häufigsten mit Fragen zum Darlehensrecht zu beschäftigen haben. Vertragspartner sind der Darlehensnehmer und der Darlehensgeber. 1

Im Bereich der gewerblichen Kreditvergabe sind die Darlehensgeber in der Regel Banken und Sparkassen, welche durch eigene Rechtsabteilungen und spezialisierte Großkanzleien vertreten werden. Daher konzentrieren sich die folgenden Ausführungen auf die Vertretung des gewerblichen oder privaten Darlehensnehmers. 2

B. Allgemeine Hinweise zur prozessualen Auseinandersetzung

I. Sachverhaltsaufklärung

Bevor eine rechtliche Würdigung erfolgen kann, muss der Sachverhalt umfassend aufbereitet werden. Besteht das Mandat darin, den Mandanten beim Abschluss eines Darlehensvertrages zu beraten, so sollte der Anwalt an den Bankgesprächen teilnehmen und für eine Dokumentation der Gespräche Sorge tragen. Wird über einen in der Vergangenheit abgeschlossenen Darlehensvertrag gestritten, so ist festzustellen, zu welchem Zweck das Darlehen abgeschlossen wurde, welche Unterlagen beim Mandanten vorhanden sind und ob es Zeugen für etwaige mündliche Absprachen gibt. 3

Zur Prüfung des Sachverhalts und ggf zur Vorbereitung einer rechtlichen Auseinandersetzungen mit Banken und Sparkassen muss häufig zur Aufbereitung des Sachverhalts auf Angaben aus der Sphäre der Kreditinstitute zurückgegriffen werden. Verträge und Buchungsunterlagen sind bei dem Mandanten häufig nicht mehr verfügbar. Buchungsbelege, Darlehensverträge und sonstige relevante Unterlagen müssen in der Regel zehn Jahre durch das Kreditinstitut aufbewahrt werden. Dem Bankkunden steht ein Auskunftsanspruch gegen die Bank oder Sparkasse zu. Im Gegenzug darf die Bank jedoch ein angemessenes Entgelt für die Reproduktion entsprechender Unterlagen verlangen. Ein Kreditinstitut ist auch nach Ablauf der handelsrechtlichen Aufbewahrungsfristen zur **Herausgabe von Konto-, Depot- und Buchungsunterlagen** verpflichtet, sofern es nach wie vor über diese Unterlagen verfügt.[2] 4

---

1 Am 11.6.2010 tritt der zweite Teil der Vorschriften des Gesetzes zur Umsetzung der Verbraucherkredit-Richtlinie in Kraft. Soweit nicht explizit darauf hingewiesen wird, haben die in diesem Abschnitt zitierten Normen keine relevante Inhaltsänderung erfahren und entsprechen sowohl der aktuellen, als auch der ab dem 11.6.2010 geltenden Rechtslage.

2 BGH NJW 2001, 1486.

5 Der **Auskunftsanspruch** des Bankkunden ist separat oder mit dem eigentlich verfolgten Anspruch im Wege der Stufenklage (§ 254 ZPO) geltend zu machen. Die Stufenklage bringt dem Kläger den Vorteil, den nach wie vor unbestimmten Leistungsantrag bereits mit Erhebung der Stufenklage rechtshängig werden zu lassen, um auf diesem Wege zum Beispiel eine Hemmung der Verjährung herbeizuführen.

6 ▶ **Muster: Auskunftsklage des Bankkunden (Stufenklage)**

43 An das

Amtsgericht ■■■

Klage

In der Sache ■■■

Streitwert: ■■■

erhebe ich namens und in Vollmacht des Klägers Stufenklage und werde beantragen:

1. Die Beklagte wird verurteilt dem Kläger – hilfsweise Zug-um-Zug gegen Zahlung eines angemessenen Entgelts Auskunft über den Tilgungsverlauf des Darlehensvertrages durch Vorlage geeigneter Buchungsbelege (möglichst genau benennen, da sonst unter Umständen kein vollstreckungsfähiger Inhalt des Urteils möglich ist) etc. zu erteilen.
2. Die Beklagte wird verurteilt, dem Kläger Schadensersatz in einer nach Erteilung der Auskunft noch zu bemessenden Höhe nebst 5 % Zinsen über dem Basiszinssatz seit Rechtshängigkeit zu zahlen.

Begründung ◀

II. Gebühren und Rechtsschutzversicherung

7 Das RVG sieht keine Sondertabestände für die hier dargestellten bankrechtlichen Fallgestaltungen vor. Gleiches gilt für die Einstandspflicht der Rechtsschutzversicherungen. Die hier dargestellten bankrechtlichen Probleme unterfallen dem Rechtsschutz für vertragliche Angelegenheiten. Anders ist die Situation bei der Rückabwicklung von Beitritten in **geschlossene Immobilienfonds**. Der in dieser Frage herrschende Streit über die Einstandspflicht der Versicherungen entzündet sich an der Ausschlussklausel für Baurisiken. Es kommt maßgeblich auf die dem Versicherungsvertrag zugrunde liegende Fassung der Allgemeinen Bedingungen für die Rechtsschutzversicherung (ARB) an. Für § 4 I k ARB 1975 hat der BGH entschieden, dass nur solche Streitigkeiten vom Ausschluss umfasst seien, die einen unmittelbaren Zusammenhang mit der Planung und Errichtung des Bauwerks aufweisen. Dazu zählen Streitigkeiten aus der Baufinanzierung ebenso wenig, wie die Geltendmachung von Schadensersatzansprüchen aus der Beteiligung an einem geschlossenen Immobilienfonds.5 Demgegenüber hat der BGH für § 3 I d (dd), (bb) ARB 1994 entschieden, dass der Leistungsausschluss keinen Bezug zu einem spezifischen Baurisiko voraussetze.6 Eine Einstandspflicht des Rechtsschutzversicherers besteht hier also auch dann nicht, wenn sich bei einer missglückten Immobilienkapitalanlage die Auseinandersetzung auf den Vorwurf fehlerhafter Finanzierungsberatung durch das Kreditinstitut stützt. Dasselbe gilt für die Beteiligung an geschlossenen Immobilienfonds. Im Fall einer der Höhe nach strittigen Nichtabnahmeentschädigung übernehmen manche Versicherungsgesellschaften bereits vorgerichtlich die Kosten für ein finanzmathematisches Gutachten. Da es dem Allgemeinanwalt kaum möglich sein wird die – teils fehlerhaften- Berechnungen der Banken zu überprüfen, empfiehlt sich hier zumindest eine Kostendeckungsanfrage.

III. Ombudsmann

Im deutschen Bankengewerbe haben sich – getrennt für die einzelnen Bereiche des Bankensystems (privates Bankgewerbe, Sparkassen und Volksbanken) – Ombudsverfahren etabliert. Das Wort „Ombudsmann" kommt aus dem Schwedischen und heißt so viel wie „Vermittler". Mit diesem außergerichtlichen Verfahren kann eine kostengünstige Streitbeilegung erfolgen.[3] Ombudsleute sind häufig erfahrene und im Ruhestand befindliche Richter. Für den **Beschwerdeführer** ist das Verfahren üblicherweise **kostenfrei.** Die jeweils einschlägigen Verfahrensordnungen lassen sich gut aus den jeweiligen Internetseiten entnehmen.[4] Durch eine zulässige Beschwerde wird die Verjährung des Anspruchs gehemmt. Für den Bankkunden hat das Ombudsverfahren lediglich Vorteile, denn der Schiedsspruch ist für ihn stets unverbindlich. Für Privatbanken besteht eine Bindung an die Entscheidung des Ombudsmanns für Beschwerdegegenstände bis € 5000, darüber hinaus ist ebenfalls Unverbindlichkeit gegeben. 8

3 Derleder/Knops/Bamberger § 57 Rn 1.
4 Bspw. www.bankenombudsmann.de; www.voeb.de; www.bvr.de.

§ 2 Vertragsschluss, Valutierung und Konditionengestaltung[1]

A. Einführung

9 Der Abschluss eines Darlehensvertrages, an dem kein Verbraucher beteiligt ist, kann formfrei vollzogen werden; zu **Dokumentationszwecken** ist **Schriftform** üblich. Der Darlehensgeber muss den vereinbarten Geldbetrag zur Verfügung stellen.

10 Der genaue Inhalt dieser Pflicht richtet sich nach den Vereinbarungen und wird regelmäßig durch eine Gutschrift auf einem Kontokorrentkonto erfüllt. Der Auszahlungsanspruch ist pfändbar. Dieser Grundsatz entfaltet besondere Bedeutung für den Dispositionskredit. Auch dieser ist pfändbar, jedoch nur dann, wenn er von dem Bankkunden in Anspruch genommen wird.[2]

11 Der Darlehensnehmer muss das bereit gestellte Darlehen abnehmen. Anderes gilt nur dann, wenn lediglich eine Liquiditätsreserve gewollt ist; dies kommt jedoch regelmäßig nur zwischen Bank und unternehmerischen Darlehensnehmern vor.

B. Bereitstellung und Auszahlung des Darlehens

I. Auszahlungsanspruch des Darlehensnehmers

1. Beratungssituation

12 In der vorprozessualen Beratung kommt es maßgeblich darauf an, die genauen Umstände des vermeintlichen Vertragsabschlusses in Erfahrung zu bringen. Ferner ist stets zu überprüfen, ob der Darlehensgeber seine Verpflichtung zur **Bereitstellung der Darlehensvaluta** bereits erfüllt hat. Dabei kommt eine Auszahlung an Dritte grundsätzlich nur dann infrage, wenn dies ausdrücklich vereinbart wurde oder mit Zustimmung des Darlehensnehmers erfolgte. Der Abruf des Darlehens steht als einseitiges Gestaltungsrecht allein dem Darlehensnehmer zu.[3] Erst mit diesem Abruf entsteht der – insoweit ggf pfändbare – Anspruch auf Auszahlung der Darlehensvaluta.

13 Der Darlehensgeber muss den Geldbetrag in der vereinbarten Höhe zur Verfügung stellen. Zur Verfügung stellen bedeutet, dass die Darlehensvaluta dem Darlehensnehmer belassen werden muss. Daraus folgt, dass der Darlehensgeber die Rückerstattung des Darlehens nur verlangen kann, sobald Fälligkeit eingetreten ist. Die Fälligkeit des Rückzahlungsanspruchs tritt mit dem Ende der vereinbarten Laufzeit des Darlehensvertrages oder durch Beendigung des Vertrages durch Kündigung oder Aufhebungsvertrags ein.

14 Es ist vorprozessual erforderlich zu prüfen, ob Allgemeine Geschäftsbedingungen in den Darlehensvertrag einbezogen wurden. Im Bankgeschäft ist dies stets der Fall. Dies führt dazu, dass die gesetzlichen Vorschriften teilweise erheblich durch AGB-Regelungen modifiziert werden.

2. Prozessuale Durchsetzung

15 Die prozessuale Durchsetzung des Auszahlungsanspruchs erfolgt im Wege der Leistungsklage. Der Darlehensnehmer muss mit der Klageschrift den Abschluss des Darlehensver-

---

1 Am 11.6.2010 tritt der zweite Teil der Vorschriften des Gesetzes zur Umsetzung der Verbraucherkredit-Richtlinie in Kraft. Soweit nicht explizit darauf hingewiesen wird, haben die in diesem Abschnitt zitierten Normen keine relevante Inhaltsänderung erfahren und entsprechen sowohl der aktuellen, als auch der ab dem 11.6.2010 geltenden Rechtslage.

2 Vgl hierzu Stöber, Forderungspfändung, Rn 116 ff.

3 BGH NJW 2004, 1444.

trages darlegen und beweisen. Die Beweislast erstreckt sich ferner auf die Laufzeit des Darlehensvertrages. Für die Höhe des Zinssatzes bildet der gesetzliche Zinssatz nach § 246 BGB auch den Maßstab für die Beweislastverteilung: Einen höheren Zinssatz muss der Darlehensgeber beweisen, einen niedrigeren hingegen der Darlehensnehmer.

▶ **Muster: Prozessuale Durchsetzung des Auszahlungsanspruchs** 16 44

An das

Landgericht[4]

Kammer für Handelssachen

Klage

des ■■■, e.K., Abc-Straße 12, 12345 Musterstadt

vertreten durch RAe ■■■

gegen

A-Bank AG, vertreten durch den Vorstand ■■■, Straße, Ort

vertreten durch RAe ■■■

wegen Darlehensauszahlung

Streitwert: EUR ■■■

Namens und in Vollmacht des Klägers erhebe ich Klage und werde beantragen:

1. Die Beklagte wird verurteilt, dem Kläger ein Darlehen in Höhe von EUR ■■■ durch Zahlung auf das Konto des Klägers Nr. ■■■ (BLZ ■■■) bereit zu stellen.
2. Die Beklagte trägt die Kosten des Rechtsstreits.
3. Das Urteil ist notfalls gegen Sicherheitsleistung vorläufig vollstreckbar.

Es wird angeregt, einen frühen ersten Termin zu bestimmen. Sofern das Gericht das schriftliche Vorverfahren anordnet, wird für den Fall der Fristversäumnis oder des Anerkenntnisses beantragt, den Beklagten durch Versäumnis- oder Anerkenntnisurteil ohne mündliche Verhandlung zu verurteilen.

Mit der Entscheidung der Sache durch einen Einzelrichter ist der Kläger einverstanden.

Begründung

Der Kläger begehrt die Auszahlung der durch den Vertrag vom ■■■ vereinbarten Darlehensvaluta.

Der Kläger betreibt ein einzelkaufmännisches Unternehmen und plant, eine neue Maschine für die Produktion zu erwerben. Der Kläger wandte sich zu diesem Zweck am ■■■ mit einer Finanzierungsanfrage an die Zweigstelle der Beklagten in ■■■. Der Kläger wünschte ein Darlehen über EUR ■■■ mit einer Laufzeit von 48 Monaten. Es schlossen sich in den folgenden Wochen mehrere Gespräche mit der Beklagten an, Gesprächspartner bei der Beklagten war dabei zunächst Herr ■■■, später Herr ■■■; der Kläger wurde jeweils durch seine Ehefrau begleitet.

Herr ■■■ bestand zunächst auf der bankinternen Prüfung von Geschäftsunterlagen, die der Kläger beizubringen hatte. Am ■■■ rief Herr ■■■ für die Beklagte beim Kläger an und teilte diesem mit, dass nach dem Abschluss der bankinternen Entscheidungsfindung das Darlehen wie beantragt herausgelegt werde. Das Telefonat wurde von der Ehefrau des Klägers mitgehört.

4 Die örtliche Zuständigkeit bestimmt sich nach §§ 17, 21 ZPO.

Beweis: Zeugnis der Frau ...

Die Beklagte weigert sich trotz Fristsetzung und Mahnung die Darlehensvaluta bereit zu stellen. Daher ist nunmehr Klage geboten.

...

Rechtsanwalt ◀

3. Zwangsvollstreckung

17 In der Zwangsvollstreckung ergeben sich keine Besonderheiten. Es handelt sich um die Vollstreckung einer Geldforderung.

II. Schadensersatz des Darlehensnehmers bei nicht rechtzeitiger Auszahlung

18 Durch die nicht rechtzeitige Auszahlung der Darlehensvaluta kommt der Kreditgeber in Verzug. Der Darlehensnehmer kann entsprechende **Verzugsschäden** geltend machen und durchsetzen. Dabei ist jedoch im Vorfeld sorgfältig zu prüfen, ob dem Kreditgeber ein Leistungsverweigerungsrecht zusteht.

III. Schadensersatz des Darlehensgebers bei Nichtabnahme der Darlehensvaluta

19 Die Banken machen bei Nichtabnahme der Darlehensvaluta durch den Kunden regelmäßig Schadensersatz geltend. Hierzu sind sie grundsätzlich berechtigt.[5] Die Höhe der geltend gemachten Bereitstellungs- und Nichtabnahmeentschädigung ist häufig der Grund für einen Rechtsstreit. Die Nichtabnahmeentschädigung umfasst den Zinsmargenschaden und den Zinsverschlechterungsschaden.[6] Im Fall einer gerichtlichen Auseinandersetzung wird man nicht umhin kommen, ein finanzmathematisches Gutachten einholen zu lassen, um die Berechnung der Bank überprüfen zu können.

C. Kreditkosten

20 Die Primärpflicht des Darlehensnehmers besteht in der Zahlung der vereinbarten Zinsen; der vereinbarte Zinssatz kann **„fest"** oder **„variabel"** sein (vgl § 489 Abs. 1 und 2 BGB). Die Pflicht zur Zinszahlung entsteht regelmäßig mit der Darlehensauszahlung. Die Fälligkeit des Zinsanspruchs tritt nach dem gesetzlichen Leitbild gemäß § 488 Abs. 2 BGB spätestens bei Darlehensrückzahlung ein; vereinbart ist jedoch regelmäßig eine unterjährige Zinszahlung. Der Zinsanspruch der Bank verjährt nach §§ 195, 199, 197 BGB. Den Darlehensnehmer trifft die Beweislast für die Behauptung, es sei ein zinsloses Darlehen vereinbart worden.

21 **Nach Kündigung und Verzugseintritt** entfällt die Verpflichtung zur Entrichtung des Vertragszinses, an dessen Stelle tritt die gesetzliche Zinspflicht.[7] Neben die Zinsen treten weitere Kosten für den Darlehensnehmer. Dazu gehört ggf ein Disagio, ein Bearbeitungsentgelt sowie Bereitstellungszinsen. Sämtliche Kosten können nur aufgrund einer Vereinbarung geltend gemacht werden. Vieldiskutiert ist die Frage, ob ein **Bearbeitungsentgelt**, welches im prozentualen Verhältnis zur Darlehenssumme erhoben wird, zulässig ist. Der BGH hat

5 BGH NJW, 1985, 1831.
6 BGH; NJW 2001, 510.
7 Bei Verbraucherdarlehen ist § 497 BGB zu beachten.

dies in früheren Entscheidungen nicht beanstandet.[8] Seinerzeit ging es jedoch um ein Bearbeitungsentgelt von 1 % der Darlehenssumme. Heute werden vielfach höhere Beträge verlangt. Teilweise wird mittlerweile davon ausgegangen, dass es sich bei der prozentualen Anknüpfung um eine prüffähige und **unzulässige Preisnebenabrede** handelt. Diese benachteilige den Darlehensnehmer unangemessen und sei daher unwirksam[9] Das entscheidende Merkmal für die Abgrenzung der Darlehenszinsen von sonstigen Kreditkosten ist die **Laufzeitabhängigkeit**. Daher sind auch die sog. Bereitstellungszinsen keine Zinsen im Rechtssinne. Es handelt sich dabei um eine Vergütung der Bank für den Zeitraum, in dem die Bank die versprochenen Darlehensmittel für den Kreditnehmer zum Abruf bereit hält. Ein Entgelt für die Bereitstellung der Darlehensvaluta kann nur nach entsprechender Vereinbarung verlangt werden; diese Vereinbarung kann auch formularmäßig durch AGB erfolgen.[10] In der Bankpraxis finden sich zumeist Bereitstellungszinsen in Höhe von ca. 0,25 % pro Monat. Der Darlehensnehmer kann sich regelmäßig auch dann nicht gegen Bereitstellungszinsen zur Wehr setzen, wenn er das Darlehen aus nicht von der Bank zu vertretenden Gründen gar nicht mehr abruft. Vielmehr steht der Bank für diesen Fall häufig zusätzlich ein Anspruch auf Zahlung einer **Nichtabnahmeentschädigung** zu.

D. Konditionengestaltung

I. Sittenwidrigkeit

1. Beratungssituation

Darlehensnehmer wenden sich häufig mit der Klage über zu hohe Darlehenskosten an den beratenden Anwalt. In dieser Situation ist zunächst zu prüfen, ob die vereinbarten Darlehenskonditionen dem Vorwurf der Sittenwidrigkeit stand halten. **Sittenwidrige Darlehenskonditionen** beschäftigen die Anwaltspraxis meistens in Fällen von Darlehensgebern, die nicht Kreditinstitut sind. Sofern sich der Eindruck aufdrängt, dass es sich gleichwohl um gewerbsmäßige Darlehensanbieter handelt, bedürfen sie der Genehmigung nach dem KWG durch die BaFin. Sofern diese fehlt, hat dies zwar keinen Einfluss auf die zivilrechtliche (Un-)Wirksamkeit des Darlehensvertrages. Das Betreiben von Bankgeschäften ohne die dafür erforderlicher Genehmigung stellt jedoch einen Straftatbestand nach § 54 Abs. 1 Nr. 2 KWG dar. Es empfiehlt sich in Verdachtsfällen jedenfalls eine Anfrage bei der BaFin oder eine Anzeige bei der Staatsanwaltschaft. 22

Ein Darlehensvertrag kann nach § 138 BGB sittenwidrig sein, wobei die Hürden hierfür recht hoch sind. Der Darlehensvertrag ist wegen Sittenwidrigkeit nichtig, wenn Leistung und Gegenleistung in einem **auffälligen Missverhältnis** stehen. Die Rechtsprechung stellt für die Beurteilung des Missverhältnisses von Leistung und Gegenleistung bei Ratenkrediten auf eine Überschreitung des Marktzinses um relativ 100 % oder absolut 12 % ab.[11] Zudem muss sich der Kreditgeber leichtfertig der Einsicht verschließen, dass sich der Kreditnehmer nur wegen seiner **schwächeren Verhandlungsposition** auf die Vertragsbedingungen einlässt.[12] Demgegenüber kann die Sittenwidrigkeit nicht allein damit begründet wer- 23

8 BGH WM, 1989, 1011.
9 Vgl Krüger/Bütter WM 2005, 673, 676.
10 Vgl BGH NJW-RR 1989, 949.
11 BGH NJW 1990, 1595; NJW 1995, 1019.
12 BGH NJW 1995, 1019.

den, dass der Kreditnehmer objektiv keine Chance besitzt, Zinszahlungen und Tilgungsleistungen erbringen zu können.[13]

24 Darüber hinaus ist in diesem Zusammenhang auf die Probleme im Zusammenhang mit der Übernahme einer Mithaftung bzw einer Bürgschaft hinzuweisen, die zumeist auf der strukturellen Unterlegenheit des Bankkunden beruhen. Die **Mithaftung** von vermögenslosen nahen Angehörigen ist unter Umständen ebenfalls sittenwidrig. Voraussetzung ist zunächst ebenfalls ein krasses Missverhältnis zwischen Leistungsfähigkeit und Leistungspflicht; zusätzlich muss sich im Einzelfall die emotionale Bindung zwischen dem Mithaftenden und dem Darlehensnehmer als entscheidende Ursache für die Mitverpflichtung erweisen.[14] Demgegenüber kommt eine Sittenwidrigkeit des Darlehensvertrages selbst bei krasser finanzieller Überforderung nicht in Betracht, wenn es sich nicht bloß um eine Mithaftung handelt, sondern eine im wesentlichen gleichberechtigte Partnerschaft dafür spricht, dass es sich um einen echten **Mitdarlehensnehmer** handelt.[15]

25 Die kreditgebende Bank kann sich dem Vorwurf der Sittenwidrigkeit bei der Mitverpflichtung vermögensloser Angehöriger entziehen, wenn lediglich ihr Interesse vor zukünftigen **Vermögensverschiebungen** zB zwischen Ehepartnern geschützt werden soll. Dazu ist allerdings eine klare vertragliche Absprache erforderlich, die vorsieht, dass die Mithaftung des Angehörigen nur in dem Fall der Vermögensverschiebung auflebt. Demgegenüber kann ohne besondere, vom Kreditgeber darzulegende und notfalls zu beweisende Anhaltspunkte nicht davon ausgegangen werden, dass eine krass überfordernde Bürgschaft oder Mithaftungsübernahme inhaltlich von vornherein nur eine erhebliche Vermögensverlagerung zwischen Hauptschuldner und Sicherungsgeber verhindern sollte.[16] Die finanzielle Überforderung eines mithaftenden Dritten führt ggf zur Nichtigkeit der Haftungsübernahme des Dritten, jedoch nicht zur Unwirksamkeit des Darlehensvertrages.

2. Prozessuale Durchsetzung

26 Der Darlehensnehmer trägt die Beweislast für die objektiven und subjektiven Umstände, die zur Sittenwidrigkeit des Kreditvertrages führen.[17] Dazu ist zunächst notwendig, die konkreten Konditionen des Vertrages sowie die marktüblichen Vergleichskonditionen darzulegen und zu beweisen. Neben diesen objektiven Elementen ergeben sich weitaus größere Schwierigkeiten bei der notwendigen Beweisführung für die erforderlichen subjektiven Umstände beim Kreditgeber. Dies gilt insbesondere für den Wuchertatbestand nach § 138 Abs. 2 BGB, bei dem es auf die „Ausbeutung einer Zwangslage“ ankommt. Hier ergeben sich häufig unüberbrückbare Beweisschwierigkeiten, aus diesem Grunde kommt dem Wuchertatbestand keine große Bedeutung zu.

27 Die Rechtsprechung hat Grundsätze entwickelt, um den **Beweisschwierigkeiten** zugunsten der geschädigten Darlehensnehmer unter Beibehaltung der Beweislastverteilung abzuhelfen. Bei Verträgen zwischen gewerblichen Kreditgebern und Verbrauchern als Darlehensnehmern wird das subjektive Element vermutet. Diese **Vermutung** knüpft an das auffällige Missverhältnis zwischen Leistung und Gegenleistung an.[18]

13 BGH NJW 1994, 1226; BGHZ 125, 347.
14 BGH NJW 2002, 747.
15 BGH NJW 2001, 815; OLG Köln, OLGR Köln 2002, 179.
16 BGH NJW 2002, 2229.
17 BGH NJW-RR 2003, 699.
18 Vgl OLG Bamberg, NJW-RR 2002, 264.

Ähnliches gilt für die Beurteilung der Sittenwidrigkeit der Mithaft zB eines vermögenslosen Ehegatten. Hier trifft die Bank oder Sparkasse die Darlegungs- und Beweislast für das persönliche und wirtschaftliche Interesse beider Ehegatten an der Verwendung der Darlehensvaluta, die eine Mithaft rechtfertigen kann.[19] Gleichzeitig begründet die finanzielle Überforderung die widerlegliche Vermutung, dass die Mitverpflichtung allein aus emotionaler Verbundenheit mit dem Kreditnehmer übernommen wurde und die Bank dies in unsittlicher Weise ausgenutzt hat.[20] Der sich auf sittenwidrige finanzielle Überforderung berufende Ehegatte muss seinerseits darlegen und beweisen, dass er nicht nur bei Vertragsschluss außerstande war, die Darlehensschuld aus eigenem Einkommen oder Vermögen zu erfüllen, sondern dass auch nicht mit einer Verbesserung seiner finanziellen Lage zu rechnen war. Dabei können die Ausbildung, persönliche Fähigkeiten oder familiäre Belastungen ebenso Berücksichtigung finden wie eine zu erwartende Erbschaft.[21] Als Indiz für eine krasse finanzielle Überforderung kann insbesondere darauf abgestellt werden, dass der Mitverpflichtete nicht in der Lage ist, die laufenden Zinsen aus seinem nicht pfändbaren Einkommen zu bestreiten. 28

Der Anspruch des Darlehensnehmers gegen den Darlehensgeber bei Rückabwicklung eines sittenwidrigen Darlehens ist ein **Bereicherungsanspruch**. Es ergeben sich weder für die prozessuale Durchsetzung noch für die Zwangsvollstreckung dieser Geldforderung weitere Besonderheiten. Der Mithaftende kann die Sittenwidrigkeit der vereinbarten Mithaftung im Rahmen einer **Vollstreckungsgegenklage** geltend machen. 29

II. Zinsanpassung

1. Beratungssituation

Die Banken sind durch das als „Basel II" bekannte Regelwerk dazu verpflichtet, die Bonität des Kreditnehmers bei der Gestaltung der Darlehenskonditionen zu berücksichtigen. Dies betrifft vor allem gewerbliche Darlehensnehmer. Im Mittelpunkt steht das mittlerweile weitgehend standardisierte **Rating**, mit dessen Hilfe die Wahrscheinlichkeit einer vollständigen und fristgerechten Darlehensrückführung durch den Darlehensnehmer festgestellt werden soll. In diesem Zusammenhang ist deutlich darauf hinzuweisen, dass das Ergebnis des Ratings die Darlehenskondition entscheidend beeinflusst, so dass dem Kreditinstitut aufgrund interner Richtlinien sowie aufsichtsrechtlicher Vorgaben zumeist kein oder nur wenig Spielraum verbleibt, die Darlehenskonditionen gegen das Ratingergebnis zu verändern. Daher ist für die Beratung der Ratingprozess der entscheidende Ansatz. 30

Für das aufsichtsrechtlich gebotene Risikomanagement der Banken dient das Rating des Kreditnehmers der Diagnose, die in Form von Zinsanpassungen umgesetzt werden muss. Während die Spielräume für die Konditionengestaltung bei dem Abschluss von Darlehensverträgen weiter gefasst sind, stellen sich die Probleme vor allem bei der **Zinsanpassung bei laufenden Darlehensverträgen**. Hier zeigt die Beratungspraxis, dass die Darlehensnehmer sich teilweise mit Erfolg gegen drastische Zinserhöhungen durch die Banken und Sparkassen wehren können. 31

Es ist zunächst hervorzuheben, dass eine einseitige Veränderung des Zinssatzes nicht ohne ein Kündigungsrecht des Darlehensnehmers möglich ist. Dies ergibt sich bereits aus Nr. 12 Abs. 4 S. 3 AGB-Banken. Aus diesem Grunde und aufgrund der Zinsentwicklung der letzten 32

19 Vgl OLG Celle, WM 2004, 1957.
20 BGH NJW 2002, 2229.
21 BGH NJW 1993, 322.

Jahre ist in der Kreditpraxis eine deutliche Zurückhaltung bei langen Zinsbindungen zu verzeichnen.

33 Sofern der Zinssatz nicht durch eine Zinsbindung festgeschrieben oder durch eine Zinsgleitklausel determiniert ist, können Zinsänderungen einzelvertraglich vereinbart werden. Hinzu tritt das Recht des Darlehensgebers, den Zinssatz durch einseitige Erklärung anzupassen. Rechtsgrundlage dafür sind **Zinsanpassungsklauseln**, die sich in unterschiedlichen Ausgestaltungen in Darlehensverträgen finden oder sich auf Bestimmungen in den AGB-Banken stützen. In Klausel Nr. 12 AGB-Banken heißt es u.a.:

34 Auszug Klausel Nr. 12 AGB-Banken

(4) Änderung von Zinsen; Kündigungsrecht des Kunden bei Erhöhung

Die Änderung der Zinsen bei Krediten mit einem veränderlichen Zinssatz erfolgt aufgrund der jeweiligen Kreditvereinbarungen mit dem Kunden. Die Bank wird dem Kunden Änderungen von Zinsen mitteilen. Bei einer Erhöhung kann der Kunde, sofern nichts anderes vereinbart ist, die davon betroffene Kreditvereinbarung innerhalb von sechs Wochen nach Bekanntgabe der Änderung mit sofortiger Wirkung kündigen. Kündigt der Kunde, so werden die erhöhten Zinsen für die gekündigte Kreditvereinbarung nicht zugrunde gelegt. Die Bank wird zur Abwicklung eine angemessene Frist einräumen.

35 Sowohl Zinsanpassungsklauseln als auch Klausel Nr. 12 AGB-Banken beruhen auf dem **einseitigen Leistungsbestimmungsrecht** nach § 315 BGB. Erforderlich ist dazu eine Erklärung gegenüber dem Vertragspartner. Als zu bestimmende Leistung für den hier interessierenden Bereich kommt der Zinssatz infrage. Die Bestimmung ist nur dann verbindlich, wenn sie **nach billigem Ermessen** erfolgte. Die Rechtsprechung hat Kriterien für die Unbilligkeit von Zinsanpassungen erarbeitet: Der Darlehensnehmer muss bereits bei Abschluss des Vertrages erkennen können, unter welchen Voraussetzungen eine Zinserhöhung in Betracht kommt. Eine entsprechende Zinsanpassungsklausel muss möglichst klar und verständlich formuliert sein, so dass der Darlehensnehmer im Falle einer Zinserhöhung nachprüfen kann, ob die geforderte Konditionenanpassung den zuvor vereinbarten Maßstäben entspricht.

36 In Darlehensverträgen werden sich in Zukunft vermehrt Klauseln finden, die das Zinsanpassungsrecht der Banken und Sparkassen an die durch ein zB jährlich durchzuführendes Rating des Kreditnehmers koppeln. Dabei muss bereits im Vorfeld festgelegt werden, welche Ratingergebnisse welche Zinsänderungen nach sich ziehen. Zinsänderung bedeutet dabei keine Einbahnstraße: Neben Zinserhöhungen bei schlechten Ratingergebnissen müssen auch Zinssenkungen bei positiver Ratingentwicklung möglich sein. Sofern eine solche Klausel verwendet wird, ist lediglich zu prüfen, ob die Klausel ihrerseits AGB-rechtlich zulässig ist.

2. Prozessuale Durchsetzung

37 Sofern keine außergerichtliche Einigung über ein angemessene Zinshöhe erfolgt, ist eine prozessuale Durchsetzung erforderlich. Im Streitfall trägt die Bank oder Sparkasse die Beweislast für die Billigkeit der von ihr verlangten Zinsanpassung. Sofern bereits Zinsen aus dem vermeintlich überhöhten Zinssatz gezahlt wurden, ist eine Leistungsklage auf Rückerstattung zu viel gezahlter Zinsen verbunden mit dem Antrag auf Feststellung, dass der in Rechnung gestellte Zinssatz Ergebnis einer unbilligen einseitigen Konditionenanpassung ist, zu erheben.

III. Disagio

Wird ein vereinbartes Disagio (Aufgeld) bei der Auszahlung des Kredites einbehalten, wird für die Berechnung der Zinslast gleichwohl die gesamte Kreditsumme unter Einschluss des Disagios herangezogen. Diese Berechnung verstößt nach der Rechtsprechung nicht gegen das Zinseszinsverbot nach § 248 BGB.[22] 38

E. Aufklärungs- oder Beratungspflichten

Die **Aufklärungs- und Beratungspflichten** stehen im Bankrecht vor allem im Bereich der Kapitalanlage und Vermögensverwaltung im Mittelpunkt.[23] Die bahnbrechende „Kick-Back"- Entscheidung des BGH zu verschwiegenen Rückvergütungen[24] eröffnet den Anlegern neue Möglichkeiten zur Rückabwicklung und wird die Banken in Zukunft zu größerer Transparenz zwingen. Im Darlehensrecht kann der Bankkunde Schadensersatzansprüche nur selten erfolgreich auf die **Verletzung von Aufklärungs- oder Beratungspflichten** stützen. Gesteigerte Aufklärungs- oder Beratungspflichten bestehen im Darlehensrecht nicht.[25] Die Bank ist nicht verpflichtet, den Darlehensnehmer vor Abschluss des Darlehensvertrages über die Risiken der geplanten Darlehensverwendung aufzuklären. Insbesondere ist die Bank auch nicht gehalten, dem Darlehensnehmer von der Kreditaufnahme abzuhalten, um eine Überschuldung zu verhindern. Ausnahmen ergeben sich im Einzelfall als Ausfluss des Gebotes von Treu und Glauben, wenn ein besonderes Schutzbedürfnis des Darlehensnehmers besteht. Dazu zählen Fälle, in denen der Bank ein konkreter **Wissensvorsprung** über die Risiken der geplanten Kreditverwendung vorliegt. Das gleiche gilt dann, wenn die Bank oder Sparkasse ihre Rolle als bloße Kreditgeberin überschreitet und in die Planung, Durchführung oder den Vertrieb des zu finanzierenden Projekts unmittelbar eingebunden ist. 39

Es besteht grundsätzlich keine Verpflichtung der Bank oder Sparkasse, nach Valutierung des Darlehens nachträglich über nunmehr drohende Risiken zu informieren oder auf veränderte Rahmenbedingungen im Sinne einer Warnpflicht hinzuweisen. 40

22 BGH NJW 2000, 352.
23 Dazu grundlegend BGH NJW 1994, 2433; vgl zudem Arendts, Die Haftung für fehlerhafte Anlageberatung, 1998; Lang, Informationspflichten für Wertpapierdienstleister, 2003; Schäfer/Müller, Haftung für fehlerhafte Wertpapierdienstleistungen, 2. Aufl. 2005; Brandt, Aufklärungs- und Beratungspflichten der Kreditinstitute bei der Kapitalanlage, Baden-Baden 2002; Vortmann, Aufklärungs- und Beratungspflichten der Banken, 7. Aufl. 2002.
24 BGH WM 2007, 487.
25 Vgl OLG Stuttgart, WM 2000, 292; vgl zum Ganzen auch Singer, Aufklärungspflichten (und Sittenverstöße) im Konsumentenkreditgeschäft, ZBB 1998, 141; Rott, Mitverantwortung des Kreditgebers bei der Kreditaufnahme, BKR 2003, 851.

§ 3 Kündigung des Darlehensvertrages[1]

A. Kündigung durch den Darlehensnehmer

I. Ordentliche Kündigung

41 Dem Darlehensnehmer steht ein unabdingbares ordentliches Kündigungsrecht nach § 489 BGB zu. Das ordentliche Kündigungsrecht unterscheidet zwischen Darlehen mit festem und variablem Zinssatz:

- Bei einem **festverzinslichen Darlehen** steht die Höhe des Zinssatzes für einen bestimmten Zeitraum fest. Ein ordentliches Kündigungsrecht steht dem Darlehensnehmer bei Ablauf der Zinsbindung zu und kann unter Einhaltung einer einmonatigen Kündigungsfrist geltend gemacht werden (§ 489 Abs. 1 Nr. 1 BGB). Das Bestehen eines einseitigen Zinsanpassungsrechts nach § 315 BGB berührt das Kündigungsrecht nicht. Nach zehnjähriger Laufzeit kann jedes festverzinsliche Darlehen ordentlich gekündigt werden, dies gilt sogar für noch laufende Zinsbindungen
- Bei Darlehensverträgen mit **variablen Zinssätzen** richtet sich das ordentliche Kündigungsrecht des Darlehensnehmers nach § 489 Abs. 2 BGB. Unter Einhaltung einer Kündigungsfrist von drei Monaten kann der Darlehensvertrag jederzeit gekündigt werden. Ein variabler Zinssatz kann sich durch eine Zinsgleitklausel (zB Bindung an einen Referenzzinssatz) oder durch ein einseitiges Zinsbestimmungsrecht nach § 315 BGB ergeben.

42 Jede ordentliche Kündigung des Darlehensnehmers führt zur sofortigen Fälligkeit des Darlehensbetrages. § 489 Abs. 3 BGB fingiert die Wirkungslosigkeit der Kündigungserklärung für den Fall der nicht rechtzeitigen Tilgung der Restschuld innerhalb von zwei Wochen.

43 In der Beratungssituation muss sorgfältig abgewogen werden, ob eine Kündigung des Darlehensvertrages erfolgen sollte. Dabei dürfen neben den rechtlichen Voraussetzungen vor allem die Finanzierungsinteressen des Darlehensnehmers nicht aus dem Blickfeld geraten. Nach der Kündigung muss der Darlehensbetrag zurückgezahlt werden. Es ist daher im Vorfeld durch Verhandlungen zu klären, ob der Darlehensnehmer dazu in der Lage ist oder ob der vorhandene Finanzierungsbedarf im Zuge einer Umschuldung durch einen anderen Darlehensgeber gedeckt werden kann. Darüber hinaus sind die Kosten einer entsprechenden Darlehensablösung im Vorfeld zu ermitteln und in die Entscheidung mit einzubeziehen.

II. Außerordentliche Kündigung

44 Der Darlehensvertrag stellt ein Dauerschuldverhältnis dar; dem Darlehensnehmer steht daher bereits nach allgemeinen Grundsätzen (§ 314 BGB) stets ein außerordentliches Kündigungsrecht zur Verfügung. Dieses außerordentliche Kündigungsrecht hat in § 490 Abs. 2 BGB eine Konkretisierung erfahren. Dem Kreditnehmer soll dadurch eine anderweitige, wirtschaftlich sinnvollere Verwertung des Sicherungsguts ermöglicht werden. Dieses Kündigungsrecht kann abbedungen werden, allerdings in AGB nicht gegenüber Verbrauchern und Existenzgründern. § 490 Abs. 2 BGB gilt für festverzinsliche Darlehen, die grundpfandrechtlich gesichert sind. Das berücksichtigungswürdige berechtigte Interesse

1 Am 11.6.2010 tritt der zweite Teil der Vorschriften des Gesetzes zur Umsetzung der Verbraucherkredit-Richtlinie in Kraft. Soweit nicht explizit darauf hingewiesen wird, haben die in diesem Abschnitt zitierten Normen keine relevante Inhaltsänderung erfahren und entsprechen sowohl der aktuellen, als auch der ab dem 11.6.2010 geltenden Rechtslage.

des Darlehensnehmers besteht insbesondere in dem wirtschaftlich begründbaren Wunsch nach anderweitiger Verwertung der mit einem Grundpfandrecht belasteten Immobilie. Auch hier ist die Kündigungsfrist nach § 489 Abs. 1 Nr. 2 BGB zu berücksichtigen. Der Kündigung folgt die Rückerstattungspflicht des Darlehens wie bei § 489 Abs. 1 S. 1 Fall 2 BGB. In der ab dem 11.6.2010 geltenden Fassung des § 490 Abs. 2 Satz 1 BGB wird bezüglich der einzuhaltenden Kündigungsfrist auf § 488 Abs. 3 Satz 2 BGB verwiesen, so dass die Kündigungsfrist nicht wie zuvor sechs Monate, sondern nun nur noch drei Monate beträgt. Allerdings müssen seit dem vollständigen Empfang des Darlehens mindestens sechs Monate abgelaufen sein.

III. Vorfälligkeitsentschädigung

In der Praxis ist von großer Relevanz, wie bei der vorzeitigen Beendigung des Darlehensvertrages durch den Darlehensnehmer der Anspruch des Darlehensgebers auf Zahlung einer Vorfälligkeitsentschädigung zu berechnen ist. Der Anspruch ergibt sich aus § 490 Abs. 2, Satz 3 BGB. 45

Der Anspruch auf Vorfälligkeitsentschädigung kann bei hinreichend weiter Sicherungszweckabrede durch eine Grundschuld gesichert sein. Der Darlehensgeber kann die Freigabe von Sicherheiten gem. § 273 BGB nur bis zur Zahlung der Vorfälligkeitsentschädigung verweigern. 46

Der Darlehensgeber kann auch bei einem grundpfandrechtlich gesicherten Festzinskredit mit vertraglich vereinbarter Laufzeit gehalten sein, in eine vorzeitige Darlehensablösung einzuwilligen. Als Voraussetzung hat der BGH das Bedürfnis des Darlehensnehmers nach einer wirtschaftlich sinnvollen anderweitigen Verwertung des beliehenen Objekts anerkannt, wenn nur auf diese Weise die wirtschaftliche Handlungsfähigkeit des Darlehensnehmers erhalten werden kann. Auch in diesen Fällen vertraglich vereinbarter Kreditlaufzeit steht dem Darlehensgeber ein Anspruch auf Zahlung einer Vorfälligkeitsentschädigung zu.[2] Die Höhe dieses Anspruchs kann von den Gerichten auf ihre Angemessenheit hin überprüft werden. Als Maßstab wird dabei die Frage herangezogen, ob die Vorfälligkeitsentschädigung die Nachteile der Kreditablösung für die Bank überkompensiert. 47

Erfolgt die Kreditablösung durch gegenseitige **Vereinbarung**, ohne dass der Darlehensnehmer sich auf eine entsprechend große Einschränkung seiner wirtschaftlichen Handlungsfreiheit berufen kann, gelten für die Beurteilung der zulässigen Höhe der Vorfälligkeitsentschädigung andere Maßstäbe: In diesen Fällen obliegt die Vereinbarung der Vertragspartner über die Höhe der Vorfälligkeitsentschädigung keiner Angemessenheitskontrolle, sondern darf nur die Grenzen der Sittenwidrigkeit nicht überschreiten.[3] Dem Darlehensgeber steht kein Anspruch auf Vorfälligkeitsentschädigung zu, wenn der Darlehensnehmer bei ihm gleichzeitig mit der Ablösung des alten Darlehens einen Neukredit in übersteigender Höhe und zu für das Kreditinstitut nicht schlechteren Konditionen aufnimmt.[4] 48

Die **Berechnung** der Vorfälligkeitsentschädigung ist hoch komplex. Die von den Banken und Sparkassen vorgelegte Berechnung kann zumeist vom Rechtsanwalt nicht detailliert überprüft werden. Hier ist bereits im vorprozessualen Stadium gutachterliche Hilfe vonnöten. Leider zeigt sich in der Praxis an dieser Stelle häufig, dass die Rechtsschutzversicherer diese Gutachten nicht finanzieren. Gleichwohl ist es zur Einschätzung der Erfolgsaussichten 49

2 BGHZ 136, 161, 166.
3 BGH NJW 2003, 2230.
4 OLG Saarbrücken, BKR 2002, 1052.

eines Rechtsstreits häufig unerlässlich, die Berechnung und insbesondere die Berechnungsgrundlagen gutachterlich überprüfen zu lassen. Dazu stehen zahlreiche Verbraucherberatungsstellen oder zB das Institut für Finanzdienstleistungen[5] zur Verfügung.

50 Die Vorfälligkeitsentschädigung umfasst sowohl den Zinsmargen- als auch den Zinsverschlechterungsschaden.[6] Bei der sog. Aktiv-Aktiv-Berechnungsmethode wird auf den Schaden der Bank bei hypothetischer Neuausreichung der vorzeitig zurückgeflossenen Darlehensvaluta als neues Darlehen abgestellt. Bei der sog. Aktiv-Passiv-Berechnungsmethode stellt sich der auszugleichende finanzielle Nachteil des Darlehensgebers als Differenz dar zwischen den Zinsen, die der Darlehensnehmer bei Abnahme des Darlehens tatsächlich gezahlt hätte, und der Rendite, die sich aus einer laufzeitkongruenten Wiederanlage der freigewordenen Beträge in sicheren Kapitalmarkttiteln ergibt.

51 Problematisch ist vor allem die Bestimmung der hypothetischen Wiederanlagerendite, die den Kreditinstituten nach der vorzeitigen Darlehensrückzahlung zusteht. Viele Banken und Sparkassen stellen dabei auf den Pfandbriefindex Pex ab. Der BGH hat mittlerweile klargestellt, dass für die Berechnung der Vorfälligkeitsentschädigung die Wiederanlagerendite der Kapitalmarktstatistik der Deutschen Bundesbank entscheidend ist, nicht jedoch der Wert aus dem PEX-Index.[7] Für die nachträgliche Überprüfung bereits in der Vergangenheit gezahlter Vorfälligkeitsentschädigungen ist die Regelverjährung nach § 195 BGB zu beachten. Bloße Anspruchsschreiben vermögen die Verjährung auch nicht nach § 203 BGB zu hemmen. Der Anspruch auf Rückzahlung zu viel gezahlter Vorfälligkeitsentschädigung ist im Wege der Leistungsklage geltend zu machen.

52 ► **Muster: Leistungsklage auf Rückzahlung zu viel gezahlter Vorfälligkeitsentschädigung**

45 An das

Landgericht ■■■[8]

Kammer für Handelssachen

Klage

der Mustermann GmbH, vertreten durch den Geschäftsführer Maximilian Mustermann, Abc-Straße 12, 12345 Musterstadt

vertreten durch RAe ■■■

Klägerin

gegen

A-Bank AG, vertreten durch den Vorstand ■■■, ■■■Straße, ■■■

vertreten durch RAe ■■■

Beklagte

wegen ungerechtfertiger Bereicherung

Streitwert: EUR ■■■

Namens und in Vollmacht des Klägers erhebe ich Klage und werde beantragen:

1. Die Beklagte wird verurteilt, an die Klägerin EUR ■■■ nebst Zinsen in Höhe von 8 % über Basiszinssatz seit Rechtshängigkeit zu zahlen.

5 Nähere Informationen siehe www.iff-hamburg.de.
6 BGHZ 131, 168; BGH NJW 2001, 509.
7 BGH BB 2005, 570.
8 Zur örtlichen Zuständigkeit vgl §§ 17, 21 ZPO.

2. Die Beklagte trägt die Kosten des Rechtsstreits.
3. Das Urteil ist notfalls gegen Sicherheitsleistung vorläufig vollstreckbar.

Es wird angeregt, einen frühen ersten Termin zu bestimmen. Sofern das Gericht das schriftliche Vorverfahren anordnet, wird für den Fall der Fristversäumnis oder des Anerkenntnisses beantragt, den Beklagten durch Versäumnis- oder Anerkenntnisurteil ohne mündliche Verhandlung zu verurteilen.

Mit der Entscheidung der Sache durch einen Einzelrichter ist die Klägerin einverstanden.

Begründung

Mit Vertrag vom ■■■ gewährte die Beklagte der Klägerin ein grundpfandrechtlich gesichertes Annuitätendarlehen über EUR ■■■ zu 5,35 % Zinsen bei 2 % Tilgung ab ■■■ fest bis zum ■■■ zur Finanzierung einer gewerblichen Immobilie. Nachdem die Klägerin das beliehene Objekt im Jahre ■■■ verkauft hatte und der im Zuge des Verkaufs mit der Ablösung und Löschung der Grundpfandrechte beauftragte Notar um Angabe des Ablösungsbetrages gebeten hatte, willigte die Beklagte in die vorzeitige Ablösung des Annuitätendarlehens gegen Zahlung einer von ihr auf EUR ■■■ festgesetzten Vorfälligkeitsentschädigung ein. Am ■■■ wurde das Darlehen einschließlich der Vorfälligkeitsentschädigung vereinbarungsgemäß zurückgeführt.

Bei der Berechnung der Vorfälligkeitsentschädigung hat sich die Beklagte nicht an der Kapitalmarktstatistik der Deutschen Bundesbank orientiert, sondern an ■■■. Dadurch ist jedoch keine hinreichend genaue, den Vorgaben des Bundesgerichtshofs genügende Berechnung der Vorfälligkeitsentschädigung gewährleistet.

Beweis: Sachverständigengutachten.

Die Berechnung der Vorfälligkeitsentschädigung anhand der Kapitalmarktstatistik der Deutschen Bundesbank hätte einen Anspruch der Beklagten in Höhe von EUR ■■■ nach sich gezogen.

Beweis: Sachverständigengutachten.

Aus diesem Grunde ist die Beklagte durch die Zahlung der Vorfälligkeitsentschädigung durch die Klägerin vom ■■■ um EUR ■■■, die Klagesumme, bereichert.

Die Beklagte verweigerte die Rückzahlung trotz Fristsetzung und Mahnung; daher ist nunmehr Klage geboten.

■■■

Rechtsanwalt ◀

B. Kündigung durch den Darlehensgeber

I. Ordentliche Kündigung

Aus dem BGB ergibt sich kein ausdrückliches ordentliches Kündigungsrecht des Darlehensgebers. Allerdings ist zu berücksichtigen, dass sich aus Klausel Nr. 19 der AGB-Banken ein solches Kündigungsrecht ergibt. 53

Auszug Klausel Nr. 19 AGB-Banken 54

(1) Kündigung unter Einhaltung einer Kündigungsfrist

Die Bank kann die gesamte Geschäftsverbindung oder Einzelne Geschäftsbeziehungen, für die weder eine Laufzeit noch eine abweichende Kündigungsregelung vereinbart ist, jederzeit unter Einhaltung einer angemessenen Kündigungsfrist kündigen (zum Beispiel den Scheckvertrag, der zur Nutzung von Scheckvordrucken berechtigt). Bei der Bemessung der Kündigungsfrist wird die Bank auf die berechtigten Belange des Kunden Rücksicht nehmen.

Für die Kündigung eines Zahlungsdiensterahmenvertrages (zum Beispiel laufendes Konto oder Kartenvertrag) und eines Depots beträgt die Kündigungsfrist mindestens zwei Monate.

(2) Kündigung unbefristeter Kredite

Kredite und Kreditzusagen, für die weder eine Laufzeit noch eine abweichende Kündigungsregelung vereinbart ist, kann die Bank jederzeit ohne Einhaltung einer Kündigungsfrist kündigen. Die Bank wird bei der Ausübung dieses Kündigungsrechts auf die berechtigten Belange des Kunden Rücksicht nehmen.

55 Die Sonderregel in Nr. 19 Abs. 2 AGB-Banken gilt für unbefristete Kredite oder Kreditzusagen. Darunter fallen auch die auf einem Kontokorrentkonto („Girokonto") zugesagten Dispositionskredite bzw die geduldeten Überziehungskredite.

56 In der anwaltlichen Beratung ist besonderes Augenmerk auf die Berücksichtigung der berechtigten Belange des Darlehensnehmers zu richten. Diese **Kundeninteressen** sind verletzt bei einer Kündigung zur Unzeit oder wenn sich die Kündigung als rechtsmissbräuchlich erweisen sollte. Eine **Kündigung zur Unzeit** kann insbesondere dann angenommen werden, wenn ausreichende Sicherheiten bestellt wurden und dem Darlehensnehmer durch die Kündigung ein Schaden droht.[9] Der Darlehensnehmer kann sich nicht auf den Einwand einer unzeitigen Kündigung berufen, wenn er aufgrund eines eigenen Vertragsverstoßes mit einer Kündigung rechnen muss. Dazu kann auch die übermäßige Kontoüberziehung zählen; allerdings sind im Rahmen einer Abwägung auch hier das Sicherungsinteresse der Bank und das Finanzierungsinteresse des Darlehensnehmers gegenüberzustellen. Sollte sich die durch die Bank ausgesprochene Kündigung als Kündigung zur Unzeit herausstellen, führt dies nicht zur Unwirksamkeit der Kündigung, sondern setzt eine angemessene Frist zur ordentlichen fristgerechten Kündigung in Gang.[10] Aus Praktikersicht ist anzumerken, dass oftmals die für den Mandanten besten Ergebnisse erzielt werden können, wenn bereits frühzeitig versucht wird, einen fairen Dialog mit der Kredit gebenden Bank zu führen.

57 Eine Kündigung kann ebenfalls gegen die berechtigten Belange des Bankkunden verstoßen, wenn es sich um eine **rechtsmissbräuchliche Kündigung** handelt. Eine rechtsmissbräuchliche Kündigung ist unwirksam. Es liegt auf der Hand, dass der Einwand der Rechtsmissbräuchlichkeit nur unter engen Voraussetzungen eingreift. In der Beratungssituation mit dem Mandanten sollte gleichwohl in Erfahrung gebracht werden, ob entsprechende Anhaltspunkte möglicherweise vorliegen. Es handelt sich dabei entweder um einen Vertrauenstatbestand oder eine Zweckbestimmung des Darlehens. Ein schutzwürdiges Vertrauen des Kreditnehmers auf Fortführung des Darlehensvertrages kann zB durch die mehrmonatige Duldung einer hohen Kontoüberziehung begründet sein. Allerdings ist der Mandant deutlich darauf hinzuweisen, dass der Verweis auf seine berechtigten Belange hier lediglich eine fristlose Kündigung verwehrt, eine fristgebundene ist auch in diesem Fall selbstverständlich möglich. Das gleiche gilt für die Zweckbestimmung eines Darlehens. Sofern der Bank bei Darlehensvergabe bekannt ist, dass es sich um ein Existenzgründungsdarlehen oder ein Sanierungsdarlehen handelt, verstößt eine fristlose überraschende Kündigung gegen die berechtigten Belange des Darlehensnehmers, wenn dadurch seine Existenzgründung oder die Sanierung gefährdet werden. Auch hier ist jedoch eine fristgebundene Kündigung nicht ausgeschlossen, wenn sich der Sanierungsplan als völlig aussichtslos herausstellen sollte.

9 Vgl LG Rottweil, WM 1988, 1745.
10 Vgl OLG Köln, NJW 1996, 1065.

II. Außerordentliche Kündigung

§ 490 Abs. 1 BGB regelt das außerordentliche Kündigungsrecht des Darlehensgebers. Dieses wird durch Klausel Nr. 19 der AGB- Banken konkretisiert: 58

Auszug Klausel Nr. 19 AGB-Banken 59

(3) Kündigung aus wichtigem Grund ohne Einhaltung einer Kündigungsfrist

Eine fristlose Kündigung der gesamten Geschäftsverbindung oder einzelner Geschäftsbeziehungen ist zulässig, wenn ein wichtiger Grund vorliegt, der der Bank, auch unter Berücksichtigung der berechtigten Belange des Kunden, deren Fortsetzung unzumutbar werden lässt. Ein wichtiger Grund liegt insbesondere vor,

- *wenn der Kunde unrichtige Angaben über seine Vermögensverhältnisse gemacht hat, die für die Entscheidung der Bank über die Kreditgewährung oder über andere mit Risiken für die Bank verbundene Geschäfte (zB Aushändigung einer Zahlungskarte) von erheblicher Bedeutung waren, oder*
- *wenn eine wesentliche Verschlechterung der Vermögensverhältnisse des Kunden oder der Werthaltigkeit einer Sicherheit eintritt oder einzutreten droht und dadurch die Rückzahlung des Darlehens oder die Erfüllung einer sonstigen Verbindlichkeit gegenüber der Bank – auch unter Verwertung einer hierfür bestehenden Sicherheit – gefährdet ist, oder*
- *wenn der Kunde seiner Verpflichtung zur Bestellung oder Verstärkung von Sicherheiten nach Nr. 13 II dieser Geschäftsbedingungen oder aufgrund einer sonstigen Vereinbarung nicht innerhalb der von der Bank gesetzten angemessenen Frist nachkommt.*

Besteht der wichtige Grund in der Verletzung einer vertraglichen Pflicht, ist die Kündigung erst nach erfolglosem Ablauf einer zur Abhilfe bestimmten angemessenen Frist oder nach erfolgloser Abmahnung zulässig, es sei denn, dies ist wegen der Besonderheiten des Einzelfalls (§ 323 Abs. 2 und 3 BGB) entbehrlich.

Der Darlehensgeber kann den Darlehensvertrag bereits dann kündigen, wenn eine wesentliche Verschlechterung der Vermögensverhältnisse des Darlehensnehmers einzutreten droht. Es ist ausreichend, wenn die Verschlechterung der Vermögensverhältnisse „nahe bevorsteht", wenn dieses zu einer Gefährdung des Rückzahlungsanspruches führt.[11] Der Darlehensgeber ist also nicht dazu gezwungen die Verschlechterung der Vermögensverhältnisse abzuwarten.[12] 60

Ein Darlehensnehmer kann sich gegen eine derartige Kündigung wehren, wenn er dem Darlehensgeber nachweist, dass dieser bereits bei Vertragsabschluss von der schlechten Vermögenslage Kenntnis hatte. Die unpünktliche Tilgung allein trägt noch nicht die Behauptung, dass eine wesentliche Verschlechterung der Vermögenslage einzutreten drohe. Ausreichend sind hingegen neue Verbindlichkeiten oder der Ausfall von bedeutenden Schuldnern des Darlehensnehmers. Es muss hingegen noch keine effektive Vermögenseinbuße beim Darlehensnehmer eingetreten sein. Bei der ebenfalls erforderlichen **Gefährdung der Darlehensrückzahlung** müssen vorhandene Sicherheiten berücksichtigt werden. Dabei genügt eine Prognose. Der Darlehensgeber muss sich nicht darauf verweisen lassen, zunächst einen unter Umständen fruchtlosen Verwertungsversuch zu unternehmen. 61

Gemäß § 490 Absatz 1 BGB kann der Darlehensgeber den Darlehensvertrag **vor Auszahlung** des Darlehens **stets, nach Auszahlung** nur **in der Regel** fristlos kündigen. Diese For- 62

11 Freitag, WM 2001,2370, 2373 f.
12 Hk-BGB/Ebert, § 490 Rn 3.

mulierung impliziert, dass bei einer ordnungsgemäßen Abwägung auch die Interessen des Darlehensnehmers zu berücksichtigen sind.

63 Sofern die Kündigung der Kreditverträge den Darlehensnehmer in die Insolvenz treibt, ergibt sich gelegentlich ein Verhandlungsargument aus der drohenden Anfechtbarkeit der Darlehensrückzahlung nach § 129 Abs. 1 InsO. Dies ist im Einzelfall sorgfältig zu prüfen, darf jedoch auch nicht übergewichtet werden.

§ 4 Verbraucherkreditrecht

Durch die Umsetzung europarechtlicher Vorgaben, wird das Verbraucherkreditrecht ab Mitte 2010 wesentliche Änderungen erfahren. Der Bundestag hat mit Datum vom 2.7.2009 in zweiter und dritter Lesung das **„Gesetz zur Umsetzung der Verbraucherkreditrichtlinie, des zivilrechtlichen Teils der Zahlungsdiensterichtlinie, sowie zur Neuordnung der Vorschriften über das Widerrufs- und Rückgaberecht“** verabschiedet (BT-Drucks. 16/11643; BT-Drucks. 16/13669; BGBl. I 2009, S. 2355). Hierdurch werden die Regelungen in den §§ 491 ff BGB neu gefasst. Die **Zahlungsdiensterichtlinie** ist bereits am 31.10.2009 in Kraft getreten. Hierbei sind jedoch die in Art. 229 § 22 BGB nF geregelten Übergangsvorschriften zu beachten. Die hier behandelten Vorschriften zum Verbraucherkreditrecht werden zum 11.6.2010 in Kraft treten. In Zukunft werden Verbraucher bereits vor Abschluss eines Darlehensvertrages über die wesentlichen Bestandteile des Kreditvertrages zu informieren sein. Es wird für die verschiedenen Typen von Kreditverträgen einheitliche Muster zur Unterrichtung der Verbraucher geben. Des Weiteren werden die Kündigungsvorschriften neu gefasst. Von immenser praktischer Bedeutung ist auch, dass die Vorschriften über das Widerrufsrecht gemäß §§ 355 ff BGB neu gefasst werden. Im Folgenden wird die bislang geltende der ab dem 11.6.2010 in Kraft tretenden Gesetzeslage (BGB neue Fassung= BGB n.F) gegenüber gestellt. 64

A. Verbraucherdarlehensverträge

I. Einführung

Der Verbraucherdarlehensvertrag zwischen einem Unternehmer als Darlehensgeber und einem Verbraucher als Darlehensnehmer ist in den §§ 491 ff BGB geregelt. Hierdurch wurde das Verbraucherkreditgesetz abgelöst. Es sind die Übergangsfristen nach Art. 229 § 5 EGBGB zu beachten. Es handelt sich gemäß § 506 BGB[1] um **unabdingbare** Vorschriften, soweit zum Nachteil des Verbrauchers von Ihnen abgewichen wird. Der Darlehensnehmer trägt die **Beweislast** für seine **Verbrauchereigenschaft.**[2] Für die Verbraucher bzw Unternehmereigenschaft gilt die Legaldefinition der §§ 13 bzw 14 BGB. Der Darlehensgeber ist hingegen mit dem Beweis für die Nichtanwendbarkeit der Schutzvorschriften belastet. Als Darlehensgeber treten regelmäßig Banken und Sparkassen oder sonstige Kreditinstitute im Sinne von § 1 KWG auf. Es reicht jedoch auch eine Darlehensvergabe durch jeden anderen Unternehmer an einen Verbraucher aus, solange der Kredit im Rahmen der gewerblichen oder beruflichen Tätigkeit gegeben wird.[3] 65

Ob der Darlehensnehmer als Verbraucher zu qualifizieren ist, hängt vom jeweiligen **Zweck des Darlehens** ab. Dieser Zweck ist aus den vertraglichen Abreden unter Berücksichtigung der tatsächlichen Verwendung durch Auslegung zu ermitteln. Bei einer gemischten Nutzung reicht ein privater Nebenzweck nicht aus und kann die gewerbliche Nutzung nicht verdrängen.[4] Bei Mischfällen ist eine einheitliche Beurteilung erforderlich; dabei ist auf den überwiegenden Zweck abzustellen. Es ist eine ex-ante Beurteilung vorzunehmen. Es ist nicht möglich, sich durch AGB bestätigen zu lassen, dass der Vertragspartner kein Verbraucher ist (§ 309 Nr. 12 b BGB). Die §§ 491 BGB werden durch die Umsetzung der Ver- 66

1 Ab dem 11.6.2010 findet sich diese Regelung in § 511 BGB.
2 Auch der BGB-Gesellschaft kann Verbrauchereigenschaft zukommen, vgl BGH NJW 2002, 368.
3 BGH BB 2009, 738.
4 OLG Naumburg, NJW-RR 1998, 1351.

braucherkreditrichtlinie neu gefasst. Neu eingeführt wird § 491 a BGB. Dieser regelt die vorvertraglichen Informationspflichten bei Verbraucherdarlehensverträgen. Gemäß § 491 a BGB nF ist der Darlehensgeber dazu verpflichtet, den Darlehensgeber über die sich aus Art. 247 nF des EGBGB ergebenden Einzelheiten in der dort vorgesehenen Form zu unterrichten. In Art. 247 EGBGB nF sind die einzelnen Pflichten näher spezifiziert. So hat die Unterrichtung des Verbrauchers gemäß Art. 247 § 2 EGBGB n.F nach dem Muster zur europäischen Standartinformation für Verbraucherkredite gemäß Anlage 3 EGBGB zu erfolgen. Die Schaffung einheitlicher Muster, die dem Verbraucher eine Vergleichbarkeit erst ermöglicht ist eine wesentliche Errungenschaft der Verbraucherkreditrichtlinie.

II. Form und Inhalt

1. Beratung

67 Bei der Beratung von Verbrauchern ist zunächst besondere Aufmerksamkeit auf die **Formalia** eines Verbraucherdarlehensvertrages zu lenken. Der Verbraucherkreditvertrag bedarf nach § 492 Abs. 1 S. 1 BGB der Schriftform. Darüber hinaus ist eine Vielzahl von inhaltlichen Anforderungen zu erfüllen, die sich ebenfalls aus § 492 BGB ergeben.

68 Nachfolgend ist ein Darlehensvertrag für einen Verbraucherkredit dargestellt. Der mit der Prüfung der Wirksamkeit eines solchen Vertrages betraute Rechtsanwalt kann das Muster als Leitlinie und Anhaltspunkt verwenden. Fehlende, abweichende oder inhaltlich wesentlich anders gestaltete Vertragsinhalte geben Anlass zu einer detaillierten Überprüfung der Wirksamkeit des Verbraucherdarlehensvertrages.

69 Darlehensvertrag für Verbraucherkredit

Die Bank gewährt dem Darlehensnehmer einen Kredit im Nennbetrag von ... Euro. Der Kreditbetrag wird auf Konto ... in Anspruch genommen. Mehrere Kreditnehmer haften als Gesamtschuldner. Ggf Regelung über die Verfügungsberechtigung bei mehreren Kreditnehmern.

Der Zinssatz für diesen Kredit beträgt ... % p. a. Dieser Zinssatz wird bis zum ... nicht verändert. Bis spätestens zwei Wochen vor Ablauf der Zinsbindungsfrist kann jede Partei verlangen, dass über die Bedingungen der Kreditgewährung (Zinssatz, Disagio etc.) neu verhandelt wird. Wird bis zum Ablauf der Zinsbindungsfrist keine neue Vereinbarung getroffen, so hat der Kreditnehmer das Recht, unter Einhaltung einer Kündigungsfrist von einem Monat zu kündigen. Macht der Kreditnehmer hiervon keinen Gebrauch, so läuft der Kredit zu veränderlichen Konditionen weiter. Es gelten dann die dem Kreditnehmer schriftlich mitgeteilten, für Kredite dieser Art üblichen Bedingungen der Bank, wobei die Bank den Zinssatz erhöhen kann oder herabsetzen wird, wenn sich die Verhältnisse am Geld- oder Kapitalmarkt ändern. Die Erhöhung oder Herabsetzung wird die Bank nach billigem Ermessen gemäß § 315 BGB unter Berücksichtigung der Zinsentwicklung am Geld- oder Kapitalmarkt und den sich daraus ergebenden Veränderungen der Refinanzierungsmöglichkeiten vornehmen. Im Falle einer Erhöhung oder Herabsetzung des Zinssatzes kann der Kreditnehmer den Kredit innerhalb eines Monats nach Zugang der Mitteilung über den geänderten Zinssatz kündigen. Macht der Kreditnehmer hiervon Gebrauch, so ist der Kredit zu dem Zeitpunkt vorzeitig zur Rückzahlung fällig, zu dem die neuen Bedingungen in Kraft treten sollten. Weitergehende gesetzliche Kündigungsrechte des Kreditnehmers bleiben unberührt.

Das Disagio beträgt ... %; das einmalige Bearbeitungsentgelt beträgt ... % des Nettokreditbetrages. (Der BGH erkennt ein Bearbeitungsentgelt in Höhe ca. 2-3 % als üblich an.)

Beide Beträge werden bei Auszahlung fällig und werden von der Bank mit der auszuzahlenden Darlehenssumme verrechnet. Das Bearbeitungsentgelt wird bei vorzeitiger Rückzahlung des Kredits nicht erstattet.

Der anfängliche effektive Jahreszins beträgt ... %. (Sofern der Festzinssatz für die gesamte Laufzeit des Kredites gültig sein soll, gilt das Attribut „anfänglicher" als gestrichen.) Das Disagio und das Bearbeitungsentgelt werden auf die Zinsbindungsfrist verrechnet.

Der Nettokreditbetrag beläuft sich auf ... Euro.

Der Gesamtbetrag setzt sich zusammen aus allen während der Darlehenslaufzeit zu entrichtenden Zinszahlungen, Tilgungsleistungen, dem Disagio, dem Bearbeitungsentgelt sowie den sonstigen Kosten. Der Gesamtbetrag beläuft sich auf ... Euro.

Ggf Regelungen über zu bestellende Sicherheiten sowie über eine abzuschließende Restschuldversicherung.

Der Kreditnehmer kann den oben genannten Kreditvertrag in einer Frist von zwei Wochen schriftlich widerrufen. Der Widerruf muss in Textform (zB schriftlich, per Telefax oder per E-Mail) erfolgen. Der Widerruf bedarf keiner Begründung. Der Lauf der Widerrufsfrist beginnt einen Tag nach der unterschriebenen Bestätigung über den Erhalt dieser Widerrufsbelehrung. Zur Wahrung der Frist gehört die rechtzeitige Absendung des Widerrufs. Der Widerruf ist zu richten an ....

Sofern der Kreditnehmer bereits vor Ablauf der Widerrufsfrist eine Leistung von der Bank erhalten hat, schränkt dies das Widerrufsrecht nicht ein. Für den Fall des Widerrufs ist der Darlehensnehmer dann jedoch verpflichtet, den Darlehensbetrag innerhalb von zwei Wochen nach Erklärung des Widerrufs oder nach Auszahlung des Kredits zurückzuzahlen.

Durch das neue Recht werden die **Formvorschriften** des § 492 BGB **neu gefasst**. Wesentlich ist § 492 Abs. 2 BGB nF, welcher regelt, dass der Darlehensvertrag die Angaben nach Art. 247 §§ 6 bis 13 EGBGB nF enthalten muss. Dort sind umfassende, **zwingende Vertragsinhalte** vorgegeben. Mitgeteilt werden müssen beispielsweise die für den Darlehensgeber **zuständige Aufsichtsbehörde**, das bei **Kündigung** einzuhaltende Verfahren, besondere **Mitteilungspflichten** bei Immobiliardarlehensverträgen etc. In der Beratungspraxis ist daher zunächst anhand der detaillierten Vorschriften gemäß Art. 247 §§ 6 bis 13 EGBGB zu prüfen, ob den gesetzlichen Formvorschriften entsprochen wurde.

Der Darlehensgeber ist verpflichtet, die Vorgaben der **Preisangabenverordnung**[5] zu beachten. Die PAngV verfolgt das Ziel, dem Verbraucherkreditnehmer den tatsächlichen Preis für das Darlehen aufzuzeigen. Der Verbraucher soll auf diese Weise objektiv über die Kosten informiert werden, um Konditionen miteinander vergleichen und den für ihn günstigsten Kreditvertrag auswählen zu können. 70

Die Notwendigkeit einer entsprechenden Preisangabe beruht auf der Tatsache, dass sich die Kosten eines Darlehens nicht nur aus der Zinsbelastung, sondern auch aus Bearbeitungsgebühren sowie ggf einem Disagio oder einer (Vermittlungs-)Provision ergeben. § 6 PAngV schreibt vor, dass der (anfängliche) effektive Jahreszins unter Berücksichtigung aller Kosten errechnet werden muss. Die Berechnung des effektiven Jahreszinses beruht seit 1998 auf einer EG-Richtlinie.[6] Ein Verstoß gegen die Vorschriften der PAngV führt nicht zur Unwirksamkeit des Vertrages nach § 134 BGB, sondern rechtfertigt eine Anfechtung 71

5 Vgl dazu ausführlich Wimmer, Die neue Preisangabenverordnung, WM 2001, 447; hier finden sich auch detaillierte Hinweise zu den Berechnungsmodalitäten.

6 Richtlinie zur weiteren Harmonisierung der Methoden der Effektivzinsberechnung (87/102/EWG), ABl. EG Nr. L 101, S. 17 ff vom 11.4.1998.

nach § 123 BGB. Zudem ist formgerecht auf das **Widerrufsrecht** nach § 495 BGB hinzuweisen. In der Praxis findet sich dabei häufig folgende Formulierung: Ein wesentlicher Ausfluss der Umsetzung der Verbraucherkreditrichtlinie ist die verstärkte Reglementierung der Werbung für Darlehensverträge. Wird für den Abschluss von Darlehensverträgen geworben, darf nicht eine einzige (bspw ein niedriger Zinssatz) herausgestellt werden. Auch die weiteren Kosten des Vertrages müssen gemäß § 6 a PAngV nF vollständig angegeben werden. Hierdurch werden Lockvogelangebote unterbunden. Der Verbraucher soll selbst in der Lage sein, Vor- und Nachteile eines Vertragsschlusses abzuwägen.

72 Widerrufsbelehrung Verbraucherdarlehensvertrag nach bisheriger Rechtslage

Sie können Ihre Vertragserklärung innerhalb von zwei Wochen ohne Angabe von Gründen in Textform (zB Brief, Fax, E-Mail) widerrufen. Die Frist beginnt frühestens mit Erhalt dieser Belehrung. Zur Wahrung der Widerrufsfrist genügt die rechtzeitige Absendung des Widerrufs. Der Widerruf ist zu richten an: ....

Im Falle eines wirksamen Widerrufs sind die beiderseits empfangenen Leistungen zurückzugewähren und ggf gezogene Nutzungen (zB Zinsen) herauszugeben. Können Sie die empfangene Leistung ganz oder teilweise nicht oder nur in verschlechtertem Zustand zurückgewähren, müssen Sie uns insoweit ggf Wertersatz leisten. Verpflichtungen zur Erstattung von Zahlungen müssen Sie innerhalb von 30 Tagen nach Absendung Ihrer Widerrufserklärung erfüllen.

73 Wenn bei einem verbundenen Geschäft über das finanzierte Geschäft belehrt werden soll:

74 Widerrufsbelehrung bei verbundenem Geschäft (1)

Haben Sie diesen Vertrag durch ein Darlehen finanziert oder widerrufen Sie den finanzierten Vertrag, sind Sie auch an den Darlehensvertrag nicht mehr gebunden, wenn beide Verträge eine wirtschaftliche Einheit bilden. Dies ist insbesondere anzunehmen, wenn wir gleichzeitig Ihr Darlehensgeber sind oder wenn sich Ihr Darlehensgeber im Hinblick auf die Finanzierung unserer Mitwirkung bedient. Wenn uns das Darlehen bei Wirksamwerden des Widerrufs oder der Rückgabe bereits zugeflossen ist, können Sie sich wegen der Rückabwicklung nicht nur an uns, sondern auch an Ihren Darlehensgeber halten. Letzteres gilt nicht, wenn der vorliegende Vertrag den Erwerb von Wertpapieren, Devisen, Derivaten oder Edelmetallen zum Gegenstand hat.

Wenn für einen Darlehensvertrag belehrt werden soll:

75 Widerrufsbelehrung bei verbundenem Geschäft (2)

Widerrufen Sie diesen Darlehensvertrag, mit dem Sie Ihre Verpflichtungen aus einem anderen Vertrag finanzieren, so sind Sie auch an den anderen Vertrag nicht gebunden, wenn beide Verträge eine wirtschaftliche Einheit bilden. Dies ist insbesondere anzunehmen, wenn wir zugleich auch Ihr Vertragspartner im Rahmen des anderen Vertrags sind, oder wenn wir uns bei Vorbereitung oder Abschluss des Darlehensvertrags der Mitwirkung Ihres Vertragspartners bedienen. Können Sie auch den anderen Vertrag widerrufen, so müssen Sie den Widerruf gegenüber Ihrem diesbezüglichen Vertragspartner erklären.

76 Der **Widerruf** ist durch einfache Erklärung in Textform gegenüber dem Vertragspartner zu erklären. In der Beratungssituation ist allerdings im Gespräch mit dem Mandanten zu klären, ob ein Widerruf sinnvoll ist. Dabei kommt es stets vor allem auf die Bedeutung des finanzierten Objekts an.

77 Sofern es sich dabei um eine wichtige Investition handelt, sollten bereits vor dem Widerruf alternative Finanzierungsquellen erschlossen werden. In der ab dem 11.6.2010 geltenden Fassung des BGB werden auch die Vorschriften über den Widerruf bei Verbraucherdarle-

hensverträgen grundlegend geändert. Dies führt aller Voraussicht nach zu **mehr Rechtssicherheit bei Verbraucherverträgen.** Zu erwarten ist, dass Unternehmer, die für Ihre Belehrungen über das Widerrufs- und Rückgaberecht die neuen Muster verwenden künftig keine unbefristeten Widerrufs- oder Rückgaberechte mehr fürchten müssen. Gemäß § 495 Abs. 2 BGB nF steht dem Darlehensnehmer ein Widerrufsrecht gemäß § 355 BGB zu, mit der Maßgabe, dass an die Stelle der Widerrufsbelehrung die Pflichtangabe nach Art. 247 § 6 Abs. 2 EGBGB tritt. In den ebenfalls geänderten Vorschriften der §§ 355 ff BGB nF ist § 360 Abs. 3 BGB nF hervorzuheben, wonach die dem Verbraucher mitzuteilende **Widerrufsbelehrung** den Anforderungen genügt, wenn das Muster der Anlage 1 zum EGBGB in Textform verwendet wird. Die Muster für Widerrufsbelehrungen lassen sich demnach direkt aus dem Gesetz entnehmen.

2. Prozessuale Durchsetzung

Nicht formwahrende Verträge sind nach § 494 Abs. 1 S. 1 BGB nichtig, wenn die Schrift- 78
form insgesamt nicht eingehalten ist oder eine der in § 492 Abs. 1 Satz 5 Nr. 1 bis 6 BGB vorgeschriebenen Angaben fehlt. **Gemäß § 494 Abs. 2 BGB wird der Mangel jedoch geheilt, soweit der Darlehensnehmer das Darlehen empfängt oder in Anspruch nimmt.** Dabei ist aber zu berücksichtigen, dass ggf geänderte Konditionen nach § 494 Abs. 2 und 3 BGB eingreifen. Bei einem nichtigem, nicht infolge der Durchführung geheilten Verbraucherdarlehensvertrag ist Leistungsklage auf Herausgabe der empfangenen Leistungen zu erheben.

Nach dem Widerruf des Darlehensvertrages durch den Darlehensnehmer ist Leistungsklage 79
auf Rückgewähr der gegenseitig empfangenen Leistungen Zug-um-Zug zu erheben. Auch die **Folge von Formmängeln** gemäß § 494 BGB wird durch die Umsetzung der EU-Richtlinie neu geregelt. Nichtigkeit tritt nach § 494 BGB nF ein, wenn eine der in Art. 247 §§ 6 und 9 bis 13 des EGBGB geforderten Angaben fehlt. Die bislang bestehende Heilungsmöglichkeit durch den Empfang des Darlehens bleibt bestehen. An § 494 BGB nF werden die Absätze 4 bis 7 angefügt. Gemäß § 494 Abs. 4 BGB nF sind nicht angegebene Kosten vom Darlehensnehmer nicht geschuldet. Zu seinem Nachteil können Kosten und Zinsen nicht angepasst werden, wenn im Vertrag die Voraussetzungen hierfür nicht festgelegt wurden.

3. Zwangsvollstreckung

Nachdem durch das Gerichtsverfahren die Darlehensrückabwicklung tituliert wurde, ste- 80
hen sich Zahlungsansprüche gegenüber. Hier entstehen bei der Zwangsvollstreckung keine Besonderheiten.

III. Kündigung

Zusätzlich zu den unten in § 4 dargestellten Kündigungsmöglichkeiten steht dem Kredit- 81
nehmer eines Verbraucherdarlehensvertrages ein **ordentliches Kündigungsrecht** nach § 489 Abs. 1 Nr. 2 BGB zu. Das Kündigungsrecht betrifft festverzinsliche Darlehen, die nicht grundpfandrechtlich gesichert sind. Nach Ablauf einer unkündbaren Vorlaufzeit von sechs Monaten nach Auszahlung ist diese Kündigung unter Einhaltung einer dreimonatigen Kündigungsfrist möglich. Bei grundpfandrechtlich gesichertem Verbraucherdarlehen ist die Kündigung hingegen nur nach § 490 Abs. 2 BGB möglich. Das Kündigungsrecht kann sich als hilfreich bei der Planung und Durchführung einer Umschuldung erweisen und erlaubt zudem den Abschluss eines neuen Darlehensvertrages bei gesunkenem Zinsniveau.

82 Die **Beweislast für die Verbrauchereigenschaft** ist gesetzlich nicht eindeutig bestimmt. Allerdings ist insoweit auf die Vorgängerregelung in § 690 a BGB aF zurückzugreifen. Dort musste der Darlehensgeber im Streitfalle die gewerbliche oder berufliche Zweckbestimmung des Darlehens beweisen. Es ist zu bezweifeln, ob der Gesetzgeber hier eine Verlagerung der Beweislast erreichen wollte.[7] Die **Kündigung von Verbraucherdarlehen** wird durch die Umsetzung der Verbraucherkreditrichtlinie neu gefasst. Verbraucher können einen unbefristeten Darlehensvertrag jederzeit kündigen. Die vertraglich festgesetzte Kündigungsfrist darf hierbei gemäß § 500 Abs. 1 BGB nF einen Monat nicht überschreiten. Der Darlehensgeber darf unbefristete Verträge gemäß § 499 BGB nF nur noch Kündigen, wenn eine Kündigungsfrist von mindestens zwei Monaten vereinbart ist. Ist ein **befristeter Vertrag** nicht durch ein **Grundpfandrecht** gesichert, dürfen die Verbraucher als Darlehensnehmer das Darlehen nun gemäß § 500 Abs. 2 BGB nF jederzeit zurückzahlen. Eine etwaige Vorfälligkeitsentschädigung ist gemäß § 502 Abs. 1 Nr. 1 BGB nF auf höchstens ein Prozent des vorzeitig zurückgezahlten Betrages beschränkt. Für die Zukunft dürfte von besonderer praktischer Bedeutung sein, dass Verbraucher durch diese Regelungen bei **Teilzahlungsgeschäften und Finanzierungsleasingverträgen** ebenso geschützt werden wie bei Verbraucherdarlehensverträgen.

B. Verbundene Verträge

83 Verträge über die **Lieferung einer Ware oder Erbringung einer Dienstleistung** sind mit einem Darlehensvertrag dann verbunden, wenn das Darlehen ganz oder teilweise der Finanzierung dieser Ware oder Dienstleistung dient und beide Verträge eine wirtschaftliche Einheit bilden (§ 358 Abs. 3 BGB). Der Widerruf des Kaufvertrages oder der Widerruf des Dienstleistungsvertrages bewirkt, dass der Verbraucher auch nicht mehr an den Verbraucherkreditvertrag gebunden ist. Beide Verträge sind nach § 357 BGB rück abzuwickeln.

84 Zentraler Regelungsgegenstand der Bestimmungen über die verbundenen Verträge ist der **Einwendungsdurchgriff.** Der Verbraucher wird auf diese Weise davor geschützt, den Kredit bedienen zu müssen, obwohl der Verkäufer keine oder keine vertragsgemäße Leistung erbracht hat. Nach § 359 BGB kann der Verbraucher die Rückzahlung des Darlehens verweigern, wenn und soweit ihn Einwendungen aus dem verbundenen Kaufvertrag gegenüber dem Verkäufer zur Leistungsverweigerung berechtigen würden. Der Einwendungsdurchgriff umfasst auch die Einrede der Verjährung der Kaufpreisforderung.[8] Damit beträgt die Verjährungsfrist nach § 195 BGB drei Jahre und ist damit erheblich kürzer als die darlehensrechtlichen Verjährung gemäß § 497 Abs. 3 S. 3 BGB, bei der eine Hemmung von bis zu zehn Jahren möglich wäre.[9]

85 Die Einwendungen greifen bei **Kleinbeträgen** ausnahmsweise nicht auf den Darlehensvertrag durch; unterhalb einer Kaufpreissumme von 200,- € greift der Einwendungsdurchgriff nach § 359 BGB nicht ein. Der Einwendungsdurchgriff ist zudem durch die Subsidiaritätsklausel in § 359 Satz 3 BGB ausdrücklich eingeschränkt. Solange dem Verbraucher ein Nacherfüllungsanspruch aufgrund eines Sachmangels der Kaufsache zusteht, kann er die Rückzahlung des Darlehens erst verweigern, wenn die Nacherfüllung endgültig gescheitert ist.

7 Vgl Jauernig/Chr. Berger, BGB, § 489 Rn 6; vgl auch oben bei Rn 42.
8 BGH ZIP 2001, 2124.
9 Metz/Jaquemoth, EWiR 2002, 273.

Sofern die **Darlehensvaluta noch nicht ausgezahlt** wurde, wird der Einwendungsdurchgriff ebenfalls nicht benötigt. Bei Widerruf des Kaufvertrages kommt es einzig zu einer Rückabwicklung zwischen Verkäufer und Verbraucher nach §§ 433, 358 Abs. 2, 355 Abs. 1, 357, 346 BGB. 86

Sofern das **Darlehen hingegen bereits valutiert** wurde und dem Unternehmer zugeflossen ist, müssen beide Verträge nach einem Widerruf rück abgewickelt werden. Zur Erleichterung für den Verbraucher tritt jedoch der Kreditgeber an die Stelle des Verkäufers. Der Verbraucher kann seinen Anspruch auf Rückzahlung des Kaufpreises nach §§ 433, 358 Abs. 2, 355 Abs. 1, 357, 346, 358 Abs. 4 S. 3 BGB gegen den Kreditgeber richten; gleichzeitig kann der Verbraucher vom Kreditgeber nach §§ 357, 346 BGB die Zins- und Tilgungsraten zurückverlangen. Anstelle der Rückzahlung der Darlehensvaluta hat der Verbraucher dem Kreditgeber den vom Unternehmen geleisteten Gegenstand zurückzugewähren. Das ab dem 11.6.2010 geltende Recht erweitert durch den neu geschaffenen § 359 a BGB nF den Anwendungsbereich der Vorschriften über verbundene Verträge. § 359 a BGB nF stellt fest, dass selbst wenn die Voraussetzungen für ein verbundenes Geschäft nicht vorliegen, § 358 Abs. 1 und 4 BGB entsprechend anzuwenden sind, wenn die Ware oder Leistung des Unternehmers aus dem widerrufenden Vertrag in einem Verbraucherdarlehensvertrag genau angegeben ist. 87

C. Formen des Kontokorrentkredits

Es ist zwischen zwei Formen des Kontokorrentkredits zu unterscheiden. Neben den Überziehungskredit tritt der **Dispositionskredit**. Der Dispositionskredit bezeichnet den Kreditrahmen, über den der Bankkunde vorbehaltlich einer Kündigung durch die Bank verfügen darf. Der Überziehungskredit bezeichnet die Inanspruchnahme des Kontokorrentkontos über den Rahmen des Dispositionskredits hinaus. Diese Diktion wird vom BGB insoweit nicht fortgesetzt, als in der amtlichen Überschrift zu § 493 BGB vom Überziehungskredit gesprochen wird, während in § 493 Abs. 1 BGB der Dispositionskredit gemeint ist. 88

I. Dispositionskredit

Der Dispositionskredit ist ein auch für Verbraucher wichtiges Element zur Abwicklung des Zahlungsverkehrs. Aus diesem Grunde gelten hier **erhebliche Erleichterungen** gegenüber dem sonstigen Verbraucherdarlehensrecht. Daher ist bei der Überprüfung der Wirksamkeit eines Verbraucherdarlehensvertrages zunächst zu prüfen, ob es sich um ein Darlehen im Sinne von § 493 BGB handelt, das unter erleichterten Bedingungen wirksam ist. 89

Die **Formpflicht** und **inhaltlichen Anforderungen** nach § 492 BGB gelten nicht. Der Verbraucher muss lediglich über die Höchstgrenze des Darlehens, den anfänglich geltenden Jahreszins und die Bedingungen einer Zinssatzänderung sowie die Modalitäten der Beendigung des Dispositionskredits informiert werden. 90

Der **Dispositionskredit ist pfändbar.**[10] Gegenstand der Pfändung ist der zukünftige Anspruch des Kontoinhabers auf Auszahlung des Dispositionskredits. Eine Verwertung dieses gepfändeten Anspruchs ist allerdings nur dann möglich, wenn der Kontoinhaber und Pfändungsschuldner die Geldleistung selbst abgerufen hat. Der BGH geht in der genannten grundlegenden Entscheidung davon aus, dass sich die Pfändung auf die im Zusammenhang mit dem Girovertrag eingeräumten, erst später entstehenden oder fällig werdenden Kre- 91

10 Vgl BGH NJW 2001, 1937; BGH NJW 2004, 1444.

ditauszahlungsansprüche erstreckt, soweit der Bankkunde den Kredit durch Verfügungen wie Barabhebungen oder Überweisungen in Anspruch nehme. Der durch die entsprechende Verfügung entstehende Anspruch auf Auszahlung aus dem Dispositionskredit wird automatisch mit dem Pfändungspfandrecht des Gläubigers belastet. Die abgerufene Summe muss daher an den Pfändungsgläubiger abgeführt werden.

92 ▶ **Muster: Antrag auf Erlass eines Pfändungs- und Überweisungsbeschlusses**

46 Antrag auf Erlass eines

Pfändungs- und Überweisungsbeschlusses

in der Vollstreckungssache ▪▪▪./. ▪▪▪

Nach dem vollstreckbaren Urteil des AG /LG ▪▪▪ vom ▪▪▪, Aktenzeichen ▪▪▪, dessen vollstreckbare zugestellte Ausfertigung beigefügt ist, kann der Gläubiger vom Schuldner fordern:

▪▪▪ [Forderungsaufstellung]

Wegen dieser Ansprüche sowie wegen der Kosten für diesen Beschluss und seine Zustellung werden die Ansprüche des Schuldners gegen die ▪▪▪-Bank, Anschrift,

aus Kontoverbindung jeder Art, insbesondere Kontonummer ▪▪▪ gepfändet.

▪▪▪

Die Pfändung erstreckt sich bei Kontokorrentkonten auf alle gegenwärtigen und zukünftigen Guthaben, ggf nach Saldoziehung und schließt die sonstigen pfändbaren Ansprüche aus dem Girovertrag mit ein. Dazu zählen insbesondere die Ansprüche auf Gutschrift zukünftiger Erträge, auf fortlaufende Auszahlung des Guthabens sowie auf Durchführung von Überweisungen an Dritte. Die Pfändung erstreckt sich ferner auf Ansprüche auf Auszahlung gewährter Kredite; diese umfasst auch den Abruf von Dispositionskrediten.

▪▪▪ ◀

93 Allerdings darf nicht verkannt werden, dass die **praktische Bedeutung** dieser Pfändungsmöglichkeit als gering einzustufen ist. Die darlehensgebende Bank wird in aller Regel die Pfändung zum Anlass nehmen, ihr Kreditversprechen rückgängig zu machen und weitere Verfügungen ohne Kontodeckung zu verhindern.

II. Überziehungskredit

94 Der Überziehungskredit zeichnet sich durch eine **Duldung der Überziehung** auf dem Kontokorrentkonto durch die Bank oder Sparkasse aus. Es ist von der Rechtsprechung nicht beanstandet worden, dass der Zinssatz für geduldete Überziehungen den Zinssatz für Dispositionskredite übersteigt, solange keine vor dem Hintergrund des Marktüblichen unangemessene Zinsbestimmung vorgenommen wird.[11] Nach § 493 II BGB ist das Kreditinstitut in diesem Falle nach Ablauf von drei Monaten verpflichtet, über den Jahreszins und die sonstigen Kosten zu informieren. Nur unter engen Voraussetzungen kann aus der weiteren Duldung der Überziehung ein Angebot auf Abschluss eines Kreditvertrages durch die Bank oder Sparkasse angenommen werden.[12] Wenn hingegen ausdrücklich oder stillschweigend die Vereinbarung getroffen wird, dass der Kreditnehmer trotz Ablauf des Kreditvertrages bis auf weiteres zur weiteren Nutzung der Darlehensvaluta berechtigt sein soll, kann die

11 BGH NJW 1992, 1753.
12 Vgl dazu Felke, Die Pfändung der offenen Kreditlinie im System der Zwangsvollstreckung, WM 2002, 1632; Lang/Erdmann-Fietz, Die Zukunft des befristeten Kontokorrentkredits, ZBB 2004, 137; Beschluss OLG Köln v. 2.2.2004, Az 2 U 166/03; siehe auch Christiansen, Neues vom Überziehungskredit, InVo 2004, 257.

Bank oder Sparkasse weiterhin nur den vertraglich vereinbarten Zins, nicht jedoch höhere Überziehungszinsen verlangen.[13] Sofern der Darlehensgeber seinen Willen zur Darlehensgewährung nicht zum Ausdruck bringt, handelt es sich um eine eigenmächtige Überziehung, die als Pflichtverletzung des Girovertrages zu Schadensersatzverpflichtungen aus § 280 BGB führen kann. Die nunmehr als solche bezeichnete „eingeräumte Überziehungsmöglichkeit" (Dispositionskredit) und die „geduldete Überziehung" sind ab dem 11.6.2009 in den §§ 504 bzw 505 BGB nF geregelt. Den Darlehensgeber treffen nach neuem Recht **noch umfassendere Informationspflichten** gegenüber dem Darlehensnehmer. Beim Dispositionskredit gemäß § 504 BGB nF muss der Darlehensnehmer in regelmäßigen Zeitabständen über die Angaben gemäß Art. 247 § 16 EGBGB n.F unterrichtet werden (angewendeter Sollzinssatz, Kosten etc.). Ein Anspruch auf Vorfälligkeitsentschädigung ist ausgeschlossen. Für die geduldete Überziehung gemäß § 505 BGB gilt dementsprechend eine Informationspflicht gemäß Art. 247 § 17 Abs. 1 EGBGB nF

D. Besonderheiten im Fernabsatz

Im Fernabsatzhandel wird den Käufern sehr häufig die Möglichkeit angeboten, den **Kaufpreis in Raten** zu bezahlen. Wenn sich dieser entgeltliche Zahlungsaufschub über mehr als drei Monate erstreckt oder eine sonstige entgeltliche Finanzierungshilfe eingeräumt wird, handelt es sich um ein Verbraucherdarlehen gemäß §§ 499 Abs. 1, 491 Abs. 1 BGB. 95

Dasselbe gilt bei **Onlineauktionen**. Die dort zustande kommenden Kaufverträge zählen ebenfalls zu den Fernabsatzverträgen. Onlineauktionen erfreuen sich großer Beliebtheit, die damit verbundenen rechtlichen Probleme sind mit dem Instrumentarium des BGB handhabbar;[14] ein eigenständiges „Internet-Recht" hat sich als entbehrlich erwiesen. Zahlreiche professionelle Verkäufer bieten bei **Onlineauktionen** auch Finanzierungsmöglichkeiten an. Die Wirksamkeit dieses Darlehensvertrages scheitert jedoch nicht daran, dass das Schriftformerfordernis nach § 492 I 1 BGB nicht eingehalten wurde, obwohl die Schriftform hier nicht durch die elektronische Form nach § 126 b BGB ersetzt werden kann. 96

Für **Teilzahlungsgeschäfte im Fernabsatz** sieht § 502 Abs. 2 BGB eine Ausnahme von der strengen Formpflicht der Verbraucherdarlehensverträge vor. Diese Ausnahme dient der Erleichterung des Fernabsatzhandels und ist an die Erfüllung von Informationspflichten gebunden: Die nach § 502 I 1 Nrn. 1-5 BGB erforderlichen Angaben müssen rechtzeitig vor Vertragsschluss erfüllt werden. Für die Erfüllung dieser **Informationspflichten** ist die Textform nach § 126 b BGB maßgeblich. Die Textform kann auch online gewahrt werden, indem die nötigen Informationen in „zur dauerhaften Wiedergabe in Schriftzeichen geeigneter Weise" bekannt gegeben werden und die Person des Erklärenden erkennbar gemacht wird. Ausreichend dafür ist die Darstellung auf einer Website mit Downloadmöglichkeit oder der Hinweis auf eine Downloadmöglichkeit.[15] 97

Auch bei Kaufverträgen, die im Rahmen von Onlineauktionen geschlossen werden, steht dem Verbraucherkäufer ein Widerrufsrecht zu und ist nicht nach §§ 312 d Abs. 4 Nr. 5, 156 BGB ausgeschlossen.[16] Das hat zur Folge, dass bei diesen Verträgen mit entgeltlicher Ratenzahlungsvereinbarung nicht nur diese allein, sondern auch der damit verbunden Kaufvertrag widerrufen werden kann. 98

13 BGH BKR 2003, 544.
14 Vgl Teuber/Melber, „Online-Autionen" – Pflichten der Anbieter durch das Fernabsatzrecht, MDR 2004, 185.
15 Vgl dazu Steins, Entwicklung der Informationspflichten im E-Commerce durch die Rechtsprechung und Schuldrechtsreform, WM 2002, 53.
16 BGH ZIP 2004, 2334.

99 Durch die Umsetzung der Verbraucherkreditrichtlinie wurden in Art. 246 §§ 1, 3 EGBGB nF umfassende Informationspflichten des Unternehmers normiert. Weitestgehend gelten nun bei Fernabsatzgeschäften über einen Internetshop bzw eine Internetauktionsplattform die gleichen Widerrufsfristen und Folgen. Das Muster für die Widerrufsbelehrung in Anlage 1 zum EBGB nF sieht in seinen Gestaltungshinweisen besondere Zusätze für Fernabsatzverträge vor.

E. Risikobegrenzungsgesetz

100 Voranzustellen ist der Grundsatz, dass immer dann, wenn zwischen Kunde und Bank ein Abtretungsverbot mit dinglicher Wirkung nicht ausdrücklich vereinbart ist, die **Abtretung einer Darlehensforderung grundsätzlich gestattet** ist.[17] Hieran ändert auch das neu geschaffene Risikobegrenzungsgesetz nichts. Die vielbeachtete rechtspolitische Diskussion um den Verkauf von Krediten dürfte sich durch das am 19.8.2008 in Kraft getretene „Gesetz zur Begrenzung der mit Finanzinvestitionen verbundenen Risiken" (Risikobegrenzungsgesetz) in der Hauptsache jedoch erledigt haben. Insbesondere hatten einige Fälle bundesweit für Aufsehen gesorgt, in denen Kreditaufkäufer von laufenden und bislang bedienten Immobilienkrediten die Zwangsversteigerung aus der Grundschuld gegen den Immobilieneigentümer betrieben hatten. Es wurde der Eindruck erweckt, als seien die Darlehensnehmer diesem Vorgehen schutzlos ausgeliefert. Nach alter Rechtslage konnte der Eigentümer dem Kreditaufkäufer Einreden aus dem zwischen ihm und der Hausbank bestehenden Sicherungsvertrag nur entgegenhalten, wenn der Investor die Grundschuld nicht gutgläubig einredefrei erworben hatte.

101 Der durch das Risikobegrenzungsgesetz neu geschaffene § 492 Abs. 1 a, Satz 3 BGB verpflichtet den Kreditgeber nun bereits vorvertraglich dazu, den Darlehensnehmer über die **Möglichkeit der Abtretung zu informieren.** Außerdem ist jetzt die Kündigung eines Immobiliardarlehensvertrages durch den Darlehensgeber wegen Zahlungsverzugs in § 498 Abs. 3 BGB geregelt. Nun kann die Kündigung nur noch dann ausgesprochen werden, wenn der Darlehensnehmer mit mindestens zwei aufeinander folgenden Teilzahlungen ganz oder teilweise und mindestens 2,5 Prozent des Nennbetrages des Darlehens in Verzug ist. Für Immobilieneigentümer wurde insofern Rechtssicherheit geschaffen, als das durch § 1192 Abs. 1 a BGB ein gutgläubiger einredefreier Erwerb der Sicherungsgrundschuld nun ausgeschlossen wird. Außerdem ist nun auch für Darlehensverträge bei der Kontrolle einer AGB-Klausel über einen Wechsel des Vertragspartners der Maßstab des § 309 Nr. 10 BGB anzulegen.

102 Die **neue Rechtslage gilt jedoch nicht für Altfälle.** Laut EGBGB findet § 1192 Abs. 1 a BGB nur Anwendung, wenn der Erwerb der Grundschuld nach dem 19.8.2008 erfolgt ist. Denkbar wäre daher nach wie vor, dass Mandanten eine Rechtsberatung in Anspruch nehmen, weil ihnen trotz eines bislang bedienten Darlehens die Zwangsversteigerung ihrer Immobilie droht. Zwischenzeitlich waren in der Rechtssprechung verbraucherfreundliche Tendenzen zu erkennen gewesen. Das LG Hamburg hatte in einem Klauselerinnerungsverfahren nach § 732 ZPO zu Gunsten des Eigentümers entschieden. Einer Nichtbank hätte- so das LG- nach einer Veräußerung und Abtretung von Darlehensforderung und Grundschuld keine vollstreckbare Ausfertigung einer Grundschuldbestellungsurkunde erteilt werden

17 BGH BB 2007, 793.

dürfen.[18]Durch Beschluss vom 16.4.2009 hat der BGH die Entscheidung des LG Hamburg jedoch aufgehoben.[19] Ein Schuldner, der sich in einer notariellen Urkunde der sofortigen Zwangsvollstreckung in sein gesamtes Vermögen unterworfen habe, könne sich im Klauselerinnerungsverfahren nicht darauf berufen, die Unterwerfungserklärung sei wegen Verstoßes gegen § 307 Abs. 1 BGB unwirksam. Das OLG München hat jedoch der neuen Rechtslage vorgegriffen und für einen Altfall entschieden, dass der Darlehensnehmer dem Neugläubiger nach der Abtretung der Grundschuld die Einwendungen aus der Sicherungsabrede gemäß § 404 BGB entgegensetzen könne[20] Zudem ist es denkbar gegenüber zedierenden Banken Schadensersatzansprüche geltend zu machen, wenn der Zessionar Sicherheiten verwertet, ohne hierbei die bestehenden Sicherungsabreden zu beachten. Endgültig entschieden ist der hier dargestellte Streit um die Altfälle derzeit jedoch noch nicht.

18 LG Hamburg NJW 2008, 2784.
19 BGH WM 2009, 846.
20 OLG München ZIP 2008, 498.

FormularBibliothek Zivilprozess

Inhalt

Verweise erfolgen auf Randnummern

Musterverzeichnis

Verweise erfolgen auf Randnummern

§ 1 Einleitung

§ 2 Voraussetzungen der Schenkung nach § 516 BGB

§ 3 Ansprüche des Schenkers aus der Schenkung

§ 4 Ansprüche des Beschenkten

§ 1 Einleitung

Literatur:

Erman, Bürgerliches Gesetzbuch, Band 1, 10. Aufl. 2008; *Jauernig,* Bürgerliches Gesetzbuch, 13. Aufl. 2009; *Münchner Kommentar zum Bürgerlichen Gesetzbuch,* Band 3, 4. Aufl. 2004; *Palandt,* Bürgerliches Gesetzbuch, 69. Aufl. 2010; *Prütting/Wegen/Weinreich,* Kommentar zum Bürgerlichen Gesetzbuch, 3.Aufl. 2008; *Schulze* (Schriftltg.), Bürgerliches Gesetzbuch, Handkommentar, 6. Aufl. 2009; *Staudinger,* Bürgerliches Gesetzbuch, Neubearbeitung 2005.

A. Überblick zu den gesetzlichen Normierungen

1 Von der Schuldrechtsreform weitgehend unbehelligt ist das **Schenkungsrecht** im 4. Titel des 8. Abschnitts des 2. Buches des BGB geregelt. Mit der Schuldrechtsreform erfolgten in den §§ 516–534 BGB lediglich geringfügige inhaltliche Änderungen, von denen das engere Schenkungsrecht nicht betroffen ist. Beachtlich sind lediglich die Schenkungen beeinflussenden Änderungen außerhalb des Schenkungsrechtes wie die geänderten **Verjährungsfristen**, welche sich allerdings vornehmlich in der vertraglichen Gestaltung auswirken. Die im Zuge der Schuldrechtsmodernisierung eingeführte Verzinsung nach dem Basiszinssatz erleichtert vertragliche Vereinbarungen danach ebenfalls. Eine beachtliche Änderung hat sich durch den Verweis des § 523 Abs. 2 S. 2 BGB auf die geänderten Gewährleistungsvorschriften des Kaufrechts ergeben, wonach der Schenker bei Schenkungsversprechen über einen noch zu erwerbenden Gegenstand für Mängel desselben wie ein Verkäufer haftet. Beachtlich kann auch eine Störung der Geschäftsgrundlage beim Schenkungsversprechen sein; hier sind die durch die Schuldrechtsreform angepassten Vorschriften nach § 313 Abs. 1 BGB zu beachten.

2 Außerhalb des Schenkungsrechtes ergänzen noch weitere Sondervorschriften u.a. aus dem Familien- und Erbrecht die Abwicklung oder Rückabwicklung der Schenkung.[1] Die Intention der Sonderregelungen zur Schenkung bezweckt dabei vornehmlich einen besonderen Schutz zugunsten des Schenkers, welcher vor dem Hintergrund des aufzubringenden **Vermögensopfers** dem Gesetzgeber besonders schutzwürdig erscheint. Als Warn- und Aufklärungsfunktion ist dabei vornehmlich die Formvorschrift zur Beurkundung des Schenkungsversprechens nach § 518 BGB zu nennen. Sittliche oder Anstandspflichten zur Unterstützung des Schenkers durch den Beschenkten wurden im Hinblick auf die Notbedarfseinrede gem. § 519 BGB, welche insoweit der dem Grundsatz der Vertragstreue vorgeht, gesetzlich normiert. Der verarmte Schenker sollte zudem das Recht zur Rückforderung des Schenkungsgegenstandes wegen Verarmung gem. §§ 528-529 BGB und Widerrufsrechte gem. §§ 530-534 BGB erhalten. In den §§ 521-524 BGB wurden zudem besondere Haftungs- und Gewährleistungsprivilegien des Schenkers normiert.

3 **Ergänzend** zu diesen Normen finden sich **Schutzvorschriften im Familienrecht**, so wird etwa beim Zugewinnausgleich ein Ehegatte vor Schenkungen des anderen Ehegatten geschützt gem. §§ 1390, 1386 Abs. 2 S. 1, 1375 Abs. 2 Ziff. 2 BGB; bei der Gütergemeinschaft besteht ein Schutz des anderen Ehegatten vor Schenkungen aus dem Gesamtgut gem. § 1425 Abs. 1 BGB; ein Kind ist vor Schenkungen aus dem Kindesvermögen durch die Eltern gem. § 1641 BGB; ein Mündel vor Schenkungen aus dem Mündelvermögen durch seinen Vormund gem. § 1804 BGB sowie ein Betreuter vor Schenkungen aus seinem Vermögen durch den Betreuer gem. § 1908 i Abs. 2 S. 1 BGB geschützt.

1 Hk-BGB/Saenger, § 516 Rn 1 mwN.

Weitere **Schutzvorschriften** sind im **Erbrecht** enthalten (vgl §§ 2113 Abs. 2, 2205 S. 3, 2287, 2325 ff BGB). Außerdem werden vom Gesetzgeber auch die Gläubiger des Schenkers geschützt, weshalb die Schenkung zusätzlicher Insolvenz- (§§ 134, 143 Abs. 2 InsO) und Gläubigeranfechtung (§§ 4, 11 AnfG) unterliegt. 4

B. Begriff der Schenkung und Abgrenzung zu anderen Verträgen

Die Schenkung ist gem. § 516 Abs. 1 BGB die vertragliche unentgeltliche Zuwendung.[2] Da 5
Gegenstand der Schenkung eine unentgeltliche Zuwendung ist, ist die Schenkung regelmäßig ein zumindest teilweise **einseitig verpflichtender Schuldvertrag.** Vertragsparteien sind der Schenker, welcher die Zuwendung vornimmt und der Beschenkte, welcher die Zuwendung empfängt. Ergänzend kann eine Schenkung auch im Rahmen eines Vertrages zugunsten Dritter erfolgen. Kernbereich der Schenkung ist die Entreicherung des Schenkers und die Bereicherung des Beschenkten durch die Zuwendung.[3] Besondere Arten der Schenkung sind dabei Zuwendungen an Stiftungen nach §§ 80, 81 BGB, seien sie stiftungskapitalerhöhend oder entsprechend dem Stiftungszweck zweckgebunden.[4] Jedoch ist nicht jede unentgeltliche Zuwendung eines Vorteils bei Einigsein über die Unentgeltlichkeit eine Schenkung. Besonderheiten bestehen insofern bei der die Ausstattung gem. § 1624 BGB als diese nur insoweit als Schenkung gelten, als die Ausstattung das den Umständen, insbesondere den Vermögensverhältnissen des Vaters oder der Mutter, entsprechende Maß nicht übersteigt.[5] Gleiches gilt für den Fall, dass der Empfänger vom Bestehen einer Schuld ausgeht, die wissentliche Zahlung auf eine Nichtschuld.[6] Allen vorgenannten Rechtsgeschäften ist gemein, dass sie einseitige Rechtsgeschäfte darstellen, womit sie sich von der als Vertrag ausgestalteten Schenkung abgrenzen.

Bei der Schenkung muss die Substanz des Vermögens weggegeben werden; bei der Leihe 6
gem. § 598 BGB erfolgt die Abgrenzung danach, dass lediglich die Nutzung unentgeltlich überlassen wird;[7] ebenso erfolgt die Abgrenzung von dem zinslosen Geld- oder Sachdarlehen (§§ 488 Abs. 1, Abs. 3 BGB, 607 Abs. 1 BGB) ab.[8]

Die Schenkung ist ebenfalls von der **Auslobung** (§ 657 BGB) abzugrenzen; bei letzterer 7
handelt es sich nicht um einen Vertrag, sondern um ein einseitiges, nicht empfangsbedürftiges Rechtsgeschäft, durch das eine schuldrechtliche Verpflichtung des Auslobenden besteht.[9]

Bei der **Abgrenzung** der Schenkung von der **Schenkung von Todes wegen** (§ 2301 BGB), 8
wird danach unterschieden, ob das Schenkungsversprechen durch das Überleben des Schenkers bedingt ist (es gilt Erbrecht) oder ob das Versprechen dagegen nur auf den Tod des Schenkers befristet ist (§ 163 BGB), also nur seine Fälligkeit hinausgeschoben wird (es gilt Schenkungsrecht). Der Vertrag zugunsten Dritter unterliegt ebenfalls dem Schenkungsrecht, wenn nach dem Tod des Versprechensempfängers geleistet werden soll (§ 331 BGB).[10]

---

2 PWW/Hoppenz, § 516 Rn 1.
3 PWW/Hoppenz, § 516 Rn 6.
4 PWW/Hoppenz, § 516 Rn 11.
5 HkBGB/Kemper § 1624 Rn 3.
6 Vgl Staudinger/Wimmer-Leonhardt, § 516 Rn 6 a.
7 PWW/Hoppenz § 516 R. 3.
8 PWW/Hoppenz, § 516 Rn 3.
9 Hk-BGB/Schulze, § 657 Rn 1-2.
10 PWW/Hoppenz, § 516 Rn 3.

9 **Zuwendungen unter Ehegatten** sind generell keine Schenkungen, da es sich hierbei um Zuwendungen handelt, die der ehelichen Lebensgemeinschaft dienen.

C. Besondere Vertragstypen der Schenkung

I. Handschenkung

10 Es sind mehrere **Schenkungsverträge** gesetzlich geregelt; der Grundfall ist die in § 516 Abs. 1 BGB legaldefinierte **Hand- oder Realschenkung.** Diese ist formlos gültig und wird sofort vollzogen; der Schenker einigt sich hier mit dem Beschenkten nur darüber, dass eine gleichzeitig erfolgende Zuwendung (§ 516 Abs. 1 BGB) oder eine bereits erfolgte Zuwendung (§ 516 Abs. 2 BGB) unentgeltlich sein solle und das der Beschenkte sie behalten dürfe. Mit der dinglichen Zuwendung erfolgt somit die schuldrechtliche Vereinbarung des Rechtsgrundes.[11]

11 Die **Ausnahme** hierzu bildet das in § 518 BGB geregelte **formpflichtige Schenkungsversprechen**, aufgrund dessen sich der Schenker zu einer zukünftigen und unentgeltlichen Leistung verpflichtet. Die Schenkung liegt hier bereits in der Begründung der Forderung.[12]

II. Schenkung unter Auflage

12 Die **Schenkung unter Auflage** gibt dem Schenker die Möglichkeit, mit der Schenkung den Beschenkten zu einer bestimmten Leistung zu verpflichten. Die Auflage ist vertragliche Nebenabrede der Schenkung, so dass der Beschenkte mit Annahme des Schenkungsangebotes auch in die Auflage einwilligt[13] und damit zur Vollziehung der Auflage verpflichtet ist.

13 Bei **Nichtvollziehung der Auflage** hat der Schenker gemäß §§ 527, 323, 326 Abs. 5 iVm §§ 818, 819 BGB (Rechtsfolgenverweisung) einen Anspruch auf Rückgabe des Zugewendeten. Für den Schenker besteht hier eine Vorleistungspflicht;[14] ist diese Schenkung mangelhaft so hat der Beschenkte ein Leistungsverweigerungsrecht gem. § 526 BGB.

III. Zweckschenkung

14 Bei der **Zweckschenkung** wird ebenfalls ein über die Bereicherung des Beschenkten hinausgehender Zweck angestrebt; im Gegensatz zur Auflagenschenkung wird hier aber keine vertragliche Einigung über eine einklagbare Verpflichtung getroffen, sondern die Zweckerreichung bleibt vielmehr nur Geschäftsgrundlage der Schenkungsabrede, wofür eine tatsächliche Willensübereinstimmung der Beteiligten über den verfolgten Zweck ausreicht.[15]

15 Wesentliches **Abgrenzungskriterium zur Auflagenschenkung** ist das überwiegende Interesse an der Leistung: bei der Auflage ist es dasjenige des Schenkers, bei der Zweckschenkung dasjenige des Beschenkten.[16] Wird der Zweck nicht erreicht, kommen Rückforderungsansprüche des Schenkers wegen Wegfalls der Geschäftsgrundlage nach § 313 BGB oder aus Bereicherungsrecht gemäß § 812 Abs. 1 S. 2, 2. Fall BGB in Betracht.

11 Vgl RGZ 111, 151; BGH NJW 2007, 2844; MüKo/Kollhosser, § 516 Rn 1.
12 Jauernig/Mansel, § 516.
13 MüKo/Kollhosser, § 525 Rn 1.
14 Erman/Herrmann § 525 Rn 6.
15 Müko/Kollhosser, § 525 Rn 4.
16 Erman/Herman, § 525 Rn 6.

IV. Gemischte Schenkung

Eine **gemischte Schenkung** liegt vor, wenn die Parteien das objektive Missverhältnis von Zuwendung und Gegenleistung kennen und sich darüber einig sind, dass der Mehrwert unentgeltlich zugewendet werden soll.[17] Entscheidend für die Bewertung der Gegenleistung ist dabei der Parteiwille.[18] Lediglich der unentgeltlich zugewandte Mehrwert bildet dann die Schenkung, während trotz des einheitlichen Vertrages der übrige Wert entgeltlich weitergegeben wird.[19] 16

Abzugrenzen von der gemischten Schenkung sind daher die Fälle, in denen die Schenkung mit einem anderen Vertrag nur äußerlich verbunden und die innere Trennbarkeit aber ohne weiteres erkennbar ist, wie dies etwa bei einem Grundstückskauf mit Schenkung des Zubehörs der Fall sein kann.[20] Ausschlaggebend für die Abgrenzung zur Auflagenschenkung gem. § 525 BGB ist, dass bei dieser der ganze Gegenstand geschenkt wird und nicht nur für einen bestimmten wertmäßigen Teil der Zuwendung eine Gegenleistung erbracht wird.[21] 17

Wie die **gemischten Schenkung** rechtlich behandelt wird, ist umstritten. Nach der sogenannten **Trennungstheorie** ist die gemischte Schenkung nach dem entgeltlichen und unentgeltlichen Teil aufzutrennen und jeder Teil für sich zu betrachten.[22] Nur der unentgeltliche Teil wird dann nach den Regeln des Schenkungsrechtes behandelt, während sich die Behandlung des entgeltlichen Teils nach Kaufrecht richtet. Die **Einheitstheorie** legt das Rechtsgeschäft nach dem Schwerpunkt des Vertragsinhaltes aus, wobei bei überwiegend unentgeltlicher Leistung der gesamte Vertrag einheitlich nach Schenkungsrecht, bei überwiegend entgeltlichem Charakter einheitlich nach kaufrechtlichen Regeln zu behandeln ist.[23] Am sinnvollsten ist es, den entgeltlichen und den unentgeltliche Teil des Rechtsgeschäfts zunächst gesondert zu betrachten und darauf hin zu überprüfen, ob danach eine einheitliche Leistung vorliegt oder die Leistungen teilbar sind. Nach der überwiegenden Ansicht in der **Rechtsprechung** wird der Vertrag bei teilbaren Leistungen in zwei Verträge aufgeteilt, welche jeweils gesondert für sich Schenkungsrecht auf den unentgeltlichen Teil und Kaufrecht auf die entgeltliche Leistung anzuwenden ist.[24] Unteilbare Leistungen müssen nach dem Verhältnis zwischen entgeltlichem und unentgeltlichem Teil gewichtet werden, so dass je nach Überwiegen der entgeltlichen oder unentgeltlichen Leistung entweder Schenkungsrecht oder Kaufrecht bzw im Falle der Rückabwicklung Bereicherungsrecht anzuwenden ist.[25] 18

17 BGH NJW-RR 1996, S. 754, 755.
18 PWW/Hoppenz § 516 Rn 25.
19 Palandt/Putzo § 516 Rn 13.
20 Müko/Kollhosser, § 516 Rn 29.
21 Vgl BGHZ 30, 120.
22 Müko/Kollhosser, § 516 Rn 31.
23 Müko/Kollhosser, § 516 Rn 31ff.
24 Vgl Medicus Schuldrecht BT Rn 593.
25 BGH NJW 1989, 2122; BGH NJW 1972, 247.

§ 2 Voraussetzungen der Schenkung nach § 516 BGB

A. Handschenkung (§ 516 Abs. 1 BGB)

I. Tatbestandsmerkmale

19 Die **Handschenkung** ist legaldefiniert in § 516 Abs. 1 BGB. Eine solche Handschenkung oder Realschenkung ist danach gegeben, wenn der Schenker aus seinem Vermögen eine Zuwendung an den Beschenkten erbringt, durch die dieser bereichert ist und sich beide Parteien über die Unentgeltlichkeit der Zuwendung einig sind.

1. Einigung

20 Die Parteien müssen sich zunächst wirksam über den **Abschluss eines Schenkungsvertrages** geeinigt haben, wobei die Einigung auch konkludent erfolgen kann. Die Einigung ist wirksam soweit keine rechtshindernden Einwendungen eingreifen (§§ 106, 125, 134, 138, 142, 158 Abs. 1 BGB).

2. Vertragsgegenstand der Handschenkung

21 Vertragsgegenstand muss eine freiwillige **Zuwendung des Schenkers an den Beschenkten** sein. Gegenstand der Zuwendung kann dabei Vermögen oder jeder übertragbare Vermögensgegenstand sein.[1] Unter Zuwendung ist die Hingabe von Vermögenswerten zu verstehen; sie erfordert eine Vermögensminderung (Entreicherung) auf Seiten des Schenkers und eine Vermögensmehrung (Bereicherung) auf Seiten des Beschenkten.[2] Der Schenkungsgegenstand muss sich nicht im Vermögen des Schenkers befinden; ausreichend sind mittelbare Zuwendungen, so wenn der Schenker den Schenkungsgegenstand mit eigenen Mitteln beschafft. In der Regel geschieht die Zuwendung durch Übereignung von Sachen, die Bestellung von dinglichen Rechten an Sachen, die Übertragung von Rechten; möglich ist aber auch die direkte Erbringung einer Leistung an Dritte, wie etwa die Befreiung von Verbindlichkeiten gegenüber Dritten oder den Erlass einer Schuld.[3] Keine Zuwendungen in diesem Sinne sind Leistungen die sich lediglich auf eine zeitweise Gebrauchsüberlassung von Vermögensgütern richten. Ebenso scheidet eine Zuwendung aus für das Unterlassen eines Vermögenserwerbs.[4] Hier ist bereits keine Hingabe von Vermögen gegeben und es kommt nicht zu einer Verminderung der Vermögenssubstanz beim Schenker.

3. Unentgeltlichkeit der Zuwendung

22 Die Parteien müssen sich weiterhin über die **Unentgeltlichkeit der Zuwendung** geeinigt haben. Die Zuwendung muss zum einen objektiv unentgeltlich sein und zum anderen muss der Parteiwille sich hierauf beziehen. Objektiv unentgeltlich ist eine Zuwendung, wenn sie weder zur Erfüllung einer Leistungspflicht erfolgte, noch von einer Gegenleistung abhängig ist; diese kann auch immateriell sein.[5] Inwieweit diese Voraussetzungen vorliegen, ist vom Inhalt des jeweiligen Rechtsgeschäfts abhängig. Allerdings ist Entgeltlichkeit gegeben, wenn

1 PWW/Hoppenz § 516 Rn 5.
2 PWW/Hoppenz § 516 Rn 6.
3 Palandt/Weidenkaff, § 516 Rn 5.
4 BGH NJW 1982, 820.
5 NJW 1992, 238.

eine Gegenleistung zumindest in einem Abhängigkeitsverhältnis zu der Zuwendung vereinbart wurde.[6]

II. Rechtsfolge

Aus dem Schenkungsvertrag ist der Schenker zur **Verschaffung des geschenkten Gegenstandes** verpflichtet, soweit er nicht bereits erfüllt hat. 23

III. Darlegungs- und Beweislast

Eine gesetzliche Vermutung für den **Schenkungscharakter** von Leistungen unter **nahen Verwandten** sieht das Gesetz nur in den Fällen der §§ 685 Abs. 2, 1360 b, 1620 BGB vor. Macht der Beschenkte Rechte aus der Schenkung geltend, so muss er diese beweisen.[7] Wird er hingegen in Anspruch genommen, ist die Einwendung der Schenkung zu widerlegen;[8] steht der Gläubiger außerhalb des Geschehens, so trifft den Beschenkten gegenüber der Bereicherungsklage nach den Grundsätzen der sekundären Beweislast die Obliegenheit zur Darlegung der für die Schenkung sprechenden Umstände.[9] Gegenüber der Herausgabeklage nach § 985 BGB hilft dem Beklagten die Vermutung des § 1006 Abs. 1 BGB.[10] 24

Die **Bezeichnung einer Zuwendung** als unentgeltlich oder Schenkung ist ein Indiz für die Unentgeltlichkeit der Zuwendung; diese Grundsätze gelten auch für die gemischte Schenkung.[11] Bei Letzterer gelten allerdings zunächst die allgemeinen Beweislastregeln, dass derjenige, der sich auf die für ihn günstigere Rechtsfolge beruft, diese darlegen und beweisen muss. Verlangt bei der (gemischten) Schenkung der Schenker eine Gegenleistung, dann muss er beweisen, dass eine gemischte Schenkung vorliegt und insofern eine Gegenleistung vereinbart war. 25

B. Schenkung ohne Willen des Beschenkten (§ 516 Abs. 2 BGB)

I. Tatbestandsmerkmale

In § 516 Abs. 2 BGB ist der Fall geregelt, dass die Zuwendung **ohne das Wissen des zu Beschenkenden** erfolgt, zB bei **Tilgung einer fremden Schuld** ohne Wissen des Schuldners oder beim Abschluss eines Vertrages zugunsten Dritter ohne Kenntnis des Dritten. 26

1. Schenkungsangebot

In dieser Zuwendung ohne den Willen des Beschenkten liegt ein **Angebot des Schenkers** (§ 145 BGB) zum Abschluss eines Schenkungsvertrages; erst durch die Einigung wird nach § 516 Abs. 1 BGB die Schenkung rechtlich vollendet.[12] Der Schenker ist an dieses Angebot bis zur Entscheidung des Beschenkten über seine Annahme oder Ablehnung gem. § 146 BGB gebunden. 27

---

6 BGH WM 1956, 353.
7 BGH NJW 95, 1349.
8 BGH NJW 99, 2887.
9 BGH NJW 1999, 2887.
10 BGH NJW 1960, 1517.
11 BGH NJW 1999, 1623; BGH NJW 1981, 2458.
12 Staudinger/Wimmer-Leonhardt, § 516 R.190.

2. Fristsetzung

28 Diesen **Schwebezustand** kann der Schenker durch Fristsetzung mit der formfreien Aufforderung zur Erklärung über die Annahme gem. § 516 Abs. 2 S. 1 BGB beenden.

3. Annahme

29 Für die Annahme gilt das **allgemeine Vertragsrecht**, insbesondere kommt § 151 S. 1 BGB zur Anwendung, da bei unentgeltlicher Zuwendung und für den Antragsempfänger lediglich rechtlich vorteilhaften Geschäften nach der Verkehrssitte nicht zu erwarten ist, dass die Annahme gegenüber dem Antragenden erklärt wird.[13] § 516 Abs. 2 S. 2 BGB fingiert die Annahme der Schenkung bei Schweigen des Beschenkten bis zum Fristablauf.

30 Diese Vorschrift ist jedoch nicht anwendbar bei **gemischten Schenkungen** oder Auflagenschenkungen, da in diesen Fällen auch Pflichten begründet werden, die niemand aufgrund bloßen Schweigens übernehmen muss.[14]

II. Rechtsfolge des § 516 Abs. 2 S. 3 BGB

31 Der Schenker kann Herausgabe des Zugewendeten nach bereicherungsrechtlichen Grundsätzen verlangen, soweit der Beschenkte die Schenkung ablehnt.

III. Darlegungs- und Beweislast

32 Derjenige der den Abschluss des Schenkungsvertrages **gem. § 516 Abs. 2 BGB** behauptet, hat die Zuwendung und die Fristsetzung darzulegen und gegebenenfalls zu beweisen; demgegenüber hat der Gegner die Ablehnung innerhalb der Frist zu beweisen.[15]

13 BGH ZIP 1999, 2058, 2059.
14 MüKo/Kollhosser, § 516 Rn 46.
15 MüKo/Kollhosser, § 516 Rn 49.

§ 3 Ansprüche des Schenkers aus der Schenkung

A. Anspruch des Schenkers auf Herausgabe nach Ablehnung (§§ 516 Abs. 2 S. 3, 812 ff BGB)

Der Schenker kann **Herausgabe des Zugewendeten** nach bereicherungsrechtlichen Grundsätzen verlangen, soweit der Beschenkte die Schenkung ablehnt. Im Hinblick auf die Voraussetzungen dieses Anspruchs wird auf die obigen Ausführungen verwiesen. 33

B. Anspruch des Schenkers auf Herausgabe wegen Verarmung (§§ 528 Abs. 1 S. 1, 812 ff BGB)

Soweit der Schenker nach Vollziehung der Schenkung außerstande ist, seinen angemessenen Unterhalt zu bestreiten und die ihm seinen Verwandten, seinem Ehegatten, seinem Lebenspartner oder seinem früheren Ehegatten oder Lebenspartner gegenüber gesetzlich obliegende Unterhaltspflicht zu erfüllen, kann er gem. § 528 Abs. 1 BGB vom Beschenkten die Herausgabe des Geschenkes nach den **Vorschriften über die Herausgabe einer ungerechtfertigten Bereicherung.** § 528 BGB entspricht der Einrede des Notbedarfs nach § 519 BGB, wenn die Schenkung schon vollzogen ist, wobei die erhöhte Schutzwürdigkeit des Beschenkten im Falle des Rückforderungsrechtes nach § 528 BGB stärkeren Einschränkungen unterliegt, als die Einrede des Notbedarfs nach § 519 BGB 34

I. Tatbestandsmerkmale

1. Vollzogener Schenkungsvertrag

Grundlage des Rückforderungsanspruchs nach §§ 528, 812 BGB ist ein zwischen den Parteien geschlossener wirksamer **Schenkungsvertrag**, welcher insoweit auch nach § 518 Abs. 2 BGB bereits vollzogen ist; ist kein Vollzug gegeben, besteht das Einrederecht **gem.** **§ 519 BGB.** 35

Die Schenkung muss schon **vollzogen** sein,[1] während gegenüber dem bloßen Schenkungsversprechen das weitergehende Einrederecht des § 519 BGB gilt. 36

2. Bedürftigkeit des Schenkers

Der Schenker muss nach § 528 Abs. 1 BGB auch bedürftig sein. Eine **Bedürftigkeit des Schenkers** liegt vor, wenn dieser nach Vollziehung der Schenkung nicht in der Lage ist seinen eigenen angemessenen Unterhalt zu bestreiten oder die ihm gesetzlich obliegenden Unterhaltsverpflichtungen aus §§ 1360 ff, 1569 ff, 1601 ff, 1615 ff BGB, §§ 5, 12, 16 LPartG gegenüber Verwandten, Ehegatten oder Partnern zu erfüllen. Die sonstigen Verpflichtungen des Schenkers sind im Gegensatz zu § 519 BGB unerheblich. Auch muss der Notbedarf danach tatsächlich vorhanden sein; ein drohender Notbedarf genügt nicht. Es wird insoweit eine Gegenüberstellung zwischen dem Aktivvermögen des Schenkers unter Berücksichtigung der gesicherten Erwerbs- und Einkommensmöglichkeiten und den Aufwendungen für den eigenen Lebensunterhalt des Schenkers sowie dessen gesetzlichen Unterhaltspflichten vorgenommen.[2] Dabei ist der Schenker auch verpflichtet, seine sonstige Vermögenssubstanz einzubeziehen und vor Rückforderung aufzuzehren. 37

1 Vgl § 2 oben bzgl Vollzug der Schenkung.
2 BGH NJW 1986, 1606; BGH NJW 1991, 1824.

38 **Unerheblich ist**, ob die sachlichen Voraussetzungen für den Rückforderungsanspruch vor oder erst nach Vollziehung der Schenkung entstanden sind. Insbesondere ist nicht gefordert, dass die Bedürftigkeit gerade durch die Schenkung herbeigeführt worden ist.[3] Eine bloße Gefährdung des Unterhalts genügt nicht.[4]

39 Im Rechtsstreit mit dem Schenker ist die Bedürftigkeit nach dem zur Zeit des Schlusses der letzten mündlichen Verhandlung vorhandenen Vermögen des Schenkers zu beurteilen.[5]

3. Gesamtschuldner

40 Soweit durch die Schenkung **mehrere Personen bedacht** wurden, sind diese als Gesamtschuldner gem. § 528 Abs. 2 BGB zu behandeln; sie haften dem Schuldner, ohne Rücksicht auf die Gleichwertigkeit der Zuwendungen, gleichrangig nebeneinander in voller Höhe.[6]

41 Der Anspruch richtet sich gegen dann die **Erben**, wenn ein Beschenkter vor Eintritt des Notbedarfs des Schenkers verstirbt.[7]

4. Einwendungen

42 Der Anspruch des Schenkers nach § 528 Abs. 1 BGB auf Herausgabe des Geschenkes erlischt nicht mit dessen Tod, sofern er bereits vom Schenker geltend gemacht oder abgetreten ist.[8] Das Gleiche gilt, wenn der Schenker durch die Inanspruchnahme unterhaltssichernder Leistungen Dritter zu erkennen gegeben hat, dass er ohne die Rückforderung des Geschenkes nicht in der Lage war, seinen notwendigen Unterhalt zu bestreiten.[9]

5. Verjährung und Ausschluss der Rückforderung

43 Grundsätzlich verjährt der Anspruch auf Rückforderung des Geschenkes gem. §§ 195, 199 Abs. 1 BGB in 3 bzw in 10 Jahren nach Anspruchsentstehung und bei Grundstücken gem. § 196 BGB in 10 Jahren.

44 Allerdings bestimmt § 529 Abs. 1 BGB dass der Anspruch auf Herausgabe des Geschenkes ausgeschlossen ist, wenn der Schenker die **Bedürftigkeit vorsätzlich oder grob fahrlässig herbeigeführt** hat. Alternativ ist der Rückforderungsanspruch ausgeschlossen, wenn bei Eintritt der Bedürftigkeit bereits 10 Jahre seit der Leistung des Schenkungsgegenstandes vergangen sind. Die vorsätzliche oder grob Fahrlässige Herbeiführung der Bedürftigkeit ist gegeben, wenn der Schenker die Notlage durch Verschwendung oder leichtsinnige Spekulation herbeigeführt hat.

a) Ausschluss des Rückforderungsrechtes nach § 529 Abs. 2 BGB

45 Einen besonderen Ausschluss des Rückforderungsrechtes gewährt § 529 Abs. 2 BGB soweit der Beschenkte durch die Herausgabe des Geschenks **selbst in Not geraten** würde; die Voraussetzungen entsprechen denen des § 519 Abs. 1 BGB. Die Einrede des § 529 Abs. 2 BGB hindert jedoch nur die gegenwärtige, nicht aber die spätere Durchsetzung des Rückforderungsanspruchs bei veränderter Einkommens – oder Vermögenslage des Beschenkten.[10]

3 BGB-RGRK/Mezger, § 528 Rn 3.
4 BGH NJW 2003, 2449, 2450.
5 BGB-RGRK/Mezger, § 528 Rn 2,3.
6 BGH NJW 1991, 1427.
7 BGH NJW 1998, 537; BGH NJW 1991, 2558.
8 BGH NJW 2001, 2084.
9 BGH aaO.
10 BGH NJW 2005, 3638.

b) Ausschluss des Rückforderungsrechtes nach § 534 BGB

Besonderheiten bestehen zudem auch bei sog. Pflicht- und Anstandsschenkungen gem. § 534 BGB. Bei solchen **Pflicht- und Anstandsschenkung**, dh, Schenkungen durch die einer sittlichen Pflicht oder einer auf den Anstand zu nehmenden Rücksicht entsprochen wird, ist ein Widerruf oder eine Rückforderung der Schenkung ausgeschlossen. Bei einer Pflichtschenkung liegt der Grund der Schenkung nicht nur in der besonderen persönlichen Verbundenheit, sondern in einem sittlichen Gebot, welches durch eine über die allgemeine Nächstenliebe hinausgehende, in den konkreten Umständen des Einzelfalles wurzelnde sittliche Pflicht getragen, nicht nur sittlich geboten ist (zB Unterstützung bedürftiger Geschwister);[11] Anstandsschenkungen sind danach solche, die nach der sozialen Anschauung der sozialen Gruppe des Schenkers nicht unterbleiben können, ohne dass der Schenker an Achtung und Ansehen verliert,[12] insbesondere übliche Geschenke zu besonderen Gelegenheiten wie Geburtstagen oder Hochzeit.[13] Auch der Grundsatz von Treu und Glauben kann dem Herausgabeanspruch entgegenstehen, so etwa wenn der Schenkungsgegenstand keinen nennenswerten Verkaufswert hat und damit für den Unterhalt des Schenkers oder die Erfüllung seiner Unterhaltspflichten nicht in Betracht kommt.[14] 46

II. Rechtsfolge

Für die Herausgabe des Geschenkes sind gem. § 528 Abs. 1 BGB die Vorschriften des Bereicherungsrechtes maßgeblich (Rechtsfolgenverweisung); der Beschenkte wird durch diese Verweisung so behandelt als sei der Rechtsgrund für die Schenkung entfallen. 47

III. Darlegungs- und Beweislast

Der Schenker ist darlegungs- und beweispflichtig für die Unentgeltlichkeit der Zuwendung und seine Notlage;[15] für diese ist die Gewährung von Sozialhilfe ein starkes Indiz.[16] Der Beschenkte hat seine Entreicherung gem. § 818 Abs. 3 BGB zu beweisen. 48

▶ **Muster: Klageweise Rückforderung des Schenkungsgegenstandes bei Notlage** 49

An das Landgericht ■■■ 47

■■■

Klage

[volles Rubrum]

wegen: Rückforderung einer Schenkung wegen Notbedarfs

Vorläufiger Streitwert: EUR 100.000,-

Namens und in Vollmacht des Klägers erheben wir Klage. Es wird beantragt, zu erkennen:

1. der Beklagte wird verurteilt, an den Kläger 5.500 EUR sowie monatlich 1.100 EUR zzgl Zinsen iHv 5 Prozentpunkten über dem jeweiligen Basiszinssatz ab dem 3. Werktag eines jeden Monats, beginnend ab dem ■■■ bis zu einem Höchstbetrag iHv insgesamt 100.000 EUR zu bezahlen, wobei verzugsbedingte Zinszahlungen nicht auf die Gesamtforderung angerechnet werden.

---

11 BeckOK/Gehrlein § 534, Rn 1; BGH MDR 1963, 576.
12 BGH NJW 1981, 111.
13 BeckOK/Gehrlein § 534 Rn 2.
14 Staudinger/Wimmer-Leonhard, § 528 Rn 15.
15 BGH NJW-RR 2003, 53.
16 BGH NJW 1996, 987.

2. Der Beklagte trägt die Kosten des Rechtsstreits.
3. Das Urteil ist – notfalls gegen Sicherheitsleistung – vorläufig vollstreckbar.

Sofern das Gericht das schriftliche Vorverfahren anordnet und der Beklagte nicht innerhalb der Frist seine Verteidigungsbereitschaft anzeigt oder die Klage anerkennt, wird beantragt, gegen den Beklagten Versäumnisurteil oder Anerkenntnisurteil zu erlassen.

Begründung

Der Kläger hat dem Beklagten, seinem einzigen Kind, ein Grundstück geschenkt. Die Schenkung wurde am ■■■ notariell beurkundet und am ■■■ durch Eintragung des Beklagten in das Grundbuch von ■■■ vollzogen.

Beweis:

1. Notarvertrag vom ■■■, Anlage K1;
2. Grundbuchauszug des Grundbuches von ■■■, Anlage K2.

Das Grundstück, welches der Kläger dem Beklagten geschenkt hat, hat einen Verkehrswert iHv ca. 100.000 EUR und erzielt einen monatlichen Ertrag iHv 1.100 EUR.

Beweis: Sachverständigengutachten.

Nach der Schenkung am ■■■ erlitt der Kläger einen Schlaganfall und ist seit diesem Zeitpunkt auf ständige medizinische Betreuung angewiesen.

Beweis:

1. medizinisches Gutachten von Dr. ■■■, Anlage K3.
2. Zeugnis des Herrn Dr. ■■■

Der Kläger bezieht eine Rente iHv 750 EUR sowie Leistungen aus der Pflegeversicherung iHv 1.168 EUR.

Beweis:

1. Rentenbescheid vom ■■■, Anlage K4;
2. Leistungsbescheid vom ■■■, Anlage K5.

Der für eine ausreichende Betreuung erforderliche Heimplatz kostet allein monatlich 2.700 EUR.

Beweis: Heimvertrag vom ■■■, Anlage K6.

Damit reichen die dem Kläger monatlich zur Verfügung stehenden Beträge zur Deckung seines Grundbedarfs nicht aus. Der Kläger verfügte noch über ein Sparkonto, welches allerdings zwischenzeitlich vollständig aufgebraucht ist.

Der Beklagte ist dem Kläger zur Zahlung regelmäßig wiederkehrender Leistungen zur Deckung des angemessenen Lebensunterhalts bzw zur Herausgabe des an ihn geschenkten Grundstücks nach § 528 BGB iVm §§ 812 ff BGB verpflichtet.

Der Kläger ist nach dem erlittenen Schlaganfall nicht imstande, seinen angemessenen Lebensunterhalt zu bestreiten. Obgleich der Beklagte mehrfach außergerichtlich zur Zahlung des monatlich erforderlichen Betrages aufgefordert wurde, sind keine Zahlungen erfolgt, obgleich sie dem Beklagten möglich gewesen sind.

Mit Schreiben vom ■■■ wurde der Beklagte erstmals zur Zahlung des monatlichen Betrages aufgefordert. Da sich der Beklagte seither in Verzug befindet, ist er verpflichtet, den seit der Inverzugsetzung aufgelaufenen Betrag in einer Summe zu zahlen. Der Kläger macht dabei lediglich seinen Anspruch auf angemessenen Unterhalt geltend. Dabei bestimmt sich der angemessene Unterhalt nach familienrechtlichen Bestimmungen und die von der Rechtsprechung hierzu entwickelten Maßstäbe auch im Rahmen des § 529 Abs. 2 bzw § 528 Abs. 1 BGB. Angemessene ist danach zumindest der Unterhalt welcher sich auf den nicht gedeckten Notbedarf bezieht. Darüber hinaus wird auch der diesen Betrag übersteigende Bedarf erfasst.

Der Wertersatz wird dabei lediglich durch den Verkehrswert des Geschenkes iSv § 818 Abs. 2 BGB beschränkt, wobei für die Berechnung des Wertanspruchs der Zeitpunkt maßgeblich ist, in welchem der Rückforderungsanspruch entstanden ist. Damit ist der Beklagte verpflichtet, bis zur Höchstgrenze des zum Zeitpunkt des Eintritts des Notbedarfs im Monat ■■■ bestehenden Verkehrswertes des Geschenkes Wertersatz zu leisten. Der Wert des dem Beklagten in diesem Zeitpunkt geschenkten Grundstückes betrug 100.000 EUR.

Beweis: Sachverständigengutachten.

Der Beklagte ist zudem auch leistungsfähig; zudem ist dem Beklagten auch zumutbar, die dem Kläger insoweit geschuldeten Beträge durch Darlehen aufzubringen; schließlich ist das Grundstück noch unbelastet und steht insoweit für eine Beleihung zur Verfügung.

Beglaubigte und einfache Abschrift anbei.

■■■

Rechtsanwalt ◄

C. Herausgabeanspruch des Schenkers nach Widerruf der Schenkung (§§ 531 Abs. 2 S. 1, 812 ff BGB)

50 Gemäß § 531 Abs. 2 S. 1 BGB kann der Schenker nach einem Widerruf der Schenkung (§§ 530-534 BGB) Herausgabe des Geschenkes nach den Vorschriften über die ungerechtfertigte Bereicherung verlangen. Dieser Anspruch ist vormerkungsfähig gem. § 883 Abs. 1 S. 2 BGB und kann zusätzlich durch ein Verfügungsverbot gesichert werden[17]

I. Voraussetzungen des Widerrufs

1. Widerrufsgrund schwere Verfehlung (§ 530 Abs. 1 BGB)

51 Voraussetzung für einen Widerruf ist neben der **vollzogenen Schenkung** ein **Widerrufsgrund** gem. § 530 Abs. 1 BGB. Dieser erfordert objektiv eine schwere Verfehlung des Beschenkten und subjektiv eine zu missbilligende Gesinnung, die in groben Maße ein Mangel an Dankbarkeit ausdrückt (grober Undank)

52 Ob diese Voraussetzungen vorliegen, ist in einer **Gesamtwürdigung** auch des Verhaltens des Schenkers zu beurteilen[18] Als schwere Verfehlungen kommen je nach den Umständen des Einzelfalls zum Beispiel körperliche Misshandlung, schwere Beleidigung und grundlose Strafanzeige in Betracht[19] Das Verhalten Dritter ist dem Beschenkten jedoch nicht zuzurechnen[20]

53 In personeller Hinsicht muss jeweils der Schenker, oder ein naher Angehöriger des Schenkers betroffen sein. Hierbei ist zu berücksichtigen, dass der Kreis der nahen Angehörigen nicht fest durch den Grad der Verwandtschaft oder Schwägerschaft bestimmt ist; entscheidend ist das tatsächliche persönliche Verhältnis zum Schenker. Erfasst werden zB auch Pflegekinder und Lebensgefährten, nicht jedoch Schwiegereltern bei Eheverfehlungen[21]

17 BGH NJW-RR 03,53; BGH NJW 96, 987.
18 BGHZ 46, 394.
19 BGHZ 112, 263.
20 BGHZ 91, 277.
21 OLG Köln NJW-RR 1995, 585.

2. Erklärung des Widerrufs (§ 531 Abs. 1 BGB)

54 Der Widerruf erfolgt nach § 531 Abs. 1 BGB durch Erklärung gegenüber dem Beschenkten; Die Widerrufserklärung ist eine einseitige empfangsbedürftige Willenserklärung des Schenkers oder seiner Erben, § 530 Abs. 2 BGB[22] Der Widerruf kann auch durch Testament erfolgen[23] Anzugeben sind in der Erklärung zudem die Widerrufsgründe

3. Ausschluss des Widerrufs, §§ 532-534 BGB

55 Der Widerruf ist bereits ausgeschlossen gem. § 534 BGB bei Schenkungen aufgrund einer **sittlichen Pflicht** oder bei **Anstandsschenkungen**. Darüber hinaus führt die Verzeihung des Schenkers gegenüber dem Beschenkten nach § 532 BGB ebenso zum Ausschluss des Widerrufs, wie der Verzicht auf das Widerrufsrecht im Rahmen der zwingenden Grenze des § 533 BGB. In § 532 BGB werden folgende Ausschlussgründe benannt:

- die Verzeihung, § 532 S. 1 BGB, als tatsächlicher Vorgang (nicht Rechtsgeschäft) der den Wegfall der Kränkungsempfindung zum Ausdruck bringt,[24]
- der Ablauf der Ausschlussfrist, § 532 S. 1 BGB sowie
- der Tod des Beschenkten, § 532 S. 2 BGB.

II. Rechtsfolge

56 Die Rechtsfolge des Widerrufs ist bei noch nicht vollzogener Schenkung das **Erlöschen der Leistungspflicht**, bei vollzogener Schenkung ein **Herausgabeanspruch** nach Bereicherungsrecht wegen späteren Wegfalls des Rechtsgrundes. Der Beschenkte kann sich gegen eine Inanspruchnahme mit der Entreicherungseinrede des § 818 Abs. 3 BGB wehren; die verschärfte Haftung nach § 819 BGB tritt mit Zugang des Widerrufs ein.[25]

57 ▶ **Muster: Außergerichtliches Rückforderungsschreiben wegen groben Undanks**

48 Sehr geehrter ■■■ [Beschenkter]

Hiermit zeige ich die anwaltliche Interessenvertretung des Herrn ■■■ an. Ordnungsgemäße Bevollmächtigung wird nachgewiesen durch beigefügte Originalvollmacht.

Grund meiner Beauftragung ist die Rückforderung des an Sie von meinem Mandanten geschenkten Ölbildes des Malers Picasso. Mein Mandant hat Ihnen das Bild geschenkt, nachdem er Vertrauen zu Ihnen als Leibwächter und Sekretär gefasst hatte. Wie sich in der Zwischenzeit herausstellte, haben Sie das Vertrauen meines Mandanten missbraucht und die Vertrauensstellung dazu genutzt, ein Verhältnis mit der Ehefrau meines Mandanten einzugehen. Zudem haben Sie die Kenntnisse, welche Sie aufgrund Ihrer Vertrauensstellung hinsichtlich der Bankkonten und sonstigen Beteiligungen unseres Mandanten hatten, an die Ehefrau meines Mandanten weitergegeben um Ihre Kenntnisse dazu zu missbrauchen, der Ehefrau im Rahmen der Scheidungsauseinandersetzung einen Vermögensvorteil zu verschaffen, von welchem Sie profitieren wollten. Aus dem gleichen Grunde haben Sie den privaten Safe meines Mandanten geöffnet und der Ehefrau einen Betrag iHv 28.000 EUR in bar ausgezahlt, damit diese die ersten Tage der Trennung finanzieren könnte. Sie haben während der ganzen Zeit, in welcher mein Mandant unter der Trennung litt, meinem Mandanten Vertrauen vorgespiegelt, obgleich Sie sich in ihrer freien Zeit

---

22 MüKo/Kollhosser, § 530 Rn 11; RGZ 170, 380.
23 RGRK/Metzger § 531 Rn 1.
24 BGHZ 91, 280.
25 BGH NJW 1999, 1626.

mit der Ehefrau getroffen und diese darin bestärkt haben, meinen Mandanten zu verlassen. Schließlich wollten Sie von dem an die Ehefrau meines Mandanten zu zahlenden Unterhalt profitieren.

Sie haben sich nach den Vorgaben des § 530 BGB grob undankbar verhalten. Eine Rückforderung des Geschenkes ist daher geboten. Insbesondere wird bei der Bemessung des groben Undanks Beschaffenheit, Bedeutung und die Motive der Schenkung im Verhältnis zu Anlass und Art der Verfehlung abgewogen. Dabei wird auch das Pietätsverhältnis, in welchem Sie zu meinem Mandanten stehen, gewürdigt. Reuiges Verhalten würde zu Ihren Gunsten gewertet; ein solches ist aber nicht gegeben. Vielmehr haben Sie bis zur Aufdeckung Ihrer Beziehung durch den von meinem Mandanten engagierten Ermittler stets vorgespiegelt, meinen Mandanten zu stützen, während Sie gleichzeitig die Beziehung mit der Ehefrau pflegten.

Namens und im Auftrag meines Mandanten habe ich Sie daher aufzufordern, das Ihnen seinerzeit geschenkte Gemälde unverzüglich an meinen Mandanten zu meinen Händen zurückzugeben. Sollten Sie das Bild nicht bis zum ■■■ zurückgegeben haben, werde ich meinem Mandanten die klageweise Durchsetzung seines Anspruchs empfehlen.

Mit freundlichen Grüßen

■■■

Rechtsanwalt ◀

▶ **Muster: Klage auf Herausgabe des Schenkungsgegenstandes nach Widerruf der Schenkung** 58 49

An das Landgericht ■■■

■■■

Klage

[volles Rubrum]

wegen: Herausgabe der Schenkung nach Widerruf

vorläufiger Streitwert: 150.000,00 EUR

Namens und in Vollmacht des Klägers erheben wir Klage. Es wird beantragt zu erkennen:

1. Der Beklagte wird verurteilt, an den Kläger das Grundstück ■■■-str. ■■■, ■■■, Grundbuch von ■■■, Blatt-Nr. ■■■ Flurstück-Nr. ■■■ an den Kläger aufzulassen und die Zustimmung zur Eintragung des Klägers in das Grundbuch zu erteilen.
2. Der Beklagte wird weiter verurteilt, die Wohnung im 3. Obergeschoss rechts des Hauses ■■■-str. ■■■, ■■■, bestehend aus 5 Zimmern, Küche, Diele, Bad, Gäste WC und Balkon sowie Kellerraum Nr. 3 geräumt an den Kläger herauszugeben.
3. Der Beklagte wird verurteilt, an den Kläger ■■■ EUR nebst Zinsen in Höhe von 5 Prozentpunkten über dem jeweiligen Basiszinssatz aus ■■■ EUR seit dem ■■■, aus ■■■ EUR seit dem ■■■ sowie aus ■■■ EUR seit dem ■■■, zu zahlen.
4. Es wird festgestellt, dass der Beklagte verpflichtet ist, an den Kläger jeweils zum 3. Werktag eines jeden Monats, beginnend mit dem ■■■ bis zur Räumung und Herausgabe der im Antrag zu 2. genauer bezeichneten Wohnung einen Nutzungsentschädigung iHv ■■■ EUR zu zahlen

Für den Fall, dass das Gericht das schriftliche Vorverfahren anordnet und der Beklagte nicht innerhalb der Frist seine Verteidigungsbereitschaft erklärt oder den Anspruch anerkennt, wird beantragt,

gegen den Beklagten ein Versäumnisurteil oder Anerkenntnisurteil ohne mündliche Verhandlung zu erlassen.

Begründung

I.

Der Kläger war bis zum ■■■ Eigentümer der im Antrag zu 1 genauer bezeichneten Immobilie. Mit Notarvertrag vom ■■■ übertrug der Kläger die Immobilie im Wege der vorweggenommenen Erbfolge an seinen Sohn, den Beklagten. Der Beklagte wurde am ■■■ als Eigentümer in das Grundbuch eingetragen.

Beweis:

1. Notarvertrag vom ■■■, Anlage K1.
2. Grundbuchauszug vom ■■■, Anlage K2.

Die Immobilie beherbergt 5 Wohnungen, von welchen 4 vermietet sind. Die im Antrag zu 2. genauer bezeichnete Wohnung wird seit seiner Eintragung im Grundbuch von dem Beklagten bewohnt.

Zwischen den streitbefangenen Parteien war vereinbart, dass der Beklagte sein Studium der Mathematik abschließen sollte. Zur Unterstützung dieses Zwecks erhielt der Beklagte das Grundstück, um sich durch die Mieten und die Möglichkeit des mietfreien Wohnens ohne finanzielle Sorgen voll und ganz seinem Studium widmen zu können.

Wie der Kläger jedoch feststellen musste, vernachlässigte der Beklagte sein Studium seit der Übertragung der Immobilie und gab sich mehr und mehr einem wilden Lotterleben hin. Der Beklagte trank vermehrt bereits am frühen Morgen Alkohol und empfing ständig wechselnde Besucher, welche häufig lärmend und grölend das Treppenhaus betraten und sich auch nicht an Ruhezeiten hielten und damit die Mieter erheblich störten. Darüber hinaus feierte der Beklagte auch während der Woche Partys, welche sich nicht nur auf die Innenräume, sondern auch auf den Balkon erstreckten. Hierbei wurden regelmäßig Sektflaschen und Zigarettenkippen sowie einmal die gesamte Balkonbestuhlung in den Garten der Mieter ■■■ hinabgeworfen. Einmal war einem Gast des Beklagten etwas hinuntergefallen, was diesen Gast unter lautstarken Anfeuerungsrufen u.a. des Beklagten dazu bewegte, an der Regenrinne und einem Pflanzgitter hinab in den Garten zu steigen; dabei riss das Pflanzgitter ab und der Gast fiel auf einen Glastisch des Mieters ■■■ Dabei wurde u.a. auch der Tisch zerstört.

Beweis: Zeugnis des Herrn ■■■

Als der Kläger, der von einem Mieter informiert worden war, den Beklagten am ■■■ wegen dieser Vorfälle zur Rede stellte, wurde er von dem Beklagten als „spießiger Blockwart" beschimpft, welcher dem Beklagten „gar nichts zu sagen hätte". Die Nachbarn konnten das Geschrei des Beklagten durch das Treppenhaus mitverfolgen und bezeugen.

Beweis: Zeugnis des Herrn ■■■

Der Beklagte stieß den Kläger mehrfach mit der Faust und schrie den Kläger an, er sei ein „kleinbürgerlicher Egoist" und solle aufhören, dem Beklagten seinen „faschistoiden Lebenskrampf" aufzudrücken.

Beweis: wie vor.

Als der Kläger am ■■■ erneut versuchte, den Beklagten zur Rede zu stellen, rief ihm der Beklagte zu, er habe das Spionieren des Klägers und dessen „Stasimanieren" endgültig „satt" und trat dem Kläger in den Bauch und stieß ihn die Treppe vom 3. Obergeschoss hinunter. Sodann spuckte der Beklagte dem Kläger hinterher und meinte, nun würde er (der Kläger) sehen, dass das Kapital verrecken werde.

Beweis: Zeugnis des Herrn …

Der Zeuge …, welcher den Vorfall mit anhören musste, eilte dem Kläger zu Hilfe. Der Beklagte lachte den Kläger und den Zeugen … aus und bezeichnete sie als „zwei lächerliche Opas aus der Muppet-Show". Obgleich auch der Beklagte erkennen konnte, dass der Kläger sich schwer verletzt hatte, kam ihm dieser nicht zu Hilfe und verschwand in der Wohnung.

Beweis: wie vor.

Der Kläger brach sich bei diesem Vorfall eine Rippe und den kleinen Finger der rechten Hand; er zog sich zudem eine Prellung an der Stirn zu.

Beweis:

1. Polizeibericht vom …, Anlage K3.
2. ärztlicher Untersuchungsbericht vom …, Anlage K4.

Nachdem der Kläger aus dem Krankenhaus entlassen wurde, meldete er sich am … bei dem Unterzeichner und ließ die Schenkung der im Antrag zu 1 genauer bezeichneten Immobilie widerrufen. Gleichzeitig wurde der Beklagte aufgefordert, die im Antrag zu 2 genauer bezeichnete Wohnung zu räumen und geräumt an den Kläger herauszugeben.

Beweis: Schreiben vom …, Anlage K5.

Das Schreiben wurde dem Beklagten durch Einwurf in seinen Briefkasten durch den Mitarbeiter des Unterzeichners, den Zeugen …, am …, zugestellt.

Beweis: Zeugnis des Herrn …

Der Beklagte weigert sich, die Wohnung geräumt herauszugeben; ebenso verweigert der Beklagte die Rückübertragung der Schenkung.

II.

Der Beklagte hat sich eine Verfehlung wegen groben Undanks nach § 530 Abs. 1 BGB gegenüber dem Kläger zu schulden kommen lassen. Nach dem Widerruf der Schenkung hat der Beklagte nach §§ 531 Abs. 2, 812 Abs. 1 S. 2 1. Alt., 818 Abs. 1 BGB die im Antrag zu 2 genauer bezeichnete Wohnung herauszugeben und das im Antrag zu 1 genauer bezeichnete Grundstück an den Kläger aufzulassen.

III.

Der Beklagte hat zudem Wertersatz für die erlangten Gebrauchsvorteile nach §§ 820, 818 Abs. 2 BGB zu leisten.

Für die im Antrag zu 2 genauer bezeichnete, 120 qm große 5-Zimmer-Wohnung nebst Balkon und Kellerraum ist eine monatliche Miete iHv … EUR angemessen.

Beweis: Sachverständigengutachten.

Der Beklagte hat Wertersatz in Höhe der Miete seit dem Zeitpunkt Besitzübergabe am …, bis Rechtshängigkeit, daher insgesamt die im Klageantrag zu 3 bezeichnete Summe iHv … EUR, nebst Zinsen, zu leisten. Trotz mehrfacher Aufforderung, zuletzt mit anwaltlichem Schreiben des Unterzeichners vom … hat der Beklagte bislang keine Zahlung geleistet.

Der Beklagte hat zudem bis zur Herausgabe Wertersatz in Form einer Nutzungsentschädigung ebenfalls in Höhe der erzielbaren Miete von ■■■ EUR zu leisten.

Einfache und beglaubigte Abschrift anbei.

■■■

Rechtsanwältin ◄

§ 4 Ansprüche des Beschenkten

A. Anspruch des Beschenkten auf Erfüllung aus dem Schenkungsversprechen gem. §§ 518, 516 BGB

Ein **Anspruch des Beschenkten** gegen den Schenker auf **Erfüllung** der versprochenen Zuwendung ergibt sich direkt aus dem Schenkungsversprechen nach § 518 BGB, denn durch dieses verpflichtet sich der Schenker zu einer zukünftigen und unentgeltlichen Leistung. Die Schenkung liegt hier bereits in der Begründung dieser Forderung.[1] 59

I. Schenkungsversprechen und -vertrag

Der Schenkungsvertrag ist **wirksam**, soweit keine **rechtshindernden Einwendungen** vorliegen; gegebenenfalls sind die Nichtigkeitsgründe bei Geschäften mit Minderjährigen (§§ 106 ff BGB) und das Schriftformerfordernis bei der Übertragung von Grundstücken (§§ 311 b, 125 BGB) zu beachten. Insbesondere ist die nach § 518 Abs. 1 BGB vorgeschriebene notarielle Beurkundung des Schenkungsversprechens zu beachten. 60

1. Notarielle Beurkundung des Schenkungsversprechens, § 518 Abs. 1 S. 1 BGB

Der **Formpflicht** des § 518 BGB unterliegt nur die Verpflichtungserklärung des Schenkers, nicht auch die Begründung, dass sie unentgeltlich übernommen wird. Ebenso wenig unterliegt die Annahmeerklärung des Beschenkten der notariellen Beurkundungspflicht. Die notarielle Beurkundung kann gemäß § 127 a BGB durch einen Prozessvergleich ersetzt werden. 61

2. Sonderregel des § 518 Abs. 1 S. 2 BGB

Gemäß § 518 Abs. 1 S. 2 BGB ist die Versprechens- oder **Anerkennungserklärung** (§§ 780, 781 S. 1 BGB) bei der schenkweisen Erteilung eines Schuldversprechens oder Schuldanerkenntnisses, ebenfalls notariell zu beurkunden. Dies gilt entsprechend für die Schenkung anderer abstrakter Versprechen. 62

3. Heilung durch Vollziehung, § 518 Abs. 2 BGB

Gemäß § 518 Abs. 2 BGB wird der Formmangel durch die **Bewirkung der entsprechenden Leistung** geheilt. Allerdings bezieht sich die Heilung allein auf den Formfehler. Voraussetzung hierfür ist, der Fortbestand der Einigung und der Vollzug der Schenkung. Der Vollzug ist eingetreten wenn, der Schenker freiwillig das seinerseits Erforderliche zur Bewirkung der Leistung getan hat; es kommt also nur auf die Vornahme der Leistungshandlung und nicht auf den Eintritt des Leistungserfolges an. 63

4. Grundstücksübertragung, § 311 b BGB

Bei der **Grundstücksübertragung** ist immer die Formvorschrift des § 311 b BGB zu beachten, mit der Folge, dass nicht nur die Willenserklärung des Schenkers, sondern auch die Willenserklärung des Beschenkten der notariellen Beurkundung bedarf. 64

1 Vgl hierzu Ausf. in § 1 / Einführung.

5. Besonderheiten bei Schenkungen an Minderjährige, §§ 106 ff BGB

65 Eine Schenkung ist **schuldrechtlich immer lediglich vorteilhaft**, daher bedarf der Minderjährige zum Abschluss des Schenkungsvertrages auch grundsätzlich nicht der Zustimmung (Einwilligung §§ 107, 183 BGB) des gesetzlichen Vertreters. In den Fällen, in denen das **dingliche Rechtsgeschäft** für den Minderjährigen **nicht lediglich rechtlich vorteilhaft** ist, zB bei der Schenkung von **Wohnungseigentum**, ist anhand einer **Gesamtbetrachtung** von Verpflichtungs- und Erfüllungsgeschäft zu entscheiden, ob es sich insgesamt um ein rechtlich vorteilhaftes Rechtsgeschäft für den Minderjährigen handelt.[2]

II. Haftungsbeschränkung nach § 521 BGB

66 Gemäß § 521 BGB haftet der Schenker, abweichend vom Grundsatz des § 276 BGB, nicht für **leichte Fahrlässigkeit** und auch nicht für die seiner **Erfüllungsgehilfen.**[3] Die Privilegierung des § 521 BGB kommt dem Schenker auch im Falle der Unmöglichkeit zugute; sie gilt gleichfalls in den Fällen des Verzugs (§§ 280 Abs. 2, 285 BGB), der Rechtshängigkeitshaftung (§ 292 BGB), sonstigen Pflichtverletzungen (§ 280 Abs. 1 BGB),[4] bei Ansprüchen nach § 311 Abs. 2 BGB und bei verbotswidrigen Schenkungen (§ 134 BGB). Keine Anwendung findet § 521 BGB im Rahmen der Rechts- und Sachmängelhafthaftung, §§ 523, 524 BGB.

III. Einrede des Notbedarfs, § 519 Abs. 1 BGB

67 Die Vorschrift schützt zum einen den **angemessenen Unterhalt des Schuldners** selbst, sowie die ihm gesetzlich obliegenden **Unterhaltspflichten.** Führt die Erfüllung einer Schenkung zu einer Gefährdung dieser Schutzgüter, ist er zur Verweigerung der Erfüllung des Versprechens berechtigt. Die Einrede des Notbedarfs stellt insoweit einen Sonderfall der in § 313 BGB geregelten **Störung der Geschäftsgrundlage** dar.[5] Voraussetzung ist, dass die Schenkung noch nicht vollzogen ist; ausreichend für die Gefährdung ist, dass die begründete Besorgnis zukünftiger Unzulänglichkeit besteht.[6] Im Übrigen ist die Vorschrift identisch mit der Rückforderung wegen Verarmung nach §§ 528, 529 BGB, so dass auf die obigen Ausführungen verwiesen werden kann (Rn 34 ff). Die Notbedarfseinrede hemmt nur den gegenwärtigen Erfüllungsanspruch des Beschenkten; eine gegen den Schenker erhobene Klage ist damit auch nur derzeit als unbegründet abzuweisen.[7] Bei Wegfall des Notbedarfs, kann erneut Klage erhoben werden; hierfür trägt der Beschenkte die Darlegungs- und Beweislast. Bei nachträglichem Eintritt des Notbedarfs, kommt eine Klage nach § 767 ZPO in Betracht.

B. Schadensersatzanspruch des Beschenkten bei Mängeln

68 Der Beschenkte hat gegen den Schenker einen Anspruch auf **Schadensersatz** nach § 523 Abs. 1 BGB, soweit der sich im Vermögen oder Eigenbesitz des Beschenkten befindende Schenkungsgegenstand mit einem Rechtsmangel behaftet ist, und der Schenker diesen Rechtsmangel arglistig verschwiegen hat.

69 Wenn der sich im Vermögen oder Eigenbesitz des Beschenkten befindende Schenkungsgegenstand hingegen mit einem **Sachmangel** behaftet ist, und der Schenker diesen Sachmangel

2 BayObLG NJW 1998, 3574.
3 Staudinger/Cremer, § 521 Rn7.
4 BGH NJW 1985, 794.
5 Hk-BGB/Saenger, § 519 Rn 1.
6 Hk-BGB/Saenger, § 519 Rn 2.
7 BGH NJW 2005, 3638.

arglistig verschwiegen hat, so hat der Beschenkte gegen den Schenker einen Anspruch auf Schadensersatz nach § 524 Abs. 1 BGB.

I. Tatbestandsvoraussetzungen

1. Wirksamer Schenkungsvertrag

Die Parteien müssen einen wirksamen Schenkungsvertrag abgeschlossen haben. 70

2. Vollzug der Schenkung, § 518 Abs. 2 BGB

Die Schenkung muss nach § 518 Abs. 2 BGB bereits vollzogen sein. 71

3. Sach- oder Rechtsmangel

a) Rechtsmangel, § 523 Abs. 1 BGB

Nach § 523 Abs. 1 BGB muss im **Zeitpunkt des Schenkungsvollzuges** ein Rechtsmangel 72
(§§ 435, 436 BGB) vorliegen.

b) Sachmangel, § 524 Abs. 1 BGB

Nach § 524 Abs. 1 BGB muss im Zeitpunkt des Schenkungsvollzuges ein Sachmangel 73
(§ 434 BGB) vorliegen. Der Schenker kann vertraglich auch eine weitergehende Garantie iSv § 276 Abs1 S. 1 BGB übernehmen und das Vorhandensein bestimmter Eigenschaften zusichern; so enthält zum Beispiel bei der Schenkung eines Unternehmens, die vertragliche Bestätigung das die Stammeinlage in voller Höhe erbracht ist, eine konkludente Eigenschaftszusicherung für die der Schenker haftet.[8] Gemäß § 518 Abs. 1 BGB ist die Garantieübernahme zu beurkunden. Die Reichweite der Garantie ist durch Auslegung zu ermitteln, hiervon ist abhängig ob der Beschenkte zunächst Nacherfüllung geltend machen muss nach §§ 281, 323 BGB, oder ob von der Entbehrlichkeit der Fristsetzung auszugehen ist und er sogleich Schadensersatz wegen Nichterfüllung verlangen kann.[9]

4. Arglistiges Verschweigen

Der Schenker muss den Sach- oder Rechtsmangel arglistig verschwiegen haben (§ 442 74
BGB).

II. Rechtsfolgen

Nach §§ 523 Abs. 1, 524 Abs. 1 BGB haftet der Schenker nur auf das negative Vertrau- 75
ensinteresse, also den Ersatz des Schadens den der Beschenkte dadurch erleidet, dass er auf die Rechtsmängelfreiheit des Schenkungsgegenstandes vertraut hat.

C. Verschärfte Haftung des Schenkers

Verschweigt der Schenker arglistig einen Mangel im Recht (§ 523 Abs. 1 BGB) oder einen 76
Fehler der verschenkten Sache (§ 524 Abs. 1 BGB), so ist er verpflichtet, dem Beschenkten den daraus entstehenden Schaden zu ersetzen. Insofern besteht für den Schenker eine verschärfte Haftung. Für den Fall, dass der Schenker ein **Schenkungsversprechen** hinsichtlich eines noch zu beschaffenden Gegenstandes zusagt, haftet er bereits für grobe Fahrlässigkeit;

8 OLG Hamm OLG Report Hamm 4/91 S. 3.
9 MüKo/Kollhosser, § 524 Rn 1.

durch den Verweis auf die §§ 433 Abs. 1, 435, 436, 444, 452 und 453 BGB haftet der Schenker damit auf das Erfüllungsinteresse, falls ihm beim Erwerb Vorsatz oder grobe Fahrlässigkeit vorgeworfen werden können.

77 Der Schenker haftet also nach § 524 Abs. 2 BGB verschärft für Sachmängel, wenn er im Falle einer Versprechensschenkung die Lieferung einer **Gattungssache** aus fremden Vermögen zusagt.

78 Nach § 524 Abs. 2 S. 3 BGB sind auf die Ansprüche des § 524 Abs. 2 S. 1 BGB und des § 524 Abs. 2 S. 2 BGB die kaufrechtlichen **Gewährleistungsvorschriften** entsprechend anzuwenden.

I. Tatbestandsvoraussetzungen

1. Wirksamer Schenkungsvertrag

79 Die Parteien müssen einen wirksamen Schenkungsvertrag abgeschlossen haben.

2. Schenkung eines zu beschaffenden Gegenstandes

80 Der Schenker darf im Zeitpunkt des Schenkungsversprechens **noch nicht Inhaber** oder Eigentümer des dem Beschenkten versprochenen Gegenstands sein.

3. Sach- oder Rechtsmangel im Zeitpunkt des Schenkungsvollzugs

81 Im Zeitpunkt des Vollzugs der Schenkung muss der Schenkungsgegenstand mit einem Rechts- oder Sachmangel behaftet sein.

4. Vorwerfbarkeit der Kenntnis oder Unkenntnis des Mangels

82 Nach §§ 523 Abs. 2 BGB, 524 Abs. 2 S. 1 BGB müsste dem Schenker bei Erwerb des Schenkungsgegenstandes der Mangel des Gegenstandes bekannt gewesen sein oder infolge grober Fahrlässigkeit unbekannt geblieben sein. Im Falle des § 524 Abs. 2 S. 2 BGB muss der Schenker zudem arglistig gehandelt haben.

II. Schadensersatz

83 Unter den Voraussetzungen des § 523 Abs. 2 BGB hat der Schenker dem Beschenkten das **positive Interesse** zu ersetzen; er hat diesen also so zu stellen wie er bei vertragsgemäßer Erfüllung stehen würde. Liegen die Voraussetzungen des § 524 Abs. 2 BGB vor, gilt zunächst das gemilderte Prinzip des § 480 BGB; hat der Schenker den Mangel gekannt, oder grob fahrlässig nicht gekannt, und hätte er den Mangel mit zumutbaren Mitteln unschwer vermeiden können, dann schuldet er Lieferung einer fehlerfreien Sache gem. § 524 Abs. 2 S. 1 BGB.[10] Bei arglistigem Verschweigen des Fehlers, hat der Schenker nach Wahl des Beschenkten statt Nachlieferung, Schadensersatz wegen Nichterfüllung zu leisten, § 524 Abs. 2 S. 2 BGB.

---

10 Erman/Seiler, § 525 Rn 3.

FormularBibliothek Zivilprozess

Inhalt

Verweise erfolgen auf Randnummern

Musterverzeichnis

Verweise erfolgen auf Randnummern

§ 1 Allgemeines und rechtliche Grundlagen

A. Einführung

1 Der deutsche Leasingmarkt ist und bleibt ein Wachstumsmarkt. Seit rund 30 Jahren hat sich das Leasing als Finanzierungsmöglichkeit fest etabliert. Dies betrifft nicht nur den Bereich des Kfz-Leasings sondern auch die Bereiche Bürokommunikation oder Betriebsmittel. Zurückzuführen ist dies auf die Wandlung der Unternehmensfinanzierung in deutschen Unternehmen und die damit verbundene Darlehensaufnahme. Das Leasingrecht wurde mit den Jahren zum Massengeschäft, wobei es vor allem durch das Richterrecht und Formularrecht geprägt wurde.

2 Die nun folgenden Ausführungen sind an Anwälte gerichtet, die ihren Beratungsschwerpunkt nicht auf den Bereich des Leasingrechts gelegt haben. Es soll ein Einblick in die verschiedenen Leasingformen gegeben werden und die 3 wichtigsten Hauptprobleme herausgreifen: Außerordentliche Kündigung des Leasingvertrages aufgrund Zahlungsverzugs des Kunden, Mangelhaftigkeit des Leasingobjekts und Untergangs des Leasingobjekts während der Vertragslaufzeit. Diese Probleme werden aus Gründen der Vereinfachung anhand des Beispiels Kfz-Leasing besprochen. Dabei wird der Blick vor allem auf die Rechte des Leasingnehmers gerichtet.

3 Es ist besonders darauf zu achten, ob der Vertrag zu gewerblichen oder privaten Zwecken abgeschlossen wurde, denn das Gesetz stellt an Leasingverträge für Verbraucher besondere Anforderungen.

B. Allgemeines

I. Formen des Leasing und Begriffserklärung

1. Finanzierungsleasing

a) Grundlagen

4 Diese Form des Leasinggeschäfts wird in den häufigsten Fällen gewählt. Der Begriff wird von dem Gesetzgeber in §§ 499 Abs. 2, 500 BGB verwendet. Das Leasinggeschäft findet zwischen drei Vertragspartnern statt: dem Lieferanten, dem Leasinggeber und dem Leasingnehmer. Der Leasingnehmer sucht sich beim Lieferanten die Leasingsache aus. Der Kaufvertrag über die Sache wird zwischen dem Leasinggeber und dem Lieferanten geschlossen bzw. der Leasinggeber tritt in den Kaufvertrag zwischen Lieferant und Leasingnehmer ein. Sodann wird zwischen dem Leasinggeber und dem Leasingnehmer der Leasingvertrag geschlossen. Durch die Bezahlung der Raten wird die **Wertminderung** des Kfz, die **Refinanzierungskosten** des Leasingvertrages sowie die **Vertriebs-** und **Verwaltungskosten** des Leasinggebers ausgeglichen. Die Finanzierungsfunktion steht hier eindeutig im Vordergrund.

b) Abgrenzung zu anderen Verträgen

5 Der Leasingvertrag kommt dem **Teilzahlungskauf** (vgl § 501 BGB) sehr nahe. Jedoch soll der Leasingnehmer kein Eigentum erwerben.

6 Beim **Mietkauf** erhält der Mieter das Recht, nach einer bestimmten Zeit die Mietsache käuflich zu erwerben, wobei auf den Kaufpreis der bereits gezahlte Mietzins angerechnet

wird.[1] Im Unterschied zum Leasingvertrag bleiben die gesetzlichen Gewährleistungsregelungen unverändert bestehen.

2. Operatingleasing

7 Bei dieser Form des Leasinggeschäfts ist nur eine kurze Laufzeit vorgesehen, da die Leasingsache mehreren Leasingnehmern nacheinander zur Verfügung gestellt werden soll. Es handelt sich um einen Vertrag nur im Zwei-Personen-Verhältnis, von dem sich der Leasingnehmer kurzfristig durch Kündigung lösen kann. Dies ist ein Vorteil für den Leasingnehmer, der sich immer die neusten Produkte verschaffen will oder der nur kurzfristig planen kann. Hier sind ausschließlich die Regelungen über den Mietvertrag anzuwenden.[2]

3. Hersteller- oder Händlerleasing

8 Diese Art ist, obwohl auch hier nur ein Zwei-Personen-Verhältnis vorliegt, zu den Finanzierungsleasingverträgen zu zählen, da die volle Amortisation des Aufwandes des Leasinggebers durch ein Leasinggeschäft gewährleistet wird. Da der Lieferant zugleich Leasinggeber ist, steht die entgeltliche Gebrauchsüberlassung im Vordergrund, weshalb die §§ 535 ff BGB anzuwenden sind.

4. Null-Leasing

9 Dies ist ein anderer Ausdruck für einen privaten Leasingvertrag. Näheres s. Palandt, Einf. vor § 535 Rn 43.

5. Sale-and-lease-back

10 In dieser Konstellation sind der Lieferant und der Leasingnehmer die gleiche Person. D.h, der Leasingnehmer ist ursprünglich Eigentümer des Leasinggutes. Er verkauft und übereignet das Leasinggut an den Leasinggeber um es von diesem wieder zurück zu leasen.[3] Diese Vertragsgestaltung wird gerne von Unternehmen genutzt um Liquidität zu generieren.

6. Vollamortisationsvertrag

11 Dieser liegt vor, wenn der Leasingnehmer mit den in der unkündbaren Grundmietzeit zu entrichtenden Leasingraten mindestens die Anschaffungs- bzw Herstellungskosten sowie alle Nebenkosten einschließlich der Finanzierungskosten des Leasinggebers abdeckt.

7. Teilamortisationsvertrag

12 In dieser Variante werden die unter Rn 11 genannten Kosten nicht vollständig mit den Leasingraten abgedeckt. Die Besonderheit besteht hier, dass die Amortisation durch den Verkauf des Leasinggutes am Vertragsende und evtl durch die Abschlusszahlung realisiert wird, sofern der vertraglich festgesetzte Restwert durch den Verkauf des Leasinggutes nicht erreicht wird. Die meisten Finanzierungsleasingverträge werden nach diesem Modell kalkuliert.

---

1 Palandt/Weidenkaff, Einf. vor § 535 Rn 30.
2 Palandt/Weidenkaff, Einf. vor § 535 Rn 40.
3 Palandt/Weidenkaff, Einf. vor § 535 Rn 44.

8. Leasingerlass

13 Leasing ist aus steuerlichen Gründen gerade für Unternehmen interessant. Um sicherzustellen, dass der mit dem Leasinggeschäft angestrebte steuerliche Effekt erzielt wird, richtet sich die Vertragspraxis gewöhnlich nach den, in den sog. Leasing-Erlassen der Finanzverwaltung, aufgestellten Voraussetzungen.

II. Zivilrechtliche Betrachtung des Leasingvertrages

14 Da der Leasinggeber die Sache dem Leasingnehmer entgeltlich zum Gebrauch überlässt, ist das Finanzierungsleasing am ehesten dem Mietverhältnis angenähert. Aus diesem Grund finden die **Bestimmungen des Mietrechts** entsprechende Anwendung. Jedoch sind auch Elemente des Kaufs enthalten.

15 Grundlegende Änderungen aufgrund des Schuldrechtsmodernisierungsgesetzes erfolgten nicht. Die von der Rechtsprechung über Jahre hinweg herausgearbeiteten Grundsätze haben weiterhin ihre Gültigkeit.

1. Pflichten der Vertragsparteien

16 Den Leasinggeber trifft aus dem Leasingvertrag die Pflicht, dem Leasingnehmer den **Gebrauch** der Leasingsache zu verschaffen und für die Laufzeit des Leasingvertrages auch zu belassen, ohne dass er sich von dieser Pflicht formularmäßig freizeichnen kann.[4]

17 Der Leasingnehmer schuldet die **volle Amortisation** der Anschaffungs- und Finanzierungskosten einschließlich des Geschäftsgewinns des Leasinggebers. Zu den einzelnen Abrechnungsmethoden am Beispiel des Kfz-Leasing s.u.

2. „Leasingtypische Abtretungskonstruktion"

18 Die Gewährleistung für Sachmängel ist bei dem Leasingvertrag typischerweise formularmäßig so ausgestaltet, dass der Leasinggeber sich von den ihn treffenden Gewährleistungsrechten freizeichnet und zum Ausgleich dafür dem Leasingnehmer diejenigen Gewährleistungsrechte einschließlich der Rücktritts- und Minderungsrechte abtritt, die ihm selbst gegen den Lieferanten bzw. Hersteller der Leasingsache zustehen. Der Leasingnehmer ist berechtigt – und auch vertraglich verpflichtet! – die abgetretenen Gewährleistungsrechte gegen den Lieferanten notfalls auch gerichtlich, geltend zu machen.

19 Zugleich ist der Leasinggeber verpflichtet, die rechtlichen Folgen, die sich aus der Geltendmachung der Gewährleistungsrechte ergeben, als für sich verbindlich hinzunehmen.

III. Besonderheiten beim Verbraucherleasing, §§ 499 Abs. 2, 500 BGB

20 Aufgrund der Umsetzung der Verbraucherrichtlinie in das BGB sind beim Abschluss von Verbraucherleasingverträgen Besonderheiten zu beachten.

1. Verbraucher und Unternehmer

21 Die Regelungen der §§ 499 II, 500 BGB sind auf Finanzierungsleasingverträge zwischen Unternehmern und Verbrauchern anzuwenden. Wird ein Vertrag mit einem Verbraucher und einem Unternehmer abgeschlossen, so gelten diese Vorschriften nur für den Verbraucher.

4 BGH NJW 82, 105.

Verbraucher ist jede natürliche Person, die ein Rechtsgeschäft zu einem Zweck abschließt, der weder ihrer gewerblichen noch ihrer selbstständigen beruflichen Tätigkeit zugerechnet werden kann, § 13 BGB. 22

Unternehmer ist eine natürliche oder juristische Person oder eine rechtsfähige Personengesellschaft, die bei Abschluss eines Rechtsgeschäfts in Ausübung ihrer gewerblichen oder selbstständigen beruflichen Tätigkeit handelt, § 14 BGB. 23

Wird das Fahrzeug für die **gemischte Nutzung** erworben, so ist auf den Schwerpunkt der Nutzung abzustellen.[5] 24

Exkurs: In den Allgemeinen Geschäftsbedingungen der Leasingverträge mit einem Unternehmer wird häufig eine **Gerichtsstandsvereinbarung** getroffen. Nach § 38 ZPO sind solche Gerichtsstandsvereinbarungen nur unter Kaufleuten zulässig. Nicht jeder Unternehmer ist jedoch auch Kaufmann, so dass dieser Punkt einer besonderen Prüfung bedarf. 25

2. Vertragsabschluss

In §§ 500, 492 Abs. 1 BGB sind die Anforderungen an den Vertragsabschluss geregelt. Der Finanzierungsleasingvertrag ist schriftlich abzuschließen. Es ist ausreichend, wenn Antrag und Annahme auf getrennten Schriftstücken schriftlich nieder gelegt werden. Wird die Schriftform nicht gewahrt, ist der Vertrag nichtig. Das Schriftformerfordernis soll vor Übereilung schützen. 26

Regelungen über eine Schuldmitübernahme oder Bürgschaft müssen deutlich vom Vertragstext abgesetzt sein und es muss gesondert auf deren Bedeutung hingewiesen werden.[6] Ansonsten sind diese gem. § 309 Nr. 11 a) BGB unwirksam. 27

Exkurs: Häufig wird bei Abschluss des Leasingvertrages eine sogenannte „SCHUFA-Einwilligungserklärung" mit unterzeichnet. Diese soll dem Leasinggeber erlauben, Anfragen bei der SCHUFA zu stellen und vor allem Meldungen an die SCHUFA zu veranlassen. Diese Einwilligungserklärung muss gem. der Bestimmung in § 4 a BDSG gesondert und besonders von dem übrigen Vertragstext abgesetzt werden. 28

3. Widerrufsrecht, §§ 500, 495 Abs. 1, 355 bis 359 BGB

Der Verbraucher kann seine auf Abschluss des Leasingvertrages gerichtete Willenserklärung innerhalb von zwei Wochen nach ordnungsgemäßer Widerrufsbelehrung widerrufen. Wurde der Verbraucher nicht ordnungsgemäß belehrt, erlischt sein Widerrufsrecht nicht. Die **Beweislast** für den Fristbeginn trägt der Unternehmer, § 355 Abs. 2 S. 4 BGB. 29

Widerruft der Verbraucher seine Willenserklärung, so wird der Leasingvertrag nach den Regeln über den Rücktritt rückabgewickelt, §§ 357, 346 ff BGB. Bei Rückabwicklung eines bereits in Vollzug gesetzten Leasingvertrages erhält der Leasingnehmer die geleisteten Raten und die Sonderzahlung. Der Leasinggeber kann die Herausgabe des Fahrzeuges und den Ersatz der Wertminderung verlangen. 30

In der Literatur ist strittig,[7] ob der Leasingvertrag und der Kaufvertrag verbundene Geschäfte im Sinne der §§ 358, 359 BGB sind, vgl Verweisung in § 500 BGB. Dies ist zu verneinen, da es an der typischen Verbindung der Verträge fehlt. Diese werden nicht im 31

5 Palandt/Putzo, § 474 Rn 4.
6 BGH BB 02, 2248.
7 Reinking/Eggert, Der Autokauf, L134.

Zwei-Personen-Verhältnis, sondern im Drei-Personen-Verhältnis abgeschlossen. Der Leasingnehmer ist nicht Vertragspartner des Kaufvertrages.[8]

4. Kündigung wegen Zahlungsverzuges

32 Die Kündigung eines Verbraucherleasingvertrages wegen Zahlungsverzuges ist in §§ 500, 498 Abs. 1 S. 1 Nr. 1 BGB geregelt. Die darin enthaltene Regelung ist nach § 506 BGB unabdingbar. Eine Kündigung ist dann möglich, wenn der Leasingnehmer mit mindestens zwei aufeinander folgenden Teilzahlungen ganz oder teilweise und mindestens 10 %, bei einer Laufzeit des Leasingvertrages über 3 Jahre mit mindestens 5 %, des Nennbetrages des Darlehens in Verzug ist. Der „Nennbetrag des Darlehens" ergibt sich, auf das Finanzierungsleasing bezogen, aus der **Summe der Bruttoleasingraten** ohne Berücksichtigung des Restwertes und einer Sonderzahlung.

33 Des Weiteren muss der Leasingnehmer dem Leasinggeber eine zweiwöchige Frist zur Zahlung gewährt haben und ihn darauf hinweisen, dass bei Nichtzahlung innerhalb dieser zwei Wochen er den Vertrag kündige und die gesamte Restschuld verlange. Dabei muss der Leasinggeber dem Leasingnehmer die Möglichkeit geben, die Zahlungsrückstände und Lösungsmöglichkeiten in einem persönlichen Gespräch zu besprechen. Die in der **qualifizierten Kündigungsandrohung** geforderte Summe muss richtig berechnet worden sein. Weicht die Forderung auch nur geringfügig von der tatsächlichen ab, so ist die Kündigung unwirksam.[9]

IV. Abrechungsarten am Beispiel des KfZ-Leasing

1. Abrechnung auf Basis des Restwertes

34 Dieser Vertragstypus ist ein Teilamortisationsvertrag. Bei diesem Vertrag beträgt die Grundmietzeit höchstens 90 % der betriebsgewöhnlichen Nutzungsdauer. Bereits bei Vertragsschluss vereinbaren die Parteien den Restwert, den der Leasinggegenstand bei Vertragsende hat. Dieser vertraglich vereinbarte Restwert entspricht nicht zwingend dem tatsächlichen Wert des Leasinggegenstandes. Nach Ablauf der vertraglich vereinbarten Vertragszeit ist der Leasingnehmer verpflichtet, das Fahrzeug an den Leasinggeber herauszugeben und – sollte das Fahrzeug nicht den kalkulierten Restwert haben – die Differenz zwischen tatsächlichem Fahrzeugwert und kalkuliertem Restwert zu ersetzen. Die meisten vertraglichen Regelungen sehen vor, dass der Leasinggeber das Fahrzeug veräußert und der Verwertungserlös auf den Restwert angerechnet wird. Der Leasingnehmer trägt das **Restwertrisiko.** Die verbleibende Differenz zum garantierten Restwert muss der Leasingnehmer ausgleichen. Die Verwertungskosten werden vom Erlös abzogen.

35 Nach Erhalt des Fahrzeuges lässt der Leasingnehmer das Fahrzeug durch einen öffentlich vereidigten Sachverständigen begutachten und teilt daraufhin dem Leasingnehmer mit, welchen Händlereinkaufswert das Fahrzeug hat. Dem Leasingnehmer wird das Recht eingeräumt, innerhalb von zwei Wochen[10] einen Drittkäufer zu benennen, ansonsten werde das Fahrzeug durch den Leasinggeber auf der Grundlage des Gutachtens verkauft. Räumt der Leasinggeber dem Leasingnehmer ein solches Drittkäuferbenennungsrecht ein, ist es nicht zu beanstanden, wenn er das Fahrzeug zum Händlereinkaufspreis an einen Händler

8 Brdbg OLG VRR 2008, 345.
9 BGH/ BB 2005 Heft 11, 572.
10 ZB OLG Karlsruhe, Urteil vom 4.9.1997 (Az 19 U 83/95).

veräußert.[11] Den Leasinggeber treffen bei dem Verkauf Sorgfaltspflichten, das Fahrzeug zu dem bestmöglichen Preis zu verwerten. Bei Verletzung dieser Pflichten muss der Leasinggeber dem Leasingnehmer Schadensersatz leisten. Dies hat zur Folge, dass der Leasingnehmer (im Falle eines Rechtsstreites) für die Verletzung der **Pflicht zur bestmöglichen Verwertung** die Beweislast trägt.

Wird bei der Veräußerung des Fahrzeugs ein Mehrerlös erwirtschaftet, so erhält der Leasingnehmer 75 % des Mehrerlöses und der Leasinggeber die restlichen 25 %. 36

2. Kilometerabrechnung

Bei dieser Vertragsgestaltung trägt der Leasinggeber das Restwertrisiko. Aus diesem Grund wird ein entsprechender Risikozuschlag einkalkuliert. 37

Nach Ablauf der Grundmietzeit hat der Leasingnehmer das Fahrzeug an den Leasinggeber herauszugeben. Soweit die Rückgabe des Fahrzeugs in ordnungsgemäßen Zustand und mit der vertraglich vereinbarten Laufleistung erfolgt, entstehen dem Leasingnehmer keine weiteren Verpflichtungen mehr. Bei Rückgabe des Fahrzeuges wird ein Rückgabeprotokoll[12] erstellt das Beweiszwecken dienen soll. Können sich die Parteien nicht auf Minderwerte und Beschädigungen an dem Fahrzeug einigen, wird ein Sachverständiger mit deren Feststellung beauftragt. Die genauen Regelungen über das Prozedere werden meist in den Allgemeinen Geschäftsbedingungen geregelt. 38

Bei **Fahrzeugrückgabe** werden die gefahrenen Kilometer ermittelt und ggf. müssen die zu viel gefahrenen Kilometer finanziell von dem Leasingnehmer ausgeglichen werden. Wurden weniger als die vertraglich vereinbarten Kilometer gefahren, so erhält der Leasingnehmer von dem Leasinggeber einen entsprechenden finanziellen Ausgleich. Die Höhe des Mehr- oder Minderkilometerausgleichs wird bereits in dem Leasingvertrag vereinbart. Wird das Fahrzeug **nicht frei von Beschädigungen zurückgegeben**, so muss der Leasingnehmer eine Wertminderung aufgrund übermäßigen Gebrauchs des Fahrzeuges ersetzen. In der Praxis kommt es bei diesem Vertragstyp häufig zu Streitigkeiten über den Zustand des Fahrzeuges bei Übergabe an den Leasinggeber, d.h. ob die reklamierten Beschädigungen überhaupt bei Rückgabe vorhanden waren. Des Weiteren ist häufig strittig, ob es sich bei der festgestellten Beschädigung um vertragsgemäßen Verschleiß oder übermäßigem Gebrauch handelt. Weiterer Streitpunkt ist dann häufig, ob der angesetzte Minderwert angemessen ist. Kann man sich außergerichtlich nicht einigen, müssen mit Hilfe eines Sachverständigen im streitigen Verfahren die oben aufgeworfenen Fragen geklärt werden. Der Leasinggeber trägt für alle Punkte die **Beweislast.** Der Anspruch auf Ausgleich der Mehr- und Minderkilometer sowie des Ausgleiches der Minderwerte **verjährt** in der Regelfrist von drei Jahren.[13] Es handelt sich hierbei nicht um einen Schadensersatzanspruch im Sinne des § 548 BGB, sondern um einen Teil des Amortisationsanspruches des Leasinggebers und ist somit Teil des Erfüllungsanspruchs. Aus diesem Grunde ist dieser auch gemäß § 1 UStG umsatzsteuerpflichtig.[14] 39

11 Weiterführend: Reinking/Eggert, Der Autokauf, L538 ff.

12 Der Leasingnehmer ist nicht verpflichtet, das Rückgabeprotokoll zu unterschreiben. Die Unterschrift soll nach LG Frankfurt NJW-RR 1988, 1134 kein Anerkenntnis des Leasingnehmers darstellen und Einwendungen gegen den Zustand des Fahrzeuges bei Rückgabe nicht ausschließen. Dagegen soll gemäß OLG Celle OLGR 1997, 224 die Unterschrift eines Vertreters/Erfüllungsgehilfen des Leasinggebers verbindlich sein.

13 BGH NJW 1996, 2680.

14 BGH NJW-RR 2000, 1303.

3. Leasingvertrag mit Andienungsrecht

40 Der Leasinggeber behält sich das Recht vor, dem Leasingnehmer am Ende der Vertragslaufzeit das Fahrzeug zu einem vorher bestimmten Restwert zu veräußern. Übt der Leasinggeber bei Vertragsende diese Option aus, so ist der Leasingnehmer verpflichtet, den vereinbarten Kaufpreis an den Leasinggeber zu entrichten, Zug um Zug gegen Übereignung des Fahrzeuges. Der Leasingnehmer gibt bereits bei Abschluss des Leasingvertrages eine antizipierte Willenserklärung auf Abschluss des Kaufvertrages über das Fahrzeug ab.

§ 2 Störungen im Leasingverhältnis

A. Mangelhaftigkeit des Leasinggegenstandes

I. Nacherfüllungsanspruch des Leasingnehmers, § 437 Nr. 1 BGB

1. Austausch der Leasingsache?

Die Einführung des Nacherfüllungsanspruchs des Käufers im Zuge der Schulrechtsmodernisierung wurde in Bezug auf das Leasingrecht besonders kritisch beäugt. Jedoch ist nun in der Praxis festzustellen, dass dadurch das Risiko des Leasinggebers nicht erhöht wird. Zwar muss bei Mangelhaftigkeit des Fahrzeuges der Lieferant das Fahrzeug nach Maßgabe der §§ 346-348 BGB wieder zurücknehmen. 41

Dies führt aber nicht zu einer Rückabwicklung im Sinne der Wandelung nach altem Recht, wodurch dem Leasingvertrag die Geschäftsgrundlage entzogen wurde. Der Bestand des Kaufvertrages bleibt von der Rückgabe des Fahrzeuges und der Neulieferung unberührt. Nur die Kaufsache wird ausgetauscht. Der BGH hat für den Fall des **Austausches** der Leasingsache entschieden, dass der Umtausch der Leasingsache den Bestand des Kaufvertrages und damit die Geschäftsgrundlage des Leasingvertrages unberührt lässt.[1] Aus diesem Grunde muss auch der Leasingnehmer weiterhin die Leasingraten zahlen. Ein Zurückbehaltungsrecht besteht nicht. 42

2. Nutzungsentschädigung für das mangelhafte Fahrzeug?

Da die Rückgabe gem. der §§ 346-348 BGB geregelt ist, ist fraglich, ob eine **Nutzungsentschädigung** an den Lieferanten zu zahlen ist. Diese Frage ist zu bejahen. Die Nutzungsentschädigung ist von dem Leasinggeber als Käufer zu tragen. Der Leasinggeber kann die Pflicht zur Zahlung der Nutzungsentschädigung im Innenverhältnis auf den Leasingnehmer abwälzen, obwohl der Leasingnehmer für die Nutzung des mangelhaften Fahrzeuges bereits die Leasingraten entrichtet hat. Denn durch die Zahlung erleidet der Leasinggeber einen Schaden, da dieser Betrag nicht mit einkalkuliert wurde. Im Gegenzug profitiert der Leasingnehmer jedoch von dem Austausch des Fahrzeuges, da das neue Fahrzeug einen wesentlich höheren Restwert hat und ihm das wirtschaftlich zugute kommt. 43

3. Berechnung der Nutzungsentschädigung

Die Rechtsprechung hat folgende Formel zur Berechnung der Nutzungsentschädigung anerkannt: 44

$$\text{Gebrauchsvorteil} = \frac{\text{Bruttokaufpreis x gefahrene Kilometer}}{\text{Erwartete Gesamtlaufleistung}}$$

Je nach Fahrzeugtyp werden somit 0,4 % bis 0,67 % des Bruttokaufpreises pro 1000 gefahrene Kilometer berechnet.[2]

II. Rücktritt vom Kaufvertrag, § 437 Nr. 2 BGB

1. Auswirkungen auf den Kaufvertrag

Das Rücktrittsrecht ist ein Gestaltungsrecht, mit dessen Ausübung der Kaufvertrag in ein Rückgewährschuldverhältnis umgewandelt wird. Eine Annahmeerklärung seitens des Ver- 45

1 BGH ZIP 1997, 1703.
2 Weiterführend: Reinking-/-Eggert, Der Autokauf, Rn 615 ff.

käufers ist nicht nötig. Aufgrund der Abtretung der Gewährleistungsansprüche von dem Leasinggeber an den Leasingnehmer ist der Leasingnehmer sogar vertraglich verpflichtet bei Vorliegen der entsprechenden Voraussetzungen den Rücktritt zu erklären. Was geschieht jedoch mit dem Leasingvertrag? Muss der Leasingnehmer trotz Mangelhaftigkeit der Leasingsache die Raten weiterbezahlen?

46 Durch Erklärung des Rücktritts entfällt mit sofortiger Wirkung der Kaufvertrag und somit wird auch der Leasingvertrag hinfällig. Der Leasingnehmer könnte gem. § 320 BGB die Zahlung der Raten einstellen und muss das Fahrzeug an den Lieferanten herausgeben. In der Leasingpraxis wird dies jedoch in Anlehnung an die Rechtslage vor dem Schuldrechtsmodernisierungsgesetz formularmäßig anders geregelt, um das Risiko des Leasinggebers, dass der Mangel nicht zum Rücktritt von dem Kaufvertrag berechtigt und der Leasingnehmer unberechtigterweise die Ratenzahlung einstellt, zu minimieren. Die Ratenzahlung kann erst dann eingestellt werden, wenn sich der Lieferant mit dem Rücktritt einverstanden erklärt bzw der Leasingnehmer innerhalb von sechs Wochen nach der Rücktrittserklärung Klage auf Kaufpreisrückzahlung erhebt. Wird die Klage später erhoben, besteht das Zurückbehaltungsrecht ab diesem Zeitpunkt. Verliert der Leasingnehmer seine Klage auf Kaufpreisrückzahlung, muss er sämtliche Raten (auch die rückständigen) bezahlen. Diese Regelung stößt bei Teilen der Literatur auf Kritik, da bereits mit Rücktrittserklärung ein Zurückbehaltungsrecht besteht.

47 Allerdings stellt diese Regelung keine unangemessene Benachteiligung des Leasingnehmers dar, denn nur so kann gewährleistet werden, dass der Leasingnehmer die Ansprüche des Leasinggebers auch durchsetzt. Wäre der Leasinggeber schon mit der Rücktrittserklärung endgültig von der Ratenzahlung befreit, so dürfte er kaum ein Interesse daran haben, die Ansprüche des Leasinggebers noch gerichtlich durchzusetzen. Nur wenn der Leasingnehmer die Ratenzahlung erst verweigern kann, wenn er Klage auf Kaufpreisrückzahlung erhoben hat, hat er auch ein Interesse an der Klagerhebung. Nichtsdestoweniger bleibt abzuwarten, ob die höchstrichterliche Rechtsprechung diese formularmäßige Vertragsgestaltung billigt, denn es wird die Rechtslage hergestellt, die bei der Wandelung galt. Durch die Schuldrechtsmodernisierung sollte es jedoch gerade anders geregelt werden. Deshalb könnte man auch mit guten Argumenten die Ansicht vertreten, die Klausel sei überraschend, denn der Leasingnehmer müsse nicht damit rechnen, dass die Lage nach altem Recht wiederhergestellt wurde. Dieses Rechtsproblem ist noch nicht endgültig geklärt.

48 Bzgl der prozessualen Durchsetzung der Klage auf Kaufpreisrückzahlung verweisen wir auf die Abhandlungen zum Kaufrecht in Teil 1. Es ist jedoch darauf zu achten, dass der Leasingnehmer die Kaufpreisklage **im Namen des Leasinggebers** erhebt und deshalb **Zahlung an den Leasinggeber** beantragen muss.

2. Auswirkungen auf den Leasingvertrag

49 Wenn ein wirksamer Rücktritt vom Kaufvertrag erklärt wurde, entfällt somit auch die Geschäftsgrundlage für den Leasingvertrag. Grundsätzlich ist dann eine Vertragsanpassung vorzunehmen, § 313 I BGB. Der Leasingvertrag ist ein Dauerschuldverhältnis, weshalb er nach §§ 313 III S. 2, 314 BGB aus wichtigem Grund gekündigt werden kann.

50 Zu beachten ist jedoch, dass die bisherige BGH-Rechtsprechung die Geschäftsgrundlage für den Leasingvertrag hat rückwirkend entfallen lassen. Eine Kündigung wirkt jedoch nur für die Zukunft. Allerdings kann nach der Rechtsprechung des BGH bei einem bereits vollzogenen Dauerschuldverhältnis ein Rücktritt in Betracht kommen, wenn eine vollständige

Rückabwicklung des Vertrages unschwer möglich und nach der Interessenlage der Beteiligten sachgerecht ist.[3] Egal, ob man einen Rücktritt nach § 313 III S. 1 BGB oder eine Kündigung nach § 313 III S. 2 BGB favorisiert: Der Leasingvertrag ist nach **§§ 346 ff BGB abzuwickeln.** Der Leasingnehmer bekommt von dem Leasinggeber die bereits gezahlten Raten zurück und muss eine Nutzungsentschädigung für das Leasinggut an den Leasinggeber zahlen. Der Lieferant zahlt den Kaufpreis abzüglich der Nutzungsentschädigung an den Leasinggeber und der Leasingnehmer muss das Auto an den Lieferanten herausgeben. Die Berechnung der Nutzungsentschädigung ergibt sich aus Rn 44.

III. Einrede des nicht erfüllten Vertrages, § 320 BGB

51 Die Änderung des Kaufrechts mit der Verpflichtung des Verkäufers zur Lieferung einer mangelfreien Sache führt nicht dazu, dass der Leasinggeber nunmehr kaufvertragliche Pflichten gegenüber dem Leasingnehmer hat und deshalb bei mangelhafter Lieferung der Einrede des § 320 BGB ausgesetzt ist. Die Änderungen haben keine Auswirkungen auf das Verhältnis zwischen Leasinggeber und Leasingnehmer. Somit richten sich die Pflichten des Leasinggebers nur nach den §§ 535 ff BGB, wobei der Leasinggeber sich in diesem Bereich wirksam von seinen Gewährleistungspflichten freigezeichnet hat. Bei Mangelhaftigkeit der Leasingsache kann sich der Leasingnehmer nicht auf § 320 BGB berufen und muss die Leasingraten weiter bezahlen.

B. Zahlungsverzug des Leasingnehmers

I. Kündigungsvoraussetzungen

1. Verbraucherfinanzierungsleasing

52 Unter § 1 B III Nr. 3 wurden die Voraussetzungen einer wirksamen Kündigung bereits dargelegt. Hier noch einmal die wichtigsten Punkte: Verzug und Rückstand gem. § 498 Abs. 1 BGB, Nachfrist, Gesprächsangebot.

2. Unternehmerleasing

53 Da die Leasingverträge meist befristet abgeschlossen werden ist eine ordentliche Kündigung ausgeschlossen. Bei gewerblichen Leasingverträgen wird in den Allgemeinen Geschäftsbedingungen geregelt, wann der Leasinggeber wegen Verzuges des Leasingnehmers kündigen kann. Dies wird meist dann der Fall sein, wenn der Leasingnehmer mit - zwei aufeinander - folgenden Leasingraten in Verzug ist. Aber auch der Verlust oder die Beschädigung des Fahrzeuges, die einem Totalschaden gleich kommt, berechtigt zu einer außerordentlichen Kündigung aus wichtigem Grund.

II. Schadensersatz

54 Nach einer außerordentlichen Kündigung seitens des Leasinggebers hat der Leasingnehmer ihm den durch die Kündigung entstandenen Schaden zu ersetzen. Der Leasinggeber kann Schadensersatz statt der Leistung verlangen und ist so zu stellen, wie er stehen würde, wenn der Leasingnehmer den Vertrag ordnungsgemäß erfüllt hätte, § 252 S. 2 BGB. Es handelt sich hierbei um die noch ausstehenden Leasingraten sowie bei einem Restwertvertrag um den vereinbarten Restwert des Fahrzeuges, wobei diese Beträge abgezinst werden, also auf

3 BGH NJW 2002, 1870.

den Zeitpunkt der Kündigung zurück gerechnet werden müssen. Hiervon sind noch die ersparten Verwaltungsaufwendungen für die Restlaufzeit abzuziehen. Diese liegen nach AG Celle bei ca. 10,23 EUR im Monat. Auf diesen Schadensersatzanspruch wird der Verwertungserlös des Fahrzeuges angerechnet. Hinsichtlich der Pflicht zur bestmöglichen Verwertung wird auf Teil § 1, B. IV Ziffer 1 verwiesen.

55 Bei einem Leasingvertrag mit Kilometerabrechnung stellt sich nach der Rechtsprechung des BGH[4] die Berechnung des Schadensersatzes wie folgt dar: Ausgangpunkt für die Berechnung des Kündigungsschadens sind die restlichen Leasingraten, die auf den Kündigungszeitpunkt abgezinst werden. Davon sind die vom Leasinggeber ersparten laufzeitabhängigen Kosten abzuziehen. Daneben muss sich der Leasinggeber den Wertvorteil anrechnen lassen, den das Fahrzeug aufgrund der vorzeitigen Beendigung mehr wert ist. Das ist die Differenz zwischen Fahrzeugwert bei Rückgabe und Fahrzeugwert bei hypothetischem Vertragsende. Außerdem ist der Zinsvorteil abzuziehen, der dem Leasinggeber durch die vorzeitige Beendigung entstanden ist. Dem Restwert sowie dem Verkaufserlös kommt keine Bedeutung zu, denn bei der Kilometerabrechnung trägt der Leasinggeber das Restwertrisiko (s.o.). Aus diesem Grunde ist auch die Verwertung des Fahrzeuges zu dem bestmöglichen Preis irrelevant.

56 Der Schadensersatzanspruch wegen Nichterfüllung **verjährt** in der dreijährigen Regelverjährung des § 195 BGB.

C. Untergang des Fahrzeuges beim Leasingnehmer

I. Sach- und Preisgefahr

57 Im Rahmen der Allgemeinen Geschäftsbedingungen wird die Sach- und Preisgefahr zulässigerweise auf den Leasingnehmer abgewälzt.[5] Dem Leasingnehmer stehen also im Falle des zufälligen Untergangs oder der Verschlechterung keine Zurückbehaltungsrechte gegenüber dem Leasinggeber zu. Dies ist damit zu begründen, dass, wenn der Leasingnehmer die Sache direkt beim Lieferanten gekauft hätte er selbst die Sach- und Preisgefahr tragen müsste.

58 Im Gegenzug muss dem Leasingnehmer jedoch ein außerordentliches Kündigungsrecht eingeräumt werden, wenn das Leasingfahrzeug zerstört oder erheblich beschädigt worden ist.[6] Das Kündigungsrecht löst dann den Vollamortisationsanspruch des Leasinggebers aus. Die Berechnung des Schadensersatz erfolgt nach den allgemeinen Regeln. In den Allgemeinen Geschäftsbedingungen wird der Leasingnehmer verpflichtet, das Fahrzeug **Vollkasko** zu versichern. Die Versicherungsleistung wird dann auf den Schadensersatzanspruch des Leasinggebers angerechnet.[7]

II. Schädigung durch Dritte

1. Teilschaden

59 Bei einem Teilschaden stehen dem Leasinggeber die Rechte aus der Eigentumsverletzung zu und der Leasingnehmer kann Rechte wegen Besitzstörung geltend machen. In den al-

---

4 BGH NJW 04, 2823.
5 BGH NJW 88, 198.
6 BGH NJW 87, 377.
7 Manche Leasinggesellschaften oder Versicherungen bieten die Möglichkeit einer sogenannten GAP-Versicherung an. Diese tritt ein, wenn die Versicherungsleistung der Kaskoversicherung nicht ausreicht, um die Ansprüche des Leasinggebers zu decken, und schließt diese Lücke.

lermeisten Fällen wird der Leasingnehmer in den Allgemeinen Leasingbedingungen ermächtigt und verpflichtet, auch den Schaden des Leasinggebers gegenüber dem Schädiger geltend zu machen. Zur Unfallabwicklung wird auf die Ausführungen unter im Band Verkehr | Schaden | Versicherung, § 1 Verkehrszivilrecht verwiesen.

2. Totalschaden

Ist der Totalschaden von einem Dritten verursacht worden, ist der Leasingnehmer weiter 60
verpflichtet, die Leasingraten zu entrichten, denn er trägt die Sachgefahr (s.o.). Er ist vielmehr verpflichtet, dem Leasinggeber ein entsprechendes Fahrzeug wieder zu beschaffen. Diese Pflicht wird der Leasingnehmer wohl regelmäßig umgehen, indem er sein außerordentliches Kündigungsrecht ausübt, was jedoch wiederum den Schadensersatzanspruch des Leasinggebers auslöst.

Dieses Kündigungsrecht steht ihm auch dann zu, wenn er den Unfall selbst oder mit ver- 61
ursacht hat, bzw das Fahrzeug nur erheblich beschädigt und nicht ganz zerstört ist. Die Abrechung nach der Kündigung entspricht der Abrechnung nach Kündigung aufgrund Zahlungsverzuges. Der Leasingnehmer ist zu der vollen Amortisation verpflichtet. Entschädigungsansprüche aus der Vollkaskoversicherung (s.o.) aufgrund des Totalschadens werden im Wege der Vorteilsanrechnung auf die Abrechnungsforderung angerechnet.

§ 3 Muster zum Leasingrecht

A. Allgemeine Leasingbedingungen

62 Ein Muster für Allgemeine Geschäftsbedingungen findet sich zB bei Johanna Engel, Handbuch Kraftfahrzeug-Leasing, 2. Aufl. 2004 sowie bei der gleichen Autorin in: Heidel/Pauly/Amend, AnwaltFormulare, 6. Aufl. 2009.

B. Klagemuster

63 I. Muster: Klage des Leasingnehmers gegen den Lieferanten auf Rückzahlung des Kaufpreises an den Leasinggeber

50 ▶ [vollständige Eingangformel]

wegen Zahlung

vorläufiger Streitwert: EUR ■■■

Namens und in Vollmacht des Klägers erhebe ich Klage und werde beantragen:

Die Beklagte wird verurteilt, an die ABC-Leasing GmbH EUR ■■■ nebst Zinsen in Höhe von 5 Prozentpunkten über dem Basiszinssatz seit 1.1.2004 zu zahlen.

Zur Begründung trage ich Folgendes vor:

Der Kläger nimmt die Beklagte auf Rückzahlung des Kaufpreises an den Leasinggeber nach Rücktritt vom Kaufvertrag in Anspruch.

1. Mit Leasingantrag vom ■■■ und Bestätigung seitens der ABC-Leasing GmbH vom ■■■ kam ein Leasingvertrag über ein Fahrzeug der Marke ■■■, Typ ■■■ mit folgendem Inhalt zustande. Vertragsbeginn war der ■■■. Der Vertrag sollte bis zum ■■■ laufen. Dies entspricht einer Laufzeit von 48 Monaten. Es wurde eine Laufleistung von 80.000 km und ein Restwert von 46 % des Netto-Kaufpreises in Höhe von EUR ■■■ vereinbart. Eine Leasingsonderzahlung wurde nicht geleistet. Die zu zahlende Rate wurde auf EUR ■■■ netto bzw EUR ■■■ brutto festgelegt.
   Beweis: Antrag und Bestätigung des Leasingvertrages vom ■■■ und ■■■, Anlage K ■■■ und K ■■■
2. Das Fahrzeug wurde am ■■■ von der Beklagen ■■■ ausgeliefert. Schon nach kurzer Zeit bemerkte der Kläger Unregelmäßigkeiten an der Klimaanlage, bis es soweit kam und sich die Klimaanlage nicht mehr regulieren ließ. Sie heizte das Auto entweder auf 50° C auf oder kühlte es unerträglich nach unten. Der Kläger brachte das Auto am ■■■ zurück zur Beklagten, um es reparieren zu lassen. Am ■■■ konnte es wieder abgeholt werden. Eine Verbesserung war jedoch nicht eingetreten. So brachte der Kläger das Auto am ■■■ nochmals zur Beklagten ■■■ und bat um den Einbau einer neuen Klimaanlage.
3. Als der Kläger es wiederum abholte, teilte man ihm mit, dass eine Auswechslung der Klimaanlage den Fehler nicht beheben könne. Es sei bei der Reparatur ein erheblicher Fehler in der Elektronik entdeckt worden, der nicht behoben werden könne.
   Beweis: Reparaturaufträge vom ■■■ und ■■■, Zeugnis des Herrn ■■■, Mitarbeiter der Beklagten
4. Aus diesem Grund ist der Kläger mit Schreiben vom ■■■ von dem Kaufvertrag zurückgetreten. Er fordert die Beklagte auf, das Auto zurückzunehmen und den Kaufpreis an die ABC-Leasing GmbH zurückzuzahlen. Eine Kopie des Schreibens hat er der ABC-Leasing GmbH am selben Tag zukommen lassen. Des Weiteren verlangte er die Rückzahlung der bereits geleisteten Leasingraten.

Beweis: Schreiben an die Beklagte vom ■■■, Schreiben an die ABC-Leasing GmbH ■■■, Anlage K ■■■ und K ■■■

5. Das Autohaus akzeptierte den Rücktritt nicht und weigerte sich, das Auto gegen Kaufpreisrückzahlung zurückzunehmen. Da das Auto aufgrund des Schadens an der Elektronik nicht mehr fahrtauglich war, brachte der Kläger es am ■■■ zum Autohaus ■■■ zurück. Es weigert sich auch, ein neues mangelfreies Fahrzeug nachzuliefern.
6. Mit Schreiben vom ■■■ und ■■■ hat der Kläger die Beklagte zur Rückzahlung aufgefordert. Denn der Kläger war verpflichtet, die Leasingraten so lange weiter zu zahlen, bis eine Einigung erzielt war.
   In Abschnitt ■■■ Nr. ■■■ hat die ABC-Leasing GmbH ihre Gewährleistungsansprüche gegen die Beklagte abgetreten. Des Weiteren wurde der Kläger ermächtigt, diese Rechte – auch auf dem gerichtlichen Wege – geltend zu machen.
7. Gem. §§ 433, 434, 437 Nr. 2, 323 BGB war der Kläger zum Rücktritt berechtigt. Das Fahrzeug war bei Übergabe mangelhaft. Eine Nachbesserung seitens der Beklagten schlug fehl. Die Beklagte weigert sich, ein mangelfreies Auto nachzuliefern.
   Beweis im Bestreitensfall: Gutachten eines Sachverständigen, Zeugnis des Herrn ■■■, Mitarbeiter der Beklagten, der den Fehler in der Elektronik entdeckt hat
   Somit ist gem. §§ 346 ff BGB die Beklagte verpflichtet, den Kaufpreis zuzüglich der Nutzungsentschädigung an die ABC-Leasing GmbH herauszugeben. Die Beklagte ist bereits seit ■■■ im Besitz des Fahrzeuges.

■■■

Rechtsanwalt ◀

II. Muster: Klage des Leasingnehmers gegen den Leasinggeber auf Rückzahlung der Raten nach Wegfall der Geschäftsgrundlage 64

▶ [vollständige Eingangformel] 51

wegen Zahlung

vorläufiger Streitwert: EUR ■■■

Namens und in Vollmacht des Klägers erhebe ich Klage und werde beantragen:

Die Beklagte wird verurteilt, an den Kläger EUR ■■■ nebst Zinsen in Höhe von 5 Prozentpunkten über dem Basiszinssatz seit 1.1.2004 zu zahlen.

Zur Begründung trage ich Folgendes vor:

Der Kläger nimmt die Beklagte auf Rückzahlung von bereits geleisteten Leasingraten nach Beendigung eines Leasingvertrages wegen Mangelhaftigkeit der Leasingsache in Anspruch.

1. Mit Leasingantrag vom ■■■ und Bestätigung seitens der Beklagten vom ■■■ kam ein Leasingvertrag über ein Fahrzeug der Marke ■■■, Typ ■■■ mit folgendem Inhalt zustande. Vertragsbeginn war der ■■■. Der Vertrag sollte bis zum ■■■ laufen. Dies entspricht einer Laufzeit von 48 Monaten. Es wurde eine Laufleistung von 80.000 km und ein Restwert von 46 % des Netto-Kaufpreises in Höhe von EUR ■■■ vereinbart. Eine Leasingsonderzahlung wurde nicht geleistet. Die zu zahlende Rate wurde auf EUR ■■■ netto bzw EUR ■■■ brutto festgelegt.
   Beweis: Antrag und Bestätigung des Leasingvertrages vom ■■■ und ■■■, Anlage K ■■■ und K ■■■
2. Das Fahrzeug wurde am ■■■ von dem Autohaus ■■■ ausgeliefert. Schon nach kurzer Zeit bemerkte der Kläger Unregelmäßigkeiten an der Klimaanlage. Nach ca. einem halben Jahr ließ sich die Klimaanlage nicht mehr regulieren. Sie heizte das Auto entweder auf 50° C auf oder

kühlte es unerträglich nach unten. Der Kläger brachte das Auto am ▪▪▪ zurück zum ausliefernden Autohaus, um es reparieren zu lassen. Am ▪▪▪ konnte es wieder abgeholt werden. Eine Verbesserung war jedoch nicht eingetreten. So brachte der Kläger das Auto am ▪▪▪ nochmals zum Autohaus ▪▪▪ und bat um den Einbau einer neuen Klimaanlage.
Als der Kläger es wiederum abholte, teilte man ihm mit, dass eine Auswechslung der Klimaanlage den Fehler nicht beheben könne. Es sei bei der Reparatur ein erheblicher Fehler in der Elektronik entdeckt worden, der nicht behoben werden könne.
Beweis: Reparaturaufträge vom ▪▪▪ und ▪▪▪, Zeugnis des Herrn ▪▪▪, Mitarbeiter des Autohauses ▪▪▪

3. Aus diesem Grund ist der Kläger mit Schreiben vom ▪▪▪ von dem Kaufvertrag zurückgetreten. Er fordert das Autohaus auf, das Auto zurückzunehmen und den Kaufpreis an die Beklagte zurückzuzahlen. Eine Kopie des Schreibens hat er der Beklagten am selben Tag zukommen lassen. Des Weiteren verlangte er die Rückzahlung der bereits geleisteten Leasingraten.
Beweis: Schreiben an das Autohaus ▪▪▪ vom ▪▪▪, Schreiben an die Beklagte ▪▪▪, Anlage K ▪▪▪ und K ▪▪▪
4. Das Autohaus akzeptierte den Rücktritt nicht und weigerte sich, das Auto gegen Kaufpreisrückzahlung zurückzunehmen. Da das Auto aufgrund des Schadens an der Elektronik nicht mehr fahrtauglich war, brachte der Kläger es am ▪▪▪ zum Autohaus ▪▪▪ zurück und erhob Klage auf Rückzahlung des Kaufpreises an die Beklagte.
Mit Urteil vom ▪▪▪ wurde das Autohaus zur Zahlung verpflichtet.
Beweis: Urteil des Landgerichts ▪▪▪ vom ▪▪▪, Anlage K ▪▪▪
5. Aufgrund des Rücktritts vom Kaufvertrag ist die Geschäftsgrundlage für den Leasingvertrag weggefallen. Die Beklagte ist verpflichtet, dem Kläger die bereits gezahlten Leasingraten abzüglich der Nutzungsentschädigung zurückzuerstatten. Der Kläger hat 10 Raten à EUR ▪▪▪ an die Beklagte gezahlt. Die Nutzungsentschädigung für die Zeit vom ▪▪▪ bis zum ▪▪▪ beträgt EUR ▪▪▪, verbleibt eine Summe von EUR ▪▪▪.
Trotz Übersendung des erstrittenen Urteils und mehrmaliger Aufforderung zur Zahlung wurde der Betrag nicht an den Kläger gezahlt. Die Beklagte ist an die Feststellungen des Urteils vom ▪▪▪ des Landgerichts ▪▪▪ gebunden. Klageerhebung ist somit geboten.
Beweis: Schreiben des Klägers an die Beklagte vom ▪▪▪, ▪▪▪ und ▪▪▪, Anlage K ▪▪▪ bis ▪▪▪.
6. Der Anspruch ergibt sich aus §§ 535, 313, 346 ff BGB. Der Zinsanspruch ergibt sich aus §§ 286 Abs. 1, 288 BGB.

▪▪▪

Rechtsanwalt ◄

FormularBibliothek Zivilprozess

Inhalt

Verweise erfolgen auf Randnummern

Musterverzeichnis

Verweise erfolgen auf Randnummern

§ 1 Einstandspflicht des Bürgen, § 765 BGB

A. Vorprozessuale Situation

1 Das Bürgschaftsrecht ist und bleibt unverändert aktuell und ist wesentlicher Bestandteil der Beratungspraxis der Anwaltschaft. Dies zeigt sich nicht zuletzt an der Vielzahl der höchstrichterlichen Entscheidungen, die in den letzten Jahren ergangen sind. Die Probleme im Rahmen dieses Rechtsgebietes werden immer komplexer und komplizierter. Diese Ausarbeitung kann keine Kompletteinführung in das Bürgschaftsrecht leisten. Vielmehr sollen die Hauptprobleme im Kanzleialltag besprochen werden.

I. Allgemeines

2 Dieses Kapitel befasst sich mit der Einstandspflicht des Bürgen gegenüber dem Gläubiger – sollte der Hauptschuldner seiner Verpflichtung aus dem Grundverhältnis nicht nachkommen. Bürgschaften werden meist für Geldforderungen aus Darlehens- oder Kaufverträgen (vor allem beim Kauf von Immobilien) übernommen; aber auch die Zahl der Bürgschaften im Bereich von Bauverträgen steigt stetig. Eine Bürgschaft kann für **vertretbare, nicht vertretbare** und **höchstpersönliche** Leistungen erbracht werden. Bedingte und künftige Forderungen können ebenfalls verbürgt sein, § 765 Abs. 2 BGB. Die Gründe, warum eine Bürgschaft übernommen wird, sind vielfältig. Dies kann auf einem Auftrag, einer Schenkung oder nur auf Gefälligkeit beruhen. Zur Vereinfachung soll hier die Bürgschaft für eine Darlehensforderung dargestellt werden.

II. Der Bürgschaftsvertrag

1. Abgrenzung zu anderen Rechtsinstrumenten

3 Soll ein Bürgschaftsvertrag abgeschlossen werden, so ist zunächst mit der Mandantschaft abzuklären, inwieweit sie für die Hauptschuld einstehen möchte.

a) Garantievertrag

4 Ein Garantievertrag ist ein Vertrag eigenständiger Art, bei dem der Garant für einen **eigenständigen Erfolg** einzustehen hat oder die Gefahr eines künftigen Schadens übernimmt, wobei er auch für alle nicht typischen Fälle haftet.[1] Der Unterschied zur Bürgschaft besteht darin, dass die Haftung des Garanten vom Fortbestand, sogar von der Entstehung der gesicherten Schuld, unabhängig ist. Deshalb ist zu ermitteln, ob der Mandant eine Schuld unabhängig von der zu sichernden Forderung begründen will. Dies wird meistens nicht der Fall sein, denn nur mit der Übernahme einer Bürgschaft kann der Mandant auch Einwendungen aus der zu sichernden Forderung gegenüber dem Gläubiger geltend machen. Zu beachten ist, dass es sich bei einem Garantievertrag nicht um eine Bürgschaft handelt und die §§ 765 ff BGB nicht – auch **nicht entsprechend** – auf diesen anwendbar sind.[2]

b) Schuldmitübernahme

5 Bürgschaft und Schuldbeitritt stimmen insoweit überein, dass sie dem Gläubiger eine weitere Sicherheit verschaffen. In dogmatischer Hinsicht bestehen einige Unterschiede. Der

---

1 BGH NJW 96, 2569.
2 Zur Abgrenzung der unterschiedlichen Formen eines Garantieversprechens, sowie zu Auslegungshilfen der Willenserklärung, s. Palandt/Sprau, Einf. vor § 765 Rn 15 ff.

Bürge haftet akzessorisch für fremde Schuld (§§ 765, 766 BGB). Bei einem Schuldbeitritt handelt es sich dagegen um eine **eigene Verbindlichkeit**, die eigene Wege gehen kann.

Die praktische Bedeutung dieser Unterschiede ist gering, da nun auch der Schuldbeitritt zu einem Verbraucherkreditvertrag gem. § 492 BGB der Schriftform bedarf. Entscheidend bleibt jedoch weiterhin, was nach dem Willen der Parteien (§§ 133, 157 BGB) vereinbart werden soll – eine Schuld, die eigenständig bestehen soll, oder eine nur an die zu sichernde Forderung angelehnte Schuld. Sollten Zweifel bestehen, so ist von einer Bürgschaft auszugehen.[3] 6

c) Erfüllungsübernahme

Bei einer Erfüllungsübernahme gem. § 329 BGB soll der Gläubiger, im Gegensatz zur Bürgschaft, kein eigenes Forderungsrecht gegenüber dem Übernehmer erhalten.[4] Darüber hinaus ist die Erfüllungsübernahme ein Vertrag zwischen dem **Schuldner und dem Übernehmer**. Die Bürgschaftserklärung wird dagegen dem Gläubiger erteilt. 7

2. Schriftform, § 766 BGB

Die Bürgschaftserklärung ist **schriftlich** abzufassen (Warnfunktion). Nur die Bürgschaftserklärung, nicht auch die Annahme muss schriftlich erteilt werden. Nach der Rechtsprechung des BGH ist eine nach außen hervortretende, eindeutige Bestätigung des Annahmewillens erforderlich und ausreichend. Eine Willenserklärung gegenüber dem Bügen ist also nicht abzugeben.[5] Anmerkung: Die Übersendung des Bürgschaftsformulars per Fax ist nicht ausreichend, um die Schriftform zu wahren. 8

Auch **Nebenabreden** und **Änderungsvereinbarungen** sind formbedürftig, wenn sie den Bürgen belasten.[6] Der Formmangel wird jedoch geheilt, wenn der Bürge die Hauptverbindlichkeit erfüllt. Die Bürgschaft ist bei Kaufleuten als Handelsgeschäft formfrei wirksam, vgl §§ 350, 344 Abs. 1, 343 Abs. 1 HGB. Die **Beweislast** für die formgültige Erteilung trägt im Bürgschaftsprozess der Gläubiger.[7] 9

3. Akzessorietät der Bürgschaft, § 767 BGB

a) Entstehung und Erlöschen der Hauptschuld

Die Bürgschaft ist streng akzessorisch ausgestaltet. Entsteht die verbürgte Forderung nicht, so haftet auch der Bürge nicht. Erlischt die verbürgte Forderung, so haftet auch der Bürge nicht mehr. Der BGH hat nun in einer Entscheidung[8] die Frage bejaht, dass sich der Bürge auf eine Verjährung der Hauptforderung mit Erfolg berufen kann, auch wenn eine juristische Person als Hauptschuldnerin vor Ablauf der Verjährungsfrist vermögenslos geworden oder im Handelsregister gelöscht und deshalb nicht mehr parteifähig ist. Weiterführend zur Verjährung Rn 12. 10

b) Einwendungen und Einreden

Die Akzessorietät der Bürgschaft bedeutet auch, dass der Bürge gegen seine Inanspruchnahme Einwendungen, die der Hauptschuldner gegen den Gläubiger hat, geltend machen 11

3 BGH NJW 86, 580.
4 Palandt/Heinrichs, § 329 Rn 1.
5 BGHZ 74, 352.
6 BGH WM 97, 625.
7 Palandt/Sprau, § 766 Rn 5.
8 BGH NJW 03, 1250.

kann. Dies gilt sogar dann, wenn der Hauptschuldner auf diese verzichtet hat, § 768 Abs. 2 BGB, Beispiel Verjährung.[9]

12 Der Bürge kann sich gem. § 768 BGB auch auf die **Verjährung** der Hauptschuld berufen. Dies gilt auch dann, wenn er vor Ablauf der Verjährung auf Zahlung der Bürgenschuld in Anspruch genommen wird und die Forderung gegen den Hauptschuldner während des Bürgschaftsprozesses verjährt.[10] Der Prozess gegen den Bürgen unterbricht die Verjährung der Hauptschuld nicht. In diesem Fall ist dem Gläubiger zu einer **einseitigen Erledigungserklärung** zu raten.

4. Inhaltskontrolle des Bürgschaftsvertrages

a) Sittenwidrigkeit von Angehörigenbürgschaften

13 Diesem Aspekt des Bürgschaftsrechts soll besondere Aufmerksamkeit zuteil werden, da die höchstrichterliche Rechtsprechung sich in den letzten Jahren besonders häufig mit diesen Problemen zu beschäftigen hatte.

14 Bei dem Abschluss eines Bürgschaftsvertrages ist besonders darauf zu achten, dass der Bürge nicht krass finanziell überfordert wird. Dies gilt jedoch nur für **nahe Angehörige und Verwandte** des Hauptschuldners. Sind diese mit der Übernahme der Bürgschaft krass finanziell überfordert, so besteht die widerlegliche Vermutung, dass sich der Ehegatte oder nahe Angehörige bei der Übernahme der Bürgschaft nicht von seinen Interessen und von einer rationalen Einschätzung des wirtschaftlichen Risikos hat leiten lassen, und dass das Kreditinstitut die emotionale Beziehung zwischen dem Hauptschuldner und Bürgen in sittlich anstößiger Weise ausgenutzt hat. Es ist dann Aufgabe des Gläubigers, diese Vermutung zu widerlegen. Eine **Ausnahme** ist jedoch dann zu machen, wenn der Angehörige oder Ehegatte ein eigenes wirtschaftliches Interesse an der Aufnahme des Kredits hat.[11] Dasselbe gilt, wenn der Ehegatte für einen Geschäftskredit bürgt und selbst auf die Geschäftsführung wesentlichen Einfluss nehmen kann und eine mitunternehmerische Stellung innehat.[12] Die Mitarbeit an einer verantwortlichen Stelle in dem noch mit dem gewährten Darlehen zu gründenden Gewerbebetrieb ist allerdings nicht ausreichend.[13]

15 Wann liegt jedoch eine krasse finanzielle Überforderung vor? Dies ist dann zu bejahen, wenn der Betroffene voraussichtlich nicht in der Lage ist, dauerhaft die Zinsen für die Hauptschuld aufzubringen.[14] Maßgebend ist allein das **pfändbare Einkommen und Vermögen** des Bürgen. Auf die Leistungsfähigkeit des Ehegatten kommt es nicht an. Reicht der pfändbare Teil des Einkommens des Bürgen nicht aus, um die laufenden Zinszahlungen der Hauptschuld dauerhaft aufzubringen, kann es jedoch an einer krassen finanziellen Überforderung des Bürgen fehlen. Dies ist dann der Fall, wenn der Bürge durch Verwertung des von ihm bewohnten Eigenheims die Hauptforderung zu tilgen vermag.[15] Der BGH macht in diesem Fall keinen Unterschied zur Bestellung einer Grundschuld. Hätte der Bürge eine Grundschuld an seinem Eigenheimgrundstück zur Sicherung der Hauptforderung bestellt und käme es zu einer Verwertung dieser Grundschuld, so sei die Grundschuldbestellung nicht als verwerflich iSd § 139 BGB anzusehen.

9 BGH ZIP 07, 2206.
10 BHG NJW 98, 2972.
11 NJW 97, 3372.
12 Beschluss BGH v. 11.5.2000, IX ZR 396/99; ähnlich OLG Dresden WM 2003, 277.
13 BGH NJW 05, 971.
14 BGH NJW 01, 815.
15 BGH NJW 02, 2633.

Bei der Beurteilung einer Übersicherung sind andere Sicherheiten des Gläubigers nur dann zu berücksichtigen, soweit sie das Haftungsrisiko des Bürgen auf ein rechtlich vertretbares Maß beschränken. 16

In letzter Zeit wird die Frage diskutiert, ob die Möglichkeit der Restschuldbefreiung im Rahmen eines Privatinsolvenzverfahrens die Sittenwidrigkeit der Angehörigenbürgschaft entfallen lasse. Eine abschließende Entscheidung des BGH[16] liegt erst seit kurzem vor und bestätigt die bisherige obergerichtliche Rechtsprechung.[17] Die Möglichkeit einer Restschuldbefreiung gemäß § 286 ff. InsO schließt danach eine Anwendung des § 138 Abs. 1 BGB auf ruinöse Bürgschaften oder Schuldbeitritte finanzschwacher Ehepartner bzw Lebenspartner nicht aus. 17

Früher konnte eine sittenwidrige Bürgschaft noch gerettet werden, wenn in dem Bürgschaftsvertrag enthalten war, dass die Bürgschaft des Ehegatten dazu dienen solle, einer Vermögensverlagerung des einen auf den anderen Ehegatten vorzubeugen. Dies ist nach der Rechtsprechung[18] nicht mehr möglich, denn der Bürge hafte beim Bürgschaftsfall trotzdem mit seinem ganzen Vermögen und nicht nur mit dem vom Ehegatten erlangten Anteil. 18

b) Arbeitnehmerbürgschaft

Gleiches gilt bei einem Arbeitnehmer, der aus Angst, seinen Arbeitsplatz zu verlieren, eine Bürgschaft für seinen Arbeitgeber übernimmt, die ihn krass finanziell überfordert. Auch in einem solchen Fall ist davon auszugehen, dass der Arbeitnehmer seine Entscheidung aus emotionalen Gesichtspunkten und nicht aufgrund eines wohlüberlegten Risikos übernommen hat.[19] 19

c) Übertragung dieser Grundsätze auf Gesellschaften und die Bürgschaft eines Gesellschafters?

Der BGH hat mehrfach entschieden,[20] dass die Grundsätze über die Sittenwidrigkeit von Angehörigenbürgschaften nicht auf Bürgschaften von Gesellschaftern für ihre Gesellschaft anwendbar sind. Etwas anderes gelte nur dann, wenn dem Kreditinstitut **klar ersichtlich** ist, dass derjenige, der bürgen soll, finanziell nicht an der Gesellschaft beteiligt ist und die Stellung eines Gesellschafters ohne eigenes wirtschaftliches Interesse nur aus **persönlicher Verbundenheit** mit einer die Gesellschaft wirtschaftlich beherrschenden Person übernommen hat. In diesem Fall gelten die Grundsätze zur Sittenwidrigkeit von Bürgschaften naher Angehöriger entsprechend.[21] 20

d) Beweislast

Damit die Vermutung der Sittenwidrigkeit eingreift, muss der Bürge beweisen, dass er mit der Übernahme der Bürgschaft krass finanziell überfordert ist. Der Gläubiger hat dann die Vermutung zu widerlegen, dass der Bürge die Bürgschaft nicht aus enger Verbundenheit zum Hauptschuldner übernommen hat. 21

e) Allgemeine Geschäftsbedingungen

In ständiger Rechtsprechung des BGH[22] verstoßen weite Zweckerklärungen, wonach der Bürge für alle gegenwärtigen und zukünftigen Forderungen des Gläubigers gegen den 22

16 BGH NJW-Spezial 2009, 645.
17 OLG Franfurt NJW 04, 2392; OLG Celle WM 08, 296; OLG Dresden OLGR Dresden 06, 903.
18 NJW 02, 2228.
19 BGH NJW 04, 161.
20 ZB BGH NJW 02, 1337.
21 ZIP 02, 2249.
22 BGB NJW-RR 02, 343.

Hauptschuldner haftet, gegen § 307 BGB. Das Gleiche gilt für einen formularmäßigen Verzicht des Bürgen auf seine Rechte aus § 776 BGB (Aufgabe von Sicherheiten).[23] Auch ein Verzicht auf die Geltendmachung von Einreden gemäß § 768 BGB benachteiligt den Bürgen unverhältnismäßig, denn die Akzessorietät der Bürgschaft mit der Hauptschuld ist gerade unabdingbares Wesen der Bürgschaft.[24] Aus diesem Grund ist der Verzicht des Bürgen auf die Einrede der Aufrechenbarkeit gemäß § 770 II BGB in den Allgemeinen Geschäftsbedingungen unwirksam.[25]

23 Des Weiteren ist eine Formularklausel im Rahmen einer Höchstbetragsbürgschaft unwirksam, soweit sich die Bürgschaft auch auf Zinsen, Provisionen und Kosten erstreckt, die mit den gesicherten Forderungen entstanden sind, wenn dadurch der vereinbarte Höchstbetrag überschritten wird.[26] Dies ist für den Bürgen überraschend und begründet ein nicht kalkulierbares Risiko für ihn, was dem Sinn einer Höchstbetragsbürgschaft zuwider läuft.

24 In diesem Zusammenhang ist auf die so genannte **Anlassrechtsprechung** des BGH einzugehen. Wurde in der Bürgschaftsurkunde formularmäßig die Haftung des Bürgen auch auf künftige Forderungen erweitert, so ist nicht die ganze Bürgschaft unwirksam. Diese bleibt vielmehr mit der Maßgabe wirksam, dass der Bürge für die beim Vertragsschluss bereits bestehende Hauptforderung haftet, da diese Anlass für die Bürgschaftserteilung war.[27]

5. Widerrufsrecht

25 Der BGH[28] hat auf Grund einer Entscheidung des EuGH[29] zur Anwendbarkeit der Regelungen in Bezug auf die **Haustürgeschäfte** auf Bürgschaftsverträge entschieden, dass dem Bürgen ein Widerrufsrecht nach §§ 355, 312 BGB nur dann zusteht, wenn die gesicherte Verbindlichkeit im Rahmen eines Haustürgeschäftes abgeschlossen wurde und auch für den Bürgschaftsvertrag die Voraussetzungen des § 312 BGB vorliegen. D.h. auch der Bürge muss Verbraucher sein und die Bürgschaft in einer Überrumpelungssituation abgeschlossen haben. Von dieser Rechtsansicht ist der Bundesgerichtshof nunmehr abgerückt und hat entschieden, dass der Bürge, der in einer Haustürsituation einen gewerblichen Zwecken dienenden Kredit verbürgt, nicht schlechter stehen darf als derjenige, der in einer solchen Situation den Kreditvertrag als Mithaftender unterzeichnet und deshalb ein Widerrufsrecht bejaht.[30] Im Gegensatz dazu hat der BGH ein Widerrufsrecht der Bürgschaft abgelehnt, wenn der Bürge die Bürgschaftserklärung am Arbeitsplatz des Hauptschuldners abgegeben hat, wenn er extra dorthin bestellt wurde. Eine Überrumpelungssituation sei in diesem Fall nicht gegeben.[31]

26 Die Vorschriften über den **Verbraucherkredit** (§§ 491 ff BGB) sind nicht entsprechend auf das Bürgschaftsrecht anzuwenden.[32] Somit muss eine Bürgschaft, die für einen Verbraucherkredit übernommen wird, auch nicht die Formvorschriften des § 495 BGB erfüllen.

---

23 BGH NJW 02, 295.
24 BGH NJW 01, 2327; 01, 1857.
25 BGH NJW 03, 1521.
26 BGH NJW 02, 3167.
27 Vgl ausführlich Tiedtke, NJW 01, 1027 ff.
28 BGH NJW 98, 2356.
29 EuGH NJW 98, 1295.
30 BGH NJW 06, 845.
31 BGHZ 171, 180.
32 BGH NJW 98, 1939; EuGH NJW 00, 1323.

6. Beendigung

a) Erlöschen der Hauptschuld

Aufgrund der Akzessorietät der Bürgschaft erlischt diese, wenn die Hauptschuld, aus welchem Grund auch immer, untergeht. 27

b) Kündigung des Bürgschaftsvertrages durch den Bürgen

Der unbefristete Bürgschaftsvertrag kann gekündigt werden, damit der Bürge sich aus einer 28
zeitlich unbegrenzten Bürgschaft lösen kann. Des Weiteren kann der Bürge aus wichtigem Grund kündigen. So zum Beispiel, wenn das Kontokorrentverhältnis des Hauptschuldners gegenüber der Bank längere Zeit ein Guthaben aufweist und die Bank keine Sicherheit mehr benötigt, oder wenn der Bürge Gesellschafter der Hauptschuldnerin ist und er später aus der Hauptschuldnerin ausscheidet. Ohne seine Kündigung besteht seine Bürgschaft auch für zukünftige Forderungen weiter.

c) Tod des Bürgens

Der Tod des Bürgen berührt die Bürgschaftsverpflichtung nicht. Diese geht auf die Erben 29
des Bürgen über. Der **Erbe** muss die Bürgschaft **kündigen,** um die Haftung zu beenden. Der Hauptschuldner ist nach Treu und Glauben verpflichtet, dem Erben das Bestehen der Bürgschaft mitzuteilen. Macht er dies nicht, so haftet der Erbe nicht für Verbindlichkeiten, die nach dem Erbfall entstanden sind.[33]

III. Die Bürgschaftsformen

1. Selbstschuldnerische Bürgschaft

Im Laufe der Zeit haben sich viele Bürgschaftsformen herauskristallisiert, um den Bedürf- 30
nissen der Schuldner und vor allem der Gläubiger gerecht zu werden. Immer noch die wichtigste Form der Bürgschaft ist die selbstschuldnerische Bürgschaft. Sie ist gesetzlich in § 773 Nr. 1 BGB geregelt. Ihre Bedeutung liegt darin, dass der Bürge auf die **Einrede der Vorausklage verzichtet.** Der Gläubiger muss nicht erst versuchen, gegen den Hauptschuldner zu vollstrecken, bevor er die Bürgschaft in Anspruch nimmt. Der Verzicht bedarf der **Form** des § 766 BGB. Die **Beweislast** für den Verzicht der Einrede der Vorausklage trägt der Gläubiger.[34]

2. Zeitbürgschaft

Auch die Zeitbürgschaft ist gesetzlich in § 777 BGB geregelt. Es ist besonders darauf zu 31
achten, welche Bedeutung der Zeitbeschränkung zukommt. Hat der Bürge eine zeitliche Beschränkung beigefügt, so kann dies zweierlei bedeuten. Zunächst kann es bedeuten, dass der Bürge für alle Verbindlichkeiten des Hauptschuldners einstehen möchte, die bis zum Ablauf der Frist entstehen. Sind diese entstanden, so haftet er unbefristet; oder der Bürge will nur bis zum Ablauf dieser Frist haften, § 766 BGB.

Die Bedeutung der Zeitbeschränkung muss im **Einzelfall** durch Auslegung ermittelt werden. 32
Als Anhaltspunkt gilt: Ist die verbürgte Forderung bereits entstanden, so ist anzunehmen, dass der Bürge nur bis zum Ablauf dieser Frist haften möchte.[35] Wird die Bürgschaft für

33 RG JW 1932, 1655.
34 Palandt/Sprau, § 773 Rn 2.
35 BGH NJW 97, 2233.

künftige Forderungen bestellt, so spricht dies dafür, dass der Bürge nur für Forderungen einstehen möchte, die bis zu diesem Zeitpunkt entstanden sind.

3. Bürgschaft auf erstes Anfordern

33 Diese Form der Bürgschaft ist für den Bürgen die **weitaus gefährlichste**. Nimmt der Gläubiger den Bürgen in Anspruch, muss der Bürge zunächst an den Gläubiger leisten. Die Einwendungen aus dem Bürgschaftsvertrag oder aus der Hauptschuld kann der Bürge erst im **Rückforderungsprozess** nach § 812 BGB geltend machen. Deshalb sei grundsätzlich vor einer solchen Bürgschaft gewarnt.

34 Der Bürge kann nur dann die Zahlung verweigern, wenn der Gläubiger seine formale Rechtstellung **offensichtlich missbraucht**. Das ist unter anderem dann der Fall, wenn es offen auf der Hand liegt oder zumindest beweisbar ist, dass der materielle Bürgschaftsfall nicht eingetreten ist.[36] Der Gläubiger verliert sein Recht eine Zahlung auf erstes Anfordern zu verlangen. Dies gilt auch dann, wenn sich der Gläubiger in masseloser Insolvenz befindet und der Insolvenzverwalter die Masseunzulänglichkeit angezeigt hat.[37] Dadurch verliert der Gläubiger nur sein Recht auf sofortige Leistung. Sein Sicherungsinteresse verliert er nicht, so dass ihm eine normale Bürgschaft verbleibt.

35 Hat der Gläubiger die Leistung nach materiellem Bürgschaftsrecht zu Unrecht erhalten, so steht nicht nur dem Bürgen, sondern auch dem Hauptschuldner nach Inhalt und Zweck der mit dem Gläubiger vereinbarten Sicherungsabrede ein eigenes Rückforderungsrecht zu. Dieser Anspruch ist zunächst auf Zahlung an den Bürgen gerichtet. Hat der Bürge jedoch Rückgriff beim Hauptschuldner genommen, kann er Zahlung an sich verlangen.

36 Vor allem im Baugewerbe ist die Bürgschaft auf erstes Anfordern weit verbreitet. Den Gläubiger trifft deshalb nur dann eine besondere **Aufklärungspflicht** über die Risiken der Bürgschaft auf erstes Anfordern, wenn der Bürge nicht ständig im Baugewerbe tätig ist. Bei allen anderen Bürgen ist besonders auf die Risiken hinzuweisen.

4. Prozessbürgschaft

37 Gem. § 108 Abs. 1 S. 2 ZPO kann der Kläger seine Sicherheitsleistung auch in Form einer Bankbürgschaft erbringen. Dies ist ohne gerichtliche Bestimmung möglich. Die Sicherheitsleistung kann durch eine schriftliche, unwiderrufliche, unbedingte und unbefristete Bürgschaft eines im Inland zum Geschäftsbetrieb befugten Kreditinstitutes geleistet werden. Will der Kläger eine Bürgschaft einer Bank eines EU-Staates erbringen, so bedarf dies der gerichtlichen Anordnung. Die Prozessbürgschaft soll den Gläubiger so stellen, wie er stünde, wenn der Schuldner die Zwangsvollstreckung durch Hinterlegung eines Geldbetrages abgewendet hätte. Nach OLG München[38] sind die Zinsen, die für die Bankbürgschaft geleistet werden, Prozesskosten (zur Vertiefung vgl Zöller, Zivilprozessordnung, 24. Auflage, § 108 Rn 5 ff).

38 Eine Prozessbürgschaft, die der Kläger als Sicherheit für die Vollstreckung aus einem erstinstanzlichen Urteil beigebracht hat, deckt die Verpflichtung, die zur Abwendung der Vollstreckung geleistete Zahlung zurückzugewähren, auch dann, wenn Ansprüche aus § 717 Abs. 2 ZPO verjährt sind, die Klage jedoch rechtskräftig abgewiesen ist.[39]

36 BGHZ 143, 381; BGHZ 147, 99.
37 NJW 02, 3170.
38 MDR 1999, 1525.
39 BGHZ 169, 308.

5. Muster: Vertrag für eine Höchstbetragsbürgschaft 39

▶ **§ 1 Verbürgung** 52

Der Bürge übernimmt für die in der Anlage 1 aufgeführten Verbindlichkeiten einschließlich etwaiger Nebenforderungen, Zinsen und Kosten, die

Herrn ■■■, Anschrift (im Folgenden „Gläubiger“)

gegen

Frau ■■■, Anschrift (im Folgenden „Hauptschuldnerin“)

zustehen, die selbstschuldnerische Bürgschaft bis zum Höchstbetrag von EUR ■■■.

§ 2 Bestehen der Bürgschaft

Die Bürgschaft besteht bis zur Rückführung aller gesicherten Ansprüche des Herrn Mustermann. Im Falle einer Zeitbürgschaft verpflichtet sich der Gläubiger, dem Bürgen bei Fristablauf anzuzeigen, dass er ihn in Anspruch nimmt.

§ 3 Forderungsübergang

Erst wenn alle Ansprüche des Gläubigers erfüllt sind, gehen die Ansprüche auf den Bürgen über.

§ 4 Anrechnung von anderen Zahlungen

Der Gläubiger darf alle vom Hauptschuldner oder auf dessen Rechnung geleisteten Zahlungen sowie dessen etwaige Gegenforderungen zunächst auf seine Ansprüche anrechnen, die durch diese Bürgschaft nicht gedeckt sind.

§ 5 Verzicht auf Bürgeneinreden

Der Gläubiger ist nicht verpflichtet, gegen den Hauptschuldner gerichtlich vorzugehen (Verzicht auf die Einrede der Vorausklage). Die Zahlungsverpflichtung besteht auch dann, wenn die Hauptschuldnerin das Geschäft, das ihrer Verbindlichkeit zugrunde liegt, anfechten kann (Verzicht auf die Einrede der Anfechtbarkeit nach § 770 I BGB). Ferner kann der Bürge sich nicht darauf berufen, dass der Gläubiger seine Ansprüche durch Aufrechnung gegen eine fällige Forderung der Hauptschuldnerin befriedigen kann, soweit die Forderung der Hauptschuldnerin gegen den Gläubiger nicht unbestritten, entscheidungsreif oder rechtskräftig festgestellt ist (Verzicht auf die Einrede der Aufrechenbarkeit, § 770 Abs. 2 BGB).

§ 6 Rechtswahlklausel

Die Bürgschaft unterliegt dem deutschen Recht.

Datum ■■■

■■■

Unterschrift ◀

B. Prozess

I. Zulässigkeit

Im Bereich der Zulässigkeit sind keine Besonderheiten im Bürgschaftsrecht zu beachten. 40
Zuständig sind die Zivilgerichte, bei denen die Zahlung im Wege einer Leistungsklage einzuklagen ist. Im Rückforderungsprozess nach Zahlung auf eine Bürgschaft auf erstes Anfordern ist ein Urkundsprozess unzulässig, da sich Gläubiger und Bürge ständig im Kreise drehen würden.

II. Beweislast

41 Auch im Bürgschaftsrecht gelten grundsätzlich die allgemeinen Beweislastregeln. Jede Partei trägt die Beweislast für die Tatsachen, aus denen sich ihre Rechte herleiten. Nimmt der Gläubiger den Bürgen auf Zahlung aus der Bürgschaft in Anspruch, so muss der Gläubiger beweisen, dass die Bürgschaft zustande gekommen ist, dass die Hauptschuld entstanden ist und dass diese auch fällig ist. Muss der Gläubiger beweisen, dass die Hauptschuld auch weiterhin besteht?

42 Da die Bürgschaft streng akzessorisch ist, haftet der Bürge wie der Hauptschuldner. Dieser wird zur Zahlung verurteilt, wenn die Hauptschuld entstanden ist und der Hauptschuldner nicht nachweisen kann, dass sie nicht mehr besteht. Für deren Erfüllung haftet der Bürge. Deshalb ist er, wenn er in Anspruch genommen wird, in gleicher Weise beweisbelastet wie der Hauptschuldner. Der Bürge muss also wie der Hauptschuldner den Beweis erbringen, dass die Forderung nicht mehr besteht.[40] Im Falle einer **Angehörigenbürgschaft** muss der Gläubiger darlegen, dass der Bürge die Bürgschaft nicht nur aus emotionaler Verbundenheit mit dem Hauptschuldner übernommen hat, um die Vermutung der Sittenwidrigkeit der Bürgschaft zu beseitigen, s.o.

43 Für den Fall einer **Darlehensmitübernahme** gilt Folgendes: Die kreditgebende Bank muss grundsätzlich darlegen und beweisen, dass die Voraussetzungen für eine echte Mitdarlehensnehmerschaft vorliegen. Spricht hierfür der Wortlaut des vorformulierten Darlehensvertrages, hat der Schuldner nach den Regeln über die sekundäre Darlegungslast darzutun, dass er nicht das für eine Mitdarlehensnehmerschaft notwendige Eigeninteresse an der Kreditaufnahme besaß.[41]

III. Beweise

1. Klage des Gläubigers gegen den Bürgen aus § 765 BGB

44 Hier wird meist ein Beweis durch Vorlage der Kopien der verschiedenen Schriftstücke ausreichen. So zB der Bürgschaftsvertrag, der Vertrag über die Hauptschuld und der Schriftverkehr, der zB die Kündigung des Darlehens beinhaltet. Möglicherweise wird auch ein Zeugenbeweis nötig.

2. Klageerwiderung

45 Der Bürge muss in seiner Klageerwiderung beweisen, warum er nicht aus der Bürgschaft haftet. Macht er Einreden des Hauptschuldners geltend, so gilt das Gleiche wie bei Einreden zB in einer Darlehensstreitigkeit. In diesem Fall kommen sowohl ein Urkunden- als auch ein Zeugenbeweis in Betracht.

IV. Streitverkündung und Rechtskrafterstreckung

46 Für die Praxis besonders interessant ist die Frage, wie bereits erstrittene Urteile zwischen den drei beteiligten Parteien wirken. Das Urteil zwischen dem Gläubiger und dem Hauptschuldner hat Rechtskraftwirkung für den Bürgen, soweit es die Klage abweist.[42] Die Rechtskraftwirkung ist von Amts wegen zu beachten, auch ohne dass sich der Bürge darauf beruft oder wenn er im späteren Prozess säumig ist. Ein gegen den Hauptschuldner ergan-

40 BGH ZIP 88, 224.
41 BGH NJW 09, 1494.
42 BGH NJW 70, 279.

genes Urteil wirkt nicht gegenüber dem Bürgen.[43] Ein Urteil im Prozess des Gläubigers gegen den Bürgen hat keine Rechtskraftwirkung im Verhältnis zwischen dem Bürgen und dem Hauptschuldner. Aus diesem Grund muss der Bürge im Bürgschaftsprozess dem Hauptschuldner den **Streit verkünden.** Nur so kann der Bürge erreichen, dass das Urteil des Bürgschaftsprozesses in einem Rückgriffsprozess (§ 774 BGB) auch gegen den Schuldner wirkt (§§ 72, 74, 68 ZPO).

Der Prozessbürge erkennt jedoch durch die Übernahme der Prozessbürgschaft regelmäßig den Ausgang des Prozess als auch für sich verbindlich an, weil bei anderer Auslegung der Sicherungszweck der Prozessbürgschaft nicht zu erreichen wäre.[44] 47

V. Muster

1. Muster: Klage des Gläubigers gegen den Bürgen auf Zahlung aus § 765 iVm § 488 BGB 48

▶ [vollständige Eingangformel] 53

wegen Zahlung.

Vorläufiger Gegenstandswert: EUR ...

Namens und in Vollmacht der Klägerin erhebe ich Klage und werde beantragen:

Der Beklagte wird verurteilt, an den Kläger EUR ... nebst 5 % Zinsen über dem Basiszinssatz seit dem 1.6.2004 an die Klägerin zu zahlen.

Zur Begründung trage ich Folgendes vor:

Die Klägerin nimmt den Beklagten aus einer von dem Beklagten übernommenen Bürgschaft in Anspruch.

1. Der Beklagte und der Hauptschuldner sind Geschwister. Deshalb erklärte sich der Beklagte am ... bereit, eine selbstschuldnerische Bürgschaft gegenüber der Klägerin ... für ein Darlehen des Hauptschuldners ... in Höhe von EUR ... zuzüglich Zinsen, Provisionen und Kosten der Bürgschaftssumme zu übernehmen.
   Beweis: Bürgschaftserklärung vom ... in Fotokopie, Anlage K ...
2. Die Klägerin gewährte dem Hauptschuldner am 1.1.2002 ein Darlehen in Höhe von EUR ... netto zu gewerblichen Zwecken. Vertragsbeginn war der ..., Vertragsende am .... Das Darlehen sollte in 36 Raten à EUR ... zurückgeführt werden. Es wurde ein effektiver Jahreszins von EUR ... p.a. vereinbart. Der Bruttodarlehensbetrag beträgt somit EUR ....
3. Am 1.12.2003 zahlte der Hauptschuldner zum ersten Mal eine der Raten nicht. Auch nach Mahnungen vom 1.1.2004 und 1.2.2004 wurden keine weiteren Ratenzahlungen geleistet.
   Beweis: Darlehensantrag und Bestätigung, Anlage K ... und K ....
   Schreiben der Klägerin an den Hauptschuldner vom 1.1.2004 und 1.2.2004 (jeweils in Kopie), Anlage K ... und K...
   Daraufhin wurde das Darlehen von der Klägerin mit Schreiben vom 15.3.2004 wegen Zahlungsverzuges von mehr als zwei Monatsraten gekündigt und eine Frist zur Zahlung der Restschuld in Höhe von EUR ... bis zum 15.4.2004 gesetzt.
   Beweis: Schreiben der Klägerin an den Beklagten vom 15.3.2004 in Kopie, Anlage K ...
4. Mit Schreiben vom 15.3.2004 wurde dem Beklagten mitgeteilt, dass der Hauptschuldner keine Leistungen zur Tilgung des Darlehens mehr erbringt, und dem Hauptschuldner eine Frist zur Erbringung der Restschuld bis zum 15.4.2004 gesetzt. Des Weiteren wurde dem

43 BGH 107, 92.
44 BGH NJW 75, 1119.

Beklagten mitgeteilt, dass die Bürgschaft wahrscheinlich in Anspruch genommen würde. Aufgrund der ausbleibenden Zahlungen seitens des Hauptschuldners wurde am 1.6.2004 die Bürgschaft in Anspruch genommen und der Beklagte von der Klägerin zur Zahlung aufgefordert. Eine Zahlung wurde bisher trotz mehrfacher Aufforderungen (Schreiben vom 1.7.2004 und 15.8.2004) nicht geleistet.

Beweis: Schreiben der Klägerin an den Beklagten vom 15.3.2004, 1.6.2004, 1.7.2004 und 15.8.2004 (jeweils in Kopie), Anlage K ■■■-■■■

Die Klage ist geboten, da sich der Beklagte weigert, seine Verpflichtung aus der Bürgschaft zu erfüllen.

5. Der Klaganspruch ergibt sich aus §§ 765, 488, 498, 280, 286, 288 Abs. 1 BGB.

■■■

Rechtsanwalt ◄

49 **2. Muster: Klageerwiderung des Bürgen**

54 ► [vollständige Eingangsformel]

wegen Zahlung

werde ich namens und in Vollmacht des Beklagten beantragen:

Die Klage wird abgewiesen.

Zur Begründung trage ich Folgendes vor:

Der Beklagte ist der Bruder des Hauptschuldners. Der Hauptschuldner musste dringend das Dach seines Hauses sanieren und benötigte dafür das von der Klägerin gewährte Darlehen. Da das Hausgrundstück schon mit anderen Grundsicherheiten belastet ist, wollte die Bank das Darlehen nur gegen eine selbstschuldnerische Bürgschaft gewähren. Aufgrund der engen Verbundenheit zwischen den Brüdern hat sich der Beklagte bereit erklärt, die Bürgschaft für den Hauptschuldner zu übernehmen.

Der Abschluss des Bürgschaftsvertrages zwischen der Klägerin und dem Beklagten ist nichtig. Eine Zahlungsverpflichtung des Beklagten besteht nicht. Vielmehr verstößt die Bürgschaft gegen die guten Sitten.

Nach ständiger und gefestigter Rechtsprechung des Bundesgerichtshofes ist ein Bürgschaftsvertrag dann sittenwidrig, wenn es sich um eine Bürgschaft eines nahen Angehörigen handelt und der Bürge durch die Übernahme krass finanziell überfordert ist. Ist dies der Fall, dann besteht die widerlegliche Vermutung, dass sich der Bürge bei der Übernahme der Bürgschaft nicht von seinen Interessen und von seiner rationalen Einschätzung des wirtschaftlichen Risikos hat leiten lassen und dass das Kreditinstitut die emotionale Beziehung zwischen dem Hauptschuldner und Bürgen in sittlich anstößiger Weise ausgenutzt hat (BGHZ 136, 347).

Eine krasse finanzielle Überforderung ist dann zu bejahen, wenn der Betroffene voraussichtlich nicht einmal die laufenden Zinsen der Hauptschuld dauerhaft aufzubringen vermag (BGH NJW 2001, 815).

Der Beklagte war zum Zeitpunkt des Abschlusses des Bürgschaftsvertrages und ist immer noch Lagerarbeiter mit einem monatlichen Nettogehalt von ca. 1200 EUR. Da bei der Beurteilung der finanziellen Überforderung lediglich der pfändbare Teil des Einkommens des Bürgen maßgebend ist, ist hier eine finanzielle Überforderung des Beklagten zu bejahen.

Beweis: Lohnabrechung der ■■■ aus dem Jahre 1999 und 2004 (jeweils in Kopie)

Eine sittenwidrige Ausnutzung des nahen Angehörigenverhältnisses zwischen dem Hauptschuldner und dem Bürgen wird vermutet. Eine Zahlungsverpflichtung des Bürgen besteht nicht.

Hiermit verkündet der Beklagte dem Hauptschuldner ■■■ den Streit.

■■■

Rechtsanwalt ◄

C. Vollstreckung des Urteils

I. Allgemeines

Die Vollstreckung eines Urteiles aus der Bürgschaftsverpflichtung richtet sich nach den Regeln über die Vollstreckung eines Zahlungsurteils. 50

II. Vollstreckungsabwehrklage gegen „Alturteile"

Die Entscheidung[45] des BVerfG im Jahre 1993 hatte die Entwicklung der Grundsätze der Sittenwidrigkeit von Angehörigenbürgschaften zur Folge. Der BGH[46] hatte im Jahre 2002 entschieden, dass die Vollstreckung aus einem Titel, der vor dieser Entscheidung des BVerfG erstritten wurde, nicht durch eine Unterlassungsklage nach § 826 Abs. 2 BGB verhindert werden kann. War nach heutiger Rechtsprechung die Bürgschaft sittenwidrig, so musste der Angehörige trotzdem die Vollstreckung dulden, wenn der Titel vor dem 19. Oktober1993 erstritten wurde. Diese Rechtsprechung wurde zwischenzeitlich aufgegeben. Der BGH[47] hat nunmehr entschieden, dass Einwendungen gegen Vollstreckungstitel, die auf dem Beschluss des Bundesverfassungsgerichts vom 19. Oktober 1993 betreffend die richterliche Inhaltskontrolle von Bürgschaftsverträgen bei starkem Übergewicht eines Vertragspartners gründen, mit der Vollstreckungsabwehrklage entsprechend § 767 Abs. 1 und 2 ZPO geltend gemacht werden können. Dies ergebe sich aus der analogen Anwendung des § 79 Abs. 2 S. 3 BVerfGG. 51

45 BVerfG NJW 94, 36.
46 BGH NJW 02, 2940.
47 BGH FamRZ 06, 1024.

§ 2 Rückgriff des Bürgen bei dem Hauptschuldner

A. Vorprozessuale Situation

I. Einführung

52 § 1 befasst sich mit dem Abschluss des Bürgschaftsvertrages sowie der Bürgschaftsklage des Gläubigers gegen den Bürgen. Dieses Kapitel beschäftigt sich nun mit dem Rückgriffsanspruch des Bürgen bei dem Hauptschuldner, wenn der Bürge seiner Verpflichtung aus der Bürgschaft – sei es freiwillig, sei es auf Grund einer Verurteilung – nachgekommen ist.

II. Anspruchsgrundlage

53 Zunächst ist die Frage zu klären, auf welcher Rechtsgrundlage der Rückgriff beruht. Zum einen kommt ein Rückgriff nach § 774 BGB in Betracht, denn soweit der Bürge den Gläubiger befriedigt, geht die Forderung des Gläubigers gegen den Hauptschuldner auf den Bürgen über (**gesetzlicher Forderungsübergang**). Auf der anderen Seite hat der Bürge im Innenverhältnis einen **Aufwendungsersatzanspruch** gegen den Hauptschuldner gem. §§ 675, 683, 684, 670 BGB aus dem zwischen dem Bürgen und dem Hauptschuldner bestehenden Rechtsverhältnis.

54 Nach überwiegender Meinung handelt es sich um zwei getrennte Ansprüche. Der Bürge kann wählen, aus welchem Anspruch er gegen den Hauptschuldner vorgehen möchte. Diese Unterscheidung ist vor allem für die Einwendungen des Schuldners wichtig. Dem Rückgriffsanspruch des Bürgen aus dem Innenverhältnis kann der Schuldner nur die Einwendungen aus diesem Rechtsverhältnis entgegenhalten, nicht aber die Einwendungen aus dem Rechtsverhältnis zum Gläubiger. Gegen die übergegangene Forderung kann der Schuldner dagegen gem. § 774 Abs. 1 S. 3 BGB die Einwendungen aus dem Innenverhältnis wie auch gem. §§ 404 ff, 412 BGB die gegen die Forderung selbst bestehenden Einwendungen geltend machen.

III. Voraussetzungen des § 774 BGB

55 Sowohl die gesicherte Hauptschuld als auch die Bürgschaftsschuld müssen wirksam bestehen, damit der Anspruch übergehen kann.[1] Der Bürge muss auf die Bürgschaftsschuld geleistet haben und nicht als ein Dritter auf die Hauptschuld. Dies bestimmt sich im Einzelfall nach der **Zweckbestimmung** der Zuwendung. Entscheidend ist, als wessen Leistung sich die Zuwendung bei objektiver Betrachtungsweise für den Gläubiger ergibt.[2] Der Gläubiger muss endgültig befriedigt worden sein.[3]

IV. Rechtsfolge

1. Übergang von Nebenrechten und anderen Sicherheiten

56 Abhängige Nebenrechte gehen gem. §§ 412, 401 BGB mit auf den Bürgen über. Dies gilt nicht automatisch für anderweitige Sicherungsrechte. Der Gläubiger ist jedoch analog

1 BGH NJW 00, 1563.
2 BGH NJW 86, 251.
3 Palandt/Sprau, § 774 Rn 9.

§§ 774, 401 BGB mangels anderweitiger Vereinbarung schuldrechtlich verpflichtet, sie auf den Bürgen zu übertragen.[4]

2. Einwendungen

a) Einwendungen aus der Hauptschuld

Einwendungen gegen die Hauptschuld verbleiben dem Schuldner nach dem Übergang auch 57
gegen den Bürgen, §§ 412, 404 BGB, selbst wenn der Bürge nur aufgrund Verurteilung geleistet hat. Das Urteil zwischen dem Gläubiger und dem Bürgen hat keine Rechtskraft gegenüber dem Schuldner. Zur Streitverkündung s.o.

b) Einwendungen aus dem Innenverhältnis

Die Einwendungen aus dem Innenverhältnis kann der Schuldner auch gegen die Haupt- 58
schuld geltend machen, § 774 Abs. 1 S. 3 BGB.

B. Prozess

I. Allgemeines

Im Rahmen des Prozesses sind keine Besonderheiten zu anderen Zahlungsklagen aus über- 59
gegangen Forderungen zu beachten.

II. Muster: Klage auf Befreiung von einer Verbindlichkeit 60

▶ [vollständige Eingangsformel] 55

wegen Befreiung von einer Verbindlichkeit

Namens und in Vollmacht der Klägerin erhebe ich Klage und werde beantragen:

Der Beklagte wird verurteilt, an die Klägerin EUR ... zuzüglich 5 % Zinsen über dem Basiszinssatz seit dem 1.7.2009 zu zahlen.

Zur

Begründung

trage ich Folgendes vor:

Die Klägerin macht gegen den Beklagten einen Anspruch aufgrund Übernahme einer Bürgschaft geltend.

Der Beklagte hat am 1.1.2004 ein Darlehen in Höhe von EUR ... bei der Sparkasse ... aufgenommen. Es wurde ein Zinssatz in Höhe von ... p.a. vereinbart. Auf Bitten des Beklagten hat die Klägerin am 1.1.2004 eine schriftliche Erklärung gegenüber der Sparkasse ... abgegeben, dass die Klägerin für die Rückzahlung des Darlehens bürge.

Beweis: Darlehensvertrag zwischen der Sparkasse ... und dem Beklagten vom 1.1.2004, Bürgschaftserklärung der Klägerin (jeweils in Kopie), Anlage K ...

Aufgrund anhaltender finanzieller Schwierigkeiten des Beklagten wurde nach mehrfachen Mahnungen und Finanzierungsbemühungen das Darlehen am 1.5.2009 von der Sparkasse ... gekündigt und die Restschuld fällig gestellt. Mit Schreiben vom gleichen Tag wurde die Inanspruchnahme der Bürgschaft gegenüber der Klägerin angekündigt. Am 14.5.2009 kam es dann zur Inanspruchnahme.

4 BGHZ 110, 41; NJW 99, 1182.

Beweis: Schreiben der Sparkasse vom 1.5.2009 an den Beklagten sowie an die Klägerin, Schreiben vom 14.5.2009 an die Klägerin (jeweils in Kopie), Anlage K ■■■

Die Klägerin hat am 16.5.2009 an die Sparkasse ■■■ EUR gezahlt, um ihre Verpflichtung aus dem Bürgschaftsvertrag zu erfüllen. Die Summe setzt sich aus der Darlehensvaluta, Zinsen und sonstigen Kosten zusammen.

Mit Schreiben vom 1.6.2009 hat die Klägerin um Zahlung der Klagesumme bis spätestens 1.7.2009 gebeten. Eine Zahlung ist bislang nicht erfolgt, weshalb Klage geboten ist.

Der Klaganspruch ergibt sich aus §§ 774 Abs. 1, 488 Abs. 1, 288 BGB.

■■■

Rechtsanwalt ◄

C. Vollstreckung

61 Auch hier sind keine Besonderheiten im Gegensatz zu anderen Zahlungsurteilen zu bemerken.

§ 3 Anspruch auf Befreiung des Bürgen

A. Allgemeines

Hat ein Bürge eine Bürgschaft übernommen, so kann es vorkommen, dass sich die Vermögensverhältnisse des Hauptschuldners im Laufe der Zeit so verschlechtern, dass der Bürge befürchten muss, dass er bei dem Hauptschuldner keinen Rückgriff mehr nehmen kann. Für diesen Fall gibt § 775 BGB dem Bürgen einen Befreiungsanspruch von der Bürgschaft. Die Durchsetzung dieses Anspruchs weist keine Besonderheiten auf. Da er jedoch den Rückgriffsanspruch aus § 774 BGB ergänzt, soll ein Muster für eine Klageschrift angefügt werden. 62

B. Muster: Klage auf Befreiung von einer Verbindlichkeit 63

▶ [vollständige Eingangsformel] 56

wegen Befreiung von einer Verbindlichkeit

Namens und in Vollmacht des Klägers erhebe ich Klage und werde beantragen:

Der Beklagte wird verurteilt, den Kläger von der selbstschuldnerischen Bürgschaft des Klägers vom gegenüber der Sparkasse wegen € zuzüglich Zinsen, Provisionen und Kosten der Bürgschaft freizustellen oder nach seiner Wahl Sicherheit in Höhe von € zuzüglich Zinsen, Provisionen und Kosten der Bürgschaft bei der Sparkasse zu leisten.

Zur

Begründung

trage ich Folgendes vor:

Der Kläger macht gegen den Beklagten einen Befreiungsanspruch aus einer Bürgschaft gegenüber der Sparkasse geltend.

Der Kläger ist mit dem Beklagten verwandt, weshalb sich der Kläger am bereit erklärte, eine selbstschuldnerische Bürgschaft gegenüber der Sparkasse für ein Darlehen des Beklagten in Höhe von € zuzüglich Zinsen, Provisionen und Kosten der Bürgschaftssumme zu übernehmen.

Beweis: Bürgschaftserklärung vom in Fotokopie, Anlage K

Eine Verpflichtung zur Übernahme der Bürgschaft bestand nicht. Vielmehr war es dem Kläger ein Anliegen, den Beklagten aufgrund des verwandtschaftlichen Verhältnisses wirtschaftlich zu unterstützen.

Nun ist der Beklagte in finanzielle Schwierigkeiten geraten. Ein Gläubiger des Beklagten betreibt gegen ihn die Zwangsvollstreckung. Der Beklagte hat kein anderweitiges Vermögen. Pfändbare Gegenstände besitzt er nicht. Deshalb hat der Gläubiger am Antrag auf Abgabe der eidesstattlichen Versicherung beim Amtsgericht gestellt.

Beweis: Zeugnis des Herrn ■■■, Auskunft aus dem Schuldnerregister des Amtsgerichts

Mit Schreiben vom teilte die Sparkasse dem Kläger mit, dass aufgrund der Zahlungsschwierigkeiten des Beklagten mit einer Inanspruchnahme aus der Bürgschaft zu rechnen sei.

Der Befreiungsanspruch ergibt sich aus § 775 Abs. 1 Nr. 1 BGB.

■■■

Rechtsanwalt ◀

Teil 6: **IT-Recht** Seite 285

Dr. Michael Jean Kummermehr, Rechtsanwalt,
Mario Wegner, Rechtsanwalt,
Wegner Ullrich Müller-Helle & Partner, Berlin

Inhalt

Verweise erfolgen auf Randnummern

Musterverzeichnis

Verweise erfolgen auf Randnummern

Literatur:

Kommentare: Busse, Patentgesetz, 6. Auflage, 2003; Dreier/Schulze, UrhG, 3. Auflage 2008; Dreyer/Kotthoff/Meckel, Urheberrecht, 2. Auflage 2008; Fromm/Nordemann, Urheberrecht, 10. Auflage, 2008; Erman, BGB, Band 1, 12. Auflage, 2008; Fezer, UWG, 2. Auflage 2009; Fezer, Markenrecht, 4. Auflage, 2009; Gerold/Schmidt/v. Eicken/Madert/Müller-Rabe, RVG, 18. Auflage, 2008; Ingerl/Rohnke, Markengesetz, 2. Auflage, 2003; Münchener Kommentar, BGB, Band 4, 5. Auflage, 2007, Mes, Patentgesetz, 2. Auflage 2005; Nordemann, Wettbewerbsrecht/Markenrecht, 10. Auflage, 2004; Palandt, BGB, 68. Auflage, 2009; Saenger/Ullrich/Siebert, ZPO (2009); Schulte, Patentgesetz mit EPÜ, 8. Auflage, 2008; Wandtke/Bullinger, Praxiskommentar zum Urheberrecht, 3. Auflage 2009; Wandtke/Bullinger, Ergänzungsband zum Praxiskommentar UrhR, 2003; Zöller, ZPO, 27. Auflage, 2009.

Lehrbücher und Monografien: Bartsch, Softwareüberlassung und Zivilprozess, 1991; Bähler/Luhbich/Schneider/Widmer, Internetdomainnamen, 1996; Bräutigam (Hrsg.), Online-Handel, 2003; Bücking, Namens- und Kennzeichenrecht im Internet (Domainrecht), 1999; Cichon, Internetverträge, 2. Auflage, 2005; Goldmann, Der Schutz des Unternehmenskennzeichens, 2. Auflage, 2005, Grützmacher, Urheber-, Leistungs- und Sui-generis-Schutz von Datenbanken, 1999; Hoeren, Grundzüge des Internetrechts, 2002; Hoeren/Sieber (Hrsg.), Handbuch Multimedia-Recht, Loseblatt; Junker/Benecke, Computerrecht, 21. Auflage, 2009; Kilian/Heussen (Hrsg.), Computerrechtshandbuch, Loseblattsammlung; Koch, Software- und Datenbank-Recht, 27. Ergänzungslieferung 2009; Koch, Zivilprozeßpraxis in EDV-Sachen, 1988; Lütcke, Fernabsatzrecht, 2002; Marly, Software-Überlassungsverträge, 4. Auflage, 2004; Müller-Helle, Die Zusendung unbestellter Ware, 2005; Mellulis, Handbuch des Wettbewerbsprozesses; 3. Auflage, 2000; Nordemann, Wettbewerbsrecht/Markenrecht, 10. Auflage, 2004; Redeker, IT-Recht in der Praxis, 4. Auflage, 2007; Redeker (Hrsg), Handbuch der IT-Verträge, Band 1 und 2, Loseblattsammlung; Schneider, Handbuch des EDV-Rechts, 4. Auflage, 2009; Schröder, Softwareverträge, 3. Auflage 2008; Schumacher/Ernstschneider/Wiehager, Domain-Namen im Internet, 2002; Schwarz/Peschel-Mehner, Recht im Internet, Loseblatt; Weitnauer, Formularbuch e-commerce, 2008; Teplitzky, Wettbewerbsrechtliche Ansprüche und Verfahren, 89. Auflage, 2006; Westphalen, Software-Vertrags und Rechtspraxis, 1992.

Aufsätze: Abel, Generische Domains, WRP 2001, 1426; Apel/Große-Ruse, Markenrecht versus Domainrecht, WRP 2000, 816; Bäuml/Marx, Die Information des Verbrauchers zum Widerrufsrecht im Fernabsatz – „klar und verständlich“?, WRP 2004, 162; Bettinger, Abschlußbericht der WIPO zum Internet Domain Name Process, CR 1999, 445; Bettinger, Kennzeichenrecht im Cyberspace – Der Kampf um die Domain-Namen, GRUR Int. 1997, 402; Brönneke, Abwicklungsprobleme beim Widerruf von Fernabsatzgeschäften, MMR 2004, 127; Bücking, Liberalisierung im Vergabewesen deutscher Domainadressen? – DENIC und die Essential Facilities-Doktrin, GRUR 2002, 27; Bürger, Das Fernabsatzrecht und seine Anwendbarkeit auf Rechtsanwälte, NJW 2002, 465; Ernst, Die Verfügbarkeit des Source Codes, Rechtlicher Know-how-Schutz bei Software und Webdesign, MMR 2001, 208; Fischer, Fernabsatzverträge – Ausschluss des Widerrufsrechts wegen Anfertigung der Ware nach Kundenspezifikation? DB 2003, 1103; Fischer, Zur Anwendbarkeit des Fernabsatzgesetzes bei Einschaltung eines Boten beim Vertragsschluss im Rahmen des Postident 2-Verfahrens, BB 2004, 2601; Franck, Zur Widerrufsbelehrung im Fernabsatz, JR 2004, 45; Fritzemeyer/Schoch, Übernahme von Softwareüberlassungsverträgen beim IT-Outsourcing, CR 2003, 793; Grigoleit, Besondere Vertriebsformen im BGB, NJW 2002, 1151; Grützmacher, Application Service Providing – Urhebervertragsrechtliche Aspekte, ITRB 2001, 59; Haines/Scholz, Hardwarebezogene Verwendungsbeschränkungen in Standardverträgen zur Überlassung von Software, CR 2003, 393; Härting/Schirmbacher, Fernvertrieb von Finanzdienstleistungen an Verbraucher – Umsetzung der Fernabsatzrichtlinie für Finanzdienstleistungen, DB 2003, 1777; Häuser, Die Wertersatzpflicht des Verbrauchers bei Rückabwicklung widerrufener B2C E-Commerce- und anderer Fernabsatzverträge, ITRB 2003, 40; Häuser, Rückabwicklung von B2C E-Commerce- und anderen Fernabsatzverträgen, ITRB 2003, 17; Heigl/Rettenmaier, Widerruf und Herstellergarantie – Probleme beim Fernabsatz, K&R 2004, 559; Karger, Download im Rahmen bestehender Softwareüberlassungs- und Pflegeverträge, ITRB 2003, 134; Karger, Rechtseinräumung bei der Software-Erstellung, CR 2001, 357; Koch, Begründung und Grenzen des urheberrechtlichen Schutzes objektorientierter Software, GRUR 2000, 191; Koch, Grundlagen des Urheberschutzes im Internet und in Online-Diensten, GRUR 1997, 417; Koch, Rechte an Webseiten, NJW-CoR 1997, 298;

Koch, Rechtsschutz für Benutzeroberflächen von Software, GRUR 1991, 180; Köhler, Einzelprobleme der Abgrenzung von Werk- und Dienstvertrag bei der Aktivierung von Software, StBp 2002, 371; Kocher, Neue Vorschriften für den Fernabsatz von Finanzdienstleistungen an Verbraucher, DB 2004, 2679; Kummermehr, Anmerkung zu BGH, U. v. 22.1.2009 – I ZR 30/07 – (Verwendung fremder Kennzeichen als AdWords; Beta Layout), ZUM 2009, 565; Kur, Internet Domain Names, CR 1996, 325; Lehmann, Domains – weltweiter Schutz für Name, Firma, Marke, geschäftliche Bezeichnung im Internet?, WRP 2000, 947; Lehmann/v. Tucher, Urheberrechtlicher Schutz von multimedialen Webseiten, CR 1999, 700; Mankowski, Für einen Anscheinsbeweis hinsichtlich der Identität des Erklärenden bei E-Mails, CR 2003, 44; Mankowski, Wie problematisch ist die Identität des Erklärenden bei E-Mails wirklich?, NJW 2002, 2822; Marwitz, Domainrecht schlägt Kennzeichenrecht?, WRP 2001, 9; Metzger/Jaeger, Open Source Software und deutsches Urheberrecht, GRUR Int. 1999, 839; Pfeiffer, Cyberwar gegen Cybersquatter, GRUR 2001, 92; Melber/Teuber, Online-Auktionen – Pflichten der Anbieter durch das Fernabsatzrecht, MDR 2004, 185; Nordemann, Internet-Domains und zeichenrechtliche Kollisionen, NJW 1997, 1891; Paulus, Software in Vollstreckung und Insolvenz, ZIP 1996, 2; Pekari, Jüngste Entwicklungen in der Arbeit der WTO zur Regulierung des internationalen E-Commerce, K&R 2004, 322; Polley, Verwendungsbeschränkungen in Softwareüberlassungsverträgen, CR 1999, 345; Reinhart, Kollisionen zwischen eingetragenen Marken und Domain-Namen, WRP 2001, 13; Renck, Kennzeichenrechte versus Domain-Names – Eine Analyse der Rechtsprechung, NJW 1999, 3587; Rössel, Finanzdienstleistungen im Fernabsatz, ITRB 2004, 236; Schack, Urheberrechtliche Gestaltung von Webseiten unter Einsatz von Links und Frames, MMR 2001, 9; Schmittmann, Aktuelle Entwicklungen im Fernabsatzrecht, K&R 2003, 385; Schmittmann, Aktuelle Entwicklungen im Fernabsatzrecht, K&R 2004, 361; Schneider, Urheberrechtliche Probleme bei objektorientierten Programmen, in: Büllesbach/Heymann (Hrsg.), Informationsrecht 2000, Perspektiven für das nächste Jahrzehnt, 143; Ulmer, Softwareüberlassung – Formulierung eines Lizenzvertrags, ITRB 2004, 213; Völker/Weidert, Domain-Namen im Internet, WRP 1997, 652; Viefhues, Domain-Name-Sharing, MMR 2000, 334; Wiebe/Funkat, Multimedia-Anwendungen als urheberrechtlicher Schutzgegenstand, MMR 1989, 69; Wilmer, Offene Fragen der rechtlichen Einordnung von Internetdomains, CR 1997, 562; Zscherpe, Urheberrechtsschutz digitalisierter Werke im Internet, MMR 1998, 404.

§ 1 Geschäftliche Aktivitäten über das Internet (E-Commerce)

A. Vorprozessuale Situation

I. Grundsätzliches

1 Die Bedeutung des Internets für den Geschäftsverkehr ist in den letzten Jahren erheblich gewachsen. Es ist mittlerweile technisch verhältnismäßig einfach und auch für kleine mittelständische Unternehmen und Einzelpersonen erschwinglich, Online-Shops zu betreiben und damit neue Vertriebswege für den **Vertrieb von Produkten** (einschließlich Software, Texte, Musikstücke etc.)[1] zu eröffnen. Die Weiterentwicklung elektronischer Übermittlungsdienste hat auch dazu geführt, dass eine Reihe von **Dienstleistungen** (vor allem Finanzdienstleistungen, aber auch – nicht zuletzt in der anwaltlichen Praxis[2] – eine Reihe von Recherchedienstleistungen) zunehmend **unter Einsatz von Tele- oder Mediendiensten**[3] erbracht oder auch über diese initiiert werden können. Mit diesen geschäftlichen Aktivitäten sind einige im täglichen Leben besonders bedeutsame Aspekte des **E-Commerce**[4] beschrieben, einem Bereich des Wirtschaftslebens, der durch eine Reihe verbraucherschützender Bestimmungen (spezielle Informationspflichten des Unternehmers, Widerrufsrechte des Verbrauchers im Bereich der Fernabsatzgeschäfte etc.) reglementiert ist.

2 Es wird dabei in der anwaltlichen Praxis im Regelfall darum gehen, **Erfüllungsansprüche** (Zahlung des Kaufpreises bzw. der Vergütung von Dienstleistungen) oder sonstige **vertraglich begründete Forderungen** entweder durchzusetzen oder aber abzuwehren. Es kommt aber auch vor, dass Ansprüche durchzusetzen oder abzuwehren sind, die aus der **Verletzung von wettbewerbsrechtlichen,**[5] aber auch **urheberrechtlichen Vorschriften** (etwa des § 95 a Abs. 3 iVm § 97 UrhG)[6] resultieren. Nach der Bestimmung des konkreten Rechtsschutzziels hat der Anwalt – nicht anders als sonst – zu beurteilen, welche Ansprüche dem Mandanten konkret zustehen und mit welcher Aussicht auf Erfolg diese gerichtlich durchgesetzt werden können.[7]

II. Durchsetzung oder Abwehr von Ansprüchen aus Verträgen über die Lieferung von Waren (Online-Shopping und Online-Auktionen)

3 Sofern der Anwalt damit beauftragt worden ist, Ansprüche aus einem mittels elektronischer Kommunikationsmittel geschlossenen Vertrag geltend zu machen, unterscheidet sich die

---

1 Also Produkte, die sich in digitale Daten zerlegen lassen und auf diese Weise direkt an den Kunden transportiert werden können. Hierzu näher unter Rn 47 ff.

2 Exemplarisch genannt sei die Datenbank www.ecodata.de, über die sich u.a. Handelsregistereintragungen ermitteln lassen.

3 Die Begriffe „Tele- und Mediendienste“ fallen unter den Obergriff „Telemediendienste“, der in § 1 Abs. 1 TMG definiert wird.

4 Nach der Legaldefinition in § 312 e Abs. 1 S. 1 BGB handelt es sich beim „Vertrag im elektronischen Geschäftsverkehr“ um einen unter Einsatz eines Tele- oder Mediendienstes (zwischen einem Unternehmen und einem Kunden) geschlossenen Vertrag. Die in § 312 b Abs. 1 S. BGB enthaltene Legaldefinition der „Fernabsatzverträge“ erfasst auch den Bereich des E-Commerce, geht aber zugleich darüber hinaus, weil unter Fernabsatzverträgen nicht nur die unter Einsatz moderner Kommunikationsmittel geschlossenen Verträge, sondern auch traditionelle Distanzgeschäfte (zB Versandhandel unter Einsatz gedruckter Kataloge) zu verstehen sind.

5 Vgl hierzu – etwa zur unerwünschten Zusendung von Werbe-E-Mails – die Ausführungen im Band Gesellschaftsrecht/Wettbewerbsrecht, Rn 137 ff.

6 Vgl hierzu im Einzelnen Wandtke/Bullinger, Ergänzungsband zum Praxiskommentar UrhR, § 95 a Rn 52 ff, 89 f.

7 Zu den sonstigen Fragen im Vorfeld bzw. im Zuge der Übernahme des Mandates (Entscheidung über die Annahme des Mandates, Ausgestaltung des Anwaltsvertrags, gegebenenfalls Abschluss einer Honorarvereinbarung, Einholung der Deckungszusage einer etwaigen Rechtsschutzversicherung des Mandanten sowohl für das außergerichtliche wie auch das gerichtliche Verfahren; Klärung der Voraussetzungen einer Beratungshilfe, gegebenenfalls Anfrage bei einem Prozessfinanzierer).

Ausgangslage nicht von derjenigen, die man bei der Durchsetzung von Ansprüchen aus sonstigen (Kauf-)Verträgen vorfindet.

4 Das **Online-Shopping** – sei es in Online-Shops mit einem Fokus auf Verbraucher oder auf Shopping-Plattformen für gewerbliche Kundenkreise – stellt im Wesentlichen einen **normalen Versandhandel** dar, bei dem lediglich die Bestellung über das Internet abgegeben wird, die Ware dann jedoch in traditioneller Weise per Post oder Lieferservice zum Kunden geliefert wird.[8] Auch bei **Online-Auktionen** (sowie bei „umgekehrten Auktionen"[9] und beim – wettbewerbsrechtlich fragwürdigen – „Community-Shopping")[10] geht es regelmäßig um den Vertrieb von körperlich fassbaren Produkten; allerdings kommen hier flexible Preisfindungsmechanismen (so bei Online-Auktionen das „Hochbieten" der verschiedenen Interessenten) zum Einsatz.[11]

5 Zu prüfen hat der Anwalt in derartigen Fällen, ob es zu einem **wirksamen Vertragsschluss** gekommen ist; dabei stellen sich im Rahmen des E-Commerce regelmäßig spezifische Beweisprobleme. Dem kann sich die Frage anschließen, ob **Gestaltungsrechte** existieren (und gegebenenfalls schon ausgeübt worden sind), die die Erfüllungsansprüche ausschließen; besondere Bedeutung haben hier **Widerrufs- oder Rückgaberechte.** Schließlich sind mögliche **rechtsvernichtende Einwendungen** und/oder **rechtshemmende Einreden** zu berücksichtigen.

1. Wirksames Zustandekommen des Vertrages

6 Durch einige jüngere Entscheidungen des BGH[12] sind die grundlegenden Rechtsfragen im Zusammenhang mit fernkommunikativ geschlossenen Verträgen geklärt. Gesichert ist danach: Die bei der Beurteilung des wirksamen Zustandekommens eines Vertrages zu klärenden Fragen nach der Abgabe und dem Zugang korrespondierender Willenserklärungen bestimmen sich ebenso wie die **Beurteilung** der Rechtfolgen von Irrtümern **nach den entsprechenden Regeln des Allgemeinen Teils des BGB.**[13]

8 Cichon, Internet-Verträge, Rn 798; bei Preisangaben in Preisvergleichslisten muss der Verbraucher auf einen Blick erkennen können, ob der angegebene Preis die Versandkosten enthält oder nicht. Es reicht nicht aus, dass ein Interessent erst dann, wenn er sich mit einem bestimmten Angebot näher befasst und das Produkt anklickt, auf die zusätzlich anfallenden Versandkosten hingewiesen wird, vgl BGH, Urteil vom 16. Juli 2009, Az I ZR 140/07 (noch nicht veröffentlicht).

9 Vgl dazu Cichon, Internet-Verträge, Rn 858 ff. Für die wettbewerbsrechtliche Zulässigkeit der umgekehrten Auktion (Absinken des Preises mit zunehmender Aktionsdauer) BGH MMR 2004, 160, jedenfalls für den Fall, dass der „Auktionssieger" nach Abschluss der Veranstaltung Auktion ohne finanzielle Nachteile erkennbar frei entscheiden kann, ob er den „ersteigerten" Gegenstand (im dortigen Fall ein Pkw) zu dem erzielten Preis erwerben will. AA – wettbewerbsrechtlich unzulässig – zuvor OLG Hamburg CR 2002, 753. Vgl zur „umgekehrten Auktion" ferner BGH MMR 2004, 162.

10 Beim Community-Shopping (auch Powershopping) beteiligen sich im Interesse der Erzielung eines für die Teilnehmer möglichst günstigen Kaufpreises mehrere Kaufinteressenten an einer Verkaufsveranstaltung im Internet, bei der der Anbieter den Kunden innerhalb eines bestimmten Zeitraums eine bestimmte Ware mit einer bestimmten Stückzahl zum Kauf mit der Maßgabe anbietet, dass auf den „Grundpreis" je nach der Anzahl der sich einfindenden Warenkäufer Nachlässe in einer bestimmten angegebenen Höhe gewährt werden. Vgl dazu OLG Hamburg WRP 2000, 412 und OLG Köln CR 2001, 545; Ernst, CR 2000, 239, sowie Steinbeck WRP 2002, 604. Siehe ferner – auch zur „umgekehrten Auktion" – Köhler, in: Baumbach/Hefermehl, Wettbewerbsrecht, Rn 1199.

11 Cichon, Internet-Verträge, Rn 799.

12 BGH NJW 2002, 363; BGH MMR 2004, 160; BGH NJW 2005, 53.

13 BGH NJW 2003, 363; Palandt/Grüneberg, § 312 b, Rn 4.

a) Vorliegen korrespondierender Willenserklärungen

7 **aa) Online-Shopping.** Ob über das Internet oder per E-Mail[14] übermittelte Erklärungen als rechtsverbindliche Erklärungen einzustufen sind, ist abhängig von den konkreten Umständen des Einzelfalls.

8 Die per Internet oder via E-Mail übermittelten Aufforderungen zur Bestellung (elektronische Kataloge oder ähnliche Werbung) sind, sofern es erkennbar noch an einem Rechtsbindungswillen fehlt – dies wird den Regelfall darstellen –, nur als eine **invitatio ad offerendum** an den potenziellen Kunden einzustufen.[15]

9 Das verbindliche Angebot gibt in der Regel erst der Kunde durch das Ausfüllen entsprechender Formulare und deren Übermittlung an das Unternehmen (über ein entsprechendes elektronisches Übermittlungssystem oder per E-Mail) ab.[16]

10 Der Online-Händler nimmt das Angebot des Kunden regelmäßig konkludent durch Versendung der Ware gemäß § 151 Satz 1 BGB[17] oder aber durch separate Zusendung einer Nachricht über die Auslieferung der Ware an, sofern er sich nicht wirksam eine ausdrückliche Annahme vorbehalten hat. Die in § 312e Abs. 1 Nr. 3 BGB[18] vorgeschriebene Nachricht durch das Unternehmen stellt zumeist (noch) keine Annahmeerklärung, sondern lediglich eine Eingangsbestätigung dar.[19] Es ist aber natürlich denkbar und auch nicht selten, dass das Unternehmen (über ein entsprechendes elektronisches Übermittlungssystem,[20] gegebenenfalls mit einer „Auto Reply"-Funktion)[21] zugleich mit der Eingangsbestätigung auch die Annahme erklärt.[22] Letztlich bleibt dies, wie eingangs angemerkt, eine Frage der **Auslegung der konkreten Erklärung im Einzelfall.**[23]

11 **bb) Online-Auktionen.** Der BGH hat in seiner Entscheidung zum Widerrufsrecht des Verbrauchers bei Online-Auktionen[24] die **Freischaltung der eingerichteten Angebotsseite** für die Versteigerung und die damit einhergehende Erklärung des Versteigernden, er nehme bereits zu diesem Zeitpunkt das höchste abgegebene Kaufangebot an, als ein verbindliches **Angebot** (also nicht als vorweggenommene Annahme und vor allem nicht als eine

---

14 Die Aufzählung hat selbstverständlich nur exemplarischen Charakter; zu den in Betracht kommenden weiteren „Fernkommunikationsmitteln" im Sinne des § 312b Abs. 2 BGB vgl etwa Palandt/Grüneberg § 312b Rn 7.

15 Vgl insoweit OLG Frankfurt MMR 2003, 405; OLG München MMR 2003, 274; LG Essen NJW-RR 2003, 1207; AG Butzbach NJW-RR 2003, 54; AG Westerburg MMR 2003, 609; Palandt/Grüneberg § 312b, Rn 4; Redeker, IT-Recht in der Praxis, Rn 855; Cichon, Internet-Verträge, Rn 812, jeweils mwN.

16 Vgl nur Redeker, IT-Recht in der Praxis, Rn 856.

17 Cichon, Internet-Verträge, Rn 812.

18 Vgl zu dieser Vorschrift u.a. Redeker, IT-Recht in der Praxis, Rn 895 ff. Zu den – auch Anwälte treffenden – Informationspflichten bei Internetauftritten und dem Zusammenspiel mit dem UWG vgl Hoeren, WM 2004, 2461.

19 Vgl nur LG Essen MMR 2004, 49; AG Butzbach NJW-RR 2003, 54; AG Wolfenbüttel MMR 2003, 492; Grigoleit, NJW 2002, 1151, 1158; Redeker, IT-Recht in der Praxis, Rn 898, mwN.

20 Dass Unternehmen, die die Bestellvorgänge und die Rechnungslegung – zum Teil ausschließlich – über das Internet unter Nutzung von Datenverarbeitungsanlagen organisieren, sich die entsprechenden (elektronischen) Erklärungen als eigene zurechnen lassen müssen, entspricht der inzwischen wohl allgemeinen – wenngleich teilweise abweichend begründeten – Meinung; vgl nur Redeker, NJW 1984, 2390, 23; Geis, NJW 1997, 3000; Fringuelli/Wallhäuser, CR 1999, 93; Hähnchen, NJW 2001, 2831, 2833.

21 LG Köln MMR 2003, 481.

22 OLG Frankfurt MMR 2003, 405; OLG München NJW 2003, 367, mit Anm. Hoffmann; LG Köln MMR 2003, 481; AG Hamburg-Barmbek MMR 2004, 772 (aufgehoben durch LG Hamburg MMR 2005, 121).

23 Vgl zum Vorstehenden Bodenstedt, MMR 2004, 719.

24 BGH NJW 2005, 53. Zum Widerrufsrecht bei Fernabsatzgeschäften näher unter Rn 32 ff.

unverbindliche invitatio ad offerendum) qualifiziert;[25] ein solches Angebot kann deshalb nicht wirksam vom Anbieter vor Ablauf der Auktion gelöscht werden.[26] Die **Abgabe eines Höchstgebotes bei einer Online-Auktion** stellt eine bindende, auf den Abschluss eines Vertrages gerichtete **Annahmeerklärung** dar.[27] Nichts anderes gilt für den Fall, dass der Bieter bei einer Onlineauktion einen sog. „Bietagenten" – also ein Computerprogramm, das automatisch im Falle einer Überbietung höhere Gebote bis zu einem vom Bieter vorab gesetzten Höchstbetrag für den Bieter abgibt,[28] – einsetzt; an derartige Angebote ist die das Bietprogramm einsetzende Person gebunden.[29]

12 cc) **Handeln unter fremdem Namen.** Sofern der Mandant oder die Gegenseite bei einer Online-Auktion mit der Kennung eines anderen auftritt, handelt er **„unter"** (nicht „in") **fremdem Namen.**[30] Denn die Benutzung der jeweiligen Kennung weist für die andere Partei ausschließlich auf die Person hin, die von dem Online-Auktionshaus nach Auktionsende namentlich identifiziert wird; zudem orientiert sich das Gegenüber an den bei Online-Auktionsportalen üblichen Bewertungen durch andere Kunden und vertraut deshalb darauf, mit dem Inhaber der Kennung den Vertrag zu schließen.[31]

13 Entsprechendes muss auch für das Online-Shopping gelten, weil die Ausgangslage hier ähnlich ist und der Betreiber des Online-Shops insbesondere darauf vertrauen wird, dass sich hinter dem Handelnden tatsächlich derjenige verbirgt, dessen Daten (Name, Anschrift, E-Mail-Adresse etc.) ihm vor dem Abschluss des Vertrages übermittelt worden sind. Auf das Handeln unter fremden Namen finden die §§ 164 ff BGB Anwendung. Der Namensträger (Inhaber der Kennung) wird gemäß § 177 Abs. 1 BGB im Falle seiner Einwilligung[32] oder uU nach den Regeln der Duldungsvollmacht vertraglich gebunden.[33] Die Voraussetzungen einer Anscheinsvollmacht werden von der Rechtsprechung unter Hinweis auf den derzeitigen (verhältnismäßig schlechten) Sicherheitsstandard – und das deshalb fehlende schutzwürdige Vertrauen in die Authentizität des Teilnehmers – bei Online-Auktionen verneint.[34]

14 **dd) Zugang der Willenserklärungen.** Voraussetzung für die Wirksamkeit einer mittels elektronischer Kommunikationsmittel abgegebenen Willenserklärung ist der **Zugang der**

---

25 BGH NJW 2005, 53; ähnlich – allerdings noch ohne Festlegung hinsichtlich der Einstufung als Angebot oder Annahme – bereits BGH NJW 2002, 363, 364. Entsprechendes gilt beim Einstellen eines Produktes auf den Websites eines Online-Auktionshauses unter der Option „Sofort-Kauf"; vgl nur LG Saarbrücken MMR 2004, 556, AG Moers MMR 2004, 563, und AG Syke MMR 2004, 825; aus § 242 BGB folgt, dass einem Höchstbieten die Erfüllung eines Vertrages verwehrt wird, wenn der Versteigernde zB nach kurzer Zeit (hier: acht Minuten) die Auktion beendet und das Höchstgebot für einen hochwertigen Artikel (hier: Porsche) nur 5, 50 EUR beträgt, vgl LG Koblenz MMR 2009, 419.

26 LG Berlin CR 2004, 940.

27 BGH NJW 2002, 363.

28 Zum (wettbewerbswidrigen) Einsatz sog. „Sniper"-Software, durch die kurz vor Ablauf des Auktionszeitraums selbsttätig ein Gebot abgegeben wird, vgl LG Hamburg MMR 2002, 755. Hinsichtlich der Zurechenbarkeit dieser Erklärungen zum Kunden, in dessen Auftrag das Programm eingesetzt wird, und der Wirksamkeit der Erklärungen kann nichts anderes gelten als beim Einsatz von „Bietagenten".

29 AG Hannover NJW-RR 2002, 131; Redeker, IT-Recht in der Praxis, Rn 858.

30 OLG München MMR 2004, 625; LG Berlin NJW 2003, 3493.

31 OLG München MMR 2004, 625; LG Berlin NJW 2003, 3493.

32 Im Falle OLG München MMR 2004, 635 handelten sogar auf beiden Seiten, also sowohl auf der des Versteigerers als auch auf der des Ersteigernden, Personen unter einem Pseudonym. Dies hatte zum Ergebnis, dass keiner der Handelnden, sondern die Namensträger Vertragspartner wurden und in dem zwischen den Handelnden geführten Prozess sowohl die Aktiv- als auch die Passivlegitimation fehlte.

33 OLG Oldenburg CR 1993, 558 = NJW 1993, 1400; OLG Köln NJW-RR 1994, 177 und NJW-RR 1998, 1277, jeweils zum Btx-Kennwort. Vgl ferner LG Bonn MMR 2002, 255; LG Bonn MMR 2004, 179.

34 Vgl nur LG Bonn MMR 2002, 255 (256) mit zustimmender Anm. Wiebe; OLG Köln MMR 2002, 813; LG Konstanz MMR 2002, 835; AG Erfurt MMR 2002, 127; LG Bonn MMR 2004, 179, mit kritischer Anm. Mankowski.

Erklärung. Es ist umstritten, ob eine elektronisch übermittelte Willenserklärung als Willenserklärung unter Anwesenden oder als Willenserklärung unter Abwesenden einzustufen ist. Die herrschende Ansicht in der Literatur geht von einer Erklärung unter Abwesenden aus und macht eine Ausnahme bei telekommunikativ abgegebenen Erklärungen nur für den Fall, dass ein unmittelbarer Dialog stattfindet, der mit der persönlichen Kommunikation zwischen Menschen vergleichbar ist.[35] Dies hat zur Konsequenz, dass derartige Erklärungen erst dann in den Herrschaftsbereich des Empfängers gelangen, wenn dieser sie zur Kenntnis nehmen kann und unter den üblichen Umständen von ihm auch erwartet werden kann, dass er sie zur Kenntnis nimmt.[36] Dies soll bei Verwendung von E-Mail-Adressen im Geschäftsverkehr allerdings bereits am Tage des Eingangs in den elektronischen Briefkasten der Fall sein.[37] Insoweit mag im Einzelfall ein **Widerruf gemäß § 130 Abs. 1 Satz 2 BGB** in Frage kommen. Dies wird in den Fällen bedeutsam, in denen dem Mandanten, der sich gegen vertragliche Ansprüche wehrt, andere Gestaltungsrechte (dazu unter Rn 28 ff) nicht zur Verfügung stehen.

ee) **Darlegungs- und Beweislast.** Erhebliche Schwierigkeiten kann in der Praxis der Nachweis bereiten, dass die Willenserklärung tatsächlich vom in Anspruch genommenen Aussteller stammt (Authentizität) und unverfälscht ist (Integrität).[38] Der Empfänger einer elektronischen Willenserklärung kann ebenso wie bei einer mündlichen oder privatschriftlichen Erklärung den Beweis, dass die Erklärung dem von ihm behaupteten Urheber zuzurechnen ist, mit den allgemein zugelassenen, vom Gericht frei zu würdigenden Mitteln führen.[39] Entsprechendes gilt hinsichtlich des Zugangs der Willenserklärung des Mandanten. 15

Die Vorlegung der **E-Mail** (§ 371 Abs. 1 Satz 2 ZPO)[40] bzw. – was den Regelfall darstellt – eines Ausdrucks der E-Mail[41] stellt **im Regelfall kein geeignetes Beweismittel** dar. 16

Zwar hat eine Minderheit der Instanzgerichte,[42] gestützt durch eine Reihe von Autoren,[43] die Vorlage einer (bestrittenen) E-Mail bzw. eines Ausdrucks derselben als (Anscheins-)Beweis genügen lassen. Anderenfalls bestehe – so ein namhafter Vertreter dieser Auffassung – die Gefahr eines **faktischen „Widerrufsrechts kraft Beweislastverteilung.“**[44] 17

Nach herrschender Ansicht trägt allerdings auch bei Online-Shopping und Online-Auktionen derjenige, der sich auf die Wirksamkeit des Vertrages beruft und aus diesem Rechte 18

35 Redeker, IT-Recht in der Praxis, Rn 862, mwN.

36 Ebnet, NJW 1992, 2985, 2990; Redeker, IT-Recht in der Praxis, Rn 864.

37 LG Nürnberg-Fürth NJW-RR 2002, 1721. Nach Auffassung dieses Gerichts soll der vermeintliche Empfänger einer elektronischen Nachricht für deren Nichtzugang sogar beweispflichtig sein. Dieses Urteil steht allerdings im Widerspruch zur sonstigen Rechtsprechung zum Beweiswert von E-Mails (Rn 16) und beruft sich zu Unrecht und unreflektiert auf das Urteil des OLG München NJW 1994, 527 (dort ging es lediglich um eine Beweiserleichterung – Anscheinsbeweis – für den Absender eines Telefaxes, nicht aber um eine Beweislastumkehr, wie sie das LG Nürnberg-Fürth vornimmt).

38 Zum Beweiswert der E-Mail vgl einerseits Roßnagel/Pfitzmann, NJW 2003, 1209, und Mankowski, NJW 2002, 2822; ders., CR 2003, 44 anderseits, jeweils mwN.

39 Ausführlich hierzu Nöcker, CR 2000, 176, 180 f.

40 Vgl insoweit Zöller/Greger, ZPO § 371 Rn 3, § 130 a Rn 1, 5, 5 a.

41 Beim Beweis durch Ausdruck einer E-Mail handelt es sich nach herrschender Ansicht nicht um einen Urkundenbeweis; vgl Zöller/Geimer, ZPO Vor § 415 Rn 2, mwN, auch der gegenteiligen Ansicht. Vgl aber andererseits – ohne nähere Erläuterung – Zöller/Greger, ZPO § 592, Rn 14: „Als Urkunden iSd ZPO [...] kommen nur Schriftstücke in Betracht, [...] auch [...] Ausdrucke elektronischer Daten.“.

42 AG Ettlingen ITRB 2001, 233; AG Hannover WuM 2000, 412; in einem obiter dictum auch LG Berlin NJW 2002, 2569 für die durch Passwort geschützte E-Mail (in einer Verhandlung im Jahre 2003 vor dem Landgericht Berlin wurden die Verfasser allerdings mit der gegenteiligen Rechtsmeinung – kein Anscheinsbeweis – konfrontiert).

43 Für einen Anscheinsbeweis Mankowski, NJW 2002, 2822; ders., CR 2003, 44; Vehslage, K&R 2002, 531, 533; Krüger/Bütter, MDR 2003, 181, 186; vgl ferner – Anscheinsbeweis bei gesichertem Passwortschutz – Ernst, MDR 2003, 1091, 1093.

44 Mankowski, CR 2003, 44; derselbe, MMR 2004, 181.

herleitet, uneingeschränkt die Darlegungs- und Beweislast für die Abgabe, den Inhalt und den Zugang der auf den Vertragsabschluss gerichteten Willenserklärungen.[45] Eine von dieser Grundregel abweichende Verteilung der Beweislast unter Billigkeitsgesichtspunkten wird abgelehnt,[46] ebenso ein Anscheinsbeweis des Inhalts, eine unter einer bestimmten E-Mail-Adresse versandte Erklärung stamme vom Inhaber des betreffenden E-Mail-Accounts,[47] und zwar auch dann, wenn – was regelmäßig der Fall ist – ein passwortgeschütztes System benutzt wird.[48]

19 Früher konnte sich die herrschende Meinung u.a.[49] auf **§ 292 a ZPO** berufen, nach dem ein **Anscheinsbeweis** nach der gesetzgeberischen Entscheidung dann – aber (argumentum e contrario) auch nur dann – griff, **wenn der Absender der E-Mail eine qualifizierte Signatur,** die den Anforderungen von SigG und SigV genügt,[50] verwendet hatte.[51] Nach Wegfall des § 292 a ZPO ist dies nicht mehr möglich.

20 In diesem (ohnehin eher seltenen) Fall konnte der Anschein der Urheberschaft der in Rede stehenden elektronischen Erklärung nur durch den Vortrag und gegebenenfalls Beweis von Tatsachen erschüttert werden, die ernstliche Zweifel daran begründeten, dass die Erklärung mit dem Willen des Signaturschlüssel-Inhabers abgegeben wurde. Sofern dieser Nachweis gelang, oblag es dem Beweisgegner, konkrete Umstände nachzuweisen, aus denen sich ernstliche Zweifel ergaben, dass die E-Mail nicht mit seinem Willen abgegeben wurde (sog. sekundäre Beweislast).[52] Der Beweisgegner musste also keinen vollen Gegenbeweis erbringen, wobei umstritten war, welchen Grad die von ihm zu setzenden Zweifel an seiner Urheberschaft haben mussten.[53]

21 Man wird in der Praxis deshalb, sofern die Gegenseite die Abgabe der Willenserklärung bestritten hat, die Aussichten der gerichtlichen Durchsetzung der Ansprüche des Mandanten im Regelfall als eher gering bewerten müssen und den Mandanten über das entsprechende (hohe) Risiko aufzuklären haben.

45 OLG Köln MMR 2002, 813; OLG Hamburg MMR 2002, 677; LG Bonn MMR 2002, 255; LG Bonn MMR 2004, 179; LG Konstanz MMR 2002, 835; AG Erfurt MMR 2002, 127; Roßnagel/Pfitzmann, NJW 2003, 1209.

46 OLG Köln MMR 2002, 813; LG Bonn MMR 2002, 255; LG Bonn MMR 2004, 179; LG Kostanz MMR 2002, 835; AG Erfurt MMR 2002, 127.

47 OLG Köln MMR 2002, 813 = K&R 2003, 83 mit Anm. Roßnagel; LG Bonn MMR 2002, 255 mit Anm. Wiebe = CR 2002, 293 mit Anm. Hoeren; LG Bonn MMR 2004, 180 mit Anm. Mankowski; LG Konstanz MMR 2002, 837 mit Anm. Winter; AG Erfurt MMR 2002, 127 mit Anm. Wiebe; AG Bonn NJW-RR 2002, 1363; Roßnagel/Pfitzmann, NJW 2003, 1209.

48 LG Konstanz MMR 2002, 837 mit Anm. Winter; LG Bonn MMR 2004, 179, 181 f mit Anm. Mankowski; AG Erfurt MMR 2002, 127, 128 mit Anm. Wiebe.

49 Zu den weiteren (guten) Gründen vgl Roßnagel/Pfitzmann, NJW 2003, 1209.

50 Vgl dazu Roßnagel, NJW 2001, 1817; Schmidt, CR 2002, 508.

51 Vgl nur Redeker, IT-Recht in der Praxis, Rn 874, der die gegenwärtige Bedeutung der qualifizierten elektronischen Signatur für die Praxis allerdings wie folgt relativiert: „Kein Anwender wird in seinem konkreten Fall prüfen können, ob die von ihm oder seinem Partner verwendete elektronische Signatur wirklich eine qualifizierte elektronische Signatur ist. […] Ob sich das Konzept der qualifizierten elektronischen Signaturen wirtschaftlich überhaupt durchsetzen wird, muss man abwarten.".

52 Vgl auch insoweit Zöller/Greger, ZPO § 292 a Rn 3, § 284, Rn 34 ff mit zahlreichen Beispielen zur Rechtsprechung zur sekundären Darlegungslast.

53 Vgl einerseits Zöller/Greger, ZPO, § 292 a, Rn 3: „... dürfen lediglich nicht rein theoretischer Art sein", und andererseits Heinemann, ZNotP 2002, 422.

b) Wirksame Einbeziehung von AGB

Die §§ 305 ff BGB finden selbstverständlich auch bei Vertragsschlüssen über das Internet Anwendung.[54] Die wirksame Einbeziehung von AGB[55] setzt gemäß § 305 Abs. 2 BGB[56] voraus, dass der Verwender bei seinem Angebot darauf hinweist, dass seine AGB einbezogen werden sollen.[57] Für § 305 Abs. 2 Nr. 2 BGB genügt die bloße Einblendung der AGB auf der Website des Verwenders nur, wenn sie dem Kunden eine kritische Prüfung der Bedingungen ermöglicht.[58] Ob die Möglichkeit, umfangreiche AGB durch Herunterladen und Ausdrucken abzurufen, eine wirksame Einbeziehung begründen kann, ist umstritten, wird von der herrschenden Meinung aber bejaht.[59] Bei Online-Auktionen werden die AGB des Online-Auktionshauses[60] nicht (unmittelbar) Bestandteil des Vertrages zwischen dem Versteigerer und Ersteigernden. Allerdings können diese AGB als Auslegungsgrundlage für den Vertrag der Auktionsteilnehmer herangezogen werden (§§ 133, 157, 242 BGB), sofern deren Erklärungen nicht aus sich heraus verständlich sind.[61] 22

Hinsichtlich der Inhaltskontrolle gilt im Bereich des Online-Shopping und der Online-Auktionen nichts anderes als bei der Inhaltskontrolle von AGB bei anderen Verträgen (§§ 307 ff BGB).[62] 23

Im Einzelfall beachtlich kann der Umstand sein, dass die gerade bei Online-Auktionen üblichen Ausschlüsse von Mängelrechten,[63] auch wenn diese von Verbrauchern vorgegeben wurden, gegebenenfalls als AGB eingestuft werden können, nämlich dann, wenn sich ergibt, dass dieselben Ausschlüsse vom Verkäufer (und Verwender) bei anderen Online-Auktionen benutzt worden sind. Derartige Haftungsausschlüsse sind bei der Verwendung gegenüber einem Verbraucher beim Anbieten von neuen Sachen nach § 309 Nr. 8 b) aa) BGB unwirksam. 24

c) Wahrung etwaiger Formerfordernisse

Beim Online-Shopping und Online-Auktionen über bewegliche Sachen werden besondere Formerfordernisse in der Regel nicht bestehen. Ist im Einzelfall die Schriftform vorgesehen, 25

---

54 LG Freiburg CR 1993, 433; LG Ravensburg CR 1992, 472; Cichon, Internet-Verträge, Rn 848; Deutsch, MMR 2004, 586 ff.

55 Die im Produktkatalog eines Mobiltelefonanbieters enthaltenen Hinweise „Änderungen und Irrtümer vorbehalten. Abbildungen ähnlich" stellen keine Vertragsbedingungen im Sinne von § 305 Abs. 1 BGB dar. Es handelt sich um Hinweise ohne eigenständigen Regelungsgehalt, die lediglich zum Ausdruck bringen, dass die im Katalog enthaltenen Angaben insoweit vorläufig und unverbindlich sind, als sie vor oder bei Abschluss eines Vertrags noch korrigiert werden können, vgl BGH GRUR 2009, 506.

56 Gilt in den Fällen des § 310 Abs. 1 Satz 1 BGB, also insbesondere bei Verwendung gegenüber Unternehmern, nicht.

57 OLG Hamburg WM 2003, 581; Palandt/Grüneberg § 305 Rn 38, Redeker, IT-Recht in der Praxis, Rn 883.

58 LG Freiburg NJW-RR 1992, 1018; OLG Köln NJW-RR 1998, 1277 (wonach ein Text von sieben Seiten mit insgesamt fünfzehn Regelungen noch zumutbar ist); Palandt/Grüneberg § 305 Rn 38; Cichon, Internet-Verträge Rn 854; Horn, MMR 2002, 209 f, jeweils mwN.

59 Palandt/Grüneberg § 305 Rn 38; Löhnig, NJW 1997, 1688, 1689; Mehrings, BB 1998, 2373; Koehler, MMR 1998, 289, 292; Rüßmann, K&R 1998, 129, 135. Dagegen – mit guten Gründen (nicht alle Kunden verfügen im jeweiligen Fall über einen Drucker, zudem verursacht das Ausdrucken nicht unerhebliche Kosten) – Cichon, Internet-Verträge, Rn 855; Koch, K&R 2001, 87, 89; Redeker, IT-Recht in der Praxis, Rn 884; für die Einbeziehung von lediglich auf einer Website verfügbaren AGB im Geschäftsverkehr, der nicht ausschließlich online abgewickelt wird, OLG Celle, Beschluss vom 24. Juli 2009, Az 13 W 48/09 (noch nicht veröffentlicht).

60 Zur Wirksamkeit der eBay-AGB vgl zuletzt LG Osnabrück MMR 2005, 125; zur Wirksamkeit von Google-AGB vgl LG Hamburg, Urteil vom 7. August 2009, Az. 324 O 650/08 (noch nicht veröffentlicht).

61 BGH NJW 2002, 363. Näher dazu Cichon, Internet-Verträge, Rn 873 ff, und Horn, MMR 2002, 209 ff.

62 Vgl hierzu KG Berlin, Urteil vom 30. April 2009, Az 23 U 243/08 (BeckRS 2009 19462), in dem die AGB-Regelung einer Fluggesellschaft, welche bestimmte, dass bei der Zahlung mit Kredit-und Zahlkarten Gebühren anfielen, für unwirksam erklärt wurde.

63 Wie beispielsweise: „Der Vollständigkeit halber weise ich darauf hin, dass es sich bei dieser Auktion um einen Verkauf von privat handelt und ich dementsprechend keinerlei Gewährleistung übernehme und auch kein Rückgaberecht einräume."

kann diese gemäß § 126 Abs. 3 BGB auch durch die elektronische Form des § 126 a BGB – die einen Sonderfall der Schriftform darstellt[64] – gewahrt werden; die elektronische Form setzt die Verwendung einer qualifizierten elektronischen Signatur nach dem SigG voraus.[65] In dem in der Praxis wohl relevantesten Fall der vertraglich vereinbarten Schriftform erleichtert § 127 Abs. 3 BGB die Einhaltung der Schriftform; sie ist auch gewahrt, wenn eine andere als die qualifizierte Signatur benutzt wird.[66] Die elektronische Form ist in bestimmten Fällen (vgl §§ 484 Abs. 1 Satz 2, 492 Abs. 1 Satz 2 [bis 10.6.2010], 623, 630 Satz 3, 761 Satz 2, 766 Satz 2, 780 Satz 2, 781 Satz 2 BGB) ausgeschlossen.[67]

26 Von der elektronischen Form der §§ 126 Abs. 3, 126 a BGB ist die in § 126 b BGB geregelte **Textform** zu unterscheiden;[68] sie genügt u.a. für die Erfüllung der Hinweispflichten des Unternehmers über das Widerrufsrecht bei Fernabsatzgeschäften (vgl u.a. § 312 c Abs. 2 [ab 11.6.2010 § 312 c Abs. 1] und § 357 Abs. 3 Satz 1 BGB) sowie für die Erklärung des Widerrufsrechts (§ 355 Abs. 1 Satz 2 BGB) bzw. die wirksame Ersetzung des Widerrufsrechts durch ein Rückgaberecht (§ 356 Abs. 1 Nr. 3 BGB [ab 11.6.2010 § 356 Abs. 1 iVm § 360 BGB]). Dazu näher unter Rn 32 ff. Die Form des § 126 b BGB soll nach herrschender – auf die Gesetzgebungsmaterialien[69] gestützter – Meinung bei der Abrufbarkeit eines Textes auf einer Homepage nur dann gewahrt sein, wenn es tatsächlich zu einem Download des Textes kommt, das bloße Bereithalten der Informationen auf der Homepage soll nicht genügen.[70]

27 Sofern es um **Online-Auktionen über Grundstücke** geht, kommt der Vertrag wirksam erst mit der notariellen Beurkundung gemäß § 311 b BGB zustande.[71] Die notarielle Beurkundung ist über das Internet jedenfalls derzeit nicht möglich.[72] Zu beachten ist § 17 Abs. 2 a Nr. 2 BeurkG, nach dem einem Verbraucher ausreichend Gelegenheit zu geben ist, sich vorab mit dem Gegenstand der Beurkundung auseinanderzusetzen. Danach trifft den Notar

---

64 Palandt/Ellenberger § 126 a Rn 1.

65 Dazu bereits unter Rn 19 f. Vgl zudem Palandt/Ellenberger § 126 a Rn 3 ff, Redeker, IT-Recht in der Praxis, Rn 844; Roßnagel, NJW 2001, 1817 ff; derselbe, NJW 2005, 385 ff.

66 Vgl Palandt/Ellenberger § 127 Rn 5 f.

67 Palandt/Ellenberger § 126 a Rn 1. Ratenlieferungsverträge nach § 505 BGB (wie zB Zeitschriftenabonnements), bei denen die bis zum frühestmöglichen Kündigungszeitpunkt zu entrichtenden Teilzahlungen EUR 200,00 nicht überschreiten, unterliegen nach § 505 Abs. 1 Satz 2 iVm § 491 Abs. 2 Nr. 1 BGB allerdings nicht dem (strengen) Schriftformerfordernis des § 505 Abs. 2 Nr. 1 BGB.

68 Sofern die Voraussetzungen des § 126 a BGB vorliegen, ist zugleich auch die Textform des § 126 b BGB gewahrt; vgl Palandt/Ellenberger § 126 b Rn 2.

69 BT-Drucksache 14/2658, S. 40: „Ferner muss sichergestellt sein, dass die Informationen vom Unternehmer nachträglich nicht mehr verändert werden können. Dies ist beispielsweise dann nicht der Fall, wenn die Informationen nicht individuell per E-Mail übermittelt, sondern lediglich zum Abruf im www des Internets bereitgehalten werden: Allein durch das Bereithalten im www ist weder ausreichend sichergestellt, dass sich der Verbraucher die Informationen tatsächlich „herunterlädt", noch dass die Informationen, etwa auf der Homepage des Unternehmers, auch nach Vertragsschluss weiterhin noch unverändert zur Verfügung stehen.".

70 LG Kleve NJW-RR 2003, 196; Hoffmann, NJW 2002, 2602 f; Palandt/Grüneberg § 312 c Rn 7, mwN; aA OLG München NJW 2001, 2236. In der Praxis liegen hier „Fallstricke" für Unternehmen, die in der Praxis nach dem Eindruck der Verfasser bisher unterschätzt werden.

71 Vgl für den Fall, dass die Vorschrift des § 156 BGB in den Versteigerungsbedingungen nicht abbedungen worden sein sollte (zur Zulässigkeit Palandt/Ellenberger § 156, Rn 1, mwN), BGH, NJW 1998, 2350 (Anwendbarkeit des § 15 BeurkG).

72 Vgl nur Cichon, Internet-Verträge, Rn 807. Die über das Internet abgewickelten Grundstücksauktionen werden regelmäßig dergestalt abgewickelt, dass der Bieter zugleich mit der Anmeldung beim Auktionshaus einen Dritten (regelmäßig einen Rechtsanwalt) beauftragt, der ihn bei dem Abschluss des Kaufvertrags im Rahmen der notariellen Beurkundung vertritt. Die Rechtsprechung geht bisher – ohne Berücksichtigung des in § 17 Abs. 2 a BeurkG zum Ausdruck kommenden besonderen Schutzbedürfnisses des Verbrauchers – davon aus, dass die widerrufliche Vollmacht bei der Abwicklung derartiger Auktionen wegen § 167 Abs. 2 BGB nicht der notariellen Form bedarf (LG Berlin, Urteil vom 20. Dezember 2004, Az 6 O 400/04; die Revision wird vor dem KG zum Az 22 U 6/05 geführt).

im Regelfall die Amtspflicht, darauf hinzuwirken, dass die rechtsgeschäftlichen Erklärungen des Verbrauchers von diesem persönlich oder durch eine Vertrauensperson vor dem Notar abgegeben werden und der Verbraucher zudem ausreichende Gelegenheit erhält, sich mit dem Gegenstand der Beurkundung auseinanderzusetzen. Allerdings führt ein Verstoß gegen diese Amtspflichten des Notars nicht zur Formunwirksamkeit des Vertrags, sondern nur zu disziplinar- und gegebenenfalls haftungsrechtlichen Folgen für den Notar.[73]

2. Gestaltungsrechte

a) Irrtumsanfechtung nach §§ 119, 120 BGB

Auch elektronisch übermittelte (bzw. sogar elektronisch generierte) Willenserklärungen 28 sind einer Anfechtung grundsätzlich zugänglich, es gelten insoweit die allgemeinen Regeln der §§ 119 ff BGB,[74] wobei § 119 Abs. 2 BGB (Anfechtung wegen Eigenschaftsirrtümern) allerdings durch die §§ 434 ff BGB ausgeschlossen wird.[75]

aa) Typische Anfechtungsgründe. Wenn der Mandant sich von dem Vertrag lösen will, hat 29 der Anwalt sofort zu prüfen, ob ein zur Anfechtung berechtigender Irrtum vorliegt. **Eingabefehler** sowohl des Bestellers als auch des Händlers können nach § 119 Abs. 1, 2. Var. BGB beachtlich sein.[76] Soweit die fehlerhafte Übermittlung auf einem Hardwarefehler oder aber einem Programmierfehler beruht oder ein Fehler bei der Eingabe von Datenmaterial gegeben ist, oder ein Übermittlungsfehler des Providers zu konstatieren ist, ist die Möglichkeit einer Irrtumsanfechtung umstritten. Bei fehlerhaften Erklärungen, die auf **Hardware- oder Programmierfehlern** beruhen oder auf die **Verwendung fehlerhaften Datenmaterials** zurückzuführen sind, wird zum Teil eine Anfechtbarkeit mit der Begründung verneint, hier liege lediglich ein unbeachtlicher Motivirrtum vor.[77] So ist beispielsweise die Einstellung falscher Preise wegen einer Verwechslung von DM- und EUR-Preisen als nicht zur Anfechtung berechtigender Irrtum angesehen worden.[78] In der obergerichtlichen Rechtsprechung sind fehlerhafte Auftragsbestätigungen, die auf **Übermittlungsfehlern des Providers** beruhten, allerdings analog § 120 BGB für anfechtbar gehalten worden.[79]

bb) Anfechtungserklärung. Liegt ein Anfechtungsgrund vor bzw. besteht jedenfalls eine 30 gewisse Aussicht, dass ein Gericht einen Anfechtungsgrund bejahen könnte, und hat der Mandant noch nicht oder nicht hinreichend deutlich die Anfechtung erklärt, ist diese Erklärung **unverzüglich, dh spätestens innerhalb von zwei Wochen nach Kenntnis des Irrtums,**[80] gegenüber dem Vertragspartner[81] abzugeben. Die Anfechtungserklärung muss zumindest erkennen lassen, dass der Mandant das Geschäft wegen eines Irrtums bzw. eines

73 BT-Drucks. 14/9266, S. 99. Näher dazu Sorge, DNotZ 2002, 593.

74 OLG Frankfurt/Main MMR 203, 405, 406; OLG Oldenburg NJW 2004, 168 ff; LG Berlin NJW 2004, 2831; AG Westerburg MMR 2003, 609; Redeker, IT-Recht in der Praxis, Rn 859.

75 BGHZ 69, 369; OLG Düsseldorf NJW 1992, 1326; Palandt/Ellenberger § 119 Rn 28.

76 OLG Oldenburg NJW 2004, 168; AG Westerburg MMR 2003, 609.

77 AG Frankfurt/Main CR 1990, 469; LG Frankfurt NJW-RR 1998, 1331; LG Frankfurt CR 1997, 738; Redeker, IT-Recht in der Praxis, Rn 859.

78 LG Köln MMR 2003, 481; siehe aber auch – Anfechtbarkeit bejahend – AG Westerburg MMR 2003, 609; AG Bad Homburg NJW-RR 2002, 1282.

79 OLG Frankfurt MMR 2003, 405; OLG Hamm MMR 2004, 761, dort auch zur Darlegungs- und Beweislast des Anfechtungsgegners für den diesem uU entstandenen – ersatzfähigen – Vertrauensschaden.

80 Vgl nur Palandt/Ellenberger § 121 Rn 2 ff, mwN. Es handelt sich um eine Obergrenze; der Anwalt ist gut beraten, sie nicht auszuschöpfen, wenn er rechtzeitig mandatiert worden ist.

81 Zum richtigen Empfänger der Anfechtungserklärung vgl Palandt/Ellenberger § 143 Rn 5 ff, mwN.

Übermittlungsfehlers nicht gegen sich gelten lassen will; es muss **für den Anfechtungsgegner erkennbar** sein, **auf welche tatsächlichen Gründe die Anfechtung gestützt** wird.[82]

31 Sofern der Anwalt die Anfechtungserklärung namens und in Vollmacht für den Mandanten abgibt, sollte er – weil die Anfechtungserklärung in den Anwendungsbereich des § 174 BGB fällt – eine **Originalvollmacht beifügen** und das Schreiben aus Beweisgründen **per Einschreiben/Rückschein absenden** (oder per Boten, der auch den Inhalt des Schreibens bezeugen könnte, überbringen).

b) Widerrufs- bzw. Rückgaberechte

32 Besondere Bedeutung haben im Bereich der Fernabsatzgeschäfte – also auch des Online-Shoppings und der Online-Auktionen[83] – die Regelungen der **§§ 312 d, 355 BGB**. Sie sehen für den Verbraucher ein **Recht zum Widerruf des abgeschlossenen Fernabsatzgeschäftes** vor.[84] Dieses Widerrufsrecht kann unter den Voraussetzungen des **§ 356 Abs. 1 BGB** durch ein **uneingeschränktes Rückgaberecht** ersetzt werden, das für den Unternehmer im Regelfall bei der Rückabwicklung günstiger ist (Rn 36 f).

33 Grund für die Einräumung des Widerrufs- bzw. Rückgaberechts ist die besondere Gefährdung des Verbrauchers bei Fernabsatzgeschäften – um solche handelt es sich sowohl beim Online-Shopping als auch bei Online-Auktionen regelmäßig (dazu sogleich). Diese Gefährdungslage ergibt sich daraus, dass die Beurteilung des Vertragsgegenstandes sowie des Vertragspartners und die Rechtsverfolgung erschwert sind.[85]

34 **aa) Widerrufsrecht des Verbrauchers bei Online-Shopping und Online-Auktionen. (1) Voraussetzungen.** Voraussetzungen für ein Widerrufsrecht gemäß §§ 312 d, 355 BGB sowohl beim Online Shopping als auch bei Online-Auktionen sind:

- Es muss sich um einen **Fernabsatzvertrag** im Sinne des **§ 312 b Abs. 1 Satz 1 BGB** handeln. Die Parteien müssen sich sowohl für die Abgabe des Angebots als auch der Annahmeerklärung einer oder mehrerer Fernkommunikationstechniken bedient haben[86] und dürfen nicht gleichzeitig körperlich anwesend gewesen sein.[87] Es handelt sich allerdings um eine unzulässige Umgehung des Fernabsatzrechts, wenn nach fernkommunikativer Bestellung dem Verbraucher bei Anlieferung der Ware durch einen Mitarbeiter des Logistikunternehmens ein schriftlicher Vertrag zur Unterschrift vorgelegt wird; hier kommen die §§ 312 d ff BGB zur Anwendung.[88]
- Die **Ausnahmetatbestände des § 312 b Abs. 3 BGB** dürfen **nicht einschlägig** sein. Die Vorschriften über Fernabsatzverträge – also auch über das Widerrufs- bzw. Rückgaberecht – finden keine Anwendung u.a. auf Immobilienverträge (§ 312 b Abs. 3 Nr. 4

82 Palandt/Ellenberger § 143 Rn 3, mwN. Beispielsweise im Falle von LG Berlin NJW 2004, 2831 fehlte es (u.a.) an dieser Voraussetzung.

83 Zum Widerrufsrecht bei Online-Auktionen – kein Ausschluss durch § 312 b Abs. 4 Nr. 5 BGB – siehe Rn 34.

84 Zur Widerrufsmöglichkeit nach § 130 Abs. 1 Satz 2 BGB siehe Rn 14.

85 Grigoleit, NJW 2002, 1151.

86 Gibt der Verbraucher eine Bestellung per Fernkommunikationsmittel ab und schickt ihm der Unternehmer die Ware zu, verwendet er für die (konkludente) Annahmeerklärung ein Fernkommunikationsmittel (OLG Schleswig NJW 2004, 231; Palandt/Grüneberg § 312 b Rn 8).

87 Vgl Grigoleit, NJW 2002, 1151; Redeker, IT-Recht in der Praxis, Rn 887, mwN. Sofern während der Vertragsanbahnung persönliche Kontakte zwischen den Parteien selbst oder deren Vertretern stattgefunden haben und sich der Verbraucher in dieser Phase über alle für den Vertragsschluss wesentlichen Umstände informiert hat, unterliegt der im unmittelbaren zeitlichen Zusammenhang mit diesem persönlichen Kontakt zustande gekommene Vertrag nicht § 312 b BGB; vgl Palandt/Grüneberg § 312 b, Rn 8, mwN.

88 BGH NJW 2004, 3699; OLG Schleswig NJW 2004, 231.

BGB)[89] sowie auf Verträge über Lebensmittel und Haushaltsgegenstände des täglichen Bedarfs.[90]

- Der **Veräußerer** (Versteigerer) muss **Unternehmer** (§ 14 BGB) sein. Unternehmer ist jede natürliche oder juristische Person, die am Markt **planmäßig und dauerhaft Leistungen gegen ein Entgelt** anbietet, auf eine Gewinnerzielungsabsicht kommt es nicht an.[91] Auch branchenferne Nebengeschäfte und die nebenberufliche unternehmerische Tätigkeit fallen unter § 14 BGB.[92] Sofern ein Kaufmann handelt, gilt die **Vorschrift des § 344 HGB** entsprechend,[93] tritt also als Verkäufer beispielsweise ein Formkaufmann (zB eine GmbH) in Erscheinung, wird vermutet, dass der konkrete Veräußerungsvorgang seiner unternehmerischen Tätigkeit zuzurechnen ist.
  Schwierig ist die Bewertung, ob die Grenze zum unternehmerischen Handeln überschritten ist, bei Privatpersonen, die in größerem Umfang an Online-Auktionen teilnehmen. Bei der dann erforderlichen Würdigung der Gesamtumstände aus der Sicht eines objektiven und verständigen Durchschnittsverbrauchers sind insbesondere die Art des Auktionsgegenstandes, die Anzahl und Art der vorangegangenen Auktionen,[94] der Zeitraum, innerhalb derer sie durchgeführt wurden, und zudem die Gestaltung der Angebotsseite zu berücksichtigen.[95]
- Der **Erwerber** (Ersteigerer) muss **Verbraucher** (§ 13 BGB) sein. In Zweifelsfällen entscheidet über die Zuordnung zum privaten oder unternehmerischen Bereich auch hier nicht der innere Wille des Handelnden, sondern der durch Auslegung zu ermittelnde Inhalt des Rechtsgeschäfts; bleiben Zweifel an einer Verwendung für den privaten Bereich, geht dies zu Lasten des Erwerbers.[96] Handelt für den Erwerber ein Vertreter und ist dieser Unternehmer, finden die §§ 312 b, 355 BGB ebenfalls keine Anwendung.[97]
- Der Vertragsabschluss muss **im Rahmen eines für den Fernabsatz organisierten Vertriebssystems** geschlossen werden. Diese Voraussetzung ist (zu Lasten des Unternehmers) weit auszulegen,[98] sie ist nur dann nicht gegeben, wenn ein Anbieter keinerlei organisatorische Maßnahmen für einen Absatz im Wege eines Fernabsatzgeschäftes trifft, sondern allenfalls gelegentlich im Rahmen seines Ladengeschäftes telefonisch Bestellungen annimmt und ausführt. Sofern der Unternehmer den Absatz der Waren hingegen mittels einer Präsentation im Internet unterstützt, sind die Regelungen über Fernabsatzverträge uneingeschränkt anwendbar.[99]

89 Auf Verträge über Erneuerungs- und Umbauarbeiten an einem Gebäude ist die Vorschrift allerdings nicht anwendbar, hier kommt also ein Widerrufsrecht in Betracht; vgl Palandt/Grüneberg § 312 b Rn 14.
90 Siehe dazu Palandt/Grüneberg § 312 b Rn 15..
91 Palandt/Ellenberger § 14 Rn 2.
92 Palandt/Ellenberger § 14 Rn 2.
93 Palandt/Ellenberger § 14 Rn 2; Leible/Wildemann, K&R 2005, 26, 28; Mankowski, VuR 2004, 79, 80 f.
94 Das LG Berlin CR 2002, 371 nahm ein „Handeln im geschäftlichen Verkehr" iSv § 14 Abs. 2 MarkenG in dem Fall an, in dem der Anbieter innerhalb von fünf Monaten 39 Geschäfte sowohl als Käufer als auch als Verkäufer über eBay getätigt hatte. Das AG Detmold CR 2004, 859 vertrat demgegenüber die Auffassung, dass auch derjenige, der regelmäßig über eine Internet-Plattform Waren anbietet, nicht zwangsläufig dauerhaft und planmäßig am Markt handele; auch die Tatsache, dass der Betreffende AGB verwendet hatte, hielt das AG Detmold nicht für ein überzeugendes Indiz für eine unternehmerische Tätigkeit.
95 So zutreffend Leible/Wildemann, K&R 2005, 26, 28.
96 § 312 d Abs. 4 Nr. 1 BGB; Palandt/Ellenberger § 13 Rn 4, mwN.
97 Vgl BGH NJW 2000, 2268.
98 Palandt/Grüneberg, BGB, 64. Auflage (2005), § 312 b Rn 11, mwN.
99 LG Memmingen MMR 2004, 769.

- Das Widerrufsrecht darf nicht nach **§ 312 d Abs. 4 BGB** ausgeschlossen sein. Die entsprechenden Ausnahmetatbestände sind eng auszulegen.[100]
- Ein Ausschluss nach § 312 d Abs. 4 Nr. 1 BGB (**Anfertigung der Ware nach Kundenspezifikation**) ist dann nicht gegeben, wenn die zu liefernde Ware auf Bestellung des Verbrauchers aus vorgefertigten Standardbauteilen zusammengefügt wird, die mit verhältnismäßig geringem Aufwand ohne Beeinträchtigung ihrer Substanz oder Funktionsfähigkeit wieder getrennt werden können.[101] Der Ausnahmetatbestand greife erst dann, wenn der Unternehmer durch die Rücknahme der Bestellung erhebliche wirtschaftliche Nachteile erleide, die spezifisch damit zusammenhängen und dadurch entstehen, dass die Ware erst auf Bestellung des Kunden nach dessen besonderen Wünschen angefertigt wurde.[102] Dieser Aufwand soll jedenfalls dann nicht erreicht sein, wenn der Aufwand des Unternehmers für die Trennung (Endkonfiguration und Zerlegung) weniger als 5 % des Warenwertes ausmacht.[103]

  Besondere Bedeutung in der Praxis hat § 312 d Abs. 4 Nr. 2 BGB (**Entsiegeln von Datenträgern**),[104] wonach ein Widerrufsrecht nicht besteht (bzw. erlischt), wenn Datenträger (CD, DVD, Audiokassetten, CD-ROM, Disketten etc.), auf denen Audio- oder Videoaufzeichnungen oder Software gespeichert sind, entsiegelt werden. „Entsiegeln" bezieht sich auf ein körperliches Siegel. Typische Beispiele für Versiegelungen sind das Verschließen einer CD-ROM-Hülle mit einem speziellen Streifen oder einer Siegelmarke; ob auch das bloße Einschweißen der CD-ROM-Hülle genügt, ist zweifelhaft.[105]

  Eine „elektronische Entsiegelung", etwa durch Eingabe eines Kennworts der zur Hauptplatine (Motherboard) gehörigen Software, und seine Verwendung durch den Käufer eines Computers zu dessen Inbetriebnahme soll noch keine das Widerrufsrecht ausschließende Entsiegelung nach § 312 d Abs. 4 Nr. 2 BGB darstellen.[106]

  In den Fällen, in denen ein Betriebsprogramm oder eine Treibersoftware für eine Hardware (zB Computer, Drucker etc.) geliefert wird, wird in der Literatur die Auffassung vertreten, dass § 312 d Abs. 4 Nr. 2 BGB – mit Blick auf § 357 Abs. 3 Satz 2 (ab 11.6.2010 Satz 3) BGB, nach dessen Rechtsgedanken dem Verbraucher durch den Test der Funktionsfähigkeit keine Nachteile entstehen sollen – nicht anzuwenden ist, wenn die Entsiegelung nur aufgrund der Prüfung der Hardware stattgefunden hat.[107]

---

100 EuGH NJW 2002, 281; Brönneke, MMR 2004, 127. Unternehmen sind Verbrauchern, die mehrfach Online-Bestellungen widerrufen haben (im Branchenjargon „Hoch-Retournierer"), allerdings nicht „ausgeliefert": Nach einem Urteil des OLG Hamburg vom 25. November 2004, Az 5 U 22/04, ist der wettbewerbsrechtliche Tatbestand des § 4 Nr. 1 UWG iVm § 3 UWG nicht erfüllt, wenn das Unternehmen (im dortigen Falle der Otto-Versand) weitere Vertragsabschlüsse mit dem Kunden verweigert. Das Unternehmen darf zur Feststellung, ob es sich um einen „Hoch-Retournierer" handelt, Daten über das Kundenverhalten sammeln, ohne gegen die Vorgaben des Teledienstedatenschutzgesetzes (bzw. des Telemediengesetzes (TMG)) oder des Bundesdatenschutzgesetzes (BDSG) zu verstoßen. Dass Versandhandels-Unternehmen gegenüber dem Verbraucher zivilrechtlich keinem Kontrahierungszwang ausgesetzt sind, liegt auf der Hand; vgl auch dazu Brönneke, MMR 2004, 127.

101 BGH NJW 2003, 1665 (für § 3 Abs. 2 Nr. 1 FernAbsG); OLG Dresden MMR 2002, 172; vgl zu diesen Entscheidungen auch Brönneke, MMR 2004, 127 ff, mwN.

102 BGH NJW 2003, 1665.

103 BGH NJW 2003, 1665.

104 Die Vorschrift soll insbesondere das illegale Kopieren der gespeicherten Daten verhindern; Brönneke, MMR 2004, 128.

105 Vgl Brönneke, MMR 2004, 127, 128 Fn 11, zur Notwendigkeit eines klaren Hinweises des Unternehmers auf die Folgen des Entsiegelns.

106 So jedenfalls – für § 3 Abs. 2 Nr. 2 FernAbsG – LG Frankfurt ITRB 2003, 170.

107 Brönneke, MMR 2004, 127, 128.

Jedenfalls dann, wenn die Software bereits auf die Festplatte des gelieferten Computers aufgespielt ist, ist das Widerrufsrecht nicht nach § 312 d Abs. 4 Nr. 2 BGB ausgeschlossen.[108]

Wenn zu einem einheitlichen Preis sowohl Software als auch Hardware vertrieben werden, die Software aber von der Hardware unabhängig ist und einen eigenständigen (gegebenenfalls sogar höheren) Wert hat (sog. „**Bundling-Software**"), stellt sich bei der Entsiegelung der Software das Problem, ob hier der Widerruf (bzw. die Rückgabe) insgesamt oder nur ein Teilwiderruf hinsichtlich der Software möglich ist oder der Widerruf gar insgesamt ausgeschlossen ist. Ein Teilwiderruf dürfte mit kaum zu bewältigenden Probleme bei der Bestimmung des auf die Software entfallenden Preisanteils[109] verbunden sein. Es bleibt abzuwarten, welchen Weg die Rechtsprechung insoweit einschlagen wird.

Nach § 312 d Abs. 4 Nr. 3 BGB besteht kein Widerrufsrecht bei der Lieferung von Zeitungen, Zeitschriften und Illustrierten, es sei denn, und das ist seit 2009 neu, dass der Verbraucher seine Vertragserklärung telefonisch abgegeben hat.[110] Nicht erfasst wird von diesem Ausschlussgrund die Lieferung von Kalendern.[111]

Der BGH hat zwischenzeitlich geklärt, dass **Online-Auktionen** – entgegen einer früher stark vertretenen Ansicht[112] – **nicht in den Anwendungsbereich des § 156 BGB** fallen und deshalb das Widerrufsrecht bei derartigen Auktionen **nicht nach § 312 b Abs. 4 Nr. 5 BGB ausgeschlossen** ist.[113]

- Das Widerrufsrecht darf nicht wirksam durch ein Rückgaberecht (Rn 36 f) ersetzt worden sein.

(2) Beginn und Dauer des Widerrufsrechts

- Die Widerrufsfrist beträgt bei **Belehrung über das Widerrufsrecht** vor oder bei Vertragsschluss gemäß § 355 Abs. 1 Satz 2 (ab 11.6.2010: Abs. 2 Satz 1) BGB zwei Wochen. Die Widerrufsfrist beginnt gemäß § 312 d Abs. 2 Satz 1 BGB nicht vor Erfüllung der Informationspflichten gem. § 312 c Abs. 2 BGB iVm § 1 BGB-InfoV[114] (ab 11.6.2010: § 312 c Abs. 1 iVm Art. 246 §§ 1 und 2 EGBGB) in Textform (Rn 26), und bei der Lieferung von Waren erst, wenn der Verbraucher die Ware empfangen hat.[115] Daneben hat der Unternehmer den Verbraucher – in einer aus dem übrigen Text hervorgehobenen

108 Brönneke, MMR 2004, 127, 128.

109 Vgl Brönneke, MMR 2004, 127 ff.

110 Ein mögliches Widerrufsrecht nach § 505 BGB bleibt davon unberührt. Vgl insoweit Palandt/Grüneberg § 312, Rn 8, 12, und Palandt/Weidenkaff § 505, Rn 7.

111 OLG Hamburg NJW 2004, 1114.

112 OLG Hamm NJW 2001, 1142; LG Wiesbaden K&R 2000, 152; LG Hamburg MMR 1999, 679; AG Bad Hersfeld MMR 2004, 500, mit Anm. Trinks; Grappentin, GRUR 2001, 713, 715; Wiebe, MMR 2000, 323, 324.

113 BGH NJW 2005, 53.

114 Abgedruckt im Schönfelder unter Nr. 22. Zu den Einzelheiten siehe etwa Palandt/Grüneberg § 312 c Rn 2 ff, BGB-InfoV 1, Rn 2 ff.

115 Das konkrete Datum des Fristbeginns muss nicht angegeben werden. Vgl nur BGH NJW 1994, 1800, 1801: „Es ist daher nicht erforderlich, den Beginn der Widerrufsfrist durch konkrete Kalenderdaten und/oder Wochentage zu bezeichnen."; OLG Rostock DStR 2001, 1810; näher zum Ganzen Mögle, NJW 2000, 103 ff. Die Formulierung „Fristbeginn ab heute" ist nach Ansicht des BGH (NJW 1994, 1800) wegen § 187 Abs. 1 BGB irreführend. Zur Fristberechnung siehe Palandt/Grüneberg § 312 d Rn 6.

Weise und regelmäßig in deutscher Sprache[116] – darüber zu belehren, wie er sein Widerrufsrecht ausüben kann. Es muss deutlich werden, dass der Widerruf in Textform ohne Begründung oder durch Rücksendung der Ware innerhalb der jeweiligen Frist ausgeübt werden kann.[117] Bei einem Kauf auf Probe muss die Belehrung angeben, dass die Frist erst mit der Billigung beginnt.[118] Eine Orientierung, ob die jeweilige Widerrufsbelehrung den gesetzlichen Anforderungen genügt, vermittelt das amtliche Muster der Widerrufsbelehrung (Anlage 2 zur BGB-InfoV).[119] Sofern dieses Muster vom Unternehmer in Textform verwendet worden ist, genügt nach dem Verständnis des Gesetzgebers die Belehrung den Anforderungen des § 355 Abs. 2 BGB (§ 14 Abs. 1 BGB-InfoV).[120] § 355 Abs. 2 BGB verweist ab 11.6.2010 auf § 360 BGB, ebenfalls idF ab 11.6.2010).

- Sofern die (ordnungsgemäße) Widerrufsbelehrung erst nach Vertragsschluss erfolgt, beträgt die Widerrufsfrist einen Monat (§ 355 Abs. 2 Satz 2 [ab 11.6.2010: Satz 3] BGB).[121]
- Fehlt eine Widerrufsbelehrung oder genügt die Belehrung nicht den Voraussetzungen des § 312 c Abs. 2 BGB iVm § 1 BGB-InfoV (s.o., ab 11.6.2010: § 312 c Abs. 1 iVm Art. 246 §§ 1, 2 EGBGB), ist der Widerruf zeitlich unbegrenzt möglich, § 355 Abs. 3 Satz 3 (ab 11.6.2010: Abs. 4 Satz 3) BGB.[122]

35 (3) **Erklärung des Widerrufsrechts.** Der Widerruf nach § 355 Abs. 1 Satz 2 BGB ist fristgerecht in Textform (Rn 26) zu erklären, maßgeblich ist die rechtzeitige Absendung. Er kann bereits vor dem Eintreffen der Ware beim Verbraucher erklärt werden; es ist auch kein Grund ersichtlich, ihn nicht bereits unmittelbar nach der Abgabe eines Angebotes des Verbrauchers und damit gegebenenfalls noch vor dem Zustandekommen des Fernabsatzvertrags zuzulassen.[123] Der Widerruf per E-Mail ist zwar grundsätzlich ausreichend.[124] Wegen der damit verbundenen Beweisprobleme (Rn 15 ff) sollte der Anwalt allerdings, soweit die Widerrufsfrist im Zeitpunkt seiner Mandatierung noch läuft und nicht bereits eine schriftliche Bestätigung des Eingangs der bereits zuvor vom Mandanten abgegebenen Widerrufserklärung durch den Unternehmer vorliegt, zur Sicherheit den Widerruf – sofern nicht per Boten zustellbar – (ggf nochmals) per Einschreiben/Rückschein erklären. Wegen § 174 BGB ist dabei eine Originalvollmacht des Mandanten beizufügen.

116 Vgl Palandt/Grüneberg § 355 Rn 16, 17, jeweils mwN; eine lediglich ins Internet gestellte Widerrufsbelehrung stellt keine Belehrung in Textform iSd §§ 126 b, 357 Abs. 3 Satz 1 BGB dar, solange es nicht zu einer Perpetuierung der Erklärung bei dem abrufenden Verbraucher (Ausdruck der Seite oder Abspeicherung auf der eigenen Festplatte) kommt, KG GRUR-RR 2008, 131: „Ein im Rahmen der gemäß § 312 c I 1 BGB erforderlichen Widerrufsbelehrung erteilter Hinweis „Im Übrigen können Sie die Wertersatzpflicht vermeiden, indem Sie die Sache nicht wie ein Eigentümer in Gebrauch nehmen und alles unterlassen, was deren Wert beeinträchtigt" gibt die aus §§ 357, 346 BGB folgenden Befugnisse des Verbrauchers, mit der Ware zu verfahren, nur dann korrekt wieder, wenn der Verbraucher spätestens bei Vertragsschluss in Textform auf die Verpflichtung, Wertersatz im Fall der bestimmungsgemäßen Ingebrauchnahme zu leisten, und eine Möglichkeit, dies zu vermeiden, hingewiesen worden ist. Ist Letzteres – wie regelmäßig beim Warenabsatz über die Internetplattform "X." – nicht der Fall, so ist es eine Frage des Einzelfalls, ob ein daraus folgender Verstoß gegen § 4 Nr. 11 UWG iV mit § 312 c I 1 BGB geeignet ist, den Wettbewerb zum Nachteil der Marktteilnehmer mehr als nur unerheblich iS von § 3 UWG zu beeinträchtigen (im Streitfall verneint)."

117 Palandt/Grüneberg § 355 Rn 14, mwN, auch gegenteiligen Ansichten.

118 BGH NJW-RR 2004, 1058; Palandt/Grüneberg § 355 Rn 14.

119 Abgedruckt im Schönfelder unter Nr. 22.

120 Vgl aber auch Palandt/Grüneberg § 312 c Rn 2 ff, BGB-InfoV 14, Rn 6, mN zu kritischen Stimmen hinsichtlich der Wirksamkeit des § 14 BGB-InfoV.

121 Zweifel an der Europarechtskonformität dieser Regelung äußert u.a. Tonner, BKR 2002, 858.

122 § 355 Abs. 3 Satz 1 BGB, der nur gilt, wenn der Unternehmer Informationspflichten verletzt, deren Erfüllung Voraussetzung für den Beginn der Widerrufsfrist ist, so zB bei § 312 d Abs. 2 BGB.

123 So zutreffend Brönneke, MMR 2004, 127, 130.

124 Vgl LG Kleve NJW-RR 2003, 196; Palandt/Ellenberger § 126 b Rn 3.

bb) Ersetzung des Widerrufsrechts durch Rückgaberecht des Verbrauchers. Statt eines Widerrufsrechts kann der Unternehmer dem Verbraucher „im Verkaufsprospekt" – darunter fallen auch Angebote im Internet[125] – ein **uneingeschränktes Rückgaberecht** einräumen (§ 356 BGB). Der Verkaufsprospekt muss eine deutlich gestaltete Belehrung über das Rückgaberecht und – unter Beachtung des § 305 Abs. 2 BGB[126] – die Einzelheiten der Rückabwicklung des Vertrages enthalten (§ 356 Abs. 1 Satz 2 Nr. 1 BGB); das oben zu den Anforderungen an die Belehrung über das Widerrufsrecht Gesagte gilt entsprechend (Rn 34). Sofern der Unternehmer das amtliche Muster der Rückgabebelehrung (Anlage 3 zur BGB-InfoV) benutzt hat, genügt die Belehrung den Anforderungen des § 356 Abs. 1 Satz 2 Nr. 1 BGB (§ 14 Abs. 2 BGB-InfoV). Der Unternehmer muss dem Verbraucher ferner die Gelegenheit einräumen, den Verkaufsprospekt eingehend zur Kenntnis nehmen zu können (§ 356 Abs. 1 Satz 2 Nr. 2 BGB). Dabei ist die bloße Möglichkeit ausreichend; ob der Verbraucher tatsächlich Kenntnis vom Verkaufsprospekt erlangt hat, spielt keine Rolle.[127] Außerdem muss der Unternehmer dem Verbraucher das Rückgaberecht in Textform gemäß § 126 b BGB einräumen (§ 356 Abs. 1 Satz 2 Nr. 3 BGB [ab 11.6.2010: § 356 Abs 2 iVm § 360 Abs. 2 Satz 1]);[128] das oben zum Widerrufsrecht Gesagte gilt entsprechend. 36

Die Ausübung des Rückgaberechts erfolgt – anders als beim Widerrufsrecht – allein durch die **Rücksendung der Ware.** Wenn die Ware nicht als Paket verschickt werden kann, kann das Rückgaberecht durch **Rücknahmeverlangen** in Textform ausgeübt werden (§ 356 Abs. 2 Satz 1 BGB); dies ist der Fall bei Waren, die mehr als 20 kg wiegen.[129] Zur Fristwahrung genügt die rechtzeitige Absendung der Ware bzw. des Rücknahmeverlangens (§ 356 Abs. 2 Satz 2 iVm § 355 Abs. 1 Satz 2 BGB, ab 11.6.2010 iVm § 360 Abs. 2 BGB, dieser ebenfalls idF ab 11.6.2010). 37

cc) Rechtsfolgen des Widerrufs und der Rückgabe. Auf das Widerrufs- und das Rückgaberecht finden nach **§ 357 Abs. 1 Satz 1 BGB** die Vorschriften über den gesetzlichen Rücktritt (**§§ 346 ff BGB**) entsprechende Anwendung, wobei für den **Wertersatz** besondere Regelungen bestehen. Der abgeschlossene Vertrag wandelt sich in ein Rückabwicklungsverhältnis[130] um. Der Verbraucher ist bei Ausübung des Widerrufsrechts zur **Rücksendung** verpflichtet, wenn die Sache durch Paket versandt werden kann (§ 357 Abs. 1 Satz 1 BGB).[131] Ist dies nicht möglich, genügt ein **Rücknahmeverlangen** durch den Verbraucher. 38

Die **Kosten und Gefahr der Rücksendung trägt** bei Widerruf und Rückgabe grundsätzlich der **Unternehmer** (§ 357 Abs. 2 Satz 2 BGB).[132] Sofern ein Widerrufsrecht besteht, können dem Verbraucher die regelmäßigen Kosten der Rücksendung vertraglich auferlegt werden, wenn der Bruttopreis der zurückzusendenden Sache einen Betrag von EUR 40,00 nicht übersteigt oder wenn bei einem höheren Preis der Sache der Verbraucher die Gegenleistung oder eine Teilzahlung zum Zeitpunkt des Widerrufs noch nicht erbracht hat, es sei denn, 39

125 Palandt/Grüneberg § 356 Rn 4.
126 Palandt/Grüneberg § 356 Rn 7.
127 Palandt/Grüneberg § 356 Rn 6.
128 Das Erfordernis der Textform und das herrschende Verständnis dieser Form – Download muss tatsächlich stattgefunden haben, die bloße Möglichkeit genügt nicht (Rn 26) – überlagert letztlich das Erfordernis einer möglichen Kenntnisnahme nach § 355 Abs. 1 Nr. 2 BGB.
129 Palandt/Grüneberg § 356 Rn 9.
130 Vgl Palandt/Grüneberg § 357 Rn 1, § 348 Rn 1.
131 Ob dem Verbraucher insoweit ein Anspruch auf Vorschuss der Versandkosten zusteht, ist umstritten. Vgl dazu Brönneke, MMR 2004, 127, 130 f mwN, sowie Palandt/Grüneberg § 357 Rn 5 (bei Letzterem Lösung über ein Recht des Verbrauchers, die Sache per Nachnahme zurückzusenden).
132 Zur Frage der Tragung vermeidbar zu hoher Transportkosten vgl Brönneke, MMR 2004, 127, 130 ff, mwN.

dass die gelieferte Ware nicht der bestellten entspricht (§ 357 Abs. 2 Satz 3 BGB).[133] Steht dem Verbraucher hingegen ein **Rückgaberecht** zu, muss der Unternehmer die Kosten der Rücksendung in jedem Falle tragen; eine Abwälzung auf den Verbraucher ist – wie schon ein Umkehrschluss aus § 357 Abs. 2 Satz 2 BGB ergibt – nicht zulässig.[134]

40 Der Unternehmer hat im Falle des Widerrufs bzw. der Rückgabe auch die Kosten der **Hinsendung** zu tragen,[135] eine vertragliche Abwälzung auf den Verbraucher (auch) für den Fall des Widerrufs ist ausgeschlossen.[136]

41 **Verzug:** Nach der seit 8. Dezember 2004 gültigen Neufassung des § 357 Abs. 1 Sätze 2 und 3 BGB gilt die **Verzugsregelung des § 286 Abs. 3 BGB** für die Verpflichtung zur Erstattung von Zahlungen entsprechend, allerdings mit folgender Maßgabe: Die in § 286 Abs. 3 BGB bestimmte Frist beginnt mit der Widerrufs- oder Rückgabeerklärung des Verbrauchers. Die Frist im Hinblick auf eine Erstattungsverpflichtung des Verbrauchers läuft mit Abgabe der Widerrufs- oder Rückgabeerklärung des Verbrauchers, bezüglich einer Erstattungsverpflichtung des Unternehmers mit deren Zugang (§ 357 Abs. 1 Satz 3 BGB).

42 **Wertersatz:** Der Verbraucher hat abweichend von § 346 Abs. 2 Satz 1 Nr. 3 BGB Wertersatz für eine durch die bestimmungsgemäße Ingebrauchnahme der Sache entstandene Verschlechterung zu leisten, wenn er spätestens bei Vertragsschluss in Textform auf diese Rechtsfolge und eine Möglichkeit hingewiesen worden ist, sie zu vermeiden (§ 357 Abs. 3 Satz 1 BGB).[137] Dies gilt nicht, wenn die Verschlechterung ausschließlich auf die **Prüfung der Sache** zurückzuführen ist (§ 357 Abs. 3 Satz 2 [ab 11.6.2010: Satz 3] BGB).

43 Abweichend von § 346 Abs. 3 Satz 1 Nr. 3 BGB hat der Verbraucher sogar verschuldensunabhängig Wertersatz für Verschlechterungen oder den Untergang der Sache zu leisten, wenn er über sein Widerrufsrecht ordnungsgemäß belehrt worden ist oder hiervon anderweitig Kenntnis erlangt hat (§ 357 Abs. 3 Satz 3 [ab 11.6.2010: Satz 4] BGB). Ob die Regelungen des § 357 Abs. 3 BGB, die zu einer erheblichen Belastung des Verbrauchers und zur wirtschaftlichen Sinnlosigkeit eines Widerrufs führen können, europarechtskonform

133 Zu den Einzelheiten vgl Palandt/Grüneberg § 357 Rn 6.

134 Palandt/Grüneberg § 357 Rn 6.

135 OLG Frankfurt CR 2002, 642; bestätigt durch BGH NJW 2003, 1665 ff.

136 Hierzu näher Brönneke, MMR 2004, 127, 129 f, auch zu etwaigen – praktisch kaum durchsetzbaren – Schadensersatzansprüchen des Unternehmers gegen den Verbraucher, sofern dieser von vornherein beabsichtigte, den Kauf zu widerrufen. Die Abwälzung der Hinsendekosten auf den Verbraucher für den Fall, dass der Vertrag nicht widerrufen wird, ist demgegenüber selbstverständlich möglich.

137 Laut OLG Düsseldorf, Urteil vom 15. April 2008, Az 20 U 187/07 (BeckRS 2008 08624) kann ein Unternehmer, der von den Rechtsfolgen des § 346 Abs. 2 Satz 1 Nr. 3 BGB abweichen will, dies nur unter Beachtung der Vorgaben erreichen, die § 357 Abs. 3 BGB ihm aufgibt, also durch eine Belehrung spätestens bei Vertragsschluss in Textform. Dieser spezielle Fall ist von § 312 c BGB nicht erfasst. Es besteht aber kein Spezialitätsverhältnis zwischen § 312 c Abs. 1 Satz 1 und § 357 Abs. 3 BGB; vielmehr bestehen die Informationspflichten beider Regelungsbereiche nebeneinander, wenn man nicht sogar § 357 Abs. 3 BGB als die speziellere Regelung ansehen will. Der EuGH hat in seinem Urteil vom 3. September 2009, Az C-489/07,NJW 2009, 3015, entschieden, dass die Bestimmungen des Art. 6 Abs. 1 Satz 2 und Abs. 2 der Richtlinie 97/7 dahin auszulegen sind, dass sie einer nationalen Regelung entgegenstehen, wonach der Verkäufer vom Verbraucher für die Nutzung einer durch Vertragsabschluss im Fernabsatz gekauften Ware in dem Fall, dass der Verbraucher sein Widerrufsrecht fristgerecht ausübt, generell Wertersatz für die Nutzung der Ware verlangen kann. Diese Bestimmungen stehen jedoch nicht einer Verpflichtung des Verbrauchers entgegen, für die Benutzung der Ware Wertersatz zu leisten, wenn er diese auf eine mit den Grundsätzen des bürgerlichen Rechts wie denen von Treu und Glauben oder der ungerechtfertigten Bereicherung unvereinbare Art und Weise benutzt hat, sofern die Zielsetzung dieser Richtlinie und insbesondere die Wirksamkeit und die Effektivität des Rechts auf Widerruf nicht beeinträchtigt werden; dies zu beurteilen ist Sache des nationalen Gerichts.

sind, ist umstritten.[138] Ungeklärt ist bislang auch, wie der Wertersatz bei Untergang und Beschädigungen[139] sowie bei Nutzungen[140] zu berechnen ist, immerhin zeichnet sich weitgehende Einigkeit darüber ab, dass nur der objektive Wert zu ersetzen ist und demnach der Gewinn – auf den der Unternehmer infolge des Widerrufs keinen Anspruch hat – bei der Berechnung von der vereinbarten oder üblichen Vergütung in Abzug zu bringen ist.[141]

Der Anwalt sollte den Mandanten auf die insoweit (noch) bestehenden Unklarheiten und die damit einhergehenden Risiken (beispielsweise das Risiko einer Aufrechnung durch den Unternehmer mit dessen Wertersatzanspruch gegen den Rückzahlungsanspruch) aufklären.

dd) Darlegungs- und Beweislast

- Der **Verbraucher** trägt die Darlegungs- und Beweislast dafür, dass es sich bei seinem Vertragspartner um einen Unternehmer handelt.[142] Der Anwalt, der den Verbraucher vertritt, sollte insoweit Ausdrucke (sog. Screenshots) der Angebotsseiten und etwaiger anderer verlinkter Seiten anfertigen, aus denen sich die bisherigen Vertriebstätigkeiten des Verkäufers ergeben. Dabei kommen insbesondere auch die Seiten in Betracht, auf denen sich parallel oder früher angebotene Artikel des Verkäufers finden (bei eBay zu finden über den Link „Andere Artikel des Verkäufers" bzw. den Link zu den Bewertungen des Verkäufers, die uU einen Aufschluss über frühere Auktionsgegenstände geben können). Ein Indiz für den Unternehmerstatus des Versteigerers ist gegeben, wenn dieser (bei Auktionen über die eBay-Plattform) das „PowerSeller"-Symbol verwendet.[143] Allerdings kann aus der bloßen Tatsache, dass jemand eine Vielzahl von Rechtsgeschäften über das Internet tätigt, noch nicht automatisch geschlossen werden, dass es sich bei ihm um einen Unternehmer handelt; denn es besteht die Möglichkeit, dass es sich hier lediglich um private Rechtsgeschäfte handelt.[144] Der Verbraucher trägt ferner die Darlegungs- und Beweislast für den Inhalt, die Absendung und den Zugang des Widerrufs.[145] 44
- Sofern der **Unternehmer** geltend machen will, das streitgegenständliche Geschäft sei nicht im Rahmen eines für den Fernabsatz organisierten Vertriebs- oder Dienstleistungssystems geschlossen worden, hat er dies darzulegen und zu beweisen.[146] Den Unternehmer trifft ferner die Darlegungs- und Beweislast, soweit er sich auf einen Ausschluss des Widerrufsrechts nach den Regelungen des § 312 d Abs. 4 BGB beruft.[147] Der Unternehmer hat im Übrigen den Zugang der erforderlichen Informationen nach § 312 c Abs. 2 BGB iVm § 1 BGB-InfoV (ab 11.6.2010: § 312 c Abs. 1 iVm Art. 246 §§ 1, 2 EGBGB)

138 Einen Verstoß gegen Art. 6 Abs. 2 der Fernabsatz-Richtlinie bejahen beispielsweise Arnold/Dötsch, NJW 2003, 187 ff, und (teilweise) Brönneke, MMR 2004, 127, 132. Für die Wirksamkeit der Regelungen des § 357 Abs. 3 BGB demgegenüber Palandt/Grüneberg § 357 Rn 14, mwN. Klarheit wird hier im Zweifel nur eine weitere Entscheidung des EuGH (vgl bereits EuGH NJW 2002, 281) bringen.

139 Vgl insoweit Arnold/Dötsch, NJW 2003, 187 ff.

140 Zu möglichen Berechnungsarten siehe Brönneke, MMR 2004, 127, 133, mwN.

141 Vgl Palandt/Grüneberg § 357 Rn 15, mwN.

142 LG Hof CR 2003, 854; Mankowski, VuR 2004, 79; Leible/Wildemann, K&R 2005, 26, 28. Schlegel, MDR 2005, 133, 134, schlägt eine Beweislastumkehr für die Fälle der Veräußerung von Neuware vor; bei diesem Lebenssachverhalt sei „eine Vermutung entsprechend einem Prima-Facie-Beweis dahingehend begründet, dass es sich bei dem Verkäufer um einen Unternehmer iSd § 14 BGB handelt".

143 Teuber/Melber, MDR 2004, 185, 186.

144 LG Hof CR 2003, 854.

145 Palandt/Ellenberger § 126 b Rn 6, § 355 Rn 23.

146 Palandt/Grüneberg § 312 b Rn 11. Den Unternehmer trifft ferner die Darlegungs- und Beweislast, soweit er geltend macht, der Vertragsabschluss sei im unmittelbaren zeitlichen Zusammenhang mit einem persönlichen Kontakt zustande gekommen und unterfalle deshalb nicht § 312 b BGB; vgl Palandt/Grüneberg § 312 b Rn 8 aE.

147 BGH NJW 2003, 1665.

und deren Vollständigkeit zu beweisen.[148] Der Unternehmer trägt schließlich die Darlegungs- und Beweislast für alle Voraussetzungen eines von ihm gemäß § 357 Abs. 3 iVm § 346 BGB geltend gemachten Wertersatzes.[149]

3. Gefahrtragung

45 Sowohl beim Online-Shopping als auch bei Online-Auktionen handelt es sich (im Falle der **Hinsendung**) regelmäßig um einen **Versendungskauf** im Sinne des § 447 BGB,[150] allerdings kommt bei einem Verbrauchsgüterkauf diese Vorschrift gemäß § 474 Abs. 2 BGB nicht zur Anwendung. Geht beim Käufer zwar ein Paket des Verkäufers ein, behauptet der Empfänger jedoch, die Kaufsache habe sich nicht darin befunden, trägt der Verkäufer die Beweislast für seine Behauptung, der Kaufgegenstand habe sich in dem Paket befunden.[151] Zur Gefahrtragung bei Rücksendung nach Widerruf bzw. in Ausübung des Rückgaberechts siehe Rn 39.

4. Rechtsschutz gegen Bewertungen im Zusammenhang mit Online-Auktionen

46 Falsche Tatsachenbehauptungen im Rahmen einer gegenüber einem Online-Auktionshaus abgegebenen Bewertung eines Anbieters können einen Unterlassungs- und Beseitigungsanspruch des Bewerteten analog § 1004 Abs. 1 Satz 1 BGB sowie gegebenenfalls nach §§ 823, 826 BGB gegen den Bewertenden auslösen.[152] Zur Untersagung einer derartigen Bewertung im Wege einer einstweiligen Verfügung bedarf es nach einem Teil der Rechtsprechung einer Tatsachenbehauptung, deren Unwahrheit offensichtlich sein muss; dieses zusätzliche Erfordernis soll sich aus der Abwägung der betroffenen Interessen und Güter der Parteien ergeben.[153]

III. Durchsetzung oder Abwehr von Ansprüchen aus Verträgen über die Erbringung von Dienst- und Werkleistungen im Internet

1. Einordnung der Verträge

47 Im Internet sind vielfältige Dienste abrufbar; dabei dient es einerseits als Medium, mit dem die Dienstleistungen übermittelt werden, andererseits kann das Internet selbst Gegenstand der Dienstleistungserbringung sein. In Rede stehen insoweit überwiegend Dauerschuldverhältnisse, wobei die erbrachten Leistungen einzeln oder pauschal mit einer sog. „Flatrate" abgerechnet werden.[154] Verträge über Internetdienstleistungen sind in der Regel keinem der im BGB geregelten Dauerschuldverhältnisse eindeutig zuordenbar.[155] Stets ist die konkret zu erbringende Leistung in das Vertragsgefüge des BGB einzuordnen, wobei dienst-, werk-, miet-, rechtspacht-, und teilweise auch verwahrungsrechtliche Elemente vorliegen

148 Palandt/Grüneberg § 312 c Rn 7 aE.
149 Palandt/Grüneberg § 357 Rn 13.
150 Für den Fall einer Online-Auktion LG Berlin MMR 2004, 189; dort auch zur Darlegungs- und Beweislast des Verkäufers für den Inhalt eines Pakets. Zur Anwendbarkeit des § 447 BGB beim Online-Shopping als einer speziellen Form des Versandhandels vgl Palandt/Weidenkaff, 68. Auflage (2009), § 447 Rn 5, mwN, sowie BGH NJW 2003, 3341. Kritisch hierzu – mit differenzierender Lösung – Cichon, Internet-Verträge, Rn 814 ff.
151 LG Berlin MMR 2004, 189.
152 LG Konstanz MMR 2005, 54; AG Eggenfelden CR 2004, 858; AG Erlangen NJW 2004, 3720 (Schadensersatzanspruch nach § 280 Abs. 1 BGB, gerichtet u.a. auf Zustimmung zur Löschung der Bewertung). Bei der Gestaltung der Auktionsseite muss im Übrigen dafür Sorge getragen werden, dass die verwendeten Bildelemente und Texte keine sonstigen Rechte Dritter verletzen; Leible/Sosnitza, BB 2005, 725.
153 LG Düsseldorf MMR 2004, 496.
154 Redeker, IT-Recht in der Praxis, Rn 921.
155 Redeker, IT-Recht in der Praxis, Rn 922.

können. In der Regel wird es bei streitigen Auseinandersetzungen im Zusammenhang mit Internetdienstleistungen um die Durchsetzung bzw. die Abwehr von Entgeltforderungen gehen. Der Anwalt wird dabei, gleich auf welcher Seite er tätig ist, die Rechtsnatur der jeweiligen entgeltlichen Leistung qualifizieren müssen, um etwaige Einreden oder Gegenrechte (Mängelrechte, aber auch Verjährungsfragen) verlässlich klären zu können. Nachfolgend soll insoweit ein kurzer Überblick gegeben werden.

a) Verträge über den Zugang zum Internet (Access-Providing)

Die Einordnung von Verträgen über den Zugang zum Internet („**Access-Providing**“) ist 48
umstritten.[156] Es spricht einiges dafür, derartige Verträge als Typenkombinationsverträge mit sowohl werk-, dienst- als auch mietvertraglichen Elementen einzustufen.[157] Es bleibt abzuwarten, welchen Standpunkt die zivilrechtliche Judikatur zu dieser Frage einnehmen und wie sie beispielsweise die Haftung für einen fehlenden bzw. unterbrochenen Zugang zum Internet und dadurch beim Nutzer entstehende Schäden beurteilen wird (vgl dazu Rn 55).

b) Erbringung von Mehrwertdienstleistungen via Internet und andere Medien

aa) **Dialer-Problematik.** Anlass für ein reges öffentliches Interesse und diverse gesetzgebe- 49
rische Maßnahmen sind sog. **Dialer**, also Einwahlprogramme, die über den Internetzugang des Nutzers Verbindungen mit regelmäßig exorbitant hohen Verbindungsentgelten (zumeist über eine 0190er Nummer) – und nicht selten zunächst vom Kunden unbemerkt – herstellen.[158]

Der BGH[159] hat, gegründet auf den Rechtsgedanken des § 16 Abs. 3 Satz 3 der bis 2007 50
geltenden Telekommunikations-Kundenschutzverordnung, entschieden, dass regelmäßig der Telefonnetzbetreiber (im dortigen Fall ein Unternehmen, das dem Kunden unter Nutzung des Netzes der Deutschen Telekom AG einen ISDN-Anschluss bereitstellte) und nicht der Anschlussinhaber das Risiko der heimlichen Installation eines Dialers in einen Computer trägt, der für den durchschnittlichen Anschlussnutzer unbemerkbar die Verbindung in das Internet über eine **Mehrwertdienstnummer** herstellt, sofern der Anschlussnutzer dies nicht zu vertreten hat.[160] Der Anschlussnutzer muss keine Vorkehrungen gegen die missbräuchliche Nutzung des Anschlusses getroffen haben, solange kein konkreter Hinweis auf einen Missbrauch vorliegt.[161]

Bei der Abwehr von Zahlungsansprüchen des Telefonnetzbetreibers geht es in der Praxis 51
allerdings weniger um die vom BGH derart gezogene Risikoabgrenzung, sondern vor allem um die tatsächlichen Fragen, insbesondere die, ob es sich im jeweiligen Fall tatsächlich um einen Dialer handelte, der sich heimlich installierte.[162] Die **Darlegungs- und Beweislast** hierfür (bzw. das Gegenteil, also die willentliche Herstellung der Verbindung über den Dialer) und damit die Voraussetzungen des Vergütungsanspruches trifft nach wohl herr-

156 Zum Meinungsstand im Einzelnen Cichon, Internet-Verträge, Rn 49 ff.
157 Vgl auch OLG Münster, Beschluss vom 19. März 2003 (Az 8 B 2567/02): „Die Vermittlung des Zugangs und damit der Kenntnisnahme von Inhalten im Internet ist [...] als Telekommunikationsdienstleistung einzuordnen.“.
158 Rösler, NJW 2004, 2566. Zu den Anforderungen der Preisangabe bei Dialern siehe LG Mannheim MMR 2004, 493.
159 BGH NJW 2004, 2566. Kritisch dazu u.a. Hoffmann, NJW 2004, 2569, 2571 f.
160 BGH NJW 2004, 2566.
161 BGH NJW 2004, 2566.
162 Vgl hierzu Hoffmann, NJW 2004, 2569, 2572; Mankowski, CR 2004, 185; Rösler, NJW 2004, 2566.

schender Meinung den Mehrwertdiensteanbieter bzw. den Netzbetreiber.[163] Diese müssen nachweisen, dass der Kunde dem Abschluss des Mehrwertdienstevertrags zugestimmt hat. Der Kunde muss danach nicht den – mit erheblichen Kosten verbundenen[164] – Nachweis erbringen, dass die Verbindungsentgelte durch einem heimlich installierten Dialer verursacht wurden. Der Nachweis des Verbindungsaufbaus ist kein Nachweis des Vertragsschlusses. Für das Vorliegen einer Vertragserklärung soll dem Anbieter kein Anscheinsbeweis zu Hilfe kommen.[165]

52 **bb) Andere Mehrwertdienstleistungen.** Entsprechendes gilt im Rahmen anderer Mehrwertdienstleistungen (wie etwa bei sog. **Premium-SMS-Diensten**). So ist der Mobilfunkanbieter, der das Entgelt für von einem Handy aus versandte und abgerufene Premium-SMS-Dienste geltend macht, für die Einzugsermächtigung darlegungs- und beweisbelastet. Der Anbieter muss auch beweisen, dass der Kunde die Premium-SMS-Nummer willentlich gewählt hat.[166] Die unberechtigte Forderung von Gebühren erlaubt dem Kunden, den Vertrag zu kündigen; Schadensersatzansprüche wegen vorzeitiger Vertragsbeendigung sind in einem solchen Fall ausgeschlossen.[167]

c) Webhosting

53 Bei Verträgen über das Webhosting, das heißt das Zurverfügungstellen von Speicherplatz für die HTML-Seiten des Kunden auf dem Webhost-Rechner eines Presence Providers, wird (neben anderen Leistungen) die Homepage des Kunden gespeichert und für jeden Internetnutzer zum Abruf bereitgehalten. Die Abrufbarkeit, jedenfalls die Bereitstellung zur Abrufbarkeit, stellt einen Erfolg dar, weswegen in der Regel von einem Werkvertrag ausgegangen wird.[168] Daneben tritt der Speichervorgang als Nebenleistung hinter dem erstrebten Werkerfolg zurück. Auch die Erstellung einer Homepage, vielfach Teil von Webhostingverträgen, stellt einen Werkerfolg dar, so dass auch insoweit die §§ 631 ff BGB zur Bewertung heranzuziehen sind. Nach der Rechtsprechung muss der Presence Provider, wenn sein Vergütungsanspruch in Streit steht, konkret darlegen und gegebenenfalls beweisen, dass die Messungen des Datenvolumens zutreffend sind. Hierzu muss er das Mess- und Aufzeichnungsverfahren im Einzelnen darstellen.[169]

d) Application Service Providing

54 Schließlich können Computerprogramme zur Nutzung in einer Art im Internet bereitgestellt werden, die nicht die Kopie des Programms auf den Computer des Nutzers erfordert. Dieses Angebot nennt man **Application Service Providing.**[170] Rechtlich wird diese Nutzungsmög-

---

163 Vgl u.a. LG Gera CR 2004, 543; AG Gelsenkirchen MMR 2003, 802; AG Bünde MMR 2003, 803; AG Wedding MMR 2003, 802; AG Warendorf CR 2004, 603; Mankowski, MMR CR 2004, 185; aA AG Herborn MMR 2003, 606; Hoffmann, NJW 2004, 2569, 2572, unter Berufung auf Mankowski, MMR 2004, 313, wobei Letzterer (aaO) allerdings formuliert: „Lösungen, die bereits bei der Entstehung des vertraglichen Zahlungsanspruchs ansetzen und dem vermeintlichen Gläubiger die Beweislast für den Abschluss des Mehrwertdienstevertrags und die entsprechende Vertragserklärung des Kunden auferlegen, vermeiden diese Schwierigkeiten.“

164 Vgl Hoffmann, NJW 2004, 2569, 2572.

165 Vgl Mankowski, MMR 2004, 312, mwN.

166 AG Aachen MMR 2004, 831.

167 AG Aachen MMR 2004, 831.

168 OLG Düsseldorf CR 2003, 581; Redeker, IT-Recht in der Praxis, Rn 948; teilweise wird auch von einem Mietvertrag über den Webhostrechner ausgegangen, siehe AG Charlottenburg CR 2002, 297; zustimmend Cichon, Internetverträge, § 2 Rn 182 ff.

169 OLG Düsseldorf CR 2003, 581.

170 Bettinger/Scheffelt, CR 2001, 795; von Westerholt/Berger, CR 2002, 81.

lichkeit teilweise als Programmmiete,[171] als Rechtspacht[172] oder – wegen der bestimmenden Steuerungsmöglichkeiten durch den Provider – als Dienstvertrag[173] eingeordnet. Geht man von einer Dienstleistung aus, gelten bei Leistungsstörungen allein die Regeln des allgemeinen Schuldrechts, namentlich die §§ 280 ff BGB,[174] wobei der Nutzer bei lang andauernden Störungen ein außerordentliches Kündigungsrecht haben soll.[175]

e) Nachrichtenübermittlung, Informationsabruf, Online-Recherche und Einzelauskunft

Steht bei einem Internet-Nutzungsvertrag die **Übermittlung von Nachrichten** an andere 55 Systemnutzer (etwa durch E-Mail oder Instant Messaging Systeme) im Vordergrund, ist in der Regel von einem **Werkvertrag** auszugehen und die Mängelgewährleistung des Werkvertragsrechts findet Anwendung.[176] Unternehmen, die Transportwege und Rechnerleistungen für die Übermittlung zur Verfügung stellen, werden als Erfüllungsgehilfen betrachtet, wenn die Übermittlung als eigene Leistung des Systemanbieters geschuldet ist.[177] Eine Haftung nach § 278 BGB scheidet aus, wenn der Provider nicht beeinflussen kann, welche Leitungen und welche Rechner bei der Leistungserbringung benutzt werden.[178]

Werden dem Systembenutzer **Informationen zur Verfügung** gestellt – und sei es unter Ein- 56 schaltung eines **Informationsbrokers**, der von Subunternehmern abgerufene Informationen weiterverarbeitet[179] –, die der Nutzer beliebig – etwa **durch Downloading** – abrufen kann, sollen die Regeln über den Sachkauf analog anwendbar sein, wenn die Informationen entgeltlich zur Verfügung gestellt werden.[180] Ob im Falle der unentgeltlichen Überlassung ein Vertrag zustande kommt, richtet sich danach, ob beide Vertragsteile nach dem objektiven Inhalt des Vertrages die Auskunft zum Gegenstand vertraglicher Rechte und Pflichten gemacht haben.[181] Hierfür ist wesentliches Indiz, dass die Auskunft für den Anfragenden – dem Auskunftserteilenden erkennbar – von erheblicher Bedeutung ist und der Anfragende die Auskunft zur Grundlage wesentlicher Entscheidungen machen will.[182]

Auch bei **elektronischen Recherchediensten** ist im Regelfall von einem Werkvertrag auszu- 57 gehen. Der Anbieter schuldet den Erfolg, dass ein Rechercheergebnis auf Grundlage der (tatsächlichen) Eingaben des Nutzers erstellt wird.[183] Dementsprechend finden bei Mängeln die Regeln des Werkvertragsrechts Anwendung.[184]

Ruft der Nutzer eine **Einzelauskunft** ab, die Informationen zum Gegenstand hat, die spe- 58 zifisch auf den Nutzer zugeschnitten sind und auf dessen Eingaben basieren, ist diese Auskunft im Zweifel ebenfalls als konkreter Erfolg geschuldet, weshalb Werkvertragsrecht zur Anwendung kommt.[185] Eine Haftung wegen Fehlauskünften kann zum Schadensersatz führen. Sofern die Auskunftserteilung (bzw. ihre Richtigkeit) von den Eingaben der We-

171 Bettinger/Scheffelt, CR 2001, 729.
172 Alpert, CR 2000, 345.
173 Redeker, IT-Recht in der Praxis, Rn 950.
174 Redeker, IT-Recht in der Praxis, Rn 951.
175 Intveen/Lohmann, ITRB 2002, 210.
176 Redeker, IT-Recht in der Praxis, Rn 942.
177 Redeker, IT-Recht in der Praxis, Rn 944.
178 Redeker, IT-Recht in der Praxis, Rn 945.
179 Redeker, IT-Recht in der Praxis, Rn 962; ausnahmsweise Maklerrecht.
180 Vgl Cichon, Internet-Verträge, Rn 1162 ff, mwN.
181 BGH NJW 1986, 180.
182 BGH ZIP 1999, 275; BGH NJW 1989, 2882.
183 Redeker, IT-Recht in der Praxis, Rn 945.
184 Redeker, IT-Recht in der Praxis, Rn 959.
185 Redeker, IT-Recht in der Praxis, Rn 956.

buser abhängt und diese Eingaben vom Recherchedienst faktisch nicht kontrolliert werden können, ist eine Haftung abzulehnen.[186]

f) Online-Banking

59 **aa) Haftung des Kunden gegenüber der Bank.** Rechtliche Probleme im Zusammenhang mit bargeldlosem Zahlungsverkehr unter Zuhilfenahme von **elektronischen Kartensystemen** entstehen regelmäßig bei der Abhebung von Geld durch eine (angeblich) unberechtigte dritte Person. Nach einer jüngeren Entscheidung des BGH[187] spricht grundsätzlich der Beweis des ersten Anscheins dafür, dass der Karteninhaber die persönliche Geheimzahl (PIN) auf der ec-Karte notiert oder gemeinsam mit dieser verwahrt hat, wenn zeitnah nach dem Diebstahl einer ec-Karte unter Verwendung dieser Karte und Eingabe der richtigen PIN an Geldausgabeautomaten Bargeld abgehoben wird und andere Ursachen für den Missbrauch nach der Lebenserfahrung außer Betracht bleiben. Die Möglichkeit eines Ausspähens der PIN durch einen unbekannten Dritten kommt als andere Ursache grundsätzlich nur dann in Betracht, wenn die ec-Karte in einem näheren zeitlichen Zusammenhang mit der Eingabe der PIN durch den Karteninhaber an einem Geldausgabeautomaten oder einem Point of Sale-Terminal (POS) entwendet worden ist.[188] Folge dieses ersten Anscheins ist, dass der Kunde in aller Regel die Abbuchung des unberechtigten Dritten nicht auf Kosten der Bank annullieren kann, weil die Bank einen Gegenanspruch aus Schadensersatz in entsprechender Höhe wegen der Verletzung des zwischen dem Kunden und der Bank bestehenden Vertrages hat.

60 **bb) Haftung der Bank gegenüber dem Kunden.** Nach der Rechtsprechung steht dem Kunden gegenüber der Bank ein Anspruch auf Auszahlung des von einem Dritten online auf sein Konto überwiesenen Betrages erst dann zu, wenn die Bank ihm mit äußerlich erkennbarem Rechtsbindungswillen die Daten der Gutschrift zugänglich macht (zB durch vorbehaltloses Zusenden der Kontoauszüge, deren Bereitstellung oder durch die vorbehaltlose Freigabe der Daten für Online-Abruf durch den Kunden).[189] Eine elektronische Gutschrift auf einem Bankkonto steht unter dem Vorbehalt der Nachdisposition; daher bedarf es eines Organisationsakts der Bank, durch den diese mit äußerlich erkennbarem Rechtsbindungswillen die Daten der Gutschrift dem Überweisungsempfänger zugänglich macht.[190]

61 Ein Online-Auftrag enthält nach Einschätzung der Rechtsprechung[191] grundsätzlich eine größere Irrtumsanfälligkeit als frei formulierte Willenserklärungen.[192] Eine Online-Bank muss zwar in der Regel nicht beim Eingang einer Kauforder nachfragen. Sie ist allerdings verpflichtet, den Kunden über diejenigen Umstände zu informieren, über deren Kenntnis allein sie verfügt und die für die Fassung der Kundenaufträge von Bedeutung sind.[193]

2. Widerrufsrechte

a) Grundsätzliches

62 Finanzdienstleistungen können auch im Wege des Fernabsatzes und über das Internet erbracht werden. Das Gesetz zur Änderung der Vorschriften über Fernabsatzverträge bei

186 Redeker, IT-Recht in der Praxis, Rn 956.
187 BGH NJW 2004, 3623.
188 BGH NJW 2004, 3623.
189 OLG Köln MMR 2004, 422.
190 BGH NJW 2000, 804; OLG Köln MMR 2004, 422.
191 OLG Nürnberg NJW-RR 2003, 628; Hoffmann, NJW 2004, 2576 f.
192 Vgl dazu auch LG Nürnberg-Fürth WM 2001, 988; Köndgen, NJW 2004, 1288, 1291 (Erfordernis einer „interaktiven Plausibilätskontrolle“ vor Ausführung einer Effekten-Order zur Vermeidung einer „Insolvenz per Mausklick“).
193 OLG Schleswig CR 2003, 378; Hoffmann, NJW 2004, 2576 f.

Finanzdienstleistungen ist am 8. Dezember 2004 in Kraft getreten. Verbrauchern steht nunmehr auch bei Finanzgeschäften, die am **Telefon** oder über das **Internet** abgeschlossen wurden, ein Widerrufsrecht zu (§§ 312 b bis 312 d, 355, 375 BGB). Ausgeschlossen ist das Widerrufsrecht beim Erwerb von Aktien und den damit zusammenhängenden Dienstleistungen (siehe dazu unten Rn 64). Die Anbieter von Finanzdienstleistungen sind zu umfassender Information zu Ansprechpartnern, Produktausstattung und -eigenschaften (wie Zinssätze, Kündigungsfristen) und Vertragsmodalitäten in Textform (siehe oben Rn 34) verpflichtet (§ 1 BGB-InfoV, § 312 c BGB; ab 11.6.2010: § 312 c Abs. 1 BGB iVm Art. 246 §§ 1, 2 EGBGB). Im Falle von Streitigkeiten aus dem Geschäft kann der Verbraucher die bei der Deutschen Bundesbank eingerichtete Schlichtungsstelle anrufen (§ 14 Unterlassungsklagengesetz).

b) Voraussetzungen der Widerrufsrechte

Auch bei der Erbringung von Dienstverträgen über das Internet setzt ein Widerrufsrecht 63
voraus, dass ein Fernabsatzvertrag nach **§ 312 b Abs. 1 Satz 1 BGB** vorliegt und keiner der **Ausnahmetatbestände des § 312 b Abs. 3 BGB** einschlägig ist.´

So finden die Vorschriften über Fernabsatzverträge keine Anwendung auf Verträge über 64
Fernunterricht (§ 312 b Abs. 3 Nr. 1 BGB und § 1 Fernunterrichtsgesetz) sowie auf solche Verträge über die Erbringung von Dienstleistungen in den Bereichen Unterbringung, Beförderung, Lieferung von Speisen und Getränken sowie Freizeitgestaltung, bei denen sich der Unternehmer verpflichtet, die Dienstleistung zu einem bestimmten Zeitpunkt oder innerhalb eines bestimmten Zeitraums zu erbringen (§ 312 b Abs. 3 Nr. 6 BGB). Hinsichtlich der nach § 312 b Abs. 3 Nr. 3 BGB ausgeschlossenen Versicherungsdienstleistungen gelten die §§ 48 a ff VVG.

Im Übrigen ist **§ 312 b Abs. 4 BGB** zu beachten. 65

Das Widerrufsrecht besteht gemäß § 312 d Abs. Nr. 4 BGB nicht für Wett- und Lotterie-Dienstleistungen, es sei denn, dass der Verbraucher seine Vertragserklärung telefonisch abgegeben hat.

Nach **§ 312 d Abs. 4 Nr. 6 BGB** besteht das Widerrufsrecht des Weiteren nicht bei der Lieferung von Waren oder der **Erbringung von Finanzdienstleistungen**, deren Preis auf dem Finanzmarkt Schwankungen unterliegt, auf die der Unternehmer keinen Einfluss hat und die innerhalb der Widerrufsfrist auftreten können, insbesondere Dienstleistungen im Zusammenhang mit Aktien, Anteilsscheinen, die von einer Kapitalanlagegesellschaft oder einer ausländischen Investmentgesellschaft ausgegeben werden, und anderen handelbaren Wertpapieren, Devisen, Derivaten oder Geldmarktinstrumenten. Das Widerrufsrecht soll dem Verbraucher nämlich keine Gelegenheit zur Durchführung risikoloser Spekulationsgeschäfte geben.

Schließlich ist das Widerrufsrecht nach **§ 312 d Abs. 4 Nr. 7 BGB** ausgeschlossen bei **Fernabsatzverträgen zur Erbringung telekommunikationsgestützter Dienste**, die auf Veranlassung des Verbrauchers unmittelbar per Telefon oder Telefax in einem Mal erbracht werden, sofern es sich nicht um Finanzdienstleistungen handelt.

Beginn und **Dauer** des Widerrufsrechts richten sich nach den oben unter Rn 34 zum Fern- 66
absatz über Warengeschäfte dargestellten Grundsätzen. Die Widerrufsfrist beginnt nicht vor Erfüllung der Informationspflichten gemäß § 312 c Abs. 2 BGB (ab 11.6.2010: Abs. 1 iVm Art. 246 §§ 1, 2 EGBGB) und nicht vor dem Tage des Vertragsschlusses zu laufen. Hinsichtlich der **Unterrichtungspflicht nach § 312 c BGB** gilt auch für Dienstleistungen, dass der Unternehmer dem Verbraucher die Vertragsbestimmungen einschließlich der All-

gemeinen Geschäftsbedingungen sowie die in der BGB-InfoV vorgesehenen Informationen in dem dort bestimmten Umfang und der dort bestimmten Art und Weise in Textform mitzuteilen hat. Bei Finanzdienstleistungen hat dies rechtzeitig vor Abgabe der Vertragserklärung zu erfolgen. Wenn der Vertrag auf Verlangen des Verbrauchers unter Verwendung eines Fernkommunikationsmittels geschlossen wird und die Mitteilung in Textform vor Vertragsschluss nicht möglich ist, sind die Informationen unverzüglich nach Abschluss des Fernabsatzvertrags mitzuteilen (§ 312 c Abs. 2 Satz Nr. 1 BGB; ab 11.6.2010: Abs. 1 iVm Art. 246 §§ 1, 2 EGBGB).[194] Bei sonstigen Dienstleistungen sind wie bei der Lieferung von Waren die Informationen alsbald, spätestens bis zur vollständigen Erfüllung des Vertrags, mitzuteilen. Diese Mitteilung ist dann entbehrlich, wenn die Dienstleistung unmittelbar unter Einsatz von Fernkommunikationsmitteln erbracht werden und diese Leistungen in einem Mal erfolgen und über den Betreiber der Fernkommunikationsmittel abgerechnet werden. Der Verbraucher muss sich in diesem Falle aber über die Anschrift der Niederlassung des Unternehmers informieren können, bei der er Beanstandungen vorbringen kann (§ 312 c Abs. 2 Satz 1 Nr. 2, Satz 2 und Satz 3 BGB; ab 11.6.2010: Abs. 1 iVm Art. 246 §§ 1, 2 EGBGB).

67 Das **Widerrufsrecht erlischt** bei einer Dienstleistung auch dann, wenn der Vertrag von beiden Seiten auf ausdrücklichen Wunsch des Verbrauchers vollständig erfüllt ist, bevor der Verbraucher sein Widerrufsrecht ausgeübt hat (§ 312 d Abs. 3 BGB).[195]

68 Hat der Verbraucher den Widerruf fristgemäß erklärt, wird der Vertrag über die Dienstleistung **rückabgewickelt**. Ist Gegenstand des Fernabsatzvertrages eine Dienstleistung, hat der Verbraucher abweichend von § 357 Abs. 1 BGB **Wertersatz** für die erbrachte Dienstleistung nach den §§ 346 ff BGB, nach den Vorschriften über den gesetzlichen Rücktritt nur zu leisten, wenn er vor Abgabe seiner Vertragserklärung auf diese Rechtsfolge hingewiesen worden ist und wenn er ausdrücklich zugestimmt hat, dass der Unternehmer vor Ende der Widerrufsfrist mit der Ausführung der Dienstleistung beginnt. Hat der Verbraucher etwa ein Darlehen aufgenommen, muss er den Kreditbetrag zurückzahlen; zwischenzeitlich angefallene Kreditzinsen sind im Wege des Wertersatzes aber nur dann zu erstatten, wenn der Verbraucher zuvor darauf hingewiesen worden ist (§ 312 d Abs. 6 BGB).

B. Prozess

I. Grundsätzliches

69 Ist die im Teil A. dargestellte materiellrechtliche und prozessuale Prüfung erfolgt, muss der Anwalt den Mandanten über die Aussichten einer Durchsetzung der in Rede stehenden Ansprüche bzw. der Abwehr solcher Ansprüche aufklären – nach Möglichkeit schriftlich. Sofern der Mandant sich nach dieser Beratung entscheidet, die in Rede stehenden Ansprüche gerichtlich durchsetzen bzw. – wenn er in Anspruch genommen wird – abzuwehren, wird der Anwalt die geeignete Vorgehensweise (dazu unter II.) mit dem Mandanten zu erörtern haben.

70 Der Anwalt hat spätestens in diesem Stadium vor allem mit Blick auf die **Prozesskostenrisiken** bei einer etwaigen **Rechtsschutzversicherung** des Mandanten eine **Deckungszusage**

194 Bei Finanzdienstleistungen kann der Verbraucher während der Laufzeit des Vertrags jederzeit vom Unternehmer verlangen, dass ihm dieser die Vertragsbestimmungen einschließlich der Allgemeinen Geschäftsbedingungen in einer Urkunde zur Verfügung stellt (§ 312 c Abs. 3 BGB).

195 Der zusätzliche Hinweis in der Muster-Widerrufsbelehrung muss lauten: „Ihr Widerrufsrecht erlischt vorzeitig, wenn der Vertrag von beiden Seiten auf ihren ausdrücklichen Wunsch vollständig erfüllt ist, bevor Sie ihr Widerrufsrecht ausgeübt haben."

für das gerichtliche Verfahren einzuholen bzw., sofern eine solche Versicherung nicht besteht, gegebenenfalls – abhängig von der wirtschaftlichen Situation des Mandanten – zu prüfen, ob ein **Prozesskostenhilfeantrag** im jeweiligen Fall Erfolg verspricht oder ob eine **Anfrage an einen Prozessfinanzierer** gerichtet werden sollte.

II. Durchsetzung von Ansprüchen

1. Aus der Perspektive des Verkäufers, Dienstleisters etc

a) Mahnverfahren

Ist zu erwarten, dass die Gegenseite die Forderungen des Mandanten nicht bestreiten wird, 71 etwa weil er lediglich wegen eines finanziellen Engpasses nicht leistet, liegt es nahe, statt eines Klageverfahrens ein – die Verjährung hemmendes (§ 204 Abs. 1 Nr. 3 BGB) – Mahnverfahren zur Durchsetzung einer unbedingten, dh nicht von einer Gegenleistung abhängigen Zahlungsforderung (Rn 80) einzuleiten. Auf diesem Wege kann der Mandant gegebenenfalls schnell und kostengünstig einen rechtskräftigen Titel – den Vollstreckungsbescheid – erlangen und dabei das in einigen Bundesländern (Bayern, Baden-Württemberg, Nordrhein-Westfalen und Saarland) auf der Grundlage des § 15 a EGZPO eingerichtete obligatorische Streitschlichtungsverfahren umgehen (vgl § 15 a Abs. 2 Nr. 5 EGZPO).

Wenn hingegen die Gegenseite bereits Einwendungen geäußert hat oder diese jedenfalls zu 72 erwarten sind, macht die Einleitung des Mahnverfahrens, sofern nicht zur Verjährungshemmung geboten, wenig Sinn, weil es gegenüber einer sofort erhobenen Klage zu Verzögerungen führt.

Sachlich zuständig für das Mahnverfahren sind die Amtsgerichte (§ 689 Abs. 1 Satz 1 ZPO). 73 Örtlich zuständig ist grundsätzlich das Gericht, bei dem der Antragsteller seinen allgemeinen Gerichtsstand hat (§ 689 Abs. 2 Satz 1 ZPO); allerdings sind auf der Grundlage des § 689 Abs. 3 ZPO in den meisten Bundesländern zentrale – für mehrere Amtsgerichtsbezirke zuständige – Mahngerichte eingerichtet worden (in Berlin beispielsweise das AG Wedding).

Für die Fälle eines fehlenden Gerichtsstandes des Antragsgegners im Inland gilt der 74 § 703 d ZPO (Ermittlung eines fiktiven Prozessgerichts) sowie § 689 Abs. 2 Satz 2 ZPO (Zuständigkeit des Amtsgerichts Wedding in Berlin); sofern sowohl der Antragsteller als auch der Antragsgegner ihren allgemeinen Gerichtsstand im Ausland haben, geht die Regelung des § 703 d ZPO vor. Es besteht ein **Zwang zur Benutzung der aktuell gültigen amtlichen Vordrucke** sowohl für den Antrag auf Erlass des Mahnbescheides als auch den Antrag auf Erlass des Vollstreckungsbescheides. Nähere Informationen über die Zuständigkeiten und den Gang des Verfahrens sind zum Teil elektronisch abrufbar, einige Länder halten bereits einen „interaktiven Mahnbescheid", also einen online auszufüllenden Mahnantrag, bereit (so etwa in Berlin: http://www.berlin.de/SenJust/Gerichte/AG/mahnsachen.html).[196]

Besonders zu achten ist beim Ausfüllen des Mahnantragsformulars auf die **vollständige,** 75 **genaue und richtige Bezeichnung der Parteien** und eine **genaue Bestimmung des Streitgegenstandes**; hier lauern „Haftungsfallen".[197]

196 Auf dieser Website finden sich auch weitere nützliche Hinweise zu den Zuständigkeiten in anderen Bundesländern.
197 Vgl nur BGH NJW 2001, 305.

76 Im Mahnverfahren fällt eine 0,5 **Verfahrensgebühr** nach GKG KV 1110 nach dem jeweiligen Gegenstandswert, mindestens aber eine Gebühr von EUR 23,00 an. Sofern der Anwalt den Mahnantrag stellt, verdient er damit eine Verfahrensgebühr nach RVG Nr. 3305.

b) Klagen auf Durchsetzung der Vergütungsansprüche des Verkäufers etc

77 Sofern der Verkäufer bzw. der Erbringer der Dienstleistungen (beispielsweise der Telefonnetzbetreiber) etc. den Käufer bzw. Dienstberechtigten etc. auf Zahlung der Vergütung in Anspruch nimmt, handelt es sich um eine Zahlungsklage zur Durchsetzung eines vertraglichen Erfüllungsanspruchs aus §§ 433 Abs. 2, 611 Abs. 1, 631 Abs. 1 BGB.

78 Besonderheiten können sich aus den spezifischen Beweisproblemen im Bereich des E-Commerce (siehe oben Rn 15 ff) sowie im Hinblick auf mögliche – bei der Beurteilung der Erfolgsaussichten natürlich zu berücksichtigende – Gestaltungsrechte (Widerrufs- bzw. Rückgaberechte) im Bereich des Fernabsatzes ergeben (dazu oben Rn 32 ff).

2. Aus der Perspektive des Käufers etc

a) Mahnverfahren

79 Ein Mahnverfahren kommt, soweit der Anwalt den Käufer, Dienstberechtigten etc. vertritt, in Betracht, wenn der Mandant Zahlungsansprüche aus der Rückabwicklung eines Fernabsatzvertrages (oder aber wegen etwaiger Mängelrechte etc.) geltend macht. Insoweit gilt das oben (Rn 71) Ausgeführte.

80 Das Mahnverfahren ist allerdings nicht zulässig, soweit der Mandant noch eine Gegenleistung zu erbringen hat – beispielsweise die Rücksendung der Ware nach Widerruf des Fernabsatzgeschäftes – und deshalb der Zahlungsanspruch nicht unbedingt fällig ist (vgl § 688 Abs. 2 Nr. 2 ZPO). Daran ändert sich auch nichts, wenn sich der Verkäufer in Annahmeverzug befindet, weil sich die Rückabwicklung auch hier Zug-um-Zug vollzieht.[198] Diesen Fall erfasst das folgende Muster für das Klageverfahren.

b) Muster einer Klage auf Rückabwicklung eines Fernabsatzgeschäfts mit Erläuterungen

81 **aa) Muster: Klage auf Rückabwicklung eines Fernabsatzgeschäfts**

57 ▶ Amtsgericht ■■■

■■■

■■■

Klage

der Frau ■■■

Klägerin

Prozessbevollmächtigter: ■■■,

gegen

Herrn ■■■

Beklagten,

wegen: Rückabwicklung eines Fernabsatzgeschäfts.

Namens und in Vollmacht der Klägerin erhebe ich Klage und bitte um Anberaumung eines zeitnahen Termins zur mündlichen Verhandlung, in dem ich die folgenden Anträge stellen werde:

198 Vgl nur Zöller/Vollkommer, ZPO, § 688 Rn 3.

1. Der Beklagte wird verurteilt, an die Klägerin EUR 736,00 nebst Zinsen in Höhe von fünf Prozentpunkten über dem Basiszinssatz seit dem 14. November 2004 zu zahlen, Zug um Zug gegen Rückgabe des von der Beklagten an die Klägerin gelieferten Notebooks Acer Aspire 1362LC, Seriennummer [Seriennummer ...], einschließlich Netz-/Ladekabel und den folgenden Softwarepaketen: ein Stück Betriebssystem Microsoft Windows XP Home Edition, ein Stück Adobe Acrobat Reader, ein Stück Cyberlink PowerDVD, ein Stück Acer System Recovery, ein Stück Acer Launch Manager, ein Stück NTI CD-Maker, ein Stück Norton AntiVirus (Trial), ein Stück Aspire Arcade, ein Stück Acer eManager, ein Stück Acer Disk-to-Disk Recovery.
2. Es wird festgestellt, dass sich der Beklagte mit der Rücknahme des im Antrag zu 1. bezeichneten Computersystems einschließlich der entsprechenden Softwarepakete in Annahmeverzug befindet.

Sollte das Gericht ein schriftliches Vorverfahren gemäß § 276 ZPO anordnen, beantragen wir bereits jetzt für den Fall, dass sich der Beklagte nicht innerhalb der Notfrist des § 276 ZPO äußert, den Erlass eines Versäumnisurteils gemäß § 331 Abs. 3 ZPO.

Begründung

Die Klägerin begehrt von dem Beklagten die von diesem verweigerte Rückabwicklung eines Kaufvertrags über das im Antrag zu 1. bezeichnete Notebook einschließlich Software sowie Ersatz des wegen Verzugs mit der Rücknahme entstandenen Schadens.

I. Zum Sachverhalt

Der Beklagte stellte das im Antrag zu 1. bezeichnete Notebook einschließlich Zubehör am 31. September 2004 unter der Artikelnummer 3829373788 zu einem Startpreis von EUR 1,00 auf der Internet-Plattform der eBay International AG in eine – am 6. Oktober, 19.00 Uhr, endende – Online-Auktion ein. Die Versandkosten wurden mit EUR 13,00 beziffert. Als akzeptierte Zahlungsmethode gab der Beklagte nur die Vorauszahlung per Überweisung an.

Beweis: Ausdruck der Angebotsseite des Beklagten zur Artikelnummer 3829373788,

Anlage K 1.

Auf der Angebotsseite befand sich keinerlei Hinweis auf ein Widerrufs- oder Rückgaberecht des Höchstbietenden.

Beweis: wie vor

Die Klägerin gab das Höchstgebot von EUR 723,00 ab. Sie wurde über die Abgabe ihres Gebotes und den „Zuschlag" durch zwei E-Mails durch die eBay International AG benachrichtigt und ihr wurden die Kontodaten des Beklagten mitgeteilt.

Beweis: Ausdrucke der E-Mails der eBay International AG vom 6. Oktober 2004,

Anlagen K 2 und K 3.

Die Klägerin zahlte daraufhin am 7. Oktober 2004 EUR 736,00 (Kaufpreis zuzüglich Versandkosten) auf das Konto des Beklagten. Der Beklagte bestätigte den Zahlungseingang mit E-Mail vom 11. Oktober 2004.

Beweis:

1. Vorlage eines die Zahlung ausweisenden Kontoauszuges der Klägerin, in Ablichtung als Anlage K 4,
2. Ausdruck der E-Mail des Beklagten vom 11. Oktober 2004,
   Anlage K 5.

Am 14. Oktober 2004 wurde der Klägerin das Notebook geliefert. Bereits beim Auspacken des Geräts stellte die Klägerin fest, dass es ihren Vorstellungen nicht entsprach. Die Klägerin erklärte daraufhin mit E-Mail vom 15. Oktober 2004 gegenüber dem Beklagten, sie wolle „den Vertrag aufheben", und bot dem Beklagten an, ihm das Notebook gegen Erstattung des gezahlten Preises einschließlich Versandkosten zurückzusenden.

Beweis: Ausdruck der E-Mail der Klägerin vom 15. Oktober 2004,

Anlage K 6.

Der Beklagte wies dies mit E-Mail vom 15. Oktober 2004 zurück und erklärte, er habe das Gerät als „Privatmann" verkauft, ein „wie auch immer geartetes Recht auf Rückabwicklung des Vertrages" stehe der Klägerin nicht zu. Er werde das Gerät nicht zurücknehmen, geschweige denn den gezahlten Kaufpreis erstatten.

Beweis: Ausdruck der E-Mail des Beklagten vom 15. Oktober 2004,

Anlage K 7.

Die Behauptung des Beklagten, er habe das Notebook als Privatperson veräußert, trifft nicht zu. Der Beklagte hat seit seiner Anmeldung bei der eBay International GmbH (Datum: 23. August 2003) 846 Geschäfte abgeschlossen und einen sog. „PowerSeller"-Status mit dem Level „Silber", also ausweislich der „eBay PowerSeller"-Bedingungen (abrufbar unter http://pages.ebay.de/powerseller/kriterien.html) mit einem monatlichen Mindesthandelsvolumen von durchschnittlich EUR 10.000,00 während der letzten drei Monate.

Beweis:

1. Ausdruck der Angebotsseite des Beklagten zur Artikelnummer 3829373788,
   Anlage K 1,
2. Ausdruck der über die Website http://pages.ebay.de/powerseller/kriterien.html abrufbaren „eBay PowerSeller"-Bedingungen,
   Anlage K 8.

Zeitgleich zu der streitgegenständlichen Online-Auktion bot der Beklagte vier weitere neue Notebooks der Marke „Acer" und drei neue Notebooks der Marke „Compaq" sowie ferner eine Reihe weiterer Elektronikartikel wie Digitalkameras und Camcorder über die eBay International AG zum Verkauf an.

Beweis:

1. Ausdruck der Angebotsseite des Beklagten zur Artikelnummer 3829373788,
   Anlage K 1,
2. Ausdruck der über den Link „Andere Artikel des Verkäufers" aufzurufenden Übersichtsseite zu den weiteren Angeboten des Beklagten im Zeitraum der streitgegenständlichen Online-Auktion,
   Anlage K 9.

Mit anwaltlichem Schreiben vom 25. Oktober 2004 wies die Klägerin den Beklagten auf das Vorstehende hin, erklärte vorsorglich nochmals den Widerruf des streitgegenständlichen Vertrags und forderte den Beklagten zur Zahlung von EUR 736,00 gegen Rücksendung des Notebooks auf.

Beweis: Vorlage des anwaltlichen Schreibens der Klägerin vom 25. Oktober 2004,

Anlage K 10.

Der Beklagte weigerte sich mit Schreiben vom 29. Oktober 2004, dieser Forderung nachzukommen. Er wiederholte seine Behauptung, es habe sich um einen „Privatverkauf" gehandelt. Zudem stellte er sich auf den Standpunkt, ein Widerrufsrecht sei bei Online-Auktionen ausgeschlossen.

Beweis: Vorlage des Schreibens des Beklagten vom 29. Oktober 2004,

Anlage K 11.

II. Zur rechtlichen Würdigung

1. Örtliche Zuständigkeit des Gerichts
   Die örtliche Zuständigkeit des angerufenen Gerichts ergibt sich aus § 29 ZPO. Danach ist für Streitigkeiten aus einem Vertragsverhältnis das Gericht desjenigen Ortes zuständig, an dem die streitige Verpflichtung zu erfüllen ist. Die Klägerin begehrt die Rückabwicklung des streitgegenständlichen Vertrags. Erfüllungsort ist insoweit der sog. Austauschort, also der Ort, an dem sich die Kaufsache zum Zeitpunkt des Widerrufs vertragsgemäß befindet (LG Kleve NJW-RR 2003, 196, unter Verweis auf BGH NJW 1983, 1479, 1480 f; Zöller/Vollkommer, ZPO, 27. Auflage, § 29 Rn 25, Stichwort „Kaufvertrag"). Dies ist im vorliegenden Fall der Wohnsitz der Klägerin, da sie lediglich die Rücksendung an den Beklagten schuldet. Hierbei handelt es sich um eine Schickschuld, die den Erfüllungsort nicht verändert, so dass es auch insoweit beim Austauschort als Erfüllungsort verbleibt (LG Kleve aaO).
2. Begründetheit der Klage
   a) Zum Antrag zu 1.
      Der Klägerin steht der geltend gemachte Anspruch auf Rückzahlung des an den Beklagten gezahlten Betrages nach § 346 Abs. 1 iVm § 357 Abs. 1 BGB zu, Zug-um-Zug gegen Rücksendung des streitgegenständlichen Notebooks einschließlich Software (§ 348 BGB). Die Klägerin hat den zwischen den Parteien am 6. Oktober 2004 zustande gekommenen Vertrag wirksam gemäß §§ 312 d Abs. 1, 355 Abs. 1 BGB widerrufen.
      Die Voraussetzungen des Widerrufsrechts nach § 312 d Abs. 1 BGB liegen vor. Insbesondere hat der Beklagte im Rahmen des streitgegenständlichen Fernabsatzgeschäfts auch als Unternehmer im Sinne des § 14 BGB gehandelt. Unternehmer ist jede natürliche oder juristische Person, die am Markt planmäßig und dauerhaft Leistungen gegen ein Entgelt anbietet (Palandt/Ellenberger, BGB, 68. Auflage, § 14 Rn 2). Hieran besteht im Hinblick auf den Beklagten angesichts des oben beschriebenen erheblichen Handelsvolumens des Beklagten über die eBay-Plattform sowie des Umstandes, dass der Beklagte zeitgleich zur streitgegenständlichen Online-Auktion insgesamt sieben weitere neue Notebooks und eine Reihe anderer hochwertiger neuer Elektronikartikel angeboten hat, kein Zweifel (vgl LG Berlin CR 2002, 371; Teuber/Melber, MDR 2004, 185 f).
      Der Beklagte kann auch mit seinem Einwand, ein Widerrufsrecht sei bei Online-Auktionen ausgeschlossen, nicht durchdringen. Denn der BGH hat zwischenzeitlich geklärt, dass Online-Auktionen wie die vorliegende nicht in den Anwendungsbereich des § 156 BGB fallen und deshalb das Widerrufsrecht bei derartigen Auktionen nicht nach § 312 d Abs. 4 Nr. 5 BGB ausgeschlossen ist (BGH ZIP 2004, 2334).
      Die geltend gemachten Zinsansprüche gründen sich auf §§ 288 Abs. 1 Satz 2, 286 Abs. 3 Satz 1 iVm § 357 Abs. 1 Sätze 2 und 3 BGB. Bereits die Erklärung der Klägerin in der E-Mail vom 15. Oktober 2004 (Anlage K 6), dem Beklagten ausweislich der Anlage K 7 am selben Tage zugegangen, ist als Widerruf im Sinne des § 355 Abs. 1 BGB auszulegen. Dass die Klägerin das Wort „Widerruf" nicht benutzt hat, ist unschädlich; es genügt die hinreichend klare Äußerung der Klägerin, den Vertrag „aufzuheben", also nicht mehr gegen sich gelten lassen zu wollen (vgl BGH NJW 1993, 128; NJW 1996, 1964; Palandt/Grüneberg, aaO, § 355 Rn 6).
   b) Zum Antrag zu 2.
      Der Feststellungsantrag zu 2. findet seine Grundlage in §§ 756 Abs. 1, 765 Nr. 1 ZPO. Der Beklagte befindet sich aufgrund seiner Weigerung, der Klägerin den Kaufpreis und

die Versandkosten der Hinsendung zu erstatten und Zug um Zug dagegen das Notebook zurückzunehmen, gemäß § 298 BGB in Annahmeverzug.

Beglaubigte und einfache Abschriften sowie Gerichtskosten per Verrechnungsscheck über EUR 135,00 anbei.

■■■

Rechtsanwalt ◄

82 **bb) Erläuterungen. (1) Örtliche Zuständigkeit.** Die örtliche Zuständigkeit des angerufenen Gerichts nach § 29 ZPO ist in dem Muster der Klageschrift erläutert. Die Vorschrift des § 29 c ZPO (früher § 7 HaustürWG) ist demgegenüber nicht einschlägig; sie gilt nur „für Klagen aus Haustürgeschäften“.[199] Da der Gerichtsstand des § 29 ZPO kein ausschließlicher ist, wäre es natürlich auch möglich, den Verkäufer im Gerichtsstand der §§ 12, 13 ZPO, also am Wohnsitz des Verkäufers, in Anspruch zu nehmen. Sofern – anders als im hier zugrunde gelegten Sachverhalt – das Notebook bereits an den Beklagten zurückgesandt worden und die Klage daher uneingeschränkt auf Rückzahlung des Kaufpreises gerichtet wäre, würde sich an der Eröffnung eines Gerichtsstandes am Wohnsitz der Klägerin nach herrschender Meinung[200] nichts ändern. Als Begründung hierfür wird angeführt, dass der Käufer durch die Rückgabe der Sache den ihm günstigen Gerichtsstand bei der Rückabwicklung nicht verlieren darf.[201]

83 **(2) Sachliche Zuständigkeit/Streitwert.** Die sachliche Zuständigkeit des angerufenen Gerichts folgt aus § 23 Nr. 1 GVG. Der Antrag auf Zahlung Zug um Zug gegen Rückgabe erhöht den Streitwert gegenüber einem uneingeschränkten Zahlungsanspruch nach herrschender Meinung nicht, da eine Gegenleistung bei der Streitwertbestimmung auch dann unberücksichtigt bleibt, wenn sie die Klägerin bereits anbietet.[202] Der Antrag auf Feststellung des Annahmeverzugs zur Vorbereitung der Vollstreckung nach §§ 756, 765 ZPO ist wirtschaftlich geringwertig.[203] Der Wert besteht allenfalls, wenn überhaupt,[204] in der Kostenersparnis der Klägerin, den Gegenstand nicht selbst anbieten zu müssen.[205]

84 **(3) Zu den Anträgen. (a) Zum Antrag zu 1.** Da sich die Rückabwicklung des widerrufenen Fernabsatzgeschäftes nach §§ 346 ff BGB richtet (Rn 38 ff), kann die Verurteilung nur **Zug um Zug** gegen Rückgabe der gelieferten Sache verlangt werden (§ 348 BGB), wenn – wie im hier gewählten Beispielsfall – der gekaufte Gegenstand noch nicht zurückgegeben (bzw. zurückgesandt) worden ist.

85 Wird in diesen Fällen kein Zug-um-Zug-Antrag gestellt, droht eine teilweise Klageabweisung[206] mit der Kostenfolge des § 92 Abs. 1 S. 1 ZPO; dies gilt jedenfalls dann, wenn der Verkäufer die Einrede der §§ 348, 320 BGB erhebt.[207]

---

199 Ein Umkehrschluss des Inhalts, dass bei anderen als Hautürgeschäften der allgemeine Gerichtsstand des Käufers bei Rückabwicklungsklagen nicht eröffnet ist, wird, soweit ersichtlich, von niemandem angestellt.

200 Zöller/Vollkommer, ZPO, § 29 Rn 25 Stichwort „Kaufvertrag“, mwN; aA allerdings RGZ 31, 383.

201 Zöller/Vollkommer, ZPO, § 29 Rn 25 Stichwort „Kaufvertrag“.

202 Vgl nur Zöller/Herget, ZPO, § 3 Rn 16 Stichwort „Zug-um-Zug-Leistungen“ und Müller, MDR 2003, 248, mwN; anders allerdings LG Köln JR 1980, 245.

203 BGH KoRsp ZPO § 5 Nr. 83.

204 LG Mönchengladbach KoRsp ZPO § 5 Nr. 57.

205 OLG Naumburg OLGR 2000, 368. Das OLG Düsseldorf nimmt einen Gegenstandswert in Höhe von 1% des zu vollstreckenden Wertes an.

206 Die Zug-um-Zug-Verurteilung ist gegenüber der unbeschränkten Verurteilung ein Minus, kein aliud. Sie erfolgt daher unter entsprechender Teilabweisung auch dann, wenn der Kläger unbeschränkte Verurteilung verlangt. Vgl BGHZ 1992, 1172 (1173); Palandt/Heinrichs, BGB, § 274 Rn 2.

207 Vgl nur Zöller/Herget, ZPO, § 92 Rn 3, mwN.

Das Notebook und die Software, die an den Beklagten im Zuge der Rückabwicklung übergeben wird, muss unter Wahrung der Anforderungen des § 253 Abs. 2 Nr. 2 ZPO bezeichnet werden. Denn in einem Zug-um-Zug-Urteil muss die Gegenleistung in der Urteilsformel so bestimmt sein, dass dem Gerichtsvollzieher bei der Vollstreckung die Prüfung möglich ist, ob die ihm von dem Gläubiger übergebenen, dem Schuldner anzubietenden Gegenstände der nach dem Urteil geschuldeten Gegenleistung nach Vollständigkeit und Richtigkeit entsprechen.[208] Mit anderen Worten: Die Zug-um-Zug-Einschränkung muss so bestimmt sein, dass sie ihrerseits zum Gegenstand einer Leistungsklage gemacht werden könnte.[209] Sofern der Antrag nicht hinreichend bestimmt ist, das Gericht der Klage aber gleichwohl stattgibt, kann der Titel letztlich wertlos, weil nicht vollstreckbar sein. Der Prozessgegner kann sich dann im Vollstreckungsverfahren uU erfolgreich mit einer Erinnerung gemäß § 766 ZPO gegen die Vollstreckung wehren.[210] Bei der Bezeichnung der Gegenleistung, bei der sich der Anwalt beispielsweise an den Angaben im Lieferschein bzw. in der Rechnung etc. orientieren kann und sollte, muss der Anwalt deshalb ein besonders hohes Maß an Sorgfalt walten lassen. 86

Bei der Geltendmachung des Zinsanspruches sollte die Formulierung „5 % über dem Basiszinssatz" vermieden, sondern – wie hier im Antrag zu 1. – der sichere Weg der Übernahme der Formulierung des § 288 BGB gewählt werden („5 %" sind deutlich weniger als „fünf Prozentpunkte"). In der Literatur wird zutreffend darauf hingewiesen, man laufe anderenfalls Gefahr, dass das Gericht den Antrag nicht weit auslegt und – ne ultra petita – dem Mandanten weniger zuspricht, als diesem eigentlich von Gesetzes wegen zusteht.[211] Spätestens im Vollstreckungsverfahren könnte es dann zu unangenehmen (und überflüssigen) Diskussionen über den Umfang der titulierten Zinsforderung kommen. 87

(b) Begründung. Die Begründung des Antrags zu **Antrag zu 2.** ist in groben Zügen bereits im Muster enthalten. Nach §§ 756 Abs. 1, 765 Nr. 1 ZPO kann im Falle der Zug-um-Zug-Verurteilung die Vollstreckung nur bewirkt werden, wenn der Nachweis, dass der Schuldner im Verzug der Annahme ist, durch öffentliche Urkunde geführt wird und eine Abschrift dieser Urkunde bereits zugestellt ist. Eine dem genügende öffentliche Urkunde stellt auch das Urteil dar, sofern der Annahmeverzug im Tenor festgestellt ist.[212] Für den Nachweis des Annahmeverzugs reicht es demgegenüber nicht aus, wenn lediglich die Klageabweisung beantragt wird.[213] Gerade dann, wenn die eindeutige Bestimmung der Gegenleistung nicht ganz einfach ist und mögliche Einwände der Gegenseite (spätestens für das Vollstreckungsverfahren) befürchten lässt, ist es unbedingt ratsam, diesen Antrag zu stellen; man erspart dem Mandanten (und sich selbst) damit uU erhebliche Probleme bei der Vollstreckung des Urteils. 88

(4) Gegenstandswert und Gebühren. Der Gegenstandswert für die Berechnung von Gerichtskosten und Anwaltsgebühren bemisst sich nach den §§ 41 bis 49 GKG, §§ 3 bis 9 89

---

208 BGH NJW 1993, 324; KG NJW-RR 1994, 959; KG OLGZ 1971, 386; OLG Frankfurt JurBüro 1979, 389.
209 OLG Naumburg NJW-RR 1995, 1149.
210 Vgl Zöller/Stöber, § 756 Rn 3, mwN. Zur Gefahr einer Haftung des Anwalts in diesen Fällen vgl OLG Düsseldorf NJW-RR 1999, 793.
211 Hartmann, NJW 2004, 1358 ff, der dabei zwischen dem nicht anwaltlich vertretenen und dem anwaltlich vertretenen Kläger differenziert. Das BAG (NZA, 852, 854) hat die Frage der Auslegung eines – auch nach Ansicht des BAG verfehlten – Zinsantrages, der auf „Zinsen in Höhe von 5% über dem Basiszinssatz" ging, dahinstehen lassen.
212 Vgl nur OLG Köln NJW-RR 1991, 383.
213 Vgl nur KG NJW 1972, 2052; Zöller/Stöber, § 756 Rn 9, mwN. Hieraus folgt zugleich das Feststellungsbedürfnis für den Antrag zu 2.

ZPO, in der Regel nach der Höhe der eingeklagten Forderung. Zur fehlenden bzw. allenfalls marginalen Erhöhung durch den Antrag zu 2. vgl Rn 83.

90 Es fällt die **gerichtliche 3,0 Verfahrensgebühr (GKG KV 1210)** an. In den in GKG KV 1211 genannten Fällen der Beendigung des Verfahrens reduziert sich die Gebühr auf 1,0. Nach § 12 GKG ist im Regelfall ein **Gerichtskostenvorschuss** zu entrichten. Ausnahmen von diesem Grundsatz ergeben sich aus § 12 Abs. 2 GKG.

91 **Anwaltsgebühren** bemessen sich gemäß § 23 RVG nach den für die Gerichtsgebühren geltenden Wertvorschriften. Gebühren entstehen, wenn der Anwalt den Auftrag zur Klageerhebung erhalten hat, nach den allgemeinen Grundsätzen (RVG VV 3100 ff).

92 Da nach der Vorbemerkung 3 Nr. 4 RVG – anders als unter Geltung der BRAGO – nur eine halbe (nicht mehr die gesamte) Geschäftsgebühr auf die gerichtliche Verfahrensgebühr angerechnet wird, stellt sich die Frage, ob die verbleibende halbe Geschäftsgebühr im Rahmen des Prozesses als eigenständige Forderung geltend zu machen ist.[214]

93 Da im vorliegenden Fall die Voraussetzungen eines materiellrechtlichen Erstattungsanspruches fraglich sind (die Verzugsvoraussetzungen lagen im Zeitpunkt der Einschaltung des Anwalts der Klägerin noch nicht vor), ist im Muster davon abgesehen worden, einen solchen Antrag aufzunehmen. Vgl zu dieser Frage Rn 559.

94 **Kostenerstattung.** Die prozessuale Kostenerstattung gegenüber der unterlegenen Partei erfolgt nach den allgemeinen Regeln (§§ 91, 103 f ZPO).

III. Weiteres Verfahren (Rechtsmittel, Vollstreckung)

95 Gegen das (erstinstanzliche) Urteil kann im Wege der Berufung vorgegangen werden (§ 511 ZPO), sofern diese statthaft ist. Ist das Urteil rechtskräftig, oder liegen die Voraussetzungen der §§ 708, 709 ZPO vor, schließt sich dem Erkenntnisverfahren das Vollstreckungsverfahren an.

214 Vgl Bliesner, NZV 2004, 613; Ruess, MDR 2005, 313.

§ 2 Streitigkeiten im Zusammenhang mit Internet-Domains

A. Vorprozessuale Situation

I. Grundsätzliches

Von hoher praktischer Relevanz sind, wie die kaum noch überschaubare Zahl von Gerichtsentscheidungen zeigt, Streitigkeiten im Zusammenhang mit der **Vergabe von sog. Domain-Namen.**[1] Insbesondere geht es dabei um die bei der Registrierung von Domain-Namen auftretenden **Probleme des Schutzes von Namens- und Markenrechten.**[2] 96

Der Anwalt kann für den Mandanten bereits bei der **Eintragung und Sicherung des Domain-Namens** beratend tätig werden. In aller Regel wird der Anwalt allerdings erst bei einem Streit zwischen dem Inhaber eines Namens- und Kennzeichenrechts (zB die Marke des Mandanten oder seine geschäftliche Bezeichnung) und dem Inhaber einer Website, der sich einen bestimmten Domain-Namen gesichert hat,[3] zu Rate gezogen werden.[4] 97

II. Beratung bei und Durchsetzung von Domain-Registrierungen

Wenn der Anwalt mit der Anmeldung eines Domain-Namens beauftragt wird, sollten ihm die technischen Grundbegriffe und organisatorischen Abläufe zumindest in Grundzügen vertraut sein. Nachfolgend soll hierzu ein kurzer Überblick gegeben werden. 98

1. Grundbegriffe

Domain-Namen werden diejenigen Adressen genannt, unter denen die Internet-Nutzer, also die Benutzer des Internets, die Startseite einer Website im Internet aufrufen können.[5] Der gesamte Domain-Name (zB www.nomos-online.de)[6] besteht aus mehreren Domain-Bestandteilen, die durch Punkte voneinander getrennt sind. Diese Elemente sind die sog. **Domain Levels.** Die Domain Levels unterscheiden sich grundsätzlich in **Top Level Domains** (Länderkennungen wie zB „.de" für Deutschland und „.fr" für Frankreich oder sonstige Kennungen wie zB „.com" und „.info") und die Bestandteile „unterhalb" der Top Level Domain (zB „nomos-online"). Diese Bestandteile sind die sog. **Second Level Domains.** Sie sind diejenigen prägenden Bestandteile, um die es dem Mandanten gehen wird und die zu den hier behandelten Konflikten führen. Grund hierfür ist, dass es bei der Auswahl und 99

1 Vgl dazu näher Abel, WRP 2001, 1426; Apel/Große-Ruse, WRP 2000, 816; Bähler/Lubich/Schneider/Widmer, Internetdomainnamen (1996); Bettinger, GRUR Int. 1997, 402; Bettinger, CR 1999, 445; Bücking, Namens- und Kennzeichenrecht im Internet (Domainrecht) (1999); Bücking, GRUR 2002, 27; Kur, CR 1996, 325; Lehmann, WRP 2000, 947; Marwitz, WRP 2001, 9; Nordemann, Wettbewerbsrecht/Markenrecht, Rn 2781 ff; A. Nordemann, NJW 1997, 1891; Pfeiffer, GRUR 2001, 92; Redeker, IT-Recht in der Praxis, Rn 998 ff; Reinhart, WRP 2001, 13; Renck, NJW 1999, 3587; Schumacher/Ernstschneider/Wiehager, Domain-Namen im Internet (2002); Ubber, WRP 1997, 652; Viefhues, MMR 2000, 334; Wilmer, CR 1997, 562.

2 Vgl hierzu Redeker, IT-Recht in der Praxis, Rn 998 ff; Pichler, NJW 1998, 3234.

3 Das Problemfeld der Kollision von Kennzeichenrechten und Websites erstreckt sich mittlerweile auch auf die Verwendung sog. Meta-Tags, also im Quelltext von Websites vom Websitebetreiber verwandter Schlüsselworte, die der Auffindung der betreffenden Website dienen. Die Verwendung solcher Meta-Tags unterliegt im Gegensatz zu Domains keinem Vergabeprozess. Dazu unten unter Rn 174.

4 Dazu unten unter Rn 111 ff sowie – aus der Perspektive des Domain-Inhabers – unter Rn 229 ff.

5 Genau genommen sind Domain-Namen nur einprägsame Platzhalter für die IP-Adressen genannten Zahlenkombinationen jedes ans Internet angeschlossenen Computers. Die Domain wird durch Zugriff auf einen Domain-Name-Server (DNS) in eine IP-Adresse umgewandelt. Mehrere Domain-Namen können auf eine IP-Adresse verweisen, solange die Zuordnung eindeutig ist.

6 Zur Vermeidung von Missverständnissen: Den eigentlichen Domain-Namen bilden nur die Second Level Domain und die Top Level Domain, im Beispiel also (nur) „nomos-online.de". Hierauf ist, dies sei im Vorgriff auf die Ausführungen unter Rn 271 ff bereits hier angemerkt, bei der Stellung von Anträgen zu achten.

Registrierung der Second Level Domain grundsätzlich erlaubt ist, frei wählbare Wörter, Namen und Begriffe zu verwenden. Die meisten Inhaber bzw. Anmelder verwenden ihre eigenen Namen bzw. Marken/Geschäftsbezeichnungen, um eine Identifikation zwischen Website einerseits und Person oder Firma andererseits zu schaffen.[7]

2. Zuständigkeit und Verfahren der Domain-Vergabe

a) Zuständigkeit für die Registrierungsverwaltung

100 Da bereits aus technischen Gründen jeder Name bzw. jede Buchstabenkombination nur einmal für jede Top Level Domain vergeben werden kann, bedarf die Zuteilung der Domain-Namen einer zentralen Verwaltungsstelle. Die **Vergabe der Second Level Domains** wird **durch die** dafür in den Top Level Domains zuständigen Organisationen, die sog. **Network Information Centers (NIC)**, verwaltet. Diese tragen dafür Sorge, dass die Vergabe der Domain-Namen regelmäßig nach dem **Prioritätsprinzip** erfolgt. Wer den Namen zuerst registriert, bekommt den gewünschten Namen auch zugewiesen.[8]

101 Für die **Top Level Domain „.de"** (Deutschland) erfolgt die **Vergabe durch die DENIC Domain Verwaltungs- und Betriebsgesellschaft e.G.** (DENIC).[9] Ihre Website findet man unter http://www.denic.de. Diese Institution wurde im Dezember 1996 gegründet und ist eine eingetragene Genossenschaft mit Sitz in Frankfurt am Main, die ihre Berechtigung zur Vergabe der Second Level Domains von der sog. **Internet Assigned Numbers Authority (IANA)** ableitet. Mitglieder der DENIC sind **Internet Service Provider**, also Unternehmen, die für ihre Kunden u.a. Domains verwalten. Die DENIC betreibt das automatische elektronische Registrierungssystem, die Domain-Datenbank für die Top-Level-Domain „.de", besorgt den Betrieb des **Name-Server-Systems** für die „.de"-Zone, die Bereitstellung von Informationsdiensten wie der Datenbank WHOIS sowie weitere Dienstleistungen. Es ist zu beachten, dass bei der bzw. über die DENIC keine Domains registriert werden können, die nicht auf „.de" enden.[10] Wenn andere Domains unterhalb einer Top-Level-Domain ohne Länderkennzeichnung (wie zB „.com", „.net", „.org", „.info", „.biz") registriert werden sollen oder Registerinformationen bezüglich dieser Domains zu ermitteln sind, muss man sich hierfür an die **Internet Corporation for Assigned Names and Numbers (ICANN)** wenden. Die **ICANN** ist unter http://www.icann.org erreichbar.[11]

b) Zuständigkeit für die Durchführung der Registrierung

102 Die Domain-Registrierung wird grundsätzlich über einen **Internet Service Provider** durchgeführt. Die Registrierung wird von allen Mitgliedern der DENIC[12] angeboten. Alternativ kann eine „.de"-Domain bei dem von der DENIC unterhaltenen Service **DENICdirect** registriert werden.

7 Redeker, IT-Recht in der Praxis, Rn 994.
8 Zum Prioritätsprinzip siehe unten unter Rn 161 ff.
9 DENIC steht für „Deutsches Network Information Center".
10 Eine Übersicht, welche Organisation für welche Länderkennung zuständig ist, findet man unter http://www.iana.org/cctld/cctld-whois.htm. Für österreichische „.at"-Domains ist beispielsweise die nic.at Internet Verwaltungs- und Betriebsgesellschaft mbH zuständig; erreichbar unter www.nic.at.
11 Anders als die DENIC sehen einige Vergabestellen in ihren Allgemeinen Geschäftsbedingungen eine Unterwerfung unter eine Schiedsklausel vor; siehe Nordemann, Wettbewerbsrecht/Markenrecht, Rn 2828 mwN. In den dort genannten Fällen (klare Missbrauchsfälle; nicht bei nationalen Domain-Namen) richtet sich der Rechtsweg eines Domain-Streits nach den jeweiligen Schiedsregeln.
12 Http://www.denic.de/de/denic/mitgliedschaft/mitgliederliste/index.jsp.

Unter http://www.denic.de/de/ können dabei die folgenden Formulare elektronisch abgerufen werden: 103

- **Domainauftrag,**
- **Domain-Update,**
- **Providerwechsel** (von Internet Service Provider zu DENICdirect) und die
- **„.de"-Domain-Löschung.**

Voraussetzung für die Verwendung dieser Formulare ist, dass der Antragsteller bereits 104 Kunde bei DENICdirect ist bzw. im Falle des Providerwechsels werden will. Der Anwalt sollte seinen Mandanten darauf hinweisen, dass die Preise für die Registrierung über Internet Service Provider teilweise günstiger sind als bei einer Registrierung über DENICdirect.

Entscheidet sich der Mandant dafür, die Registrierung bei DENIC bzw. DENICdirect 105 durchführen zu lassen, sind die hierfür geltenden Geschäftsbedingungen:

- die DENIC-Bedingungen,[13]
- die DENIC-Richtlinien[14] sowie
- die DENIC-Preisliste.[15]

Schließlich sollte der Anwalt, der für seinen Mandanten entsprechende Registrierungen 106 vornimmt, mit den Bezeichnungen der unterschiedlichen Ansprechpartner bei der Registrierung vertraut sein, weil ein Verständnis über die Funktionsebenen für die Beurteilung, wer Anspruchsgegner ist,[16] bedeutsam ist:

- So ist der bei einem Domain-Auftrag zu benennende **adminstrative Ansprechpartner (admin-c)** die vom (zukünftigen) Domain-Inhaber benannte natürliche Person, die als sein Bevollmächtigter berechtigt und gegenüber der DENIC auch verpflichtet ist, sämtliche die Domain betreffenden Angelegenheiten verbindlich zu entscheiden.[17]
- Davon ist der **technische Ansprechpartner (tech-c)** zu unterscheiden. Dieser betreut die Domain in technischer Hinsicht.
- Der **Zonenverwalter (zone-c)** wiederum betreut die Nameserver der Domain in technischer Hinsicht.
- Die Rechtsnatur des im Zuge der Registrierung zwischen der DENIC e.G. und dem Domain-Inhaber (nicht dessen Provider)[18] zustande kommenden Domainregistrierungsvertrages ist umstritten; im Ergebnis am überzeugendsten ist die Einstufung als Rechtspacht.[19] Wesentlicher ist in der Praxis allerdings die Frage, unter welchen Voraussetzungen ein Immaterialgüterrecht an der Domain – in Form einer besonderen Geschäftsbezeichnung (§ 5 Abs. 2 Satz 1 MarkenG) – entstehen kann (dazu unten Rn 156 ff).

13 Http://www.denic.de/de/bedingungen.html.
14 Http://www.denic.de/de/richtlinien.html; Beachte jedoch OLG Frankfurt aM GRUR-RR 2008, 321, wonach die Volkswagen AG entgegen der DENIC-Richtlinien, die keine aus zwei Buchstaben bestehenden Domains zulässt, einen Anspruch auf Registrierung der Domain „vw.de" hat.
15 Http://www.denic.de/de/preisliste.html.
16 Zur Passivlegitimation bei Ansprüchen wegen Domain-Grabbings siehe unten Rn 176 ff.
17 Regelmäßig muss der administrative Ansprechpartner seinen Sitz in Deutschland haben, falls der Domain-Inhaber (bzw. der Antragsteller) seinen Sitz nicht in Deutschland hat.
18 Vgl hierzu Cichon, Internet-Verträge, 2. Auflage (2005), Rn 342 ff.
19 Cichon, Internet-Verträge, 2. Auflage (2005), Rn 372 ff.

3. Feststellung von Domain-Registrierungen

107 Da der Name einer Second Level Domain unterhalb einer Top Level Domain nur einmal registriert werden kann, muss der Anwalt (oder der Mandant) zunächst Einsicht in das Register nehmen, um festzustellen, ob die gewünschte Domain überhaupt noch verfügbar ist. Der von der DENIC bereit gestellte Informationsdienst **WHOIS** (unter www.denic.de) ermöglicht eine Domain-Abfrage, mit der festgestellt werden kann, ob die Domain bereits registriert ist und welche Kontaktdaten dazu gespeichert sind. Das WHOIS der DENIC ist ein nützliches Instrument bei der Verfolgung von Ansprüchen, sofern es sich um eine Domain unter der Top Level Domain „.de“ handelt. Durch die Angabe einer Website in die WHOIS Datenbank lassen sich Domain-Daten der „.de“ Top-Level-Domain, der **Domain-Inhaber mit Namen und Adresse,**[20] der administrative Ansprechpartner der Website, der technische Ansprechpartner sowie der Zonenverwalter und die technischen Daten zum Nameserver in Erfahrung bringen.

108 Auch **ICANN** sowie die meisten **Registrierungsbehörden anderer Länderkennungen** bieten einen WHOIS-Service an. Der WHOIS Service von ICANN findet sich unter http://www.internic.net/whois.html.

III. Vorprozessuales Vorgehen gegen Registrierung und Benutzung von Domains

1. Rechtsschutzziel des Mandanten

109 Ist die vom Mandanten gewünschte Domain „belegt“, kann der Mandant möglicherweise auf eine andere Top Level Domain ausweichen. Oftmals will der Mandant aber gerade eine bestimmte Domain unter einer gängigen Top Level Domain wie „.de“ oder „.com“ für sich nutzen. Rechtsschutzziel des Mandanten wird es deshalb in der Regel primär sein, die Gegenseite dazu zu zwingen, den **Domain-Namen** nicht mehr zu nutzen bzw. diesen durch Verzicht gegenüber der DENIC **freizugeben.**[21] Dem Mandanten wird daher in erster Linie daran gelegen sein, die Gegenseite auf **Unterlassung** in Anspruch zu nehmen. Daneben wird die Verfolgung von Ansprüchen auf **Schadensersatz** – und gegebenenfalls (zuvor) auf **Auskunft** – eine eher untergeordnete Rolle spielen.

110 Vor der Frage, welche Schritte zur Durchsetzung des konkreten Rechtsschutzziels zu gehen sind, steht die Beurteilung, welche Ansprüche dem Mandanten konkret zustehen und wie es um die Erfolgsaussichten einer gerichtlichen Durchsetzung dieser Ansprüche bestellt ist.

2. Schutz von Kennzeichen- und Namensrechten gegen Domain-Namen

a) Markenrechtlicher Schutz

111 Da der BGH von einem **Vorrang des zeichenrechtlich vermittelten Schutzes** gegenüber § 12 BGB, aber auch gegenüber den wettbewerbs- und deliktsrechtlichen Schutzvorschriften ausgeht (Einzelheiten unter Rn 149 f, 168), soll es hier zunächst um die **markenrechtlichen Grundlagen für Unterlassungs- und Schadensersatzansprüche** gegen den Verletzer gehen. Diese finden sich in **§ 14 Abs. 5, 6, 7 MarkenG** (für Marken) und in **§ 15 Abs. 4, 5, 6 MarkenG** (für geschäftliche Bezeichnungen).[22] Ein spezieller markenrechtlicher **Auskunfts-**

20 Dieser ist bei einer Domain-Streitigkeit in erster Linie Anspruchsgegner; siehe unten unter Rn 176 ff. Sitzt der Domain-Inhaber im Ausland, können sich die Ansprüche auch gegen den Provider selbst richten; hierzu Rn 177.
21 Zum (fehlenden) weitergehenden Anspruch auf Übertragung der Domain siehe unten unter Rn 134.
22 Zur Verfassungsmäßigkeit gerade mit Blick auf die widerstreitenden Interessen des Domain-Inhabers BVerfG NJW 2005, 589.

anspruch ist in **§ 19 Abs. 1 MarkenG** geregelt.[23] Den Kern der Prüfung, ob derartige Ansprüche begründet sind, wird regelmäßig die Frage bilden, ob „bessere" (in der Regel ältere)[24] Rechte des Mandanten an dem Domain-Namen (bzw. an dessen charakteristischen Teilen) bestehen. Als „bessere" Rechte kommen Namen sowie – im geschäftlichen Verkehr – Marken bzw. geschäftliche Bezeichnungsrechte in Betracht. **Marken** sind die in § 3 MarkenG genannten schutzfähigen Zeichen. Markenschutz entsteht unter den in § 4 MarkenG genannten Voraussetzungen, in der Mehrzahl der Fälle durch Eintragung in das Markenregister.[25] Geschäftliche Bezeichnungen sind gemäß § 5 MarkenG **Werktitel** und **Unternehmenskennzeichen** wie insbesondere die **Firma** eines Unternehmens. Hier entsteht der Schutz durch bloße Benutzung.[26]

aa) **Grundvoraussetzung markenrechtlicher Unterlassungs-, Auskunfts- und Schadensersatzansprüche.** Gemeinsame **Grundvoraussetzung** zeichenrechtlicher Unterlassungs-, Auskunfts- und Schadensersatzansprüche ist, dass **Verwechslungsschutz und/oder Bekanntheitsschutz** durch die einschlägigen markenrechtlichen Vorschriften gewährt wird. 112

(1) **Verwechslungsschutz.** Ansprüche des Inhabers einer Marke bzw. geschäftlichen Bezeichnung nach § 14 Abs. 2 Nr. 1, 2 bzw. § 15 Abs. 2 MarkenG. 113

(a) **Verwechslungsschutz nach § 14 Abs. 2 Nr. 1 MarkenG.** § 14 Abs. 2 Nr. 1 MarkenG gewährt einer Marke Schutz gegenüber einem Zeichen, das für identische **Waren und Dienstleistungen** benutzt wird. Zu beachten ist, dass nach der Rechtsprechung des BGH[27] der gesamte Domain-Name, also nicht nur die Second Level Domain, bei der Beurteilung der Zeichenidentität heranzuziehen ist. Dies schränkt den Anwendungsbereich des § 14 Abs. 2 Nr. 1 MarkenG im Bereich der unberechtigten Registrierung und Benutzung von Domain-Namen auf Fälle ein, in denen eine Marke mit einem Zusatz wie zB „.de" eingetragen wird.[28] 114

Beispiel 1: Die KUMMERTECH Electronic GmbH (die Mandantin) ist Inhaberin u.a. der Wortmarke „XPRESSTRATEGIC.de", die für den Vertrieb von Computerhardware Schutz beansprucht. Die COMPETITRONIC GmbH hat sich (nach Eintragung der vorgenannten Wortmarke für die KUMMERTECH Electronic GmbH) den Domain-Namen „XPRESSTRATEGIC.de" gesichert und vertreibt über eine entsprechend bezeichnete Website ebenfalls Computerhardware. 115

23 Der in § 18 MarkenG geregelte Vernichtungsanspruch dürfte bei Domain-Streitigkeiten regelmäßig keine Rolle spielen; vgl zu diesem Anspruch Rn 446.

24 Ausnahmsweise können auch jüngere Markenrechte Ansprüche gegen ältere Domains begründen, siehe Rn 166. Dies führt allerdings zu besonderen Darlegungs- und Beweislastproblemen, die unter Rn 182 behandelt werden.

25 Vgl zu den einzelnen Entstehungs- und Erlöschenstatbeständen von Kennzeichenrechten Nordemann, Wettbewerbsrecht/Markenrecht, Rn 2041 ff.

26 So auch Landgericht Hamburg GRUR-RR 2008, 438, wonach der Markeninhaber Rechte aus seiner Marke gegen eine Domain erst mit Eintragung und nicht schon ab Anmeldung der Marke geltend machen kann, aber für den Zeitraum zwischen Anmeldung und Registrierung eine Verletzung des Unternehmenskennzeichens in Betracht kommt.

27 BGH WRP 2005, 338; ebenso KG GRUR-RR 2001, 180.

28 Vgl etwa LG Hamburg MMR 2003, 599; Das OLG Düsseldorf, Urteil vom 22. April 2008, Az I-20 U 93/07, hat entschieden, dass die Eintragung einer.com-Domain weit über den Vertrieb in einer bestimmten Region (hier den Golfstaaten) hinausgehe, denn die nicht (mehr) national gebundene.com- Domain werde im internationalen Geschäftsverkehr genutzt. Bei Zugrundelegung des sogenannten "commercial effect"- Tests, wonach es erforderlich ist, dass das kennzeichenverletzende Internetangebot einen hinreichenden wirtschaftlich relevanten Inlandsbezug aufweist, hätte es im vorliegenden Fall nahegelegen, die Top Level Domain.ae der Vereinigten Arabischen Emirate zu wählen. Wer eine.com-Adresse verwendet, erwecke damit den Eindruck, dass er international und damit auch in Deutschland tätig sein wolle. Er müsse dann auch deutsche Kennzeichenrechte prüfen, bevor er eine Domain für seine Geschäftszwecke auswähle.

116 In diesem Fall wird vom Wettbewerber der Mandantin für eine identische Warenkategorie ein identisches Zeichen benutzt. Die Voraussetzungen des § 14 Abs. 2 Nr. 1 MarkenG liegen deshalb vor.

117 (b) **Verwechslungsschutz nach § 14 Abs. 2 Nr. 2 MarkenG.** § 14 Abs. 2 Nr. 2 MarkenG gewährt einen Schutz der Marke gegenüber identischen oder ähnlichen Zeichen bei Identität oder Ähnlichkeit der Waren oder Dienstleistungen. Es muss die Gefahr von Verwechslungen für das angesprochene Publikum bestehen, insbesondere dergestalt, dass der Domain-Name mit der Marke gedanklich in Verbindung gebracht wird.

118 **Beispiel 2:** Die KUMMERTECH Electronic GmbH ist auch Inhaberin der Wortmarke „KUMMERTECH", die für den Vertrieb von Computerhardware Schutz beansprucht. Als sie sich bei der DENIC den Domain-Namen „KUMMERTECH.de" registrieren lassen will, wird ihr mitgeteilt, dass die SHADYCONSULT GmbH (nach Eintragung der vorgenannten Wortmarke für die KUMMERTECH Electronic GmbH) diesen Domain-Namen bereits für sich hat registrieren lassen und auf der Website www.KUMMERTECH.de Beratungsdienstleistungen im Zusammenhang mit Computerhardware und insbesondere Computernetzwerken anbietet und die Internet-Nutzer für genauere Informationen zu diesem Angebot („Wenn Sie mehr wissen wollen...") auf die Website www.SHADYCONSULT.de verweist und einen Link auf diese Website legt.

119 (c) **Verwechslungsschutz nach § 15 Abs. 2 MarkenG.** Entsprechendes gilt für die in § 15 MarkenG geregelten Geschäftsbezeichnungen. § 15 Abs. 2 MarkenG gewährt einer geschäftlichen Bezeichnung Schutz gegenüber identischen oder ähnlichen Zeichen, sofern für das Publikum die Gefahr von Verwechslungen besteht, insbesondere wenn das Zeichen mit der geschäftlichen Bezeichnung gedanklich in Verbindung gebracht wird.

120 **Beispiel 3:** Die KUMMERTECH Electronic GmbH, die unter dieser Firma Computerhardware vertreibt, bemerkt, als sie sich den Domain-Namen „KUMMERTECH.de" bei der DENIC registrieren lassen will, dass sich die SHADYCONSULT GmbH, die keine Computerhardware vertreibt, jedoch im und über das Internet Consultingdienstleistungen für Computerhardware und insbesondere Computernetzwerke anbietet, diesen Domain-Namen bereits – allerdings nach Aufnahme der genannten Vertriebstätigkeit der KUMMERTECH GmbH unter dieser Firma – hat registrieren lassen und auf der Website www.KUMMERTECH.de Beratungsdienstleistungen im Zusammenhang mit Computerhardware und insbesondere Computernetzwerken anbietet, die Internet-Nutzer für genauere Informationen zu diesem Angebot auf die Website www.SHADYCONSULT.de verweist und einen Link auf diese Website legt.

121 (d) **Voraussetzungen.** Gemeinsame Voraussetzungen für die Gewährung **von Verwechslungsschutz** sind:

- Die mit dem Markennamen identische bzw. verwechslungsfähige Domain muss **tatsächlich benutzt** werden.[29] Eine **bloße Registrierung** der Domain **reicht für** einen Anspruch

29 Das OLG Düsseldorf, Urteil vom 22. April 2008, Az 20 U 93/07, hat entschieden, dass eine inländische Kennzeichenbenutzung nicht schon allein deshalb bejaht werden kann, weil Internetseiten von jedem Ort der Welt abrufbar sind. Wäre dies nämlich der Fall, würde dies zu einer uferlosen Ausdehnung des Schutzes nationaler Kennzeichenrechte und zu einer unangemessenen Beschränkung der Selbstdarstellung ausländischer Unternehmen führen. Daher ist es erforderlich, dass das kennzeichenverletzende Internetangebot einen hinreichenden wirtschaftlich relevanten Inlandsbezug ("commercial effect") aufweist.

nach den §§ **14, 15 MarkenG** – anders als im Rahmen des § 12 BGB (Rn 148) – **in der Regel nicht aus.**[30]

- Das Kennzeichenrecht des Mandanten muss **prioritätsälter** sein als mögliche Kennzeichnungsrechte der Gegenseite an dem damit identischen bzw. verwechslungsfähigen Domain-Namen (vgl § 6 MarkenG).[31]
- Die mit dem Markennamen identische bzw. verwechslungsfähige Domain muss zudem **im geschäftlichen Verkehr** benutzt werden. Gegen eine rein privat genutzte Domain können keine zeichenrechtlichen Ansprüche geltend gemacht werden.[32]
- Zwischen der Marke/der Geschäftsbezeichnung des Mandanten und der Domain muss **Verwechslungsgefahr** bestehen.[33] Das Vorliegen einer Verwechslungsgefahr ist in einer Gesamtbetrachtung unter Berücksichtigung insbesondere des Grades der **Zeichenähnlichkeit** und der **Waren- und Dienstleistungsähnlichkeit** (**bzw. der Branchennähe**) zu bestimmen. Ein geringerer Grad an Waren- und Dienstleistungsähnlichkeit kann durch einen höheren Grad an Zeichenähnlichkeit ausgeglichen werden.[34] Für die Bestimmung der Zeichenähnlichkeit kommt es auch darauf an, über welche **Kennzeichnungskraft** des Zeichens, sich bei dem von der Ware und/oder Dienstleistung angesprochenen Publikum aufgrund seiner Eigenart und seines gegebenenfalls durch Benutzung erlangten Bekanntheitsgrades einzuprägen, die Marke/Geschäftsbezeichnung des Mandanten verfügt. Je größer diese Kennzeichnungskraft ist, desto größer ist der Schutzumfang gegen Verwechslungsgefahr.[35] Da die Domain-Namen nur eine begrenzte Länge haben, sind an die Verwechslungsgefahr **strenge Maßstäbe** anzulegen.[36] Bei der Prüfung der Verwechslungsgefahr ist zu berücksichtigen, dass aufgrund der beschränkten Möglichkeiten der Bildung von Domain-Namen (insbesondere wegen der begrenzten Zeichenlänge) und der damit verbundenen Annäherungen der Domainbezeichnungen das angesprochene Publikum zur genaueren Prüfung von Unterschieden, sowohl bei den Domainbezeichnungen als auch bei dem Inhalt der jeweiligen Websites, gezwungen ist.[37] Ob die erforderliche Branchennähe gegeben ist, bestimmt sich dabei nach dem Inhalt des Internetauftritts.[38] Eine Verwechslungsfähigkeit ist beispielsweise verneint worden zwischen der für die Vermittlung von Reisen und ähnliche Dienstleistungen eingetragenen Marke „CHECK IN“ und der Domain „checkin.com“, unter der für gewerbliche Kunden Datenbanken angeboten wurden, die Anschriften und Links für Fluglinien uÄ enthielten (eine eigene Vermittlungstätigkeit wurde hingegen unter„checkin.com“ nicht vorgenommen).[39]

---

30 OLG Hamburg Mitt. 2004, 438. Hier kann allerdings unter Umständen der Hinweis auf eine „Erstbegehungsgefahr“ den Unterlassungsanspruch begründen. Vgl dazu Nordemann, Wettbewerbsrecht/Markenrecht, Rn 2884. Hiervon ist die Frage zu trennen, unter welchen Voraussetzungen ein Kennzeichenrecht an einer Domain entstehen kann; vgl hierzu unter Rn 156 ff.

31 Vgl hierzu, auch zum möglichen Kennzeichenrecht an einer Domain, die Ausführungen unter Rn 158.

32 BGH GRUR 2002, 622; A. Nordemann, NJW 1997, 1891, mwN.

33 Die unterschiedliche Terminologie in § 14 und § 15 MarkenG hat keine inhaltlichen Auswirkungen. Vgl nur Ingerl/Rohnke, Markengesetz, § 15 Rn 34.

34 EuGH GRUR Int. 2000, 899; BGH GRUR 2002, 167; Einzelheiten etwa bei Ingerl/Rohnke, Markengesetz, § 14 Rn 226 ff mit umfangreichen Nachweisen.

35 Vgl dazu Ingerl/Rohnke, Markengesetz, § 14 Rn 320 ff.

36 OLG Köln CR 2002, 285; OLG Düsseldorf CR 2002, 447; KG GRUR-RR 2001, 180.

37 KG GRUR-RR 2001, 180. Vgl aber auch OLG Stuttgart CR 1998, 621 (keine Ausräumung der Verletzungsgefahr durch Benutzung anderer – nicht kennzeichnungskräftiger – Top Level Domain für identische Second Level Domain) sowie Völcker-Weidert, WRP 1997, 652, 657, und Ubber, WRP 1997, 497, 505.

38 OLG Karlsruhe NJW-RR 2002, 771; OLG Hamburg CR 2002, 833, mit Anm. von Florstedt.

39 KG GRUR-RR 2001, 180.

- Ist die Domain von einem Internet Service Provider für einen Kunden registriert, dessen geschäftliche Tätigkeit nicht feststellbar (bzw. beweisbar) ist, lassen sich Ansprüche aus Verwechslungsschutz nicht durchsetzen.

122 (2) **Bekanntheitsschutz.** Ansprüche des Inhabers einer Marke bzw. geschäftlichen Bezeichnung nach § 14 Abs. 2 Nr. 3 MarkenG bzw. § 15 Abs. 3 MarkenG.

123 (a) **Bekanntheitsschutz nach § 14 Abs. 2 Nr. 3 MarkenG.** § 14 Abs. 2 Nr. 3 MarkenG gewährt einer Marke **Schutz über den bloßen Verwechslungsschutz hinaus**, sofern es sich um eine bekannte Marke handelt. Damit verhindert der Markeninhaber eine **Ausbeutung des guten Rufs bzw. der Unterscheidungskraft seiner Marke** im geschäftlichen Verkehr durch ein mit seiner Marke identisches oder ähnliches Zeichen für Waren und Dienstleistungen, die nicht mit denen ähnlich sind, für welche die Marke Schutz genießt. Die Erstreckung des Markenschutzes über die in Anspruch genommenen Waren oder Dienstleistungen hinaus bei der Verwendung verkehrsbekannter Marken beruht darauf, dass die bekannte Marke eine Ausstrahlung über ihren Waren- und Dienstleistungsbereich hinaus entfaltet.[40]

124 **Beispiel 4:** Das Bankhaus MONEYBANKHAUS AG bietet ein kombiniertes Spar- und Girokonto, das speziell auf Jugendliche und Erwachsene bis 25 Jahre zugeschnitten ist, unter dem Namen „JACKOUNT 17 PLUS" und hat auch eine entsprechende Wortmarke angemeldet, die Schutz für Finanzdienstleistungen beansprucht. Das Jugendkonto wird deutschlandweit mehrfach täglich in Funk, Fernsehen beworben und ist entsprechend bekannt. Im Internet hat der Justiziar des Bankhauses herausgefunden, dass sich die SLIMSHADY GmbH, die Betreiberin einer Großraumdiskothek, nach Eintragung der Marke die Domain-Namen „JACKOUNT.de", „JACKOUNT17.de" sowie „JACKOUNT-UNDER-25.de" gesichert hat und die Internet-Nutzer von dort automatisch auf die Website www.DISCOCLUBSLIMSHADY.de weiterleitet, auf der die Diskothek angepriesen wird.

125 (b) **Bekanntheitsschutz nach § 15 Abs. 3 MarkenG.** Entsprechendes gilt für den in § 15 MarkenG geregelten **branchenübergreifenden** Schutz von Geschäftsbezeichnungen.

126 **Beispiel 5:** Das Bankhaus MONEYBANKHAUS AG ist deutschlandweit sehr bekannt und der Öffentlichkeit seit langem unter MONEYBANK ein Begriff. Als sich die AG den Domain-Namen „MONEYBANK-ONLINE.de" sichern will, stellt sich heraus, dass sich vor kurzem die SLIMSHADY GmbH, die Betreiberin einer Internet-Lotterie, diese Domain hat registrieren lassen und dass die Internet-Nutzer, die die entsprechend bezeichnete Website aufrufen, automatisch auf die ebenfalls von der SLIMSHADY GmbH betriebene Website www.MONEYLOTCOM.com weitergeleitet werden, über die die Lotterie durchgeführt wird.

127 (c) **Voraussetzungen.** Gemeinsame Voraussetzungen für den Bekanntheitsschutz sind:

- Der Schutz des Kennzeichens des Mandanten muss grundsätzlich **vor der Benutzung** der mit dem Markennamen (Unternehmenskennzeichen) identischen bzw. verwechslungsfähigen Domain des Dritten entstanden sein.
- Die mit dem Markennamen identische bzw. verwechslungsfähige Domain muss auch **tatsächlich im geschäftlichen Verkehr** benutzt werden. Auch insoweit besteht kein Unterschied zum Verwechslungsschutz.[41]
- Das Kennzeichen, auf das sich der Mandant beruft, muss **bekannt** sein (§§ 14 Abs. 2 Nr. 3, 15 Abs. 3 MarkenG). Ist das Kennzeichen (regelmäßig Unternehmenskennzei-

40 BGH GRUR 2002, 622.
41 Siehe oben Rn 121.

chen) des Anspruchstellers nicht hinreichend bekannt, kommt allerdings Namensschutz nach § 12 BGB in Betracht (Rn 145 ff).

- Zwischen der von dem Kennzeichen geschützten Ware bzw. der Dienstleistung des Mandanten und dem unter der Domain beworbenen Wirtschaftsgut muss hingegen **keine Verwechslungsgefahr** bestehen; im Anwendungsbereich des § 15 Abs. 3 MarkenG ist **keine Branchennähe** erforderlich.

bb) Weitere Tatbestandsvoraussetzungen von Unterlassungs-, Schadensersatz- und Auskunftsansprüchen. Folgende weitere Tatbestandsvoraussetzungen müssen bei Geltendmachung von Unterlassungs-, Schadensersatz- oder Auskunftsansprüchen zudem gegeben sein: 128

(1) Unterlassungsanspruch. Die **Unterlassungsansprüche** aus § 14 Abs. 5, § 15 Abs. 4 MarkenG sind **verschuldensunabhängig.** Erforderlich ist eine **Gefahr zukünftiger Rechtsbeeinträchtigung** (Begehungsgefahr). Hat der Anspruchsgegner die Marke und/oder die Geschäftsbezeichnung des Mandanten durch die Registrierung und Benutzung der Domain verletzt, sind also die Voraussetzungen für den Verwechslungs- und/oder Bekanntheitsschutz gegeben, gilt indes die **Vermutung der Wiederholungsgefahr.**[42] 129

Diese Vermutung kann der Verletzer grundsätzlich nur durch die Abgabe einer strafbewehrten Unterlassungsverpflichtungserklärung ausräumen.[43] 130

(2) Auskunfts- und Schadensersatzansprüche. Der **Schadensersatzanspruch** ist verschuldensabhängig. Es gilt allerdings (jedenfalls im geschäftlichen Verkehr) ein **strenger Verschuldensmaßstab**; schon derjenige handelt schuldhaft, der keine eingehende Schutzrechtsrecherche unter Hinzuziehung eines Spezialisten (Patentanwalts, Rechtsanwalts) durchgeführt hat.[44] Näher zu den Beweislastfragen der Geltendmachung von Schadensersatzansprüchen und zu den verschiedenen Berechnungsmöglichkeiten bei der Verletzung von Immaterialgüterrechten Rn 136 ff. 131

Der **Auskunftsanspruch nach § 19 MarkenG** ist – anders als der allgemeine, (nur) der Durchsetzung von Schadensersatzforderungen dienende Auskunftsanspruch – **verschuldensunabhängig.** 132

cc) Anspruchsinhalt. (1) Unterlassungsanspruch. Verlangt werden kann, soweit allein markenrechtliche Ansprüche (nicht aber der Anspruch nach § 12 BGB)[45] in Rede stehen, (nur) die **Unterlassung der konkreten Verletzungsform im geschäftlichen Verkehr.** Wenn die Domain auch für Waren und/oder Dienstleistungen benutzt wird, hinsichtlich derer die Voraussetzungen der §§ 14, 15 MarkenG nicht erfüllt sind (insbesondere keine Verwechslungsgefahr bzw. Branchennähe gegeben ist), kann die Unterlassung der Benutzung der Domain nicht vollständig verlangt werden, sondern nur hinsichtlich derjenigen Waren und/oder Dienstleistungen bzw. Branchen, für die die Tatbestandsvoraussetzungen erfüllt sind. Zu den Folgen für die Fassung des Inhaltes der Abmahnung bzw. der Anträge im Verfügungs- und/oder Hauptsacheverfahren unter Rn 207. 133

Es ist zwischenzeitlich höchstrichterlich geklärt, dass gegenüber dem Inhaber einer rechtsverletzenden Domain daneben die **Löschung durch Verzicht auf die registrierte Domain** verlangt werden kann, aber **kein Anspruch auf die Übertragung der Domain auf den Be-** 134

42 Vgl nur Mellulis, Handbuch des Wettbewerbsprozesses, Rn 580, mwN.
43 Nordemann, Wettbewerbsrecht/Markenrecht, Rn 2883, mwN.
44 Nordemann, Wettbewerbsrecht/Markenrecht, Rn 2885.
45 Hierzu unter Rn 145 ff.

rechtigten besteht.[46] Es besteht keine Rechtsgrundlage für einen derartigen Übertragungsanspruch, weil es kein absolutes, gegenüber jedermann durchsetzbares Recht auf Registrierung eines bestimmten Domains-Namens gibt; durch eine solche Übertragung könnten auch Rechte Dritter tangiert werden.[47] Soweit die konkrete Verletzungsform nicht die gesamte Benutzung der Domain betrifft (s.o.), ist konsequenterweise – soweit nicht § 12 BGB eingreift – auch kein Anspruch auf Löschung der Domain (bzw. Abgabe der Verzichtserklärung gegenüber der DENIC) gegeben.[48]

135 Sofern der Verletzer allerdings erst während des Prozesses den Inhalt der unter der Domain betriebenen Website ändert und andere – nicht verwechslungsfähige – Angebote aufnimmt, kann ihm indes nach zutreffender Rechtsprechung die Verwendung der Domain in Gänze untersagt und die Löschung der Domain begehrt werden.[49]

136 (2) **Schadensersatzanspruch.** Die Berechung des **konkreten Schadens** (insbesondere auch des uU **entgangenen Gewinns**) erfolgt nach Maßgabe der §§ 249 ff BGB, insbesondere also des **§ 252 BGB.** Diese Berechnungsmethode kann Schwierigkeiten bereiten, weil der Schaden der Höhe nach wenigstens annähernd und so verlässlich ermittelt werden muss, dass dem Richter eine Schadensschätzung gemäß § 287 ZPO möglich ist.[50] An die Darlegung werden allerdings keine hohen Anforderungen gestellt.[51] Nach der Rechtsprechung genügt es, wenn die bloße Wahrscheinlichkeit eines Schadenseintritts besteht;[52] die entsprechenden Ausgangs- bzw. Anknüpfungstatsachen hat allerdings der Verletzte darzulegen und gegebenenfalls zu beweisen.[53] Auch den Nachweis der Kausalität zwischen Verletzungshandlung und eingetretenem Schaden (entgangenem Gewinn) erleichtert der BGH dem Verletzten; bei Vorliegen gesicherter Grundlagen lässt er es genügen, wenn mit erheblicher Wahrscheinlichkeit ein ursächlicher Zusammenhang besteht.[54]

137 Daneben eröffnet die Rechtsprechung dem Geschädigten wegen der verbleibenden Beweisprobleme in Fällen der Verletzung von Immaterialgüterrechten – also auch der Verletzung von Kennzeichenrechten – **zwei zusätzliche**, (auch) im Bereich der Domain-Streitigkeiten besonders geeignete **Wege der Schadensbestimmung:**

138 Zum einen kann der Schaden im Umfang des vom **Verletzer durch den Eingriff erzielten Gewinns** geltend gemacht werden, allerdings nur unter der Voraussetzung, dass der Verletzte tatsächlich einen Schaden erlitten hat.[55] Die **Absetzung von Gemeinkosten** (Selbstkosten) soll bei der Errechnung des Reinerlöses nach neuerer Rechtsprechung des BGH nur noch bei unmittelbarer Zurechenbarkeit zum schutzrechtsverletzenden Gegenstand zulässig sein, wobei die Darlegungs- und Beweislast beim Verletzer liegt.[56] Ob und inwieweit diese zur Konstellation der Verletzung eines Gebrauchsmusters entwickelten Grundsätze auf Fälle der unberechtigten Registrierung/Benutzung einer Domain übertragen werden

---

46 BGH GRUR 2002, 622 (allerdings aufgrund eines Anspruches aus § 12 BGB). Beispielsweise das OLG Hamburg GRUR-RR 2002, 393 hat einen Anspruch auf Abgabe der Verzichtserklärung gegenüber der DENIC auf der Grundlage (nur) eines Anspruches aus § 5 Abs. 3, § 15 Abs. 2, 4 MarkenG bejaht.

47 BGH GRUR 2002, 622.

48 Vgl BGH GRUR 2002, 706.

49 So OLG Hamburg MMR 2003, 280.

50 Nordemann, Wettbewerbsrecht/Markenrecht, Rn 1888, mwN.

51 BGH GRUR 1997, 741; Nordemann, Wettbewerbsrecht/Markenrecht, Rn 1888.

52 BGH GRUR 2001, 78; Nordemann, Wettbewerbsrecht/Markenrecht, Rn 1888.

53 BGH GRUR 2001, 741; Nordemann, Wettbewerbsrecht/Markenrecht, Rn 1888.

54 BGH GRUR 1981, 280; Nordemann, Wettbewerbsrecht/Markenrecht, Rn 1888.

55 Vgl BGH GRUR 1995, 349; Nordemann, Wettbewerbsrecht/Markenrecht, Rn 1893.

56 Vgl BGHZ 57, 116; BGHZ 68, 90. Zum Umfang vgl BGH GRUR 1959, 379 und insbesondere BGH CR 2001, 220. Näher zur Bestimmung des ersatzfähigen Verletzergewinns unter Rn 449.

können, ist noch nicht höchstrichterlich geklärt. Das LG Hamburg ist ohne weiteres davon ausgegangen, dass auch in derartigen Fällen die Schadensberechnung auf Basis des Verletzergewinns vorgenommen werden kann;[57] dann dürften konsequenterweise auch hier die Selbstkosten des Verletzers nur ausnahmsweise abzugsfähig sein. Allerdings wird in Fällen der unberechtigten Registrierung/Benutzung einer Domain der Verletzte nicht ohne weiteres darlegen und beweisen können, dass die vom Verletzer generierten Umsätze kausal auf die unberechtigte Nutzung der Domain zurückzuführen sind.[58]

Gerade wegen dieser Beweisprobleme – die allerdings durch die Geltendmachung des Auskunftsanspruchs[59] reduziert werden können – räumt die Rechtsprechung dem Verletzten auch die Möglichkeit ein, als Schaden eine angemessene Lizenzgebühr geltend zu machen (sog. **Lizenzanalogie**).[60] **Maßgeblich** für die Bestimmung einer solchen Gebühr ist der **Wert der Domain**. Dieser Wert bemisst sich insbesondere nach dem Grad der Anziehungskraft der Domain auf potenzielle „Besucher" der damit gekennzeichneten Homepage. Wird unter einer Domain ein vielfältiges und hochwertiges Angebot beworben, ist sie regelmäßig von größerer wirtschaftlicher Bedeutung als im umgekehrten Fall.[61] In der Rechtsprechung ist der im Wege der Lizenzanalogie bestimmte Schaden einer markenrechtsverletzenden Domainnutzung – unter Berücksichtigung der Umstände des Einzelfalls – (selbstverständlich) unterschiedlich bemessen worden, die Spanne reicht von über EUR 500,00[62] bis EUR 50,00[63] für jeden Monat der unberechtigten Nutzung der Domain. 139

(3) **Auskunftsanspruch.** Der Auskunftsanspruch ist in Domain-Streitigkeiten bedeutsam für die Bezifferung einer Schadensersatzforderung und damit deren erfolgreiche Durchsetzung. Verlangt werden kann neben der Auskunft über die Anzahl der durch die Verletzungshandlung(en) generierten Geschäftsabschlüsse auch die – für die Ermittlung des gegebenenfalls zu erlangenden Verletzergewinns (Rn 449) relevante – **Rechnungslegung**. Die Auskunft muss drei Anforderungen erfüllen: Sie muss es dem Verletzten ermöglichen, zwischen den ihm zur Verfügung stehenden Berechnungsarten (dazu unter Rn 452 ff) zu wählen, ihn zudem in die Lage versetzen, nach der danach gewählten Methode den Schaden konkret zu berechnen, und sie muss schließlich nachprüfbar sein.[64] 140

Sofern die Bekanntgabe weitgehender Einzelheiten aus der eigenen geschäftlichen Tätigkeit dem Interesse des Verletzers etwa wegen eines direkten Konkurrenzverhältnisses und der Gefahr der Ausforschung der Unternehmensdaten in besonderer Weise zuwider läuft, kann dem Verletzer – auch ohne entsprechenden Hilfsantrag seinerseits – die Möglichkeit eingeräumt werden, die Namen seiner Kunden statt an den Verletzten an einen vom Verletzten zu bestimmenden, zur Verschwiegenheit verpflichteten Wirtschaftsprüfer mitzuteilen, sofern der Verletzer diesen Wirtschaftsprüfer zur Auskunft an den Verletzten darüber ermächtigt, ob eine bestimmte Lieferung oder ein bestimmter Abnehmer in der Rechnung 141

---

57 LG Hamburg CR 2002, 296.
58 So lag es auch im Falle der Entscheidung des LG Hamburg CR 2002, 296. Hier half dem Verletzten auch der Auskunftsanspruch nicht entscheidend weiter.
59 Hierzu unter Rn 451. Zur Geltendmachung im Wege der Stufenklage unter Rn 528 ff.
60 Vgl nur BGH GRUR 1990, 1008; zur Lizenzanalogie in Fällen des Domain-Grabbings LG Hamburg CR 2002, 296; LG Hamburg MMR 2002, 628; Redeker, IT-Recht in der Praxis, Rn 1010. Näher zur Lizenzanalogie unter Rn 451.
61 LG Hamburg MMR 2002, 628; Redeker, IT-Recht in der Praxis, Rn 1010.
62 LG Hamburg CR 2002, 296.
63 So jedenfalls LG Hamburg MMR 2002, 628. Das LG Mannheim MMR 2002, 400 vertrat die Ansicht, dass vernünftige Vertragsparteien im Rahmen eines Lizenzvertrages für die ausschließliche Benutzung einer Domain eine Lizenzgebühr von DM 300,00 pro Monat vereinbart hätten; bei Verletzung einer bekannten Marke durch die Domain sei dieser Ausgangspreis zu verdoppeln.
64 Näher Nordemann, Wettbewerbsrecht/Markenrecht, Rn 1905 ff.

enthalten ist, und sofern der Verletzer die Kosten des Wirtschaftsprüfers trägt (**Wirtschaftsprüfervorbehalt**).[65]

142 Der Auskunftsanspruch ist nach der Rechtsprechung des BGH beschränkt auf Ansprüche nach der Zeit der ersten nachgewiesenen Verletzungshandlung.[66] Praktische Relevanz dürfte diese Beschränkung in Domain-Streitigkeiten regelmäßig nicht entfalten, weil jedenfalls im Bereich des (ergänzenden) Namensschutzes (Rn 145 ff) bereits die Registrierung als Verletzungshandlung angesehen wird und sich dieses Datum ohne weiteres ermitteln lässt (Rn 148). Die Auskunft gilt als erteilt, wenn der Auskunftspflichtige davon ausgeht, die ihn insoweit treffenden Pflichten erfüllt zu haben.[67] Dann kommt nur noch der Anspruch auf **Abgabe der eidesstattlichen Versicherung** in Betracht (§ 260 BGB). Hierzu unter Rn 546.

143 **dd) Verjährung und Verwirkung.** Die vorgenannten Ansprüche aus der Verletzung von Kennzeichnungsrechten **verjähren gemäß § 20 MarkenG** nach den allgemeinen Vorschriften des BGB, also innerhalb von drei Jahren ab dem Schluss des Jahres, in dem der Anspruch entstanden ist und der Anspruchsinhaber Kenntnis aller Umstände erlangt hat (§§ 195, 199 Abs. 1 BGB), bei fehlender Kenntnis in 10 bzw. 30 Jahren (§ 199 Abs. 3 BGB). Da Unterlassungsansprüche mit jeder Zuwiderhandlung neu entstehen, kann die Verjährung dieser Ansprüche (anderes gilt hinsichtlich sonstiger Ansprüche) bei sog. Dauerhandlungen – solche stehen im Falle der Domain-Streitigkeiten in Rede – praktisch erst dann beginnen, wenn die Handlung vom Verletzer eingestellt wird.[68] Zu berücksichtigen ist uU auch der **Verwirkungstatbestand des § 21 Abs. 1, 2 MarkenG**, nach dem der Inhaber einer Marke oder geschäftlichen Bezeichnung seine Ansprüche nicht mehr geltend machen kann, wenn er die Benutzung der Marke/Geschäftsbezeichnung über einen Zeitraum von fünf aufeinander folgenden Jahren geduldet hat.[69]

144 **ee) Zusammenfassung zur fehlenden Anwendbarkeit des Markenrechts in Domain-Streitigkeiten. Das Markenrecht greift bei Domain-Streitigkeiten in den folgenden Konstellationen nicht:**

- Die Domain ist lediglich registriert und noch nicht in Benutzung genommen, sie verweist lediglich auf eine „leere“ Website.[70]
- Die betreffende Domain nimmt nicht (oder nicht nachweisbar) am geschäftlichen Verkehr teil. Hauptanwendungsfall sind die privat genutzten Homepages.[71]
- Der Domain-Inhaber nutzt die Domain auch für Waren und/oder Dienstleistungen, hinsichtlich derer keine Verwechslungsgefahr der sich gegenüberstehenden Zeichen begründet ist.
- Das Unternehmenskennzeichen des Anspruchstellers ist nicht hinreichend bekannt im Sinne des § 15 Abs. 3 MarkenG.[72]

65 BGH GRUR 1980, 227; BGH GRUR 1981, 535; Nordemann, Wettbewerbsrecht/Markenrecht, Rn 1912. Zur Fassung des Auskunftsanspruches in einem derartigen Fall vgl OLG Nürnberg WRP 1968, 37.
66 BGH GRUR 2003, 892; BGH GRUR 1992, 61; BGH GRUR 1988, 307; aA u.a. Nordemann, Wettbewerbsrecht/Markenrecht, Rn 1909: sofern Verletzungshandlung gegeben, Anspruch auf vollständige Auskunft.
67 OLG Hamburg GRUR-RR 2001, 197.
68 Vgl BGH GRUR 2003, 448; BGH GRUR 1974, 99.
69 Weiterführende Hinweise bei Nordemann, Wettbewerbsrecht/Markenrecht, Rn 2413 ff.
70 OLG München BB 1999, 2421; OLG Düsseldorf NJW-RR 1999, 626; Nordemann, NJW 1997, 1891; Renck, NJW 1999, 3587.
71 BGHZ 149, 191 = BGH, NJW 2002, 2031 = BGH, GRUR 2002, 622.
72 Siehe dazu Rn 125 ff.

b) Geltendmachung von Namensrechten

145 In diesen Fällen kann insbesondere § 12 BGB dem Mandanten weiterhelfen. Denn der **Schutz durch § 12 BGB geht weiter als der nach §§ 5, 15 MarkenG** und führt zur Untersagung der Führung des Domain-Namens insgesamt;[73] der Namensschutz ist **nicht nur auf den geschäftlichen Verkehr beschränkt** und nicht zwingend abhängig vom Erfordernis der Branchennähe.[74]

146 **aa) Vorliegen einer Namensanmaßung bei Domainregistrierung.** Natürliche und juristische Personen, Unternehmen oder (öffentlich-rechtliche) Körperschaften, die Namensträger sind,[75] können das Namensrecht auch gegenüber Domain-Inhabern durchsetzen, die den Namen (oder prägende Teile hiervon)[76] in ihrer Domain verwenden, ohne selbst hierzu berechtigt zu sein. Der Namensschutz erfasst auch Städte- und Ortsnamen, nichtamtliche Behördennamen und eingeführte Pseudonyme.[77]

147 § 12 BGB schützt den Namensträger gegen Namensanmaßung und Namensleugnung.[78] Nach Ansicht des BGH kommt **bei der Verwendung eines fremden Kennzeichens als Domain-Name** nur eine **Namensanmaßung** in Betracht.[79] Eine Namensanmaßung liegt vor, wenn ein Dritter unbefugt den gleichen Namen (oder eine schlagwortartige Abkürzung desselben)[80] gebraucht und dadurch die Gefahr einer **Zuordnungsverwirrung** auslöst,[81] die sich aus dem unrichtigen Anschein ergibt, der Namensträger habe dem Gebrauch seines Namens zugestimmt; erforderlich ist ferner, dass schutzwürdige Interessen des Namensträgers verletzt werden.[82]

148 Der BGH hat entschieden, dass diese **Voraussetzungen der Namensanmaßung bereits dann erfüllt** sind, **wenn sich ein Nichtberechtigter ein Zeichen als Domain-Name unter der Top Level Domain „.de" registrieren lässt**, unter der ein Dritter ein identisches Zeichen als Unternehmenskennzeichen benutzt.[83] Es kommt also – anders als nach herrschendem Verständnis im Markenrecht – nicht auf eine Benutzung der registrierten Domain an.[84]

149 **(1) Vorrang des Markenrechts gegenüber Namensschutz. Allerdings** hat der BGH in der „shell.de"-Entscheidung[85] festgestellt, dass der **zeichenrechtliche Schutz** des Unternehmenskennzeichens nach §§ 5, 15 MarkenG „in seinem Anwendungsbereich grundsätzlich dem Namensschutz des § 12 BGB" **vorrangig** ist.[86] Denn der aus § 12 BGB abgeleitete namensrechtliche Schutz einer Unternehmensbezeichnung sei auf den Funktionsbereich des betreffenden Unternehmens beschränkt und reiche nur so weit, wie geschäftliche Beein-

73 Zu Einschränkungen im Recht der Gleichnamigen siehe Rn 163 ff sowie Palandt/Ellenberger § 12 Rn 26 und 27.
74 Allerdings kann im Einzelfall – etwa wegen völliger Branchenverschiedenheit – eine Interessenverletzung und damit ein Anspruch nach § 12 BGB uU ausscheiden; vgl Palandt/Ellenberger § 12 Rn 24, 30, mwN. Dazu auch unter Rn 151.
75 Vgl BGH GRUR 1964, 38; LG Braunschweig NJW 1997, 2687.
76 Vgl Palandt/Ellenberger§ 12 Rn 24, 30, mwN.
77 Redeker, IT-Recht in der Praxis, Rn 1000.
78 Palandt/Ellenberger § 12 Rn 4 f.
79 BGH GRUR 2002, 622, mwN.
80 Palandt/Ellenberger § 12 Rn 24, mwN.
81 Vgl dazu BGHZ 119, 237; 126, 108; BGH NJW 2003, 2978. Einzelheiten dazu u.a. bei Palandt/Ellenberger § 12 Rn 19 ff, mit umfangreichen weiteren Nachweisen. Vgl ferner Kur, CR 1996, 590, und Nägele, WRP 2003, 138.
82 BGH GRUR 2002, 622; Palandt/Ellenberger § 12 Rn 24, jeweils mwN.
83 BGH GRUR 2002, 622; BGHZ 155, 273. Ebenso für die Registrierung unter anderen Top Level Domains beispielsweise OLG Hamburg CR 2002, 446; OLG Hamm MMR 2001, 749; LG Stuttgart MMR 2001, 768. Auch in der Stellung eines sog. Dispute-Eintrages (dazu unter Rn 190 ff) kann eine Namensanmaßung liegen.
84 Etwas anderes gilt jedoch regelmäßig dann, wenn das Namens- oder Kennzeichenrecht des Berechtigten erst nach der Registrierung des Domainnamens durch den Nichtberechtigten entstanden ist, vgl BGH MMR 2008, 815.
85 BGHZ GRUR 2002, 622.
86 BGH GRUR 2002, 622.

trächtigungen zu befürchten seien. Eine Anwendung des § 12 BGB scheide daher meist aus, weil sich der Funktionsbereich des Unternehmens jedenfalls in der Regel mit dem Anwendungsbereich des – das Namensrecht verdrängenden – Kennzeichenschutzes aus §§ 5, 15 MarkenG decke.[87] Konsequent zu Ende gedacht, würde dieser Grundsatz allerdings zu dem absurden Ergebnis führen, dass ein Unternehmenskennzeichen gegen Angriffe aus dem privaten Bereich besser geschützt wäre als gegen eine Domain-Benutzung, die im geschäftlichen Verkehr erfolgt.

150 (2) **Anwendbarkeit des § 12 BGB außerhalb des Anwendungsbereiches des MarkenG.** Dieses in der Entscheidung „shell.de" angelegte Paradoxon hat der BGH kürzlich in der „mho.de"-Entscheidung[88] aufgelöst: Der **Namensschutz** soll danach **ergänzend gegen Beeinträchtigungen der Unternehmensbezeichnung** herangezogen werden können, die – weil **außerhalb des geschäftlichen Verkehrs oder** außerhalb der Branche und damit **außerhalb der kennzeichenrechtlichen Verwechslungsgefahr** – nicht mehr im Schutzbereich des Unternehmenskennzeichens liegen.[89] Der BGH billigt damit **§ 12 BGB** eine subsidiäre, **lückenfüllende Funktion** zu, die immer dann Bedeutung erlangt, wenn das gewerbliche Kennzeichenrecht der §§ 5, 15 MarkenG zwar Anwendung findet, aber in concreto wegen der Nichterfüllung eines Tatbestandsmerkmals keinen Schutz bietet.[90] Diese Fälle sind bereits oben aufgeführt worden (Rn 121).

151 **bb) Fälle fehlender Namensanmaßung.** Allerdings soll **keine Namensanmaßung** vorliegen, **wenn der Domain-Inhaber bei der Registrierung der Domain oder unmittelbar im Anschluss daran ein Unternehmenskennzeichen in einer anderen Branche** erwirbt, das identisch mit der Second Level Domain ist, und deshalb ein schützenswerter Belang des Domain-Inhabers existiert.[91]

152 **Beispiel:**[92] Die Trägerin des Marinehospitals Osnabrück verwendet seit 1995 die Abkürzung „MHO" im Verkehr u.a. mit Krankenkassen, Geschäftspartnern und Patienten sowie in Stellenanzeigen; seit 1996 ist das Krankenhaus auch unter „MHO" im örtlichen Telefonbuch zu finden. Die Trägerin des Marinehospitals wendet sich gegen das „Medienhaus Osnabrück", das seinerseits Anfang 1998 den Domain-Namen „mho.de" für sich registrieren ließ, diese Bezeichnung seitdem zum Aufbau von Datenbanksystemen für Kunden verwendet und geltend macht, es würde einen erheblichen Aufwand verursachen, die bestehenden Datenbanksysteme ihrer Kunden auf eine neue Internetadresse umzustellen.

87 BGH GRUR 2002, 622; BGH GRUR 1998, 696.
88 BGH, Urteil vom 9. September 2004, Az I ZR 65/02.
89 BGH, Urteil vom 9. September 2004, Az I ZR 65/02.
90 Zum Vorstehenden siehe Goldmann, Der Schutz des Unternehmenskennzeichens, 2. Auflage (2005), § 16 Rn 46 ff.
91 BGH, Urteil vom 9. September 2004, Az I ZR 65/02. Unter II.2.b) der Entscheidungsgründe heißt es zur Begründung auszugsweise: „Der Nichtberechtigte kann demgegenüber in der Regel nicht auf schützenswerte Belange verweisen, die im Rahmen der gebotenen Interessenabwägung zu seinen Gunsten zu berücksichtigen wären. Eine Ausnahme muss allerdings für den Fall gemacht werden, dass die Registrierung der erste Schritt im Zuge der – für sich genommen rechtlich unbedenklichen – Aufnahme einer entsprechenden Benutzung als Unternehmenskennzeichen ist. Dem liegt die Erwägung zugrunde, dass es der Inhaber eines identischen Unternehmenskennzeichens im Allgemeinen nicht verhindern kann, dass in einer anderen Branche durch Benutzungsaufnahme ein Kennzeichenrecht an dem gleichen Zeichen entsteht. Ist ein solches Zeichen erst einmal entstanden, muss auch die Registrierung des entsprechenden Domainnamens hingenommen werden. Da es vernünftiger kaufmännischer Praxis entspricht, sich bereits vor der Benutzungsaufnahme den entsprechenden Domainnamen zu sichern, führt die gebotene Interessenabwägung dazu, dass eine der Benutzungsaufnahme unmittelbar vorausgehende Registrierung nicht als Namensanmaßung und damit als unberechtigter Namensgebrauch anzusehen ist".
92 Abgekürzter Sachverhalt der „mho.de"-Entscheidung (BGH, Urteil vom 9. September 2004, Az I ZR 65/02).

Keine Anmaßung oder Leugnung des Namens liegt ferner dann vor, wenn der betreffende Domain-Name als bloßer Sachbegriff (**generische Domain**) verwendet wird.[93] 153

Beispiel: Herr Pferd kann sich nicht gegen die Verwendung des Wortes „Pferd" in der Domain www.pferd.de wehren. 154

cc) Weitere Voraussetzungen, Inhalt und Verjährung der namensrechtlichen Ansprüche. Der Inhaber des Namensrechts kann bei einer Verletzung dieses Rechts unabhängig von einem Verschulden des Verletzers **Beseitigung** (in Form der Löschung der Domain bzw. Abgabe der Verzichtserklärung gegenüber der DENIC e.G.) und **Unterlassung** der Benutzung des Namens bzw. prägender Bestandteile desselben verlangen. Hinsichtlich der Verjährung dieser Ansprüche gilt dasselbe wie zum markenrechtlichen Unterlassungs- und Löschungsanspruch (Rn 143). Sofern der Verletzer schuldhaft gehandelt hat, kann aus § 823 Abs. 1 BGB ein **Schadensersatzanspruch** folgen, da das Namensrecht ein sonstiges Recht im Sinne dieser Norm ist. Die Berechnung des Schadensersatzanspruchs entspricht derjenigen bei Verletzung eines Markenrechts.[94] Hinsichtlich des Verschuldens ist zu berücksichtigen, dass außerhalb des geschäftlichen Verkehrs weniger strenge Maßstäbe angelegt werden; eine Privatperson soll nicht verpflichtet sein, vor der Registrierung einer privaten Domain von sich aus Nachforschungen hinsichtlich eines zeichenrechtliches Schutzes Dritter anzustellen.[95] Der **Auskunftsanspruch** in den Fällen, in denen der Verletzte die zur Bestimmung seines Schadensersatzanspruches benötigten Informationen nicht anders erlangen kann, folgt aus §§ 242, 259, 260 BGB und hat gewohnheitsrechtlichen Rang.[96] Die Verjährung des Schadensersatzanspruches sowie des anders als im Falle des § 19 Abs. 1 MarkenG verschuldensabhängigen Auskunftsanspruchs richtet sich jeweils nach §§ 195, 199 BGB. 155

c) Regeln für die Fälle kollidierender Namens- und Kennzeichenrechte

aa) Erwerb von Kennzeichen- und/oder Namensrecht durch Domainbenutzung? Wenn der Domain-Inhaber **an der Domain ein eigenes Kennzeichen- oder Namensrecht** erworben hat, kann sich dieses – von einigen Ausnahmen abgesehen (dazu sogleich) – **gegenüber einem später entstehenden Kennzeichen- oder Namensrecht eines Dritten durchsetzen.**[97] 156

(1) Erwerb eines Kennzeichenrechts. Die früher umstrittene Frage,[98] ob eine **Domain selbst** zu den **geschäftlichen Bezeichnungsrechten** zählt, ist zwischenzeitlich weitgehend geklärt – sie ist zu bejahen.[99] Auch wenn es sich bei der Domain funktionell nur um eine Adresse handelt, ist sie doch ein namensartiges Kennzeichen, da sie geeignet ist, auf eine bestimmte Person oder einen bestimmten Geschäftsbetrieb im Internet hinzuweisen.[100] Auch das BVerfG hat (mit Blick auf Art. 14 Abs. 1 Satz GG) festgestellt, dass dem Inhaber einer Domain an der die Second Level Domain bildenden Zeichenfolge eine kennzeichen- 157

---

93 Zu sog. generischen Domains Rn 162.
94 Siehe oben Rn 136 ff; BGHZ 60, 206. Unter Umständen kann sogar Geldersatz für den immateriellen Schaden verlangt werden, vgl OLG Köln GRUR 1967, 323.
95 So jedenfalls LG Freiburg CR 2004, 854.
96 BGHZ 125, 322. Zu den Einzelheiten vgl Palandt/Heinrichs § 261, dort insbesondere Rn 6 ff. Zu den verfahrensrechtlichen Fragen – Geltendmachung im Wege der Stufenklage – siehe Rn 529 ff.
97 OLG München CR 1999, 778.
98 Vgl OLG Hamburg MMR 1999, 778.
99 OLG München CR 1999, 778 (Revision nicht angenommen: BGH, Beschluss vom 25. Mai 2000, Az I ZR 269/99); Nordemann, Wettbewerbsrecht/Markenrecht,Rn 2781, 2791; vgl ferner BGH, Urteil vom 22. Juli 2004, Az I ZR 135/01, veröffentlicht in MD 2005, 275.
100 OLG Hamburg GRUR 2001, 838.

rechtliche Rechtstellung zukommen könne.[101] Ein entsprechender Schutz als **besondere Geschäftsbezeichnung** kann allerdings erst dann entstehen, wenn die Domain im geschäftlichen Verkehr tatsächlich benutzt wird.[102] Der **Benutzungsaufnahme einer Domain im geschäftlichen Verkehr kommt** damit **prioritätsbegründende Wirkung** zu.[103] Denkbar ist auch der Schutz als **Werktitel** (§ 5 Abs. 3 MarkenG), sofern die Domain zugleich als Titel einer Homepage eingesetzt wird,[104] was bei Informationsangeboten wie **Suchmaschinen** regelmäßig der Fall sein soll.[105]

158 Aus einer nur angemeldeten, aber **nicht benutzten Domain** kann der Domain-Inhaber hingegen **keine Rechte** herleiten.[106] Eine solche Domain ist auch **gegenüber einer später angemeldeten Marke oder einem sonstigen später entstandenen Kennzeichen- oder Namensrecht nachgiebig.**[107] Dies folgt schon daraus, dass ein Kennzeichen- und/oder Namensrecht des Domain-Inhabers an der Domain zeitlich hier erst nach dem Kennzeichenrecht des Anspruchstellers entstehen kann und sich letztgenanntes Kennzeichenrecht daher nach § 6 MarkenG durchsetzt. In der bloßen Anmeldung der Domain kann in derartigen Fällen sogar eine – u.a. Schadensersatzpflichten auslösende (§§ 3, 4 Nr. 10 iVm § 9 UWG sowie § 826 BGB) – sittenwidrige Behinderung des Inhabers des Kennzeichenrechts liegen (Rn 169).

159 In der Literatur wird die Ansicht vertreten, bereits die Registrierung einer Domain könne unter bestimmten Voraussetzungen prioritätsbegründende Wirkung entfalten.[108] Da die Interessenlage vergleichbar derjenigen bei Werktiteln sei, weil zuerst der Name des Internet-Auftrittes, unter dem er im Netz erreichbar sein soll, gesichert und erst anschließend mit der Umsetzung des Web-Auftritts begonnen wird, an deren Ende dann die Benutzung steht, könne die Registrierung einer Internet-Domain wie eine Titelschutzanzeige gewertet werden.[109] Erfolge daraufhin die Benutzungsaufnahme innerhalb angemessener Frist nach Registrierung der Domain – in der Regel innerhalb von 6 Monaten – solle daher der Schutz bereits mit der Registrierung entstehen.[110] Es ist allerdings zweifelhaft, ob sich diese Überlegungen zum Werktitelschutz tatsächlich auf sämtliche Benutzungsformen der Domain übertragen lassen; es besteht eine erhebliche Gefahr, dass sich die Gerichte dieser prominenten Ansicht nicht anschließen werden.[111]

160 **(2) Entstehung eines Namensrechts.** Außerhalb des geschäftlichen Verkehrs gilt Vergleichbares: Ein Name ist gemäß § 12 BGB nur dann geschützt, wenn ihm eine **Hinweisfunktion**

101 BVerfGE NJW 2005, 589.
102 Nordemann, Wettbewerbsrecht/Markenrecht, Rn 2801; LG Frankfurt am Main MMR 2005, 62.
103 OLG Hamburg ZUM-rd 2001, 131; OLG Hamburg GRUR 2001, 838; OLG Hamburg NJW-RR 1999, 625; OLG München GRUR 2000, 519; OLG München CR 1999, 778 (Revision nicht angenommen: BGH, Beschluss vom 24. Mai 2000, Az I ZR 269/99); OLG Düsseldorf WRP 1999, 343; OLG Dresden NJWE-WettbR 1999, 133; OLG Hamm ZUM-rd 1998, 566; KG GRUR 2000, 902; KG NJW 1997, 3321; Körner, GRUR 2005, 33; Omels, GRUR 1997, 328; Fezer, Markenrecht, 3. Auflage (2001), § 3 Rn 309; Redeker, IT-Recht in der Praxis (2003), 3. Auflage, Rn 1011.
104 OLG München GRUR 2001, 522.
105 Nordemann, Wettbewerbsrecht/Markenrecht, Rn 2791.
106 OLG München GRUR 2001, 522; Nordemann, Wettbewerbsrecht/Markenrecht, Rn 2801, mwN; vgl die Entscheidung des ADR-Zentrum zur Beilegung von.eu-domainbezogenen Streitigkeiten des Tschechischen Schiedsgerichts bei der Wirtschaftskammer der Tschechischen Republik und der Agrarkammer der Tschechischen Republik (Tschechisches Schiedsgericht) http://www.adreu.eurid.eu/adr/decisions/decision.php?dispute_id=5231, wonach dem Domaininhaber, der eine Domain zwei Jahre lang nicht benutzt, diese gemäß Artikel 21 Abs. 3 b) ii) der EU-Verordnung 874/2004 entzogen werden kann.
107 OLG München GRUR 2001, 522; zum Problem des vorweggenommenen Domain-Grabbings unter Rn 184.
108 Nordemann, Wettbewerbsrecht/Markenrecht, Rn 2801.
109 Nordemann, Wettbewerbsrecht/Markenrecht, Rn 2801.
110 Nordemann, Wettbewerbsrecht/Markenrecht, Rn 2801.
111 Vgl nur OLG München GRUR 2001, 522.

auf seinen Namensträger zukommt.[112] Dies ist bei Domain-Namen erst dann der Fall, **wenn die Domain tatsächlich benutzt wird** und unter ihr ein Internet-Auftritt (und damit ein potenzieller Namensträger) erreichbar ist.[113]

bb) Prinzip der Priorität der Domain-Anmeldung. Haben sowohl der Anspruchsteller als auch der Domain-Inhaber ein nachvollziehbares Interesse[114] an dem in Streit stehenden Domain-Namen oder fehlt ein solches Interesse beiden Seiten, entscheidet das **Prioritätsprinzip** („first come, first serve").[115] Demjenigen, der die Domain zuerst angemeldet hat, steht sie zu. 161

An einem Domain-Namen, der sich in einem bloß **generischen Sachbegriff** (Beispiel: www.mitfahrzentrale.de) erschöpft, besteht kein besonderes nachvollziehbares Interesse, es entscheidet also der Prioritätsgrundsatz.[116] Eine Grenze für die Registrierung generischer Domains ziehen allerdings die wettbewerbsrechtlichen Regelungen der §§ 3, 4 Nr. 10 iVm §§ 8 ff UWG (Behinderungswettbewerb) und der §§ 3, 5 UWG (Irreführung).[117] 162

cc) Regeln bei identischen Kennzeichen/Namen. (1) Grundsatz: Geltung des Prioritätsprinzips. Das Prinzip der Priorität der Domainanmeldung gilt grundsätzlich auch im **Recht der Gleichnamigen**, also in den Fällen, in denen beide Seiten über identische Marken (allerdings für unterschiedliche Waren und/oder Dienstleistungen) verfügen und nun jeweils die Eintragung entsprechender Domain-Namen anstreben.[118] 163

Beispiel: Der Anwalt von Franz-Josef Hessler-Meyerhorst hat ermittelt, dass Fritz Hessler-Meyerhorst bereits die Domain HESSLER-MEYERHORST.de angemeldet hat. 164

Fehlt es mangels Waren- und/oder Dienstleistungsähnlichkeit an einer kennzeichenrechtlichen Verwechslungsgefahr zwischen zwei identischen Marken, steht dem Unternehmen mit dem prioritätsälteren Kennzeichenrecht kein Unterlassungsanspruch gegen das andere Unternehmen zu, das aus der gemeinsamen Marke einen Domain-Namen gebildet und angemeldet hat.[119] Eine pragmatische Lösung kann in derartigen Fällen darin liegen, durch die Anbringung unterscheidender Zusätze kennzeichnungskräftige Domain-Namen für beide Markeninhaber zu schaffen.[120] Die Forderung nach derartigen Zusätzen lässt sich mit den hergebrachten **Grundsätzen des Ausgleichs zwischen konfligierenden Kennzeichenrechten** (und Namen) begründen, nach denen die Inhaber der sich gegenüberstehenden Kennzeichenrechte verpflichtet sind, alles zu unterlassen, was geeignet ist, das unvermeidlich bestehende Maß an Verwechslungsgefahr zu erhöhen. Dabei ist im Regelfall der Inhaber des prioritätsjüngeren Kennzeichenrechts gehalten, alles Erforderliche und Zumutbare zu tun, um eine Verwechslungsgefahr jedenfalls auf ein hinnehmbares Maß zu vermindern. Was im Einzelfall erforderlich und zumutbar ist, ist aufgrund einer umfassenden **Interessenab-** 165

112 Vgl Palandt/Ellenberger § 12 Rn 11 ff.
113 Nordemann, Wettbewerbsrecht/Markenrecht, Rn 2802.
114 Das nachvollziehbare Interesse kann auch in einer berechtigten Meinungsäußerung bestehen, siehe dazu unten unter Rn 233.
115 Nordemann, Wettbewerbsrecht/Markenrecht, Rn 2825; Redeker, IT-Recht in der Praxis, Rn 1002.
116 BGH GRUR 2001, 1061; OLG Frankfurt WRP 1997, 341.
117 BGH GRUR 2001, 1061; OLG Frankfurt WRP 1997, 341; aA OLG Hamburg CR 1999, 779 (Vorinstanz zu und aufgehoben durch BGH GRUR 2001, 1061). Vgl hierzu – mit weiteren Beispielen und zahlreichen Nachweisen – Nordemann, Wettbewerbsrecht/Markenrecht, Rn 2825.
118 Redeker, IT-Recht in der Praxis, Rn 1002, mwN.
119 OLG Frankfurt NJW-RR 2001, 547.
120 Vgl hierzu u.a. Redeker, IT-Recht in der Praxis, Rn 1002, mwN.

wägung zu bestimmen.[121] In der Literatur wird darüber hinaus auch die Lösung über ein „**Domain-Sharing**" diskutiert, ein Rechtsanspruch darauf besteht aber nicht.[122]

166 (2) **Ausnahme: Bekannter Name setzt sich durch.** Nach der Rechtsprechung des BGH kann sich der Inhaber eines **bekannten Kennzeichens mit überragender Verkehrsgeltung** gegenüber einem ansonsten berechtigten Namensträger selbst dann durchsetzen, wenn Letzterer seinen Namen im geschäftlichen Verkehr verwendet hat, sei es auch in geringerem Umfang.[123] Ein bekannter Name mit Verkehrsgeltung kann sich auch gegen die Domain des privaten Namensträgers durchsetzen.[124] Zu den Darlegungsanforderungen und zur Beweislast in diesen Fällen unter Rn 182.

d) Ansprüche wegen unlauteren Wettbewerbs

167 Neben Ansprüchen aus Kennzeichen- und Namensrecht können auch Unterlassungs- und Schadensersatzansprüche wegen sittenwidriger Behinderung (§§ 8, 9 iVm §§ 3, 4 Nr. 10 UWG) und Irreführung (§§ 8, 9 iVm §§ 3, 5 UWG) gegeben sein, sofern der Domain-Inhaber mit dem Mandanten als Anbieter oder Nachfrager von Waren oder Dienstleistungen in einem **konkreten Wettbewerbsverhältnis** steht (§ 2 Abs. 1 Nr. 3 UWG).[125]

168 Kommen sowohl markenrechtliche als auch wettbewerbsrechtliche Ansprüche in Frage, geht der BGH[126] von einem **Vorrang des Markenschutzes vor dem wettbewerbsrechtlichen Schutz** aus, insbesondere in den Fällen des Bekanntheitsschutzes von Marken und geschäftlichen Bezeichnungen (§§ 14 Abs. 2 Nr. 3, 15 Abs. 3 MarkenG). Der BGH hat allerdings die Vorrangthese stets so vorsichtig formuliert, dass der Rückgriff auf das Wettbewerbsrechts zum Schließen unbilliger Schutzlücken möglich bleibt.[127] Der Anwalt sollte seine Argumentation daher auch auf Wettbewerbsrecht stützen, sofern die Tatbestandsvoraussetzungen der betreffenden UWG-Regelungen gegeben sind.

169 **aa) Schutz vor Behinderungen im Wettbewerb (§§ 3, 4 Nr. 10 UWG).** Eine **Behinderung** liegt in der Regel in zwei Fallkonstellationen vor: Der Domain-Inhaber hat den Domain-Namen (vorsätzlich) durch bloße Registrierung „belegt", um den eigentlichen Rechtsträger an der Nutzung des Domain-Namens zu hindern, entweder weil er (gegebenenfalls zu einem späteren Zeitpunkt) die Bekanntheit des Kennzeichens als Vorspann für seine eigenen Geschäfte nutzen will, oder weil er den Domain-Namen profitabel an den Berechtigten veräußern will.[128] Solchen dubiosen Geschäftsmodellen (dem „klassischen" Domain-Grabbing) schieben die Gerichte vermehrt einen Riegel vor, indem sie regelmäßig Unterlassungs- und Schadensersatzansprüche des Inhabers des betroffenen Kennzeichenrechts bejahen.[129]

121 Vgl dazu Palandt/Ellenberger § 12 Rn 26 f, mwN. Vgl insoweit auch BGH GRUR 2002, 706, 708 zur Fassung des Antrags in einer derartigen Konstellation: „Die Einschränkung des Unterlassungsgebots ist im Urteil auszusprechen („... falls nicht dem Benutzer auf der ersten sich öffnenden Internet-Seite der Bekl. deutlich gemacht wird, dass es sich nicht um die Homepage der Kl. handelt")".

122 Nordemann, Wettbewerbsrecht/Markenrecht, Rn 2826 unter Hinweis auf www.winterthur.ch.

123 BGH GRUR 2002, 622; OLG München BB 1999, 1287; Redeker, IT-Recht in der Praxis (2003), 3. Auflage, Rn 1003, mwN.

124 BGH GRUR 2002, 622; OLG München BB 1999, 1287.

125 Ein abstraktes Wettbewerbsverhältnis genügt nach dem neuen, am 8. Juli 2004 in Kraft getretenen UWG nicht mehr. Vgl dazu und zu den Anforderungen an das „konkrete Wettbewerbsverhältnis" näher im Band Gesellschaftsrecht/ Wettbewerbsrecht Rn 57 f. Dort finden sich auch weiterführende Ausführungen zu den nachfolgend nur skizzierten Anspruchsgrundlagen.

126 BGH GRUR 2002, 622; GRUR 2002, 898.

127 Bornkamm, GRUR 2005, 97.

128 Nordemann, Wettbewerbsrecht/Markenrecht, Rn 2781; Redeker, IT-Recht in der Praxis, Rn 998.

129 Nordemann, Wettbewerbsrecht/Markenrecht, Rn 2781.

Wie oben gesehen, scheitern Ansprüche nach §§ 14, 15 MarkenG zwar, wenn die Domain vom Domain-Inhaber nicht in Benutzung genommen ist.[130] Allerdings kann der Schutz in diesen Fällen nicht nur über § 12 BGB (Rn 145 ff), sondern auch mittels der §§ 3, 4 Nr. 10 UWG (Behinderungswettbewerb) erreicht werden.[131] Die unbenutzte Domain kann die bekannte Marke in ihrer „freien Entfaltung" als Marketing-Instrument für die von ihrem Schutz umfassten Waren und Dienstleistungen beeinträchtigen. Für den durch die Belegung der Domain eintretenden Behinderungseffekt existiert jedenfalls dann kein sachlicher Grund, wenn der Anspruchsgegner den Domain-Namen nicht selbst in seiner Geschäftsbezeichnung führt.[132] Auch ein dem Berechtigten unterbreitetes Angebot zur entgeltlichen Überlassung der Domain wird als Indiz für ein fehlendes schutzwürdiges Interesse des Domain-Inhabers an der Domain gewertet.[133] Solche Umstände liegen nicht schon vor, wenn der Domaininhaber eine Vielzahl von Domainnamen auf sich registrieren lässt, um sie potentiellen Interessenten zum Kauf oder zur entgeltlichen Nutzung anzubieten, und ein einem dieser Domainnamen entsprechendes Unternehmenskennzeichen eines Dritten erst nach der Registrierung des Domainnamens in Gebrauch genommen wird, wenn für den Domaininhaber zum Registrierungszeitpunkt kein besonderes Interesse eines bestimmten Unternehmens erkennbar war, gerade einen dieser Geschäftsbezeichnung entsprechenden Domainnamen zu verwenden.[134] 170

Ein Anspruch aus Behinderungswettbewerb ist auch bei der Belegung von **generischen Domains**[135] möglich, wenn die Verwendung des fraglichen Begriffes dadurch vereitelt wird, dass der Domain-Inhaber gleichzeitig auch andere Schreibweisen (oder den betreffenden Namen auf einer Vielzahl von Top-Levels Domains) blockiert.[136] 171

bb) Schutz vor Irreführung im Wettbewerb (§§ 3, 5 UWG). Wenn die Verwendung der Domain zu einer **Irreführung des Verkehrs** führt, können auch Ansprüche auf der Grundlage der §§ 3, 5 UWG gegeben sein. Dies ist insbesondere dann der Fall, wenn der Internet-Nutzer eine Domain aufruft, die den Namen eines bekannten Unternehmens trägt, die Domain jedoch tatsächlich nicht von diesem Unternehmen, sondern von einem Wettbewerber betrieben wird. Eine Irreführung ist auch bei der Verwendung generischer Domains[137] möglich, wenn etwa der **unzutreffende Eindruck einer Alleinstellung** des Betriebs des Domain-Inhabers erzeugt wird.[138] Dies muss aber nicht zwingend zu einem Anspruch auf vollständiges Unterlassen der Benutzung der Domain führen; es kann – hier kommt das auch im Wettbewerbs- und Markenrecht bedeutsame Verhältnismäßigkeitsprinzip zum Ausdruck – im Einzelfall auch genügen, auf die Existenz von Mitbewerbern durch klarstellende Zusätze auf der Website hinzuweisen.[139]Die Führung einer Domain kann auch 172

130 Siehe oben Rn 121.
131 Vgl dazu Körner, GRUR 2005, 33.
132 Vgl dazu Körner, GRUR 2005, 33.
133 Der auf den Verkauf einer Domain an den (Besser-)Berechtigten gerichtete Vertrag ist nach Auffassung des LG Frankfurt am Main CR 1998, 765 nichtig wegen Verstoßes gegen § 138 Abs. 1 BGB.
134 BGH GRUR 2009, 685.
135 Dazu oben unter Rn 153 f.
136 Nordemann, Wettbewerbsrecht/Markenrecht, Rn 2781.
137 Dazu unter Rn 153.
138 BGH GRUR 2001, 1061. Redeker, IT-Recht in der Praxis, Rn 1014 mwN.
139 BGH NJW 2002, 2096; OLG Düsseldorf GRUR-RR 2003, 383. Zum Verhältnismäßigkeitsprinzip im Wettbewerbs- und Markenrecht auch Köhler, GRUR 1996, 82.

eine unlautere Werbung iSd § 3 UWG darstellen. Das ist zum Beispiel dann der Fall, wenn durch die Verwendung der Domain eine Spitzenstellung suggeriert wird.[140]

e) Ansprüche aus Deliktsrecht

173 Schließlich kommen auch Ansprüche aus § 823 BGB wegen eines Eingriffs in den eingerichteten und ausgeübten Gewerbebetrieb in Betracht. Auch außerhalb des geschäftlichen Verkehrs kann die Registrierung einer Domain eine schikanöse, sittenwidrige Behinderung darstellen, die Unterlassungs-, Auskunfts- und gegebenenfalls Schadensersatzansprüche nach §§ 826, 226 BGB wegen vorsätzlicher sittenwidriger Schädigung des Inhabers des Kennzeichenrechtes begründen.[141]

f) Sonderproblem: Meta-Tags und Suchmaschinen

174 Die Problematik von Namens- und Markenverletzungen durch Benutzung im Internet ist mittlerweile nicht mehr auf die Verwendung in Domain-Namen beschränkt. Auch die Nutzung von Namen und Kennzeichen als sog. **Meta-Tags** wird zunehmend problematisiert.[142] Bei Meta-Tags handelt es sich um **Schlüsselwörter im Quelltext der Website**, mit Hilfe derer Websites über Internet-Suchmaschinen aufgefunden werden können. In der Rechtsprechung wird teilweise davon ausgegangen, dass die Behandlung der Verwendung von Namen und Marken als Meta-Tags den gleichen Regeln wie die Verwendung in Domain-Namen folgt.[143] Insbesondere unter dem Gesichtspunkt der **Irreführung nach §§ 3, 5 UWG** kann die Verwendung von Meta-Tags rechtswidrig sein, da Suchmaschinen bei der Anzeige einen im Kontext unter Umständen rechtfertigenden Teil nicht mit anzeigen und daher zu Fehlvorstellungen beim Publikum Anlass geben können.

175 Ebenso können **Werbetreibende, die Schlüsselworte bei Suchmaschinenanbietern schalten,** vom Markeninhaber uU darauf verpflichtet werden, es zu unterlassen, Markennamen in einem Suchergebnis diskriminierend darzustellen (etwa indem das betreffende Suchergebnis im Gegensatz zu anderen Suchergebnissen nicht mit dem Anbieter verlinkt wird).[144] Der BGH hat allerdings mit drei Entscheidungen jedenfalls in dem Teilgebiet, der nicht durch die europäische Markenrechtsrichtlinie geprägt ist, (vorläufige) Klarheit geschaffen.

Im ersten Fall (bananabay) legte der BGH die Frage, ob in der Verwendung der geschützten Bezeichnung als Schlüsselwort eine Benutzung als Marke im Sinne des Markengesetzes liegt, noch dem EuGH zur Vorabentscheidung vor.[145]

Im zweiten Verfahren hat der BGH eine markenrechtlich erlaubte beschreibende Benutzung angenommen und eine Markenrechtsverletzung verneint. Denn in der Regel kann der Markeninhaber die Verwendung einer beschreibenden Angabe (hier "pcb") auch dann nicht untersagen, wenn sie markenmäßig benutzt und dadurch die Gefahr einer Verwechslung

---

140 Jedoch stellt die Benutzung einer Domain, die sich aus einem Gattungsbegriff und einem Ortsnamen zusammensetzt, für sich allein keine Spitzenstellungsbehauptung dar. Eine solche erfordert idR die Voranstellung des bestimmten Artikels vgl OLG Hamm MMR 2009, 50.

141 OLG Frankfurt NJW-WettbR 2000, 160; Nordemann, Wettbewerbsrecht/Markenrecht, Rn 2823; vgl aber auch OLG München Mitt. 2000, 512: Die bloße Registrierung der Domain begründet ohne das Hinzutreten weiterer Umstände den Vorwurf der Sittenwidrigkeit nicht.

142 LG München ITRB 2005, 10; LG Frankfurt am Main MMR 2000, 493.

143 Vgl OLG Hamburg CR 2004, 846; aA OLG Düsseldorf GRUR-RR 2004, 353.

144 LG Düsseldorf, Az 2 a O 10/05.

145 Die beklagte Anbieterin von Erotikartikeln hatte gegenüber Google das Schlüsselwort "bananabay" angegeben. "bananabay" ist für die Klägerin, die unter dieser Bezeichnung ebenfalls Erotikartikel im Internet vertreibt, als Marke geschützt, vgl BGH GRUR 2009, 498.

mit der geschützten Marke begründet wird.[146] Im dritten Verfahren verneinte der BGH eine Verletzung der Unternehmensbezeichnung „Beta Layout GmbH" und einen entsprechenden Unterlassungsanspruch mit der Begründung, es fehle an der für die Verletzung der Unternehmensbezeichnung erforderlichen Verwechslungsgefahr. Denn der Internetnutzer nehme nicht an, dass die in dem gesonderten Anzeigenblock neben der Trefferliste erscheinende Anzeige von der Beta Layout GmbH stamme.[147]

3. Passivlegitimation

Die Ansprüche richten sich in der Regel gegen den **Domain-Inhaber.**[148] Grundsätzlich gilt, dass dieser (und **nicht** etwa die **DENIC**) dafür verantwortlich ist, dass die Domain keine Rechte Dritter verletzt. Nur in Ausnahmefällen kann auch die Vergabestelle in Anspruch genommen werden, nämlich dann, wenn sie es in einer eindeutigen Situation unterlassen hat, ihr zumutbare Maßnahmen gegen den unberechtigten Anmelder zu ergreifen.[149] Es besteht auch **kein Anspruch** des Namensinhabers **gegenüber der DENIC auf Sperrung eines Domain-Namens** für jede zukünftige Eintragung eines Dritten.[150] 176

Gegen den **Internet Service Provider** richten sich Ansprüche nur dann, wenn der Domain-Inhaber nicht oder nur schwierig erreichbar ist.[151] Ein Sitz des Domain-Inhabers im Ausland kann diese Voraussetzung begründen.[152] 177

Ob für wettbewerbs- und markenrechtliche Ansprüche auch der **administrative Ansprechpartner**[153] passivlegitimiert ist, ist streitig. Vom OLG München,[154] dem OLG Stuttgart[155] sowie OLG Karlsruhe[156] wird dies bejaht, vom OLG Koblenz hingegen abgelehnt.[157] 178

Hinsichtlich des **Zonenverwalters**[158] hat das LG Bielefeld[159] eine Haftung für rechtswidrige fremde Inhalte in den von ihm verwalteten Domains nur unter der Voraussetzung für mög- 179

146 Es standen sich zwei Unternehmen gegenüber, die über das Internet Leiterplatten anbieten. Für die Klägerin ist die Marke "PCB-POOL" geschützt. Der Beklagte hatte bei Google als Schlüsselwort die Buchstaben "pcb" angemeldet, die von den angesprochenen Fachkreisen als Abkürzung für "printed circuit board" (englisch für Leiterplatte) verstanden werden. Die Keyword- Anmeldung von "pcb" hatte zur Folge, dass auch bei Eingabe von "PCB-POOL" in die Suchmaschine von Google in dem gesonderten Anzeigenblock neben der Trefferliste eine Anzeige für Produkte des Beklagten erschien, vgl BGH GRUR 2009, 502.

147 In diesem Fall ging es darum, dass ein anderer Wettbewerber bei Google als Schlüsselwort die Bezeichnung "Beta Layout" angegeben hatte. Auch in diesem Fall erschien immer dann, wenn ein Internetnutzer bei Google als Suchwort "Beta Layout" eingab, neben der Trefferliste ein Anzeigenblock mit einer Anzeige für die Produkte des Wettbewerbers, vgl BGH GRUR 2009, 500. Vgl auch die Anmerkung von Kummermehr zu BGH, U. v. 22.1.2009 – I ZR 30/07 – (Verwendung fremder Kennzeichen als AdWords; Beta Layout), ZUM 2009, 565.

148 Zur abzulehnenden Störerhaftung bei der Verknüpfung von Internetdaten durch Suchmaschinen OLG Hamburg MMR 2005, 3; einem Domainverpächter ist es jedoch in der Regel nicht zuzumuten, die Website ihres Pächters allgemein dahingehend zu prüfen, ob sie Äußerungen enthält, die das Persönlichkeitsrecht anderer verletzen. Demgemäß trifft den Inhaber der Domain grundsätzlich keine Haftung für Rechtsverletzungen, die durch den Inhalt der Website begangen werden. Eine Überprüfung der Website ist ihm aber dann zuzumuten, wenn er von den konkreten Persönlichkeitsverletzungen tatsächlich Kenntnis erlangt, vgl BGH, Urteil vom 30 Juni 2009 – VI ZR 210/08 (BeckRS 2009 23005).

149 Härting/Freytag, CR 1999, 14; Redeker, IT-Recht in der Praxis, Rn 1019, mwN.

150 BGH NJW 2004, 1793 („kurt-biedenkopf.de"). Vgl,zum „Domain-Parking" OLG Hamburg CR 2004, 836.

151 Redeker, IT-Recht in der Praxis, Rn 1009.

152 Redeker, IT-Recht in der Praxis, Rn 1009, mwN; LG Bremen CR 2000, 549.

153 Zum Begriff oben unter Rn 106.

154 OLG München MMR 2000, 277.

155 OLG Stuttgart CR 2004, 133. Zur Haftung des admin-c und des techn-c ausführlich Städler, CR 2004, 521.

156 OLG Karlsruhe MMR 2004, 256.

157 OLG Koblenz MMR 2002, 466, mit Anm. Höller und Ernst; vgl auch Redeker, IT-Recht in der Praxis, Rn 1009.

158 Zum Begriff oben unter Rn 106.

159 LG Bielefeld MMR 2004, 551.

lich gehalten, dass der Rechtsverstoß hinsichtlich der Inhalte rechtskräftig festgestellt ist.[160]

4. Darlegungs- und Beweislast beim Schutz von Namens- und Zeichenrechten

a) Unterlassungsansprüche

180 Die Darlegungs- und Beweislast folgt den allgemeinen Regeln. Der Anspruchsteller trägt die Darlegungs- und Beweislast für die anspruchsbegründenden Tatsachen. Im Falle der Verletzung von Kennzeichen- und/oder Namensrechten muss der Anspruchsteller also sein Kennzeichen-/Namensrecht und die Verletzungshandlung beweisen.[161] Sofern namensrechtliche Ansprüche geltend gemacht werden, muss – weil die Beeinträchtigung schutzwürdiger Interessen des Anspruchstellers Tatbestandsvoraussetzung ist[162] – zudem der Benutzungswillen hinsichtlich der Domain dargelegt und gegebenenfalls (etwa durch Vorlage des Antrags auf Registrierung) bewiesen werden.

181 Die Feststellung der **Verhältnisse über Anmeldedatum und Inhaberschaft der betreffenden Domain** wurde bereits oben unter Rn 107f behandelt. Im Falle der Geltendmachung von Markenrechten müssen die **markenrechtlichen Prioritätsverhältnisse** – etwa durch Einsicht ins Markenregister beim Deutschen Patent und Markenamt (DPMA) unter http://www.dpma.de/suche/suche.html – und zudem (für die Darstellung der Verwechslungsgefahr oder den Grund für einen Bekanntheitsschutz) die **Branchenverhältnisse** geklärt und dargelegt werden. Zur **Beweissicherung** empfiehlt es sich, sog. **Screenshots**, dh Ausdrucke der betreffenden Website, anzufertigen.

182 Handelt es sich um einen Streit zwischen Gleichnamigen und verfolgt der Anwalt das Interesse desjenigen, der sich eines **bekannten Kennzeichens mit überragender Verkehrsgeltung** berühmt, muss er auf der Grundlage der oben (unter Rn 166) skizzierten BGH-Rechtsprechung darlegen, dass der Name/das Kennzeichen des Mandanten einen überragenden Bekanntheitsgrad in der Gesamtbevölkerung hat.[163] Für die substantiierte Darlegung kann es gegebenenfalls erforderlich sein, ein **demoskopisches Sachverständigengutachten** (Meinungsumfrage) einzuholen. Derartige Gutachten sind allerdings regelmäßig mit erheblichen Kosten verbunden.[164]

183 Außerdem muss dargelegt werden, dass der Domain-Inhaber kein besonderes Interesse an der Internetadresse hat. Wird unter der Adresse seit Jahren eine Domain betrieben und hat der Inhaber stets Angebote zum Verkauf der Domain abgelehnt, zeigt dies sein **erhebliches Interesse** und begründet einen im Laufe der Jahre erworbenen **schutzwürdigen Besitzstand.**[165]

184 Werden Ansprüche nach § 4 Nr. 10 UWG wegen gezielter Behinderung oder nach § 826 BGB geltend gemacht, muss der Anwalt bereits für die Begründetheit des Unterlassungsanspruchs die entsprechende Motivation der Gegenseite (zB die zielgerichtete Behinderungsabsicht)[166] darlegen können. Gegebenenfalls muss in Fällen **antizipierten Domain-Grabbings** (wenn also die Domain in Kenntnis der bevorstehenden Markenanmeldung ei-

---

160 Vgl dazu auch Palandt/Ellenberger § 12 Rn 21, mwN.
161 Vgl für die Darlegung von Palandt/Ellenberger § 12 Rn 37.
162 Dazu oben Rn 147.
163 LG Düsseldorf MMR 2004, 111.
164 Vgl dazu – auch zur (zunehmenden) Tendenz der Gerichte, aufgrund „eigener Sachkunde" zu entscheiden – nur Nordemann, Wettbewerbsrecht/Markenrecht, Rn 2328, 3272 ff.
165 LG Düsseldorf MMR 2004, 111.
166 Omsels, WRP 2004, 136.

nes Dritten registriert wird, um den Dritten zu behindern)[167] auch die Kenntnis oder Vorhersehbarkeit der künftigen Registrierung dargelegt werden.[168]

b) Schadensersatzansprüche

Bei der Geltendmachung von Schadensersatzansprüchen aufgrund von §§ 14 Abs. 6, 15 Abs. 5 MarkenG; § 9 UWG; §§ 12, 823, 826 BGB muss der Anspruchsinhaber das Verschulden und den Schaden darlegen und beweisen. Näher zum Schadensersatzanspruch und den möglichen Berechnungsarten (konkreter Schaden, Lizenzanspruch, Anspruch auf Verletzergewinn) oben unter Rn 449 ff. 185

c) Auskunftsansprüche

Der Verletzte hat dazulegen, dass der Eintritt eines Schadens mit einiger Sicherheit zu erwarten ist; anderenfalls fehlt es an dem für die Auskunft erforderlichen (Feststellungs-) Interesse.[169] Sofern der Verletzer für sich den Wirtschaftsprüfervorbehalt (Rn 141) in Anspruch nehmen will, trifft ihn die Darlegungs- und Beweislast für dessen Voraussetzungen. 186

5. Möglichkeiten einer einvernehmlichen Regelung

Nachdem der Anwalt den Sachverhalt im Gespräch mit dem Mandanten und unter Nutzung der vorstehend skizzierten technischen Möglichkeiten aufgeklärt und er sich ein Urteil über die Ansprüche des Mandanten und die Erfolgsaussichten einer gegebenenfalls gerichtlichen Durchsetzung verschafft hat, kann sich die Frage nach Möglichkeiten einer außergerichtlichen Einigung stellen. 187

a) Formlose Kontaktaufnahme (keine „Abmahnung vor der Abmahnung")

Es kann sich insoweit anbieten – ohne dass dies erforderlich wäre[170] –, direkt mit dem registrierten Inhaber der begehrten Domain formlos Kontakt aufzunehmen (Anrufe beim Domain-Inhaber o.Ä.). Die persönlichen Erfahrungen der Verfasser haben gezeigt, dass es auf diesem Wege gelingen kann, den Inhaber der Domain – bei überzeugender Ankündigung einer im Falle der Weigerung folgenden Abmahnung und gegebenenfalls sich anschließenden gerichtlichen Auseinandersetzung – zur Löschung der Domain bzw. deren Übertragung auf den Mandanten zu bewegen. Die informelle Kontaktaufnahme kann insoweit helfen, das Rechtsschutzziel des Mandanten schnell zu erreichen. Allerdings birgt diese Vorgehensweise den Nachteil, dass der Domain-Inhaber sich regelmäßig weigern wird, die (anwaltlichen) Kosten – u.a. die gegebenenfalls anfallende **Einigungsgebühr**[171] – zu tragen. 188

b) Kauf, Miete oder Pacht der Domain

Auch ist – insbesondere wenn die Aussichten einer erfolgreichen Durchsetzung der Ansprüche des Mandanten als nicht überwiegend einzuschätzen sind – unter Umständen die 189

---

167 Insoweit ist die Anmeldung der Domain mit einer bösgläubigen Markenanmeldung iS von § 8 Abs. 2 Nr. 10 MarkenG vergleichbar. Danach ist ein Markenanmelder als bösgläubig anzusehen, wenn er die Absicht verfolgt, einen Dritten am Gebrauch dieser Bezeichnung zu hindern (oder diesen Gebrauch zu erschweren). Es genügt, dass der Dritte beabsichtigt, die Bezeichnung zu benutzen, und dies der Anmelder bei der Markenanmeldung wusste. Diese Grundsätze können entsprechend auch auf die bösgläubige Verletzung eines Namens- oder Kennzeichenrechts durch Anmeldung einer Domain angewandt werden.

168 BGH GRUR 2001, 242; vgl ferner Helm, GRUR 1996, 593 mwN.

169 Nordemann, Wettbewerbsrecht/Markenrecht, Rn 3225.

170 So zutreffend Ingerl/Rohnke, Markengesetz, Vor §§ 14-19 Rn 152, die allerdings – ohne Nachweise zu liefern – auf gegenteilige Stimmen hinweisen, wonach vor einer Abmahnung eine formlose Kontaktaufnahme mit der Gegenseite erforderlich sei, um einen Kostenerstattungsanspruch auszulösen.

171 RVG Nr. 1000 VV.

Möglichkeit gegeben, dem Domain-Inhaber die registrierte Domain **abzukaufen** oder diese vom Domain-Inhaber zu **pachten.**[172] Beim Domain-Kauf handelt es sich um einen Rechtskauf, in Erfüllung dessen dem Käufer eine Vielzahl von relativen Ansprüchen gegen die Registrierungsstelle übertragen werden.[173] Neuerdings wird auch die **Pfändung** einer Domain befürwortet.[174]

6. Dispute-Eintrag und Abmahnung

190 Ist eine einvernehmliche Einigung in diesem Stadium gescheitert oder erscheint sie als von vornherein aussichtslos, sollte spätestens jetzt ein sog. Dispute-Eintrag veranlasst und der Domain-Inhaber (auch zur Vermeidung von Kostennachteilen) im Regelfall abgemahnt werden.

a) Dispute-Eintrag bei der DENIC

191 Um zu verhindern, dass ein Dritter **nach Löschung** zwischenzeitlich die „.de"-Domain für sich registriert, besteht schon vor der Stellung eines eigenen Registrierungsantrags die Möglichkeit, einen **Dispute-Eintrag bei der DENIC** zu veranlassen. Einen solchen Antrag sollte der Anwalt unverzüglich (bzw. parallel zur Kontaktaufnahme mit der Gegenseite) stellen. Der Eintrag ist, ebenso wie seine Aufhebung, kostenlos.

192 Mit Hilfe des Dispute-Eintrags kann der Anspruchssteller eine bestimmte Domain zwar nicht „sperren" lassen, jedoch wird die **Domain in der Folge nicht auf Dritte übertragen.** Der Inhaber des Dispute-Eintrags wird zudem neuer Domain-Inhaber, sobald die Domain freigegeben wird. Das entsprechende Formular für die Antragstellung eines Dispute-Eintrags findet sich unter http://www.denic.de. Der Antrag muss unterschrieben und im Original an die DENIC e.G., Rechtsabteilung, Wiesenhüttenplatz 26, 60329 Frankfurt, übermittelt werden. Auf dem Dokument ist sodann die in Frage stehende Website mit der Top-Level-Domain „.de" sowie Name und Adresse des Dispute-Antragstellers anzugeben. Stellt der Rechtsanwalt den Dispute-Antrag für seinen Mandanten, sollte er vorsorglich eine **Originalvollmacht** (vgl § 174 BGB) beifügen. Bei dem ersten Gespräch zwischen Anwalt und Mandanten sollte sich daher der Anwalt vorsorglich mehrere Originalvollmachten, mindestens aber zwei – für Dispute-Eintrag und Abmahnung (dazu sogleich) – ausstellen lassen. In dem Antrag auf Dispute-Eintrag muss der Dispute-Antragsteller sein Recht an der Domain (beispielsweise sein Recht aus Marke oder Name) durch Unterlagen (DPMA-Markeneintragungen, Handelsregisterauszüge etc.) glaubhaft machen und dem Antrag beifügen. Der Antragsteller muss gegenüber der DENIC zudem versichern, **dass er mit dem Domain-Inhaber eine rechtliche Auseinandersetzung führt bzw. unverzüglich beginnen**

172 Beschafft der Internet Service Provider für den Kunden eine Domain, muss er dafür Sorge tragen, dass ihn sein Kunde von den Kosten und Konsequenzen eventueller Domainverletzungen freistellt. Ob Internet Service Provider, die Domain-Namen für ihre Kunden erworben haben, diese den Kunden nach Vertragsende weitergeben müssen oder behalten bzw. eventuell Dritten zum Verkauf anbieten dürfen, ist streitig: Vgl dazu Redeker, IT-Recht in der Praxis, Rn 1020, mit Verweis u.a. auf LG Hamburg MMR 1999, 624. Benutzt der Internet Service Provider die von diesem ursprünglich im Auftrag des Kunden registrierte Domain, kann darin wiederum eine Verletzung der Namens- bzw. Kennzeichenrechte des früheren Kunden liegen, mit der Konsequenz, dass Unterlassungsansprüche geltend gemacht werden können. Siehe auch hierzu Redeker, IT-Recht in der Praxis, Rn 1020 mit Verweis auf LG Coburg, Urteil vom 7. Februar 2001, Az 22 O 9/01 (red. Leitsatz in ITRB 2001, 177).

173 Näher hierzu u.a. Cichon, Internet-Verträge, Rn 389 ff; Härting, CR 2001, 37.

174 OLG München CR 2005, 74; LG Mönchengladbach ITRB 2005, 6. Diese Entscheidungen sind letztlich vor dem Hintergrund zu sehen, dass nach neuerer Rechtsprechung durch die Benutzung der Domain an dieser ein Kennzeichenrecht entstehen kann, hierzu unter Rn 156 ff. Vgl insoweit auch Cichon, Internet-Verträge, Rn 373, unter Hinweis auf die eine Pfändbarkeit der Domain noch verneinende Entscheidung des LG München I CR 2001, 342, mit zust. Anm. Hanloser, CR 2001, 456.

wird, um die Löschung oder Übertragung zu erreichen. Der Antragsteller muss zudem versichern, dass er, sobald die vorgenannte Auseinandersetzung abgeschlossen ist, die DENIC unverzüglich davon in Kenntnis setzen wird, damit der Dispute-Eintrag aufgehoben werden kann. Der **Dispute-Eintrag** ist auf ein Jahr **befristet** und endet ohne besondere Ankündigung, sofern nicht rechtzeitig, nämlich mindestens vier Wochen vor Ablauf, eine Verlängerung beantragt wird. Der Anwalt hat hierzu die entsprechenden **Fristen** zu **notieren.** Umgekehrt kann der Dispute-Eintrag von der DENIC vorzeitig aufgehoben werden, wenn der DENIC Tatsachen bekannt werden, die seine Aufrechterhaltung als unbegründet erscheinen lassen. Nach der Löschung der Domain zugunsten des Dispute-Antragstellers kommt zwischen diesem und der DENIC ein Vertrag unter Geltung der DENIC-Domain-Richtlinien/Bedingungen zustande.[175]

b) Muster einer Abmahnung mit Erläuterungen

Neben der Stellung eines Antrags auf Dispute-Eintrag **sollte** – sofern dies nicht im Einzelfall entbehrlich ist – der **Anspruchsgegner zur Vermeidung von Kostennachteilen für den Mandanten**[176] **abgemahnt** werden,[177] bevor gerichtliche Schritte gegen den Anspruchsgegner eingeleitet werden.[178] 193

Gibt der Anspruchsgegner die mit der Abmahnung geforderte (ernstliche) strafbewehrte Unterlassungsverpflichtungserklärung ab, kann dadurch die Begehungsgefahr (regelmäßig in Form der Wiederholungsgefahr) beseitigt werden – und zwar unter Umständen auch gegenüber Dritten – und so einem Unterlassungsanspruch des Verletzten die Grundlage entzogen werden.[179] 194

aa) Muster: Abmahnung 195

58

▶ Per Einschreiben/Rückschein

Shadyconsult GmbH

■■■

Vorab per Telefax

■■■

Widerrechtliche Nutzung der Domain „KUMMERTECH.de"

Sehr geehrte Damen und Herren,

wir zeigen an, dass uns die KUMMERTECH Electronic GmbH, [■■■], mit der Wahrnehmung ihrer Interessen in der vorbezeichneten Angelegenheit beauftragt hat. Eine auf uns lautende Vollmacht liegt bei.

Unserer Mandantin, die unter ihrer Geschäftsbezeichnung bundesweit Computerhardware und Software vertreibt und diese Tätigkeit unter dem Schlagwort „KUMMERTECH" in monatlich erscheinenden Prospekten bewirbt, wurde am 25. Februar 2005 bekannt, dass Sie unter der oben genannten Domain eine Website betreiben, über die Sie Beratungsdienstleistungen für Compu-

175 Zur Rechtnatur dieses Vertrages bereits oben unter Rn 106.
176 Vgl hierzu unter Rn 197 ff.
177 Zur Erforderlichkeit der Abmahnung unter Rn 200.
178 Zur fehlenden Notwendigkeit einer „Abmahnung vor der Abmahnung" siehe oben unter Rn 188.
179 Vgl hierzu im Einzelnen u.a. Teplitzky, Wettbewerbsrechtliche Ansprüche und Verfahren, dort insbesondere Kapitel 8, derselbe, aaO, Kapitel 7 Rn 6 ff, auch zu – nur in Ausnahmefällen denkbarem – Entfallen der Wiederholungsgefahr ohne Abgabe einer Unterlassungsverpflichtungserklärung; vgl Mellulis, Handbuch des Wettbewerbsprozesses, Rn 580 ff, 647 ff, mwN. Zur Drittunterwerfung vgl BGH GRUR 1983, 186; BGH GRUR 1987, 640; Nordemann, Wettbewerbsrecht/Markenrecht, Rn 1862.

terhardware und Computernetzwerke anbieten und die Besucher der Website für genauere Informationen zu diesem Angebot auf die Website www.SHADYCONSULT.de verweisen und zu diesem Zweck einen Link auf diese Website legen. Laut den Angaben auf beiden Websites sind Sie deren Betreiberin; nach Auskunft der DENIC e.G. ist der Domain-Name „KUMMERTECH.de" für Sie registriert worden.

Diese Vorgehensweise greift schon deshalb in das unserer Mandantin an ihrem Unternehmenskennzeichen zustehende Recht (§ 5 Abs. 2 MarkenG) ein, weil sowohl zwischen dem von Ihnen verwendeten Domain-Namen „KUMMERTECH.de" und der Geschäftsbezeichnung unserer Mandantin als auch hinsichtlich der in Rede stehenden Waren bzw. Dienstleistungen wenn nicht Identität, so doch zumindest ein sehr hohes Maß an Ähnlichkeit und damit Verwechslungsgefahr besteht. Die Verwendung der Domain „KUMMERTECH.de" ist offensichtlich sogar bewusst darauf angelegt, das Publikum zu der irrigen Annahme zu verleiten, das Angebot auf Ihrer Website stamme von unserer Mandantin.

Wegen der unbefugten Verwendung der Domain „KUMMERTECH.de" steht unserer Mandantin ein Unterlassungsanspruch gemäß §§ 5, 15 Abs. 2, 4 MarkenG gegen Sie zu. Zugleich liegt in der unberechtigten Nutzung der Domain eine Namensanmaßung, so dass weitergehende Rechte unserer Mandantin gemäß § 12 BGB gegeben sind. Ferner erfüllt die Benutzung der Domain „KUMMERTECH.de" in Verbindung mit dem auf Ihrer Website dargestellten Dienstleistungsangebot den Tatbestand einer bewussten sittenwidrigen Schädigung (§ 826 BGB) sowie des schuldhaften Eingriffs in den eingerichteten und ausgeübten Gewerbebetrieb unserer Mandantin (§ 823 Abs. 1 BGB). Namens und in Vollmacht unserer Mandantin haben wir Sie daher aufzufordern, die beiliegende strafbewehrte Unterlassungsverpflichtungserklärung bis spätestens zum

9. März 2005

(Datum des Eingangs der Erklärung bei uns) abzugeben; zur Wahrung der Frist genügt die Sendung per Telefaxschreiben, wenn das Original der Unterlassungsverpflichtungserklärung unverzüglich auf dem Postweg nachfolgt. Durch die Abgabe dieser Erklärung können Sie die von Ihnen gesetzte Wiederholungsgefahr ausräumen. Aufgrund Ihrer Schadensersatzpflicht (§ 15 Abs. 5 MarkenG, §§ 12, 823, 826 BGB) sowie ferner nach den Grundsätzen der Geschäftsführung ohne Auftrag (§§ 683, 677, 670 BGB) sind Sie unserer Mandantin auch zum Ersatz derjenigen Kosten verpflichtet, die aus unserer Beauftragung entstanden sind. Wir haben Sie namens und in Vollmacht unserer Mandantin aufzufordern, den geschuldeten Betrag bis spätestens zum

16. März 2005

unter Angabe unseres o.g. Aktenzeichens auf folgendes Konto zu überweisen: ▪▪▪

Geldempfangsvollmacht ist ausweislich der beigefügten Vollmachtsurkunde gegeben. Für den Fall, dass die gesetzten Fristen ergebnislos verstreichen sollten, werden wir unserer Mandantin empfehlen, unverzüglich gerichtliche Hilfe zur Wahrung ihrer Rechte – einschließlich ihres Auskunftsanspruchs nach § 19 MarkenG – in Anspruch zu nehmen.

Mit freundlichen Grüßen

▪▪▪

Rechtsanwalt

[Anlage: Unterlassungsverpflichtungserklärung] ◄

bb) Strafbewehrte Unterlassungsverpflichtungserklärung 196

▶ **Muster: Strafbewehrte Unterlassungsverpflichtungserklärung** 59

Hiermit verpflichtet sich

die Shadyconsult GmbH, ■■■, vertreten durch den alleinvertretungsberechtigten Geschäftsführer ■■■,

gegenüber der

■■■, ■■■,

1. es zu unterlassen, den Domain-Namen „■■■.de" zu verwenden oder verwenden zu lassen, insbesondere diesen auf einer Homepage zu benutzen oder benutzen zu lassen,
2. gegenüber der Registrierungsstelle DENIC Domain Verwaltungs- und Betriebsgesellschaft e.G., auf die Registrierung des Domain-Namens „■■■.de" bis spätestens zum 31. März 2005 zu verzichten,
3. für jeden Fall der Zuwiderhandlung gegen die in Ziffer 1 genannte Verpflichtung – unter Verzicht auf die Einrede des Fortsetzungszusammenhangs – eine Vertragsstrafe in Höhe von EUR 5.100,00 (in Worten: Euro fünftausendeinhundert) an die ■■■ GmbH zu zahlen,
4. der KUMMERTECH Electronic GmbH
   a) schriftlich Auskunft zu erteilen über die Anzahl der Zugriffe auf die Website www.■■■.de seit dem Datum der Registrierung der unter Ziff. 1 und 2. genannten Internet-Domain und die Zahl der aufgrund dieser Zugriffe zustande gekommenen Geschäftsabschlüsse einschließlich der Daten über die erbrachten Leistungen, der vereinbarten Vergütungen, der Namen der jeweiligen Vertragspartner und deren Anschriften,
   b) Rechnung zu legen über die Umsätze, die aufgrund der Geschäftsabschlüsse gemäß lit. a) erzielt wurden,
5. der KUMMERTECH GmbH allen Schaden zu ersetzen, der durch Verstöße gegen die in Ziffer 1 oder Ziffer 2 genannten Verpflichtungen entstanden ist und noch entstehen wird,
6. die durch die Inanspruchnahme der Rechtsanwälte ■■■ entstandenen Kosten nach einem Gegenstandswert von EUR 40.000,00 (eine 1,3 Gebühr nach §§ 2, 13 RVG, RVG VV Nr. 2400, zzgl EUR 20,00 Entgeltpauschale für Post- und Telekommunikationsdienstleistungen nach RVG VV Nr. 7001),[180] insgesamt also EUR 1.192,60, zu erstatten.

■■■, den ■■■ Shadyconsult GmbH, vertreten durch den Geschäftsführer ■■■

(Stempel und Unterschrift) ◀

cc) **Erläuterungen.** (1) **Erfordernis der Abmahnung.** Durch die Abmahnung wird das Risiko ausgeschlossen, dass der Anspruchsinhaber (Mandant) im anschließenden Verfügungs- bzw. gegebenenfalls Hauptsacheverfahren im Falle eines sofortigen Anerkenntnisses der Gegenseite gemäß **§ 93 ZPO** mit den Kosten des Rechtsstreits belastet wird.[181] Für wettbewerbsrechtliche Streitigkeiten ist die **Obliegenheit**[182] **zur Abmahnung** zwischenzeitlich ausdrücklich gesetzlich geregelt (§ 12 Abs. 1 Satz 1 UWG), es gilt allerdings auch im Recht 197

180 Bei nicht zum Vorsteuerabzug berechtigten Mandanten ist die Mehrwertsteuer hinzuzusetzen; RVG VV Nr. 7008.

181 Und zwar mit den gesamten Kosten, nicht nur den Mehrkosten, die nach erfolgreicher Abmahnung nicht angefallen wären; vgl Nordemann, Wettbewerbsrecht/Markenrecht, Rn 3023.

182 Eine Verpflichtung besteht selbstverständlich nicht; vgl etwa Nordemann, Wettbewerbsrecht/Markenrecht, Rn 3013.

der gewerblichen Schutzrechte und nach teilweise vertretener Ansicht sogar darüber hinaus für das gesamte Unterlassungsrecht.[183]

198 Zwar wird in der Literatur die Auffassung vertreten, dass bei der Verfolgung von Ansprüchen auf Löschung einer Domain – jedenfalls in Fällen des (vorsätzlichen) Domain-Grabbings – eine Abmahnung vor Beantragung einer die Benutzung und die Verfügung über die Domain verbietenden einstweiligen Verfügung stets unzumutbar sei.[184] Da allerdings zweifelhaft ist, ob die Gerichte dieser Auffassung folgen,[185] befindet sich der Anwalt auf dem „sichersten Weg", wenn er dem Mandanten grundsätzlich zur vorherigen Abmahnung des Gegners rät.

199 Die Abmahnung kann allerdings im Einzelfall entbehrlich sein, wenn konkrete Umstände vorliegen, die bei objektiver Betrachtung die Annahme stützen, dass der Verletzer auf die Abmahnung hin keine strafbewehrte Unterlassungsverpflichtungserklärung abgegeben hat oder dies erst tun wird, wenn ein effektiver Rechtsschutz nicht oder nur noch eingeschränkt zu erreichen ist.[186]

200 Die **Entbehrlichkeit einer Abmahnung** ist von der Rechtsprechung u.a. – die Aufzählung ist nicht abschließend[187] – bejaht worden **bei wiederholtem Wettbewerbsverstoß nach Abgabe einer Unterlassungsverpflichtungserklärung,**[188] bei **besonderer Dringlichkeit**[189] oder auch bei einer **vorsätzlichen Verletzungshandlung.**[190]

201 (2) **Adressat der Abmahnung.** Es kann sich anbieten, sowohl die **juristische Person** (hier die GmbH) als auch deren **Organ** (hier den Geschäftsführer) zur Abgabe der Unterlassungsverpflichtungserklärung aufzufordern; dann sollte auf zwei separaten Unterschriften bestanden, besser aber sollten sogar zwei separate Unterlassungsverpflichtungserklärungen gefordert werden. Eine derartige Abmahnung auch des Geschäftsführers ist begründet, wenn er selbst mit der Sache betraut war und deshalb Störer ist.[191] Sie kann verhindern helfen, dass durch die Gründung neuer Gesellschaften das Unterlassungsgebot umgangen wird. Nach der Rechtsprechung kann ein alleinvertretungsberechtigter Geschäftsführer, der aufgrund einer internen Geschäftsverteilung den Bereich der werbenden Tätigkeit der GmbH einem zweiten alleinvertretungsberechtigten Geschäftsführer überlässt, gleichwohl für einen ohne seine Kenntnis von der GmbH begangenen Wettbewerbsverstoß verantwortlich sein.[192]

202 (3) **Beweisfragen hinsichtlich des Zugangs der Abmahnung.** Es entspricht zwar der nach wie vor herrschenden Ansicht, dass die Darlegungs- und Beweislast für die Voraussetzungen des § 93 ZPO und damit auch den (Nicht-)Zugang der Abmahnung den Abgemahnten

183 Vgl nur Teplitzky, Wettbewerbsrechtliche Ansprüche und Verfahren, Kapitel 41 Rn 1, OLG Nürnberg NJW-RR 1987, 695, jeweils mwN.

184 Ingerl/Rohnke, Markenrecht, Vor §§ 14 – 19 Rn 104, die zur Begründung auf die drohende Vereitelungsgefahr verweisen und eine Ähnlichkeit zum Sequestrationsanspruch ausmachen. Dies überzeugt indes nicht, weil es nicht fernliegt, dass ein Gericht es bei „.de"-Domains als Obliegenheit des Verletzten ansieht, diese Vereitelungsfahr durch einen Dispute-Eintrag bei der DENIC zu begrenzen.

185 Vgl nur KG GRUR 1988, 930.

186 Vgl LG Hamburg NJW-WettbR 2000, 223.

187 Weiterführende Hinweise und Rechtsprechungsnachweise u.a. bei Zöller/Herget, ZPO, § 93 Rn 6, Stichwort „Wettbewerbsstreitigkeiten", sowie bei Nordemann, Wettbewerbsrecht/Markenrecht, Rn 3013.

188 OLG Frankfurt OLGR 97, 47; LG Nürnberg-Fürth WRP 1992, 521.

189 LG Hamburg WRP 1981, 344; vgl aber auch Nordemann, Wettbewerbsrecht/Markenrecht, Rn 3013.

190 OLG Celle WRP 1993, 812; OLG Koblenz WRP 1997, 367; OLG Frankfurt GRUR 1985, 240; Köln WRP 1983, 118; aA OLG München GRUR 1979, 191; OLG Oldenburg NJW-RR 1990, 1330. Weitere Nachweise bei Nordemann, Wettbewerbsrecht/Markenrecht, Rn 3013.

191 Vgl BGH GRUR 1986, 248.

192 OLG Frankfurt GRUR-RR 2001, 198.

trifft.[193] Vor dem Hintergrund der gegenteiligen Stimmen in der Rechtsprechung[194] und Literatur[195] sollte der Anwalt allerdings vorsorglich die hier vorgeschlagene Verfahrensweise, die Übersendung per Einschreiben mit Rückschein, wählen. Parallel empfiehlt sich schon aus Zeitgründen die Zusendung per Telefax; nach der Rechtsprechung soll sich der Absender auf den (ordnungsgemäßen) Sendebericht verlassen können.[196] Von der grundsätzlich möglichen Übersendung der Abmahnung per E-Mail sollte aus Beweisgründen abgesehen werden;[197] erst recht gilt dies natürlich für eine fernmündliche Mitteilung.

(4) **Originalvollmacht.** Nach wohl noch herrschender Ansicht ist die Abmahnung weder als einseitiges Rechtsgeschäft noch als geschäftsähnliche Handlung einzustufen.[198] Eine im Vordringen begriffene Gegenansicht[199] vertritt hingegen die Auffassung, dass § 174 BGB (analog) Anwendung findet. Der Anwalt sollte deshalb vorsorglich eine Originalvollmacht beifügen, um auszuschließen, dass die Abmahnung – und sei es im Prozess – mangels Nachweis der Vollmacht zurückgewiesen wird und daraus Kostennachteile für den Mandanten erwachsen.[200] 203

(5) **Begründung der Abmahnung.** Das Abmahnschreiben sollte neben der – im Regelfall eher knappen – Darstellung des **Sachverhalts** und des geltend gemachten Wettbewerbsverstoßes ein **Unterwerfungs- und Vertragsstrafeverlangen**, eine **Fristsetzung** und schließlich die **Androhung gerichtlicher Schritte** enthalten.[201] Wenngleich eine **rechtliche Begründung** nicht zu den Erfordernissen einer Abmahnung zu rechnen ist,[202] sollte sie erfolgen, schon weil dadurch die Bereitschaft des Verletzers zur Abgabe der geforderten Erklärung im Regelfall erhöht wird. Ob die vorformulierte Unterlassungsverpflichtungserklärung unmittelbar in die Abmahnung oder – wie hier vorgeschlagen – in ein separates Dokument aufgenommen wird, ist letztlich „Geschmacksache“. Ob in dem Abmahnschreiben auch die durch die Beauftragung des Anwalts **mit der Abmahnung entstandenen Kosten** geltend gemacht[203] und ob darüber hinaus die Schadensersatz- und Auskunftsansprüche des Mandanten erläutert und (zumindest) vorbehalten werden sollten, hängt vom jeweiligen Einzelfall ab. Erfahrungsgemäß fällt es leichter, den Verletzer zur Abgabe der Unterlassungsverpflichtungserklärung zu bewegen, wenn er sich von der Abgabe der Erklärung versprechen kann, den Kosten – und sei es auch nur teilweise – zu entgehen. Es ist insoweit auch denkbar, den Kostenerstattungsanspruch sowie die Auskunfts- und Schadensersatzansprüche (zunächst) überhaupt nicht zu thematisieren. Vor allem dann, wenn der Mandanten eine zügige abschließende Regelung wünscht und eine Auseinandersetzung über Schadens- 204

193 OLG Braunschweig NJW 2005, 372; OLG Karlsruhe WRP 1997, 477; OLG Stuttgart WRP 1996, 477; OLG Jena OLG-NL 1998, 110; OLG Frankfurt OLG-Report 1996, 42. Vgl ferner Burchert, WRP 1985, 479 mwN. Vgl dazu – auch zur Frage der Zugangsfiktion – Nordemann, Wettbewerbsrecht/Markenrecht, Rn 3012.

194 OLG Düsseldorf GRUR-RR 2001, 199, 200; OLG Dresden WRP 1997, 1201.

195 Zöller/Herget, ZPO, § 93 Rn 6, Stichwort „Wettbewerbsstreitigkeiten“; Mellulis, Handbuch des Wettbewerbsprozesses, Rn 793 ff.

196 OLG Düsseldorf GRUR 1990, 310.

197 Vgl insoweit die Ausführungen in § 1 (E-Commerce), dort unter Rn 16 ff.

198 OLG Karlsruhe NJW-RR 1990, 1323; OLG Köln WRP 1988, 79; KG GRUR 1988, 79, OLG Hamburg WRP 1986, 106. Eingehende Darstellung des Streits und weitere Rechtsprechungsnachweise u.a. bei Ulrich, WRP 1998, 258.

199 OLG Düsseldorf GRUR 1999, 1039; GRUR-RR 2001, 286, OLG Nürnberg GRUR 1991, 387; GRUR 1999, 1039; OLG Dresden GRUR 1999, 377.

200 Siehe dazu Rn 236.

201 Vgl OLG Düsseldorf WRP 1988, 107.

202 Vgl nur OLG Hamburg WRP 1989, 32.

203 In dem Muster ist davon ausgegangen worden, dass der Mandant die Gebühren bereits bezahlt hat; anderenfalls kann vom Abgemahnten nicht die Erstattung, sondern nur die Freistellung des Mandanten von der Gebührenforderung des Rechtsanwalts gefordert werden. Vgl insoweit Palandt/Sprau § 670, Rn 2.

ersatzansprüche etc. scheut, kann dem Verletzer auch eine vergleichsweise Lösung des Inhalts angeboten werden, dass bei Abgabe der Unterlassungsverpflichtungserklärung und der Übernahme der Anwaltskosten durch den Verletzter auf weitere Ansprüche (insbesondere Schadensersatzansprüche und Auskunftsansprüche) gegen ihn verzichtet wird.

205 (6) **Strafbewehrte Unterlassungsverpflichtungserklärung.** Eine Vorformulierung des geltend gemachten Unterlassungsanspruches ist zwar nicht erforderlich, aber ratsam, um dem Abgemahnten unmissverständlich klar zu machen, in welchem Umfange der Mandant eine Unterlassung erwartet; zudem wird dem Abmahnenden so die Unterwerfung erleichtert.

206 **Unterlassungsgebot nach Ziffer 1.:** Bei der Vorformulierung der Unterlassungsverpflichtungserklärung ist zu beachten, dass das darin geregelte Unterlassungsgebot **die konkrete Verletzungsform** zwar möglichst genau,[204] **allerdings nicht zu eng** bezeichnet, um auszuschließen, dass der Umfang der Unterlassungspflicht hinter dem zurückbleibt, was im Falle einer gerichtlichen Auseinandersetzung hätte erstritten werden können. Zulässig sind Verallgemeinerungen bei der Fassung des Unterlassungsgebotes, wenn damit im Kern gleichartige Verletzungsformen erfasst werden.[205]

207 **Sofern** – anders als im hier zugrunde gelegten Beispielsfall – **kein Fall der Namensanmaßung** (oder des „klassischen" Domain-Grabbings) vorliegt, sondern (nur) ein markenrechtlicher Unterlassungsanspruch begründet ist, kann die **Unterlassung** nur *„im geschäftlichen Verkehr"* verlangt werden, der Antrag wäre also entsprechend zu ergänzen.

208 Zudem müsste dann bei der Formulierung des konkreten Unterlassungsgebots als Teil der konkreten Verletzungsform **stets auch die Ware oder Dienstleistung** (§ 14 MarkenG) bzw. die **Branche** (§ 15 MarkenG) **aufgeführt** werden, **für die die Verletzung erfolgte.**[206] Das Unterlassungsangebot müsste dann wie folgt lauten:

209 ▶ **Muster: Unterlassungserklärung**

60 ... es zu unterlassen, im geschäftlichen Verkehr den Domain-Namen „KUMMERTECH.de" zu verwenden oder verwenden zu lassen, insbesondere diesen auf einer Homepage zu benutzen oder benutzen zu lassen, soweit unter diesem Domain-Namen Dienstleistungen für Computerhardware und Computernetzwerke angeboten werden.[207] ◀

210 Im zugrunde liegenden Beispielsfall ist allerdings weder eine Beschränkung auf den geschäftlichen Verkehr noch auf eine bestimmte Branche erforderlich, weil der (weitergehende) Schutz des § 12 BGB eingreift (Rn 150).

211 **Unterlassungsgebot nach Ziffer 2.:** Das in Ziffer 2 des Musters formulierte Unterlassungsgebot (**Löschung der Domain durch Verzicht gegenüber der DENIC**)[208] ist zu empfehlen, weil die bloße Unterlassung der weiteren Nutzung der Domain noch nicht gleichbedeutend mit deren Löschung ist. Der Unterlassungsschuldner kann seine Registrierung auch dann aufrecht erhalten, wenn er die Nutzung der Domain einstellt. Die Erklärung des Verzichtes gegenüber der DENIC ist **nicht gleichbedeutend mit der Übertragung der Domain** auf den

204 Vgl OLG Frankfurt GRUR 1988, 563.
205 BGH GRUR 1996, 290.
206 Siehe beispielsweise Nordemann, Wettbewerbsrecht/Markenrecht, Rn 3219.
207 Vgl ferner exemplarisch den Tenor in dem Beschluss des OLG Hamburg vom 4. Februar 2002, CR 2002, 446, mit Anm. Beckmann.
208 Zur Durchsetzbarkeit des Anspruches auf Löschung der Domain im einstweiligen Verfügungsverfahren vgl Rn 273.

Mandanten; auf Letztere besteht – wie bereits oben angemerkt – kein Anspruch.[209] Im Beispielsfall kann der Verzicht verlangt werden, weil ein Fall der Namensanmaßung gegeben ist. Sofern (nur) ein markenrechtlicher Unterlassungsanspruch nach §§ 5, 15 MarkenG begründet wäre, wäre ein solcher Löschungsanspruch aus den unter Rn 133 genannten Gründen nicht gegeben, sondern der Abgemahnte nur zur Unterlassung der Benutzung des Domain-Namens hinsichtlich branchennaher Dienstleistungen und/oder Waren verpflichtet.

Weitergehende Unterlassungsgebote: Im Muster ist bewusst davon abgesehen worden, das Unterlassungsgebot zu erweitern um ein **zusätzliches Verbot, die Registrierung und Benutzung der Bezeichnung „KUMMERTECH" als Second Level Domain auch unter anderen Top Level Domains zu unterlassen.** Im vorliegenden Fall würde dies nach Auffassung der Verfasser zu weit gehen (und zu einer sog. **Übermaßverwarnung** führen),[210] weil der hier zugrunde gelegte Sachverhalt keine konkreten Anhaltspunkte dafür liefert, dass der Abgemahnte die in Rede stehende Second Level Domain unter einer oder mehreren anderen Top Level Domains registrieren lassen und benutzen will.[211] Derartige Anhaltspunkte hat der Verletzte darzulegen und gegebenenfalls zu beweisen.[212] Dieser Beweis wird allerdings regelmäßig nur in den Fällen eines offensichtlichen Domain-Grabbings zu führen sein, wenn es dem Anspruchsgegner nach den Gesamtumständen also darum geht, aus der Registrierung „Kapital zu schlagen", und deshalb die Gefahr besteht, dass er weitere Registrierungen derselben Second Level Domain unter anderen Top Level Domains vornehmen wird. Für diesen Fall könnte man die zusätzliche Verpflichtung des Verletzers etwa dahingehend formulieren, dass es dieser zu unterlassen hat, die Second Level Domain „KUMMERTECH" unter weiteren Top Level Domains registrieren zu lassen und/oder zu benutzen oder benutzen zu lassen. 212

Dem Muster liegt allerdings, wie bereits angemerkt, ein Sachverhalt zugrunde, nach dem dem Abgemahnten kein derartiges Domain-Grabbing nachgewiesen werden kann.[213] 213

In Anbetracht dessen könnte nach Ansicht der Verfasser allenfalls begründet werden, dass das Unterlassungsgebot auf die Top Level Domain „.com" zu erstrecken ist, weil diese Top Level Domain bei kommerziellen Anbietern sehr gebräuchlich ist.[214] Für die Darlegung der Verwechslungsgefahr wäre dann zu bedenken, dass nach Einschätzung des BGH die angesprochenen (deutschen) Verkehrskreise der Top Level Domain „.de" allein eine funktionale Bedeutung zumessen, sofern die Second Level Domain – im dortigen Streitfall die Kurzbezeichnung „soco" – ein hinreichend unterscheidungskräftiges Zeichen ist.[215] Allerdings 214

209 BGH GRUR 2002, 622; Nordemann, Wettbewerbsrecht/Markenrecht, Rn 2827. Vgl hierzu – auch zur (zweifelhaften) Durchsetzbarkeit im Verfügungsverfahren – die Ausführungen unter Rn 134.

210 Vgl Nordemann, Wettbewerbsrecht/Markenrecht, Rn 3016. Die Weigerung, eine zu weit gehenden Unterlassungsverlangen entsprechende Unterlassungsverpflichtungserklärung abzugeben, begründet keine Erstbegehungsgefahr (Mellulis, Handbuch des Wettbewerbsprozesses, Rn 601, mwN).

211 Vgl nur Mellulis, Handbuch des Wettbewerbsprozesses, Rn 596 ff.

212 Mellulis, Handbuch des Wettbewerbsprozesses, Rn 602.

213 Auch ist unterstellt worden, dass keine hinreichenden Anhaltspunkte für eine isolierte Benutzung der Bezeichnung „KUMMERTECH" – ohne den Zusatz „.de" – existieren.

214 Vgl BGH NJW 2002, 2096; OLG Hamm MMR 2001, 749.

215 BGH, Urteil vom 22. Juli 2004, Az I ZR 135/01.

wird man diese Einschätzung nicht ohne weiteres auf die Benutzung anderer Top Level Domains übertragen können.[216]

215 Denkbar ist auch eine Ausweitung dahingehend, dass der Domain-Inhaber auch **Verfügungen über die Domain** zu unterlassen hat.[217] Selbst wenn – anders als im vorliegenden „Musterfall“ – konkrete Anhaltspunkte für eine mögliche Übertragung der Domain vorliegen sollten, ist allerdings in Betracht zu ziehen, dass Gerichte eine Übertragung zum Teil überhaupt nicht für möglich erachten und deshalb einen Anspruch verneinen könnten.[218] Insoweit stellt sich auch die Frage, ob durch die Möglichkeit eines **Dispute-Antrags**[219] nicht die Gefahr einer Übertragung der Domain auf einen Dritten ausgeschlossen ist und deshalb ein Rechtsschutzbedürfnis für ein derartiges Begehren fehlen könnte. Wenn der Mandant trotz dieser Bedenken und damit verbundenen Kostenrisiken eine entsprechende Ausweitung des Unterlassungsgebotes wünscht, könnte im hier gebildeten „Musterfall“ formuliert werden, dass es der Abgemahnte (zusätzlich) zu unterlassen hat, den Domain-Namen „KUMMERTECH.de“ zu veräußern oder veräußern zu lassen, sie zu übertragen oder übertragen zu lassen oder in sonstiger Weise darüber zu verfügen, sofern nicht die KUMMERTECH Elektronic GmbH der Veräußerung, Übertragung oder sonstigen Verfügung zustimmt oder die Übertragung an die KUMMERTECH Electronic GmbH erfolgt.

216 Die **Formulierung des Vertragsstrafeversprechens** sollte am Wortlaut des § 339 Satz 2 BGB orientiert und in das Vertragsstrafeversprechen sollte zur Klarstellung aufgenommen werden, dass die **Zahlung** der Vertragsstrafe **an den Mandanten** verlangt wird. Um sicherzustellen, dass die Vertragsstrafe **für jeden Fall der Zuwiderhandlung** gegen das Unterlassungsgebot verwirkt ist, sollte zudem – gerade vor dem Hintergrund der jüngeren Rechtsprechung des BGH zur Auslegung von Unterlassungsverpflichtungserklärungen[220] – vorsorglich ausdrücklich geregelt werden, dass sich der Unterlassungsschuldner nicht auf die (freilich ohnehin zweifelhafte und vom BGH jedenfalls für das Recht der Vertragsstrafe aufgegebene)[221] Kategorie des Fortsetzungszusammenhanges berufen kann.

217 Die Bestimmung der **Höhe der Vertragsstrafe** hängt von den jeweiligen Umständen des Einzelfalls ab.[222] Maßgebliche Kriterien sind Art, Schwere und Ausmaß der Zuwiderhandlung, das Verschulden des Verletzers und die Gefährlichkeit des Verstoßes für den Gläubi-

---

216 Vgl Hoffmann, NJW 2004, 2569, 2573 f. Das OLG Düsseldorf NJW-RR 2003,1687 = MMR 2003, 748, m. Anm. Ernst hat angenommen, dass eine Zuordnungsverwirrung bei der Verwendung des Namens einer Gebietskörperschaft ohne Zusatz nicht nur bei der Verwendung der Top Level Domain „.de“, sondern auch bei der Top Level Domain „.info“ eintrete; allerdings lässt das Urteil deutliche Zweifel anklingen, ob dies auch bei anderen Top Level Domains gelten kann. Vgl aber auch – Verurteilung zur Unterlassung der Bezeichnungen „bodenseeklinik“ und „bodensee-klinik“ als Bestandteil eines Domain-Namens, egal, unter welchen Top Level Domains – LG Hamburg CR 2001, 418, mit Anm. Dieselhorst, sowie ferner LG Stuttgart MMR 2001, 768. Vgl zu diesem Problem auch die – allerdings in eine etwas andere Richtung gehende – Kritik von Renck, NJW 1999, 3587, 3592 f (Zweifel an der Zuständigkeit deutscher Gerichte und der Anwendbarkeit deutschen Kennzeichenrechts).

217 Beispielsweise in der Entscheidung des OLG Düsseldorf GRUR-RR 2003, 383 lautete einer der Klageanträge auf Unterlassung, „den Domainnamen ‚solingen.info‘ […] an einen Dritten zu übertragen“.

218 So beispielsweise das OLG Düsseldorf GRUR-RR 2003, 383, das deshalb die Klage hinsichtlich des in der vorstehenden Fußnote genannten Antrags abwies. Vgl ferner OLG Celle MMR 2004, 486 (Wahrung der Priorität durch Stellung des Dispute-Antrags), und Viefhues, MMR 2005, 76.

219 Dazu oben unter Rn 190 ff.

220 BGH GRUR 2001, 758.

221 BGHZ 146, 318 = GRUR 2001, 758; vgl insoweit ferner Mellulis, Handbuch des Wettbewerbsprozesses, Rn 608, mwN, und Teplitzky, Wettbewerbsrechtliche Ansprüche und Verfahren, Kapitel 20 Rn 17 ff.

222 Vgl BGH GRUR 2002, 180.

ger.[223] Der im vorliegenden Entwurf der Unterlassungsverpflichtungserklärung angesetzte – in derartigen Fällen übliche – Betrag erklärt sich aus dem Interesse, im Falle einer Auseinandersetzung über die Verwirkung der Vertragsstrafe die Zuständigkeit des Landgerichts zu begründen (§ 71 Abs. 1, § 23 Nr. 1 GVG), soweit diese nicht bereits – wie hier[224] – nach § 140 MarkenG begründet ist.

Zur Aufnahme der **Auskunfts-, der Schadensersatz- sowie der Kostenerstattungsforderung** (Ziff. 3. bis 5.) siehe die Erläuterungen unter Rn 140 ff, 195, 226. 218

(7) **Angemessene Frist zur Abgabe der Erklärung.** Die gesetzte Frist muss so bemessen sein, dass dem Verletzer ausreichend Zeit zur Überlegung bleibt.[225] Angemessen ist im Regelfall eine Frist von ca. sieben bis vierzehn Tagen. Letztlich kommt es allerdings auch hier auf die Umstände des Einzelfalles an. So kann die Erklärungsfrist auf wenige Stunden[226] (zB auf nur zwei Stunden)[227] verkürzt werden. Sofern der Verletzer (Domain-Inhaber) die Bitte um Fristverlängerung äußert, muss der Anspruchsberechtigte dieser Bitte regelmäßig bei verspätetem Zugang, aber auch bei Vorliegen eines sonstigen triftigen Grundes entsprechen.[228] 219

(8) **Gegenstandswert und Gebühren.** Der **Gegenstandswert** einer Abmahnung entspricht dem Gegenstandswert des Hauptsacheverfahrens, bei dessen Bestimmung man sich an den Gegenstandswerten von Streitigkeiten bei Markenverletzungen bzw. bei Verletzungen von Unternehmenskennzeichen orientieren kann. Danach ist bei geschäftlichen Bezeichnungen (wie Unternehmenskennzeichen) ein Streitwert nicht unter EUR 25.000, bei Marken ein Streitwert nicht unter EUR 50.000 anzusetzen.[229] 220

Welche **Gebühren** nach RVG der Anwalt von seinem Mandanten für die vom Anwalt gefertigte Abmahnung verlangen kann, hängt davon ab, welcher Auftrag ihm erteilt wurde.[230] 221

Im **Regelfall** wird eine **Geschäftsgebühr** anfallen. Beauftragt der Mandant den Anwalt, die Gegenseite abzumahnen, und, falls notwendig, eine einstweilige Verfügung zu beantragen, richten sich die Gebühren nach RVG VV Nr. 2400 f. Danach bewegt sich der Gebührenrahmen zwischen 0,5 bis 2,5 Gebühren. Regelmäßig wird eine Gebühr von 1,3 zulässig sein.[231] In komplexen Angelegenheiten kann auch eine Gebühr von 2,0 und mehr angemessen sein, auch vor dem Hintergrund, dass es sich beim Wettbewerbs- und Markenrecht um eine Spezialmaterie handelt, die einer umfassenden Einarbeitung durch einen nicht hierauf spezialisierten Anwalt bedarf.[232] Die Abmahnung und das sich anschließende Gerichtsverfahren bilden regelmäßig zwei separate Angelegenheiten.[233] Die Geschäftsgebühr 222

223 Vgl BGH GRUR 1983, 127; GRUR 1994, 146; GRUR 2002, 180. Zum sog. (neuen) „Hamburger Brauch", nach dem die Vertragsstrafe nicht beziffert wird, sondern für jeden Fall der schuldhaften Zuwiderhandlung in das billige Ermessen des Verletzten gestellt wird (gegebenenfalls mit Bestimmung einer Höchstgrenze) und im Streitfall vom LG Hamburg zu überprüfen ist, vgl BGH GRUR 1990, 1051; BGH GRUR 1994, 146. Vgl hierzu und zur angemessenen Höhe der Vertragsstrafe u.a. Nordemann, Wettbewerbsrecht/Markenrecht, Rn 1857, mit Rechtsprechungsnachweisen.

224 Vgl dazu Rn 266.

225 Nordemann, Wettbewerbsrecht/Markenrecht, Rn 3015.

226 OLG Hamburg WRP 1976, 180; WRP 1989, 325; OLG Koblenz WRP 1983, 305; KG GRUR 1993, 778.

227 KG GRUR 1993, 778.

228 Nordemann, Wettbewerbsrecht/Markenrecht, Rn 3015, mwN.

229 Nordemann, Wettbewerbsrecht/Markenrecht, Rn 3321.

230 Müller-Rabe, in: Gerold/Schmidt/v. Eicken/Madert/Müller-Rabe, RVG, Anhang Rn 159.

231 Müller-Rabe, in: Gerold/Schmidt/v. Eicken/Madert/Müller-Rabe, RVG, Anhang Rn 160.

232 Nordemann, Wettbewerbsrecht/Markenrecht, Rn 3019.

233 OLG Hamburg WRP 1981, 470. Zur Ausnahme – unbedingter Auftrag zu Prozessführung bereits erteilt – sogleich.

ist gemäß RVG VV Vorb. 3 Abs. 4 RVG grundsätzlich mit einem Gebührensatz von bis zu 0,75 Gebühren auf die Verfahrensgebühr im (sich anschließenden) Verfügungs-[234] bzw. Hauptsacheverfahren[235] anzurechnen.

223 Im **Ausnahmefall** kann (statt der Geschäftsgebühr) eine **Verfahrensgebühr** entstehen. Hat der Mandant einen unbedingten Auftrag zur Prozessführung erteilt und ist die Abmahnung das erste Element einer Kette von Prozessführungshandlungen, verdient der Anwalt lediglich eine 0,8 Verfahrensgebühr nach RVG VV 3101 (keine 1,3 Gebühr nach RVG VV Nr. 3100, da die Abmahnung keine der in RVG VV Nr. 3101 genannten Tätigkeiten – wie zB Klage, Antrag, Schriftsatz – ist).[236] Abmahnung und Gerichtsverfahren bilden dann eine Angelegenheit. Der Anwalt sollte vor diesem Hintergrund in der Abmahnung nicht formulieren, dass er für den Fall des fruchtlosen Verstreichens der gesetzten Frist bereits mit der Einleitung gerichtlicher Schritte beauftragt sei, wenn ein derartiger unbedingter Auftrag nicht tatsächlich bereits erteilt wurde (wovon im Beispielsfall nicht ausgegangen wird).[237]

224 Fertigt der Mandant die Abmahnung selbst und wird der Anwalt nur beratend tätig, richtet sich die Vergütung nach RVG VV Nr. 2001 (eine 0,1 bis 1,0 Gebühr). Diese **Beratungsgebühr** ist in vollem Umfang auf eine Geschäfts- oder Verfahrensgebühr anzurechnen.[238] Der Anwalt verdient die Geschäfts-, Verfahrens- oder Beratungsgebühr mit der ersten in Ausführung des Auftrages gemachten Tätigkeit.[239]

225 Bei **mehreren Auftraggebern** erhöht sich die Gebühr nach RVG VV Nr. 1008 pro zusätzlichen Auftraggeber um jeweils 0,3 Gebühren (bis zu 2,0 Gebühren maximal).

226 Eine **Festsetzung** der außergerichtlichen Kosten in einem sich anschließenden Verfahren **als notwendige Kosten im Sinne des § 91 ZPO scheidet** nach ganz herrschender Ansicht **aus.**[240] Die vorgenannten (anwaltlichen) Kosten des Abmahnschreibens können in einem Folgeverfahren gerichtlich nicht festgesetzt werden, da die Abmahnkosten Kosten zur Vermeidung eines Prozesses und keine zu dessen Vorbereitung sind. Dem Abmahnenden steht jedoch, wenn die Abmahnung berechtigt erfolgte, ein **materiellrechtlicher Kostenerstattungsanspruch gegen den Verletzer** zu.[241] Dieser Anspruch folgt aus den Grundsätzen der Geschäftsführung ohne Auftrag (§§ 683, 677, 670 BGB). Für Wettbewerbsstreitigkeiten ist der Erstattungsanspruch nunmehr sogar ausdrücklich in § 12 Abs. 1 Satz 2 UWG kodifiziert. Schließlich kann die Erstattung der Kosten uU im Wege des Schadensersatzes geltend gemacht werden (§§ 14 Abs. 6, 15 Abs. 5 MarkenG, § 9 UWG, §§ 12, 823, 826 BGB), was Vorteile im Hinblick auf den Gerichtsstand einer auf Erstattung der Kosten gerichteten Zahlungsklage haben kann.[242] **Beweisbelastet** für die **Erforderlichkeit der Kosten** ist der **Abmahnende.** Die Beauftragung ist nur dann nicht notwendig, wenn der Mandant ohne die Hilfe des Anwalts ohne weiteres zur Beurteilung der Rechtslage und zum Anfertigen

234 OLG Hamburg WRP 1981, 470.
235 OLG München WRP 1982, 542.
236 Müller-Rabe, in: Gerold/Schmidt/v. Eicken/Madert/Müller-Rabe, RVG, Anhang Rn 161.
237 Vgl hierzu auch Nordemann, Wettbewerbsrecht/Markenrecht, Rn 3019, wo – allerdings ohne Begründung – von der Anrechenbarkeit dieser Verfahrensgebühr auf die später anfallenden gerichtlichen Anwaltsgebühren ausgegangen wird.
238 Müller-Rabe, in: Gerold/Schmidt/v. Eicken/Madert/Müller-Rabe, RVG, Anhang Rn 167.
239 Müller-Rabe, in: Gerold/Schmidt/v. Eicken/Madert/Müller-Rabe, RVG, Anhang Rn 163.
240 Vgl dazu Zöller/Herget, ZPO, § 91 Rn 13 Stichwort „Abmahnung“, mwN; aA OLG Nürnberg JurBüro 1992, 614.
241 Zum Kostenerstattungsanspruch bei mehreren Abmahnungen für denselben Wettbewerbsverstoß vgl Nordemann, Wettbewerbsrecht/Markenrecht, Rn 3019.
242 Siehe Rn 243.

des Abmahnschreibens in der Lage war; dies ist nur in Ausnahmekonstellationen der Fall.[243]

Wirkt im Falle einer Markenrechtsstreitigkeit ein **Patentanwalt** im vorprozessualen Stadium mit, ist **§ 140 Abs. 3 MarkenG analog** anzuwenden.[244] 227

Wegen § 11 Abs. 1 UWG sollte in Fällen, in denen die Abmahnung (auch) mit einem Wett- 228
bewerbsverstoß begründet werden kann, vorsorglich die 6-Monats-Frist – gerechnet ab dem Zeitpunkt der Mahnung als dem hinsichtlich der nicht anrechenbaren Gebühren maßgeblichen Fälligkeitszeitpunkt – notiert werden, innerhalb derer **Maßnahmen der Verjährungshemmung** (§ 204 BGB) zu ergreifen sind.[245]

IV. Vorprozessuale Reaktion auf den Vorwurf der unberechtigten Domain-Registrierung/-Benutzung

1. Ausgangslage

Nicht selten sind die gegen die Registrierung und gegebenenfalls Benutzung der Domain 229
vorgebrachten Ansprüche haltlos oder „schießen über das Ziel hinaus". Der Abgemahnte wird, wenn er dem Verlangen des Anspruchstellers auf Unterzeichnung der Unterlassungserklärung nicht entsprechen will, anwaltlichen Beistand zur Verteidigung gegen die Forderungen des Abmahnenden und gegebenenfalls zur Durchsetzung eigener (prioritätsälterer) Rechte suchen.

2. Mögliche Verteidigungsmittel gegen geltend gemachte Ansprüche

a) Prüfung der Tatsachen- und Rechtslage

Der so beauftragte Anwalt des Domain-Inhabers hat zu klären, ob die Behauptungen der 230
Gegenseite zum Sachverhalt und deren rechtliche Beurteilung zutreffen. Insbesondere wird er folgende Fragen zu beantworten haben:

- Ist der **Anspruchsteller** tatsächlich **Inhaber des** von ihm angeführten **Kennzeichen-** 231
rechts (Marke, Geschäftsbezeichnung) und wann ist dieses erworben worden? Insoweit kann der Anwalt zur Überprüfung der Angaben des Anspruchsstellers (beispielsweise) Einsicht in das Handelsregister nehmen oder zur Überprüfung des Bestehens von Markenrechten auf die Datenbanken des DPMA (nationale Marken), abrufbar über www.dpma.de, bzw. des Harmonisierungsamtes für den Binnenmarkt (Gemeinschaftsmarken), abrufbar unter http://oami.eu.int/, zurückgreifen.
- Existiert möglicherweise ein **Kennzeichenrecht des Mandanten,** das dem des Anspruchs- 232
stellers vorgeht (und unter uU gar Unterlassungs- und Schadensersatzansprüche gegenüber dem Anspruchsteller begründen könnte)? In Betracht kommt neben anderen Zeichenrechten auch – wie oben ausgeführt (Rn 156 ff) – der Domain-Name selbst, dem uU **Schutz als Unternehmenskennzeichen** (§ 5 Abs. 2 Satz 1 MarkenG), als Werktitel (§ 5 Abs. 3 MarkenG) **oder als Name** im Sinne des § 12 BGB zugute kommen kann.[246]
- Liegt in der Verwendung der angegriffenen Domain ein **namens- oder kennzeichenmäßi-** 233
ger Gebrauch? Dies ist beispielsweise bei Verwendung der Domain als generischer Sach-

243 Zu den Ausnahmefällen siehe Müller-Rabe, in: Gerold/Schmidt/v. Eicken/Madert/Müller-Rabe, RVG, Anhang Rn 178 ff, sowie – speziell für das Wettbewerbs- und Markenrecht – Nordemann, Wettbewerbsrecht/Markenrecht, Rn 3019.

244 Ingerl/Rohnke, Markengesetz, Vor §§ 14-19 Rn 152.

245 Zur Verjährung des Abmahnkostenanspruchs vgl BGHZ 115, 210 = GRUR 1992, 176.

246 KG GRUR 2000, 902; OLG München CR 1999, 778 (nicht zur Revision zugelassen: BGH, Beschluss vom 24. Mai 2000, Az I ZR 269/99).

begriff (www.pferd.de) nicht der Fall.[247] An einem entsprechenden Gebrauch fehlt es auch dann, wenn die Domain lediglich auf einen kritisch-wertenden Inhalt der Website hinweist. Insoweit muss der Anwalt auch den Inhalt der Website seines Mandanten berücksichtigen: Ist der Domain-Name zusammengesetzt aus einer fremden Marke (bzw. Firmenbezeichnung) und einem kritisch-wertenden Inhalt, liegt in der Verwendung der Domain kein marken- oder namensmäßiger Gebrauch, wenn der Verkehr den Domain-Namen insgesamt nicht dem dritten Unternehmen zuordnet. Das gilt jedenfalls dann, wenn auf der so adressierten Website ein Informationsforum eingerichtet ist, das sich im negativen Sinne kritisch mit dem Unternehmen des Anspruchstellers befasst. Auch eine wettbewerbsrechtlich relevante Unlauterbarkeit ist in derartigen Konstellationen in der Regel abzulehnen, da das Handeln nicht zu Wettbewerbszwecken erfolgt.[248]

- Besteht **Verwechslungsgefahr** zwischen der Marke/dem Unternehmenskennzeichen des Anspruchstellers und der Domain sowie den darunter jeweils angebotenen Dienstleistungen und/oder Waren?
- Bei fehlender Verwechslungsgefahr: Kann das Kennzeichen des Anspruchstellers **Bekanntheitsschutz** in Anspruch nehmen und führt dies zur unlauteren Ausnutzung oder Beeinträchtigung der Unterscheidungskraft oder Wertschätzung des Kennzeichens?
- Streiten sonstige Gründe gegen einen Löschungsanspruch? Dem Anspruch auf Löschung einer Domain kann auch der Gesichtspunkt von **Treu und Glauben** entgegenstehen, wenn der Anspruchsteller schon vor etlichen Jahren eine Einigung mit dem Inhaber der Domain versucht hat, nach dem Scheitern der Einigungsbemühungen aber über einen erheblichen Zeitraum hinweg nicht den Rechtsweg bestritten hat.[249]

b) Reaktion auf Abmahnung

234 Abhängig vom Ergebnis der vorstehend skizzierten Prüfung kommen folgende Reaktionen auf die Abmahnung in Betracht:

235 **aa) Materielle Einwände gegen die Abmahnung.** Bestehen die vom Anspruchsteller behaupteten Ansprüche nicht (oder sind sie jedenfalls mit Aussicht auf Erfolg angreifbar), sollte der Anwalt der **Abmahnung inhaltlich entgegentreten.**

236 **bb) Originalvollmacht nicht beigefügt.** Selbst wenn die in der Abmahnung gemachten Behauptungen zutreffen, der anwaltlichen Abmahnung aber keine Originalvollmacht beigefügt ist, sollte der Anwalt die **Abmahnung** vorsorglich **unverzüglich zurückweisen,**[250] da – wie bereits oben skizziert – ein Teil der Oberlandesgerichte[251] die Ansicht vertritt, dass § 174 BGB (analog) auf die Abmahnung Anwendung findet.[252] Eine solche Rüge gibt dem Abgemahnten einen gewissen Gewinn an Zeit, innerhalb derer er die betreffende Website aus dem Internet nehmen oder gegenüber der DENIC den Verzicht auf die Domain erklären sowie die geforderte Unterlassungsverpflichtungserklärung abgeben kann. Kommt der Mandant in derartigen Fällen dem Verlangen des Anspruchstellers nach, bevor dessen Anwalt eine Originalvollmacht vorlegt, dürfte ein Anspruch des Anspruchstellers auf Erstat-

247 Siehe oben unter Rn 153 f.
248 OLG Hamburg CR 2004, 861.
249 LG Düsseldorf MMR 2004, 111.
250 Dies sollte vorsorglich natürlich auch dann geschehen, wenn zusätzlich materielle Einwände gegen die Abmahnung vorgebracht werden können.
251 OLG Düsseldorf GRUR 1999, 1039; GRUR-RR 2001, 286; OLG Nürnberg GRUR 1991, 387; GRUR 1999, 1039; OLG Dresden GRUR 1999, 377.
252 OLG Nürnberg NJW-RR 1991, 1393.

tung der Kosten der Abmahnung ausscheiden.[253] Die Unterlassungsverpflichtungserklärung sollte in diesem Fall, soweit für die Entscheidung über den Kostenerstattungsanspruch ein Gericht im Bezirk der entsprechenden Oberlandesgerichte zuständig wäre, nur unter ausdrücklicher **Verwahrung gegen die Kostenlast** abgeben werden.[254] Vorsorglich sollte man zudem – ebenfalls mit Blick auf eine etwaige Auseinandersetzung über den Kostenerstattungsanspruch des Anspruchstellers – den **Rechtsstandpunkt des Mandanten aufrecht erhalten.** Eine solche Einschränkung hindert, sofern der unbedingte Wille zur Einhaltung der Unterlassungsverpflichtung deutlich wird, den Wegfall der Wiederholungsgefahr nicht.[255]

▶ **Muster: Verwahrung gegen Kostenlast** 237

61

Weil der durch eine streitige Auseinandersetzung entstehende Aufwand außer Verhältnis zu der Bedeutung der Sache stehen würde, hat sich unsere Mandantin entschieden, unter Aufrechterhaltung ihres vorstehend dargelegten Rechtsstandpunktes, aber rechtsverbindlich, die als Anlage beigefügte Unterlassungsverpflichtungserklärung – allerdings unter ausdrücklicher Verwahrung gegen die durch Ihre Beauftragung verursachte Kostenlast – abzugeben. ◀

Eine (wettbewerbsrechtliche) Abmahnung kann auch missbräuchlich sein. Der BGH hat in den Fällen **missbräuchlicher Mehrfachabmahnung** ausdrücklich festgestellt, dass eine Abmahnung, sofern sie missbräuchlich ist, nicht nur dazu führt, dass sie unbeachtlich ist, sondern dass für die Durchsetzung des Anspruchs auf Unterlassung keine gerichtliche Hilfe in Anspruch genommen werden kann (vgl § 8 Abs. 4 UWG).[256] 238

cc) Weder materielle noch formelle Einwände möglich. War der Abmahnung eine Originalvollmacht beigefügt und sind auch keine sonstigen Verteidigungsmittel ersichtlich, wird man dem Mandanten in der Regel raten müssen, die Unterlassungsverpflichtungserklärung abzugeben.[257] 239

Allerdings sind Ausnahmen möglich. Sofern der Mandant im geschäftlichen Verkehr in erheblichem Maße mit Erfüllungsgehilfen zusammenarbeiten muss, kann dem Mandanten im Hinblick auf die bei Vertragsstrafeversprechen bestehende Haftung auch für Wiederholungshandlungen solcher Gehilfen[258] **unter Umständen zu raten sein, den Erlass einer einstweiligen Verfügung hinzunehmen und diese durch eine sofortige Abschlusserklä-** 240

253 Vgl nur Teplitzky, Wettbewerbsrechtliche Ansprüche und Verfahren, Kapitel 41, der (aaO, Rn 6 b) die Frage des Vollmachtserfordernisses als „maßlos überschätzte und eher unnötigerweise hochgespielte Frage" ansieht und (aaO, Rn 6 b, Fn 30) hier eine „Spielwiese für schikanefreudige Streitparteien und deren Anwälte" ausmacht, aber – trotz dieser überzogenen Kritik (der Rechtsanwalt hat mit den ihm zu Gebote stehenden, zulässigen Mitteln die Interessen des Mandanten zu wahren; dass diese verfolgt werden, ist nicht per se Ausdruck von „Schikanefreude") – die Ansicht billigt, dass der Abgemahnte dann keine Abmahnkosten zu tragen hat, wenn er das Verlangen des Abmahnenden mit der Zusage der sofortigen und einschränkungslosen Unterwerfung für den Fall der Vollmacht verbindet (aaO, Rn 6 b). Erst recht muss dann eine negative Kostenfolge für den Abgemahnten ausscheiden, wenn die Unterlassungsverpflichtungserklärung unbedingt, wenngleich unter Verwahrung gegen die Kostenlast abgegeben wird.

254 Auf die Erklärung einer auflösenden Bedingung der Nichtvorlage einer Originalvollmacht – vgl Teplitzky, Wettbewerbsrechtliche Ansprüche und Verfahren, Kapitel 41 Rn 6 b – sollte verzichtet werden, weil bzw. solange nicht gerichtlich geklärt ist, ob eine derart bedingte Erklärung die Wiederholungsgefahr ausräumen kann.

255 Vgl Teplitzky, Wettbewerbsrechtliche Ansprüche und Verfahren, Kapitel 41 Rn 6 b.

256 BGHZ 149, 371. Vgl dazu auch [Verweis auf UWG-Teil].

257 Teplitzky, Wettbewerbsrechtliche Ansprüche und Verfahren, Kapitel 41 Rn 44, mwN.

258 Vgl hierzu Teplitzky, Wettbewerbsrechtliche Ansprüche und Verfahren, Kapitel 20 Rn 15, mit umfangreichen Nachweisen zur Rechtsprechung des BGH.

rung[259] **anzuerkennen,**[260] weil er bei Verstößen gegen einen gerichtlichen Titel – und im sich anschließenden Ordnungsmittelverfahren nach § 890 ZPO[261] – nur für eigenes Verschulden (allerdings auch in Form des sog. Organisationsverschuldens) einzustehen hat.[262]

241 Wenn dem Mandanten geraten wird, sich zu unterwerfen, ist allerdings zu prüfen, ob die vorformulierte Erklärung nach **Art und Umfang** diejenige **Unterlassungspflicht** bezeichnet, die der Mandant schuldet, und **nicht zu weit** geht. Zu beachten ist dabei, dass ein zu weit gefasstes, aber grundsätzlich begründetes Unterlassungsgebot den Abgemahnten nicht der Obliegenheit enthebt, eine enger gefasste Unterlassungsverpflichtungserklärung abzugeben.[263]

242 Möglich ist es – gerade bei noch nicht höchstrichterlich geklärten, im konkreten Fall streitentscheidenden Fragestellungen –, eine **auflösende Bedingung** des Inhaltes aufzunehmen, dass der Bestand der Erklärung an die höchstrichterliche Klärung der zugrunde liegenden Rechtsfrage im Sinne des Abgemahnten oder an eine Änderung der Sach- und Rechtslage zu seinen Gunsten gebunden wird.[264] Denkbar ist – jedenfalls soweit wettbewerbsrechtlich begründete Unterlassungsansprüche in Rede stehen – zudem, in die Unterwerfungserklärung die Klarstellung aufzunehmen, dass die im etwaigen Verletzungsfalle begründeten vertraglichen Unterlassungs- und Schadensersatzansprüche der kürzeren (sechsmonatigen) Verjährungsfrist unterliegen sollen, soweit sie nicht aus vorsätzlichen Verstößen resultieren; eine solche Einschränkung soll der Unterlassungsverpflichtungserklärung nicht ihre wiederholungsgefahrbeseitigende Wirkung nehmen können.[265]

243 Schließlich sollte der Anwalt den Mandanten auch hier auf die Möglichkeit hinweisen, sich **isoliert gegen die Kostentragungspflicht** zu **wehren** (zur Formulierung Rn 237 f). Gerade in Fällen, in denen der Anspruchsteller den Abgemahnten an dessen Wohnort bzw. Sitz verklagen muss (§ 12 ZPO) und der Wohnort/Sitz des Anspruchsstellers örtlich weit von demjenigen des Abgemahnten entfernt ist, besteht eine gewisse Wahrscheinlichkeit, dass der Anspruchsteller die damit verbundenen Kosten angesichts der im Regelfall eher geringen Kostenforderung scheuen wird. Das entsprechende Risiko einer gerichtlichen Geltendmachung des Kostenerstattungsanspruches wird allerdings höher sein, wenn der deliktische Gerichtstand des § 32 ZPO wegen einer schuldhaften Rechtsverletzung im Internet[266] eröffnet ist, so dass der Anspruchsteller uU an seinen Wohnort/Sitz klagen kann.[267]

244 **dd) Angebot des Abschlusses einer Abgrenzungs- und Vorrechtsvereinbarung.** Gerade in Konstellationen, in denen die Chancen beider Seiten ausgeglichen sind, kann auch daran gedacht werden, der Gegenseite den Abschluss einer im Markenrecht verbreiteten – nur inter partes wirkenden – **Abgrenzungs- und Vorrechtsvereinbarung** vorzuschlagen.[268]

259 Dazu unter Rn 352 ff.
260 Teplitzky, Wettbewerbsrechtliche Ansprüche und Verfahren, Kapitel 41 Rn 45, mwN und weiterführenden Hinweisen.
261 Dazu unter „Wettbewerbsrecht" Rn 552 ff.
262 Teplitzky, Wettbewerbsrechtliche Ansprüche und Verfahren, Kapitel 41 Rn 45.
263 Vgl OLG Stuttgart WRP 1985, 53; OLG Düsseldorf WRP 1988, 107; aA OLG München WRP 1982, 600, 601.
264 BGH GRUR 1993, 677; Mellulis, Handbuch des Wettbewerbsprozesses, Rn 617, mwN.
265 Teplitzky, Wettbewerbsrechtliche Ansprüche und Verfahren, Kapitel 16 Rn 21.
266 Vgl dazu Bachmann, IPRax 1998, 179; sog. „fliegender Gerichtsstand", vgl KG NJW 1997, 3321; LG Düsseldorf NJW-RR 1998, 980; aA OLG Celle, 2003, 47 (nur am Ort des tatsächlichen Erfolgseintritts); siehe zum Gerichtsstand bei über das Internet begangenen Verstößen Rn 267.
267 Für die Geltendmachung des Kostenerstattungsanspruches im Gerichtsstand des § 32 ZPO OLG Konstanz WRP 1978, 566, dagegen LG Berlin WRP 1979, 823, und Zöller/Vollkommer, ZPO, § 32 Rn 17 aE.
268 Weiterführend zu diesem Komplex u.a. Heil, GRUR 1975, 155; Winter, GRUR 1977, 467; Harte, GRUR 1978, 501; Formulierungshinweise bei Storkebaum, GRUR 1976, 121.

Diese Vereinbarung könnte im hier gebildeten „Musterfall“ beispielsweise den Inhalt haben, dass sich der Mandant verpflichtet, in Zukunft nur (näher bestimmte) Computerhardware (nicht aber zB korrespondierende Dienstleistungen wie Consulting im Zusammenhang mit Netzwerken, Softwareerstellung etc.) unter der Domain anzubieten, ihm die Benutzung der Domain im Übrigen aber vom Abmahnenden gestattet wird. 245

c) Muster eines Antwortschreibens mit Erläuterungen

aa) Muster: Antwortschreiben 246

▶ Per Einschreiben/Rückschein 62

▪▪▪ [Name und Anschrift des Anwalts des Abmahnenden]

Vorab per Telefax

▪▪▪

▪▪▪ ./. ▪▪▪ GmbH

Sehr geehrter Herr Kollege ▪▪▪,

in der vorgenannten Angelegenheit zeigen wir an, dass uns die ▪▪▪ GmbH, ▪▪▪, mit der Wahrnehmung ihrer Interessen beauftragt hat. Eine auf uns lautende Originalvollmacht liegt bei.

Uns liegt Ihr Abmahnschreiben vom 1. März 2005 vor. Soweit Sie darin den Standpunkt bezogen haben, Ihrer Mandantin stünden Unterlassungs- und Schadensersatzansprüche gegen unsere Mandantin zu, geht dies fehl.

Das Gegenteil ist der Fall: Unsere Mandantin hat sich die Domain „▪▪▪.de“ bereits am 26. Oktober 2003 bei der ▪▪▪ e.G. registrieren lassen und bietet unter dieser Domain seit dem Juli 2004 bundesweit Beratung im Zusammenhang mit der gewerblichen Computer- und Netzwerknutzung an. Damit hat unsere Mandantin bereits mit Wirkung vom 26. Oktober 2003 die Rechte an der besonderen Geschäftsbezeichnung und dem Namen „▪▪▪“ erworben. Ihre Mandantin ist demgegenüber, wie sich aus einem uns vorliegenden Handelsregisterauszug ergibt, erst seit dem Dezember 2003 gewerblich tätig, unter der jetzigen Firma ▪▪▪ Electronic GmbH sogar erst seit April 2004. Frühestens seit diesem Zeitpunkt kann Ihre Mandantin, was unsere Mandantin ohnehin mit Nichtwissen bestreiten muss, das Schlagwort „▪▪▪“ in Werbeprospekten benutzt haben. Weil unsere Mandantin daher ein prioritätsälteres Kennzeichen- und Namensrecht an „▪▪▪“ erworben hat und – wie Sie selbst zutreffend festgestellt haben – eine Verwechslungsgefahr zwischen den sich gegenüberstehenden Zeichen zu konstatieren ist, steht unserer Mandantin gegen Ihre Mandantin ein Unterlassungsanspruch gemäß § 15 Abs. 2, 4 MarkenG zu. Wir haben Ihre Mandantin deshalb namens und im Auftrag unserer Mandantin aufzufordern, die beiliegende strafbewehrte Unterlassungsverpflichtungserklärung bis spätestens zum

11. März 2005

(Datum des Eingangs der Erklärung bei uns) abzugeben. Zur Wahrung der Frist genügt die Übersendung per Telefaxschreiben, wenn das Original der Unterlassungsverpflichtungserklärung unverzüglich auf dem Postweg nachfolgt. Durch die Abgabe dieser Erklärung kann Ihre Mandantin die von ihr gesetzte Wiederholungsgefahr ausräumen und damit die Einleitung gerichtlicher Schritte vermeiden.

Aufgrund der Schadensersatzpflicht Ihrer Mandantin (§ 15 Abs. 5 MarkenG, §§ 12, 823, 826 BGB) sowie ferner nach den Grundsätzen der Geschäftsführung ohne Auftrag (§§ 683, 677, 670 BGB) ist Ihre Mandantin zum Ersatz derjenigen Kosten verpflichtet, die aus unserer Beauftragung entstanden sind. Wir haben Ihre Mandantin deshalb zugleich aufzufordern, den geschuldeten Betrag bis spätestens zum

18. März 2005

unter Angabe unseres o.g. Aktenzeichens auf folgendes Konto zu überweisen: ▪▪▪. Geldempfangsvollmacht ist ausweislich der beigefügten Vollmachtsurkunde gegeben. Für den Fall, dass die gesetzten Fristen ergebnislos verstreichen sollten, werden wir unserer Mandantin empfehlen, unverzüglich gerichtliche Hilfe zur Wahrung ihrer Rechte in Anspruch zu nehmen.

Mit freundlichen kollegialen Grüßen

▪▪▪

Rechtsanwalt

[Anlage: Unterlassungsverpflichtungserklärung] ◄

247 **bb) Erläuterungen.** Die vorliegende Reaktion ist eine „echte" **markenrechtliche Abmahnung**, mit der ein (vermeintlich)[269] prioritätsälteres, durch Benutzung der Domain erworbenes Kennzeichenrecht geltend gemacht wird. Es kann deshalb zunächst auf die Ausführungen unter Rn 193 ff verwiesen werden. Folgende ergänzende Erläuterungen sind angebracht:

248 **(1) Negative Feststellungsklage und sog. „Gegenabmahnung".** Die ursprüngliche Abmahnung kann nicht nur wegen etwaiger prioritätsälterer Rechte des Abgemahnten, sondern auch aus anderen Gründen unberechtigt sein. So mag etwa der Mandant gar nicht Inhaber der Domain und damit nicht passivlegitimiert sein. Im Falle einer unberechtigten Abmahnung hat der Abgemahnte stets die Möglichkeit, Klage zu erheben, die auf verbindliche Feststellung gerichtet ist, dass die vom Abmahnenden geltend gemachten (Unterlassung-) Ansprüche nicht bestehen. Derjenige, der unberechtigt zur Löschung seiner Domain-Registrierung aufgefordert worden ist, hat ein schutzwürdiges Interesse an der gerichtlichen Feststellung daran, dass der Anspruchsteller keine Rechte an der Domain herleiten kann.[270] Eine **Gegenabmahnung** vor der Erhebung einer entsprechenden Klage ist **regelmäßig nicht erforderlich.**[271] Für den Fall eines sofortigen Anerkenntnisses der Gegenseite droht die Kostenfolge des § 93 ZPO **nur** in seltenen Fällen. Die Gegenabmahnung ist dann angezeigt, **wenn** eine **längere Zeitspanne** nach der ersten Abmahnung **verstrichen** ist, innerhalb derer der Abmahnende noch keine gerichtlichen Schritte eingeleitet hat.[272] Die Gegenabmahnung ist ferner erforderlich, wenn durch die Gegenabmahnung **offensichtlich unrichtige Annahmen** des Abmahnenden richtiggestellt werden können und deshalb mit einer Änderung der Auffassung des Abmahnenden zu rechnen ist.[273]

249 **(2) Gegenstandswert und Gebühren.** Wird der Anwalt für den Abgemahnten tätig, können unterschiedliche Aufträge vorliegen.[274] Sofern der Anwalt (wie in dem im Muster wiedergegebenen Sachverhalt) eine echte Abmahnung verfassen soll, gelten die oben unter Rn 221 ff gemachten Erläuterungen.

250 Sofern lediglich ein „normales" Antwortschreiben verfasst wird, wird im **Regelfall** nur eine **Geschäftsgebühr** anfallen. Beauftragt der Mandant den Anwalt, ihn außergerichtlich zu vertreten und gegebenenfalls den Abmahnenden aufzufordern, seinerseits eine Unterlas-

---

269 Zur Frage, ob im hier gebildeten Fall das Datum der Domain-Registrierung prioritätsbegründend sein könnte, vgl Rn 158.
270 LG Düsseldorf MMR 2004, 111.
271 BGH GRUR 2004, 790.
272 BGH GRUR 2004, 790.
273 BGH GRUR 2004, 790.
274 Müller-Rabe, in: Gerold/Schmidt/v. Eicken/Madert/Müller-Rabe, RVG, Anhang, Rn 199.

sungserklärung abzugeben,[275] richten sich die Gebühren daher nach RVG VV Nr. 2400 f (eine 0,5 bis 2,5 Gebühr, regelmäßig 1,3 Gebühr).[276] Die außergerichtliche Vertretung (bzw. das Reaktionsschreiben) und das sich anschließende Gerichtsverfahren (bzw. das Abschlussschreiben) bilden zwei separate Angelegenheiten.[277] Die Geschäftsgebühr ist gemäß RVG VV Vorb. 3 Abs. 4 grundsätzlich mit einem Gebührensatz von bis zu 0,75 Gebühren auf die Verfahrensgebühr im (sich anschließenden) Verfügungs- bzw. Hauptsacheverfahren anzurechnen. **Im Ausnahmefall** kann auch eine **Verfahrensgebühr** entstehen. Hat der Mandant einen unbedingten Auftrag zur Prozessführung erteilt und ist die Reaktion auf die Abmahnung das erste Element einer Kette von Prozessführungshandlungen, verdient der Anwalt eine Verfahrensgebühr nach RVG VV Nr. 3100 f.[278] Diese Tätigkeit bildet mit dem Gerichtsverfahren eine Angelegenheit.[279] Im Falle einer bloßen Beratungsanfrage (ohne den Auftrag, ein Antwortschreiben zu fertigen) verdient der Anwalt die (auf Geschäfts- oder Verfahrensgebühr voll anzurechnende) **Beratungsgebühr** nach RVG VV Nr. 2100 f (0,1 bis 1,0 Gebühr).

Eine **Kostenerstattung** im anschließenden Feststellungsverfahren erzielt der Abgemahnte nur über den „Umweg“ eines materiellen Erstattungsanspruchs; es gilt insoweit spiegelbildlich das für den Fall der berechtigten Abmahnung Gesagte.[280] Für den Fall der (bloßen) **Gegenabmahnung** hat der BGH entschieden, dass die dadurch verursachten Kosten mangels Erforderlichkeit eines solchen Schreibens[281] nur ausnahmsweise vom (zuerst) Abmahnenden zu tragen sind.[282] 251

d) Hinterlegung einer Schutzschrift

Sind die von der Gegenseite behaupteten Ansprüche angreifbar, droht aber der Erlass einer einstweiligen Verfügung im Beschlusswege (also ohne mündliche Verhandlung), kann die Hinterlegung einer sog. Schutzschrift sinnvoll sein. Die Schutzschrift wird wegen ihrer **Nähe zum Verfügungsverfahren** im folgenden Abschnitt behandelt.[283] 252

B. Prozess

I. Antrag auf Erlass einer einstweiligen Verfügung

Gibt der Abgemahnte die Unterlassungsverpflichtungserklärung nicht ab, wird es sich – weil nur auf diesem Wege die Rechte des Mandanten zügig gesichert werden können – regelmäßig empfehlen, einen Antrag auf Erlass einer einstweiligen Verfügung zu stellen. 253

1. Vor- und Nachteile des Verfügungsverfahrens

Der Anwalt sollte den Mandanten vor der Entscheidung, ob dieser Schritt gegangen wird, über die folgenden Punkte aufklären: 254

a) Verhältnis zur Hauptsacheklage

Die einstweilige Verfügung führt **nur** zu einer **vorläufigen Regelung zur Sicherung eines Individualanspruches** bzw. der einstweiligen Regelung eines streitigen Rechtsverhältnisses; 255

275 Zu den kostenrechtlichen Folgen des Auftrags, zusätzlich eine Schutzschrift zu hinterlegen, siehe Rn 305.
276 Müller-Rabe, in: Gerold/Schmidt/v. Eicken/Madert/Müller-Rabe, RVG, Anhang, Rn 188.
277 Müller-Rabe, in: Gerold/Schmidt/v. Eicken/Madert/Müller-Rabe, RVG, Anhang, Rn 193.
278 Müller-Rabe, in: Gerold/Schmidt/v. Eicken/Madert/Müller-Rabe, RVG, Anhang, Rn 188.
279 Müller-Rabe, in: Gerold/Schmidt/v. Eicken/Madert/Müller-Rabe, RVG, Anhang, Rn 193.
280 Hierzu unter Rn 226.
281 Dazu unter Rn 197 f.
282 BGH GRUR 2004, 790.
283 Dazu unter Rn 294 ff.

die endgültige Regelung bleibt einem Hauptsacheverfahren vorbehalten. Der Erlass einer einstweiligen Verfügung beseitigt nicht die Wiederholungsgefahr und damit auch nicht den Unterlassungsanspruch.

256 Wegen der unterschiedlichen Rechtsschutzziele und insbesondere abweichenden Rechtskraftwirkungen (vgl § 927 ZPO)[284] sind **Hauptsacheverfahren und einstweiliges Verfügungsverfahren nebeneinander zulässig,**[285] der Übergang vom Verfügungsverfahren in den Hauptsacheprozess ist hingegen ausgeschlossen.[286]

b) Regelmäßig nur Unterlassungsansprüche durchsetzbar

257 Im Verfügungsverfahren können **regelmäßig nur Unterlassungsansprüche**[287] geltend gemacht werden.[288] Es stellt sich dabei die Frage, ob bereits im Verfügungsverfahren die Löschung der Domain (durch Abgabe der Verzichtserklärung gegenüber der DENIC) durchgesetzt werden kann (Rn 273). Zudem ist im Einzelfall zu prüfen, ob ausnahmsweise – unter Durchbrechung des Verbots der Vorwegnahme der Hauptsache – bereits im Verfügungsverfahren auch Auskunftsansprüche (vgl § 19 Abs. 3 MarkenG)[289] geltend gemacht werden können. Die Geltendmachung von Schadensersatzansprüchen bleibt indes in jedem Falle dem Hauptsacheverfahren vorbehalten.[290]

c) Eingeschränkte Verjährungshemmung

258 Die Zustellung eines Antrags auf Erlass einer einstweiligen Verfügung – unter den Voraussetzungen des § 167 ZPO mit Rückwirkung auf den Zeitpunkt des Eingangs des Antrags beim Gericht – **hemmt** zwar gemäß § 204 Abs. 1 Nr. 9 BGB die **Verjährung,** allerdings **nur hinsichtlich des Anspruchs, der durch den Antrag gesichert werden soll.**[291] Sofern – wie dies regelmäßig der Fall sein wird (s.o.) – nur Unterlassungsansprüche im Verfügungsverfahren durchgesetzt werden, begründet der Antrag auf Erlass der einstweiligen Verfügung also insbesondere **keine Hemmungswirkung hinsichtlich etwaiger Auskunfts- und Schadensersatzansprüche.**[292]

d) Dringlichkeit erforderlich

259 Der **Verfügungsgrund** (§§ 936, 917 ZPO) stellt die praktisch bedeutsamste (und eine besondere Form des Rechtsschutzbedürfnisses darstellende) Voraussetzung[293] für den Erlass einer einstweiligen Verfügung dar. Fehlt es an der Dringlichkeit, wird der Antrag zurück-

284 Zur formellen und (beschränkten) materiellen Rechtskraft von Entscheidungen im Arrest- und Verfügungsverfahren vgl Zöller/Vollkommer, Vor § 916 Rn 13, mwN.

285 OLG Hamm NJW-RR 1991, 1335; Zöller/Vollkommer, Vor § 916 Rn 1 b.

286 Zöller/Vollkommer, Vor § 916 Rn 3 aE, § 920 Rn 14, mwN. Der Übergang vom Verfügungsverfahren in das Arrestverfahren ist hingegen zulässig (ebenda).

287 Zur Geltendmachung von etwaigen – bei Domainstreitigkeiten kaum praxisrelevanten – Sequestrationsansprüchen im Verfügungsverfahren vgl Mellulis, Handbuch des Wettbewerbsprozesses, Rn 148.

288 Vgl nur Nordemann, Wettbewerbsrecht/Markenrecht, Rn 3071 ff, mwN.

289 Hierzu unter Rn 274.

290 Vgl nur Mellulis, Handbuch des Wettbewerbsprozesses, Rn 147 f; Nordemann, Wettbewerbsrecht/Markenrecht, Rn 3071, mwN.

291 Palandt/Heinrichs § 204 Rn 24, auch zur fehlenden Hemmungswirkung bei missbräuchlich gestelltem Verfügungsantrag.

292 Palandt/Heinrichs § 204 Rn 24, unter Verweis auf Schabenberger, WRP, 2002, 293, und Maurer, GRUR 2003, 208.

293 Teplitzky, Wettbewerbsrechtliche Ansprüche und Verfahren, Kapitel 54 Rn 14.

gewiesen.[294] Selbst wenn zugunsten des Mandanten bei einer wettbewerbsrechtlichen und markenrechtlichen Anspruchsgrundlage die **Vermutung der Dringlichkeit** (§ 12 Abs. 2 UWG)[295] eingreift – bei Ansprüchen aus § 12 BGB wird dies von der Rechtsprechung verneint,[296] die Dringlichkeit ist hier also näher zu begründen und glaubhaft zu machen –, kann diese Vermutung widerlegt werden. In Betracht kommt insoweit insbesondere die Widerlegung der Dringlichkeitsvermutung durch eigenes Verhalten des Verletzten nach Kenntniserlangung.[297] Der Anwalt sollte bereits bei der ersten Kontaktaufnahme mit dem Mandanten in Erfahrung bringen, wann der Mandant **Kenntnis von der Verletzungshandlung** erlangt hat.

Zur Selbstwiderlegung der Dringlichkeit kann es kommen, wenn der Verletzer nach Er- 260
langung positiver Kenntnis der Tatumstände[298] zu erkennen gegeben hat, dass ihm die Verfolgung/Sicherung seiner Ansprüche nicht eilig war. Die Gerichte bewerten die zulässige, die Dringlichkeit nicht ausschließende Zeitspanne zum Teil sehr unterschiedlich; die für unschädlich erachtete Zeitspanne zwischen Kenntniserlangung und Stellung des Antrags kann danach zwischen über vier Wochen[299] und bis zu sechs Monaten[300] liegen. Diese Fristen waren jeweils Ergebnis einer fallbezogenen Abwägung und sind abhängig davon, ob ein sachlicher Grund für die Verzögerung existiert;[301] die entsprechenden Urteile können daher nur vage Anhaltspunkte für künftige Fälle bieten.[302]

Der Anwalt befindet sich auf dem **„sichersten Weg"** und tut deshalb gut daran, vorsorglich 261
von einer kurzen Frist (ca. **vier Wochen**) auszugehen, diese zu **notieren**, umgehend die Abmahnung zu fertigen und bei fruchtlosem Verstreichen der in der Abmahnung gesetzten Frist zur Abgabe der Unterlassungsverpflichtungserklärung unverzüglich die Antragsschrift zu fertigen und einzureichen.[303]

e) Mögliche Schadensersatzpflicht nach § 945 ZPO

Zu berücksichtigen ist bei der Entscheidung über die Einreichung des Antrags auf Erlass 262
einer einstweiligen Verfügung (und des Inhalts der Antragschrift), dass der Antragsteller

294 Zum – für die Praxis bedeutungslosen – Streit, ob bei Fehlen der Dringlichkeit der Antrag als unzulässig oder unbegründet abzuweisen ist, vgl einerseits – für Abweisung als unzulässig – Teplitzky, Wettbewerbsrechtliche Ansprüche und Verfahren, Kapitel 54 Rn 15 und andererseits – für Abweisung als unbegründet – Zöller/Vollkommer, ZPO, § 917 Rn 3, jeweils mwN.

295 Die analoge Anwendbarkeit des § 12 Abs. 2 UWG (entspricht § 25 UWG in der vor dem 8. Juli 2004 geltenden Fassung des UWG) auf markenrechtliche Ansprüche wird von der Mehrzahl der Oberlandesgerichte befürwortet. Vgl nur OLG Stuttgart WRP 1997, 118; OLG Hamburg WRP 197, 106, und GRUR 1999, 739; OLG Dresden NJWE-WettbR 1999, 133; KG NJWE-WettbR 1999, 923; OLG Köln NJWE-WettbR 2000, 115, und GRUR 2001, 424.

296 OLG Frankfurt OLGZ 1989, 113; OLG Düsseldorf WRP 1989, 387; ebenso in der Literatur u.a. Teplitzky, Wettbewerbsrechtliche Ansprüche und Verfahren, Kapitel 54 Rn 20 b, mwN, auch zur gegenteiligen Ansicht.

297 Vgl dazu etwa Nordemann, Wettbewerbsrecht/Markenrecht, Rn 3061 ff, auch zur Fallgruppe der Widerlegung der Dringlichkeit durch eine Befristung der (verletzenden) Aktion (aaO, Rn 3062).

298 OLG Köln NJWE-WettbR 1999, 238; OLG Köln NJWE-WettbR 1999, 252. Vgl dazu und zur Wissenszurechnung (§ 166 BGB) näher Nordemann, Wettbewerbsrecht/Markenrecht, Rn 3062; mwN.

299 OLG München WRP 1983, 643; OLG München GRUR 1992, 328 (allerdings unter der Voraussetzung, dass der Antragsteller alle für die Begründung/Glaubhaftmachung des Antrags erforderlichen Unterlagen bereits hatte).

300 OLG Frankfurt GRUR 1979, 325 (vgl allerdings auch OLG Frankfurt WRP 1988, 744); OLG Hamm WRP 1981, 473 (vgl aber auch OLG Hamm NJWE-WettbR 1996, 164). Weitere Rechtsprechungsnachweise bei Nordemann, Wettbewerbsrecht/Markenrecht, Rn 3062.

301 Vgl insoweit Mellulis, Handbuch des Wettbewerbsprozesses, Rn 171 ff, auch (Rn 173) zum Wiederaufleben der Dringlichkeit bei erneuten Verstößen des Verletzers oder sonstigen einschneidenden Änderungen.

302 Darauf weist Mellulis, Handbuch des Wettbewerbsprozesses, Rn 172 Fn 9, hin.

303 Zur Gefahr der Selbstwiderlegung der Dringlichkeit im Prozessverlauf unter Rn 259. Dies bedeutet natürlich nicht, dass dann, wenn die Vier-Wochen-Frist bei Annahme des Mandates bereits erlassen ist, dem Mandanten von der Beantragung einstweiligen Rechtsschutzes generell abgeraten werden sollte. Nur sollte der Mandant dann – schriftlich – auf die (Kosten-)Risiken hingewiesen werden.

dem Antragsgegner zum Schadensersatz verpflichtet sein kann, wenn sich die Anordnung der einstweiligen Verfügung als von Anfang an ungerechtfertigt erweist oder wenn die einstweilige Verfügung auf Grund des § 926 Abs. 2 ZPO oder des § 942 Abs. 3 ZPO aufgehoben wird (§ 945 ZPO).[304] Dann kann sich dasjenige, was zunächst für den Mandanten positiv war – die sofortige Untersagung der Benutzung der Domain – als „Bumerang" erweisen, insbesondere dann, wenn es sich bei der Gegenseite um ein Unternehmen und nicht um eine Privatperson handelt. Gerade in diesen Fällen ist unter den Voraussetzungen des § 945 ZPO der dem Antragsteller (Mandanten) letztlich drohende Schaden umso höher, je mehr sich der (vermeintliche) Verletzer der Unterlassungsverfügung gebeugt hat und dadurch negative Auswirkungen auf seinen Geschäftsbetrieb hat hinnehmen müssen.[305]

2. Antrag auf Erlass einer einstweiligen Verfügung mit Erläuterungen

263 **a) Muster: Antrag auf Erlass einer einstweiligen Verfügung**

63 ▶ An das Landgericht ▪▪▪

Vorab per Telefax

Antrag auf Erlass einer einstweiligen Verfügung

der ▪▪▪ GmbH, vertreten durch ihren Geschäftsführer ▪▪▪,

Antragstellerin,

Verfahrensbevollmächtigte: ▪▪▪,

gegen

▪▪▪ GmbH, vertreten durch ihren Geschäftsführer ▪▪▪,

Antragsgegnerin,

voraussichtliche Verfahrensbevollmächtigte: ▪▪▪,

wegen: Domain-Streitigkeit

vorläufiger Streitwert: EUR 20.000,00

Namens und in Vollmacht der Antragstellerin beantragen wir – der Dringlichkeit des Falles halber ohne mündliche Verhandlung und durch den Kammervorsitzenden allein – im Wege der einstweiligen Verfügung Folgendes anzuordnen:

1. Die Antragsgegnerin hat es bei Vermeidung eines vom Gericht für jeden Fall der Zuwiderhandlung festzusetzenden Ordnungsgeldes bis zu EUR 250.000,00, ersatzweise Ordnungshaft oder Ordnungshaft von bis zu 6 Monaten, diese zu vollziehen am Geschäftsführer der Antragsgegnerin, zu unterlassen, den Domain-Namen „KUMMERTECH.de" zu verwenden oder verwenden zu lassen, insbesondere diesen auf einer Homepage zu benutzen oder benutzen zu lassen.
2. Der Antragsgegnerin wird aufgegeben, gegenüber der Registrierungsstelle DENIC Domain Verwaltungs- und Betriebsgesellschaft e.G. auf die Registrierung des Domain-Namens „KUMMERTECH.de" bis spätestens zum 31. März 2005 zu verzichten.

Begründung

I. Zum Sachverhalt

Die Antragstellerin ist ein Handelsunternehmen für Computerhardware und Software mit Sitz in Berlin. Sie ist aus der im Jahre 1999 gegründeten MEDIAEXPRESS GmbH hervorgegangen und

304 Einzelheiten u.a. bei Sack, WRP 2005, 253.

305 Vgl Teplitzky, Wettbewerbsrechtliche Ansprüche und Verfahren, Kapitel 36 Rn 3 ff.

unter ihrer im Rubrum wiedergegebenen Firma im Handelsregister des Amtsgerichts Charlottenburg eingetragen. Eine Ablichtung des Handelsregisterauszugs folgt in Ablichtung als

Anlage AS 1.

Die Antragstellerin vertreibt unter der im Rubrum aufgeführten Firma seit April 2004 bundesweit Computerhardware und Software.

Glaubhaftmachung: Eidesstattliche Versicherung des Geschäftsführers der Antragstellerin,

Anlage AS 2.

Sie setzt dabei den Firmenbestandteil „KUMMERTECH" als Schlagwort bei der Werbung für die von ihr vertriebenen Produkte ein.

Glaubhaftmachung: Verkaufsprospekt der Antragstellerin, Ausgabe Februar 2005,

Anlage AS 3.

Als die Antragstellerin am 24. Februar 2005 den Domain-Namen „KUMMERTECH.de" registrieren lassen wollte, wurde sie darauf aufmerksam, dass die Antragsgegnerin unter diesem Domain-Namen im Internet auftritt, Beratungsdienstleistungen für Computerhardware und Computernetzwerke anbietet und die Besucher der Website für genauere Informationen zu diesem Angebot auf die Website www.SHADYCONSULT.de verweist sowie zu diesem Zweck einen Link auf diese Website gelegt hat.

Glaubhaftmachung:

1. Eidesstattliche Versicherung des Geschäftsführers der Antragstellerin,
   Anlage AS 2;
2. Ausdrucke der Website www.KUMMERTECH.de
   Anlage AS 4;
3. Ausdrucke der Website www.SHADYCONSULT.de
   Anlage AS 5;

Nach den Angaben auf den vorgenannten Websites werden diese von der Antragsgegnerin betrieben. Eine Abfrage der Antragstellerin bei der WHOIS-Datenbank der zuständigen Registrierungsstelle DENIC Verwaltungs- und Betriebsgesellschaft e.G. hat ergeben, dass die oben genannte Domain „KUMMERTECH.de" für die Antragsgegnerin registriert ist. Ein Ausdruck der elektronischen Auskunft vom 25. Februar 2005 folgt als

Anlage AS 6.

Die Antragsgegnerin ist mit anwaltlichem Schreiben vom 1. März 2005, in Ablichtung beigefügt als

Anlage AS 7,

abgemahnt und aufgefordert worden, eine strafbewehrte Unterlassungsverpflichtung mit dem aus der

Anlage AS 8

ersichtlichen Inhalt abzugeben. Die Antragsgegnerin hat dies jedoch abgelehnt. Sie hat sich mit anwaltlichem Schreiben vom 4. März 2005, das in Ablichtung als

Anlage AS 9

beigefügt ist, mit der Behauptung zu verteidigen versucht, sie habe die Domain „KUMMERTECH.de" bereits im Oktober 2003 bei der DENIC e.G. registrieren lassen und biete unter dieser Domain seit dem Juli 2004 – in der angegriffenen Art und Weise (s.o.) – bundesweit Beratung im Zusammenhang mit der gewerblichen Computer- und Netzwerknutzung an. Sie hat darauf gestützt die Ansicht vertreten, sie habe „mit Wirkung vom Oktober 2003 die besondere Geschäftsbezeichnung KUMMERTECH.de' und damit ein prioritätsälteres Recht erworben".

II. Zur rechtlichen Würdigung

1. Verfügungsanspruch

Die von der Antragstellerin geltend gemachten Ansprüche ergeben sich aus § 5 Abs. 2, § 15 Abs. 2, 4 MarkenG, § 12 BGB sowie §§ 826, 823 Abs. 1 BGB.

Die Registrierung und Benutzung des Domain-Namens „KUMMERTECH.de" verletzt die Antragstellerin in ihrem ausschließlichen Recht zum Führen ihrer geschäftlichen Bezeichnung „KUMMERTECH" (§ 5 Abs. 2 MarkenG). Der hinsichtlich der Firma der Antragstellerin allein kennzeichnungskräftige Bestandteil „KUMMERTECH", der zudem als Schlagwort bei der Werbung für das Angebot der Antragstellerin genutzt wird, ist mit dem angegriffenen Domain-Namen „KUMMERTECH.de" nahezu identisch. Es besteht auch Branchennähe; die von beiden Parteien unter den vorstehenden Zeichen angebotenen Waren bzw. Dienstleistungen ähneln einander in hohem Maße. Die Verwendung der Domain „KUMMERTECH.de" ist offenbar sogar bewusst darauf angelegt, das Publikum zu der irrigen Annahme zu verleiten, das Angebot auf ihrer Website stamme von der Antragsgegnerin oder stehe mit ihr im Zusammenhang.

Der Antragstellerin steht entgegen ihrer vorprozessual geäußerten Auffassung kein prioritätsälteres Recht in Form einer besonderen Geschäftsbezeichnung „KUMMERTECH" oder ein entsprechendes Namensrecht zu. Aus einer nur angemeldeten, aber nicht benutzten Domain kann der Domain-Inhaber mangels Benutzungsaufnahme im geschäftlichen Verkehr keinerlei Rechte herleiten (BGH, Urteil vom 22. Juli 2004, Az I ZR 135/01, veröffentlicht in: MD 2005, 275; OLG München GRUR 2001, 522). Entsprechendes gilt hinsichtlich eines etwaigen Namensrechts, weil die Domain nur dann eine Namensfunktion erfüllen kann, wenn diese benutzt wird und damit zu einer Person oder Einrichtung hinführt. Zum Zeitpunkt der Benutzungsaufnahme hatte die Antragstellerin durch die Benutzung ihrer Firma indes bereits ein Unternehmenskennzeichen gemäß § 5 Abs. 2 Satz 1 MarkenG erworben.

Zudem stehen der Antragstellerin gemäß § 12 BGB weitergehende Ansprüche zu, die auch die Unterlassung der Benutzung des Domain-Namens außerhalb des geschäftlichen Verkehrs zum Gegenstand haben. Es ist zwischenzeitlich höchstrichterlich geklärt, dass bereits in der durch einen Nichtberechtigten vorgenommenen Registrierung eines Zeichens als Domain-Name unter der Top Level Domain „.de" eine Namensanmaßung und damit eine Verletzung des Namensrechts desjenigen, der ein identisches Zeichen als Unternehmenskennzeichen benutzt, liegt (BGH GRUR 2002, 622; BGHZ 155, 273). Der BGH hat kürzlich in der „mho.de"-Entscheidung (Urteil vom 9. September 2004, Az I ZR 65/02, siehe dazu Goldmann, Der Schutz des Unternehmenskennzeichens, 2. Auflage (2005), § 16 Rn 46 ff) klargestellt, dass der Namensschutz ergänzend gegen Beeinträchtigungen der Unternehmensbezeichnung herangezogen werden kann, die außerhalb des Schutzbereiches des Unternehmenskennzeichens liegen (ebenda).

Zugleich erfüllt die Benutzung der Bezeichnung „KUMMERTECH.de" in Verbindung mit dem auf der Website der Antragsgegnerin dargestellten Dienstleistungsangebot den Tatbestand einer bewussten sittenwidrigen Schädigung (§ 826 BGB) sowie des schuldhaften Eingriffs in den eingerichteten und ausgeübten Gewerbebetrieb der Antragstellerin (§ 823 Abs. 1 BGB). Durch die Verwendung der Domain „KUMMERTECH.de" macht die Antragsgegnerin von der Firma der Antragstellerin (bzw. dem einzig prägenden Bestandteil der Firma) Gebrauch, ohne von ihr dazu ermächtigt zu sein oder aus anderen Rechtsgründen eine Berechtigung herleiten zu können.

Weil sich die Antragsgegnerin geweigert hat, eine strafbewehrte Unterlassungserklärung und gegenüber der DENIC e.G. den Verzicht auf die Bezeichnung „KUMMERTECH.de" abzugeben, sondern sich sogar eines vermeintlich prioritätsälteren Rechts daran berühmt, ist die Wiederholungsgefahr gegeben.

Die Antragstellerin kann dabei, wie mit dem Antrag zu 2. begehrt, bereits im einstweiligen Verfügungsverfahren die Abgabe der Verzichtserklärung gegenüber der DENIC e.G. auf der Grundlage des § 12 BGB verlangen (LG Braunschweig NJW 1997, 2687; LG Ansbach NJW 1997, 2688).

2. Verfügungsgrund

Die Dringlichkeit folgt bereits aus § 12 Abs. 2 UWG analog. Die außerordentliche Dringlichkeit für den Erlass der einstweiligen Verfügung ohne mündliche Verhandlung und durch den Kammervorsitzenden allein ergibt sich daraus, dass der Verstoß andauert und die Gefahr besteht, dass der Antragstellerin in großem Umfang potentielle Geschäftsabschlüsse oder zumindest Geschäftsanbahnungen über das Internet entgehen und ihr dadurch erheblicher wirtschaftlicher Schaden entsteht.

Glaubhaftmachung: Eidesstattliche Versicherung des Geschäftsführers der Antragstellerin,

Anlage AS 2.

Sollte das Gericht gegen den Erlass der begehrten einstweiligen Verfügung im Beschlusswege Bedenken haben, bitten wir höflich um einen telefonischen Hinweis.

■■■

Rechtsanwalt ◄

b) Erläuterungen

aa) Zuständigkeit des angerufenen Gerichts. Für den Erlass einstweiliger Verfügungen ist gemäß § 937 Abs. 1 ZPO das Gericht der Hauptsache (§ 943 ZPO) zuständig. 264

Zuständigkeit deutscher Gerichte: Die deutschen Gerichte nehmen ihre Zuständigkeit (und die Anwendbarkeit deutschen Kennzeichenrechts) unter Hinweis auf § 32 ZPO (bzw. Artikel 5 Nr. 3 EuGVVO) an,[306] [307] und zwar auch dann, wenn es sich um eine „.com"-Domain[308] oder gar um eine sonstige (ausländische) Domain handelt.[309] Anders kann es liegen, wenn sich aus der Domain klar ergibt, dass die darunter angebotenen Waren und/oder Dienstleistungen nicht für den deutschen Markt bestimmt sind.[310] 265

Sachliche Zuständigkeit: Die sachliche Zuständigkeit des angerufenen Landgerichts bestimmt sich nach den allgemeinen Regeln (§ 71 Abs. 1, § 23 Nr. 1 GVG). Kommt Markenrecht zur Anwendung, folgt die (ausschließliche) Zuständigkeit des Landgerichts aus § 140 Abs. 1 MarkenG, der auch auf das einstweilige Verfügungsverfahren Anwendung fin- 266

306 Vgl nur KG CR 1997, 695; LG Braunschweig CR 1998, 364; OLG Stuttgart NJW-RR 1998, 1341. Kritisch dazu Renck, NJW 1999, 3587, 3591 f.

307 Das Bundesjustizministerium schlug am 4. November 2008 neue Regelungen zum Gerichtsstand im Internet vor. Um Missbräuche bei der Geltendmachung des fliegenden Gerichtsstands zu verhindern, sollen Klagen gegen Internet-Rechtsverletzer nur noch an dem Ort geltend gemacht werden können, in denen der Verletzer seinen Wohn- bzw. Geschäftssitz hat. Demgegenüber hält der Deutsche Richterbund an der jetzigen Form des fliegenden Gerichtsstandes fest. Die Bewertung, ob die Norm des § 32 ZPO tatsächlich rechtsmissbräuchlich verwendet wird, sollte laut Richterbundes der Rechtsprechung überlassen bleiben und grundsätzlich im jeweiligen Einzelfall beurteilt werden. Eine Beschränkung auf konkrete Gerichtsstände hält dieser darüber hinaus für zu statisch. Vgl OLG München MMR 2009, 503.

308 OLG Karlsruhe MMR 1999, 604; OLG München CR 2002, 449; OLG München MMR 2000, 277.

309 Vgl Redecker, IT-Recht in der Praxis, 3. Auflage (2003), Rn 1016, mwN.

310 BGH, Urteil vom 13. Oktober 2004, Az I ZR 163/02 (Leitsatz 2: „Nicht jedes im Inland abrufbare Angebot ausländischer Dienstleistungen im Internet kann bei Verwechslungsgefahr mit einem inländischen Kennzeichen iS von § 14 Abs. 2 Nr. 2 MarkenG kennzeichenrechtliche Ansprüche auslösen. Erforderlich ist, dass das Angebot einen wirtschaftlich relevanten Inlandsbezug aufweist.").

det.[311] Entsprechendes gilt gemäß § 13 Abs. 1 Satz 1 UWG für (rein) wettbewerbsrechtliche Streitigkeiten.[312]

267 **Örtliche Zuständigkeit:** Die örtliche Zuständigkeit ergibt sich aus § 13 ZPO (Sitz des Antragsgegners) bzw. aus § 32 ZPO wegen einer schuldhaften Rechtsverletzung im Internet[313] (sog. Erfolgsort der unerlaubten Handlung). Da ein Zugriff auf eine Homepage von jedem Ort in Deutschland erfolgen kann, ist (vorbehaltlich der Zuständigkeitskonzentration in Kennzeichensachen, dazu sogleich) grundsätzlich die Zuständigkeit jedes sachlich zuständigen Gerichtes gegeben.[314] Konsequenz ist, dass der Anspruchsteller uU den Antrag auf Erlass der einstweiligen Verfügung auch an seinem Wohnort/Sitz anhängig machen kann.[315]

268 Die Flächenländer haben von der ihnen durch § 140 Abs. 2 MarkenG eingeräumten Möglichkeit, **in Kennzeichenstreitsachen**[316] die **Zuständigkeit bei einzelnen Landgerichten** zu konzentrieren, Gebrauch gemacht.[317] Die Zuweisung ist ausschließlich.[318] Sie gilt auch für

---

311 OLG Karlsruhe Mitt. 1977, 74.

312 Zur Konkurrenz von Marken- und Wettbewerbsrecht siehe Rn 168.

313 Vgl dazu Bachmann, IPRax 1998, 179; sog. „fliegender Gerichtsstand", BGHZ 124, 245; KG NJW 1997, 3321; LG Düsseldorf NJW-RR 1998, 980; abweichend OLG Celle 2003, 47 (maßgeblich ist der Ort des tatsächlichen Erfolgseintritts).

314 OLG Hamburg MMR 2002, 822; zu beachten aber, dass ein Amtsgericht sich für eine Urheberrechtsverletzung im Internet für unzuständig halten und den sog. „fliegenden Gerichtsstand" einschränken darf, wenn kein Bezug zwischen dem Gerichtsbezirk und dem bestimmungsgemäßen Abruf der jeweiligen Internetseite besteht, OLG München MMR 2009, 503.
Der bestimmungsgemäße Abruf einer Internetseite ist dort, wo sich nach vernünftigen Maßstäben gemessen Kunden befinden. Nach diesem Grundsatz hat das LG München I seine internationale und örtliche Zuständigkeit begründet wegen unberechtigter Nutzung einer Stadtplankarte eines deutschen kartografischen Verlages auf der Website eines österreichischen Anbieters, so LG München I, Urteil v. 30.7.2009, Az: 7 O 13895/08.

315 Für die Geltendmachung des Kostenerstattungsanspruches im Gerichtsstand des § 32 ZPO OLG Konstanz WRP 1978, 566, dagegen LG Berlin WRP 1979, 823, und Zöller/Vollkommer, ZPO, § 32 Rn 17 aE.

316 Nach § 13 Abs. 2 UWG besteht für die Länder auch das Recht zur Konzentration der Wettbewerbssachen bei der Spezialkammer eines Landgerichts; von dieser Möglichkeit hat bisher lediglich Sachsen Gebrauch gemacht.

317 In den Ländern sind danach folgende Gerichte für Kennzeichenstreitsachen zuständig:
– Baden-Württemberg: Zuständig für Kennzeichenstreitsachen im OLG-Bezirk Karlsruhe ist das LG Mannheim (Berufungsinstanz: OLG Karlsruhe) und im OLG-Bezirk Stuttgart das LG Stuttgart (Berufungsinstanz: OLG Stuttgart);
– Bayern: Zuständig für Kennzeichenstreitsachen des OLG-Bezirks München ist das LG München I (Berufungsinstanz: OLG München), für die OLG-Bezirke Nürnberg und Bamberg das LG Nürnberg-Fürth (Berufungsinstanz: OLG Nürnberg);
– Berlin und Brandenburg: Zuständig für Kennzeichenstreitsachen ist das Landgericht Berlin (Berufungsinstanz: Kammergericht);
– Bremen: Zuständig für Kennzeichenstreitsachen ist das Landgericht Bremen (Berufungsinstanz: OLG Bremen);
– Hamburg: Zuständig für Kennzeichenstreitsachen ist das Landgericht Hamburg (Berufungsinstanz: OLG Hamburg);
– Hessen: Zuständig für Kennzeichenstreitsachen und Spruchverfahren in Hessen ist das LG Frankfurt am Main (Berufungsinstanz: OLG Frankfurt);
– Mecklenburg-Vorpommern: Zuständig für Kennzeichenstreitsachen im Bezirk des OLG Rostock ist das LG Rostock (Berufungsinstanz: OLG Rostock);
– Niedersachsen: Zuständig für Kennzeichenstreitsachen ist das LG Braunschweig (Berufungsinstanz: OLG Braunschweig);
– Nordrhein-Westfalen: Zuständig für Kennzeichenstreitsachen des OLG-Bezirks Düsseldorf ist das LG Düsseldorf (Berufungsinstanz: OLG Düsseldorf), für die Landgerichtsbezirke Bielefeld, Detmold, Münster und Paderborn das LG Bielefeld (Berufungsinstanz: OLG Hamm), für die Landgerichtsbezirke Arnsberg, Bochum, Dortmund, Essen, Hagen und Siegen das LG Bochum (Berufungsinstanz: OLG Hamm) und für den OLG-Bezirk Köln das LG Köln (Berufungsinstanz: OLG Köln);
– Rheinland-Pfalz: Zuständig für Kennzeichenstreitsachen des OLG-Bezirks Zweibrücken ist das LG Frankenthal (Pfalz) und für Kennzeichenstreitsachen des OLG-Bezirks Koblenz das LG Koblenz (Berufungsinstanzen: OLG Zweibrücken bzw. OLG Koblenz);
– Saarland: Zuständig für Kennzeichenstreitsachen ist das LG Saarbrücken (Berufungsinstanz: OLG Saarbrücken);

Kostenstreitsachen; diese sind daher ohne Rücksicht auf den Streitwert den jeweiligen Landgerichten zugewiesen.[319]

Gegebenfalls Zuständigkeit der Kammern für Handelssachen: Kommt Markenrecht oder Wettbewerbsrecht zur Anwendung, ist gemäß § 95 Abs. 1 Nr. 4 lit. c), Nr. 5 GVG die Zuständigkeit der Kammern für Handelssachen eröffnet. Es besteht insoweit ein **Wahlrecht des Antragstellers**, der Antrag kann also auch an die Zivilkammern gerichtet werden.[320] 269

bb) Ordnungsmittelandrohung. Die Ordnungsmittelandrohung kann zwar nach § 890 Abs. 2 ZPO auch nachträglich beantragt werden. Es empfiehlt sich jedoch – schon um unnötige Verzögerungen und überflüssigen Mehraufwand zu vermeiden –, diese Androhung bereits in den Antragsschriftsatz aufzunehmen. 270

cc) Anträge. Die Anträge entsprechen dem mit der Abmahnung geltend gemachten Begehren; auf das dort (Rn 205 ff) Gesagte – eingeschlossen die Ausführungen zur möglichen Ausweitung des Unterlassungsgebots – kann deshalb verwiesen werden. 271

Der **Unterlassungsantrag** muss die angegriffene **Verletzungshandlung möglichst konkret** bezeichnen. Eine Verallgemeinerung bei der Bezeichnung der zu unterlassenden Handlung birgt die Gefahr einer teilweisen Abweisung und uU sogar bereits der Unzulässigkeit des Antrags.[321] Es wäre beispielsweise nicht zulässig, die Benutzung des isolierten Bestandteils „KUMMERTECH" (also ohne den Zusatz „.de") anzugreifen; konkret bezeichnet werden muss die tatsächlich verwendete Verletzungsform, weil nicht ausgeschlossen werden kann, dass eine zulässige Verwendung der angegriffenen Bezeichnung bei Mitverwendung eines weiteren kennzeichnungskräftigen Bestandteils möglich ist.[322] 272

Ob die mit dem Antrag zu 2. geltend gemachte **Forderung nach einem Verzicht auf die Domain** gegenüber der DENIC e.G. tatsächlich bereits **im Verfügungsverfahren** durchgesetzt werden kann, ist **zweifelhaft**. Insoweit könnte es sich um eine unzulässige Vorwegnahme der Hauptsache handeln. Grundsätzlich kann nach herrschender Meinung eine Löschung von Kennzeichenrechten im Verfügungsverfahren ebenso wenig erreicht werden wie eine Verpflichtung, in die Löschung solcher Rechte einzuwilligen.[323] Da jedenfalls die in dem Muster der Antragsschrift aufgeführten Gerichte diese Bedenken allerdings offenbar nicht hatten,[324] kann aber – wenn sich der Mandant nach Aufklärung über das Kostenrisiko für einen derartigen zusätzlichen Antrag entscheidet – der Versuch unternommen werden, dieses Rechtsschutzziel bereits im Verfügungsverfahren zu erreichen. 273

Ein **Auskunftsanspruch**, der für die Durchsetzung von Schadensersatzansprüchen hilfreich und gegebenenfalls (insbesondere bei Forderung des Verletzergewinns)[325] erforderlich ist, 274

– Sachsen: Zuständig für Kennzeichenstreitsachen ist das LG Leipzig (Berufungsinstanz: OLG Dresden), das OLG Dresden geht allerdings nur von einer einfachen Zuständigkeitszuweisung aus (vgl OLG Dresden GRUR 1998, 69);
– Sachsen-Anhalt: Zuständig für Kennzeichenstreitsachen ist das LG Magdeburg (Berufungsinstanz: OLG Naumburg);
– Schleswig-Holstein: Zuständig für Kennzeichenstreitsachen ist das LG Kiel (Berufungsinstanz: OLG Schleswig);
– Thüringen: Zuständig für Kennzeichenstreitsachen ist das LG Erfurt (Berufungsinstanz: OLG Jena).

318 Ingerl/Rohnke, Markengesetz, § 140 Rn 35.
319 Vgl LG München I MMR 2000, 433.
320 Zöller/Herget, ZPO, § 94 Rn 1, § 96 Rn 1.
321 Vgl hierzu im Einzelnen u.a. Nordemann, Wettbewerbsrecht/Markenrecht, Rn 3212 ff, mwN.
322 Vgl BGH WRP 1997, 1081.
323 Vgl nur Mellulis, Handbuch des Wettbewerbsprozesses, Rn 148, mwN.
324 Möglicherweise unter Außerachtlassung, dass dem Verfügungskläger die Sicherung seiner Rechte bis zur Entscheidung in der Hauptsache durch die Stellung eines Dispute-Antrags möglich ist.
325 Siehe oben Rn 452 ff.

kann im Wege der einstweiligen Verfügung nur unter den engen Voraussetzungen des **§ 19 Abs. 3 MarkenG** durchgesetzt werden. Die danach geforderte offensichtliche Rechtsverletzung liegt im hier gewählten „Musterfall" allerdings nicht vor, weil die Auffassung des Antragsgegners, ihm stünde ein prioritätsälteres Recht zu, immerhin vertretbar ist.

275 **dd) Glaubhaftmachung.** Die den Anspruch begründenden Tatsachen sind glaubhaft zu machen (§§ 294, 920 Abs. 2, 936 ZPO); dies gilt nach einer verbreiteten Ansicht[326] auch für das Fehlen von Einwendungen und Einreden, die nach dem Vortrag des Antragstellers denkbar wären. Als Glaubhaftmachungsmittel kommen insbesondere **Urkunden** (§§ 415 ff ZPO), **eidesstattliche Versicherungen** (§ 294 ZPO)[327] und die **anwaltliche Versicherung** in Betracht.[328] Soweit die Verkehrsgeltung einer Benutzungsmarke zu begründen ist, kann zur Glaubhaftmachung uU auch – sofern die Bekanntheit des Kennzeichens nicht gemäß § 291 ZPO als gerichtsbekannt unterstellt werden kann[329] – die Einholung einer **Meinungsumfrage** erforderlich sein.[330] Es ist empfehlenswert, die Anwesenheit eventueller **Zeugen** in der mündlichen Verhandlung sicherzustellen, damit sie erforderlichenfalls den Vortrag glaubhaft machen können.

276 Geht die Eilbedürftigkeit der begehrten Maßnahme über die dem einstweiligen Verfügungsverfahren ohnehin innewohnende Dringlichkeit hinaus, kann die Entscheidung über den Erlass der Verfügung ohne mündliche Verhandlung ergehen (§ 937 Abs. 2 ZPO).[331] Selbst wenn die Dringlichkeitsvermutung greift, sollte vorsorglich die (besondere) Dringlichkeit dargelegt und glaubhaft gemacht werden.

277 **ee) Gegenstandswert.** Den Streitwert bestimmt das Gericht nach freiem Ermessen (§ 3 ZPO). Regelmäßig wird als Gegenstandswert des Verfügungsverfahren lediglich ein **Bruchteil** des Hauptsacheverfahrensstreitwerts angesetzt (in vielen Fällen ca. ein Drittel),[332] wobei sich die Gerichte bei der Begrenzung des Streitwerts nach oben zumeist an den Angaben des Antragstellers in der Antragsschrift orientieren.[333] Die Rechtsprechung geht in kritischen Fällen tendenziell bis zum Hauptsachewert, insbesondere wenn, wie hier, die Verfügung der Verwirklichung des Hauptsachebegehrens nahe kommt.[334] Vorliegend wurde daher der vorläufige Streitwert (bei einem Hauptsachestreitwert von EUR 40.000) mit der Hälfte des Hauptsachestreitwertes EUR 20.000 angesetzt.

278 Bei Markenrechts- und Wettbewerbsstreitigkeiten sind zudem die Sonderregelungen des **§ 142 MarkenG** und des **§ 12 Abs. 4 UWG** zu beachten, die auch im Verfügungsverfahren gelten.[335] Danach kann der Streitwert auf Antrag einer Partei reduziert werden, wenn die Gerichtskosten nach dem vollen Streitwert die wirtschaftliche Lage der Partei erheblich gefährden würden (§ 142 MarkenG) bzw. wenn die Sache nach Art und Umfang einfach gelagert ist oder die Belastung mit den vollen Prozesskosten angesichts der Einkommens- und Vermögensverhältnisse nicht tragbar erscheint (§ 12 Abs. 4 UWG). Die Anordnung hat

326 Nachweise bei Zöller/Vollkommer, ZPO, Vor § 916 Rn 6 a.
327 Faxform genügt; BGH GRUR 2002, 915. Die pauschale Versicherung, der Vortrag in der Antragschrift treffe zu, reicht zur Glaubhaftmachung nicht aus; vgl BGH NJW 1988, 2045, und Zöller/Greger, ZPO, § 294 Rn 4, mwN.
328 OLG Koblenz GRUR 1986, 196; OLG Köln GRUR 1986, 196. Vgl insoweit Zöller/Greger, ZPO, § 294 Rn 5.
329 Vgl OLG Frankfurt GRUR 1992, 445; OLG Frankfurt WRP 1992, 718.
330 Vgl dazu Nordemann, Wettbewerbsrecht/Markenrecht, Rn 2328, 3082, 3272 ff.
331 Zöller/Vollkommer, ZPO, § 937 Rn 2.
332 Zöller/Herget, ZPO, § 3 Rn 16 Stichwort „einstweilige Verfügung".
333 Nordemann, Wettbewerbsrecht/Markenrecht, Rn 3321, mwN.
334 OLG Frankfurt MDR 1991, 354; Zöller/Herget, ZPO, § 3 Rn 16 Stichwort „einstweilige Verfügung".
335 OLG Köln WRP 1976, 261 (für § 142 MarkenG.).

nach § 142 Abs. 2 MarkenG zur Folge, dass die Streitwertreduzierung auch für die Berechnung der Rechtsanwaltskosten gilt.

ff) Gerichtskosten. Es fällt eine gerichtliche 1,5 **Verfahrensgebühr** (**GKG KV 1410**) an. Bei Erlass eines Streiturteils, eines Beschlusses nach § 91 a ZPO mit streitiger Kostenentscheidung sowie bei einem Beschluss nach § 269 Abs. 3 Satz 3 ZPO erhöht sich diese Verfahrensgebühr auf 3,0 (**GKG KV 1412**).[336] 279

Im Verfügungsverfahren ist **kein Gerichtskostenvorschuss** zu entrichten (§§ 10, 12 GKG). 280

gg) Anwaltsgebühren. Diese entstehen, wenn der Anwalt den Auftrag zur Führung des einstweiligen Verfügungsverfahrens erhalten hat, für das Verfügungsverfahren gesondert und streitwertabhängig nach den allgemeinen Grundsätzen.[337] 281

Beispiel:[338] Der Anwalt des Antragstellers beantragt eine einstweilige Verfügung auf Unterlassung (Gegenstandswert des Hauptsacheverfahrens: EUR 40.000,00. Gegenstandswert der einstweiligen Verfügung: EUR 20.000,00).[339] Der Anwalt nimmt an einer im Eilverfahren anberaumten mündlichen Verhandlung teil. Der Anwalt verdient eine 1,3 Verfahrensgebühr nach VV 3100 RVG in Höhe von EUR 839,80 und eine 1,2 Terminsgebühr nach VV 3104 RVG in Höhe von EUR 775,20 sowie eine Pauschale nach VV 7002 RVG in Höhe von EUR 20,00, mithin insgesamt EUR 1.635,00. Einigt sich der Anwalt mit der Gegenseite im Eilverfahren über einen anhängigen Anspruch, fällt eine zusätzliche 1,0 Einigungsgebühr in Höhe von EUR 646,00 an. 282

Hat der Anwalt nur den Auftrag zum Führen des Hauptsacheverfahrens erhalten und fehlt ein gesonderter Auftrag zur Führung des Verfügungsverfahrens, hat er keinen Anspruch auf gesonderte Vergütung.[340] Der Auftrag kann indes stillschweigend erteilt worden sein oder nach den Grundsätzen der Geschäftsführung ohne Auftrag bestehen. Dass sich die Prozessvollmacht auf die Führung eines einstweiligen Verfügungsverfahrens erstreckt, reicht indes nicht aus.[341] 283

Die prozessuale **Kostenerstattung** erfolgt nach den allgemeinen Regeln (§§ 91, 103 f ZPO). Erstattungsfähig können gerade im Verfügungsverfahren auch zur Glaubhaftmachung erforderliche und vom Gericht **berücksichtigte demoskopische Gutachten**[342] sowie in seltenen Fällen auch die Kosten sonstiger Privatgutachten[343] sein. 284

hh) Rücknahme des Verfügungsantrags. Diese soll auch ohne Zustimmung des Antragsgegners noch nach der mündlichen Verhandlung, selbst noch in der Berufungsinstanz, möglich sein.[344] 285

3. Rechtsmittel bei Zurück- bzw. Abweisung des Antrags

Weist das Gericht den Verfügungsantrag im Beschlusswege zurück,[345] kann der Antragsteller dagegen im Wege der **sofortigen Beschwerde** (**§§ 567 ff ZPO**) vorgehen.[346] Sofern 286

336 Vgl dazu Zöller/Vollkommer, ZPO, § 922 Rn 20.
337 Nach dem RVG bestehen keine Sonderregelungen für Eilverfahren.
338 Nach Müller-Rabe, in: Gerold/Schmidt/v. Eicken/Madert/Müller-Rabe, RVG,Anhang Rn 44.
339 Zöller/Herget, ZPO, § 3 Rn 16 Stichwort „einstweilige Verfügung".
340 Müller-Rabe, in: Gerold/Schmidt/v. Eicken/Madert/Müller-Rabe, RVG Anhang Rn 50.
341 Müller-Rabe, in: Gerold/Schmidt/v. Eicken/Madert/Müller-Rabe, RVG, Anhang Rn 51 f.
342 Vgl OLG München GRUR 1987, 322; KG GRUR 1987, 473.
343 Zu den strengen Voraussetzungen vgl die Entscheidungen des OLG Frankfurt GRUR 1987, 472.
344 OLG Düsseldorf NJW 1982, 2452; Nordemann, Wettbewerbsrecht/Markenrecht, Rn 3093.
345 Ob die Zurückweisung des Verfügungsantrags ohne mündliche Verhandlung erfolgen darf, wird von den Gerichten unterschiedlich eingeschätzt. Vgl hierzu Nordemann, Wettbewerbsrecht/Markenrecht, Rn 3062, mwN.
346 Insoweit besteht Anwaltszwang, allerdings gemäß § 571 Abs. 4 ZPO ohne Beschränkung auf die bei den Oberlandesgerichten zugelassenen Anwälte.

die einstweilige Verfügung nach mündlicher Verhandlung abgewiesen wird, ist die **Berufung** eröffnet (**§§ 511 ff ZPO**). Zum Berufungsverfahren das Muster und die Erläuterungen in „Wettbewerbsrecht" Rn 546, 510 ff. Ein Rechtsmittel gegen Entscheidungen des Berufungsgerichts steht in Verfügungsverfahren nicht zur Verfügung (§ 542 Abs. 2 ZPO).

287 Unbedingt zu beachten ist, dass in der Rechtsprechung teilweise davon ausgegangen wird, dass **bei Ausschöpfung der gesetzlichen Fristen** (etwa der Berufungsfrist) die **Dringlichkeit entfallen** kann.[347] Schädlich können jedenfalls Fristverlängerungsanträge bzw. die Ausschöpfung der verlängerten Frist sein.[348]

288 Sofern auf den Widerspruch des Antragsgegners[349] die **zunächst erlassene einstweilige Verfügung** durch Urteil aufgehoben worden ist und dagegen Berufung eingelegt wird, ist bei der Stellung des Antrags zu berücksichtigen, dass nach herrschender Ansicht die (zunächst erlassene) einstweilige Verfügung **zu bestätigen** (also nicht etwa neu zu erlassen) ist.[350] Entsprechend hat der Anwalt den Antrag bei einer Berufung gegen das die einstweilige Verfügung aufhebende Urteil zu fassen.

289 Zu den Rechtsbehelfen des Antragsgegners siehe Rn 307 ff.

4. Vollziehung der einstweiligen Verfügung

290 Besondere Vorsicht sollte der Anwalt im Hinblick auf die rechtzeitige Vollziehung der einstweiligen Verfügung walten lassen; hier droht „die wohl **am häufigsten zuschnappende Anwaltsfalle** des Wettbewerbs- und Markenrechts".[351]

291 Erlässt das angerufene Gericht die Verfügung, muss diese **innerhalb eines Monats vollzogen** werden; andernfalls ist die Vollziehung unstatthaft (§§ 929 Abs. 2, 936 ZPO). Nach Fristablauf dürfen die Vollstreckungsorgane nicht mehr tätig werden, der Antragsgegner kann die Aufhebung der Verfügung gemäß § 927 ZPO verlangen. Der Anwalt des Antragstellers hat daher die **Frist, die** nach dem eindeutigen Wortlaut des § 929 Abs. 2 ZPO **im Falle von Beschlussverfügungen mit Zustellung des Beschlusses an den Antragsteller**[352] **und im Falle von Urteilsverfügungen bereits mit der Verkündung des Urteils beginnt**, zu **notieren** und unverzüglich die **Zustellung einer beglaubigten Abschrift der Ausfertigung oder der Ausfertigung selbst an den Antragsgegner zu betreiben.**[353] Die fristgemäße Vollziehung ist auch Voraussetzung für die Verjährungshemmung gemäß § 204 Abs. 1 Nr. 9 BGB, wenn der Antrag auf Erlass der einstweiligen Verfügung dem Antragsgegner nicht zugestellt wurde.[354] Die Unterlassungsverfügung muss nach herrschender Meinung, auch wenn sie als

347 Vgl OLG Düsseldorf NJWE-WettbR 1997, 27. Ablehnend Nordemann, Wettbewerbsrecht/Markenrecht, Rn 3091.

348 Vgl zB OLG München WRP 1980, 172; OLG Oldenburg WRP 1971, 181; KG WRP 1978, 49; KG GRUR 1999, 1133.

349 Vgl hierzu Rn 310 ff.

350 Vgl Nordemann, Wettbewerbsrecht/Markenrecht, Rn 3092.

351 Nordemann, Wettbewerbsrecht/Markenrecht, Rn 3121.

352 Die Frist beginnt nicht, wenn nur eine einfache Beschlussfassung zugestellt wird; so jedenfalls OLG Hamburg WRP 2001, 720.

353 Die Zustellung einer einfachen Abschrift genügt nicht; OLG Hamm WRP 2001, 299. Sofern die Verfügung auf Anlagen Bezug nimmt, sind auch diese im Regelfall mit zuzustellen. Vgl OLG Celle WRP 1984, 149; OLG Düsseldorf GRUR 1984, 78; OLG Köln WRP 1995, 506.

354 Palandt/Heinrichs § 204 Rn 24. Ein Neubeginn der Verjährung gemäß § 212 Abs. 1 Nr. 2 BGB kann aufgrund einer durch einstweilige Verfügung nachträglich erlassenen Strafandrohung erreicht werden, weil darin eine Vollstreckungshandlung im Sinne der Norm liegt (BGH NJW 1979, 217; Palandt/Heinrichs § 212 R. 10 aE. Der in die einstweilige Verfügung mit aufgenommene Strafandrohungsbeschluss erfüllt diese Voraussetzung hingegen nicht (BGH NJW 1979, 217; aA Palandt/Heinrichs § 212 Rn 11, mwN).

Urteil erlassen worden ist, **im Parteibetrieb zugestellt werden.**[355] Es gilt der Grundsatz der **Anwaltszustellung:** Hat der Antragsgegner durch seinen Anwalt bei dem angerufenen Gericht eine Schutzschrift hinterlegt,[356] so muss die Zustellung einer dem Antrag stattgebenden Beschlussverfügung gemäß § 176 ZPO an ihn erfolgen. Andernfalls ist mangels Zustellung keine Vollziehung der Verfügung gemäß § 929 ZPO mit der Gefahr des Verstreichens der Vollziehungsfrist, § 929 Abs. 2 ZPO möglich.[357] Hat der Antragsteller keine Kenntnis davon, dass sich für den Antragsgegner ein Anwalt bestellt hat, so kann die Zustellung an den Antragsgegner persönlich als Vollziehung ausreichend sein, wenn der Mangel der Kenntnis von der Bestellung nicht fahrlässig ist.[358]

5. Vollstreckung der einstweiligen Verfügung

Die Vollstreckung des Unterlassungsgebots richtet sich nach § 890 ZPO.[359] Es ist umstrit- 292 ten, wie ein titulierter Anspruch, den Verzicht gegenüber der DENIC e.G. zu erklären, zu vollstrecken ist. Während das OLG Frankfurt am Main eine Vollstreckung nach § 888 ZPO für zutreffend erachtet,[360] hat das Landgericht München I § 894 ZPO angewendet.[361]

Im **Ordnungsmittelverfahren nach §§ 890, 891 ZPO** hat der **Antragsteller** den **Verstoß ge-** 293 **gen das im Verfügungsverfahren verhängte Gebot zu beweisen.** Bloße Glaubhaftmachung reicht dafür nicht aus,[362] auch nicht das Führen des Anscheinsbeweises.[363] Erforderlich für die Verhängung von Ordnungsmitteln ist eigenes **Verschulden** des **Antragsgegners**, dieser hat den Entlastungsbeweise zu führen. Die Anforderungen sind sehr hoch, der Antragsgegner muss alles Zumutbare getan haben, um Verstöße zu hindern.[364] Zur Fassung eines Antrages nach § 890 ZPO unter „Wettbewerbsrecht“ Rn 552 ff; zu § 888 ZPO ebendort Rn 570 ff

II. Prozessuale Instrumente des Domain-Inhabers im einstweiligen Verfügungsverfahren

1. Schutzschrift

Sofern der Domain-Inhaber die Abmahnung für unberechtigt hält und er dem Erlass einer 294 einstweiligen Verfügung zuvorkommen will, steht ihm die inzwischen gewohnheitsrechtlich anerkannte[365] Möglichkeit zur Verfügung, eine sog. Schutzschrift[366] einzureichen, um sich schon in einem etwaigen Beschlussverfahren rechtliches Gehör zu verschaffen.

---

355 BGHZ 120, 78; OLG Frankfurt NJW-RR 2000, 1236; OLG München NJW-RR 1989, 180; OLG Düsseldorf NJW-RR 1987, 763; OLG Hamburg FamRZ 1988, 521; OLG Hamm MDR 1991, 454; aA u.a. OLG Hamburg WRP 1980, 341; OLG Stuttgart WRP 1981, 281. Vgl dazu Zöller/Vollkommer, ZPO, § 929 Rn 12. Heilung nach § 189 ZPO durch Amtszustellung ist möglich; vgl Nordemann, Wettbewerbsrecht/Markenrecht, Rn 3130, mwN.
356 Zur Schutzschrift siehe Rn 294 ff.
357 OLG Düsseldorf WRP 1982, 531, GRUR 1984, 79, 80; OLG Karlsruhe WPR 1986, 166. Zur Heilung des Zustellungsmangels siehe OLG Frankfurt WRP 2000, 411.
358 OLG Hamburg GRUR 1987, 66.
359 OLG Köln NJW-RR 2002, 215.
360 OLG Frankfurt MMR 2002, 471; ebenso LG Wiesbaden MMR 2001, 59.
361 LG München I MMR 2001, 61.
362 KG OLG 39, 87; LG Bad Kreuznach MDR 1967, 500; aA OLG Bremen MDR 2003, 233.
363 KG GRUR 1991, 707.
364 Zu den Pflichten des Unterlassungsschuldners vgl Nordemann, Wettbewerbsrecht/Markenrecht, Rn 3305.
365 Mellulis, Handbuch des Wettbewerbsprozesses, Rn 43, mwN.
366 Vgl dazu näher Deutsch, GRUR 1990, 327.

295 **a) Muster: Schutzschrift**

64 ▶ An das Landgericht ■■■

vorab per Fax

Schutzschrift

in einem etwaigen einstweiligen Verfügungsverfahren

der KUMMERTECH Electronic GmbH, vertreten durch ihren Geschäftsführer ■■■,

(mutmaßliche) Antragstellerin,

voraussichtlicher Verfahrensbevollmächtigter: ■■■,

gegen

Slimshady Electronic GmbH, vertreten durch ihren Geschäftsführer ■■■,

(mutmaßliche) Antragsgegnerin,

Verfahrensbevollmächtigter: ■■■,

wegen Domain-Streitigkeit

zeigen wir an, dass wir die Slimshady GmbH vertreten. Es steht zu befürchten, dass die KUMMERTECH Electronic GmbH folgende Verfügungsanträge stellen wird:

1. Die Antragsgegnerin hat es bei Vermeidung eines vom Gericht für jeden Fall der Zuwiderhandlung festzusetzenden Ordnungsgeldes bis zu EUR 250.000,00, ersatzweise Ordnungshaft oder Ordnungshaft von bis zu 6 Monaten, diese zu vollziehen am Geschäftsführer der Antragsgegnerin, zu unterlassen, den Domain-Namen „KUMMERTECH.de" zu verwenden oder verwenden zu lassen, insbesondere diese auf einer Homepage zu benutzen oder benutzen zu lassen.
2. Der Antragsgegnerin wird aufgegeben, gegenüber der Registrierungsstelle DENIC Domain Verwaltungs- und Betriebsgesellschaft e.G. auf die Registrierung des Domain-Namens „KUMMERTECH.de" bis spätestens zum 31. März 2005 zu verzichten.

Für den Fall, dass die mögliche Antragstellerin wegen des nachstehend wiedergegebenen Sachverhalts einen Antrag auf Erlass einer einstweiligen Verfügung stellen sollte, beantragen wir bereits jetzt,

1. diesen Antrag auf Erlass einer einstweiligen Verfügung durch Beschluss zurückzuweisen;

hilfsweise:

über einen etwaigen Antrag auf Erlass einer einstweiligen Verfügung nicht ohne vorherige mündliche Verhandlung zu entscheiden;

höchst hilfsweise:

die einstweilige Verfügung nur gegen Sicherheitsleistung zu erlassen,

2. für den Fall der Abweisung des Verfügungsantrags oder seiner Zurücknahme: der Antragstellerin die Kosten des Verfügungsverfahrens einschließlich derjenigen aufzuerlegen, die durch die Hinterlegung dieser Schutzschrift entstanden sind.

Begründung

I. Zum Sachverhalt

■■■ [Angaben zu den Parteien, deren Geschäftstätigkeit unter den sich gegenüberstehenden Zeichen, dem Datum der Registrierung der streitgegenständlichen Domain, dem erstmaligen Zeitpunkt und der Art und Weise der Nutzung der Domain durch die Antragsgegnerin, ferner Angaben zu der (späteren) Aufnahme der Geschäftstätigkeit unter der Firma „KUMMERTECH Electronic

GmbH" sowie zur Abmahnung und der Reaktion darauf; jeweils mit Glaubhaftmachungsmitteln.][367]

II. Zur rechtlichen Würdigung

1. Kein Verfügungsanspruch

... [Argumentation, dass der Antragstellerin ein prioritätsälteres Recht zusteht (§ 6 MarkenG), weil an der Domain durch Benutzung eine besondere Geschäftsbezeichnung entstanden sei, und zwar mit Rückwirkung auf Zeitpunkt der Registrierung;[368] vorsorglich zudem Einwand gegen das Begehren auf Abgabe der Verzichtserklärung gegenüber der DENIC e.G., dass insoweit unzulässige Vorwegnahme der Hauptsache gegeben wäre.][369]

2. Kein Verfügungsgrund

... [Mögliche Einwendungen gegen die Dringlichkeit; Begründung des Antrags auf Erlass nur gegen Sicherheitsleistung und Glaubhaftmachung des entsprechenden Vortrages.][370]

Eine beglaubigte und eine einfache Abschrift sind zum Zwecke der Aushändigung an die Antragstellerin für den Fall beigefügt, dass ein Verfügungsantrag gestellt wird.

...

Rechtsanwalt ◄

b) Erläuterungen

aa) Hinterlegung bei welchem Gericht? Im Domainstreit kann sich der Gerichtsstand – wie bei allen Kennzeichnungsverletzungen – aus § 32 ZPO ergeben.[371] Wegen der daraus resultierenden Unsicherheiten für den Antragsgegner müsste daher (jedenfalls **theoretisch**) eine **Schutzschrift bei jedem deutschen Landgericht hinterlegt** werden.[372] 296

bb) Kein Anwaltszwang. Vor den Landgerichten besteht für die Hinterlegung der Schutzschrift kein Anwaltszwang (§ 78 ZPO), da es sich um eine außerhalb eines anhängigen Verfahrens und nur für den Fall des Anhängigwerdens eines einstweiligen Verfügungsverfahrens erfolgte Anregung an das Gericht handelt. Hinterlegt der Anwalt die Schutzschrift, muss die Gegenseite eine eventuell später erlassene einstweilige Verfügung diesem auch zustellen.[373] 297

cc) Parteibezeichnung. Die mutmaßlichen Parteien des etwaigen einstweiligen Verfügungsverfahrens sind im Aktiv- und Passivrubrum genau zu bezeichnen. 298

dd) Anträge. Obwohl streitig ist, ob ein Prozessrechtsverhältnis bereits mit Einreichung einer Schutzschrift (also vor Stellung des Antrags auf Erlass einer einstweiligen Verfügung) 299

---

367 Zu den Möglichkeiten der Glaubhaftmachung siehe Rn 275.

368 Vgl hierzu die Ausführungen unter Rn 158 f. Fraglich wäre im vorliegenden Fall allerdings, (1.) ob ein „Vorbenutzungsrecht" überhaupt zu akzeptieren ist und ob (2.) die hier zwischen Registrierung und Benutzung verstriche Zeitspanne nicht zu groß war.

369 Dazu oben Rn 273.

370 Dazu unter Rn 301. Zum vergleichbaren Problem beim Widerspruch (Einstellung der Zwangsvollstreckung) unter Rn 315.

371 Siehe oben Rn 266.

372 Diese Empfehlung gibt beispielsweise auch Mellulis, Handbuch des Wettbewerbsprozesses, Rn 44: „Vielzahl von Unsicherheiten, die es angeraten erscheinen lassen, wie bisher allen auch nur entfernt in Betracht kommenden Gerichten eine Schutzschrift zu übersenden.".

373 Dazu oben Rn 291. Die Zustellung einer erlassenen einstweiligen Verfügung durch das Gericht an den Verfahrensbevollmächtigten des Antragsgegners (vgl zu diesem Erfordernis OLG Frankfurt, WRP 1996, 117, mwN) ersetzt nicht die erforderliche Zustellung im Parteibetrieb; vgl Nordemann, Wettbewerbsrecht/Markenrecht, Rn 3041.

begründet wird,[374] sollte der mutmaßliche Antragsgegner den Abweisungsantrag (Antrag zu 1.) vorsorglich in der Schutzschrift stellen.[375]

300 Der erste Hilfsantrag zu 2.) enthält eines der zentralen mit der Schutzschrift verfolgten Begehren, dem Antragsgegner (wenigstens) rechtliches Gehör zu verschaffen (und eine Beschlussverfügung zu verhindern).

301 Der zweite Hilfsantrag, die einstweilige Verfügung nur gegen **Sicherheitsleistung** zu erlassen, folgt aus §§ 921 Satz 2, 936 ZPO. Führt die Löschung der Domain zu schweren Eingriffen in den Gewerbebetrieb der Antragsgegnerin, kann verlangt werden, den eventuellen Erlass einer einstweiligen Verfügung von einer Sicherheitsleistung (der sog. Vollziehungssicherheit) abhängig zu machen.[376] Die potentiellen Eingriffe sollten vom Antragsgegner glaubhaft gemacht werden. Eine Offenlegung, wie viele Online-Zugriffe, sog. „Hits", über die inkriminierte Domain erfolgen, kann jedoch im Hinblick auf eventuelle Schadensersatzansprüche (insbesondere unter dem Aspekt des Verletzergewinns)[377] nachteilig sein.

302 Der **Kostenantrag** hat vor allem für den Fall Bedeutung, dass der Verfügungsantrag durch Beschluss zurückgewiesen oder vom Antragsteller zurückgenommen wird; § 269 Abs. 4 ZPO gilt entsprechend für das einstweilige Verfügungsverfahren.[378] Kommt es zur Zurückweisung des Verfügungsantrags durch Beschluss, so muss das Gericht schon von Amts wegen (§ 308 Abs. 2 ZPO) dem Antragsteller die Kosten des Verfahrens auferlegen, ohne zu prüfen, ob dem Antragsgegner erstattungsfähige Kosten entstanden sind oder nicht.[379] Zu den Kosten der Schutzschrift selbst sogleich unter Rn 304 f.

303 **ee) Begründung der Schutzschrift.** Der Anwalt sollte zur materiell-rechtlichen Streitfrage in tatsächlicher und rechtlicher Hinsicht Stellung nehmen und auch die Glaubhaftmachungsmittel anführen sowie beifügen.[380] Wird die für den Erlass einer einstweiligen Verfügung erforderliche Dringlichkeit vom Gericht angenommen, so ist damit noch nicht die Annahme besonderer Dringlichkeit gemäß §§ 937 Abs. 2, 944 ZPO gerechtfertigt, obwohl diese in derartigen Fällen in der Praxis regelmäßig bejaht wird.

304 **ff) Gegenstandswert und Gebühren.** Der Gegenstandswert für die Erstellung einer Schutzschrift entspricht dem Gegenstandswert des Verfügungsverfahrens (Rn 277).[381] Gerichtsgebühren werden durch die Einreichung einer Schutzschrift nicht ausgelöst.

305 Die **Anwaltsgebühren** für die Anfertigung und Hinterlegung einer Schutzschrift bestimmen sich nach RVG VV 3100 f oder VV 3403 f[382] Ob ein allgemeiner Verfahrensauftrag vorliegt oder ausnahmsweise bloß die Beauftragung einer Einzeltätigkeit (RVG VV 3403), ist eine Frage des Einzelfalls.[383] Die volle Verfahrensgebühr in Höhe von 1,3 (RVG VV 3101) entsteht, wenn der Anwalt in der Schutzschrift zur Sache vorträgt. Liegt ein Einzelauftrag vor, verdient der Anwalt eine Gebühr von 0,8 nach RVG VV 3403. Die jeweilige Gebühr entsteht auch bei der Hinterlegung **mehrerer Schutzschriften** nur einmal.[384]

---

374 AA OLG Hamburg WRP 1977, 495.
375 Vgl Teplitzky, NJW 1980, 1667.
376 Zöller/Herget, ZPO, § 922 Rn 7; KG GRUR 1995, 24; KG NJW-RR 1986, 1127.
377 Dazu Rn 449.
378 Zöller/Greger, ZPO, § 269 Rn 1, unter Verweis auf OLG Köln NJW 1973, 2071.
379 OLG Hamburg WRP 1983, 586.
380 Zöller/Vollkommer, ZPO, § 937 Rn 4; Nordemann, Wettbewerbsrecht/Markenrecht, Rn 3041.
381 Müller-Rabe, in: Gerold/Schmidt/v. Eicken/Madert/Müller-Rabe, RVG, Anhang Rn 207.
382 Müller-Rabe, in: Gerold/Schmidt/v. Eicken/Madert/Müller-Rabe, RVG, Anhang Rn 199.
383 Beispiel nach Müller-Rabe, in: Gerold/Schmidt/v. Eicken/Madert/Müller-Rabe, RVG, Anhang Rn 199: Einzelauftrag liegt vor, wenn Mandant vorhat, sich von anderem Anwalt im Eilverfahren vertreten zu lassen.
384 Müller-Rabe, in: Gerold/Schmidt/v. Eicken/Madert/Müller-Rabe, RVG, Anhang Rn 105.

gg) Kostenerstattungsanspruch. Obsiegt der Antragsgegner bzw. nimmt der Antragsteller den Verfügungsantrag zurück, kann der Antragsgegner nach § 91 ZPO die Kosten des Verfügungsverfahrens voll[385] erstattet verlangen; dazu gehören auch die Kosten der Hinterlegung einer Schutzschrift.[386] Voraussetzung ist, dass die Schutzschrift bei Gericht (vor Eingang des Eilantrags)[387] eingegangen ist.[388] Sie muss hingegen nicht zu den Akten gelangt sein.[389] Findet nach der Hinterlegung der Schutzschrift kein Verfügungsverfahren statt, kann der Antragsgegner die Kosten entsprechend den Grundsätzen der Kostenerstattung bei der Abmahnung[390] materiell-rechtlich erstattet verlangen.[391] 306

2. Reaktion auf erlassene einstweilige Verfügung

Wie auf eine erlassene einstweilige Verfügung reagiert wird, ist davon abhängig, ob der Mandant (Domain-Inhaber) sich nach Beratung über die Erfolgsaussichten entschließt, die Verfügung anzugreifen oder aber sie zu akzeptieren. 307

Sofern der Domain-Inhaber eine einstweilige Verfügung nicht hinnehmen will, steht ihm **gegen Beschlussverfügungen** der **Widerspruch** (**§§ 924, 936 ZPO**) zu. **Gegen eine nach mündlicher Verhandlung erlassene (oder bestätigte) Verfügung** ist die **Berufung** (**§§ 511 ff BGB**) eröffnet. Ferner besteht die Möglichkeit, einen Antrag auf Aufhebung der einstweiligen Verfügung **bei Vorliegen veränderter Umstände** (**§ 927 Abs. 1 ZPO**) oder bei **Nichteinhaltung der Klagefrist** (**§ 926 Abs. 2 ZPO**) zu stellen.[392] Nach herrschender Meinung **kann der Antragsgegner** zwischen den ihm eröffneten Rechtsmitteln **wählen.**[393] 308

Sofern der Domain-Inhaber hingegen die einstweilige Verfügung gegen sich gelten lassen will, sollte ihm der Anwalt raten, eine sog. **Abschlusserklärung** (dazu sogleich) abzugeben. In derartigen Fällen ist, wenn Zweifel an einer wirksamen Abmahnung bestehen, (**anstelle der Abschlusserklärung**) auch an die Möglichkeit eines **Kostenwiderspruchs** zu denken.[394] 309

Die Berufung gegen eine Urteilsverfügung richtet sich nach allgemeinen Regeln und bedarf hier keiner gesonderten Behandlung.[395] Auf die Abschlusserklärung wird wegen des sachlichen Zusammenhanges mit dem sog. Abschlussschreiben (des Antragstellers) unter Rn 352 ff eingegangen. 310

385 Müller-Rabe, in: Gerold/Schmidt/v. Eicken/Madert/Müller-Rabe, RVG, Anhang Rn 212.
386 OLG Düsseldorf GRUR 1988, 405; OLG Frankfurt WRP 1996, 117; OLG Düsseldorf GRUR 1995, 171; OLG Koblenz WRP 1995, 246; OLG München JurBüro 1994, 632.
387 Herrschende Meinung; vgl nur Müller-Rabe, in: Gerold/Schmidt/v. Eicken/Madert/Müller-Rabe, RVG, Anhang Rn 210, mwN.
388 OLG München WRP 1992, 811.
389 OLG München WRP 1992, 811.
390 Dazu unter Rn 226.
391 Müller-Rabe, in: Gerold/Schmidt/v. Eicken/Madert/Müller-Rabe, RVG, Anhang Rn 217.
392 Die Klage aus § 767 ZPO steht dem Antragsgegner nicht zu Verfügung; vgl OLG Karlsruhe GRUR 1979, 571; Zöller/Vollkommer, ZPO, § 924 Rn 1.
393 Zöller/Vollkommer, ZPO, § 924 Rn 2, mwN.
394 Dazu unter Rn 322 ff.
395 Zum Berufungsverfahren vgl das Muster und die Erläuterungen unter „Wettbewerbsrecht“ Rn 510 ff.

a) Muster eines Widerspruchs mit Erläuterungen

311 **aa) Muster: Widerspruch**

65 ▶ An das Landgericht Berlin

vorab per Telefax

Widerspruch

In dem einstweiligen Verfügungsverfahren

KUMMERTECH Electronic GmbH./. Slimshady Electronic GmbH

[Aktenzeichen]

zeigen wir an, dass wir die Antragsgegnerin vertreten. Namens und in Vollmacht der Antragsgegnerin erheben wir Widerspruch gegen die einstweilige Verfügung des Landgerichts Berlin vom 10. März 2005 – [Aktenzeichen] – und bitten um Anberaumung eines Termins zur mündlichen Verhandlung, in der wir die folgenden Anträge stellen werden:

1. Die einstweilige Verfügung des Landgerichts Berlin vom 10. März 2003 – Az [Aktenzeichen] – wird aufgehoben und die auf ihren Erlass gerichteten Anträge zurückgewiesen.
2. Die Zwangsvollstreckung aus der im Antrag zu 1. bezeichneten einstweiligen Verfügung wird einstweilen bis zur Entscheidung über den Widerspruch ohne Sicherheitsleistung eingestellt.
   hilfsweise:
   Die Zwangsvollstreckung aus der im Antrag zu 1. bezeichneten einstweiligen Verfügung wird einstweilen bis zur Entscheidung über den Widerspruch gegen Sicherheitsleistung der Antragsgegnerin in Höhe von EUR 25.000,00 eingestellt.

Begründung

... [Die Begründung ist abhängig davon, ob die Vollziehungsfrist gewahrt wurde: Wenn die Vollziehungsfrist gewahrt wurde, würde die Begründung derjenigen entsprechen, die im Muster zur Schutzschrift skizziert ist. Sofern keine wirksame Zustellung innerhalb der Vollziehungsfrist erfolgt wäre, müsste dies – unter Beifügung von Glaubhaftmachungsmitteln – zur Begründung des bereits daraus folgenden Anspruches auf Aufhebung der Verfügung angeführt werden; daneben wären vorsorglich auch in diesem Fall die Einwände gegen Verfügungsanspruch und Verfügungsgrund vorzubringen und glaubhaft zu machen.]

Die Zwangsvollstreckung ist gemäß § 924 Abs. 3 Satz 2, § 707 Abs. 1 ZPO einstweilen ohne Sicherheitsleistung einzustellen, da der Widerspruch weit überwiegende Aussicht auf Erfolg hat und das Interesse der Antragsgegnerin an der Aussetzung der Vollstreckung das Sicherungsinteresse der Antragstellerin überwiegt. Denn die Vollstreckung aus der ungerechtfertigten Beschlussverfügung führt bei der Antragsgegnerin zu massiven und irreparablen Schäden.

... [Diese Behauptung wäre zu substantiieren und vorsorglich – auch wenn § 707 Abs. 1 Satz 2 ZPO nicht gilt – glaubhaft zu machen.]

Jedenfalls aber ist angesichts der Umstände des Streitfalls eine Einstellung gegen Sicherheitsleistung geboten. Bei der Bezifferung haben wir uns an dem im Verfügungsantrag angegebenen Streitwert zuzüglich der Kosten des Verfügungsverfahrens orientiert und diesen aufgerundet.

Wir stellen zu.

...

Rechtsanwalt ◀

312 **bb) Erläuterungen. (1) Zuständigkeit des Gerichts.** Örtlich und sachlich ausschließlich (§ 802 ZPO) zuständig ist das Gericht, das die Verfügung erlassen hat. Hat das Beschwer-

degericht die einstweilige Verfügung erlassen, ist für den Widerspruch gleichwohl – um dem Antragsgegner keine Instanz zu nehmen – das Gericht erster Instanz für die Entscheidung über den Widerspruch zuständig.[396] Bringt der Antragsgegner mit Recht vor, das Gericht sei für den Erlass der einstweiligen Verfügung örtlich oder sachlich nicht zuständig gewesen, so hat der Antragsteller Verweisung gemäß § 281 ZPO zu beantragen.[397]

(2) **Anwaltszwang.** Unter der Voraussetzung der sachlichen Zuständigkeit des Landge- 313
richts besteht für die Einlegung des Widerspruchs Anwaltszwang.[398]

(3) **Anträge.** Der Antrag zu 1. orientiert sich an § 925 Abs. 2 ZPO und entspricht einer am 314
Landgericht Berlin gängigen Tenorierung. Die mit dem Antrag zu 2. und dem entsprechenden Hilfsantrag begehrte einstweilige Einstellung der Zwangsvollstreckung kommt nur ausnahmsweise in Betracht;[399] sie ist denkbar, wenn die Vollstreckung zu schwersten Eingriffen in den Gewerbebetrieb des Antragsgegners führt.[400] Dies ist in Domain-Streitigkeiten jedenfalls dann naheliegend, wenn die Geschäfte des Unternehmens und gegebenenfalls auch der Vertrieb weitergehend oder sogar ausschließlich über die inkriminierte Website abgewickelt werden.

(4) **Materielle Gegenanträge.** Ob materielle Gegenanträge im Verfügungsverfahren zuläs- 315
sig sind (im vorliegenden „Musterfall" könnte sich dies anbieten), ob es also ein Gegenstück zur Widerklage im Verfügungsverfahren gibt, ist umstritten. Nach wohl herrschender Meinung ist dies der Fall.[401] Die Gegenansicht[402] weist allerdings mit Recht darauf hin, dass dafür kein Bedürfnis besteht, weil der Antragsgegner jederzeit selbst einen Verfügungsantrag stellen kann.

(5) **Begründung.** Der Widerspruch ist gemäß § 924 Abs. 2 Satz 1 ZPO zu **begründen.** Zwar 316
handelt es sich nach herrschender Meinung dabei nur um eine Ordnungsvorschrift.[403] Dennoch sollte der Antragsgegner in dem Widerspruch die Gründe darlegen und glaubhaft machen, die für die Aufhebung der einstweiligen Verfügung sprechen, und diesen Schriftsatz jedenfalls dem Gericht rechtzeitig vor der mündlichen Verhandlung zusenden.

(6) **Fristen.** Der Widerspruch ist **nicht fristgebunden.** Es liegt jedoch im eigenen Interesse 317
des Antragsgegners, dass über die Aufhebung der einstweiligen Verfügung möglichst zügig mündlich verhandelt wird. Zudem kann, wenn der Antragsgegner länger zuwartet, **Verwirkung** eintreten.[404]

(7) **Gegenstandswert und Gebühren.** Der Gegenstandswert des Widerspruchsverfahrens 318
entspricht dem des Verfügungsverfahrens.[405] Die Einlegung des Widerspruchs löst auf Seiten des Antragsgegners die Verfahrensgebühr aus, da der Widerspruch Rechtsbehelf, nicht Rechtsmittel ist.[406]

Beispiel:[407] Der Anwalt des Antragsgegners legt Widerspruch ein und nimmt an einer im 319
Eilverfahren anberaumten mündlichen Verhandlung teil. Der Anwalt verdient bei einem

396 Zöller/Vollkommer, ZPO, § 924 Rn 6, mwN, auch zu gegenteiligen Literaturansichten.
397 Zöller/Vollkommer, ZPO, § 924 Rn 6, mwN.
398 OLG Koblenz NJW 1980, 2589; Zöller/Vollkommer, ZPO, § 924 Rn 7.
399 Vgl BGH NJW-RR 1997, 1155.
400 KG WRP 1995, 25; Zöller/Vollkommer, ZPO, § 924 Rn 7, mwN.
401 OLG Celle NJW 1959; OLG Rostock OLG-NL 2001, 279; Zöller/Vollkommer, ZPO, § 935 Rn 4.
402 Weber, WRP 1985, 527; Nordemann, Wettbewerbsrecht/Markenrecht, Rn 3143.
403 Zöller/Vollkommer, ZPO, § 924 Rn 7, mwN.
404 Vgl OLG Celle GRUR 1980, 945; KG GRUR 1985, 237; Vgl Zöller/Vollkommer, ZPO, § 924 Rn 10, mwN.
405 Müller-Rabe, in: Gerold/Schmidt/v. Eicken/Madert/Müller-Rabe, RVG, Anhang Rn 101.
406 Müller-Rabe, in: Gerold/Schmidt/v. Eicken/Madert/Müller-Rabe, RVG, Anhang Rn 101.
407 Nach Müller-Rabe, in: Gerold/Schmidt/v. Eicken/Madert/Müller-Rabe, RVG, Anhang Rn 44.

Streitwert von EUR 20.000,00 folgende Gebühren: 1,3 Verfahrensgebühr nach RVG VV 3100 in Höhe von EUR 839,80 sowie 1,2 Terminsgebühr nach RVG VV 3104 in Höhe von EUR 775,20 und eine Pauschale nach RVG VV 7002 in Höhe von EUR 20,00, mithin insgesamt EUR 1.635,00 RVG. Bei nicht zum Vorsteuerabzug berechtigten Mandanten ist die Mehrwertsteuer hinzuzusetzen (RVG VV Nr. 7008).

320 Für den Anwalt des Antragstellers bedeutet das Widerspruchsverfahren keine zweite Instanz; es bildet mit dem vorangegangenen Anordnungsverfahren eine Angelegenheit (§ 16 Nr. 6 RVG). Gesonderte Gerichtsgebühren fallen im Widerspruchsverfahren nicht an.

321 (8) **Rücknahme des Widerspruchs.** Die Rücknahme des Widerspruchs ist bis zur formellen Rechtskraft des Urteils ohne Zustimmung des Antragstellers möglich; auch insoweit besteht Anwaltszwang.[408]

b) Muster eines Kostenwiderspruchs mit Erläuterungen

322 Sofern der Mandant die im Beschlusswege ergangene einstweilige Verfügung anerkennen, sich aber – etwa wegen fehlender Abmahnung oder gegebenenfalls wegen fehlender Vorlage einer Originalvollmacht (Rn 236) – gegen die Kostenentscheidung wehren will, besteht die Möglichkeit, einen sog. **Kostenwiderspruch**[409] einzulegen.

323 aa) **Muster: Kostenwiderspruch.** Das nachstehende Muster beruht auf der – den „Musterfall" modifizierenden – Annahme, dass es keine Abmahnung vor der Stellung des Verfügungsantrags gegeben hat.

66 ▶ An das Landgericht ■■■

Vorab per Telefax

Kostenwiderspruch

In dem einstweiligen Verfügungsverfahren

■■■ GmbH./. ■■■ GmbH

■■■ [Aktenzeichen]

zeigen wir an, dass wir die Antragsgegnerin vertreten.

Namens und in Vollmacht der Antragsgegnerin erheben wir Widerspruch gegen die einstweilige Verfügung des Landgerichts vom 10. März 2005 – ■■■ [Aktenzeichen] – insoweit, als dem Antragsgegner die Kosten des Verfügungsverfahrens auferlegt worden sind. Wir beantragen,

unter teilweiser Abänderung der einstweiligen Verfügung vom 10. März 2005 – ■■■ [Aktenzeichen] – der Antragstellerin die gesamten Kosten des Verfahrens aufzuerlegen.

Im Übrigen erkennen wir namens und in Vollmacht der Antragsgegnerin die einstweilige Verfügung als nach Bestandskraft und Wirkung einem rechtskräftigem Hauptsachetitel entsprechend an und verzichten auf den Widerspruch gegen die einstweilige Verfügung vom 10. März 2005 – [Aktenzeichen] – und auf das Recht aus §§ 926, 936 ZPO. Auf die Rechte aus §§ 927, 936 ZPO wird mit Ausnahme solcher Einwendungen verzichtet, die auch einem rechtskräftigen Titel entgegengehalten werden könnten.

Begründung

Der Antragstellerin sind die Kosten des Verfügungsverfahrens gemäß § 93 ZPO aufzuerlegen, weil die Antragsgegnerin keine Veranlassung zur Einleitung eines einstweiligen Verfügungsverfahrens

408 Zöller/Vollkommer, ZPO, § 924 Rn 8, § 920 Rn 13, mwN.
409 Vgl dazu auch Lemke, DriZ 1992, 339; Nieder, WRP 1979, 350.

gegeben hat. Es ist anerkannt, dass ein Antragsteller die Kosten der gerichtlichen Auseinandersetzung zu tragen hat, wenn er nicht zuvor abgemahnt hat (vgl nur KG WRP 1988, 167, 168). So liegt es hier.

Ein Abmahnschreiben ist der Antragsgegnerin nicht zugegangen.

Glaubhaftmachung:

1. Eidesstattliche Versicherung des Geschäftsführers der Antragsgegnerin, – Anlage AG 1 –;
2. Eidesstattliche Versicherung der für die Bearbeitung der Posteingänge zuständigen Assistentin des Geschäftsführers der Antragsgegnerin, Anlage AG 2 –.

Hätte die Antragstellerin die Antragsgegnerin abgemahnt, hätte die Antragsgegenerin die übliche Unterlassungsverpflichtungserklärung unter Versprechen einer angemessenen Vertragsstrafe abgegeben.

Glaubhaftmachung:

Eidesstattliche Versicherung des Geschäftsführers der Antragsgegnerin, – Anlage AG 1 -.

Die Antragsgegnerin hat am 16. März 2005, also unmittelbar nach der am 15. März 2005 vollzogenen Zustellung der einstweiligen Verfügung, gegenüber der DENIC e.G. den Verzicht auf die Internet-Domain „KUMMERTECH.de" erklärt.

Glaubhaftmachung:

1. Eidesstattliche Versicherung des Geschäftsführers der Antragsgegnerin, – Anlage AG 1 –;
2. Ablichtung der Verzichtserklärung der Antragsgegnerin gegenüber der DENIC e.G., Anlage AG 3 –.

Es gibt keinen Grund für die Annahme, dass die vorherige Abmahnung im vorliegenden Fall ausnahmsweise unzumutbar gewesen sein könnte.

Wir stellen zu.

■■■

Rechtsanwalt ◄

bb) Erläuterungen. (1) Teilweiser Verzicht auf den Widerspruch. Die **Beschränkung des Widerspruchs auf die Kostenentscheidung** muss eindeutig erklärt werden; anderenfalls wird die beabsichtigte Kostenfolge des § 93 ZPO nicht erreicht bzw. jedenfalls gefährdet.[410] Der teilweise Verzicht auf den Widerspruch hat die Wirkung eines Anerkenntnisses.[411] Dieses Anerkenntnis kann nicht durch einen späteren Übergang auf einen Vollwiderspruch rückgängig gemacht werden.[412] 324

(2) **Abschlusserklärung.** Sofern – wie hier im Absatz nach dem Antrag auf teilweise Aufhebung der einstweiligen Verfügung – **ausdrücklich** der **Verzicht auf den Widerspruch** in der Sache selbst **sowie auf die Rechte aus** § **926** ZPO **und** mit Einschränkungen auch auf die Rechte aus § **927 ZPO** erklärt wird, handelt es sich bereits um eine **Abschlusserklärung.**[413] Diese wird gemeinsam mit dem Abschlussschreiben für den Zeitpunkt nach Beendigung des Verfügungsverfahrens unter Rn 352 ff erläutert. Durch eine solche Erklärung 325

410 KG WRP 1982, 530; OLG Frankfurt WRP 1979, 726; OLG München NJWE-WettbR 1996, 139; Nordemann, Wettbewerbsrecht/Markenrecht, Rn 3112; aA OLG Düsseldorf NJWE-WettbR 1996, 256.

411 OLG Hamburg WRP 1976, 180; OLG Frankfurt WRP 1982, 226; OLG Stuttgart NJWE-WettbR 2000, 125; Nordemann, Wettbewerbsrecht/Markenrecht, Rn 3112.

412 Der Vollwiderspruch wäre in einem solchen Falle unzulässig und der Antragsgegner hätte die Verfahrenskosten zu tragen (OLG Hamm GRUR 1991, 633).

413 Vgl insoweit Ahrens, WRP 1997, 907; Lindacher, BB 1984, 639; Teplitzky, Wettbewerbsrechtliche Ansprüche und Verfahren, Kapitel 43.

wird dem vorläufigen, im Verfügungsverfahren erstrittenen Unterlassungstitel die Wirksamkeit eines endgültigen Unterlassungstitels verliehen und so das Rechtsschutzbedürfnis für eine Hauptsacheklage des Verletzten sowie zugleich die Möglichkeit einer Schadensersatzforderung nach § 945 ZPO beseitigt.[414] Um diese Wirkung zu erzielen, muss der Verletzer **umfassend auf** seine möglichen **Rechtsmittel verzichten.** Es genügt nicht lediglich der Verzicht auf die Rechte nach § 924 ZPO und § 926 ZPO, er muss sich auch auf die Rechte nach § 927 ZPO erstrecken. **Allerdings** muss der Schuldner – entsprechend dem Zweck der Abschlusserklärung – **nicht auf diejenigen Einwendungen verzichten, die auch gegenüber einem Hauptsachetitel** (im Wege der Vollstreckungsgegenklage gemäß § 767 ZPO) **geltend gemacht werden können.**[415]

326 Der Unterlassungsschuldner (in unserem Beispiel also der Domain-Inhaber) sollte, wenn absehbar ist, dass er auch in einem etwaigen Hauptsacheverfahren unterliegen würde, umgehend, spätestens aber einen Monat nach Zustellung der einstweiligen Verfügung, eine Abschlusserklärung abgeben. Er kann damit verhindern, dass der Anspruchsteller ein anwaltliches Abschlussschreiben verfassen lässt und dadurch weitere Kosten ausgelöst werden (näher hierzu unter Rn 358). Hierüber muss der Anwalt aufklären.

327 Die Abgabe einer strafbewehrten Unterlassungsverpflichtungserklärung ist nach der Abschlusserklärung nicht erforderlich und zu unterlassen, um dem Verletzten kein zusätzliches Sanktionsmittel zur Hand zu geben.[416] Wenn allerdings die Unterlassungsverpflichtungserklärung bereits abgegeben war, als die einstweilige Verfügung zugestellt wurde, ist – eben um diese unberechtigte Doppelsanktion zu verhindern – Vollwiderspruch einzulegen.[417]

328 (3) **Glaubhaftmachung.** Wie bereits oben ausgeführt (Rn 202), liegt nach herrschender Meinung die Darlegungs- und Beweislast für den Zugang der Abmahnung beim Verletzten. Daher muss der entsprechende Vortrag glaubhaft gemacht werden.

329 (4) **Gegenstandswert und Gebühren.** Beim Kostenwiderspruch steht dem Anwalt nur eine 1,3 Verfahrensgebühr nach dem Kostenwert, nicht aber nach dem Hauptsachewert zu.[418] Im Übrigen siehe oben unter Rn 318.

330 (5) **Rechtsmittel.** Gegen die Entscheidung über den Kostenwiderspruch, die durch Urteil ergeht,[419] ist nach herrschender Meinung[420] analog § 99 Abs. 2 ZPO in der Frist des § 569 Abs. 1 ZPO die sofortige Beschwerde eröffnet.

c) Aufhebung der einstweiligen Verfügung nach §§ 926, 936 ZPO

331 **aa) Antrag nach §§ 926 Abs. 1, 936 ZPO.** Solange die einstweilige Verfügung besteht,[421] hat der Antragsgegner die Möglichkeit, ihren Fortbestand von der Durchführung des

414 Vgl BGH WRP 1989, 572; Teplitzky, Wettbewerbsrechtliche Ansprüche und Verfahren, Kapitel 43, Rn 11, mwN.

415 Vgl KG NJWE-WettbR 1996, 162; Nordemann, Wettbewerbsrecht/Markenrecht, Rn 3174, dort auch (unter Rn 3175) zur (inzwischen weitgehend aufgegebenen) Praxis des KG, modifizierte Abschlusserklärungen, die nur für den Fall einer die Verfügung bestätigenden Entscheidung durch das Berufungsgericht abgegeben werden, als ausreichend zu erachten. Siehe Nordemann, aaO, Rn 3313, 3314, auch zu denkbaren Angriffen im Rahmen des § 767 ZPO.

416 OLG Köln WRP 1969, 423; Nordemann, Wettbewerbsrecht/Markenrecht, Rn 3113.

417 OLG Hamburg WRP 1989, 325; Nordemann, Wettbewerbsrecht/Markenrecht, Rn 3113.

418 BGH NJW-RR 2003, 1293; Müller-Rabe, in: Gerold/Schmidt/v. Eicken/Madert/Müller-Rabe, RVG, Anhang Rn 101.

419 OLG Brandenburg NJW-RR 2000, 1668; Zöller/Vollkommer, ZPO, § 924 Rn 5.

420 OLG Koblenz JurBüro 1997, 38; OLG München GRUR 1990, 482; Zöller/Vollkommer, ZPO, § 99 Rn 17, mwN (dort auch zu den Gebühren des Beschwerverfahrens).

421 Anderenfalls fehlt das Rechtsschutzbedürfnis (vgl BGH NJW 1973, 1329). Gleiches gilt für den Fall, dass der Antragsteller auf die Rechte aus der einstweiligen Verfügung und den materiellen Anspruch verzichtet hat (OLG Düsseldorf WRP 1988, 247).

Hauptverfahrens abhängig zu machen und einen **Antrag auf Anordnung der Klageerhebung** nach **§§ 926 Abs. 1, 936 ZPO** zu stellen. Alternativ besteht die – das Kostenrisiko uU reduzierende – Möglichkeit, eine negative Feststellungsklage zu erheben[422] und auf der Grundlage eines obsiegenden Urteils die Aufhebung der einstweiligen Verfügung nach § 927 ZPO durchzusetzen. Der Antrag nach §§ 926 Abs. 1, 936 ZPO, der schon (rein vorsorglich) vor Erlass der Verfügung gestellt werden kann,[423] ist selbstverständlich nur dann sinnvoll, wenn dem Antragsgegner durch die Beweismittel des Hauptsacheverfahrens bessere Verteidigungsmittel zur Verfügung stehen und er deshalb davon ausgehen kann, dass die Hauptsacheklage abgewiesen werden würde.

(1) **Zuständiges Gericht.** Zuständig ist das erstinstanzliche Gericht, auch wenn die einstweilige Verfügung erst durch das Beschwerde- bzw. Berufungsgericht erlassen wurde;[424] die Anordnung ist dem Rechtspfleger übertragen (§ 20 Nr. 14 RPflG). 332

(2) **Rubrum der Antragsschrift.** Die Parteirollen sind im Verfahren nach §§ 926, 936 ZPO gegenüber dem Verfügungsverfahren vertauscht. Hierauf ist bei der Abfassung des Rubrums des Antrags zu achten. 333

(3) **Kein Anwaltszwang.** Für die Stellung des Antrags besteht kein Anwaltszwang (§ 78 Abs. 3 ZPO, § 13 RpflG), der Antrag kann schriftlich oder zu Protokoll des Urkundsbeamten gestellt werden (§§ 24 Abs. 2 Nr. 3, 26 RpflG). 334

(4) **Muster: Antrag nach §§ 926 Abs. 1, 936 ZPO** 335

67

▶ ... beantragen wir, Folgendes zu beschließen:

Die Antragsgegnerin hat bis zum 15. April 2005 Klage zu erheben. Nach fruchtlosem Ablauf dieser Frist wird auf Antrag die einstweilige Verfügung des Landgerichts ... vom ... – ... [Aktenzeichen] – aufgehoben. ◀

(5) **Kosten und Gebühren.** Gesonderte Gerichtsgebühren fallen nicht an, der Antrag nach § 926 Abs. 1 ZPO ist durch die Gebühr für das Verfahren auf Erlass der einstweiligen Verfügung (GKG KV 1410, 1412) abgegolten.[425] Auch Anwaltsgebühren werden durch das Verfahren nach § 926 Abs. 1 ZPO nicht ausgelöst; es handelt sich um eine Angelegenheit mit dem Verfahren der einstweiligen Verfügung (§ 16 Nr. 6 RVG). 336

bb) Antrag nach §§ 926 Abs. 2, 936 ZPO. Wird die Hauptsacheklage nicht oder nicht rechtzeitig innerhalb der vom Gericht gesetzten Frist erhoben, oder wird die Klage zurückgenommen oder als unzulässig[426] abgewiesen, hat das Gericht auf einen **Aufhebungsantrag** gemäß §§ 926 Abs. 2, 936 ZPO hin[427] die Aufhebung der einstweiligen Verfügung nach mündlicher Verhandlung[428] durch Urteil auszusprechen.[429] Die Frist ist nur dann gewahrt, wenn sich die Klage auf diejenigen (Unterlassungs-)Ansprüche bezieht, die der Antragsteller zum Gegenstand seines Antrags auf Erlass der einstweiligen Verfügung gemacht hat;[430] die Klageerhebung beim unzuständigen Gericht schadet nicht.[431] Wird allerdings die Hauptsacheklage nach Fristablauf und Stellung des Aufhebungsantrages, aber bis zum Schluss 337

422 BGH NJW 1986, 1815; OLG Koblenz GRUR 1986, 94.
423 Zöller/Vollkommer, ZPO, § 926 Rn 9.
424 Zöller/Vollkommer, ZPO, § 926 Rn 6.
425 Zöller/Vollkommer, ZPO, § 926 Rn 35.
426 BGH NJW 1993, 2686; Zöller/Vollkommer, ZPO, § 926 Rn 31.
427 Zu den Anforderungen an die Zulässigkeit des Antrages vgl Zöller/Vollkommer, ZPO, § 926 Rn 23.
428 Zöller/Vollkommer, ZPO, § 926 Rn 22.
429 Zur Kostenfolge in diesem Fall im Einzelnen Zöller/Vollkommer, ZPO, § 926 Rn 26.
430 BGH NJW 1993, 2686; Zöller/Vollkommer, ZPO, § 926 Rn 30.
431 OLG Frankfurt GRUR 1987, 650; Zöller/Vollkommer, ZPO, § 926 Rn 29, 32.

der mündlichen Verhandlung im Aufhebungsverfahren erhoben, so gilt sie nach § 231 Abs. 2 ZPO als rechtzeitig erhoben; in dieser Konstellation ist für erledigt zu erklären, wobei der Gläubiger des Verfügungsanspruchs die Kosten für das Verfahren nach § 926 Abs. 2 ZPO zu tragen hat.[432]

338 Es fehlt ein Rechtsschutzbedürfnis für den Antrag, wenn weitere Auswirkungen der einstweiligen Verfügung nicht mehr drohen, insbesondere wenn der Verletzte auf seine Rechte aus der einstweiligen Verfügung verzichtet und den Titel ausgehändigt hat.[433]

339 Hinsichtlich der Zuständigkeit und der Parteirollen gilt das soeben zu §§ 926 Abs. 1, 936 ZPO Angemerkte, im Übrigen Folgendes:

340 (1) **Anwaltszwang.** Es besteht Anwaltszwang (§ 78 Abs. 1 ZPO).

341 (2) **Muster: Antrag nach §§ 926 Abs. 2, 936 ZPO**

68

▶ ... stellen wir folgende Anträge:

1. Die einstweilige Verfügung des Landgerichts Berlin vom 10. März 2005 – [Aktenzeichen] – wird aufgehoben.
2. Die Zwangsvollstreckung aus der im Antrag zu 1. bezeichneten einstweiligen Verfügung wird einstweilen bis zur Entscheidung über diesen Aufhebungsantrag ohne Sicherheitsleistung eingestellt.
   hilfsweise:
   Die Zwangsvollstreckung aus der im Antrag zu 1. bezeichneten einstweiligen Verfügung wird einstweilen bis zur rechtskräftigen Entscheidung über diesen Aufhebungsantrag gegen Sicherheitsleistung der Antragsgegnerin in Höhe von EUR 25.000,00 eingestellt. ◀

342 Der Antrag zu 2. (sowie der entsprechende Hilfsantrag) beruhen darauf, dass auch im Aufhebungsverfahren (analog § 924 Abs. 3 ZPO) die Zwangsvollstreckung einstweilen auf Antrag eingestellt werden kann.[434]

343 (3) **Glaubhaftmachung.** Auch beim Aufhebungsverfahren handelt es sich um ein summarisches Verfahren; die Voraussetzungen für die Aufhebung sind deshalb glaubhaft zu machen.[435]

344 (4) **Kosten und Gebühren.** Das Aufhebungsverfahren stellt kostenrechtlich eine neue Angelegenheit dar; es fällt deshalb eine Verfahrensgebühr (KGK KV 1410, 1412) in Höhe von 1,5 bzw. 3,0 an. Der Streitwert des Verfügungsverfahrens ist davon abhängig, welchen Wert der aufzuhebende Titel bei Stellung des Antrags noch hat;[436] er kann unter dem Wert des Verfügungsverfahrens liegen. Anwaltsgebühren fallen hingegen im Verfahren nach § 926 Abs. 2 ZPO nicht an; es handelt sich um eine einheitliche Angelegenheit mit dem Verfahren der einstweiligen Verfügung (§ 16 Nr. 6 RVG).

d) Aufhebung der einstweiligen Verfügung nach §§ 927, 936 ZPO

345 Selbständig neben dem Aufhebungsverfahren nach §§ 926, 936 ZPO steht das Aufhebungsverfahren wegen des Erbietens zur Sicherheitsleistung[437] oder wegen veränderter Umstände (§§ 927 Abs. 1, 936 ZPO), aufgrund derer der Erlass bzw. die Bestätigung der einstweiligen Verfügung nicht mehr möglich wären. **Veränderte Umstände** im Sinne des

432 OLG Frankfurt WRP 1982, 96. Gestützt wurde dies auf eine Analogie zu § 93 ZPO.
433 Vgl Zöller/Vollkommer, ZPO, § 926 Rn 12, mwN.
434 OLG Düsseldorf MDR 1970, 58; Zöller/Vollkommer, ZPO, § 926 Rn 28.
435 Zöller/Vollkommer, ZPO, § 926 Rn 22.
436 Zöller/Herget, ZPO, § 3 Rn 16 Stichwort „Einstweilige Verfügung".
437 Zöller/Vollkommer, ZPO, § 927 Rn 8.

§ 927 Abs. 1 ZPO – der weiter geht als § 767 Abs. 2 ZPO[438] – sind allerdings nur solche Umstände, **die nach dem Erlass der einstweiligen Verfügung eingetreten sind oder dem Schuldner bekannt wurden.**[439] Dabei kann auch eine neue Beweislage genügen, selbst wenn der Schuldner sich auf Beweismittel beruft, die zum Zeitpunkt des Erlasses der einstweiligen Verfügung bereits vorlagen, die er zu diesem früheren Zeitpunkt aber noch nicht benutzen konnte. Genügen kann auch eine **veränderte Gesetzeslage oder eine Änderung der höchstrichterlichen Rechtsprechung**, aufgrund derer eine Hauptsacheklage voraussichtlich keinen Erfolg (mehr) haben würde.[440] Auch die Nichteinhaltung der Vollziehungsfrist (Rn 290 f) kann, wenn diese nicht bereits mit dem Widerspruch und/oder der Berufung gegen die einstweilige Verfügung geltend gemacht werden konnte, ein veränderter Umstand im Sinne des § 927 Abs. 1 ZPO sein.[441]

Es fehlt ein Rechtsschutzbedürfnis für den Antrag, wenn weitere Auswirkungen der einstweiligen Verfügung nicht mehr drohen, insbesondere wenn der Verletzte auf seine Rechte aus der einstweiligen Verfügung verzichtet und den Titel ausgehändigt hat.[442] 346

Die Entscheidung über den Antrag ergeht nach mündlicher Verhandlung durch Endurteil (§§ 927 Abs. 2, 936 ZPO). Hinsichtlich der Zuständigkeit des Gerichts, der Parteirollen, des Anwaltszwanges, der Fassung der Anträge, der Glaubhaftmachung und der Kosten gilt das zum Antrag gemäß § 926 Abs. 2 ZPO Gesagte (Rn 341 f). 347

III. Hauptsacheverfahren

1. Situation nach Erlass der einstweiligen Verfügung und vor Erhebung der Hauptsacheklage

a) Erfordernis eines Abschlussschreibens

Hat der Anspruchsteller im Verfügungsverfahren obsiegt, sollte er den Unterliegenden (hier: den Domain-Inhaber) durch ein **Abschlussschreiben** zur Abgabe einer **Abschlusserklärung[443] auffordern.** Wird die Hauptsacheklage erhoben, ohne dass zuvor ein Abschlussschreiben verfasst wird, läuft der Kläger Gefahr, die Kosten gemäß § 93 ZPO tragen zu müssen, wenn der Beklagte den Anspruch sofort, also innerhalb der Frist zur Verteidigungsanzeige, anerkennt.[444] 348

aa) Ausnahmen vom Erfordernis des Abschlussschreibens. Hat der Antragsgegner gegen eine im Beschlusswege ergangene einstweilige Verfügung Widerspruch eingelegt, so bedarf es der Übersendung eines Abschlussschreibens nicht. In einem solchen Fall kann eine Hauptsacheklage ohne Kostennachteil sogleich erhoben werden.[445] Das Gleiche gilt, wenn der Antragsgegner ankündigt, Widerspruch einzulegen. Hat der Antragsteller einen Antrag auf Erlass einer einstweiligen Verfügung anhängig gemacht und ist über diesen noch nicht entschieden, so kann er ebenfalls sogleich (auch) Hauptsacheklage erheben, ohne die Kostennachteile des § 93 ZPO befürchten zu müssen.[446] 349

bb) Erforderliche Zeitspanne zwischen Zustellung der Verfügung und Abschlussschreiben. Wenn allerdings ein Verfügungsverfahren vorausgegangen ist, sollte der Anspruch- 350

438 Zöller/Vollkommer, ZPO, § 927 Rn 1, 15, mwN.
439 Zöller/Vollkommer, ZPO, § 927 Rn 1, 3 ff, mwN.
440 KG WRP 1990, 331; OLG Hamburg WRP 1997, 53; Zöller/Vollkommer, ZPO, § 927 Rn 3 f, mwN.
441 Nordemann, Wettbewerbsrecht/Markenrecht, 3142.
442 Zöller/Vollkommer, ZPO, § 927 Rn 3, mwN.
443 Zur Abschlusserklärung siehe oben unter Rn 352 ff.
444 Vgl nur BGH GRUR 1973, 384.
445 OLG Hamm GRUR 1991, 336.
446 OLG Hamm GRUR 1991, 336.

steller **vor der Absendung des Abschlussschreibens** – um die Erstattung der Kosten dieses Schreibens nicht zu riskieren – dem Unterliegenden eine angemessene Zeit zur Entscheidung lassen, ob dieser die erlassene einstweilige Verfügung von sich aus durch Abgabe einer Abschlusserklärung bestandskräftig machen will. Insoweit wird überwiegend von einer **Mindestfrist von zwölf 12 Tagen** (maximal ein Monat nach der Zustellung der einstweiligen Verfügung) ausgegangen.[447]

b) Muster: Abschlussschreiben

351 Das nachstehende Muster beruht auf der – den „Musterfall" modifizierenden – Annahme, dass keine Schutzschrift hinterlegt und auch kein Widerspruch eingelegt wurde und deshalb ein Abschlussschreiben erforderlich wäre.

69 ▶ Per Einschreiben/Rückschein

... GmbH

... [Adresse]

Vorab per Telefax

Widerrechtliche Nutzung der Domain „KUMMERTECH.de"

Sehr geehrter Herr ... [Name des Geschäftsführers],

wir haben Ihnen vor Monatsfrist eine von unserer Mandantin, der KUMMERTECH Electronic GmbH, gegen die Shadyconsult GmbH vor dem Landgericht Berlin erwirkte einstweilige Verfügung vom 10. März 2005 – [Aktenzeichen] – zustellen lassen. Vollmacht ist ausweislich der Ihnen bereits vorliegenden Vollmachtsurkunde gegeben.

Zur Vermeidung der Erhebung einer Hauptklage, die mit erheblichen weiteren Kosten für Sie verbunden wäre, haben wir Sie namens und in Vollmacht unserer Mandantin aufzufordern, die beiliegende Abschlusserklärung bis spätestens zum

9. Mai 2005

(Datum des Eingangs der Erklärung bei uns) abzugeben; zur Wahrung der Frist genügt die Sendung per Telefaxschreiben, wenn das Original der von Ihnen unterschriebenen Abschlusserklärung Unterlassungsverpflichtungserklärung unverzüglich auf dem Postweg nachfolgt.

Nach den Grundsätzen der Geschäftsführung ohne Auftrag (§§ 683, 677, 670 BGB) sind Sie unserer Mandantin auch zum Ersatz derjenigen Kosten verpflichtet, die aus unserer Beauftragung entstanden sind. Wir haben Sie namens und in Vollmacht unserer Mandantin aufzufordern, den geschuldeten Betrag bis spätestens zum

17. Mai 2005

unter Angabe unseres o.g. Aktenzeichens auf folgendes Konto zu überweisen: .... Geldempfangsvollmacht ist ausweislich der Ihnen vorliegenden Vollmachtsurkunde gegeben.

Für den Fall, dass die gesetzten Fristen ergebnislos verstreichen sollten, werden wir unserer Mandantin empfehlen, die Hauptsacheklage zu erheben.

Eine Ablichtung dieses Schreibens haben wir [Name des Bevollmächtigten der Gegenseite im Verfügungsverfahren] zugesandt.

Mit freundlichen Grüßen

...

Rechtsanwalt ◀

---

447 Teplitzky, Wettbewerbsrechtliche Ansprüche und Verfahren, Kapitel 43 Rn 31, mwN.

c) Muster: Abschlusserklärung 352

▶ **Abschlusserklärung** 70

Die Shadyconsult GmbH, [Adresse], vertreten durch den alleinvertretungsberechtigten Geschäftsführer ■■■,

1. erkennt hiermit gegenüber KUMMERTECH Elektronic GmbH, ■■■, an, dass sie die am 10. März 2005 ergangene einstweilige Verfügung des Landgerichts Berlin vom 10. März 2005 – [Aktenzeichen] – als eine endgültige und zwischen den Parteien verbindliche Regelung akzeptiert, sie nach Bestandskraft und Wirkung einem rechtskräftigen Hauptsachetitel gleichstellt und auf die Einlegung eines Widerspruchs gemäß §§ 924, 936 ZPO, ferner auf die Rechte aus §§ 926, 936 ZPO sowie schließlich die Rechte aus §§ 927, 936 ZPO verzichtet, soweit auch ein Vorgehen gegen einen rechtskräftigen Hauptsachetitel ausgeschlossen wäre.
2. verpflichtet sich gegenüber der KUMMERTECH Elektronic GmbH,
   a) [Auskunft wie in Ziff. 4. der Unterlassungsverpflichtungserklärung],
   b) [Schadensersatz wie in Ziff. 5 der Unterlassungsverpflichtungserklärung],
   c) [Kostenerstattung wie in Ziff. 6 der Unterlassungsverpflichtungserklärung].

■■■, den ■■■

Shadyconsult GmbH, vertreten durch den Geschäftsführer, ■■■

(Stempel und Unterschrift) ◀

d) Erläuterungen

aa) Adressat des Abschlussschreibens. Weil es sich beim Hauptsacheverfahren, das mit dem Abschlussschreiben eingeleitet wird, um ein neues, selbstständiges Verfahren handelt und nicht ausgeschlossen werden kann, dass ein Anwalt, der die Gegenseite im Verfügungsverfahren vertreten hat, nicht für das Hauptsacheverfahren mandatiert ist, sollte das Abschlussschreiben vorsorglich direkt an die Partei geschickt und gegebenenfalls dem Bevollmächtigten aus dem Verfügungsverfahren eine Abschrift dieses Schreibens zugesandt werden. 353

bb) Androhung der Klageerhebung. Das Abschlussschreiben sollte eine eindeutige Androhung der Klageerhebung enthalten, damit das Schreiben seine Warnfunktion auch erfüllt.[448] 354

cc) Inhalt der Abschlusserklärung. Zum erforderlichen Inhalt der Abschlusserklärung siehe zunächst Rn 205 ff. Soweit, wie hier, auch die Auskunfts-, Schadensersatz- und Kostenerstattungsansprüche geregelt werden, gehören entsprechende Verpflichtungserklärungen nicht zu den nötigen Bestandteilen der Erklärung. Ihre Streichung (hier der Ziff. 3. bis 5.) hindert nicht den Wegfall des Rechtsschutzbedürfnisses für eine Hauptsacheklage.[449] 355

dd) Angemessene Frist. Der Unterlassungsgläubiger sollte keine zu knappe Erklärungsfrist setzen, immerhin verfügt er durch die erlassene einstweilige Verfügung schon über einen Vollstreckungstitel. Es wird daher geraten, eine Frist von mindestens 14 Tagen[450] bzw. (in Analogie zu § 517 ZPO) von einem Monat zu setzen.[451] Wartet der Antragsteller nicht lange genug, kann er mangels Erforderlichkeit der Anwaltskosten keine materielle Kostenerstattung von der Gegenseite verlangen (dazu sogleich).[452] 356

448 Teplitzky, Wettbewerbsrechtliche Ansprüche und Verfahren, Kapitel 43 Rn 24, mwN.
449 Vgl Teplitzky, Wettbewerbsrechtliche Ansprüche und Verfahren, Kapitel 43 Rn 25, mwN.
450 OLG Frankfurt WRP 1982, 365; laut LG Hamburg WRP 1981, reicht ein Zeitraumvon 14 Tagen.
451 OLG Karlsruhe WRP 1977, 117; KG WRP 1978, 213 (Monatsfrist ab der Zustellung der Verfügung).
452 Müller-Rabe, in: Gerold/Schmidt/v. Eicken/Madert/Müller-Rabe, RVG, Anhang Rn 228.

357 ee) **Gegenstandswert und Gebühren.** Der Gegenstandswert entspricht dem des Hauptsacheverfahrens, da ein Hauptsacheverfahren vermieden werden soll (im Beispiel EUR 40.000,00). Der bei einem einstweiligen Verfügungsverfahren übliche Abschlag (siehe oben) entfällt.[453]

358 Die Kosten des Abschlussschreibens können prozessual weder im Verfügungsverfahren noch im Hauptsacheverfahren geltend gemacht werden.[454] Dem Unterlassungsgläubiger steht ein materieller Kostenerstattungsanspruch gegen den Antragsgegner entsprechend den Grundsätzen der Kostenerstattung der Abmahnung zu.[455] Voraussetzung ist auch hier, dass die Beauftragung des Anwalts erforderlich war.

2. Erkenntnisverfahren nach Klageerhebung

a) Unterlassungsansprüche (einschließlich Löschung)

359 Im Hauptsacheverfahren kann die endgültige Durchsetzung der **Unterlassungsansprüche** verlangt werden. Der Löschungsanspruch, der auf Abgabe der Verzichtserklärung gegenüber der DENIC gerichtet ist, unterliegt hier – anders als im Verfügungsverfahren (Rn 273) – keinen Bedenken. Zu den materiellen Voraussetzungen siehe oben unter Rn 134.

b) Auskunfts- und Schadensersatzbegehren

360 Im Hauptsacheverfahren kann auch **Schadensersatz** verlangt werden. Die Anspruchsgrundlagen für Schadensersatzansprüche, deren Inhalt und die entsprechenden Darlegungs- und Beweislastfragen sind oben unter Rn 185 erörtert worden.

361 Im Hauptsacheverfahren können ferner **Auskunftsansprüche** durchgesetzt werden; die Bedenken gegen eine Geltendmachung im Verfügungsverfahren stellen sich hier nicht. Die Voraussetzungen, der Inhalt und die entsprechenden Darlegungs- und Beweislastfragen sind oben unter Rn 186 erörtert worden.

c) Klageart

362 aa) **Stufenklage.** Der Kläger kann in einer Klage stufenweise zunächst Auskunft über den entstandenen Schaden und nach Erteilung, auf der nächsten Stufe, Zahlung nach Maßgabe der erteilten Auskunft verlangen. Ein Muster eines Antrags einer Stufenklage mit Erläuterungen findet sich unter Rn 529 ff.

363 bb) **Feststellungsklage.** Der Kläger kann allerdings uU neben der Stufenklage[456] auf **Feststellung** klagen, dass ihm durch die unberechtigte Domain-Benutzung ein Schaden entstanden ist und weiterhin entstehen wird. Speziell im gewerblichen Rechtsschutz (wie auch im Urheberrecht) hat die Feststellungsklage neben der Stufenklage eine eigenständige Bedeutung.[457]

364 Ein Musterantrag einer Feststellungsklage mit Erläuterungen findet sich unter Rn 529, 554 ff.

453 Müller-Rabe, in: Gerold/Schmidt/v. Eicken/Madert/Müller-Rabe, RVG, Anhang Rn 224.
454 Müller-Rabe, in: Gerold/Schmidt/v. Eicken/Madert/Müller-Rabe, RVG, Anhang Rn 225 f.
455 Siehe oben Rn 226; BGH NJW 1973, 901.
456 Dazu siehe unten unter Rn 529 ff, 554.
457 BGH NJW 2003, 3274.

3. Zwangsvollstreckungsverfahren

a) Vollstreckung des Unterlassungsgebots

Der Unterlassungsanspruch wird nach zutreffender Ansicht auch in Domain-Streitigkeiten gemäß **§ 890 ZPO** vollstreckt („Wettbewerbsrecht", Rn 552 ff). Ein Antrag nach § 890 ZPO findet sich im Teil „Wettbewerbrecht", Rn 587. 365

b) Vollstreckung von Auskunftsansprüchen

Die Zwangsvollstreckung des Auskunftsanspruchs richtet sich nach **§ 888 ZPO** und erfolgt durch Zwangsgeld und Zwangshaft, sofern die Auskunftserteilung nicht ausnahmsweise als vertretbare Handlung angesehen werden und gemäß **§§ 887, 892 ZPO** im Wege der Ersatzvornahme bewirkt werden kann.[458] 366

Der Auskunftsanspruch ist vorläufig vollstreckbar. Der vorläufigen Vollstreckung steht die Endgültigkeit einer einmal erteilten Auskunft nicht entgegen.[459] 367

Zur Vollstreckung des Auskunftsanspruchs siehe näher Rn 570 ff, 588 des Teils „Wettbewerbsrecht". 368

c) Vollstreckung von Geldansprüchen

Die Vollstreckung von Schadensersatzansprüchen richtet sich nach den allgemeinen Regeln der §§ 809 ff ZPO. 369

4. Gebühren im Hauptsacheverfahren

Die Berechnung des Gegenstandswertes im Hauptsacheverfahren wird oben unter Rn 277 behandelt. Die Gebühren des Anwalts bestimmen sich im Domain-Streit nach den allgemeinen Regeln. 370

458 Näher Eichmann, GRUR 1990, 580.
459 BGH GRUR 1996, 78.

§ 3 Streitigkeiten im Zusammenhang mit dem Schutz von Software

A. Vorprozessuale Situation

I. Grundsätzliches

371 Im Folgenden werden Streitigkeiten behandelt, die aus einer **Beeinträchtigung der Schutzrechte an Computerprogrammen** bzw. deren Elementen resultieren können.[1] Es geht insbesondere um den Schutz der Software des Mandanten vor **Programmversionen oder Teilen davon**, die Dritte unter **Verletzung von gewerblichen Urheberrechten** und gegebenenfalls **sonstigen Schutzrechten** des Mandanten erstellt haben.

372 Der Anwalt kann für den Mandanten bereits beratend bei der Erlangung eines größtmöglichen Schutzes des vom bzw. für den Mandanten erstellten Softwareprodukts tätig werden.[2] Er kann beispielsweise seinen Mandanten bei einer Markeneintragung oder der Anmeldung eines Patents unterstützen oder ein Gutachten zur Urheberrechtsfähigkeit der Software erstellen. In der Mehrzahl der Fälle wird der Anwalt allerdings erst nach Entstehung der Streitigkeit zwischen dem Inhaber eines Urheber- bzw. eines gewerblichen Schutzrechts (zB Patent oder Marke) und demjenigen, der ein solches Recht nach Ansicht des Inhabers verletzt, tätig werden.[3]

II. Beratung beim Schutz von Computerprogrammen und ihren Elementen

373 Wünscht der Mandant, dass der Anwalt ihn beim Schutz eines von ihm oder für ihn entwickelten Computerprogramms (oder einer Vorstufe hiervon) berät, hat der Anwalt zunächst zu prüfen, welche Möglichkeiten insoweit in Frage kommen und welche Maßnahmen erforderlich sind. Nachfolgend ein kurzer Überblick:

1. Urheberrechtsschutz des Computerprogramms

a) Materiellrechtliche Kriterien des Urheberrechtsschutzes

374 Computerprogramme sind urheberrechtlich geschützt, sofern das konkrete Computerprogramm ein **urheberrechtsfähiges Werk** darstellt (vgl § 69 a Abs. 3 UrhG). Eine Eintragung oder Registrierung sieht das UrhG nicht vor. Voraussetzung des Urheberrechtsschutzes ist jedoch, und dies obliegt dem Anwalt festzustellen und gegebenenfalls im Schutzrechtsprozess darzulegen, dass das Programm eine ausreichende **Werkqualität** besitzt. Nur dann kann der Mandant die unter Rn 387 ff dargestellten Rechtsfolgen für sich geltend machen.

375 Nach der **Novellierung des Urheberrechts**[4] sind (prinzipiell schutzfähige) Computerprogramme im Sinne des Urhebergesetzes **Programme in jeder Gestalt einschließlich des Entwurfsmaterials (§ 69 a Abs. 1 UrhG)**.[5] Es spielt keine Rolle, ob das Computerprogramm kommerziell genutzt wird; daher kann auch sog. **Open-Source-Software**, über die der Nut-

1 Zum Schutz von Websites siehe unten unter Rn 419 ff.
2 Dazu sogleich unter Rn 374 ff.
3 Zum Schutzrechtsprozess Rn 507 ff.
4 Vor Einführung der §§ 69 a ff UrhG waren Computerprogramme als Schriftwerke und Darstellungen wissenschaftlicher und technischer Art nach § 2 Abs. 1 Nr. 1 UrhG bzw. § 2 Abs. 1 Nr. 7 UrhG urheberrechtlich geschützt, da Computerprogrammen insoweit ein hinreichender Spielraum für individuelle, eigenschöpferische Lösungsmöglichkeiten zuerkannt wurde. Vgl BGH GRUR 1985, 1041; OLG Frankfurt GRUR 1983, 753.
5 Mit der Urheberrechtsnovelle sind die § 69 a bis § 69 g ins UrhG sowie Computerprogramme und andere Softwareprodukte in den Werkkatalog des § 2 UrhG aufgenommen worden. Dies geschah in Umsetzung der EG-Software-Richtlinie mit Wirkung zum 30. Juni 1993.

zer – regelmäßig via Internet – frei verfügen kann, Urheberrechtsschutz genießen (näher dazu unter Rn 386).[6]

Der **Urheberrechtsschutz erstreckt sich** allerdings **weder auf Ideen und Grundsätze**, auf denen ein Element eines Computerprogramms beruht, einschließlich der den Schnittstellen zugrunde liegenden Ideen und Grundsätze (§ 69 a Abs. 2 UrhG), **noch auf einzelne Datensätze.**[7] 376

Computerprogramme sind urheberrechtlich zudem nur dann geschützt, wenn sie **individuelle Werke** in dem Sinne darstellen, dass sie das **Ergebnis der eigenen geistigen Schöpfung ihres Urhebers** sind (§ 69 a Abs. 3 UrhG; vgl auch § 2 Abs. 2 UrhG). Urheberrechtsschutz setzt danach **schöpferische Eigentümlichkeit** nach dem **geistig-schöpferischen Gesamteindruck der konkreten Gestaltung** voraus.[8] Das bloße handwerkliche Können eines durchschnittlichen Gestalters, das rein Handwerkliche und die mechanisch-technische Kombination sind nicht schutzfähig. Erforderlich ist **eine deutliche Abhebung der kreativen Tätigkeit** (sei es in Auswahl, Sammlung, Anordnung und Einteilung der Informationen und Anweisungen) **gegenüber durchschnittlichen, für eine Standardtätigkeit erforderlichen Fähigkeiten.**[9] Allerdings kann auch Programmen, die standardisierte Aufgaben besonders leistungsfähig durchführen können, Urheberrechtsfähigkeit zuteil werden. [10] 377

Die Urheberrechtsfähigkeit von Software setzt indes nicht voraus, dass das Computerprogramm in sämtlichen Arbeitsphasen seiner Umsetzung die hinreichende schöpferische Gestaltungshöhe aufweist, einen geistig-ästhetischen Gehalt (vgl § 69 a Abs. 3 UrhG) oder einen bestimmten quantitativen Umfang hat. Es spielt auch keine Rolle, ob die Software mit hohem Aufwand oder hohen Kosten konzipiert worden ist[11] oder auf einer Aufgabe basiert, die neu war.[12] Auch ist unerheblich, ob die Software auf einer Ausgangsaufgabe basiert, deren Umsetzung derart individualisiert ist, dass kein anderer Werkschaffender zu demselben Ergebnis gekommen wäre[13] oder ein gänzlich neuartiges Werk geschaffen worden ist. Auch die **Be-, Um- und Einarbeitung vorbekannter Elemente und Formen kann für die Entstehung des Urheberrechtsschutzes genügen.** 378

b) Rechteinhaber

Rechteinhaber[14] des Computerprogramms ist grundsätzlich der **Urheber** (§§ 7 ff, 15, 69 a Abs. 4 UrhG) oder dessen **ausschließlicher Lizenznehmer.**[15] Die Rechte an einem urheberrechtlich geschützten Werk stehen damit (zunächst) dem Urheber zu und der Nutzer muss beweisen, dass ihm entsprechende Nutzungsrechte eingeräumt worden sind. 379

Sind **mehrere Urheber** an der Erstellung beteiligt gewesen, so liegt regelmäßig ein **gemeinsames Werkschaffen** vor (§ 8 UrhG), das einer einheitlichen Beurteilung der Schöpfungshöhe zugänglich ist. Zu den Folgen für die Aktivlegitimation bei der Verfolgung von Ansprüchen in Schutzrechtsprozessen siehe Rn 438. 380

---

6 Junker/Benecke, Computerrecht, Rn 30, mwN.
7 Zum Schutz bloßer Ideen siehe Rn 393.
8 Ständige Rechtsprechung; vgl nur BGHZ 27, 351.
9 BGH GRUR 1984, 659; siehe von Gamm, WRP 1969, 69.
10 OLG Düsseldorf CR 1995, 730.
11 Anders beim Datenbankschutz, siehe unten Rn 428.
12 Anders beim Patentschutz, siehe unten Rn 413.
13 OLG Frankfurt GRUR 1983, 753.
14 Zur Aktivlegitimation siehe unter Rn 435 ff.
15 Zur Aktivlegitimation des Lizenznehmers siehe unter Rn 436 ff. Laut OLG Frankfurt am Main MMR 2009, 544 ist der Ersterwerber von Softwarelizenzen nicht berechtigt, diese ohne Zustimmung des Herstellers an Zweiterwerber zu veräußern.

381 Eine abweichende Regelung trifft § 69 b UrhG für die Schaffung von Software im Rahmen von **Arbeitsverhältnissen.**[16] Danach ist der **Arbeitgeber**, vorbehaltlich einer anderweitigen vertraglichen Regelung, ausschließlich zur **Ausübung** aller vermögensrechtlichen Befugnisse an dem Computerprogramm berechtigt, wenn die Software von einem Arbeitnehmer in Wahrnehmung seiner Aufgaben oder nach den Anweisungen seines Arbeitgebers geschaffen worden ist. Dies schließt die Nutzung durch den Arbeitnehmer aus;[17] er bleibt zwar Urheber und damit Inhaber des Urheberpersönlichkeitsrechts, dieses ist jedoch eingeschränkt, soweit die Verwertungsbefugnisse des Arbeitgebers betroffen sind.[18] Durch § 69 b UrhG wird zugleich die **Darlegungs- und Beweislast** auf den Arbeitnehmer verlagert: Er muss den Nachweis erbringen, dass es eine abweichende vertragliche Regelung gibt und ihm die Verwertungsrechte an dem Computerprogramm zustehen. Entsprechendes gilt nach § 69 b Abs. 2 UrhG für Dienstverhältnisse. Darunter fallen unstreitig alle **öffentlich-rechtlichen Dienstverhältnisse** (eingeschlossen auch Richter).[19] Streitig ist hingegen, ob unter § 69 b Abs. 2 UrhG auch die Tätigkeit freier Mitarbeiter fällt. Die herrschende Meinung lehnt dies ab.[20]

c) Zustimmungsbedürftige Handlungen

382 aa) **Zustimmungsbedürfnis.** Folge des Urheberschutzes ist, dass der Rechteinhaber bestimmen kann, wer das Computerprogramm

- dauerhaft oder vorübergehend, ganz oder teilweise vervielfältigen, das heißt auch nachahmen darf;
- sofern es eine Vervielfältigung des Computerprogramms erfordert, anzeigen, ablaufen lassen, übertragen und speichern darf;
- übersetzen, bearbeiten, arrangieren, umarbeiten darf;
- und wer – vorbehaltlich des in § 69 c Nr. 3 UrhG dargestellten Erschöpfungsgrundsatzes[21] – zur Verbreitung des Originals oder von Vervielfältigungsstücken berechtigt ist.[22]

383 **bb) Ausnahmen vom Zustimmungsbedürfnis. Ausnahmen** von diesem Zustimmungsbedürfnis ergeben sich aus **§§ 69 d, 69 e UrhG.** Danach bedürfen die in § 69 c Nr. 1 und 2 UrhG genannten Handlungen **nicht** der **Zustimmung** des Rechteinhabers, wenn sie **zur bestimmungsgemäßen Benutzung des Computerprogramms notwendig** sind (§ 69 d Abs. 1 UrhG).

---

16 Im Bereich des Patentrechts gilt nach dem ab 1. Oktober 2009 geltenden novellierten Arbeitnehmererfindergesetz Folgendes: Danach müssen Arbeitgeber und angestellter Erfinder nicht mehr mehrere Erklärungen mit unterschiedlichen Fristen austauschen. Stattdessen gilt nach § 6 Abs. 2 ArbNErfG eine Fiktion der Inanspruchnahme, wonach Arbeitnehmererfindungen vier Monate nach ihrer Meldung automatisch auf den Arbeitgeber übergehen, wenn dieser die Erfindung nicht vorher freigibt: „Die Inanspruchnahme gilt als erklärt, wenn der Arbeitgeber die Diensterfindung nicht bis zum Ablauf von vier Monaten nach Eingang der ordnungsgemäßen Meldung (§ 5 Abs. 2 Satz 1 und 3 [ArbNErfG]) gegenüber dem Arbeitnehmer durch Erklärung in Textform freigibt.".

17 Dreier/Schulze, UrhG, § 69 b, Rn 2.

18 Junker/Benecke, Computerrecht, Rn 97, auch unter Hinweis auf OLG Frankfurt BB 1996, Beil. 9 Nr. 2, nach dem der Copyrightvermerk zum Urheberpersönlichkeitsrecht gehören soll.

19 Junker/Benecke, Computerrecht, Rn 100 f, mwN.

20 Junker/Benecke, Computerrecht, Rn 100 f; vgl dazu ferner Dreier/Schulze, UrhG, § 43 b, Rn 6.

21 Zur Darlegungs- und Beweislast bei der Erschöpfung nach § 17 Abs. 2 UrhG siehe BGH ZUM 2005, 475. Laut OLG Düsseldorf, Urteil vom 29. Juni 2009, Az I - 20 U 247/08, bisher nicht veröffentlicht, greift der Erschöpfungsgrundsatz bei Software nicht, wenn nur die auf dem Rechner vorinstallierte Software gelöscht und die ursprünglich mitgelieferte Sicherungskopie weiterveräußert wird.

22 Software, die auf bestimmter Hardware vorinstalliert erworben wird, darf auch gegen den Willen des Herstellers ohne die dazugehörige Hardware zulässig weiterverkauft werden, LG Düsseldorf MMR 2009, 216.

Entsprechendes gilt für die Erstellung einer **Sicherungskopie** durch den Berechtigten (§ 69 d Abs. 2 UrhG). Erlaubt ist nur eine einzige Kopie. Hat der Nutzer ein Softwarepaket auf seinem Rechner installiert, ist das Recht zur Sicherungskopie bereits dadurch realisiert, dass er neben der Kopie auf dem Rechner noch den Datenträger mit der Originalsoftware besitzt. Anders stellt es sich bei vorinstallierter Software oder Software zum Download dar. Hier darf sich der Nutzer eine Zusatzkopie anfertigen.[23] 384

Schließlich sind auch die in § 69 d Abs. 3 UrhG bezeichneten Handlungen (**Funktionsbeobachtung, Untersuchen, Testen durch berechtigte Handlungen**) und das in § 69 e UrhG näher bezeichnete **Herstellen der Interoperabilität** zustimmungsfrei. 385

cc) Open-Source-Software (OSS). Eine Besonderheit, insbesondere mit Blick auf die oben dargestellten Zustimmungserfordernisse, stellt die sog. **Open-Source-Software** dar: Dabei handelt es sich um eine Software, deren **Quellcode**[24] frei zugänglich ist und damit der Bearbeitung durch Dritte offensteht. Abzugrenzen ist Open-Source-Software von **Freeware**, die zwar frei nutzbar ist, jedoch nicht verändert werden darf, sowie von **Shareware**, die nur gegen Registrierung überlassen wird. Bei Open-Source-Software ist vielmehr deren Verbreitung an die Einhaltung bestimmter Bedingungen – insbesondere die der Offenlegung des Quellcodes – geknüpft.[25] Prägend für Open-Source-Software ist die Verwendung eines „öffentlichen Lizenzmodells", beispielsweise der für das Betriebssystem Linux eingeräumten **„General Public License"** (GPL), die den Nutzern das Recht gibt, das Programm im (veröffentlichten) Quell- und Objektcode frei zu vervielfältigen, zu verbreiten und zu nutzen, aber ihnen auch die Pflicht auferlegt, neue, aus der Open-Source-Software generierte Programme offenzulegen und den Bedingungen der GPL zu unterstellen.[26] Seit 1991 gibt es die 2. Version der GPL und seit 2007 nunmehr die 3. Version. 386

d) Rechtsfolgenüberblick

Auf Computerprogramme finden die für Sprachwerke geltenden Bestimmungen Anwendung (§ 69 a Abs. 4 UrhG), somit auch die **§§ 96 ff UrhG**. Dem Rechteinhaber stehen daher nach **§ 97 UrhG Unterlassungs-, Beseitigungs- und Schadensersatzansprüche** zu.[27] 387

Nach **§ 69 f UrhG** kann der Rechteinhaber von dem Eigentümer oder Besitzer (also nicht lediglich vom Verletzten, vgl § 98 UrhG) verlangen, dass alle rechtswidrig hergestellten, verbreiteten oder zur **rechtswidrigen** Verbreitung bestimmten **Vervielfältigungsstücke** (sowie **Programme und Mittel**, mit denen **Kopierschutzmechanismen** umgangen werden können, § 69 f Abs. 2 UrhG) **vernichtet** bzw. **gelöscht** werden. Für die Zukunft kann der Verletzer vor die Wahl gestellt werden, die rechtswidrigen Kopien der Software zu vernichten, oder eine Lizenz zu erwerben.[28] 388

---

23 Hoeren, in: Möhring/Nicolini, UrhG, § 69 d Rn 18. Näher dazu Werner, CR 2000, 807.

24 Quellcode oder englisch „Source Code" sind für Menschen lesbare, dagegen vom Computer nicht ohne Weiteres verarbeitbare Anweisungen, die in einer höheren Programmiersprache geschrieben sind. Eine Programmänderung erfolgt stets im Quellcode. Um aus dem Quellcode einen vom Computer ausführbaren Code zu machen, muss der Quellcode von einem sog. „Compiler" (auch Assembler oder Interpreter) in Objektcode (in Binär- oder Byte-Code) umgewandelt werden. Bei Standardsoftware erhält der Käufer (bzw. Lizenznehmer) nur den Objektcode, der sich nicht ohne Weiteres in den Quellcode zurückübersetzen lässt. Dazu näher unter Rn 476.

25 Grützmacher, in: Wandtke/Bullinger, UrhG,§ 69 c Rn 73.

26 Vgl zur Wirksamkeit der GPL LG München I GRUR-RR 2004, 350; Orientierungssatz der Entscheidung: „Die Lizenzbedingungen der GPL (General Public License), die es jedem gestatten, der die Lizenzbedingungen akzeptiert, die ihr unterstehende Software zu vervielfältigen, zu bearbeiten, zu verbreiten und öffentlich zugänglich zu machen, halten einer urheber- und AGB-rechtlichen Prüfung stand.".

27 Näher dazu unter Rn 441 ff.

28 Dierk/Lehmann, CR 1993, 537.

389 **§ 101 UrhG** gibt einen **Auskunftsanspruch**, der in Fällen offensichtlicher Rechtsverletzung auch im Wege der einstweiligen Verfügung durchgesetzt werden kann (§ 101 Abs. 7 UrhG).[29] Zudem gibt § 103 UrhG dem im Prozess obsiegenden Rechteinhaber die Möglichkeit, die Anordnung der **Veröffentlichung des Urteils** – beispielsweise in einer bekannten Computerzeitschrift – und zugleich den ihm insoweit zustehenden Kostenvorschuss[30] für die Veröffentlichung titulieren zu lassen.

390 In Fällen der Softwarepiraterie finden ferner die **nebenstrafrechtlichen Vorschriften der §§ 106 ff UrhG** Anwendung. Nach **§ 111 b UrhG** können die **Zollbehörden** überdies die **Beschlagnahme der rechtsverletzenden Gegenstände** anordnen.

2. Wettbewerbsrecht

391 Nach § 69 g Abs. 1 UrhG lassen die §§ 69 a ff UrhG die Anwendung sonstiger Rechtsvorschriften auf Computerprogramme, insbesondere über den Schutz von Erfindungen, Topografien von Halbleitererzeugnissen[31] und Marken sowie den Schutz gegen unlauteren Wettbewerb einschließlich des Schutzes von Geschäfts- und Betriebsgeheimnissen sowie schuldrechtliche Vereinbarungen unberührt. § 69 g UrhG stellt damit klar, dass mit dem Urheberrechtsschutz von Computerprogrammen nicht der Verlust sonstiger Schutzmöglichkeiten einhergeht.[32]

392 Das UWG[33] bietet Computerprogrammen (sowie in bestimmten Fällen auch Websites)[34] Schutz, insbesondere unter den Aspekten der Nachahmung bzw. der unmittelbaren Leistungsübernahme, § 4 Nr. 9 UWG. Dabei müssen die Wertungen des UrhG, insbesondere hinsichtlich der Schutzfähigkeit der Software und der zustimmungsfreien Handlungen (§§ 69 d, 69 e UrhG), herangezogen werden.[35] Nimmt der etwaige Verletzer eine zustimmungsfreie Handlung vor, müssen **weitere unlautere Elemente** hinzutreten, um einen Schutz nach dem UWG zu rechtfertigen.[36] Andernfalls würden die Wertungen des UrhG unterlaufen. Zu den einzelnen Voraussetzungen und Rechtsfolgen des wettbewerbsrechtlichen Schutzes der §§ 8, 9, 3, 4 Nr. 9 UWG siehe den Teil „Wettbewerbsrecht".

393 Plant der Mandant, seine Programmidee von einem Dritten programmieren zu lassen, ist ein effektiver Schutz nur durch eine **Vereinbarung** zwischen dem Mandanten und dem Dritten zu erreichen, in der sich der Dritte – **vertragsstrafenbewehrt** – verpflichtet, die **Programmidee vertraulich zu behandeln.**

394 In **§§ 17, 18 UWG** finden sich Strafvorschriften, nach denen Geschäfts- und Betriebsgeheimnisse, zu denen auch der nicht offengelegte **Quellcode** eines Programms gehört, gegen unerlaubtes Verschaffen, Verraten und Weiterleiten geschützt werden.

29 Näher dazu unter Rn 452 ff.

30 Dreier/Schulze, UrhG, § 103 Rn 10.

31 Computerprogramme werden nicht durch den Halbleiterschutz geschützt. Danach werden alleine Halbleitererzeugnisse bzw. deren Design geschützt.

32 Grützmacher, in: Wandtke/Bullinger, UrhR, § 69 g Rn 1.

33 Beim Urheberrechts- und Wettbewerbsschutz von Softwareprodukten ist nach OLG München CR 1990, 400 vor dem allgemeinen Tatbestand der wettbewerbsrechtlichen Generalklausel vorrangig der Sonderrechtsschutz nach UrhG zu prüfen.

34 Zum Schutz von Websites siehe unten Rn 419 ff.

35 OLG München CR 1996, 11.

36 Das LG München CR 2008, 414 L gab einem Antrag von Microsoft auf einstweilige Verfügung gegen einen Lizenzhändler statt, da der Händler im Zusammenhang mit dem Vertrieb von Gebraucht-Software „irreführende Behauptungen" aufgestellt hatte, die nahelegen sollten, „dass der Handel mit gebrauchter Software ohne Wenn und Aber rechtlich abgesichert sei".

3. Markenrecht

a) Markenschutz der Software

Weil ein wirksamer Schutz der Software des Mandanten gegen Plagiate auch markenrechtlich, und zwar regelmäßig sehr effizient, durchgesetzt werden kann, sollte der Anwalt den Mandanten über die Möglichkeiten eines solchen Schutzes beraten. 395

Die Entscheidung des Mandanten, seine (Standard-)Software zu einem „**Markenartikel**" zu machen (Informationen des Deutschen Patent- und Markenamts – **DPMA** – zum Verfahren über http://www.dpma.de/index.htm), erleichtert im Falle einer Streitigkeit den Nachweis der Verletzung von Schutzrechten durch Nachahmungen bzw. Plagiate erheblich. Die Herbeiziehung von Sachverständigen[37] wird entbehrlich und eine zügige Durchsetzung der Unterlassungs- und gegebenenfalls auch Sequestrations- sowie Auskunftsansprüche (§§ 14, 18, 19 MarkenG) bereits im einstweiligen Verfügungsverfahren ermöglicht (siehe hierzu Rn 253 ff). 396

Der Markenschutz wirkt nicht nur gegen den Nachahmer selbst, sondern beispielsweise auch gegen Personen, die das verletzende Produkt weiter vertreiben. Wie der Urheberrechtsschutz ist auch der **Markenschutz** auf jeder Vertriebsstufe zu beachten: Ein Software-Händler ist gemäß § 14 Abs. 2 Nr. 1, Abs. 4 MarkenG dazu verpflichtet, keine gefälschten Software-Produkte (also solche, die ohne Einwilligung des Herstellers mit einem mit der Herstellermarke identischen Zeichen versehen sind) in den Verkehr zu bringen oder sonstige darauf bezogene Handlungen nach § 14 Abs. 3 MarkenG vorzunehmen.[38] Diese Verpflichtung besteht unabhängig davon, ob der Händler die Produkte als Fälschungen erkennen kann. Notfalls hat er die Pflicht, nachzuprüfen, dass die Lieferkette seines Lieferanten auf den Markeninhaber/Originalhersteller zurückzuführen ist. 397

Zu berücksichtigen ist bei der Entscheidung über einen markenrechtlichen Schutz, dass **nicht das Programm als solches geschützt** ist, sondern nur die Marke, unter der das Programm vertrieben wird. Die Marke kann auf Datenträgern, Begleitmaterialien und Produktverpackungen aufgebracht sein. Das Computerprogramm selbst erhält allerdings Markenschutz, wenn das Kennzeichen so in den Programmablauf eingepflegt ist, dass das **Kennzeichen als Teil der grafischen Darstellung** markenmäßig benutzt wird,[39] etwa dann, wenn die **Benutzeroberfläche mit einem ständigen Logo** versehen ist. Sofern die Marke Verkehrsgeltung (§ 4 Nr. 2 MarkenG) erwirbt, entsteht der Schutz auch ohne eine Eintragung.[40] 398

b) Werktitelschutz der Software

Daneben kann die Bezeichnung von Computerprogrammen nach herrschender Meinung gemäß § 5 Abs. 3 MarkenG **Werktitelschutz** ab der ersten Benutzung (bzw. gegebenenfalls bereits durch eine Vorankündigung des Erscheinens des Werkes)[41] in Anspruch nehmen, weil Computerprogramme mit den in § 5 Abs. 3 MarkenG genannten Werkarten vergleichbar sind.[42] 399

Ist die Kaufversion eines Computerspiels noch nicht fertig gestellt und damit das Werk noch nicht festgelegt, kann allerdings **keine Vorverlagerung des Titelschutzes** dadurch erlangt 400

37 Dazu unter Rn 512.
38 OLG Hamburg CR 2002, 41.
39 Grützmacher, in: Wandtke/Bullinger, UrhR, § 69 g Rn 15.
40 Zum Markenschutz näher oben Rn 111.
41 Zur „Vorwirkung" des Werktitelschutzes siehe oben unter Rn 159.
42 BGHZ 135, 278; GRUR 1998, 1010; NJW 1997, 3315; OLG Hamburg CR 2001, 298; ZUM 2001, 514; CR 1995, 335; OLG München CR 1995, 599.

werden, dass vorab eine – nicht mit dem späteren Spiel identische – Online-Spiel-Version im Internet mit demselben Werktitel präsentiert wird. Ein Titelschutz kann nur erreicht werden, indem das bereits fertiggestellte Computerspiel selbst unter einem unterscheidungskräftigen Werktitel ins Internet gestellt wird.[43]

401 **Voraussetzung für Werktitelschutz** ist nach herrschender Meinung, dass die für das Computerprogramm **gewählte Bezeichnung** das Programm **unterscheidungskräftig** benennt.[44] Der Anwalt sollte für den Fall, dass Werktitelschutz in Anspruch genommen werden soll, eine Veröffentlichung im **Titelschutz-Anzeiger** veranlassen, um dem Werktitel die Priorität, dh den zeitlichen Vorrang, zu sichern.[45]

c) Rechtsfolgenüberblick

402 Dem Rechteinhaber steht nach **§ 14 MarkenG** ein **Unterlassungs-** und ein **Schadensersatzanspruch** zu.[46] Nach **§ 18 MarkenG** kann der Markeninhaber verlangen, dass alle rechtswidrig gekennzeichneten Gegenstände, die sich im Besitz oder im Eigentum des Verletzers befinden, **vernichtet** werden.

403 **§ 19 MarkenG** gibt einen **Auskunftsanspruch**, der in Fällen offensichtlicher Rechtsverletzung auch im Wege der einstweiligen Verfügung durchgesetzt werden kann (§ 19 Abs. 3 MarkenG).

404 Im Falle der Markenpiraterie finden auch die **Straf- und Bußgeldvorschriften** der **§§ 143 ff.** MarkenG Anwendung. Die **Beschlagnahme** rechtswidrig gekennzeichneter Gegenstände **durch die Zollbehörden** ist in **§§ 146 ff. MarkenG** geregelt.

4. Patentrecht

a) Patentschutz der Software

405 Schließlich ist auch denkbar, das Computerprogramm patentieren zu lassen.[47] Ein **Patent** hat den Vorteil, dass die Erfindung als solche geschützt ist und nicht bloß eine individuelle Werkleistung: Entwickelt der Konkurrent des Mandanten gutgläubig, also ohne das vom Mandanten parallel entwickelte Programm zu kennen, ein urheberrechtsfähiges Programm mit den Merkmalen des Produkts des Mandanten, kann der Mandant dagegen nicht im Wege des Urheberrechts vorgehen. Hat der Mandant aber das Programm als Erster zum Patent angemeldet, hat er einen Verbietungsanspruch nach Patentrecht.

406 Das Schutzrecht des Patents nach PatG gewährt ein **zeitlich begrenztes Ausschließlichkeitsrecht**, das die Erfindung vor Nachahmung schützt. Es gibt seinem Inhaber das Recht, für eine Zeit **von bis zu 20 Jahren** allein über die Erfindung zu verfügen.[48] Der Patentinhaber hat die Möglichkeit, seine Erfindung exklusiv am Markt anzubieten.

407 Ein Patent wird auf eine Erfindung erteilt, die eine erfinderische Leistung in Form **einer technischen Erfindung** darstellt, die gewerblich anwendbar (§ 5 PatG) und **neu** ist, also nicht bloß dem **Stand der Technik** entspricht, sondern sich mit ausreichender **Erfindungshöhe** von diesem absetzt (§ 3 PatG).

---

43 OLG Hamburg ITRB 2001, 287.
44 BGHZ 121, 195.
45 Vgl BGH NJW 1997, 3315.
46 Zu den Einzelheiten des Markenschutzes siehe oben § 2.
47 Vgl nur Heide, CR 2003, 165. Der Patentschutz von Software wird in absehbarer Zeit durch den Erlass der Richtlinie für den Patentschutz computerimplementierter Programme einen europäischen Rechtsrahmen erhalten; Vgl Richtlinienvorschlag der EU-Kommission, KOM [2002] 92.
48 Zum praktisch unbedeutsamen Gebrauchsmusterschutz für Software siehe Wiebe, GRUR Int. 1990, 21.

Aufgabe des Anwalts ist es, festzustellen, ob sich das konkrete Computerprogramm patentieren lässt, also nicht vom **Patentierungsverbot des § 1 Abs. 2 Nr. 3 PatG** erfasst ist. Der Anwalt muss klären, ob das Programm neu ist und eine ausreichende Erfindungshöhe aufweist. Ob und wie das Computerprogramm dem Schutz des Patentgesetzes unterliegen kann, wird der Anwalt schon wegen der technischen Einzelheiten ohne die Hilfe eines Patentanwaltes regelmäßig nicht ohne Weiteres beurteilen können. Im Folgenden sollen gleichwohl die Eckpunkte für einen Patentschutz erläutert werden. 408

aa) Patentierbarkeit. Gemäß **§ 1 Abs. 2 Nr. 3 PatG** können Programme für Datenverarbeitungsanlagen nicht als Erfindungen im Sinne des PatG angesehen werden. Dieses Patentierungsverbot verbietet seinem Wortlaut nach, jedwede in Datenverarbeitungsvorgänge umgesetzte Lehre zu patentieren. 409

Sofern die prägenden Anweisungen der beanspruchten Lehre jedoch dazu dienen, ein **konkretes technisches Problem zu lösen**, gewähren die Patentämter und Gerichte, der BGH eingeschlossen, Computerprogrammen **Patentschutz.**[49] Dieser Schutz ist Ergebnis eines langwierigen Auffassungswandels. Früher beurteilte der BGH den Patentschutz von Computerprogrammen mit Verweis auf § 1 Abs. 2 Nr. 3 PatG sehr restriktiv. Nach dieser mittlerweile überholten Ansicht kam Computerprogrammen nur ausnahmsweise – bei einer besonderen Affinität zu mechanischen Vorgängen – Patentschutz zu.[50] Im Ergebnis reduzierte die Rechtsprechung den Patentschutz auf Software für **mechanisch-industrielle Steuerungs- und Fertigungsanlagen.** 410

In der Folge erkannte der BGH jedoch an, dass Computerprogramme auch dann technische Verfahren darstellen können und damit eine Schutzfähigkeit anzunehmen ist, wenn die Software **die Funktionsfähigkeit der EDV-Anlage als solche** betrifft, dh wenn das unmittelbare Zusammenwirken der Funktionselemente der EDV-Anlage ermöglicht wird, wie dies bei Betriebssystemen der Fall ist.[51] Der BGH verzichtete schließlich auch auf das Erfordernis des Einsatzes von Naturkräften.[52] Er sprach einer Vorrichtung, die in bestimmter Weise programmtechnisch eingerichtet ist, für den Fall technischen Charakter zu, dass auf der Anlage eine bestimmte **technische Bearbeitung** (also eine über die in § 1 Abs. 2 PatG genannte Datenverarbeitung hinausgehende Wirkung) vorgenommen wird.[53] 411

Als eine über die in § 1 Abs. 2 PatG genannte bloße Datenverarbeitung hinausgehende Erfindung sieht der BGH beispielsweise die Steuerung von **Textverarbeitungsvorgängen** an. Für die Beurteilung des technischen Charakters kommt es nicht darauf an, ob mit ihr ein weiterer technischer Effekt erzielt wird, ob die Technik durch sie bereichert wird oder ob sie einen Beitrag zum Stand der Technik leistet. Dem technischen Charakter der Vorrichtung steht es auch nicht entgegen, dass ein Eingreifen des Menschen in den Ablauf des auf dem Rechner durchzuführenden Programms in Betracht kommt. Mindesterfordernis ist jedoch, dass technische Erkenntnisse zur Anwendung kommen, die sich nicht bloß auf organisatorische Abläufe – wie etwa bei einem Programm zur **Durchführung von Mailing-Aktionen** – beschränken; ein Mindestmaß an physikalischen Funktionserkenntnissen muss 412

49 BGH MMR 2002, 105; BGH GRUR 2000, 1007; BGH GRUR 2000, 498; BPatG CR 2001, 155; die technischen Beschwerdekammern des Europäischen Parlaments, EPA GRUR Int. 1995, 909; GRUR Int. 1999, 1053; EPA [1999] R.P.C. 861.
50 BGHZ 67, 22; BGH GRUR 1980, 849; GRUR 1978, 420; GRUR, 1978, 102; GRUR, 1977, 657.
51 BGHZ 117, 144; 115, 11; BGH GRUR 2000, 498.
52 BGH GRUR 2000, 1007.
53 BGH GRUR 2000, 1007.

in der technischen Bearbeitung enthalten sein.[54] Im Ergebnis ist damit aber der **Großteil der heute neu entwickelten Computerprogramme als patentierbar einzustufen.**[55]

413 **bb) Neuheit und Erfindungshöhe.** Anders als beim Urheberschutz, bei dem die Feststellung der Eigentümlichkeit ausreicht,[56] ist für den Patentschutz eine **Neuheitsprüfung** anzustellen.[57] Nach der Rechtsprechung[58] kann die erfinderische Höhe durch das Computerprogramm selbst begründet werden. Hierzu muss eine **Gesamtbetrachtung** angestellt werden, **ob sich das Programm ausreichend vom Stand der Technik abhebt.**[59]

b) Rechtsfolgen im Falle der Verletzung des Patents

414 Dem Patentinhaber steht nach **§ 139 PatG** ein **Unterlassungs-** und ein **Schadensersatzanspruch** gegen den Verletzer zu. Nach **§ 140 a PatG** kann der Patentinhaber verlangen, dass Erzeugnisse, die Gegenstand des Patents sind und sich im Besitz oder im Eigentum des Verletzers befinden, vernichtet werden. **§ 140 b PatG** gibt einen **Auskunftsanspruch**, der in Fällen offensichtlicher Rechtsverletzung auch im Wege der einstweiligen Verfügung durchgesetzt werden kann (§ 140 b Abs. 3 PatG).

415 Die entsprechenden **Strafvorschriften** ergeben sich aus **§ 142 PatG**; die **Beschlagnahme** patentverletzender Gegenstände ist in **§ 142 a PatG** geregelt.

5. Schutz von Elementen

416 Einzelne Elemente von Computerprogrammen, deren Zubehör sowie softwaregesteuerte Abläufe mit grafischer oder filmischer Qualität sind unter bestimmten Umständen ebenfalls urheberrechtlich schutzfähig. Wie bereits oben (Rn 391) ausgeführt, stellt § 69 g UrhG klar, dass mit dem Urheberrechtsschutz von Computerprogrammen nicht der Verlust sonstiger Schutzmöglichkeiten einhergeht.

a) Handbücher und einzelne Befehlssätze

417 **Handbücher** und **Bedienungsanleitungen von Computerprogrammen**, die nicht dem Schutz des § 69 a UrhG unterliegen, können urheberrechtlichen Schutz gemäß § 2 Abs. 1 Nr. 1 oder 4 genießen.[60]

418 Die urheberrechtliche Schutzfähigkeit von bloßen **Befehlssätzen** ist dagegen zweifelhaft. Diese unterfallen nicht dem Schutz des § 69 a Abs. 1 UrhG, sondern können allenfalls als ein eigenständiges Werk Schutz nach § 2 Abs. 1 UrhG beanspruchen. Jedoch wird hier in aller Regel die erforderliche Schöpfungshöhe zu verneinen sein (§ 2 Abs. 2 UrhG).

b) Grafische Programmelemente und Websites

419 **aa) Urheberrechtlicher Schutz. Benutzeroberflächen, Bildschirmmasken und einzelne Displays**, deren Formatierungsdaten nicht dem Schutz als Computerprogramme nach § 69 a UrhG unterliegen, können Schutz als Sprachwerk, Werk der bildenden Künste oder Darstellung wissenschaftlicher oder technischer Art gemäß **§ 2 Abs. 1 Nr. 1, 4 bzw. 7 UrhG**

---

54 BGH CR 2002, 248; CR 2004, 648.
55 Grützmacher, in: Wandtke/Bullinger, UrhR, § 69 g Rn 9 ff.
56 Siehe dazu oben Rn 347 ff.
57 BGHZ 18, 320.
58 BGH GRUR 2000, 498; der BGH verweist als Grundlage für die Ausweitung des Patentschutzes ausdrücklich auf Art. 27 TRIPS.
59 Grützmacher, in: Wandtke/Bullinger, UrhR, § 69 g Rn 10; Schölch, GRUR 2001, 16.
60 LG Köln CR 1994, 226.

genießen.[61] Einzelnen Displays kann daneben **Lichtbildschutz** nach **§ 72 UrhG** zukommen.[62]

Voraussetzung für den **Urheberrechtsschutz** ist wiederum, dass das jeweils genannte Element die notwendige, den Urheberrechtsschutz begründende, **Schöpfungshöhe** aufweist. Ein Schutz kommt nur in Frage, soweit die Gestaltung das notwendige Mindestmaß an individueller Eigenart erkennen lässt.[63] Da es sich bei Benutzeroberflächen, Desktops und Displays regelmäßig um funktionale Elemente handelt, ist der urheberrechtliche Schutz hier zumeist nicht gegeben.[64] 420

In der Literatur wird rege diskutiert, ob auch **Websites urheberrechtlich** geschützt sind.[65] 421
Websites kann unter Umständen als **Datenbanken** nach §§ 87 a, 87 b UrhG[66] Schutz zukommen (zum Datenbankschutz sogleich unter Rn 426 ff). Websites können ferner als Computerprogramm nach § 69 a UrhG geschützt sein, jedenfalls dann, wenn die Websites **JAVA-Applets,**[67] **Java-Skript**[68] oder **PHP-Programmierungen**[69] enthalten.[70] Streitig ist, ob auch der bloße HTML[71]-Code[72] einer Website Urheberrechtsschutz nach § 69 a UrhG begründet.[73] Da der Code lediglich Daten über die Formatierungen der Websites enthält und Grafiken und Texte sichtbar macht, soll § 69 a UrhG auf Websites als grafische Oberfläche ebenso wenig Anwendung finden wie § 69 a UrhG auf bloße Benutzeroberflächen von Computerprogrammen (Rn 419).[74] Die grafische Gestaltung des gesamten Webauftritts kann daher ebenso wie die grafische Gestaltung einzelner Websites oder Grafiken nach dem UrhG geschützt sein.[75] Voraussetzung ist allerdings stets, dass das betreffende Element das notwendige Mindestmaß an individueller Eigenart erkennen lässt[76] und die Gestaltung die in § 2 Abs. 2 UrhG vorausgesetzte Schöpfungshöhe erreicht.[77]

bb) Geschmacksmusterschutz, insbesondere als Gemeinschaftsgeschmacksmuster. Daneben ist ein Schutz von Gestaltungen und Designs, einschließlich von Website-Designs, als 422

---

61 Ablehnend OLG Karlsruhe GRUR 1994, 726; bejahend: Grützmacher, in: Wandtke/Bullinger, UrhR, § 69 g Rn 3; Koch, GRUR 1991, 180.
62 LG Bochum CR 1995, 274; aA Grützmacher, in: Wandtke/Bullinger, UrhR, § 69 g Rn 6.
63 OLG Hamm, Urteil vom 24. August 2004, MMR 2005, 106; LG Köln CR 2000, 400; Bechtold, ZUM 1997, 427; Koch, NJW-CoR 1997, 417; Lehmann/von Tucher, CR 1999, 700; Zscherpe, MMR 1998, 404. Vgl LG Berlin CR 1987, 584 (einer sog. Btx-Grafik den Urheberrechtsschutz absprechend); Wiebe, GRUR Int. 1990, 21.
64 Grützmacher, in: Wandtke/Bullinger, UrhR, § 69 g Rn 3.
65 Bechtold, ZUM 1997, 427; Koch, NJW-CoR 1997, 417; Lehmann/v. Tucher, CR 1999, 700; Zscherpe, MMR 1998, 404.
66 LG Köln CR 2000, 400; LG Köln ITRB 2002, 154 (zur Problematik des sog. Framings); LG Düsseldorf, Beschluss vom 10. August 2001, 12 O 230/01.
67 JAVA Applets sind in der Programmiersprache JAVA entwickelte „Anwendungsschnippsel" („application snippets"). Diese Applets werden in den HTML-Code von Websites eingebaut.
68 JavaScript ist eine für das Internet entwickelte Skriptsprache. Sie dient dazu, Websites mit dynamischen Elementen zu versehen (DHTML).
69 PHP ist eine in die HTML eingebettete Programmiersprache für die Erstellung dynamischer Web-Seiten.
70 Grützmacher, in: Wandtke/Bullinger, UrhR, § 69 a Rn 18.
71 Hypertext Markup Language.
72 HTML ist eine Sprache zur Beschreibung der Gestaltung von Websites. Diese Sprache dient zur Darstellung von Texten und Bildern im Internet.
73 Ablehnend OLG Düsseldorf CR 2000, 184; bejahend Koch, GRUR 1997, 417; Vinck, in: Fromm/Nordemann, Urheberrecht, § 69 a Rn 2.
74 Grützmacher, in: Wandtke/Bullinger, UrhR, § 69 a Rn 18.
75 Bullinger, in: Wandtke/Bullinger, UrhR, § 2 Rn 104, 134; Marquardt, in: Wandtke Bullinger, UrhR, § 4 Rn 13 ff; § 2 Rn 93, 201; Nordemann/Vinck, in: Fromm/Nordemann, Urheberrecht, § 2 Rn 92; Schack, MMR 2001, 9.
76 LG Köln CR 2000, 400; Bechtold, ZUM 1997, 427.
77 Bejahend OLG Hamburg MMR 2001, 533; verneinend OLG Düsseldorf MMR 1999, 729; vgl auch LG Düsseldorf CR 1998, 763.

Geschmacksmuster,[78] insbesondere nach der **GemeinschaftsgeschmacksmusterVO,** denkbar. Art. 4 Abs. 1 **GemeinschaftsgeschmacksmusterVO** schützt alle Arten von Gestaltungen, die neu sind und Eigenart besitzen.

423 Der Schutz nach der **GemeinschaftsgeschmacksmusterVO** entsteht neben den nationalen Rechten nach dem deutschen Geschmacksmusterrecht. Das Schutzrecht hat europaweite Geltung und ist gemäß Art. 80 ff GemeinschaftsgeschmacksmusterVO vor den nationalen Gerichten durchsetzbar. Es wird für die Dauer von drei Jahren **ohne Eintragung** erworben (Art. 11 und Art. 19 Abs. 2 GemeinschaftsgeschmacksmusterVO). Daneben kann ein längerfristiges (bis zu 25 Jahren währendes) Gemeinschaftsgeschmacksmuster beim Harmonisierungsamt der Europäischen Union in Alicante (nähere Informationen unter http://oami.eu.int/de/design/hints.htm) eingetragen werden.

Neuerdings ist es möglich, beim Deutschen Patent-und Markenamt (DPMA) eine Anmeldung nach dem Haager Abkommen[79] einzureichen. Bisher war nur eine direkte Anmeldung bei der WIPO möglich.

424 **cc) Typografieschutz.** Für sogenannte **Fonts,** dh Computerschriftzeichen, sowie figürliche Zeichen und Ornamente besteht **typografischer Schutz nach dem Schriftzeichengesetz.**[80]

c) Computerspiele, Multimedia-Programme

425 **Computerspiele** sind regelmäßig als Software nach § 69 a UrhG geschützt. Neben diesem Schutz können auch Animationen, Text- und Tonfolgen den Schutz als Filmwerke bzw. Laufbild nach **§§ 2 Abs. 1 Nr. 6, 89, 94 UrhG**[81] bzw. **§§ 95, 94 UrhG**[82] in Anspruch nehmen. Dass die Handlung nicht einem festgelegten Drehbuch oder „Plot" folgt, sondern interaktiv beeinflusst werden kann, ist ebenso unschädlich[83] wie die Tatsache, dass der Film nicht durch fotografische Aufnahmetechnik hergestellt worden ist.[84] Ob im Einzelfall die notwendige Schöpfungshöhe (Rn 420) erreicht ist, kann zumindest beim Schutz als Filmwerk zweifelhaft sein.[85]

d) Datenbanken

426 Auch **Datenbankwerke** und **Datenbanken** sind urheberrechtlich nach §§ 4 Abs. 2, 55 a UrhG bzw. sui generis durch §§ 87 a bis 87 e UrhG geschützt.[86]

427 **aa) Urheberrechtlicher Schutz durch §§ 4 Abs. 2, 55 a UrhG.** Nach **§ 4 Abs. 2 UrhG** ist ein **Datenbankwerk** ein Sammelwerk, dessen Elemente systematisch oder methodisch angeordnet und einzeln mit Hilfe elektronischer Mittel (oder auf andere Weise) zugänglich sind.[87] Nach § 4 Abs. 2 Satz 2 UrhG ist ein Computerprogramm, das zur Schaffung des Datenbankwerks oder zur Ermöglichung des Zugangs zu dessen Elementen verwendet wird, allerdings nicht Bestandteil des Datenbankwerkes.

428 **bb) Sui-generis-Schutz durch §§ 87 a ff UrhG.** Daneben wird Datenbanken durch § 87 a UrhG Schutz gewährt. Dieser Schutz knüpft – anders als der nach § 4 Abs. 2 UrhG – nicht

---

78 Zum Geschmacksmusterschutz Wiebe, GRUR Int. 1990, 21.

79 Das Haager Abkommen schafft die Möglichkeit, über eine einzige Anmeldung bei der WIPO Schutz für Geschmacksmuster in einem oder mehreren Mitgliedstaaten zu erlangen.

80 Ausführlich dazu Jaeger/Koglin, CR 2002, 169.

81 OLG Hamburg GRUR 1983, 436; OLG Hamburg GRUR 1990, 127; OLG Hamm NJW 1991, 2161; OLG Köln GRUR 1992, 312; BayObLG GRUR 1992, 508; Grützmacher, in: Wandtke/Bullinger, UrhR, § 69 g Rn 4.

82 OLG Karlsruhe CR 1986, 723; OLG Hamm NJW 1991, 2161.

83 OLG Karlsruhe CR 1986, 723; OLG Hamm NJW 1991, 2161; BayObLG GRUR 1992, 508.

84 BayObLG GRUR 1992, 508.

85 OLG Frankfurt GRUR 1983, 753.

86 Näher hierzu Koch, Handbuch Software- und Datenbank-Recht, S. 793 ff.

87 Koch, Handbuch Software- und Datenbank-Recht, S. 794.

an eine Werkeigenschaft der Datenbank im Sinne des Urheberrechts an. Nach **§ 87 a Abs. 1 UrhG** ist eine **Datenbank** eine Sammlung von Werken, Daten oder anderen unabhängigen Elementen, die systematisch oder methodisch angeordnet und einzeln mit Hilfe elektronischer Mittel oder auf andere Weise zugänglich sind und deren Beschaffung, Überprüfung oder Darstellung eine nach Art oder Umfang **wesentliche Investition** erfordert. Im Vordergrund steht der **Investitionsschutz des Datenbankherstellers.**[88] Nach § 87 a Abs. 1 Satz 2 UrhG gilt eine geänderte Datenbank als neue Datenbank, sofern die Änderung eine nach Art oder Umfang wesentliche Investition erfordert. Derjenige, der diese Investition vorgenommen hat, ist Datenbankhersteller.[89] Die **Grenzen der Rechte des Datenbankherstellers** sind in **§ 87 c UrhG** geregelt.

Die Verletzung der Datenbankrechte des Herstellers aus § 4 Abs. 2 bzw. § 87 a UrhG stellt 429
eine Urheberrechtsverletzung mit den oben unter Rn 387 dargestellten Rechtsfolgen der §§ 97 f UrhG dar.

III. Vorprozessuales Vorgehen gegen Verletzung von Rechten an Software, insbesondere Vorbereitung des Schutzrechtsprozesses

1. Ausgangsüberlegungen

a) Verletzungsfälle

Bei der Verletzung von Schutzrechten an Software sind zwei **Grundkonstellationen** denk- 430
bar:

- Die **„Eins-zu-Eins-Verletzung“** der Software des Rechteinhabers; das heißt die Verletzung des Urheberrechts durch ein (nahezu) identisches **Plagiat**. Gerade Software eignet sich ideal zur identischen Nachahmung durch Dritte, da das Kopieren der Software regelmäßig mit einem viel geringeren wirtschaftlichen Aufwand verbunden ist als das Erstellen eines eigenen Programms. Dies gilt auch selbst dann, wenn der Dritte zunächst den Kopierschutz umgehen und Anpassungs- und Verschleierungsarbeiten durchführen muss.
- Schwieriger zu verfolgen sind Verletzungsfälle, in denen keine Schwarzkopie angefertigt worden ist. Wenn der Verletzer lediglich einen (selbstständig geschützten) Teil des dem Rechteinhaber zustehenden Computerprogramms in ein eigenes Produkt einbaut, kann sich das verletzende Objekt rein äußerlich ganz anders darstellen als das verletzte Objekt, was mitunter zu erheblichen Darlegungs- und Beweislastproblemen führt.[90]

b) Zivil-, straf- und zollrechtliche Möglichkeiten

Der Rechteinhaber hat umfassende Rechte gegen alle, die an der illegalen Herstellung, Ver- 431
breitung und Nutzung seiner Software mitwirken. Ihm stehen – wie oben erläutert – neben den zivilrechtlichen Möglichkeiten (insbesondere nach § 97 UrhG) straf- und bußgeldrechtliche (§§ 106 ff UrhG) sowie zollrechtliche Wege der Rechtsverfolgung (§§ 111 b, c UrhG) zur Verfügung.

---

88 Koch, Handbuch Software- und Datenbank-Recht (2009), S. 827.

89 Die Erfassung von Änderungen einer Datenbank in einem Datenabgleich, um sie für ein eigenes Wettbewerbsprodukt zu nutzen, darf vom Datenbankhersteller verboten werden, vgl BGH, Urteil vom 30. April 2009, Az I ZR 191/05; laut OLG Hamburg, Urteil vom 16. April 2009, Az 5 U 101/08, Entscheidungsbesprechung Schoene in: FD-GewRS 2009, 285551, kommt es für die Beurteilung der Frage, ob ein wesentlicher Teil der Datenbank entnommen wird, nicht auf das Nutzungsverhalten der Summe aller Nutzer an, sondern darauf, ob zumindest einzelne Nutzer bei dem Einsatz der Software quantitativ wesentliche Teile der Datenbank vervielfältigen oder entnehmen.

90 Siehe dazu unten Rn 465 ff.

432 Gerade bei einer problematischen Beweissituation, aber nicht nur dann, kann der Anwalt auch **strafrechtliche Instrumente** in Erwägung ziehen (Anzeige zur Einleitung eines Ermittlungsverfahrens, Akteneinsicht etc.), da die Ermittlungsbehörden unter Umständen diejenigen Tatsachen ermitteln können, auf die der Rechteinhaber selbst keinen Zugriff hat. Dazu näher unter Rn 474.

2. Verfolgung von Softwareverletzungen nach UrhG

433 Da dem Rechteinhaber die Vervielfältigung des Computerprogramms vorbehalten ist, verstößt der illegale Hersteller von Computerprogrammen gegen § 69 c Nr. 1 UrhG. Der Vertrieb einer illegal hergestellten Programmkopie verletzt das ausschließliche Verbreitungsrecht des Urhebers (§ 69 c Nr. 3 UrhG). Wenn das Programm verändert wurde, liegt schließlich auch ein Verstoß gegen § 69 c Nr. 2 UrhG vor.

434 Das primäre Interesse des Mandanten wird regelmäßig dahin gehen, die Gegenseite auf **Unterlassung** in Anspruch zu nehmen. Daneben werden etwaige Ansprüche auf **Schadensersatz** und (zuvor) auf **Auskunft** sowie auf **Vernichtung (bzw. Überlassung) rechtsverletzender Gegenstände** gegen den Verletzer durchzusetzen sein.

a) Aktiv- und Passivlegitimation

435 **aa) Aktivlegitimation. Aktivlegitimiert** ist zunächst der Urheber bzw. der Inhaber des verwandten Schutzrechts (zur Rechteinhaberschaft siehe oben Rn 379 ff). Soweit einem **Dritten ausschließliche Nutzungsrechte** eingeräumt worden sind, ist dieser grundsätzlich allein aktivlegitimiert; dies gilt auch für den **Arbeitgeber** im Sinne von § 69 b UrhG.

436 Der **Urheber** kann unter bestimmten Voraussetzungen allerdings auch dann anspruchsberechtigt bleiben, wenn er dem Dritten eine **ausschließliche Lizenz** an sämtlichen Nutzungsrechten eingeräumt hat, nämlich dann, wenn eine Verletzung des – bei ihm verbliebenen – Urheberpersönlichkeitsrechts in Rede steht.[91]

437 Soweit der Dritte hingegen nur **einfacher Lizenznehmer** ist, steht ihm im Schutzrechtsprozess **keine Aktivlegitimation** zu, diese verbleibt beim Urheber.

438 **Miturheber** sind nach Maßgabe von **§ 8 Abs. 2 Satz 3 UrhG** aktivlegitimiert, wobei bei einem Computerprogramm ein gemeinsames Schaffen der Beteiligten in der Form vorausgesetzt ist, dass jeder Urheber einen schöpferischen Beitrag zum einheitlichen Schöpfungsprozess der Werkvollendung geleistet hat.[92] Danach kann jeder Miturheber selbst **Unterlassungsansprüche** verfolgen, ohne auf die Zustimmung anderer Miturheber angewiesen zu sein.[93] Wer nicht selbst Miturheber ist, sondern nur abgeleitete Rechte innehat, muss sich die Rechte von allen Miturhebern einräumen lassen, wenn er gegen den Rechtsverletzer vorgehen will.[94] Bei Ansprüchen auf **Schadensersatz** kann der Miturheber zwar allein vorgehen, er kann aber nur **Leistung an alle Miturheber** verlangen.[95]

439 **bb) Passivlegitimation. Passivlegitimiert** ist derjenige, der die Rechtsverletzung begeht, sowie jeder Teilnehmer, der bloße **Veranlasser** einer Rechtsverletzung eingeschlossen. Jeder

---

91 Vgl insoweit – für die Konstellation des § 69 b UhrG (siehe oben Rn 381) – OLG Frankfurt BB 1996, Beil. 9 Nr. 3, S. 3.

92 BGHZ 123, 208.

93 Dreier/Schulze, UrhG, § 8, Rn 20.

94 Dreier/Schulze, UrhG, § 8, Rn 20 mit Verweis auf OLG Frankfurt MMR 2003, 45; siehe aber LG München I ZUM 1999, 332; wird gegen die Aktivlegitimation eines Softwareentwicklers geltend gemacht, dieser sei Miturheber, müssen Hinweise zu den anderen Miturhebern vorgetragen werden, aufgrund dessen der Kläger dann deren Miturheberschaft im Detail und mit Beweisen widerlegen kann, vgl OLG Düsseldorf, Urteil vom 25. November 2008, Az I-20 U 72/06.

95 BGH GRUR 1994, 39.

Beitrag ist ausreichend, der nach der Lebenserfahrung zu dem Verletzungserfolg geführt hat.[96] Auch der Urheber selbst kann gegebenenfalls in Anspruch genommen werden, nämlich dann, wenn er dem Verletzten die ausschließlichen Nutzungsrechte eingeräumt hat (§ 31 Abs. 3 UrhG) und er das Werk gleichwohl weiter nutzt. § 69 f UrhG erweitert den Kreis der Passivlegitimierten auf die Eigentümer und Besitzer von rechtsverletzenden Vervielfältigungsstücken.

Nach § 99 UrhG stehen dem Verletzten die Ansprüche aus den §§ 97 Abs. 1 und 98 UrhG 440
auch gegen den **Inhaber des Unternehmens** zu, in dem ein Arbeitnehmer oder Beauftragter die urheberrechtliche Verletzung vorgenommen hat.

b) Unterlassungs- und Beseitigungsansprüche

Die **Unterlassungs- und Beseitigungsansprüche** aus § 97 Abs. 1 UrhG sind **verschuldens-** 441
unabhängig. Während der Beseitigungsanspruch einen fortbestehenden Störungszustand voraussetzt, ist für einen Unterlassungsanspruch die **Gefahr einer zukünftigen Rechtsbeeinträchtigung** (Begehungsgefahr) ausreichend. Hat der Anspruchsgegner das Urheberrecht verletzt, gilt die **Vermutung der Wiederholungsgefahr.**[97] Diese Vermutung kann der Verletzer grundsätzlich nur durch die Abgabe einer strafbewehrten Unterlassungsverpflichtungserklärung ausräumen.[98]

Sofern diese Erklärung vom Verletzer nicht abgegeben wird, kann der Verletzte seinen Un- 442
terlassungsanspruch – ohne die Gefahr der Kostenlast im Falle eines Anerkenntnisses (siehe Rn 197) – gerichtlich durchsetzen, und zwar nicht nur im Wege der **Hauptsacheklage**, sondern im Interesse der zügigen (wenngleich regelmäßig nur vorläufigen)[99] Erreichung des Rechtsschutzziels auch im **einstweiligen Verfügungsverfahren.**[100] Näher dazu unter Rn 507 ff.

c) Schadensersatz-, Auskunfts-, Besichtigungs- sowie Vernichtungsansprüche

Der **Schadensersatzanspruch** nach § 97 UrhG ist **verschuldensabhängig.** Es gilt ein **strenger** 443
Verschuldensmaßstab.[101] Verwerter haben eine Prüfungspflicht dahingehend, dass sie keinerlei Urheberrechte verletzen.[102]

Der Verletzte kennt in der Regel das gesamte Ausmaß der Verletzung nicht, daher gibt ihm 444
§ 101 UrhG einen **Anspruch auf Auskunft** hinsichtlich des Vertriebswegs, der Vorbesitzer und Abnehmer. Der Auskunftsanspruch ist **verschuldensunabhängig.**[103]

Daneben kann der Verletzte auch einen Anspruch auf Besichtigung, beispielsweise des ver- 445
letzenden Quellcodeplagiats, nach **§ 809 BGB** haben.[104]

§ 69 f UrhG gewährt dem Rechteinhaber einen **verschuldensunabhängigen Anspruch** auf 446
Vernichtung aller rechtswidrig hergestellten, verbreiteten oder zur rechtswidrigen Verbreitung bestimmten Vervielfältigungsstücke (Datenträger), sowie nach § 69 f Abs. 2 UrhG auf

96 BGHZ 42, 118.
97 Von Wolff, in: Wandtke/Bullinger, UrhR, § 97 Rn 36.
98 Von Wolff, in: Wandtke/Bullinger, UrhR, § 97 Rn 37; zur Unterlassungsverpflichtungserklärung siehe Rn 205 ff.
99 Vgl insoweit Rn 509.
100 Kefferpütz, in: Wandtke/Bullinger, UrhR, Vor §§ 97 ff Rn 49, 74.
101 BGH GRUR 1998, 568.
102 Von Wolff, in: Wandtke/Bullinger, UrhR, § 97 Rn 52.
103 BGH GRUR 1988, 604.
104 Der Nachweis einer Verletzung von Urheberrechten an Software kann auch durch Indizien wie Namenskürzel in den Kommentarzeilen des Quellcodes geführt werden, OLG Düsseldorf, Urteil vom 25. November 2008, Az I-20 U 72/06.

die Vernichtung bestimmter Hilfsmittel. §§ 69 f Abs. 1 Satz 2, 98 Abs. 2 UrhG regeln die Überlassung rechtsverletzender Vervielfältigungsstücke.

d) Anspruchsinhalt

447 aa) **Unterlassungs- und Beseitigungsanspruch.** Der Verletzer schuldet **Unterlassung** der von ihm begangenen rechtsverletzenden Handlung. Wenn der Verletzer Urheberrechte lediglich an Teilen eines Programmpakets, die abtrennbar sind, verletzt hat, ist der Unterlassungsanspruch auf diese Teile beschränkt. Werden ausschließlich Lizenzdokumente illegal verbreitet, kann sich der Unterlassungsanspruch nur auf diese beziehen. Voraussetzung für die Geltendmachung des Unterlassungsanspruchs ist, dass eine **Wiederholungsgefahr** besteht (Rn 129). Der Rechtsinhaber hat die Möglichkeit, Unterlassung bereits vor Eintritt der Rechtsverletzung zu verlangen (vorbeugender Unterlassungsanspruch), wenn eine **Erstbegehungsgefahr** droht.[105] Zum parallelen Unterlassungsanspruch nach MarkenG siehe Rn 111 ff.

448 Der **Beseitigungsanspruch** ist darauf gerichtet, neue Schäden zu vermeiden.[106] Besteht eine fortdauernde Gefährdung, die durch bloßes Unterlassen nicht beseitigt wird, kann der Verletzte die **Beseitigung** der konkreten Störung verlangen. Das Beseitigungsbegehren muss so gefasst sein, dass es verhältnismäßig, das heißt erforderlich und angemessen ist.[107]

449 bb) **Schadensersatzanspruch.** Der Verletzer schuldet **Schadensersatz** für die von ihm begangene Rechtsverletzung (§ 97 Abs. 2 Satz 1 UrhG), sowie gegebenenfalls auch **Schmerzensgeld** nach § 97 Abs. 2 Satz 4 UrhG.[108] An Stelle des Schadensersatzes kann der Verletzte gem. § 97 Abs. 2 Satz 2 UrhG auch die Herausgabe des Gewinns verlangen, den der Verletzer durch die Rechtsverletzung erlangt hat (**Verletzergewinn**).

450 Die Berechnung des konkreten Schadens nach § 97 Abs. 2 Satz 1 UrhG (insbesondere auch des unter Umständen entgangenen Gewinns) erfolgt nach Maßgabe der §§ 249 ff BGB, insbesondere des § 252 BGB. Diese Berechnungsmethode bereitet in der Praxis regelmäßig Schwierigkeiten, da die Höhe des Schadens wenigstens annähernd ermittelt werden muss, um dem Gericht eine Schadensschätzung gemäß § 287 ZPO zu ermöglichen.[109]

451 Gerade wegen dieser Beweisprobleme – die allerdings durch die Geltendmachung des Auskunftsanspruchs[110] reduziert werden können – räumt die Rechtsprechung dem Verletzten neben der Geltendmachung des Verletzergewinns auch die Möglichkeit ein, als Schaden eine angemessene Lizenzgebühr geltend zu machen (sog. **Lizenzanalogie**). Diese Berechnungsmethode ist gewohnheitsrechtlich anerkannt[111] und findet im Urheberrecht ebenso wie im Recht der gewerblichen Schutzrechte, insbesondere dem Patent-, Gebrauchsmuster- und Markenrecht, Anwendung.[112] Zwischen dem Verletzer und dem Verletzten wird ein Lizenzvertrag fingiert, nach dessen Maßgabe „Lizenzgebühren" zu zahlen sind.[113] Der

105 An die Beseitigung der Erstbegehungsgefahr sind allerdings geringere Anforderungen zu stellen als im Falle der Wiederholungsgefahr; vgl insoweit BGH GRUR 2001, 1174.

106 Von Wolff, in: Wandtke/Bullinger, UrhR, § 97 Rn 43.

107 BGHZ 92, 314.

108 OLG Frankfurt MMR 2004, 476.

109 Laut BVerfG ZUM 2009, 479 ist die vom Gericht vorgenommene Schadensschätzung im Falle einer ungenehmigten Bildnutzung zu Werbezwecken grundsätzlich auch ohne Einholung eines Sachverständigengutachtens zulässig und stellt keinen Verstoß gegen Art. 103 oder Art. 14 GG dar, sofern das Gericht dabei genügend Anknüpfungstatsachen wie die Bekanntheit des Abgebildeten, den Aufmerksamkeitswert, die Art und den Verbreitungsgrad der Werbung berücksichtigt.

110 Hierzu unter Rn 452 ff. Zur Geltendmachung im Wege der Stufenklage unter Rn 529 ff.

111 Ständige Rechtsprechung, vgl RG GRUR 1934, 627; BGHZ 20, 345.

112 BGHZ 44, 372; BGH GRUR 1990, 1008.

113 BGH GRUR 1990, 1008.

Vorteil der Lizenzanalogie ist, dass für das gleiche Stück Software auf **jeder Vertriebsebene** eine Lizenzzahlung verlangt werden kann. Schließlich darf kein Verletzer besser stehen, als er im Falle einer ordnungsgemäß erteilten Erlaubnis durch den Rechteinhaber gestanden hätte.[114]

cc) Auskunfts- und Rechnungslegungsanspruch. Nach § 101 UrhG kann der Verletzte **Auskunft und Rechnungslegung zur Vorbereitung des Schadensersatzanspruches** verlangen. Die Auskunftsansprüche sollen dem Verletzten die Möglichkeit einräumen, den Schadensersatzanspruch auf die für ihn günstigste Weise zu berechnen.[115] 452

Der **Anspruch auf Auskunft** richtet sich auf Abgabe einer Wissenserklärung.[116] 453

Es kommt ein **Besichtigungsanspruch zur Einsicht in Urkunden nach §§ 809, 810 BGB** unter den dort genannten Voraussetzungen in Betracht. 454

dd) Besichtigungsanspruch. Unter den Voraussetzungen des **§ 809 BGB** kann der Verletzte auch die **Besichtigung** der verletzenden Software sowie des dazugehörigen mobilen oder stationären Datenträgers, die bzw. der sich im Besitz des Unterlassungs- bzw. Schadensersatzschuldners befindet, verlangen.[117] Ein Anspruch nach § 809 BGB kann beispielsweise auf die **Besichtigung von Computern** gerichtet sein, mit dem Ziel, festzustellen, ob urheberrechtlich geschützte Programme auf diesen genutzt werden.[118] In Ausnahmefällen kann die Besichtigung sogar auf den **Quellcode** des Programms gerichtet sein.[119] 455

Der Anspruch setzt den **begründeten Verdacht einer Urheberrechtsverletzung** (bzw. Patentrechtsverletzung) voraus. Gefordert ist ein gewisser Grad an Wahrscheinlichkeit. Ein erheblicher Grad an Wahrscheinlichkeit ist nach der jüngeren Rechtsprechung des BGH jedenfalls außerhalb des Bereichs von Patentverletzungen – sofern nicht besondere Geheimhaltungsinteressen des Besitzers der zu besichtigenden Sache berührt sind – nicht notwendig.[120] Der Anspruchsteller muss **objektive Indizien für das Vorliegen einer Verletzung** vortragen. Es genügt insoweit beispielsweise der aufgrund zahlreicher Übereinstimmungen der Software begründete Verdacht einer Verletzung. Ein solcher Verdacht besteht auch dann, wenn Angestellte eines Unternehmens Hinweise auf nicht lizensierte Programme geben. Ist die Wahrscheinlichkeit einer Verletzungshandlung begründet, erstreckt sich der Besichtigungsanspruch auf das gesamte Programm; er ist nicht auf die Programmteile beschränkt, hinsichtlich derer von vornherein Übereinstimmungen feststanden.[121] 456

Auch wenn beispielsweise bei der Besichtigung des Quellcodes **die Gefahr der Ausforschung und des Ausspähens von Betriebsgeheimnissen** besteht, führt dies nicht dazu, dass generell gesteigerte Anforderungen an die Wahrscheinlichkeit der Rechtsverletzung zu stellen wären.[122] Die berechtigten Geheimhaltungsinteressen des Besitzers der zu besichtigenden Sache sind vielmehr im Rahmen einer umfassenden Interessenabwägung zu berücksichti- 457

---

114 BGH GRUR 1987, 27; BGH GRUR 1990, 1008. Eine „Entschädigungslizenz" kann sich auch nach den Grundsätzen der §§ 812 ff BGB ergeben, vgl OLG Frankfurt MMR 2004, 476.

115 BGH GRUR 1974, 53.

116 Dazu näher unter Rn 546 f.

117 BGHZ 93, 191; KG, GRUR-RR 2001, 118.

118 KG NJW 2001, 233; siehe dazu das Muster unter Rn 484.

119 BGH CR 2002, 791: „Denn im Falle einer urheberrechtsverletzenden Vervielfältigung oder einer wettbewerbswidrigen Übernahme ist der Quellcode das erste Vervielfältigungsstück, von dem sodann nach Übertragung des Programms in den Maschinencode weitere Kopien erstellt werden. Für die Annahme des Berufungsgerichts, der Besichtigungsanspruch könne sich nicht auf den Quellcode beziehen, gibt es daher keine Grundlage.".

120 BGH CR 2002, 791; BGHZ 93, 191; Bork, NJW 1997, 1665. Solche Indizien sind etwa bei Hinweisen von Mitarbeitern auf Raubkopien gegeben; nicht ausreichend dürfte die Vorlage einer eidesstattlichen Versicherung eines Angestellten sein, ihm seien keine entsprechenden Lizenzvereinbarungen bekannt.

121 BGH CR 2002, 791.

122 BGH CR 2002, 791.

gen.[123] Im Rahmen dieser Abwägung ist insbesondere zu prüfen, ob das schützenswerte Geheimhaltungsinteresse auch bei grundsätzlicher Einräumung des Anspruchs dadurch gewahrt werden kann, dass die Besichtigung durch einen zur Verschwiegenheit verpflichteten Dritten vorgenommen wird.[124] Die Einschaltung eines Dritten – in der Regel eines Sachverständigen – ist angesichts dessen ein regelmäßig zu empfehlender Weg. Dies gilt insbesondere dann, wenn der Besichtigungsanspruch im einstweiligen Verfügungsverfahren durchgesetzt wird, weil sonst zusätzlich die Gefahr einer Vorwegnahme der Hauptsache bestünde (dazu unter Rn 480).[125]

458 Es muss ein **Besichtigungsinteresse** des Anspruchstellers bestehen.[126] Daran fehlt es, wenn sich der Anspruchsteller die von ihm benötigten Kenntnisse unproblematisch anderweitig verschaffen kann.[127] Der Anspruchsteller muss deshalb darlegen, dass die **Untersuchungsmaßnahmen nach § 69 d UrhG** (Beobachtung, Untersuchung, Test) nicht bzw. nicht ohne weiteres ausreichend sind, um eine Urheberrechtsverletzung nachzuweisen.[128]

e) Verjährung

459 Die Ansprüche aus der **Verletzung von Urheberechten verjähren gemäß § 102 UrhG** nach den allgemeinen Vorschriften des BGB, also innerhalb von drei Jahren ab dem Schluss des Jahres, in dem der Anspruch entstanden ist und der Anspruchsinhaber Kenntnis aller Umstände erlangt hat (§§ 195, 199 Abs. 1 BGB), bei fehlender Kenntnis in zehn Jahren (§ 199 Abs. 3, 4 BGB). Die dreißigjährige Frist nach § 194 Abs. 2 BGB für die Verletzung von Leben, Körper, Gesundheit und Freiheit hat im UrhG keine Bedeutung.[129] Zur Verjährung und Verwirkung von Ansprüchen aus **Markenrecht** siehe Rn 143. Ist der Anspruch nach UrhG verjährt, kann auch der **Besichtigungsanspruch** nach § 809 BGB nicht mehr geltend gemacht werden, weil die Besichtigung dann nicht (mehr) erforderlich ist.[130]

3. Verfolgung von Softwareverletzungen nach MarkenG, PatG und UWG

460 Wie oben unter Rn 391 ff dargestellt, können dem Verletzten unter Umständen auch Ansprüche aus MarkenG, PatG und UWG zustehen. Außerdem kommen Ansprüche aus §§ 812 BGB ff[131] und Deliktsrecht, insbesondere § 826 BGB, in Betracht. In Einzelfällen können auch vertragliche Regelungen greifen, wenn beispielsweise gegen vertragliche Verwertungsverbote verstoßen wird. Besteht die begründete Gefahr einer Patentverletzung, kann ein Besichtigungsanspruch nach § 809 BGB existieren. Zur Geltendmachung von markenrechtlichen Ansprüchen näher unter Rn 111 ff, zu wettbewerbsrechtlichen Ansprüchen im Teil „Wettbewerbsrecht".

4. Darlegungs- und Beweislast bei der Verfolgung von Softwareverletzungen

a) Darlegung der Schutzfähigkeit der Software

461 Bei der Geltendmachung von Urheberrechten im Prozess hat der Anwalt des Verletzten darzulegen, dass die betroffene Software des Mandanten **urheberrechtsfähig** ist (Rn 374 ff).

123 BGH CR 2002, 791.
124 BGH CR 2002, 791.
125 KG NJW 2001, 233.
126 Vgl etwa BGH CR 2002, 791. Vgl hierzu Bork, NJW 1997, 1665, 1669.
127 NJW 1997, 1665.
128 Vgl BGHZ 93, 191 (für den Patentinhaber) sowie in Fortführung dessen BGH, CR 2002, 791.
129 BT-Drucks. 14/6040, S. 282.
130 Bork, NJW 1997, 1665.
131 Unter dem Aspekt der „Entschädigungslizenz", siehe OLG Frankfurt MMR 2004, 476.

Diese Darlegung stellt den Anwalt regelmäßig nicht vor größere Probleme. Wie oben gesehen (Rn 376), besteht nach § 69 a Abs. 3 UrhG eine **tatsächliche Vermutung** dafür, dass das Computerprogramm ausreichend geschützt ist.[132] Die Anforderungen an die Urheberrechtsfähigkeit sind nicht besonders hoch. Die Vermutung scheidet nur dann aus, wenn tatsächliche Anhaltspunkte dafür existieren, dass das Programm nicht ausreichend eigentümlich ist.[133]

Bei der Vorbereitung gerichtlicher Schritte sollte der Anwalt mit dem Mandanten gleichwohl eine für das Gericht (dh regelmäßig auch für den technischen Laien) **verständliche Darstellung derjenigen Aufgaben** ausarbeiten, **die das verletzte Programm erfüllt**. Sofern sich die konkrete Softwaregestaltung dafür anbietet, sollte der Rechteinhaber mit anwaltlicher Hilfe auch diejenigen **Gestaltungsspielräume** beschreiben, die der Programmierer bei der Erfüllung der ihm gestellten Aufgabe zur Herstellung dieses Programms hatte. Dadurch kann belegt werden, dass bei der Programmerstellung ein kreativer Rahmen schöpferisch ausgefüllt worden ist. Dieser Nachweis ist umso einfacher, je komplexer das Programm ist. Der Anwalt sollte deshalb große Sorgfalt darauf verwenden, die gesamte **Komplexität des Programms** darzulegen. Der Gegenseite wird es dann kaum gelingen, die Urheberrechtsfähigkeit des Programms überzeugend in Zweifel zu ziehen. Wenn sich der Schutz nur auf Teilbereiche eines Programmpakets bezieht, muss herausgearbeitet werden, welche Teilbereiche den Streitgegenstand darstellen und warum insoweit eine eigenschöpferische Leistung anzunehmen ist. 462

b) Darlegung der Aktivlegitimation

Die Darlegungs- und Beweislast folgt (auch) hinsichtlich der Aktivlegitimation den allgemeinen Regeln. Ist der Mandant **Urheber**, kann er sich auf die **Vermutung des § 10 UrhG** berufen: Wer auf den Vervielfältigungsstücken eines erschienenen Werkes oder auf dem Original eines Werkes der bildenden Künste in der üblichen Weise als Urheber bezeichnet ist, wird bis zum Beweis des Gegenteils als Urheber des Werkes angesehen; dies gilt auch für eine Bezeichnung, die als Deckname oder Künstlerzeichen des Urhebers bekannt ist, was vielfach bei Computerspielen der Fall ist. Die Angabe der Initialien in der **Kopfleiste der Bildschirmmaske** reicht in der Regel aus, die Urheberschaftsvermutung nach § 10 Abs. 1 UrhG zu begründen.[134] Ist der Urheber nicht entsprechend § 10 Abs. 1 UrhG bezeichnet, so wird vermutet, dass derjenige ermächtigt ist, die Rechte des Urhebers geltend zu machen, der auf den Vervielfältigungsstücken des Werkes als Herausgeber bezeichnet ist. 463

Ist der Mandant nicht Urheber, aber als **Lizenznehmer** Inhaber der ausschließlichen Verwertungsrechte, muss der Anwalt des Lizenznehmers dessen Berechtigung darlegen, also zum Inhalt des Lizenzvertrages vortragen. 464

c) Unterlassungsansprüche

Der Anspruchsteller trägt nach den allgemeinen Regeln die Darlegungs- und Beweislast für die anspruchsbegründenden Tatsachen, insbesondere die Verletzungshandlung. Er hat also darzulegen, dass das angegriffene Programm die ihm zustehenden Urheberrechte an seiner Software verletzt, indem es wesentliche eigenschöpferische Teile übernimmt und nicht nur geringfügig verändert. 465

132 Grützmacher, in: Wandtke/Bullinger, UrhG, Vor §§ 69 a ff Rn 19 ff; § 69 a Rn 37 ff.
133 Grützmacher, in: Wandtke/Bullinger, UrhG, Vor §§ 69 a ff Rn 20.
134 BGHZ 123, 208.

466 Dies ist in den Fällen der Softwarepiraterie („**Eins-zu-Eins-Kopie**") unproblematisch der Fall; hier reicht die Darlegung der Eigentümlichkeit des eigenen Computerprogramms und der Vortrag, dass der Verletzer die Software kopiert hat, in der Regel aus.[135]

467 In den sonstigen Konstellationen – wenn also keine gleichen Programme vorliegen – kann der Anspruchsteller allerdings vor erhebliche Darlegungs- und Beweisprobleme gestellt sein. Er muss die in Rede stehenden Programme miteinander vergleichen und auf dieser Basis die Verletzung darstellen. Die Sustantiierung wird regelmäßig nicht ohne die Einschaltung eines **Sachverständigen** erbracht werden können (Rn 472).

d) Schadensersatzansprüche

468 Bei der Geltendmachung von Schadensersatzansprüchen gemäß § 97 UrhG muss der Anspruchsinhaber neben der Verletzungshandlung das Verschulden des Verletzers und den zurechenbaren Schaden darlegen und beweisen. Bei der Darlegung der Höhe des ihm entstandenen Schadens kann der Anspruchsteller zwischen den oben unter Rn 449 ff dargestellten Berechnungsarten wählen.

469 Bei der **Darstellung des Schadens** muss der Anwalt darauf achten, dass sein Vortrag – nicht anders als sonst – aus sich heraus verständlich ist. Der bloße Verweis auf umfangreichere Anlagen, etwa auf ein Privatgutachten, kann diese Nachvollziehbarkeit beeinträchtigen. Wählt der Anwalt diesen einfacheren Weg, wird er sich schnell dem berechtigten Einwand – sei es vom Gericht oder aber seitens des Prozessgegners – ausgesetzt sehen, weder dem Gericht noch dem Prozessgegner sei es zumutbar, sich aus umfangreichen Unterlagen „das Passende" selbst herauszusuchen.[136] Würde das Gericht eine solche Bezugnahme auf umfangreiche Anlagen zulassen, wäre damit dem Prozessgegner, der aus den Unterlagen möglicherweise gegenteilige Folgerungen ziehen könnte, unter Umständen das rechtliche Gehör entzogen.[137]

e) Auskunftsansprüche

470 Der Verletzte hat neben den Voraussetzungen des – durch die Auskunft vorbereiteten – Schadensersatzanspruches darzulegen, dass der Eintritt eines Schadens mit einiger Sicherheit zu erwarten ist. Andernfalls fehlt es an dem für die Auskunft erforderlichen Interesse.[138]

5. Beweissicherung

a) Ausgangslage

471 Die Erörterungen des Anwalts mit seinem Mandanten in Vorbereitung eines Prozesses bzw. – auf der anderen Seite – bei der Entscheidung über eine Verteidigung konzentrieren sich bei der (behaupteten) Verletzung von Schutzrechten an Software regelmäßig auf die Frage, ob die Anspruchsvoraussetzungen hinreichend substantiiert dargelegt und auch bewiesen werden können.

472 Problematisch gestaltet sich insoweit insbesondere die Darlegung und der Beweis der Verletzungshandlung. Im Softwareverletzungsprozess kann der Richter aufgrund der hohen technischen Komplexität die Verletzung, sofern nicht ein Fall der „**Eins-zu-Eins-Kopie**" vorliegt, nicht ohne weiteres feststellen. Der **Augenschein** und die **Vernehmung von Zeu-**

135 Grützmacher, in: Wandtke/Bullinger, UrhG, Vor §§ 69 a ff Rn 20.
136 Zöller/Greger, ZPO, § 130, Rn 2, mwN.
137 OLG Köln OLGR 2003, 124.
138 Nordemann, Wettbewerbsrecht/Markenrecht, Rn 3225.

gen reichen als Beweismittel insoweit regelmäßig nicht aus. Im Regelfall wird daher kein Weg an einem **Sachverständigen** vorbeigehen,[139] weil – außerhalb der Fälle der „Eins-zu-Eins-Kopie“ – nur dieser mit einer das Gericht überzeugenden Sicherheit beurteilen kann, ob eine Nachahmung vorliegt.

Zu berücksichtigen ist auch, dass der Mandant, der eine Verletzungshandlung darlegen und 473
beweisen muss, im Prozess unter Umständen gezwungen sein kann, Einzelheiten zu seiner Software und damit Betriebsgeheimnisse offenzulegen. Wenn der Mandant dazu nicht bereit ist, wird ihm gegebenenfalls von der Prozessführung abzuraten sein.

b) Möglichkeiten der Beweissicherung

aa) Einsicht in staatsanwaltschaftliche Ermittlungsakten. Wie bereits oben (unter 474
Rn 431 f) angemerkt, kann es sich empfehlen, sich bei der Aufklärung auch der Staatsanwaltschaft zu bedienen. Sofern die Ermittlungsbehörden nicht bereits von sich aus – wegen des Vorliegens eines besonderen öffentlichen Interesses (vgl § 109 UrhG) – tätig geworden sein sollten, besteht die Möglichkeit, durch eine Strafanzeige und die Stellung eines Strafantrages (§§ 106, 109 UrhG) unter Umständen staatsanwaltschaftliche Ermittlungen gegen den Verletzer zu initiieren. Sofern es zu Untersuchungen der Staatsanwaltschaft gegen den Verletzer kommt, im Zuge derer die Verletzung festgestellt wird, und der Anwalt diese Informationen durch die **Einsicht in die Ermittlungsakten** erlangt, ist er auf dem kostengünstigsten Wege zu diesem (Zwischen-)Ziel gelangt. Nach § 77 b Abs. 1 Satz 1, Abs. 2 Satz 1 StGB beträgt die **Frist zur Stellung des Strafantrages drei Monate**, gerechnet ab dem Zeitpunkt, in dem der Berechtigte von der Tat (der Verletzung des Schutzrechts an der Software) und der Person des Täters Kenntnis erlangt hat. Allerdings sind die Aussichten, auf diesem Wege die für die Klärung und Durchsetzung der Ansprüche des Mandanten nötigen Informationen zu erhalten, nicht sehr hoch einzustufen. Liegt kein eindeutiger Raubkopierfall vor – in dem der Nachweis der Verletzung ohnehin kein Problem darstellt –, ist es zweifelhaft, ob die Staatsanwaltschaft zeitnah in der Lage sein wird, durch Sachverständige eine Urheberrechtsverletzung festzustellen. Zudem ist angesichts der Möglichkeit der Staatsanwaltschaft, den Verletzten nach § 154 d StPO zunächst auf den Zivilrechtsweg zu verweisen, die Neigung der Staatsanwaltschaft zu umfangreichen und kostenintensiven Untersuchungen tendenziell nicht sonderlich ausgeprägt.[140]

bb) Testkauf. Wenn der Verletzte nicht im Besitz des verletzenden Programms ist, bietet 475
sich ein **Testkauf** an. Ein Testkauf hilft jedoch dann nicht, wenn keine Vervielfältigungsstücke existieren, etwa weil die Raubkopie stationär auf Servern gespeichert ist, oder wenn sich aus dem Vervielfältigungsstück der Quellcode nicht ersehen lässt, der zum Beweis der Struktur der Software notwendig ist.

Regelmäßig lässt sich nicht ohne Weiteres auf den Quellcode des verletzenden Programms 476
zugreifen.[141] Der Quellcode eines kompilierten Programms kann nur durch aufwändiges **„Reverse Engineering“** ermittelt werden.[142] Sofern sich der Rechteinhaber vorprozessual einen Überblick darüber verschaffen will, ob das Programm das Urheberrecht an der eigenen Software verletzt, ist es ihm allerdings verwehrt, das Programm von Objekt- in den Quellcode zurückzuübersetzen. Die Zurückübersetzung ist nicht von den engen Ausnah-

139 Ullmann, CR 1992, 641.
140 Zur Unzulänglichkeit strafprozessualer Maßnahmen siehe auch Bork, NJW 1997, 1665, 1667.
141 Zur ausnahmsweise gegebenen Vorlagepflicht des angeblichen Verletzers bei erheblichem Verdacht einer wettbewerbswidrigen Übernahme LG Karlsruhe, BB Beilage 1991, Nr. 7.
142 Bork, NJW 1997, 1665.

metatbeständen des § 69e UrhG (Dekompilierung zu Zwecken der Interoperabilität)[143] gedeckt und daher von der Zustimmung des Anspruchsgegners, der bis zum Beweis des Gegenteils als Rechteinhaber gilt, abhängig.[144] Diese Zustimmung wird der (potenzielle) Verletzer allerdings kaum erteilen.

477 Unabhängig von diesen Problemen ist zu berücksichtigen, dass streitig ist, ob die Kosten eines Testkaufs notwendige Kosten der Rechtsverfolgung im Sinne von § 91 ZPO sind.[145] Der Mandant ist darüber aufzuklären, dass eine sichere vorprozessuale Prognose über die Erstattungsfähigkeit nicht möglich ist[146] und er unter Umständen auch im Falle des Obsiegens mit den Kosten belastet bleibt.

478 cc) **Einholung eines Privatgutachtens.** Ist der Mandant im Besitz eines Exemplars der verletzenden Software, kann es sich unter Umständen auch empfehlen, ein **Privatgutachten** zum Nachweis (bzw. zur Substantiierung)[147] der Verletzungshandlung in Auftrag zu geben, gegebenenfalls zugleich (vorsorglich) auch zur Urheberrechtsfähigkeit der verletzten Software des Mandanten. Zur Erstattung der Kosten eines Privatgutachtens siehe Rn 622.

479 dd) **Besichtigungsanspruch.** In Fällen, in denen der Testkauf oder andere Maßnahmen nicht zielführend sind, kann – neben oder anstelle eines allerdings weniger effizienten **selbständigen Beweisverfahrens**[148] – der Anspruch auf **Besichtigung** nach **§ 809 BGB** (kombiniert mit einem modifizierten Anspruch auf Sequestration nach § 883 ZPO) helfen.

480 Dieser Anspruch kann auch im **einstweiligen Verfügungsverfahren** durchgesetzt werden. Dies folgert der BGH u.a. aus Art. 43 des TRIPS-Übereinkommens (Trade-Related Aspects of Intellectual Property Rights), das ausdrücklich vorsieht, dass das Gericht dem Gegner einer in Beweisnot befindlichen Partei die Beibringung von Beweismitteln auferlegen kann, die sich in seinem Besitz befinden. Hierfür müssen nach Art. 50 des TRIPS-Übereinkommens auch einstweilige Maßnahmen vorgesehen werden.[149] Bei besonderer Eilbedürftigkeit kann die einstweilige Verfügung auch ohne Anhörung des Antragsgegners nach § 937 Abs. 2 ZPO durchgesetzt werden.[150] Eine solche besondere Eilbedürftigkeit ist bei der Durchsetzung des Besichtigungsanspruches gegeben, weil die Absicht des Antragstellers, den Verfügungsanspruch durchzusetzen, vor dem Antragsgegner geheimgehalten werden muss, um ein Löschen der verletzenden Software zu verhindern.[151]

481 Regelmäßig ist die **Besichtigung einem unabhängigen und zur Verschwiegenheit verpflichteten Sachverständigen zu übertragen**, weil eine einstweilige Verfügung grundsätzlich nur zur Sicherung und nicht zur Befriedigung des Hauptanspruchs führen darf.[152] Ob der Antragsteller die umgehende Mitteilung des Besichtigungsergebnisses an sich verlangen kann, ist streitig.[153]

482 Die Entscheidung darüber, ob die Gegenseite vor der Antragstellung zunächst aufzufordern ist, **außergerichtlich Auskunft** zu erteilen, hängt davon ab, ob dem Anspruchsinhaber eine

143 Dazu siehe Rn 383.
144 Vgl nur Junker/Benecke, Computerrecht, Rn 87, mwN.
145 Zum Streitstand vgl die Darstellung bei Zöller/Herget, ZPO, § 91 Rn 13 Stichwort „Testkauf".
146 So auch das Fazit bei Zöller/Herget, ZPO, § 91 Rn 13 Stichwort „Testkauf".
147 Das Privatgutachten kann den Sachverständigenbeweis unter Umständen entbehrlich machen, wenn es das Gericht gemäß § 286 ZPO für ausreichend hält, um die Beweisfrage zuverlässig zu beantworten (vgl BGH NJW 1982, 2874; BGH VersR 1987, 1007; Zöller/Greger, ZPO, § 402 Rn 6c).
148 Zur Unzulänglichkeit des selbständigen Beweisverfahrens in den hier behandelten Fallkonstellationen siehe Bork, NJW 1997, 1665, 1667f.
149 BGH CR 2002, 791.
150 Vgl dazu OLG München GRUR 1987, 33; Bork, NJW 1997, 1665, 1671, mwN.
151 Bork, NJW 1997, 1665, 1671.
152 1665.
153 Dafür LG Nürnberg-Fürth MMR 2004, 627; dagegen KG NJW 2001, 233 und Bork, NJW 1997, 1665, 1672.

derartige Maßnahme zumutbar ist. Da eine solche Aufforderung hier zu Vereitelungsmaßnahmen geradezu einladen würde, wird man dies verneinen können.[154] Der Anwalt sollte den Mandanten gleichwohl darauf hinweisen, dass eine negative Kostenfolge für den Fall, dass der Gegner den geltend gemachten Anspruch sofort anerkennt (§ 93 ZPO), nicht mit Gewissheit ausgeschlossen werden kann.

c) Antrag auf Besichtigung im einstweiligen Verfügungsverfahren mit Erläuterungen

Ein Antrag zur Beweissicherung durch Besichtigung der EDV-Anlage des Verletzers oder 483
einer Kopie des verletzenden Programms durch einen Sachverständigen nach §§ 809 BGB, 883 ZPO analog könnte im Falle der Zuständigkeit des Landgerichts wie folgt lauten:[155]

aa) Muster: Antrag auf Besichtigung 484

71

▶ ...

Namens und in Vollmacht der Antragstellerin beantragen wir – der Dringlichkeit des Falles wegen ohne mündliche Verhandlung und durch den Kammervorsitzenden allein – im Wege der einstweiligen Verfügung Folgendes anzuordnen:

1. Der zuständige Gerichtsvollzieher wird ermächtigt, sämtliche Personal-Computer, die sich in den Geschäftsräumen der Antragsgegnerin ... [Adresse; genaue Bezeichnung der Geschäftsräume] befinden, in Verwahrung zu nehmen und einem vom Gericht bestimmten Sachverständigen eine sofortige Besichtigung zu ermöglichen zur Feststellung, ob auf den Festplatten der Personal-Computer Kopien der Computerprogramme der Antragstellerin ... [genaue Bezeichnung des verletzten Produkts[156]] gespeichert sind.
2. Der Antragsgegnerin wird aufzugeben, ihre sämtlichen Lizenzverträge, Original-Softwarepakete, Kaufbelege und Rechnungen zu den Computerprogrammen der Antragstellerin ... [genaue Bezeichnung] dem zuständigen Gerichtsvollzieher zur vorübergehenden Verwahrung herauszugeben und es ferner zu dulden, dass der Sachverständige eine sofortige Besichtigung dieser Unterlagen vornimmt zur Feststellung, über welche Lizenzverträge, Original-Softwarepakete, Kaufbelege und Rechnungen zu den Computerprogrammen der Antragstellerin ... [genaue Bezeichnung] die Antragsgegnerin verfügt.
3. Zum gerichtlichen Sachverständigen wird ... [Name und Anschrift des vom Antragsteller bevorzugten Sachverständigen] bestellt.
4. Dem Sachverständigen wird aufgegeben, über das Ergebnis der Besichtigungen einen schriftlichen Bericht anzufertigen und dem Gericht zu übergeben.

Begründung

...

[In der Begründung muss der Anspruchsteller darlegen und glaubhaft machen,[157] dass ihm ein (Unterlassungs- oder Schadensersatz-)Anspruch nach §§ 97 Abs. 1 Satz 1 bzw. Abs. 2 Satz 1 UrhG bezüglich des zu besichtigenden Programms zusteht bzw. dies jedenfalls sehr wahrscheinlich ist. Der Anspruchsteller muss den begründeten Verdacht auf eine Urheberrechtsverletzung darlegen und die Indizien dafür glaubhaft machen. Im Weiteren sollte er vortragen, weshalb die im Antrag vorgeschlagene Vorgehensweise den Schutz der Betriebsgeheimnisse des Antragsgegners be-

154 OLG Köln NJWE-WettbR 2000, 302.
155 Der Antrag orientiert sich an der Entscheidung des LG Nürnberg-Fürth, MMR 2004, 627; vgl auch GF-ZPO/Pukall, § 883 Rn 1.
156 Zur genauen Bezeichnung des Produktes siehe Rn 536 ff.
157 Zu den Mitteln der Glaubhaftmachung vgl Rn 516 ff.

rücksichtigt und dass die Maßnahme das mildeste erforderliche Mittel ist. Er muss ferner vortragen und glaubhaft machen, dass die Besichtigung daher für ihn von Interesse ist (§ 809 BGB). Er sollte auch darlegen, dass andere Untersuchungsmaßnahmen nicht ausreichend sind und das Eilverfahren geboten ist, weil etwa der Verstoß andauert und auf die Software des Verletzers nicht zugegriffen werden kann. Schließlich muss der Antragsteller Gründe vortragen, weshalb die Besichtigung nicht an dem Ort erfolgen soll, an dem sich die zu besichtigende Sache befindet (§ 811 Abs. 1 Satz 2 BGB). Schließlich sollte der Antragssteller einen Vorschlag zur vorläufigen Berechnung des Gegenstandswertes unterbreiten.[158]]

...

Rechtsanwalt ◀

485 **bb) Erläuterungen. (1) Antragsfassung.** In den Anträgen ist das **Besichtigungsobjekt** genau zu bezeichnen.[159] Wie genau die **Tätigkeit des Sachverständigen** zu beschreiben ist, wird vom Einzelfall und der jeweiligen Interessenlage abhängen. Die vom Sachverständigen einzugebenden Standardbefehlsfolgen im Falle vermuteter Raubkopien können zum Gegenstand des Antrags gemacht werden:

486 ▶ **Muster: Antragsfassung bei vermuteter Raubkopie (Anweisung an Sachverständigen)**

72

In diesem Zusammenhang wird dem Sachverständigen gestattet, jeweils mit Hilfe des Befehls „DIR/*, exe/s/p" im DOS-Modus (DOS-Fenster) Einsicht in das Inhaltsverzeichnis der ausführenden Programmdateien zu nehmen sowie jeweils mit Hilfe des Befehls „DIR/*.Ink/s" Einsicht in das Inhaltsverzeichnis der Link-Dateien zu nehmen.[160] ◀

487 Zwingende Voraussetzung ist allerdings nicht, dass dem Sachverständigen stets alle Befehlseingaben vorgeschrieben werden, die dieser durchführen muss, um zu dem gewünschten Besichtigungsergebnis zu gelangen. Zwar wird dies teilweise vertreten,[161] allerdings kann dem nicht gefolgt werden, weil dann, wenn die vorgeschriebenen Befehle nicht „passen" sollten, weil die Anlage anders aufgebaut ist als vom Antragsteller angenommen, die einstweilige Verfügung nicht vollzogen werden könnte.[162]

488 Zum **Antrag zu 3.** ist anzumerken, dass es sich lediglich um einen Vorschlag an das Gericht handelt; die Auswahl des Sachverständigen trifft das Gericht selbst (§§ 492 Abs. 1, 404 ZPO).

489 In dem Muster ist davon abgesehen worden, die Mitteilung des Besichtigungsergebnisses auch an die Antragstellerin aufzunehmen, weil die wohl herrschende Meinung darin eine unzulässige Vorwegnahme der Hauptsache sieht.[163]

490 **(2) Vollziehung.** Die **Vollziehung der Verfügung** erfolgt analog § 883 ZPO durch den Gerichtsvollzieher und mit Hilfe eines Sachverständigen. Der Gerichtsvollzieher verwehrt dem Antragsgegner vorübergehend den Zugriff auf die EDV-Anlage und auf lose Datenträger; die Vollstreckung geschieht also **analog § 883 ZPO.** Der Sachverständige sichert sodann die entsprechenden Dateien und Unterlagen.[164]

158 Vgl insoweit Rn 540.
159 Bork, NJW 1997, 1665.
160 Vgl KG NJW 2001, 233.
161 Koch, Zivilprozeßpraxis in EDV-Sachen S. 211.
162 Redeker, in: Bartsch, Softwareüberlassung und Zivilprozess, (1991), S. 113.
163 KG NJW 2001, 233, Bork, NJW 1997, 1665, 1671, dort auch zur – im Muster mit dem Antrag zu 4. erfassten – Verpflichtung des Sachverständigen, sein Gutachten beim Gericht zu hinterlegen. AA LG Nürnberg-Fürth MMR 2004, 627.
164 Bork, NJW 1997, 1665.

Die in der Literatur diskutierte Frage, ob es einer Durchsuchungsanordnung gemäß § 758 a ZPO bedarf, stellt sich nach dem Dafürhalten der Verfasser nicht, weil in der Stellung des Verfügungsantrages auf Besichtigung zugleich ein entsprechender konkludenter Antrag nach § 758 a ZPO enthalten ist. Allerdings kann ein solcher Antrag zur Klarstellung zusätzlich gestellt werden.[165] 491

(3) **Kosten der Verwahrung und Besichtigung.** Die **Kosten** der Inbesitznahme und Übergabe an den Sachverständigen können gemäß § 788 ZPO als Kosten der Zwangsvollstreckung festgesetzt werden. Dies gilt allerdings nicht für die Kosten außerhalb der Zwangsvollstreckung, insbesondere die Kosten der Verwahrung durch den Sachverständigen.[166] Auch die Besichtigungs- und Begutachtungskosten sind weder Prozess- noch Vollstreckungskosten, sondern vielmehr (zunächst) vom Verletzten zu tragen[167] und von ihm gegebenenfalls im Wege des Schadensersatzes gemäß § 97 Abs. 2 UrhG geltend zu machen.[168] 492

(4) **Gegenstandswert des Besichtigungsanspruchs.** Der Besichtigungsanspruch bereitet die Durchsetzung der Ansprüche im Hauptsacheverfahren erst vor. Sein Wert macht daher – ebenso wie beim Auskunftsanspruch – nur einen Bruchteil des Gegenstandswertes des Hauptsacheverfahrens aus. Das für die Bestimmung des Wertes maßgebliche Interesse am Besichtigungsanspruch besteht in der Regel darin, dass sich der Antragsteller den Aufwand spart, selbst Nachforschungen anzustellen.[169] 493

6. Möglichkeiten einer einvernehmlichen Regelung

Sind die durch die Darlegung- und Beweislast gesetzten Hürden zu hoch, was außerhalb der Software-Piraterie-Fälle nicht selten ist, verbleibt die Möglichkeit, sich mit dem vermeintlichen Verletzer gütlich zu einigen und einen Lizenzvertrag über die vermeintlich verletzende Software abzuschließen. 494

7. Abmahnung, außergerichtliche Aufforderung zur Auskunftserteilung

Sofern dies nicht im Einzelfall wegen des offensichtlichen Vorliegens eines Falls der Softwarepiraterie entbehrlich ist,[170] soll der Verletzte den Verletzer vor Einleitung eines gerichtlichen Verfahrens gem. § 97 a Abs. 1 Satz 1 UrhG auf Unterlassung abmahnen und ihm Gelegenheit geben, den Streit durch Abgabe einer mit einer angemessenen Vertragsstrafe bewehrten Unterlassungsverpflichtung beizulegen. Soweit die Abmahnung berechtigt ist, kann der Ersatz der erforderlichen Aufwendungen verlangt werden (§ 97 a Abs. 1 Satz 2 UrhG), wobei sich der Ersatz der erforderlichen Aufwendungen für die Inanspruchnahme anwaltlicher Dienstleistungen für die erstmalige Abmahnung in einfach gelagerten Fällen mit einer nur unerheblichen Rechtsverletzung außerhalb des geschäftlichen Verkehrs auf 100 Euro beschränkt (§ 97 Abs. 2 UrhG). Diese Abmahnung folgt den oben unter Rn 193 ff dargestellten Regeln. 495

Gibt der Anspruchsgegner die mit der Abmahnung geforderte (ernstliche) strafbewehrte Unterlassungsverpflichtungserklärung ab, wird dadurch die Begehungsgefahr (regelmäßig 496

165 Dies empfiehlt Bork, NJW 1997, 1665, 1672.
166 Zöller/Vollkommer, ZPO, § 938 Rn 9.
167 OLG München GRUR 1987, 33.
168 Palandt/Sprau § 811 Rn 2; OLG München GRUR 1987, 33.
169 BGH KoRsp ZPO § 3 Nr. 613, mit Anmerkungen Schneider zum Rechnungslegungsanspruch.
170 Zur Erforderlichkeit der Abmahnung unter Rn 200.

in Form der Wiederholungsgefahr) beseitigt und so einem Unterlassungsanspruch des Verletzten die Grundlage entzogen.[171]

497 Verfolgt der Antragsteller einen Auskunftsanspruch, ist dem Auskunftsschuldner zur Vermeidung der Kostenfolge des § 93 ZPO in gleicher Weise zunächst Gelegenheit zur **außergerichtlichen Auskunftserteilung** zu geben.[172]

IV. Vorprozessuale Reaktion auf den Vorwurf der Verletzung von Rechten an Computerprogrammen und ihren Elementen

1. Ausgangslage

498 Hat der mögliche Rechteinhaber den potenziellen Verletzer abgemahnt und die Unterzeichnung einer **Unterlassungsverpflichtungserklärung** gefordert, hat der Anwalt des Abgemahnten zu prüfen, ob der geltend gemachte Unterlassungsanspruch begründet ist. Die Ansprüche können haltlos sein oder zu weit gehen.

2. Mögliche Verteidigungsmittel gegen geltend gemachte Ansprüche

a) Prüfung der Tatsachen- und Rechtslage

499 Der Anwalt des Anspruchsgegners hat zu klären, ob die Behauptungen der Gegenseite zum Sachverhalt und deren rechtliche Beurteilung zutreffen. Insbesondere wird er folgende Fragen zu beantworten haben:

- Ist der Anspruchsteller tatsächlich Inhaber des von ihm angeführten Urheber- oder Markenrechts?
  Diese Frage wird beim Urheberrecht in der Regel außer in den Fällen, in denen der Anspruchsgegner sicher sein kann, dass er ein gänzlich selbst entwickeltes Programm nutzt, schwer zu beantworten sein. Macht der Anspruchsteller Markenrechte geltend, gilt das unter Rn 230 f Gesagte. Auf der Beklagtenseite sollte man bei der behaupteten Verletzung von in Entwicklergemeinschaften erstellter Open-Source-Software vorsorglich stets die Aktivlegitimation des Klägers bestreiten.
- Ist das angeblich verletzte Programm des Rechteinhabers urheberrechtlich geschützt? Dazu unter Rn 374 ff.
- Liegt überhaupt eine zustimmungsbedürftige Nutzungshandlung durch den Mandanten vor oder ist die Handlung des Mandanten zustimmungsfrei, weil zB das Recht, die Verbreitung zu verbieten, erschöpft ist? Dazu unter Rn 382 ff.
- Nutzt der Mandant das streitbefangene Programm ohne Zustimmung des Anspruchstellers oder existieren Lizenzvereinbarungen, an die sich der Anspruchsteller nicht gebunden sieht?
- Streiten sonstige Gründe gegen einen Unterlassungs- oder Beseitigungsanspruch?

b) Abwendungsbefugnis

500 Der Anwalt sollte frühzeitig erwägen, ob der Mandant im späteren Prozess die Möglichkeit hat, den Unterlassungsanspruch nach **§ 97 UrhG** abzuwenden.

501 Richten sich im Falle der Verletzung eines durch das UrhG geschützten Rechts die Ansprüche des Verletzten auf Beseitigung oder Unterlassung gegen den Mandanten, dem weder

171 Vgl hierzu Nordemann, Wettbewerbsrecht/Markenrecht, Rn 1862; sowie unter Rn 194.
172 Eichmann, GRUR 1990, 575; Dreier/Schulze, UrhG, § 97 Rn 14.

Vorsatz noch Fahrlässigkeit zur Last fällt, so kann dieser den Anspruchsteller zur Abwendung der Ansprüche in Geld entschädigen.

Dies gilt allerdings nur, wenn dem Verletzer durch die Erfüllung der Ansprüche ein unverhältnismäßig großer Schaden entstehen würde und dem Verletzten die Abfindung in Geld zuzumuten ist. Als Entschädigung ist dann der Betrag zu zahlen, der im Falle einer vertraglichen Einräumung des Rechts als Vergütung angemessen gewesen wäre. 502

Mit der Zahlung der Entschädigung gilt die Einwilligung des Verletzten zur Verwertung im üblichen Umfang als erteilt. 503

c) Reaktion auf Abmahnung bzw. auf außergerichtliche Aufforderung zur Auskunftserteilung

Abhängig vom Ergebnis der vorstehend skizzierten Prüfung kommen die unterschiedlichen unter Rn 234 ff dargestellten Reaktionen auf die Abmahnung in Betracht, sei es, dass der Anwalt der Abmahnung inhaltlich entgegentritt, oder (lediglich) formelle Einwände gegen die Abmahnung geltend macht. 504

Sind weder materielle noch formelle Einwände möglich, wird dem Mandanten in der Regel geraten werden müssen, die geforderte Unterlassungsverpflichtungserklärung abzugeben.[173] 505

B. Prozess

I. Antrag auf Erlass einer einstweiligen Verfügung

1. Reichweite des einstweiligen Rechtsschutzes

Gibt der Abgemahnte die **Unterlassungsverpflichtungserklärung**[174] nicht ab und/oder weigert er sich, der Aufforderung zur Erteilung von Auskunft nachzukommen, wird es sich – weil nur auf diesem Wege die Rechte des Mandanten zügig im Wege einer Unterlassungsverfügung (und ggf eines Auskunftsgebots) gesichert werden können – empfehlen, einen Antrag auf **Erlass einer einstweiligen Verfügung** zu stellen. 506

Der Anwalt muss für seinen Mandanten die Entscheidung treffen, ob er zunächst nur das **Verfahren des einstweiligen Rechtsschutzes** wählt **oder** ob er sofort (gegebenenfalls parallel) eine **Hauptsacheklage** anhängig macht. 507

Zu den Vor- und Nachteilen des Verfügungsverfahrens siehe Rn 255 ff und 511 ff. Ein Muster eines Antrags auf Erlass einer einstweiligen Verfügung findet sich unter Rn 263 ff. 508

Geltend gemacht werden können im Eilverfahren nur solche Ansprüche, die die Hauptsache nicht vorweg nehmen, Rn 255 ff, also in erster Linie der Unterlassungsanspruch. Liegen die unter Rn 479 ff aufgezeigten Voraussetzungen vor, kann der Besichtigungsanspruch und unter den Voraussetzungen des § 101 Abs. 3 UrhG auch der Anspruch auf **Auskunft hinsichtlich Dritter** im Verfügungsverfahren durchgesetzt werden.[175] Auskunftsansprüche werden von den Gerichten in Eilverfahren immer häufiger zugesprochen.[176] § 101 Abs. 7 UrhG fordert hierfür eine **offensichtliche Rechtsverletzung.** Offensichtlich ist die Rechtsverletzung dann, wenn sie so eindeutig ist, dass eine Fehlentscheidung (oder eine andere Beurteilung im Rahmen des richterlichen Ermessens) und damit eine ungerechtfertigte Be- 509

173 Siehe dazu unter Rn 239 ff.
174 Hierzu siehe Rn 205 ff.
175 Zum Auskunftsanspruch im Eilverfahren Eichmann, GRUR 1990, 575.
176 Dreier/Schulze, UrhG, § 97 Rn 17.

lastung des Antragsgegners kaum möglich ist.[177] Dies ist in der Regel nur in den Fällen der „Eins-zu-Eins-Verletzung“ der Fall. Die Offensichtlichkeit der Rechtsverletzung ist nach Ansicht des Kammergerichts aus der Sicht des Verletzers zu beurteilen.[178] Demgegenüber fordert die herrschende Ansicht in der Literatur eine **objektive Beurteilung.**[179]

510 Der Anspruch auf ergänzende **Abgabe einer eidesstattlichen Versicherung** ist wegen der Beweisprobleme nur schwer durchzusetzen. Sofern die Zweifel nicht für die Begründung eines derartigen Anspruchs genügen, wird man dem Mandanten allenfalls zur strafrechtlichen Verfolgung einer falschen Auskunft raten können.[180]

2. Grenzen des einstweiligen Verfügungsverfahrens

a) Darlegungsfragen

511 Eine einstweilige Verfügung kann dann nicht ergehen, wenn das Gericht eine besonders komplexe Sach- und Rechtslage mit den beschränkten Mitteln des Verfügungsverfahrens nicht beurteilen kann und die begehrte Verfügung eine erhebliche Einschränkung des Anspruchsgegners, etwa ein umfangreiches Vertriebsverbot, bedeuten würde.[181] Daher tendieren Gerichte – mit Blick auf die drohende Schadensersatzpflicht des § 945 ZPO (dazu siehe Rn 262) des Antragstellers durchaus nicht immer zu dessen Nachteil – dazu, die Anforderungen an die Darlegung besonders hoch anzusetzen.

512 Zwar bestehen die teilweise erheblichen Schwierigkeiten im Hinblick auf die Darlegung und den Beweis einer eigenschöpferischen Leistung und deren Nachahmung, die vor Schaffung der §§ 69 a ff UrhG die Durchsetzung von urheberechtlichen Verfahren im Eilverfahren nahezu unmöglich machten, aufgrund der in Rechtsprechung und Literatur anerkannten **tatsächlichen Vermutung der Schutzfähigkeit** heute weitgehend nicht mehr.[182] Der Nachweis der Nachahmung ist im einstweiligen Rechtschutz bei **„Eins-zu-Eins-Nachahmungen“** (insbesondere den Fällen der Produktpiraterie) unter zumutbarem Aufwand zu erlangen.[183] Für andere rechtsverletzende Nachahmungen hingegen bleibt der einstweilige Rechtsschutz regelmäßig ungeeignet, da diese zumeist ein ausführliches **Sachverständigengutachten** erfordern.[184] Zur Einführung von Privatgutachten näher unter Rn 516.

b) Dringlichkeit

513 Zu beachten ist schließlich auch hier – ebenso wie im Wettbewerbs- und Markenrecht –, dass die Geltendmachung einstweiligen Rechtsschutzes möglichst umgehend nach der Feststellung der Verletzungshandlung erfolgen muss. Andernfalls läuft man Gefahr, die für den einstweiligen Rechtsschutz erforderliche Dringlichkeit zu verlieren.[185] Unschädlich ist es allerdings, wenn der Sachverhalt zunächst – gegebenenfalls durch Hinzuziehung eines Sachverständigen – aufgeklärt wird und dies einige Zeit in Anspruch nimmt.[186] Zu der Zeitspanne, die zwischen Kenntniserlangung und Stellung des Verfügungsantrags maximal liegen sollte, siehe Rn 260.

177 KG GRUR 1997, 129; OLG Braunschweig GRUR 1993, 699.
178 KG GRUR 1997, 129.
179 Dreier/Schulze, UrhG, § 97 Rn 14.
180 Dreier/Schulze, UrhG, § 97 Rn 19.
181 OLG Celle CR 1994, 748.
182 LG Hannover CR 1994, 626.
183 Grützmacher, in: Wandtke/Bullinger, UrhR, § 69 c Rn 11.
184 OLG Celle CR 1994, 748; Grützmacher, in: Wandtke/Bullinger, UrhR, § 69 c Rn 18.
185 OLG Celle GRUR 1998, 50.
186 Kefferpütz, in: Wandtke/Bullinger, UrhR (2002), Vor § 97 Rn 105.

3. Sonstige Fragen zum Antrag auf Erlass einer einstweiligen Verfügung

a) Zuständigkeit des angerufenen Gerichts

Der Gerichtsstand im einstweiligen Verfügungsverfahren folgt gemäß § 937 Abs. 1 BGB 514 dem Gerichtsstand der Hauptsache (§ 943 ZPO). Näher zur Zuständigkeit des angerufenen Gerichts im Eilverfahren unter Rn 264.

b) Anträge

Für die Antragsfassung im Eilverfahren gilt das oben unter Rn 271 ff Gesagte. Zwar ist das 515 Gericht nicht an den Antrag gebunden, der Antrag bezeichnet aber den Rahmen, in dem das Gericht seine Entscheidung treffen muss. Zu den Anträgen auf Unterlassung und Auskunft siehe im Einzelnen die Erläuterungen zum Hauptverfahren in Rn 533 ff.

c) Glaubhaftmachung

Zur Glaubhaftmachung (§§ 294, 920 Abs. 2, 936 ZPO) kann die Vorlage von **Privatgut-** 516 **achten** ausreichen.[187] Diese müssen aber aus sich heraus verständlich sein. Gelingt es nicht, das Gericht auf dieser Grundlage zu überzeugen, weil es die Rechtslage mit den beschränkten Mitteln des Verfügungsverfahrens nicht beurteilen kann, wird der Antrag zurück- bzw. abgewiesen werden.

Bei einem Auskunftsanspruch nach § 101 (101 a) UrhG sind die Umstände, aus denen sich 517 die Offensichtlichkeit der Rechtsverletzung ergibt, glaubhaft zu machen.[188]

d) Gegenstandswert

Vor den ordentlichen Gerichten fallen Kosten streitwertabhängig nach dem GKG an. Näher 518 dazu unter Rn 277 ff. Grundsätzlich bleibt der Streitwert des einstweiligen Verfügungsverfahrens unter dem des Hauptsacheverfahrens (zum Wert des Hauptsacheverfahrens siehe Rn 540).[189] Die Rechtsprechung tendiert allerdings teilweise bis zum Hauptsachewert, insbesondere wenn die Verfügung der Verwirklichung des Hauptsachebegehrens nahekommt.[190]

e) Gerichtskosten, Anwaltsgebühren und Kostenerstattung

Zu Gerichtskosten, den im Eilverfahren anfallenden Anwaltsgebühren und den Möglich- 519 keiten der Kostenerstattung im einstweiligen Verfügungsverfahren siehe Rn 284.

f) Zurückweisung des Antrags

Weist das Gericht den Verfügungsantrag im Beschlusswege zurück, kann der Antragsteller 520 dagegen die sofortige Beschwerde nach § 567 ZPO einlegen. Zu den Einzelheiten Rn 286 ff.

g) Vollziehung und Vollstreckung der einstweiligen Verfügung

Die unter Rn 290 ff gemachten Ausführungen zur „Anwaltsfalle" Vollziehung (§§ 929 521 Abs. 2, 936 ZPO) gelten selbstverständlich auch für einstweilige Verfügungen im Urheberrecht. Die Vollstreckung des Unterlassungsgebots erfolgt nach **§ 890 ZPO.** Die Vollstreckung des Auskunftsanspruchs erfolgt nach **§ 888 ZPO** (oder ausnahmsweise nach **§ 887 ZPO** im Wege der Ersatzvornahme).

187 Zöller/Geimer/Greger, ZPO, § 294 Rn 5.
188 Dreier/Schulze, UrhG, § 97 Rn 46.
189 Zöller/Herget, ZPO, § 3 Rn 16 Stichwort „Einstweilige Verfügung"; siehe dazu näher unter Rn 277.
190 OLG Frankfurt MDR 1991, 354; Zöller/Herget, ZPO, § 3 Rn 16 Stichwort „Einstweilige Verfügung".

II. Prozessuale Instrumente des (vermeintlichen) Verletzers im einstweiligen Verfügungsverfahren

1. Schutzschrift

522 Sofern der Mandant die Abmahnung für unberechtigt hält und er dem Erlass einer einstweiligen Unterlassungsverfügung zuvorkommen will, kann er eine sog. **Schutzschrift** einreichen, um sich schon in einem etwaigen Beschlussverfahren rechtliches Gehör zu verschaffen. Ein Muster einer Schutzschrift mit Erläuterungen findet sich unter Rn 295.

2. Reaktion auf erlassene einstweilige Verfügung

523 Wie auf eine erlassene einstweilige Verfügung reagiert wird, ist davon abhängig, ob der Mandant sich nach Beratung über die Erfolgsaussichten entschließt, die Verfügung anzugreifen, oder aber sie zu akzeptieren. Sofern der vermeintliche Verletzer eine einstweilige Verfügung nicht hinnehmen will, steht ihm **gegen Beschlussverfügungen** der **Widerspruch** (**§§ 924, 936 ZPO**) nach den allgemeinen Regeln zu.[191] Besonderheiten bestehen im Schutzrechtsprozess nicht. **Gegen eine nach mündlicher Verhandlung erlassene** (**oder bestätigte**) **Verfügung** ist die **Berufung** (**§§ 511 ff BGB**) nach den allgemeinen Regeln eröffnet. Ferner besteht die Möglichkeit, einen Antrag auf Aufhebung der einstweiligen Verfügung **bei Vorliegen veränderter Umstände** (**§ 927 Abs. 1 ZPO**) oder bei **Nichteinhaltung der Klagefrist** (**§ 926 Abs. 2 ZPO**) zu stellen.[192] Nach herrschender Meinung **kann der Antragsgegner** zwischen den ihm eröffneten Rechtsmitteln **wählen.**[193]

524 Sofern der Abgemahnte hingegen die einstweilige Verfügung gegen sich gelten lassen will, sollte ihm der Anwalt raten, eine sog. **Abschlusserklärung**[194] abzugeben. In derartigen Fällen ist, wenn Zweifel an einer wirksamen Abmahnung bestehen, **anstelle** der **Abschlusserklärung** auch an die Möglichkeit eines **Kostenwiderspruchs** zu denken. Näher dazu unter Rn 323.

III. Hauptsacheverfahren

1. Situation nach Erlass der einstweiligen Verfügung und vor Erhebung der Hauptsacheklage

a) Erfordernis eines Abschlussschreibens

525 Im Falle eines Obsiegens des Anspruchstellers besteht die Möglichkeit, – jedenfalls soweit Unterlassungsansprüche betroffen sind – den Unterlegenen durch ein **Abschlussschreiben** zur Abgabe einer **Abschlusserklärung** aufzufordern, **mit der der Unterlegene die im Verfügungsverfahren getroffenen Regelungen als rechtsverbindlich anerkennt.**[195] Zu den Einzelheiten siehe oben unter Rn 348 f.

b) Abschlussschreiben

526 Zu der Person des Adressaten und zum Inhalt des Abschlussschreibens, den Frist-, Gegenstandswert- und Gebührenfragen siehe Rn 353 ff.

---

191 Zum Muster eines Widerspruchs mit Erläuterungen siehe Rn 311.
192 Dazu unter Rn 331 ff.
193 Zöller/Vollkommer, ZPO, § 924 Rn 2, mwN.
194 Dazu unter Rn 352.
195 Ausführlich zur Abschlusserklärung und zum Abschlussschreiben oben unter Rn 348 ff.

2. Erkenntnisverfahren nach Klageerhebung

Im Hauptsacheverfahren kommen als Klagearten die Leistungsklage – insbesondere in Form der Unterlassungsklage, Zahlungsklage, Klage auf Vernichtung oder Auskunft über Art und Ausmaß der Verletzungshandlung – und die Feststellungsklage in Betracht. 527

Auskunfts- und Leistungsklage können miteinander im Wege der Stufenklage verbunden werden, wenn noch nicht klar ist, in welcher Höhe der Verletzer Schadensersatz schuldet. 528

3. Muster eines Klageantrags auf Unterlassung, Auskunft und Schadensersatz mit Erläuterungen

a) Muster: Klageantrag auf Unterlassung, Auskunft und Schadensersatz mit Erläuterungen 529

73

▶ Landgericht ■■■

vorab per Fax

Stufenklage

der KUMMERTECH Electronic GmbH, ■■■

vertreten durch ihren Geschäftsführer ■■■

Klägerin

Prozessbevollmächtigte: ■■■

gegen

Shadyconsult GmbH, ■■■

vertreten durch ihren Geschäftsführer ■■■

Beklagte

wegen: Urheberrechtsverletzung

Streitwert: EUR 50.000,00

Namens und in Vollmacht der Klägerin erheben wir Stufenklage und bitten um Anberaumung eines Termins zur mündlichen Verhandlung, in der wir die folgenden Anträge stellen werden:

1. Die Beklagte wird verurteilt, es bei Vermeidung eines vom Gericht für jeden Fall der Zuwiderhandlung fälligen Ordnungsgeldes bis zu EUR 250.000,00, ersatzweise Ordnungshaft oder Ordnungshaft von bis zu sechs Monaten, diese zu vollziehen am Geschäftsführer der Beklagten, zu unterlassen, ohne die Einwilligung der Klägerin das Computerprogramm der Klägerin KUMMERTECH SOFTLAW READER V.2.0 – wie auf dem als Anlage 1 zur Klageschrift beigefügten Datenträger gespeichert – zu vervielfältigen und/oder zu verbreiten oder sonst in den Verkehr zu bringen.
2. Die Beklagte zu verurteilen, der Klägerin schriftlich Auskunft zu erteilen über Zeitpunkte und Umfang der im Antrag zu 1. bezeichneten Handlungen bis zum Zeitpunkt der letzten mündlichen Verhandlung, und zwar in einem geordneten Verzeichnis unter Angabe der Anzahl der verkauften Vervielfältigungsstücke des Computerprogramms KUMMERTECH SOFTLAW READER V.2.0, der einzelnen Lieferungen sowie der jeweiligen Verkaufspreise unter Vorlage der korrespondierenden Rechnungen und Lieferscheine der Beklagten an ihre gewerblichen Abnehmer.
3. Die Beklagte wird verurteilt, der Klägerin Auskunft zu erteilen über Namen und Anschriften der gewerblichen Abnehmer der Vervielfältigungsstücke des in den Anträgen zu 1. und 2. genannten Computerprogramms.
4. Die Beklagte wird verurteilt, der Klägerin den nach der Erteilung der gemäß den Klageanträgen zu 2. und 3. geschuldeten Auskunft noch zu bestimmenden Schaden zu ersetzen, der

ihr durch die vorstehend im Antrag zu 1. bezeichneten Handlungen entstanden ist, hilfsweise der Klägerin die ungerechtfertigte Bereicherung zu ersetzen, wie sie sich anhand der Auskunft gemäß den Anträgen zu 2. und 3. ergibt, jeweils nebst Zinsen in Höhe von 5 Prozentpunkten über dem Basiszinssatz aus diesem Betrag seit Rechtshängigkeit.

5. Es wird festgestellt, dass die Beklagte verpflichtet ist, der Klägerin allen künftigen Schaden zu ersetzen, der ihr durch die vorstehend im Antrag zu 1. bezeichneten Handlungen noch entstehen wird.
6. Die Beklagte wird verurteilt, die Vervielfältigungsstücke des in den Klageanträgen zu 1. und 2. genannten Computerprogramms einem von der Klägerin zu beauftragenden Gerichtsvollzieher zum Zwecke der auf Kosten der Beklagten vorzunehmenden Vernichtung herauszugeben.
7. Die Beklagte wird verurteilt, an die Klägerin EUR 195,60 nebst Zinsen in Höhe von 5 Prozentpunkten über dem Basiszinssatz seit Rechtshängigkeit zu zahlen.

Sollte das Gericht ein schriftliches Vorverfahren gemäß § 276 ZPO anordnen, beantragen wir bereits jetzt für den Fall, dass sich die Beklagte nicht innerhalb der Notfrist des § 276 ZPO äußert, den Erlass eines Versäumnisurteils gemäß § 331 Abs. 3 ZPO.

Begründung

...

[In der Begründung muss die Klägerin darlegen und unter Beweis stellen, dass sie einen Unterlassungs- oder Schadensersatzanspruch nach § 97 Abs. 1 Satz 1 bzw. Abs. 2 Satz 1 UrhG bezüglich des verletzten Programms hat. Die Klägerin muss die Verletzung ihres Urheberrechts darlegen und dafür Beweis anbieten, insbesondere muss sie erläutern, weshalb das Programm KUMMERTECH SOFTLAW READER V.2.0 urheberrechtsfähig ist. In der Begründung muss zudem dargelegt werden, dass die Auskunft- und Rechnungslegungsansprüche erforderlich sind, weil die Klägerin über die begehrten Informationen nicht verfügt, sie aber benötigt, um entweder den Schadensersatz oder – hilfsweise für den Fall, dass das Gericht ein Verschulden und damit einen Schadensersatzanspruch verneint – den Anspruch auf Erstattung der ungerechtfertigten Bereicherung (§§ 102 a UrhG, 812 BGB) zu begründen. Auch muss die Notwendigkeit der Vernichtung der verletzenden Software begründet werden. Schließlich sollte die Klägerin ihren Vorschlag zur vorläufigen Berechnung des Gegenstandswertes erläutern.] ◄

b) Erläuterungen

530 aa) **Rechtsweg und Zuständigkeit des angerufenen Gerichts.** Gemäß § 104 UrhG ist für alle Rechtsstreitigkeiten, in denen ein Anspruch aus einem der im UrhG geregelten Rechtsverhältnisse geltend gemacht wird, **der ordentliche Rechtsweg** eröffnet. Für Urheberrechtsstreitsachen aus **Arbeits- oder Dienstverhältnissen**, die ausschließlich Ansprüche auf Leistung einer vereinbarten Vergütung zum Gegenstand haben, bleiben der Rechtsweg zu den Gerichten für Arbeitsrechtsstreitigkeiten und der Verwaltungsrechtsweg unberührt (§ 104 Satz 2 UrhG).

531 **Besondere funktionale Zuständigkeit.** Nach § 105 Abs. 1 und Abs. 2 UrhG sind die Landesregierungen ermächtigt, durch Rechtsverordnung Urheberrechtsstreitsachen, für die das Landgericht in erster Instanz oder in der Berufungsinstanz zuständig ist, für die Bezirke mehrerer Landgerichte einem von diesen zuzuweisen. Entsprechendes gilt für die Zuwei-

sung an Amtsgerichte. Von dieser Ermächtigung haben die Landesregierungen der meisten Bundesländer Gebrauch gemacht.[196]

Die **sachliche Zuständigkeit** des Landgerichts ergibt sich aus §§ 23, 71 GVG. Die Werte mehrerer Streitgegenstände (Unterlassungsanspruch und der Wert der im Stufenverhältnis zueinander stehenden Anträge 2., 3. und 4. sowie die übrigen Anträge 5. bis 7. werden gemäß § 39 GKG zusammengerechnet.[197] 532

bb) Anträge. (1) Antrag auf Unterlassung. Im Hauptsacheverfahren kann im Gegensatz zum Eilverfahren die endgültige Durchsetzung der Unterlassungsansprüche verlangt werden. Zum Inhalt des Unterlassungsanspruchs siehe oben unter Rn 441 ff. Der Antrag auf Unterlassung muss hinreichend bestimmt gefasst sein (§ 253 Abs. 2 Nr. 2 ZPO).[198] Der Antrag muss die konkrete Verletzungsform beschreiben.[199] Der Antrag darf allerdings auch nicht zu eng gefasst werden, weil sonst das Rechtsschutzziel nicht ausgeschöpft wird und der Beklagte das Urteil unter Umständen leicht umgehen kann. 533

Bei drohender Erstbegehung sind die zu erwartenden Handlungen nach Inhalt und Ausmaß zu beschreiben. Droht bei eingetretener Verletzung nicht nur die Wiederholung der begangenen Verletzungsform, sondern auch davon abweichender Verletzungsformen, so kann der Unterlassungsantrag entsprechend weiter gefasst werden und in Ausnahmefällen auch auf Unterlassung der rechtswidrigen Nutzung als solcher gehen.[200] 534

Ein **pauschaler Antrag**, es zu unterlassen, den Programmcode abzuändern oder in diesen einzugreifen, wäre zu unbestimmt, weil er nicht die konkrete Verletzungshandlung bezeichnen, sondern lediglich den Gesetzestext von § 69 c Nr. 2 UrhG wiederholen würde. Ein solcher Antrag ist unzulässig, da er die Bestimmung der konkreten Verletzungshandlung ins Vollstreckungsverfahren verlagert.[201] 535

Zur **Bezeichnung des verletzenden Programms**: Das Programm, in dem sich die Verletzungshandlung manifestiert (hier eine **„Eins-zu-Eins-Kopie“**), ist im Antrag so genau wie möglich zu bezeichnen; die Anforderungen sind hoch. Der Unterlassungsantrag muss ohne 536

196 Baden-Württemberg hat den OLG-Bezirk Karlsruhe dem LG Mannheim, den OLG-Bezirk Stuttgart dem LG Stuttgart zugewiesen; Bayern hat den OLG-Bezirk München dem LG München I, die OLG-Bezirke Nürnberg und Bamberg dem LG Nürnberg-Fürth zugewiesen, alle Gerichtsbezirke dem AG München; Berlin hat die Amtsgerichtszuständigkeiten dem AG Charlottenburg zugewiesen; in Brandenburg ist das LG Potsdam für alle Gerichtsbezirke zuständig; in Hamburg das AG Hamburg für alle Amtsgerichtsbezirke; in Hessen sind AG/LG Frankfurt für die LG-Bezirke Darmstadt, Frankfurt, Lahn-Gießen, Hanau, Limburg a.d. Lahn und Wiesbaden, AG/LG Kassel für die LG Bezirke Fulda, Kassel und Marburg zuständig; in Mecklenburg-Vorpommern sind AG/LG Rostock für das gesamte Land zuständig; in Niedersachsen sind AG/LG Hannover für den OLG-Bezirk Celle, AG/LG Braunschweig für den OLG-Bezirk Braunschweig, AG/LG Oldenburg für den OLG-Bezirk Oldenburg zuständig; in Nordrhein-Westfalen sind AG/LG Düsseldorf für den OLG-Bezirk Düsseldorf; AG/LG Köln für den OLG-Bezirk Köln; AG/LG Bielefeld für die LG-Bezirke Bielefeld, Detmold, Münster, Paderborn; AG/LG Bochum für die LG-Bezirke Arnsberg, Bochum, Dortmund, Essen, Hagen und Siegen zuständig; in Rheinland-Pfalz ist das LG Frankenthal landesweit zuständig; sofern die Zuständigkeit des AG gegeben ist, ist das AG Frankenthal für den OLG-Bezirk Zweibrücken und das AG Koblenz für den OLG-Bezirk Koblenz zuständig; in Sachsen haben AG/LG Leipzig landesweite Zuständigkeit; in Sachsen-Anhalt sind die LG-Bezirke Magdeburg und Stendal dem AG bzw. dem LG Magdeburg zugewiesen, und AG/LG Halle für die LG-Bezirke Halle und Dessau; in Thüringen haben AG/LG Erfurt landesweite Zuständigkeit.

197 Laut LG Hamburg, Beschluss vom 22. Januar 2009, Az 408 O 217/07, BeckRS 2009 22905, kann die Rechtsmissbräuchlichkeit einer wettbewerbsrechtlichen Unterlassungsklage auch aufgrund der Gerichtsorte bejaht werden, an denen der Abmahner die Abgemahnten in Anspruch nimmt, wenn nämlich ohne sachlichen Grund stets verschiedene gewählt werden.

198 Dreier/Schulze, UrhG, § 97 Rn 46.

199 BGH GRUR 2003, 786; zB kann wahlweise auch der Abruf im Internet oder die Vervielfältigung verboten werden.

200 Dreier/Schulze, UrhG, § 97 Rn 46.

201 OLG Düsseldorf CR 2001, 371.

Weiteres das Programm erkennen lassen, dessen Nutzung die Klägerin unterbunden wissen will.[202]

537 Dies ist **bei identischer Übernahme des Programms** (**also in Fällen der Softwarepiraterie**) unproblematisch. In einem solchen Fall – der dem Muster zugrunde liegt – reicht regelmäßig eine Wiedergabe des kopierten Originals aus.[203] Als zulässig wird es sogar erachtet, sich auf die Bezeichnung eines Programms zu beziehen, unter der es vertrieben wird, und zwar selbst in Fällen, in denen nur ein Teil des Programms verletzt wird.[204]

538 In Fällen, in denen **keine identische Übernahme** vorliegt und das verletzende vom verletzten Programm abweicht, gestaltet sich die Beschreibung der Verletzungshandlung deutlich schwieriger.[205] Der BGH hat die Bezugnahme auf im Unterlassungsantrag angegebene Annexe, in denen der Name der jeweiligen Datei, ihre Größe in Bytes, die Daten der letzten Änderung, des letzten Zugriffs und der Erstellung sowie ein Zuordnungskriterium („Owner: Backup") aufgeführt war, als **nicht ausreichend** angesehen. In dem dortigen Fall war anhand der in Antrag und Anlage enthaltenen Beschreibung nicht ersichtlich, welchen Inhalt die Dateien hatten, deren Vervielfältigung und Verbreitung den Beklagten untersagt werden sollte. Ausreichend ist es in derartigen Fällen, dem Antrag einen **Datenträger** mit den in Rede stehenden Dateien beizufügen.[206] Dieser Datenträger muss im Vollstreckungsverfahren auch der **vollstreckbaren Ausfertigung** des Urteils beigefügt werden. Der BGH hat darüber hinaus auch das Beifügen von Programmausdrucken genügen lassen.[207]

539 Die Ordnungsmittelandrohung im Verfügungsantrag zu 1. nach § 890 Abs. 2 ZPO kann zwar auch nachträglich beantragt werden. Um Verzögerungen und überflüssigen Mehraufwand zu vermeiden, sollte sie allerdings bereits in den Klageantrag aufgenommen werden.

540 **Gegenstandswert des Unterlassungsantrags:** Der Gegenstandswert einer Unterlassungsklage bei Urheber- und Wettbewerbsverletzungen richtet sich maßgeblich nach dem Interesse der Klägerin an der Unterlassung. Dabei sind auch die wirtschaftliche Bedeutung der Streitparteien und ihre Umsätze zu berücksichtigen.[208] Bei der Bestimmung des Gegenstandswertes kann man sich regelmäßig am Wert des Programmstücks, nicht aber einer unbekannten Vielzahl dieses Stücks oder den Vertriebsinteressen der Klägerin, orientieren.[209] Einen wichtigen Anhaltspunkt für die Streitwertfestsetzung gibt die **Wertangabe der Klägerin** in der Klageschrift.[210] Kommen neben den urheberrechtlichen auch wettbewerbsrechtliche Unterlassungsansprüche in Betracht, scheidet eine entsprechende Anwendung der Vorschriften über die Streitwertherabsetzung nach § 12 Abs. 4 UWG aus.[211]

541 **(2) Gestufte Anträge auf Auskunft, Rechnungslegung und Schadensersatz (Anträge zu 2. bis 4.).** (a) **Zweck der Stufenklage.** Kann die Klägerin ihren Anspruch auf Schadensersatz nach § 97 Abs. 2 Satz 4 UrhG der Höhe nach noch nicht hinreichend konkretisieren, ist sie aber davon überzeugt, sich mit Hilfe eines Auskunftsanspruchs hierüber Gewissheit verschaffen zu können, kann nach § 254 ZPO mit der Klage auf Auskunft und gegebenenfalls

202 BGH, GRUR 2003, 786.
203 BGH GRUR 2003, 786.
204 Grützmacher, in: Wandtke/Bullinger, UrhR, Vor §§ 69 a ff Rn 18; Brandi-Dohrn, CR 1987, 835.
205 BGH GRUR 2003, 786.
206 BGHZ 94, 276; BGHZ 142, 388.
207 BGH 94, 276; Schulze, CR 1989, 800.
208 OLG München CR 1990, 400.
209 OLG Celle CR 1995, 16.
210 BGH GRUR 1977, 748.
211 OLG München CR 1990, 400.

auf Abgabe einer eidesstattlichen Versicherung (§§ 259 Abs. 2, 260 Abs. 2 BGB) der Antrag auf Leistung nach Maßgabe der Auskunft verbunden werden, ohne dass dieser zunächst der Höhe nach konkretisiert werden müsste.[212] Prozessuales Charakteristikum der Stufenklage ist die **stufenweise Erledigung des Rechtsstreits.** Zwar werden mit Erhebung der Klage alle verbundenen Ansprüche rechtshängig; eine Verhandlung findet jedoch nur auf der anstehenden Stufe statt. Grundsätzlich werden die ersten beiden Stufen jeweils durch Teilurteil erledigt. Erst nach Eintritt der Rechtskraft des betreffenden Teilurteils kann auf der nächsthöheren Stufe weiterverhandelt werden.[213]

(b) **Verjährungshemmung.** Die als Stufenklage erhobene Leistungsklage **hemmt die Verjährung.**[214] Dies gilt auch dann, wenn zunächst nur der Auskunftsantrag gestellt wird.[215] Eine isolierte Auskunftsklage hingegen hemmt die Verjährung des Schadensersatzanspruchs nicht; dies gilt selbst dann, wenn die Erhebung der Zahlungsklage in der Auskunftsklage angekündigt wurde.[216] 542

(c) **Auskunftsantrag.** Der **Antrag zu 2.** stützt sich auf § 101 UrhG. Zum Inhalt des Anspruchs auf Auskunft siehe oben unter Rn 452 ff. Bei der Auskunftsklage ist es erforderlich, im Klageantrag die Umstände, hinsichtlich derer die Auskunft verlangt wird, eindeutig zu benennen. Das Auskunftsverlangen darf aber nicht weiter gefasst sein, als der materielle Schadensersatzanspruch geht. 543

Sofern die Bekanntgabe weitgehender Einzelheiten aus der eigenen geschäftlichen Tätigkeit dem Interesse des Verletzers – etwa wegen eines direkten Konkurrenzverhältnisses und der Gefahr der Ausforschung der Unternehmensdaten – in besonderer Weise zuwider läuft, kann sich der Verletzer, jedenfalls sofern Auskunftsansprüche nach §§ 101 UrhG, 259 ff BGB in Rede stehen, auf den unter Rn 141 dargestellten **Wirtschaftsprüfervorbehalt** berufen. Diesen Vorbehalt kann der Verletzer bei Auskunftsansprüchen hinsichtlich Dritter (§ 101 Abs. 2 UrhG) dagegen nicht geltend machen.[217] 544

Der Auskunftsanspruch ist nach der Rechtsprechung des BGH beschränkt auf Ansprüche nach der Zeit der ersten nachgewiesenen Verletzungshandlung.[218] Die Auskunft gilt als erteilt, wenn der Auskunftspflichtige davon ausgeht, die ihn insoweit treffenden Pflichten erfüllt zu haben.[219] 545

Das Muster enthält keinen Antrag auf **Abgabe der eidesstattlichen Versicherung** der Richtigkeit der Auskunft. Ein solcher Antrag kann im Wege der nachträglichen Anspruchshäufung gemäß §§ 260, 262 Abs. 2 ZPO gestellt werden, wenn die Klägerin annehmen muss, dass die Auskunft nicht mit der erforderlichen Sorgfalt erteilt worden ist (§ 260 Abs. 2 BGB). 546

212 Vgl hierzu näher Zöller/Greger, ZPO, § 254 Rn 1.
213 BGH NJW-RR 1987, 1030; BGH NJW 1989, 2821; Zöller/Greger, ZPO, § 254 Rn 3.
214 Palandt/Heinrichs § 204 Rn 2.
215 BGH NJW 1999, 1101; BGH NJW 1975, 140.
216 Palandt/Heinrichs § 204 Rn 2, 13.
217 Dreier/Schulze, UrhG, § 101 a Rn 13.
218 BGH GRUR 2003, 892; BGH GRUR 1992, 61; BGH GRUR 1988, 307; aA u.a. Nordemann, Wettbewerbsrecht/Markenrecht, Rn 1909: Sofern Verletzungshandlung gegeben, Anspruch auf vollständige Auskunft.
219 OLG Hamburg GRUR-RR 2001, 197.

547 (d) **Muster: Antrag auf Abgabe einer eidesstattlichen Versicherung**

74 ▶ Die Klägerin [bzw. der Geschäftsführer der Klägerin[220]] wird verurteilt, die Richtigkeit der erteilten Auskunft und Rechnungslegung gemäß Antrag zu 2. und Antrag zu 3. durch Abgabe einer Versicherung an Eides statt zu versichern. ◀

548 (e) **Gegenstandswert des (isolierten) Auskunftsanspruchs.** Der **Gegenstandswert des (isolierten) Auskunftsanspruchs** richtet sich nach dem Interesse des Auskunftsberechtigten an der Auskunft.[221] Dieses Interesse beträgt nur einen Bruchteil, regelmäßig ein Zehntel[222] bis ein Viertel,[223] des Gegenstandswerts der Hauptsache. Maßgebend ist auch, inwieweit die Durchsetzung des Hauptanspruchs von der Erteilung der Auskunft abhängt.[224]

549 (f) **Leistungsklage.** Der **Antrag zu 4.** (**Leistungsklage**) ergibt sich wiederum aus § 97 Abs. 2 UrhG. Da man allerdings den Schadensersatz erst dann berechnen kann, wenn man die Anzahl der verbreiteten Programmplagiate oder Ähnliches kennt, ist der Schadensersatzantrag durch die Stufenklage mit dem Auskunftsbegehren verbunden.

550 (g) **Schadensersatzanspruch.** Der **Gegenstandswert des (isolierten, unbezifferten) Schadensersatzanspruchs** kann vorab nur vorläufig geschätzt werden, da der entstandene Schaden vor Erfüllung des Auskunftsverlangens nicht bekannt ist.

551 (h) **Gegenstandswert und Vergütung. Gegenstandswert und Anwaltsgebühren der Stufenklage:** Gebühren entstehen, wenn der Anwalt den Auftrag zur Klageerhebung erhalten hat, nach den allgemeinen Grundsätzen (RVG VV 3100 ff).

552 Für Auskunft- und Stufenklage gibt es nur einen **einheitlichen Gegenstandswert**, der sich nach dem jeweils höchsten Wert richtet (**§ 44 GKG**).[225] Da die unbezifferte Leistungsklage (Antrag zu 4.) zum gleichen Zeitpunkt wie die Auskunftsklage (Antrag zu 2. und 3.) erhoben wird, ist hinsichtlich der Verfahrensgebühr von vornherein der Wert der Leistungsklage mit zu berücksichtigen.[226] Ist der Wert der Leistungsklage höher, so fällt die Gerichts- und (anwaltliche) Verfahrensgebühr nach diesem Wert an. Auf den niedrigeren Gebührenwert der Auskunftsklage kommt es aber dann an, wenn die Gebühr (zB die Terminsgebühr) nur hinsichtlich des Auskunftsverlangens anfällt.[227]

553 Sehr umstritten ist, ob der Wert der Stufenklage sich, wie von der herrschenden Meinung[228] angenommen, ausschließlich danach richtet, welcher Wert bei der Auftragserteilung zu erwarten ist, oder ob auf das Begehren nach der Auskunftserteilung abzustellen ist, mit der Folge, dass der Wert je nach Ergebnis der Auskunft niedriger (oder höher als ursprünglich erwartet) anzusetzen ist, oder wertlos sein kann, weil nach der Auskunftserteilung kein Leistungsantrag mehr gestellt wird.[229]

554 (3) **Feststellungsantrag (Antrag zu 5.).** (a) **Feststellungsklage.** Anstelle im Wege der Stufenklage vorzugehen, kann auch die Erhebung einer **Feststellungsklage** zulässig sein, wenn man sich bis zur Auskunftserteilung die Entscheidung lassen will, wie man den Schaden

220 Siehe Brandi-Dohrn, GRUR 1999, 131.
221 Zöller/Herget, ZPO, § 3 Rn 16 Stichwort „Auskunft".
222 BGH FamRZ 1993, 1189; KG FamRZ 1986, 1144.
223 OLG Bamberg JurBüro 1989, 1307.
224 Zöller/Herget, ZPO, § 3 Rn 16 Stichwort „Auskunft".
225 Müller-Rabe, in: Gerold/Schmidt/v. Eicken/Madert/Müller-Rabe, RVG, VV 3100 Rn 11.
226 Müller-Rabe, in: Gerold/Schmidt/v. Eicken/Madert/Müller-Rabe, RVG, VV 3100 Rn 121; BGH FamRZ 1995, 797; vgl Schons, NJW 2005, 1024.
227 Müller-Rabe, in: Gerold/Schmidt/v. Eicken/Madert/Müller-Rabe, RVG, VV 3100 Rn 122; VV 3104 Rn 89; KG MDR 1984, 63.
228 OLG Celle FamRZ. 1997, 99; OLG Dresden MDR 1998, 64; OLG Hamm FamRZ 1998, 1308; OLG Karlsruhe FamRZ. 1999, 609; OLG Nürnberg FamRZ 1997, 101.
229 So Müller-Rabe, in: Gerold/Schmidt/v. Eicken/Madert/Müller-Rabe, RVG, VV 3100 Rn 122 ff.

beziffern möchte. Die Feststellungsklage kann aber auch – wie im Muster geschehen – **neben** der **Stufen- bzw. Leistungsklage** erhoben werden, um auch künftige Ansprüche auf Schadensersatz zu erfassen und insoweit die **Verjährungshemmung** herbeizuführen.

(b) **Rechtliches Interesse.** Das **rechtliche Interesse** an einer Feststellungsklage entfällt in der Regel nicht bereits dadurch, dass der Klägerin im Wege der Stufenklage auf Leistung klagen kann,[230] weil die Feststellungsklage trotz an sich möglicher Leistungsklage meist durch prozessökonomische Erwägungen geboten ist. Aufgrund der Besonderheiten des gewerblichen Rechtsschutzes und des Urheberrechts entspricht es für diesen Bereich einhelliger Meinung, dass das für eine Klage auf Feststellung der Schadensersatzpflicht nach § 256 Abs. 1 ZPO erforderliche Interesse grundsätzlich auch dann besteht, wenn die Klägerin im Wege der Stufenklage auf Leistung klagen kann.[231] 555

(c) **Verjährungshemmung.** Die Erhebung der **Feststellungsklage hemmt die Verjährung des gesamten Schadensersatzanspruchs.**[232] Dies hat gegenüber der Stufenklage Vorteile, zumal die Verjährungsfristen im gewerblichen Rechtsschutz kurz bemessen sind (vgl etwa § 12 UWG: sechs Monate).[233] 556

(d) **Gegenstandswert.** Gegenstandswert der Feststellungsklage: Der Gegenstandswert der Feststellungsklage bestimmt sich nach dem Wert des Rechtsverhältnisses, dessen Bestehen festgestellt werden soll. Dabei sind nur Umstände zu berücksichtigen, die dem Gericht in der letzten mündlichen Verhandlung bekannt waren.[234] Bei einer positiven Feststellungsklage – wie im Antrag zu 5. abgebildet – ist ein Abschlag von 20 % gegenüber dem Wert der entsprechenden Leistungsklage vorzunehmen,[235] und zwar auch dann, wenn die Klägerin damit rechnen kann, dass die Beklagte auf ein Feststellungsurteil hin freiwillig zahlen wird.[236] 557

(4) **Anspruch auf Vernichtung der Plagiate (Antrag zu 6.).** Zum Anspruch auf Vernichtung bzw. auf Überlassung der rechtswidrig hergestellten, verbreiteten oder zur rechtswidrigen Verbreitung bestimmten Vervielfältigungsstücke (§ 69 f UrhG) bzw. auf die Vernichtung bestimmter Hilfsmittel (§ 69 f Abs. 2 UrhG) oben unter Rn 446, siehe auch dort zum Anspruch auf Überlassung gemäß § 69 f Abs. 1 Satz 2, 98 Abs. 3 UrhG. Auch insoweit sind die zu vernichtenden bzw. zu überlassenden Vervielfältigungsstücke genau zu bezeichnen (§ 253 Abs. 2 Nr. 2 ZPO). 558

(5) **Antrag auf Erstattung einer hälftigen Geschäftsgebühr (Antrag zu 7.).** Da nach der Vorbemerkung 3 Nr. 4 RVG – anders als nach der Rechtslage unter Geltung der BRAGO – nur eine halbe (nicht mehr die gesamte) Geschäftsgebühr auf die gerichtliche Verfahrensgebühr angerechnet wird, kann die verbleibende halbe Geschäftsgebühr im Rahmen des Prozesses als eigenständige Forderung im Rahmen des Schadensersatzes geltend gemacht werden.[237] 559

(6) **Möglicher Antrag auf Veröffentlichung des Urteils.** Es besteht unter den Voraussetzungen des § 103 UrhG auch ein Anspruch auf Urteilsveröffentlichung; die Veröffentlichungsbefugnis beginnt mit Rechtskraft des Urteils und endet sechs Wochen nach Eintritt 560

230 So außerhalb des gewerblichen Rechtsschutzes BGH NJW 1996, 2097.
231 BGH NJW-RR 2002, 834.
232 Palandt/Heinrichs § 204 Rn 2.
233 Vgl BGH NJW-RR 2002, 834.
234 OLG Frankfurt MDR 1989, 743.
235 BGH JurBüro 1975, 1598.
236 BGH MDR 1997, 385.
237 Vgl Bliesner, NZV 2004, 613; Ruess, MDR 2005, 313.

der Rechtskraft. Der Antrag – gegebenenfalls ergänzt um einen Antrag auf Zahlung eines Kostenvorschusses – könnte wie folgt lauten:

561 (a) **Muster: Antrag auf Veröffentlichung des Urteils**

75 ▶ Die Klägerin wird ermächtigt, den verfügenden Teil des Urteils innerhalb von [...] nach Rechtskraft des Urteils in der Zeitschrift [...] in folgendem Format: [...] auf Kosten der Beklagten bekannt zu machen. ◀

562 (7) **Gerichtskosten.** Auf Grundlage des ermittelten gesamten **Gegenstandswertes** fällt die **gerichtliche 3,0 Verfahrensgebühr (GKG KV 1210)** an. In den in GKG KV 1211 genannten Fällen der Beendigung des Verfahrens reduziert sich die Gebühr auf 1,0.

563 (8) **Kostenerstattung.** Die prozessuale Kostenerstattung folgt den allgemeinen Regeln (§§ 91, 103 f ZPO). Zur Möglichkeit (bzw. sogar Notwendigkeit), die – nicht auf die gerichtliche Verfahrensgebühr angerechnete – hälftige Geschäftsgebühr als eigenständige Forderung geltend zu machen, siehe oben unter Rn 559.

IV. Zwangsvollstreckungsverfahren

564 Ist das Urteil rechtskräftig, oder liegen die Voraussetzungen der §§ 708, 709 ZPO vor, schließt sich dem Erkenntnisverfahren das Vollstreckungsverfahren an.

1. Unterlassungs- und Beseitigungsansprüche

a) Unterlassungsansprüche

565 Der **Unterlassungsanspruch** wird gemäß **§ 890 ZPO** vollstreckt. Zu beachten ist, dass der Tenor des Titels so auszulegen ist, dass Änderungen der Verletzungsform, die den Kernbereich des urheberrechtswidrigen Verhaltens unberührt lassen, mit erfasst sind („**Kerntheorie**").[238] Ein Muster eines **Ordnungsmittelantrages** mit Erläuterungen findet sich im Teil „Wettbewerbsrecht" unter Rn 587.

b) Beseitigungsansprüche

566 Der Beseitigungsanspruch wird nach **§§ 887, 888 ZPO** vollstreckt.[239]

567 Wer verurteilt worden ist, bestimmte urheberrechtswidrige Inhalte aus seinem **Internetangebot** zu entfernen, ist gehalten, wenn er die Dateien nicht selbst löscht, einem zuverlässigen Techniker den Urteilstenor vorzulegen und für die Löschung zu sorgen.[240] Der Techniker ist auf die Bedeutung des Urteils, insbesondere die Ordnungsmittelandrohung, hinzuweisen. Der Unterlassungschuldner ist ferner verpflichtet, dem Techniker zu erklären, dass jede einzelne Seite sofort und in Gänze aus dem Internet entfernt werden muss, und ihn bei Androhung von Regress und ggf durch die rechtzeitige Vereinbarung einer Vertragsstrafe dazu anzuhalten, dass er dies auch bewirkt. Der Unterlassungsschuldner ist weiterhin gehalten, sich danach sofort höchstpersönlich durch unmittelbare Eingabe sämtlicher Adressen davon zu überzeugen, dass die Seiten bzw. Inhalte tatsächlich aus dem Internet entfernt wurden.[241]

---

238 Dreier/Schulze, UrhG, § 97 Rn 46.
239 Dreier/Schulze, UrhG, § 97 Rn 53; dazu siehe Teil „Wettbewerbsrecht" Rn 570 ff, 588.
240 LG Berlin MMR 2002, 399.
241 LG Berlin MMR 2002, 399.

2. Auskunftsansprüche

Die Zwangsvollstreckung von Auskunftsansprüchen richtet sich nach § **888 ZPO** und erfolgt durch Zwangsgeld und Zwangshaft, sofern die Auskunftserteilung nicht ausnahmsweise als **vertretbare Handlung** angesehen und gemäß §§ **887, 892 ZPO** im Wege der Ersatzvornahme bewirkt werden kann.[242] Die Vollstreckung nach § **883 ZPO** (Herausgabe von Sachen) reicht nicht aus, da der Auskunftsschuldner dem Auskunftsgläubiger Einsicht in die betreffenden Unterlagen zu ermöglichen hat und daher eine Mitwirkungshandlung des Schuldners erforderlich ist. Der Auskunftsanspruch ist auch vorläufig vollstreckbar. Der vorläufigen Vollstreckung steht die Endgültigkeit einer einmal erteilten Auskunft nicht entgegen.[243] 568

3. Ansprüche auf Geldzahlung

Die Vollstreckung von Schadensersatzansprüchen richtet sich nach den allgemeinen Regeln der §§ 809 ff ZPO. 569

242 OLG Düsseldorf NJW 1958, 1831; vgl auch Eichmann, GRUR 1990, 580.
243 BGH GRUR 1996, 78.

§ 4 Streitigkeiten im Zusammenhang mit Mängeln an Hardware und Software

A. Vorprozessuale Situation

I. Grundsätzliches

570 Schließlich kann Software, auch außerhalb der unter § 3 dargestellten **Schutzrechtsproblematik**, ebenso wie Hardware Gegenstand verschiedener Rechtsbeziehungen (Er- bzw Herstellung und Überlassung) und damit rechtlicher Streitigkeiten sein.

571 Den **Beratungsschwerpunkt** und auch die Mehrzahl der Streitigkeiten bilden diejenigen Fälle, in denen der Mandant besondere Computeranlagen und/oder speziell für ihn erstellte Software erworben oder – auf der anderen Seite – verkauft bzw erstellt hat. Solche Streitigkeiten können Primärpflichten, allen voran Vergütungspflichten, aber auch Mängelrügen betreffen. Die auftretenden Probleme unterscheiden sich nicht wesentlich von sonstigen schuldrechtlichen Streitigkeiten des Kauf-, Miet- und Werkvertragsrechts.

572 Aufgrund der Parallelität zu den traditionellen Bereichen des Kauf-, Miet- und Werkvertragsrechts werden daher nachfolgend diejenigen Fragen skizziert, die im spezifischen Zusammenhang mit den faktischen und technologischen Besonderheiten des EDV-Betriebes stehen.

573 Aus dem Vorstehenden ergibt sich, dass die Hauptaufgabe des Anwalts in aller erster Linie darin liegen wird, eine zutreffende **vertragstypologische Einordnung der geschuldeten Leistungen** (ggf unter Hinzuziehung ihm vorliegender Vertragsdokumente) vorzunehmen.[1] Der Anwalt hat, sofern als Wirtschaftsware komplexe Hard- oder Software bzw ganze EDV-Anlagen betroffen sind, bei jeder Transaktion (jedenfalls jeder, die über den Kauf eines Vervielfältigungsstücks oder Massenprodukts hinausgeht) zunächst zu klären, welchem **Vertragstyp des BGB** die konkret in Streit stehende rechtliche Beziehung zwischen Mandanten und Gegner zuzuordnen ist.

574 Diese Einordnung ist maßgeblich für die weitere Beurteilung der Rechte des Mandanten, für die gegebenenfalls **vor einer Klageerhebung ratsamen Maßnahmen** (wie zB Fristsetzungen), für die **Prüfung möglicher Verteidigungsmittel** (zB der Verjährungseinrede) und schließlich auch für die Bestimmung des **zutreffenden Maßstabs für die Wirksamkeit von AGB** des Verkäufers bzw des Erstellers.[2]

575 Die prozessrechtlich relevanten Unterschiede zu sonstigen Streitigkeiten des Kauf-, Werkvertrags- und Mietrechts liegen in den spezifischen Anforderungen des **technisierten Sachvortrages** und in den damit verbundenen **Spezifika der Darlegung und Beweisführung im Mängelprozess** (bzw im vorgelagerten selbstständigen Beweisverfahren).

II. Erstellung bzw dauerhafter Erwerb von Software

576 Über die Rechtsnatur der verschiedenen in der Praxis gängigen **Verträge über die Erstellung bzw Lieferung von Software** herrscht noch immer – wiederbelebt durch die Schuldrechtsreform – Streit.[3] Allgemeingültige Aussagen lassen sich insoweit nicht treffen. Es kommt

1 Siehe zur Anforderung an die Einordnung von Verträgen allgemein BGH NJW 2002, 3317.

2 Vgl Junker/Benneke, Computerrecht,Rn 154; Redeker, IT-Recht in der Praxis, Rn 296 ff, sowie Anhang II. (zu den Besonderen Vertragsbedingungen – BVB – für Kauf, Miete, Wartung, Überlassung, Erstellung, Planung und Pflege von EDV-Anlagen und EDV-Geräten bzw Software); zu den BVB und den Ergänzenden Vertragsbedingungen IT (BVB-IT) – bei denen es sich ebenfalls um AGB handelt – siehe ferner Koch, Software- und Datenbank-Recht, § 1 Rn 165 ff.

3 Vgl hierzu etwa Marly, Softwareüberlassungsverträge, Rn 33 ff, mwN.

selbstverständlich auf die konkrete Ausgestaltung des jeweiligen Vertrages und der darin geregelten Leistungspflichten an.

Maßgeblich ist bei der Beurteilung insbesondere, ob es um die **Erstellung von Individualsoftware**, also spezifisch auf die Kundenbedürfnisse zugeschnittene Programme, oder aber um die Überlassung von **Standardsoftware** geht. Dazu nachfolgend ein kurzer Überblick: 577

1. Erstellung von Individualsoftware

Sofern Software für den speziellen Verwendungszweck eines besonderen Anwenders erstellt (sog. **Individualsoftware**) und diesem dann auf Dauer überlassen wird (zB speziell auf die Bedürfnisse des Erwerbers abgestimmte Software zur Abwicklung seiner Lager- und Bestellvorgänge), handelte es sich nach der vor der Schuldrechtsreform ganz herrschenden Meinung um einen **Werkvertrag** (§ 631 ff BGB), denn geschuldet ist in derartigen Fällen die Herbeiführung eines bestimmten Erfolges.[4] 578

Durch die Schuldrechtsreform ist die Diskussion darüber, ob es sich bei Software um eine **„Sache"** im Sinne von § 90 BGB handelt und deshalb über § 651 BGB (bzw beim Handelskauf über § 381 Abs. 2 HGB)[5] Kaufrecht zur Anwendung kommt (dazu sogleich), neu entflammt.[6] Die besseren Argumente sprechen für die Ablehnung der Sacheigenschaft von Software;[7] auch der BGH hat nicht das Programm selbst, sondern den **Datenträger**, auf dem das Programm verkörpert war, als Sache eingestuft.[8] Es bleibt abzuwarten, wie der BGH diese Frage unter Berücksichtigung der Änderungen des § 651 BGB bewerten und ob er die in der Literatur geäußerten europarechtlichen Bedenken gegen die hM teilen wird.[9] 579

Wird hingegen ein handelsübliches **Standardprogramm** nach den Vorstellungen eines Kunden – nicht nur geringfügig[10] – **eingerichtet, umgearbeitet, bzw an Erfordernisse des Kunden angepasst**, so ist von einem **Werklieferungsvertrag** über eine nicht vertretbare Sache auszugehen.[11] Dann kommt gemäß § 651 BGB nicht Werkvertrags-, sondern Kaufrecht zur Anwendung (es bedarf also beispielsweise keiner **Abnahme** für die Fälligkeit der Vergütung); allerdings gelten nach **§ 651 Satz 3 BGB** neben den kaufrechtlichen auch die werkvertraglichen Regelungen der §§ 642, 643 BGB (Mitwirkungspflichten des Bestellers und Konsequenz der Verletzung dieser Pflichten), des § 645 BGB (Vergütungsgefahr im Falle 580

4 Vgl etwa BGH, BauR 2004, 337; BGH, CR 2002, 93; BGH NJW 2001, 1718; BGH NJW-RR 1999, 347; BGH NJW 1996, 1745; BGH NJW 1993, 2436; Marly, Softwareüberlassungsverträge Rn 46; Redeker, IT-Recht in der Praxis, Rn 296.

5 Vgl BGH, CR 1993, 681; OLG Celle, CR 1995, 152.

6 Vgl dazu etwa Koch, Software- und Datenbank-Recht, § 3 Rn 43; Junker/Benneke, Computerrecht,Rn 155 ff, jeweils mwN.

7 Ebenso u.a. Palandt/Heinrichs § 90 Rn 2; Junker/Benneke, Computerrecht,Rn 154; jeweils mwN; aA u.a. OLG Stuttgart, NJW 1989, 2635; Marly, Softwareüberlassungsverträge, Rn 94 ff, mwN.

8 BGH NJW 1988, 406 („ein Datenträger mit dem darin verkörperten Programm, insofern also eine körperliche Sache").

9 Koch, Software- und Datenbank-Recht, § 3 Rn 43.

10 Zu den Fällen bloß geringfügiger Modifikationen, siehe Schneider, Handbuch des EDV-Rechts, Rn 398 ff mwN.

11 OLG Düsseldorf, CR 1989, 696; OLG Celle, CR 1995, 152; OLG Hamm; CR 1995, 152; OLG Stuttgart, CR 1987, 153; OLG Karlsruhe, CR 1995, 397; OLG Koblenz, CR 1992, 154; OLG Köln, NJW-RR 1992, 1328; Koch, Software- und Datenbank-Recht, § 2 Rn 62.

des Untergangs, der Verschlechterung oder der Undurchführbarkeit des Werkes), des § 649 BGB (Kündigungsrecht des Bestellers)[12] sowie § 650 BGB (Kostenvoranschlag).

a) Leistungsumfang

581 Bei der Bestimmung des Leistungsumfangs bei der Erstellung von Individualsoftware spielt das sog. **Pflichten- oder Lastenheft** eine große Rolle.[13] Es fasst vorbereitend die zwischen Besteller und Werkunternehmer vereinbarten Leistungsmerkmale der zu erstellenden Software in konkretisierter Form zusammen. Gerade bei der Frage der ordnungsgemäßen Vertragserfüllung kommt dem Lastenheft damit eine große Bedeutung zu. Nicht immer jedoch ist das Lastenheft ausreichend genau, vollständig und fehlerfrei. Es sollte daher unbedingt sowohl auf eine sorgfältige Ausarbeitung des Lastenheftes als auch eine schriftliche Fixierung desselben geachtet werden.[14] Zu beachten ist, dass hinsichtlich der Erstellung des Pflichtenheftes eine Mitwirkungspflicht des **Auftraggebers** bestehen kann.[15]

582 Neben dem eigentlichen Programm muss der Hersteller dem Besteller eine **Benutzerdokumentation** liefern, die den Besteller in die Lage versetzt, das Programm zu nutzen. Sie gehört zur Hauptleistungspflicht des Herstellers.[16] Sie muss vollständig und so beschaffen sein, dass sie vom Besteller und seinem Personal verstanden werden kann.[17]

583 Ob ein Werkunternehmer, der sich zur Erstellung von Software verpflichtet hat, dem Besteller auch den **Quellcode des Programms**[18] überlassen muss, ist – sofern dies nicht durch eine ausdrückliche Vereinbarung geklärt ist – nach den Umständen des Einzelfalls zu beurteilen. Neben der Höhe des vereinbarten Werklohns ist für die Würdigung von besonderer Bedeutung, ob das Programm zur Vermarktung durch den Besteller erstellt wird und ob dieser zur Wartung und Fortentwicklung des Programms des Zugriffs auf den Quellcode bedarf.[19]

584 Sofern die Vertragsparteien nicht im Einzelnen vereinbart haben, was das zu erstellende Programm zu leisten hat, schuldet der Unternehmer eine Software, die unter Berücksichtigung des vertraglichen Zwecks des Programms dem **Stand der Technik** bei einem mittleren Ausführungsstandard entspricht.[20] Es gilt also in rechtlicher Hinsicht nichts anderes als bei sonstigen Werkverträgen.[21] Die Probleme liegen (auch hier) eher im tatsächlichen Bereich, in dem man sich gegebenenfalls der Hilfe eines Sachverständigen bedienen muss.[22]

---

12 Zur Darlegungslast im Hinblick auf die Restvergütung anzurechnenden ersparten Aufwendungen (§ 649 Satz 2; 2. Hs BGB) BGHZ 140, 263: „Anforderungen an die Darstellung der Kalkulation des um die ersparten Aufwendungen verkürzten Vergütungsanspruchs lassen sich nicht schematisch festlegen. Sie ergeben sich aus dem Vertragsgegenstand im Einzelfall. Durch diesen werden sie bestimmt und begrenzt. Der Unternehmer genügt seiner Darlegungslast in aller Regel, wenn er ersparte Aufwendungen unter Zugrundelegung seiner Kalkulation vorträgt, die nach System und Differenzierung für Aufträge der konkret vorliegenden Art gebräuchlich ist.".

13 BGH CR 2002, 93; BGH NJW 2001, 1718; BGH NJW-RR 1999, 347; BGH NJW-RR 1998, 1128; Koch, Software- und Datenbank-Recht, § 1 Rn 4, 12 ff, 20 ff; Marly, Softwareüberlassungsverträge Rn 47; Redeker, IT-Recht in der Praxis, Rn 302.

14 Marly, Softwareüberlassungsverträge Rn 659.

15 BGH; NJW-RR 1994, 1469.

16 BGH NJW 2001, 1718; BGH NJW 1993, 461; Redeker, IT-Recht in der Praxis, Rn 312. Vgl allerdings auch OLG Karlsruhe, CR 2004, 493 (allerdings für den Fall des Kaufs von Standardsoftware).

17 Redeker, IT-Recht in der Praxis, Rn 312.

18 Zum Quellcode siehe oben § 3 Rn 386.

19 BGH, MMR 2004, 356.

20 BGH, MMR 2004, 356.

21 Vgl insoweit die weiterführenden Hinweise im Teil **„Werkvertragsrecht"**.

22 Vgl BGH, MMR 2004, 356.

Kommt es bei einem Vertrag über die Erstellung von Software zur Überschreitung des vom Auftraggeber vorgegebenen Budgets, kann es unter bestimmten Voraussetzungen zu einer Vertragsanpassung kommen.[23] 585

b) Mängelrechte

Hinsichtlich der Mängelrechte gelten die **allgemeinen Grundsätze des Werkvertragrechts.** 586 Im Folgenden wird lediglich auf einige typische Besonderheiten hingewiesen, die bei Verträgen über die Erstellung von Individualsoftware auftreten.

aa) **Mangelbegriff.** Der Hersteller hat das Werk frei von Sach- und Rechtsmängel zu verschaffen (§ 633 Abs. 1 BGB). Maßstab ist § 633 Abs. 2 BGB. Danach ist das Werk frei von Sachmängeln, wenn es die **vereinbarte Beschaffenheit** hat (§ 633 Abs. 2 S. 1 BGB). Vereinbart ist die Beschaffenheit, wenn sie im Vertrag festgelegt ist. Da jede verbindliche Beschreibung genügt, kommt hier dem oben angesprochenen Lastenheft besondere Bedeutung zu.[24] Fehlt eine Beschaffenheitsvereinbarung, so kommt es auf die Eignung für die nach dem Vertrag vorausgesetzte Verwendung (§ 633 Abs. 2 S. 2 Nr. 1 BGB),[25] sonst auf die Eignung für die gewöhnliche Verwendung an (§ 633 Abs. 2 S. 2 Nr. 2).[26] In diesen Fällen ist eine Lösung entsprechend dem Stand der Technik bei mittlerem Ausführungsstandard geschuldet.[27] Zur **Darlegung der Soll-Beschaffenheit** genügt es in diesen Fällen darzulegen, dass das Fehlen bestimmter Beschaffenheitsmerkmale in einer für einen Dritten ohne weiteres einsichtigen Weise als mit dem normalen Standard unvereinbar ist.[28] 587

Software weist einen besonderen Komplexitätsgrad auf. Ähnlich wie bei der Erstellung von Bauwerken wird sich eine völlige Freiheit von Fehlern kaum erreichen lassen. Ein Mangel im rechtlichen Sinne ist deshalb nicht schon bei jedem Programmierfehler gegeben.[29] 588

Vielmehr liegt ein Mangel (erst) beim Bestehen von **tauglichkeitsmindernden Softwarefehlern** vor.[30] Hieran ändern auch AGB des Werkunternehmers nichts, die die Gewährleistung zuungunsten des Bestellers abbedingen sollen.[31] 589

Ein Mangel liegt auch dann vor, wenn sie durch vom Unternehmer erkannte, aber nicht von ihm monierte unzureichende Angaben des Bestellers verursacht sind. Denn der Unternehmer hat auf Grund seines Know-how an der Formulierung des Pflichtenheftes mitzuwirken, Vorschläge zur Problemlösung zu machen und von ihm benötigte, zusätzliche Angaben anzufordern.[32] 590

Je nach Vertragsinhalt können Mängel sein:[33] 591

- Fehlerhafte, kaum verständliche oder fehlende **Programmdokumentation,**[34]
- mangelnde **Arbeitsgeschwindigkeit,**[35]

23 BGH NJW-RR 2000, 1219.
24 Siehe dazu oben Rn 581; Koch, Software- und Datenbank-Recht, § 1 Rn 20 ff, § 5 Rn 13; Palandt/Sprau § 633 Rn 6.
25 Koch, Software- und Datenbank-Recht, § 5 Rn 14 f.
26 Koch, Software- und Datenbank-Recht, § 5 Rn 16.
27 Redeker, IT-Recht in der Praxis, Rn 324 f; Palandt/Sprau § 633 Rn 12; OLG Düsseldorf, NJW-RR 98, 345.
28 Koch, Software- und Datenbank-Recht, § 5 Rn 16.
29 Koch, Software- und Datenbank-Recht, § 5 Rn 8.
30 Redeker, IT-Recht in der Praxis, , , Rn 321; Palandt/Sprau § 633 Rn 12 unter Hinweis auf BGH NJW 1988, 406.
31 Koch, Software- und Datenbank-Recht, § 5 Rn 27 ff.
32 Palandt/Sprau § 633 Rn 12; OLG Köln NJW-RR 1999, 51; OLG Köln NJW-RR 1996, 1067.
33 Weitere Beispiele bei Koch, Software- und Datenbank-Recht, § 5 Rn 64 ff; Redeker, IT-Recht in der Praxis, Rn 326; Palandt/Sprau m.w.N; Marly, Softwareüberlassungsverträge Rn 734 ff.
34 BGH NJW 2001, 1718; OLG Saarbrücken NJW-RR 1997, 558; Koch, Software- und Datenbank-Recht, § 5 Rn 36 ff.
35 BGH CR 1996, 667.

- fehlende Möglichkeit der **Datensicherung,**[36]
- **mangelnde Eignung** zur Bearbeitung erkennbar bevorstehender Aufgaben (vierstellige Jahreszahl),[37]
- vom Unternehmer verursachter **Virenbefall,**[38]
- oder **fehlende Plausibilitätsprüfung** von Benutzereingaben.[39]

592 **bb) Mängelrechte im Einzelnen.** Es gelten die allgemeinen Regeln. Bis zur **Abnahme**[40] (§ 640 Abs. 1 S. 1 BGB) kann der Besteller wegen eines Mangels die Entgegennahme des Werkes verweigern, es sei denn der Mangel ist – was der Unternehmer auf die Rüge des Bestellers hin darzulegen hat – unwesentlich (§ 640 Abs. 1 S. 2). Im Fall von Individualsoftware ist häufig nicht nur die Erstellung der Software, sondern darüber hinaus auch deren Installation sowie eine Einweisung des Personals des Bestellers geschuldet.[41] In aller Regel wird der Besteller ohne die Durchführung einer gewissen Zahl von Testläufen nicht in der Lage sein festzustellen, ob die Software mangelfrei funktioniert oder nicht. Es ist insofern ratsam, detaillierte vertragliche Vereinbarungen zum Umfang der **Abnahme** zu treffen. In einer solchen **Vereinbarung** können etwa der Umfang, die Prozedur und Kriterien der Abnahme geregelt werden.[42] Die Rechtsprechung tendiert zwar zT auch ohne solche Vereinbarungen dazu, die Abnahme erst dann anzunehmen, wenn die Software nach einer gewissen Erprobungszeit einwandfrei gelaufen ist.[43] Gleichwohl ist eine solche Vereinbarung dringend anzuraten. Solange noch Mängel gerügt werden und Nachbesserungs- und Fehlerbeseitigungswünsche im Raum stehen, kommt eine Abnahme nicht in Betracht.[44]

593 Ist die Abnahme erfolgt, kommen als Mängelrechte für den Mandanten die Rechte des Bestellers nach § 634 Nr. 1 – 4 BGB, nämlich Nacherfüllung, Selbstvornahme, Minderung, Rücktritt und Schadensersatz in Betracht.[45] Unbedingt zu beachten ist die Regelung des § 640 Abs. 2 BGB, wobei die Abnahme eines mangelhaften Werkes in **Kenntnis des Mangels** zu einem Verlust der Mängelrechte führt, soweit sich der Besteller die Mängelrechte nicht vorbehält.

594 **cc) Nacherfüllung und Selbstvornahme.** Ist die Abnahme erfolgt und liegen gleichwohl Mängel vor, so hat der Besteller insbesondere einen Anspruch auf Nacherfüllung. Es gelten insofern die allgemeinen Regeln des Werkvertragsrechts. Um seiner Pflicht zur Mängelbeseitigung nachkommen zu können, ist es erforderlich, dass der Besteller dem Unternehmer den Mangel anzeigt und eine nachvollziehbare Beschreibung der Mangelerscheinung gibt (zB fehlerhafte Bildschirmausgabe nach Auswahl einer bestimmten Menü-Option oder reproduzierbarer Absturz des Programms nach bestimmter Auswahl).[46] Zur Protokollierung von Fehlermeldungen siehe unten Rn 614 ff.

595 Führt der Unternehmer die Nacherfüllung trotz einer **Fristsetzung** nicht rechtzeitig durch, so kann der Besteller den Mangel auf Kosten des Unternehmers beseitigen lassen (§ 637

36 BGH NJW 1996, 2924.
37 OLG Dresden, CR 2002, 254.
38 Schneider/Günther, CR 1997, 389.
39 LG Heilbronn, CR 1989, 603.
40 Redeker, IT-Recht in der Praxis, Rn 341 ff; Koch, Software- und Datenbank-Recht, § 1 Rn 128 ff; zur stillschweigenden Werkabnahme einer speziellen EDV-Systemlösung siehe BGH, BauR 2004, 337.
41 Koch, Software- und Datenbank-Recht, § 5 Rn 133.
42 Redeker, IT-Recht in der Praxis, Rn 341, Koch, Software- und Datenbank-Recht, § 5 Rn 154 ff.
43 Koch, Software- und Datenbank-Recht, § 5 Rn 134.
44 Redeker, IT-Recht in der Praxis, Rn 341; vgl auch BGH, CR 2000, 207.
45 Es gelten insofern die allgemeinen Regelungen, Koch, Software- und Datenbank-Recht, § 5 Rn 88.
46 Redeker, IT-Recht in der Praxis, Rn 353 f.

Abs. 1 BGB).[47] Er kann hierzu sogar einen **Vorschuss** vom Unternehmer verlangen (§ 637 Abs. 3 BGB). Gleichwohl wird ein solches Vorgehen im Bereich der Individualsoftware kaum tunlich sein, da regelmäßig nur der Unternehmer das Programm gut genug kennt, um mit Aussicht auf Erfolg Maßnahmen zur Mängelbeseitigung vorzunehmen. Der **Anspruch auf Nacherfüllung** scheidet insbesondere dann aus, wenn sie nur mit unverhältnismäßigen Kosten herbeizuführen ist (§ 636 BGB).

dd) Minderung, Rücktritt und Schadensersatz. Auch hinsichtlich **Nacherfüllung** und **Rücktritt** gelten die allgemeinen Regeln.[48] Es sind also die empfangenen Leistungen zurück zu gewähren und die gezogenen Nutzungen herauszugeben (§ 346 Abs. 1 BGB). Regelmäßig wird dies im Fall von Software nicht möglich sein; es ist deshalb **Wertersatz** zu leisten (§ 346 Abs. 2 Nr. 1 BGB). Dabei ist auch der Wertverlust der Software zu berücksichtigen.[49] Wichtig ist, dass im Falle des Rücktritts nicht nur alle Speichermedien (zB CD-ROM) zurückzugeben sind, auf denen das Programm gespeichert ist, sondern auch die Installation des Programms auf allen Computern zu entfernen ist.[50] Auch hinsichtlich **Minderung** und **Schadensersatz** ergeben sich beim Individualsoftwarekauf keine Besonderheiten.[51] 596

ee) Verjährung und allgemeine Leistungsstörungen. Mängelansprüche die sich auf Individualsoftware beziehen, **verjähren** – soweit Werkvertragsrecht zugrunde gelegt wird – nach den allgemeinen Regeln des **§ 634 a Abs. 1 Nr. 3 BGB binnen drei Jahren ab der Abnahme.**[52] Soweit über den Anspruch **verhandelt** wird, tritt gemäß § 203 BGB eine Hemmung der Verjährung ein. Mit Eintritt der Verjährung sind auch Minderung und Rücktritt ausgeschlossen (§ 218 BGB). 597

Hinsichtlich der Leistungsstörungen wie Verzug,[53] Nichterfüllung und Unmöglichkeit gelten die allgemeinen Regelungen des Werkvertragsrechts.[54] 598

ff) Darlegungs- und Beweislast. Auch hinsichtlich der **Darlegungs- und Beweislast** gelten die allgemeinen Regeln. **Vor der Abnahme** muss der Werkunternehmer darlegen und beweisen, dass sich der Besteller auf Mängel oder die Unvollständigkeit der Werkleistung beruft, die unerheblich sind. Der Werkunternehmer muss auch die **Rechtzeitigkeit der Herstellung** beweisen.[55] Demgegenüber hat der Besteller, der sich vor der Abnahme auf ein Rücktrittsrecht beruft, grundsätzlich nur den Zeitpunkt der Fälligkeit, die Setzung und den Ablauf der Frist sowie die Rücktrittserklärung zu beweisen.[56] 599

Nach der Abnahme trifft den Besteller einer Software die **Darlegungs- und Beweislast**, wenn er Zahlungen mit der Begründung zurückfordert, das Programm habe nicht der geschuldeten Leistung entsprochen und sei trotz Fristsetzung und Ablehnungsandrohung auch an- 600

47 Vgl BGH NJW-RR 1999, 347; Redeker, IT-Recht in der Praxis, Rn 360; Koch, Software- und Datenbank-Recht, § 5 Rn 137 f.
48 Zum Rücktritt bei einem Softwareentwicklungsvertrag siehe BGH, NZBau 2001, 621.
49 Redeker, IT-Recht in der Praxis, Rn 363.
50 Redeker, IT-Recht in der Praxis, Rn 366; vgl dazu unten Rn 627.
51 Koch, Software- und Datenbank-Recht, § 5 Rn 150; Redeker, IT-Recht in der Praxis, Rn 368 ff.
52 Da der BGH noch nicht die Frage beantwortet hat, ob es sich bei der Software selbst um eine Sache iSv § 90 BGB handelt (siehe oben Rn 579), kann noch nicht sicher beurteilt werden, ob Ansprüche deshalb gem. § 634 a Abs. 1 Nr. 1 BGB schon nach zwei Jahren verjähren, vgl Koch, Software- und Datenbank-Recht, § 5 Rn 42 f, § 5 Rn 175; Redeker, IT-Recht in der Praxis, Rn 379.
53 Zu den Anforderungen an eine verzugsbegründende Mahnung an den Lieferanten einer Computeranlage, BGH NJW 1998, 2132; zum Verzug allgemein Koch, Software- und Datenbank-Recht, § 5 Rn 182 ff.
54 Näher hierzu Redeker, IT-Recht in der Praxis, Rn 405 ff; zum alten Schuldrecht Marly, Softwareüberlassungsverträge Rn 551, 562.
55 BGH NJW-RR 1999, 347; vgl dazu auch allgemein Koch, Software- und Datenbank-Recht, § 5 Rn 56.
56 BGH NJW-RR 1999, 347. Zur fehlenden IBM-Kompatibilität eines Laptops: OLG Köln, VersR 1993, 54.

schließend nicht rechtzeitig geliefert worden, weshalb er vom Vertrag habe zurücktreten dürfen.[57]

601 Der Werkunternehmer genügt seiner **Substantiierungspflicht** bei Geltendmachung des Werklohnanspruchs genügt, wenn er eine Rechnung vorlegt, nach der Arbeiten in bestimmtem Umfang berechnet werden, sofern die dafür im ebenfalls vorgelegten Vertrag vorgesehene Vergütung für jeden Arbeitstag in Rechnung gestellt wird und der Werkunternehmer für seine Darstellung, von ihm seien in dem geltend gemachten Umfang Arbeiten erbracht worden, Beweis antritt.[58]

2. Erwerb von Standardsoftware

602 Wird keine auf individuelle Bedürfnisse abgestimmte Software, sondern **Standardsoftware** erworben, findet in den meisten Fällen nicht Werk-, sondern **Kaufvertragsrecht** Anwendung.[59] Das gilt unabhängig von der Tatsache, dass die Hersteller von Software häufig bemüht sind, diese Verträge einem anderen im BGB nicht geregelten Vertragstypus, etwa dem „Lizenzvertrag", zuzuordnen.[60] Allein die Installation und Schulung durch den Lieferanten führen nicht zu der Annahme eines Werkvertrages. Bei Anwendung des Kaufrechts ergeben sich insoweit gegenüber den allgemeinen Regelungen, wie etwas auch des § 476 BGB, keine Besonderheiten.[61] Auch bei der Lieferung von Standardsoftware gehört die **Lieferung eines Handbuches** oder einer **Benutzerdokumentation** immer zum Leistungsprogramm.[62] Auch hinsichtlich der Mängelrechte des Käufers gelten die allgemeinen Regelungen.[63] Zu beachten ist – soweit Käufer und Verkäufer **Kaufleute** sind – stets die **Rügepflicht des § 377 HGB.**[64] Auch hinsichtlich der Verjährung sind keine Besonderheiten zu beachten; es findet die **regelmäßige Verjährungsfrist** des § 438 Abs. 1 Nr. 3 BGB von zwei Jahren ab Ablieferung Anwendung.

III. Erwerb von Hardware

1. Einordnung des Vertragstyps

603 Sofern der Erwerb (nur) einer Computeranlage (ohne Software) gegen ein einmaliges Entgelt in Rede steht, handelt es sich **regelmäßig** um einen **Gattungskauf.**[65] Wenn es sich um eine für die speziellen Anforderungen des Mandanten hergestellte Anlage handelt, kann auch ein **Werklieferungsvertrag** vorliegen;[66] in derartigen Fällen kommen gemäß § 651 Satz 3 BGB neben den kaufrechtlichen auch die werkvertraglichen Regelungen der §§ 642, 643, 645, 649, 650 BGB zur Anwendung. Allerdings genügt es für die Einstufung als

---

57 BGH NJW-RR 1998, 1128.

58 BGH NJW-RR 1999, 1586.

59 BGH NJW 2000, 1415; BGH CR 1988, 994; Palandt/Putzo § 433 Rn 9; Redeker, IT-Recht in der Praxis, Rn 532.

60 Siehe hierzu Koch, Software- und Datenbank-Recht, § 2 Rn 31.

61 Koch, Software- und Datenbank-Recht, § 5 Rn 85; nach BGH NJW 2004, 2299 ist es auch für Verbraucher notwendig, das Vorliegen eines Mangels darzulegen.

62 Redeker, IT-Recht in der Praxis, Rn 540. Nach OLG Karlsruhe, CR 2004, 493 kann etwas anderes allerdings dann gelten, wenn es sich beim Käufer um einen berufsmäßigen Softwareentwickler handelt und die erforderlichen Hilfehinweise während des Programmaufrufs erscheinen.

63 Siehe dazu oben Rn 570 ff.

64 BGH NJW 2000, 1415; OLG Köln, CR 1997, 213; Redeker, IT-Recht in der Praxis, Rn 557; Koch, Software- und Datenbank-Recht, § 5 Rn 163.

65 OLG Frankfurt, CR 2002, 638; KG, CR 1989, 397; LG München I, CR 1995, 736; Schneider, Handbuch des EDV-Rechts,D Rn 157, F Rn 6; Redeker, IT-Recht in der Praxis, Rn 507.

66 LG Konstanz, CR 1991, 93; Redeker, IT-Recht in der Praxis, Rn 507.

Werklieferungsvertrag nicht, dass die Hardware aus mehreren verschiedenen Fertigbestandteilen zusammengefügt ist.[67] In derartigen Fällen kommt **Kaufrecht** zur Anwendung.

2. Probleme bei Hardwarepaketen

Bei Mängeln einzelner Bestandteile einer Computeranlage kann sich die Frage stellen, ob (unter den weiteren gesetzlichen Voraussetzungen)[68] ein **Rücktritt** vom gesamten Vertrag oder nur ein **Teilrücktritt** zulässig ist.[69] Dieses Problem findet sich wieder bei der in der Praxis häufigen **Lieferung von Hard- und Softwarepaketen.** Maßgeblich für die Bewertung, ob es sich um eine **einheitliche Kaufsache** handelt, ist die **Verkehrsanschauung** und nicht der Wille der Parteien.[70] Wenn die Komponenten entsprechend den Wünschen, Bedürfnissen und finanziellen Möglichkeiten des Anwenders grundsätzlich beliebig zusammengestellt und miteinander kombiniert werden, können, ist dies zu verneinen;[71] in einem solchen Fall führt auch die Tatsache, dass der Verkauf der einzelnen Bestandteile des Gesamtsystems in derselben Vertragsurkunde niedergelegt worden sind, nicht zu einem anderen Ergebnis.[72] Um ein **einheitliches Rechtsgeschäft** handelt es sich demgegenüber, wenn der Käufer im Falle des Erwerbs einzelner Bestandteile einer PC-Konfiguration für den Verkäufer erkennbar mangels eigener Sachkenntnis nicht in der Lage ist, eine seinen Anforderungen gerecht werdende Computer-Konfiguration selbständig zusammen zu stellen und die Lieferung des gesamten Hardware-Paketes aus einer Hand wünscht.[73] 604

3. Darlegungsanforderungen

Im Falle der Rüge eines Mangels beim Kauf einer EDV-Anlage genügt es nicht, wenn der Käufer pauschal behauptet, die Anlage funktioniere nicht.[74] Die Substantiierungspflicht gebietet auch dem „Computerlaien“ den Fehler und seine Erscheinungsform so genau zu beschreiben, dass damit ein Bedienungsfehler ausgeschlossen und eine Fehlerüberprüfung ermöglicht werden kann. Der Kläger muss konkrete Angaben darüber machen, bei welchen Arbeitsschritten und Programmfunktionen Störungen aufgetreten sind und in welcher Weise sich diese durch bestimmte Fehlermeldungen bemerkbar gemacht haben.[75] 605

IV. Erwerb von Soft- und Hardware auf Zeit

Praktisch unstreitig ist die Einordnung von **Hard- und Softwareverträgen auf Zeit.** Es handelt sich um **Mietverträge.**[76] Die Überlassung auf Zeit kommt durch eine befristete Vertragsdauer, regelmäßig fällige Nutzungsgebühren oder durch Kündigungsmöglichkeiten zum Ausdruck. Der Vermieter muss Mängel an mietweise überlassener Hard- oder Soft- 606

67 OLG Frankfurt, CR 2002, 638; Redeker, IT-Recht in der Praxis, Rn 507.
68 Vgl insoweit Palandt/Putzo § 437 Rn 20 ff.
69 Ersteres wurde – jeweils unter der Geltung des alten Rechts – bejaht u.a. in den Fällen von OLG München, NJW-RR 1992, 1269 (Gesamtwandlungsrechts); LG Oldenburg, NJW-RR 1996, 1461; LG Aachen, NJW-RR 1995, 49. Zur Lage unter dem neuen Recht (Anwendung des § 325 Satz 1 BGB im Falle des Rücktritts) siehe Palandt/Putzo § 437 Rn 22; Zur sachenrechtlichen Ebene (§§ 97, 947, 950, 985 BGB) in derartigen Konstellationen vgl etwa OLG Köln, CR 1996, 600 (im dortigen Fall Entstehung einer neuen Sache durch Einbau von Steckkarten in einen Scanner verneint).
70 BGH NJW 1988, 406; OLG Koblenz, NJW-RR 1994, 1206.
71 LG Oldenburg, NJW-RR 1996, 1461.
72 BGH NJW 1987, 2004; LG Oldenburg, NJW-RR 1996, 1461.
73 LG Aachen, NJW-RR 1995, 49.
74 OLG Düsseldorf, CR 1999, 145.
75 OLG Düsseldorf, CR 1999, 145; OLG Köln, CR 1997, 213 (für Standardsoftware).
76 Redeker, IT-Recht in der Praxis, Rn 596; Koch, Software- und Datenbank-Recht, § 2 Rn 66; Junker/Benneke, Computerrecht, Rn 165.

ware beseitigen und sie wieder in vertragsgemäßen Zustand versetzen und diesen erhalten.[77] Der **Mängelbegriff** des Mietrechts ähnelt dem des Kaufrechts. Die Mietsache ist dann mangelhaft, wenn eine tauglichkeitsmindernde Abweichung zum vertragsgemäßen Gebrauch vorliegt (§ 536 Abs. 1 S. 1 BGB).[78]

607 Zunächst steht dem Mieter das **Minderungsrecht** nach § 536 Abs. 1 BGB zu.[79] Wichtig ist die unverzügliche **Mängelanzeige** gemäß § 536c Abs. 1 BGB.[80] Das Risiko der Aufklärung und Behebung von Mängeln trägt der Vermieter; die Beweislast dafür, dass gerügte Mängel bestehen und es sich nicht um Bedienungsfehler handelt, trägt der Mieter.[81] Neben der Minderung besteht auch das Recht auf **Mängelbeseitigung** und **Schadensersatz.**[82] Auch die fristlose Kündigung ist denkbar, wenn dem Mieter der Gebrauch der Software ganz oder teilweise nicht rechtzeitig gewährt oder wieder entzogen wurde.[83] Kennt der Mieter bei Vertragsschluss den Mangel, so besteht kein Mängelbeseitigungsanspruch (§ 536b BGB).

608 Zulässig ist in einem Softwaremietvertrag eine sog. **CPU[84]-Klausel**, nach der die Verwendung der Software auf einem im Vergleich zum vertraglich vereinbarten leistungsstärkeren Rechner oder auf weiteren Rechnern von der Vereinbarung über die Zahlung einer zusätzlichen Vergütung abhängig gemacht wird.[85]

V. Probleme mit Wartung und Pflege von Software

609 Häufig werden mit Computersystemen gleichzeitig sog. **Pflege- oder Wartungsverträge** abgeschlossen.[86] Soweit nach diesen Verträgen ein Erfolg geschuldet ist, sind sie als **Werkverträge** anzusehen.[87] Die Leistung ist in diesen Fällen mangelhaft, wenn die Software aufgrund der Pflege oder Wartung in einen funktionsuntauglichen Zustand gerät.[88] Soweit kein Erfolg geschuldet ist, handelt es sich um **Dienstverträge.** Im Rahmen des Dienstvertragsrechts gibt es nur die Möglichkeit verschuldensabhängiger Schadensersatzhaftung.[89]

610 Es soll regelmäßig keinen Mangel bzw keine Pflichtverletzung darstellen, wenn die mit der Wartung beauftragte (juristische) Person vor Beginn der Wartungsarbeiten keine **Datensicherung** an einem gewerblich eingesetzten EDV-System vornimmt. Dies gilt jedenfalls dann, wenn sich der jeweilige Servicetechniker zuvor danach erkundigt habe, ob eine ordnungsgemäße Datensicherung bestehe, dies bejaht wurde und keine ernsthaften Zweifel an dieser Aussage bestehen mussten.[90]

---

77 Koch, Software- und Datenbank-Recht, § 5 Rn 89.
78 Koch, Software- und Datenbank-Recht, § 5 Rn 92.
79 Koch, Software- und Datenbank-Recht, § 5 Rn 94. Die Minderung kann dabei in besonderen Fällen bis zu 100% betragen; vgl etwa LG Stuttgart, CI 1999, 103.
80 Koch, Software- und Datenbank-Recht, § 5 Rn 90.
81 Koch, Software- und Datenbank-Recht, § 5 Rn 90. Stützt der Mieter die außerordentliche Kündigung auf den Ausfall der Anlage, hat der Vermieter nach OLG Hamm, CR 1989, 910, zu beweisen, dass der Mieter den Mangel zu vertreten hat.
82 Koch, Software- und Datenbank-Recht, § 5 Rn 95 f. Zum Schadensersatz bei Miete eines kompletten EDV-Systems mit Hard- und Software siehe LG Freiburg, CR 1988, 382 („Ist bewiesen, dass in den Zeiträumen mangelnder Einsatzfähigkeit der EDV-Anlage Umsatzverluste eintraten, so ist der Beweis des ersten Anscheins dafür erbracht, dass der allgemeine Umsatzrückgang wesentlich auf die Beeinträchtigung durch die Störanfälligkeit der Anlage einschließlich der Fehlerhaftigkeit der Programme zurückzuführen ist.").
83 BGH NJW 1993, 122.
84 Central Processing Unit.
85 BGH NJW 2003, 2014.
86 Vgl dazu Koch, Software- und Datenbank-Recht, § 4 Rn 1 ff.
87 Redeker, IT-Recht in der Praxis, Rn 648; Koch, Software- und Datenbank-Recht, § 4 Rn 30 ff.
88 Koch, Software- und Datenbank-Recht, § 4 Rn 36; § 5 Rn 104.
89 Koch, Software- und Datenbank-Recht, § 5 Rn 104 f.
90 OLG Hamm, MMR 2004, 487.

VI. Tatsachenermittlung

611 Aufgabe des Anwalts ist es, den **Prozessstoff** zu sammeln und aufzuarbeiten, insbesondere um Fehler der Hard- oder Software darlegen und beweisen zu können. Der Anwalt muss beim Mandanten alle im Zusammenhang mit der Auseinandersetzung verfügbaren Dokumenten anfordern; hierzu gehören Vertragsdokumente, Leistungsbeschreibungen, Pflichtenhefte, Spezifikationen sowie weitere Dokumente, insbesondere Protokolle eines eventuell durchgeführten **Change-Request-Verfahrens**, in dem der Vertragsgegenstand nachträglich geändert worden ist.

612 Der Anwalt muss insbesondere klären, inwiefern der betreffende Gegenstand (Software oder Hardware) tatsächlich vom Sollzustand abweicht, sowie, ob diese Abweichung auf ein Unterlassen des Mandanten bei der notwendigen Mitwirkung im Rahmen der Erstellung zurückzuführen ist und was die Gründe für dieses Unterlassen waren.

VII. Fehlermeldungen, Fristsetzungen

613 Wie im Bauprozess wird dem Anwalt die Aufgabe zukommen, die Einhaltung vorprozessualer Obliegenheit seines Mandanten im Zusammenhang mit der **Geltendmachung von Mängeln** (etwa bei der Mängelanzeige des Mieters nach § 536c BGB) sicher zu stellen.[91] Ist der Anwalt schon frühzeitig in die sich abzeichnende Auseinandersetzung eingebunden, muss er vorbereitende Maßnahmen wie die Meldung von auftretenden Fehlern oder eventuelle Fristsetzungen mit Blick auf einen drohenden Prozess überwachen.

1. Fehlermeldungen und -protokolle

614 Fehler müssen in einer Art und Weise gemeldet werden, dass diese in der (späteren) gerichtlichen Auseinandersetzung die notwendigen Rückschlüsse auf den streitgegenständlichen Mangel zulassen.[92]

615 Wegen der **Interdependenz von Hardware und Software** können sich vom Hardwarelieferanten zu vertretende Fehler so auf die Software auswirken, dass sich ein Mangel der Hardware dem ersten Anschein nach als ein Mangel der Software darstellt. Rein vorsorglich sollte daher der Fehler nicht nur demjenigen gemeldet werden, der nach Ansicht des Mandanten die fehlerbehaftete Ware geliefert hat, sondern auch dem Wartungsunternehmer, dem Hardwarelieferanten, dem Softwarelieferanten sowie sonstige im Weiteren beteiligte Zulieferer.

616 Um die Darlegung in einem späteren Mängelprozess zu erleichtern, sollten frühzeitig, also möglichst ab dem ersten Auftreten eines Programm- oder Funktionsfehlers, die nachfolgend aufgelisteten Angaben lückenlos protokolliert und der Gegenseite mitgeteilt werden:[93]

- die Uhrzeit des Auftretens des Fehlers,
- die Bedienungsperson,
- die Art der bei Auftauchen des Fehlers eingegebener Daten,
- (sofern es um Mängel an der Hardware geht) die genaue Bezeichnung des Programms, mit dem gearbeitet wurde,
- eventuelle Fehleranzeigen auf dem Bildschirm (unter Beifügung von Ausdrucken – Screenshots – der Bildschirmmeldung),

91 Schneider, Handbuch des EDV-Rechts, P Rn 12 ff.
92 Schneider, Handbuch des EDV-Rechts, P Rn 25.
93 Schneider, Handbuch des EDV-Rechts, P Rn 25; Redeker, IT-Recht in der Praxis, Rn 355.

- bezüglich des Fehlers getroffene Maßnahmen,
- Umstände der Fehlermeldung (Person des Meldenden, Person des Empfängers auf Seiten des Gegners; Reaktion des Gegners).

2. Fristsetzungen

617 Mit Blick auf einen späteren Prozess müssen auch alle diejenigen Willenserklärungen abgegeben werden, die zu der Verfolgung des Anspruchs notwendig sind. Dies gilt vor allem für die Setzung bestimmter Fristen. Als wichtige Fristen kommen vorliegend die in §§ 281 Abs. 2 und 323 Abs. 2 BGB (ggf in Verbindung mit § 637 BGB)[94] und § 640 Abs. 1 Satz 3 BGB genannten in Betracht. Fristen müssen **angemessen** bestimmt werden. Nachträgliche, zu einer zeitlichen Verschiebung führende Vertragsänderungen, die sich durch eine veränderte Aufgabenstellung ergeben, gehen nicht zu Lasten des Unternehmers.[95]

VIII. Beweissicherung, insbesondere das selbständige Beweisverfahren

1. Beweissicherung

618 **Nach Klärung der Fakten** müssen die Erkenntnisse der Tatsachenaufklärung für eine spätere Verwertung im Prozess gesichert werden. Stehen Zeugen und Schriftstücke zur Verfügung ist dies in der Regel unproblematisch. Der Mandant sollte darauf hingewiesen werden, dass der Kontakt zu **ausscheidenden Mitarbeitern**, die als Zeugen infrage kommen, aufrecht erhalten werden sollte.

619 Das Hauptproblem der Beweissicherung stellt die Darstellung des Zustandes von vertragsgegenständlicher Software für den im Prozess relevanten Zeitpunkt dar (idR den Zeitpunkt des Minderungs- oder Rücktrittsverlangens).

620 Ist die Software auf einer EDV-Anlage installiert, wird sich dieser Zustand regelmäßig nicht über den gesamten Zeitraum des Prozesses bewahren lassen, da der Mandant zumeist nicht auf den Weiterbetrieb der Anlage verzichten kann, nur um die Software unverändert zu belassen.

621 Der Mandant sollte daher für diesen Fall einen Sachverständigen beauftragen, der den Zustand dokumentieren und im Prozess als sachverständiger Zeuge zur Verfügung stehen kann. Der Sachverständige kann seine Dokumentation durch die Anfertigung von **Festplattenabzügen** erstellen; ob er lizenzrechtlich zu einer Neuinstallation des Programms, was die Erstellung einer Kopie und die Neuspeicherung des Programms erfordert, befugt sein wird, ist von der Reichweite der eingeräumten Lizenz abhängig.

2. Selbständiges Beweisverfahren

622 Schließlich kommt die Durchführung eines **selbständigen Beweisverfahrens** in Betracht (§§ 485 ff ZPO). Dieses hat den Vorteil, dass es die Verjährung der geltend zu machenden Ansprüche hemmt (§ 204 Nr. 7 BGB), dass es klare und verbindliche Ergebnisse liefert und die Kosten – im Gegensatz zu den Kosten eines Privatsachverständigen – als Prozesskosten regelmäßig von der **Rechtsschutzversicherung** übernommen werden. Der Nachteil eines solchen Verfahrens ist, dass es sich über einen längeren Zeitraum hinziehen kann, insbesondere wenn keine konkrete Mängelrüge behandelt wird, sondern der Leistungsumfang

94 Hier sind §§ 636, 440 BGB zu beachten.
95 BGH NJW-RR 1993, 178.

der erstellten Software ermittelt werden soll. Vor Durchführung sollte zunächst, wie bereits oben angemerkt, mithilfe eines privaten Gutachters die Beweisführung vorgezeichnet werden, um sich vor „bösen Überraschungen" im förmlichen Beweisverfahren zu schützen. Die Erstattung der **Kosten eines notwendigen Privatgutachtens** durch den Gegner kann nach Maßgabe der neuesten BGH-Rechtsprechung[96] im Wege des Schadensersatzes eingefordert werden.

Hinsichtlich der Voraussetzungen und der Durchführung des **selbständigen Beweisverfahrens** sei auf den Band „Privates Baurecht" verwiesen. 623

B. Prozess

I. Grundsätzliches

Ob aus der Perspektive des Verkäufers, Unternehmers oder Vermieters oder aus der des Käufers, Bestellers oder Mieters: Die **prozessuale Durchsetzung von Erfüllungs- und Gewährleistungsansprüchen** (und die Abwehr dagegen) erfolgt nach dem gleichen Muster wie im sonstigen **Kauf-, Werkvertrags- und Mietrecht.** Für die Verfolgung der entsprechenden Ansprüche kann daher auf die zu diesen Rechtsbereichen unterbreiteten **Muster samt Erläuterungen** zurückgegriffen werden. Zu beachten sind jedoch die an dieser Stelle dargestellten Besonderheiten: Dies gilt zum einen für die unter Teil A. dargestellten, zum anderen für die nachfolgend skizzierten, bei der Antragstellung und dem Sachvortrag zu beachtenden Spezifika. 624

II. Besonderheiten der Antragstellung

1. Zahlungs-, insbesondere Rückabwicklungsklagen

Keine Besonderheiten treten bei der Antragstellung auf, sofern es um Vergütungs-, Minderungs- und Schadensersatzansprüche auf Geld geht und sofern die Zahlung nicht – wie beim Rückabwicklungsprozess – von einer Gegenleistung abhängt. 625

Bei den Ansprüchen des Käufers auf **Rückabwicklung eines Soft- oder Hardwarekaufvertrages** kann dagegen Zahlung[97] nur Zug-um-Zug gegen Rückgabe der gelieferten Ware verlangt werden. Die Ware, die an den Beklagten im Zuge der Rückabwicklung übergeben wird, muss – wie unter Rn 86 dargestellt – so bezeichnet werden, dass die Gegenleistung in der Urteilsformel so bestimmt ist, dass dem Gerichtsvollzieher bei der Vollstreckung ohne Weiteres die Prüfung möglich ist, ob die ihm von dem Gläubiger übergebene, dem Schuldner anzubietende Ware der nach dem Urteil geschuldeten Gegenleistung nach Vollständigkeit und Richtigkeit entspricht.[98] Bei Standardsoftware reicht ihre Bezeichnung aus. Bei Individualsoftware sind im Zweifel Listen oder ein Datenträger, auf dem das Programm enthalten ist, beizufügen. Hier gelten ähnlich hohe Anforderungen wie bei der Fassung des Antrags auf Unterlassung im Verletzungsprozess (siehe oben § 3 Rn 536 ff).[99] 626

Ist eine Rückgabe nicht möglich, etwa weil der Käufer die betreffende Software aus dem Internet heruntergeladen hat, kommt die Löschung in Betracht. Ohnehin schuldet der Klä- 627

96 BGH NJW 2004, 3042. Siehe auch OLG Hamburg WuM 1990, 75; OLG Hamm, WuM 1983, 76; KG, GE 1985, 249. Näher dazu oben unter § 1 Rn 86.

97 Bei der Rückabwicklung eines Leasingvertrages muss dem leasingspezifischen Dreiecksverhältnis zwischen Leasingnehmer, Leasinggeber und Lieferanten Rechnung getragen werden; entsprechend kann bei einer Rückabwicklung nur Zahlung an den Leasinggeber verlangt werden.

98 BGH NJW 1993, 324; KG, NJW-RR 1994, 959; KG, OLGZ 1971, 386; OLG Frankfurt, JurBüro 1979, 389.

99 LG Düsseldorf, CR 1995, 220; KG, NJW-RR 1994, 959; AG Offenbach, NJW-RR 1989, 445.

ger nicht bloß die Rückgabe des ihm gelieferten Datenträgers, der das Programm enthält, sondern auch die **Löschung beim Kläger befindlicher (Sicherungs-) Kopien.**[100]

628 Zu beachten ist auch, dass, wie unter Rn 88 erläutert, nach **§§ 756 Abs. 1, 765 Nr. 1 ZPO** im Falle der Zug-um-Zug-Verurteilung die Vollstreckung nur bewirkt werden kann, wenn der Nachweis, dass der Schuldner im Verzug der Annahme ist, durch öffentliche Urkunde geführt wird und eine Abschrift dieser Urkunde bereits zugestellt ist. Deshalb muss, wenn sich der Beklagte mit der Rücknahme der im Hauptantrag bezeichneten Ware in **Annahmeverzug** befindet, ein entsprechender Feststellungsantrag aufgenommen werden.

2. Nachbesserungsklagen

629 Bei **Klagen auf Nachbesserung** (§§ 439, 635 BGB) muss der vom Beklagten zu behebende Fehler bezeichnet werden. Solange eine solche Konkretisierung nicht möglich ist, kann kein Nachbesserungsverlangen im Antrag konkretisiert werden. Dem Beklagten ist es indes zu überlassen, welche konkreten Maßnahme er treffen will, um den Mangel zu beseitigen,[101] die Art und Weise der Nachbesserung ist daher nicht in den Antrag aufzunehmen.[102]

III. Besonderheiten des Sachvortrags

630 Wie beim Schutzrechtsprozess muss der Prozessstoff in den Schriftsätzen so aufgearbeitet und dargestellt werden, dass das Gericht in der Lage ist, diesen zu erfassen und von diesem seine Überzeugung leiten zu lassen. **Technische Fachausdrücke** können nicht immer vermieden werden, sollten aber bei ihrer Einführung erläutert werden.

631 Bei einer Vielzahl von **Vertragsdokumenten und Leistungsspezifikationen** sollte klargestellt werden, welche dieser Unterlagen den geschuldeten Leistungsgegenstand konkretisieren, und der Inhalt der Dokumente erläutert werden.

632 **Mängel** sollten im Schriftsatz selbst dargelegt werden, eine bloße Bezugnahme auf eine Fülle unspezifizierter **Anlagen** reicht nicht aus. Wie unter § 3 Rn Rn 469 dargestellt, ist das Gericht nicht gehalten, sich mit viel Fantasie und Mühe aus einer Vielzahl von Unterlagen, die die Partei anstelle eines substantiierten Vorbringens einreicht, das möglicherweise Passende herauszusuchen, was zur Folge hat, dass der Inhalt der Anlagen unberücksichtigt bleibt.[103] Anlagen sollen ausschließlich der Detaillierung, Substantiierung und zur Präzisierung des Beweisangebots dienen. Liegt eine Vielzahl von Mängeln vor, kann es angezeigt sein, sich auf prägnante und dem Beweis besser zugängliche Mängel zu konzentrieren.

---

100 Redeker, IT-Recht in der Praxis, Rn 366.
101 BGH NJW 1978, 1584.
102 OLG Stuttgart, NJW-RR 1999, 792.
103 OLG Köln, OLGR 2003, 124.

Stichwortverzeichnis

Verweise erfolgen auf Teile (fett) und Randnummern (mager).

FormularBibliothek Zivilprozess

herausgegeben von

Dr. Ludwig Kroiß,
Direktor des Amtsgerichts

FormularBibliothek Zivilprozess

Gesellschaftsrecht Wettbewerbsrecht

2. Auflage

Gesellschaftsrecht
Dr. Hans-Joachim David, Rechtsanwalt und Notar,
Fachanwalt für Steuerrecht

Wettbewerbsrecht
Dr. Christian Breuer, Rechtsanwalt

Nomos

Die Deutsche Nationalbibliothek verzeichnet diese Publikation in der Deutschen Nationalbibliografie; detaillierte bibliografische Daten sind im Internet über http://dnb.d-nb.de abrufbar.

FormularBibliothek Zivilprozess
ISBN 978-3-8329-5201-3

Einzelband **Gesellschaftsrecht | Wettbewerbsrecht**
ISBN 978-3-8329-5410-9

Hinweis:
Die Muster der FormularBibliothek Zivilprozess sollen dem Benutzer als Beispiele und Arbeitshilfen für die Erstellung eigener Schriftsätze dienen.
Sie wurden mit größter Sorgfalt von den Autoren erstellt. Gleichwohl bitten Autoren und Verlag um Verständnis dafür, dass sie keinerlei Haftung für die Vollständigkeit und Richtigkeit der Muster übernehmen.

2. Auflage 2010

FormularBibliothek Zivilprozess

Inhalt

Verweise erfolgen auf Randnummern

Musterverzeichnis

Verweise erfolgen auf Randnummern

Literatur

Kommentare, Monografien: Baumbach, HGB, 33. Aufl. 2008; Baumbach/Hueck, GmbHG, 18. Aufl. 2006; Blaurock, Handbuch der stillen Gesellschaft, 6. Aufl. 2003; Drenckhan, Gläubigerschutz in der Krise der GmbH, 2006; Friedewald, Die personalistische Aktiengesellschaft, 1991; Goebel, Zivilprozessrecht, 2. Aufl. 2006; Goebel, Zwangsvollstreckung, AnwaltFormulare, 3. Aufl. 2008; Hachenburg, GmbHG, 8. Aufl. 1992/1997; Happ, Aktienrecht, 3. Aufl. 2007; Happ, Die GmbH im Prozess, 1997; Hefermehl/Köhler/Bornkamm, Wettbewerbsrecht, 26. Aufl. 2008; Hopt/Wiedemann, AktG, Großkommentar, 4. Aufl. 1992; Hüffer, AktG, 7. Aufl. 2006; Karsten Schmidt, Gesellschaftsrecht, 4. Aufl. 2002; Kölner Kommentar zum AktG, 2. Bearb. 2004 ff.; Littbarski, Einstweiliger Rechtsschutz im Gesellschaftsrecht, 1996; Lutter/Hommelhoff, GmbHG, 17. Aufl. 2009; Münchener Handbuch des Gesellschaftsrechts 3. Aufl. 2007 ff.; Münchener Kommentar zum Aktiengesetz, 2. Aufl. 2001 ff.; 3. Aufl. 2008 ff.; Münchener Kommentar zum BGB, 4. Aufl. 2004 ff.; Münchener Kommentar zum Handelsgesetzbuch, 2. Aufl. 2006 ff.; Münchener Vertragshandbuch, Bd. 1 Gesellschaftsrecht, 6. Aufl. 2005; Oestreich/Winter/Hellstab, Streitwerthandbuch, 2. Aufl. 1998; Palandt, Bürgerliches Gesetzbuch, 68. Aufl. 2009; Saenger/Aderhold/Lenkaitis/Speckmann (Hrsg.), Handels- und Gesellschaftsrecht, Praxishandbuch 2007; Saenger/Ullrich/Siebert, ZPO – Kommentiertes Prozessformularbuch, 2009; Scholz, GmbHG, I. Band, 9. Aufl. 2002; Scholz, GmbHG, II. Band, 9. Auflage 2002; Staudinger, BGB-Kommentar, Bearb. 2008; Vorwerk, Das Prozessformularbuch, 8. Auflage, 2005; Wieczorek/Schütze, ZPO, 3. Aufl. 2005; Zöller, ZPO, 27. Aufl. 2008

Aufsätze: Antweiler, Subventionskontrolle und Auftragsvergabekontrolle durch Bewilligungsbehörden und Rechnungshöfe, NVwZ 2005, 168; Attendorn, Der Widerruf von Zuwendungsbescheiden wegen Verstoßes gegen Vergaberecht, NVwZ 2006, 991; Auktor, Praktische Probleme bei der Mehrfachvertretung von Gesellschaften NZG 2006, 334; Bärwaldt, Ausschließung von Gesellschaftern aus wichtigem Grund, NZG 2003, 261; Becker, Der Ausschluß aus der Aktiengesellschaft, ZGR 1986, 383; Böttcher, Verpflichtung des Vorstands einer AG zur Durchführung einer Due Diligence, NZG 2005, 49; Bungert, Die Festsetzung eines Nullausgleichs führt bei einer defizitären Aktiengesellschaft nicht zur Nichtigkeit des Gewinnabführungsvertrags, Anmerkung zu BGH, Urteil vom 13.2.2006 AZ: II ZR 392/03, BB 2006, 1128; Bungert, Fortbestehen der Anfechtungsbefugnis nach wirksam gewordenem Squeeze Out, BB 2007, 57; David, Sinn und Unsinn von Unterwerfungserklärungen, Prozessrecht Aktiv 2003, 56; David, Unterlassungsverfügungen: Aushebeln durch Wechsel ins Hauptverfahren, Prozessrecht Aktiv 2002, 113; Fuhrmann, Das Freigabeverfahren bei Squeeze-out-Beschlüssen, Konzern 2004, 1; Gehrlein, Nichtigkeit von Gesellschafterbeschlüssen aufgrund schwer wiegender, die Teilnahme an einer Gesellschafterversammlung faktisch unmöglich machender Form- und Fristmängel der Ladung, Anmerkung zu BGH, Urteil vom 13.2.2006 AZ: II ZR 200/04, BB 2006, 852, 853; Gehrlein, Rechtsprechungsübersicht zum GmbH-Recht in den Jahren 2001-2004: GmbH-Gründung, Ausscheiden eines Gesellschafters und Gesellschafterhaftung, BB 2004, 2361; Goette, Ausschließung und Austritt aus der GmbH in der Rechtsprechung des Bundesgerichtshofs, DStR 2001, 533; Haas, Der Erstattungsanspruch nach § 64 II GmbHG, NZG 2004, 737; Hennrichs, "Basel II" und das Gesellschaftsrecht, ZGR 2006, 563; Hirte, Die Entwicklung des Unternehmens- und Gesellschaftsrechts in Deutschland im Jahre 2007, NJW 2008, 964; Hopt, Europäisches und deutsches Insiderrecht, ZGR 1997, 1; Karrer, Der besondere Vertreter im Recht der Personengesellschaften, NZG 2008, 206; Karsten Schmidt, Gemeinschaftsunternehmen im Recht der WettbewerbsbeschränkungenAG 1987, 331; Kiethe, Ausschluss aus der Personengesellschaft und Einstweilige Verfügung, NZG 2004, 114; Koch, Geschäftsleiterpflicht zur Sicherstellung risikoadäquaten Versicherungsschutzes, ZGR 2006, 184; König, Kraftloserklärung nicht eingereichter Aktien von Minderheitsaktionären nach einem Squeeze-out, NZG 2006, 606; Kort, Kein Erfordernis der Aufstellung und Auslegung eines Konzernabschlusses beim Squeeze-out (§ 327c III Nr. 2 AktG), NZG 2006, 604; Kulartz/Schilder, Rückforderung von Zuwendungen wegen Vergaberechtsverstößen, NZBau 2005, 552; Liese/Theusinger, Anforderungen an den Bericht des Aufsichtsrats vor dem Hintergrund steigender Anfechtungsrisiken für Entlastungsbeschlüsse, BB 2007, 2528; Lutz, Einstweiliger Rechtsschutz bei Gesellschafterstreit in der GmbH, BB 2000, 833; Müther, Zivilprozessuale Probleme der „neuen" BGB-Gesellschaft, MDR 2002, 987; ordnungsgemäßer Liquidation und Unterkapitalisierung, ZGR 2006, 374; Pfüller/Anders, Delisting-Motive vor dem Hintergrund neuerer Rechtsentwicklungen, NZG 2003, 459; Priester, Gesellschafterdarlehen in der Vorbelastungsbilanz, ZGR 1993, 512; Rainer

Beck, Die Haftung des Geschäftsführers nach § 64 Abs. 2 GmbHG, § 823 Abs. 2 i.V.m. § 64 Abs. 1 GmbHG, ZInsO 2007, 1233; Reichert/Winter, Die „Abberufung“ und Ausschließung des geschäftsführenden Gesellschafters der Publikums-Personengesellschaft, BB 1988, 981; Rodewald/ Unger, Corporate Compliance - Organisatorische Vorkehrungen zur Vermeidung von Haftungsfällen der Geschäftsleitung, BB 2006, 113; Roth, Unterkapitalisierung und persönliche Haftung, ZGR 1993, 170; Schemmann, Mehrfachbeteiligung von Gesellschaftervertretern bei Organbeschlüssen, NZG 2008, 89; Scholz, Beschlussmängelstreitigkeiten in Personengesellschaften – Verselbständigung auch im Innenverhältnis, WM 2006, 897; Spindler, Haftung und Aktionärsklage nach dem neuen UMAG, NZG 2005, 865; Steck, „Going private“ über das UmwG, AG 1998, 460; Tschering, Der Ausschluß eines GmbH-Gesellschafters durch Gesellschafterbeschluß, GmbHR 1999, 691; Veil, Krisenbewältigung durch Gesellschaftsrecht. Verlust des halben Kapitals, Pflicht zu; Wachter, GmbH & Co. KG, Auditorium Celle, September 2006, S. 1; Wertenbruch, Die Parteifähigkeit der GbR – Die Änderungen für die Gerichts- und Vollstreckungspraxis, NJW 2002, 324; Westermann, Erste Folgerungen aus der Anerkennung der Rechtsfähigkeit der BGB-Gesellschaft, NZG 2001, 289; Wimmer, Die Haftung des GmbH-Geschäftsführers - Insbesondere im Fall der Zahlungsunfähigkeit und Überschuldung, NJW 1996, 2551;

§ 1 Anfechtung von Gesellschafterbeschlüssen

1 Oberstes Willensbildungsorgan von Gesellschaften ist die **Gesellschafterversammlung.** Ihre Beschlüsse bestimmen maßgeblich deren Schicksal. Im Jahr 2006 gab es Schätzungen zufolge in Deutschland über 950.000 GmbHs, knapp über 187.000 Kommanditgesellschaften, von denen ca. 150.000 GmbH & Co. KG sind.[1] Die nachfolgende Darstellung orientiert sich daher im Schwerpunkt an den Rechtsproblemen der GmbH, der bei weitem häufigsten Gesellschaftsform im Geschäftsleben. Die GmbH sowie die GmbH & Co. KG sind auch in erster Linie durch das MoMiG (Gesetz zur Modernisierung des GmbH-Rechts und zur Bekämpfung von Missbräuchen) vom 23.10.2008 (BGBl. I S. 2026) betroffen. Die entsprechenden Gesetzesänderungen sind berücksichtigt. Auf Besonderheiten bei anderen Gesellschaftsformen, hauptsächlich GbR, OHG, KG und AG wird jedoch gesondert hingewiesen. Sie werden auch in den Mustern berücksichtigt. Zusätzlich hingewiesen wird auch auf die Änderungen der Rechtslage durch das Inkrafttreten des Gesetzes über das Verfahren in Familiensachen und in den Angelegenheiten der freiwilligen Gerichtsbarkeit (FamFG) vom 17.12.2008 (BGBl. I S. 2586), das zum 1.9.2009 in Kraft getreten ist.

A. Vorprozessuale Situation

2 Im Idealfall wird der Rechtsanwalt bereits im **Vorfeld** der Gesellschafterversammlung, auf der ein umstrittener Beschluss gefasst werden soll, mit der Beratung beauftragt. Sollte die Gesellschaft selbst ihn mit der Vertretung beauftragen, wird er im Falle eines Anfechtungs- oder Nichtigkeitsprozesses auf der Beklagtenseite stehen. Zusätzlich zur materiellrechtlichen Beratung der Gesellschaft wird seine Aufgabe in diesem Falle regelmäßig darin liegen, für eine ordnungsgemäße Einberufung und Durchführung der Gesellschafterversammlung zu sorgen.

I. Gesetzliche Grundlagen der Gesellschafterversammlung und der Beschlussanfechtung

1. Einberufung und Durchführung der Gesellschafterversammlung

3 Die **Zuständigkeit** der Gesellschafterversammlung für den geplanten Beschluss ergibt sich für die GmbH nach § 45 Abs. 2 GmbHG in erster Linie aus dem Gesellschaftsvertrag. Ist nach dem Gesellschaftsvertrag zwingend etwa der Aufsichtsrat oder der Geschäftsführer zuständig, kann ein zulässiger Gesellschafterbeschluss zu dieser Frage selbstverständlich nicht gefasst werden, außer der Aufsichtsrat ist insoweit ausnahmsweise funktionsunfähig. Dann besteht eine Ersatzzuständigkeit der Gesellschafterversammlung.[2] Wenn die Satzung der GmbH nicht zwingend die Kompetenz eines anderen Gesellschaftsorgans vorsieht, darf die Gesellschafterversammlung jedoch aufgrund ihrer Allzuständigkeit jede Angelegenheit an sich ziehen und für andere Organe im Innenverhältnis bindend entscheiden.[3] Das gilt für die AG nur mit Einschränkungen, § 119 AktG. Der **Zuständigkeitskatalog** des § 46 GmbHG für die Gesellschafterversammlung ist insoweit dispositiv. Die extensive Erweiterung der Zuständigkeit muss aber für den Geschäftsführer einen Grundbestand eigener

1 Wachter, GmbH & Co. KG, Auditorium Celle, September 2006 S. 1; Goette, GmbH-Reform Status/Recht 2007, 236 ff.
2 Zöllner in: Baumbach/Hueck, GmbHG, § 46 Rn 94.
3 Zöllner in: Baumbach/Hueck, GmbHG, § 46Rn 94.

Sachentscheidungen in Geschäftsführungsfragen belassen.[4] Die Einschränkung der Kompetenzen der Gesellschafterversammlung haben sich an der Maxime zu orientieren, dass der Gesellschafterversammlung ihre Stellung als oberstes Organ nicht genommen werden darf.[5] Bei der AG sind die Zuständigkeiten wesentlich starrer geregelt.

In formeller Hinsicht muss der Rechtsanwalt bei Beauftragung durch die Gesellschaft meist 4
schon überwachen, dass die Gesellschafterversammlung **form- und fristgemäß einberufen** wird. In aller Regel enthalten Gesellschaftsverträge Bestimmungen über die Einberufung von Gesellschafterversammlungen. Im Übrigen gelten für die GmbH §§ 49 ff GmbHG. Für die AG gelten insoweit §§ 121 ff AktG. Für die GbR und die OHG bzw KG gibt es insoweit keine gesetzlichen Regelungen. Die Einladung zu einer Gesellschafterversammlung unterliegt dort keiner bestimmten Form.[6] Meist finden sich aber im Gesellschaftsvertrag entsprechende Regelungen.

Das GmbHG regelt zwar in §§ 45, 51 auf welchem Wege und unter welchen Voraussetzungen 5
Beschlüsse der Gesellschafter der GmbH zustande kommen. Es enthält jedoch keine Vorschriften über die Anfechtung von Beschlüssen der Gesellschafterversammlung. Auch § 45 GmbHG, der für Rechte der Gesellschafter in Angelegenheiten der Gesellschaft auf den Gesellschaftsvertrag und hilfsweise auf §§ 46 bis 51 GmbHG verweist, hilft hier nicht weiter. Es besteht jedoch Einigkeit darüber, dass für die Anfechtung von Gesellschafterbeschlüssen die **aktienrechtlichen Regelungen** (§§ 241 ff AktG) über die Anfechtung und Nichtigkeit von Beschlüssen der Hauptversammlung entsprechend anzuwenden sind, soweit nicht die Besonderheiten des GmbH-Rechts dem entgegen stehen.[7]

Die zentrale Vorschrift für die Anfechtbarkeit von Gesellschafterbeschlüssen der GmbH ist 6
§ 243 Abs. 1 AktG. Dieser setzt die Verletzung des Gesetzes oder des Gesellschaftsvertrags durch einen Gesellschafterbeschluss voraus. Mit „Gesetz" ist dabei neben dem Gesetz im formellen Sinne auch jede untergesetzliche oder ungeschriebene Regelung gemeint.[8]

2. Nichtigkeits- und Anfechtungsgründe

Beschlussfehler sind im Wesentlichen zu unterteilen in Nichtigkeits- und Anfechtungsgründe. 7
So genannte Nichtbeschlüsse oder Scheinbeschlüsse, die beispielsweise durch Nichtgesellschafter gefasst werden oder nicht mit der erforderlichen Mehrheit gefasst worden sind, spielen in der Praxis kaum eine Rolle. Ist in diesem Fall ein unrichtiges Beschlussergebnis durch den Vorsitzenden der Gesellschafterversammlung festgestellt worden, muss dies mit der Anfechtungsklage angegriffen werden, andernfalls muss Feststellungsklage erhoben werden. Die sogenannten schwebend unwirksamen Beschlüsse, die zu ihrer Wirksamkeit noch zusätzlicher – bislang nicht vorliegender – Voraussetzungen bedürfen, sind weder fehlerhaft noch nichtig. Die schwebende Unwirksamkeit kann ohne weitere Beschränkungen gerichtlich geltend gemacht werden.[9]

---

4 Streitig vgl Zöllner in: Baumbach/Hueck, GmbHG, § 46 Rn 93.

5 Zöllner in: Baumbach/Hueck, GmbHG, § 46 Rn 92 ff.

6 Hoppe in: Saenger/Aderhold/Lenkaitis/Speckmann, Handels- und Gesellschaftsrecht, § 5 Rn 186; BGH LM BGB § 242 (Cd) Nr. 252; RGZ 163, 392.

7 7 BGH BB 2006, 851 mit Anmerkung Gehrlein, BB 2006, 852; BGHZ 104, 66, 69 ff; BGHZ 51, 209, 210; BGHZ 36, 207, 211; K. Schmidt in: Scholz, GmbHG, § 45 Rn 36 mwN; Kleveman in: Vorwerk, Das Prozessformularbuch, Kapitel 104 Rn 21.

8 8 BGHZ 134, 364ff; Schmitz-Herscheid/Coenen in: Saenger/Aderhold/Lenkaitis/Speckmann, Handels- und Gesellschaftsrecht, § 6 Rn 255; Wolff in: Münchener Handbuch des Gesellschaftsrechts, Bd 3, § 40 Rn 36.

9 K. Schmidt in: Scholz, GmbHG, § 45, Rn 59 Wolff in: Münchener Handbuch des Gesellschaftsrechts, Bd 3., § 40 Rn 7.

3. Nichtigkeitsgründe

8 Die Nichtigkeitsgründe sind auch für die **GmbH** im Aktienrecht abschließend aufgezählt, insbesondere in § 241 Nr. 1 AktG, der auf § 121 Abs. 2 bis 4 AktG verweist. Formverstöße, die in § 121 AktG nicht genannt sind, führen nicht zur Nichtigkeit, sondern zur bloßen Anfechtbarkeit.[10] Anders als bei Anfechtungsgründen kommt es hier nicht auf die Erheblichkeit des Nichtigkeitsgrundes für das Beschlussergebnis an, dh, es ist gleichgültig, ob der Beschluss auch ohne den nichtigkeitsbegründenden Mangel zustande gekommen wäre.[11] Für den Bereich der **Personengesellschaften** gibt es – prozessual bedingt – keine Anfechtungsgründe, sondern nur nichtigkeits- bzw unwirksamkeitsbegründende Beschlussmängel (vgl unter Rn 70).

a) Formelle Mängel

9 Formelle Umstände, die zur Nichtigkeit eines Beschlusse führen, sind in § 241 Nr. 1, 2, 5 und 6 AktG genannt. Danach führen insbesondere Mängel bei der **Einberufung** der Gesellschafterversammlung zur Nichtigkeit dort gefasster Beschlüsse. Aus der entsprechenden Anwendung der §§ 241 Nr. 1, 121 Abs. 3 und 4 AktG folgt die Nichtigkeit des Gesellschafterbeschlusses, wenn das Einberufungsverfahren grundlegende Mängel aufweist.

10 **Erschwert die Einladung** dem Gesellschafter die **Teilnahme** in einer Weise, die der Verhinderung seiner Teilnahme gleichkommt, wird ihm die Ausübung dieses unverzichtbaren Gesellschafterrechts ebenso entzogen wie im Falle der Nichtladung. Da das Teilnahmerecht über das Recht zur Abstimmung hinausgeht, ist es auch dann unentziehbar, wenn der betreffende Gesellschafter in der Versammlung nicht stimmberechtigt ist. Nichtig ist ein Gesellschafterbeschluss deshalb schon dann, wenn ein – auch nicht stimmberechtigter Gesellschafter am Vorabend der Gesellschafterversammlung eingeladen wurde, sei es auch unter Bekanntgabe der Tagesordnung. Er hat dann nicht mehr ausreichend Gelegenheit, sich hinreichend vorzubereiten.[12] Ebenfalls zur Nichtigkeit des Beschlusses führt die Nichteinladung eines Gesellschafters, der zuvor seine Mitgliedschaft der Gesellschaft gekündigt hatte, zu einer Gesellschafterversammlung, in der über die als Folge der Kündigung in der Satzung vorgesehene Liquidation der Gesellschaft und deren Folgen beschlossen wird. Denn der kündigende Gesellschafter bleibt Mitglied der Liquidationsgesellschaft und ist deshalb berechtigt, über die Folgen der Liquidation wie etwa Bestellung des Liquidators etc. mit zu entscheiden,[13] Nichtig ist ein Gesellschafterbeschluss auch dann, wenn überhaupt keine Gesellschafterversammlung einberufen wurde oder wenn die Einberufung aufgehoben und die Gesellschafterversammlung trotzdem durchgeführt wurde. Auch die Einberufung durch eine unbefugte Person führt zur Nichtigkeit der in der fraglichen Gesellschafterversammlung gefassten Beschlüsse.[14] Ob die Einberufungszuständigkeit der GmbH-Geschäftsführer nach § 49 Abs. 1 GmbHG durch Satzung eingeschränkt werden kann, ist umstritten. Die herrschende Meinung hält die Einberufungszuständigkeit des Geschäftsführers für entziehbar, wenn anderweitige Zuständigkeiten geschaffen werden.[15] Ein

10 Gehrlein, BB 2006, 852, 853.
11 K. Schmidt in: Scholz, § 45 Rn 69; BGH BB 2006, 851, 852 für Einberufungsmängel; BGHZ 11, 231, 239.
12 BGH BB 2006, 851 f; BGH WM 1985, 567 f.
13 OLG Stuttgart NZG 2008, 26 zu einem geschlossenen Immobilienfonds in Form der GbR, aber verallgemeinerungsfähig.
14 Gehrlein, BB 2006, 852; K. Schmidt in: Scholz, GmbHG, § 45 Rn 64.
15 Vgl dazu Zöllner in: Baumbach/Hueck, GmbHG, § 49 Rn 2 mwN.

Nichtigkeitsgrund liegt ferner in der Einladung nicht aller Teilnahmeberechtigten[16] oder in der fehlenden oder unrichtigen Orts- oder Datumsangabe.[17]

Mit Urteil vom 16.1.2006 hat der BGH Gesellschafterbeschlüsse, die durch Abstimmung im Wege eines in der Satzung nicht vorgesehenen sogenannten **kombinierten Verfahrens** gefasst wurden, für nichtig erklärt. Und zwar auch bei Einverständnis aller Gesellschafter.[18] 11

Die **kombinierte Beschlussfassung** besteht darin, dass nicht alle Gesellschafter ihre Stimme in der Gesellschafterversammlung abgeben. Einige der Gesellschafter geben ihre Stimme mündlich oder schriftlich außerhalb der Gesellschafterversammlung oder vorher bzw nachher ab.[19] Eine kombinierte Beschlussfassung in diesem Sinne liegt schon dann vor, wenn die in beschlussfähiger Anzahl in der Gesellschafterversammlung anwesenden Gesellschafter übereinkommen, dem nicht erschienen Gesellschafter durch ein nachträglich schriftlich auszuübendes Stimmrecht die Mitwirkung an der Beschlussfassung ermöglicht. Dafür, dass der nicht anwesende Gesellschafter mit seiner Stimme die Mehrheitsverhältnisse nicht maßgeblich beeinflussen kann bzw er seine Stimme gar nicht erst abgibt, nimmt dem Verfahren nicht den Charakter einer kombinierten Beschlussfassung. Dafür kommt es nur auf das eingeschlagene Verfahren an, nicht auf das Ergebnis der Abstimmung.[20] 12

Zulässig ist eine **kombinierte Beschlussfassung** nur soweit sie in der Satzung der Gesellschaft ausdrücklich zugelassen ist. Dies ist angesichts fortschreitender Kommunikationstechnik sinnvoll. Auch § 48 Abs. 2 GmbHG verweist auf die Textform der Regelung des § 126 b BGB. Deshalb wird es auch für zulässig gehalten, wenn die Satzung abwesenden Gesellschaftern die Stimmabgabe auch mittels Telefon, E-Mail oder Videokonferenz ermöglicht.[21] 13

Dass ausnahmsweise dieser nicht in § 241 Nr. 1, § 121 Abs. 2 bis 4 AktG genannte Einberufungsmangel gleichwohl zur Nichtigkeit von Beschlüssen führt, begründet der BGH damit, dass bereits Einberufungsmängel die Nichtigkeit des in einer derart zusammen getretenen Gesellschafterversammlung Beschlossenen zur Folge habe. Es wäre dann wertungswidersprüchlich und vom Gesetz nicht gedeckt, wenn überhaupt kein zugelassenes Abstimmungsverfahren stattgefunden habe. Dann sei § 241 Abs. 1 AktG entsprechend heran zu ziehen.[22] 14

Für die **GbR, die OHG und die KG** bestehen für die Beschlussfassung in der Gesellschaft keine entsprechenden Regelungen.[23] Die Tagesordnung muss dort nur im Rahmen des Zumutbaren vorher mitgeteilt werden.[24] Meist finden sich aber im Gesellschaftsvertrag Regelungen über die Beschlussfassung in der Gesellschafterversammlung. 15

Bestimmte Gesellschafterbeschlüsse bedürfen zu ihrer Wirksamkeit der **Beurkundung.** Soweit Beschlüsse gegen ein gesetzliches Beurkundungserfordernis verstoßen, führt dies zur 16

16 BGH WM 1983, 1354 ff; OLG Schleswig NZG 2000, 318 ff; vgl aber für den Sonderfall, dass nicht eingeladene Gesellschafter vertraglich verpflichtet sind, den gefassten Beschluss herbeizuführen: BGH NJW 1965, 1376 ff.

17 LG Köln GmbHR, 1992, 809 ff (Versammlungsort). Weitere Nichtigkeits- und Anfechtungsgründe im Zusammenhang mit der Einberufung der Gesellschafterversammlung bzw der Ladung zur Gesellschafterversammlung finden sich bei K. Schmidt in: Scholz, GmbHG, § 45 Rn 64; Wolff in: Münchener Handbuch des Gesellschaftsrechts, Bd 3, § 40 Rn 11 bis 15 für Nichtigkeitsgründe und Rn 36 ff für Anfechtbarkeit von Beschlüssen.

18 BGH BB 2006, 1126 f.

19 Zöllner in: Baumbach/Hueck, GmbHG, § 48 Rn 27.

20 BGH BB 2006, 1126, 1127.

21 Gehrlein, Anmerkung zu BGH Urteil vom 16.1.2006, BB 2006, 1128; Mayer, NZG 2007, 448 f, 450.

22 BGH BB 2006, 1126, 1128;: Vgl auch OLG München BB 1978, 471; Zöllner in: Baumbach/Hueck, GmbHG, § 48 Rn 26.

23 RGZ 163, 392.

24 Staudinger/Kessler, § 709 BGB Rn 30.

Nichtigkeit; bei nur gesellschaftsvertraglich begründeter Beurkundungspflichten lediglich zur Anfechtbarkeit.[25]

b) Inhaltliche Mängel

17 § 241 Nr. 3 und 4 AktG heben auf inhaltliche Mängel des Beschlusses ab. Danach sind Beschlüsse nichtig, die ihrem Inhalt nach Rechte Dritter beeinträchtigen, denen keine Anfechtungsbefugnis zusteht. Weiter sind Beschlüsse nichtig, die gegen Vorschriften **zum Schutze von Gläubigern** verstoßen, also insbesondere gegen Bestimmungen **über die Kapitalaufbringung und Erhaltung (§§ 5, 9 bis 9b, 19, 21 bis 24, 30 bis 34 GmbHG)**. Die im öffentlichen Interesse bestehenden Vorschriften nach § 241 Nr. 3 Fall 3 AktG sind vor allem Vorschriften außerhalb des GmbHG, insbesondere Vorschriften des Mitbestimmungsgesetzes oder des GWB.[26]

18 **Sonderregelungen** für die Nichtigkeit von Beschlüssen der Gesellschafterversammlung der GmbH finden sich in §§ 256, 253 AktG über die Feststellung des Jahresabschlusses und die Gewinnverwendung. So ist ein Beschluss über die Verwendung des Gewinns nichtig, wenn er auf der nichtigen Feststellung eines Jahresabschlusses beruht. Sonderregelungen im GmbHG zu Nichtigkeitsgründen findet sich im Recht der Kapitalerhöhung/Kapitalherabsetzung, **§§ 57 j S. 2, 57 n Abs. 2 S. 4, 58 e Abs. 3, 58 f Abs. 2 GmbHG.**

19 Inhaltliche Nichtigkeitsgründe für **Beschlüsse der GbR, OHG und KG** sind vor allem Verstöße gegen die guten Sitten nach § 138 BGB, gegen Verbotsgesetze im Sinne von § 134 BGB wegen mangelnder Geschäftsfähigkeit oder wegen irrtums- bzw drohungsbedingter Anfechtung, §§ 119, 123 BGB und Verstöße gegen die gesellschaftsrechtliche Treuepflicht.[27]

20 Im Bereich der **Personengesellschaften** ist vor allem auf das sogenannte „Otto-Urteil" des BGH aus dem Jahr 2007 hinzuweisen. Der BGH hatte über eine Nichtigkeitsfeststellungsklage eines Kommanditisten gegen seine Mitgesellschafter in der GmbH & Co. KG zu entscheiden. Der klagende Kommanditist hatte gegen die von ihm angegriffenen Beschlüsse über die Feststellung des Jahresabschlusses und über die Gewinnverwendung für das vergangene Geschäftsjahr geklagt. Der Gesellschaftsvertrag der KG enthielt eine Mehrheitsklausel.

21 Der BGH unterscheidet nunmehr klar zwischen dem **allgemeinen Bestimmtheitsgrundsatz** bei Mehrheitsklauseln bei Personengesellschaften einerseits und dem **Individualschutz** von **Minderheitsgesellschaftern** gegen Mehrheitsbeschlüsse über Nachschüsse und Eingriffe in den Kernbereich der Mitgliedschaft.[28]

22 Danach beschränkt der allg. Bestimmtheitsgrundsatz den Anwendungsbereich von Mehrheitsklauseln im Gesellschaftsvertrag auf „gewöhnliche" Beschlussgegenstände. Im Gegensatz dazu stehen **Vertragsänderungen** und ähnlich die Grundlagen der Gesellschaft berührende oder in Rechtsposition der Gesellschafter eingreifende Maßnahmen, welche bei der der im Gesellschaftsvertrag außerhalb eines konkreten Anlasses vereinbarten Unterwerfung unter den Mehrheitswillen typischerweise nicht in ihrer vollen Tragweite erfasst werden und angesichts der Unvorhersehbarkeit späterer Entwicklungen auch regelmäßig nicht erfasst werden können. Vor allem für Mehrheitsentscheidungen über nachträgliche Beitragserhöhungen nur mit – zumindest antizipiert im Gesellschaftsvertrag erteilter – Zustimmung

25 K. Schmidt in: Scholz, § 45, Rn 67.
26 Wolff in: Münchener Handbuch des Gesellschaftsrechts, Bd 3, § 40 Rn 20.
27 K. Schmidt, Gesellschaftsrecht, § 15 II.
28 K. Schmidt, ZGR 2008, 1 ff, 33.

eines jeden Gesellschafters zulässigen Lastenmehrung (vgl § 707 BGB) nach wie vor eine eindeutige entsprechende Legitimationsgrundlage im Gesellschaftsvertrag erforderlich. Diese muss auch Ausmaß und Umfang einer möglichen zusätzlichen Belastung der Gesellschafter erkennen lassen. Eine Mehrheitsklausel muss daher nicht stets die betroffenen Beschlussgegenstände minutiös auflisten. Es genügt vielmehr, wenn sich aus dem Gesellschaftsvertrag – auch durch Auslegung – eindeutig ergibt, dass der in Frage stehende Beschlussgegenstand einer Mehrheitsentscheidung unterworfen werden soll.[29]

Wann das der Fall ist, lässt sich nur abstrakt einfach umschreiben, nämlich dann, wenn die Mehrheitsklausel im Augenblick der Beschlussfassung eine **klare Entscheidung** erlaubt, ob der Beschluss von der Mehrheitsklausel erfasst ist und welche Mehrheit erforderlich ist. Praktisch einfach ist die Bestimmung meist nur, wenn der Beschlussgegenstand ausdrücklich in der Mehrheitsklausel aufgeführt ist oder wenn die Mehrheitsklausel, als Generalklausel ausgestaltet, auf gesetzliche Mehrheitsregelungen verweist oder diese wiederholt. Nicht möglich ist jedoch ein gesellschaftsvertraglicher Verzicht auf die Einhaltung des Bestimmtheitsgrundsatzes.[30] 23

Die **Anforderungen** insbesondere an gesellschaftsvertragliche Mehrheitsklauseln sind in jüngerer Vergangenheit wiederholt gerade für Publikumsgesellschaften durch den BGH präzisiert worden. So können im Gesellschaftsvertrag einer Publikumsgesellschaft – wobei entsprechendes für die übrigen Gesellschaften gelten muss – über die betragsmäßig festgelegte Einlageschuld hinausgehende laufende Beitragspflichten mit gegen die Stimme auch nur eines Gesellschafters nur vereinbart werden, wenn diese aus dem Gesellschaftsvertrag eindeutig hervorgehen und der Höhe nach bestimmt und Umfang und Ausmaß einer möglichen zusätzlichen Belastung erkennen lässt oder zumindest objektiv bestimmbar sind. Dies erfordert die Festlegung seiner Obergrenze oder sonstiger Kriterien, die das Erhöhungsrisiko eingrenzen. 24

Eine Regelung, die solche Beitragspflichten davon abhängig macht, dass bei der laufenden Bewirtschaftung der Grundstücke – gemeint ist der Gesellschaft – Unterdeckungen entstehen, oder davon, dass die laufenden Einnahmen die laufenden Einnahmen nicht decken, genügt diesen Anforderungen nicht und kann daher nicht Grundlage für eine mehrheitlich beschlossene Nachschussverpflichtung sein.[31] 25

Für die **Aktiengesellschaft** zeigen zahlreiche in jüngerer Zeit ergangene Entscheidungen, dass sich Anfechtungsklagen vermehrt gegen Beschlüsse der Hauptversammlung über die Entlastung von Vorständen und Aufsichtsratsmitgliedern richten.[32] Gem. § 243 Abs. 1 AktG können Beschlüsse der Hauptversammlung angefochten werden, wenn sie das Gesetz oder die Satzung verletzen. Über den Wortlaut dieser Vorschrift hinaus sind Entlastungsbeschlüsse jedoch nach hM anfechtbar, wenn sie Organe entlasten, die ihrerseits gegen Gesetz oder Satzung verstoßen haben.[33] 26

Aufgrund der Adaption der **Business Judgement Rule** durch den BGH und aufgrund § 93 Abs. 1 S. 2 AktG ist es meist schwierig, Organmitgliedern von Aktiengesellschaften ein konkretes materielles Fehlverhalten nachzuweisen. Gegenstand aktienrechtlicher Anfech- 27

---

29 BGH BB 2007, 1128 ff.
30 K. Schmidt, ZGR 2008, 1 ff, 10.
31 BGH BB 2007, 1016 ff; 2006, 795 ff.
32 BGH NJW 2003,1032 f Macroton; BGH NZG 2005 Thyssen Krupp, 77. OLG Stuttgart AG 2006,380 ff; OLG München, AG 2006, 592 ff; LG München I AG 2005,408 f; LG München I BB 2007, 2170; Übersicht mit weiteren Nachweisen Liese/Theusinger, BB 2007, 2528 ff.
33 BGH NZG 2005, 77 f.

tungsklagen sind daher häufig Verfahrens- oder Formfehler. Dabei handelt es sich oft um fehlerhafte Berichte des Aufsichtsrates an die Hauptversammlung.

28 § 171 Abs. 2 AktG verpflichtet den Aufsichtsrat, den Jahresabschluss, den **Lagebericht**, den **Vorschlag zur Gewinnverwendung** zu prüfen und über das Ergebnis der Hauptversammlung zu berichten. Die Verletzung der Berichtspflicht kann nicht immer eindeutig als Gesetzes- oder Satzungsverstoß gedeutet werden. Wenn sie aber dazu führt, dass die Hauptversammlung bei ihrer Entscheidung über die Entlastung von Organmitgliedern nicht ausreichend informiert ist, führt dies zur Anfechtbarkeit des Entlastungsbeschlusses. Auch wenn die Entlastung gem. § 120 Abs. 2 S. 2 AktG keinen Verzicht auf Schadenersatzansprüchen gegen das entlastete Organ bedeutet, hindert dies die Anfechtbarkeit nicht. Andernfalls könnte die rechtsuntreue Mehrheit die Entlastung gegen eine rechtstreue Minderheit immer durchsetzen.[34]

29 Die Rechtsprechung hat in den letzten Jahren die Anforderungen an **Inhalt und Formalitäten** solcher Aufsichtsratsberichte deutlich gesteigert. Durch den schriftlichen Bericht des Aufsichtsrates muss die Hauptversammlung in die Lage versetzt werden, sich ein Bild von der konkreten, am tatsächlichen Überwachungsaufwand gemessenen Überwachungstätigkeit des Aufsichtsrates zu machen. Nur eine aussagekräftige individuelle Darlegung der während des Berichtszeitraumes erfolgten Überwachungstätigkeit verschafft der Hauptversammlung einen Einblick in die Arbeit des von ihr gewählten Organs. In einer für die Gesellschaft besonders schwierigen Situation wie etwa einer Unternehmenskrise unterliegt der Aufsichtsrat einer deutlichen intensivierten Berichtspflicht.[35] In solchen Krisensituationen muss der Aufsichtsrat etwa außergewöhnlichen Prüfungsmaßnahmen, wie Einsichtnahme in Bücher und Schriften der Gesellschaft, Beauftragung von Sachverständigen sowie Entscheidungen über Zustimmungsvorbehalte in seinem Bericht erwähnen.[36]

30 Nicht ausreichend ist es deshalb nach dem dargestellten Maßstab, wenn der Aufsichtsrat sich im Wesentlichen auf die Aussage beschränkt, er sei vom Vorstand laufend über die wesentlichen Geschäftsvorgänge und eingehend über die Lage des Unternehmens unterrichtet worden. Insbesondere seien die Umsätze, Kosten und Entwicklungen der durchgeführten Rationalisierungen besprochen worden. Damit ist nicht hinreichend klar dargelegt, welche Tätigkeit der Aufsichtsrat erbracht hat, insbesondere, ob der Aufsichtsrat überhaupt Prüfungsmaßnahmen durchgeführt hat. Ein darauf gegründeter Entlastungsbeschluss für Vorstand und Aufsichtsrat ist **nichtig.**[37] Organe von Aktiengesellschaften sind daher gut beraten, größte Mühe auf die Erfüllung ihrer Berichtspflichten zu legen.[38]

c) Heilung

31 Im **GmbHG** entsprechend anwendbar ist auch § 242 AktG, der die Heilung **nichtiger Beschlüsse** regelt. So heilt die Eintragung eines an einem Beurkundungsmangel krankenden Beschlusses dessen Nichtigkeit. Beschlüsse, die an Inhaltsmängeln leiden, werden nach Ablauf von drei Jahren nach der Handelsregistereintragung geheilt. § 242 Abs. 2 S. 2 AktG sieht eine Verlängerung dieser Frist vor, wenn bei ihrem Ablauf bereits eine Klage rechtshängig ist.

32 Entsprechendes gilt für die Heilung von **Einberufungsmängeln.** Für Letztere tritt darüber hinaus Heilung ein, wenn beispielsweise die nicht ordnungsgemäß eingeladenen Gesell-

34 BGH NJW 2003, 1032 f.
35 OLG Stuttgart AG 2006, 380 f.
36 LG München I AG 2007, 2170.
37 OLG München AG 2006, 592 f Bestätigung von LG München I AG 2005, 408 f.
38 Ausführlich mit Checkliste zur Gestaltung von Aufsichtsratsbeschlüssen: Liese/Theusinger, BB 2007, 2528 ff.

schafter den Beschluss genehmigen oder wenn alle Gesellschafter im Rahmen einer Vollversammlung gem. § 51 Abs. 3 GmbHG nicht widersprechen.[39] Im Falle der satzungswidrig durchgeführten kombinierten Beschlussfassung scheidet eine Heilung nach § 51 Abs. 3 GmbHG auch bei Einverständnis aller Gesellschafter aus. Die Heilungswirkungen des § 51 Abs. 3 GmbHG kommen nicht zum Tragen, weil es bei der kombinierten Beschlussfassung keine Vollversammlung im Sinne von § 51 Abs. 3 GmbHG gibt.[40] Ein an Einberufungsmängeln krankender Beschluss kann aber durch Rügeverzicht unangreifbar werden. Das gilt auch für wegen satzungswidrig im Wege kombinierter Beschlussfassung entstandene nichtige Beschlüsse, wenn sich alle Gesellschafter mit dieser Verfahrensweise einverstanden erklärt haben.[41] Dementsprechend ist ein im Umlaufverfahren nach § 48 Abs. 2 GmbHG gefasster Beschluss nicht nichtig, obwohl nicht alle Gesellschafter zur Stimmabgabe aufgefordert sind, wenn gleichwohl alle Gesellschafter vorbehaltlos gestimmt haben.[42] Schließlich kann ein nichtiger Beschluss unter Vermeidung der nichtigkeitsbegründenden Umstände bestätigt werden. Die Bestätigung wirkt allerdings nicht zurück.[43] Dies gilt im Grundsatz auch für die GbR, OHG und KG.

Ob Verletzungen von Berichtspflichten bei Aufsichtsratsberichten gemäß § 171 Abs. 2 33
AktG nach Einberufung und vor Abhaltung der Hauptversammlung der Aktiengesellschaft etwa durch schriftliche Ergänzungen gem. § 176 Abs. 1 S. 2 AktG geheilt werden können, ist umstritten. Zum Teil wird eine Heilung für möglich gehalten, wenn der Bericht selbst eine brauchbare Beurteilungsgrundlage bietet.[44] Das LG Köln und das LG Hamburg halten eine Heilung durch schriftliche Ergänzung nach Einberufung der Hauptversammlung für unzulässig.[45] Richtigerweise wird man die Heilungsmöglichkeit am Zweck des § 171 Abs. 2 AktG orientieren und davon abhängig machen, ob der schriftliche Bericht trotz seiner Unzulänglichkeiten geeignet ist, seine Funktion zu erfüllen, den Mitgliedern der Hauptversammlung die „Vorbereitung" des Entlastungsbeschlusses zu ermöglichen. Solange diese Funktion durch Korrekturen während der Hauptversammlung gewahrt bleibt, wäre die Versagung der Heilungsmöglichkeit Förmelei.[46]

4. Anfechtungsgründe

a) Formelle Mängel

Die Anfechtbarkeit hat wegen des numerus clausus der Nichtigkeitsgründe **Auffangfunk-** 34
tion.[47] Für das GmbH-Recht gilt § 243 Abs. 1 AktG entsprechend. Danach stellt die Verletzung des Gesetzes oder des Gesellschaftsvertrages einen Anfechtungsgrund dar. Vom Begriff „Gesetz" sind auch untergesetzliche und ungeschriebene Regelungen erfasst.[48] Darüber hinaus schafft die Verletzung schuldrechtlicher Bindungen nur dann einen Anfechtungsgrund, wenn alle Gesellschafter die fragliche Vereinbarung (allseitige Konsortialabrede) getroffen haben. Das ist häufig der Fall, wenn sich die Gesellschafter im Vorfeld einer Gesellschafterversammlung mit Rechtsbindungswillen über eine bestimmte Stimmabgabe

39 Zöllner in: Baumbach/Hueck, GmbHG, Anhang § 47 Rn 45.
40 Gehrlein, BB 2006, 1128.
41 Gehrlein, BB 2006, 1128; Wolff in: Münchener Handbuch des Gesellschaftsrechts, Bd 3, § 40 Rn 34.
42 Zöllner in: Baumbach/Hueck, GmbHG, Anhang § 47 Rn 46.
43 OLG Schleswig, NZG 2000, 318 ff; Wolff in: Münchener Handbuch des Gesellschaftsrechts, Bd 3, § 40 Rn 35.
44 Happ, Aktienrecht, 10.90 Rn 14 mwN.
45 LG Köln BB 1988, 925; LG Hamburg AG 2002, 523,527.
46 So auch Liese/Theusinger BB 2007, 2528, 2530.
47 BGH BB 2005, 1241, 1243; Gehrlein, BB 2006, 852, 853.
48 Zöllner in: Baumbach/Hueck, GmbHG, Anhang § 47 Rn 84.

verständigt haben. Die herrschende Meinung sieht einen unter Verletzung einer solchen allseitigen **Konsortialabrede** zustande gekommenen Beschluss aus Vereinfachungsgründen als anfechtbar an. Andernfalls müssten die abredewidrig überstimmten Gesellschafter zunächst Klage gegen die Mitgesellschafter auf Abgabe einer der Konsortialabrede entsprechenden Stimme erheben, damit nach ihrer Verurteilung zu einer abweichenden Stimmabgabe der Beschluss beseitigt werden kann.[49]

35 Die Unterschreitung der Ladungsfrist bei der Vorbereitung der Gesellschafterversammlung, die Nichteinladung teilnahmeberechtigter Nichtgesellschafter sowie die Einberufung an einen unzulässigen Ort oder zu einer unzulässigen Unzeit und die nicht oder nicht fristgerecht mitgeteilte Tagesordnung führen grundsätzlich zur Anfechtbarkeit des Beschlusses.

36 Mängel bei der Durchführung der Gesellschafterversammlung, die zur Anfechtbarkeit eines Beschlusses führen, sind etwa die **Beschlussunfähigkeit**, der **Ausschluss stimmberechtigter Gesellschafter** oder Vertreter von der Stimmabgabe, der **Ausschluss teilnahmeberechtigter Berater** und umgekehrt die **Anwesenheit nicht teilnahmeberechtigter Personen**. Anfechtungsgründe können weiter das Abweichen von einer angekündigten Tagesordnung oder das Fehlen einer gesellschaftsvertraglich vorgeschriebenen Feststellung des Beschlussergebnisses sei.[50] Die Verletzung reiner Ordnungsvorschriften – wie etwa der Protokollpflicht – führt demgegenüber nicht zur Anfechtbarkeit des Beschlusses.[51]

37 Formelle Mängel berechtigen jedoch nur zur Anfechtung des Beschlusses, wenn der entsprechende **Beschluss auf den Fehler** beruht. Die Ursächlichkeit wird vermutet, wenn seine Ursächlichkeit für den konkreten Beschluss nicht völlig ausgeschlossen ist.[52] Wird beispielsweise ein stimmberechtigter Gesellschafter zu Unrecht von der Stimmabgabe ausgeschlossen, wirkt sich dieser Fehler nicht aus, wenn der ausgeschlossene Gesellschafter aufgrund der im Gesellschaftsvertrag vorgeschriebenen Mehrheitsverhältnisse durch seine Stimmabgabe den Beschluss nicht hätte verhindern können.[53]

b) Inhaltliche Mängel

38 Inhaltliche Mängel liegen vor bei Verletzung des Gesetzes oder des Gesellschaftsvertrages. Sie sind stets für den konkreten Beschluss „erheblich".

39 Die Abstimmung entgegen einem **Stimmverbot** nach § 47 Abs. 4 GmbHG stellt einen Anfechtungsgrund dar. § 47 Abs. 4 GmbHG regelt den klassischen Fall der Interessenkollision. Der Gesetzgeber will verbandsfremde Sonderinteressen von der Einwirkung auf Verbandsentscheidungen fernhalten. Die in § 47 Abs. 4 GmbHG genannten Fälle sind analogiefähig und einer weiten Auslegung zugänglich.[54] Allerdings führt nicht jeder Interessenkonflikt zum Stimmrechtsausschluss und damit zur Anfechtbarkeit eines Beschlusses.

40 Praktisch bedeutsam ist besonders das Stimmrechtsverbot nach § 47 Abs. 4 S. 2 GmbHG, dh bei einer Beschlussfassung, welche die Vornahme eines Rechtsgeschäfts gegenüber einem Gesellschafter betrifft. Insoweit ist schwer einzugrenzen, welche Art von Rechtsgeschäften zu einem Stimmrechtsausschluss führen. Nach Auffassung des BGH ist der Stimmrechts-

49 BGH NJW 1987, 1890; OLG Hamm, NZG 2000, 1036 ff; anderer Ansicht Wolff in: Münchener Handbuch des Gesellschaftsrechts, Bd 3, § 40 Rn 46 mwN in Fn 120.
50 Vgl dazu ausführlicher mit zahlreichen Nachweisen: Wolff in: Münchener Handbuch des Gesellschaftsrechts, Bd 3, § 40 Rn 37 ff.
51 OLG Hamm ZIP 1985, 741, 744.
52 BGH GmbHR 1972, 177 ff.
53 Vgl dazu weiter Wolff in: Münchener Handbuch des Gesellschaftsrechts, Bd 3, § 40 Rn 40 ff.
54 Zöllner in: Baumbach/Hueck, § 47 Rn 76 ff; vgl auch BGHZ 97, 33.

ausschluss auf individualrechtliche Rechtsgeschäfte beschränkt und gilt nicht für sozialrechtliche Rechtsgeschäfte.[55]

Unstreitig besteht jedoch kein Stimmverbot bei der Wahl von Organmitgliedern und für deren gewöhnliche Abberufung aus einer Organstellung. Anders ist es nur bei der Abberufung aus wichtigem Grund. Das davon betroffene Organmitglied darf bei der Abberufung nicht mitstimmen.[56] 41

Als weitere „Falle" kann sich die **Anwendbarkeit des § 181 BGB** erweisen. Häufig wird der Frage der richtigen Gestaltung der Vertretung im Eifer der Verhandlungen über inhaltliche Fragen nicht die nötige Aufmerksamkeit geschenkt, so dass daraus ein Anfechtungsgrund für einen Gesellschaftsbeschluss erwachsen kann. § 181 BGB ist zwar kein Verbotsgesetz im Sinne von § 134 BGB.[57] Rechtsfolge der Verletzung der Vorschrift ist aber, dass der Vertreter als Vertreter ohne Vertretungsmacht handelt. Mehrseitige Rechtsgeschäfte sind daher nach § 177 ff BGB schwebend unwirksam; einseitige Rechtsgeschäfte gemäß § 180 S. 1 BGB nichtig, soweit nicht eine Ausnahme nach § 180 S. 2 und 3 BGB vorliegt. 42

Für die Frage, ob ein Gesellschafter sich **zum Geschäftsführer wählen** – nicht bestellen! – darf, zieht der BGH mitunter neben § 47 Abs. 4 GmbHG auch § 181 BGB heran. Seinem Wortlaut nach betrifft § 181 BGB zwar nur Rechtsgeschäfte. Der BGH stellt für die Anwendbarkeit des § 181 BGB auf den Beschlussinhalt ab. Danach darf sich ein Vertreter nicht in Ämter wählen lassen oder über Änderungen am Gesellschaftsvertrag bestimmen, an dem er auch selbst beteiligt ist. Jedenfalls für Personengesellschaften hat der BGH dies in einem obiter dictum bestätigt.[58] Der Grundsatz dürfte aber auch auf Körperschaften übertragbar sein.[59] Dogmatischer Anknüpfungspunkt für die erweiternde Anwendung des § 181 BGB ist die vom BGH geprägte Formel, dass Gesellschafter bei Beschlüssen „im Rahmen des bestehenden Gesellschaftsvertrages über Maßnahmen der Geschäftsführung oder sonstige gemeinsame Gesellschaftsangelegenheiten" von Mitgesellschaftern vertreten werden können.[60] 43

Bei **Satzungsänderungen** und bei der Stimmabgabe eines Gesellschafters für die **Selbstbestellung** als Gesellschaftsorgan muss deshalb damit gerechnet werden, dass neben § 47 Abs. 4 GmbHG § 181 BGB angewandt wird. Vorsorglich sollte daher möglichst umfassend Befreiung auch von den Beschränkungen des § 181 BGB erteilt werden, wenn ein Gesellschafter als Vertreter eines Mitgesellschafters für seine eigene Organbestellung stimmt. Umgekehrt kann im Rahmen einer Anfechtungsklage gegen ein solches Vorgehen der Hinweis auf Verstoß gegen § 181 BGB weiterführen. Allerdings ist zu berücksichtigen, dass in der Vollmachterteilung zur Stimmabgabe für einen Mitgesellschafter schlüssig die Befreiung von den Beschränkungen des § 181 BGB liegen kann.[61] 44

Bei **Aktiengesellschaften** und **Genossenschaften** stellt sich ebenfalls das Problem, ob § 181 BGB anwendbar ist und folglich eine entsprechende Befreiung notwendig ist, wenn Vorstände in Organe von Tochtergesellschaften gewählt werden. Wenn insoweit bei der AG § 112 AktG und bei der Genossenschaft § 39 GenG anwendbar sein sollen, weil diese Fälle als Vertretung der Mutter gegenüber dem Vorstand gelten und dann der Aufsichtsrat für 45

55 BGH NJW 1991, 172; modifizierend Zöllner in: Baumbach/Hueck, GmbHG, § 47 Rn 81 ff.
56 Allgemeine Meinung: Zöllner in: Baumbach/Hueck, GmbHG, § 47 Rn 85 ff.
57 Palandt/Heinrichs, § 181 Rn 1.
58 BGH NJW 1976,49.
59 Schemmann, NZG 2008, 89,90.
60 BGH NJW 1976,49.
61 Schemmann, NZG 2008, 89.

die Erteilung der Befreiung zuständig ist, sollte vorsorglich der Aufsichtsrat die Befreiung des betreffenden Vorstands von den Beschränkungen des § 181 BGB erteilen. Andernfalls droht die Anfechtbarkeit der Wahl allein aus diesem Gesichtspunkt.[62]

46 Als Anfechtungsgrund weniger stark konturiert ist die **Verletzung der Treuepflicht** und das Erstreben von Sondervorteilen.[63] Auch die Verletzung des Gleichbehandlungsgrundsatzes führt zur Anfechtbarkeit eines Gesellschaftsbeschlusses.[64] Die Vorschriften zur Anfechtbarkeit von Aufsichtsratswahlen (§ 251 Abs. 1 AktG) und die Vorschriften über die Anfechtung der Kapitalerhöhung gem. § 255 Abs. 2 AktG sind auf Beschlussfassungen der Gesellschafterversammlung der GmbH entsprechend anzuwenden.[65]

47 Für die Abstimmung in **Konzerngesellschaften** ist zu beachten, dass das Stimmrechtsverbot nicht nur bei der unmittelbaren Vornahme eines Rechtsgeschäfts mit einem Gesellschafter greift, sondern auch, wenn Beschlussgegenstand ein Rechtsgeschäft einer Gesellschaft mit einer Tochtergesellschaft eines Gesellschafters ist.[66]

c) Heilung

48 Ähnlich wie bei den Nichtigkeitsgründen kann ein anfechtbarer Beschluss analog § 244 AktG durch **Bestätigung** geheilt werden. Dies setzt jedoch voraus, dass der bestätigende Beschluss ohne den fraglichen Anfechtungsgrund zustande gekommen ist. Die Bestätigung wirkt auch hier nicht auf den Zeitpunkt des Ursprungsbeschlusses zurück.[67] Des Weiteren kann ein anfechtbarer Beschluss ebenso wie ein nichtiger Beschluss durch Genehmigung bzw durch Rügeverzicht geheilt werden.[68] Entsprechendes gilt für die GbR, die OHG und die KG. Bei der Heilung insbesondere wegen Verstoßes gegen **§ 181 BGB bei der Mehrfachvertretung** können sich besondere Probleme ergeben.

49 Zur Heilung einer wegen Verstoßes gegen § 181 BGB unwirksamen **Mehrfachvertretung** ist es nach herrschender Meinung nicht nur erforderlich, die nachträgliche Genehmigung aller unwirksam vertretenen Parteien einzuholen. Danach setzt die Heilung voraus, dass alle von derselben Person Vertretenen das Geschäfts nochmals genehmigen müssen, gleichgültig, ob die Vertretung ihrer Person § 181 BGB verletzt hat oder nicht.[69] Diese hohe Hürde für die Heilung ist nicht überzeugend. Nicht nachvollziehbar ist insbesondere, weshalb eine Partei, die eine Mehrfachvertretung vor Abschluss des Rechtsgeschäfts erlaubt hatte, dadurch nicht zugleich auf den Schutz des § 181 BGB verzichtet haben sollte. Gleichwohl ist die hM in der Praxis zu berücksichtigen. Erteilt auch nur eine der Personen, die von einem – auch nur in einem Fall – gegen § 181 BGB verstoßenden Vertreter vertreten wurden, die Genehmigung nicht, tritt zumindest nach hM keine Heilung ein, und die Anfechtbarkeit des Geschäfts bleibt bestehen.

50 Ist die **genehmigende Person** ihrerseits Vertreter, also etwa Geschäftsführer einer GmbH, so soll nach einer verbreiteten Auffassung unter auch der genehmigende Vertreter für die Genehmigung des wegen Verstoßes gegen § 181 BGB schwebend unwirksamen Geschäfts der Befreiung von den Beschränkungen des § 181 bedürfen; jedenfalls dann, wenn der ge-

62 Vgl dazu ausführlich Schemmann, NZG 2008, 89,91 f.

63 Vgl dazu mit weiteren Hinweisen: Wolff in: Münchener Handbuch des Gesellschaftsrechts, Bd 3, § 40 Rn 44 mwN.

64 BGHZ 111, 224, 227; OLG Köln NZG 1999, 1228 ff.

65 Zöllner in: Baumbach/Hueck, GmbHG, Anhang § 47 Rn 108, 109 a.

66 Zöllner in: Baumbach/Hueck, GmbHG, § 47 Rn 81.

67 BGH GmbHR 1972, 177.

68 Vgl dazu näher: Wolff in: Münchener Handbuch des Gesellschaftsrechts, Bd 3, § 40 Rn 51.

69 Vgl Palandt/Heinrichs, § 181 Rn 15 mwN; OLG Koblenz RIW 1996, 151, 153 obiter dictum; instruktiv zum Streit und zur Gegenmeinung Auktor, NZG 2006, 334 f.

nehmigende Vertreter nicht schon selbst von den Beschränkungen des § 181 BGB befreit ist. Begründet wird dies damit, dass ein Vertreter, dem ein Insichgeschäft nicht gestattet sei, dem Untervertreter ein solches Insichgeschäft nicht gestatten könne.[70] Gegen die pauschale Anwendung des § 181 BGB auf den die Mehrfachgenehmigung genehmigenden Vertreter wird zurecht im wesentlichen angeführt, der Anwendungsbereich des § 181 BGB sei teleologisch zu reduzieren. Die Rechtsfolge der schwebenden Unwirksamkeit sei nicht gerechtfertigt, wenn die Genehmigung durch eine Person erteilt wird, die selbst keiner Interessenkollision infolge Mehrfachvertretung oder Selbstkontrahierens unterliege.[71]

II. Beratungssituation

1. Allgemeines

Bei der Beratung der Gesellschaft kann die unterschiedliche Qualifikation von **Einberufungs- und Ladungsmängeln** im Laufe der Durchführung der Gesellschafterversammlung als Nichtigkeits- oder Anfechtungsgründe zunächst vernachlässigt werden. Vor Durchführung der Gesellschafterversammlung kann sich die Gesellschaft in aller Regel nicht darauf verlassen, dass Fehler bei der Einberufung/Ladung nach den Grundsätzen der Vollversammlung gem. § 51 Abs. 3 GmbHG geheilt werden oder etwa durch Rügeverzicht oder Genehmigung des betroffenen Gesellschafters.[72] Deshalb ist besondere Sorgfalt auf die richtige Formulierung der Einladung zur Gesellschafterversammlung zu verwenden. 51

Insbesondere in Fällen, in denen nach der Rechtsprechung des BGB § 181 BGB auf Gesellschafterbeschlüsse etwa wegen eines in dem Beschluss liegenden bzw dadurch vorbereiteten **Insichgeschäfts** oder wegen **Mehrfachvertretung bei der Beschlussfassung** anwendbar ist, sollten möglichst umfassende Befreiungen von den Beschränkungen des § 181 BGB eingeholt werden. Dies kann sich als zeitraubend und oft auch als problematisch erweisen. Generell erteilte Befreiungen sind nicht immer, im Einzelfall erteilte Befreiungen sogar niemals aus dem Handelsregister ersichtlich. Soweit Handelsregister noch nicht elektronisch einsehbar sind, nimmt die Registerauskunft mitunter erhebliche Zeit in Anspruch. Nicht selten werden Geschäftsführern aus grundsätzlichen Erwägungen keine Befreiungen von § 181 BGB erteilt, jedenfalls keine generellen Befreiungen. Die Einholung von Einzelbefreiungen für bestimmte Geschäfte fordert stets die Mitwirkung des jeweiligen Bestellungsorgans, d,h, häufig einer Gesellschafterversammlung. Deren Organisation kann eine umfangreiche Aufgabe darstellen. 52

Geht des darum, dass der Rechtsanwalt mit der Vertretung einer Gesellschaft beauftragt ist, deren Beschluss bereits wegen Verstoßes gegen § 181 BGB **schwebend unwirksam** ist, und ist das Mandat darauf gerichtet, die Heilung des Beschlusses herbeizuführen, muss er die Genehmigungen aller von derselben Person Vertretenen einholen und dabei darauf achten, dass auch der Genehmigende, soweit er als Vertreter handelt, eine wirksame Befreiung von den Beschränkungen des § 181 BGB erhält. Diese Aufgaben müssen oft unter hohem Zeitdruck erfüllt werden. Denn Verzögerungen bei der Einholung der Genehmigung können zur endgültigen Unwirksamkeit des Geschäfts führen, wenn eine Partei den Vertrag zwischenzeitlichen widerruft. Denkbar ist auch, dass die andere Partei zur Erklärung der Genehmigung aufgefordert wird. Das löst die Folgen des § 177 Abs. 2 BGB aus. 53

---

70 OLG Düsseldorf DB 1999, 578; Palandt/Heinrichs, § 181 Rn 2 mwN.
71 Vgl Auktor, NZG 2006, 334, 336.
72 Vgl dazu K. Schmidt in: Scholz, GmbHG, § 51 Rn 27 bis 44.

54 Der sicherste Weg, die Heilung eines wegen Verstoßes gegen § 181 schwebend unwirksamen Geschäfts zu erreichen, ist die klarstellende **Aufhebung des ursprünglichen Rechtsgeschäfts** und dessen vollständige Neuvornahme unter Beachtung der Vorgaben des § 181 BGB oder in vereinfachter Form: die allseitige Bestätigung des ursprünglichen Rechtsgeschäfts entsprechend § 141 BGB. Ist allerdings ein in der Vergangenheit liegender – meist steuerlicher – Stichtag für das zu heilende Geschäft unabdingbar einzuhalten, verbietet sich der Weg der Neuvornahme oder der Bestätigung. Denn beide können – auch nur bei entsprechender Vereinbarung – nur schuldrechtlich zurückwirken. Das reicht zur Einhaltung vergangener steuerlicher Stichtage nicht aus. Das Geschäft ist dann endgültig gescheitert. Eine dingliche Rückwirkung ist nur bei einer wirksamen Genehmigung nach § 184 BGB zu erreichen.[73] Insoweit bestehen gerade bei Unwirksamkeitsproblemen aufgrund Verstoßes gegen § 181 BGB erhebliche Regressrisiken.

55 Bei **Mehrfachvertretung ausländischer Gesellschaften** verkompliziert sich die Lage nochmals. Bei rechtsgeschäftlicher Vertretung ist die Frage, ob § 181 oder ausländisches Recht anzuwenden ist, nach dem Vollmachtsstatut, dh nach dem Wirkungsland der Vollmacht. Im Falle organschaftlicher Vertretung richtet sich das anwendbare Recht nach dem Personalstatut der Gesellschaft.[74] Streitig ist inzwischen, ob sich das Personalstatut nach dem Sitz der Gesellschaft richtet oder nach dem Land, in dem die Gesellschaft gegründet wurde. Es gibt ausländische Staaten, die ebenfalls die Mehrfachvertretung einschränken. In Zweifelsfällen sollte eine Mehrfachvertretung daher vermieden werden.[75] Für die Folgen eines Vertretungsmangels und die Möglichkeiten seiner Heilung gilt jedoch nur das für das Vertretergeschäft geltende Geschäftsstatut.[76]

56 Wird der Rechtsanwalt im Vorfeld des Gesellschafterbeschlusses nicht von der Gesellschaft beauftragt, sondern von einem Gesellschafter, der beabsichtigt, den fraglichen Beschluss zu verhindern oder hilfsweise anzufechten, stellen sich die o.g. Probleme der ordnungsgemäßen Einberufung bzw Ladung zur Gesellschafterversammlung nicht so zugespitzt wie auf Seiten der Gesellschaft. Eine **Ausnahme** besteht jedoch, wenn es dem anfechtungswilligen Gesellschafter darum geht, Zeit zu gewinnen. Das kann der Fall sein, wenn es für die Gesellschaft nur innerhalb eines bestimmten Zeitraums Sinn macht, einen bestimmten Gesellschafterbeschluss zu fassen, etwa zur Beteiligung der Gesellschaft an einer befristeten Ausschreibung. In diesem Fall kann es Sinn machen, dass der anfechtungswillige Gesellschafter die Gesellschaft nicht auf etwaige formellen Mängel der Einberufung und Ladung zur Gesellschafterversammlung aufmerksam macht und den Beschluss später anficht.

57 Häufig wird das Interesse des anfechtungswilligen Gesellschafters aber darin liegen, einen Beschluss mit einem bestimmten Inhalt generell zu verhindern oder zu bekämpfen. Dann macht es für ihn wenig Sinn, den Beschluss nur aufgrund von Einberufungs- und/oder Ladungsmängeln anzufechten. Denn ein inhaltlich identischer Beschluss könnte in einer ordnungsgemäß einberufenen Folgegesellschafterversammlung ohne Formfehler erneut gefasst werden. In der Regel wird sich die Tätigkeit des von einem anfechtungswilligen Gesellschafter im Vorfeld der Gesellschafterversammlung beauftragten Rechtsanwalts deshalb auf die Prüfung der materiellen Rechtslage beschränken sowie auf taktische Fragen.

58 Wie weit es im Vorfeld der Beschlussfassung sinnvoll ist, bereits die materielle Rechtmäßigkeit des zu erwarteten Beschlusses abschließend zu prüfen, ist eine Frage des Einzelfalls.

73 Instruktiv Auktor, NZG 2006, 334, 336 f.
74 BGH NJW 2004, 1315 f.
75 Vgl zum Ganzen Auktor, NZG 2006, 334 ff.
76 BGH NJW 1992, 618 f; OLG Düsseldorf IPrax1996, 423, 426; Palandt/Heldrich, Art. 32 EGBGB Rn 3.

Grundsätzlich liegt es aufgrund der Anfechtungsfristen (dazu mehr unten Rn 77 ff) nahe, auch die materielle Rechtslage möglichst frühzeitig zu prüfen. Andererseits ist dies häufig nicht weiträumig im Vorfeld der Beschlussfassung möglich. Denn der fragliche Beschluss muss nicht schon zwingend mit der Einladung zur Gesellschafterversammlung (in der Regel zwei Wochen) bekannt gegeben werden. Ergänzungen der Tagesordnung sind bei der GmbH-Gesellschafterversammlung gem. § 51 Abs. 4 GmbHG auch drei Tage vor der Versammlung möglich.[77] Mitunter wird der endgültige Wortlaut des anzufechtenden Beschlusses auch erst in der Gesellschafterversammlung nach Erörterung unter den Gesellschaftern feststehen.

Im Vorfeld einer Gesellschafterversammlung kann es darüber hinaus auch sinnvoll sein, **Sachverständige** für bestimmte Fragen heranzuziehen und Fragen der Rechtschutzversicherung zu klären. 59

2. Umfang der Fehlerhaftigkeit von Gesellschafterbeschlüssen

Nicht selten werden mehrere Beschlussgegenstände mit einem Beschlussvorschlag zur Abstimmung der Gesellschafter gestellt. Betreffen Anfechtungs- oder Nichtigkeitsgründe lediglich einen Teilausschnitt eines solchen Beschlusses, stellt sich die Frage, ob der betreffende Beschlussteil nichtig ist bzw für nichtig erklärt werden muss oder ob der gesamte Beschluss anfechtbar bzw nichtig ist. 60

Besteht zwischen den einzelnen Beschlussgegenständen **kein sachlicher Zusammenhang**, sind sie also nur lose in einem Tagesordnungspunkt zusammen gefasst, betrifft die Nichtigkeitsfolge lediglich den davon betroffenen Beschlussteil. Verschiedene Regelungen werden jedoch meist deshalb in einem gemeinsamen Beschlussvorschlag zur Abstimmung gestellt, weil sie sachlich zusammenhängende Fragen betreffen. Die gemeinsame Abstimmung über verschiedene Fragen mag gesetzlich vorgeschrieben[78] oder bewusst gewählt sein, damit durch gemeinsame Abstimmung ein unterschiedliches Abstimmungsverhalten der Gesellschafter zu den verschiedenen Sachpunkten und ein unterschiedliches rechtliches Schicksal der Einzelnen Regelungen vermieden wird. 61

Ist die gemeinsame Beschlussfassung gesetzlich vorgeschrieben, führt dies stets zur Gesamtnichtigkeit des Beschlusses.[79] Bei freiwilliger Zusammenfassung verschiedener sachlich zusammenhängender Fragen in einem Beschluss ist im Zweifel die Totalnichtigkeit des gesamten Beschlusses zu vermuten, es sei denn, der Beschluss wäre nach objektiver Betrachtungsweise vernünftigerweise auch ohne den nichtigen Teil gefasst worden.[80] 62

Führt die Nichtigkeit eines Beschlussteils nicht zur Gesamtnichtigkeit des Beschlusses, muss das Gericht eine gegen den Gesamtbeschluss erhobene Klage insoweit abweisen, als auch die von der Nichtigkeit nicht betroffenen Beschlussteile angefochten sind. Schon aufgrund der damit verbundenen Kostenrisiken im Vorfeld der Klageerhebung ist die Frage der Auswirkungen der Teilnichtigkeit auf den Gesamtbeschluss zu prüfen. 63

3. Art und Weise der Geltendmachung von Beschlussmängeln

Der Rechtsanwalt muss den von ihm vertretenen Gesellschafter weiter darüber informieren, wie Beschlussmängel geltend zu machen sind. 64

77 Vgl dazu näher: K. Schmidt in: Scholz, GmbHG, § 51 Rn 21.
78 Kapitalerhöhung mit Bezugsrechtsausschluss entsprechend § 186 Abs. 33 AktG.
79 Zöllner in: Baumbach/Hueck, GmbHG, Anhang § 47 Rn 79.
80 BGHZ 118, 222; K. Schmidt in: Scholz, GmbHG, § 45 Rn 43.

a) Vorgeschaltete Mediation

65 Denkbar ist zunächst, dass die Treuepflicht der Gesellschafter vor Klageerhebung eine **anderweitige Geltendmachung** von Anfechtungs- und Nichtigkeitsgründen erfordert. Grundsätzlich ist im Gesellschaftsvertrag die Vorschaltung eines nicht prozessualen Verfahrens zulässig. Ist aber von vornherein eindeutig, dass eine solchermaßen vorgesehene Mediation aussichtslos und ein Rechtsstreit unvermeidbar ist, kann und muss innerhalb der geltenden Fristen Klage erhoben werden. Denn der Gesellschaftsvertrag kann den Rechtsweg insoweit nicht ausschließen.[81]

b) Nichtigkeitsrüge

66 Die Nichtigkeit eines Gesellschafterbeschlusses kann innerhalb und außerhalb von Prozessen geltend gemacht werden, dh auf jede Weise. Das gilt auch für den sogenannten Nichtbeschluss oder den Scheinbeschluss.[82] Ein solcher liegt vor, wenn ein bestimmter Beschluss oder Beschlussinhalt von der Gesellschaft oder von Mitgesellschaftern lediglich behauptet wird, aber nicht vorliegt.

67 Prozessual kann die Nichtigkeit eines Gesellschafterbeschlusses als Hauptfrage aber grundsätzlich nur auf zwei Arten geltend gemacht werden. Als gewöhnliche **Feststellungsklage** im Sinne des § 256 ZPO kann die Nichtigkeit von jedermann gerichtlich geltend gemacht werden, vorausgesetzt, es besteht ein Rechtsschutzbedürfnis. Das auf eine solche Feststellungsklage folgende Urteil hat allerdings Wirkung nur zwischen den Prozessparteien.

68 Gesellschafter oder sonst klagebefugte Organmitglieder können hingegen nach der Rechtsprechung des BGH entsprechend § 249 AktG die Nichtigkeit eines Gesellschaftsbeschlusses mit Wirkung gegen jedermann; dh insbesondere mit Wirkung für und gegen alle Gesellschafter und Geschäftsführer feststellen lassen (§§ 248 Abs. 1 S. 1, 249 Abs. 1 S. 1 AktG). Das Urteil ist Gestaltungsurteil. Für Gesellschafter und sonst klagebefugte Organmitglieder der Gesellschaft ist daher nach hier vertretener Auffassung die Nichtigkeitsfeststellungsklage gem. § 256 ZPO mangels Rechtsschutzbedürfnis unzulässig, soweit ihnen die weitergehende Möglichkeit der Nichtigkeitsfeststellungsklage nach § 249 AktG zusteht.[83] An einer nur zwischen den Prozessparteien wirkenden Feststellung besteht jedenfalls für solche Beschlüsse kein Rechtsschutzinteresse, die alle Gesellschafter und nicht nur die Rechtsverhältnisse einzelner Personen betreffen. Es sind aber alle Gesellschafter betroffen etwa wenn die angegriffenen Beschlüsse die Abberufung und Kündigung des Geschäftsführers zum Gegenstand haben oder die Kaduzierung eines Anteils eines Gesellschafters.[84] Um kein unnötiges Prozessrisiko einzugehen, sollten Gesellschafter der **GmbH** und deren Organmitglieder Beschlussanfechtungen grundsätzlich entsprechend § 249 AktG erheben, nicht im Wege der allgemeinen Feststellungsklage.

69 Ebenfalls nur die gegen die Gesellschaft gerichtete **allgemeine Feststellungsklage** nach § 256 ZPO mit der auf die Prozessparteien beschränkten Rechtskraftwirkung ist zulässig, wenn ein Aktionär einer KGaA. Klage auf Feststellung der Unwirksamkeit der **Entsendung** eines Aufsichtsratsmitglieds gem, § 101 Abs. 2 AktG erheben will. Zwar steht damit nicht ein Rechtsverhältnis zwischen dem Aktionär als Kläger und der beklagten Gesellschaft im Streit, sondern ein solches zwischen der Gesellschaft und dem möglicherweise nicht wirk-

81 K. Schmidt in: Scholz, GmbHG, § 45 Rn 43.
82 K. Schmidt in: Scholz, GmbHG, § 45 Rn 44.
83 BGHZ 384 f (388) zur eingetragenen Genossenschaft; allgemein Wolff in: Münchener Handbuch des Gesellschaftsrechts, Bd 3, § 40 Rn 30.
84 OLG Koblenz NZG 2006, 270 f; BGH NJW 1978, 1325 f.

sam in deren Aufsichtsrat entsandten Dritten. Jedoch kann auch ein Drittrechtsverhältnis Gegenstand der allgemeinen Feststellungsklage nach § 256 ZPO sein, falls es zugleich für die Rechtsbeziehungen der Prozessparteien untereinander von Bedeutung ist und der Kläger ein rechtliches Interesse an der alsbaldigen Klärung hat.[85] Die auf den ersten Blick wegen ihrer weiteren Rechtskraftwirkung eher einschlägig erscheinende Feststellungsklage des Aktionärs gegen die Gesellschaft nach §§ 250 Abs. 3, 252 AktG ist jedoch nicht zulässig. § 250 Abs. 3 AktG gilt nach seinem Wortlaut nur für die Feststellung der Nichtigkeit der **Wahl** eines Aufsichtsratsmitglieds nach § 101 Abs. 1 AktG, nicht auch für die Entsendung nach § 101 Abs. 2 AktG.[86]

70 Die prozessuale Geltendmachung von **Beschlussmängeln der GbR, der OHG und der KG** erfolgt nach herrschender Meinung durch **Nichtigkeitsklage.** Diese ist grundsätzlich nicht gegen die Gesellschaft zu richten, sondern gegen alle Mitgesellschafter, die für den angegriffenen Beschluss gestimmt haben. Eine Anfechtungsklage entsprechend §§ 243 AktG scheidet insoweit aus. Allerdings kann der Gesellschaftsvertrag der Personengesellschaft es zulassen oder sogar vorschreiben, dass eine Beschlussmängelklage gegen die Gesellschaft zu erheben ist. Eine entsprechende Regelung in der Satzung vorzusehen, ist gerade im Bereich der **Publikumsgesellschaften** aus Praktikabilitätsgesichtpunkten dringend zu empfehlen.[87] Allein aus der rechtspolitischen Notwendigkeit einer entsprechenden Satzungsregelung für Publikumsgesellschaften folgt deren Passivlegitimation für Beschlussmängelklagen ihrer Gesellschafter noch nicht.[88]

c) Anfechtung

71 Nach der Rechtsprechung des BGH sind auf anfechtbare Beschlüsse von GmbH-Gesellschafterversammlungen die aktienrechtlichen Vorschriften über die Anfechtung von Beschlüssen der Hauptversammlung der §§ 243 f AktG (mit Ausnahme von § 246 AktG) entsprechend anwendbar. Dies bedeutet, dass fehlerhafte, jedoch nur anfechtbare Beschlüsse vorläufig wirksam sind. Werden sie nicht angefochten, sind sie nach Ablauf der Anfechtungsfrist endgültig wirksam.[89]

72 Die Anfechtbarkeit von Beschlüssen kann grundsätzlich nur durch eine **Gestaltungsklage** geltend gemacht werden, die sog. Anfechtungsklage. Das der Anfechtungsklage stattgebende Urteil, wonach der angefochtene Beschluss für nichtig erklärt wird, ist ebenfalls Gestaltungsurteil und wirkt daher für und gegen jedermann.[90]

d) Beschlussfeststellungsklage

73 Von der kassatorischen Anfechtungsklage ist die **Beschlussfeststellungsklage** zu unterscheiden, die sich nach § 256 ZPO richtet. Sie kommt insbesondere in Betracht, wenn bei fehlender Feststellung des Beschlusses Unklarheit darüber besteht, welches Abstimmungsergebnis erzielt wurde oder ob ein Beschlussantrag angenommen oder abgelehnt wurde.[91] Die Klärung dieser Fragen ist weder durch Nichtigkeits- noch durch Anfechtungsklage möglich. Für diese Fälle kann die Beschlussfeststellungsklage entweder als positive Klage mit dem Antrag gestellt werden, ein bestimmtes Ergebnis des Beschlusses festzustellen oder

85 BGH NJW 2006, 510 f; BGH NZG 2006, 20 Mangusta/Commerzbank II.
86 BGH NJW 2006, 510 f.
87 BGH BB 1999, 1835; „Otto-Urteil" des BGH BB 2007, 1128 ff; zur Publikumsgesellschaft: BGH NJW 1999, 3113, 3115; Ulmer in: MüKo-BGB, § 709 Rn 95.
88 K. Schmidt, ZGR 2008, 1 ff 27.
89 BGH NJW 1999, 2115 f; K. Schmidt in: Scholz, GmbHG, § 45 Rn 45.
90 Zöllner in: Baumbach/Hueck, GmbHG, Anhang § 47 Rn 177.
91 BGH NZG 2003, 284 f.

als negative Klage. In diesem Falle hätte sie das Ziel festzustellen, dass der Beschluss nicht mit dem bestimmten Abstimmungsergebnis gefasst wurde.

74 Im Gegensatz zur Anfechtungs- und Nichtigkeitsklage ist die Beschlussfeststellungsklage gerade nicht auf die Geltendmachung von Beschlussmängeln formeller und inhaltlicher Art gerichtet. Liegt nämlich ein Nichtigkeitsgrund vor, darf das Beschlussergebnis nicht positiv festgestellt werden. Werden Anfechtungsgründe von einem Anfechtungsbefugten innerhalb der Anfechtungsfrist mit Klage geltend gemacht, ist eine positive Beschlussfeststellungsklage (mangels Rechtsschutzbedürfnis) unbegründet.[92]

e) Allgemeine Feststellungsklage

75 Beschlussmängel können nur dann mit einer allgemeinen Feststellungsklage nach § 256 ZPO geltend gemacht werden, wenn das Rechtsschutzziel mit der Anfechtungs-, Nichtigkeits- oder der Beschlussfeststellungsklage nicht erreicht werden kann.

76 Dabei ist zu berücksichtigen, dass die Wirkungen eines allgemeinen Feststellungsurteils nur zwischen den Parteien des Prozesses bestehen, bei der Beschlussfeststellungsklage jedoch gegenüber allen in § 248 Abs. 1 S. 1 AktG genannten Personen, dh im Falle einer Gesellschafterversammlung einer GmbH gegenüber der Gesellschaft und allen Gesellschaftern.[93] Die Rechtswidrigkeit eines Gesellschaftsbeschlusses im Wege der allgemeinen Feststellungsklage gem. § 256 ZPO kann daher beispielsweise durch Nichtgesellschafter erhoben werden, wenn sie ein **besonderes Feststellungsinteresse** haben.[94] Auch die Gesellschaft selbst kann im Wege der allgemeinen Feststellungsklage die Wirksamkeit bzw Unwirksamkeit eines Beschlusses der Gesellschafterversammlung feststellen lassen, sofern hierfür ein besonderes Feststellungsinteresse vorliegt.[95]

4. Fristen für die Geltendmachung von Beschlussmängeln

77 Ist der anzugreifende Beschluss gefasst, stellt sich die Frage, bis zu welchem Zeitpunkt er angegriffen werden muss. Dabei sind unterschiedliche **Fristenregelungen** zu berücksichtigen.

a) Frist für Protokollrüge

78 Häufig enthalten Gesellschaftsverträge Regelungen über die Erstellung des Protokolls der Gesellschafterversammlung. Damit ist meist die Pflicht verbunden, das von dem Protokollführer und dem Vorsitzenden der Gesellschafterversammlung unterzeichnete Protokoll jedem Gesellschafter zu übersenden. Häufig wird dabei für den Fall, dass dieses Protokoll innerhalb von einem Monat nach Zusendung oder Zusendung der berichtigten Fassung unwidersprochen ist, geregelt, dass das Protokoll die Vermutung der Vollständigkeit und Richtigkeit in sich trägt. Ist im Zusammenhang mit einer Protokollrügefrist in der Satzung der Gesellschaft die förmliche Bekanntgabe von Beschlüssen an die Gesellschafter vorgeschrieben, so kann dies auch bedeuten, dass auch die Anfechtungsfrist nicht vorher beginnen soll, selbst wenn der klagende Gesellschafter bereits Kenntnis von dem Beschluss hatte. Dies ist aber eine Frage des Einzelfalls, nämlich der Formulierung in der Satzung.[96]

---

92 Zöllner in: Baumbach/Hueck, GmbHG, Anhang § 47 Rn 186 ff.
93 OLG München GmbHR 1996, 451 ff; Zu einer mit der Anfechtungsklage verbundenen Beschlussfeststellungsklage vgl BGHZ 76, 191, 199.
94 OLG Hamm NZG 2000, 938.
95 BGH NJW 2001, 2176 ff für eine durch Beschluss geänderte Vertretungsregelung in der Gesellschaft.
96 K. Schmidt in: Scholz, GmbHG, § 45 Rn 144; vgl für Beiratsbeschlüsse OLG Düsseldorf BB 1982, 1074.

Im Übrigen ist eine solche Frist für die **Protokollrüge** nicht zu verwechseln mit der Anfechtungsfrist. Sie betrifft allein die Frage der Richtigkeit des Protokolls, also die Frage, ob der Inhalt der Gesellschafterversammlung zutreffend wiedergegeben wurde. Ein anfechtungswilliger Gesellschafter muss demnach keine Protokollrüge erheben, wenn er den anzufechtenden Beschluss im Protokoll als richtig wiedergegeben erkannt hat. Die Nichterhebung der Protokollrüge kann in diesem Fall für die Gesellschaft als potenzielle Beklagte keinen Vertrauenstatbestand dahin schaffen, dass die fraglichen Gesellschafterbeschlüsse hingenommen wurden.[97] 79

b) Frist zur Geltendmachung von Anfechtungs- und Nichtigkeitsgründen

Die Differenzierung zwischen Anfechtungs- und Nichtigkeitsgründen gewinnt besondere Bedeutung im Hinblick auf die Einhaltung von **Fristen für die Geltendmachung** von Beschlussmängeln. 80

aa) Anfechtungsklage. Die in § 246 Abs. 1 AktG bestimmte **Monatsfrist** der Anfechtungsklage gegen die Beschlussfassung gilt im GmbH-Recht zwar nicht unmittelbar oder analog. Allerdings herrscht Einigkeit darüber, dass die Aussage des § 246 Abs. 1 AktG Leitbild für das GmbH-Recht hat. Enthält die Satzung der GmbH keine Regelung für die Beschlussanfechtung, gilt die am Leitbild des § 246 Abs. 1 AktG orientierte, jedoch nach den Umständen des Einzelfalls zu bemessende angemessene Frist für die Anfechtung.[98] Eine wenige Tage nach Ablauf der Monatsfrist erhobene Klage dürfte in der Regel noch zulässig sein. Auch feste Maximalfristen im Sinne einer Dreimonatsfrist bestehen nicht.[99] 81

Auch wenn die Satzung eine Regelung über die Frist für die Beschlussanfechtung enthält, ist die Wahrung der aktienrechtlichen Monatsfrist für die Anfechtungsklage gegen den GmbH-Gesellschafterbeschluss stets ausreichend. Sie kann auch durch Satzungsregelung nicht gekürzt werden.[100] 82

Zu beachten ist die Maxime, wonach der Anfechtungsberechtigte die Klage mit aller ihm **billigerweise zuzumutenden Beschleunigung** beheben muss.[101] Im Interesse der Rechtssicherheit sollte daher entweder die satzungsrechtliche Anfechtungsfrist eingehalten werden oder mangels satzungsrechtlicher Regelung sicherheitshalber die strenge Regelung des § 246 Abs. 1 AktG. Ein späterer Fristbeginn kann sich aus der Satzung ergeben, beispielsweise wenn abweichend von § 246 AktG die förmliche Bekanntgabe der Beschlusses an die Gesellschafter verlangt wird. 83

bb) Nichtigkeitsrüge. Demgegenüber gilt die Anfechtungsfrist nicht für die Geltendmachung von Nichtigkeitsgründen. Allerdings können auch Nichtigkeitsgründe nach herrschender Meinung nicht ohne weiteres zeitlich unbeschränkt geltend gemacht werden.[102] Eine entsprechende Satzungsbestimmung, die die Geltendmachung von Nichtigkeitsgründen innerhalb der selben Frist und auf die selbe Art und Weise wie Anfechtungsgründe geltend gemacht werden müssen, ist problematisch.[103] Da jedoch die Differenzierung zwischen Anfechtungsgründen und Nichtigkeitsgründen zum Teil sehr schwierig ist, sollten 84

---

97 OLG Hamm, Urteil vom 17.7.2002, Az: 8 U 179/01, S. 9/10 des amtl. Umdrucks (nicht veröffentlicht).
98 BGHZ 111, 224; OLG Hamm NJW-RR 2004, 838.
99 K. Schmidt in: Scholz, GmbHG, § 45 Rn 143 (streitig).
100 K. Schmidt in: Scholz, GmbHG, § 45 Rn 142; BGHZ 111, 224; zur Unmöglichkeit der Verkürzung durch Satzung; BGHZ 104, 73.
101 BGHZ 101, 113; BGHZ 111, 224 (226).
102 BGHZ 22, 101 (106).
103 BGH GmbHR 1999, 177, hält dies offensichtlich noch für zulässig; anderer Ansicht jedoch K. Schmidt in: Wolff, GmbHG, § 45 Rn 146.

aus Gründen der Rechtssicherheit alle Beschlussmängel im Rahmen einer – ggf kombinierten Anfechtungs- und Nichtigkeitsklage – innerhalb der für die Anfechtungsklage geltenden Frist und auch in der hierfür vorgeschriebenen Form geltend gemacht werden.

85 Für die **GbR, OHG und KG** bestehen keine gesetzlichen Regeln über Fristen für Klagen gegen Gesellschafterbeschlüsse. Hier ist zunächst auf den **Gesellschaftsvertrag** zu achten. Im Übrigen kann sich ein Gesellschafter jedoch dem Einwand der Verwirkung aussetzen, wenn er unangemessen lange mit der Geltendmachung von Beschlussmängeln wartet. Auch hier dürfte die Einhaltung der aus dem Aktienrecht bekannten Monatsfrist in jedem Fall ausreichen.

86 cc) **Beschlussfeststellungsklage und allgemeine Feststellungsklage.** Die Beschlussfeststellungsklage muss nicht innerhalb der Anfechtungsfrist erhoben werden. Sie ist ohnehin nur möglich bei einem nicht formell festgestellten Beschluss, der nicht im selben Maße Vertrauen schafft wie ein festgestellter Beschluss.[104] Dasselbe gilt auch für die Anfechtungsklage. Beide Klagen können jedoch dem Einwand der Verwirkung oder des widersprüchlichen Verhaltens ausgesetzt sein, wenn sie nicht zeitnah erhoben werden.[105]

87 dd) **Beschlussmängel als Einrede.** Bei der **Personengesellschaft** kann ein Gesellschafter Beschlussmängel – und bei der Kapitalgesellschaft soweit es sich um nichtige Beschlüsse handelt – auch im Wege der Einwendung gegen eine auf den Beschluss gestützten gegen ihn gerichteten Klage geltend machen, und zwar auch dann, wenn nach dem Gesellschaftsvertrag Beschlussmängelstreitigkeiten binnen einer bestimmten Frist eingeleitet werden müssen und diese Frist abgelaufen ist.[106]

B. Prozess

I. Zuständigkeit des Gerichts

88 Die kassatorischen Anfechtungsklagen sind entsprechend § 246 Abs. 3 S. 1 AktG ausschließlich vor dem Landgericht zu erheben, in dessen Bezirk die beklagte Gesellschaft ihren Sitz hat. Innerhalb des Gerichts ist die Kammer für Handelssachen gem. §§ 94, 95 Nr. 4 a GVG zuständig für die Anfechtung von Beschlüssen von Handelsgesellschaften, also AG, GmbH, OHG und KG. Die gegen die GbR gerichtete Klage auf Feststellung der Nichtigkeit eines Gesellschafterbeschlusses ist vor der Zivilkammer zu verhandeln.

II. Streitwert

89 Für den Streitwert der kassatorischen Anfechtungsklage und der Nichtigkeitsklage gegen die AG oder die GmbH gilt § 247 Abs. 1 S. 1 AktG entsprechend. Das Gericht bestimmt den Streitwert nach billigem Ermessen. Umstritten ist, ob auch § 247 Abs. 1 S. 2 AktG entsprechend für die GmbH gilt. Danach darf der Streitwert grundsätzlich ein Zehntel des Grundkapitals bzw maximal 500.000,00 EUR nicht übersteigen, es sei denn, die Sache hat für den Kläger eine größere Bedeutung. Die herrschende Meinung lehnt die entsprechende Anwendung des § 247 Abs. 1 S. 2 AktG jedoch ab.[107] Für die übrigen Gesellschaften gilt § 3 ZPO, dh das wirtschaftliche Interesse des Klägers ist maßgebend.

---

104 BGH GmbHR 1996, 47 ff.
105 BGH NZG 1999, 498 ff.
106 BGH BB 2007, 1522 f.
107 Vgl dazu näher: K. Schmidt in: Scholz, § 45 Rn 153 mwN Fn 666; Wolff in: Münchener Handbuch des Gesellschaftsrechts, Bd 3, § 40 Rn 82.

III. Klageerhebung

Die Klage sollte bei dem zuständigen Landgericht zumindest so eingereicht werden, dass sie „demnächst“ im Sinne von § 270 ZPO zugestellt wird und die Anfechtungsfrist gewahrt bleibt.[108] Dabei ist darauf zu achten, dass der **Gegenstandswert** der Klage – was in der Praxis oft Schwierigkeiten bereitet – möglichst nachvollziehbar dargestellt und ein entsprechender Gerichtskostenvorschuss möglichst frühzeitig eingezahlt wird, damit die Zustellung „demnächst“ nicht wegen eines offenkundig zu niedrigen Gerichtskostenvorschusses und damit aus vom Kläger zu vertretenden Gründen misslingt. 90

Die Differenzierung zwischen Anfechtungs- und Nichtigkeitsgründen soll nach herrschender Meinung zwar auch im Klageantrag zum Ausdruck kommen. Danach soll etwa der Hauptantrag auf Feststellung der Nichtigkeit lauten und hilfsweise auf Nichtigerklärung (Anfechtungsklage).[109] Die Nichtigkeits- und Anfechtungsklage verfolgen jedoch dasselbe materielle Ziel, nämlich die richterliche Klärung der Nichtigkeit von Gesellschafterbeschlüssen.[110] Der BGH nimmt deshalb auch die **Identität des Streitgegenstandes** beider Klagearten an, wenn beide Klagen gegen denselben Gesellschafterbeschluss mit identischer Begründung erhoben werden.[111] Unbedingt muss im Antrag des klagenden Gesellschafters aber klargestellt sein, ob eine kassatorische Klage gewollt ist – was zu empfehlen ist – oder eine nur zwischen den Parteien des Rechtsstreits wirkende Feststellungsklage nach § 256 ZPO.[112] 91

IV. Klagebefugnis

Für die Anfechtungs- und Beschlussfeststellungsklage gelten dieselben Grundsätze. In beiden Fällen ist eine **Anfechtungsbefugnis** notwendig. Dies folgt für die Beschlussfeststellungsklage daraus, dass sie die Anfechtungsklage ergänzt.[113] Anfechtungsbefugt ist insoweit jeder Gesellschafter unabhängig davon, ob er in eigenen Rechten verletzt ist. Auch auf sein Stimmrecht bei der Beschlussfassung kommt es nicht an.[114] Denn jeder Gesellschafter ist Träger der gemeinschaftlichen rechtmäßigen Willensbildung und durch einen rechtsfähigen Beschluss jedenfalls abstrakt in seiner Mitgliedschaft betroffen. Die Klage wird mithin nicht nur im Interesse eines Klägers oder des Klägers erhoben, sondern erfasst alle Mängel des angefochtenen Beschlusses.[115] § 245 AktG, der einschränkende Voraussetzungen für die Anfechtungsbefugnis bestimmt, gilt im GmbHR nicht.[116] Ein Gesellschafter muss daher den nicht gebilligten Beschluss nicht ausdrücklich nochmals widersprechen. Hat er jedoch für den Beschluss gestimmt oder ihn nachträglich genehmigt, entfällt für ihn die Anfechtungsbefugnis.[117] 92

Deshalb kann jeder Gesellschafter Beschlussmängel nur insoweit mit der Nichtigkeitsfeststellungsklage angreifen, als er selbst durch den Beschlussmangel **unmittelbar rechtlich be-** 93

108 Näher zur Einhaltung der Frist nach dem Leitbild des § 246 Abs. 1 ZPO: K. Schmidt in: Scholz, GmbHG, § 45 Rn 143.
109 BGHZ 21, 354 f; vgl dazu auch Schmidt in: Scholz, GmbHG, § 45 Rn 141 f für Anfechtungsklage und 146 für Nichtigkeitsklage.
110 BGHZ 134, 364.
111 BGH GmbHR, 1997, 655;.
112 K. Schmidt in: Scholz, GmbHG, § 45 Rn 151.
113 K. Schmidt in: Scholz, GmbHG, § 45 Rn 181; Offen BGH NJW 2001, 2176 ff.
114 BGHZ 14, 264, 271.
115 Allgemeine Meinung: BGHZ 70,117 ff; BGHZ 107, 296 (308); BGHZ 122, 211 (240); K. Schmidt in: Scholz, GmbHG, § 45 Rn 128 ff, 136; Wolff in: Münchener Handbuch des Gesellschaftsrechts, Bd 3, § 40 Rn 62, 63.
116 OLG Schleswig NZG 2000, 895.
117 Wolff in: Münchener Handbuch des Gesellschaftsrechts, Bd 3, § 40 Rn 63.

troffen ist. Andernfalls fehlt das nach § 256 Abs. 1 ZPO erforderlichen Feststellungsinteresse. Danach kann etwa ein Kommanditist nicht Klage erheben gegen die fehlerhafte Ausschließung eines Mitgesellschafters. Dadurch ist er nicht selbst unmittelbar rechtlich betroffen.[118]

94 Noch weitergehend steht entsprechend § 249 Abs. 1 S. 1 AktG jedem Gesellschafter, Geschäftsführer und Mitglied eines Aufsichtsrates die Befugnis zur Erhebung einer Nichtigkeitsklage zu. Denn nichtige Beschlüsse kranken an besonders schwerwiegenden Mängeln, so dass ein allgemeines Interesse an der Feststellung ihrer Unwirksamkeit eher besteht als bei Anfechtungsgründen. Darüber hinaus kann jedermann bei entsprechendem Feststellungsinteresse eine reguläre Feststellungsklage nach § 256 ZPO mit dem Ziel erheben, die Nichtigkeit eines Beschlusses feststellen zu lassen. Letzteres gilt auch für die GbR, OHG und KG.

95 Die Klagebefugnis muss auch nicht schon im Zeitpunkt der Beschlussfassung gegeben sein, sondern erst bei Klageerhebung. Klagebefugt sind deshalb auch erst nach der Beschlussfassung eintretende Gesellschafter.[119] Die Anfechtungsbefugnis entsprechend § 245 AktG besteht nur, soweit der Kläger das Vollrecht am Gesellschaftsanteil hat. Es reicht nicht aus, wenn er Treugeber ist oder lediglich beschränkt dinglich berechtigt.[120]

96 Halten mehrere Personen einen Geschäftsanteil gemeinsam, müssen sie die Klage entsprechend § 18 Abs. 1 GmbHG gemeinschaftlich erheben, soweit nicht gesetzlich zur Klageerhebung durch nur einen Mitberechtigten zugelassen ist.[121] Nach einer Entscheidung des BGH vom 9.10.2006 entfällt die Anfechtungsbefugnis eines Aktionärs entsprechend § 265 Abs. 2 ZPO für eine gegen einen Beschluss der Hauptversammlung einer Aktiengesellschaft nach § 179 a AktG, der der Übertragung des (nahezu) gesamten Vermögens der Aktiengesellschaft auf einen Dritten zustimmt, nicht schon deshalb und dann, wenn der Aktionär seine Aktionärsstellung verliert. Dies gilt unabhängig davon, ob der Aktionär sein Aktieneigentum freiwillig verliert oder zwangsweise etwa im Rahmen eines Squeeze-out. Zwar setzt das Fortbestehen der Anfechtungsbefugnis ein rechtliches Interesse an der Fortsetzung der Anfechtungsklage voraus. Der BGH bejaht dieses Interesse jedoch generell, wenn der Ausgang des Anfechtungsverfahrens rechtlich erhebliche auf die Auswirkungen – nach dem Squeeze-out zu zahlende – Barabfindung haben kann.[122] Dies gilt selbst dann, wenn parallel zur Anfechtungsklage ein Spruchverfahren nach § 34 UmwG iVm Spruchverfahrensgesetz[123] zur gerichtlichen Nachprüfung der Angemessenheit der Barabfindung anhängig ist. Andernfalls – so der BGH – würde ein wegen Entfalls der Anfechtungsbefugnis klageabweisendes Urteil im Anfechtungsprozess in Rechtskraft erwachsen. Dies habe zur Folge, dass Vermögensübertragungsverträge nach § 179 a AktG als wirksam gelten und deshalb auch im Spruchverfahren lediglich der vereinbarte Kaufpreis zugrunde zu legen wäre. Würde das Anfechtungsverfahren jedoch in der Sache zu Ende geführt und komme dazu, dass die Vermögensübertragung unwirksam sei, könnten auch für die Überprüfung der Unternehmensbewertung im Spruchverfahren als zusätzliche Aktiva der beklagten Gesellschaft deren Bereicherungsansprüche gem. §§ 819, 818 Abs. 4 BGB gegen die damalige Erwerbe-

118 BGH BB 2006, 1925, 1927.
119 OLG Schleswig NZG 2000, 895 ff.
120 Zum Treugeber, BGH NJW 1966, 1458 ff; zum beschränkt dinglich Berechtigten: K. Schmidt in: Scholz, GmbHG, § 45 Rn 28.
121 Vgl dazu Wolff in: Münchener Handbuch des Gesellschaftsrechts, Bd 3, § 40 Rn 64.
122 BGH BB 2006, 2601, 2603, insoweit das entgegenstehende die im Instanzenzug früheren Urteile des OLG Koblenz BB 2005, 1352 ff und des LG Mainz BB 2004, 1132 aufhebend.
123 Vgl Schönfelder Ergänzungsband Nr. 51 b.

rin zugrunde gelegt werden. Dies würde zur einer Erhöhung der Barabfindung führen.[124] Die Vorrangigkeit der Fortsetzung der Anfechtungsklage gegenüber einem nach Verlust der Gesellschafterstellung eingeleiteten Spruchverfahren begründet der BGH letztlich allein mit Zumutbarkeitserwägungen. Es könne – so der BGH – dem früheren Aktionär – nicht zugemutet werden, die Abweisung der Anfechtungsklage hinzunehmen und dann die „die zumindest indiziell negative Wirkung" in Bezug auf die maßgeblichen Wertverhältnisse im Spruchverfahren erneut bekämpfen zu müssen.[125]

Die **Anfechtungsbefugnis** für die Anfechtungsklage des ausgeschiedenen Aktionärs gegen den Veräußerungsbeschluss nach § 179 a AktG bleibt trotz eines eingeleiteten Spruchverfahrens zur Bestimmung einer angemessenen Barabfindung selbst dann bestehen, wenn nach Wirksamkeit des Squeeze-out der verbleibende Hauptaktionär anschließend einen Bestätigungsbeschluss hinsichtlich der von ausgeschiedenen Aktionär angefochtenen Veräußerungsbeschlusses fasst. Die nach § 244 S. 1 AktG heilende Wirkung des Bestätigungsbeschlusses erfasst nur einen Erstbeschluss, der an einem die Art und Weise seines Zustandekommens betreffenden Verfahrensfehler leidet, nicht jedoch einen Beschluss, der an Inhaltsmängeln leidet. Nur letztere wurden in dem vom BGH zu entscheidenden Fall vom klagenden Aktionär gerügt. Zudem hatte der ausgeschiedene Aktionär seinen Anfechtungsantrag gem. § 244 S. 2 AktG ausdrücklich – was aus Gründen der Vorsorge zu empfehlen ist – auf den Zeitraum bis zu einem Bestätigungsbeschluss beschränkt und damit nach Auffassung des BGH jedenfalls hinreichend das berechtigte Interesse des klagenden früheren Aktionärs an der Erlangung eines Gestaltungsurteils mit Wirkungen für das Spruchverfahren zum Ausdruck gebracht. Der zeitlich bis zum Bestätigungsbeschluss beschränkte Klageantrag umfasse zeitlich auch den maßgeblichen Bewertungsstichtag für die Barabfindung im Squeeze-out-Verfahren.[126] 97

Im GmbH-Recht hatte der BGH schon vor längerer Zeit festgestellt, dass ein Gesellschafter seiner Anfechtungsbefugnis für Beschlüsse der GmbH nicht schon deshalb automatisch verliert, weil er nicht mehr Gesellschafter der GmbH ist.[127] 98

V. Rechtsschutzbedürfnis

Klagen gegen Beschlüsse von Gesellschafterversammlungen dürfen nur bei entsprechendem **Rechtsschutzbedürfnis** erhoben werden. Dies bedarf aber in der Regel keiner gesonderten Begründung.[128] In besonderen Einzelfällen kann allerdings das Rechtsschutzbedürfnis fehlen. Dies ist etwa der Fall, wenn der Kläger sein Rechtsschutzziel auf anderem Wege einfacher oder wirksamer erreichen kann. Insofern kommt die gerichtliche Entscheidung über das Auskunfts- und Einsichtsrechts eines Gesellschafters nach § 51 b GmbHG in Betracht, wenn Gesellschafter nach § 51 a Abs. 2 S. 2 GmbHG Einsichtnahme in Geschäftsunterlagen der Gesellschaft durch Beschluss der Gesellschafter verweigert wurde. Dies gilt nur dann nicht, wenn der Kläger ein weitergehendes Interesse an der Feststellung der Nichtigkeit des Beschlusses darlegen kann.[129] 99

Ein Rechtsschutzbedürfnis fehlt auch bei der Anfechtung ablehnender Beschlüsse, wenn der Kläger erreichen will, dass ein Beschluss mit einem bestimmten Inhalt gefasst wird bzw 100

124 BGH BB 2006, 2601, 2603.
125 BGH BB 2006, 2601, 2604; im Ergebnis zustimmend, zur Dogmatik jedoch kritisch Bungert, BB 2007, 57 ff.
126 BGH BB 2006, 2601, 2604.
127 BGHZ 43, 261, 266 f = ZIP 1993, 1228 f.
128 BGHZ 43, 261, 265 ff; OLG Hamm NJW-RR 2001, 109 ff.
129 BGH NJW 1988, 1090 ff.

festgestellt werden soll.[130] Ausnahmsweise kann aber eine Anfechtungsklage insoweit mit einer **positiven Beschlussfeststellungsklage** verbunden werden.[131] Weiter fehlt das Rechtsschutzbedürfnis, wenn die Gesellschafter den angegriffenen Beschluss aufheben bzw ohne Nichtigkeits- oder Anfechtungsgrund bestätigen.[132] Die bereits anhängige Anfechtungsklage wird unbegründet, wenn der Kläger die Klage nicht zurücknimmt oder die Hauptsache für erledigt erklärt.[133]

VI. Mehrheit von Klagen

101 Bei kassatorischen Anfechtungs- oder Nichtigkeitsklagen und bei der Beschlussanfechtungsklage kann jeder Gesellschafter Klage gegen einen Gesellschaftsbeschluss erheben. Klagen jedoch mehrere Anfechtungsberechtigte gegen denselben Beschluss gemeinsam, sind sie notwendige Streitgenossen nach § 62 Abs. 1 Fall 1 ZPO. Dies folgt aus der einheitlichen Wirkung stattgebender Anfechtungs- und Nichtigkeitsurteile. Treten weitere Gesellschafter dem Prozess bei, können sie dies als streitgenössische Nebenintervenienten nach § 69 ZPO. Es ist allerdings zu überlegen, ob mehrere Gesellschafter gemeinsam Klage gegen einen Beschluss der Gesellschafterversammlung erheben. Eine gemeinsame Klage erhöht zum einen die Prozesskosten und damit das **Prozesskostenrisiko**. Zum anderen können sich die beiden Kläger auch durch die gemeinsame Klageerhebung in Beweisnot bringen. Können nämlich nur sie persönlich einen bestimmten Umstand darlegen, aus dem sich ein Verfahrensfehler oder die inhaltliche Rechtswidrigkeit des angefochtenen Beschlusses ergibt, beispielsweise durch Nachweis einer mündlich geschlossenen allseitigen Konsortialabrede, so können sie lediglich die eigene Vernehmung als Partei beantragen. Dazu ist das Gericht jedoch gem. §§ 447 ff ZPO nicht verpflichtet. Es ist dann zu befürchten, dass diese Kläger den ihnen obliegenden Beweis nicht erbringen können.

102 Das Problem der **Beweisnot** kann auch nicht durch eine getrennte Klageerhebung durch mehrere Gesellschafter gelöst werden. Nach §§ 246 Abs. 3 S. 3, 249 Abs. 2 AktG, die auf das GmbH-Recht entsprechend anzuwenden sind, sind mehrere kassatorische Anfechtungsklagen zu einem Prozess zwingend zu verbinden. Die Vorschrift sieht zwar keine Verbindung von Nichtigkeits- mit Anfechtungsprozessen vor. Nach wohl herrschender Meinung ist hier eine Verbindung entsprechend § 249 Abs. 2 S. 2 AktG vorzunehmen.[134] Selbst wenn man dieser Auffassung nicht folgen wollte, könnte ein Gericht zumindest beide Prozesse gem. § 147 ZPO verbinden.[135]

103 Wenn der Kläger ein Interesse über die bloß kassatorische Wirkung einer Anfechtungsklage hinaus dahin hat, einen bestimmten positiven Beschlussinhalt feststellen zu lassen, kann die kassatorische Anfechtungsklage mit einer positiven Beschlussfeststellungsklage verbunden werden.[136]

130 OLG Hamm NJW-RR 2001, 109, 111.
131 Zöllner in: Baumbach/Hueck, Anhang § 47 Rn 186 ff.
132 OLG Nürnberg NZG 2000, 700, 702.
133 Wolff in: Münchener Handbuch des Gesellschaftsrechts, Bd 3, § 40, Rn 52 mit Fn 144.
134 K. Schmidt in: Scholz, § 45 Rn 157; Wolff in: Münchener Handbuch des Gesellschaftsrechts, Bd 3, § 40 Rn 77.
135 Vgl im Übrigen: K. Schmidt in: Scholz, GmbHG, § 45 Rn 157 auch zu der Schwierigkeit der Verbindung bei zwei jeweils vor der Zivilkammer und vor der Kammer für Handelssachen anhängigen Prozessen.
136 BGH NJW 2001, 2176 ff; OLG Hamm NZG 2000, 1036.

VII. Passivlegitimation und Prozessfähigkeit

Die gegen Beschlüsse der Gesellschafterversammlung einer GmbH gerichteten Klagen sind entsprechend § 246 Abs. 2 S. 1 AktG gegen die Gesellschaft zu richten. Dasselbe gilt natürlich erst recht für die AG. 104

Die Gesellschaft wird im Prozess wie üblich durch den Vorstand bzw Geschäftsführer vertreten, nicht aber durch den Aufsichtsrat. Denn § 246 Abs. 2 S. 2 AktG findet insoweit keine Anwendung. Bei der Anfechtungsklage gegen die Abberufung oder Bestellung eines Geschäftsführers wird die Gesellschaft von demjenigen vertreten, der in Folge des angegriffenen Beschlusses Geschäftsführer ist.[137] Dementsprechend wird die Gesellschaft in einem Klageverfahren gegen den Auflösungsbeschluss von den Liquidatoren vertreten.[138] Ist der Geschäftsführer ausnahmsweise selbst Anfechtungskläger (siehe oben) muss regelmäßig für die beklagte Gesellschaft ein besonderer Vertreter gem. § 46 Nr. 8 Fall 2 GmbHG zu bestellen sein. Dies kann in Ausnahmefällen ein Prozesspfleger nach § 57 ZPO oder ein Notgeschäftsführer analog § 29 BGB sein.[139] 105

Richtige Beklagte bei Feststellung der Nichtigkeit von Gesellschafterbeschlüssen der GbR, OHG und KG sind demgegenüber trotz der Rechtsfähigkeit dieser Gesellschaften grundsätzlich nur die Mitgesellschafter, die GbR selbst nur bei Vereinbarung im Gesellschaftsvertrag.[140] 106

VIII. Beweislast bei Anfechtungs- und Nichtigkeitsklage

Für die Frage, ob überhaupt ein anfechtbarer Beschluss besteht, trägt der Kläger die Beweislast. Besonderheiten bestehen bei Scheinbeschlüssen. In dem Fall reicht es aus, wenn die Gesellschaft sich auf den Scheinbeschluss beruft. 107

Verfahrens- und inhaltliche Fehler des angefochtenen Beschlusses muss der Kläger grundsätzlich darlegen und beweisen. Geht es im Einzelfall um Fragen der Organisation der Gesellschafterversammlung oder um inhaltliche Fragen, für die die beklagte Gesellschaft im Gegensatz zum Kläger über die notwendigen Informationen verfügt, gelten für den Kläger Beweiserleichterungen.[141] 108

IX. Urteilswirkungen

Bei den Urteilswirkungen ist wiederum zu differenzieren zwischen dem Urteil im Anfechtungsprozess entsprechend § 248 AktG, dem auf eine Nichtigkeitsklage entsprechend § 249 AktG folgenden Urteil und einem Beschlussfeststellungsurteil einerseits und dem auf eine allgemeine Feststellungsklage nach § 256 ZPO folgenden Urteil andererseits. Gem. § 248 Abs. 1 S. 1 AktG erklärt ein der Anfechtungsklage stattgebendes Urteil den Beschluss für nichtig. Ein solches Urteil ist Gestaltungsurteil wirkt damit gegenüber jedermann.[142] Dasselbe gilt für ein stattgebendes Nichtigkeitsurteil. Die materielle Rechtskraft stattgebender Anfechtungs- und Nichtigkeitsurteile erstreckt sich auf alle Gesellschafter und Organmitglieder.[143] Entsprechendes gilt für das stattgebende Beschlussfeststellungsurteil. Das einer 109

137 KG GmbHR 1997, 1001.
138 BGHZ 36, 207, 209 ff.
139 OLG Naumburg NZG 2001, 1043.
140 BGH NJW 2006, 2854; Palandt/Sprau, vor § 709 Rn 16; kritisch Scholz, WM 2006, 897.
141 Vgl im Einzelnen: K. Schmidt in: Scholz, GmbHG, § 45 Rn 161.
142 Zöllner in: Baumbach/Hueck, GmbHG, Anhang § 47 Rn 177.
143 Zöllner in: Baumbach/Hueck, GmbHG, Anhang § 47 Rn 68, 176.

allgemeinen Feststellungsklage stattgebende Urteil wirkt nach bestrittener Auffassung ebenfalls analog § 248 AktG gegen jedermann. Das gilt auch für die Rechtskraft.[144]

110 Demgegenüber wirken abweisende Urteile im Anfechtungs- und Nichtigkeitsprozess als auch im Beschlussfeststellungsprozess nur gegenüber den Parteien. Auch für die allgemeine Feststellungsklage gilt nichts anderes.

X. Einstweiliger Rechtsschutz[145]

111 Vor einigen Jahren war die Auffassung verbreitet, in den Bereich der Willensbildung einer Gesellschaft könne nicht mit Mitteln des vorläufigen Rechtsschutzes eingegriffen werden. Insbesondere nicht in das Abstimmungsverhalten von Gesellschaftern.[146] Diese Auffassung hat sich in den letzten Jahren gewandelt. Im Hinblick auf die gerade in gesellschaftsrechtlichen Streitigkeiten langwierigen Hauptverfahren ist auch das Bedürfnis nach der Gewährung einstweiligen Rechtsschutzes stark gestiegen.[147]

1. Im Vorfeld der Beschlussfassung

112 Im Vorfeld der Beschlussfassung der Gesellschafterversammlung kann eine **einstweilige Verfügung** auf die Erwirkung eines bestimmten Beschlusses gerichtet sein oder auf dessen Verhinderung. Wenn ein bestimmtes positives Abstimmungsverhalten mit einer einstweiligen Verfügung erzwungen werden soll, setzt dies voraus, dass die Gesellschafter ausnahmsweise in der Ausübung Ihres Stimmrechtes nicht frei sind, etwa durch eine Stimmbindung oder durch die gesellschaftliche Treupflicht gebunden sind. Der einstweilige Rechtsschutz im Vorfeld der gesellschaftsrechtlichen Beschlussfassung bedarf jedoch einer **besonderen Begründung** im Hinblick auf das Rechtsschutzbedürfnis, insbesondere den Verfügungsgrund. Letztlich wird mit einer solchen einstweiligen Verfügung im Vorfeld einer Beschlussfassung bereits die Entscheidung in der Hauptsache vorweggenommen. Das ist nur im Ausnahmefall zulässig. Bei der Darstellung des Verfügungsgrundes sind daher die gegeneinanderstehenden Interessen abzuwägen. Der Antragsteller muss glaubhaft machen (üblicherweise mittels eidesstattlicher Versicherungen), dass kein milderes Mittel zur Verfügung steht als eine einstweilige Verfügung im Vorfeld der Beschlussfassung. Ein besonderes Interesse eines klagenden Gesellschafters kann insoweit bestehen, wenn die sofortige Durchsetzung des zu verhindernden Beschlusses einen irreparablen Schaden anrichten würde. Einer Beschlussfassung, die gegen die Treubindung der Gesellschafter verstößt, kann ein solcher Verfügungsgrund vor allem bei einem Verstoß gegen eine Stimmbindungsvereinbarung im Vorfeld der Beschlussfassung bestehen. Wenn keine allseitige Stimmbindung zwischen den Gesellschaftern vereinbart wurde, sondern nur etwa zwischen 2 Gesellschaftern, begründet die stimmbindungswidrig abgegebene Stimme keinen Anfechtungsgrund. Der dadurch benachteiligte Gesellschafter könnte also auch nach der Beschlussfassung diesen Beschluss nicht gesondert anfechten. Auch ein nachträglicher vorläufiger Rechtsschutz gegen die Ausführung des entsprechenden Beschlusses wäre nicht möglich.

144 Zöllner in: Baumbach/Hueck, GmbHG, Anhang § 47 Rn 182; aA Wolff in: Münchener Handbuch des Gesellschaftsrechts, Bd 3, § 40 Rn 100.
145 Vgl dazu: Wolff in: Münchener Handbuch des Gesellschaftsrechts, Bd 3, § 40 Rn 101 ff.
146 OLG Hamburg DB 1991, 1567.
147 OLG Frankfurt NZG 1999, 213; David in: Goebel, Zivilprozessrecht, § 15 (Vorläufiger Rechtsschutz) Rn 211 ff.

2. Vorläufiger Rechtsschutz nach Beschlussfassung

Weit weniger Begründungsaufwand erfordert der Antrag auf Erlass einer einstweiligen Verfügung, mit der die Ausführung von Beschlüssen verhindert werden soll. 113

Soll die Ausführung eines nichtigen Beschlusses untersagt werden, reicht die **Glaubhaftmachung des Nichtigkeitsgrundes** und des **Verfügungsgrundes**, dh, der besonderen Dringlichkeit. Soll dem gegenüber die Ausführung eines nur anfechtbaren Beschlusses im Wege des vorläufigen Rechtsschutz untersagt werden, muss zusätzlich zum Anfechtungsgrund und zum besonderen Verfügungsgrund dargelegt und glaubhaft gemacht werden, dass der Anfechtungsberechtigte rechtzeitig Anfechtungsklage erhoben hat.[148] 114

Das Gericht kann bei Erlass der einstweiligen Verfügung nach eigenem Ermessen über den Antrag hinausgehen oder dahinter zurückbleiben, nämlich alle von ihm für erforderlich gehaltenen Maßnahmen anordnen oder untersagen. 115

XI. Muster zur Anfechtung von Gesellschafterbeschlüssen

1. Muster: Anfechtungsklage gegen Gesellschafterbeschluss einer GmbH 116

▶ An das Landgericht ▪▪▪ 1

Kammer für Handelssachen

Klage

des ▪▪▪

Kläger

Prozessbevollmächtigte: Rechtsanwälte ▪▪▪

gegen

die X-GmbH, vertreten durch den Geschäftsführer ▪▪▪, Adresse

Beklagte

wegen Anfechtung eines Gesellschafterbeschlusses

vorläufiger Streitwert: ▪▪▪.

Namens und kraft Vollmacht des Klägers erheben wir Klage und werden im Termin zur mündlichen Verhandlung beantragen,

der Beschluss der Gesellschafterversammlung der Beklagten vom ▪▪▪ zum Tagesordnungspunkt ▪▪▪, wonach die Gesellschaft mit dem Gesellschafter B einen Vertrag über die Zuteilung von Verbrennungskapazitäten bei der Müllverbrennungsanlage ▪▪▪ schließen soll, wird für nichtig erklärt.

Begründung

Sachverhalt

Die Beklagte betreibt eine Müllverbrennungsanlage in ▪▪▪. Den Gesellschaftsvertrag der Beklagten fügen wir in der aktuellen Fassung in Kopie als Anlage K 1 bei. Damit ist das Landgericht ▪▪▪ für die Klage entsprechend §§ 249 Abs. 1, 246 Abs. 3 AktG sachlich und örtlich zuständig.

Das Stammkapital der Beklagten beträgt ▪▪▪ EUR. Der Kläger ist Gesellschafter der Beklagten und an deren Stammkapital mit ▪▪▪ EUR beteiligt. Weitere Gesellschafter der Beklagten sind A, C, D, E.

148 OLG Hamm NJW-RR 2001, 105 ff.

Die Beklagte verfügt über sämtliche Verbrennungskapazität ihrer Müllverbrennungsanlage, die sie nach einem allseits vereinbarten Schlüssel stets unter ihren Gesellschaftern, also auch an die Beklagte, entsprechend deren Geschäftsanteilen an der Beklagten weiterveräußert.

Beweis: Konsortialvereinbarung:

(falls keine Urkunde vorhanden) Zeugnis des ■■■.

In der Gesellschafterversammlung vom ■■■ war zum Tagesordnungspunkt 1 über die Verteilung zusätzlich entstehender Verbrennungskontingente an der Müllverbrennungsanlage in ■■■ unter den Gesellschaftern der Beklagten zu schließen. In der Gesellschafterversammlung wurde über folgenden Beschlussvorgang in einem Akt abgestimmt:

Über das zusätzliche Verbrennungskontingent der Gesellschaft an der Müllverbrennungsanlage ■■■, sind die Gesellschafter wie folgt prozentual beteiligt:

A 10 %; B 58 %, C 10 %, D 10 %, E 10 %, F 2 %

Beweis: Fotokopie des Protokolls der Gesellschafterversammlung der Beklagten vom ■■■, Anlage K 2.

Die Satzung der Beklagten sieht für die Beschlussfassung auch über den Abschluss von Verbrennungsverträgen eine einfache Mehrheit vor (§ ■■■). Der Kläger und der Gesellschafter C haben ausdrücklich gegen den Beschluss bestimmt und dessen Unzulässigkeit gerügt (K 2).

Mit dem angefochtenen Beschluss werden der Kläger und der Gesellschafter C nicht entsprechend ihren Anteilen an der Gesellschaft an der Verbrennungskapazität beteiligt, sondern zu einem weit geringeren Anteil.

Rechtslage

Die Sache ist Handelssache im Sinne von § 95 Abs. 1 Nr. 4 a GVG. Die Zuständigkeit des Landgerichts folgt aus der entsprechenden Anwendung der §§ 249 Abs. 1 iVm 246 Abs. 3 AktG.

Der angefochtene Beschluss ist wegen nichtiger Stimmabgaben aus verschiedenen Gesichtspunkten nichtig.

1. Der angefochtene Beschluss betrifft zunächst die Vornahme eines Rechtsgeschäftes zwischen der Beklagten und dem Gesellschafter B. Durch den Beschluss wurde die Geschäftsführung der Beklagten ermächtigt und verpflichtet, für die Beklagte mit dem Gesellschafter B einen Vertrag darüber zu schließen, dass der Gesellschafter A von dem zusätzlichen Verbrennungskontingent einen Anteil von 58 % erhalten soll, obwohl er lediglich zu 50 % an der Beklagten gesellschaftsrechtlich beteiligt ist.
   Der aufgrund des angefochtenen Beschlusses zu erwartende Vertrag zwischen der Beklagten und dem Gesellschafter B ist auch kein sozialrechtliches Geschäft, sondern ein privates Geschäft eines Gesellschafters, das nicht mit der Mitgliedschaft bei der Gesellschaft typischerweise verbunden ist. Insofern unterlag der Gesellschafter B daher bei Abstimmung über den angefochtenen Beschluss in einem einzigen Akt einem Stimmrechtsausschluss nach § 47 Abs. 4 S. 2 1. Alternative GmbH-Gesetz in Bezug auf den ihm danach zustehenden Anteil am Verbrennungskontingent. Die Stimmabgabe des Gesellschafters B war schon deshalb nichtig. Vgl dazu Zöllner in: Baumbach/Hueck GmbH-Gesetz, § 47, Rn 48.
2. Der angefochtene Beschluss ist darüber hinaus für nichtig zu erklären, weil insbesondere die Stimmabgabe des Gesellschafters B für seine Beteiligung am Verbrennungskontingent zu 58 und die Beteiligung des Klägers und des Gesellschafters C zu jeweils nur 10 % gegen das zwischen allen Gesellschaftern der Beklagten vereinbarte Gleichlaufprinzip verstößt. Nach herrschender Meinung kann ein Gesellschafter einen Beschluss, der durch Verstoß gegen eine

allseitige Konsortialvereinbarung zustande gekommen ist, direkt anfechten, ohne zunächst die Gesellschafter in Anspruch nehmen zu müssen.
Vgl dazu BGH NJW 1987, 1890; OLG Hamm NZG 2000, 1036 ff.

3. Die Stimmabgabe des Gesellschafters B ist schließlich deshalb nichtig, weil er sich dadurch zum Schaden insbesondere des Klägers und des Gesellschafters C einen nicht gerechtfertigten Sondervorteil verschaffen wollte und damit seine Stimmmacht sittenwidrig missbraucht hat.
Vgl dazu Zöllner in: Baumbach/Hueck GmbH-Gesetz, Anhang § 47 Rn 46.

4. Der zum Tagesordnungspunkt ■■■ in der Gesellschafterversammlung der Beklagten vom ■■■ gefasste Beschluss ist aufgrund der oben dargestellten Mängel insgesamt für nichtig zu erklären. Eine Teilnichtigkeit kommt nicht in Betracht.
In der Gesellschafterversammlung vom ■■■ wurde ausweislich des Protokolls (K2) in einem Akt über die Verträge aller Gesellschafter mit der Beklagten über die Verteilung zusätzlichen Verbrennungskontingents abgestimmt. Die gemeinsame Beschlussfassung über alle Verträge war von dem Gesellschafter B, der den Beschlussvorschlag vorbereitet hat, bewusst gewählt und sollte offenbar ein unterschiedliches rechtliches Schicksal der Einzelnen Verträge verhindern. Die Nichtigkeit zumindest eines Teils eines solchen einheitlichen Beschlusses führt in aller Regel zur Totalnichtigkeit des gesamten Beschlusses.
Vgl Zöllner in: Baumbach/Hueck Anhang § 47 Rn 39.
Der angefochtene Beschluss ist auch nicht so zu verstehen, dass dem Kläger und dem Gesellschafter C zumindest 10 % des der Beklagten zustehenden weiteren Verbrennungskontingents zustehen sollten. Im angefochtenen Beschluss ging es erkennbar darum, die der Beklagten zufließende Verbrennungskapazität vollständig und vor allem abschließend nach dem im Beschlussvorschlag genannten Schlüssel zu verteilen. Der angefochtene Beschluss ist daher insgesamt für nichtig zu erklären.

Der Streitwert kann zzt. nur grob vorläufig geschätzt werden.

Im Rahmen der Ermittlung der Bedeutung der Sache für sich selbst und für die Beklagte entsprechend § 247 Abs. 1 S. 1 AktG hat der Kläger zunächst berücksichtigt, dass er bei rechtmäßiger Zuteilung der künftigen Verbrennungskapazität der Müllverbrennungsanlage ■■■ zusätzlich einen Kontingent von ca. ■■■ t pro Jahr erhalten müsste. Dieses zusätzliche Kontingent entsteht frühestens ■■■ und wird voraussichtlich für einen Zeitraum von ■■■ Jahren aufrecht erhalten. Der Markt für derartige Verbrennungskontingente schwankt. Der Kläger kann nur prognostizieren, dass ein Erlös von ca. ■■■ EUR pro Tonne möglich ist. Es ergibt sich somit ein finanzielles Interesse des Klägers an der Feststellung der Nichtigkeit des angefochtenen Beschlusses von ■■■ EUR. Das Interesse der Beklagten an der Aufrechterhaltung des angefochtenen Beschlusses liegt allenfalls ■■■ EUR höher.

Vorsorglich überreichen wir beigefügt einen von dem Kläger ausgestellten Verrechnungsscheck mit einem Gerichtskostenvorschuss von ■■■ EUR für den Streitwert bis zu ■■■ EUR.

Sollte das Gericht Bedenken im Hinblick auf die Höhe des Streitwertes haben, bitten wir so bald wie möglich um Benachrichtigung.

■■■

Rechtsanwalt ◄

117 **2. Muster: Nichtigkeitsklage gegen den Gesellschafterbeschluss der GmbH**

▶ An das

Landgericht ■■■

Kammer für Handelssachen

Klage

des ■■■

Kläger

Prozessbevollmächtigte: Rechtsanwälte ■■■

gegen

die Y-GmbH, vertreten durch den Geschäftsführer ■■■, Adresse

Beklagte

wegen Feststellung der Nichtigkeit eines Gesellschafterbeschlusses

vorläufiger Streitwert: ■■■ EUR

Namens und in Vollmacht des Klägers erheben wir Klage und werden im Termin zur mündlichen Verhandlung beantragen,

es wird festgestellt, dass der Beschluss der Gesellschafterversammlung der Beklagten vom ■■■, durch den der Gesellschaftszweck der Beklagten insoweit erweitert wurde, dass die Gesellschaft künftig auch Beratungsleistungen im Bereich EDV erbringen darf, nichtig ist.

Begründung:

Sachverhalt

Die Beklagte befasst sich entsprechend ihrem derzeitigen Gesellschaftszweck mit ■■■

Ihr Sitz ist gemäß § ■■■ der Satzung in ■■■. Den Gesellschaftsvertrag der Beklagten in der aktuellen Fassung vom ■■■ fügen wir in Kopie als Anlage K 1 bei. Damit ist das Landgericht ■■■ für die Klage entsprechend §§ 249 Abs. 1, 246 Abs. 3 AktG sachlich und örtlich zuständig.

Das Stammkapital der Beklagten beträgt 60.000 EUR. Der Kläger ist Gesellschafter der Beklagten und an deren Stammkapital mit 10.000 EUR beteiligt. Weitere Gesellschafter der Beklagten sind B, C, D, E, F mit jeweils einer Stammeinlage von jeweils 10.000 EUR.

In der Gesellschafterversammlung der Beklagten vom ■■■ ist zum Tagesordnungspunkt 1 über die Erweiterung des Gesellschaftszwecks und damit über die Änderung der Satzung der Beklagten bestimmt worden. Dabei haben die Gesellschafter A, B und C für den Beschlussvorschlag gestimmt, die Gesellschafter D, E und F gegen den Beschlussvorschlag.

Beweis: Fotokopie Protokoll der Gesellschafterversammlung vom ■■■, Fotokopie

Anlage K 1.

Die Gesellschafter E, F und G sind nicht zu der Gesellschafterversammlung eingeladen worden und hatten auch keine Kenntnis von der Gesellschafterversammlung, so dass sie an dieser auch nicht teilgenommen haben.

Beweis: Zeugnis des Geschäftsführers der Beklagten sowie Zeugnis der Gesellschafter E, F und G.

Die Beklagte kann die ordnungsgemäße Einladung mittels eingeschriebenen Briefes nach Maßgabe des § 51 Abs. 1 S. 1 GmbH-Gesetz nicht nachweisen.

Gleichwohl wurde in der Gesellschafterversammlung der Beklagten vom ■■■ ausweislich des in Fotokopie beigefügten Protokolls vom Vorsitzenden der Gesellschafterversammlung die Beschlussfassung über die Erweiterung des Gesellschaftszwecks der Beklagten festgestellt.

Rechtslage

Der Beschluss über die Erweiterung des Gesellschaftszwecks der Beklagten ist in entsprechender Anwendung des § 241 Nr. 1 AktG iVm § 101 Abs. 3 und Abs. 4 AktG nichtig. Die Einladung nicht aller teilnahmeberechtigten Gesellschafter einer Gesellschaft führt danach stets zur Nichtigkeit.

BGHZ 36, 207 ff, 211; BGH WN 1983, 1354 ff; OLG Schleswig NZG 2000, 918 ff.

■■■

Rechtsanwalt ◀

3. Muster: Anfechtungsklage mit Beschlussfeststellungsklage gegen GmbH Gesellschafterbeschluss 118

▶ An das

Landgericht ■■■

Kammer für Handelssachen

Klage

des ■■■

Kläger

Prozessbevollmächtigte: Rechtsanwälte ■■■

gegen

die Y-GmbH, vertreten durch den Geschäftsführer ■■■, Adresse

Beklagte

wegen Feststellung eines Gesellschafterbeschlusses

vorläufiger Streitwert: ■■■ EUR

Namens und kraft Vollmacht des Klägers erheben wir Klage und werden im Termin zur mündlichen Verhandlung beantragen,

1. Der Beschluss der Gesellschafterversammlung der Beklagten vom ■■■, wonach der Antrag zum Tagesordnungspunkt 1 mit dem Wortlaut: „Der Geschäftsführer B wird wegen Verstoßes gegen das in seinem Geschäftsführungsvertrag festgelegte Wettbewerbsverbot aus wichtigem Grund mit sofortiger Wirkung von seinem Amt abberufen," abgelehnt worden ist, wird für nichtig erklärt
2. Es wird festgestellt, dass in der Gesellschafterversammlung der Beklagten vom ■■■ dem Antrag zum Tagesordnungspunkt 1 mit dem Wortlaut: „Der Geschäftsführer B wird wegen Verstoßes gegen das in seinem Geschäftsführungsvertrag festgelegte Wettbewerbsverbot aus wichtigem Grund mit sofortiger Wirkung von seinem Amt abberufen," zugestimmt worden ist.

Begründung:

Sachverhalt

Der Kläger ist Gesellschafter der Beklagten. Er hält einen Geschäftsanteil in Höhe von 10.000,00 EUR. Seine Mitgesellschafter A, B und C halten ebenfalls einen Geschäftsanteil von jeweils 10.000,00 EUR am Stammkapital der Beklagten von insgesamt 40.000,00 EUR. Bei dem durch den fraglichen Gesellschaftsbeschluss abberufenen Geschäftsführer handelt es sich um den Mitgesellschafter B.

In der Gesellschafterversammlung der Beklagten vom ■■■ wurde über folgenden Antrag abgestimmt:

„Der Geschäftsführer B wird wegen Verstoßes gegen das Wettbewerbsverbot aus seinem Geschäftsführungsvertrag mit sofortiger Wirkung aus wichtigem Grund aus seiner Geschäftsführerstellung abberufen. Gleichzeitig wird der Mitgeschäftsführer ■■■ angewiesen, den Geschäftsführungsvertrag mit dem Geschäftsführer B fristlos aus wichtigem Grund zu kündigen."

Bei der Beschlussfassung stimmten der Kläger und der Gesellschafter C für die Abberufung, der Gesellschafter B und der Gesellschafter D gegen die Abberufung des B als Geschäftsführer. Der Versammlungsleiter D hat entgegen seiner satzungsgemäßen Aufgabe nicht formell festgestellt, ob der Beschluss zustande gekommen ist.

Rechtslage

Entgegen der Auffassung der Beklagten ist der Beschluss jedoch zustande gekommen. Der Gesellschafter B unterlag einem Stimmverbot. Denn niemand darf Maßnahmen durch seine Stimme verhindern, die sich aus wichtigem Grund gegen ihn richten.

Allgemeine Meinung: BGHZ 86, 179; Zöllner in: Baumbach/Hueck, § 47 Rn 53.

Die Stimmabgabe des Gesellschafters B durfte daher nicht mitgezählt werden. Unter Berücksichtigung der positiven Stimmabgabe durch den Kläger und den Gesellschafter C sowie der Ablehnung durch den Gesellschafter D ergibt sich somit, dass der Beschluss zustande gekommen ist und der Gesellschafter B von seinem Geschäftsführeramt aus wichtigem Grund abberufen wurde.

Für die ergänzende Beschlussfeststellungsklage besteht auch das besondere Rechtsschutzbedürfnis. Denn mangels Feststellung des Beschlussergebnisses durch den Versammlungsleiter musste und konnte der fragliche Beschluss nicht mit der Anfechtungsklage festgestellt werden. Die Klärung des positiven Abstimmungsergebnisses muss in diesen Fällen mit der Beschlussfeststellungsklage erfolgen.

BGHZ 104, 66/69; Wolf in: Münchener Handbuch des Gesellschaftsrechts Bd 3, § 40 Rn 90.

Die Sache ist ■■■ gemäß § 95 Abs. 1 Nr. 4 a GVG eine Handelssache.

■■■

Rechtsanwalt ◀

119 **4. Muster: Feststellung der Nichtigkeit eines Gesellschafterbeschlusses einer GbR**

4

▶ An das

Landgericht ■■■

Zivilkammer

Klage

des ■■■

Kläger

Prozessbevollmächtigte: Rechtsanwälte ■■■

gegen

■■■

Beklagter

(zumindest alle Gesellschafter, die für den angefochtenen Beschluss gestimmt haben)

wegen Feststellung der Nichtigkeit eines Gesellschafterbeschlusses

vorläufiger Streitwert: ... EUR

Namens und kraft Vollmacht des Klägers erheben wir Klage und werden beantragen:

Es wird festgestellt, dass der Gesellschafterbeschluss der ... GbR vom ..., nachdem die Gesellschaft das Grundstück in ... (näher bezeichnen) erwerben soll, nichtig ist.

Begründung:

Der Kläger und der Beklagte sind alleinige Gesellschafter der Grundstücks-GbR ... mit Sitz in .... Die Gesellschaft ist eine rein vermögensverwaltende Gesellschaft, wie sich aus § ... des in Fotokopie beigefügten Gesellschaftsvertrages ergibt. Nach § ... des Gesellschaftsvertrages sind Beschlüsse ausschließlich in Gesellschafterversammlungen zu fassen, zu denen mit einer Frist von 2 Wochen einzuladen ist. Darüber hinaus sind Beschlüsse, insbesondere über den Erwerb eines Grundstücks einstimmig zu fassen.

Beweis: Fotokopie des Gesellschaftsvertrages, Anlage K 1.

Der Beklagte hat zu der Gesellschafterversammlung vom ... den Kläger nicht eingeladen. Der Kläger wusste nichts von dieser Gesellschafterversammlung und hat dementsprechend nicht teilgenommen. Gleichwohl hat der Beklagte ausdrücklich „festgestellt", dass die Gesellschafterversammlung „beschlussfähig" ist und ein Beschluss über den Erwerb des Grundstücks in ... gefasst wurde.

Der Beschluss ist nichtig. Es liegt ein schwerer Einberufungsmangel vor, der nicht geheilt wurde. Außerdem ist der Beschluss nicht mit der erforderlichen Mehrheit gefasst worden.

Beweis: Fotokopie des Protokolls der Gesellschafterversammlung vom ..., Anlage K 2.

Der Streitwert bemisst sich nach § 3 ZPO. Dies entspricht dem voraussichtlichen Kaufpreis des Grundstücks.

...

Rechtsanwalt ◄

5. Muster: Einstweilige Verfügung mit dem Antrag auf Verbot der Ausübung des Stimmrechts einer GmbH-Gesellschafterversammlung 120

5

► An das

Landgericht ...

Kammer für Handelssachen

Antrag auf Erlass einer einstweiligen Verfügung

In Sachen

des ...

Antragstellers

Verfahrensbevollmächtigte: Rechtsanwälte

gegen

...

Antragsgegner

beantragen wir namens und kraft beigefügter Prozessvollmacht des Antragstellers den Erlass der folgenden einstweiligen Verfügungen gegen den Antragsgegner, wegen der Dringlichkeit ohne vorherige mündliche Verhandlung und durch den Vorsitzenden allein:

1. Der Antragsgegner hat es zu unterlassen, bei der Gesellschafterversammlung der A-GmbH für die Abberufung des Geschäftsführers X aus wichtigem Grund zu stimmen.
2. Dem Antragsgegner wird angedroht, dass für jeden Fall der Zuwiderhandlung gegen das in Ziffer 1 ausgesprochene Verbot ein Ordnungsgeld bis zu 250.000,00 EUR und für den Fall, dass dieses nicht beigetrieben werden kann, Ordnungshaft bis zu 6 Monaten festgesetzt werden kann.
3. Der Antragsgegner trägt die Kosten des Verfahrens.

Begründung:

Die Parteien sind neben den Herren C und D zu jeweils gleichgroßen Geschäftsanteilen an der A-GmbH mit Sitz in ■■■ beteiligt. Eine Fotokopie des Gesellschaftsvertrages der A-GmbH fügen wir als Anlage AS 1 bei.

Der Beklagte ist neben dem Geschäftsführer X ebenfalls ein zur Vertretung berechtigter Geschäftsführer der A-GmbH. Einen aktuellen Handelsregisterauszug der A-GmbH fügen wir in Fotokopie als Anlage AS 2 bei.

Der Beklagte hat mit dem in Fotokopie als Anlage AS 3 beigefügten Schreiben zur Gesellschafterversammlung der A-GmbH am ■■■ einberufen. Nach Ziffer 2 der Tagesordnung soll der Geschäftsführer Herr X aus wichtigem Grund von seinem Amt abberufen werden. Außerdem soll sein Geschäftsführervertrag fristlos gekündigt werden. Der Beklagte beruft sich zur Begründung darauf, er habe den Geschäftsführer X bei einer Unterschlagungshandlung beobachtet. Eine nähere konkretere Begründung gibt er jedoch nicht.

Die Mitgesellschafter C und D haben den Geschäftsführer X befragt. Dabei konnten sie jedoch keinerlei Unregelmäßigkeiten feststellen.

Glaubhaftmachung: Eidesstattliche Versicherungen der Herren C und D vom ■■■, Fotokopien Anlagen AS 4 und 5.

Darüber hinaus hat der Geschäftsführer X schriftlich versichert, dass die Behauptung des Beklagten, er – X – habe eine Unterschlagungshandlung vorgenommen, nicht zutrifft.

Glaubhaftmachung: Eidesstattliche Versicherung des Herrn X vom ■■■, Fotokopie Anlage AS 6.

■■■ sind gesamtvertretungsberechtigt. Nach § ■■■ des in Fotokopie beigefügten Gesellschaftsvertrages – aber auch nach der gesetzlichen Regelung – wäre der Beklagte alleiniger Geschäftsführer, wenn der Geschäftsführer X wirksam abberufen worden wäre.

Aus dem weiter in Fotokopie beigefügten Schreiben des Beklagten (Anlage AS 7), das der Kläger durch Zufall in den Geschäftsräumen der A-GmbH gefunden hat, ergibt sich jedoch eindeutig, dass der Beklagte mit der B-GmbH, deren alleinige Gesellschafterin seine Ehefrau ist, und der A-GmbH verstärkt Geschäfte machen wollte, und zwar wesentlich zum Vorteil der B-GmbH. Dies wäre dem Beklagten allerdings nur möglich gewesen, wenn er alleinvertretungsberechtigter Geschäftsführer der A-GmbH geworden wäre. Aus diesem Grunde war ihm daran gelegen, den Geschäftsführer X, gleich aus welchem Grunde, abzuberufen.

Abgesehen davon, dass ein wichtiger Grund für die Abberufung des Geschäftsführers X offensichtlich nicht vorliegt, ist die geplante Abstimmung in der Gesellschafterversammlung durch den Beklagten ein grober Verstoß gegen seine Treuepflichten aus dem Gesellschaftsvertrag. (Ggf weiter ausführen.)

Der Antrag ist auch keine unangemessene Vorwegnahme der Hauptsache. Dieser Gesichtspunkt steht jedenfalls dem Erlass einer einstweiligen Verfügung gegen die bevorstehende Beschlussfassung nicht entgegen.

Vgl OLG München NGZ 1999, 407 mwN

Es besteht aufgrund des aufgefundenen Schreibens des Beklagten (AS 7) auch der begründete Verdacht, dass der Beklagte unmittelbar nach Abberufung des Geschäftsführers X alsdann alleinvertretungsberechtigter Geschäftsführer der A-GmbH gleich zu deren Nachteil Geschäfte mit der B-GmbH abschließt. Es wäre dann ein nur schwer oder nicht reparabler Schaden entstanden.

Ein milderes Mittel als das Verbot der Abstimmung in der einberufenen Gesellschafterversammlung steht dem Kläger nicht zur Verfügung.

Wir bitten, uns zu benachrichtigen, bevor das Gericht eine mündliche Verhandlung anberaumt.

...

Rechtsanwalt ◄

§ 2 Rechtsmittel wegen Verstoßes gegen ein Wettbewerbsverbot durch Gesellschafter

A. Vorprozessuale Situation

121 Gesellschafter sind gegenüber ihrer Gesellschaft aufgrund der gegenseitigen **Treuepflicht** auch in ihrem unternehmerischen Handeln außerhalb der Gesellschaft nicht völlig frei. Abhängig von der jeweiligen Gesellschaftsstruktur und den Einflussmöglichkeiten des Gesellschafters auf das Unternehmen seiner Gesellschaft sind gewisse Regeln zu beachten. Zudem setzen das Wettbewerbsverbot während der Gesellschafterstellung und das nachvertragliche Wettbewerbsverbot Grenzen. Das Wettbewerbsverbot ist nicht für alle Gesellschaftsformen gesetzlich geregelt, sondern zum großen Teil durch Rechtsprechung konkretisiert worden. Die Darstellung orientiert sich im Schwerpunkt an der GmbH. Auf Unterschiede bei der AG, der KGaA, den Personenhandelsgesellschaften und der GbR wird hingewiesen.

I. Rechtliche Grundlage während der Gesellschafterstellung

122 Für die Personenhandelsgesellschaften folgt das Wettbewerbsverbot während der Gesellschafterstellung aus § 112 HGB für die OHG und aus § 161 Abs. 2 iVm § 112 HGB für die KG. Bei der KG gilt das Wettbewerbsverbot zunächst nur für die Komplementäre. Das Wettbewerbsverbot gemäß § 165 HGB gilt grundsätzlich nicht für den Kommanditisten, es sei denn, der Kommanditist beeinflusst in tatsächlicher Hinsicht die Geschicke der Gesellschaft und tritt wie ein Geschäftsführer auf.[1] Der genannte Grundsatz (Wettbewerbsverbot aus Treuepflicht) gilt zumindest auch für die führenden Gesellschafter der GbR.[2] Auf kapitalistisch strukturierte Gesellschaften lassen sich die Grundgedanken der §§ 112 ff HGB nicht übertragen. Im Einzelfall kann für eine personalistisch strukturierte Aktiengesellschaft oder eine entsprechend strukturierte GmbH jedoch etwas anderes gelten.[3] Für Aktionäre der Aktiengesellschaft gilt es allenfalls im Rahmen der generellen Treuepflicht, dh für Mehrheitsgesellschafter, die sich anderweitig unternehmerisch betätigen wollen. Für die KGaA ist in § 284 AktG für den persönlich haftenden Gesellschafter ein Wettbewerbsverbot normiert.

123 Wettbewerbsbeschränkungen gelten im Grundsatz auch für Gesellschafter **stiller Gesellschaften.** Sie sind auch hier Ausfluss der gegenseitigen Treupflicht. Die stille Gesellschaft wird aus den verschiedensten Beweggründen gewählt. Es besteht ein weiterer Spielraum für die Ausgestaltung. Unabdingbar sind lediglich die Bestimmungen, nach denen eine stille Beteiligung nur an einem Handelsgewerbe möglich ist, die Vermögenseinlage des stillen Gesellschafters in das Vermögen des Geschäftsinhabers übergehen muss und die Gewinnbeteiligung des stillen Gesellschafters nicht ausgeschlossen werden darf.[4]

124 Regelungen zur stillen Gesellschaft finden sich in § 230 ff HGB. Der in § 230 ff HGB normierte Typ der stillen Gesellschaft entspricht der sogenannten typischen stillen Gesellschaft. Von einer atypischen stillen Gesellschaft spricht man insbesondere dann, wenn dem stillen Gesellschafter Kontrollrechte eingeräumt werden, die über die gesetzliche Regelung des § 233 HGB hinausgehen oder wenn der stille Gesellschafter sogar an der Geschäftsführung beteiligt wird.

---

1 BGHZ 89, 162.
2 Marsch-Barner in: Münchener Vertragshandbuch, Bd. 1, I. 3, 10.
3 Krieger in: Münchener Handbuch des Gesellschaftsrechts, Bd. 4, § 69 Rn 20 mwN.
4 Blaurock, Handbuch der stillen Gesellschaft, § 1 Ziff. 1.27.

Für die stille Gesellschaft bestehen keine gesetzlichen Regelungen über Wettbewerbsgeschäfte, wie etwa für die Personenhandelsgesellschaften in §§ 112, 113 HGB. Die Vorschriften sind auch nicht entsprechend anwendbar. Es fehlt zwischen den Gesellschaftern der stillen Gesellschaft regelmäßig an den engen persönlichen Beziehungen, die bei den Personenhandelsgesellschaften die Grundlage einschneidender Wettbewerbsbeschränkungen bilden. Die Gesellschafter der stillen Gesellschaft sind damit jedoch nicht von jeder Wettbewerbsbeschränkung frei. Schranken ergeben sich vielmehr aus der ihnen obliegenden Treuepflicht. 125

Der Rahmen und die Grenzen der Verpflichtungen der Gesellschafter und damit seine wettbewerblichen Schranken lassen sich **für den Inhaber des Handelsgeschäfts** anhand seiner Verpflichtung bestimmen, das Handelsgeschäft für gemeinschaftliche Rechnung zu führen, die Verwirklichung des gemeinsamen Zwecks zu fördern und die im gemeinsamen Interesse der Beteiligten liegenden Gewinnaussichten nicht durch Wettbewerbsgeschäfte zu schmälern. Der Inhaber des Handelsgeschäfts bei der **typisch stillen Gesellschaft** darf daher Geschäfte, die nach dem Gesellschaftszweck in den Rahmen seines Handelsgewerbes fallen und auf gemeinsame Rechnung vorzunehmen sind, nicht auf eigene Rechnung abschließen. Schließt er solche Geschäfte außerhalb seines Handelsgewerbes unter seinen bürgerlichen Namen, unter der Firma eines anderen von ihm betriebenen Handelsgeschäfts oder durch einen Strohmann ab, liegt darin eine Verletzung der Treuepflicht, die Schadensersatzansprüche des stillen Gesellschafters auslösen kann. Ein Eintrittsrecht des stillen Gesellschafters entsprechend § 113 HGB besteht jedoch nicht.[5] Insofern gleicht die typisch stille Gesellschaft eher den kapitalistisch strukturierten Gesellschaften. 126

Demgegenüber ist die **atypisch stille Gesellschaft** eher der OHG bzw KG angeglichen, sie ist in aller Regel eher personalistisch strukturiert. Deshalb wird vertreten, dass der Inhaber des Handelsgeschäfts in entsprechender Anwendung der §§ 112, 113 HGB einem allgemeinen Wettbewerbsverbot unterliegt und auch das Eintrittsrecht gemäß § 113 Abs. 1 HGB für den stillen Gesellschafter gilt.[6] 127

Im Gegensatz zu dem Inhaber des Handelsgeschäfts besteht für den **typischen stillen Gesellschafter** grundsätzlich kein Wettbewerbsverbot. Denn der typisch stille Gesellschafter ist regelmäßig nur mit einer Vermögenseinlage beteiligt, nimmt an der Geschäftsführung jedoch nicht teil und hat infolgedessen auch regelmäßig keinen Einblick in den Geschäftsbetrieb. Er ist eher mit einem Kommanditisten vergleichbar, für den ebenfalls kein Wettbewerbsverbot besteht.[7] Dagegen ist der **atypisch stille Gesellschafter** je nach dem Maß seines Einflusses auf die Geschäftsführung entsprechend wie der Inhaber des Handelsgeschäfts zu behandeln. Für ihn ergibt sich ebenfalls aus Treu und Glauben die Verpflichtung, keinen den Gesellschaftszweck schädigenden Wettbewerb zu betreiben. Ist der stille Gesellschafter sogar alleiniger Geschäftsführer, gilt § 112 HGB entsprechend, soweit nichts anderes vereinbart ist.[8] 128

Wegen der mannigfaltigen Gestaltungsmöglichkeiten aller Gesellschaftsformen empfiehlt es sich daher dringend, die Frage, ob und inwieweit für einen Gesellschafter ein Wettbewerbsverbot gelten soll, im Gesellschaftsvertrag der stillen Gesellschaft zu regeln. 129

5 Blaurock, Handbuch der stillen Gesellschaft, § 12 Rn 12.54.
6 Blaurock, Handbuch der stillen Gesellschaft, § 12 Rn 12.56; Mattfeld in: Münchener Handbuch des Gesellschaftsrechts, Bd. 2, § 15 Rn 2.
7 Blaurock, Handbuch der stillen Gesellschaft, § 12 Rn 12.63.
8 Blaurock, Handbuch der stillen Gesellschaft, § 12 Rn 12.64; BGH DB 1984, 495 ff.

130 Für die GmbH existiert unabhängig von einer ausdrücklichen **Abrede im Gesellschaftsvertrag** oder im Anstellungsvertrag keine gesetzliche Regelung, die ein Wettbewerbsverbot für die Gesellschafter statuiert. Ein Wettbewerbsverbot folgt für den Gesellschafter einer GmbH jedoch grundsätzlich aus seiner gesellschaftlichen Treuepflicht. Danach dürfen diese ihre Gesellschafter-/Organstellung nicht zum Nachteil der Gesellschaft ausnutzen und keine Geschäftschancen der Gesellschaft an sich ziehen.[9] Das aus der Treuepflicht resultierende Wettbewerbsverbot beginnt mit der tatsächlichen Aufnahme der Geschäfte durch den Geschäftsführer-Gesellschafter. Daher gilt das Wettbewerbsverbot bereits für die Vorgesellschaft und je nach Schutzbedürfnis auch für die Vorgründungsgesellschaft.[10] Ist der Geschäftsführer indes Alleingesellschafter, oder handeln alle Gesellschafter einvernehmlich, so besteht keine Treuepflicht, gegen die verstoßen werden kann und infolgedessen auch keine daraus resultierendes Wettbewerbsverbot.[11]

131 Auch für Gesellschafter, die nicht zugleich Geschäftsführer sind, gilt der oben genannte Grundsatz nur eingeschränkt. In welchen Fällen einen solchen Gesellschafter ein Wettbewerbsverbot aufgrund seiner Treuepflicht trifft, ist umstritten. Während eine Ansicht generell auf die Stellung als Mehrheitsgesellschafter und die damit verbundenen Gefahren der Abhängigkeit abstellt, sind nach anderer – auch hier vertretener – Auffassung die tatsächlichen Gegebenheiten im Einzelfall maßgeblich.[12] Ist der Gesellschafter nicht zugleich Geschäftsführer, so treffen ihn auch als Minderheitsgesellschafter jedenfalls dann besondere Treuepflichten, wenn er im Innenverhältnis den Geschäftsgang der Gesellschaft maßgeblich beeinflussen kann oder beeinflusst.

II. Rechtliche Grundlage nach dem Ausscheiden aus der Gesellschaft

132 Der Gesellschafter einer GmbH unterliegt nach seinem Ausscheiden aus der Gesellschaft **keinem gesetzlichen Wettbewerbsverbot**, da das typische Risiko einer Interessenkollision weggefallen ist. Dies gilt auch für den Aktionär der AG und für die persönlich haftendenden Gesellschafter eine KGaA sowie für die Gesellschafter von Personengesellschaften und der GbR. Grundlage dafür ist der aus Art. 12 GG abgeleitete Grundsatz der Wettbewerbsfreiheit. Ein nachvertragliches Wettbewerbsverbot kann aber vereinbart werden, was häufig geschieht. Typischerweise sind derartige Wettbewerbsbeschränkungen in der Satzung der Gesellschaft oder in einem gesonderten Vertrag zwischen der Gesellschaft und dem Gesellschafter geregelt. Eine solche Wettbewerbsverbotsabrede kann auch erst in der Auflösungs- bzw Ausscheidungsvereinbarung vereinbart werden.[13]

1. Inhaltliche Schranken des nachvertraglich vereinbarten Wettbewerbsverbotes

133 Die Rechtsprechung misst solche nachvertraglichen Wettbewerbsbeschränkungen an § 138 BGB und § 1 GWB. Aufgrund des Wechselspiels mit Art. 12 GG sind an diese Wettbewerbsbeschränkungen strenge Anforderungen zu stellen.[14] Ein nachvertragliches Wettbewerbsverbot ist immer dann mit Art. 12 GG vereinbar und verstößt nicht gegen § 138 BGB, wenn es dem Schutz eines **berechtigten geschäftlichen Interesses** der Gesellschaft dient und die Berufsausübung oder wirtschaftliche Betätigung der Gesellschafters nicht unbillig er-

9 Lutter/Hommelhoff, GmbHG, Anhang § 6 Rn 20.
10 Lutter/Hommelhoff, GmbHG, Anhang § 6 Rn 20.
11 Baumbach/Hueck, GmbHG, § 35 Rn 43.
12 Lutter/Hommelhoff, GmbHG, § 14 Rn 20.
13 BGH BB 2003, 2643.
14 BGHZ 91, 5.

schwert.[15] Unzulässig und nichtig sind dagegen solche Vereinbarungen, die darauf abzielen, den ehemaligen Gesellschafter für einen festgelegten Zeitraum als Konkurrenten völlig auszuschalten. Dann fehlt das berechtigte Interesse der Gesellschaft an dem Ausschluss. Die Prüfung der Wirksamkeit eines Wettbewerbsverbots orientiert sich weiter daran, dass es örtlich, zeitlich und gegenständlich auf das notwendige Maß beschränkt bleiben muss.[16] Dabei ist zu berücksichtigen, dass das Wettbewerbsverbot nur gerechtfertigt ist, soweit und solange es erforderlich ist, um die Gesellschaft vor einer illoyalen Verwertung der Erfolge der gemeinsamen Arbeit oder vor einem Missbrauch der Ausübung der Berufsfreiheit zu schützen.[17] Es soll verhindert werden, dass der ausscheidende Gesellschafter Kunden der Gesellschaft abwirbt, zu denen er ausschließlich aufgrund seiner gesellschaftsrechtlichen Stellung Kontakt aufbauen konnte.

Entscheidend für die Frage, welchen materiellen Inhalt ein mit § 138 BGB zu vereinbarendes 134
Wettbewerbsverbots haben darf, ist der **Unternehmensgegenstand** der Gesellschaft.[18] Dies gilt insbesondere für die GmbH und die AG. Der Gesellschaftsgegenstand der GmbH ist gem. § 3 Abs. 1 Nr. 2 GmbHG durch den Gesellschaftsvertrag bestimmt und gem. § 53 Abs. 1 GmbHG nicht ohne satzungsändernden Gesellschafterbeschluss änderbar. Dasselbe gilt für die AG. Zur Gründung der AG ist gem. § 23 AktG die Feststellung der Satzung erforderlich. Sie kann nur durch einen Beschluss der Hauptversammlung gem. § 179 AktG geändert werden. Das nachvertragliche Wettbewerbsverbot erstreckt sich danach ohne entsprechende Satzungsänderungen grundsätzlich auch auf vom Unternehmensgegenstand erfasste Teilbereiche, in denen die Gesellschaft die Tätigkeit eingestellt hat bzw noch nicht tätig geworden ist.[19] Ausnahmen gelten nur aufgrund der gegenseitigen Treuepflicht, etwa wenn der ausgeschiedene Gesellschafter die vom Unternehmensgegenstand nicht gedeckte Geschäftstätigkeit selbst angeregt oder maßgeblich gefördert hat. Umgekehrt kann es dem Ausgeschiedenen nicht verwehrt werden, auf vom Unternehmensgegenstand zwar erfassten aber tatsächlich bisher nicht betriebenen Geschäftsfeldern tätig zu werden, wenn die Gesellschaft selbst dort auf absehbare Zeit nicht aktiv werden will[20] oder eine Ausnahme in der Satzung zugelassen ist.[21]

Etwas anderes gilt für Personenhandelsgesellschaften und für die GbR, da die Änderung 135
des Unternehmensgegenstandes eines derart formellen Gesellschafterbeschlusses wie bei der GmbH und der AG nicht bedarf. Auf den ursprünglich vereinbarten oder satzungsgemäß bestimmten Tätigkeitsbereich der Gesellschaft kommt es insoweit nicht ausschließlich an.[22] Entscheidendes Kriterium für die Reichweite des Unternehmensgegenstandes bei Personenhandelsgesellschaften und bei der GbR ist der **tatsächliche Geschäftszweig** der Gesellschaft.[23] Dies bewirkt dann konsequenterweise auch eine Erweiterung des Wettbewerbsverbots.[24] Das setzt mE aber voraus, dass seine Aufnahme durch die Gesellschafter

15 BGHZ 91, 7.
16 BGH BB 2003, 2643; WM 2000, 1496, 1498; NJW-RR 1993, 1314, 1990, 226, OLG Köln NZG 2001, 165.
17 BGH BB 2003, 2643.
18 BGHZ 70, 331, 335 f, BGHZ 89, 162, 169.
19 BGHZ 89, 170.
20 Schiessl in: Münchener Handbuch des Gesellschaftsrechts Bd. 3, § 34 Rn 13.
21 Schiessl in: Münchener Handbuch des Gesellschaftsrechts Bd. 3, § 34 Rn 13; Baumbach/Hueck, GmbHG, § 35 Anm. 43.
22 OLG Frankfurt NZG 2000, 739.
23 BGHZ 70, 332.
24 Baumbach/Hopt, HGB, § 112 Rn 4 f; Schiessl in: Münchener Handbuch des Gesellschaftsrechts, Bd. 3, § 34 Rn 13.

angeregt oder geduldet wird. Andernfalls kann von einer konkludenten Satzungsänderung nicht gesprochen werden.

2. Zeitliche Begrenzung des nachvertraglich vereinbarten Wettbewerbsverbots

136 In zeitlicher Hinsicht wird ein Wettbewerbsverbot von **zwei Jahren** als mit § 138 BGB vereinbar angesehen.[25] Die während der Zugehörigkeit zur Gesellschaft geknüpften Verbindungen haben sich nach Auffassung der Rechtsprechung nach zwei Jahren in der Regel gelöst.[26] Der ausgeschiedene Gesellschafter kann dann wie jeder andere Gesellschafter behandelt werden.[27]

3. Räumliche Begrenzung des nachvertraglich vereinbarten Wettbewerbsverbots

137 Die räumliche Reichweite eines nach Ausscheiden des Gesellschafters vereinbarten Wettbewerbsverbots ist unter Berücksichtigung des Einzelfalls zu beurteilen und kann nicht pauschal mit Entfernungsangaben festgelegt werden. Entscheidendes Kriterium ist der **räumlich relevante Markt**, der von der Gesellschaft bedient wird.[28]

4. Vereinbarkeit mit § 1 GWB

138 Ein nachvertragliches Wettbewerbsverbot für den ausgeschiedenen Gesellschafter ist darüber hinaus stets an § 1 GWB zu messen. Schutzzweck des § 1 GWB ist die Vermeidung der Einschränkung oder Verfälschung des Wettbewerbs durch Vereinbarungen. Nach der Rechtsprechung des BGH verstoßen vereinbarte Wettbewerbsbeschränkungen nur dann nicht gegen § 1 GWB, wenn sie notwendig sind, um die Gesellschaft in ihrem Bestand und ihrer Funktionsfähigkeit zu erhalten. Das Wettbewerbsverbot soll verhindern, dass der Gesellschafter das Unternehmen von innen aushöhlt oder gar zerstört und damit einen leistungsfähigen Wettbewerb zugunsten seiner eigenen Konkurrenztätigkeit ausschaltet.[29]

139 Diese Beurteilung ist in der Praxis oft nur schwer möglich. Der BGH nimmt die Notwendigkeit einer Wettbewerbsbeschränkung, die mit § 1 GWB vereinbar ist, jedoch pauschal etwa dann an, wenn der Gesellschafter mit mehr als 50 % an der Gesellschaft beteiligt ist.[30] Dann jedenfalls sei eine maßgebliche Beeinflussung der Geschäftsführung insbesondere durch die dem Ausgeschiedenen bekannten gesellschaftsinternen Informationen möglich.[31] Der BGH hat ein vereinbartes Wettbewerbsverbot weiter im Hinblick auf § 1 GWB sogar dann nicht beanstandet, wenn ein kapitalistisch beteiligter Mehrheitsgesellschafter in derselben Branche unternehmerisch tätig ist.[32] Unabhängig von der Größe des früheren Gesellschaftsanteils des ausgeschiedenen Gesellschafters sieht der BGH jedenfalls keinen Verstoß gegen § 1 GWB, wenn in tatsächlicher Hinsicht die Geschicke der Gesellschaft maßgeblich von dem Gesellschafter beeinflusst werden.[33] Bei Gesellschaftern, die aus einer Personengesellschaft ausgeschieden sind, gilt § 1 GWB ohne Einschränkung durch § 112 HGB. Diese Vorschrift betrifft nur den aktuellen Gesellschafter.[34]

---

25 BGH BB 2003, 2643.
26 BGH BB 2003, 2643, WM 2000, 1496, 1498.
27 BGH BB 2003, 2643.
28 Baumbach/Hopt, HGB, § 112 Rn 5.
29 BGHZ 104, 251.
30 BGHZ 104, 251.
31 BGHZ 104, 252.
32 BGHZ 89, 162, 166.
33 BGHZ 104, 251.
34 Baumbach/Hopt, HGB, § 112 Rn 14.

5. Keine Karenzentschädigung gem. §§ 74, 75, 75 a HGB

Eine Karenzentschädigungspflicht, wie sie § 74 HBG im Rahmen eines Wettbewerbsverbots für Handlungsgehilfen vorsieht, besteht für Gesellschafter von Kapitalgesellschaften nicht. Diese Regelungen sind auf Arbeitnehmer zugeschnitten, insbesondere Handlungsgehilfen nach § 59 HGB, während Gesellschafter Arbeitgeberfunktion haben.[35] Auch für die Gesellschafter der OHG und die persönlich haftenden Gesellschafter einer KG sind §§ 74, 75, 75 a HGB nicht anwendbar. Sie sind als deren gesetzliche Vertreter keine Handlungsgehilfen.[36] 140

III. Rechtsfolge eines gegen § 138 BGB verstoßenden Wettbewerbsverbots

Rechtsfolge eines zu weit gefassten Wettbewerbsverbots ist grundsätzlich die Nichtigkeit der Vertragsvereinbarung.[37] Es ist grundsätzlich nicht möglich, ein Wettbewerbsverbot im Rahmen einer Umdeutung auf das angemessene Maß zu reduzieren, da es sich um eine einheitliche Regelung handelt, die nicht in ihre einzelnen Komponenten zerlegt werden kann.[38] Ausnahmen werden von der Rechtsprechung nur zugelassen, wenn einzig ein Verstoß gegen die zeitliche Komponente des nachträglichen Wettbewerbsverbots vorliegt.[39] 141

IV. Rechtsfolge bei einem Verstoß gegen das Wettbewerbsverbot

1. Wettbewerbsverstoß während der Gesellschafterstellung

Verstößt der Gesellschafter gegen das Wettbewerbsverbot, kann dies unterschiedliche Folgen haben, insbesondere kann die Gesellschaft **Unterlassung und Schadensersatz** verlangen, darüber hinaus ggf **Schließung des Konkurrenzunternehmens** oder den **Austritt** des Gesellschafters aus dem Konkurrenzunternehmen.[40] Darüber hinaus besteht für Personengesellschaften ein Eintrittsrecht der Gesellschaft nach § 113 HGB. Schließlich kann die Verletzung des Wettbewerbsverbotes im Einzelfall auch zur Ausschließung des Gesellschafters aus der Gesellschaft aus wichtigem Grund führen.[41] 142

Der Unterlassungsanspruch kann auf §§ 1004, 823 Abs. 1 BGB wegen Eingriffs in den eingerichteten und ausgeübten Gewerbebetrieb gestützt werden oder ggf auf die vertragliche Abrede oder die entsprechende Satzungsbestimmung bzw wenn diese nicht gegeben ist, auf die Verletzung der Treuepflichtverletzung selbst gestützt werden. 143

Anspruchsgrundlage für den Schadensersatz bei der **AG, der GmbH und der GbR** ist, da sich die Treuepflichtverletzung auch immer als eine Verletzung der Pflichten aus dem Gesellschaftsvertrag/Satzung/Anstellungsvertrag darstellt und eine Schadensersatzpflicht gesetzlich nicht explizit normiert ist, **§ 280 Abs. 1 BGB**. Bei Personenhandelsgesellschaften folgt der Schadensersatzanspruch unmittelbar aus §§ 112, 113 HGB für die OHG und für die KG aus §§ 161 Abs. 2, 112, 113 HGB, für die KGaA aus § 284 AktG. 144

Da die Wettbewerbstätigkeit zugleich in aller Regel Untreue des Gesellschafters ist, schuldet der Verletzer daher der Gesellschaft Schadensersatz auch nach § 823 Abs. 2 BGB iVm 145

35 Schiessl in: Münchener Handbuch des Gesellschaftsrechts, Bd. 3, § 20 Rn 20.
36 BAG NZA 1994, 212.
37 OLG Düsseldorf BB 2001, 956.
38 BGH NJW 1979, 1605, NJW-RR 1989, 801, GmbHR 1991, 17.
39 BGH NJW 2000, 2584.
40 Mattfeld in: Münchener Handbuch des Gesellschaftsrechts, Bd. 1, § 59 Rn 33 mwN.
41 Schiessl in: Münchener Handbuch des Gesellschaftsrechts, Bd. 3, § 34 Rn 15.

§ 266 StGB, unter Umständen sogar auch nach § 826 BGB.[42] Als **Schaden** ist auch der entgangene Gewinn gem. § 252 BGB erstattungsfähig.[43] Die Beweislast für den Schaden trägt die Gesellschaft.

146 Unabhängig vom Nachweis eines etwaigen Schadens steht der Personenhandelsgesellschaft gem. § 113 Abs. 1, 2. Hs HGB (der OHG) bzw nach §§ 161 Abs. 2 HGB iVm 113 Abs. 2, 1. Hs HGB (der KG) ein **Eintrittsrecht** für die entgegen dem Wettbewerbsverstoß getätigten Geschäfte des Gesellschafters zu. Das Eintrittsrecht bezieht sich auf beide Alternativen des § 112 HGB. Es hat keine Außenwirkung, dh die Gesellschaft tritt nicht in Rechtsbeziehungen zu Dritten oder zu der anderen Gesellschaft. Hat der Gesellschafter entgegen dem Wettbewerbsverbot ein Geschäft für eigene Rechnung durchgeführt, so kann die Gesellschaft verlangen, dass er dies gem. § 113 Abs. 1 HBG „als für Rechnung der Gesellschaft eingegangen" gelten lässt. Ist das Geschäft bereits abgeschlossen, kann Herausgabe des Gewinns verlangt werden. Ist das Geschäft für fremde Rechnung durchgeführt worden, so kann Herausgabe der Vergütung bzw Abtretung des Vergütungsanspruchs verlangt werden, § 113 Abs. 1 HGB. Für die GmbH gilt § 113 Abs. 1 HGB analog.[44] Dieselben Rechtsfolgen gelten gem. § 284 Abs. 2 AktG zum Nachteil persönlich haftender Gesellschafter einer KGaA.

2. Verstoß gegen das nachvertragliche Wettbewerbsverbot

147 Bei einem Verstoß des ausgeschiedenen Gesellschafters gegen das nachvertragliche Wettbewerbsverbot gelten mit Ausnahme der Ausschließung des Gesellschafters die gleichen Rechtsfolgen wie bei einem Verstoß gegen die Treuepflicht während der Stellung als Gesellschafter.

V. Beratung der Gesellschaft

1. Grundlegende Feststellungen

148 Im Rahmen der Beratung der Gesellschaft, deren – auch früherer – Gesellschafter gegen ein Wettbewerbsverbot verstoßen haben soll, sind zunächst die grundlegenden Feststellungen zu treffen:

- Erfassung des relevanten Sachverhalts
- Handelt es sich um einen Verstoß während oder nach dem Ausscheiden aus der Gesellschaft?
- Rechtliche Grundlage des Wettbewerbsverbotes: Gesetz, Gesellschaftervertrag oder sonstige Vereinbarung über Wettbewerbsverbot
- Ist ggf eine vertragliche Verbotsklausel mit § 138 BGB iVm Art. 12 GG, § 1 GWB vereinbar?
- Liegt auf dieser Basis eine Wettbewerbsverletzung vor?
- Welche Rechte will die Gesellschaft geltend machen?
- Eilbedürfnis der Gesellschaft?

42 Schneider in: Scholz, GmbHG, § 43 Rn 131.
43 Schneider in: Scholz, GmbHG, § 43 Rn 131.
44 Schiessl in: Münchener Handbuch des Gesellschaftsrechts Bd. 3, § 34 Rn 15.

2. Gesellschafterbeschluss erforderlich?

Auf der genannten Grundlage stellt sich weiter die Frage, ob die Geltendmachung von Ansprüchen der Gesellschaft einen Gesellschaftsbeschluss voraussetzt. Dafür ist zu unterscheiden: 149

a) Schadensersatz oder Eintrittsrecht nach § 113 Abs. 1 HGB

Soll Schadensersatz verlangt oder das Eintrittsrecht nach § 113 Abs. 1 HGB geltend gemacht werden, muss zunächst geprüft werden, ob dafür die **materiellen Voraussetzungen vorliegen.** 150

Für die Personenhandelsgesellschaften sieht § 113 Abs. 2 HGB ausdrücklich vor, dass die Geltendmachung von Schadenersatzansprüchen und des Eintrittsrechts gegen einen Gesellschafter nur möglich ist, wenn ein entsprechender **Beschluss** der Gesellschafterversammlung vorliegt, wobei der betroffene Gesellschafter, der gegen das Wettbewerbsverbot verstoßen hat, nicht mitstimmt. Der Beschluss ist materielle Voraussetzung für die Geltendmachung der Ansprüche und – mangels abweichender Vereinbarung im Gesellschaftsvertrag – einstimmig zu fassen.[45] Bei der Zwei-Personen-Gesellschaft reicht daher der Entschluss des anderen Gesellschafters. Ein stillschweigender Beschluss reicht ebenfalls aus, dh gemeinsame Klageerhebung durch die übrigen Gesellschafter oder mit Zustimmung der übrigen Gesellschafter.[46] Erst nach erfolgter Beschlussfassung kann die Geltendmachung der Ansprüche durch die Gesellschaft oder im Wege der actio pro socio erfolgen. Dies kann insbesondere Bedeutung erlangen, wenn die klageweise Geltendmachung solcher Ansprüche zur Verjährungshemmung nach § 204 Abs. 1 BGB alsbald erfolgen soll. Wird die Klage zwar an sich rechtzeitig vor Verjährungseintritt eingereicht, fehlt aber der erforderliche Gesellschafterbeschluss, kann die Klage nach Ablauf der Verjährungsfrist keinen Erfolg (mehr) haben. 151

Allerdings verweist § 113 Abs. 2 HGB nur auf die Ansprüche nach Abs. 1, dh auf den Schadensersatzanspruch und auf das Eintrittsrecht. 152

§ 113 Abs. 2 HGB gilt nicht für Ansprüche, die in § 113 Abs. 1 HGB nicht genannt sind, also für den Anspruch auf Unterlassung oder auf Ausschließung aus der Gesellschaft.[47] Für andere als die in § 113 Abs. 1 HGB genannten Rechte bedarf die Gesellschaft vor der Geltendmachung daher keines Gesellschafterbeschlusses.[48] 153

Für die GmbH gilt § 113 Abs. 2 HGB analog.[49] 154

b) Unterlassungsanspruch, Ausschließung aus der Gesellschaft

Die Geltendmachung insbesondere des Unterlassungsanspruchs erfolgt üblicherweise nicht sofort durch Rechtsmittel, sondern zunächst in Form einer **außerprozessualen Aufforderung.** Dies kann aber ausnahmsweise untunlich sein, wenn die Gesellschaft so dringlich auf die Durchsetzung des Unterlassungsanspruchs angewiesen ist, dass für eine Abmahnung keine Zeit bleibt, sondern sofort eine einstweilige Verfügung erwirkt und zugestellt werden muss. Die vorprozessuale Aufforderung zur Unterlassung kann – vom Zeitraum bis zum erwarteten Eingang der Reaktion des Schuldners abgesehen – vor allem insoweit weitere Zeit kosten, als der aufgeforderte Schuldner sich veranlasst sehen kann und in der Regel 155

45 Mattfeld in: Münchener Handbuch des Gesellschaftsrechts, Bd. 1, § 59 Rn 46.
46 BGHZ 89, 172; Baumbach/Hopt, HGB, § 113 Rn 7.
47 Mattfeld in: Münchener Handbuch des Gesellschaftsrechts, Bd. 1, § 59 Rn 46.
48 Mattfeld in: Münchener Handbuch des Gesellschaftsrechts, Bd. 1, § 59 Rn 50 mwN.
49 BGHZ 80, 69, 75 f.

auch wird, bei Gericht eine Schutzschrift zu hinterlegen. Diese führt meist dazu, dass das Gericht einem Antrag des Gläubigers auf Erlass einer einstweiligen Verfügung nicht schon allein aufgrund einseitigen Vortrages des Antragstellers stattgibt, sondern zunächst eine mündliche Verhandlung anberaumt. Zu dieser kann der Schuldner noch vortragen. Damit ist jedoch das prozessuale Risiko für den Gläubiger verbundenen, dass er in der mündlichen Verhandlung auf neuen gegnerischen Vortrag und auf gegnerische präsente Zeugen reagieren muss. Denn im Verfügungsverfahren gelten weder die Einlassungsfrist nach § 227 ZPO noch die Schriftsatzfristen nach § 132 ZPO.[50] Auch dies ist zu beachten, bevor die Entscheidung über die vorprozessuale Aufforderung des gegen das Wettbewerbsverbot verstoßenden (ehemaligen) Gesellschafters getroffen wird.

3. Abmahnung

156 Die außerprozessuale Aufforderung des (auch früheren) Gesellschafters, den Wettbewerbsverstoß zu unterlassen, sollte verbunden werden mit der Androhung weiterer Maßnahmen für den Fall der Fortsetzung des Verstoßes gegen das Wettbewerbsverbot. Dies hat insbesondere den Zweck, dass der Anspruchsteller im Klage- oder Verfügungsverfahren nicht die Kostenlast nach § 93 ZPO tragen muss. Außerdem kann die (fruchtlose) Abmahnung die Voraussetzungen für eine Ausschließung des Gesellschafters aus wichtigem Grund schaffen oder zumindest festigen.

a) Minimalinhalt der Abmahnung

157 Die Abmahnung ist so zu verfassen, dass für den Abgemahnten im Hinblick auf den relevanten Sachverhalt und die rechtliche Bewertung **eindeutig erkennbar** ist, worin der Wettbewerbsverstoß besteht (Hinweis- und Dokumentationsfunktion). Es sollten möglichst alle rechtlichen Gesichtspunkte aufgeführt werden, die die Abmahnung stützen. In aller Regel ist es sinnlos, tragende Argumente zurückzuhalten oder sie später im Prozess nachzuschieben. Außerdem ist dem Verletzer vor Augen zu führen, welche Konsequenzen er bei Nichtbefolgung der Abmahnung zu erwarten hat (Androhungs- und Warnfunktion). Eine sorgfältige rechtliche Begründung kann unter Umständen dazu beitragen, dass der Abgemahnte die Abmahnung akzeptiert.

158 In formeller Hinsicht ist zu berücksichtigen, dass

- die Abmahnung mit einer Frist versehen ist
- die Abmahnung unterschrieben ist
- der richtige Empfänger ausgewiesen ist
- der Abmahnende ausreichend erkennbar ist
- möglichst eine Originalvollmacht des Mandanten beigefügt ist

159 Die in der Abmahnung gesetzte Frist muss so bemessen sein, dass sie es dem Verletzer ermöglicht, eine Unterlassungserklärung abzugeben. Es reicht aus, wenn dem Abgemahnten die Zeit bleibt, rechtlichen Rat einzuholen, bei einfach gelagerten Fällen etwa 2 bis 3 Tage. Ist die Frist zu kurz oder bereits bei der Zustellung zum Teil abgelaufen, gilt automatisch eine angemessene Frist.[51]

---

50 David in: Goebel, Zivilprozessrecht, § 15 Rn 41 ff.
51 OLG Hamburg GRUR 91, 80.

Ob die Beifügung einer Vollmacht bei anwaltlichen Abmahnungen erforderlich ist, richtet sich danach, ob sie geschäftsähnliche Handlung § 174 BGB ist. Dies ist umstritten.[52] Vorsorglich sollte daher der Abmahnung in jedem Falle eine Originalvollmacht beigefügt sein. Sollte dafür im Einzelfall nicht ausreichend Zeit sein, sollte geprüft werden, ob nicht auf die Abmahnung ganz verzichtet und gleich unter Inkaufnahme möglicher Kostennachteile (§ 93 ZPO) eine einstweilige Verfügung beantragt werden sollte. 160

Die **Beweislast** für den Zugang der Abmahnung liegt beim Abmahnenden.[53] 161

b) Abmahnung mit Aufforderung zur Abgabe strafbewehrter Unterlassungserklärung

Eine bloße **Zusicherung**, der Abmahnung Folge zu leisten, und auch die faktische Befolgung der Abmahnung beseitigt nicht die Wiederholungsgefahr, so dass der Verletzer in diesem Fall gleichwohl Anlass zur Klage gibt und nicht in den Genuss des § 93 ZPO kommen kann. Um den Verletzten außergerichtlich umfassend zu sichern, bietet sich an, die Abmahnung mit einer Aufforderung zur Abgabe einer – möglichst vom Abmahnenden vorformulierten – strafbewehrten Unterlassungserklärung aufzufordern. Die strafbewehrte Unterlassungserklärung wurde zwar im originären Wettbewerbsrecht entwickelt. Sinnvoll ist sie aber durchaus auch in anderen Fällen, insbesondere bei Verstößen gegen gesellschaftsrechtlich begründete Wettbewerbsverbote. Nur die Unterzeichnung einer solchen Erklärung beseitigt die Wiederholungsgefahr und schützt den Verletzer davor, trotz faktischer Befolgung des Wettbewerbsverbotes mit einer Klage überzogen und nach § 93 ZPO die Kosten tragen zu müssen, auch wenn er dann den Anspruch sofort anerkennt.[54] 162

Erhält die Gesellschaft die verlangte Unterlassungserklärung, so steht sie sich besser, als wenn sie einen gerichtlichen Vollstreckungstitel in Händen hält. Wegen des strafähnlichen Charakters der Vollstreckung erstreckt sich die Reichweite des Vollstreckungstitels über den ausdrücklich tenorierten Umfang hinaus allenfalls auf unbedeutende Abweichungen von der titulierten Verbotsform (§ 819 ZPO). Erfahrungsgemäß tenorieren Gerichte das Unterlassungsgebot auch bereits sehr eng. Der Unterwerfungsvertrag wird demgegenüber wie jeder andere Vertrag nach § 133, 157 BGB ausgelegt.[55] 163

Darüber hinaus muss der Gläubiger eines gerichtlichen Vollstreckungstitels vollen Beweis für das Verschulden des Titelschuldners bei Verstößen gegen das titulierte Verbot erbringen. Bei Zuwiderhandlungen gegen eine Unterlassungserklärung liegt die Beweislast für mangelndes Verschulden gemäß § 280 Abs. 2 BGB beim Schuldner. 164

Zusätzlich gilt für die Unterlassungserklärung § 278 BGB. Der Schuldner muss auch für das Verschulden seiner Erfüllungsgehilfen ohne Entlastungsmöglichkeit einstehen. Diese Haftung besteht für den Titelschuldner nicht. Er haftet nur bei eigenem Verschulden, wozu allerdings auch Organisationsverschulden zählt. § 831 BGB gilt insoweit für den Titelschuldner nicht. 165

Darüber hinaus muss der Schuldner berücksichtigen, dass er mit dem Abschluss des Unterlassungsvertrages ein neues Schuldverhältnis mit dem Gläubiger begründet, aus dem Nebenpflichten erwachsen, insbesondere eine Pflicht zur Auskunft über alle weiteren Ver- 166

52 Dafür: Palandt/Heinrichs, § 174 Rn 2; OLG Nürnberg NJW-RR 1991, 1393; OLG Dresden OLG-Report 1999, 55, 57; dagegen: OLG Karlsruhe NJW-RR 1990, 1323; OLG Frankfurt/M OLG-Report 2001, 270 zur wettbewerbsrechtlichen Abmahnung.
53 OLG Düsseldorf OLGR 1996, 279.
54 BGH GRUR 1987, 748, 750.
55 BGH NJW 2001, 2622.

stöße gegen die Vertragsstrafenregelung seit Vertragsschluss.[56] Auch dies ist ein wesentlicher Unterschied zum Titelschuldner.

c) Reaktion der Gesellschaft nach Abgabe Unterlassungserklärung

167 Wird die Unterlassungserklärung unverändert unterzeichnet, ist mit Rücksendung ein **Unterlassungsvertrag** zustande gekommen und die Gesellschaft zunächst ausreichend gesichert.

168 Wird die Unterlassungserklärung dagegen nur mit Modifikationen unterzeichnet und zurückgesandt, ist der Unterlassungsvertrag noch nicht zustande gekommen. Das ist erst der Fall, wenn der Abmahnende seinerseits die modifizierte Unterlassungserklärung akzeptiert. „Vergisst" er dies, kann die Annahmefrist nach § 147 Abs. 2 BGB verstreichen, ohne dass ein Unterlassungsvertrag zustande kommt. Gleichzeitig kann die Dringlichkeit für den Antrag auf Erlass einer einstweiligen Verfügung entfallen, wenn kein weiterer Verstoß des Schuldners gegen das Wettbewerbsverbot festgestellt werden kann. Die Gesellschaft verlöre dann jede rechtliche Möglichkeit, Wettbewerbsverstöße des (auch ehemaligen) Gesellschafters schnell und effektiv zu verhindern und wäre auf eine langwierige Hauptsacheklage angewiesen. Dies sollte unbedingt vermieden werden, da andernfalls auch dem Rechtsanwalt ein Regress droht.

d) Reaktion der Gesellschaft nach Fristablauf ohne Unterlassungserklärung

169 Nach Ablauf der gesetzten Frist ohne Eingang der geforderten Unterlassungserklärung ist zu überlegen, ob wegen der Dringlichkeit eine einstweilige Verfügung gegen den Verletzer beantragt wird.[57]

VI. Anwaltliche Beratung des Verletzers

170 Vertritt der Rechtsanwalt den (auch ausgeschiedenen) Gesellschafter wegen Verstoßes gegen das Wettbewerbsverbot gegen die Gesellschaft, so stellen sich die zuvor dargestellten Fragen mit umgekehrten Vorzeichen. Das gilt unabhängig davon, ob der Mandant sich im Vorfeld der Aufnahme einer neuen Tätigkeit informieren will, um einen Verstoß gegen das ihn betreffende Wettbewerbsverbot zu vermeiden oder ob er bereits von der Gesellschaft zur Unterlassung des Wettbewerbsverstoßes aufgefordert wurde.

171 Im letztgenannten Fall stellt sich zunächst die Frage, wie der Mandant aus seiner Sicht am besten auf die Abmahnung reagiert, dh ob er die verlangte strafbewehrte Unterlassungserklärung unterzeichnet, ggf modifiziert oder gar nicht. Die Unterlassungserklärung dient zur Vermeidung einer gerichtlichen Auseinandersetzung. Sie kommt meines Erachtens ohnehin nur ernsthaft in Betracht, wenn der Wettbewerbsverstoß eindeutig ist und der Verletzer keine realistische Chance sieht, einer Verurteilung durch das Gericht oder einer einstweiligen Verfügung zu entgehen. Dennoch sollte die strafbewehrte Unterlassungserklärung nicht schon deshalb abgegeben werden, um die Kosten eines Urteils – ggf auch eines Anerkenntnisurteils – zu entgehen. Hier sind die Nachteile der Unterlassungserklärung gegen diejenigen eines gerichtlichen Titels nach den oben genannten Kriterien sorgfältig abzuwägen. Dabei kann es im Einzelfall sinnvoll sein, anstelle der Abgabe der Unterlassungserklärung eine möglicherweise zunächst teurere einstweilige Verfügung zu akzeptieren, um die weitergehenden Haftungsfolgen der Unterlassungserklärung – insbesondere § 278 BGB – zu vermeiden.

---

56 Ausführlich David, Prozessrecht Aktiv 2003, 56 ff.

57 Dazu unten bei Rn 175 ff.

VII. Muster

1. Muster: Vertrag über umfassendes Wettbewerbsverbot 172

▶ … und die Gesellschaft … schließen folgende Vereinbarung: 6

1. Für die Dauer dieses Vertrages ist es … nicht gestattet, in einem Unternehmen, das mit der Gesellschaft … in Wettbewerb steht, als Inhaber, Gesellschafter oder Angestellter tätig zu werden oder sich an einem solchen Unternehmen direkt oder indirekt zu beteiligen oder es direkt oder indirekt zu beraten oder zu fördern oder direkt oder indirekt eine Vertretung hierfür zu übernehmen. Er ist auch nicht berechtigt, in eigener Person in Wettbewerb zur Gesellschaft … zu treten.
2. Die Gesellschaft … und … sind sich darüber einig, dass die Gesellschaft ein schutzwürdiges Interesse daran hat, dass die unter 1. aufgezeigten Interessen auch nach Beendigung dieses Vertrages eingehalten werden.
3. Nach dem Ablauf des Vertrages gilt somit das Wettbewerbsverbot nach Nr. 1 für die Dauer von 2 Jahren, und zwar für den Wettbewerb auf allen Geschäftsfeldern, auf denen die Gesellschaft … bis zum Ausscheiden des … tätig ist oder nach ihrem zu diesem Zeitpunkt satzungsmäßig festgelegten Unternehmensgegenstand tätig werden kann.
4. Die Gesellschaft kann einseitig auf die Einhaltung des Wettbewerbsverbotes verzichten. Der Verzicht ist mit der Erklärung der Kündigung unter Einhaltung der Kündigungsfrist wirksam.
5. A verpflichtet sich, für jeden Fall des Verstoßes gegen das vorbeschriebene Wettbewerbsverbot an die Gesellschaft … eine Vertragsstrafe in Höhe von 10.000 EUR zu zahlen. Weitergehende Ansprüche der Gesellschaft bleiben unberührt. ◀

2. Muster: Abmahnung 173

▶ [ggf per Telefax vorab; Original per Einschreiben gegen Rückschein] 7

X-GmbH

Sehr geehrte/r Herr/Frau …,

hiermit zeigen wir an, dass uns die X-GmbH mit der Wahrnehmung ihrer Interessen beauftragt hat. Eine auf uns lautende Vollmacht ist beigefügt.

Unsere Mandantin verkauft im Kreis Borken/Nordrhein-Westfalen Großküchen/Großküchenzubehör. Ferner bietet sie die Wartung/Reparatur von Großküchen/Großküchenzubehör an. Ihr Tätigkeitsbereich erstreckt sich allein auf den Kreis Borken/Nordrhein-Westfalen.

Sie sind gegenwärtig Geschäftsführer der Y-GmbH. Im Zeitraum vom … bis zum … waren Sie Gesellschafter unserer Mandantin. Der Gesellschaftsvertrag unserer Mandantin enthält in § 15 für den Gesellschafter die Verpflichtung, innerhalb eines Zeitraums von einem Jahr nach Ausscheiden aus der Gesellschaft unter anderem nicht als Geschäftsführer einer anderen Gesellschaft in dem sachlichen und örtlichen Geschäftsbereich der Klägerin tätig zu werden.

Unsere Mandantin hat nach Einsicht in das Handelsregister beim AG … festgestellt, dass die von Ihnen als Geschäftsführer geleitete Y-GmbH ebenfalls die Veräußerung von Großküchen/Großküchenzubehör bzw Wartung/Reparatur von Großküchen/Großküchenzubehör im Kreis Borken/Nordrhein Westfalen anbietet. Darüber hinaus haben Sie einige Kunden unserer Mandantin aufgesucht und diesen die Wartung/Reparatur durch Ihre GmbH zu weit günstigeren Konditionen als denen unserer Mandantin angeboten.

Mit diesem Verhalten verstoßen Sie gegen das mit der X-GmbH vereinbarte nachvertragliche Wettbewerbsverbot.

Namens und kraft Vollmacht unserer Mandantin fordern wir Sie auf,

1. umgehend die Geschäftsführertätigkeit für die Y-GmbH aufzugeben, solange diese im Kreis Borken/Nordrhein-Westfalen den Verkauf, die Wartung und Reparatur von Großküchen/Großküchenzubehör anbietet,
2. die beigefügte strafbewehrte Unterlassungserklärung unverzüglich unterzeichnet zu unseren Händen zu senden, spätestens bis zum ... hier eingehend, wobei der Eingang vorab per Telefax ausreicht, wenn das Original unverzüglich auf dem Postweg versandt wird,
3. der X-GmbH die für die rechtliche Beratung der Rechtsanwälte ... nach dem RVG entstandenen Kosten auf Grundlage eines Gegenstandswertes von ... in Höhe einer ... Gebühr zuzüglich Auslagen und Umsatzsteuer zu erstatten.

Nur durch die Unterzeichnung der Unterlassungserklärung können Sie die Wiederholungsgefahr und ein Kostenrisiko nach § 93 ZPO vermeiden.

Sollte diese Erklärung nicht innerhalb der Ihnen gesetzten Frist bei uns eingehen, werden wir unserem Mandanten dringend raten, gerichtliche Schritte gegen Sie einzuleiten.

...

Rechtsanwalt ◀

174 **3. Muster: Unterlassungsverpflichtung mit Vertragsstrafe für Wettbewerbsverstoß**

8

▶ Hiermit verpflichte ich, (Name, Adresse) mich gegenüber der X-GmbH,

1. umgehend die Geschäftsführertätigkeit für die Y-GmbH aufzugeben, solange diese im Kreis Borken/Nordrhein-Westfalen den Verkauf, die Wartung und Reparatur von Großküchen/Großküchenzubehör anbietet.
2. für jeden Fall der Zuwiderhandlung gegen die Unterlassungsverpflichtung zu 1. an die X-GmbH eine Vertragsstrafe von 5000,– EUR zu zahlen. Dieser Betrag ist mit jeder Zuwiderhandlung ohne nochmalige Mahnung sofort fällig.
3. der X-GmbH die für die rechtliche Beratung der Rechtsanwälte ... nach dem RVG entstandenen Kosten auf Grundlage eines Gegenstandswertes von ... in Höhe einer ... Gebühr zuzüglich Auslagen und Umsatzsteuer zu erstatten.

...

Ort, Datum, Unterschrift ◀

B. Prozess

I. Schutzschrift des Gesellschafters

175 Der Anspruchsgegner kann in der Regel schon frühzeitig damit rechnen, dass der Gläubiger den Erlass einer einstweiligen Verfügung gegen ihn beantragt, jedenfalls wenn er eine Abmahnung erhalten hat. Es besteht dann die Gefahr, dass der Gläubiger bei nicht vollständiger Befolgung der Abmahnung einstweiligen Rechtsschutz beantragt. Damit der Abgemahnte nicht von einer ohne mündliche Verhandlung und damit ohne seine Anhörung ergangenen einstweiligen Verfügung überrascht wird, sollte er umgehend eine **Schutzschrift** bei allen Gerichten hinterlegen, bei denen der Gläubiger zuständigkeitshalber eine einstweilige Verfügung beantragen könnte. Geht bei dem Gericht, bei welchem die Schutzschrift hinterlegt ist, ein Antrag des Gläubigers auf Erlass einer einstweiligen Verfügung ein, wird das Gericht – sofern die Ausführungen in der Schutzschrift nicht offensichtlich zur Verteidigung ungeeignet sind – in aller Regel zunächst eine **mündliche Verhandlung** anberaumen

und dem Antragsgegner eine Abschrift des Verfügungsantrags zustellen.[58] Er hat dann die Möglichkeit, bereits der Erlass einer Verfügung zu verhindern.

II. Antrag auf Erlass einer einstweiligen Verfügung durch Gesellschaft

Reagiert der Abgemahnte nicht wie gewünscht, unterzeichnet er insbesondere nicht die geforderte strafbewehrte Unterlassungserklärung, soll der (auch ausgeschiedene) Gesellschafter aber gleichwohl alsbald daran gehindert werden, weiterhin gegen das Wettbewerbsverbot zu verstoßen, oder ist die Angelegenheit so dringlich, dass selbst für eine Abmahnung keine Zeit bleibt, bietet sich an, das Ziel der Gesellschaft sofort mit dem einstweiligen Rechtschutz zu verfolgen. In Betracht kommt der Antrag auf Erlass einer auf Unterlassung gerichteten einstweiligen Verfügung gem. § 935 ZPO. Gem. § 936 ZPO sind auf die einstweilige Verfügung die Arrestvorschriften der §§ 916 ff ZPO anwendbar, soweit nichts anderes bestimmt ist. Dieses Vorgehen ist sinnvoll, da auf diese Weise schneller als auf dem Klageweg ein vollstreckungsfähiger Titel erlangt werden kann.[59] 176

1. Risiko der Schadensersatzpflicht nach § 945 ZPO

Vor dem Antrag auf Erlass einer einstweiligen Verfügung ist aber zu beachten, dass der Gläubiger nach § 945 Gefahr läuft, verschuldensunabhängig Schadensersatz leisten zu müssen, wenn die einstweilige Verfügung beispielsweise aufgrund eines Widerspruchs des Antragsgegners nach § 924 ZPO oder wegen zwischenzeitlicher Verjährung des Anordnungsanspruchs nach § 927 ZPO wieder aufgehoben wird, der Schuldner sie aber gleichwohl befolgt hat.[60] Dieselbe Gefahr droht, wenn die angeordnete Verfügung nach § 926 Abs. 2 ZPO aufgehoben wird, weil der Antragsteller einer Aufforderung des Gerichts, innerhalb einer bestimmten Frist in der Hauptsache Klage zu erheben, nicht Folge leistet oder wenn er das Rechtfertigungsverfahren nach § 942 Abs. 3 ZPO nicht durchführt. Denn der Gläubiger ist allein für die Vollstreckung aus einem noch nicht endgültigen Vollstreckungstitel verantwortlich. Diese Umstände sind mit dem Gläubiger eingehend zu erörtern, bevor der Rechtsanwalt ihm zu einem Antrag auf Erlass einer einstweiligen Verfügung rät. 177

2. Zuständiges Gericht

Bei der Zuständigkeitsprüfung ist zu beachten, dass die Arrestvorschrift des § 919 ZPO von den spezielleren Regelungen der §§ 937, 943 ZPO verdrängt wird. Dies bedeutet, dass primär nur das Gericht der Hauptsache zuständig ist. Gemäß § 802 ZPO besteht insoweit ein ausschließlicher Gerichtsstand. Für den Begriff des „Gerichts der Hauptsache“ ist zu differenzieren. Wenn noch keine Hauptsache anhängig ist, hat das angerufene Gericht die Hauptsachezuständigkeit von Amts wegen zu prüfen. Ist dagegen ein Gericht in der Hauptsache schon angerufen worden, dh die Hauptsache ist bereits anhängig, so ist es ausschließlich für die einstweilige Verfügung zuständig, auch wenn es selbst in der Hauptsache eigentlich unzuständig ist.[61] 178

Das Gericht der Hauptsache wird meist das örtlich zuständige Landgericht und dort die Kammer für Handelssachen sein, §§ 94, 95 Abs. 1 Nr. 4 a GVG; anderes gilt für den Streit 179

58 Näher David in: Goebel, Zivilprozessrecht, § 15 Rn 17; GF-ZPO/Haidl, § 935 Rn 26.
59 Zöller/Vollkommer, ZPO, vor § 916 Rn 14; vgl ferner mit Mustern GF-ZPO/Jäckel, §§ 916 ff.
60 BGH NJW 1996, 199, vgl ausführlich zu den Fallkonstellationen zu §§ 924, 927 ZPO, David in: Goebel, Zivilprozessrecht, § 15 Rn 92 ff, 106 ff, vgl mit Musterklage GF-ZPO/Haidl, § 945.
61 OLG Hamburg MDR 1981, 1027.

zwischen der GbR und dem (ehemaligen) Gesellschafter. Das BAG hat jedoch 1997 die sachliche Zuständigkeit des Arbeitsgerichts bejaht für den Streit über die Verbindlichkeit eines Wettbewerbsverbotes, das einen Minderheitsgesellschafter betraf, dessen Geschäftsanteil verkauft wurde unter gleichzeitiger Aufhebung seines Arbeitsvertrages.[62]

3. Streitwert

180 Die Streitwertbestimmung erfolgt nach § 3 ZPO. Bei einer einstweiligen Verfügung, die auf ein Unterlassen gerichtet ist, bestimmt sich der Streitwert nach den Interessen des Verfügungsklägers am Verbot der zu unterlassenden Handlung.

III. Begründung der einstweiligen Verfügung

181 Verfügungsgrund und Verfügungsanspruch sind gem. §§ 920 Abs. 2, 936 ZPO darzulegen und glaubhaft zu machen.

1. Anordnungsanspruch

182 Der Anordnungsanspruch ist der materielle Anspruch, auf den das Begehren auch in der Hauptsache gestützt wird. Zur **Glaubhaftmachung** der anspruchsbegründenden Tatsachen kann sich der Antragsteller grundsätzlich aller Beweismittel und zudem der **eidesstattlichen Versicherung** nach § 294 Abs. 1 ZPO bedienen. Gemäß § 294 Abs. 2 ZPO sind aber ausschließlich präsente Beweismittel statthaft (dh üblicherweise Urkundenbeweis, eidesstattliche Versicherung, Augenscheinsobjekte). Dazu gehören auch rechtmäßig erlangte Tonbandaufnahmen.

183 Regelmäßig hat der Gläubiger kein Interesse daran, dass das Gericht nach dem Antrag auf Erlass einer einstweiligen Verfügung eine mündliche Verhandlung anberaumt. Sie steht seinem Interesse an möglichst schnellem Rechtsschutz entgegen. Selbst eine nach § 226 ZPO abgekürzte Ladungsfrist ist meist schon zu lang. Wenn die mündliche Verhandlung vermieden werden soll, darf in der Antragsschrift zur Glaubhaftmachung der dort vorgebrachten Tatsachenbehauptungen nicht auf Zeugen verwiesen werden, die erst in einer mündlichen Verhandlung „präsent" sein können. Auch deren bloß schriftliche Zeugenaussage ist kein zulässiges Beweismittel nach §§ 354 bis 455, 294 Abs. 1 ZPO. Zeugen sollten insoweit ihre Aussagen an Eides statt schriftlich versichern.

184 In der eidesstattlichen Versicherung darf kein Vorgang geschildert werden, der sich der eigenen Wahrnehmung entzieht, ohne das dies deutlich gemacht wird.[63] Für die eidesstattliche Versicherung besteht kein Formzwang. Sie muss aber eine eigene Darstellung des relevanten Sachverhaltes enthalten und darf sich jedenfalls nicht auf Bezugnahmen auf den Schriftsatz des Rechtsanwaltes beschränken.[64] Praktisch werden zwar solche Bezugnahmen auf den rechtsanwaltlichen Schriftsatz meist nicht beanstandet. Insoweit besteht aber kein schutzwürdiges Vertrauen. Diese eidesstattliche Versicherung ist dem Antrag auf Erlass der einstweiligen Verfügung beizufügen.

185 Auch wenn der Gläubiger regelmäßig kein Interesse daran hat, die einstweilige Verfügung erst nach Anberaumung einer mündlicher Verhandlung zu erhalten, so empfiehlt es sich gleichwohl, bereits in der Antragsschrift auf mögliche **Einreden und Einwendungen** des

62 BAG NZG 1998, 185.
63 David in Goebel, Zivilprozessrecht, § 15 Rn 55.
64 BGH NJW 1988, 2045.

Antragsgegners, dh hier des gegen das Wettbewerbsverbot verstoßenden (ehemaligen) Gesellschafters, einzugehen und diese zu entkräften. Dies minimiert zunächst das Schadensersatzrisiko nach § 945. Denn das Gericht kann sich bereits mit den erwarteten Einwendungen vor Erlass der einstweiligen Verfügung befassen und nicht lediglich etwa im Rahmen eines Widerspruchs gegen die bereits erlassenen einstweilige Verfügung. Werden bekannte Einwendungen im Antrag verschwiegen, und werden sie dem Gericht im Rahmen eines Widerspruchsverfahren bekannt, bekommt das Vorgehen des Antragstellers im Nachhinein schnell einen faden Beigeschmack. Das Gericht könnte sich zu Recht instrumentalisiert fühlen und muss in dieser Situation über den Widerspruch entscheiden.

2. Anordnungsgrund

Ferner muss ein Anordnungsgrund dargelegt werden. Dieser setzt eine gewisse Dringlichkeit voraus. Es muss die Besorgnis vorliegen, dass durch eine Veränderung des bestehenden Zustandes die Verwirklichung des Rechts des Gläubigers vereitelt oder wesentlich erschwert werden könnte.[65] Dies ist mit den oben dargestellten Mitteln glaubhaft zu machen.[66] 186

Soll im Beschlussverfahren gem. § 937 Abs. 2 ZPO ohne mündliche Verhandlung entschieden werden, ist die Darlegung und Glaubhaftmachung einer besonderen Dringlichkeit erforderlich. Hier genügt nicht der Verfügungsgrund als solcher. Erforderlich ist, dass eine selbst in kürzester Frist (§§ 217, 226 Abs. 1 ZPO) anberaumte mündliche Verhandlung nicht abgewartet werden kann oder der Zweck einer einstweiligen Verfügung eine Überraschung des Gegners erfordert.[67] 187

3. Einstweilige Verfügung gegen Sicherheitsleistung

Können Verfügungsanspruch und Verfügungsgrund nicht ausreichend glaubhaft gemacht werden, kommt der Erlass einer einstweiligen Verfügung gegen Sicherheitsleistung in Betracht (§§ 921 Abs. 2 S. 1, 936 ZPO). Die Anordnung der Sicherheitsleistung ermöglicht dem Gericht, sich mit einem geringeren, unterhalb der Glaubhaftmachung liegenden Grad an Wahrscheinlichkeit zu begnügen.[68] 188

IV. Reaktionsmöglichkeiten des Antragsgegners bei Anberaumung mündlicher Verhandlung über den Antrag auf Erlass der einstweiligen Verfügung

Erhält der Antragsgegner die Ladung des Gerichts zur mündlichen Verhandlung über den Antrag der Gesellschaft auf Erlass einer einstweiligen Verfügung nebst Abschrift der Antragsschrift, ist zu überlegen, wie zu reagieren ist. Es empfiehlt sich meist, schriftsätzlich erst im Termin zur mündlichen Verhandlung zu reagieren, und auch zu diesem Zeitpunkt zuvor nicht angekündigte präsente Zeugen zu stellen. Allerdings ist zu berücksichtigen, dass ohne Not mutwillig bis zur mündlichen Verhandlung zurückgehaltene Verteidigungsmittel vom Gericht zurückgewiesen werden können. Die Praxis der Gerichte ist insoweit aber großzügig und wird nur in geradezu offensichtlichen Fällen Vortrag zurückweisen. Der Vorteil dieser Vorgehensweise liegt darin, dass der Antragsteller in der mündlichen Verhandlung mit für ihn neuen Tatsachen konfrontiert werden kann, auf die er im Termin 189

65 Zöller/Vollkommer, ZPO, § 935 Rn 10.
66 David in: Goebel, Zivilprozessrecht, § 15 Rn 171.
67 Zöller/Vollkommer, ZPO, § 937 Rn 2.
68 Zöller/Vollkommer, ZPO, § 921 Rn 2.

reagieren muss, denn im Anschluss an den Termin ergeht die Entscheidung über den Antrag auf Erlass der einstweiligen Verfügung.[69]

V. Zustellung der einstweiligen Verfügung

190 Die einstweilige Verfügung wird gegenüber dem Antragsgegner nur wirksam, wenn sie **rechtzeitig vollzogen** wird. Auf die Vollziehung der Verfügung finden gemäß § 936 ZPO die Vorschriften über die Zwangsvollstreckung entsprechende Anwendung, soweit nicht in den § 929 ff folgende ZPO abweichende Vorschriften enthalten sind. Es gelten somit hier §§ 929 ff ZPO.

191 Bei der Vollziehung einer einstweiligen Verfügungen unterlaufen häufig Fehler, die zum Teil nach dem – nicht fristgebundenen – Widerspruch des Antragsgegners nach § 924 ZPO oder nach dem Antrag nach § 927 ZPO nicht mehr geheilt werden können. Diese führen dann zwingend zur Aufhebung der einstweiligen Verfügung und ggf zu Schadensersatzansprüchen des Antragsgegners nach § 945 ZPO. Hier liegt eine besondere Verantwortung des Rechtsanwalts.

192 Zunächst ist zwingend die **Monatsfrist** nach § 929 Abs. 2 ZPO für die Vollziehung der einstweiligen Verfügung zu beachten. Die Beschlussverfügung ist gemäß §§ 936, 922 Abs. 2 ZPO im Parteibetrieb zuzustellen. Anders ist es bei einer Urteilsverfügung. Diese ist von Amts wegen zuzustellen.[70] Die Zustellung im Parteibetrieb richtet sich nach § 192 ZPO und ist durch den Gerichtsvollzieher durchzuführen. Die Zustellung von Anwalt zu Anwalt nach § 195 ZPO ist nicht ratsam.

193 In der Regel sollte eine **beglaubigte Abschrift** zugestellt werden. Die Zustellung einer unbeglaubigten Abschrift oder einer Kopie reicht zur Einhaltung der Vollziehungsfrist nach § 929 Abs. ZPO in keinem Falle aus. Bei der Zustellung der Ausfertigung und/oder der beglaubigten Abschrift der einstweiligen Verfügung ist zunächst zu prüfen, ob diese sämtliche gesetzlichen Anforderungen der Ausfertigung erfüllen bzw wiedergeben. Ist etwa die Ausfertigung nicht ordnungsgemäß, reicht auch die Zustellung einer beglaubigten Abschrift derselben Ausfertigung zur Einhaltung Frist nach § 929 Abs. 2 BGB nicht aus.

194 Vollziehungsmängel können nur unter den Voraussetzungen des § 189 ZPO geheilt werden. Allerdings muss die Zustellung dann innerhalb der für die Zustellung geltenden Frist formgerecht erfolgen. Wird ein Zustellungsfehler jedoch erst nach Ablauf der Vollziehungsfrist bemerkt, ist eine Heilung infolgedessen nicht mehr möglich.[71]

1. Reaktionsmöglichkeiten des Antragsgegners nach Zustellung der einstweiligen Verfügung

195 Nach der Zustellung einer einstweiligen Verfügung stellt sich dem Antragsgegner die Frage, ob und wie er gegen die einstweilige Verfügung vorgehen kann. Mit der Zustellung ist die einstweilige Verfügung regelmäßig vollzogen ist und muss daher befolgt werden, soll nicht die Festsetzung eines Ordnungsgeldes riskiert werden, dessen Androhung in aller Regel mit dem Antrag auf einstweilige Verfügung verbunden worden ist. Nur wenn der Antragsgegner sicher sein kann, dass er die Aufhebung der einstweiligen Verfügung erreichen wird, wird er in Betracht ziehen, die zugestellte Verfügung von vornherein nicht zu beachten. Das ist aber erfahrungsgemäß selten.

---

69 Dazu ausführlich David in: Goebel, Zivilprozessrecht, § 15 Rn 42 ff.
70 Zöller/Vollkommer, ZPO, § 929 Rn 16.
71 Dazu ausführlich David in: Göbel, Zivilprozessrecht, § 15 Rn Nr. 58 ff.

2. Widerspruch

Ist die einstweilige Verfügung ohne mündliche Verhandlung ergangen, besteht gem. § 924 ZPO die Möglichkeit, Widerspruch zu erheben. Dieser unterliegt keiner Frist. Dem Antragsgegner wird – will er sich möglichst schnell von der Last der Verfügung befreien – zu raten sein, alsbald Rechtsmittel gegen die Verfügung einzulegen. Ausnahmsweise kann es sinnvoll aber sein, mit der Erhebung des Widerspruchs den Ablauf der Vollziehungsfrist abzuwarten, wenn nämlich die Zustellung der Verfügung formelle Mängel enthält. 196

Wird Widerspruch erhoben, führt dies zur Anberaumung einer mündlichen Verhandlung. Zu entscheiden hat das Gericht, das bereits die einstweilige Verfügung erlassen hat.[72] Der Widerspruch hemmt die Vollziehung der einstweiligen Verfügung nicht. Auf Antrag gem. §§ 924 Abs. 3 S. 2, 707 ZPO kann das Gericht aber die Vollstreckung einstellen, bis über den Widerspruch entschieden ist. 197

Es besteht kein Zwang, den Widerspruch gegen die Verfügung insgesamt zu erheben. Er kann auch lediglich auf die **Kostenentscheidung** reduziert werden. Dies wird der Antragsgegner nur dann tun, wenn er keine Chancen sieht, die Beschlussverfügung im Ergebnis mit Erfolg angreifen zu können, er aber mit der dort ergangenen Kostenentscheidung nicht einverstanden ist. Dies kann der Fall sein, weil er vor Erlass der einstweiligen Verfügung nicht angehört oder nicht abgemahnt wurde. Der Kostenwiderspruch muss allerdings nach § 93 ZPO auch „sofort" erfolgen.[73] 198

Gem. § 924 Abs. 2 S. 1 ZPO ist der Widerspruch zwar zu begründen. Allerdings handelt es sich hierbei lediglich um eine Ordnungsvorschrift, die keinen Einfluss auf die Zulässigkeit des Widerspruchs hat. Aus prozesstaktischen Gründen kann es ratsam sein, zunächst nur Widerspruch ohne bzw mit nicht vollständiger Begründung zu erheben. Zur daraufhin anberaumten mündlichen Verhandlung kann der Antragsgegner dann regelmäßig eine ausführliche Widerspruchsbegründung nachschieben, auf die der Antragsteller sofort, dh noch im Termin reagieren muss. Die Entscheidung des Gerichts auf den Widerspruch ergeht gem. § 925 Abs. 1 ZPO durch Endurteil.[74] 199

3. Aufhebungsantrag wegen nachträglicher Änderungen

Die Verfügung kann vom Antragsgegner auch mit einem Antrag nach § 927 ZPO wegen nachträglich veränderter Umstände angegriffen werden. Veränderte Umstände können eintreten, weil etwa die Wiederholungsgefahr für den Unterlassungsanspruch entfallen ist.[75] Der Aufhebungsanspruch nach § 927 ZPO kann auch wegen nachträglicher Erfüllung oder Verjährung der Forderung begründet sein.[76] 200

4. Berufung

Ist die einstweilige Verfügung aufgrund mündlicher Verhandlung ergangen oder wurde sie nach eingelegtem Widerspruch oder nach einem Änderungsantrag bestätigt, kann Berufung eingelegt werden. Das Berufungsverfahren im einstweiligen Rechtsschutz wird unabhängig von einem etwa anhängigen Hauptsacheverfahren fortgeführt. 201

72 Zöller/Vollkommer, ZPO, § 922 Rn 15.
73 OLG Düsseldorf MDR 1991, 257.
74 Dazu näher David in: Goebel Zivilprozessrecht, § 15 Rn 99.
75 David, Prozessrecht Aktiv 2002, 113, 116.
76 OLG Bremen OLGR 1996, 349 ff; OLG Karlsruhe NJW 1988, 1470.

5. Antrag auf Erhebung der Hauptsacheklage

202 Da das einstweilige Verfügungsverfahren den Antragsteller begünstigt, kann der Antragsgegner den Antragsteller über eine Fristsetzung durch das Gericht zwingen, gem. §§ 926, 927 ZPO innerhalb bestimmter Frist Hauptsacheklage zu erheben. Der Adressat der einstweiligen Verfügung kann den Antrag nach § 926 Abs. 1 ZPO unbefristet stellen. Der Gläubiger, der die einstweilige Verfügung erwirkt hat, muss deshalb darauf achten, dass er nicht etwa aufgrund der bloßen Fristsetzung des Gerichts eine Hauptsacheklage erhebt, obwohl der Unterlassungsanspruch wegen zwischenzeitlichen **Wegfalls der Wiederholungsgefahr** des mit der Verfügung vorläufig titulierten Unterlassungsanspruchs nicht mehr besteht. Das kann der Fall sein, wenn sich der Verfügungsadressat widerspruchslos über ein halbes Jahr an die Verfügung gehalten hat. Dann wäre die Hauptsacheklage mangels Widerholungsgefahr unbegründet. Stellt der Verfügungsadressat daher erst entsprechend spät nach der Zustellung der Verfügung den Antrag nach § 926 Abs. 1 ZPO, obwohl keine Wiederholungsgefahr mehr besteht oder sie alsbald entfällt, darf das Gericht keine Frist zur Erhebung der Hauptsacheklage setzen. Tut es dies gleichwohl, muss der Gläubiger gegen die Fristsetzung selbst vorgehen. Im Klageverfahren kann er diesen Einwand nicht mehr erheben.

VI. Reaktionsmöglichkeiten des Antragstellers bei Zurückweisung des Verfügungsantrags

1. Sofortige Beschwerde

203 Wird eine beantragte einstweilige Verfügung ohne mündliche Verhandlung zurückgewiesen, kann der Antragsteller sofortige fristgebundene Beschwerde gem. § 569 Abs. 1 S. 1 ZPO erheben. Wird aufgrund der Beschwerde die einstweilige Verfügung nicht doch noch von der ersten Instanz erlassen, entscheidet das Beschwerdegericht endgültig über die Beschwerde. Eine weitere Beschwerde findet nicht statt.

204 Obwohl die sofortige Beschwerde gegen eine abweisende Entscheidung nicht zwingend zu begründen ist, kann ein längeres Zuwarten bis zur Einlegung des Rechtsmittels bzw seiner Begründung den Verfügungsgrund der Dringlichkeit beseitigen.[77]

2. Berufung

205 Wird die einstweilige Verfügung nach mündlicher Verhandlung durch Urteil zurückgewiesen, kann der Antragsteller gegen die Zurückweisung Berufung einlegen. Das Berufungsgericht entscheidet letztinstanzlich (§ 542 Abs. 2 S. 1 ZPO).

3. Abmahnung in Form des Abschlussschreibens vor Erhebung der Hauptsacheklage

206 Die Abmahnung vor Einleitung des Verfügungsverfahrens wirkt nicht für dass Hauptverfahren.[78] Vor Erhebung der Hauptsacheklage, insbesondere in Form der Unterlassungsklage, sollte der Antragsteller daher zunächst dem Antragsgegner ein sogenanntes Abschlussschreiben zustellen. Das Abschlussschreiben hat vor allem den Sinn, wie eine vorprozessuale Abmahnung, das **Kostenrisiko** nach § 93 ff ZPO für eine zu erwartende Klage auszuschließen. Es kann jedoch auch dazu dienen, die Gefahr der Verjährung des Unterlassungsanspruchs abzuwenden. Denn der Antrag auf Erlass einer einstweiligen Verfügung führt nach § 204 Nr. 9 BGB zwar zunächst zur Verjährungshemmung. Diese endet aber

77 Hefermehl/Köhler/Bornkamm, Wettbewerbsrecht, § 12 UWG Rn 3.16.
78 BGH WRP 1983, 264.

nach Abschluss des Verfügungsverfahrens. Der Unterlassungseinspruch kann somit verjähren, wenn nicht zwischenzeitlich entweder Hauptsacheklage erhoben ist, oder über das Abschlussschreiben und die korrespondierende Abschlusserklärung des Antragsgegners eine neue Vereinbarung zustande kommt.

Mit dem Abschlussschreiben wird der Antragsgegner nach Erlass der Verfügung aufgefordert, auf alle Rechtsbehelfe gegen die einstweilige Verfügung zu verzichten, dh, auf die Einlegung des Widerspruchs nach § 924 ZPO sowie auf die Rechte nach § 926, 927 ZPO, und auf die Einrede der Verjährung zu verzichten und die verlangte Abschlusserklärung innerhalb einer bestimmten angemessenen Frist abzugeben. Alternativ kann der Antragsteller auch schlicht verlangen, die einstweilige Verfügung nach Bestandskraft und Wirkung wie einen entsprechenden Hauptsachetitel anzuerkennen. 207

Aus Gründen der Kostentragungspflicht sollte der Antragsteller etwa einen Monat nach Zustellung der Verfügung warten, bevor er das Abschlussschreiben zustellt. Wartet er nach Zustellung der einstweiligen Verfügung mit dem Abschlussschreiben nicht ausreichende Zeit ab (in der Regel mindestens 14 Tage), trägt er die Kosten des Abschlussschreibens, auch wenn der Antragsteller innerhalb der ihm gesetzten Frist die Abschlusserklärung abgibt.[79] 208

VII. Hauptsacheklage

Die Unterlassungsklage kann im Gegensatz zur einstweiligen Verfügung in objektiver Klagehäufung nach § 260 ZPO mit einer Schadensersatzklage bzw einer vorbereitenden Auskunftsklage verbunden werden. 209

1. Gerichtszuständigkeit

Gemäß §§ 94, 95 Abs. 1 Nr. 4 a GVG ist die bei den Landgerichten gebildete Kammer für Handelssachen für die Klage gegen einen Gesellschafter auf Unterlassung einer wettbewerbswidrigen Handlung zuständig. Für Klage der GbR ist die Zivilkammer zuständig, § 94 GVG. 210

2. Klagebefugnis

Klagebefugt ist die in ihren Rechten verletzte Gesellschaft. Die Mitgesellschafter des gegen das Wettbewerbsverbot verstoßenden Gesellschafters können im Rahmen der actio pro socio den Unterlassungsanspruch im eigenen Namen für die Gesellschaft geltend machen.[80] Dies gilt nicht nur für die GmbH, sondern auch für die weiteren Kapitalgesellschaften, für die Personengesellschaften und für die GbR.[81] 211

3. Streitwert

Wertbestimmend ist die gem. § 3 ZPO notfalls zu schätzende Beeinträchtigung, die aufgrund des beanstandeten Verhaltens des Gegners verständigerweise zu besorgen ist und die mit der jeweils begehrten Maßnahme beseitigt werden soll.[82] 212

79 Vgl dazu ausführlich David in: Goebel, Zivilprozessrecht, § 15 Rn 198 ff; OLG Köln GRUR 1986, 96.
80 Zöller/Vollkommer, ZPO, vor § 50 Rn 49.
81 Zu den prozessualen Besonderheiten bei der GbR: Westermann, NZG 2001, 289 ff; Müther, MDR 2002, 987 ff.
82 Zöller/Herget, ZPO, § 3 Rn 16.

VIII. Muster

213 1. Muster: Schutzschrift

▶ Landgericht ■■■

Kammer für Handelssachen

(GbR Zivilkammer LG/AG)

Schutzschrift

Wir bitten, diese Schutzschrift der mutmaßlichen Antragstellerin erst zugänglich zu machen, wenn diese einen Antrag auf Erlass einer einstweiligen Verfügung gegen den Antragsgegner gestellt hat.

In Sachen

der ■■■ GmbH, gesetzlich vertreten durch ■■■

mutmaßliche Antragstellerin

gegen

den ■■■

mutmaßlicher Antragsgegner

Prozessbevollmächtigte: ■■■

Zur Abwehr eines erwarteten Antrags auf Erlass einer einstweiligen Verfügung zur Unterlassung eines vermeintlich gegen ein gesellschaftsrechtliches Wettbewerbsverbot verstoßenden Verhaltens des mutmaßlichen Antragsgegners überreichen wir folgende

Schutzschrift:

Es steht zu erwarten, dass die mutmaßliche Antragstellerin versuchen wird, bei dem Gericht gegen den mutmaßlichen Antragsgegner ohne mündliche Verhandlung eine einstweilige Verfügung zu erwirken, um ein vermeintlich gegen ein gesellschaftsrechtliches Wettbewerbsverbot verstoßendes Verhalten des mutmaßlichen Antragsgegners verbieten zu lassen. Die Folgen einer solchen Beschlussverfügung wären für den mutmaßlichen Antragsgegner auch bei nachträglicher Aufhebung schwerwiegend und nicht kompensierbar. Er ist dabei, Kundenkontakte herzustellen und Geschäfte anzubahnen.

Wir beantragen deshalb namens und in Vollmacht des Antragsgegners,

1. den möglichen Antrag der mutmaßlichen Antragstellerin auf Erlass einer einstweiligen Verfügung zurückzuweisen,
2. hilfsweise nicht ohne Anberaumung einer mündlichen Verhandlung zu entscheiden.

Begründung:

Die Parteien sind im Kreis Borken/Nordrhein-Westfalen im Segment Küchentechnik tätig.

Glaubhaftmachung

1. Handelsregisterauszug beim AG ■■■ Fotokopie Anlage AS 1
2. Eidesstattliche Versicherung des ■■■ Fotokopie Anlage AS 2

Vom ■■■ bis zum ■■■ war der mutmaßliche Antragsgegner bei der mutmaßlichen Antragstellerin Gesellschafter. Die Parteien vereinbarten in § 6 der Satzung für den Zeitraum von einem Jahr nach seinem Ausscheiden aus der Gesellschaft der mutmaßlichen Antragstellerin ein nachvertragliches Wettbewerbsverbot.

Glaubhaftmachung: Satzung in Fotokopie Anlage AS 3.

Am … schied der mutmaßliche Antragsgegner aus der Gesellschaft aus und gründete am … die … GmbH, deren Geschäftsführer er auch ist.

Glaubhaftmachung

1. Handelsregisterauszug beim AG … Fotokopie Anlage AS 4
2. Eidesstattliche Versicherung des … AS 5

Die mutmaßliche Antragstellerin hat den mutmaßlichen Antragsgegner mit Schreiben vom … aufgefordert, im Kreis Borken/Nordrhein-Westfalen den Verkauf und die Reparatur/Wartung von Großküchen/Großküchenzubehör zu unterlassen. Ferner wurde der mutmaßliche Antragsgegner mit Schreiben vom … aufgefordert, bis zum … eine strafbewehrte Unterlassungserklärung abzugeben.

Glaubhaftmachung: Schreiben vom, Fotokopie Anlage AS 6.

Zunächst verstößt das Verhalten des mutmaßlichen Antragsgegners nicht gegen ein Wettbewerbsverbot zugunsten der mutmaßlichen Antragstellerin. Die Gesellschaft, deren Geschäftsführer der mutmaßliche Antragsgegner ist, hat nämlich ihre Aktivitäten im Raum Borken/Nordrhein-Westfalen eingestellt und in den Raum östliches Münsterland verlagert. Das ist der mutmaßlichen Antragstellerin auch bereits seit mehr als fünf Monaten bekannt. Der mutmaßliche Antragsgegner hatte dies in Anwesenheit des Mitarbeiters X dem Geschäftsführer A der mutmaßlichen Antragstellerin mitgeteilt.

Glaubhaftmachung

1. Eidesstattliche Versicherung des mutmaßlichen Antragsgegners, Fotokopie Anlage AS 7
2. Eidesstattliche Versicherung des B, Fotokopie Anlage AS 8

Jedenfalls fehlt es daher an dem für den Erlass der einstweiligen Verfügung erforderlichen Anordnungsgrund.

Rechtsanwalt ◀

2. Muster: Antrag auf Erlass einer einstweiligen Verfügung (Beachtung des Wettbewerbsverbotes) 214

▶ An das Landgericht … 10

Kammer für Handelssachen …

(Bei GbR Zivilkammer beim LG, da GbR kein Handelsgewerbe betreibt, ggf beim Amtsgericht)

Antrag auf Erlass einer einstweiligen Verfügung

der … GmbH, vertreten durch den Geschäftsführer …

Antragstellerin

Prozessbevollmächtigte: Rechtsanwälte

gegen

den …

Antragsgegner

wegen gesellschaftsrechtlichen Wettbewerbsverbots

vorläufiger Streitwert …

Wir bitten, dem Antragsgegner diesen Antrag nicht zuzustellen, ohne uns zuvor auch telefonisch unter der Nummer … zu informieren. Sollte das Gericht die einstweilige Verfügung nicht ohne vorherige mündliche Verhandlung erlassen wollen, bitten wir gleichfalls um vorherige telefonische Nachricht.

Namens und Vollmacht der Antragstellerin beantragen wir, im Wege einer einstweiligen Verfügung und zwar wegen der Dringlichkeit des Falles gemäß § 937 Abs. 2 ZPO ohne vorgängige mündliche Verhandlung und durch den Vorsitzenden allein anzuordnen:

1. Dem Antragsgegner wird es untersagt, im Kreis Borken/Nordrhein-Westfalen den Verkauf bzw die Reparatur/Wartung von Großküchen/Großküchenzubehör über die X-GmbH vorzunehmen oder anzubieten.
2. Dem Antragsgegner wird angedroht, dass für den Fall der Zuwiderhandlung gegen die in Nr. 1 eingegangene Verpflichtung ein Ordnungsgeld bis zu 250.000 EUR und für den Fall, dass dieses nicht beigetrieben werden kann, Ordnungshaft bis zu 6 Monaten festgesetzt werden kann.
3. Der Antragsgegner trägt die Kosten des Verfahrens.

Begründung:

Sachverhalt:

Die Antragstellerin verkauft im Kreis Borken/Nordrhein-Westfalen Großküchen/Großküchenzubehör. Ferner bietet sie die Wartung/Reparatur von Großküchen/Großküchenzubehör an. Ihr Tätigkeitsbereich erstreckt sich allein auf den Kreis Borken/Nordrhein-Westfalen.

Glaubhaftmachung:

1. Handelsregisterauszug des AG ..., Kopie Anlage AS 1
2. Eidesstattliche Versicherung des ... vom ..., Anlage AS 2

Der Antragsgegner ist Geschäftsführer der ... GmbH. Zweck der im Handelsregister des Amtsgerichts ... seit dem ... eingetragenen GmbH ist die Veräußerung von Großküchen/Großküchenzubehör bzw Wartung/Reparatur von Großküchen/Großküchenzubehör im Kreis Borken/Nordrhein Westfalen.

Glaubhaftmachung: Handelsregisterauszug des AG ..., Kopie Anlage AS 3

Bis zum ... war der Beklagte Gesellschafter.

Glaubhaftmachung: Eidesstattliche Versicherung des ... vom ..., Anlage AS 2

Dieser Tätigkeit lag der/die am ... geschlossene Gesellschaftervertrag/der ... Anstellungsvertrag/die am ... geschlossene Satzung zugrunde.

Glaubhaftmachung: Gesellschaftsvertrag vom ..., Fotokopie Anlage AS 4

Dieser Vertrag enthält in ... für den Antragsgegner die Verpflichtung, innerhalb eines Zeitraums von einem Jahr nach Ausscheiden aus der Gesellschaft der Antragstellerin nicht als Geschäftsführer einer anderen Gesellschaft in dem sachlichen und örtlichen Geschäftsbereich der Antragstellerin tätig zu werden.

Die Antragstellerin hat die Antragsgegnerin mit Schreiben vom ... abmahnen lassen.

Glaubhaftmachung: Abmahnung, Fotokopie Anlage AS 5

Auf diese Abmahnung hat der Antragsgegner ablehnend reagiert.

Glaubhaftmachung: Schreiben des Antragsgegners, Fotokopie Anlage AS 6

Rechtslage:

Die nachvertragliche Wettbewerbsverbotsklausel gemäß § 15 der Satzung der Antragstellerin vom 30.12.2003 verstößt nicht gegen § 138 BGB iVm Art. 12 GG. Es ist allgemein anerkannt, dass mit dem Gesellschafter einer GmbH ein Wettbewerbsverbot für die Zeit nach seinem Ausscheiden vereinbart werden kann. Dies ist lediglich unter Berücksichtigung der in Art. 12 GG garantierten Wettbewerbsfreiheit und der aus § 138 BGB folgenden Sittenwidrigkeit auf das örtlich, zeitlich und gegenständlich notwendige Maß zu beschränken. Diesen Anforderungen wird das zwischen den Parteien vereinbarte/bestehende nachvertragliche Wettbewerbsverbot gerecht. Es beschränkt den ehemaligen Gesellschafter sachlich, auf dem satzungsmäßig zum Zeitpunkt seines Ausscheidens aus der Gesellschaft möglichen Tätigkeitsbereich der Antragstellerin keine im Wettbewerb zur Antragstellerin stehenden Aktivitäten zu entfalten.

[Tätigkeitsbereich der Antragstellerin und Tätigkeitsbereich des Antragsgegners darstellen, Gemeinsamkeiten eindeutig herausstellen, gerügtes Verhalten des ehemaligen Gesellschafters unter nachvertragliches Wettbewerbsverbot subsumieren.]

Die Antragstellerin entfaltet zwar zurzeit auf dem fraglichen Geschäftsfeld keine Aktivitäten, wie es der Antragsgegner tut. Gleichwohl ist dem Antragsgegner bekannt, dass die Antragstellerin bei seinem Ausscheiden das fragliche Geschäftsfeld ausdrücklich als Unternehmensgegenstand in der Satzung genannt hat. Die Antragstellerin beabsichtigt auch, das fragliche Geschäftsfeld alsbald, spätestens in einem Monat auszufüllen.

Glaubhaftmachung: Eidesstattliche Versicherung des ■■■, Anlage AS 2

Die zeitlich festgesetzte Frist von einem Jahr ist unbedenklich. Auch in örtlicher Hinsicht entspricht das Wettbewerbsverbot den Anforderungen an die Vereinbarkeit mit § 138 BGB iVm Art. 12 GG. Es bezieht sich in räumlicher Ausdehnung auf das satzungsmäßig festgelegte Tätigkeitsgebiet der Antragstellerin.

Nachdem der Antragsgegner auf die Abmahnung vom ■■■ nicht angemessen reagiert hat, sondern seine wettbewerbswidrigen Aktivitäten unvermindert fortsetzt, indem er ■■■, entsteht der Antragstellerin täglich ein Schaden von ca. ■■■ EUR, der durch spätere Schadensersatzzahlungen aus Sicht der Antragstellerin nicht reparabel ist (näher ausführen).

Glaubhaftmachung: eidesstattliche Versicherung des ■■■, Anlage AS 2

Deshalb besteht besondere Dringlichkeit, die einstweilige Verfügung ohne vorherige mündliche Verhandlung zu erlassen.

■■■

Rechtsanwalt ◄

3. Muster: Widerspruch gegen Einstweilige Verfügung[83] 215

► An das Landgericht ■■■ 11

Kammer für Handelssachen[84]

In der einstweiligen Verfügungssache

der ■■■ GmbH, vertreten durch ■■■

Antragstellerin

Verfahrensbevollmächtigte

gegen

den

Antragsgegner

83 Nur aus Gründen der Darstellung mit Begründung.
84 Bei der GbR: Zivilkammer beim LG oder AG.

Verfahrensbevollmächtigte:

zeigen wir an, dass wir den Antragsgegner kraft beigefügter Vollmacht vertreten. Gegen die einstweilige Verfügung des LG … erheben wir namens und kraft Vollmacht des Antragsgegners gem. §§ 936, 924 Abs. 1 ZPO

Widerspruch

und kündigen folgende Anträge an:

1. Die einstweilige Verfügung des LG … vom … (Az: …) wird aufgehoben.
2. Die Vollstreckung aus der einstweiligen Verfügung wird mit sofortiger Wirkung – notfalls gegen Sicherheitsleistung – eingestellt.
3. Die Antragstellerin hat die Kosten des einstweiligen Verfügungsverfahrens zu tragen.

Begründung:

Der Beschluss der Kammer/des Gerichts ist zu Unrecht ergangen. Es besteht schon kein Verfügungsanspruch iSd §§ 936, 916 ZPO.

Die Antragstellerin fällt nicht unter den sachlichen Anwendungsbereich des zwischen dem Antragsgegner und der Antragstellerin am … vereinbarten nachvertraglichen Wettbewerbsverbots.

Die … GmbH, deren Geschäftsführer der Antragsgegner ist, hat noch vor Ablauf der durch die Antragstellerin gesetzten Nachfrist und somit vor Erlass der einstweiligen Verfügung des AG … (Anm.: …) nämlich am … durch Satzungsbeschluss vom … den Tätigkeitsbereich auf den Verkauf/die Wartung von Einbauküchen/Einbauküchenzubehör für den privaten Haushalt verlagert.

Glaubhaftmachung:

1. Satzungsbeschluss vom …, Fotokopie Anlage 1
2. Eidesstattliche Versicherung des …, Fotokopie Anlage 2

Demnach ist der Antragsgegner als Geschäftsführer der … GmbH nicht im unternehmerischen Wirkungskreis der Antragstellerin, die gegenwärtig den Verkauf/die Wartung von Großküchen betreibt, tätig. Eine Interessenkollision, wie sie Grundlage der zwischen dem Antragsgegner und der Antragstellerin geschlossenen nachvertraglichen Wettbewerbsvereinbarung gewesen ist, liegt nicht vor.

Auch ein Anordnungsgrund ist vorliegend nicht ersichtlich. Dieser setzt eine Dringlichkeit des Vorgehens gegen den Antragsgegner voraus. Die Widerspruchsgegnerin hat nach eigenem Vortrag Tatsachen eingebracht, die gegen eine Dringlichkeit sprechen. So hat sie am … von der Geschäftstätigkeit des Antragsgegners als Geschäftsführer der … GmbH erfahren. Am …, also 3 Monate später, hat sie den Antragsgegner abgemahnt.

Glaubhaftmachung: Schreiben der Antragstellerin vom …, Fotokopie Anlage 3

Nach weiteren 4 Wochen hat sie Antrag auf Erlass einer einstweiligen Verfügung beantragt. Die Dringlichkeit ist daher schon nach eigenem Sachvortrag der Widerspruchgegnerin widerlegt. Die einstweilige Verfügung ist daher von Anfang an zu Unrecht ergangen.

…

Rechtsanwalt ◄

4. Muster: Unterlassungsklage wegen nachvertraglichen Wettbewerbsverstoßes 216

▶ An das Landgericht … 12

Kammer für Handelssachen …

(bei der GbR: allgemeine Zivilkammer LG oder AG)

Klage

der … GmbH,

vertreten durch den Geschäftsführer …

(Des Gesellschafters … der … GmbH im Rahmen der actio pro socio)

Klägerin

Prozessbevollmächtigte:

gegen

den …

Beklagter

wegen gesellschaftsrechtlichen Wettbewerbsverstoßes

vorläufiger Streitwert …

Namens und kraft Vollmacht der Klägerin erheben wir Klage und werden im Termin zur mündlichen Verhandlung beantragen,

1. der Beklagte hat es bei Vermeidung eines angemessenen Ordnungsgeldes von bis zu 250.000,– EUR, und wenn dieses nicht beigetrieben werden kann, von Ordnungshaft bis zu 6 Monate zu unterlassen, im Kreis Borken/Nordrhein-Westfalen während des Zeitraumes von einem Jahr ab Zustellung der Klageschrift als Geschäftsführer der X-GmbH für diese oder für sich selbst Großküchen/Großküchenzubehör anzubieten und/oder zu verkaufen bzw die Wartung/Reparatur von Großküchen für die X-GmbH oder für sich selbst anzubieten und/oder durchzuführen.
2. den Beklagten zu verurteilen, an die Klägerin Schadenersatz iHv EUR nebst Zinsen iHv 5 Prozentpunkten über dem Basiszinssatz seit … zu verurteilen
3. den Beklagten zu verurteilen, an die Klägerin … EUR (die ausgezahlte Karenzentschädigung) nebst Zinsen iHv 5 Prozentpunkten über dem Basiszinssatz seit Rechtshängigkeit zu zahlen.
4. dem Beklagten die Kosten des Rechtsstreits aufzuerlegen
5. gegen den Beklagten im Fall des § 331 Abs. 3 ZPO iVm § 276 Abs. 1 S. 1, Abs. 2 ZPO Versäumnisurteil ohne mündliche Verhandlung zu erlassen
6. gegen den Beklagten im Fall des § 307 ZPO iVm § 276 Abs. 1 S. 1 ZPO Anerkenntnisurteil oder Teilanerkenntnisurteil ohne mündliche Verhandlung zu erlassen.

Begründung:

Sachverhalt:

Die Klägerin verkauft im Kreis Borken/Nordrhein-Westfalen Großküchen/Großküchenzubehör. Ferner bietet sie die Wartung/Reparatur von Großküchen/Großküchenzubehör an. Ihr Tätigkeitsbereich erstreckt sich allein auf den Kreis Borken/Nordrhein-Westfalen.

Beweis:

1. Handelsregisterauszug des AG … Fotokopie Anlage K 1,
2. Zeugnis des …

Der Beklagte ist Geschäftsführer der X-GmbH. Zweck der im Handelsregister des Amtsgerichts ▪▪▪ seit dem ▪▪▪ eingetragenen GmbH ist die Veräußerung von Großküchen/Großküchenzubehör bzw Wartung/Reparatur von Großküchen/Großküchenzubehör im Kreis Borken/Nordrhein Westfalen.

Beweis:

1. Handelsregisterauszug des AG ▪▪▪ Fotokopie Anlage K 2.
2. Zeugnis des ▪▪▪

Bis zum ▪▪▪ war der Beklagte Gesellschafter der Klägerin.

Beweis: Anteilskauf- und Übertragungsvertrag vom ▪▪▪, Fotokopie Anlage K 3

Dieser Tätigkeit lag der am ▪▪▪ geschlossene Gesellschaftervertrag zugrunde.

Beweis: Gesellschaftsvertrag der ▪▪▪ vom ▪▪▪ Fotokopie Anlage K 4

Dieser enthält in ▪▪▪ für den Beklagten die Verpflichtung, innerhalb eines Zeitraums von einem Jahr nach seinem Ausscheiden aus der Gesellschaft nicht als Geschäftsführer einer anderen Gesellschaft in dem sachlichen und örtlichen Geschäftsbereich der Klägerin tätig zu werden.

Die Klägerin hat die vom Beklagten nachgesuchte Einwilligung, im Geschäftsbereich der Klägerin tätig zu werden, verweigert.

Beweis:

1. Schreiben ▪▪▪, Fotokopie Anlage K 5
2. Schreiben ▪▪▪, Fotokopie Anlage K 6

Die Klägerin hat den Beklagten mit Anwaltsschreiben vom ▪▪▪ unter Androhung weiterer gerichtlicher Schritte zur Abgabe einer Unterlassungsverpflichtungserklärung aufgefordert.

Beweis: Schreiben ▪▪▪, Fotokopie Anlage K 7

Dieser Abmahnung ist der Beklagte bis zum gegenwärtigen Zeitpunkt nicht nachgekommen.

Beweis: Zeugnis des ▪▪▪

Ferner steht dem Beklagten auf Basis des am ▪▪▪ geschlossenen Gesellschaftervertrags als Gegenleistung für die Einhaltung des nachvertraglichen Wettbewerbsverbots eine Entschädigungsleistung von ▪▪▪ EUR zu. Diese Auszahlung erfolgte für den Zeitraum ▪▪▪ und beläuft sich auf ▪▪▪ EUR (Zahlungsantrag zu 3.).

Beweis: Zahlungsquittung des Beklagten, Fotokopie Anlage K 8

Dieser Betrag wird aufgrund der Verletzung des nachvertraglichen Wettbewerbsverbots nunmehr ebenfalls zurückgefordert, wie § ▪▪▪ des Gesellschaftsvertrages vorsieht.

Rechtslage

Die Sache ist Handelssache iSv von § 95 Abs. 1 Nr. 4 a GVG. Zuständig ist das Landgericht in ▪▪▪ und dort gemäß § 94 GVG die Kammer für Handelssachen.

Der Beklagte, der seit dem ▪▪▪ im Kreis Borken/Nordrhein-Westfalen als Geschäftsführer X-GmbH für diese Großküchen/Großküchenzubehör verkauft bzw die Wartung und Reparatur von Großküchen anbietet, verstößt gegen das in § ▪▪▪ des Gesellschaftsvertrages vom ▪▪▪ zwischen der Klägerin und dem Beklagten vereinbarte nachvertragliche Wettbewerbsverbot. Die Voraussetzungen für einen Unterlassungsanspruch liegen insoweit vor.

Der Zahlungsanspruch folgt unmittelbar aus dem Gesellschaftsvertrag.

Der Zinsanspruch folgt aus §§ 288 Abs. 1, 291 BGB (bei Verzug, §§ 288 Abs. 1, 286 BGB).

▪▪▪

Rechtsanwalt ◀

C. Zwangsvollstreckung

Ist dem Schuldner durch einstweilige Verfügung oder durch ein Urteil im Hauptsacheverfahren auferlegt, eine Handlung zu unterlassen oder zu dulden, und kommt er dieser Verpflichtung nicht nach, kann er gem. § 890 Abs. 1 ZPO durch die Verhängung von **Ordnungsmitteln** in Form von Ordnungsgeld oder Ordnungshaft dazu angehalten werden, seiner Verpflichtung nachzukommen. 217

I. Allgemeine Vollstreckungsvoraussetzungen

Zur Durchsetzung der Unterlassungsverpflichtung im Rahmen der Zwangsvollstreckung nach § 890 ZPO bedarf es eines Vollstreckungstitels, der Androhung und der Festsetzung des Ordnungsmittels. 218

1. Vollstreckungstitel

Der Titel muss die Verpflichtung zu einem Unterlassen begründen. Als solche kommen das Urteil einer erfolgreichen Unterlassungsklage bzw die erwirkte einstweilige Verfügung in Betracht. 219

2. Androhung des Ordnungsmittels

Weiterhin muss das Ordnungsmittel angedroht worden sein, § 890 Abs. 2 ZPO. Die Androhung erfolgt auf Antrag des Gläubigers durch das zuständige Vollstreckungsorgan. Dies ist gemäß § 890 Abs. 1 S. 1 ZPO das Prozessgericht des ersten Rechtszuges. Dabei handelt es sich um eine ausschließliche Zuständigkeit. 220

Aus § 890 Abs. 2 ZPO folgt zwingend, dass eine gerichtliche Androhung notwendig ist und daher eine in einen Vergleich aufgenommene Androhung gegenüber dem Vollstreckungsschuldner nicht ausreicht. Dies wird damit begründet, dass die Androhung eines Ordnungsmittels als öffentlich-rechtliches Institut der parteilichen Verfügung entzogen ist.[85] 221

Das Ordnungsmittel ist dem aus dem Urteil oder der einstweiligen Verfügung ersichtlichen Schuldner anzudrohen.[86] An die Bestimmtheit der Bezeichnung werden keine hohen Anforderungen gestellt. Es ist insoweit zulässig, Ordnungshaft mit der Maßgabe zu beantragen, sie an einem organschaftlichen Vertreter etwa einer Schuldner-Gesellschaft zu vollziehen.[87] 222

Die mit dem Ordnungsmittelantrag zu sanktionierende Zuwiderhandlung muss zeitlich zwischen der Androhung und der Vollstreckbarkeit des Titels liegen.[88] Deshalb empfiehlt es sich für den Antragsteller bzw Kläger dringend, gleich im Verfügungsantrag bzw im Klageantrag zu beantragen, dass im Urteil bzw der einstweiligen Verfügung Ordnungsmittel für den Fall der Zuwiderhandlung angedroht werden. Das dafür erforderliche Rechtsschutzbedürfnis folgt aus § 890 Abs. 2 ZPO.[89] 223

In seiner Entscheidung ist das Gericht gemäß § 308 ZPO an die Anträge der Parteien gebunden. Der vom Gläubiger in den Anträgen gesetzte Rahmen darf jedenfalls nicht überschritten werden. Die Wahl zwischen Ordnungsgeld und Ordnungshaft und insbesondere die Höhe des Ordnungsmittels steht dem Gericht zu. 224

85 Zöller/Stöber, ZPO, § 890 Rn 12 ff; vgl auch GF-ZPO/Pukall, § 890 Rn 24.
86 Zöller/Stöber, ZPO, § 890 Rn 12; GF-ZPO/Pukall, § 890 Rn 7.
87 BGH BB 1991, 1446.
88 OLG Hamm NJW 1977, 1205.
89 Zöller/Stöber, ZPO, § 890 Rn 12 a.

225 Da gemäß § 890 Abs. 2 ZPO nur ein angedrohtes Ordnungsmittel festgesetzt werden darf, selbst wenn es zu wiederholten Zuwiderhandlungen kommt, sollte im Antrag der gesetzliche Höchstrahmen gewählt werden, der zurzeit bei 250.000,– EUR für jeden Fall der Zuwiderhandlung liegt. Dadurch kann verhindert werden, dass erhöhte Ordnungsgelder wegen wiederholter Verstöße stets erneut – zeitraubend – angedroht werden müssen.

3. Rechtsmittel des Antragstellers gegen die Androhung von Ordnungsmitteln

226 Die im Urteil oder in der einstweiligen Verfügung enthaltene Strafandrohung kann nach überwiegender Auffassung nur mit dem Urteil bzw der einstweiliger Verfügung zusammen angefochten werden.[90] Soweit ersichtlich, hat nur das OLG Hamm die Ansicht vertreten, dass die Strafandrohung auch in derartigen Fällen isoliert mit der Beschwerde angegriffen werden kann.[91]

227 Gegen die isolierte Androhung des Zwangsmittels findet die sofortige Beschwerde gem. § 793 ZPO statt. Unter den Voraussetzungen des § 547 ZPO, dh der Zulassung der Rechtsbeschwerde durch das Beschwerdegericht, ist auch die Rechtsbeschwerde zum BGH eröffnet. Die Beschwerde findet ferner statt gegen die Zurückweisung des Gläubigerantrags auf Androhung, die Festsetzung des Zwangsmittels und gegen den Kautionsbeschluss. Auch diese Entscheidungen sind solche der Zwangsvollstreckung.

4. Festsetzung des Ordnungsmittels

a) Antrag auf Festsetzung des Zwangsmittels

228 Die Festsetzung setzt zwingend eine Androhung des Zwangsmittels und einen Antrag des Gläubigers voraus. Liegt ein Antrag auf Festsetzung des Ordnungsmittels ohne vorherige Androhung des Ordnungsmittels vor, kann der Antrag auf Festsetzung in einen Antrag auf Androhung umgedeutet werden.[92] Eine umgekehrte Umdeutung ist nicht möglich.

b) Schuldhafte Zuwiderhandlung des Schuldners

229 Die Festsetzung eines Zwangsmittels setzt einen schuldhaften Verstoß gegen das titulierte Verbot voraus, § 890 Abs. 1 ZPO. Das folgt aus dem Sanktionscharakter des Ordnungsmittels.[93] Eine Zuwiderhandlung liegt nicht nur dann vor, wenn der Schuldner unmittelbar gegen das titulierte Unterlassungsgebot verstößt, sondern auch, wenn er Handlungen vornimmt, die dem Unterlassungsgebot inhaltlich entsprechen oder ihm gleichwertig sind (sogenannte Kernbereichslehre).

230 Verschulden setzt gem. § 276 BGB Vorsatz und Fahrlässigkeit voraus, und zwar in Person des Schuldners.[94] Organisationsverschulden reicht aus.[95] Bei der GmbH und der AG kommt es auf die für die Gesellschaft „verantwortlich handelnden“ Personen an,[96] bei Personengesellschaften auf die Zuwiderhandlung der für sie „handelnden“ Personen.[97]

231 Nicht ausreichend ist, wenn das Verschulden lediglich glaubhaft gemacht wird.[98] Das Ordnungsmittelverfahren ist kein Verfahren des einstweiligen Rechtsschutzes.

90 Zöller/Stöber ZPO, § 890 Rn 28.
91 OLG Hamm NJW 1988, 960.
92 OLG Köln InVo 2001, 37; GF-ZPO/Pukall, § 890 Rn 31 f.
93 BVerfGE 20, 323, 332; GF-ZPO/Pukall, § 890 Rn 33.
94 Zöller/Stöber, ZPO, § 890 Rn 5.
95 Zöller/Stöber, ZPO, § 890 Rn 5.
96 BGH BB 1991, 1446.
97 Zöller/Stöber, ZPO, § 890 Rn 5.
98 LG Bad Kreuznach MDR 67, 500.

5. Isolierter Antrag auf Bestellung einer Sicherheit nach § 890 Abs. 3 ZPO

Nach § 890 Abs. 3 ZPO kann der Antragsteller auch die Verurteilung des Schuldners zur Bestellung einer Sicherheit für den durch weitere Zuwiderhandlungen entstehenden Schaden beantragen. Voraussetzung ist die einmalige Zuwiderhandlung und die frühere Androhung eines Ordnungsmittels gemäß § 890 Abs. 2 ZPO, nicht aber die vorherige oder gleichzeitige Festsetzung des Zwangsmittels.[99] 232

Die **Form** der zu erbringenden Sicherheit bestimmt sich nach **§ 108 ZPO**. Sie kann durch Hinterlegung von Geld, durch Hinterlegung von mündelsicheren Wertpapieren gemäß § 234 BGB, durch schriftliche unwiderrufliche bzw durch unbedingte Bürgschaft eines im Inland zum Geschäftsbetrieb befugten Kreditinstituts geleistet werden. Die Höhe der Sicherheit braucht der Gläubiger in seinem Antrag nicht zu bezeichnen.[100] 233

II. Einwendungen des Schuldners gegen den Vollstreckungsantrag

Zu prüfen ist aus Sicht des Antragsgegners unter umgekehrten Vorzeichen, ob die allgemeinen Vollstreckungsvoraussetzungen vorliegen, ob eine Zuwiderhandlung nach der Androhung vorliegt und ob der Antragsteller insoweit Verschulden des Antragsgegners nachweisen kann. Zudem ist die in dem Titel verbriefte Unterlassungspflicht möglicherweise nicht hinreichend bestimmt. 234

Zu berücksichtigen ist auch, ob der der Vollstreckung zugrunde liegende Titel noch angreifbar ist. Wenn im Zeitpunkt der Zuwiderhandlung der Titel oder seine Vollstreckbarkeit bereits aufgehoben sind, ist eine Verurteilung zu einem Ordnungsmittel nicht mehr zulässig.[101] Auch wenn nach Erlass des Ordnungsmittelbeschlusses die Zwangsvollstreckung für unzulässig erklärt oder ihre Einstellung angeordnet wurde, ist der Ordnungsmittelbeschluss aufzuheben oder seine Vollziehung einzustellen (§ 775 Nr. 1, 3, evtl Nr. 2, Nr. 5 iVm § 776 ZPO). In diesen Fällen ist der Ordnungsmittelbeschluss auch nach Rechtskraft aufzuheben und selbst dann noch, wenn das Ordnungsgeld schon gezahlt wurde.[102] 235

III. Vollstreckung des Zwangsmittels durch Gläubiger

1. Zustellung

Die Festsetzung des Ordnungsmittels als Beschluss ist dem Schuldner nach § 329 Abs. 3 ZPO von Amts wegen zuzustellen. Der Beschluss ist gemäß § 794 Abs. 1 Nr. 3 ZPO Vollstreckungstitel. Nach § 169 Abs. 1 ZPO ist dem Gläubiger nach Aufforderung eine Zustellbescheinigung zu erteilen. 236

2. Beitreibung des Ordnungsgeldes

Die Beitreibung des Ordnungsgeldes erfolgt nach § 1 Abs. 1 Nr. 3 JBeitrO von Amts wegen, wobei der Rechtspfleger nach § 31 Abs. 3 RPflG zuständig ist. Über Einwendungen gegen die Art und Weise der Vollstreckung durch den Rechtspfleger entscheidet nach §§ 31 Abs. 6, 32 RPflG der Vorsitzende des Prozessgerichts als Vollstreckungsbehörde. Das Ordnungsgeld steht der Staatskasse zu. 237

99 Zöller/Stöber, ZPO, § 890 Rn 27; vgl dazu mit Beschlussmuster GF-ZPO/Pukall, § 890 Rn 39ff.
100 Zöller/Stöber, ZPO, 24. Aufl. 2004, § 890 Rn 27.
101 Zöller/Stöber, ZPO, § 890 Rn 9 a; OLG Frankfurt/M NJW 1982, 1056 LS.
102 Zöller/Stöber, ZPO, § 890 Rn 25; OLG Hamm MDR 1989, 1001; KG NJW-RR 2000, 1523.

3. Vollstreckung der Ordnungshaft

238 Auch die Vollstreckung der Ordnungshaft geschieht von Amts wegen durch das Prozessgericht.[103]

IV. Muster: Zwangsvollstreckung

239 1. Muster: Isolierter Antrag auf Androhung Zwangsmittel

13 ▶ An das Landgericht

Kammer für Handelssachen[104]

In der Zwangsvollstreckungssache

der ■■■ GmbH, vertreten durch ■■■

Gläubigerin und Antragstellerin

Verfahrensbevollmächtigte:

gegen

■■■

Schuldner und Antragsgegner

bestellen wir uns kraft beigefügter Vollmacht zu Verfahrensbevollmächtigten der Gläubigerin. Wir übersenden namens und in Vollmacht der Gläubigerin die vollstreckbare Ausfertigung des/der ■■■ (Az: ■■■) vom ■■■ nebst Zustellungsbescheinigung und beantragen,

dem Schuldner zur Erzwingung der im ■■■ (Vollstreckungstitel genau bezeichnen) genannten Unterlassungsverpflichtung wegen Wettbewerbsverstoßes (genaue kurze Beschreibung) ein Ordnungsgeld bis zu ■■■ EUR und für den Fall, dass dieses nicht beigetrieben werden kann, ersatzweise Ordnungshaft von ■■■ Tagen oder Ordnungshaft bis zu sechs Monaten anzudrohen.

Begründung:

Die Gläubigerin betreibt gegen den Schuldner die Zwangsvollstreckung aus dem ■■■ vom ■■■ (Az: ■■■). Der Schuldner ist aus diesem Titel verpflichtet, im Kreis Borken/Nordrhein-Westfalen für die Dauer von einem Jahr, beginnend ab dem ■■■ weder den Verkauf noch die Wartung/Reparatur von Großküchen/Großküchenzubehör anzubieten oder zu betreiben.

Um dieser Verpflichtung Nachdruck zu verleihen, insbesondere das Unterlassungsgebot durch Wohlverhalten des Schuldners zu erzwingen, ist Ordnungsgeld und nötigenfalls auch Ordnungshaft anzudrohen.

Sollte das Gericht der Auffassung sein, dass ggf ein Antrag nach den §§ 887, 888 ZPO in Betracht kommt, so wird um richterlichen Hinweis nach § 139 ZPO gebeten, damit der Antrag angepasst oder jedenfalls ein Hilfsantrag gestellt werden kann.

Es wird gebeten, antragsgemäß zu entscheiden und dem Schuldner den Beschluss von Amts wegen zuzustellen. Ferner wird darum gebeten, den Beschluss nebst weiteren Vollstreckungsunterlagen der Antragstellerin formlos zuzusenden.

■■■

Rechtsanwalt ◀

---

103 Muster auch bei GF-ZPO/Pukall, § 890 Rn 1; Zöller/Stöber, ZPO, 890 Rn 17ff; aA OLG München NJW-RR 1988, 1407.

104 Bei der GbR: Zivilkammer LG bzw AG.

2. Muster: Antrag auf Festsetzung des Ordnungsmittels 240

14

▶ An das Landgericht

Kammer für Handelssachen[105]

In der Zwangsvollstreckungssache

der ■■■ GmbH, vertreten durch ■■■

Gläubigerin und Antragstellerin

Verfahrensbevollmächtigte:

gegen

■■■

Schuldner und Antragsgegner

Verfahrensbevollmächtigte:

Az: ■■■,

übersenden wir namens und in Vollmacht der Gläubigerin die vollstreckbare Ausfertigung des/der ■■■ vom Az: ■■■ nebst Zustellungsnachweis und nebst der Androhung der Verurteilung zu einem Ordnungsgeld bis zu ■■■, ersatzweise Ordnungshaft von ■■■ Tagen oder Ordnungshaft bis zu sechs Monaten.

Namens und in Vollmacht der Gläubigerin beantragen wir,

1. gegen den Schuldner ein in das Ermessen des Gerichts zu stellendes Ordnungsgeld bis zu 250.000,– EUR und für den Fall, dass die Beitreibung keinen Erfolg hat, ersatzweise Ordnungshaft bis zu sechs Monaten festzusetzen, deren genaue Bestimmung wir ebenfalls in das Ermessen des Gerichts stellen,
2. ferner den Schuldner zu verurteilen, mit Zustellung dieses Beschlusses bis zum Ablauf des ■■■ für den Schadensausgleich für weitere Zuwiderhandlungen eine Sicherheit in Höhe von ■■■ EUR zugunsten der Gläubigerin zu leisten.

Begründung:

Die Gläubigerin betreibt gegen den Schuldner die Zwangsvollstreckung aus dem ■■■ vom ■■■ Az:. ■■■ Der Schuldner ist aus diesem Titel verpflichtet, im Kreis Borken/Nordrhein-Westfalen für die Dauer von einem Jahr, beginnend ab dem ■■■ weder den Verkauf noch die Wartung/Reparatur von Großküchen/Großküchenzubehör anzubieten oder zu betreiben.

Dem Schuldner wurde nach dem Titel ■■■ [bzw bei isolierter Androhung: durch den Beschluss des erkennenden Gerichts vom ■■■ Az: ■■■] für den Fall der Zuwiderhandlung gegen die Unterlassungsverpflichtung ein Ordnungsgeld bis zu 250.000,– EUR und für den Fall, dass eine Beitreibung unmöglich ist, Ordnungshaft von bis zu sechs Monaten angedroht. Gleichwohl ist der Schuldner der Unterlassungsverpflichtung nicht nachgekommen. Als Geschäftsführer der ■■■ GmbH ist er weiterhin im Kreis Borken/Nordrhein-Westfalen im Handelssegment Großküchen/Großküchenzubehör tätig. Dieses umfasst den Verkauf, die Wartung und Reparatur von Großküchen/Großküchenzubehör. Insbesondere hat er der Firma Z aus Borken am ■■■ ein konkretes Angebot aus diesem Geschäftsbereich unterbreitet. Damit steht er entgegen der nachvertraglichen Wettbewerbsabrede vom ■■■ nach wie vor in einem direkten Konkurrenzverhältnis zur Gläubigerin.

105 Bei der GbR Zivilkammer LG bzw AG.

Beweis:

1. Zeugnis des ■■■
2. Angebot vom ■■■, Fotokopie Anlage 1

Daher ist gegen den Schuldner ein Ordnungsgeld, welches in das Ermessen des Gerichts gestellt wird, ersatzweise Ordnungshaft von ■■■ oder Ordnungshaft von bis zu sechs Monaten festzusetzen.

Auch für die Zukunft ist zu befürchten, dass der Schuldner seiner Verpflichtung aus dem Vollstreckungstitel, die wettbewerbswidrigen Handlungen zu unterlassen, nicht nachkommen wird. Der Schuldner hat bereits angekündigt, dass ihn „das Verbot nicht interessiere". Außerdem ist in der Branche allgemein bekannt, dass der Schuldner finanzielle Schwierigkeiten hat und mit der Zahlung von Lieferantenrechnungen von deutlich mehr als 200.000,– EUR seit mehr als 6 Monaten in Verzug ist. Er ist also motiviert, auch weiterhin gegen das titulierte Wettbewerbsverbot zu verstoßen.

Beweis: Zeugnis der ■■■

Daher ist es zwingend notwendig, den Schuldner gem. § 890 Abs. 3 ZPO zur Bestellung einer Sicherheit für den Fall der zukünftigen Zuwiderhandlung zu verurteilen. Der Schaden, der für die Gläubigerin in Zukunft entstehen wird, basiert auf ■■■. Daher ist die Sicherheitsleistung mit ■■■ EUR zu bemessen.

Es wird um Rückgabe der Vollstreckungsunterlagen nach Erlass der Entscheidung gebeten.

■■■

Rechtsanwalt ◀

241 **3. Muster: Antrag auf Aufhebung des Ordnungsmittelbeschlusses**

15 ▶ An das Landgericht in ■■■

Kammer für Handelssachen

(Zuständigkeit bei GbR beachten)

In der Zwangsvollstreckungssache

der ■■■ GmbH

Gläubigerin und Antragsgegnerin

Verfahrensbevollmächtigte:

gegen

den ■■■

Schuldner und Antragsteller

Verfahrensbevollmächtigte:

Az.: ■■■

beantragen wir namens und in Vollmacht des Schuldners,

den Beschluss des erkennenden Gericht vom ■■■ über die Verurteilung des Schuldners zur Zahlung von Ordnungsgeld in Höhe von ■■■ EUR und für den Fall, dass dieses nicht beigetrieben werden kann, ersatzweise Ordnungshaft von ■■■ Tagen je ■■■ EUR, zu Ordnungshaft von ■■■ Monaten aufzuheben.

Begründung:

Gegen den Schuldner wird von der Gläubigerin die Zwangsvollstreckung aus dem ■■■ vom Az: ■■■ betrieben. Hiernach ist der Schuldner verpflichtet. ■■■ Dem Schuldner wurde mit dem Vollstreckungsbescheid ■■■) durch Beschluss des erkennenden Gerichtes vom ■■■, Az: ■■■) für den Fall der Zuwiderhandlung gegen seine Verpflichtung zu einem Ordnungsgeld bis zu ■■■ EUR und, soweit dieses nicht beigetrieben werden kann, ersatzweise Ordnungshaft oder aber Ordnungshaft bis zu sechs Monate angedroht. Mit dem im Antrag bezeichneten Beschluss wurde dem Schuldner das dort näher bezeichnete Ordnungsmittel auferlegt.

Nach der formellen Rechtskraft des Ordnungsmittelbeschlusses ist der diesem zugrunde liegende Vollstreckungstitel am ■■■ rückwirkend entfallen, weil ■■■. Mit dem rückwirkenden Wegfall des Vollstreckungstitels ist die Grundlage für den Ordnungsmittelbeschluss ebenfalls rückwirkend entfallen. Dieser ist auf Antrag des Schuldners vom Prozessgericht erster Instanz aufzuheben (BGH NJW-RR 1988 1530).

■■■

Rechtsanwalt ◄

§ 3 Klage gegen Gesellschafter auf Mitwirkung bei Änderung des Gesellschaftsvertrages

A. Vorprozessuale Situation

I. Rechtliche Grundlagen sowie Gesellschafterpflichten

1. Satzung als allgemeine Pflichtenquelle

242 Aus dem Gesellschaftsvertrag folgen für die Gesellschafter untereinander verschiedene Pflichten. Neben der allgemeinen Zweckförderungspflicht sind in aller Regel Beitragspflichten für die einzelnen Gesellschafter festgelegt. U.a. können auch Mitwirkungspflichten der Gesellschafter im Hinblick auf Satzungsänderungen geregelt sein.

243 Letztere Pflichten sind bei der Personengesellschaft gemäß § 706 BGB und bei der OHG bzw der KG gemäß § 105 Abs. 3, § 161 Abs. 2 HGB nahezu **frei vereinbar.** Wegen der meist einschneidenden Wirkungen von Satzungsänderungen müssen die Pflichten zur Mitwirkung daran jedoch in der Satzung hinreichend bestimmt formuliert sein. Keinesfalls reicht die übliche Generalklausel mit dem Inhalt aus, dass Gesellschafterbeschlüsse vorbehaltlich weiterer gesetzlicher oder vertraglicher Mehrheitserfordernisse der Mehrheit der abgegebenen Stimmen bedürfen. Solche Klauseln beziehen sich nur auf Geschäftsführungsbeschlüsse und Beschlüsse über laufende Angelegenheiten der Gesellschaft.[1]

2. Nebenabreden als Pflichtenquelle

244 Handlungs-, insbesondere Mitwirkungspflichten von Gesellschaftern können sich weiterhin aus Vereinbarungen außerhalb des Gesellschaftsvertrages ergeben, dh aus sogenannten Nebenabreden. Gängig sind Nebenvereinbarungen außerhalb der Satzung vor allem bei der GmbH und der AG. Ein Grund dafür liegt darin, dass die Satzungserrichtung und die Satzungsänderung bei Kapitalgesellschaften formbedürftig sind (§ 2 Abs. 1 S. 1, § 53 Abs. 2 GmbHG, § 23 Abs. 1 S. 1, § 181 Abs. 3 AktG). Das **Hauptmotiv** für Nebenvereinbarungen außerhalb der Satzung ist jedoch in erster Linie die **Diskretion** und betrifft beispielsweise Aufsichtsratsvergütungen oder Stimmbindungsabreden.[2]

245 Wegen der Formbedürftigkeit der Satzungsänderung bei AG und GmbH werden Mitwirkungspflichten der Gesellschafter zu Satzungsänderungen jedoch sinnvollerweise nicht in Nebenvereinbarungen getroffen, die in aller Regel nicht beurkundet werden, sondern in der Satzung selbst. Denkbar sind entsprechende Abreden in Nebenvereinbarungen deshalb eher bei Personengesellschaften.

3. Allgemeine Treuepflichten als Pflichtenquelle

246 Neben den konkret in der Satzung formulierten Pflichten bestehen allgemeine Treuepflichten zwischen den Gesellschaftern untereinander sowie zwischen den Gesellschaftern und der Gesellschaft.[3] Aus diesen Treuepflichten können sich konkrete **Verhaltenspflichten** ergeben, dh Unterlassungs- und im Einzelfall sogar Leistungspflichten in Gestalt von Mitwirkungspflichten. Das gilt im Grundsatz für alle Gesellschaftstypen.

---

1 BGH NJW 1985, 2830 f; vgl näher oben zu § 1 Rn 17 ff.

2 Priester in: Münchener Handbuch des Gesellschaftsrechts, Bd. 3, § 21 Rn 6; Für die GmbH-Gründung ergibt sich die Anmeldepflicht zum Handelsregister aus § 8 Abs. 1 Nr. 1 GmbHG, für die Satzungsänderung aus § 54 Abs. 1 S. 1 GmbHG, für die Anmeldung der Gründung der AG aus § 36 Abs. 1 AktG und für die Anmeldung der Satzungsänderung der AG aus § 130 Abs. 1 S. 1 AktG.

3 Grundlegend BGH NJW 1966, 826 ff.

Unterschiedlich starke Ausprägungen der Treuepflichten ergeben sich je nach der Strukturierung als personalistische oder als kapitalistische Gesellschaft.[4] Während Personengesellschaften in der Regel personalistisch geprägt sind (dh alle oder die meisten Gesellschafter sind zur aktiven Mitarbeit als Geschäftsführer, Verwaltungs-, Aufsichtsratsmitglieder oder in sonstiger Weise verpflichtet), sind vor allem die AG und zumindest vom Gesetzestypus her die GmbH kapitalistisch organisiert, dh die Pflichten der Gesellschafter beschränken sich im Wesentlichen auf den Kapitalbeitrag. Gleichwohl gibt es – wenn auch selten – auch personalistisch ausgestaltete AG. Das personalistische Element bei der AG wird in erster Linie als Treuepflicht in Form eines Wettbewerbsverbotes der Mehrheitsaktionäre praktisch.[5] Im Gegensatz zur AG räumt das GmbH-Recht in einem viel weiteren Umfang die Möglichkeit ein, bei der Vertragsgestaltung personalistische Strukturen zu schaffen, wovon in der Praxis häufig Gebrauch gemacht wird.[6] 247

Die gesellschaftsrechtliche Treuepflicht eines Gesellschafters kann sich im Einzelfall dahin konkretisieren, dass er einer Satzungsänderung zustimmen muss. Positive Stimmpflichten, insbesondere zur Änderung der Satzung als Ausdruck gesellschaftlicher Treuepflichten, bestehen bei Personengesellschaften schon seit langem.[7] Der BGH hat die Zustimmungspflicht aber auch für eine personalistisch ausgestaltete GmbH angenommen.[8] Voraussetzung dafür ist deren unabweisbare Notwendigkeit.[9] Folgende Beispiele für Zustimmungspflichten zu Satzungsänderungen sind anerkannt: 248

- Eine Zustimmungspflicht des einzelnen Gesellschafters zur Änderung der Gesellschaftssatzung kann beispielsweise bestehen, wenn die Satzungsänderung zwingend erforderlich ist, um die Gesellschaft zur **Sicherung ihres Bestandes** den rechtlichen oder bestimmten tatsächlichen Gegebenheiten anzupassen. Weitere Voraussetzung ist, dass durch die Satzungsänderung in die Rechte des betroffenen Gesellschafters nicht unverhältnismäßig eingegriffen wird.[10]
- Eine Zustimmungspflicht kann sich des Weiteren zur **Schließung von Vertragslücken in der Satzung** ergeben, wenn sie im Interesse der Gesellschaft dringend geboten und dem Gesellschafter zumutbar sind, etwa wenn bestimmte Satzungsregelungen vom Kartellamt bzw dem Registergericht beanstandet werden.[11]
  Eine Zustimmungspflicht kann sich bei einem vorzeitigen Ausscheiden eines persönlich in Zahlungsschwierigkeiten geratenen Gesellschafters ergeben,[12]
  Für die Ausschließungsklage nach § 140 HGB bei Vorliegen eines wichtigen Grundes in der Person eines Gesellschafters besteht eine Zustimmungspflicht und zwar auch ohne eine entsprechende gesellschaftsvertragliche Regelung.[13]
- Ein Gesellschafter kann zur Billigung der Satzungsänderung verpflichtet sein, um eine aus dem Gesellschaftsvertrag – etwa einer Publikumsgesellschaft – folgende Verpflich-

4 Vgl näher dazu Rn 122.
5 Krieger in: Münchener Handbuch des Gesellschaftsrechts, Bd. 4, 2. Aufl. 1999, § 69 Rn 17 f; Friedewald, Die personalistische Aktiengesellschaft, S. 140 ff.
6 Baumbach/Hueck, GmbHG, Einleitung Rn 17, § 3 Rn 34.
7 Priester in: Scholz, GmbHG, § 53 Rn 197.
8 BGHZ 98, 278, 279 ff.
9 K. Schmidt, Gesellschaftsrecht§ 5 IV 3, § 21 II 3 c.
10 Marquardt in: Münchener Handbuch des Gesellschaftsrechts, Bd. 3, § 22 Rn 38.
11 Marquardt, aaO, § 22 Rn 38; Priester in: Scholz, GmbHG, § 52 Rn 37; K. Schmidt, AG 1987, 337 ff.
12 BGH LM HGB § 138 Nr. 8.
13 BGHZ 64, 253, 256 ff.

tung vorübergehend aufzuheben, ein Gesellschafterdarlehen zu verzinsen, um dadurch die **Insolvenz der Gesellschaft zu vermeiden.**[14]

- Auch die **Änderung von Nachfolgeklauseln** nach der Scheidung einer Ehe der einer Kommanditgesellschaft angehörenden Eheleute kann die Gesellschafter zur Zustimmung der entsprechenden Satzungsänderung verpflichten.[15]
- Aus der Änderung der Geschäftsgrundlage der Satzung kann sich eine Zustimmungspflicht zu Satzungsänderungen ergeben, um in einer Familiengesellschaft bevorstehende **Erbfälle** bewältigen zu können.[16]
- Ähnliches kann in **Sanierungssituationen** gelten. Nach der (noch) herrschenden Meinung sind Gesellschafter auch in Krisensituationen nicht in ihrem Entscheidungsermessen gebunden, etwa hinsichtlich der Möglichkeit, das Unternehmen zu sanieren oder die Auflösung des Gesellschaft sowie deren anschließende Liquidation zu beschließen oder eine dazwischen liegende Maßnahme zur Rettung der Gesellschaft und damit auch zum Schutz deren Gläubiger zu treffen.[17] Gesellschafter sind danach auch aus der gesellschaftsrechtlichen Treuepflicht grundsätzlich nicht zur Durchführung eines zeitlich ungewissen Sanierungskonzepts verpflichtet, einer Änderung des Gesellschaftsvertrages zuzustimmen, durch die ein Teil seiner Teil seiner Haftsumme in eine Zahlungspflicht gegenüber der Kommanditgesellschaft umgewandelt werden soll.[18] Ebenso wenig kann ein Gesellschafter nach der hM zu Kapitalerhöhungen gezwungen werden. Wenn mit der geplanten Satzungsänderung jedoch keine Nachschusspflichten für die Gesellschafter verbunden sind, können sie zu organisatorischen oder finanztechnischen Umstrukturieren verpflichtet sein.[19]
  Allerdings erfährt die Auffassung der hM zunehmend Kritik. Die Gesellschafter haben meist die Vorstellung oder zumindest die Hoffnung, das Unternehmen könne ohne Zahlungsunfähigkeit und ohne Überschuldung fortgeführt werden. Diese Handlungsweise wird begünstigt durch den – im Vergleich zu Geschäftsführerpflichten – deutlichen Mangel an gesetzlichen Verhaltensregeln für Gesellschafter. Die hM ermöglicht damit in aller Regel die Fortsetzung des Geschäfts auf Kosten der Gesellschaftsgläubiger, die dem schutzlos gegenüberstehen. Die insoweit kritischen Stimmen gehen aber nicht von einer von den Gesellschaftsgläubigern durchsetzbaren Handlungspflicht der Gesellschafter aus, sondern von einer Handlungspflicht der Gesellschafter gegenüber der Gesellschaft, resultierend aus einer Ermessensreduzierung im Prozess der Entscheidung über Handlungsalternativen der Gesellschafterversammlung in der Krise. Diese soll nur als Reflex auch den Gesellschaftsgläubigern zugute kommen. Die Gesellschafter sollen danach zur Sanierung verpflichtet sein, wenn dieser Schritt objektiv notwendig und den Gesellschaftern unter Berücksichtigung ihrer eigenen schutzwürdigen Belange zumutbar ist. Demgegenüber seien sie zur Auflösung und Liquidation verpflichtet, wenn sie die Gesellschaft nicht sanieren wollen oder wenn die Sanierung unmöglich oder unzumutbar ist.[20]

---

14 BGH WM 1985, 195 ff.
15 BGH WM 1974, 831 ff.
16 K. Schmidt in: Scholz, GmbHG, § 47 Rn 31; zur Personengesellschaft vgl BGH NJW 1987, 952.
17 Scholz/K. Schmidt, GmbHG, § 60 Rn 12; Drenckhan, Gläubigerschutz in der Krise der GmbH, S. 215, 224 mwN; Veil, ZGR 2006, 374 ff, 383.
18 BGH BB 2007, 2310 ff.
19 K. Schmidt in: Scholz, GmbHG, § 47 Rn 31; zur Personengesellschaft BGH NJW 1985, 974 ff.
20 Drenckhan, Gläubigerschutz in der Krise der GmbH, S. 213 ff, 217 ff, 224 ff; G.H. Roth, ZGR 1993, 170 ff, 194, 196; Priester, ZGR 1993, 512, 526.

Rechtsprechung unmittelbar zu dieser Frage, ist – soweit ersichtlich – nicht vorhanden. Allerdings erscheint fraglich, ob die Treuepflicht der Gesellschafter gegenüber der Gesellschaft solch weitgehende Handlungspflichten zu begründen vermag. Immerhin ist der Gesellschafter nach höchstrichterlicher Rechtsprechung aus der Treuebindung gegenüber der Gesellschaft grundsätzlich nicht zu einem Bestandsschutz der Gesellschaft verpflichtet.[21] Zudem würde dies zu einem der haftungsrechtlichen Schutz der Gläubiger vor Eintritt eines Insolvenzgrundes führen und damit die entsprechenden gesetzlichen Regelungen zum Schutz der Gläubiger rechtsfortbildend in einem Maße erweitern, das den Sinn der rechtsformmäßig haftungsbeschränkten Gesellschaften infrage stellt.[22]

- Unter bestimmten Umständen kann sich sogar die Verpflichtung zur Zustimmung einer Satzungsänderung ergeben, wenn in der Satzung die **Vergütung** des geschäftsführenden Gesellschafters geregelt ist und diese erhöht werden muss.[23]
- Es kann die Verpflichtung zur Zustimmung von Satzungsänderungen bestehen, die rein **organisatorische Maßnahmen** betreffen. Beispielsweise kann eine Zustimmungspflicht bestehen, wenn es um die Übertragung von Geschäftsanteilen geht, die nicht vom Schutzzweck der Verfügungsbeschränkungen im Gesellschaftsvertrag erfasst ist. Das kann der Fall sein, wenn die Übertragung zur Erfüllung eines Vermächtnisses oder im Rahmen der Erbauseinandersetzung oder unter nahen Angehörigen stattfinden soll.[24]

II. Beratungssituation

1. Informationsbeschaffung

Gleichgültig, ob der Rechtsanwalt den oder die klagewilligen Gesellschafter vertritt oder 249
den in Anspruch genommenen Gesellschafter, wird seine Hauptaufgabe zunächst darin bestehen, den Grund und die Auswirkungen der beabsichtigen Änderung des Gesellschaftsvertrages für jeden Gesellschafter bzw die Gesellschaft zu prüfen. Außerdem sind die Interessen des in Anspruch genommenen Gesellschafters an der Beibehaltung des Gesellschaftsvertrages zu berücksichtigen. Nur auf diese Weise kann beurteilt werden, ob die beabsichtigte Änderung des Gesellschaftsvertrages „erforderlich" und für den in Anspruch genommenen Gesellschafter unter Berücksichtigung auch seiner Belange „zumutbar" ist.

2. Entbehrlichkeit der Klage

Im **Ausnahmefall** können gewichtige Interessen der Gesellschaft oder der anderen Gesell- 250
schafter zu einem Verzicht auf die Erhebung einer Klage zur Erteilung der Zustimmung zur Vertragsänderung berechtigen.[25] Das kann der Fall sein, wenn es um die Erhaltung der Funktionsfähigkeit einer Gesellschaft geht. Das Interesse an der Erhaltung der Funktionsfähigkeit der Gesellschaft nötigt in diesen Fällen nicht nur zur Aufgabe des Einstimmigkeits- und damit des Bestimmtheitsgrundsatzes. Vielmehr ist auch der Grundsatz aufzugeben, dass der Gesellschafterbeschluss erst mit der Rechtskraft eines der Zustimmungsklage stattgebenden Urteils als wirksam anzusehen ist. Speziell für die Publikumsgesellschaft hat der BGH insoweit klargestellt, dass die aus dem Treuegebot erwachsende Verpflichtung der Gesellschafter, einem bestimmten Gesellschafterbeschluss zuzustimmen, dazu führt, die

21 BGHZ 129, 136 f.
22 Vgl zur Kritik insbesondere Veil, ZGR 2006, 374 ff, 384.
23 BGHZ 44, 40 ff.
24 OLG Düsseldorf GmbHR 1987, 475; K. Schmidt, Gesellschaftsrecht, § 35 II 3 b.
25 BGH NJW-RR 1987, 286.

nicht abgegebene Stimme so zu behandeln, als ob sie entsprechend der bestehenden Verpflichtung abgegeben worden wäre.[26] Das macht eine Leistungsklage entbehrlich.

251 Die ausdrücklich für die Publikumsgesellschaft anerkannte Ausnahme ist nicht zwingend auf diese Gesellschaftsform beschränkt. Der BGH hat u.a. einen Kommanditisten aufgrund der gesellschaftlichen Treuepflicht als an den Beschluss der übrigen Kommanditisten gebunden behandelt. Die anderen Kommanditisten hatten an Stelle des ausscheidenden einzigen persönlich haftenden Gesellschafters einen neuen persönlich haftenden Gesellschafter aufgenommen, um die sonst unmittelbar bevorstehende Auflösung der Gesellschaft zu vermeiden.[27] Dies spricht dafür, in vergleichbaren Situationen, die zu einer **akuten Existenzgefährdung** der Gesellschaft führen können, ausnahmsweise auf eine Klage gegen den Mitgesellschafter auf Mitwirkung an der Satzungsänderung zu verzichten.

B. Prozess

I. Zuständigkeit des Gerichts

252 Soweit es um Klagen zwischen Gesellschaftern einer Handelsgesellschaft geht, (also OHG, KG, GmbH, AG), ist die Klage vor der Kammer für Handelssachen bei den örtlich zuständigen Landgerichten anhängig zu machen. Im Übrigen gelten keine Besonderheiten.

II. Klageerhebung und Klageart

253 Grundsätzlich ist Leistungsklage zu erheben, und zwar gerichtet auf Zustimmung zu einer konkret zu bezeichnenden Änderung des Gesellschaftsvertrages.

254 **Besonderheiten** können sich bei der Geltendmachung von auf Änderung des Gesellschaftsvertrages gerichteten Ansprüchen ergeben, wenn es um die Frage geht, ob ein Gesellschaftsvertrag durch tatsächliche Übung konkludent formlos geändert wurde. Diese Konstellation kann sich – wie oben ausgeführt – nur für die Personenhandelsgesellschaften und die GbR ergeben. Der Streit über die Frage, ob eine tatsächliche Übung konkludent den Gesellschaftsvertrag geändert hat, kann nur über die Feststellungsklage gelöst werden, gerichtet darauf festzustellen, dass die bisherige Übung für die Zukunft zu der – bestimmt zu bezeichnenden – Änderung des Gesellschaftsvertrages geführt hat. Die Gesellschafter, die sich auf die konkludente Vertragsänderung berufen, könnten vorsorglich gehalten sein, die Feststellungsklage mit einem Hilfsantrag auf Zustimmung zur Vertragsänderung. Dies empfiehlt sich vor allem, wenn die Satzungsänderung durch tatsächliche Übung – aus welchen Gründen auch immer – nicht ganz sicher ist.

III. Streitwert

255 Der Wert des Begehrens auf Erteilung der Zustimmung zu einer Änderung des Gesellschaftsvertrages richtet sich grundsätzlich gemäß § 3 ZPO nach dem Interesse des Klägers an der Satzungsänderung.[28] Es ist zu empfehlen, den möglichen Streitwert in der Klage darzulegen – dies insbesondere im Hinblick auf die Möglichkeit, über die Nichtzulassungsbeschwerde ein Revisionsverfahren zu erreichen.

---

26 BGH NJW 1995, 974 zur Publikums-KG.
27 BGH WM 1979, 1058 ff.
28 Zöller/Herget, ZPO, § 3 Rn 16 zum Stichwort „Willenserklärung“.

IV. Aktiv- und Passivlegitimation

Für die auf Änderung des Gesellschaftsvertrages gerichtete Leistungsklage aktivlegitimiert ist nicht die Gesellschaft, sondern jeder Einzelne Gesellschafter. Dabei ist zu berücksichtigen, dass es nicht immer sinnvoll ist, wenn bei einer mehrgliedrigen Gesellschaft alle übrigen Gesellschafter ihren Mitgesellschafter auf Zustimmung verklagen. Da es in solchen Prozessen regelmäßig darauf ankommt, dass die begehrte Vertragsänderung für die Gesellschaft erforderlich ist, wird sich eine Beweiserhebung in der Regel nicht vermeiden lassen. Die klagenden Gesellschafter scheiden jedoch insoweit als Zeugen formal aus. Sollte sich die „Erforderlichkeit" der Satzungsänderung nicht allein durch Sachverständigengutachten oder durch das Zeugnis Dritter beweisen lassen, sondern vornehmlich durch die Aussagen von Mitgesellschaftern, so ist es schon aus diesem Grunde ratsam, dass nicht alle übrigen Gesellschafter den sich widersetzenden Gesellschafter verklagen. Darüber hinaus sprechen regelmäßig Kostengesichtspunkte für die Klage nur eines Gesellschafters. 256

Zu berücksichtigen ist weiter, dass die aktivlegitimierten Gesellschafter bei der auf Änderung des Gesellschaftsvertrages gerichteten Klage **keine notwendigen Streitgenossen** nach § 63 ZPO sind. Die Ansprüche der Gesellschafter auf Zustimmung sind Individualansprüche ebenso wie umgekehrt die Verpflichtung eines Gesellschafters zur Zustimmung zur Vertragsänderung Individualverpflichtung ist.[29] Das Gericht prüft die Zulässigkeit und Begründetheit jeder durch einen einfachen Streitgenossen erhobenen Klage separat.[30] Bevor die die Vertragsänderung begehrenden Gesellschafter entscheiden, wer von ihnen den sich widersetzenden Gesellschafter klageweise auf Zustimmung in Anspruch nimmt, sollte wegen der Wirkungen der einfachen Streitgenossenschaft geprüft werden, ob der Klage des einen oder anderen Gesellschafters eventuell besondere Hindernisse entgegenstehen. 257

Passiv legitimiert ist jeder Gesellschafter, der sich weigert, der begehrten Änderung des Gesellschaftsvertrages zuzustimmen. 258

V. Beweislast

Grundsätzlich gilt die allgemeine Beweislastregel, dass jeder die tatsächlichen Voraussetzungen seines Anspruchs darlegen und beweisen muss. Insoweit müssen die klagenden Gesellschafter darlegen und beweisen, dass die von ihnen angestrebte Vertragsänderung einerseits zur Erreichung des von ihnen formulierten Zwecks erforderlich und andererseits für den in Anspruch genommenen Gesellschafter unter Berücksichtigung seiner Belange zumutbar ist. 259

Besonderheiten ergeben sich, wenn es um die Frage geht, ob der Gesellschaftsvertrag durch **tatsächliche Übung bereits konkludent geändert** ist. Dies ist nur möglich, wenn gesetzlich nicht eine besondere Form des Gesellschaftsvertrages wie bei der GmbH oder der AG vorgesehen ist oder Schriftform für Satzungsänderungen sowie für die Änderung und Aufhebung der Schriftformklausel vereinbart wurde.[31] Zum Teil sehen Gesellschaftsverträge von Personengesellschaften für Vertragsänderungen etc. nur eine eingeschränkte Schriftform der Gestalt vor, dass die Schriftform nicht für die Änderung der Schriftformklausel selbst gilt. Die Nichteinhaltung eines solchen eingeschränkten Schriftformerfordernisses bei tatsächlich abweichendem Verhalten führt gemäß § 125 S. 2 BGB dazu, dass die tatsächliche von der gesellschaftsvertraglichen Regelung abweichende Übung eine konkludente Ver- 260

29 BGHZ 30, 195 f, 198.
30 Allg.: Zöller/Vollkommer, ZPO, § 61 Rn 8.
31 BGHZ 66, 378; BFH BStBl. II 1991, 935.

tragsänderung bewirkt, sofern kein „Zweifel“ daran iSv § 125 S. 2 BGB besteht. Mit anderen Worten muss derjenige, der sich auf die formlose Aufhebung einer solchen Schriftformklausel gemäß § 125 S. 2 BGB beruft, die formlose Vertragsänderung durch tatsächliche Übung beweisen. Zu einer Beweislastumkehr zulasten der Gesellschaft kann es in diesen Fällen ausnahmsweise kommen, wenn über eine erheblich lange Zeitdauer eine von dem schriftlichen Gesellschaftsvertrag abweichende Übung im Einvernehmen aller Gesellschafter stattgefunden hat. In diesem Fall muss der in Anspruch genommene Gesellschafter darlegen und beweisen, dass die beschriebene tatsächliche Übung nicht zu einer konkludenten Vertragsänderung geführt hat.[32]

VI. Urteilswirkungen

261 Mit der Rechtskraft des Urteils, mit dem ein Gesellschafter verurteilt wird, einer Änderung des Gesellschaftsvertrages zuzustimmen, gilt die Zustimmung gemäß § 894 ZPO als erteilt.

262 Klagen mehrere Gesellschafter gegen einen Mitgesellschafter auf Erteilung der Zustimmung zu einer Änderung des Gesellschaftsvertrages, kann die Entscheidung gegenüber den einzelnen Streitgenossen unterschiedlich ausfallen. Insofern entstehen auch die Rechtskraftwirkungen immer nur im Verhältnis zwischen dem klagenden Gesellschafter und dem beklagten Mitgesellschafter.

VII. Musterklagen auf Zustimmung zur Änderung des Gesellschaftsvertrages

263 1. Muster: Feststellungsklage über das Bestehen einer Gesellschaftsvertragsänderung[33]

16

▶ An das Landgericht ...
Kammer für Handelssachen

Klage

des Herrn A,

Kläger

Prozessbevollmächtigte:

gegen

Herrn B,

Beklagter

wegen Feststellung der Änderung des Gesellschaftsvertrages

vorläufiger Streitwert: 10.000,00 EUR

Namens und in Vollmacht des Klägers erheben wir Klage und werden beantragen:

Es wird festgestellt, dass der Gesellschaftsvertrag der X-OHG – abweichend von der schriftlich festgelegten Gewinnverteilung in § 6 der Vertragsurkunde vom 1.1.1970 – eine Gewinnverteilung dahingehend vorsieht, dass dem Kläger 60 % des Gewinns der OHG zustehen.

Begründung:

Die Parteien sind neben den Herren C, D und E Gesellschafter der X-OHG. Nach dem Gesellschaftsvertrag vom 1.1.1970 ist in § 6 eine Gewinnverteilung entsprechend den Gesellschaftsanteilen der Gesellschafter vorgesehen, die dem Kläger einen Gewinnanteil von 20 % zuweist.

---

32 BGH NJW 1966, 826.

33 In Anlehnung an BGH NJW 1966, 826.

Allerdings ist der Kläger über seine ursprünglich vorgesehene Verpflichtung hinaus – die Geschäftsgrundlage für seine Beteiligung an der X-OHG zu 20 % war – in erheblichem Umfang für die Gesellschaft tätig geworden. Er hat in weit höherem Maße als die übrigen Gesellschafter Geschäfte für die X-OHG akquiriert, aus denen diese über mehrere Jahre hohe Gewinne erwirtschaften konnte, von denen alle Gesellschafter profitiert haben. Dies war bisher zwischen den Beteiligten unstreitig.

Beweis vorsorglich: Zeugnis des Herrn D, zu laden über die X-OHG.

Herr D hat als Komplementär für die X-OHG deren Finanzen überwacht.

Ab 1980 wurden – abweichend von der im schriftlichen Gesellschaftsvertrag fixierten Gewinnverteilung – dem Kläger 60 % der Gewinne der Gesellschaft ausgeschüttet und die übrigen 40 % auf die verbleibenden Gesellschafter, dh auf den Beklagten und die Gesellschafter C, D und E, gleichmäßig verteilt. Keiner der Gesellschafter hat jemals dieser Gewinnverteilung widersprochen. Es hat auch keiner der Mitgesellschafter des Klägers bis zum Ausbruch des aktuellen Streits jemals seine Zustimmung zur jährlichen Gewinnverteilung unter den Vorbehalt gestellt, der Verteilungsschlüssel 60 :10 :10 :10 :10 solle nur vorübergehend oder begrenzt gültig sein. Der Beklagte hat im Gegenteil bereits 1990 durch Schreiben seines Bevollmächtigten erklärt, die Gewinne würden abweichend vom Gesellschaftsvertrag im Verhältnis 60 :10 :10 :10 :10 verteilt. Er hat insoweit nichts hinzugesetzt, was auf die Unverbindlichkeit dieser Regelung oder auch für die Zukunft oder auch nur auf die zeitliche Begrenzung hingedeutet hätte.

Beweis: Schreiben vom ■■■, Fotokopie Anlage K 1

Auch die Steuerberater und Wirtschaftsprüfer der X-OHG haben nur den aktuell praktizierten Gewinnverteilungsschlüssel gekannt. Vorbehalte sind ihnen nicht mitgeteilt worden oder sonst zur Kenntnis gelangt.

Beweis:

1. Zeugnis des Steuerberaters Y, zu laden ■■■
2. Zeugnis des Wirtschaftsprüfers Z, zu laden ■■■

Im Hinblick auf die über 20 Jahre im Gesellschafterkreis der X-OHG vorbehaltlos und widerspruchslos praktizierte Gewinnverteilung besteht eine tatsächliche Vermutung dahin, dass die Gesellschafter den Gesellschaftsvertrag unter Verzicht auf die vertraglich vorgesehene Schriftform in § 10 des Gesellschaftsvertrages abgeändert haben. Insofern ist es Sache des Beklagten, darzulegen und zu beweisen, dass die Gesellschafter mit der unstreitig praktizierten Abweichung nicht verbindlich von dem schriftlich fixierten Gesellschaftsvertrag abweichen wollten (vgl dazu BGH NJW 1966, 826).

■■■

Rechtsanwalt ◄

2. Muster: Leistungsklage auf Zustimmung zur Änderung des Gesellschaftsvertrages[34] 264

17

► An das Landgericht ■■■

Kammer für Handelssachen

Klage

des Herrn A,

Kläger

34 In Anlehnung an BGHZ 98, 276.

Prozessbevollmächtigte:

gegen

Herrn B,

Beklagter

wegen Zustimmung zur Kapitalerhöhung und Übernahme der daraus entstehenden zusätzlichen Geschäftsanteile

vorläufiger Streitwert: 100.000,00 EUR

Namens und in Vollmacht des Klägers erheben wir Klage und werden beantragen:

1. Der Beklagte wird verurteilt, der Kapitalerhöhung der X-GmbH von 100.000,00 EUR um weitere 100.000,00 EUR auf 200.000,00 EUR zuzustimmen und der Übernahme eines weiteren Geschäftsanteils von 90.000,00 EUR durch den Kläger unter der Voraussetzung zuzustimmen, dass dieser seinerseits einer unverändert hälftigen Verteilung des Gewinns und – im Falle der Auflösung der Gesellschaft – des Liquidationserlöses zustimmt und den für die Kapitalerhöhung erforderlichen Betrag zuvor mit unwiderruflicher Zweckbestimmung für diese Kapitalerhöhung hinterlegt hat.
2. Das Urteil ist – notfalls gegen Sicherheitsleistung – vorläufig vollstreckbar.

Wir regen an, zunächst ein schriftliches Vorverfahren durchzuführen. Für den Fall der Fristversäumnis des Beklagten oder des Anerkenntnisses beantragen wir,

gegen den Beklagten Anerkenntnisurteil bzw Versäumnisurteil zu erlassen.

Begründung:

1. Sachverhalt

Der Kläger hält 50 % der Geschäftsanteile an der X-GmbH, einer Verlagsgesellschaft, und ist auch deren alleiniger Geschäftsführer. Er verlangt von dem Beklagten, an der für die Gesellschaft dringend notwendigen Kapitalerhöhung mitzuwirken und der Übernahme eines wesentlichen Teils der Kapitalerhöhung durch den Kläger zuzustimmen. Der Kläger hat auf eine vorherige Einberufung einer Gesellschaftsversammlung über die hier begehrte Kapitalerhöhung verzichtet. Denn der Beklagte hat bereits im Vorfeld in dieser Gesellschafterversammlung deutlich erklärt, er werde keinesfalls einer Kapitalerhöhung zustimmen.

Beweis: Zeugnis des Herrn C, zu laden über die X-GmbH.

Die Kapitalerhöhung ist zur Verhinderung einer ansonsten alsbald durchzuführenden Liquidation der GmbH zwingend erforderlich. Auch auf Dauer ist die GmbH ohne diese Kapitalerhöhung nicht lebensfähig. Dies ist zwischen den Parteien unstreitig und bedarf deshalb keiner weiteren Ausführung. Der Beklagte hat seine Mitwirkung an der Kapitalerhöhung mit der Begründung verweigert, die X-GmbH werde vom Kläger einseitig beherrscht und müsse liquidiert werden, weil sie auf Dauer nicht lebensfähig sei.

Beweis: Zeugnis des Herrn C, zu laden über die X-GmbH.

Die Kapitaldecke der X-GmbH ist aufgrund der sich in den vergangenen Jahren ergebenen erheblichen Ausweitung des Geschäftsumfangs der Gesellschaft, was mit weiteren erheblichen Haftungsrisiken verbunden ist, bei Weitem nicht mehr ausreichend. Der Beklagte war mit der expansiven Politik der Gesellschaft stets einverstanden und hat sie sogar begrüßt. Dies ist zwischen den Gesellschaftern auch unstreitig, so dass es keiner weiteren Ausführungen bedarf.

Unstreitig ist weiterhin, dass ohne die begehrte Kapitalerhöhung über das Vermögen der X-GmbH demnächst das Insolvenzverfahren eröffnet werden müsste. Der Kläger ist nicht bereit, das von der X-GmbH benötigte Kapital als Gesellschafterdarlehen oder als einfache Einlage hinzugeben, weil hierdurch die berechtigten Interessen der Geschäftspartner der X-GmbH nicht hinreichend gesichert sind. Umgekehrt sind keine nachteiligen Auswirkungen durch die begehrte Kapitalerhöhung für den Beklagten erkennbar. Eine Nachschussverpflichtung durch die Kapitalerhöhung wird für den Beklagten nicht begründet. Denn der Kläger ist bereit, die dafür erforderlichen Mittel aufzubringen und das ansonsten nach § 53 Abs. 3 GmbHG bestehende Hindernis zu beseitigen. Darüber hinaus wird durch das Begehren des Klägers auch eine Ausfallhaftung des Beklagten nach § 24 GmbHG vermieden. Durch die Fassung des Klageantrags ist nämlich gewährleistet, dass der Kläger den für die Kapitalerhöhung erforderlichen Betrag vor deren Durchführung zweckbestimmt hinterlegt. Schließlich wird nach der Kapitalerhöhung der Gewinn und – im Falle der Auflösung der Gesellschaft – der Liquidationserlös unverändert verteilt, so dass auch insoweit für den Beklagten keinerlei Nachteile entstehen.

2. Rechtslage

Die Pflicht des Beklagten, einer Änderung eines Gesellschaftsvertrages zuzustimmen, besteht unter dem rechtlichen Gesichtspunkt der gesellschaftlichen Treuepflicht. Die Treuepflicht kann einem Gesellschafter gebieten, einer Anpassung des Gesellschaftsvertrages an veränderte Verhältnisse zuzustimmen, die mit Rücksicht auf das Gesellschaftsverhältnis insbesondere zur Erhaltung des Geschaffenen dringend geboten und den Gesellschaftern unter Berücksichtigung ihrer eigenen schutzwürdigen Belange zumutbar ist (BGHZ 1998, 276 f) Insbesondere ist die Verpflichtung eines Gesellschafters zur Billigung einer Satzungsänderung angenommen worden, um die anderenfalls akut drohende Insolvenz der Gesellschaft zu vermeiden (BGH WM 1985, 195 f). So liegt es auch hier, da relevante Nachteile für den Beklagten nicht zu erwarten sind.

■■■

Rechtsanwalt ◀

3. Muster: Zustimmung des Mitgesellschafters zu einer Nachfolgeregelung[35] 265

▶ An das Landgericht ■■■ 18

Kammer für Handelssachen

Klage

des Herrn A,

Kläger

Prozessbevollmächtigte:

gegen

Herrn B,

Beklagter

wegen Zustimmung zu einer Nachfolgeregelung

vorläufiger Streitwert: ■■■ EUR

Namens und in Vollmacht des Klägers erheben wir Klage und werden beantragen:

1. Der Beklagte ist verpflichtet, seine Zustimmung zu einer Änderung des Gesellschaftsvertrages der X-GmbH zu erteilen, wonach jeder persönlich haftende Gesellschafter seine Stellung als solcher zu Lebzeiten auf einen zum Eintritt in das Unternehmen bereiten Abkömmling über-

35 In Anlehnung an BGH NJW 1987, 952.

tragen oder einen solchen durch Verfügung von Todes wegen zu seinem Nachfolger bestimmen darf.

2. Das Urteil ist – notfalls gegen Sicherheitsleistung – vorläufig vollstreckbar.

Wir regen an, das schriftliche Vorverfahren anzuordnen. Für den Fall der Fristversäumnis oder des Anerkenntnisses beantragen wir,

den Beklagten durch Anerkenntnisurteil oder Versäumnisurteil zu verurteilen.

Begründung:

1. Sachverhalt

Der Kläger und der Beklagte sind die einzigen Gesellschafter der X-OHG, die in Münster ein Betonwerk betreibt. Sie erzielte in den der Klagerhebung vorangegangenen Jahren Umsätze in der Größenordnung zwischen 50 und 70 Mio. EUR und beschäftigte zuletzt 150 Mitarbeiter.

Der 1950 gegründete Betrieb der OHG ist dadurch entstanden, dass der inzwischen verstorbene Vater beider Parteien diese in sein als Einzelkaufmann betriebenes Handelsgewerbe aufgenommen hatte. Der Gesellschaftsvertrag sieht unter §§ 12 und 13 vor, dass die Gesellschaft nur durch einstimmigen Beschluss der Gesellschafter durch Insolvenz der Gesellschaft oder durch gerichtliche Entscheidung aufgelöst wird und dass eine Kündigung der Gesellschaft ausgeschlossen ist. § 15 des Gesellschaftsvertrages bestimmt, dass beim Tode eines Gesellschafters die Gesellschaft fortgesetzt wird. Dabei sollen die Erben des verstorbenen Gesellschafters, die nicht schon persönlich haftende Gesellschafter sind, als Kommanditisten in den Kapitalanteil ihres Erblassers eintreten.

Für die Nachfolge des Klägers steht dessen Sohn A1 zur Verfügung, der eine kaufmännische Ausbildung abgeschlossen hat. Dieser soll schon jetzt die Nachfolge des Klägers als geschäftsführender Gesellschafter auftreten.

Die Regelung der Nachfolge duldet angesichts des Alters der Parteien – der Kläger hat das 75. Lebensjahr vollendet, der Beklagte das 73. Lebensjahr – keinen Aufschub. Zudem ist der Kläger an ■■■ erkrankt.

Beweis: Zeugnis des behandelnden Arztes, Dr ■■■, der insoweit von seiner Verschwiegenheitspflicht entbunden wird.

Das Unternehmen ist in der Vergangenheit konkurrenzlos gewesen. Inzwischen sind jedoch mehrere Konkurrenzfirmen in den Orten ■■■ entstanden. Es handelt sich um die Firmen ■■■. Diese geänderte Situation macht sich in stark rückläufigen Umsätzen und Gewinnen bemerkbar. Demgegenüber hatte die X-OHG drei Jahre vor Erhebung der Klage, also im Jahre 2001, noch einen Umsatz von 90 Mio. EUR und eine hervorragende Gewinnquote von 15 %.

Beweis: Zeugnis des Steuerberaters der X-GmbH, ■■■

2. Rechtslage

Sowohl der Kläger als auch der Beklagte sind angesichts ihres Alters und ihres Gesundheitszustandes den erhöhten unternehmerischen Aufgaben durch die Konkurrenz nicht mehr ausreichend gewachsen.

Der Beklagte ist aufgrund seiner Treuepflicht gegenüber der Gesellschaft gehalten, der begehrten Ergänzung des Gesellschaftsvertrages zuzustimmen. Aus den oben zitierten Bestimmungen des Gesellschaftsvertrages aus dem Jahre 1950 ergibt sich, dass grundsätzlich kein Gesellschafter ohne seine Zustimmung einen Wechsel im Gesellschafterbestand hinnehmen muss. Der BGH hat jedoch wiederholt entschieden, dass sich aus der gesellschaftlichen Treuepflicht eines einzelnen Gesellschafters in besonders gelagerten Ausnahmefällen auch die Verpflichtung ergeben kann, der Änderung des Gesellschaftsvertrages zuzustimmen. Das gilt auch für einen Wechsel im Gesellschafterbestand. Voraussetzung ist dabei, dass die Änderung mit Rücksicht auf das Bestehen des Gesellschaftsverhältnisses oder im Hinblick auf die Rechtsbeziehung der Gesellschafter zueinander, etwa zum Zweck der Erhaltung wesentlicher Werte, die die Gesellschafter in gemeinsamer Arbeit geschaffen haben oder zur Vermeidung erheblicher Verluste, die die Gesellschaft oder einer der Gesellschafter erleiden könnte, erforderlich ist (BGH NJW 1987, 952, 953, m.w.H.).

Das Gebot, Vorsorge für die Zukunft zu treffen, um den Fortbestand des Unternehmens zu sichern, ist Bestandteil der Pflicht zur verantwortungsbewussten Unternehmensführung. Angesichts des fortgeschrittenen Alters des Klägers wird ein Wechsel in der Unternehmensführung in den nächsten Jahren unumgänglich sein. Er muss in Folge dessen schon jetzt vorbereitet werden. Ein Nachfolger in der Geschäftsleitung von der Größe des von den Parteien betriebenen Unternehmens muss darüber hinaus über einen gewissen Zeitraum hinweg eingearbeitet werden. Weiter ist zu berücksichtigen, dass eine Regelung der Nachfolge des Klägers als geschäftsführender Gesellschafter bereits jetzt erforderlich ist, um zur Sicherstellung der weiteren Konkurrenzfähigkeit des Unternehmens auch die Erweiterung des Geschäfts auf ausländische Märkte zu betreiben, die der Kläger nicht mehr leisten kann.

Die Sicherung der Kontinuität der Führung des Gesellschaftsunternehmens liegt innerhalb des Vertragszwecks und ist nicht nur eine Zweckmäßigkeitsfrage, die jeder Gesellschafter nach seinem eigenen Ermessen entscheiden kann. Sie ist eine Maßnahme, die zur Erhaltung des Unternehmens und damit zur Erreichung des Vertragszwecks dringend geboten ist. Die Unterlassung der gebotenen Vorsorge durch untätiges Zuwarten bis zum Ausfall des Klägers oder beider Parteien kann daher den Bestand des Unternehmens der X-OHG ernstlich gefährden. Angesichts des Vertrauens, das der Gesellschaftsvertrag in eine loyale Zusammenarbeit und Einigung der Parteien über die Nachfolge in der persönlichen Haftung setzt, gebietet es die gesellschaftsrechtliche Treuepflicht dem Beklagten, sich einer durch das Gesellschaftsinteresse gebotenen rechtzeitigen Regelung der Nachfolge in das Unternehmen nicht zu widersetzen.

Die vom Kläger begehrte vorzeitige Regelung ist dem Beklagten auch unter Berücksichtigung seiner eigenen Belange zuzumuten. Insoweit steht nicht entgegen, dass der Beklagte erklärt hat, er müsse sich bei Eintritt seines Neffen in die Gesellschafterstellung des Klägers an die Zusammenarbeit mit einem neuen Partner gewöhnen; dies sei ihm angesichts seines Alters unzumutbar. Die Qualifikation in fachlicher oder persönlicher Hinsicht hat der Beklagte dem für die Nachfolge des Klägers vorgesehenen Neffen A1 nicht abgesprochen. Der Beklagte hat auch keine eigenen Kinder oder Angehörige, die durch die vom Kläger begehrte Nachfolge für die Gesellschafterstellung zurückstehen müssten.

■■■

Rechtsanwalt ◀

§ 4 Klagen im Zusammenhang mit der Auflösung und Abwicklung der Gesellschaft

A. Vorprozessuale Situation

I. Rechtliche Grundlagen

1. Grundlagen für Mitwirkungspflichten bei der Auflösung der Gesellschaft

266 Für alle Gesellschaftstypen sind **gesetzliche Auflösungstatbestände** vorgesehen: für die AG in § 262 AktG, für die KGaA in § 289 AktG, für die GmbH in §§ 60 bis 62 GmbHG, für die Personenhandelsgesellschaften in §§ 131 bis 135 HGB, ggf iVm § 161 Abs. 2 HGB, für die KG und für die BGB-Gesellschaft in §§ 723 bis 728 BGB.

267 Alle Gesellschaften sind zumindest auch durch Beschluss der Gesellschafterversammlung mit unterschiedlichen Mehrheiten auflösbar. Bei den vom Grundtypus her eher kapitalistisch geprägten Gesellschaftstypen AG, KGaA und GmbH sind qualifizierte Mehrheiten ausreichend. Der Beschluss zur Auflösung der AG bedarf einer Mehrheit, die mindestens 3/4 des bei der Beschlussfassung vertretenen Grundkapitals umfasst, wobei dies ein Mindesterfordernis ist und durch Satzung erhöht werden kann (§ 262 Abs. 1 Nr. 2 AktG). Entsprechendes gilt für die KGaA gemäß § 289 Abs. 2 Nr. 1 iVm Abs. 4 S. 3 und S. 4 AktG. Die GmbH kann durch Beschluss der Gesellschafter gemäß § 60 Abs. 1 Nr. 2 GmbHG mit einer Mehrheit von 3/4 der abgegebenen Stimmen aufgelöst werden. Anders ist es bei den typischerweise personalistisch strukturierten Personenhandelsgesellschaften und bei der BGB-Gesellschaft. Hier ist mangels abweichender Satzungsregeln ein einstimmiger Beschluss aller Gesellschafter über die Auflösung der Gesellschaft erforderlich.[1]

268 Für die **BGB-Gesellschaft** ist die Möglichkeit der Auflösung durch Beschluss zwar nicht gesondert gesetzlich geregelt. Die Möglichkeit besteht jedoch aufgrund der Privatautonomie. Sie wird praktisch, wenn die ordentliche Kündigung im Gesellschaftsvertrag ausgeschlossen ist. Generell kann die Gesellschaftssatzung über die gesetzlichen Auflösungstatbestände hinaus weitere Auflösungstatbestände enthalten. Umstritten ist dies lediglich bei der AG und zwar anknüpfend an § 262 Abs. 2 AktG. Nach dieser Vorschrift gilt „dieser Abschnitt“ (gemeint ist derjenige über die Regelung der Auflösungsgründe im AktG) auch, „wenn die Aktiengesellschaft aus anderen Gründen aufgelöst wird“. Während ein Teil der Literatur noch auf Grundlage einer Entscheidung des Reichsgerichts[2] darin eine Ermächtigung sieht, in der Satzung weitere Auflösungsgründe zu vereinbaren, wird dies von der Gegenansicht abgelehnt. § 262 Abs. 2 AktG meine nur andere „gesetzliche“ Auflösungsgründe.[3]

269 Sind in der Satzung außer den gesetzlich vorgesehenen Auflösungsgründen weitere Auflösungsgründe geregelt, können diese nur dann zu einer Auflösung der Gesellschaft führen, wenn sie hinreichend konkret formuliert sind.[4] Denn die Auflösung greift in den Kernbereich der Mitgliedschaftsrechte der Gesellschafter ein. Sind diese Voraussetzungen erfüllt, ist damit die Frage der Mitwirkungspflicht der Einzelnen Gesellschafter grundsätzlich positiv beantwortet.

1 Baumbach/Hopt, HGB, § 131 Rn 12.
2 RGZ 79, 418 f.
3 Für die Möglichkeit der Vereinbarung weiterer Auflösungsgründe: Wiedemann in: Hopt/Wiedemann AktG, § 262 Anm. 39; für die Beschränkung auf andere gesetzliche Auflösungsgründe: Hoffmann-Becking in: Münchener Handbuch des Gesellschaftsrechts, Bd. 4, 2. Aufl. 1999, § 11 Rn 3.
4 Vgl allgemein BGH NJW 1985, 2830 f; NJW 1995, 194 f.

Problematisch ist die Mitwirkungspflicht bei der Auflösung jedoch, wenn die Auflösung nach den Vorgaben der Satzung zwar durch Gesellschafterbeschluss erfolgen soll, aber nicht klar definiert ist, unter welchen Voraussetzungen der Beschluss zu fassen ist. Das ist in der Praxis häufig der Fall. Eine **Mitwirkungspflicht** kann sich dann nur in Extremfällen aus der **gesellschaftlichen Treuepflicht** des Gesellschafters ergeben. Denkbar ist dies beispielsweise, wenn sich die Erreichung des Gesellschaftszwecks auf Dauer als unmöglich erweist und die Liquidation für die gesellschaftlich gebundenen Vermögenswerte der Gesellschafter nicht nachteilig ist. 270

Im Rahmen der „Mitwirkung bei der Auflösung" durch Beschluss der Gesellschafterversammlung – wenn die materiellen Voraussetzungen für die Beschlussfassung in der Satzung nicht genannt sind – stellt sich eher umgekehrt die Frage, ob ein Gesellschafter gehindert sein kann, für die Auflösung zu stimmen. Grundsätzlich bedarf ein mit der notwendigen Mehrheit gefasster Auflösungsbeschluss zwar keiner sachlichen Rechtfertigung. Jedoch darf insbesondere eine qualifizierte Mehrheit ihr Stimmrecht bei der Frage der Gesellschaftsauflösung nicht missbrauchen, um sich Sondervorteile zulasten der Minderheitsgesellschafter zu verschaffen. Ein Missbrauch liegt nicht schon dann vor, wenn der Mehrheitsaktionär beabsichtigt, das Vermögen der Gesellschaft aus der Liquidation zu erwerben und sich so der Minderheitsgesellschafter zu entledigen. Anders kann es zu beurteilen sein, wenn der Mehrheitsgesellschafter bereits insoweit Fakten geschaffen hat, als der Erwerb des Gesellschaftsvermögens aus der Liquidation für Dritte praktisch ausgeschlossen ist.[5] 271

2. Grundlage für Mitwirkungspflichten bei der Auseinandersetzung der Gesellschaft

Die Folge der Auflösung ist die Auseinandersetzung bzw **Abwicklung** der Gesellschaft. Auch die Abwicklung ist für jeden Gesellschaftstypus gesetzlich geregelt: Für die AG gelten §§ 264 bis 274 AktG, für die KGaA § 290 AktG; die Abwicklung der GmbH regeln die §§ 66 bis 77 GmbHG. Für die Personenhandelsgesellschaften gelten insoweit §§ 145 bis 158 HGB (ggf iVm § 161 Abs. 2 HGB) und für die BGB-Gesellschaft §§ 730 bis 740 BGB. 272

Während der Abwicklungsphase bleibt die Gesellschaft bestehen und ändert nur ihren Gesellschaftszweck, der sich auf die Auseinandersetzung beschränkt. Ziel der Auseinandersetzung ist generell die Beendigung der schwebenden Geschäfte, die Rückgabe der Gegenstände, die ein Gesellschafter der Gesellschaft zur Benutzung überlassen hat, die Berichtigung der Gesellschaftsschulden aus dem Gesellschaftsvermögen, die Erstattung der Einlagen aus dem restlichen Gesellschaftsvermögen und die Verteilung des danach verbleibenden Überschusses an die Gesellschafter. Ggf ergibt sich eine Nachschlusspflicht, falls das Gesellschaftsvermögen nicht zur Berichtigung der gemeinschaftlichen Schulden und zur Rückerstattung der Einlagen ausreicht. In diesem Zusammenhang können sich bei der Auseinandersetzung der Gesellschaft konkrete Mitwirkungspflichten der Gesellschafter ergeben, weil diese gegeneinander grundsätzlich einen Anspruch auf Durchführung der Auseinandersetzung haben. 273

Insofern bestehen Ansprüche gegen Mitgesellschafter zum einen wegen der typischen Aufgaben der Liquidatoren. Zum anderen können noch nicht geleistete Beiträge und Schadenersatzansprüche der Gesellschaft gegen einen Gesellschafter im Liquidationsstadium dann 274

5 Vgl insbesondere zur Aktiengesellschaft, aber allgemein gültig: Hoffmann-Becking in: Münchener Handbuch des Gesellschaftsrechts, Bd. 4, § 65 Rn 5; BGHZ 103, 184 f.

gefordert werden, wenn sie für die Auseinandersetzung benötigt werden.,[6][7] Weiterhin besteht für die einzelnen Gesellschafter die Verpflichtung, die Mitgesellschafter über alle Umstände vollständig zu informieren, die die mitgliedschaftlichen Vermögensinteressen berühren.[8] Außerdem müssen die an der Auseinandersetzung beteiligten Gesellschafter, nach ihren individuellen Möglichkeiten zur Endabrechnung oder zur Auseinandersetzungsplanung beitragen.[9]

275 Fragen im Hinblick auf Mitwirkungspflichten der Gesellschafter bei der Auseinandersetzung ergeben sich in der Praxis besonders häufig bei der GbR. Dies hängt mit der gesamthänderischen Bindung des Gesellschaftsvermögens einerseits und andererseits damit zusammen, dass bei der GbR oft keine Regelung im Gesellschaftsvertrag über die Frage getroffen ist, wer Liquidator ist und welche Befugnisse dieser hat. Mangels einer solchen Regelung steht die Geschäftsführung ab der Auflösung der GbR gemäß § 730 Abs. 2 S. 2, 2. Hs BGB allen Gesellschaftern gemeinschaftlich zu.

276 Ähnliches gilt im Grundsatz auch für die OHG und für die KG gemäß § 146 Abs. 1 S. 1 HGB (iVm § 161 Abs. 2 HGB), wenn nicht durch Gesellschaftsvertrag für die Personen- und Handelsgesellschaften Liquidatoren bestimmt wurden. Letzteres ist in der Praxis üblich. Typischerweise sind gerade bei zweigliedrigen Gesellschaften – gleichgültig welcher Gesellschaftsformen – beide Gesellschafter Geschäftsführer und später auch Liquidatoren der Gesellschaft. Insofern ergeben sich in dieser Konstellation allerdings häufiger Gesellschafterstreitigkeiten über Mitwirkungsrechte bei der Liquidation.

277 Bei der AG und bei der GmbH sind mangels abweichender Satzungsbestimmung und mangels eines abweichenden Beschlusses der Gesellschafterversammlung/Hauptversammlung der Vorstand bzw der Geschäftsführer gesetzlich als Liquidatoren vorgesehen (§ 265 Abs. 1 AktG, § 66 Abs. 1 GmbHG). Dies kann der Streitvermeidung dienen, weil dann möglichst wenige Gesellschafter an der Liquidation beteiligt sind.

278 Typischerweise stellen sich bei gesamthänderisch gebundenem BGB-Gesellschaftsvermögen Mitwirkungsfragen innerhalb der Gruppe der **Liquidations-Gesellschafter**, wenn es um die Verwertung dieses Vermögens geht. Dabei kann es insbesondere darum gehen, ob sofort eine Teilungsversteigerung gemäß § 731 S. 2, § 753 BGB beantragt werden kann oder ob zunächst versucht werden muss, das Gesellschaftsvermögen durch freihändigen Verkauf zu verwerten. Im Grundsatz bestimmt § 733 Abs. 3 BGB den Vorrang des freihändigen Verkaufs vor der Versteigerung. Hat die im Abwicklungsstadium befindliche BGB-Gesellschaft einen umfassenden Gesellschaftszweck und ein aus verschiedenen Elementen zusammengesetztes Vermögen, darf der Einzelne Gesellschafter deshalb grundsätzlich nicht unmittelbar die Teilungsversteigerung eines der Gesellschaft gehörenden Grundstücks nach ZVG beantragen.[10] Anders kann es sich verhalten, wenn eine BGB-Gesellschaft nur ein einziges Vermögensgut erworben hat und verwaltet. Das Liquidationsermessen der Gesellschafter verringert sich auf die **günstigste Art der Verwertung**. Kennt der die Auseinandersetzung betreibende Gesellschafter selbst keine bessere Art als die Versteigerung oder den öffentlichen Verkauf, kann er die anderen Gesellschafter zur Mitwirkung auffordern. Unterbreiten sie ebenfalls kein Angebot, sondern widersetzen sich jeder Liquidation, ist davon auszugehen, dass ein freihändiger Verkauf nicht mehr in angemessener Zeit zu verwirklichen ist.

6 BGH NJW 1978, 424 ff; Gummert in: Münchener Handbuch des Gesellschaftsrechts, Bd. 1, § 21 Rn 92.
7 BGH NJW 2000, 2586; NJW 1999, 2243.
8 BGH DStR 2002, 2234.
9 BGH NJW 1971, 749, 750.
10 BGH DB 1992, 419 mwN.

Dann kann sogleich die öffentliche Veräußerung des Vermögensgutes verlangt werden. Ob in diesem Fall ein unmittelbarer Antrag eines Gesellschafters an das Vollstreckungsgericht auf Einleitung der Teilungsversteigerung zulässig ist, hat der BGH ausdrücklich offengelassen. Der betreffende Gesellschafter muss die sich widersetzenden Mitgesellschafter ggf auf Duldung der Zwangsversteigerung verklagen. Sollte sich ausnahmsweise die Möglichkeit ergeben, dass im Rahmen der Liquidation ein in der Nähe des Verkehrswertes liegendes Kaufangebot eines Dritten oder eines Gesellschafters vorliegt und verweigert ein Mitgesellschafter die Zustimmung zum Verkauf ohne sachlichen Grund, kann er auf Zustimmung zum Verkauf verklagt werden.

3. Grundlagen für Zahlungspflichten der Gesellschafter nach Auflösung der Gesellschaft

Nach Auflösung der Gesellschaft sind deren bisherige Vertreter nicht ohne weiteres berechtigt, Angelegenheiten der Gesellschaft mit Wirkung nach außen oder innen weiterhin zu regeln. Gleichwohl ist es erforderlich, etwa noch offene Verpflichtungen Dritter gegen die Gesellschaft und Ansprüche der Gesellschaft gegen Gesellschafter einzuziehen. Je nach Gesellschaftstyp ist das Aufgabe der Liquidatoren oder der Gesellschafter ist. 279

a) Bestellung der Liquidatoren und Nachtragsliquidatoren

Schon die **Bestellung der Liquidatoren** erfolgt je nach Gesellschaftstyp auf unterschiedliche Art und Weise. Bei der **GmbH** erfolgt in allen Fällen der Auflösung außer dem Fall der Insolvenz die Liquidation durch die Geschäftsführer, wenn nicht dieselbe durch den Gesellschaftsvertrag oder durch Beschluss der Gesellschafter anderen Personen übertragen wird (§ 66 Abs. 1 GmbHG). Gemäß § 67 Abs. 1 GmbHG sind die ersten Liquidatoren sowie ihre Vertretungsbefugnisse durch die Geschäftsführer, und jeder Wechsel der Liquidatoren und jede andere Änderung ihrer Vertretungsbefugnisse durch die Liquidatoren zur Eintragung in das Handelsregister anzumelden. Eine entsprechende Regelung für die **Aktiengesellschaft** ist in § 265 Abs. 1 und Abs. 2 sowie § 66 Abs. 1 AktG enthalten. Aus wichtigen Gründen können die Liquidatoren auf Antrag von Gesellschaftern bei der GmbH gemäß § 66 Abs. 2 GmbHG und bei der AG gemäß § 265 Abs. 3 AktG auch durch das Gericht bestellt werden. Für die Abwicklung einer aufgelösten **Vor-AG** sind nicht entsprechend §§ 730 BGB deren Gesellschafter zuständig, sondern entsprechend § 265 Abs. 1 AktG die Vorstandsmitglieder zuständig.[11] Dementsprechend werden für die Abwicklung einer aufgelösten **Vor-GmbH** nicht deren Gesellschafter zuständig sein, sondern der oder die Geschäftsführer. 280

Ist bei der GmbH und der AG nach Beendigung der Liquidation eine **Nachtragsliquidation** erforderlich, wird das Amt der bisherigen Liquidatoren nicht vorgesetzt. Die Gesellschafterversammlung ist ebenfalls nicht befugt, Liquidatoren zu bestellen.[12] Vielmehr werden die Nachtragsabwickler zwingend bei der AG nach § 273 Abs. 4 S. 1 AktG und bei der GmbH analog § 273 Abs. 4 S. 1 AktG, § 66 Abs. 5 S. 2 GmbHG vom Gericht bestellt.[13] 281

Für die **Personenhandelsgesellschaften**, jedenfalls für die typischerweise personalistisch strukturierten Gesellschaftstypen OHG und KG, enthalten §§ 145 ff iVm § 161 Abs. 2 HGB Regelungen über die Bestellung von Liquidatoren. Nach Abs. 1 der Vorschrift erfolgt die Liquidation, sofern sie nicht durch Beschluss der Gesellschafter oder durch den Gesell- 282

11 BGH NZG 2007, 20.
12 KG NZG 2004, 1004.
13 BGHZ 53, 264, 266 ff; BGHZ 155, 121 ff; Schulze-Osterloh/Fastrich in: Baumbach/Hueck, GmbHG § 60 Rn 66.

schaftsvertrag einzelnen Gesellschaftern oder anderen Personen übertragen ist, durch sämtliche Gesellschafter als Liquidatoren. Eine entsprechende Regelung enthält § 730 Abs. 2 S. 2 BGB für die **GbR**. Die einem Gesellschafter nach dem Gesellschaftsvertrag zustehende Befugnis zur Geschäftsführung erlischt danach, wenn nicht aus dem Vertrag sich ein anderes ergibt, mit der Auflösung der Gesellschaft; die Geschäftsführung steht von der Auflösung an allen Gesellschaftern gemeinschaftlich zu.

283 Ist bei **Personengesellschaften** eine **Nachtragsliquidation** erforderlich, etwa weil die Beendigung des Liquidationsverfahrens verfrüht war, weil noch grundbuchmäßige Erklärungen abzugeben waren, sind die bisherigen Liquidatoren weiterhin vertretungsberechtigt.[14] Entsprechendes wird für die KG jedenfalls in ihrer typischen Konstellation als personalistisch strukturierte Gesellschaft gelten.

284 Etwas anderes gilt für die **Publikumsgesellschaft**, und zwar in jeder ihrer Ausprägung als Personengesellschaft. Wegen der kapitalistischen Struktur der Publikumsgesellschaft wendet der BGH bei der Durchführung der Nachtragsliquidation § 273 Abs. 4 AktG an, so dass auch hier zwingend ein Nachtragsliquidator gerichtlich zu bestellen ist.[15] Die Frage, ob und wie ein Liquidator zu bestellen ist hat Auswirkungen auf Prozessführungs- und Klagebefugnis, wenn im Rahmen der Liquidation oder nach deren Beendigung Ansprüche der Gesellschaft gegen Dritte oder gegen Gesellschafter durchgesetzt werden müssen.

b) Befugnis der Liquidatoren, Nachtragsliquidatoren und Gesellschafter zur Geltendmachung von Ansprüchen gegen Gesellschafter

285 Fraglich ist, wer Ausgleichspflichten unter den Gesellschaftern im Bereich der **Personengesellschaften** geltend machen kann. Nach herrschender Auffassung wird die Geltendmachung von Ansprüchen gegen Gesellschafter grundsätzlich als Angelegenheiten der Gesellschafter angesehen. Die Gesellschafter können danach zwar die Liquidatoren zur Abwicklung auch dieses Innenausgleichs ermächtigen. Die Liquidatoren sind danach aber grundsätzlich weder verpflichtet noch berechtigt, von den Gesellschaftern Einzahlungen zur Ausgleichung ihrer Kapitalkonten zu verlangen.[16]

286 Gleichwohl sind die früheren Gesellschafter nach der Beendigung der Personengesellschaft grundsätzlich gehindert, ihre jeweiligen Ansprüche gegen die Gesellschaft oder gegeneinander isoliert geltend zu machen. Die jeweiligen Forderungen sind danach vielmehr als **unselbständige Rechnungsposten in einer Auseinandersetzungsbilanz** einzustellen; ein Zahlungsanspruch eines Gesellschafters gegen den anderen Gesellschafter besteht nur hinsichtlich des abschließenden Saldos.

287 Ausnahmsweise kann ein einzelner Gesellschafter auch vor Erstellung einer abschließenden Auseinandersetzungsrechnung dann isoliert geltend machen, wenn feststeht, dass ihm ein bestimmter Betrag als **Mindestbetrag** in jedem Fall zustehen wird. Dies dient dazu, der Gefahr von Hin-und-her-Zahlungen zu begegnen.[17] Auch bei vollständiger Vermögenslosigkeit der Gesellschaft wird eine sofortige Leistungsklage des Gesellschafters zugelassen.[18]

14 BGH NJW 1990, 1725 ff, 1728; Butzer/Knof in: Münchener Handbuch des Gesellschaftsrechts, Bd. 1, § 84 Rn 60 für die OHG.
15 BGHZ 155, 121 ff, 123 mwN.
16 BGH NJW 1984, 435; K. Schmidt in: Münchener Kommentar zum Handelsgesetzbuch, Bd. 2, § 155 Rn 16.
17 BGH NZG 2006, 459; BGH NJW-RR 2005, 1008; BGH NJW 1995, 188 ff; KG NZG 2008, 70, 72; OLG Hamm, NZG 2004, 765.
18 BGH BB 2006, 461; BGH BB 2006, 2653; BGH ZIP 1993, 1307.

Darüber hinaus kann jeder Gesellschafter der Personengesellschaft nach ständiger Rechtsprechung des BGH während des Auseinandersetzungsverfahrens zumindest auf **Feststellung** klagen, dass eine bestimmte, derzeit nicht isoliert einklagbare Forderung zu seinen Gunsten in die zu erstellende Auseinandersetzungsrechnung eingestellt wird. In dem wegen Fehlens der abschließenden Rechnung verfrühten und deswegen noch zeitweise unbegründeten Leistungsbegehren soll ein solcher Feststellungsantrag ohne weiteres enthalten sein.[19] Das setzt jedoch eine substantiierte Darlegung der in die Auseinandersetzungsrechnung einzustellenden Forderung voraus.[20] 288

Der **Liquidator** einer **GmbH** kann gemäß § 69 Abs. 1 iVm §§ 19–25 GmbHG auch während der Abwicklung rückständige Einlagen bei Gesellschaftern entgegen § 46 Nr. 2 GmbHG ohne vorherigen und selbst bei gegenteiligem Gesellschafterbeschluss einziehen. Er ist an etwa im Gesellschaftsvertrag festgesetzte Fälligkeitstermine nicht gebunden.[21] Entsprechendes gilt für den Liquidator einer Aktiengesellschaft gemäß § 268 Abs. 1 S. 1 AktG.[22] 289

II. Beratungssituation

Sollte der Rechtsanwalt mit der Gestaltung des Gesellschaftsvertrages beauftragt sein, muss er sich die Frage stellen, ob es gerade bei einer Personengesellschaft angesichts der gesetzlichen Regelungen über Liquidatoren nicht sinnvoll ist, den oder die Geschäftsführer oder zumindest eine andere Person zu Liquidatoren zu bestellen, so dass nicht alle Gesellschafter mit der Liquidation befasst sind. In der Regel bietet sich dies an, um die oben dargestellten Konflikte möglichst einzuschränken. 290

Dagegen ist es nicht empfehlenswert, bestimmte Modalitäten für die Verwertung des Gesellschaftsvermögens im Falle der Auseinandersetzung festzulegen. Meistens wird bei Abschluss des Gesellschaftsvertrages noch nicht absehbar sein, welche Verwertungschancen im Falle der Auseinandersetzung für das Gesellschaftsvermögen bestehen. 291

Zur **Minimierung von Prozessrisiken** bei Zahlungsansprüchen gegen Gesellschafter im Rahmen der Liquidation sollte daher möglichst abgewartet werden, bis eine endgültige Auseinandersetzungsrechnung bzw Auseinandersetzungsbilanz vorliegt oder bis zumindest aus der vorläufigen Auseinandersetzungsrechnung ohne Zweifel ein bezifferbarer Mindestzahlungsanspruch begründet werden kann. Die ebenfalls mögliche Feststellung, dass ein bestimmter Posten in die Auseinandersetzungsbilanz aufzunehmen ist, bringt meist keinen bedeutenden Zeitvorteil, als die Erstellung der Auseinandersetzungsbilanz abzuwarten und dann ggf aufgrund eines etwa pflichtwidrig nicht eingestellten Postens eine Mindestzahlungsforderung geltend zu machen. 292

B. Prozess

I. Zuständigkeit des Gerichts

Soweit es um Klagen zwischen Gesellschaftern einer Handelsgesellschaft geht (also einer OHG, KG, GmbH oder AG) ist die Klage vor der Kammer für Handelssachen bei den örtlich zuständigen Landgerichten anhängig zu machen. Für die GbR gilt dies nicht. 293

19 BGH NJW 1995, 188, 189.
20 OLG Hamm NZG 2004, 765, 766.
21 Schulze-Osterloh/Noack in: Baumbach/Hueck, GmbHG, § 69 Rn 4.
22 Hüffer, AktG, § 268 Rn 4.

II. Klageart und Klageantrag

1. Mitwirkung bei der Auflösung bzw der Auseinandersetzung der Gesellschaft

294 Ansprüche auf Mitwirkung bei der Auflösung bzw der Auseinandersetzung der Gesellschaft können mit der Leistungsklage und ggf mit der Feststellungsklage durchgesetzt werden. Als Leistungsklage kommt beispielsweise die Klage auf **Zustimmung zu einem bestimmten Auseinandersetzungsplan** bei der BGB-Gesellschaft in Betracht.[23] Ebenfalls in Form einer Leistungsklage ist der Anspruch auf **Mitwirkung an der Auseinandersetzungsrechnung** zu erheben bzw durchzusetzen.[24] Dasselbe gilt für Klagen auf Vornahme bestimmter Handlungen bzw Abgabe bestimmter Erklärungen zur zügigen und sachgemäßen Abwicklung, insbesondere auch mit dem Antrag, die Schlussabrechnung zu erstellen.[25]

295 Nach § 253 Abs. 2 Nr. 2 ZPO ist der Leistungsantrag zu unbestimmt, wenn er lediglich abstrakt auf Mitwirkung an der Auseinandersetzung lautet. Dasselbe gilt für einen Antrag, an der Durchsetzung der Auseinandersetzung und Erstellung der Auseinandersetzungsbilanz mitzuwirken.[26] Der Kläger muss vielmehr **konkret bestimmen**, welche Handlungen der beklagte Gesellschafter im Einzelnen vornehmen soll.[27]

296 Bestimmte Leistungsmodalitäten müssen jedoch nicht schon mit dem Leistungsantrag formuliert werden, sondern können noch im Vollstreckungsverfahren konkretisiert werden. Besteht beispielsweise das gesamthänderisch gebundene GbR-Vermögen aus einem fast fertigen Bauwerk, ist es im Rahmen der Liquidation gerechtfertigt, das Bauwerk noch fertig zu stellen, um es dann zu veräußern. Im Rahmen einer Leistungsklage auf Mitwirkung eines Gesellschafters an der Fertigstellung des Bauwerks kann es verschiedene Möglichkeiten der Fertigstellung geben. Diese können im Leistungsantrag noch offengelassen werden. Denn das Vollstreckungsgericht kann einen auf Nachbesserung/Fertigstellung des Bauwerks gerichteten Titel jedenfalls dann selbst auslegen, wenn bei der Festsetzung der Höhe des Kostenvorschusses nach § 887 Abs. 2 ZPO Art und Umfang der geschuldeten Nachbesserung streitig sind.[28]

297 Bleiben mehrere Mitwirkungsmöglichkeiten zur Erreichung des konkret verfolgten Ziels, die auch nicht im Vollstreckungsverfahren konkretisiert werden können, oder verweigert der Mitgesellschafter die Mitwirkung an der Auseinandersetzung insgesamt, kann der Anspruch nur mit der Feststellungsklage durchgesetzt werden. Dasselbe gilt, wenn der in Anspruch zu nehmende Mitgesellschafter bereits die Auflösung der Gesellschaft bestreitet oder beispielsweise meint, als Testamentsvollstrecker an der Auseinandersetzung nicht mitwirken zu müssen.[29]

2. Zahlungsansprüche gegen Gesellschafter

298 Soweit die Liquidatoren bei der **GmbH** und der **Aktiengesellschaft** rückständige Einlagen im Rahmen der Liquidation geltend machen, geschieht dies im Wege der Leistungsklage.

299 Im Rahmen der Liquidation der **Personen- – und Personenhandelsgesellschaften** – ist zu berücksichtigen, dass die Ansprüche der Gesellschaft gegen die Gesellschafter sowie die Ansprüche der Gesellschafter untereinander in der Liquidation als unselbständige Rech-

23 OLG Hamm BB 1983, 1304.
24 OLG Koblenz NZG 2002, 371.
25 BGH NJW 1981, 749 ff.
26 BGH NJW 1981, 749.
27 BGH NJW 1981, 749.
28 BGH NJW 1993, 1394.
29 BGH NJW 1981, 749.

nungsposten in die Auseinandersetzungsbilanz einzustellen sind und ein Zahlungsanspruch nur hinsichtlich des abschließenden Saldos besteht. Dieser setzt voraus, dass eine abschließende Auseinandersetzungsrechnung durchgeführt wurde.

Mit dem **Leistungsantrag** kann ausnahmsweise ein einzelner Gesellschafter auch vor Erstellung einer abschließenden Auseinandersetzungsrechnung Ansprüche isoliert geltend machen, wenn feststeht, dass ihm ein bestimmter Mindestbetrag in jedem Fall zustehen wird oder wenn die Gesellschaft vollständig vermögenslos ist.[30] 300

Ausnahmsweise kann jeder Gesellschafter der Personen- bzw Personenhandelsgesellschaft während des Auseinandersetzungsverfahrens auf **Feststellung** klagen, das eine bestimmte, derzeit nicht isoliert einklagbare Forderung zu seinen Gunsten in die zu erstellende Auseinandersetzungsrechnung eingestellt wird. In dem wegen Fehlens der abschließenden Rechnung verfrühten und deswegen unbegründeten Leistungsbegehren ist ein solcher Feststellungsantrag ohne weiteres enthalten.[31] 301

III. Streitwert

Bezüglich der Streitwertermittlung gelten keine Besonderheiten. Es wird verwiesen auf Rn 255. 302

IV. Aktiv- und Passivlegitimation

Klagebefugt ist neben den Liquidatoren grundsätzlich jeder Gesellschafter. Aus Kosten- und Beweisgründen ist es in der Regel nicht zu empfehlen, dass mehrere oder sogar alle übrigen Gesellschafter gegen den die Mitwirkung verweigernden Gesellschaftern Klage erheben. Insofern wird verwiesen auf Rn 256 ff. 303

Pfändungs- und Pfandgläubiger, die sich den Anteil eines Gesellschafters an der Gesellschaft haben pfänden und überweisen lassen, können zwar grundsätzlich auch den Anspruch dieses Gesellschafters auf Durchführung der Auseinandersetzung ausüben.[32] Zu berücksichtigen ist aber, dass mit der Pfändung des Gesellschaftsanteils keine Auskunfts- und Verwaltungsrechte verbunden sind. Dies setzt den Pfändungspfandgläubiger dem Risiko aus – wenn ihm sein Gesellschafter-Schuldner die entsprechenden Auskünfte nicht erteilt – gegen die Mitgesellschafter ggf Klage auf Durchführung einer bestimmten Auseinandersetzung oder auf Zahlung eines bestimmten Auseinandersetzungsguthabens erheben zu müssen, ohne sicher zu wissen, ob er den der sachlichen Rechtslage entsprechenden Antrag gestellt hat.[33] Will er hier sichergehen, muss er zunächst seine Auskunftsansprüche gegen seinen Gesellschafter-Schuldner durchsetzen und ggf vollstrecken. 304

Ansprüche auf Mitwirkung an der Auseinandersetzung sind Sozialansprüche gegen die Mitgesellschafter. Sie können deshalb auch im eigenen Namen eines Gesellschafters im Wege der actio pro socio geltend gemacht werden. Passivlegitimiert sind die sich dem bestimmten Mitwirkungsbegehren widersetzenden Gesellschafter oder im Falle ihres Todes deren Testamentsvollstrecker.[34] 305

Für die im Rahmen der Liquidation der **AG** und der **GmbH** sind nur die Liquidatoren prozessführungsbefugt, soweit es um gegen die Gesellschafter gerichtete Forderungen 306

30 OLG Hamm NZG 2004, 765 f.
31 OLG Hamm NZG 2004, 765 Leitsätze 2 und 3; BGH NJW 1995, 188 f.
32 BGH DB 1992, 419; aA noch RGZ 95, 231.
33 BGH DB 1992, 419.
34 BGH NJW 1991, 749.

geht.[35] Für die **Personengesellschaften** ist es umstritten, ob schlechthin allein die Liquidatoren zur Verfolgung von Einlagenansprüchen befugt sind, weil es allein in ihre Kompetenz fällt, darüber zu befinden, ob diese Leistungen für Liquidationszwecke noch benötigt werden.[36] Nach hM kann bei Personengesellschaften auch der einzelne Gesellschafter auf Leistung an die Gesellschaft klagen.

307 Die Liquidatoren sind nach hM grundsätzlich weder verpflichtet noch berechtigt, von den Gesellschaftern Einzahlungen zur Ausgleichung ihrer Kapitalkonten zu verlangen.[37] Die früheren Gesellschafter sind jedoch nach der Beendigung der Personengesellschaft grundsätzlich gehindert, ihre jeweiligen Ansprüche gegen die Gesellschaft oder gegeneinander isoliert geltend zu machen. Sie müssen dann entweder die Notwendigkeit der Geltendmachung der Forderung für Zwecke der Liquidation dartun oder einen bezifferbaren Mindestzahlungsanspruch darlegen können.[38]

308 Wird eine **Nachtragsliquidation** erforderlich, um eine Forderung der Gesellschaft gegen einen Gesellschafter geltend zu machen, ist prozessführungsbefugt insoweit für die AG und die GmbH nach § 273 Abs. 4 AktG allein der Nachtragsliquidator. Entsprechendes gilt nach der Rechtsprechung des BGH für sämtliche kapitalistisch strukturierten Personengesellschaften, also typischerweise für Publikumsgesellschaften. Auf solchermaßen strukturierte Gesellschaften wendet die Rechtsprechung insoweit kapitalgesellschaftsrechtliche Prinzipien an. Gerade bei kapitalistisch strukturierten Personengesellschaften bestehe – so der BGH – ohne eine in entsprechender Anwendung des § 273 Abs. 4 AktG vorzunehmende gerichtliche Bestellung des Nachtragsliquidators, in deren Rahmen zunächst die Notwendigkeit dieser Maßnahme zu prüfen und sodann die durch den Gesellschaftsvertrag nicht präjudizierbare Auswahl des geeigneten und unbefangenen Nachtragsliquidators zu treffen sei, die naheliegende Gefahr, dass der frühere Liquidator im eigenen Interesse tätig werde.[39]

V. Beweislast

309 Grundsätzlich gilt die allgemeine Beweislastregel, dass der Anspruchsteller die tatsächlichen Voraussetzungen seines Anspruchs darlegen und beweisen muss. Das kann zu Schwierigkeiten führen, insbesondere wenn Streit über die Art der Verwertung eines bestimmten Vermögensgegenstandes der Gesellschaft besteht, zum Beispiel: Ein veräußerungswilliger Gesellschafter hat gegenüber dem nicht Veräußerungswilligen grundsätzlich nachzuweisen, dass der geplante und sich anbietende Verkauf zu einem angemessenen Preis führt. Die sich widersetzenden Gesellschafter können sich jedoch nicht darauf beschränken, die Angemessenheit zu bestreiten. Sie müssen ein konkretes höheres Angebot nachweisen oder selbst abgeben bzw Gegenvorschläge machen, die mit dem sich anbietenden Verkaufsfall zu vergleichen sind. Gelingt ihnen dies nicht, kann der veräußerungswillige Gesellschafter den erforderlichen Nachweis erbringen, dass das vorliegende Kaufangebot – bzw die Teilungsversteigerung – die günstigste Verwertungsmöglichkeit ist. Auf dieser Grundlage kann er

35 Schulze-Osterloh/Noack in: Baumbach/Hueck, GmbHG, § 69 Rn 4; für die AG ergibt sich dies aus § 269 Abs. 1 AktG, vgl auch Hüffer, AktG, § 268 Rn 4.
36 Offengelassen in: BGHZ 155, 121 f, 125; so aber noch BGH NJW 1960, 433.
37 BGH NJW 1984, 435; K. Schmidt in: MüKo-HGB, § 155 Rn 16.
38 So etwa Ulmer in: MüKo-BGB, § 730 Rn 36, vgl weitere Nachweise bei BGHZ 155, 121 f, 125; vgl ferner zum Streit K. Schmidt in: MüKo-HGB, § 155 Rn 16 f.
39 BGHZ 155, 121 f, 124.

gegen die sich widersetzenden Mitgesellschafter auf Zustimmung zur geplanten Verwertung klagen.[40]

VI. Urteilswirkungen

Wegen der Urteilswirkungen ergeben sich keine Besonderheiten. Es wird insoweit auf Rn 261 f verwiesen. 310

VII. Einstweiliger Rechtsschutz

Eine Leistungsverfügung wird wegen der damit verbundenen Vorwegbefriedigungswirkung und der nicht revidierbaren Folgen regelmäßig unzulässig sein. Denkbar ist einstweiliger Rechtsschutz im Wege eines Unterlassungsgebots, das auf die Unterlassung einer Handlung gerichtet ist, die eine notwendige und gebotene Mitwirkungshandlung eines Mitgesellschafters vereitelt. 311

VIII. Muster

1. Muster: Klage auf Zustimmung zum Auseinandersetzungsplan 312

19

▶ An das

Landgericht ...

Zivilkammer

Klage

des Herrn A,

Kläger

Prozessbevollmächtigte:

gegen

Herrn B,

Beklagter

wegen Auseinandersetzung einer BGB-Gesellschaft

Namens und in Vollmacht des Klägers erheben wir Klage und werden wir beantragen:

Der Beklagte wird verurteilt, dem für die A-GbR unter dem 31.12.2009 erstellten Auseinandersetzungsplan zuzustimmen.

Begründung:

Die Parteien sind neben den Herren C und D Gesellschafter der A-GbR. Durch Mehrheitsbeschluss der Gesellschafterversammlung der A-GbR vom 30.12.2009 wurde die Gesellschaft aufgelöst. In der Gesellschafts-Satzung ist dafür in § 8 eine Mehrheitsentscheidung vorgesehen.

Beweis:

Gesellschaftsvertrag der A-GbR, Fotokopie Anlage K 1.

Protokoll der Gesellschafterversammlung der A-GbR über den Auflösungsbeschluss, Fotokopie Anlage K 2.

Der Beklagte verweigert jedoch die Mitwirkung an der Auseinandersetzung insoweit, als er dem vom Kläger aufgestellten Auseinandersetzungsplan nicht zustimmen will.

---

40 Vgl dazu BGH DB 1992, 419.

Beweis:

1. Auseinandersetzungsplan des Klägers vom ■■■, Fotokopie Anlage K 3.
2. Weigerungsschreiben des Beklagten vom ■■■, Fotokopie Anlage K 4.

Der Auseinandersetzungsplan sieht entsprechend der generellen Vorgabe des § 733 Abs. 3 BGB vor, das gesamthänderisch gebundene Vermögen der A-GbR, nämlich unter anderen wesentlichen Vermögenswerten das Grundstück in Münster Flur ■■■ Flurstück ■■■ innerhalb von drei Monaten zu veräußern. Der Kläger ist selbst in der Region, in der das Grundstück liegt, seit langen Jahren als Makler tätig und sieht die Veräußerungschancen eher negativ. Gleichwohl hat Herr F aus Münster, der Eigentümer eines angrenzenden Grundstücks ist und deshalb besonderes Interesse an diesem Grundstück hat, angekündigt, ein dem Verkehrswert entsprechendes Verkaufsangebot für das Grundstück abgeben zu wollen. Der Beklagte ist jedoch persönlich mit F verfeindet und will – so vermuten die Mitgesellschafter – deshalb den im Auseinandersetzungsplan eröffneten Verkauf an F verhindern. Einen sachlichen Grund für seine Weigerung gibt er jedenfalls nicht, wie sich aus seinem Schreiben (K 4) ergibt. Stattdessen verlangt er die Teilungsversteigerung für das fragliche Grundstück, vermutlich um F den freihändigen Erwerb und damit möglicherweise Exklusivverhandlungen mit der A-GbR zu verwehren. Dies ist allerdings wenn – wie hier – die zu liquidierende Gesellschaft mehrere Vermögenswerte hat, nicht ohne weiteres zulässig, jedenfalls dann nicht, wenn sich eine konkrete Verkaufschance bietet.[41] Deren Unangemessenheit hat der Beklagte nicht einmal behauptet.

Der Beklagte ist deshalb antragsgemäß zu verurteilen.

■■■

Rechtsanwalt ◀

313 **2. Muster: Kombinierte Feststellungs-/Leistungsklage bei Auseinandersetzung einer GbR[42]**

20 ▶ An das

Landgericht ■■■

Zivilkammer

Klage

des Herrn A,

Kläger

Prozessbevollmächtigte:

gegen

Herrn B,

Beklagter

Prozessbevollmächtigte:

wegen Mitwirkung an der Auseinandersetzungsbilanz der A-GbR

Namens und in Vollmacht des Klägers erheben wir Klage und werden beantragen:

1. Es wird festgestellt, dass die A-GbR aufgelöst ist.
2. Der Beklagte ist verpflichtet, eine Auseinandersetzungsbilanz auf den 28.2.2010 für die Auseinandersetzung der A-GbR zu erstellen.

---

41 BGH DB 1992, 419.

42 In Anlehnung an OLG Koblenz NZG 2002, 371 f.

Begründung:

1. Sachverhalt

Der Kläger und der Beklagte sind die alleinigen Gesellschafter der A-GbR, deren Gesellschaftsvertrag 1.2.2007 errichtet wurde, um eine Spedition zu betreiben. Das Gesellschaftsverhältnis wurde zunächst auf fünf Jahre befristet und sollte sich dann vorbehaltlich einer Kündigung mit einer Frist von sechs Monaten jeweils um zwei Jahre verlängern.

Beweis: Gesellschaftsvertrag, Fotokopie Anlage K 1

Mit Telefax vom 25.2.2010 teilte der Beklagte dem Kläger mit, er habe den anwaltlichen Rat erhalten, die Gesellschaft zum 28.2.2010 aufzulösen. Er werde deshalb die notwendigen Maßnahmen treffen, insbesondere die Erstellung einer Auseinandersetzungsbilanz auf den 28.2.2010 veranlassen.

Beweis: Schreiben des Beklagten vom 25.2.2010, Fotokopie Anlage K 2

In den folgenden Tagen hatte der Kläger vom Beklagten jedoch nichts weiter gehört und konnte auch nicht feststellen, dass die Erstellung einer Auseinandersetzungsbilanz zum 28.2.2010 in Auftrag gegeben wurde, jedenfalls nicht bei dem von der GbR üblicherweise beauftragten Steuerberater/Wirtschaftsprüfer. In Folge dessen teilte der Kläger dem Beklagten am 28.2.2010 per Telefax mit, dass er mit Wirkung zu diesem Tage aus der GbR ausscheide.

Beweis: Telefax des Klägers vom 28.2.2010, Fotokopie Anlage K 3

Der Beklagte widersetzte sich dem mit dem Argument, der Kläger könne wegen der zeitlichen Befristung das Gesellschaftsverhältnis nicht ohne wichtigen Grund aus der Gesellschaft ausscheiden. Ein wichtiger Grund liege nicht vor. Er könne sich auch nicht auf die drei Tage zuvor abgegebene Erklärung des Beklagten berufen, er werde die Gesellschaft auflösen. Dies sei eine reine Absichtserklärung gewesen, diese Absicht habe er aber inzwischen aufgegeben.

Beweis: Schreiben des Beklagten vom 3.3.2010, Fotokopie Anlage K 4

2. Rechtslage

Die Gesellschaft ist aufgrund des Telefaxe des Klägers vom 28.2.2010 aufgelöst. Die Auflösung der Gesellschaft ist durch Beschluss möglich, der formlos erfolgen kann. Dies war hier der Fall. Das Schreiben des Beklagten vom 25.2.2010 stellte ein Vertragsangebot an den Kläger dar, die GbR zum 28.2.2010 zu liquidieren. Dieses Angebot hat der Kläger mit Telefax vom 28.2.2010 angenommen.

Aus Sicht des Klägers war es gleichgültig, ob er aus der Gesellschaft ausscheiden und sein Anteil dem Beklagten nach § 738 Abs. 1 BGB zuwachsen würde oder ob die Gesellschaft liquidiert würde. Der Beklagte musste ihn in jedem Fall gemäß § 738 Abs. 1 S. 2 BGB auch bei einem Ausscheiden aus der Gesellschaft wirtschaftlich so stellen, wie das bei der Auflösung zu geschehen hatte. Vor diesem Hintergrund musste der Beklagte das Telefax des Klägers vom 28.2.2010 so verstehen, dass der Kläger mit dem von ihm – dem Beklagten – unterbreiteten Angebot zur Auflösung der Gesellschaft vom 25.2.2010 einverstanden war. Insoweit ist ein formloser Gesellschafterbeschluss zur Auflösung der A-GbR gefasst worden.

Da im Gesellschaftsvertrag der A-GbR der Beklagte der alleinige Geschäftsführer war und auch für den Fall der Liquidation der Gesellschaft alleiniger Liquidator sein sollte, war er vor dem geschilderten Hintergrund unter anderem verpflichtet, die Auseinandersetzungsbilanz zu erstellen bzw erstellen zu lassen. Der Leistungsantrag, gerichtet auf Erstellung einer Auseinandersetzungsbilanz, ist – anders als die allgemeine Aufforderung zur Mitwirkung daran – auch hinreichend bestimmt. Welche einzelnen dazu erforderlichen Handlungen der Beklagte den Umständen nach vornehmen muss, muss derzeit noch nicht festgelegt werden. Die Entscheidung darüber kann im Vollstreckungsverfahren nach §§ 887, 888 ZPO getroffen werden (OLG Koblenz, NZG 2002, 371).

Das Feststellungsbegehren ist neben dem Leistungsantrag zu 1) zulässig. Da der Beklagte bereits die Auflösung der GbR bestreitet, verweigert er nicht nur die Erstellung bzw Veranlassung einer Auseinandersetzungsbilanz, sondern auch sämtliche übrigen Mitwirkungshandlungen, die zur Liquidation der A-GbR erforderlich sind. Wäre nur der Leistungsantrag gestellt worden, wäre zwar die Auflösung der A-GbR eine Vorfrage der Verpflichtung zur Erstellung einer Auseinandersetzungsbilanz gewesen. Diese Vorfrage würde jedoch ohne den Feststellungsantrag nicht in Rechtskraft erwachsen. Deshalb besteht auch hierfür ein besonderes Rechtsschutzbedürfnis.

...

Rechtsanwalt ◀

314 **3. Muster: Leistungsklage auf Erteilung von Informationen zur Auseinandersetzung einer GbR[43]**

21

▶ An das

Landgericht ...

Klage

des Herrn A,

Kläger

Prozessbevollmächtigte:

gegen

Herrn B,

Beklagter

Prozessbevollmächtigte:

wegen Erteilung von Informationen zur Auseinandersetzung der A-GbR

Namens und in Vollmacht des Klägers erheben wir Klage und werden beantragen:

Der Beklagte ist verpflichtet, den Kläger zutreffend und vollständig über die Höhe des Honoraranspruchs der A-GbR, bestehend aus den Gesellschaftern A und B [Adresse] über die vom Beklagten für die A-GbR durchgeführte Testamentsvollstreckung über das Vermögen des Herrn C [genauer bezeichnen] zum Auflösungsstichtag 28.2.2010 zu informieren.

Begründung:

1. Sachverhalt

Die Parteien waren als Rechtsanwälte seit 1998 zur gemeinschaftlichen Berufsausübung in einer BGB-Gesellschaft verbunden. Der Sozietätsvertrag, der mit Ablauf des 28.2.2010 endete, sah vor, dass sämtliche Einnahmen der Parteien aus ihrer gemeinsamen Berufstätigkeit innerhalb der A-GbR nach Abzug aller Betriebsausgaben hälftig zwischen den Parteien geteilt werden sollten. Der Gesellschaftsvertrag sieht unter § 10 ausdrücklich vor, dass auch die Tätigkeit des Beklagten als Testamentsvollstrecker hier einbezogen werden sollte.

43 In Anlehnung an BGH DStR 2002, 2234.; Ansprüche auf Einsichtnahme in Geschäftsunterlagen und auf Fertigung einer Abschlichtungsbilanz zur Vorbereitung eines Auseinandersetzungsanspruchs nach aufgelöster GmbH können nach Auffassung OLG Hamm NZG 2006, 823 nicht abgetreten werden. Dem steht entgegen, dass mit Ausnahme der in § 717 S. 2 BGB genannten Rechte aus der Mitgliedschaft fließende Rechte unübertragbar sind.

Beweis: Gesellschaftsvertrag der A-GbR, Fotokopie Anlage K 1

Der Kläger war während des Bestehens der A-GbR für diese als Testamentsvollstrecker über den Nachlass des Herrn C tätig. Bei Beendigung der Sozietät am 1.3.2010 fragte der Kläger den Beklagten nach der Höhe des bis zum Ende der Sozietät entstandenen Testamentsvollstreckerhonorars bzgl des Nachlasses des Herrn C. Der Beklagte erwiderte, die Angelegenheit sei noch lange nicht beendet. Er – der Kläger – habe keinen Anspruch auf Auskunft, solange die Angelegenheit nicht endgültig abgeschlossen sei.

Beweis:

1. Anfrage des Klägers vom ■■■, Fotokopie Anlage K 2.
2. Antwort des Beklagten, Fotokopie Anlage K 3.

2. Rechtslage

Der Beklagte schuldet die begehrte Information. Schon während der Dauer der Sozietät gebietet es die gegenseitige Treuepflicht der Gesellschafter, die Belange der Mitgesellschafter nicht zu beeinträchtigen. Dazu gehört es, die Mitgesellschafter über Vorgänge vollständig und zutreffend zu informieren, die deren mitgliedschaftliche Vermögensinteressen berühren, ihnen aber nicht bekannt sein können.[44] Diese Treuepflicht wirkt auch in der Liquidationsphase nach und dauert bis zur vollständigen Beendigung des Gesellschaftsverhältnisses fort.[45]

■■■

Rechtsanwalt ◄

4. Muster: Leistungsklage gegen Gesellschafter kapitalistisch strukturierter Gesellschaft auf Zahlung der Einlage 315

► An das Landgericht ■■■ 22

Kammer für Handelssachen[46]

Klage

der X (Publikums-)GmbH & Co. KG, vertreten durch den Nachtragsliquidator X

– Klägerin –

Prozessbevollmächtigte: ■■■

gegen

Herrn G (Gesellschafter der X (Publikums-)GmbH & Co. KG)

– Beklagter –

wegen offener Einlageforderung

vorläufiger Streitwert: ■■■ EUR

Namens und in Vollmacht der Klägerin erheben wir Klage und werden beantragen:

Der Beklagte ist verpflichtet, 10.000,00 EUR an die Klägerin zu zahlen.

Begründung:

Die Klägerin ist als Publikums-Kommanditgesellschaft im Jahr 2001 gegründet worden. Ihr sind später mehr als 100 Kommanditisten mit Einlagepflichten von insgesamt über 10 Mio. EUR beigetreten. Im Jahr 2006 ist die Gesellschaft aufgelöst und aufgrund der Anmeldung der Beendi-

44 BGH DStR 2002, 2234, 2235.
45 Baumbach/Hopt, HGB, § 109 Rn 24.
46 Vgl § 95 Abs. 1 Nr. 4 a GVG.

gung der Liquidation durch ihre nach dem Gesellschaftsvertrag als Liquidatorin tätige frühere Komplementär-GmbH im Jahr 2007 im Handelsregister gelöscht worden. Die Klägerin wurde im Oktober 2007 von Amts wegen im Handelsregister gelöscht; im Mai 2008 wurde unter Löschung dieser Eintragung ihre Nachtragsliquidation angeordnet. Herr XY ist entsprechend § 273 Abs. 4 AktG durch das ■■■ Gericht als Nachtragsliquidator der Klägerin bestellt worden.

Der Beklagte hat mit Gesellschaftsvertrag vom ■■■ einen Kommanditanteil von 10.000,00 EUR übernommen, der noch aussteht.

■■■

Rechtsanwalt ◄

316 5. Muster: Zahlung eines Auseinandersetzungsanspruchs gegen GbR-Gesellschafter

23 ► An das Landgericht ■■■

Zivilkammer

Klage

des Herrn A

– Kläger –

Prozessbevollmächtigte: ■■■

gegen

Herrn B

– Beklagter –

wegen Zahlung, hilfsweise Feststellung einer Forderung für die Auseinandersetzungsrechnung

vorläufiger Streitwert: ■■■ EUR

Namens und in Vollmacht des Klägers erheben wir Klage und werden beantragen:

1. Der Beklagte ist verpflichtet, an den Kläger 10.000,00 EUR zu zahlen.
2. Hilfsweise beantragt der Kläger Feststellung, dass ein Zahlungsanspruch des Klägers in Höhe von 10.000,00 EUR gegen den Beklagten in die für die im Rahmen der Liquidation der A/B-GbR zu erstellenden Auseinandersetzungsrechnung eingestellt wird.[47]

Begründung:

Die Parteien sind die einzigen Gesellschafter der am 31.12.2006 aufgelösten GbR. Die endgültige Auseinandersetzungsrechnung zur Beendigung der Liquidation der GbR liegt zwar noch nicht vor. Vielmehr liegt ein Entwurf der Auseinandersetzungsbilanz der GbR vor, erstellt vom Steuerberater XY, beigefügt als Fotokopie in Anlage K 1.

Die dort genannten Positionen 5 bis 6 sind noch mit Unsicherheiten behaftet. Im Übrigen werden die im Entwurf der in der vorläufigen Auseinandersetzungsbilanz (K 1) genannten Positionen unverändert in die endgültige Auseinandersetzungsbilanz der GbR einfließen.

Beweis:

Zeugnis des Steuerberaters XY.

47 Der Feststellungsantrag zu 2. ist zwar nach der Rechtsprechung des BGH, NJW 1995, 188 f, OLG Hamm NZG 2004, 765 ohne weiteres in einer wegen Fehlens der abschließenden Rechnung verfrühten und deswegen unbegründeten Leistungsklage enthalten, sollte vorsorglich aber hilfsweise gestellt werden.

Der mit der Klageforderung geltend gemachte Zahlungsanspruch stellt daher den Mindestbetrag dar, der dem Kläger als Ausgleichsanspruch gegen den Beklagten auch nach Fertigstellung der abschließenden Auseinandersetzungsrechnung der GbR zustehen wird.

Beweis:

Zeugnis des Steuerberaters XY, b.b.

Insofern ist der Kläger ausnahmsweise berechtigt, vor Erstellung einer abschließenden Auseinandersetzungsrechnung der GbR seinen mit der Klageforderung bezifferbaren Mindestausgleichsanspruch gegen den Beklagten im Wege der Leistungsklage geltend zu machen.

OLG Hamm, NZG 2004, 765.

Sollte das Gericht wider Erwarten unsere Rechtsauffassung insoweit nicht teilen oder gelangt das Gericht wider Erwarten zu der Auffassung, der im Klageantrag zu 1. geltend gemachte Zahlungsanspruch sei nicht der aufgrund der vorläufigen Auseinandersetzungsrechnung hinreichend sicher bestimmbare Mindestbetrag, verweisen wir auf den unter Ziff. 2 hilfsweise gestellten Feststellungsantrag.

■■■

Rechtsanwalt ◄

C. Zwangsvollstreckung

I. Feststellungen und Abgabe von Erklärungen

Feststellungsurteile sind keiner Zwangsvollstreckung zugänglich. Soweit der Gesellschafter 317 aber verurteilt worden ist, einem bestimmten Auseinandersetzungsplan zuzustimmen oder dem Verkauf eines Vermögenswerts der Gesellschaft im Rahmen der Auseinandersetzung, liegt darin eine Verurteilung zur Abgabe einer Willenserklärung. Diese gilt gemäß § 894 Abs. 1 ZPO als abgegeben, sobald das Urteil Rechtskraft erlangt hat. Die Fiktion der Abgabe der Willenserklärung ist Akt der Zwangsvollstreckung.[48] Weitere Vollstreckungsmaßnahmen sind weder erforderlich noch zulässig. Auch eine Vollstreckungsklausel oder das Zustellungsurteil sind für den Eintritt der Wirkung des § 894 ZPO nicht erforderlich.[49]

II. Unterlassungen

Sollte der Gesellschafter ausnahmsweise im Rahmen der Auseinandersetzung einer Gesell- 318 schaft zur Unterlassung einer Handlung verurteilt worden sein, erfolgt die Durchsetzung dieser Verpflichtung nach § 890 ZPO. Erforderlich sind ein Vollstreckungstitel, die Androhung und die Festsetzung des Ordnungsmittels. Insofern wird auf die Ausführungen zur Zwangsvollstreckung unter Rn 217 ff verwiesen.

III. Sonstige Handlungen

Gegenstand der Verurteilung eines Gesellschafters im Rahmen der Auseinandersetzung ei- 319 ner Gesellschaft kann im Übrigen dessen Verpflichtung zur Erteilung einer Information oder zur Vornahme einer sonstigen Mitwirkungshandlung sein. Bei diesen Mitwirkungshandlungen handelt es sich um **vertretbare bzw unvertretbare Handlungen**, deren Zwangsvollstreckung in §§ 887, 888 ZPO unterschiedlich geregelt ist. Dabei sind zwei Grundprobleme zu berücksichtigen:

---

48 BayObLG OLGZ 53, 113, 117.
49 Zöller/Stöber, ZPO, § 894 Rn 5.

- Zum einen muss der Antrag im Erkenntnisverfahren schon so bestimmt gefasst sein, dass er einen vollstreckungsfähigen Inhalt hat. Treten hier Probleme auf, können diese nur ganz eingeschränkt im Vollstreckungsverfahren behoben werden.[50]
- Zum anderen muss wegen der unterschiedlichen Vollstreckungsarten danach unterschieden werden, ob eine vertretbare oder unvertretbare Handlung vollstreckt werden soll. Wann eine vertretbare und wann eine unvertretbare Handlung vorliegt, ist im Gesetz nicht definiert. In Rechtsprechung und Literatur wird der Begriff der vertretbaren Handlung iSd § 887 ZPO als eine Handlung definiert, die an Stelle des Schuldners auch der Gläubiger oder ein Dritter vornehmen kann, ohne dass sich dadurch aus Sicht des Gläubigers am Erfolg und am Charakter der Leistung etwas ändert. Eine unvertretbare Handlung liegt in Abgrenzung dazu vor, wenn die Handlung nur vom Schuldner höchstpersönlich oder jedenfalls nur mit seiner höchstpersönlichen Mitwirkung vorgenommen werden kann.[51]

320 Nach diesen Definitionen können Verpflichtungen des Gesellschafters zur Auskunftserteilung und zur Rechnungslegung im Einzelfall sowohl vertretbare als auch unvertretbare Handlungen sein.

321 In der Rechtsprechung ist beispielsweise als vertretbare Handlung die Auskunftserteilung über das Endvermögen bei Beendigung des Güterstands nach § 1379 BGB angesehen worden, wenn die schriftlichen Unterlagen als solche vorhanden sind und auch von einem Dritten eingesehen und ausgewertet werden können.[52] Demgegenüber ist die Verpflichtung zur Auskunftserteilung, soweit die Auskunft auch von Dritten nicht durch Einsichtnahme in solche Unterlagen erteilt werden kann, als unvertretbare Handlung angesehen worden.[53] Die Erstellung einer Abschlussbilanz einer GbR ist als vertretbare Handlung anzusehen, sofern die schriftlichen Unterlagen vorhanden sind und auch von einem Dritten eingesehen und ausgewertet werden können.[54] Demgegenüber ist die Rechnungslegung, wenn sie über die bloße Vorlage von Belegen hinausgeht, unvertretbare Handlung.[55]

1. Zwangsvollstreckung wegen vertretbarer Handlungen

322 Vertretbare Handlungen werden nach § 887 Abs. 1 ZPO dadurch erfüllt, dass der Gläubiger von dem Prozessgericht auf Antrag zu ermächtigen ist, auf Kosten des Schuldners die Handlung vornehmen zu lassen. Gemäß Abs. 2 der Vorschrift kann er zugleich beantragen, den Schuldner zur Vorauszahlung der Kosten zu verurteilen, die durch die Vornahme der Handlung entstehen.

a) Notwendige Mitwirkung Dritter

323 Wenn der Gläubiger nach § 887 Abs. 1 ZPO den Antrag stellt, ihn zu ermächtigten, die Handlung auf Kosten des Schuldners vornehmen zu lassen, kann sich die Frage der notwendigen Mitwirkung eines Dritten zu der geschuldeten Handlung stellen. Dies ist zum Beispiel der Fall, wenn der Schuldner Arbeiten an einem Haus schuldet, das im gemeinschaftlichen Eigentum der Gesellschaft und eines Dritten steht. Nach herrschender Meinung ist es Sache des Gläubigers, die notwendige Zustimmung des Dritten bis zum Er-

50 Vgl dazu BGH NJW 1993,1394.
51 OLG Düsseldorf NJW-RR 1998, 1768.
52 OLG Bamberg NJW-RR 1999, 577.
53 OLG Brandenburg FamRZ 1998, 179; BayObLG NJW-RR 1997, 489.
54 OLG Zweibrücken DGVZ 1998, 9.
55 OLG Köln NJW-RR 1992, 633.

mächtigungsbeschluss zu beschaffen, solange nicht der Dritte die Zustimmung verweigert hat.

b) Zuständiges Gericht

324 Zuständig für den Ermächtigungsantrag ist gemäß § 887 Abs. 1 ZPO das Prozessgericht des ersten Rechtszugs.

c) Konkreter Antrag

325 Im Antrag auf Ermächtigung zur Ersatzvornahme muss der Gläubiger nicht nur den Handlungserfolg nennen, sondern die von ihm beabsichtigten Maßnahmen konkret bezeichnen. Ausreichend ist die Formulierung der Antrag „Trockenlegung eines Kellers nach den Regeln der Baukunst". Einzelne Arbeitsschritte oder die Fachfirma, der die Arbeiten übertragen werden sollen, brauchen dagegen nicht angegeben werden.[56] In keinem Fall reicht jedoch eine allgemeine Ermächtigung zur Mängelbeseitigung.[57]

326 Ist bereits der Leistungserfolg im Vollstreckungstitel nicht hinreichend bestimmt, kann in bestimmtem Rahmen im Vollstreckungsverfahren eine Auslegung erfolgen (siehe oben Rn 294 ff). Ist auch das nicht möglich, kann der Gläubiger erneut auf Vornahme der vertretbaren Handlung klagen, die dann konkret zu bestimmen ist.

327 Besteht **Unsicherheit** darüber, ob im konkreten Fall eine vertretbare Handlung oder eine unvertretbare Handlung vorliegt, die vollstreckt werden soll, so ist es an sich Sache des Gerichts, den Antragsteller nach § 139 ZPO darauf **hinzuweisen**. Gleichwohl empfiehlt es sich, generell in Ermächtigungsanträgen nach § 887 ZPO und in Anträgen nach § 888 ZPO das Gericht ausdrücklich um einen entsprechenden Hinweis zu bitten. Insoweit kann ein Antrag nach § 887 ZPO in einen solchen nach § 888 ZPO bis zum Beschwerdeverfahren umgestellt werden, aber nicht umgekehrt.[58]

d) Verbindung mit Vorschussantrag

328 Sinnvollerweise wird der Ermächtigungsantrag nach § 887 Abs. 1 ZPO mit dem Vorauszahlungsantrag nach § 887 Abs. 2 ZPO verbunden. Über den Wortlaut des § 887 ZPO hinaus kann jedoch nur eine Vorauszahlung der für die beantragte Maßnahme „notwendigen" Kosten verlangt werden. Das Gericht bestimmt die Kosten nach billigem Ermessen, allerdings nur aufgrund des substantiierten Vortrags des Gläubigers über die voraussichtlich notwendigen Kosten. In aller Regel ist für die Substantiierung und den Nachweis der Notwendigkeit ein Kostenvoranschlag bzw ein Sachverständigengutachten beizubringen. Die Vorschussforderung ist nicht um eine eventuelle Gegenforderung des Gläubigers aus Werklohn zu kürzen.[59] Der Vorsteuerabzugsberechtigte hat keinen Anspruch auf Zahlung der Umsatzsteuer.[60]

e) Einwendungen des Schuldners

329 Nach dem Vollstreckungsantrag des Gläubigers gemäß § 887 ZPO hat das Gericht den Schuldner nach § 898 S. 2 ZPO zu hören. Dieser kann sich mit den Einwänden wehren, die Voraussetzung der Zwangsvollstreckung läge nicht vor, der Gläubiger habe die Vornahme der vertretbaren Handlung selbst verhindert bzw der geforderte Kostenvorschuss sei unangemessen.

---

56 OLG Zweibrücken MDR 1983, 500; Musterantrag siehe auch GF-ZPO/Pukall, § 887 Rn 1 ff.
57 Zöller/Stöber, ZPO, § 887 Rn 4.
58 OLG Zweibrücken InVo 1998, 263.
59 OLG Naumburg JurBüro 2002, 551.
60 OLG Hamm BauR 1996, 900.

330 Materiellrechtliche Einwendungen gegen den Vollstreckungstitel kann der Schuldner allerdings nach herrschender Meinung nur mit der Vollstreckungsgegenklage nach § 767 ZPO erheben, und zwar bei dem Prozessgericht erster Instanz.[61] Nur eine Mindermeinung vertritt die Auffassung, auch materiellrechtlichen Einwendungen könnten aus Gründen der Prozessökonomie im Antragsverfahren nach § 887 ZPO berücksichtigt werden.[62] Da die **Erhebung der Einwendungen kostenneutral** ist, kann durchaus der Versuch unternommen werden, diese Einwendungen schon im Antragsverfahren zu erheben. Der sicherere Weg ist jedoch der der Vollstreckungsgegenklage, ggf ergänzt um den Antrag nach einstweiliger Einstellung der Zwangsvollstreckung.

f) Beschlusswirkungen

331 Auch nach dem Beschluss über die Ermächtigung zur Ersatzvornahme darf der Gläubiger den Schuldner grundsätzlich nicht an der freiwilligen Erfüllung der geschuldeten Handlung und damit an der faktischen Vereitelung der Ersatzvornahme hindern. Damit würde er sich in Widerspruch zu seinem Begehren stellen, dessen Vollstreckung er betreibt.[63]

g) Rechtsmittel

332 Die Entscheidung nach § 887 Abs. 1 und Abs. 2 ZPO über die Ermächtigung zur Ersatzvornahme und zum Kostenvorschuss ist eine Beschlussentscheidung, die mit der sofortigen Beschwerde nach § 793 ZPO angegriffen werden kann. Dies gilt sowohl für den stattgebenden Beschluss als auch für den Zurückweisungsbeschluss.

2. Zwangsvollstreckung wegen unvertretbarer Handlungen

333 Eine nicht vertretbare Handlung wird dadurch vollstreckt, dass gemäß § 888 Abs. 1 S. 1 ZPO der Schuldner auf Antrag vom Prozessgericht zur Vornahme der Handlung durch Zwangsgeld und für den Fall, dass dieses nicht beigetrieben werden kann, durch Zwangshaft angehalten wird.

334 Eine Umdeutung eines Antrags nach § 888 ZPO in einen Antrag auf Vollstreckung einer vertretbaren Handlung nach § 887 ZPO ist nicht möglich, wenn Unsicherheit besteht, ob eine vertretbare oder unvertretbare Handlung vollstreckt werden soll.[64] In diesem Fall kann zwar neben dem Antrag nach § 888 ZPO hilfsweise der Antrag nach § 887 ZPO gestellt werden. Kostengünstiger ist es aber, den Antrag nach § 887 ZPO zu stellen, der ggf in den nach § 888 ZPO umgedeutet werden kann. Der Vollstreckungsantrag nach § 888 ZPO ist – wie der Antrag nach § 887 ZPO – bei dem Prozessgericht des ersten Rechtszugs zu stellen (§ 888 Abs. 1 S. 1 ZPO).

335 In dem Antrag auf Festsetzung des Zwangsmittels nach § 888 Abs. 1 ZPO muss die vom Schuldner vorzunehmende Handlung genau bezeichnet werden. Die Höhe des Zwangsgeldes bzw die Dauer der Zwangshaft muss nicht angegeben werden. Es kann allerdings sinnvoll sein, eine Untergrenze für das Zwangsgeld anzuregen.

336 Auch gegen den Antrag nach § 888 ZPO stehen dem Schuldner dieselben vollstreckungsrechtlichen Einwendungen, wie gegen den Antrag nach § 887 ZPO zu. Diese Einwendungen kann er im Rahmen der nach § 891 ZPO durchzuführenden Anhörung geltend machen.

61 OLG Hamm NJW-RR 1988, 1212; OLG München NJW-RR 1988, 22; KG KGR 2002, 172; OLG Düsseldorf MDR 1996, 309.
62 OLG Karlsruhe MDR 2001, 1191; OLG Zweibrücken InVo 2001, 70.
63 BGH NJW 1995, 3189.
64 So wohl Goebel, Zwangsvollstreckung, Erläuterungen und Muster, § 11 Rn 32.

Materiellrechtliche Einwendungen des Schuldners können auch hier im Wege der Vollstreckungsgegenklage nach § 767 geltend gemacht werden. Insoweit wird auf die Ausführungen zu § 887 ZPO unter Rn 330 verwiesen.

Rechtsmittel gegen den stattgebenden und den ablehnenden Beschluss nach § 888 Abs. 1 ZPO ist die sofortige Beschwerde nach § 793 ZPO. 337

IV. Muster

1. Muster: Antrag auf Ermächtigung zur Ersatzvornahme einer vertretbaren Handlung, kombiniert mit Antrag auf Zahlung eines Kostenvorschusses, § 897 Abs. 1 und 2 ZPO 338

▶ An das 24

Landgericht ...

(Prozessgericht des ersten Rechtszugs)

In der Zwangsvollstreckungssache

des Herrn A, ...

Gläubiger und Antragsteller

Verfahrensbevollmächtigte:

gegen

Herrn B, ...

Schuldner und Antragsgegner

Verfahrensbevollmächtigte:

Namens und in Vollmacht des Antragstellers überreichen wir die vollstreckbare Ausfertigung des Urteils des Landgerichts ... vom 1.2.2010, Az: ... nebst Zustellungsbescheinigung.

Namens und in Vollmacht des Antragstellers beantragen wir:

1. den Antragsteller zu ermächtigen, die dem Schuldner nach dem Urteil des LG ... vom 1.2.2010, Az: ..., obliegende vertretbare Handlung, nämlich die Erstellung einer Auseinandersetzungsbilanz für die Auseinandersetzung der A-GbR (Adresse und Gesellschafter) auf den ... (Datum) vorzunehmen oder von einem von ihm zu beauftragenden Dritten vornehmen zu lassen.
2. anzuordnen, dass der Antragsgegner die im Wege der Ersatzvornahme erforderlichen Maßnahmen, nämlich die Sichtung der im Gebäude der A-GbR (Adresse) in dem auf den Namen des Antragsgegners lautenden Ablagefach zu dulden hat.
3. den Antragsgegner zu verurteilen, an den Antragsteller für die nach dem Antrag zu Ziff. 1. zulässige Ersatzvornahme einen Kostenvorschuss in Höhe von 2000,- EUR zu zahlen.

Begründung:

Nach dem Vollstreckungstitel des LG ... vom 1.2.2010, Az: ..., ist der Antragsgegner verpflichtet, eine Auseinandersetzungsbilanz für die Auseinandersetzung der A-GbR auf den 28.2.2010 zu erstellen. Dieser Verpflichtung ist der Schuldner trotz Zustellung des Vollstreckungstitels und Aufforderung nicht nachgekommen.

Beweis:

1. Zustellbescheinigung, Fotokopie Anlage AS 1
2. Zeugnis des Herrn C, zu laden über den Antragsteller.

Die vom Antragsgegner geschuldete Handlung ist eine vertretbare Handlung nach § 887 ZPO. Die Handlung kann vom Gläubiger bzw von einem Dritten ausgeführt werden, ohne dass sich aus der Sicht des Antragstellers etwas am wirtschaftlichen Erfolg oder am Charakter der fraglichen Maßnahme ändert. Alle zur Erstellung der Auseinandersetzungsbilanz erforderlichen Gutachten befinden sich im Gebäude der A-GbR, zu dem der Antragsteller Zutritt hat. Daran ändert nichts, dass das im Antrag zu 2) auf den Namen des Antragsgegners lautende Ablagefach im Gebäude der A-GbR nach der Übereinkunft der GbR-Gesellschafter nur zur persönlichen Verfügung des Antragsgegners besteht. Das macht die Vollstreckungshandlung jedoch nicht zu einer unvertretbaren Handlung, sondern führt lediglich zu einer Duldungspflicht des Antrags zu Ziff. 2). Dass die Duldungspflicht im Ermächtigungsbeschluss anzuordnen ist, ergibt sich aus der Rechtsprechung des OLG Düsseldorf (NJW-RR 1998, 1768).

Aus den Unterlagen in dem Ablagefach ergeben sich voraussichtlich Informationen, die zur Erstellung der Auseinandersetzungsbilanz notwendig sind (ggf näher ausführen).

Der zu Ziff. 3) beantragte Kostenvorschuss ist angemessen. Der Antragsteller hat die Wirtschaftsprüfungsgesellschaft X mit der Erstellung eines Kostenvoranschlags beauftragt, der inzwischen vorliegt.

Beweis: Kostenvoranschlag der Wirtschaftsprüfungsgesellschaft X vom 3.2.2005, Anlage AS 2.

Die Verpflichtung zum Kostenvorschuss ergibt sich aus § 887 Abs. 2 ZPO und zwar unabhängig davon, ob der Antragsteller auf den Kostenvorschuss angewiesen ist oder nicht. Sollte das Gericht entgegen unseren Erwartungen der Auffassung sein, bei der zu vollstreckenden Handlung handele es sich nicht um eine vertretbare Handlung, bitten wir um einen richterlichen Hinweis nach § 139 ZPO.

Wir bitten, uns eine vollstreckbare Ausfertigung des Beschlusses nebst Zustellungsbescheinigung zu überreichen.

■■■

Rechtsanwalt ◀

339 **2. Muster: Antrag auf Festsetzung von Zwangsgeld gemäß § 888 ZPO**

25 ▶ An das

Landgericht ■■■

(Prozessgericht des ersten Rechtszugs)

In der Zwangsvollstreckungssache

des Herrn A, ■■■

Gläubiger und Antragsteller

Verfahrensbevollmächtigte:

gegen

Herrn B, ■■■

Schuldner und Antragsgegner

Verfahrensbevollmächtigte:

Namens und in Vollmacht des Antragstellers überreichen wir die vollstreckbare Ausfertigung des Urteils des Landgerichts ■■■ vom 1.2.2010, Az: ■■■ nebst Zustellungsbescheinigung.

Namens und in Vollmacht des Antragstellers beantragen wir:

Gegen den Antragsgegner zur Erzwingung der im vollstreckbaren Urteil des LG ■■■ vom 1.2.2010, Az: ■■■, genannten Verpflichtung, den Antragsteller über das der A-GbR (Adresse ■■■ und Gesellschafter ■■■, ■■■) zustehende Honorar für die von dem Antragsteller für die A-GbR durchgeführte Testamentsvollstreckung über das Vermögen des Herrn C (■■■, ■■■) vollständig und zutreffend zu informieren, ein Zwangsgeld bis zu 250.000,– EUR und für den Fall, dass dieses nicht beigetrieben werden kann, ersatzweise Zwangshaft von bis zu sechs Monaten festzusetzen.

Wir regen an, Zwangsgeld nicht unter 10.000,00 EUR festzusetzen.

Begründung:

Trotz schriftlicher Aufforderung durch den Antragsteller mit Fristsetzung hat der Antragsgegner die nach dem vollstreckbaren Urteil des LG ■■■ vom 1.2.2010, Az: ■■■, geschuldeten Informationen nicht erteilt.

Beweis:

Fotokopie der Aufforderung durch den Antragsteller, vom 2.2.2010, Fotokopie Anlage AS 1,

Zeugnis des Herrn D, zu laden über die A-GbR, ■■■.

Die Mindesthöhe für das festzusetzende Zwangsgeld von 10.000,00 EUR regen wir deshalb an, weil der Antragsgegner vermögend ist. Er hat einem Mitarbeiter F des Antragstellers gegenüber in einem anderen Zusammenhang vor etwa 3 Monaten behauptet, dass er über ein Vermögen von nahezu 2 Mio. EUR verfüge.

Beweis: Zeugnis des Herrn F, zu laden über die A-GbR.

Insofern ist die Festsetzung eines Zwangsgeldes und ersatzweise Zwangshaft angezeigt.

Wir bitten, uns eine vollstreckbare Ausfertigung des Zwangsgeldbescheides nebst Zustellbescheinigung zu übersenden.

■■■

Rechtsanwalt ◀

3. Muster: Antrag auf Beitreibung eines festgesetzten Zwangsgeldes 340

▶ An das 26

Amtsgericht ■■■

Gerichtsvollzieherverteilerstelle

In der Zwangsvollstreckungssache

des Herrn A, ■■■

Gläubiger und Antragsteller

Verfahrensbevollmächtigte: ■■■

gegen

Herrn B, ■■■

Schuldner und Antragsgegner

Verfahrensbevollmächtigte: ■■■

Az.: ■■■

überreichen wir namens und kraft Vollmacht des Antragstellers die vollstreckbare Ausfertigung des Beschlusses des LG ■■■ vom 2.2.2010, Az: ■■■, nebst Zustellungsbescheinigung.

Namens und kraft Vollmacht des Antragstellers beantragen wir:

das durch Beschluss des LG ■■■ vom 2.2.2010, Az: ■■■, festgesetzte Zwangsgeld in Höhe von 10.000,– EUR nebst den aus der anliegenden Forderungsaufstellung ersichtlichen Kosten der Zwangsvollstreckung und der weiter durch dieses Verfahren entstehenden Kosten im Wege der

Mobiliarzwangsvollstreckung beizutreiben und das Zwangsgeld nach § 261 Ziff. 3 GVGA an die Staatskasse abzuführen.

Begründung:

Der Antragsteller hat gegen den Antragsgegner ein Urteil des LG ■■■ vom 5.5.2004, Az: ■■■, erwirkt, wonach der Antragsgegner verpflichtet ist, dem Antragsteller Informationen zur Auseinandersetzung der A-GbR zu erteilen. Eine Fotokopie des Vollstreckungstitels fügen wir in der Anlage bei. Trotz Aufforderung durch den Antragsteller hat der Antragsgegner bisher die ihm obliegende Verpflichtung aus dem Vollstreckungstitel nicht erfüllt. Deshalb hat das LG ■■■ mit Beschluss vom 1.2.2005 gegen den Antragsteller ein Zwangsgeld in Höhe von 10.000,– EUR, ersatzweise 20 Tage Haft je 500,– EUR verhängt. Gleichwohl hat der Antragsteller hierauf nicht reagiert.

Damit liegen die Voraussetzungen für die Beitreibung des festgesetzten Zwangsgelds vor. Wir bitten, antragsgemäß zu verfahren und uns über die Vollstreckung zu benachrichtigen.

■■■

Rechtsanwalt ◄

§ 5 Klage auf Ausschließung eines Gesellschafters

A. Vorprozessuale Situation

In allen Gesellschaftsformen besteht die Möglichkeit, Gesellschafter zwangsweise aus der Gesellschaft auszuschließen. Aus wichtigem Grund ist dies in aller Regel möglich, wenn auch nicht stets durch nur einen Gesellschafter durchsetzbar. Andere Auflösungsgründe sind entweder gesetzlich vorgesehen oder müssen in der jeweiligen Gesellschaftssatzung festgelegt sein. 341

I. Rechtliche Grundlage

1. AG

Das AktG sieht mehrere Möglichkeiten vor, Aktionäre auszuschließen. 342

a) Kapitalherabsetzung durch Einziehung der Aktien

Nach § 237 Abs. 1 und 2 AktG können Aktien zwangsweise oder nach Erwerb durch die Gesellschaft eingezogen werden. Die Zwangseinziehung ist jedoch nur zulässig, wenn sie in der ursprünglichen Satzung oder durch eine Satzungsänderung vor Übernahme oder Zeichnung der Aktien angeordnet oder gestattet war. Die Zwangseinziehung für bereits vorhandene Aktien durch Satzungsänderung ist nur möglich, wenn dies die Zustimmung sämtlicher betroffener Aktionäre findet.[1] 343

Insofern ist zwischen der angeordneten und der gestatteten Zwangseinziehung wie folgt zu unterscheiden: 344

b) Angeordnete Zwangseinziehung

Ordnet die Satzung unmittelbar die Zwangseinziehung an, müssen die Umstände der Einziehung einschließlich der Voraussetzungen und die Regelung des Einziehungsentgelts so **detailliert bestimmt** sein, dass keinerlei Ermessensspielraum bleibt. Demgegenüber kann die Satzung die Voraussetzungen, unter denen der Vorstand die Zwangseinziehung anordnen soll, frei vorsehen.[2] 345

c) Gestattete Zwangseinziehung

§ 237 Abs. 1 S. 2 iVm Abs. 2 S. 2 AktG sieht die sogenannte gestattete Zwangseinziehung von Aktien vor. In diesem Fall kann die Satzung die Voraussetzungen und alle weiteren Umstände der Zwangseinziehung regeln. Denkbar ist insofern auch, der Hauptversammlung in der Satzung Ermessen zuzubilligen. Bei der gestatteten Zwangseinziehung muss diese jedoch im Interesse der Gesellschaft im Einzelfall **sachlich gerechtfertigt** sein. Denn die Einziehung vernichtet die betroffenen Mitgliedschaftsrechte. Insofern ist die gestattete Zwangseinziehung nicht mit der angeordneten Zwangseinziehung vergleichbar.[3] 346

d) Verfahren

Die Einziehung kann sowohl im ordentlichen als auch im vereinfachten Verfahren erfolgen. 347

Das **ordentliche Einziehungsverfahren** richtet sich zum Schutz der Gläubiger der AG nach den Vorschriften über die ordentliche Kapitalherabsetzung (§ 237 Abs. 2 S. 1 AktG). Da- 348

1 Lutter in: Kölner Kommentar zum AktG, § 237 Rn 30.
2 Krieger in: Münchener Handbuch des Gesellschaftsrechts, Bd. 4, § 62 Rn 7, 8.
3 Krieger in: Münchener Handbuch des Gesellschaftsrechts, Bd. 4, § 62 Rn 11.

nach ist grundsätzlich ein **Einziehungsbeschluss** der Hauptversammlung erforderlich, bei dem auch die betroffenen Aktionäre stimmberechtigt sind, wenn die Einziehung nicht gerade aus einem wichtigen Grund erfolgt, der in der Person des Aktionärs liegt.

349 Bei der angeordneten Zwangseinziehung kann der Beschluss der Hauptversammlung durch eine **Entscheidung des Vorstandes** ersetzt werden (§ 237 Abs. 6 AktG). Nach § 225 AktG können die Gläubiger der Gesellschaft unter bestimmten Voraussetzungen für ihre Forderung gegen die Gesellschaft Sicherheitsleistung verlangen. Darüber hinaus besteht ein Auszahlungsverbot (an die Aktionäre) gemäß § 225 Abs. 2 AktG für einen Zeitraum von sechs Monaten seit Bekanntmachung der Eintragung des Kapitalherabsetzungsbeschlusses.

350 Das **vereinfachte Einziehungsverfahren** nach § 237 Abs. 3 AktG macht Abstriche im Hinblick auf die Strenge der Beschlussanforderungen und den Gläubigerschutz für bestimmte dort genannte Fälle. Voraussetzung für ein vereinfachtes Verfahren ist, dass die einzuziehenden Aktien voll eingezahlt sind, der Gesellschaft unentgeltlich zur Verfügung gestellt sind oder zulasten des Bilanzgewinns oder einer anderen Gewinnrücklage eingezogen werden können. An die Stelle in § 225 AktG festgelegten Sechsmonatssperre für die Auszahlung im ordentlichen Einziehungsverfahren reicht es im Rahmen des vereinfachten Einziehungsverfahrens aus, einen Betrag in Höhe des gesamten Nennbetrages der eingezogenen Aktien in die Kapitalrücklage einzustellen (§ 237 Abs. 5 AktG).[4]

351 Auch im vereinfachten Einziehungsverfahren ist grundsätzlich ein Beschluss der Hauptversammlung über die Einziehung erforderlich (§ 237 Abs. 4 S. 1 AktG), der bei der angeordneten Zwangseinziehung durch eine Entscheidung des Vorstands ersetzt werden (§ 237 Abs. 4 S. 1, Abs. 6 AktG). Im Gegensatz zum ordentlichen Einziehungsverfahren reicht hier eine einfache Mehrheit der abgegebenen Stimmen der Hauptversammlung (§ 237 Abs. 4 S. 2 AktG).

e) Ausschluss von Aktionären aus wichtigem Grund

352 Der Ausschluss von Aktionären aus wichtigem Grund ist nach herrschender Meinung in der neueren Literatur auch **ohne ausdrückliche Zulassung in der Satzung** möglich.[5] In der älteren Rechtsprechung des BGH ist dies allerdings noch angezweifelt worden.[6] Danach wird bei einer als Publikumsgesellschaft ausgestalteten AG eine Ausschließung des Aktionärs aus wichtigem Grund, der in seiner Person liegt, in der Regel nicht möglich sein. Das liegt dann jedoch nur daran, dass in der Person des Gesellschafters begründete Umstände wegen der Struktur der Gesellschaft für diese nicht so bedeutend sind, dass ihr ein Verbleib der betreffenden Person als Gesellschafter nicht zuzumuten ist. Insoweit kommt es nicht auf die Person des Aktionärs an. Anders wird es bei personalistisch strukturierten Gesellschaften sein, bei denen die Person des Gesellschafters etwa wegen der erwarteten persönlichen Mitarbeit in der Gesellschaft wesentlich bedeutender ist als bei der typisch kapitalistisch strukturierten Gesellschaft.[7]

353 Voraussetzung für die Ausschließung eines Aktionärs aus einem in seiner Person liegenden wichtigen Grund ist ein **Hauptversammlungsbeschluss**, der mit einer Mehrheit von min-

---

4 Vgl näher zum Verfahren und zu den Voraussetzungen: Krieger in: Münchener Handbuch des Gesellschaftsrechts, Bd. 4, § 62.

5 Lutter in: Kölner Kommentar zum AktG, § 237 Rn 118 ff; Becker, ZGR 1986, 383.

6 BGHZ 9, 157 ff, 163; BGHZ 18, 350, 361, wobei in der letztgenannten Entscheidung die zuvor vertretene strikte Linie aufgeweicht und auf den Einzelfall abgestellt wird, dh auf die Ausprägung des kapitalistischen Charakters der Gesellschaft bzw auf die Bedeutung personalistischer Elemente.

7 Krieger in: Münchener Handbuch des Gesellschaftsrechts, Bd. 4, § 62 Rn 35.

destens von 3/4 des vertretenen Grundkapitals gefasst werden muss.[8] Dieser Hauptversammlungsbeschluss ist Grundlage für die von der Gesellschaft gegen den Aktionär zu erhebenden Ausschließungsklage. Die Ausschließung wird mit dem der Klage stattgebenden Urteil ausgesprochen.[9] In dem Ausschließungsurteil ist gleichzeitig der **Abfindungsanspruch** des auszuschließenden Aktionärs festzulegen, sofern die Aktien einen Wert haben. Er muss der Höhe des vollen wirtschaftlichen Wertes seiner Beteiligung entsprechen. Gleichzeitig legt das Ausschließungsurteil fest, in welchem Zeitraum die Abfindung zu zahlen ist. Es stellt den Ausschluss aus der Gesellschaft unter die aufschiebende Bedingung der Zahlung.[10]

f) Squeeze-out

Darüber hinaus sehen §§ 327 a ff AktG den **Ausschluss von Minderheitsaktionären** durch Mehrheitsaktionäre vor, denen Aktien der Gesellschaft in Höhe von 95 % des Grundkapitals gehören (sogenanntes Squeeze-out). Diese Möglichkeit besteht seit Ende 2001. Damit soll der unerwünschte Einfluss von Minderheitsaktionären zurückgedrängt werden. Dies war zuvor über das sogenannte **Delisting** erreicht worden, durch welches Aktienbeteiligungen im Rahmen eines sogenannten **Freeze-out** insbesondere durch eine restriktive Dividendenpolitik wirtschaftlich entwertet wurden.[11] Der BGH hat im Jahre 2005 die Squeeze-out-Regelungen in §§ 327 a ff AktG ausdrücklich als verfassungsgemäß bezeichnet, und zwar nach den Grundsätzen der Entscheidung des BVerfG vom 23.8.2000.[12] 354

Grundsätzlich reicht für das Squeeze-out ein **Hauptversammlungsbeschluss** der AG auf Verlangen des Hauptaktionärs (95 % des Grundkapitals, § 327 a Abs. 1 S. 1 AktG). Nach § 327 b Abs. 1 S. 1 AktG legt der Hauptaktionär die Höhe der Barabfindung fest, die die Verhältnisse der Gesellschaft im Zeitpunkt der Beschlussfassung der Hauptversammlung berücksichtigen muss. Der Beschluss der Hauptversammlung zur Übertragung der Aktien des Minderheitsaktionärs ist gemäß § 327 e Abs. 1 S. 1 AktG zur Eintragung in das Handelsregister anzumelden. Der Übertragungsbeschluss der Hauptversammlung ist nach § 327 f AktG nicht mit den in § 243 Abs. 2 AktG genannten Gründen anfechtbar, dh insbesondere nicht mit dem Argument, die festgelegte Barabfindung sei nicht angemessen. Vielmehr legt das in § 2 des Spruchverfahrensgesetzes bestimmte Gericht auf Antrag eine angemessene Barabfindung fest (§ 327 f S. 2 AktG). 355

Für die **Vorbereitung der Hauptversammlung**, auf der ein Squeeze-out-Beschluss gefasst werden soll, macht § 327 c AktG unterschiedliche Vorgaben. Unter anderem ist dies in dem Abs. 3 Nr. 2 der Vorschrift vorgesehen, dass von der Einberufung der Hauptversammlung an in dem Geschäftsraum der Gesellschaft zur Einsicht der Aktionäre die Jahresabschlüsse und Lageberichte für die letzten drei Geschäftsjahre auszulegen sind. Handelt es sich bei der betreffenden Aktiengesellschaft um einen Konzern, war bislang nahezu unumstritten, dass über den Wortlaut des § 327 c Abs. 3 Nr. 2 AktG hinaus keine Konzernabschlüsse nebst Jahresabschlüssen auszulegen sind. Dem Informationsbedürfnis der Minderheitsaktionäre werde dadurch Rechnung getragen, dass die Berichte, der Entwurf des Übertragungsbeschlusses sowie die Jahresabschlüsse und Lageberichte der Gesellschaft auszulegen 356

8 Becker, ZGR 1986, 383 f, 405.
9 Becker, ZGR 1986, 383 f, 406.
10 BGHZ 16, 317 ff 325; OLG Hamm DB 1992, 2181 ff.
11 Steck, AG 1998, 460; Pfüller/Anders, NZG 2003, 459, 462.
12 BGH NZG 2006, 117; BVerfG NJW 2001, 279.

seien. Dies entspreche auch der Rechtslage beim Unternehmensvertragsabschluss sowie bei der Eingliederung. Die Aufzählung dort sei abschließend.[13]

357 Für die **Holding** hat das OLG Celle aus § 327c Abs. 3 Nr. 2 AktG die Verpflichtung entnommen, Konzernabschlüsse, für die zeitlich bereits eine Aufstellungspflicht besteht, aufzustellen und auszulegen.[14] Mit Beschluss vom 16.11.2005 hat auch das OLG München die Frage behandelt, ob auch Konzernabschlüsse im Squeeze-out-Verfahren auszulegen sind. Es hat diese Frage zwar zunächst offengelassen, aber gleichwohl nicht ausgeschlossen, dass der Erfolg einer Anfechtungsklage wegen Fehlens eines Konzernabschlusses „durchaus denkbar wäre".[15] Es erscheint jedoch fraglich, ob der Konzernabschluss tatsächlich für die im Rahmen des Squeeze-out-Verfahrens ausgeschlossenen Minderheitsaktionäre weitergehende Erkenntnisquellen zur Prüfung der Angemessenheit der Barabfindung enthält als der in § 327c Abs. 3 Nr. 2 AktG vorgesehene Jahresabschluss der (ausschließenden) Gesellschaft.[16] Im Übrigen ist zweifelhaft, ob ein Verstoß gegen eine – angenommene Auslegungspflicht von Konzernabschlüssen – mit der Anfechtungsklage gegen den Ausschließungsbeschluss angreifbar ist. Ein solcher Fehler hat lediglich Bedeutung für das Spruchverfahren. Zunächst führt auch im Rahmen der Umwandlung die Verletzung anfechtungsbezogener Informationspflichten nicht zur Anfechtbarkeit des Umwandlungsbeschlusses.[17] Speziell zum Squeeze-out-Verfahren vertritt auch das OLG Köln die Auffassung, dass die Verletzung verwertungsbezogener Informationspflichten ausschließlich im Spruchverfahren geltend zu machen ist.[18]

358 Reichen nach einem Squeeze-out-Verfahren Minderheitsaktionäre gleichwohl ihre Inhaber-Aktien gegen Zahlung einer Abfindung ein, was in den letzen Jahren aus den unterschiedlichsten Motiven öfter vorgekommen ist, können diese Aktien für kraftlos erklärt werden. Das AktG sieht hierfür vor; zum einen die Kraftloserklärung abhanden gekommener oder vernichteter Aktien gem. § 72 AktG und zum anderen die Kraftloserklärung durch Veränderung der rechtlichen Verhältnisse unrichtig gewordener Aktien nach § 73 AktG. Welches Verfahren anzuwenden ist, ist umstritten. Die wohl hM wendet das Verfahren nach § 72 AktG an mit der Begründung, die gesetzliche Auswechslung des in der Aktie verbrieften Rechts, nämlich von der Gesellschaftsbeteiligung nach dem Squeeze-out in einen Abfindungsanspruch, begründe keine Unrichtigkeit iSv § 73 AktG.[19]

2. KGaA

359 Der **Komplementär** der KGaA kann gemäß § 289 Abs. 1 AktG, § 161 Abs. 2, 140 HGB durch Ausschließungsklage aus der Gesellschaft ausgeschlossen werden. Dieser Klage müssen alle übrigen Komplementäre zustimmen. Darüber hinaus ist erforderlich, dass die Kommanditaktionäre die Ausschließung mit einer 3/4-Mehrheit beschließen, soweit die Satzung nicht sogar eine größere Mehrheit vorsieht (§ 289 Abs. 4 S. 3 und 4 AktG).[20]

---

13 OLG Hamburg NZG 2003, 978, 981; OLG Hamburg, NStZ-RR 2004, 72; OLG Düsseldorf NZG 2005, 347, wobei die Nichtzulassungsbeschwerde der Revision hiergegen vom BGH (Az II 287/03) zurückgewiesen wurde; LG Regensburg Der Konzern 2004, 811 f; LG Hamburg NZG 2003, 787, 789; Hüffer, Aktiengesetz, § 327c Rn 6; Grunewald in: MüKo-AktG, § 327c Rn 17; sehr instruktiv Kort, NZG 2006, 604 f.

14 OLG Celle DB 2004, 301.

15 OLG München NZG 2006, 398, 399.

16 Vgl Dazu sehr instruktiv Kort, NZG 2006, 604, 605; Fuhrmann, Der Konzern 2004, 1, 3.

17 Kort, NZG 2006, 604, 606; BGH NZG 2001, 574; BGH NJW 2001, 1428.

18 OLG Köln Der Konzern 2004, 27.

19 Instruktiv zum Meinungsstreit und mit beachtlichen Argumenten gegen die hM: König, NZG 2006, 606 ff.

20 Herfs in: Münchener Handbuch des Gesellschaftsrechts, Bd. 4, § 77 Rn 38.

In der Satzung kann die Ausschließung in sehr weitem Umfang erschwert oder erleichtert werden. Ob allerdings ein Ausschluss – auch aus wichtigem Grund – abbedungen werden kann, ist umstritten. Meines Erachtens ist dies nicht möglich.[21] Das oben unter Rn 354 ff beschriebene Squeeze-out-Verfahren gilt gemäß § 327 a Abs. 1 S. 1 AktG auch für die KGaA. 360

Die Satzung kann auf das Erfordernis der Ausschließungsklage verzichten.[22] Dann wird der Komplementär bzw werden die Kommanditaktionäre mit Bekanntgabe des Beschlusses aus der Gesellschaft ausgeschlossen. 361

3. GmbH

a) Gesetzliche Regelungen über den Ausschluss

Das GmbHG sieht die Möglichkeit des Ausschlusses eines Gesellschafters in § 21 Abs. 1 und 2 GmbHG für den Fall vor, dass er mit der Einzahlung auf seine Stammeinlage säumig ist und er daraufhin erneut zur Zahlung binnen einer zu bestimmenden Nachfrist unter Androhung seines Ausschlusses mit dem Geschäftsanteil, auf welchen die Zahlung zu erfolgen hat, zur Zahlung aufgefordert wird. Nach § 21 Abs. 1 S. 2 GmbHG ist die Aufforderung mittels eingeschriebenen Briefes vorzunehmen. Die Nachfrist muss mindestens 1 Monat betragen (§ 21 Abs. 1 S. 3 GmbHG). Reagiert der betreffende Gesellschafter innerhalb der Nachfrist auf diese Aufforderung nicht, ist er gemäß § 21 Abs. 2 GmbHG mittels eingeschriebenen Briefes „seines Geschäftsanteils und der geleisteten Teilzahlungen zugunsten der Gesellschaft für verlustig" zu erklären. 362

Entsprechendes gilt gemäß § 28 GmbHG für den Fall, dass in der Satzung eine beschränkte Nachschusspflicht geregelt ist. Kommt der Gesellschafter einer unbeschränkten Nachschusspflicht nicht nach, bestimmt § 27 GmbHG nicht seinen Ausschluss, sondern beschränkt ihn auf die Zahlungspflicht, von der er sich befreien kann, wenn er seinen Geschäftsanteil zur Verfügung stellt. 363

Darüber hinaus kommt die **Zwangseinziehung** des Geschäftsanteils gemäß § 34 GmbHG in Betracht, soweit sie im Gesellschaftsvertrag zugelassen ist. Ohne Zustimmung des Gesellschafters findet sie jedoch gemäß § 34 Abs. 2 GmbHG nur statt, wenn ihre Voraussetzungen vor dem Zeitpunkt, in welchem der Berechtigte den Geschäftsanteil erworben hat, im Gesellschaftsvertrag festgelegt waren. Insofern ist diese Situation derjenigen nach § 237 AktG ähnlich (siehe oben Rn 343). 364

Den **Ausschluss von Minderheitsgesellschaftern** im Wege des sogenannten Squeeze-out (§§ 327 a ff AktG) sieht das GmbHG nicht vor. Um diese Möglichkeit nutzen zu können, müsste die GmbH zunächst gemäß §§ 226 ff. UmwG in eine AG formgewechselt werden. 365

Darüber hinaus kann die Satzung weitere Gründe für den Ausschluss eines Gesellschafters vorsehen. 366

b) Ausschluss aus wichtigem Grund

Anders als bei der AG steht es der GmbH unbestritten zu, einen Gesellschafter aus einem in seiner Person oder in seinem Verhalten liegenden wichtigen Grund auszuschließen, auch wenn eine entsprechende satzungsmäßige Grundlage fehlt. Den verbleibenden Gesellschaf- 367

21 Vgl zum Streit: Herfs in: Münchener Handbuch des Gesellschaftsrechts, Bd. 4, § 77 Rn 39 mit Fn 103.
22 BGHZ 107, 351, 356.

tern muss die **Fortsetzung der Gesellschaft** mit dem betreffenden Gesellschafter jedoch **unzumutbar** sein.[23]

368 Wann ein Grund in der Person eines Gesellschafters so wichtig ist, dass das Verbleiben dieses Gesellschafters den Mitgesellschaftern nicht mehr zumutbar ist, richtet sich zunächst danach, in welchem Maße die Gesellschaft kapitalistisch bzw personalistisch strukturiert ist. Es gilt der Grundsatz: Je kapitalistischer die Gesellschaft strukturiert ist, umso strengere Anforderungen sind an den wichtigen Grund zu stellen.[24] Grundsätzlich kommt es auf das Verschulden des Gesellschafters und Mitverschulden seiner Mitgesellschafter an. Allerdings stehen fehlendes Verschulden des auszuschließenden Gesellschafters oder Mitverschulden der übrigen Gesellschafter seinem Ausschluss nicht zwingend entgegen. Hier kann es darauf ankommen, wer einen Streit bzw das Zerwürfnis provoziert hat.[25]

369 Als verhaltens-/personenbedingte Gründe ist vor allem auf **schwere Pflichtverletzungen** abzustellen. Daneben können aber auch zahlreiche kleinere Pflichtverstöße dazu führen, dass die Fortsetzung der Gesellschaft mit dem betreffenden Gesellschafter unzumutbar wird.[26] Neben geschäftsschädigendem Auftreten des Gesellschafters in der Öffentlichkeit sind häufig Wettbewerbsverstöße der Grund für seinen Ausschluss. Dabei reicht nicht die bloße Unterbeteiligung an einem Konkurrenzunternehmen.[27] Eine Ausschließung kommt erst in Betracht, wenn der Gesellschafter dem unterbeteiligten Konkurrenten in gesellschaftsschädlicher Weise zu Diensten ist.[28] Fehltritte des Gesellschafters im rein privaten Bereich rechtfertigen allenfalls dann einen Ausschluss aus der Gesellschaft, wenn sie auch geschäftsschädigend sind oder sich gegen einen Mitgesellschafter richten.[29] Ein wichtiger Grund für den Ausschluss eines Gesellschafters kann darüber hinaus im Verlust einer satzungsmäßig geforderten persönlichen Eigenschaft liegen, etwa einer bestimmten Familienzugehörigkeit. Es kann insoweit auch auf die Person des Treuhänders oder Vertreters des auszuschließenden Gesellschafters ankommen, wenn keine Möglichkeit zur zeitnahen Abberufung besteht.[30]

370 Aus dem Umstand, dass die Ausschließung nur gerechtfertigt ist, wenn das Verbleiben des Gesellschafters den übrigen Gesellschaftern nicht mehr zumutbar ist, folgt, dass der Ausschluss nur ultima ratio sein kann. Dies gilt selbst dann, wenn der Ausschluss in der Satzung vorgesehen ist.[31] Die Ausschließung ist deshalb unzulässig, wenn den Mitgesellschaftern zuzumuten ist, dass der andere Gesellschafter seinen Geschäftsanteil einem Treuhänder überträgt oder wenn dem anderen Gesellschafter bestimmte Sonderrechte – etwa auf Geschäftsführung – entzogen werden. Insbesondere bei einem querulatorischen Mitgesellschafter, der seine Sperrminorität missbraucht, ist zu überlegen, ob sein Geschäftsanteil zum Teil eingezogen wird, so dass er nicht mehr über eine Sperrminorität verfügt.[32] Die Ausschließung ist deshalb auch dann unzulässig, wenn die Satzung eine als vorrangige

23 BGHZ 16, 317, 322 ff; OLG Düsseldorf GmbHR 1999, 543 ff, 546.
24 Kort in: Münchener Handbuch des Gesellschaftsrechts, Bd. 3, § 29 Rn 37.
25 BGH DB 1990, 929.
26 OLG Brandenburg GmbHR 1998, 194 ff; OLG Dresden NZG 2001, 809.
27 OLG Frankfurt DB 1992, 2489, 2491.
28 Lutter/Hommelhoff, GmbHG, § 34 Rn 34.
29 Baumbach/Hueck, GmbHG, Anhang § 34 Rn 3.
30 Baumbach/Hueck, GmbHG, Anhang § 34 Rn 5.
31 Kort in: Münchener Handbuch des Gesellschaftsrechts, Bd. 3, § 29 Rn 40.
32 Kort in: Münchener Handbuch des Gesellschaftsrechts, Bd. 3, § 29 Rn 41.

Sanktion die Zwangseinziehung oder die Verpflichtung zur Abtretung des Geschäftsanteils des betreffenden Gesellschafters anordnet.[33]

Die Satzung kann das Recht zur Ausschließung modifizieren, insbesondere verfahrensrechtlich erschweren oder erleichtern. Ganz beseitigen kann die Satzung das Recht zur Ausschließung aus wichtigem Grund jedoch nicht.[34] Bei der Beurteilung eines als Ausschließungsgrund geltend gemachten Sachverhalts kommt es bei einer **zweigliedrigen GmbH** auch darauf an, ob der die Ausschließung betreibende Mitgesellschafter seinerseits seine gesellschaftsrechtlichen Pflichten befolgt hat, sodass ihn nicht eine überwiegende oder zumindest mitwirkende Verantwortlichkeit am Fehlverhalten des anderen Gesellschafters trifft.[35] 371

c) Verfahren

aa) Satzungsregelung. Die Satzung kann nicht nur wichtige oder sonstige Ausschließungsgründe bestimmen, sondern auch Verfahrensmodalitäten festlegen. Insbesondere kann in Abweichung der gesetzlichen Regelungen bestimmt werden, dass für die Ausschließung ein Beschluss der Gesellschafterversammlung ausreicht und deshalb einer entsprechenden Klage nicht bedarf. Der Beschluss über die Ausschließung ist rechtsgestaltend.[36] 372

bb) Keine Satzungsregelung über Verfahren. Fehlt eine entsprechende Satzungsregelung über das Verfahren der Ausschließung, insbesondere auch über die Mehrheiten, ist das Verfahren der Ausschließung nach der Rechtsprechung stets zweistufig: Erforderlich sind ein Gesellschafterbeschluss über die Erhebung einer Ausschließungsklage und ein Ausschließungsurteil.[37] 373

Umstritten war lange Zeit, **mit welcher Mehrheit** mangels Satzungsregelung der Ausschließungsbeschluss gefasst werden konnte bzw musste. Mit Rücksicht auf die nachgeschaltete gerichtliche Kontrolle durch das Ausschließungsurteil wird vielfach vertreten, dass eine einfache Mehrheit ausreichend ist, wobei selbstverständlich der auszuschließende Gesellschafter nicht mitstimmen darf. Anders soll es nur sein, wenn die Satzung auf das Erfordernis der Ausschließungsklage verzichtet.[38] Mit seinen Entscheidungen vom 13.1.2003 hat der BGH jedoch an seiner bisherigen Rechtsprechung ausdrücklich festgehalten, wonach ein Gesellschafterbeschluss über die Erhebung einer Ausschließungsklage gegen einen Mitgesellschafter aus wichtigem Grund in Anlehnung an § 60 Abs. 1 Nr. 2 GmbHG mit einer qualifizierten Mehrheit von 3/4 der abgegebenen Stimmen unter Ausschluss derjenigen des Betroffenen gefasst werden muss.[39] 374

Abweichend vom Vorstehenden ist bei der **Zwei-Personen-GmbH** auch ohne Satzungsbestimmung über das Verfahren der Ausschließung eine Beschlussfassung über die Ausschließung nicht erforderlich.[40] In der zweigliedrigen GmbH wäre eine Beschlussfassung über die Ausschließung eines Gesellschafters Förmelei der aus wichtigem Grund ausgeschlossene Gesellschafter hat ohnehin bei diesem Beschluss kein Stimmrecht. Er ist hinreichend ge- 375

---

33 OLG Jena NZG 2006, 36, 37 zwar zur Zwei-Personen-GmbH, aber wegen des Charakters der Ausschließung als ultima ratio übertragbar auf alle GmbHs.
34 OLG Jena NZG 2006, 36, 37; Winter in: Scholz, GmbHG, § 15 Rn 152 und wN.
35 BGH NJW 1999, 3779 f; BGH NJW 1995, 1358; OLG Jena NZG 2006, 36.
36 BGH GmbHR 1991, 362.
37 St Rspr des BGH: BGHZ 9, 157 ff, 166; BGH NJW 2000, 141; BGH NZG 2003, 284 ff.
38 Vgl Kort in: Münchener Handbuch des Gesellschaftsrechts, Bd. 3, § 29 Rn 43; LG Köln GmbHR 2000, 141 ff; Winter in: Scholz, GmbHG, § 15 Rn 140, der generell eine einfache Mehrheit für ausreichend hält.
39 BGH NZG 2003, 284; NZG 2003, 286 ff; kritisch dazu Bärwaldt, NZG 2003, 261 ff.
40 BGH NJW 1999, 3779 f in Abweichung von BGHZ 16, 317, 322; Goette, DStR 2001, 533; Kort in: Münchener Handbuch des Gesellschaftsrechts, Bd. 3, § 29 Rn 43.

schützt durch die richterliche Entscheidungskompetenz über das Vorliegen eines Ausschließungsgrundes. Deswegen muss dem auszuschließenden Gesellschafter vor Klageerhebung zu den gegen ihn erhobenen Vorwürfen auch kein rechtliches Gehör gewährt werden. Ausreichend ist, dass sich der ausgeschlossene Gesellschafter im Rahmen der Ausschließungsklage angemessenes rechtliches Gehör verschaffen kann.[41]

376 In **formeller Hinsicht** ist bei der Ausschließung aus wichtigem Grund nur dann der Ausschließungsbeschluss zu beurkunden, wenn der auszuschließende Gesellschafter namentlich in der Satzung genannt ist.[42]

377 Ist die Ausschließungsklage nicht durch Satzung ausgeschlossen, ist sie im Anschluss an den Gesellschafterbeschluss über den Ausschluss zu erheben. Während des Prozesses behält der ausgeschlossene Gesellschafter seine Mitgliedschaftsrechte.[43]

4. Personengesellschaften

378 Nach der gesetzlichen Regelung in §§ 140 Abs. 1, 133 HGB für die OHG und § 100 iVm § 161 Abs. 2 HGB für die KG erfolgt die Ausschließung aus in der Person des betreffenden Gesellschafters liegendem wichtigen Grund nicht zweistufig – wie mangels abweichender Satzungsregelung bei der GmbH oder in der Zwei-Personen-GmbH –, sondern allein durch Erhebung der Ausschließungsklage. Diese ist Gestaltungsklage, so dass der betreffende Gesellschafter mit Rechtskraft des zusprechenden Urteils aus der Gesellschaft ausscheidet. Ein Ausschluss des Gesellschafters im Wege der einstweiligen Verfügung ist nicht möglich. Bis zur Rechtskraft des Ausschlussurteils kann allerdings eine vorläufige Regelung herbeigeführt werden.[44]

a) Verfahrensregelungen

379 § 140 HGB ist nicht zwingend, sondern lässt Abweichungen in der Satzung zu.[45] So kann im Gesellschaftsvertrag ein bestimmtes Ausschließungsverfahren geregelt werden. Insbesondere kann die Ausschließung durch bloßen Gesellschafterbeschluss der übrigen Gesellschafter vorgesehen werden. Dabei hat der Auszuschließende kein Stimmrecht.[46] Denkbar ist darüber hinaus ein einseitiges Ausschließungsrecht eines einzelnen Gesellschafters gegen andere mit der Folge des Ausscheidens des Gekündigten.[47] Das kann aber in keinem Fall so weit gehen, dass eine Ausschließung ohne wichtigen Grund erfolgen kann.[48]

b) Ausschließungsgründe

380 Die Ausschließungsklage kann mit in der **Person** des auszuschließenden Gesellschafters liegenden Umständen begründet werden, die nach § 133 HGB für die übrigen Gesellschafter das Recht geben, die Auflösung der Gesellschaft zu verlangen. Voraussetzung ist das Vorliegen eines wichtigen Grundes gemäß § 133 Abs. 1 HGB. Der wichtige Grund ist in § 133 Abs. 2 HGB näher definiert. Er liegt vor, wenn ein anderer Gesellschafter ihm eine nach dem Gesellschaftsvertrag obliegende wesentliche Verpflichtung vorsätzlich oder aus grober Fahrlässigkeit verletzt oder wenn die Erfüllung einer solchen Verpflichtung unmöglich

41 OLG Jena NZG 2006, 36 f.
42 Tschering, GmbHR 1999, 691 ff, 696.
43 Kort in: Münchener Handbuch des Gesellschaftsrechts, Bd. 3, § 29 Rn 44.
44 Piehler/Schulte in: Münchener Handbuch des Gesellschaftsrechts Bd. 1, § 74 Rn 51.
45 Baumbach/Hopt, HGB, § 140 Rn 28.
46 Baumbach/Hopt, HGB, § 140 Rn 30, § 119 Rn 8; BGHZ 68, 214.
47 BGHZ 81, 264; BGHZ 107, 356.
48 Baumbach/Hopt, HGB, § 140 Rn 31.

wird. Die personen- bzw verhaltensbedingten wichtigen Gründe sind denen bei der Ausschließung aus der GmbH vergleichbar. Insoweit wird auf den vorhergehenden Unterpunkt verwiesen.[49] In der regelmäßig personalistischen Struktur der Personenhandelsgesellschaft liegt ein wichtiger Grund eher vor als bei einer kapitalistisch geprägten Gesellschaft. Umgekehrt ist deshalb der Ausschluss eines nur kapitalistisch beteiligten Kommanditisten – insbesondere in einer Publikumsgesellschaft – aufgrund persönlicher Spannungen oder nur in besonders schwerwiegenden Fällen zulässig.[50]

Verschulden des auszuschließenden Gesellschafters bzw Mitverschulden der übrigen Ge- 381
sellschafter spielt nicht zwingend eine Rolle, ist aber im Rahmen der **Abwägung** zu berücksichtigen.[51] Darüber hinaus kann der Vermögensverfall ein Grund für die Ausschließung eines Gesellschafters aus seiner Personenhandelsgesellschaft sein.[52]

Bei der Abwägung ist weiter zu berücksichtigen, dass die Ausschließung nicht Strafe für 382
den ausgeschlossenen Gesellschafter sein, sondern die **Gesellschaft vor der Auflösung sichern** soll.[53] Insofern sind bei der Ausschließung die gesamten Beziehungen zwischen den Gesellschaftern umfassend zu würdigen.[54] Im Hinblick auf diesen Zweck der Ausschließungsklage dürfen die Gesellschafter die Ausschließung nicht dazu ausnutzen, einen Gesellschafter unter dem vollen Wert seiner Beteiligung auszuschließen und abzufinden, während sie selbst das Unternehmen lediglich liquidieren wollen und eine ordnungsgemäße Liquidation durch den Auszuschließenden nicht gerade verhindert wird.[55] Im Rahmen der Zumutbarkeitsprüfung für den Ausschluss eines Gesellschafters sind die persönlichen und wirtschaftlichen Folgen des Ausschlusses für den davon betroffenen Gesellschafter zu würdigen ebenso wie dessen Leistungen für die Gesellschaft. Die Höhe bzw die Angemessenheit der im Vertrag für den Fall der Ausschließung vorgesehenen Abfindung ist dagegen nicht zu berücksichtigen. Die Höhe der Abfindung ist getrennt von der Zulässigkeit des Ausschlusses zu prüfen.[56]

Die vollständige Abbedingung der Voraussetzungen für die Ausschließung gemäß § 133 383
Abs. 3 HGB ist nicht möglich. Allerdings kann die Ausschließung erleichtert werden. Die Ausschließungsgründe müssen dann jedoch genau umschrieben werden. Ebenso wie bei der GmbH ist die Ausschließung ultima ratio, so dass mildere Mittel vorrangig sind.[57]

Die Ausschließungsklage ist auch in einer **Zwei-Personen-Handelsgesellschaft** möglich, wie 384
sich aus § 140 Abs. 1 S. 2 HGB ergibt. Damit ist aber nicht gesagt, dass für die Ausschließung aus der zweigliedrigen Gesellschaft dieselben wichtigen Gründe erforderlich sind wie für die Ausschließung aus einer mehrgliedrigen Gesellschaft.[58] Die Ausschließung aus der Zwei-Personen-Handelsgesellschaft ist vielmehr nach der schon bisher herrschenden Meinung nur bei Vorliegen eines vergleichsweise besonders wichtigen Grundes möglich.[59]

49 Vgl zu wichtigen Gründen BGHZ 6, 113 ff; BGHZ 31, 295 ff; BGHZ 80, 350; BGH WM 1985, 997.
50 BGH NJW 1998, 146.
51 Piehler/Schulte in: Münchener Handbuch des Gesellschaftsrechts, Bd. 1, § 74 Rn 39.
52 BGH LM Nr. 2 zu § 140 HGB.
53 BGHZ 1, 324 ff, 333.
54 Zu weiteren wichtigen Gründen ausführlich: Piehler/Schulte in: Münchener Handbuch des Gesellschaftsrechts, Bd.1, § 74 Rn 39.
55 Piehler/Schulter in: Münchener Handbuch des Gesellschaftsrechts Bd. 1, § 74 Rn 44.
56 BGH BB 1989, 1499 ff.
57 BGH WM 1980, 1682 ff; Piehler/Schulte in: Münchener Handbuch des Gesellschaftsrechts, Bd. 1, § 74 Rn 47.
58 BT Drucks. 13/8444, Begr. zu Nr. 32.
59 BGHZ 4, 108 ff; näher Piehler/Schulte in: Münchener Handbuch des Gesellschaftsrechts, Bd. 1, § 74 Rn 50.

5. GbR

385 § 737 BGB regelt den Ausschluss eines Gesellschafters aus der GbR. Nach Satz 1 dieser Vorschrift ist der Ausschluss eines Gesellschafters unter Fortbestand der Gesellschaft im Übrigen nur bei einer entsprechenden Satzungsregelung möglich und zudem, wenn in der Person des auszuschließenden Gesellschafters ein die übrigen Gesellschafter nach § 723 Abs. 1 S. 2 BGB zur Kündigung berechtigender Umstand eintritt.

386 Im Mai 2007 hat der BGH nochmals betont, ein Mitgesellschafter könne grundsätzlich ohne Vorhandensein eines sachlichen Grundes aus einer Gesellschaft nicht ausgeschlossen werden. Die Ausschließung ohne Vorhandensein eines sachlichen Grundes sei allerdings ausnahmsweise dann nicht sittenwidrig, wenn ein neuer Gesellschafter in seit langer Zeit bestehende Vertragsarztpraxis (GbR) aufgenommen werde und das Ausschließungsrecht allein dazu diene, dem Aufnehmenden binnen einer angemessenen Frist die Prüfung zu ermöglichen, ob zu den neuen Partnern das notwendige Vertrauen hergestellt werden kann und ob die Gesellschafter auf Dauer in der für die gemeinsamen Berufsausübung erforderlichen Weise harmonieren können; eine Prüfungsfrist von 10 Jahren überschreite jedoch den anzuerkennenden Rahmen bei Weitem. Bei einer im Jahr 2000 nach dem zu dieser Zeit gültigen Zulassungsrecht gegründeten ärztlichen Gemeinschaftspraxis betrage die höchstzulässige Frist, innerhalb derer der aufnehmende Vertragsarzt prüfen könne, ob eine vertrauensvolle Zusammenarbeit mit dem eintretenden Vertragsarzt auf Dauer möglich sei, drei Jahre.[60]

a) Verfahren

387 Gemäß § 737 S. 2 BGB steht den übrigen Gesellschaftern das **Ausschließungsrecht gemeinschaftlich** zu und erfolgt nach S. 3 der Vorschrift durch Erklärung gegenüber dem auszuschließenden Gesellschafter. Mangels abweichender Regelung in der Satzung erfordert die Ausschließung einen einstimmigen Gesellschafterbeschluss aller übrigen Gesellschafter.[61] Denkbar ist eine Abweichung von der gesetzlichen Regelung im Hinblick auf die erforderlichen Mehrheiten. Insofern ist ein Mehrheitsbeschluss zulässig.[62] Bei der Ausschließung – hier aus wichtigem Grund – ist der auszuschließende Gesellschafter nicht stimmberechtigt.[63]

388 Im Einzelfall kann sich aus der gesellschaftsrechtlichen Treupflicht die Verpflichtung der übrigen Gesellschafter zur Zustimmung zum Ausschließungsbeschluss ergeben.[64] Umstritten ist, ob dem Auszuschließenden vor dem Ausschließungsbeschluss rechtliches Gehör zu gewähren ist.[65] Dies ist in jedem Fall zu empfehlen.

b) Ausschließungsgründe

389 Ausschließungsgründe sind in Form von Regelbeispielen in § 723 Abs. 1 S. 3 BGB genannt. Ein wichtiger Grund liegt danach insbesondere vor, wenn der Gesellschafter eine ihm nach dem Gesellschaftsvertrag obliegende wesentliche Verpflichtung vorsätzlich oder aus grober Fahrlässigkeit verletzt oder wenn die Erfüllung einer solchen Verpflichtung unmöglich wird oder wenn der Gesellschafter das 18. Lebensjahr vollendet hat.

---

60 BGH BB 2007, 1578 f.
61 Palandt/Sprau, 63. Aufl. 2004, § 737 Rn 3.
62 OLG Köln NZG 2000, 834.
63 Palandt/Sprau, 63. Aufl. 2004, § 737 Rn 3.
64 RGZ 162, 388, 395 ff; BGH NJW 197, 1013.
65 Vgl dazu Palandt/Sprau, 63. Aufl. 2004, § 737 Rn 3.

Der Ausschluss setzt als ultima ratio voraus, dass die Fortsetzung der Gesellschaft mit ihm für die übrigen Gesellschafter unzumutbar wird. Insoweit ist eine **umfassende Interessenabwägung** erforderlich.[66] Auch hier kommt eine Treuhand für den Gesellschaftsanteil in Betracht. Milderes Mittel im Verhältnis zur Ausschließung kann die Entziehung der Geschäftsführungsbefugnis bzw der Vertretungsmacht sein. Insofern wird auf die Ausführung oben Rn 378 ff verwiesen. Daraus folgt umgekehrt, dass ein wichtiger Grund iSd § 712 BGB, der zur Entziehung und Kündigung der Geschäftsführungsbefugnis ausreicht, noch kein hinreichender Grund für den Ausschluss aus der Gesellschaft ist. 390

Wie bei der Personenhandelsgesellschaft ist der Ausschluss keine Strafe. Er dient nur dazu, eine lebensfähige Gesellschaft zu erhalten. In Folge dessen kommt es nicht maßgeblich auf das Verschulden des auszuschließenden Gesellschafters an.[67] Gleichwohl kommt eine Ausschließung nur bei einer überwiegenden Verursachung des Zerwürfnisses durch den auszuschließenden Gesellschafter in Betracht.[68] 391

§ 737 BGB ist insoweit abdingbar, als auch der Ausschluss ohne wichtigen Grund in der Satzung vorgesehen werden kann. Weil darin jedoch ein gravierender Eingriff in die Mitgliedschaftsrechte der Gesellschafter liegt (Kernbereich), muss die entsprechende Satzungsregelung eindeutig und bestimmt sein. Zudem müssen im Einzelfall außergewöhnliche Gründe vorliegen, die dem Ausschließungsbeschluss zumindest eine sachliche Rechtfertigung geben.[69] Insofern ist auch eine Vereinbarung im Gesellschaftsvertrag, wonach Gesellschafter durch Mehrheitsbeschluss ohne wichtigen Grund ausgeschlossen werden könnten, unzulässig. Gleiches gilt grundsätzlich für die gesetzliche Ermächtigung eines Gesellschafters, einen Mitgesellschafter nach freiem Ermessen auszuschließen.[70] 392

Bei der **Zwei-Personen-GbR** ist § 737 BGB nicht anwendbar. Dann besteht jedoch ein **Übernahmerecht** kraft Gesetzes analog § 140 Abs. 1 S. 2 HGB, wenn in der Person eines Gesellschafters ein Ausschließungsgrund vorliegt und der Gesellschaftsvertrag eine Übernahmevereinbarung enthält, und zwar auch dann, wenn die GbR kein Gewerbe betreibt.[71] Das Übernahmerecht ist durch Erklärung gegenüber dem anderen Gesellschafter auszuüben. Ein Gesellschafterbeschluss ist hierzu nicht erforderlich.[72] Dasselbe gilt, wenn in der Person aller übrigen Gesellschafter ein Ausschließungsgrund vorliegt.[73] 393

Besonderheiten für das Vorliegen eines wichtigen Grundes zur Kündigung bestehen bei der **zweigliedrigen GbR** – ebenso wie bei zweigliedrigen GmbH und Personengesellschaft. Zwar kann die zweigliedrige GbR auch aus wichtigem Grund gekündigt werden, wenn dem kündigenden Gesellschafter nach der Gesamtwürdigung sämtliche Umstände einer Fortsetzung des Gesellschaftsverhältnisses nicht zurückweist. Die Frage der Zumutbarkeit kann jedoch bei der Zwei-Personen-GbR nicht ohne Berücksichtigung der beiderseitigen Verhaltensweisen der Gesellschafter beantwortet werden. Dies gilt bei wechselseitigen Kündigungen auch dann, wenn das vorangegangene Fehlverhalten des kündigenden Gesellschafters nicht so schwerwiegend ist, dass es die fristlose Kündigung seines Mitgesellschafters rechtfertigt. Die unwirksame fristlose Kündigung eines Gesellschafters kann nicht als wichtiger Grund 394

66 BGHZ 31, 295 ff.
67 BGH LM Nr. 2, zu § 140 BGB.
68 BGH NZG 2003, 625 ff, 627.
69 BGH NJW-RR 1996, 234.
70 BGH NJW 1979, 104.
71 BGH NJW 1966, 827; Palandt/Sprau, § 737 Rn 1; OLG Frankfurt/M. NJW-RR 2006, 405, OLG München NZG 1998, 937, streitig.
72 OLG Hamm NJW-RR 2000, 482.
73 Palandt/Sprau, § 737 Rn 1.

für die Kündigung des anderen Gesellschafters bewertet werden, ohne dessen vorangegangenes Fehlverhalten in die Gesamtabwägung einzubeziehen. Dabei kann auch dem Umstand Rechnung getragen werden, dass die Folgen einer fristlosen Kündigung für den einen Gesellschafter weit schwerer sind als für den anderen Gesellschafter, etwa weil der eine nicht seinen Gesellschaftsanteil zugleich den auf dem Gesellschaftsgrundstück errichteten Betrieb und demzufolge die Existenzgrundlage seiner Familie verlieren würde.[74]

II. Beratung

395 Im Rahmen der vorbeugenden Beratung der Gesellschaft kann sich insbesondere die Frage stellen, ob und ggf welche Regelungen in die Satzung aufgenommen werden sollen, um eine Ausschließung des Gesellschafters zu erleichtern oder zu erschweren.

1. AG, KGaA

396 § 237 AktG ist grundsätzlich nicht abdingbar, gibt jedoch Möglichkeiten zur Gestaltung der Satzung. Soll eine Zwangseinziehung später möglich sein, ist dieses gemäß § 237 Abs. 2 S. 1 AktG in der Satzung festzulegen. Außerdem kann in der Satzung eine **Regelung über das Einziehungsverfahren** getroffen werden, etwa die angeordnete Zwangseinziehung bzw gestattete Zwangseinziehung. Die Satzung kann weitgehend frei bestimmen, unter welchen Voraussetzungen die Zwangseinziehung angeordnet werden soll, etwa bzgl aller Aktien oder nur einer bestimmten Gattung zu einem bestimmten Zeitpunkt, die Einziehung einer bestimmtem Menge etc. Denkbar ist auch eine Satzungsregelung zur Einziehung auf Verlangen von Aktionären oder zur Einziehung im Falle einer Pfändung oder Eröffnung eines Insolvenzverfahrens über das Vermögen eines Aktionärs.[75] Nach heute herrschender Meinung ist auch regelbar, dass nur die Einziehung der Aktien bestimmter Aktionäre angeordnet werden kann.[76] Bei der gestatteten Zwangseinziehung ist eine Satzungsregelung über die Voraussetzung und die weiteren Modalitäten möglich. Im Gegensatz zur angeordneten Zwangseinziehung können hier die Voraussetzungen der Einziehung in das Ermessen der Hauptversammlung gestellt werden (§ 237 Abs. 2 S. 2 AktG). Dies ist allerdings nicht zu empfehlen, da insoweit Streit über die richtige Ausübung des Ermessens vorprogrammiert ist. Grundsätzlich sollten alle Einziehungsgründe so präzise wie möglich gefasst werden. Im Wege einer Öffnungsklausel können darüber hinausgehende Einziehungsmöglichkeiten in das Ermessen der Hauptversammlung gestellt werden. Entsprechendes gilt für die KGaA.

2. GmbH

397 Auch bei der GmbH können die Voraussetzungen und Rechtsfolgen sowie das Verfahren des Ausschlusses in der Satzung geregelt werden. Der Ausschluss muss nicht auf das Vorliegen eines wichtigen Grundes in der Person des auszuschließenden Gesellschafters beschränkt sein. Es empfiehlt sich aber, zur Vermeidung von Streitigkeiten über das Vorliegen bestimmter **Ausschlussgründe** die Gründe für die Ausschließung möglichst **konkret und bestimmt** zu formulieren, möglichst in Form von Regelbeispielen. Als Verfahrensregel bietet sich in der GmbH-Satzung zur Vermeidung des ansonsten durchzuführenden zeitraubenden

---

74 BB 2006, 176 f; BGH WM 2005, 1752 f; BGH ZIP 2002, 570 f.
75 Lutter in: Kölner Kommentar zum AktG, § 237 Rn 36 f; Krieger in: Münchener Handbuch des Gesellschaftsrechts, Bd. 4, § 62 Rn 8.
76 Krieger in: Münchener Handbuch des Gesellschaftsrechts, Bd. 4, § 62 Rn 8.

zweistufigen Verfahrens eine Regelung an, wonach der Ausschluss durch rechtsgestaltenden Gesellschafterbeschluss herbeigeführt werden kann, ohne dass es zusätzlich einer Ausschließungsklage bedarf.[77] Eine Satzungsregelung über die Möglichkeit einer Einziehung von Geschäftsanteilen als solche ist allerdings noch keine Regelung in dem oben genannten Sinne. Diese bedarf einer präzisen Formulierung.[78]

Wird aufgrund einer Satzungsbestimmung der Ausschluss per Beschluss vollzogen, emp- 398
fiehlt sich in der Satzung eine **Klarstellung**, dass die Ausschließung nicht unter der aufschiebenden Bedingung der Zahlung einer Abfindung steht.[79] In gewissen Grenzen ist es sogar möglich, in der Satzung die Wirksamkeit des Ausschließungsbeschlusses von der Abfindungsregelung und -zahlung unabhängig zu machen. Die Beschränkung des auszuschließenden Gesellschafters auf eine Abfindung zum Buchwert ist nicht möglich, wenn zwischen dem Buchwert und dem Verkehrswert der Beteiligung ein grobes Missverhältnis entstanden ist. Dann ist die Abfindung anzupassen.[80]

Von besonderer Bedeutung ist die Möglichkeit, in der GmbH-Satzung **Mehrheitserforder-** 399
nisse für den Ausschließungsbeschluss festzulegen. Dies gilt vor allem vor dem Hintergrund der jüngsten Rechtsprechung des BGH,[81] wonach der Beschluss der Gesellschafterversammlung der GmbH über die Erhebung der Ausschließungsklage mangels abweichender Satzungsbestimmung einer qualifizierten Mehrheit von ¾ der abgegebenen Stimmen bedarf. Diese Rechtsprechung wird in der Literatur heftig kritisiert. Die Kritik entzündet sich insbesondere an der Auffassung des BGH, das qualifizierte Mehrheitserfordernis ergebe sich in Anlehnung an § 60 Abs. 1 Nr. 2 GmbHG, wonach ein Beschluss der Gesellschafter über die Auflösung der GmbH einer identischen Mehrheit bedarf. Dem Argument der Gegenansicht, § 61 Abs. 2 GmbHG gestehe einer Gesellschafterminderheit von mindestens 10 % des Stammkapitals das Recht zur Erhebung der Auflösungsklage aus wichtigem Grund zu, entgegnet der BGH mit dem Hinweis, diese Vorschrift setze für die Erhebung der Auflösungsklage einen wichtigen Grund voraus, der der Unmöglichkeit der Erreichung des Gesellschaftszweckes gleich komme, also ein besonders wichtiger Grund sei. Aus dieser Rechtsprechung ergeben sich jedoch Wertungswidersprüche. Danach ist die Ausschließung ohne Satzungsregelung ohne wichtigen Grund (nämlich zB aus einfachem Grund) gegen den Willen des Betroffenen überhaupt nicht möglich. Liegt dagegen ein wichtiger Grund vor, soll mangels Satzungsregelung eine Mehrheit von 75 % der abgegebenen Stimmen erforderlich sein. Liegt darüber hinaus ein besonders wichtiger Grund vor (nämlich für die Ausschließungsklage), bedarf es lediglich der Zustimmung von 10 % des Stammkapitals gemäß § 61 Abs. 1 GmbHG.[82] Deshalb sollte in der Satzung eine Regelung über die zur Ausschließung eines Gesellschafters aus in seiner Person liegendem wichtigen Grund erforderlichen Mehrheiten getroffen werden. Dabei empfiehlt es sich, eine einfache Mehrheit vorzusehen.

Bei der Vorbereitung der Gesellschafterversammlung, insbesondere bei der Ausschließung 400
mehrerer Gesellschafter, ist darauf zu achten, dass eine getrennte Beschlussfassung über die Ausschließung eines jeden Gesellschafters erfolgt. Das empfiehlt sich schon aus Gründen

77 BGH GmbHR 1991, 362.
78 OLG Düsseldorf GmbHR 1999, 543 ff, 545.
79 Vgl dazu OLG Köln NZG 1999, 1222.
80 Vgl zu den Einschränkungen Kort in: Münchener Handbuch des Gesellschaftsrechts, Bd. 3, § 29 Rn 51; § 28 Rn 23 ff.
81 BGH NZG 2003, 284 ff.
82 Vgl zur Kritik vor allem Bärwald, NZG 2003, 261 ff.

der Rechtssicherheit. Die von der Abberufung betroffenen Gesellschafter haben jeweils bei der Beschlussfassung kein Stimmrecht.[83]

3. Personenhandelsgesellschaften, GbR

401 Zur Vermeidung ähnlicher Streitigkeiten wie bei der GmbH dargestellt empfiehlt sich auch, in den Satzungen der Personenhandelsgesellschaften und der GbR, entsprechende Regelungen über die für die Ausschließung erforderlichen wichtigen Gründe zu treffen und die evtl Verfahren zu regeln. Dabei wird auf die Ausführungen oben zur GmbH verwiesen.

B. Prozess

I. Zuständigkeit des Gerichts

402 Soweit es um Klagen zwischen Gesellschaftern einer Handelsgesellschaft geht oder um die Klage einer solchen Gesellschaft gegen ihren Gesellschafter, ist die Klage vor der Kammer für Handelssachen bei den örtlich zuständigen Landgerichten anhängig zu machen. Für die GbR gelten die üblichen Regeln.

II. Klageart und Klageanträge

403 Die Ausschließungsklage aus wichtigem Grund gegen den Aktionär ist durch die AG auf Basis des **Hauptversammlungsbeschlusses** über die Einziehung von Aktien zu erheben. Die Ausschließungsklage ist Gestaltungsklage. Gleichzeitig legt das Ausschließungsurteil – mangels abweichender Satzungsregelung[84] – nach h.M fest, in welchem Zeitraum die Abfindung zu zahlen ist. Es stellt den Ausschluss aus der Gesellschaft unter die aufschiebende Bedingung der Zahlung.[85]

404 Soweit der Ausschluss des Gesellschafters in der Satzung der GmbH nicht allein an einen gestaltenden Gesellschafterbeschluss geknüpft ist und in Folge dessen eine Ausschließungsklage nicht entbehrlich ist, muss die Gesellschaft auf Basis eines Ausschließungsbeschlusses Ausschließungsklage gegen den betreffenden Gesellschafter erheben. Die Klage ist auch hier Gestaltungsklage.[86]

405 Im Hinblick auf den Urteilsausspruch in Bezug auf die Abfindung bei der AG und der GmbH, wonach die Ausschließung sich erst mit Zahlung der im Urteil bestimmten Abfindung vollzieht, empfiehlt es sich, auch den Klageantrag entsprechend zu fassen. Die Ausschließung eines Gesellschafters sollte – sofern nicht bei der GmbH eine abweichende Satzungsregelung besteht – unter der aufschiebenden Bedingung beantragt werden, dass die Gesellschaft innerhalb eines konkret zu bestimmenden angemessenen Zeitraumes ab Rechtskraft des Urteils dem Beklagten eine ebenfalls konkret zu beziffernde Summe Abfindung zahlt, die angemessen sein muss.

406 Auch bei den Personenhandelsgesellschaften ist die Ausschließungsklage nach § 140 HGB ggf iVm § 161 Abs. 2 HGB als Gestaltungsklage auf Ausschließung des Gesellschafters oder auf Übernahme seines Geschäftsanteils gerichtet (§ 140 Abs. 1 S. 2 HGB).

407 Die Ausschließung des BGB-Gesellschafters erfolgt gemäß § 737 S. 3 BGB durch Erklärung gegenüber dem betreffenden Gesellschafter. Der ausgeschlossene Gesellschafter muss sich

83 Kort in: Münchener Handbuch des Gesellschaftsrechts, Bd. 3, § 29 Rn 43.
84 BGH NZG 2003, 871.
85 BGHZ 9, 157, 174; BGHZ 16, 317 ff 325; OLG Hamm DB 1992, 2181 ff; OLG Düsseldorf GmbHR 1999, 543, 547; OLG Jena NZG 2006, 36,38; aA Hachenburg, GmbHG, Anhang § 34 Rn 35.
86 Baumbach/Hueck, GmbHG, Anhang § 34 Rn 8.

gegen die Ausschließung zur Wehr setzen. Er wird deshalb Feststellungsklage erheben, gerichtet auf die Feststellung der Unwirksamkeit des Ausschließungsbeschlusses. Innerhalb dieser Klage sind die Voraussetzungen für den Ausschluss einschließlich des wichtigen Grundes zu prüfen.[87]

III. Streitwert

408 Der Streitwert für die Ausschließungsklage richtet sich gemäß § 3 ZPO nach dem **Interesse des Klägers an der Ausschließung.** Maßgeblich ist der Wert des Gesellschaftsanteils des die Ausschließung betreibenden Klägers. Relevant ist keinesfalls der Wert des Gesellschaftsanteils des auszuschließenden Gesellschafters.[88]

IV. Aktiv- und Passivlegitimation

409 Bei der AG und GmbH ist aktivlegitimiert die Gesellschaft und passivlegitimiert der durch die Ausschließungsklage auszuschließende Aktionär bzw Gesellschafter. Besonderheiten gelten jedoch im Hinblick auf die Ausschlussklage bei einer **Zwei-Personen-GmbH.** Hier kann an Stelle der Gesellschaft auch der Mitgesellschafter die Ausschlussklage persönlich erheben.[89]

410 Die Ausschließungsklage bei den Personen- und Handelsgesellschaften muss durch alle übrigen Gesellschafter erhoben werden. Sie sind notwendige Streitgenossen (§ 62 ZPO). § 140 Abs. 1 S. 2 HGB stellt klar, dass auch bei der **Zwei-Personen-OHG oder -KG** der verbleibende Gesellschafter die Ausschließungsklage erheben muss.

411 Bei der BGB-Gesellschaft stellt sich die prozessuale Situation aufgrund der vom ausgeschlossenen Gesellschafter zu erhebenden Feststellungsklage anders dar. Der letztgenannte Gesellschafter ist aktivlegitimiert. Die Klage ist – nachdem der BGH die Parteifähigkeit der BGB-Gesellschaft freigestellt hat – gegen die BGB-Gesellschaft zu richten.

V. Darlegungs- und Beweislast

412 Die Darlegungs- und Beweislast für die Voraussetzungen der Ausschließung des Gesellschafters trägt grundsätzlich die **Gesellschaft** bzw bei der Zwei-Personen-Gesellschaft der die Ausschließung betreibende Gesellschafter.[90] Das gilt insbesondere für das Vorliegen eines wichtigen Grundes in der Person des ausgeschlossenen Gesellschafters und für die Wirksamkeit des Gesellschafterbeschlusses einschließlich der Einhaltung der erforderlichen Mehrheiten. Gleiches ist im Rahmen der Feststellungsklage zu beachten, die ein ausgeschlossener BGB-Gesellschafter erhebt. Darüber hinaus trägt die BGB-Gesellschaft die Darlegungs- und Beweislast für das Vorliegen der gesellschaftsvertraglichen Fortsetzungsklausel, die unabdingbare Voraussetzung für die Ausschließung ist.

413 Wenn die GmbH-Satzung das zweistufige Verfahren nicht ausdrücklich ausschließt und damit nach der Rechtssprechung des BGH eine Ausschließungsklage erforderlich ist, kommt es im Ausschließungsprozess auf das Vorliegen des wichtigen Grundes an, wofür die GmbH die Beweislast trägt. Die GmbH muss aber nicht die formelle Ordnungsgemäßheit des vorangegangenen Ausschließungsbeschlusses darlegen und beweisen. Formelle

87 BGHZ 31, 295 ff, 299.
88 Oestreich/Winter/Hellstab, Streitwerthandbuch, S. 119 zum Stichwort Gesellschaft.
89 Kort in: Münchener Handbuch des Gesellschaftsrechts, Bd.3, § 29 Rn 52.
90 So wohl Kort in: Münchener Handbuch des Gesellschaftsrechts, Bd. 3, § 29 Rn 45, speziell zu der Frage der mit dem Gestaltungsurteil zu verbindenden Abfindungsfrage.

Mängel des Gesellschafterbeschlusses über die Erhebung der Ausschließungsklage betreffen allein dessen Anfechtbarkeit entsprechend § 243 Abs. 1 AktG und sind in Folge dessen allein im Rahmen der Anfechtungsklage vom auszuschließenden Gesellschafter geltend zu machen.[91] Insofern muss sich die klagende Gesellschaft im Rahmen der Ausschließungsklage nicht mit den Formalien des Ausschließungsbeschlusses befassen. Umgekehrt bedeutet dies für den auszuschließenden GmbH-Gesellschafter, dass er sich gegen die Ausschließung nur mit der fristgerecht erhobenen Anfechtungsklage zur Wehr setzen kann.

414 Angesichts der Besonderheit bei der AG und der GmbH (soweit deren Satzung keine abweichende Reglung enthält), dass das Urteil über die Ausschließung nach der Rechtsprechung des BGH unter der aufschiebenden Bedingung der rechtzeitigen Zahlung der im Urteil festgesetzten Abfindung ergeht, trägt die die Ausschließung betreibende Gesellschaft bzw der Gesellschafter der Zwei-Personen-GmbH die Darlegungs- und Beweislast für die Angemessenheit der Abfindung und der Zahlungsfrist.[92] Kommt die Gesellschaft dem nicht nach, kann kein Ausschließungsurteil ergehen. Der Streit über die Höhe der Abfindung und die Angemessenheit der Frist kann den Ausschluss deshalb über einen erheblichen Zeitraum verzögern. Nur ausnahmsweise ist ein Ausschluss ohne endgültige Festsetzung der Höhe der Abfindung möglich, wenn der Auszuschließende die Festsetzung des Wertes entgegen der für ihn bestehenden Möglichkeiten behindert.[93] Denkbar ist auch ein Zwischenfeststellungsurteil über die Berechtigung zur Ausschließung, wenn die Höhe der Abfindung noch nicht feststeht.[94]

VI. Prozessuale Besonderheiten beim Ausschluss aus der Zwei-Personen-Gesellschaft

415 Grundsätzlich ist auch hier die Gestaltungsklage begründet, wenn in der Person des auszuschließenden Gesellschafters ein wichtiger Grund vorliegt, der sein Verbleiben in der Gesellschaft für den anderen Gesellschafter **unzumutbar** erscheinen lässt. Liegen Ausschließungsgründe in der Person beider Gesellschafter vor, ist die Ausschließung nicht möglich, es sei denn, die in der Person des einen auszuschließenden Gesellschafters liegenden Gründe überwiegen die in der Person des anderen Gesellschafters liegenden Gründe eindeutig. Sind die Gründe etwa gleichgewichtig, scheidet eine Ausschließung aus.[95]

416 Wenn beide Gesellschafter der Zwei-Personen-Gesellschaft sich gegenseitig per „Beschluss" oder durch Ausschließungsklage aus der Gesellschaft ausschließen wollen, sind beide Klagen als Klage und Widerklage zu verbinden.[96]

VII. Urteilswirkungen

417 Die auf die Ausschließungsklagen ergehenden stattgebenden Urteile haben – außer bei der GbR – Gestaltungswirkung. Der davon betroffene Gesellschafter ist mit Rechtskraft des Urteils ausgeschlossen, sofern die – mangels abweichender Satzungsregelung – im Urteil festgelegte Abfindung ebenfalls im Urteil festzulegenden Zeitraum gezahlt ist.

---

91 BGH NZG 2003, 286; Gehrlein, BB 2004, 2361 f, 2367.

92 BGHZ 9, 157 f; BGHZ 16, 317 f, 325; Krieger in: Münchener Handbuch des Gesellschaftsrechts, Bd. 4, § 62 Rn 28 für die AG; Kort in: Münchner Handbuch des Gesellschaftsrechts, Bd. 3, § 29 Rn 45 für die GmbH.

93 BGHZ 16, 317 f, 318; Baumbach/Hueck, GmbHG, Anhang § 34 Rn 12.; BGHZ 16, 325; OLG Hamm DB 1992, 2181 f.

94 OLG Celle GmbHR 1997,1003.

95 Kort in: Münchener Handbuch des Gesellschaftsrechts, Bd. 3, § 29 Rn 53 für die GmbH, jedoch verallgemeinerbar.

96 OLG München GmbHR 1994, 295; Kort in: Münchener Handbuch des Gesellschaftsrechts, Bd. 3, § 29 Rn 53.

VIII. Einstweiliger Rechtsschutz

Soweit sich die Ausschließung des Gesellschafters erst mit Rechtskraft des auf die Ausschließungsklage ergehenden stattgebenden Urteils vollzieht, besteht für den auszuschließenden Gesellschafter kein Bedürfnis für einstweiligen Rechtsschutz. Dieses Bedürfnis kann jedoch umgekehrt für die die Ausschließung betreibende Gesellschaft bzw im Falle der Zwei-Personen-Gesellschaft für den die Ausschließung betreibenden Gesellschafter bestehen. Denkbar ist hier eine vorläufige Regelung im Wege der einstweiligen Verfügung bis zur Rechtskraft des Ausschlussurteils.[97] 418

Wenn in der Gesellschaftssatzung auf die **Ausschließungsklage verzichtet** worden ist, indem die Gesellschafterversammlung ermächtigt wird, die Ausschließung aus wichtigem Grund durch Beschluss und Mitteilung an den ausgeschlossenen Gesellschafter zu vollziehen, ergibt sich für den davon betroffenen ausgeschlossenen Gesellschafter das dringende Bedürfnis, den Ausschlussbeschluss im Wege des einstweiligen Rechtsschutzes überprüfen zu können.[98] Anderenfalls wäre er fast rechtlos gestellt.[99] Dies gilt besonders vor dem Hintergrund, dass der BGH einen sehr hohen Maßstab an den Ausschließungsbeschluss anlegt, insbesondere im Hinblick auf den Ausschluss als ultima ratio und im Hinblick auf das Vorliegen des wichtigen Grundes, wonach zahlreiche Ausschließungsbeschlüsse nichtig sind. Zudem können während der Dauer des Rechtsstreites über die Ausschließung vollendete Tatsachen zulasten des auszuschließenden Gesellschafters geschaffen werden. Aus diesem Grund ist anerkannt, dass ein Gesellschafter gegen seinen Ausschluss aus der Gesellschaft grundsätzlich im Wege der einstweiligen Verfügung vorgehen kann.[100] 419

Gleichwohl verwundert es, dass die Rechtsprechung an die Voraussetzungen einer Verfügung, soweit sie den Ausschließungsbeschluss vorläufig verhindern soll, besonders hohe Anforderungen stellt. Der einstweilige Rechtsschutz kommt nach Auffassung der Rechtsprechung für den Antragsteller insoweit nur bei besonders schwerwiegenden Beeinträchtigungen seiner Belange in Betracht.[101] Wenn aber Ausschließungsbeschlüsse angesichts der hohen Anforderungen daran häufig nichtig sind, scheint bei gleichfalls sehr hohen Anforderungen an die Voraussetzungen für die einstweilige Verfügung des sich dagegen zur Wehr setzenden Gesellschafters die dadurch zu seinen Lasten entstehende Rechtsschutzlücke unerträglich zu sein. Außerdem ist zu bedenken, dass ein wichtiger Grund nur dann zum Ausschluss des Gesellschafters berechtigt, wenn das Verbleiben für die übrigen Gesellschafter unzumutbar ist. Eine insoweit erforderliche Gesamtabwägung kann im Rahmen des summarischen Verfahrens kaum sachgerecht erfolgen. Deshalb besteht nach meiner Auffassung ein vorrangiges Schutzbedürfnis des auszuschließenden Gesellschafters, gegen den Ausschlussbeschluss **im Wege der Regelungsverfügung** vorläufig vorzugehen. In Folge dessen dürfen meines Erachtens entgegen der Rechtsprechung keine besonderen Anforderungen an die einstweilige Verfügung geknüpft werden.[102] Das muss jedenfalls unter der Voraussetzung gelten, dass anderenfalls wegen Zeitablaufs die konkrete Gefahr einer irre- 420

97 Piehler/Schulte in: Münchener Handbuch des Gesellschaftsrechts, Bd. 1, § 74 Rn 51 für die OHG, jedoch verallgemeinerbar; OLG Düsseldorf NJW-RR 1988, 1271 f, 1200.
98 Für die Wirksamkeit mit Beschlussfassung bzw mit Bekanntgabe an den betroffenen Gesellschafter: OLG Saarbrücken NJW-RR 1989, 1512 f, 1514; K. Schmidt, Gesellschaftsrecht, S. 1469.
99 BGH NZG 2003, 625 f speziell für die GbR.
100 OLG Düsseldorf NJW-RR 1988, 1271 f.
101 OLG Frankfurt/M GmbHR 1993, 161 f; OLG Hamburg NJW 1992, 186 f; OLG Stuttgart NJW 1997, 87, 2449 f; OLG Koblenz NJW 1986, 1692 f.
102 So auch Kiethe für die Personengesellschaft, NZG 2004, 114 f, 116.

parablen Schädigung des auszuschließenden Gesellschafters besteht.[103] Hier ist in jeden Fall eine Einzelfallbetrachtung anzustellen. Je weniger Sicherheit für den Verfügungsanspruch vorliegt, umso eher muss die gefährdungsbezogene Interessenabwägung zugunsten des auszuschließenden Gesellschafters ausfallen.[104]

IX. Muster

421 1. Muster: Feststellungsklage des ausgeschlossenen BGB-Gesellschafters[105]

27 ▶ An das

Landgericht ▪▪▪

Zivilkammer

Klage

des Herrn A, ▪▪▪

Kläger

Prozessbevollmächtigte:

gegen

die A-B-C-D-GbR, vertreten durch deren Geschäftsführer B,

Beklagte

Prozessbevollmächtigte:

wegen Feststellung der Unwirksamkeit des Ausschließungsbeschlusses

vorläufiger Streitwert: ▪▪▪ EUR

Namens und kraft Vollmacht des Klägers erheben wir Klage und werden im Termin zur mündlichen Verhandlung beantragen:

Es wird festgestellt, dass der Beschluss der Gesellschafterversammlung der Beklagten vom 1.2.2005, durch den der Kläger aus der Beklagten ausgeschlossen wird, nichtig ist.

Begründung:

1. Sachverhalt

Der Kläger hat sich durch Gesellschaftsvertrag vom 1.1.1990 mit den Herren B, C und D zur A-B-C-D-GbR verbunden. Zweck des Unternehmens war die gemeinschaftliche Ausübung des ärztlichen Berufs in einer Gemeinschaftspraxis.

Beweis: Gesellschaftsvertrag, Fotokopie Anlage K1.

Der Gesellschaftsvertrag sah unter § 5 vor, dass der Kläger mit einer Frist von sechs Monaten zum Ende eines Kalenderjahres auch ohne Vorliegen eines wichtigen Grundes durch Mehrheitsbeschluss der Beklagten ausgeschlossen werden kann. Außerdem war in § 6 des Vertrages festgelegt, dass der Kläger im Falle der Veräußerung der Gemeinschaftspraxis an einen Dritten anteilig in Höhe seiner Gewinnquote von 25 % am Kaufpreis nur dann zu beteiligen sei, wenn er im Zeitpunkt des für die Veräußerung erforderlichen Beschlusses der Gesellschafterversammlung der Gesellschaft bereits zehn Jahre angehört hat.

Vor dem Hintergrund einer zum 1.1.2005 geplanten Veräußerung der Gemeinschaftspraxis unterbreiteten die Herren B, C und D dem Kläger am 20.12.2004 ein Angebot auf Änderung des

103 OLG Koblenz NJW 1986, 1692; OLG Stuttgart NJW 1987, 2449.
104 Siehe auch Happ, Die GmbH im Prozess, § 24 Rn 19.
105 In Anlehnung an BGH NZG 2004, 269.

Gesellschaftsvertrages, wonach das Recht des Klägers auf Beteiligung am Veräußerungspreis eingeschränkt werden sollte. Gleichzeitig wiesen sie ihn auf das ihnen zustehende Ausschließungsrecht hin.

Da der Kläger hierauf nicht einging, beschlossen die Beklagten am 1.2.2005, den Kläger zum Ende 2005 aus der Gesellschaft auszuschließen.

Beweis:

1. Kaufangebot vom 20.12.2004, Fotokopie Anlage K 2
2. Schreiben der Herren B, C und D vom 20.12.2004, Fotokopie Anlage K 3.
3. Protokoll der Gesellschafterversammlung vom 1.2.2005, Fotokopie Anlage K 4.

2. Rechtslage

Der Ausschießungsbeschluss ist nichtig. Zwar ist nach dem Wortlaut des § 5 der Gesellschaftssatzung der Ausschluss des Klägers auch ohne wichtigen Grund möglich. Auch nach Auffassung des BGH ist eine Vertragsklausel, die den Ausschluss ohne wichtigen Grund zulässt, nicht ohne weiteres unwirksam. Sie ist allerdings nur dann zulässig, wenn für eine solche Regelung wegen außergewöhnlicher Umstände sachlich gerechtfertigte Gründe bestehen. Gerade bei dem Zusammenschluss von Ärzten, der zumindest bislang nur in der Form der BGB-Gesellschaft oder der Partnerschaftsgesellschaft möglich war, wurde den Alt-Gesellschaftern zugestanden, sich unter bestimmten Voraussetzungen eine angemessene Prüfungszeit auszubedingen, innerhalb derer ein neu eingetretener Gesellschafter, der ohne Leistung einer Einlage aufgenommen wurde, auch ohne wichtigen Grund aus der Gesellschaft wieder ausgeschlossen werden kann. Dies gilt jedoch nicht für einen Zeitraum von zehn Jahren, wie der BGH festgestellt hat. Zumindest haben die Mitgesellschafter B, C und D von der Klausel in § 5 des Gesellschaftsvertrages in einer gegen § 242 BGB verstoßenden Weise Gebrauch gemacht (vgl allgemein BGH NZG 2004, 569). Insofern ist der Ausschließungsbeschluss der Beklagten vom 1.2.2005 nichtig.

■■■

Rechtsanwalt ◀

2. Muster: Klage auf Ausschließung aus einer OHG 422

28

▶ An das

Landgericht ■■■

Kammer für Handelssachen

Klage

des Herrn A, des Herrn B und des Herrn C,

Kläger zu 1), 2) und 3)

Prozessbevollmächtigte:

gegen

Herrn D, ■■■

Beklagter

Prozessbevollmächtigte:

wegen Ausschließung aus der OHG gemäß § 140 HGB

vorläufiger Streitwert: ■■■ EUR

Namens und kraft Vollmacht der Kläger erheben wir Klage. In der mündlichen Verhandlung werden wir beantragen:

Der Beklagte wird aus der Vitafrucht-OHG, Amtsgericht ■■■ HRA 120 (Adresse ■■■) ausgeschlossen.

Begründung:

Die Kläger sind gemeinsam mit dem Beklagten Gesellschafter der Vitafrucht-OHG mit Sitz in ■■■, Amtsgericht ■■■ HRA 120. Die Vitafrucht-OHG betreibt einen Großmarkt für Obst und Gemüse in ■■■. Sie beliefert im ■■■land zahlreiche Einzelhändler.

Der Beklagte ist nach dem Beschluss der Gesellschafterversammlung vom 1.1.2005 alleinvertretungsberechtigter Geschäftsführer der Vitafrucht-OHG.

Der Einzelhändler X, der auch ein langjähriger Kunde der Vitafrucht-OHG ist, ist der Bruder des Beklagten. Am 1.2.2005 sind den Klägern anlässlich der Prüfung des Jahresabschlusses für das Geschäftsjahr 2004 der Vitafrucht-OHG erhebliche Kassenfehlbestände zur Kenntnis gelangt. Eine nähere Prüfung des Sachverhalts hat zu dem Ergebnis geführt, dass der Beklagte im Jahre 2004 für Rechnung der Vitafrucht-OHG frisches Obst und Gemüse zum Preis von insgesamt 50.000,– EUR zzgl USt an Herrn X geliefert hat. Die Ware wurde durch den Mitarbeiter Z der Vitafrucht-OHG auf die firmeneigenen Lkw verladen und an X geliefert. Von dem Kaufpreis von 50.000,– EUR zzgl USt hat X lediglich jedoch 10.000,– EUR an die Vitafrucht-OHG gezahlt. Aufgrund angeblicher Mängel der gelieferten Ware hat er den restlichen Kaufpreis gegenüber der Vitafrucht-OHG wegen angeblich fehlender Frische „gemindert" und zwar offenbar in kollusivem Zusammenwirken mit dem Beklagten. Kontrollen seitens der Vitafrucht-OHG, etwa veranlasst durch den Beklagten, fanden nie statt. Vielmehr wurden die Minderungserklärungen des X stets vorbehaltlos akzeptiert. Die Befragung des Z hat ergeben, dass dieser das an X gelieferte Obst und Gemüse verpackt und dabei auch gesehen hat. Er kann ausschließen, dass die Ware in größerem Umfang tatsächlich nicht frisch war

Beweis: Eidesstattliche Versicherung des Z, Fotokopie Anlage K 1.

Als der Beklagte mit diesem Sachverhalt durch seine Mitgesellschafter konfrontiert wurde, hat er zunächst alles abgestritten. Erst nach Vorlage der eidesstattlichen Versicherung des Mitarbeiters Z hat er zugegeben, dass er mit X verabredet habe, Minderungserklärungen zu fingieren. Der insofern „gesparte Kaufpreisanteil" wurde zwischen dem Beklagten und X aufgeteilt. Diese Erklärung hat der Beklagte schriftlich zu Händen der Kläger abgegeben.

Beweis: Schreiben des Beklagten vom 1.3.2005, Fotokopie Anlage K 2.

Aufgrund der in dem Verhalten des Beklagten liegenden Straftatbestände Untreue und Betrug gemäß §§ 263, 266 StGB ist das Vertrauensverhältnis zwischen den Klägern und dem Beklagten endgültig zerstört. Ein Verbleiben des Beklagten in der Vitafrucht-OHG ist den Klägern nicht mehr zumutbar. Auch ein milderes Mittel als die Ausschließung kommt angesichts der Schwere der Straftat unter Ausnutzung des in ihn als einzigen Geschäftsführer der OHG gesetzten Vertrauens nicht in Betracht. Im Übrigen ist es angemessen, dass die Gesellschaft in der Hand der Kläger verbleibt, sodass eine Auflösung nach § 133 HGB nicht in Betracht kommt.

■■■

Rechtsanwalt ◄

3. Muster: Klage auf Ausschließung eines Gesellschafters aus wichtigem Grund aus der GmbH 423

▶ An das 29

Landgericht ■■■

Kammer für Handelssachen

Klage

der Vitafrucht-GmbH, vertreten durch den Geschäftsführer

Klägerin

Prozessbevollmächtigte:

gegen

Herrn B, ■■■

Beklagter

Prozessbevollmächtigte:

wegen Ausschließung aus der Gesellschaft

vorläufiger Streitwert: ■■■ EUR

Namens und kraft Vollmacht der Klägerin erheben wir Klage. In der mündlichen Verhandlung werden wir beantragen:

Der Beklagte wird aus der Klägerin unter der aufschiebenden Bedingung ausgeschlossen, dass die Klägerin binnen drei Monaten ab Rechtskraft dieses Urteils an den Beklagten 10.000,–EUR Abfindung zahlt.[106]

Begründung:

1. Sachverhalt

Die Klägerin betreibt einen Großmarkt für Obst und Gemüse in ■■■. Sie beliefert im gesamten ■■■ Einzelhändler. Der Gesellschaftsvertrag der Klägerin enthält keine Bestimmungen über die Frage, ob und unter welchen Voraussetzungen, insbesondere in welchem Verfahren ein Gesellschafter aus der Klägerin ausgeschlossen werden kann. Einer der beiden alleinvertretungsberechtigten Geschäftsführer der GmbH war der Beklagte.

Beweis: Gesellschaftsvertrag der Klägerin, Fotokopie Anlage K 1.

Der Einzelhändler X, der auch ein langjähriger Kunde der Vitafrucht-GmbH ist, ist der Bruder des Beklagten. Am 1.2.2010 sind den Klägern anlässlich der Prüfung des Jahresabschlusses für das Geschäftsjahr 2004 der Vitafrucht-GmbH erhebliche Kassenfehlbestände zur Kenntnis gelangt. Eine nähere Prüfung des Sachverhalts hat ergeben, dass der Beklagte im Jahre 2004 für insgesamt 50.000,– EUR zzgl USt frisches Obst und Gemüse an Herrn X für die Vitafrucht-GmbH geliefert hat. Dies wurde durch den Mitarbeiter Z der Vitafrucht-GmbH auf die firmeneigenen Lkws verladen und an X geliefert. Von dem Nominal-Kaufpreis von 50.000,– EUR zzgl USt hat X jedoch lediglich 10.000,– EUR brutto an die Vitafrucht-GmbH gezahlt. Aufgrund angeblich fehlender Frische eines Großteils der gelieferten Ware hat er den restlichen Kaufpreis gegenüber der Vitafrucht-GmbH „gemindert", offenbar aufgrund kollusiven Zusammenwirkens mit dem Beklagten. Kontrollen seitens der Vitafrucht-GmbH, etwa veranlasst durch den Beklagten, fanden nicht

106 Auf die Verknüpfung des Ausschlusses mit der aufschiebenden Bedingung der Zahlung der Abfindung kann ausnahmsweise verzichtet werden, wenn der Beklagte die Feststellung der Angemessenheit der Abfindung behindert. Dasselbe gilt, wenn die Abfindungssumme hinterlegt ist: BGHZ 9, 157, 179; BGHZ 16, 317 ff.

statt. Vielmehr wurden die Minderungserklärungen des X stets vorbehaltlos akzeptiert. Die Befragung des Z hat ergeben, dass dieser das an X gelieferte Obst und Gemüse verpackt und dabei auch gesehen hat. Er kann ausschließen, dass die Ware in größerem Umfang tatsächlich nicht frisch war.

Der neben dem Beklagten ebenfalls alleinvertretungsberechtigter Geschäftsführer A hatte mit Schreiben vom 5.1.2010 zur Gesellschafterversammlung der Klägerin zum 30.1.2005 eingeladen.

Beweis: Einladungsschreiben, Fotokopie Anlage K 2.

In der Gesellschafterversammlung vom 30.1.2005 wurde gegen die Stimme des mit 10 % Geschäftsanteil der Klägerin beteiligten Beklagten einstimmig entschieden, dass der Geschäftsführer A der Klägerin angewiesen werden sollte, im Namen der Klägerin Ausschließungsklage gegen den Beklagten aus wichtigem Grund zu erheben.

Beweis: Protokoll der Gesellschafterversammlung, Fotokopie Anlage K 3.

Der wirtschaftliche Wert des Geschäftsanteils des Beklagten liegt bei 10.000,00 EUR.

Beweis: Wirtschaftsprüfer-Gutachten vom 1.2.2010, Fotokopie Anlage K 4.

Dieser Betrag entspricht der im Klageantrag angegebenen Abfindung, welche die Klägerin zu zahlen bereit ist.

Nach Aussage des Wirtschaftsprüfers W kann die Abfindungssumme auch aus dem freien Kapital der Klägerin gezahlt werden.

Beweis: Zeugnis des Wirtschaftsprüfers W, zu laden über ■■■

2. Rechtslage

Die Voraussetzungen für die Ausschließung des Beklagten gegen Zahlung der Abfindung liegen vor.

Dass ein wichtiger Grund für die Ausschließung des Beklagten besteht, dürfte nicht ernsthaft bezweifelt werden. Die Ausschließung ist auch als ultima ratio gerechtfertigt. Ein milderes Mittel, etwa der Entzug der Geschäftsführungs- und Vertretungsbefugnis oder die Übertragung des Anteils an einen Treuhänder ist der Klägerin, insbesondere den Mitgesellschaftern des Beklagten nicht zuzumuten.

Der Ausschließungsbeschluss liegt ebenfalls vor. Er ist auch mit der erforderlichen Mehrheit gefasst worden. Mangels entsprechender Satzungsregelung hat der BGH im Jahre 2003 nochmals klargestellt, dass für die Ausschließung aus wichtigem Grund als Satzungsregelung in Anlehnung an § 60 Abs. 1 Nr. 2 GmbHG der Ausschließungsbeschluss mit einer qualifizierten Mehrheit von 3/4 der abgegebenen Stimmen unter Ausschluss derjenigen des Betroffenen gefasst werden muss (BGH NZG 2003, 284).

Da die für die Ausschließung des Beklagten angebotene Abfindung mindestens dem Verkehrswert seiner Beteiligung entspricht, ist sie angemessen. Die Auszahlungsfrist innerhalb von drei Monaten seit Rechtskraft des Urteils über die Ausschließungsklage ist ebenfalls angemessen, zumal der Beklagte außerhalb seiner Beteiligung an der Klägerin über erhebliche Vermögenswerte verfügt, insbesondere über ein Mehrfamilienmietshaus in ■■■, Flur ■■■, Flurstück ■■■.

Beweis: Auszug aus Grundbuch, Fotokopie Anlage K 5.

Aus diesem zieht er nach eigenem Bekunden monatliche Mieteinnahmen in Höhe von 5.000,– EUR. Dies hat er bei einer streitigen Auseinandersetzung mit dem Gesellschafter A am 2.2.2010 zugegeben.

Beweis: Zeugnis des Herrn A, zu laden über die Klägerin.

...

Rechtsanwalt ◀

4. Muster: Einstweiliger Rechtsschutz gegen die Ausschließung eines GbR-Gesellschafters[107] 424

30

▶ An das

Landgericht ...

Zivilkammer

Antrag auf Erlass einer einstweiligen Verfügung

des Herrn A, ...

Antragsteller

Prozessbevollmächtigte:

gegen

die B-GbR, ...

Antragsgegnerin

Prozessbevollmächtigte:

wegen vorläufiger Regelung des Status des Antragstellers als Gesellschafter

vorläufiger Streitwert: ... EUR

Wir bitten, der Antragsgegnerin diesen Antrag nicht zuzustellen, ohne uns zuvor auch telefonisch unter der Nr. ... zu informieren. Sollte das Gericht die einstweilige Verfügung nicht ohne vorherige mündliche Verhandlung erlassen wollen, bitten wir gleichfalls um vorherige telefonische Nachricht.

Namens und kraft Vollmacht des Klägers beantragen wir, im Wege einer einstweiligen Verfügung und zwar wegen der Dringlichkeit des Falles gemäß § 937 Abs. 2 ZPO ohne vorherige mündliche Verhandlung und durch den Vorsitzenden allein anzuordnen:

Bis zur rechtskräftigen Entscheidung über die bei dem Landgericht ... unter dem Az: ... anhängige Feststellungsklage des Antragstellers gegen die Antragsgegnerin bleiben die Gesellschafterrechte des Antragstellers gegenüber der Antragsgegnerin vorläufig aufrecht erhalten.

Begründung:

Der Verfügungsantrag des Antragstellers ist zulässig. Der Antragsteller erstrebt die Regelung eines einstweiligen Zustandes in Bezug auf das zwischen den Parteien streitige Rechtsverhältnis der fortbestehenden oder beendeten Gesellschafterstellung des Antragstellers bei der Antragsgegnerin.

Ohne Aufrechterhaltung der Gesellschafterrechte des Antragstellers, die sich aus dem dauernden Rechtsverhältnis als Gesellschafter ergeben, drohen dem Antragsteller wesentliche Nachteile. Als nach der Satzung mit Vetorecht ausgestatteter Minderheitsgesellschafter kann der Antragsteller bei den im laufenden Kalenderjahr anstehenden Investitionen ohne eine einstweilige Regelung die Geschicke der Gesellschaft nicht mehr beeinflussen. Es sind jedoch Investitionen von erheblichen Wert von der Gesellschaftermehrheit geplant, die bisher zwischen den Gesell-

107 In Anlehnung an OLG Düsseldorf NJW-RR 1988, 1271.

schaftern sehr streitig waren, insbesondere vom Antragsteller kritisch hinterfragt wurden. (... näher ausführen und glaubhaft machen).

Der Antragsteller hat auch einen Anspruch auf die Regelung eines einstweiligen Zustandes in Bezug auf seine Gesellschafterrechte. Denn aus der Gesellschafterstellung ergibt sich ein Rechtsverhältnis, das die Antragsgegnerin durch Gesellschafterbeschluss vom 1.2.2005 beendet haben will. Das Bestehen oder Nichtbestehen, also der Fortbestand der Gesellschafterzugehörigkeit des Antragstellers, ist zwischen den Parteien streitig. Dieser Streit bedarf der gerichtlichen Klärung, nachdem der Antragsteller eine entsprechende Feststellungsklage vor dem hier zur Entscheidung berufenen Gericht erhoben hat. Diese ist vor dem Landgericht ... unter dem Az: ... anhängig.

Das Rechtsverhältnis bedarf zur Sicherung des Rechtsfriedens einer einstweiligen Regelung, da anderenfalls dem Antragsteller wesentliche Nachteile drohen. Diese wesentlichen Nachteile für den Antragsteller lassen sich nur durch die beantragte einstweilige Verfügung abwenden.

...

Rechtsanwalt ◀

§ 6 Klage gegen den Geschäftsführer/Vorstand auf Schadenersatz wegen unzulässiger Geschäftsführungsmaßnahmen

A. Vorprozessuale Situation

Idealerweise wird der Rechtsanwalt vom Vorstand/Geschäftsführer der Gesellschaft bereits eingeschaltet, bevor dieser eine Geschäftsführungsmaßnahme oder eine sonstige Maßnahme vornimmt, um deren Rechtsmäßigkeit zu prüfen. Meist suchen die betroffenen Personen aber erst Rat, wenn die möglicherweise schadenersatzpflichtige Handlung bereits erfolgt ist und zwischen den Beteiligten Streit herrscht. Die betroffene Gesellschaft, deren evtl auch klagewilliger Gesellschafter und die Gläubiger suchen naturgemäß ebenfalls erst Rat nach Bekanntwerden der fraglichen Geschäftsführungshandlung. Dass den letztgenannten Personen ein möglicherweise unzulässiges oder sogar schadenersatzpflichtiges Verhalten der Geschäftsführung vorab bekannt wird, dürfte – wenn überhaupt – eine seltene Ausnahme sein. Vor Klageerhebung sind jedenfalls folgende Punkte zu berücksichtigen: 425

I. Rechtliche Grundlagen

1. Aktiengesellschaft

a) Haftung der Vorstandsmitglieder gegenüber der Gesellschaft

Der **Ersatzanspruch** der Gesellschaft gegen den Vorstand wegen unzulässigen schädigenden Verhaltens folgt aus § 93 Abs. 2 AktG. Dabei wird nicht zwischen einem ordnungsgemäß bestellten Vorstandsmitglied und einem fehlerhaft bestellten Vorstandsmitglied unterschieden. Entscheidend ist allein die Tätigkeit wie ein Vorstand für die AG.[1] 426

aa) Rechte und Pflichten des Vorstandes. Die Pflichten, deren schuldhafte Verletzung einen Schadenersatzanspruch der Gesellschaft gegenüber dem Vorstand begründen, beruhen auf **Gesetz, Satzung, Geschäftsordnung** oder auf dem **Anstellungsvertrag**. 427

Gesetzliche Haftungstatbestände: Die für die Vorstandsmitglieder im Rahmen der Geschäftsführung geltenden Sorgfaltspflichten bestimmt § 93 Abs. 1 S. 1 AktG zunächst generalklauselartig. Danach haben Vorstandsmitglieder bei ihrer Geschäftsführung die Sorgfalt eines ordentlichen und gewissenhaften Geschäftsleiters anzuwenden.[2] Einige Regelbeispiele für schadenersatzpflichtige Handlungen des Vorstands enthält § 93 Abs. 3 AktG. 428

Gesellschaftliche Treuepflicht: Daneben besteht eine gesetzlich nicht geregelte, allgemeine gesellschaftliche, insbesondere organschaftliche Treuepflicht. Als konkrete Ausprägung dieser Pflicht werden die Verschwiegenheitspflicht nach § 93 Abs. 1 S. 2 AktG und das Wettbewerbsverbot nach § 88 AktG gesehen.[3] Das Vorstandsmitglied darf insbesondere die Geschäftschancen (corporate opportunity) der Gesellschaft nicht an sich ziehen.[4] 429

Im Übrigen ist der Inhalt der Treuepflicht in Literatur und Rechtsprechung nicht konturenscharf bestimmt. **Anhaltspunkte** für konkrete Anforderungen der Treuepflicht an das Verhalten der Vorstandsmitglieder können jedoch aus der Treuepflicht eines geschäftsführenden Gesellschafters einer GmbH gewonnen werden.[5] Das Vorstandsmitglied muss da- 430

1 BGHZ 41, 287.
2 Wiesner in: Münchener Handbuch des Gesellschaftsrechts, Bd. 4, § 25 Rn 2.
3 Hüffer, AktG, § 84 Rn 9.
4 BGH WM 1967, 679 (für GmbH).
5 Hüffer, AktG, 5. Aufl. 2002, § 84 Rn 9.

nach wie ein GmbH-Geschäftsführer die Gesellschaftsinteressen wahrnehmen und alles dem Gesellschaftszweck Abträgliche unterlassen.[6]

431 bb) **Sorgfaltsmaßstab und Verschulden.** Die in § 93 Abs. 1 S. 1 AktG enthaltene Umschreibung ist die konkret an § 76 Abs. 1 AktG anknüpfende Fassung der allgemeinen Verhaltensstandards der §§ 276 Abs. 2 BGB, 347 Abs. 1 HGB. Maßgeblich ist insoweit, wie ein pflichtbewusster selbständig tätiger Leiter eines Unternehmens der konkreten Art zu handeln hat, der nicht mit eigenen Mitteln wirtschaftet, sondern ähnlich einem Treuhänder fremden Vermögensinteressen verpflichtet ist.[7] Damit gilt für den Vorstand ein objektivierbarer, typisierter Sorgfalts- und damit auch Verschuldensmaßstab. Er kann sich nicht darauf berufen, er könne nicht – etwa mangels Ausbildung – die Sorgfalt eines ordentlichen und gewissenhaften Geschäftsleiters aufbringen. Er muss sie sich verschaffen und sei es auch nur dadurch, dass er sich fachkundiger Hilfe bedient. Andernfalls handelt er schuldhaft.[8]

432 Die aus der allgemeinen Sorgfaltspflicht folgenden **Handlungsanforderungen** lassen sich nicht konkret für jeden Fall bestimmen. Sie divergieren je nach Größe des Unternehmens, Zahl der Beschäftigten, der Konjunkturlage etc.[9] Der Sorgfaltsmaßstab für das Handeln des Vorstandsmitglieds wird außerdem durch unternehmerisches Ermessen bestimmt. Die Haftung greift erst ein, wenn eine unverantwortliche Risikoübernahme bzw ein schlechthin unvertretbares Vorstandshandeln vorliegt.[10] Aus der alleinigen Zuständigkeit für Maßnahmen der Geschäftsführung folgt zwar seine generelle Verantwortung für falsche und die Gesellschaft schädigende Maßnahmen. Eine Erfolgshaftung besteht damit aber noch nicht zwingend.[11] Das ist erst der Fall, wenn der Vorstand das ihm zustehende unternehmerische Ermessen überschritten, es unzulässig ausgeübt oder nicht beachtet hat. Abzustellen ist auf den Zeitpunkt des schadenbegründenden Verhaltens des Vorstands. Das Fehlverhalten muss zu diesem Zeitpunkt evident gewesen sein.[12]

433 Im Einzelfall kann die Abgrenzung der **haftungsauslösenden Pflichtverletzung** von bloßen Fehlschlägen oder Irrtümern, die keine Haftung des Vorstandsmitglieds begründen, große Schwierigkeiten bereiten.[13] Auch insoweit sind alle Umstände des Einzelfalles zu berücksichtigen.

434 Besondere Verhaltensregeln für Vorstandsmitglieder sieht weiterhin das – nicht rechtsverbindliche – Regelungswerk der **Corporate Governance** vor. Dieser Kodex beschreibt die Summe der für eine verantwortliche Unternehmensführung, Unternehmenskontrolle und Transparenz geltenden Maximen.[14] Nach § 161 AktG haben Aufsichtsrat und Vorstand einer börsennotierten Gesellschaft jährlich gegenüber den Aktionären zu erklären, dass den Empfehlungen der „Regierungskommission Deutscher Corporate Governance Kodex" entsprochen wurde oder wird oder welche Empfehlungen nicht angewendet wurden bzw werden. Zur Zeit liegt der Regelungsstandard des deutschen Corporate Governance Kodex jedoch unterhalb sonst üblicher Standards.[15]

---

6 BGHZ 34, 83.
7 BGHZ 129, 30, 34.
8 BGH WM 1983, 498; Wiesner in: Münchener Handbuch Gesellschaftsrechts Bd. 4, § 26 Rn 9.
9 MüKo-AktG, 2. Aufl. 2000, § 93 Rn 22.
10 BGH NZG 2002, 195, 196.
11 MüKo-AktG, 2. Aufl. 2000, § 93 Rn 23.
12 Hüffer, AktG, § 93 Rn 4 b.
13 Vgl zum Business Judgement MüKo-AktG/Rule, § 93 Rn 33 ff.
14 K. Schmidt, Gesellschaftsrecht, § 26 II S. 767 f.
15 Marsch-Barner/Diekmann in: Münchener Handbuch des Gesellschaftsrechts Bd. 3, § 76 Rn 109.

Der Bereich der **unternehmerischen Entscheidungen des Vorstands** ist auch jenseits des Corporate Governance Kodex kein rechtsfreier Raum. Der BGH hat hierzu in zahlreichen Entscheidungen die Verhaltenspflichten von Vorständen präzisiert.[16] So hat er festgestellt, dass die Ermessensausübung sich an die sogenannte Business Judgement Rule anlehnen soll.[17] Der Gesetzgeber ist dem im Wesentlichen gefolgt mit dem Gesetz zur Unternehmensintegrität und Modernisierung des Anfechtungsrechts (UMAG). In diesem Rahmen wurde § 93 Abs. 1 S. 2 AktG neu gefasst. Danach liegt eine Pflichtverletzung des Vorstands nicht vor, wenn das Vorstandsmitglied bei einer unternehmerischen Entscheidung vernünftigerweise annehmen durfte, auf der Grundlage angemessener Informationen zum Wohle der Gesellschaft zu handeln. Ein Verstoß dagegen führt zur persönlichen Haftung des Vorstandsmitglieds. Darüber hinaus hat die Rechtsprechung und Literatur Verhaltenspflichten von Vorständen zur Vermeidung von Haftungsfällen weiter konkretisiert. 435

Aus der Neufassung des § 93 Abs. 1 S. 2 AktG folgt, dass der Vorstand im Rahmen der Unternehmensorganisation besonderes Augenmerk auf die Fragen der Informationsbeschaffung, dh die Installierung von Informationssystemen, Sachverhaltsaufklärung und Informationsverwertung sowie auf die Strukturen zur Herbeiführung unternehmerischer Entscheidungen und Maßnahmen legen muss.[18] Die Pflicht zur Einrichtung eines Überwachungs- bzw eines Frühwarnsystems ist in § 91 Abs. 2 AktG geregelt. Zum gesetzlich geregelten „Frühwarnsystem" gehört es auch, wie § 121 Abs. 1 AktG allgemein formuliert, dass der Vorstand die Hauptversammlung einzuberufen hat, wenn das Wohl der Gesellschaft es fordert. 436

Bereits die unterbliebene Dokumentation eines solchen Systems führt zu einem Gesetzesverstoß, der zumindest den den Vorstand betreffenden Entlastungsbeschluss anfechtbar macht.[19] Er führt darüber hinaus – falls dadurch ein Schaden entsteht – zur Haftung. Im Zusammenhang mit der Verpflichtung zur Informationsbeschaffung wird als haftungsbegründender Pflichtenverstoß sowohl bei der Aktiengesellschaft als auch bei der GmbH diskutiert, ob der Vorstand/Geschäftsführer seiner Verpflichtung zur Informationsbeschaffung noch in ausreichendem Maße genügt, wenn er im Vorfeld von einem Unternehmenskauf auf die Durchführung einer due diligence verzichtet.[20] 437

Darüber hinaus gehört zur Informationsbeschaffung und späteren Verwertung die Frage, inwieweit der Vorstand bei der Weitergabe von Informationen **Geheimhaltungsinteressen** des Unternehmens Rechnung zu tragen hat. Besonders relevant wird dies zum einen für kapitalmarktorientierte Unternehmen bei der Absicherung von insiderrelevanten Informationen gegen einen unkontrollierten Export in die insiderrechtliche Außenwelt (§ 14 WpHG).[21] Zum anderen kann sich dies auch bei dem Bemühen des Vorstands zeigen, einen Kredit zu erhalten. Zu der Pflicht der Vorstellung zur guten Unternehmensführung nach § 93 Abs. 1 S. 1 AktG gehört auch die Pflicht zur guten Unternehmensfinanzierung. Diese ist für den Vorstand eine echte Rechtspflicht im Sinne eines Optimierungsgebotes.[22] Ein ordentlicher Geschäftsleiter im Sinne des § 93 Abs. 1, Abs. 2 AktG muss sich dabei – aber auch insgesamt – an dem Standard der jeweiligen Verkehrskreise orientieren und sich auf 438

16 BGHZ 126, 181, BGHZ 133, 370, 375, BGH DB 2002, 473 f; BGHZ 83, 319 f.
17 BGHZ 135, 244, 253.
18 Rodewald/Unger, BB 2006, 113.
19 LG München I, Beck RS 2007, 06525.
20 Vgl dazu Böttcher NZG 2005, 49 f; für einen Pflichtenverstoß: Rodewald/Unger, BB 2006, 113.
21 Rodewald/Unger, BB 2006, 113, 114.
22 Zöllner/Noack in: Baumbach/Hueck, Kommentar zum GmbHG, § 43 Rn 17; Hennrichs, ZGR 2006, 563, 566.

der Höhe des dort erwarteten Erkenntnisstands befinden. Er ist daher ggf verpflichtet, sich auch in Finanzierungsfragen fortzubilden. Eine reine „Hausbank-Perspektive" wird dafür als nicht mehr zeit- und pflichtgemäß angesehen. Infolge dessen muss sich der Geschäftsleiter über alternative Kreditangebote von möglichen anderen Finanzierungspartnern informieren und sie im Hinblick auf ihre Geeignetheit und Machbarkeit hin ausleuchten.[23] Wenn etwa die Hausbank die Finanzierungskonditionen unter Hinweis auf „Basel II" verschlechtern will, ist ggf zusätzlicher Sachverstand aufzubauen oder es müssen externe Berater beauftragt werden. Insofern ist der ordentliche Geschäftsleiter verpflichtet, Verhandlungspotentiale gegenüber Banken richtig einzuschätzen und möglichst optimal zu handhaben.[24] Inzwischen sind auch Grundsätze des Ratings von Banken und von Rating-Agenturen allgemein verfügbar. Der ordentliche Geschäftsleiter muss sich diese Informationen beschaffen, sich einarbeiten und auf dieser Basis entsprechend auch Finanzierungsgespräche vorbereiten.[25] Ein anschauliches Beispiel, welche Risiken der Vorstand bzw der Geschäftsführer bei der Kreditaufnahme vermeiden kann, stellt Hennrichs dar. Nach den „Basel II"-Vereinbarungen können Kredite an Unternehmen, die 1 Mio. EUR nicht überschreiten, sogenannten Retail-Klassen zugeordnet werden. Dies bewirkt deutlich geringere Eigenkapitalanforderungen als sonst üblich und damit bessere Kreditkonditionen. Es wird daher empfohlen, je nach Lage des Falles Kreditaufnahmen zu splitten. Ferner weist Hennrichs darauf hin, dass nach dem „Basel II"-Übereinkommen eine Überziehung des Kreditlimits von mehr als 90 Tagen als Ausfall des Kredits bewertet wird, was wiederum Auswirkungen auf die Risiko-Gewichtung habe. Darauf sei bei der Kontoführung zu achten und ggf Liquidität „umzuschichten".[26]

439 In größeren Unternehmen ist es häufig nicht möglich, dass die Geschäftsleitung alle Aufgaben selbst wahrnimmt. Die **Delegation von Geschäftsleitungsaufgaben** fällt dann in den Verantwortungsbereich der Geschäftsleitung. Die Zuordnung verschiedener Zuständigkeiten muss durch einen schriftlich niedergelegten Geschäftsverteilungsplan auf der Ebene der Geschäftsleitung erfolgen. Für mehrere Geschäftsleiter gilt insoweit der Grundsatz der Gesamtgeschäftsführung und Gesamtverantwortung.[27] Von der Delegation ausgenommen ist jedoch die Insolvenzantragspflicht. Im Übrigen darf die Delegation nur auf persönlich und fachlich qualifizierte Mitglieder der Geschäftsleitung bzw untergeordnete Mitarbeiter erfolgen. Empfehlenswert ist jedenfalls ein detaillierter Organisationsplan, der Namen der Verantwortlichen, die einzelnen delegierten Bereiche, Weisungs- und Kontrollstrukturen gegenüber nachgeordneten Mitarbeitern erhält sowie Angaben, wer Informationen empfängt und wohin sie weitergeleitet werden müssen.[28]

440 **Vorstandsmitglieder** haften gem. § 69 AO dem Fiskus, wenn und soweit Ansprüche aus dem Steuerverhältnis infolge vorsätzlicher oder grob fahrlässiger Verletzung der ihnen auferlegten Pflichten nicht oder nicht rechtzeitig festgesetzt oder erfüllt oder soweit infolge dessen Steuervergünstigungen oder Steuererstattungen ohne rechtlichen Grund gezahlt werden.[29] Im Rahmen einer auf schriftlicher Grundlage erfolgten Ressort-Verteilung in-

23 OLG Hamm ZiP 1995, 1263, 1269; Hennrichs, ZGR 2006, 563, 567.
24 Hennrichs, ZGR 2006, 563, 567 f.
25 Hopt in: Großkommentar zum AktG, § 93 Rn 84; Hennrichs, ZGR 2006, 563, 568.
26 Hennrichs, ZGR 2006, 563, 569 mwN.
27 Rodewald/Unger, BB 2006, 113, 114.
28 Rodewald/Unger, BB 2006, 113, 115 mwN.
29 BGH ZIP 1991, 1008.

nerhalb des Gesamtvorstands haftet jedoch nur das mit der Erfüllung der betreffenden steuerlichen Pflichten beauftragte Vorstandsmitglied gem. § 69 AO.[30]

Unter Aufgabe seiner bisherigen Rechtsprechung hat der BGH die Haftung des organschaftlichen Vertreters einer AG bzw einer GmbH nach §§ 92 Abs. 3 AktG bzw 64 Abs. 2 GmbHG abgelehnt, wenn dieser bei **Insolvenzreife** der Gesellschaft den sozial- oder steuerrechtlichen Normbefehlen folgend Arbeitnehmeranteile der Sozialversicherung oder Lohnsteuer abführt.[31] In dem zu entscheidenden Fall hatte der Vorstand einer AG in der Krise der Gesellschaft Lohnsteuer und Arbeitnehmeranteile zur Sozialversicherung gezahlt. Etwa drei Wochen später beantragte er die Eröffnung des Insolvenzverfahrens, nachdem ein stiller Gesellschafter zuvor die Kündigung ihrer Beteiligung erklärt und die jeweils letzten fälligen Raten auf ihre Beteiligung nicht mehr gezahlt hatten. Das führte zur Zahlungsunfähigkeit der Gesellschaft. Der Insolvenzverwalter hatte sodann den Betrag der vom Vorstand kurz vor der Insolvenzeröffnung veranlassten Lohnsteuerzahlungen sowie Zahlungen der Arbeitnehmeranteile zur Sozialversicherung gem. § 92 Abs. 2 und 3, § 93 Abs. 3 und 6 AktG gegen den Vorstand geltend gemacht mit der Begründung, die Gemeinschuldnerin sei bereits am 31.12.2000 rechnerisch überschuldet gewesen. Diese Überschuldungssituation habe auch noch zur Zeit der streitigen Zahlungen angedauert. Der BGH hatte bislang die im Interesse aller Gläubiger angeordnete Massesicherungspflicht gegenüber der Verpflichtung zur Leistungserbringung an Sozialkassen und Steuerbehörden als vorrangig angesehen und deshalb den in der Krise solche Zahlung leistenden Vorstand als gegenüber der Gesellschaft in der Haftung angesehen. Angesichts der Strafandrohung und der Nichtabführung von Sozialabgaben hat der BGH allerdings an dieser Auffassung nicht festgehalten. Mit Rücksicht auf die Einheit der Rechtsordnung – so der BGH – könne es dem organschaftlichen Vertreter nicht angesonnen werden, die Massesicherungspflicht nach §§ 92 Abs. 3 AktG, 64 Abs. 2 GmbHG zu erfüllen und fällige Leistungen an die Sozialkassen oder die Steuerbehörden nicht zu erbringen, wenn er sich dadurch strafrechtlicher Verfolgung aussetze. Die entsprechenden Zahlungen müssten deswegen im Rahmen der §§ 92 Abs. 3 AktG, 64 Abs. 2 GmbHG anzustellenden Prüfung als mit den Pflichten eines ordentlichen und gewissenhaften Geschäftsleiters vereinbar angesehen werden. Der Vorstand bzw der Geschäftsführer haftet somit nicht für die in der Krise an die Sozial- und Finanzkassen geleisteten Zahlungen.[32][33] 441

cc) **Ausschluss der Haftung des Vorstands.** (1) **Gesetzmäßiger Beschluss der Hauptversammlung.** Nach § 93 Abs. 4 S. 1 AktG tritt die Ersatzpflicht gegenüber der Gesellschaft nicht ein, wenn die Handlung des Vorstandsmitglieds auf einem gesetzmäßigen Beschluss der Hauptversammlung beruht. Insoweit reicht nicht die Billigung durch einen Mehrheitsaktionär bzw durch den Aufsichtsrat (§ 93 Abs. 4 S. 2 AktG). Voraussetzung für den Ausschluss der Haftung ist vielmehr die Durchführung einer Hauptversammlung und ein dort gesetzmäßig gefasster und nicht anfechtbarer Hauptversammlungsbeschluss. Zunächst anfechtbare oder nichtige Hauptversammlungsbeschlüsse sind nach Ablauf der Anfechtungsfrist gesetzmäßig iSd § 93 Abs. 1 S. 4 AktG. Denn danach kann auch die Nichtigkeit nach § 242 AktG nicht mehr geltend gemacht werden.[34] 442

30 Wiesner in: Münchener Handbuch des Gesellschaftsrechts Band 4, § 26 Rn 38; BFH/NV 1998, 1460.
31 BGH BB 2007, 1801 f.
32 BGH BB 2007, 1801, 1802.
33 Weitergehend instruktiv dazu: Rodewald/Unger, BB 2006, 113 ff; Koch, ZGR 2006, 184 ff zur Geschäftsleiterpflicht zur Sicherstellung risikoadäquaten Versicherungsschutzes.
34 BGHZ 33, 178 f.

443 Der betreffende Vorstand kommt aber nicht in den Genuss des Haftungsausschlusses, wenn er es unterlassen hat, trotz seiner Anfechtungsbefugnis gem. § 245 Nr. 4 und 5 AktG den Beschluss durch Anfechtung zu beseitigen, obwohl innerhalb der Anfechtungsfrist voraussehbar war, dass die Gesellschaft durch den Beschluss einen Schaden erleiden würde und der Vorstand die Anfechtbarkeit des Beschlusses erkennen konnte.[35]

444 (2) **Verzicht durch Gesellschaft.** § 93 Abs. 4 S. 3 AktG erlaubt den Verzicht auf Ersatzansprüche durch die Gesellschaft. Dies ist nach § 93 Abs. 4 S. 2 und 3 AktG jedoch erst drei Jahre nach der Entstehung des Anspruchs möglich und setzt weiter voraus, dass die Hauptversammlung zustimmt und nicht eine Minderheit von 10 % des Grundkapitals zur Niederschrift Widerspruch einlegt.

445 dd) **Gesamtschuldnerische Haftung und Mitverschulden.** Mehrere Vorstandsmitglieder, die eine Pflicht schuldhaft verletzt haben, haften als Gesamtschuldner (§ 93 Abs. 2 S. 1 AktG). Jedes Mitglied haftet insoweit zunächst nach außen für den gesamten Schaden, und zwar **unabhängig von dem Grad der Verantwortlichkeit.** Für jedes Vorstandsmitglied muss aber gesondert festgestellt werden, ob es ersatzpflichtig ist oder nicht. Ein Mitverschulden anderer Verwaltungsmitglieder oder Angestellter ist somit nach außen unbeachtlich.[36] Entsprechend schließt § 93 Abs. 4 S. 2 AktG die Haftung nicht aus, wenn der Aufsichtsrat die Handlung gebilligt hat.

446 ee) **Darlegungs- und Beweislast.** Gem. § 93 Abs. 2 S. 2 AktG liegt die Beweislast für die Anwendung der Sorgfalt eines ordentlichen und gewissenhaften Geschäftsleiters bei den Vorstandsmitgliedern. Satz 2 der Vorschrift stellt insoweit eine Vermutung für pflichtwidriges Verhalten der Vorstandsmitglieder auf. Die Beweislast bezieht sich über den Gesetzeswortlaut hinaus auch auf fehlendes Verschulden.[37] Ferner trifft die Beweislast für ein nicht objektiv bzw subjektiv pflichtwidriges Verhalten das Vorstandsmitglied selbst in dem Fall, dass ihm durch die Hauptversammlung bereits Entlastung erteilt worden ist. Dies folgt aus § 120 Abs. 2 S. 2 AktG, der ausdrücklich bestimmt, dass die Entlastung keinen Verzicht auf Ersatzansprüche zur Folge hat, selbst wenn die Hauptversammlung dies bestimmt. Lediglich im Vorhinein – also vor der schadenauslösenden Handlung – kann ein gesetzmäßiger Beschluss der Hauptversammlung die Haftung ausschließen (§ 93 Abs. 4 S. 1 AktG). Es liegt dann schon keine Pflichtverletzung vor.

447 Die AG muss demgegenüber den Eintritt und die Höhe des Schadens, die zur Pflichtverletzung führende Handlung und die Kausalität zwischen Handlung und Schaden beweisen.[38] Jedoch kann nicht ausnahmslos gefordert werden, dass die AG die schadenauslösende Handlung bestimmt und beweist; dies hängt vielmehr von der Sachnähe und dem Kenntnisstand der Gesellschaftsvertreter ab.[39] Auch aus der Art des Schadens kann sich eine tatsächliche Vermutung ergeben, wonach der Schaden auf die Handlung eines bestimmten Vorstandsmitglieds zurückgeht.[40]

448 Neuerdings hat der BGH klargestellt, dass bei der Informationsdeliktshaftung für fehlerhafte Ad-hoc-Publizität gem. § 826 BGB auch im Fall extrem unseriöser Kapitalmarktinformationen nicht auf den Nachweis der konkreten (haftungsbegründenden) Kausalität zwischen der Täuschung und der Willensentscheidung des Anlegers verzichtet werden

35 Wiesner in: Münchener Handbuch des Gesellschaftsrechts, Bd. 4, § 26 Rn 15.
36 BGH WM 1981, 440; BGH WM 1983, 725, 726.
37 Hüffer, AktG, § 93 Rn 16.
38 MüKo-AktG, § 93 Rn 87.
39 Hüffer, AktG, § 93 Rn 17.
40 Hüffer, AktG, § 93 Rn 17.

kann. Eine Anknüpfung an das enttäuschte allgemeine Anlegervertrauen in die Integrität der Marktpreisbildung – also in Anlehnung an die sogenannte fraud-on-the-market-theory des US-amerikanischen Kapitalmarktrechts – kommt, so der BGH, im Rahmen des ohnehin offenen Haftungstatbestandes der vorsätzlichen sittenwidrigen Schädigung nicht in Betracht.[41]

Ist eines der **Regelbeispiele** des § 93 Abs. 3 AktG erfüllt, folgt daraus eine zusätzliche Beweiserleichterung zum Vorteil der AG. Aus Abs. 3 folgt die Vermutung für die Verursachung des so entstandenen Schadens. Das Vorstandsmitglied muss daher beweisen, dass die Gesellschaft durch das in § 93 Abs. 3 AktG genannte Verhalten nicht geschädigt ist[42] und ggf, dass auch in Zukunft kein Schaden aus der Pflichtverletzung nach § 93 Abs. 3 AktG mehr zu erwarten ist.[43] Der BGH hat hierzu entschieden, dass die Kausalität eines Buchungsfehlers und eines entsprechenden Verschuldens des zuständigen Vorstandsmitglieds für den Eintritt eines Schadens zu vermuten ist, wenn ein buchmäßiger Kassenfehlbestand bzw ein Verlust in einem Warenlager festgestellt ist.[44] 449

Scheidet ein Vorstandsmitglied aus der AG aus, hat die Gesellschaft das beweiserhebliche Material in ihrem Besitz zugänglich zu machen, damit das ausscheidende Vorstandsmitglied seiner Beweislast nachkommen kann. Verweigert die Gesellschaft das Einsichtsrecht, handelt sie rechtsmissbräuchlich. Die Folge ist eine Beweiserleichterung zum Vorteil des Vorstandsmitglieds.[45] 450

ff) Geltendmachung des Schadenersatzanspruchs. (1) Durch die Gesellschaft. Gemäß § 112 AktG wird die Gesellschaft gegenüber den Vorstandsmitgliedern gerichtlich und außergerichtlich durch den Aufsichtsrat vertreten. Der Aufsichtsrat, der nach § 111 Abs. 1 AktG die Geschäftsführung des Vorstands zu überwachen hat, ist im Rahmen seines gesetzlichen Aufgabenkreises gem. § 93 Abs. 4 S. 1 AktG verpflichtet, das Bestehen und die Durchsetzbarkeit eines Schadensersatzanspruchs zu prüfen und eine eigenständige Entscheidung über die gerichtliche Geltendmachung zu treffen.[46] Darauf kann nur ausnahmsweise verzichtet werden, wenn besondere Gründe dafür sprechen, den Anspruch nicht geltend zu machen.[47] 451

Dieser Regelungszusammenhang gefährdete in der Vergangenheit vielfach die Durchsetzung von Haftungsansprüchen der Gesellschaft gegenüber dem Vorstand. Es hat sich gezeigt, dass nicht zu erwarten war, dass derjenige Ansprüche verfolgt, der selbst ersatzpflichtig ist oder sein kann oder dem Ersatzpflichtigen kollegial verbunden ist oder jedenfalls damit rechnen muss, dass im Prozess auch ihn belastende Tatsachen benannt werden.[48] Infolgedessen haben Aufsichtsratsmitglieder häufig nicht Haftungsklagen gegen Vorstandsmitglieder durchgesetzt. 452

Der Gesetzgeber hat zur Behebung dieses Missstandes – zuletzt durch Art. 1 Nr. 14 UMAG vom 22.9.2005 – § 147 AktG neu gefasst. Nach § 147 Abs. 1 S. 1 AktG müssen solche Organhaftungsansprüche der Gesellschaft gegenüber Vorständen oder Aufsichtsräten geltend gemacht werden, wenn die Hauptversammlung es mit einfacher Stimmenmehrheit beschließt. Gem. Satz 2 soll dies binnen sechs Monaten seit dem Tage der Hauptversamm- 453

41 BGH NZG 2007, 269 f; zur fraud-on-the-market-theroy: Hirte, NJW 2008, 964, 966 mwN in Fn 17.
42 RGZ 159, 211.
43 RGZ 159, 211.
44 BGH WM 1980, 1190.
45 Hüffer, AktG, § 93 Rn 17.
46 BGHZ 135, 244.
47 BGHZ 135, 253 ff.
48 Hüffer, AktG, § 147 Rn 1.

lung erfolgen. Flankierend bestimmt Abs. 2, dass die Hauptversammlung zur Geltendmachung des Ersatzanspruchs besondere Vertreter bestellen kann. Hierzu können gem. § 147 Abs. 2 S. 2 AktG Aktionäre, deren Anteil zusammen den 10. Teil des Grundkapitals oder den anteiligen Betrag von 1 Mio. EUR erreichen, bei Gericht beantragen, dass als Vertreter der Gesellschaft zur Geltendmachung des Ersatzanspruchs andere als die nach §§ 78, 112 oder nach § 147 Abs. 2 S. 1 AktG zu Vertretung der Gesellschaft berufenen Personen bestellt werden, wenn dies für die Geltendmachung zweckmäßig erscheint, also andere Personen als Aufsichtsratsmitglieder.

454 Die Zuständigkeit für das Bestellungsverfahren ergibt sich aus §§ 375 ff FamFG (früher: § 145 FGG), und zwar das Gericht, in dessen Bezirk sich der Sitz der Gesellschaft befindet (§ 377 Abs. 1 FamFG). Dieses entscheidet im Verfahren der freiwilligen Gerichtsbarkeit durch den Richter.[49] Dieser Beschluss des Gerichts ist mit der sofortigen Beschwerde anfechtbar. Aktionäre, gegen die sich die Ersatzansprüche richten, unterliegen dem Stimmverbot gem. § 136 Abs. 1 S. 1, dritter Fall.[50]

455 (2) **Durch den Aktionär.** Flankierend zur Befugnis der Hauptversammlung, die Geltendmachung von Ersatzansprüchen gegen Organmitglieder, insbesondere gegen Vorstände durchzusetzen, hat der Gesetzgeber durch das UMAG vom 22.9.2005 auch die **Aktionärsklage** neu geregelt. Diese war zuvor in § 147 Abs. 3 und 4 aF geregelt. Die Vorschrift begründet erstmals für eine qualifizierte Aktionärsminderheit das Recht, Ersatzansprüche der Gesellschaft im eigenen Namen klageweise durchzusetzen (§ 148 Abs. 4 und Abs. 5 AktG).

456 Bevor Aktionäre jedoch eine derartige **Organhaftungsklage** im Rahmen der gesetzlichen Prozessstandschaft geltend machen können, ist ein in § 148 Abs. 1 und 2 AktG geregeltes Zulassungsverfahren zu durchlaufen. Nach § 148 Abs. 1 können Aktionäre, deren Anteile 1 % des Grundkapitals oder den anteiligen Betrag von 100.000,00 EUR erreichen, bei dem für die Gesellschaft zuständigen Landgericht die Zulassung beantragen, im eigenen Namen Organhaftungsansprüche geltend zu machen.[51]

457 Gem. § 148 Abs. 2 S. 1 und 2 ist zuständig für den Antrag auf Klagezulassung das Landgericht, in dessen Bezirk die Gesellschaft ihren Sitz hat. Weitere Einzelheiten zum Zulassungsverfahren regelt § 148 Abs. 2 AktG, nicht jedoch Verfahrensart und Antragsgegner. Das Klagezulassungsverfahren ist ein summarisches Verfahren eigener Art. Es gehört nicht zur freiwilligen Gerichtsbarkeit, sondern unterliegt den Regeln der ZPO, soweit nicht in § 148 AktG selbst Vorschriften enthalten sind. Es gilt daher zum Beispiel der Beibringungsgrundsatz.[52] Antragsgegner im Zulassungsverfahren ist nicht die Aktiengesellschaft selbst. Dies folgt daraus, dass die Gesellschaft gem. § 148 Abs. 2 S. 7 AktG beigeladen werden kann, der Gegner eines Verfahrens allerdings nicht beigeladen werden kann. Antragsgegner ist deshalb der Haftungsschuldner.[53] Das Gericht lässt die Klage gem. § 148 Abs. 1 S. 2 AktG zu, wenn die dort in Nummern 1 und 4 genannten Voraussetzungen erfüllt sind.

458 Die Aktionärsklage nach § 148 Abs. 1/Abs. 2 AktG ist allerdings gegenüber einer entsprechenden Klage der Gesellschaft subsidiär. Entsprechende Regeln enthält § 148 Abs. 3 AktG. Statt neu zu klagen, kann daher die Gesellschaft nach § 148 Abs. 3 S. 2 die bereits anhängige

---

49 Hüffer, AktG, § 147 Rn 8 mwN.

50 BGH NJW 1986, 2051 zur GmbH; zur AG: Hüffer, AktG, § 147 Rn 3.

51 Vgl dazu Wiesner in: Münchener Handbuch des Gesellschaftsrechts Band 4, § 18 Rn 6; Spindler, NZG 2005, 865 f.

52 Umkehrschluss aus § 142 Abs. 8 AktG, vgl auch Hüffer, AktG, § 148 Rn 10.

53 Hüffer, AktG, § 148 Rn 11 mit Hinweis auf RegBegr. BR-Drucks. 3/05 S. 46.

Aktionärsklage sogar übernehmen. Es kommt dann zum gesetzlichen Parteiwechsel und zwar kraft Gesetzes ohne Zustimmung des Beklagten oder der Aktionäre. Es bedarf dann auch keiner erneuten Beweisaufnahme. Die Gesellschaft ist an die Ergebnisse der Beweisaufnahme gebunden.[54]

Haben Aktionäre das **Zulassungsverfahren** gem. § 148 Abs. 1 und 2 AktG erfolgreich durchlaufen, können diese die Ersatzansprüche der Gesellschaft selbst klageweise geltend machen. (Vgl § 148 Abs. 4 S. 1 AktG). Der Aktionär klagt insofern im eigenen Namen auf Leistung an die Gesellschaft. Dabei handelt es sich nicht um eine actio pro socio, die eine Klage aus eigenem Recht des Gesellschafters darstellt. Die actio pro socio ist deshalb durch § 148 AktG ausgeschlossen.[55] 459

Das Urteil aufgrund der Aktionärsklage wirkt gem. § 148 Abs. 5 AktG für und gegen die Gesellschaft und die nicht am Verfahren beteiligten Aktionäre.[56] 460

(3) **Durch Gesellschaftsgläubiger.** Nach § 93 Abs. 5 S. 1 AktG können auch die Gläubiger der Gesellschaft den Ersatzanspruch nach § 93 Abs. 2 AktG geltend machen, wenn sie von der Gesellschaft keine Befriedigung erlangen können. Dies gilt in anderen als den in § 93 Abs. 3 AktG genannten Fällen nur, wenn der Vorstand seine Pflichten „gröblich verletzt" hat. Ob damit grobe Fahrlässigkeit oder eine grobe Pflichtverletzung nach § 84 Abs. 3 AktG gemeint ist, ist umstritten.[57] Die Klagemöglichkeit des Gesellschaftsgläubigers wird nach § 93 Abs. 5 S. 3 AktG weder durch Verzicht der Gesellschaft oder Vergleich, noch durch einen Beschluss der Hauptversammlung ausgeschlossen, der Grundlage für die fragliche Handlung des Vorstands iSv § 93 Abs. 4 S. 1 AktG ist. 461

(4) **Mehrere Klagen.** Haben bereits andere Gläubiger oder die Gesellschaft Klage erhoben, kann der in Anspruch genommene Vorstand nicht die Einrede der Rechtshängigkeit nach § 261 Abs. 3 ZPO erheben. Der Vorstand muss jedoch nur einmal zahlen und kann daher, wenn er bereits gezahlt hat, Vollstreckungsversuche weiterer Gläubiger mit der Vollstreckungsgegenklage nach § 767 ZPO abwehren.[58] Der bzw die Kläger werden deshalb regelmäßig versuchen, ein vorläufig vollstreckbares Urteil zu erhalten. 462

b) Haftung der Vorstandsmitglieder gegenüber den Aktionären

Unmittelbare Klagerechte der Aktionäre sind nur in §§ 309 Abs. 4, 317 Abs. 4, 318 Abs. 4 AktG vorgesehen. Diese sind stets aber auf Leistung an die Gesellschaft gerichtet und vermitteln keine eigenen Schadenersatzansprüche der Aktionäre gegen den Vorstand. 463

Ein eigener Schadensersatzanspruch gegen die Aktiengesellschaft steht Aktionären gemäß § 317 Abs. 1 S. 2 AktG zu. Dies setzt voraus, dass den Aktionären ein Schaden dadurch entstanden ist, dass ein herrschendes Unternehmen die abhängige Gesellschaft, mit der kein Beherrschungsvertrag besteht, veranlasst, ein für sie nachteiliges Rechtsgeschäft vorzunehmen oder zu ihrem Nachteil eine Maßnahme zu treffen oder zu unterlassen, ohne dass es den Nachteil bis zum Ende des Geschäftsjahres tatsächlich ausgleicht oder der abhängigen Gesellschaft einen Rechtsanspruch auf einen zum Ausgleich bestimmten Vorteil gewährt. 464

In dem von einem Aktionär einer solchen geschädigten abhängigen Gesellschaft gegen das herrschende Unternehmen und dessen Geschäftsleitung geführten Rechtsstreit auf Ersatz des unmittelbaren eigenen Schadens nach § 317 Abs. 1 S. 2 AktG haben andere außenste- 465

54 Hüffer, AktG, § 148 Rn 13.
55 Vgl hierzu Hüffer, AktG, § 148 Rn 2; Wiesner in: Münchener Handbuch des Gesellschaftsrechts, Bd 4, § 18 Rn 7.
56 Vgl dazu instruktiv: Hüffer, AktG, § 148 Rn 19 f.
57 Wiesner in: Münchener Handbuch des Gesellschaftsrechts, Bd. 4, § 26 Rn 26 mwN.
58 Wiesner in: Münchener Handbuch des Gesellschaftsrechts, Bd. 4, § 26 Rn 27.

hende Aktionäre kein Recht zur Nebenintervention auf Klägerseite. Das dafür erforderliche rechtliche Interesse im Sine von § 66 Abs. 1 ZPO lässt sich in einem derartigen Fall weder aus eigenen unmittelbaren Schadensersatzansprüchen des Streithelfers gemäß § 317 Abs. 1 S. 2 AktG noch aus dessen Sonderklagerecht gemäß §§ 317 Abs. 4, 309 Abs. 4 S. 1 und 2 AktG auf Ersatz des Gesellschaftsschadens im Sinne von § 317 Abs. 1 S. 1 AktG gegen das herrschende Unternehmen ableiten.[59]

466 Ein eigener Schadensersatzanspruch steht den Aktionären ferner nach § 117 Abs. 1 S. 2 AktG für den dort geregelten speziellen Fall der Beeinflussung beispielsweise eines Vorstandsmitglieds zu.

467 Ein Anspruch der Aktionäre nach § 823 Abs. 1 BGB wegen Verletzung der durch die Aktie verbrieften Mitgliedschaft besteht nach herrschender Meinung nicht, weil die Mitgliedschaft nicht vor rechtswidrigen Geschäftsführungsmaßnahmen schützen soll.[60]

468 **Schutzgesetze** im Sinne von § 823 Abs. 2 BGB sind zwar insbesondere § 92 Abs. 2 (Insolvenzantragspflicht) sowie die Strafnormen §§ 399, 400 AktG[61] und § 266 StGB. Weitere Schutzgesetze bestehen jedoch nicht. § 93 Abs. 2 AktG ist kein Aktionärsschutzgesetz iSv § 823 Abs. 2 BGB. Die Vorschrift dient nur dem Schutz der Gesellschaft selbst.[62] Der BGH hat darüber hinaus im Jahr 2004 entschieden, dass § 15 WpHG und § 88 BörsG aF keine Schutzgesetze iSv § 823 Abs. 2 BGB sind.[63] In dem zugrunde liegenden Fall ging es um die Haftung von Vorstandsmitgliedern einer AG für fehlerhafte sogenannte ad-hoc-Mitteilungen zu einzelnen Geschäftsabschlüssen der Gesellschaft, die Aktionäre zum Kauf der Aktien der Gesellschaft veranlasst haben, ihnen aber ein falsches Bild von der wirtschaftlichen Situation der Gesellschaft vermittelten. Die Aktien waren wegen der Insolvenz des Unternehmens wertlos geworden. Nach der Feststellung des BGH schützt § 15 WpHG nicht das Individualinteresse des Anlegers, sondern dient der Sicherung der Funktionsfähigkeit des Kapitalmarktes. Bei § 88 BörsG aF stehe – so der BGH – allgemein die Zuverlässigkeit und Wahrheit der Preisbildung an Börsen und Märkten mit ihrer für das gesamte Wirtschaftsleben weitreichenden Bedeutung im Vordergrund.

469 Zudem können Aktionäre Schadensersatzansprüche auf **§ 826 BGB** stützen. Meist wird sich dabei der Schaden der Aktionäre darauf beschränken, dass der Wert ihrer Aktie aufgrund der Schädigung des Gesellschaftsvermögens gefallen ist. Schadensersatzansprüche können sie in dieser Konstellation daher nur insofern nur geltend machen, als sie zuvor den Schaden der Gesellschaft ausgeglichen haben (Problem des sogenannten Doppelschadens). Anderenfalls müssen die Aktionäre einen gesonderten unmittelbaren eigenen Schaden geltend machen.[64]

c) Haftung der Vorstandsmitglieder gegenüber Gesellschaftsgläubigern

470 § 93 Abs. 5 AktG gibt den Gesellschaftsgläubigern keinen eigenen Ersatzanspruch gegenüber den Vorstandsmitgliedern, sondern ermächtigt diese nur, Ansprüche der Gesellschaft im eigenen Namen geltend zu machen.

471 Vorstandsmitglieder können zwar – wie andere gesetzliche Vertreter juristischer Personen – ausnahmsweise auch für **Verschulden bei Vertragsschluss** haften. Voraussetzung hierfür

59 BGH NZG 2006, 545 ff.
60 Str.: wie hier: Wiesner in: Münchener Handbuch des Gesellschaftsrechts, Bd. 4, § 26 Rn 30; aA Mertens in: Kölner Kommentar zum AktG, § 93 Rn 171.
61 Zuletzt bestätigt durch BGH NZG 2004, 811 ff; BGH NZG 2004, 816 ff.
62 OLG Düsseldorf WM 1991, 1375 ff.
63 BGH NZG 2004, 811 ff; BGH NZG 2004, 816 ff.
64 Dazu näher Wiesner in: Münchener Handbuch des Gesellschaftsrecht, Bd. 4, § 26 Rn 32 mwN.

ist, dass sie besonderes persönliches Vertrauen in Anspruch genommen haben oder sonst besonders stark persönlich am Abschluss eines Vertrages interessiert waren. Der BGH legt insofern einen besonders strengen Haftungsmaßstab an. Das Vorstandsmitglied muss danach zurechenbar den Eindruck erweckt haben, er übernehme persönlich Gewähr für die Richtigkeit der für die Gesellschaft abgegebenen Erklärungen bzw stehe persönlich für das Geschäft ein.[65]

Gesellschaftsgläubiger können Vorstandsmitglieder des Weiteren wegen **Insolvenzverschleppung** nach §§ 823 Abs. 2 BGB iVm § 92 Abs. 2 AktG in Anspruch nehmen. Dabei ist zu berücksichtigen, dass nur sogenannte Neugläubiger, deren Forderungen erst nach Insolvenzreife begründet wurden, Ersatz des über die Insolvenzquote hinausgehenden Vertrauensschadens haben. Die übrigen Gläubiger (Altgläubiger) können nur den Ersatz des Schadens verlangen, der ihnen nach Begründung ihrer Forderung durch weitere Schmälerung der Masse in Folge der Insolvenzverschleppung entsteht.[66] 472

Darüber hinaus haften Vorstandsmitglieder nach **§ 69 AO** dem Fiskus, soweit Steueransprüche wegen vorsätzlicher oder grob fahrlässiger Verletzung der ihnen gem. § 34 AO auferlegten Pflichten nicht rechtzeitig festgestellt oder erfüllt oder soweit infolgedessen Steuervergünstigungen bzw Steuererstattungen ohne Rechtsgrund gezahlt wurden.[67] Gegenüber Sozialversicherungsträgern kommt eine Haftung von Vorstandsmitgliedern nach § 823 Abs. 2 BGB, § 266 a StGB in Betracht.[68] Hierzu hat sich jedoch die Rechtsprechung des BGH zugunsten der Vorstände geändert, die in der Krise im Konflikt mit der Pflicht zur Masseerhaltungspflicht nach § 92 AktG der Pflicht zur Abführung der Lohnsteuer sowie zur Sozialversicherung den Vorrang geben (vgl näher dazu oben Rn 426 ff). 473

2. GmbH

Auch in der GmbH folgt die Ersatzpflicht des Geschäftsführers aus der **Verletzung von Rechten und Pflichten** gegenüber der Gesellschaft. 474

a) Haftung des Geschäftsführers gegenüber der Gesellschaft aus § 43 GmbHG

Für die Haftung des Geschäftsführers gegenüber der Gesellschaft ist § 43 GmbHG die zentrale Vorschrift. Daraus werden die **organisationsrechtlichen Pflichten und die Haftungsordnung der Geschäftsführer** abgeleitet.[69] Sie verdrängt in den meisten Fällen die Haftung aus § 280 BGB iVm dem schuldrechtlichen Anstellungsvertrag.[70] Eine eigenständige Bedeutung kommt der vertraglichen Haftung aus § 280 BGB nur zu, wenn in dem Anstellungsvertrag über die gesetzlich bestehenden Grenzen hinaus weitere Pflichten bzw eine Haftung auch nach Beendigung des Anstellungsvertrages vereinbart sind. 475

Für den Haftungsgrund nach § 43 GmbHG ist nicht erforderlich, dass ein wirksamer Anstellungsvertrag des Geschäftsführers vorliegt. Die Haftung aus § 43 GmbH basiert allein auf Organstellung des Geschäftsführers.[71] Der wirksame Akt der Bestellung zum Geschäftsführer und die Annahme des Amtes reicht jedenfalls aus.[72] Darüber hinaus kann 476

65 BGH WM 1991, 1548; BGH ZIP 1994, 1103 ff.
66 BGH NJW 1994, 2220 ff; BGH ZIP 1997, 1542.
67 BGH ZIP 1991, 1008.
68 Dazu näher Wiesner in: Münchener Handbuch des Gesellschaftsrechts, Bd. 4, § 26 Rn 38 mwN.
69 Schneider in: Scholz, GmbHG, § 43 Rn 12.
70 BGH ZIP 1997, 199, 200; BGH WM 1989, 1337; aA: Schneider in: Scholz, GmbHG, § 43 Rn 13, der ein Nebeneinander annimmt.
71 BGH GmbHR 1995, 128.
72 Schneider in: Scholz, GmbHG, § 43 Rn 14.

auch eine Person, die nicht Geschäftsführer ist, wie ein solcher in Anspruch genommen werden, wenn sie die Geschicke der Gesellschaft maßgeblich in die Hand genommen hat. Dafür ist lediglich ein eigenes, nach außen hervortretendes und üblicherweise der Geschäftsführung zuzurechnendes Handeln erforderlich.[73]

477 **Mehrere Geschäftsführer** haften als Gesamtschuldner gemäß § 43 Abs. 2 GmbHG, wenn sie schuldhaft an der Schädigung der Gesellschaft durch Tun, Dulden oder Unterlassen beteiligt waren.[74]

478 **aa) Inhalt der Rechte und Pflichten.** Der Geschäftsführer haftet gegenüber der Gesellschaft nach § 43 GmbHG auf Schadensersatz, wenn er durch positives Tun oder durch Unterlassen seine organschaftliche Pflicht gegenüber der Gesellschaft schuldhaft verletzt hat,[75] d.h:

479 **Ausgestaltungen der organschaftlichen Treuepflicht** des Geschäftsführers gegenüber der Gesellschaft sind beispielsweise die Pflichten, im Rahmen der durch die Gesellschafter gesetzten Vorgaben den Gesellschaftszweck aktiv zu verfolgen, mit anderen Organen der Gesellschaft zu kooperieren, die gesetzlichen Pflichten zum Schutz der Gläubiger der Gesellschaft zu wahren, im Rahmen der Loyalität die Interessen der Gesellschaft zu fördern und auf diese Rücksicht zu nehmen.[76] Der Geschäftsführer ist darüber hinaus verpflichtet, keine Verträge abzuschließen, die für die Gesellschaft keinen messbaren Nutzen haben, jedoch zu erheblichen Kosten führen. Er haftet nach § 43 Abs. 2 GmbHG weiter für falsche Angaben bei der Gründung der GmbH (§ 9a GmbHG) und nach § 49 Abs. 3 iVm § 43 Abs. 2 GmbHG für die unterlassene Einberufung der Gesellschafterversammlung bei einem Verlust von 50 % des Stammkapitals.[77] Eine Haftung kommt ferner in Betracht, wenn der Geschäftsführer eigennützig oder im Interesse Dritter willkürlich Vermögen der Gesellschaft verschiebt oder schlechthin gegen die Grundsätze eines ordentlichen Kaufmanns verstößt[78] oder wenn die Handlung des Geschäftsführers die Existenz der Gesellschaft gefährdet.[79] Nach § 43 Abs. 3 iVm § 30 GmbHG haftet der Geschäftsführer für die ungesetzliche Rückzahlung von Stammeinlagen und nach § 43 Abs. 3 iVm § 33 GmbHG für die Mitwirkung beim Erwerb eigener Anteile durch die Gesellschaft.

480 Der Geschäftsführer haftet zudem nach § 43 Abs. 2 GmbHG, wenn er darauf hinwirkt, dass er eine ihm nach seinem Anstellungsvertrag nicht zustehende Vergütung von der Gesellschaft anweisen lässt, selbst wenn die Zahlung von einem anderen Geschäftsführer „abgesegnet" wird. Die Ersatzpflicht umfasst dann auch die durch die GmbH auf die „Vergütung" gezahlte Lohnsteuer.[80] Damit hat der BGH erneut klargestellt, dass der GmbH-Geschäftsführer nur Anspruch auf die im Anstellungsvertrag festgelegte Vergütung hat. Für eine Änderung des Geschäftsführeranstellungsvertrages ist die Gesellschafterversammlung aufgrund einer Annexkompetenz gem. § 46 Nr. 5 GmbHG zuständig. Mündliche Absprachen zwischen verschiedenen Geschäftsführern oder auch zwischen Geschäftsführer und Gesellschaftern reichen nicht aus.[81] Die Pflichtenstellung der GmbH-Geschäftsführer ist derjenigen des Vorstands einer AG nach § 93 AktG vergleichbar. Auf die Ausführungen oben Rn 426 ff dazu wird ergänzend verwiesen.

---

73 BGHZ 104, 44, 48.
74 K. Schmidt, Gesellschaftsrecht, § 36 II 4. a).
75 Schneider in: Scholz, GmbHG, § 43 Rn 22.
76 Schneider in: Scholz, GmbHG, § 43 Rn 26-29.
77 Marsch-Barner/Diekmann in: Münchener Handbuch des Gesellschaftsrechts, Bd. 3, § 46 Rn 6 ff.
78 BGH NJW 1988, 1397.
79 Wimmer, NJW 1996, 2551; OLG Köln BB 1995, 793.
80 BGH BB 2008, 241 f.
81 Campos Nave, BB 2008, 242.

Keine Erleichterungen bestehen insoweit für Geschäftsführer **öffentlichbeherrschter GmbHs.** Hier stellt sich typischerweise oft die Frage, ob eine von der GmbH zu vergebende Dienstleistung/Bauleistung nach vergaberechtlichen Bestimmungen ausgeschrieben werden muss. Das LG Münster hat in einer inzwischen rechtskräftigen Entscheidung vom 18.5.2006 den Geschäftsführer einer städtischen GmbH gem. § 43 Abs. 2, § 46 Nr. 5 GmbHG zum Schadensersatz verpflichtet. Die GmbH hatte auf dem Gemeindegebiet ein Blockheizkraftwerk gebaut und hierfür öffentliche Subventionen in erheblicher Höhe (253.000,00 DM) zum Ausbau der Fernwärmeverteilung in Anspruch genommen. Der Bewilligung dieser Subventionen lagen wie üblich die Allgemeinen Nebenbestimmungen für Zuwendungen zur Projektförderung „ANBest-P" zugrunde. Diese sehen eine ordnungsgemäße öffentliche Ausschreibung der mit der Subvention geförderten Dienstleistungen/Bauleistungen nach der VOB/A vor. Das Verfahren nach VOB/A setzte gem. § 3 Nr. 1 Abs. 1 und Nr. 2 VOB/A unter anderem voraus, Bekanntmachungen in Tageszeitungen etc. (vgl § 17 Nr. 1 VOB/A). Eine entsprechende öffentliche Ausschreibung der fraglichen Gewerke wurde allerdings nicht durchgeführt. Infolgedessen kam es nach Fertigstellung und Verbrauch der Subventionen zu einer Rückforderung eines erheblichen Betrags der Subventionen mit der Begründung, die Nebenbestimmungen zur Subventionsvergabe, insbesondere die Pflicht zur öffentlichen Ausschreibung sei verletzt.[82] Das LG Münster hat nochmals bestätigt, dass der Geschäftsführer dafür darlegungs- und beweisbelastet ist, dass er seinen Sorgfaltspflichten als Geschäftsführer nachgekommen ist. Zu diesen Sorgfaltspflichten gehörte es, Nebenbestimmungen zur Subventionsbewilligung, nämlich die Durchführung der öffentlichen Ausschreibung zu beachten. Der Geschäftsführer hätte wissen müssen, dass die ANBest-P sowie die VOB/A der Subventionsbewilligung zugrunde lagen – sie waren als Nebenbestimmungen zur Subventionsbewilligung erwähnt – und daher zu beachten waren.[83] 481

Dem GmbH-Geschäftsführer steht bei unternehmerischen Entscheidungen ein erhebliches **Handlungsermessen zu.**[84] Die Grundsätze gelten auch bei personellen Maßnahmen, wie etwa bei der Gehaltserhöhung für einen leitenden Mitarbeiter, die in den Kompetenzbereich des Geschäftsführers fallen und jedenfalls subjektiv im Unternehmensinteresse wahrgenommen und nicht von sachfremden Erwägungen getragen werden dürfen. Dass dem Geschäftsführer bei unternehmerischen Entscheidungen zuzubilligende Ermessen ist jedoch beim Erwerb eines anderen Unternehmens überschritten, wenn die Grundlagen, Chancen und Risiken der Investitionsentscheidung nicht ausreichend aufgeklärt worden sind. Dann ist eine umfassende due diligence durchzuführen. Wird dies unterlassen, kommt es bei einer zu erheblichen Verlusten führenden Fehlinvestition möglicherweise zu einer Geschäftsführerhaftung. Entsprechendes gilt, wenn bei der GmbH ein Aufsichtsrat in Entscheidungen über den Unternehmenserwerb eingebunden sind und der/die Geschäftsführer den Aufsichtsrat über die für die Erwerbsentscheidung wesentlichen Umstände nicht vollständig und sachlich zutreffend informieren.[85] 482

82 Vgl zum Widerruf von Zuwendungsbescheiden wegen Verstoßes gegen das Vergaberecht: Attendorn, NVWZ 2006, 991 f; Kulartz/Schilder, NZBau 2005, 552; Antweiler, NVWZ 2005, 168.

83 LG Münster NZBau 2006, 523 f.

84 BGHZ 135, 244, 257; OLG Oldenburg BB 2007, 66 f.

85 OLG Oldenburg BB 2007, 66 f; Kommentar der Entscheidung von Liese/Theusinger, BB 2007, 71 f; weitergehend instruktiv dazu: Rodewald/Unger, BB 2006, 113 ff; Koch, ZGR 2006, 184 ff zur Geschäftsleiterpflicht zur Sicherstellung risikoadäquaten Versicherungsschutzes.

483 bb) **Sorgfaltsmaßstab und Verschulden.** Der Geschäftsführer hat nicht nur die **Sorgfalt eines ordentlichen Geschäftsmanns**, sondern die weitergehende Sorgfalt eines **selbständigen, treuhänderischen Verwalters fremder Vermögensinteressen** in verantwortlich leitender Position zu beachten.[86] Insoweit ist der Sorgfalts- und Verschuldensmaßstab auch hier objektiviert typisiert. Der Geschäftsführer kann sich – ebenso wie der Vorstand der AG – nicht darauf berufen, seine Ausbildung ermögliche es ihm nicht, die angemessene Sorgfalt walten zu lassen. Er muss sich diese Kenntnisse entweder selbst aneignen oder dafür Sorge tragen, dass ihm diese Kenntnisse sonst zur Verfügung stehen.

484 Wie bei der AG kann der Sorgfaltsmaßstab, der an Geschäftsführerhandeln bei der GmbH anzulegen ist, nach Größe und Art des Unternehmens variieren. Insbesondere können sogenannte **Corporate Governance Regeln** im Ausnahmefall Auswirkungen auf das einzuhaltende Maß der Sorgfalt haben. Diese sind zwar rechtlich unverbindliche Regeln zur Führung von Unternehmen. Über sie ist aber nach Vertrag im Rahmen des Jahresabschlusses zu berichten. Der Geschäftsführer wird im Einzelfall begründen müssen, weshalb er einzelne Regeln nicht befolgt hat.[87] Auch insofern ist seine Pflichtenstellung derjenigen des Vorstands einer AG nach § 93 AktG vergleichbar (vgl oben Rn 426 ff).

485 cc) **Mitverschulden Dritter.** Ein Mitverschulden der GmbH nach §§ 31, 254 BGB mindert den Ersatzanspruch der GmbH nicht. Mitverschulden Dritter kann der Geschäftsführer der GmbH aber nur entgegenhalten, soweit der Schaden schuldhaft auch durch die Gesellschafterversammlung oder ein anderes gegenüber dem Geschäftsführer weisungsbefugtes Organ (etwa den Aufsichtsrat) verursacht wurde.[88]

486 Ein Verschulden des Geschäftsführers ist auch nicht deswegen ausgeschlossen, weil er eine von „seiner" Gesellschaft durchzuführende öffentliche Ausschreibung auf einen Prokuristen delegiert hatte. Der Geschäftsführer kann sich zu seiner Entlastung nicht auf schuldhafte Mitverursachungsbeiträge unterstellter Mitarbeiter oder anderer Geschäftsführer berufen. Zum anderen verbleiben dem Geschäftsführer auch nach einer erfolgten Delegation besondere Beobachtungs- und Überwachungspflichten.[89]

487 Werden gebotene unternehmerische Entscheidungen zur Begrenzung des Schadens in der Form kontinuierlich auflaufender Jahresverluste in Millionenhöhe unterlassen, muss sich die GmbH ein eventuelles Mitverschulden, sei es über die Person des Mitgeschäftsführers, über den Aufsichtsrat oder die Gesellschafterversammlung, im Verhältnis zum schadensersatzpflichtigen Geschäftsführer nicht zurechnen lassen, soweit es um ein eventuelles Mitverschulden in dem Zeitraum geht, in dem der in Anspruch genommene Geschäftsführer weiterhin im Amt gewesen ist und die Verantwortung für die GmbH getragen hat. Ein der GmbH zuzurechnendes Mitverschulden kommt im Verhältnis zu dem auf Schadensersatz in Anspruch genommenen Geschäftsführer erst für die Zeit nach dessen Ausscheidung als Geschäftsführer in Betracht.[90]

b) Haftung des Geschäftsführers gegenüber der Gesellschaft aus § 64 GmbHG

488 Nach § 64 Abs. 2 S. 1 GmbHG sind die Geschäftsführer der Gesellschaft zum Ersatz von Zahlungen verpflichtet, die nach Eintritt der Zahlungsunfähigkeit oder nach Feststellung

86 OLG Koblenz GmbHR 1991, 417.
87 Dazu näher: Marsch-Barner/Diekmann in: Münchener Handbuch des Gesellschaftsrechts, Bd. 3, § 46 Rn 11.
88 Zöllner/Noack in: Baumbach/Hueck, GmbHG, § 43 Rn 45.
89 BGH NJW 1983, 1856; LG Münster NZBau 2006, 523, 524 f; Zöllner/Noack in: Baumbach/Hueck GmbHG, § 43 Rn 45.
90 OLG Oldenburg BB 2007, 66 LS 5.

der Überschuldung geleistet werden.[91] Durch das MoMiG wurde ein neuer § 64 Abs. 2 S. 3 GmbHG geschaffen, der die Geschäftsführerhaftung für Zahlungen an Gesellschafter bereits vor der Zahlungsunfähigkeit der Gesellschaft vorsieht, nämlich soweit diese Zahlungen zur Zahlungsunfähigkeit der Gesellschaft führten mussten, es sei denn, dies war auch bei Beachtung der in Satz 2 bezeichneten Sorgfaltspflicht nicht erkennbar. Zahlungsunfähigkeit liegt nach § 17 Abs. 2 InsO vor, wenn der Schuldner nicht in der Lage ist, die fälligen Zahlungspflichten zu erfüllen. Eine Überschuldung ist gegeben, wenn das Vermögen des Schuldners die bestehenden Verbindlichkeiten nicht mehr deckt. Diese Feststellung ist durch die Erstellung einer Bilanz zu treffen.[92]

Die Begründung der Gesetzesnovellierung im Referentenentwurf vom 29.5.2006 macht 489
deutlich, dass der erweiterte § 64 Abs. 2 GmbHG sich gegen den Abzug von Vermögenswerten richtet, die die Gesellschaft bei objektiver Betrachtung zur Erfüllung ihrer Verbindlichkeiten benötigt. Damit erfasst der Entwurf einen Teilbereich der Haftung, der unter dem Stichwort „existenzvernichtender Eingriff" bekannt geworden ist. Es soll der Gefahr vorgebeugt werden, dass sie bei sich abzeichnender Zahlungsunfähigkeit Mittel entnommen werden. Der Begriff „Zahlung" ist wie in dem neuen § 64 Abs. 1 S. 2 GmbHG (früher Abs. 2) nicht auf eine Geldleistung beschränkt, sondern erfasst, sondern erfasst auch sonstige vergleichbare Leistungen zulasten des Gesellschaftsvermögens. Im Einzelnen ist der Kreis der betreffenden Leistungen noch nicht abschließend geklärt. Insbesondere ist umstritten, ob und inwieweit Gegenleistungen, die den Gesellschaftern aufgrund ihrer eigenen Leistungen zufließen, abzuziehen sind. Die Neuregelung kann besonders Fremdgeschäftsführer in eine problematische Situation bringen. Regelmäßig besteht in diesem Falle ein wirtschaftliches Abhängigkeitsverhältnis zwischen dem Geschäftsführer und den Gesellschaftern. Grundsätzlich muss der Geschäftsführer Weisungen auch dann befolgen, wenn er sie für unternehmerisch verfehlt hält. Die Weisungsgebundenheit endet jedoch dort, wo der Geschäftsführer durch Ausführung der Weisung eine ihn treffende gesetzliche Pflicht verletzen und sich gegenüber der Gesellschaft ersatzpflichtig machen würde. Dementsprechend schneidet § 43 Abs. 3 GmbHG, auf den § 64 Abs. 1 GmbHG nF verweist, dem Geschäftsführer den Einwand ab, er habe einen Beschluss der Gesellschafter befolgt. Befürchtet der Geschäftsführer somit, dass eine Zahlung an die Gesellschafter gegen den erweiterten § 64 GmbHG verstoßen würde, muss er sein Amt niederlegen, statt die von den Gesellschaftern gewünschte Zahlung vorzunehmen.[93]

Der BGH hat durch Urteil vom 5.2.2007 zahlreiche Zweifelsfragen zur Haftung des Ge- 490
schäftsführers wegen Insolvenzverschleppung geklärt.[94] Er hatte dort festgestellt, dass eine Bank mit dem Betrag, in dem sie ihr Kreditengagement bei einer GmbH im Stadium einer von deren Geschäftsführer zu verantwortenden Insolvenzverschleppung erhöht hatte, eine sogenannte „Neugläubigerin" im Sinne des Urteils des BGH vom 6.6.1994[95] ist. Dies hat zur Folge, dass sie insoweit einen Ersatzanspruch gegen den pflichtwidrig handelnden Geschäftsführer hat. In Abweichung zur bisherigen Rechtsprechung des BGH[96] wird der Ersatzanspruch jedoch nicht mehr um die auf den Gläubiger entfallende Insolvenzquote ge-

91 Dazu allg. Haas, NZG 2004, 737 ff.
92 Lutter/Hommelhoff GmbHG, § 64 Rn 10.
93 Referentenentwurf, Entwurf eines Gesetzes zur Modernisierung des GmbH-Rechts und zur Bekämpfung von Missbräuchen (MoMiG); Stand 29.5.2006, S. 64 f.
94 BGH NJW-RR 2007, 759 = NZG 2007, 347.
95 BGHZ 126,181.
96 BGHZ 126,181, 201 = NJW 1994, 2220.

kürzt.[97] Voraussetzung für die Insolvenzverschleppungshaftung ist, dass die Nichtbeachtung der Insolvenzantragspflicht – als Dauerdelikt – noch im Zeitpunkt des Schadenseintritts vorlagen. Der Altgläubiger, also derjenige, der einen Anspruch gegen die Gesellschaft bereits erworben hatte, als der Insolvenzantrag gestellt werden musste, erhält demgegenüber lediglich den sogenannten „Quotenschaden". Damit ist die Erhöhung der bei rechtzeitiger Antragstellung auf ihn entfallende Insolvenzquote gemeint.

491 Die Grundsätze sind auch auf die Gesetzeslage nach Inkrafttreten des MoMiG übertragbar. Auch die nunmehr durch das MoMiG in § 15 a InsO rechtsformübergreifend geregelte Insolvenzantragspflicht für Vertretungsorgane juristische Personen verlangt, dass die Vertretungsorgane der Gesellschaft ohne schuldhaftes Zögern, spätestens aber drei Wochen nach Eintritt der Zahlungsunfähigkeit oder Überschuldung, einen Insolvenzantrag stellen (§ 15 a Abs. 1 S. 1, S. 2 InsO).

492 Wegen der nach wie vor geltenden **Drei-Wochen-Höchstfrist** für die Insolvenzantragstellung dürfte auch die Rechtsprechung des BGH zur Haftung eines Genossenschaftsvorstands wegen Insolvenzverschleppung auf den GmbH-Geschäftsführer auf die neue Rechtslage gem. MoMiG übertragbar sein. Der BGH hatte den Genossenschaftsvorstand in der Insolvenzverschleppungshaftung gesehen, obwohl laufende und erfolgversprechende Sanierungsbemühungen unternommen wurden. Am Lauf der Drei-Wochen-Höchstfrist für die Insolvenzantragstellung änderte dies nach Auffassung des BGH nichts.[98]

493 Noch zu § 92 Abs. 3 AktG aF bzw § 64 Abs. 2 GmbHG aF hatte der BGH am 14.5.2007 seine bisherige Rechtsprechung zur Sorgfalt eines ordentlichen und gewissenhaften Geschäftsleiters und in Bezug auf dessen sozial- oder steuerrechtlichen Pflichten aufgegeben. Der Geschäftsleiter, der bei Insolvenzreife der Gesellschaft seine sozial- oder steuerrechtlichen Pflichten erfüllt, handele mit der Sorgfalt eines ordentlichen gewissenhaften Geschäftsleiters und sei daher nicht nach § 92 Abs. 3 AktG aF oder § 64 Abs. 2 GmbHG aF hinsichtlich etwa geleisteter Zahlungen erstattungspflichtig. In dem zu entscheidenden Fall hatte der Insolvenzverwalter in der Krise der Gesellschaft durch den Geschäftsführer der späteren Gemeinschuldnerin gezahlte Lohnsteuer und Arbeitnehmer-Sozialversicherungsbeiträge nach § 92 Abs. 3 AktG aF bzw § 64 Abs. 2 GmbHG aF zurückverlangt.[99] In derselben Entscheidung hatte der BGH auch eine schuldhafte Verletzung der Insolvenzantragspflicht des nicht selbst sachkundigen Geschäftsleiters verneint, wenn dieser nach qualifizierter Beratung eines Berufsträgers von der Stellung eines Insolvenzantrags absieht.[100] Auch diese Entscheidung ist auf die Rechtslage nach dem MoMiG, betreffend nunmehr § 15 a InsO, § 64 GmbHG neu übertragbar. Allerdings ist zu berücksichtigen, dass die Pflichtenkollision in dem Zeitraum nach Ablauf der Insolvenzantragsfrist weiterbestehen dürfte.[101]

c) Weitere Haftungsnormen für Geschäftsführer gegenüber der GmbH

494 Weitere Haftungsnormen, die eine Haftung des Geschäftsführers gegenüber der GmbH begründen, sind § 9 a Abs. 1 GmbHG, § 113 Abs. 1 HGB, § 88 Abs. 2 AktG analog und 43 a GmbHG. Eine Haftung des Geschäftsführers gegenüber der Gesellschaft kann sich darüber hinaus aus § 823 Abs. 2 BGB, § 266 StGB oder aus § 826 BGB wegen vorsätzlicher sittenwidriger Schädigung ergeben.

---

97 BGHZ 146, 264 f, 278 f = NJW 2001, 1280; Vgl instruktiv dazu: Gehrlein, BB 2007, 901 f.
98 BGH NZG 2007, 396 = NJW-RR 2007, 690; vgl auch Hirte, NJW 2008, 964 f, 968.
99 BGH NJW 2007, 2118; BB 2007, 1801 f; vgl dazu auch oben zur Aktiengesellschaft Rn 426 ff.
100 BGH BB 2007, 1801 f.
101 Hirte, NJW 2008, 964, 968; Rainer Beck, ZInsO 2007, 1233, 1238.

d) Haftung des Geschäftsführers gegenüber Dritten

Der Geschäftsführer einer GmbH haftet unter Umständen dem **Fiskus** nach § 69 AO, soweit Ansprüche aus dem Steuerschuldverhältnis infolge vorsätzlicher oder grob fahrlässiger Verletzung der ihm auferlegten Pflichten nicht oder nicht rechtzeitig festgesetzt oder erfüllt oder soweit infolge dessen Steuervergütungen oder Steuererstattungen ohne rechtlichen Grund gezahlt werden. Die Haftung umfasst auch die infolge der Pflichtverletzung zu zahlenden Säumniszuschläge. Die steuerrechtlich und die insolvenzrechtlich unterschiedliche Bewertung der Lohnsteuer-Abführungspflicht des Arbeitgebers in insolvenzreifer Zeit kann zu einer Pflichtenkollision führen. Eine solche steht der Haftung des Geschäftsführers wegen Nichtabführung der Lohnsteuer aber jedenfalls dann nicht entgegen, wenn der Insolvenzverwalter die Beträge im gedachten Falle der pflichtgemäßen Zahlung der Lohnsteuer vom Finanzamt deshalb nicht herausverlangen kann, weil die Anfechtungsvoraussetzungen nach § 129 f InsO nicht vorliegen. Die gesellschaftsrechtliche Pflicht des Geschäftsführers zur Sicherung der Masse im Sinne des § 64 Abs. 2 GmbHG aF (= § 64 Abs. 1 GmbH nF) kann die Verpflichtung zur Vollabführung der Lohnsteuer allenfalls in den ersten drei Wochen der Krise suspendieren. Die von der Rechtsprechung zu § 266 a StGB iVm § 823 Abs. 2 BGB abweichende Handhabung begründete der BFH damit, dass hier ein öffentlich-rechtlicher Schadensersatzanspruch in Rede stehe.[102] 495

Nach Auffassung des BAG kann sich ein GmbH-Geschäftsführer gegenüber Arbeitnehmern „seiner“ Gesellschaft gem. §§ 263 StGB iVm § 823 Abs. 2 BGB schadensersatzpflichtig machen, wenn die Gesellschaft entgegen § 7 d SGB IV keine Vorkehrungen getroffen habe, um Wertguthaben aus Altersteilzeitarbeitsverhältnissen gegen Insolvenz abzusichern, er den Arbeitnehmern allerdings das Vorliegen der tariflich vorgesehenen Wertsicherung vorspiegelt.[103] 496

e) Beweislast

Anders als das Aktienrecht (§ 93 Abs. 2 S. 2 AktG) enthält das GmbHG **keine Beweislastregel**. Die jeweilige Sachnähe der Beteiligten führt jedoch entsprechend den Grundsätzen zu § 93 Abs. 2 AktG, § 34 Abs. 2 GenG dazu, dass die Gesellschaft die Darlegungs- und Beweislast für den Schaden und den Kausalzusammenhang zwischen Geschäftsführerverhalten und Schaden hat.[104] Dabei kommen ihr die Erleichterungen des § 287 ZPO zugute. Der Geschäftsführer trägt die Darlegungs- und Beweislast für das Fehlen der Sorgfaltspflichtverletzung und des Verschuldens, soweit es sich um den üblichen Aufgaben- und Pflichtenkreis des Geschäftsführers handelt; anderenfalls ist die Gesellschaft in der Pflicht.[105] Außerdem muss der Geschäftsführer ggf beweisen, dass der Schaden auch bei pflichtgemäßem Alternativverhalten entstanden wäre. Die Erkennbarkeit des Insolvenzeintritts wird vermutet. Die Darlegungs- und Beweislast mangelnder Erkennbarkeit trifft insoweit den Geschäftsführer.[106] Zu seiner Entlastung muss der Geschäftsführer die Nichtkenntnis und Nichterkennbarkeit der finanziellen Lage trotz entsprechender organisatorischer Vorkehrungen darlegen und beweisen.[107] 497

102 BFH ZIP 2007, 1856 f; vgl dazu auch Hirte, NJW 2008, 964 f, 969.
103 BAG NJW 2007, 2573; vgl auch Hirte, NJW 2008, 964 f, 969.
104 BGH NZG 2003, 81 ff.
105 BGH BB 1985, 1753; Zöllner/Noack in: Baumbach/Hueck, GmbHG, § 43 Rn 38.
106 BGHZ 143, 185 f.
107 Lutter/Hommelhoff, GmbHG, § 64 Rn 62.

f) Ausschluss der Haftung des Geschäftsführers

498 aa) **Haftungsausschluss kraft Weisung.** Eine Haftung des Geschäftsführers ist zunächst ausgeschlossen, wenn er sich an eine **wirksame Weisung der Gesellschafter** gehalten hat. Insoweit ist für die Haftungsfreistellung ein entsprechender Gesellschafterbeschluss erforderlich; die Weisung eines Mehrheitsgesellschafters reicht nicht aus.[108] Allerdings kann sich der Geschäftsführer – ebenso wie der Vorstand der AG – nicht ohne weiteres auf jede Weisung der Gesellschafterversammlung berufen, insbesondere dann nicht, wenn der Gesellschafterbeschluss nichtig ist. Die Nichtigkeit richtet sich nach §§ 241 AktG ff. Lediglich anfechtbare Beschlüsse muss der Geschäftsführer grundsätzlich befolgen, wenn mit einer Anfechtung nicht zu rechnen ist. Innerhalb der Anfechtungsfrist muss der Geschäftsführer gleichwohl sorgfältig abwägen, ob er die Weisung vor Unanfechtbarkeit ausführt.[109] Auch durch eine rechtswidrige – wenn auch unanfechtbare – Weisung der Gesellschafterversammlung wird der Geschäftsführer jedenfalls nicht von der Haftung freigestellt, wenn er entgegen den §§ 30, 31 GmbHG handelt, § 43 Abs. 3 S. 3 GmbHG.

499 bb) **Haftungsausschluss kraft Entlastung.** Der Schadenersatzanspruch gegen den Geschäftsführer einer GmbH kann aufgrund eines **Entlastungsbeschlusses der Gesellschafterversammlung** nach § 46 Nr. 5 GmbHG ausgeschlossen sein. Durch einen solchen Beschluss wird das Handeln des Geschäftsführers im Innenverhältnis gebilligt.[110] Dabei ist die Entlastungserklärung nicht als Verzichtserklärung zu werten, gegen den entlasteten Geschäftsführer keine Ansprüche mehr geltend zu machen.[111] Die Entlastungswirkung tritt nur ein, soweit eventuell Ansprüche für die Gesellschafter aufgrund der ihnen zur Verfügung stehenden Unterlagen erkennbar bzw allen Gesellschaftern privat bekannt waren. Die Entlastung erfasst nicht Ansprüche, die nicht erkennbar waren oder die der Geschäftsführer bewusst verschleiert hat oder die auf einer strafbaren Handlung des Geschäftsführers beruhen.[112]

500 Wird die Entlastung verweigert, kann der Geschäftsführer nicht auf Entlastung klagen. Der BGH hält insoweit nur eine negative Feststellungsklage für zulässig, die auf Feststellung gerichtet ist, dass der Geschäftsführer nicht zum Schadensersatz verpflichtet ist.[113]

501 cc) **Haftungsausschluss Kraft Vertrages zur Generalbereinigung.** Im Gegensatz zur Entlastung iSd § 46 Nr. 5 GmbHG können durch den Abschluss eines Vertrages zur **Generalbereinigung** Ersatzansprüche der Gesellschaft gegen den Geschäftsführer auch aufgrund vorher nicht erkennbarer und erst nachträglich bekannt werdender Umständen ausgeschlossen werden.[114] Da dieser Vertrag die Ansprüche der Gesellschaft erheblich weiter einschränkt als ein Entlastungsbeschluss, setzt eine Generalbereinigung einen Gesellschafterbeschluss voraus, der mit dem Einwand, dies sei nicht gerechtfertigt, von jedem Gesellschafter angefochten werden kann.[115] Ferner kann aus bilanziellen Gründen der Abschluss eines Generalbereinigungsvertrages ausgeschlossen sein. Besteht zum Zeitpunkt des Gesellschafterbeschlusses bzw zum Zeitpunkt des Abschlusses des Generalbereinigungsvertrages eine Unterbilanz, dh ist der Wert des Gesellschaftsvermögens unter die Stammkapitalziffer gesun-

108 Lutter/Hommelhoff, GmbHG, § 43 Rn 22.
109 Dazu Marsch-Barner/Diekmann in: Münchener Handbuch des Gesellschaftsrechts, Bd. 3, § 46 Rn 34.
110 Kasten Schmidt, Gesellschaftsrecht, § 36 II, 4 d).
111 BGHZ 94, 324.
112 OLG München GmbHR 1997, 847; Marsch-Barner/Diekmann in: Münchener Handbuch des Gesellschaftsrechts, Bd. 3, § 46 Rn 38.
113 BGHZ 94, 324, 330.
114 K. Schmidt, Gesellschaftsrecht, § 36 II, 4 d bb.
115 BGH NJW 1998, 1315.

ken, kann ein Erlass bestehender und durchsetzbarer Forderungen gegenüber den Gesellschaftern eine verdeckte Gewinnausschüttung iSd § 30 Abs. 1 GmbHG darstellen. Über § 31 Abs. 4 GmbHG entfallen dann die Wirkungen eines Verzichts im Rahmen des Generalbereinigungsvertrages. Insofern hat sich die Rechtslage nach dem MoMiG nicht verändert.

Die Generalbereinigung befreit aber ebenso wenig wie alle anderen Rechtsgeschäfte, die 502 zur Minderung von Ansprüchen der Gesellschaft führen, den Geschäftsführer von solchen Ansprüchen, die zur Befriedigung der Gläubiger erforderlich sind (§§ 43 Abs. 3 S. 1, 1. Alt., 30 Abs. 1 GmbHG aF und nF).

g) Geltendmachung der Ansprüche der Gesellschaft

aa) Beschluss der Gesellschafterversammlung. Schadensersatzansprüche der Gesellschaft 503 gegen ihre Geschäftsführer können grundsätzlich nur geltend gemacht werden, wenn ein entsprechender Beschluss der Gesellschafterversammlung nach § 46 Nr. 8 GmbHG gefasst wurde. Der Gesellschaftsbeschluss muss dabei bestimmen, wer die Gesellschaft in Prozessen gegen den Geschäftsführer vertritt. Der Beschluss ist an keine besonderen Förmlichkeiten gebunden. Er ist jedoch materielle Wirksamkeitsvoraussetzung für den Schadenersatzanspruch gegen den Geschäftsführer.[116] Dies – dh Beschlusserfordernis – gilt nur dann nicht, wenn über das Vermögen der Gesellschaft das Insolvenzverfahren eröffnet wurde oder die GmbH liquidiert wird und bei einer Einmann-GmbH.[117]

Der Beschluss muss den betreffenden Anspruch hinreichend konkret umreißen, dh jeden- 504 falls identifizierbar bezeichnen. Allerdings muss der Anspruch nicht der Höhe nach beziffert werden und der Lebenssachverhalt muss nicht in Einzelheiten abgegrenzt werden. Ist der die Geltendmachung gestattende Beschluss der Gesellschafterversammlung – etwa wegen Einberufungsmängeln – nichtig, hat das Gericht dies in dem Verfahren über den Schadensersatzanspruch zu berücksichtigen und die Klage abzuweisen. Ist der Beschluss lediglich anfechtbar und ist fristgerecht Anfechtungsklage erhoben, ist der Ersatzprozess auszusetzen. Ist nicht rechtzeitig Anfechtungsklage erhoben worden, gilt der anfechtbare Beschluss als gültig.[118]

Die gesetzliche Vorgabe eines Gesellschafterbeschlusses für die Inanspruchnahme des Ge- 505 schäftsführer durch die Gesellschaft kann dazu führen, dass entgegen dem Willen einer Minderheit der Gesellschafter ein Schadensersatzanspruch der Gesellschaft gegen den Geschäftsführer nicht geltend gemacht wird und der Geschäftsanteil des Minderheitsgesellschafters unter Umständen erheblich an Wert verliert. In solchen Fällen können die überstimmten Gesellschafter über eine **positive Feststellungsklage** den erforderlichen Gesellschafterbeschluss erzwingen. Voraussetzung ist jedoch, dass die Gesellschafterversammlung zuvor die Geltendmachung eines wahrscheinlichen Ersatzanspruchs gegen den Geschäftsführer ohne sachlichen Grund abgelehnt hat. Denkbar ist außerdem die Geltendmachung eines Schadenersatzanspruchs durch die Minderheitsgesellschafter gegen die Gesellschaftermehrheit auf Leistung an die Gesellschaft.

Wenn daher eine Schadenersatzklage kurz vor Verjährung des Ersatzanspruchs ohne vor- 506 herigen legitimierenden Gesellschafterbeschluss erhoben wurde, kann ein nach Verjährungseintritt gefasster Gesellschafterbeschluss die Klage nicht mehr retten.

116 BGHZ 28, 255 ff.
117 BGH NZG 2004, 962; Zöllner in: Baumbach/Hueck, GmbHG, § 46 Rn 62.
118 Zöllner in: Baumbach/Hueck, GmbHG, § 46 Rn 62 ff.

507 **bb) Actio pro socio.** Mit der actio pro socio kann der Gesellschafter in bestimmten Fällen unmittelbar auf Leistung an die Gesellschaft klagen. Dazu besteht in der Regel ein Bedürfnis, wenn die Geschäftsführer oder Gesellschafter einen Anspruch der Gesellschaft gegen einen Geschäftsführer nicht geltend machen wollen und ein ggf zuvor gefasster Entlastungs- oder Verzichtsbeschluss erfolgreich angefochten wurde[119] bzw wenn ein solcher Beschluss wegen eines Interessenkonflikts nicht erwartet werden kann.[120] Die actio pro socio begründet in diesem Zusammenhang eine Notzuständigkeit.[121] Deshalb ist sie umgekehrt ausgeschlossen, wenn der Gesellschafter es versäumt hat, einen der Inanspruchnahme des Mitgesellschafters entgegenstehenden Gesellschafterbeschluss rechtzeitig anzufechten. Weitere Voraussetzung der actio pro socio ist dabei, dass der Geschäftsführer in das Mitgliedschaftsrecht des potenziell klagenden Gesellschafters eingegriffen hat.[122]

508 Die actio pro socio hat die Rechtsprechung auf dieser Grundlage grundsätzlich auch bei Ansprüchen gegen Gesellschafter in zweigliedrigen Gesellschaften,[123] bei bestimmten Konzernsachverhalten[124] und nach Löschung der Gesellschaft und Wegfall ihrer Organe zugelassen.[125]

3. GbR, OHG, KG

509 Bei den Personengesellschaften ergeben sich für die geschäftsführenden Gesellschafter zunächst aus dem Gesellschaftsvertrag Pflichten. Im Übrigen richten sich die Rechte und Pflichten der Gesellschafter für die GbR, aber auch in weitem Umfang für die OHG und KG nach §§ 705 ff BGB. Für die OHG gelten ergänzend und teilweise überlagernd die Sonderregeln der §§ 109-122 HGB und für die KG §§ 163-169 HGB. Die Verletzung daraus folgender (Treue-)Pflichten kann Ersatzansprüche der Gesellschaft oder Dritter auslösen.

a) Rechte und Pflichten der geschäftsführenden Gesellschafter

510 Grundlage der Darstellung ist die Treuepflicht eines GbR-Gesellschafters, dem Geschäftsführungsbefugnis eingeräumt ist. Auf Besonderheiten bei der OHG und der KG wird – soweit erforderlich – hingewiesen.

511 Die **Treuepflicht** des geschäftsführenden Gesellschafters einer GbR verlangt im Verhältnis zur Gesellschaft zunächst, deren Belangen den Vorrang einzuräumen und die ihm im eigenen Interesse verliehenen Mitgliedschaftsrechte nur unter Berücksichtigung der Interessen der Gesamthand auszuüben.[126] Im Verhältnis zu den übrigen Gesellschaftern ist er verpflichtet, deren Belange nicht ungerechtfertigt zu beeinträchtigen.[127] In einer Leitentscheidung für die OHG – die gleichermaßen für den Komplementär der KG gelten dürfte – hat der BGH festgestellt, dass der geschäftsführende Gesellschafter in allen Angelegenheiten, die das Interesse der Gesellschaft berühren, deren Wohl und nicht seinen eigenen Nutzen oder Vorteil anderer im Auge haben darf. Er ist verpflichtet, Erwerbschancen nicht für sich, sondern nur für die Gesellschaft ausnutzen. Anderenfalls hat er ihr einen durch sein Ver-

---

119 Marsch-Barner/Diekmann in: Münchener Handbuch des Gesellschaftsrechts, Bd. 3, § 46 Rn 29.
120 BGH NJW 1990, 2627 f; NJW 1998, 1951.
121 BGH WM 1998, 925, 926.
122 BGH NJW 1990, 2628.
123 BGH NJW 1991, 1884.
124 BGHZ 65, 15, 21.
125 BGH NJW 1991, 1884.
126 Palandt/Sprau, § 705 Rn 27.
127 BGH NZG 2003, 73.

halten entstehenden Schaden zu ersetzen.[128] Diese Beschreibung zeigt, dass sich Inhalt und Umfang der Treuepflicht – wie bei den Kapitalgesellschaften – auch für die Personengesellschaften nicht abschließend bestimmen lassen. Sie sind insbesondere von der konkreten Ausgestaltung des Gesellschaftsverhältnisses und der jeweiligen Situation abhängig.

Wann der geschäftsführende Gesellschafter einer OHG oder KG eine Treuepflichtverletzung begangen hat, muss zusätzlich anhand der hier einschlägigen §§ 114-117 HGB beurteilt werden. Führt der geschäftsführende Gesellschafter beispielsweise ein Geschäft entgegen § 116 Abs. 2 HGB aus, der über § 161 Ab. 2 HGB auch für die KG gilt, liegt eine Pflichtverletzung vor. Das aus der Treuepflicht resultierende Wettbewerbsverbot fixiert § 112 HGB. Die Vorschrift gilt über § 161 Abs. 2 HGB auch für die KG. Für die GbR fehlt naturgemäß eine gesetzliche Regelung. Soweit dort der Wettbewerb eines Gesellschafters dem Gesellschaftszweck ausnahmsweise entgegensteht, folgt das Wettbewerbsverbot unmittelbar aus der Treuepflicht. 512

b) Sorgfalts- und Verschuldensmaßstab

Die vom geschäftsführenden Gesellschafter einer Personengesellschaft bei der Geschäftsführung einzuhaltende Sorgfaltsmaßstab ist ähnlich schwierig zu beurteilen wie bei der AG oder der GmbH. Er richtet sich ebenfalls nach der **Struktur und Tätigkeit der Gesellschaft.** 513

aa) Sorgfalts- und Verschuldensmaßstab des geschäftsführenden Gesellschafters der GbR und der OHG. Bei der GbR – und mangels abweichender Regelung nach § 105 Abs. 3 HGB auch bei der OHG – wird der Haftungsmaßstab grundsätzlich nach § 708 BGB bestimmt. Der Geschäftsführer haftet – vorbehaltlich abweichender Regelungen im Gesellschaftsvertrag[129] – nur für die eigenübliche Sorgfalt. Typischerweise ist die GbR durch ein persönliches Vertrauensverhältnis der Gesellschafter untereinander geprägt, dh man nimmt sich wie man ist. Auch wenn die im Verkehr übliche Sorgfalt ausnahmsweise geringer als die eigenübliche Sorgfalt ist, haftet der Gesellschafter nur für die Einhaltung der Letzteren. § 708 BGB soll eine Haftungserleichterung verschaffen und keine Haftungsverschärfung.[130] 514

Die Anwendung der Haftungsprivilegierung gemäß § 708 BGB setzt zudem voraus, dass der Geschäftsführer der Gesellschaft in Erfüllung seiner gesellschafterlichen Pflichten gehandelt hat. Sie kommt ihm daher nicht zugute, wenn er der Gesellschaft in Bezug auf den schadensbegründenden Umstand wie ein beliebiger Dritter gegenüber auftritt, etwa auf der Grundlage eines weiteren Vertragsverhältnisses (zB als Vermieter) oder im Straßenverkehr.[131] 515

Dem lediglich angestellten Fremd-Geschäftsführer kommt die Haftungserleichterung des § 708 BGB nicht zugute. Rechte und Pflichten angestellter Fremd-Geschäftsführer ergeben sich maßgeblich aus dem Anstellungs- oder Auftragsverhältnis.[132] 516

Der privilegierte Haftungsmaßstab des § 708 BGB gilt *nicht* für die Publikums-GbR.[133] Diese dienen der Kapitalbeschaffung und stehen einer Vielzahl von ansonsten nicht miteinander verbundenen Gesellschaftern offen, etwa als Grundstücks-Fonds oder als venture- 517

128 BGH NJW 1986, 584, 585.
129 Palandt/Sprau, § 708 Rn 3.
130 Hoimar v. Ditfurth in: Münchener Handbuch des Gesellschaftsrechts, Bd. 1, § 7 Rn 58.
131 Hoppe in: Saenger/Aderhold/Lenkaitis/Speckmann, Handels- und Gesellschaftsrecht, Praxishandbuch, § 5 Rn 174; RGZ 89, 99, 102, zum Handel als Vermieter; BGH NJW 1967, 858, zum Handel im Straßenverkehr.
132 Hoppe in: Saenger/Aderhold/Lenkaitis/Speckmann, Handels- und Gesellschaftsrecht, Praxishandbuch, § 5 Rn 176.
133 BGHZ 148, 201.

capital-Gesellschaften, die kein Handelsgewerbe betreiben.[134] Die Rechtsform als GbR ist hier in der Regel steuerlich motiviert. Zweckmäßigerweise würde sich sonst die Rechtsform der KG anbieten.[135] Hier kann keine Rede von einer Prägung der Gesellschaft durch persönliches Vertrauen aller Gesellschafter untereinander sein wie bei der typischen GbR. Meist wird ein Dritter oder einer der Gesellschafter im Gesellschaftsvertrag als Geschäftsführer bestellt. Infolgedessen fehlt die sachliche Grundlage für dessen Privilegierung durch Anwendung des § 708 BGB.

518 Ob der privilegierende Haftungsmaßstab des § 708 BGB gelten soll, wenn der Gesellschafter schuldhaft seine Geschäftsführungskompetenzen überschritten hat, ist umstritten. Gegen die Privilegierung spricht, dass die Mitgesellschafter dem geschäftsführenden Gesellschafter besonderes Vertrauen nur im Rahmen seiner Geschäftsführungsbefugnis entgegenbringen wollten.[136] Die Haftung für grobe Fahrlässigkeit wird dadurch aber nicht verdrängt, § 277 BGB.

519 **Besondere Pflichten** ergeben sich für den **geschäftsführenden Gesellschafter** der GbR, der OHG, der KG und für den **Geschäftsführer der Komplementärin** einer GmbH & Co. KG im Zusammenhang mit dem bevorstehenden Insolvenz der Gesellschaft. § 130 a Abs. 1-3 HGB aF bzw § 130 a Abs. 1-2 HGB nF iVm § 15 a InsO nF regeln die Insolvenzantragspflicht sowie das Verbot von Zahlungen für die Gesellschaft nach Zahlungsunfähigkeit der Gesellschaft oder nach deren Überschuldung und damit korrespondierend die Haftung des organschaftlichen Vertreters der Gesellschaft (§ 130 a Abs. 3 HGB aF, § 130 a Abs. 2 nF). Die Regelung entspricht § 64 Abs. 1 und 2 GmbG aF bzw § 64 Abs. 1 GmbHG nF Der BGH hat hierzu mit Urteil vom 26.3.2007 festgestellt, dass der in § 130 a Abs. 3 S. 1 Alt. 2 HGB (aF) = § 130 a Abs. 2 S. 1 Alt. 2 HGB nF geregelte Ersatzanspruch auch auf die Erstattung der dem Verbot des § 130 a Abs. 2 HGB aF bzw § 130 a Abs. 1 HGB nF zuwider geleisteten Zahlungen gerichtet ist und nicht lediglich auf den Ersatz des Quotenschadens, der in § 130 a Abs. 3 S. 1 Alt. 1 HGB aF = § 130 a Abs. 2 S. 1 Alt. 1 HGB nF erfasst ist. Der Geschäftsführer einer insolvenzreifen GmbH oder GmbH & Co. KG – so der BGH – müsse aufgrund seiner Masseerhaltungspflicht dafür sorgen, dass Zahlungen von Gesellschaftsschuldnern nicht auf ein debitorisch geführtes Bankkonto der Gesellschaft geleistet würden, anderenfalls hafte er für die Zahlungen gemäß § 64 Abs. 2 GmbHG, § 130 a Abs. 3 HGB (aF, allerdings auch geltend für § 64 Abs. 1 GmbHG nF sowie § 130 a Abs. 2 HGB nF). Allerdings fallen Zahlungen mit Kreditmitteln auf ein debitorisch geführtes Bankkonto einer insolvenzreifen Gesellschaft insoweit nicht unter die Pflichten zur Masseerhaltung, sondern gehen allein zum Nachteil der Bank.[137]

520 **bb) Sorgfalts- und Verschuldensmaßstab des geschäftsführenden Gesellschafters der KG, insbesondere der GmbH & Co. KG.** Auch im Hinblick auf den Sorgfalts- und Verschuldensmaßstab des geschäftsführenden Gesellschafters einer KG ist nach der Struktur der Gesellschaft zu differenzieren. § 708 BGB gilt hier nur, wenn die KG personalistisch strukturiert ist. Dabei geht die Rechtsprechung – ähnlich wie bei der typischen GbR – von einem persönlichen Vertrauensverhältnis der Gesellschafter untereinander aus. Bei einer **Publikums-KG** besteht indes ein solches Vertrauensverhältnis naturgemäß nicht. Der Sorgfalts- und Haftungsmaßstab des Komplementärs einer solchen Publikums-KG entspricht deshalb dem des Geschäftsführers einer Kapitalgesellschaft, dh er muss die Sorgfalt eines ordentli-

134 Palandt/Sprau, § 708 Rn 3, § 705 Rn 47.
135 K. Schmidt, Gesellschaftsrecht, § 57 I, S. 1667 f.
136 Hoimar v. Ditfurth in: Münchener Handbuch des Gesellschaftsrecht, Bd. 1, § 7 Rn 61.
137 BGH NZG 2007, 462 ff; vgl auch Hirte, NJW 2008, 964 ff, 970.

chen Geschäftsmanns entsprechend § 43 GmbHG üben.[138] Korrespondierend dazu steht dem Geschäftsführer einer Publikums-KG aber auch ein großer Ermessensspielraum für unternehmerische Entscheidungen zu, ähnlich dem einer GmbH.[139]

Bei der **GmbH & Co. KG** gelten haftungsrechtliche Besonderheiten für den Geschäftsführer der Geschäftsführungs-GmbH, wenn deren Aufgebe im Wesentlichen auf die Geschäftsführung der KG beschränkt ist. Der Geschäftsführeranstellungsvertrag zwischen dem Geschäftsführer und der GmbH ist ein Vertrag mit Schutzwirkung zugunsten der KG.[140] Der Geschäftsführer haftet damit für Fehler der Geschäftsführung unmittelbar der KG. Soweit es sich um eine Publikums-GmbH & Co. KG handelt, gilt für den Geschäftsführer der Komplementär-GmbH der Maßstab des § 43 GmbHG. Handelt es sich dagegen um eine personalistisch strukturierte GmbH & Co. KG, bietet sich folgende Unterscheidung an: Ein Fremdgeschäftsführer haftet entsprechend § 43 GmbHG. Ein Kommanditist, der aufgrund des Gesellschaftsvertrages zum Geschäftsführer bestellt wurde, kann nur nach Maßgabe des § 708 BGB in Anspruch genommen werden.[141] 521

Die Komplementär-GmbH einer **Publikums-KG** muss dieser gegenüber ebenfalls die Sorgfalt eines ordentlichen Geschäftsmannes beachten, so dass § 708 BGB aus den oben genannten Gründen nicht anwendbar ist. Der BGH hat jedoch offengelassen, ob die Komplementär-GmbH gegenüber einer personalistisch ausgestalteten GmbH & Co. KG entsprechend § 708 BGB nur für eigenübliche Sorgfalt haftet oder den Sorgfaltsmaßstab eines ordentlichen Geschäftsmannes einhalten muss.[142] Für Letzteres spricht, dass der Geschäftsführer der Geschäftsführungs-GmbH dieser gegenüber ohnehin an den Sorgfalts- und Verschuldensmaßstab des § 43 GmbHG.[143] 522

c) Haftungsausschluss

Ein Haftungsausschluss des Geschäftsführers kann wie bei der GmbH und der AG durch Gesellschafterbeschluss erfolgen. Für Voraussetzungen und Ausnahmen gelten die Ausführungen zur GmbH und AG entsprechend. Ist die Handlung durch einen wirksamen und rechtmäßigen Gesellschafterbeschluss gedeckt, entfällt die Haftung für sorgfaltswidrige Handlungen, soweit der Geschäftsführer nicht seine Sorgfaltspflicht im Rahmen der Vorbereitung des Gesellschafterbeschlusses, etwa durch mangelhafte Information, verletzt hat.[144] 523

d) Beweislast

Die Gesellschaft trägt die Darlegungs- und Beweislast für den Eintritt eines Schadens und die Ursächlichkeit des Verhaltens des Gesellschafters für den Schaden.[145] Der geschäftsführende Gesellschafter muss dagegen beweisen, dass er seinen Geschäftsführerpflichten ordnungsgemäß nachgekommen ist, sein Verhalten also pflichtgemäß oder wenigstens schuldlos war.[146] Die Umkehr der Beweislast zulasten des geschäftsführenden Gesellschafters folgt aus der analogen Anwendung des § 93 Abs. 2 AktG. 524

138 BGHZ 75, 321 ff 327.
139 Wirth in: Münchener Handbuch des Gesellschaftsrecht, Bd. 2, § 7 Rn 20 ff.
140 BGHZ 75, 321 ff; zuletzt BGH NJW 1995, 1553.
141 Wirth in: Münchener Handbuch des Gesellschaftsrechts, Bd. 2, § 7 Rn 88.
142 BGHZ 75, 321 ff.
143 Wirth in: Münchener Handbuch des Gesellschaftsrechts, Bd. 2, § 7 Rn 88.
144 Hoimar v. Ditfurth in: Münchener Handbuch des Gesellschaftsrechts, Bd. 1, § 47 Rn 32.
145 Hoimar v. Ditfurth in: Münchener Handbuch des Gesellschaftsrechts, Bd. 1, § 47 Rn 32.
146 BGH BB 1988, 1205, 1206 f.

e) Geltendmachung des Anspruchs

525 aa) **Grundsatz.** Die Geltendmachung von Ansprüchen der Gesellschaft ist zwar grundsätzlich **Geschäftsführungsaufgabe.** Die nicht geschäftsführenden Gesellschafter sind daher von der Geltendmachung solcher Ansprüche für die Gesellschaft grundsätzlich ausgeschlossen.[147] Allerdings wird der geschäftsführende Gesellschafter kaum Ansprüche der Gesellschaft aus der Verletzung der organschaftlichen Treuepflicht gegen sich selbst geltend machen. Aufgrund der bestehenden Interessenkollision fehlt ihm auch die entsprechende Vertretungsmacht für die Gesellschaft. In diesem Fall können ausnahmsweise alle übrigen Gesellschafter gemeinsam den Anspruch der Gesellschaft in deren Namen geltend machen, bei der 2-Personengesellschaft der andere Gesellschafter allein.[148]

526 Zur Bewältigung solcher Interessenkonflikte bestehen für die Aktiengesellschaft Regelungen in § 147 Abs. 2 AktG und für die GmbH in § 46 GmbHG. Eine entsprechende Regelung fehlt im Recht der Personengesellschaften. Gleichwohl wird mit beachtlichen Argumenten vertreten, dass auch die Gesellschafterversammlung einer Personengesellschaft zur Durchsetzung von Ersatzansprüchen gegen den einzigen oder einen von mehreren geschäftsführungs- und vertretungsberechtigten Gesellschaftern in analoger Anwendung von § 46 Nr. 8 Hs 2 GmbHG einen besonderen Vertreter bestellen kann, der eine nachhaltige und unvoreingenommene Durchsetzung der Ansprüche sicher stellt. Gleiches soll für die Durchsetzung von Ersatzansprüchen einer Personengesellschaft gegen das einen geschäftsführenden Gesellschafter beherrschende Unternehmen oder von sonstigen Schadensersatzansprüchen gegen dieses Unternehmen gelten.[149]

527 **bb) Actio pro socio. (1) Während des Bestehens der Gesellschaft.** Davon zu unterscheiden ist das Recht des nicht geschäftsführenden Gesellschafters und damit auch des Kommanditisten, von den Mitgesellschaftern die Erfüllung ihrer Verpflichtungen gegenüber der Gesellschaft zu verlangen und im eigenen Namen auf Leistung an die Gesellschaft zu klagen (Actio pro socio). Dies gilt grundsätzlich nur für Sozialansprüche, dh für Verpflichtungen der Gesellschafter, die ihre Grundlage unmittelbar oder mittelbar im Gesellschaftsvertrag haben. Dazu gehört neben der Beitrags- und der Treuepflicht auch die Pflicht zur Geschäftsführung.[150]

528 Ausnahmsweise kann aber ein Gesellschafter allein den Anspruch der Gesellschaft gegen einen Dritten im Namen der Gesellschaft geltend machen, wenn der Gesellschafter ein berechtigtes Interesse an dem Vorgehen im Rahmen der actio pro socio hat. Das ist der Fall, wenn sich die übrigen Gesellschafter zB aus einer persönlichen Verbundenheit heraus weigern, die Ansprüche geltend zu machen, und der Dritte an dem gesellschaftswidrigen Verhalten beteiligt war.[151] Die actio pro socio richtet sich zwar grundsätzlich nur gegen Mitgesellschafter. Ist der in Anspruch zu nehmende Mitgesellschafter jedoch eine Gesellschaft mit einem persönlich haftenden Gesellschafter, kann der persönlich haftende Gesellschafter des Mitgesellschafters im Wege der actio pro socio auch unmittelbar in Anspruch genommen werden.[152]

---

147 Wirth in: Münchener Handbuch des Gesellschaftsrechts, Bd. 2§ 7 Rn 94 für die KG; Hoimar v. Ditfurth in: Münchener Handbuch des Gesellschaftsrechts, Bd. 1, § 53 Rn 66.
148 Palandt/Sprau, § 714 Rn 4; für die Zwei-Personen-Gesellschaft vgl BGH NJW-RR 1991, 1441 f.
149 Instruktiv Karrer, NZG 2008, 2006 ff.
150 Wirth in: Münchener Handbuch des Gesellschaftsrechts, Bd. 2, § 7 Rn 95 für die KG; Hoimar v. Ditfurth in: Münchener Handbuch des Gesellschaftsrechts, Bd. 1, § 53 Rn 67.
151 BGHZ 102, 152, 155; OLG Düsseldorf NZG 2000, 475 f.
152 BGH BB 1973, 1506.

Im neueren Schrifttum wird die actio pro socio weitgehend als subsidiär gegenüber der Geltendmachung des Anspruchs durch die Gesellschaft angesehen. Nur wenn die Gesellschaft den betreffenden Anspruch nicht ordnungsgemäß durchsetzt, ist die Geltendmachung durch einen Gesellschafter im eigenen Namen zulässig. Rechtsprechung zu dieser Frage gibt es – soweit ersichtlich – noch nicht.[153] Es ist aber ratsam, vom Grundsatz der Subsidiarität der actio pro socio auszugehen. Ausnahmsweise kann bei der GbR oder der OHG ein Vorgehen im Wege der actio pro socio aus dem Grundsatz der Subsidiarität überflüssig sein, wenn nämlich die Gesellschafter Gesamtgläubiger iSd § 428 BGB im Hinblick auf eine Forderung gegen einen Gesellschafter sind. Dies kann etwa Gemeinschaftskonten der Gesellschafter betreffen.[154] Dann kann ein Gesamtgläubiger die gesamte Forderung im eigenen Namen geltend machen und Leistung an sich fordern. 529

In der KG besteht darüber hinaus die Besonderheit, dass die Kommanditisten nach § 164 BGB von der Geschäftsführung weitestgehend ausgeschlossen sind. Für Ansprüche, die der Kommanditist im Wege der actio pro socio für die Gesellschaft gegen die Geschäftsführung geltend machen will, hat der BGH die Einschränkung gemacht, dass dies nur für Schadensersatzklagen wegen fehlerhafter Geschäftsführung zulässig ist, nicht aber für Leistungs- und Unterlassungsklagen gegen die Geschäftsführung. Anderenfalls werde die in § 164 HGB aufgestellte Regelung ausgehöhlt.[155] 530

(2) **Im Abwicklungsstadium der Gesellschaft.** Die actio pro socio ist nicht nur im Rahmen der werbenden Gesellschaft möglich, sondern auch im Abwicklungsstadium.[156] Ein grundsätzliches Bedürfnis dafür ist nicht von der Hand zu weisen. Gerade die Abwicklung der Gesellschaft führt oft zu Streit unter den Gesellschaftern.[157] Allerdings kann im Einzelfall für die Geltendmachung von Schadensersatzansprüchen das Rechtsschutzbedürfnis fehlen, wenn die Schadenersatzleistung für die Liquidation nicht mehr relevant ist. Dies kann der Fall sein, wenn die Gesellschaftsgläubiger befriedigt sind und der in Anspruch zu nehmende Gesellschafter selbst bei Berücksichtigung der Zahlung noch ein positives Auseinandersetzungsguthaben hätte.[158] 531

In besonderen Fällen kann ein Gesellschafter sogar im Abwicklungsstadium auf Leistung unmittelbar an sich klagen, wenn es um Ausgleichsforderungen unter den Gesellschaftern geht und keine weiteren Liquidationsaufgaben zu erfüllen sind.[159] Eine auf Leistung an die Gesellschaft gerichtete Klage wäre dann ein rein formalistischer Umweg.[160] 532

II. Beratungssituation

Die Anforderungen an die Beratung sind entsprechend der oben dargestellten komplexen und unterschiedlichsten Interessenlagen zu vielschichtig, um sie an dieser Stelle umfassend zu erörtern. Die Darstellung beschränkt sich daher auf die mE am ehesten praxisrelevanten Schwerpunkte. 533

153 Hoimar v. Ditfurth in: Münchener Handbuch des Gesellschaftsrechts, Bd. 1, § 53 Rn 67 mwN.
154 BGH NJW 2002, 3093.
155 BGHZ 76, 160, 167; OLG Düsseldorf NZG 2000, 475.
156 BGHZ 10, 91, 101; BGH BB 1958, 603; OLG Düsseldorf NZG 2000, 475.
157 K. Schmidt, Gesellschaftsrecht, § 21 IV 5 b.
158 BGH NJW 1960, 433 f.
159 K. Schmidt, Gesellschaftsrecht, § 21 IV 5 b.
160 RGZ 123, 23.

1. Materiellrechtliche Fragen

534 Schwerpunktmäßig wird der mandatierte Rechtsanwalt vor der Situation stehen, eine bereits erfolgte Geschäftsführungsmaßnahme auf ihre **Vereinbarkeit mit den einzelnen Geschäftsführungspflichten** – aus Vertrag oder Gesetz – zu beurteilen (vgl Rn 425 ff). Die Geschäftsführerpflichten bzw der jeweils einzuhaltende Sorgfalts- und Verschuldensmaßstab unter Berücksichtigung der dem Geschäftsführer zustehenden Ermessensspielräume für unternehmerische Entscheidungen können dabei sehr variieren. Des Weiteren ist die Geschäftsführerhandlung auf **Kausalität für den entstandenen Schaden** zu prüfen. Gesetzliche Ausschlusstatbestände sowie evtl vorliegende Verträge zur Generalbereinigung und Entlastungsbeschlüsse sind auf Ihre Reichweite, Wirksamkeit hin zu überprüfen. Bei Entlastungverträgen ist in diesem Zusammenhang insbesondere zu prüfen, ob die fragliche Geschäftsführerhandlung strafbar ist. Neben den routinemäßig zu berücksichtigenden Verjährungsnormen sind besonders bei der Vertretung der Gesellschaft oder deren Gesellschaftern gegen den Geschäftsführer Entlastungsbeschlüsse und Generalbereinigungsverträge sowie Möglichkeiten zu deren Anfechtung zu überprüfen. Regelmäßig ist für die Anfechtbarkeit von Entlastungsbeschlüssen im Gesellschaftsvertrag entsprechend § 246 Abs. 1 AktG eine Monatsfrist vereinbart, die andernfalls analog gilt. Gegebenenfalls ist eine vereinbarte Anfechtungsfrist ergänzt um eine vorab laufende Frist zur Protokollberichtigung.

2. Prozessuale Fragen

535 Neben der Gesellschaft haben unter den unter A. genannten Voraussetzungen auch Gesellschafter eigene Klagerechte, die zT gesetzlich geregelt sind, zum Teil über das Institut der actio pro socio geltend gemacht werden können. Gesellschaftsgläubiger können ebenfalls nur in eingeschränkten Fällen gegen den Geschäftsführer direkt vorgehen oder auch nur die Gesellschaft dazu anhalten, von ihrem Geschäftsführer wegen geschäftsführungswidriger Handlung Schadenersatz zu verlangen und diesen dann an den Gläubiger weiterzuleiten.

a) Vorhergehender Beschluss der Gesellschafterversammlung

536 Regelmäßig ist für die Geltendmachung eines Schadensersatzanspruchs gegenüber dem Geschäftsführer ein vorheriger Beschluss der Gesellschafterversammlung – sei es zustimmend oder im Falle der actio pro socio ablehnend – erforderlich. Bei den Personengesellschaften können bei Inanspruchnahme des oder eines geschäftsführenden Gesellschafters ausnahmsweise alle übrigen Gesellschafter gemeinsam den Anspruch der Gesellschaft in deren Namen geltend machen, bei der Zwei-Personen-Gesellschaft der andere Gesellschafter allein.[161] In der Klageerhebung liegt daher die konkludente Zustimmung der Gesellschafterversammlung in der erforderlichen Mehrheit zur Klageerhebung.

537 Bei der GmbH ist dagegen zur Geltendmachung von Ersatzansprüchen der Gesellschaft gegen den Geschäftsführer ein vorheriger Beschluss der Gesellschafterversammlung nach § 46 Nr. 8 GmbHG erforderlich. Problematisch kann dies vor allem sein, wenn die Klage der Gesellschaft auf Schadensersatz gegen den Geschäftsführer kurz vor Ablauf der Verjährung des Anspruchs rechtshängig gemacht wird, ein entsprechender Gesellschafterbeschluss jedoch nach Eintritt der Verjährung nicht mehr gefasst werden kann. Insoweit ist keine rückwirkende Genehmigung der Klage mehr möglich. Deshalb sollte unbedingt vor

161 Palandt/Sprau, § 714 Rn 4; für die Zwei-Personen-Gesellschaft vgl BGH NJW-RR 1991, 1441 f.

Verjährungseintritt – ggf im nicht förmlichen Umlaufverfahren – ein entsprechender Beschluss gefasst werden.

538 Im Rahmen der actio pro socio kann dementsprechend kritisch werden, ob der klagewillige Gesellschafter vor der Klageerhebung versuchen muss, einen Gesellschafterbeschluss – sei es ablehnend oder zustimmend – zu erwirken. Grundsätzlich verlangt dies der Grundsatz der Subsidiarität der actio pro socio. Da der auf diese Weise vorgehende Gesellschafter das Kostenrisiko für eine entsprechende Klage trägt, die u.a. wegen Verletzung des Subsidiaritätsgrundsatzes abgewiesen werden kann, wird er versucht sein, notfalls im nicht förmlichen Umlaufverfahren so schnell wie möglich einen entsprechenden ablehnenden Beschluss der Gesellschafterversammlung herbeizuführen. Gelingt ihm dies nicht, bleibt er auf eine Prognose darüber angewiesen, ob eine ablehnende Entscheidung der Gesellschafterversammlung zu erwarten ist. Er kann im Falle des Unterliegens keine Aufwendungsersatzanspruch von der Gesellschaft verlangen.[162]

b) Doppelte Klagen bei erster Klage durch Gesellschafter

539 Hat bereits ein Gesellschafter gegen seinen Mitgesellschafter im Rahmen der actio pro socio Klage erhoben, kann sich für die Gesellschaft – auch wenn sie zuvor beschlossen hat, den Anspruch gegen den Gesellschafter nicht selbst geltend machen zu wollen – gleichwohl die Frage stellen, ob sie nunmehr Klage erhebt. Denn ein stattgebendes Urteil für den im Rahmen der actio pro socio klagenden Gesellschafter entfaltet keine Rechtskraftwirkung zugunsten der Gesellschaft. Es handelt sich bei der actio pro socio um eine gesetzliche Prozessstandschaft, die ohne Zustimmung der Gesellschaft möglich ist. Trotzdem wäre die Gesellschaft nicht gezwungen, selbst Klage zu erheben, um in den Genuss der Rechtskraftwirkung des klagestattgebenden Urteils zu kommen. Sie könnte die Prozessführung des klagenden Gesellschafters im Rahmen der actio pro socio nachträglich genehmigen und sich so die Urteilsrechtskraft zunutze machen.[163]

540 Ein Urteil über die Klage eines im Rahmen der actio pro socio klagenden Gesellschafters wirkt ebenfalls nicht gegenüber den anderen Gesellschaftern.[164] Ist daher ein Kläger im Rahmen der actio pro socio bei der Inanspruchnahme des Mitgesellschafters rechtskräftig gescheitert, so können die Mitgesellschafter oder die Gesellschaft gleichwohl überlegen, ob sie ihrerseits Klage gegen den bereits vergeblich in Anspruch genommenen Gesellschafter erheben.

541 Abweichend ist die Rechtslage bei einer Klage aller Gesellschafter einer Personengesellschaft im Rahmen einer gewillkürten Prozessstandschaft für die Gesellschaft, die einen Schadenersatzanspruch der Gesellschaft gegenüber dem geschäftsführenden Gesellschafter erheben. Wird eine solche Klage rechtskräftig abgewiesen, ist es der Gesellschaft versperrt, den von ihren Gesellschaftern geführten und wegen Unbegründetheit verlorenen Prozess noch einmal aufzunehmen. Insoweit erstreckt sich die Rechtskraft auf die Gesellschaft.[165]

c) Doppelte Klagen bei erster Klage durch Gesellschaft

542 Ein klageabweisendes Urteil über die Klage der Gesellschaft zur Erfüllung des Sozialanspruchs gegenüber einem Gesellschafter hat auch gegenüber einem parallel im Rahmen der actio pro socio klagenden Mitgesellschafter Bedeutung. Denn der Schuldner kann insoweit

162 Ulmer in: MüKo-BGB, § 705 Rn 213.
163 Zöller/Vollkommer, ZPO, vor § 50 Rn 23, 49; BGHZ 123, 132, 135 ff.
164 Zöller/Vollkommer, ZPO, vor § 50 Rn 38.
165 Müther, MDR 2002, 987, 990.

alle Einwendungen erheben, die ihm gegen die Gesamthand zustehen, einschließlich des Einwands, die Forderung sei rechtskräftig aberkannt. Der in Anspruch genommene Gesellschafter kann diesen Einwand sogar noch im Wege der Vollstreckungsgegenklage nach § 767 ZPO geltend machen.[166]

d) Treuwidrigkeit der Anspruchserhebung

543 Bei Gesellschafterklagen gegen einen Mitgesellschafter im Rahmen der actio pro socio, die nicht auf Schadensersatz, sondern auf Leistung oder Unterlassung durch den Mitgesellschafter gerichtet sind, ist vor der Klageerhebung zu überprüfen, ob diese Klageerhebung nicht treuwidrig ist, auch soweit die Voraussetzungen der actio pro socio vorliegen. Dies ist insbesondere bei klageweiser Inanspruchnahme eines Komplementärs durch den Kommanditisten im Rahmen der actio pro socio im eigenen Namen auf Unterlassung einer bestimmten Geschäftsführungshandlung angenommen worden. Eine solche Leistungs- bzw Unterlassungsklage würde der in § 164 HGB zugrunde gelegten Wertung zuwider laufen, dass der Kommanditist keine Geschäftsführungsbefugnisse hat.[167]

B. Prozess

I. Rechtsweg

544 Bei der GmbH und der AG sind die **Geschäftsführer bzw Vorstände keine Arbeitnehmer** iSd § 5 Abs. 1 ArbGG. Dies gilt selbst dann, wenn sie angestellte Geschäftsführer sind.[168] Prozesse zwischen der Gesellschaft und den Geschäftsführern werden daher vor den Zivilgerichten und nicht vor den Arbeitsgerichten geführt. Arbeitsrechtliche Normen werden nur insoweit angewandt, als sie auf leitende Angestellte zugeschnitten sind. Nach überwiegender Ansicht kommen dem Geschäftsführer auch die arbeitsrechtlichen Grundsätze über den innerbetrieblichen Schadensausgleich nicht zugute.[169]

II. Zuständiges Gericht

545 Für die Klage der Gesellschaft oder eines Gesellschafters gegen einen Mitgesellschafter dieser Gesellschaft bzw gegen deren Geschäftsführer/Vorsteher ist gemäß 95 Abs. 1 Nr. 4 a GVG die Kammer für Handelssachen funktionell zuständig, sofern es sich bei der betroffenen Gesellschaft um eine Handelsgesellschaft handelt. Handelsgesellschaften iSv § 95 Abs. 1 Nr. 4 a GVG sind OHG, KG, AG, KGaA und die GmbH.[170] Für die GbR gilt die Sonderzuständigkeit des § 95 Abs. 1 Nr. 4 a GVG nicht.

546 Diese Zuständigkeitsregelung muss auch für die Inanspruchnahme ehemaliger Geschäftsführer gelten, jedenfalls wenn das streitige Rechtsverhältnis zu einem Zeitpunkt entstanden ist, als der ehemalige Geschäftsführer noch im Amt war.[171]

547 Für die örtliche Zuständigkeit ist gemäß §§ 12, 13 ZPO auf den Wohnsitz des Geschäftsführers bzw Mitgesellschafters abzustellen.

166 Ulmer in: MüKo-BGB, § 705 Rn 213.
167 BGHZ 76, 160; OLG Düsseldorf NZG 2000, 475; Palandt/Sprau, § 714 Rn 9.
168 Vorwerk, Kap. 104, Rn 11.
169 K. Schmidt, Gesellschaftsrecht, § 36 II 4. b.
170 Zöller/Gummer, ZPO, § 95 GVG Rn 8.
171 LG Düsseldorf DB 1975, 1019.

III. Bezeichnung der klagenden Gesellschaft in der Klageschrift

Soweit die Gesellschaft selbst Klage erhebt, sind Besonderheiten für die GbR zu berücksichtigten, die sich aus der Feststellung der Parteifähigkeit der GbR-Außengesellschaft durch den BGH mit der Entscheidung vom 29.1.2001 ergeben.[172] Da die GbR – anders als Handelsgesellschaften – nicht verpflichtet sind, einen einheitlichen Namen oder überhaupt einen Namen zu führen, sollten zur Identifikation der Gesellschaft als Klägerin im Zweifel die vollständigen Gesellschafternamen angegeben werden.[173] Bei großem und darüber hinaus wechselndem Gesellschafterbestand mit mehreren Namen ist die korrekte Bezeichnung der GbR im Rubrum oft schwierig. Allerdings wurde dieses Problem schon bisher durch eine relativ großzügige Auslegung und Berichtigung des Rubrums gelöst. Daran hat sich auch nach der Anerkennung der Parteifähigkeit der GbR nichts geändert. Haben aber die GbR-Gesellschafter im eigenen Namen Ansprüche der Gesellschaft eingeklagt, ist das Rubrum dahin zu berichtigen, dass die GbR selbst Klägerin ist.[174] 548

Im Aktivprozess der GbR wird diese nunmehr durch ihre geschäftsführenden Gesellschafter vertreten.[175] Als Parteibezeichnung ist deshalb die Nennung des im Verkehr geführten Namens der GbR mit dem Zusatz, „vertreten durch …“ ausreichend.[176] 549

IV. Rechtsschutzbedürfnis

Der im Rahmen der actio pro socio gegen den Geschäftsführer bzw geschäftsführenden Gesellschafter klagende Gesellschafter sollte wegen des Grundsatzes der Subsidiarität in der Klageschrift unbedingt die Notwendigkeit der actio pro socio nach den oben dargestellten Grundsätzen darlegen. 550

Hat bereits ein Gesellschafter seinen Mitgesellschafter im Rahmen der actio pro socio auf Leistung an die Gesellschaft klageweise in Anspruch genommen, stellt sich für die Gesellschaft die Frage, ob sie eine eigene Klage gegen den Mitgesellschafter bzw Geschäftsführer bzw geschäftsführenden Gesellschafter erhebt. Sie ist daran jedenfalls nicht wegen anderweitiger Rechtshängigkeit nach § 261 Abs. 3 Nr. 1 ZPO gehindert.[177] Auch dass die Gesellschaft das entsprechend stattgebende Urteil des klagenden Gesellschafters genehmigen kann, führt nicht dazu, dass die Gesellschaft kein Rechtschutzbedürfnis für eine eigene Klage gegen den geschäftsführenden Gesellschafter bzw den Geschäftsführer hat. Insbesondere ist ein zuvor gefasster Beschluss der Gesellschafterversammlung, den Geschäftsführer nicht in Anspruch zu nehmen, kein materiellrechtlicher Verzicht. Vielmehr kann sich die Gesellschaft anders besinnen und – etwa wegen mangelhafter Prozessführung durch den im Rahmen der actio pro socio den klagenden Gesellschafter – durchaus ein sachliches Interesse daran haben, den Prozess gegen den Geschäftsführer selbst zu führen. 551

Die Klageerhebung durch die Gesellschaft gegen einen Gesellschafter zur Erfüllung eines Sozialanspruchs führt dazu, dass die zuvor erhobene Klage des Gesellschafters im Rahmen der actio pro socio gegen den Geschäftsführer im Nachhinein das Rechtsschutzbedürfnis verliert und damit unzulässig wird. Um nicht die Kosten der Klage tragen zu müssen, sollte 552

172 BGHZ 146, 341 ff.
173 Müther, MDR 2002, 987, 988.
174 BGH NZG 2006, 16 f; BGH NZM 2005,941 BGH NJW 2001, 1056; zur Rubrumsberichtigung bei Wohnungseigentümergemeinschaften nach Anerkennung der Rechtsfähigkeit: OLG München NJW-RR 2005, 1326; Westermann, NZG 2001, 289, 292.
175 Westermann, NZG 2001, 289 ff, 292.
176 Wertenbruch, NJW 2002, 326.
177 BGHZ 78, 7.

der im Rahmen der actio pro socio klagende Gesellschafter vorsorglich den Rechtsstreit für erledigt erklären und auf einen Feststellungsantrag umstellen. Ihm bleibt die Möglichkeit, dem Prozess der Gesellschaft als Nebenintervenient beizutreten.[178]

553 Mit der Neuregelung des Aktienrechts durch das „Gesetz zur Unternehmensintegrität und Modernisierung des Anfechtungsrechts“ durch § 148 Abs. 3 AktG ist es der Gesellschaft möglich, die – nicht mehr im Rahmen der actio pro socio mögliche – Klage eines Gesellschafters nach § 148 Abs. 1 und 4 AktG zu übernehmen oder eigene Klage zu erheben.

V. Muster

554 1. Muster: Klage einer GmbH gegen ihren Alleingeschäftsführer auf Schadensersatz wegen unzulässiger Geschäftsführungsmaßnahmen

31 ▶ An das

Landgericht ▪▪▪

Kammer für Handelssachen

[bei GbR: AG oder LG nach Streitwert]

Klage

der A-GmbH, vertreten durch den Gesellschafter Herrn A, ▪▪▪

Klägerin

Prozessbevollmächtigte: ▪▪▪

gegen

Herrn X, ▪▪▪

Beklagter

Prozessbevollmächtigte: ▪▪▪

wegen Schadensersatz wegen unzulässiger Geschäftsführungsmaßnahme

vorläufiger Streitwert: ▪▪▪ EUR

Namens und kraft Vollmacht der Klägerin erheben wir Klage und werden in der mündlichen Verhandlung beantragen:

1. Der Beklagte wird verurteilt, an die Klägerin ▪▪▪ EUR nebst Zinsen in Höhe von 5 Prozentpunkten über dem jeweiligen Basiszinssatz seit Rechtshängigkeit zu zahlen.
2. Das Urteil ist notfalls gegen Sicherheitsleistung vorläufig vollstreckbar.

Wir regen an, das schriftliche Vorverfahren anzuordnen. Für den Fall der Fristversäumnis oder des Anerkenntnisses wird schon jetzt beantragt,

gegen den Beklagten Versäumnisurteil oder Anerkenntnisurteil ohne mündliche Verhandlung zu erlassen.

(ggf:)

Mit der Entscheidung durch den Vorsitzenden sind wir einverstanden.

Begründung:

1. Sachverhalt

Der Unternehmensgegenstand der A-GmbH ist die Errichtung/Reparatur von Großküchen im Bereich Westfalen.

178 Ulmer in: MüKo-BGB, § 705 Rn 175.

Beweis: Gesellschaftsvertrag der A-GmbH, Fotokopie Anlage K 1.

Im Rahmen des Neubaus ihrer Feuerwache hatte die Stadt ■■■ für die Errichtung von zwei Großküchen in diesem Objekt am ■■■ eine öffentliche Ausschreibung durchgeführt.

Beweis: Ausschreibungsunterlagen der Stadt ■■■, Fotokopien in Anlage K 2.

Aufgrund des Gesellschafterbeschlusses der A-GmbH vom ■■■ wurde der Geschäftsführer ermächtigt und angewiesen, für die A-GmbH ein Angebot bei der Stadt ■■■ in Bezug auf die Ausschreibung abzugeben.

Beweis: Allseits unterzeichnetes Protokoll der Gesellschafterversammlung der A-GmbH vom ■■■, Fotokopie Anlage K 3.

Einen Monat vor Zuschlagerteilung durch die Stadt ■■■ erwarb der Beklagte für die Klägerin – ohne die übrigen Gesellschafter bzw die Gesellschafterversammlung insgesamt davon in Kenntnis zu setzen – bei der B-GmbH speziell für den von der Stadt ■■■ ausgeschriebenen Auftrag angefertigte Materialien im Wert von 300.000,00 EUR.

Beweis: Bestellung nebst Auftragsbestätigung vom ■■■, Fotokopien Anlage K 4.

Bedauerlicherweise hat nicht die Klägerin im Rahmen der Ausschreibung von der Stadt ■■■ den Zuschlag erhalten, sondern die C-OHG.

Beweis: Mitteilung der Stadt ■■■, Fotokopie Anlage K 5.

Die vom Beklagten für die Klägerin erworbenen Ausstattungsgegenstände für die Großküche in der Feuerwache der Stadt ■■■ waren speziell für diesen Auftrag angefertigte Materialien und sind für die Klägerin nicht anderweitig verwertbar. Die Klägerin hat über 2 Monate lang intensiv, aber vergeblich versucht, die Gegenstände – insbesondere an die C-OHG – zu veräußern.

Beweis:

1. Zeugnis des ■■■,
2. Sachverständigengutachten.

Die Gegenstände haben ohne den Auftrag der Stadt ■■■ allenfalls noch einen Wert von 200.000,– EUR, der sich zudem zurzeit nicht realisieren lässt. Dadurch ist der Klägerin ein Schaden in Höhe von 100.000,– EUR entstanden.

Beweis: Sachverständigengutachten.

Am ■■■ beschloss die Gesellschafterversammlung einstimmig, den oben genannten Schaden im Klagewege gegen den Beklagten geltend zu machen.

Gleichzeitig wurde gem. § 46 Nr. 8 GmbHG Herr A als Vertreter der Klägerin bei der – auch prozessualen – Geltendmachung von Ansprüchen aus dem oben geschilderten Sachverhalt gegen den Beklagten bestimmt.

Beweis: Protokoll Gesellschafterbeschluss vom ■■■, Fotokopie Anlage K 6.

Die Klägerin, vertreten durch Herrn A, hat den Beklagten vorprozessual zur Zahlung aufgefordert, leider vergeblich.

Beweis: Schreiben vom ■■■, Fotokopie Anlage K 7.

2. Rechtslage

Der Beklagte ist der Klägerin zum Ersatz des entstandenen Schadens nach § 43 Abs. 2 GmbHG verpflichtet. Er hat mit der vorschnellen Verpflichtung der Klägerin zum Erwerb der speziell angefertigten Küchenteile gegen seine Treuepflicht gegenüber der Klägerin verstoßen. Als Ausfluss seiner Treuepflicht ist der Beklagte verpflichtet, eine ordnungsgemäße Unternehmensleitung zu gewährleisten. Insbesondere ist er verpflichtet, nicht entgegen den Interessen des Bestands, der Gewinnerzielung und der Sicherheit der Gesellschaft zu handeln. Auch wenn ihm ein unternehmerisches Ermessen zusteht, war bei Abschluss des Kaufvertrages mit der B-GmbH keineswegs absehbar, ob die Klägerin den Zuschlag im Rahmen der Ausschreibung der Stadt ■■■ würde erhalten können. Denn die Angebote der Konkurrenten waren auch dem Beklagten nicht bekannt. Dies hat er gegenüber anderen Gesellschaftern erklärt.

Beweis: Zeugnis des ■■■

Der Zinsanspruch folgt aus §§ 288, 286 BGB.

■■■

Rechtsanwalt ◄

555 **2. Muster: Actio pro socio des Kommanditisten bzgl Schadensersatzanspruch gegen den Komplementär**[179]

32

► An das

Landgericht ■■■

Kammer für Handelssachen

[bei GbR: AG oder LG nach Streitwert]

Klage

des A (Kommanditist der X-KG), ■■■

Kläger

Prozessbevollmächtigte: ■■■

gegen

X (Komplementär der X-KG), ■■■

Beklagter

Prozessbevollmächtigte: ■■■

wegen Schadensersatz aus Geschäftsführerhaftung

Namens und kraft Vollmacht der Klägerin erheben wir Klage und werden beantragen:

1. Der Beklagte wird verurteilt, an die X-KG 25.000,– EUR nebst Zinsen in Höhe von 5 Prozentpunkten über dem jeweiligen Basiszinssatz seit Rechtshängigkeit zu zahlen.
2. Das Urteil ist notfalls gegen Sicherheitsleistung vorläufig vollstreckbar.

Wir regen an, das schriftliche Vorverfahren anzuordnen. Für den Fall der Fristversäumnis oder des Anerkenntnisses wird schon jetzt beantragt,

gegen den Beklagten Versäumnisurteil oder Anerkenntnisurteil ohne mündliche Verhandlung zu erlassen.

(ggf:)

Mit der Entscheidung durch den Vorsitzenden sind wir einverstanden.

Begründung:

1. Sachverhalt

Der Kläger ist Kommanditist der X-KG. Der Beklagte ist Komplementär und damit auch Geschäftsführer der X-KG.

Beweis: Gesellschaftsvertrag der X-KG, Fotokopie Anlage K 1.

179 In Anlehnung an OLG Düsseldorf NZG 2000, 475.

Die X-KG betreibt einen Baustoffhandel. Schwerpunkt der Geschäftstätigkeit ist die Belieferung von Baustellenmaterialien. Zum betriebsnotwendigen Vermögen der X-KG gehört auch der Fuhrpark, bestehend aus vier Lkws des Typs …, die im Eigentum der X-KG stehen. Die Fahrzeuge werden benötigt, um Baustoffe der X-KG zu den verschiedenen Vertragsbaustellen der X-KG zu liefern.

Beweis: Zeugnis …

In einem Vertrag vom … verkaufte der Beklagte im Namen der X-KG die vier in deren Eigentum stehenden Lkws, namentlich mit den Fahrgestell-Nrn …, zu einem Kaufpreis von insgesamt 250.000,– EUR an die Y-GmbH.

Beweis: Kaufvertrag mit der Y GmbH, Fotokopie Anlage K 2

Der Geschäftsführer der Y-GmbH wusste ebenso wie der Beklagte, dass es sich bei der an die Y-GmbH verkauften Lkw um den gesamten Fuhrpark der X-KG handelte, auf den sie zur Erfüllung eingegangener Verträge und zur weiteren Verfolgung ihres Gesellschaftszwecks dringend angewiesen war. Der Beklagte wusste bei dem Verkauf an die Y-GmbH auch, dass diese in Konkurrenz zur X-KG tätig ist und durch den Entzug des Fuhrparks Geschäftschancen der X-KG wahrnehmen konnte und wollte.

Beweis: Zeugnis des …

Seit dem … stehen diese Fahrzeuge der X-KG zur Belieferung ihrer Vertragsbaustellen nicht mehr zur Verfügung. Der Beklagte hat den Besitz im Namen der X-KG auf die Y-GmbH übertragen.

Beweis: Zeugnis des …

Für die X-KG war es in der Folgezeit nur durch Anmietung von vier gleichartigen Lkws möglich, die von ihr mit Dritten geschlossenen Verträge zur Belieferung von Baustellen ordnungsgemäß zu bedienen. Dadurch ist ihr ein Schaden von 25.000,– EUR entstanden. Dieser resultiert aus der Anmietung der Lkws für den Zeitraum vom … bis … von der Z-GmbH.

Beweis:

1. Lieferungsverträge, Fotokopien Anlagenkonvolut K 3.
2. Zeugnis des …
3. Rechnungen der Z-GmbH über die Anmietung der Lkws, Fotokopien Anlagenkonvolut K 4.

Erst nach zähen Verhandlungen gelang es der X-KG, die Y-GmbH zur Rückabwicklung der von dem Beklagten namens der X-KG geschlossenen Kaufverträge zu bewegen und die vier Lkws Zug um Zug gegen Rückzahlung des Kaufpreises an die X-KG zu übergeben. Nachfolgend versuchte die X-KG auf Initiative des Klägers zunächst, den Beklagten zur Zahlung von 25.000,00 EUR an die X-KG zu veranlassen. Der Kläger hatte die Mitgesellschafter der X-KG aufgefordert, einen entsprechenden Beschluss zu fassen.

Beweis: Schreiben des Klägers vom …, Fotokopie Anlage K 5.

Mit Schreiben vom … weigerten sich die beiden Mehrheitsgesellschafter B und C, der Inanspruchnahme des Beklagten zuzustimmen. Eine Begründung wurde nicht mitgeteilt.

Beweis: Schreiben der Mitgesellschafter … vom …, Fotokopie Anlage K 6.

In Gegenwart des Herrn D haben die Mitgesellschafter B und C jedoch zugegeben, die Inanspruchnahme des Beklagten sei ihnen unangenehm, da sie beide privat eng mit ihm befreundet seien.

Beweis: Zeugnis des Herrn D, zu laden über die X-KG.

Mit Schreiben vom … hatte der Kläger den Beklagten davon unterrichtet, dass ein Beschluss der Gesellschafterversammlung über seine Inanspruchnahme auf Schadensersatz aus nicht sachgerechten Gründen abgelehnt worden sei und er sich deshalb selbst genötigt sehe, ihn auf Zahlung von Schadensersatz in Höhe von 25.000,– EUR an die X-KG aufzufordern.

Beweis: Schreiben des Klägers vom ▪▪▪, Fotokopie Anlage K 7.

Auch dieses Ansinnen lehnte der Beklagte ohne Angabe von Gründen ab.

Beweis: Schreiben des Beklagten vom ▪▪▪, Fotokopie Anlage K 8.

2. Rechtslage

Der Kläger ist berechtigt, die Schadensersatzklage im Rahmen der actio pro socio gegen den Beklagten im eigenen Namen geltend zu machen und Zahlung an die X KG zu verlangen. Einzelne Gesellschafter können eine Gesellschaftsforderung gegen einen Mitgesellschafter einklagen, wenn sie an der Geltendmachung ein berechtigtes Interesse haben, die anderen Gesellschafter die Einziehung der Forderung aus gesellschaftswidrigen Gründen verweigern und zudem der verklagte Gesellschaftsschuldner an dem gesellschaftswidrigen Verhalten maßgeblich beteiligt ist.

BGHZ 102, 152, 155.

So liegt es hier. Die X-KG hat einen Schadensersatzanspruch gegen den Beklagten aus § 280 BGB iVm dem Anstellungsvertrag bzw dem Gesellschaftsvertrag.

Der Beklagte ist als Komplementär der X-KG auch mit der Geschäftsführung für die X-KG betraut. Er ist deshalb gegenüber der X-KG im Rahmen der von ihm einzuhaltenden Treuepflicht gehalten, den Interessen der Gesellschaft, namentlich ihrem Interesse am Bestand, an der Sicherheit und am Gewinn den absoluten Vorrang vor eigenen Interessen oder Interessen Dritter einzuräumen. Diese Treuepflicht hat er durch den oben genannten Verkauf des gesamten Fuhrparks der X-KG an die Y-GmbH in besonders grober Weise verletzt. Die Treuepflichtverletzung wiegt umso stärker, als dem Beklagten bei dem Verkauf an die Y-GmbH bewusst war, dass diese in Konkurrenz zur X-KG tätig ist und durch den Entzug des Fuhrparks Geschäftschancen der X-KG wahrnehmen konnte und wollte.

Die X-KG verlor aufgrund des durch den Verkauf begründeten zwischenzeitlichen Entzugs der Fahrzeuge die Nutzungsmöglichkeit an ihnen und war zur Aufrechterhaltung ihrer vertraglichen Verpflichtungen genötigt, die oben genannten Miet-Lkws zu nutzen. Die X-KG war auch nicht in der Lage, anderweitig und kostengünstiger Ersatz für den verkauften Fuhrpark zu beschaffen, so dass die entstandenen Mietkosten zur Erfüllung der eingegangenen Verpflichtungen gegenüber Dritten unausweichlich war. Ein Schadensersatzanspruch der X-KG gegenüber den Beklagten besteht daher.

Der Kläger kann diesen Anspruch auch im Rahmen der actio pro socio im eigenen Namen geltend machen, weil die übrigen Gesellschafter bzw die Mehrheitsgesellschafter sich aus persönlichen und damit gesellschaftswidrigen Gründen geweigert haben, den der X-KG entstandenen Schaden bei dem Beklagten geltend zu machen. Zudem hat der Beklagte die Anmietung des Ersatzfuhrparks durch den kollusiven Verkauf des bestehenden Fuhrparks provoziert und war deshalb an dem gesellschaftswidrigen Verhalten maßgeblich beteiligt.

Auch die Stellung des Klägers als Kommanditist der X-KG steht der Geltendmachung des Schadensersatzanspruchs nicht entgegen. Dass der Kläger als Kommanditist nach § 164 HGB nicht an der Geschäftsführung der KG beteiligt ist, bedeutet nicht, dass er gehindert ist, im Rahmen der actio pro socio Schadensersatzansprüche gegen den Beklagten geltend zu machen. Ein nach § 164 HGB unzulässiger Eingriff des Klägers als Kommanditist in die Geschäftsführung läge allenfalls vor, wenn er Unterlassungs- oder Leistungsansprüche im Klagewege gegen den Komplementär geltend machen würde.

BGHZ 76, 160, 168.

Der Zinsanspruch folgt aus §§ 288, 291 ZPO.

■■■

Rechtsanwalt ◀

C. Zwangsvollstreckung

Für die Zwangsvollstreckung aus Urteilen gegen den Gesellschafter/Geschäftsführer einer Gesellschaft auf Schadensersatz wegen geschäftsordnungswidriger Maßnahmen sind keine Besonderheiten zu berücksichtigen. Es handelt sich um eine sogenannte „Standard-Zwangsvollstreckung" nach §§ 803 ff ZPO (Abschnitt 2 „Zwangsvollstreckung wegen Geldforderungen"). 556

Nachdem der Gläubiger sich vom Gericht eine vollstreckbare Ausfertigung des Schadensersatztitels beschafft hat, ist es ratsam, sich zunächst Informationen über Vermögensgegenstände des Schuldners zu verschaffen, bevor Vollstreckungsaufträge für die eine oder andere Vollstreckungsart an den Gerichtsvollzieher erteilt werden. Statistisch gesehen ist die Mobiliarzwangsvollstreckung die am häufigsten fruchtlos verlaufende Vollstreckungsart.[180] Hat der Schuldner fällige Forderungen gegen die Gesellschaft (als Gläubigerin), sollte selbstverständlich aufgerechnet werden, soweit dies möglich ist. 557

Da die Gesellschafter Einsicht in alle Gesellschaftsunterlagen haben, bietet es sich an, zunächst in der Gesellschaft nach Unterlagen zu suchen, die Aufschluss über einzelne Vermögensgegenstände des in Anspruch genommenen Mitgesellschafters bzw Geschäftsführers geben. Meist wird seine Bankverbindung in der Gesellschaft bekannt sein, so dass sie einen Pfändungs- und Überweisungsbeschluss über das Guthaben auf dem Konto des Schuldners beantragen können. Darüber hinaus sollte Auskunft bei den bekannten Schuldnerverzeichnissen verlangt werden. Bei den zuständigen Vollstreckungsgerichten wird nach § 915 ZPO beispielsweise ein solches Schuldnerverzeichnis geführt. Dort kann auch in Erfahrung gebracht werden, ob der Schuldner bereits eine eidesstattliche Versicherung nach § 807 ZPO, § 284 AO abgegeben hat. Jeder Gläubiger, der Zwangsvollstreckungsmaßnahmen durchführen will, hat gem. § 915 Abs. 3 ZPO einen Auskunftsanspruch aus dem Schuldnerverzeichnis. 558

Soll nach Grundbesitz des Vollstreckungsschuldners gesucht werden, in den vollstreckt werden kann, bietet sich an, bei Grundbuchämtern nach § 12 a GBO Auskunft aus dem Grundstückseigentümerverzeichnis zu verlangen. Soweit ein Vollstreckungstitel vorliegt, ergibt sich hier auch ein berechtigtes Interesse an der Einsicht, § 12 a Abs. 1 S. 3 GBO. Dabei sollte nicht nur bei dem Wohnsitz des Schuldners angefragt werden, sondern auch bei Grundbuchämtern an den Wohnsitzen naher Verwandte oder sonstiger Angehöriger des Schuldners oder ggf an seinen früheren Wohnsitzen. Weitere Informationsquellen über Schuldner sind die Industrie- und Handelskammern, die bekannte Wirtschaftsauskünfte erteilen, etc.[181] 559

180 Goebel, Zwangsvollstreckung, Anwaltsformulare, § 4 Rn 6.
181 Goebel, Zwangsvollstreckung, Anwaltsformulare, § 1.

§ 7 Vorläufiger Rechtsschutz bei Abberufung eines Geschäftsführers

A. Vorprozessuale Situation

560 Inzwischen ist allgemein anerkannt, dass auch im Gesellschaftsrecht der einstweilige Rechtsschutz eine Rolle spielt, insbesondere im Bereich der **Willensbildung** einer Gesellschaft.[1] Hier besteht angesichts der häufig sehr lange andauernden Prozesse sogar im Besonderen Maße ein Bedürfnis für einstweiligen Rechtsschutz. Ein langes Zuwarten lässt auch im Gesellschaftsrecht Fehlentwicklungen zu, die nicht weniger problematisch als in anderen Rechtsgebieten sind. In der Praxis werden besonders häufig Konflikte mit dem Geschäftsführer im einstweiligen Rechtsschutz ausgetragen. Dabei geht es meist um deren Abberufung und die damit zusammenhängenden Folgen. Ziel des einstweiligen Rechtsschutzes kann dabei die – möglicherweise abgestufte – Suspendierung des Geschäftsführers von seinen Geschäftsführungsbefugnissen sein oder umgekehrt der Wunsch des Geschäftsführers, ihm bereits entzogene Befugnisse wieder wahrzunehmen.[2]

561 Im Hinblick auf die **Voraussetzungen und die Folgen der Abberufung** der Vertretungs- und Geschäftsführungsorgane unterscheiden sich die verschiedenen Gesellschaftsformen zum Teil erheblich, insbesondere Kapitalgesellschaften und Personengesellschaften. Auch eine eventuelle Mitbestimmtheit der Gesellschaft hat Auswirkungen auf die Frage, unter welchen Umständen ein Geschäftsführer abberufen werden kann und welche Rechtsschutzmöglichkeiten insofern bestehen.

I. Rechtliche Grundlagen

1. Aktiengesellschaft

562 Das Vorstandsmitglied einer Aktiengesellschaft kann nicht ohne weiteres von seinem Amt abberufen werden, sondern gemäß § 84 Abs. 3 S. 1 AktG nur, wenn hierfür ein wichtiger Grund vorliegt. Ohne wichtigen Grund ist eine Abberufung nicht möglich; sie kann auch weder in der Satzung der Aktiengesellschaft noch im Bestellungsbeschluss oder im Anstellungsvertrag vereinbart werden.[3]

563 Ein wichtiger Grund liegt nur vor, wenn der Aktiengesellschaft die weitere Ausübung des Vorstandsamtes durch das fragliche Vorstandsmitglied bis zum Ablauf seiner regulären Amtszeit nicht zugemutet werden kann.[4] Eine **beispielhafte Aufzählung** enthält **§ 84 Abs. 3 S. 2 AktG:** grobe Pflichtverletzung, Unfähigkeit zur ordnungsgemäßen Geschäftsführung oder Vertrauensentzug durch die Hauptversammlung, es sei denn, dass das Vertrauen aus offenbar unsachlichen Gründen entzogen worden ist. Darüber hinaus ist ein wichtiger Grund anzunehmen, wenn zwischen den Vorstandsmitgliedern ein dauerhafter Streit herrscht, der eine sinnvolle Zusammenarbeit zum Wohle der Gesellschaft ernsthaft gefährdet.[5] Da der „Schuldige“ nur selten zweifelsfrei festgestellt werden kann, muss nicht unbedingt der vermeintlich Schuldige abberufen werden. Der Gesellschaft bleibt es unbenommen, stattdessen den vergleichsweise Unfähigeren abzuberufen.[6]

---

1 Vgl OLG Frankfurt NZG 1999, 213.
2 Vgl dazu OLG München NZG 1999, 408 f mit kritischer Anmerkung Michalski.
3 BGHZ 8, 348 f, 360 f; OLG Karlsruhe BB 1973, 1088.
4 BGH NJW-RR 1988, 352 f.
5 BGH AG 1998, 519 f.
6 BGH AG 1998, 519 f; vgl für weitere wichtige Gründe zur Abberufung von Vorstandsmitgliedern. Wiesner in: Münchener Handbuch des Gesellschaftsrechts, Bd. 4, § 20 Rn 46.

Umstritten ist, ob auch die Individualinteressen der Vorstandsmitglieder bei der Prüfung des wichtigen Grundes für die Abberufung vom Vorstandsamt einfließen oder ob allein auf die Interessen der Gesellschaft abzustellen ist.[7] 564

Unabdingbar ist auch, dass der Aufsichtsrat den Abberufungsbeschluss nach § 84 Abs. 3 AktG in sonstiger Hinsicht einwandfrei fasst. Das OLG Köln hatte Anfang 2008 festgestellt, dass ein Beschluss über die Abberufung eines Vorstands einer AG gem. §§ 130 Abs. 1, 241 Nr. 2 AktG nichtig war, weil der Aufsichtsratsvorsitzende bei der Beschlussfassung nicht anwesend war. Zwar könne – so das OLG – der Beschluss entsprechend § 130 Abs. 1 S. 3 AktG auch durch einen anderen gewählten Versammlungsleiter unterzeichnet werden, wenn der Aufsichtsratsvorsitzende verhindert sei. Der Aufsichtsratsvorsitzende war jedoch nur deshalb nicht anwesend, weil er nicht eingeladen worden war. Er war daher nicht verhindert. Infolgedessen war der Abberufungsbeschluss des Aufsichtsrates nichtig.[8] 565

Besonderheiten gelten im Rahmen des **Montan-Mitbestimmungsgesetzes bzw des Mitbestimmungsgesetzes.** Gesellschaften, die diesen Gesetzen unterliegen, können beispielsweise nicht den Arbeitsdirektor gegen den Willen der Mehrheit der Arbeitnehmer im Aufsichtsrat abberufen (§ 24 Abs. 4 AktG iVm § 13 Abs. 1 S. 2 und S. 3 MitbestG; vgl § 84 Abs. 4 AktG). Zudem gilt für die Abberufung ein mehrstufiges Verfahren nach § 31 Abs. 5 iVm 1 bis 4 MitbestG.[9] 566

Die Abberufung ist zwar nicht ausdrücklich an eine Frist gebunden. Das Abberufungsrecht kann jedoch nach allgemeinen Grundsätzen verwirkt sein, wenn es nicht in angemessener Frist ausgeübt wird bzw wenn das Vorstandsmitglied darauf vertrauen durfte, dass sich der Aufsichtsrat nicht mehr auf die zur Abberufung berechtigenden Umstände berufen wird.[10] 567

2. KGaA

Auch bei der KGaA gelten – wie bei der AG – dieselben Besonderheiten, wenn es sich um eine mitbestimmte KG nach § 1 Abs. 1 MitbestG handelt. 568

a) KGaA mit natürlicher Person als persönlich haftendem Gesellschafter

Bei der KGaA mit einer natürlichen Person als persönlich haftendem Gesellschafter kann entsprechend § 278 Abs. 2 AktG iVm §§ 161 Abs. 2, 117, 127 HGB die Befugnis zur Geschäftsführung und Vertretung entzogen werden, wenn ein wichtiger Grund vorliegt, was insbesondere bei **grober Pflichtverletzung** oder **Unfähigkeit zur ordnungsgemäßen Geschäftsführung** der Fall ist (§ 117 HGB). Ein weiterer wichtiger Grund ist der Entzug des Vertrauens durch die Hauptversammlung. Insofern ähnelt die Regelung nach § 84 Abs. 3 S. 2 AktG.[11] Die Entziehung der Geschäftsführungs- oder Vertretungsbefugnis erfolgt auf Antrag der KGaA. durch gerichtliche Entscheidung wie bei der normalen KG (siehe unten). Voraussetzung für die Entziehung ist ein Beschluss aller übrigen persönlich haftenden Gesellschafter und der Hauptversammlung.[12] 569

7 Berücksichtigung auch der Individualinteressen des Geschäftsführers der GmbH: BGH NJW-RR 1996, 156; dagegen: BGH NJW-RR 1988, 352 f; vgl im Übrigen zum Streit: Wiesner in: Münchener Handbuch des Gesellschaftsrechts, Bd. 4, § 20 Rn 44 mwN in Fn 120.
8 OLG Köln, BB 2008, 862.
9 Vgl dazu näher Wiesner in: Münchener Handbuch des Gesellschaftsrechts, Bd. 4, § 20 Rn 40.
10 BGH NJW-RR 1993, 1253 f.
11 Herfs in: Münchener Handbuch des Gesellschaftsrechts, Bd. 4, § 78 Rn 3.
12 Herfs in: Münchener Handbuch des Gesellschaftsrechts, Bd. 4, § 78 Rn 8.

b) KGaA mit einer Kapital- oder Personengesellschaft als Komplementärin

570 Anders verhält es sich bei der KGaA mit einer Kapital- oder Personengesellschaft als Komplementärin. Die Durchsetzung des Entzugs des Geschäftsführungsbefugnisse ist hier erschwert, da hier drei Gesellschaftsverhältnisse übereinander liegen. Angesichts der verschiedenen Gesellschaftsebenen wird zum Teil vertreten, dass die Kommanditisten der KG dem Geschäftsführer der Komplementärgesellschaft direkt die Geschäftsführungsbefugnis entziehen dürfen.[13] Dies wird jedoch überwiegend und mE zu Recht abgelehnt. Bei der KGaA gelten insoweit dieselben Grundsätze wie bei der GmbH & Co. KG. Die Kommanditisten können von der Komplementärgesellschaft aufgrund deren Treuepflicht gegenüber der KG verlangen, den GmbH-Geschäftsführer abzuberufen.[14] Die Entziehung der Geschäftsführungs- bzw Vertretungsbefugnis des Komplementär-Geschäftsführers kann dann bei der KGaA von den Kommandit-Aktionären der Komplementärgesellschaft gem. §§ 117, 127 BGB gerichtlich durchgesetzt werden.

3. GmbH

571 Anders als bei den übrigen Gesellschaftern ist bei der GmbH die Bestellung des Geschäftsführers grundsätzlich **ohne wichtigen Grund jederzeit widerruflich** (Grundsatz freier Abberufung, § 38 Abs. 1 GmbHG). Die Entscheidung über die Abberufung des sogenannten Fremdgeschäftsführers ist sogar in das Belieben der Gesellschafter gestellt und muss nicht begründet werden.[15] Bei einem solchen Beschluss hat der betroffene Gesellschafter-Geschäftsführer nur dann kein Stimmrecht, wenn die Abberufung aus wichtigem Grund erfolgen soll.[16]

a) Einschränkung der Abberufung bei unsachlichen Gründen

572 Im Rahmen von § 38 Abs. 1 GmbHG kann die ohne wichtigen Grund erfolgte Abberufung eines Gesellschafter-Geschäftsführers unwirksam sein, wenn sie aus offensichtlich unsachlichen Gründen erfolgt ist. Dies folgt aus §§ 226, 826 BGB. Offenbar unsachliche Gründe liegen allerdings noch nicht vor, wenn die Gründe nicht nachprüfbar sind oder wenn die Abberufung nur möglicherweise auf sachfremden Gründen beruht.[17] Hier muss vielmehr bei der Abberufung eines maßgeblich beteiligten und seit langem für die Gesellschaft tätigen Gesellschafter-Geschäftsführers aufgrund der gesellschaftlichen Treuepflicht ein sachlicher Grund vorliegen.[18] In diesem Fall hat der betroffene Gesellschafter-Geschäftsführer mE – wie bei einem wichtigen Grund – kein Recht, zu dem Beschlussgegenstand „Abberufung" seine Stimme abzugeben, zumindest dann nicht, wenn der sachliche Grund Ausfluss der Beurteilung seiner Person oder seines Verhaltens ist.[19]

b) Einschränkungen der Abberufungsgründe durch Satzung

573 Nach § 38 Abs. 2 GmbHG kann im Gesellschaftsvertrag die Zulässigkeit des Widerrufs der Geschäftsführerbestellung auf den Fall beschränkt werden, dass **wichtige Gründe** vorliegen. Wie in § 117 HGB sind als wichtige Gründe insbesondere grobe Pflichtverletzung oder

13 Hopt, ZGR 1997, 1, 16.
14 Herfs in: Münchener Handbuch des Gesellschaftsrechts, Bd. 4, § 78 Rn 9.
15 Lutter/Hommelhoff, GmbHG, § 35 Rn 2.
16 St. Rspr. BGH ZIP 1992, 761.
17 Baumbach/Hueck, GmbHG, § 38 Rn 3.
18 BGH DStR 1994, 214; OLG Zweibrücken GmbHR 1998, 373 f für einen zu 1/3 beteiligten Gesellschafter.
19 Baumbach/Hueck, GmbHG, § 47 Rn 85.

Unfähigkeit zur ordnungsgemäßen Geschäftsführung genannt. Die Aufzählung ist nicht abschließend.[20]

Eine weitergehende Beschränkung in dem Sinne, dass nicht jeder wichtige Grund zur Abberufung berechtigt, ist nicht möglich.[21] Allerdings werden bei einer **zweigliedrigen Gesellschaft**, deren Gesellschafter auch Geschäftsführer sind, an das Vorliegen eines wichtigen Grundes besonders strenge Anforderungen gestellt. Eine Abberufung insbesondere wegen unseriöser Geschäftspraktiken ist hier deshalb ausgeschlossen, wenn der Mitgesellschafter diese gekannt und geduldet hat.[22] 574

Die Gründe für die Abberufung aus wichtigem Grund und infolgedessen auch für die Kündigung des Dienstvertrages aus wichtigem Grund (auch) in der Zwei-Personen-GmbH sind vielgestaltig. Exemplarisch sollen nachfolgend zunächst von der Rechtsprechung insoweit anerkannte Gründe dargestellt werden und im Anschluss daran nicht anerkannte Gründe. Aus den nachfolgend geschilderten Umständen ergibt sich jedenfalls indiziell ein bestimmtes Ergebnis. Das entbindet jedoch nicht im Einzelfall von der Prüfung unter Berücksichtigung aller Umstände.

Anerkannt: 575

- dauerhafte Erkrankung,[23]
- mehrfache Kompetenzüberschreitung,[24]
- Kapitalerhöhung in der Tochtergesellschaft ohne Rücksprache,[25]
- Kumulierung einzelner Gründe,[26]
- Entzug von Barmitteln durch den Geschäftsführer für private Zwecke,[27]
- Vertrauensverlust,[28]
- unberechtigte Verfügung über Firmengelder,[29]
- Zerwürfnis zwischen Geschäftsführern,[30]
- Tätigkeiten, insbesondere gegenüber Mitarbeitern,[31]
- Eindringen in Geschäftsräume,[32]
- fehlerhafte Abrechnungen etc.,[33]
- Fälschung von Rechnungsbelegen,[34]
- eigenmächtige Veräußerung von Anteilen an Tochtergesellschaften,[35]
- Überschuldung,[36]

20 Weitere Beispiele für wichtige Gründe bei Lutter/Hommelhoff, GmbHG, § 38 Rn 20 bis 22.
21 BGH NJW 1969, 1483.
22 OLG Düsseldorf WM 1992, 14, 19.
23 OLG Zweibrücken NJW-RR 2003, 1389 f.
24 BGH NJW-RR 2002, 173 f.
25 OLG Nürnberg NZG 2000, 700 f.
26 OLG Naumburg NZG 2000, 44 f.
27 OLG Düsseldorf GmbHR 1999, 543 f.
28 OLG Köln NZG 1999, 773.
29 OLG Zweibrücken GmbHR 1998, 373.
30 OLG Hamm GmbHR 1995, 736 f; OLG Naumburg GmbHR 1996, 934 f.
31 BGH DSTR 1994, 1746 f; OLG Stuttgart GmbHR 1995, 229 f.
32 BGH GmbHR 1992, 38.
33 BGH GmbHR 1992, 38.
34 OLG Hamm GmbHR 1985, 119 f.
35 OLG Hamburg GmbHR 1992, 43 f.
36 BGH WM 1960, 289; OLG Hamburg BB 1954, 978.

- Herausgabe eines Kfz-Briefs,[37]
- Einrichtung eines Kontos mit Alleinverfügungsbefugnis sowie Zubilligung von Provisionsansprüchen durch Insichgeschäfte,[38]
- Nichtbefolgung von Weisungen,[39]
- Verweigerung der Amtsführung,[40]
- grobe Verletzung der Treuepflicht,[41]
- schwerer Loyalitätsverstoß,[42]
- persönliche Beteiligung bei Abschluss von Geschäften für die GmbH,[43]
- Verstoß gegen Wettbewerbsverbot,[44]
- Insolvenzverschleppung,[45]
- eigenmächtige Auszahlung von Tantiemen,[46]
- diffamierende Äußerungen über die Gesellschaft oder Gesellschafter,[47]
- fehlende Übersicht über die wirtschaftliche Lage der GmbH bzw unvollständige und falsche oder ganz fehlende Buchführung,[48]
- Ablehnung zumutbarer Tätigkeit bei fehlender Auslastung.[49]

576 **Nicht anerkannt:**

- unberechtigte Spesenabrechnung,[50]
- Wettbewerbsverstöße bis zu einem gewissen Grade,[51]
- Insolvenz/Vergleichsverfahren,[52]
- Zahlung von Provisionen für die Vermittlung von Geschäften für die GmbH,[53]
- Meinungsverschiedenheiten über die Unternehmenspolitik,[54]
- Verschweigen anrechenbaren Verdienstes,[55]
- Vertraulichkeitsverletzungen wie Mitteilung von Bedenken der Geschäftsführung an den Betriebsrat[56] oder Einzelgespräche mit Aufsichtsratsmitgliedern bzw Mitgliedern der Vertreterversammlung der Gesellschaft.[57]

Holt der Geschäftsführer satzungswidrig die Zustimmung der Gesellschafterversammlung zur Veräußerung von Beteiligungen nicht ein, kann ein wichtiger Grund für die Kündigung des Vertrages – und damit auch zu seiner Abberufung fehlen, wenn besondere Umstände

---

37 OLG Frankfurt/M NJW-RR 1999, 257 f.
38 OLG Frankfurt/M NJW-RR 1999, 257 f.
39 OLG Celle NZG 2004, 475 f; OLG Düsseldorf ZEP 1984, 1476 f; OLG Frankfurt/M GmbHR 1997, 346 f.
40 OLG Celle NZG 2004, 475.
41 LG Nürnberg-Fürth DB 2003, 2642.
42 BGH NZG 1999, 746 f.
43 OLG Brandenburg NZG 2000, 143 f; OLG Karlsruhe GmbHR 1988, 484 f.
44 BGH DFTR 1995, 1359 f.
45 BGH NJW 2005, 3069.
46 BGH DSTR 1995, 1120; BGH NJW 1993, 463; OLG Hamm GmbHR 1995, 732 f.
47 BGH NJW 2000, 1638.
48 BGH NJW-RR 1955, 669 f; OLG Rostock NZG 1999, 216 f.
49 OLG Nürnberg NJW-RR 2001, 104; LG Nürnberg-Fürth NZG 2000, 154.
50 BGH GmbHR 2002, 33 f; OLG Celle GmbHR 2003, 775.
51 OLG Celle GmbHR 2005, 541; BGH NJW 1997, 2055.
52 BGHZ 75, 209; OLG Düsseldorf NZG 2000, 1044.
53 BGH WM 1960, 289 f.
54 BGH GmbHR 1992, 299 f.
55 BGH DSTR 2001, 1312.
56 OLG Köln GmbHR 1992, 675.
57 LG Gießen NZG 1999, 356.

den Verstoß gegen die innergesellschaftliche Kompetenzordnung in einem milderen Licht erscheinen lassen. Das kann der Fall sein, wenn der Geschäftsführer davon ausgehen konnte, der Verkauf sei im Sinne der Gesellschafter und die Einberufung der Gesellschafterversammlung wegen der Eilbedürftigkeit des Vertragsschlusses nicht möglich war.[58]

Setzt nach dem Gesellschaftsvertrag die Abberufung einen wichtigen Grund voraus, reicht nach hM die Behauptung eines wichtigen Grundes aus.[59] Allerdings darf die Behauptung nicht ins Blaue hinein aufgestellt werden. Liegt der wichtige Grund nicht eindeutig vor, sondern wird zunächst nur schlüssig behauptet, ist darauf zu achten, dass der Versammlungsleiter den Abberufungsbeschluss förmlich feststellt. Andernfalls läuft die Gesellschaft Gefahr, dass der Abberufungsbeschluss schon deshalb unwirksam ist.[60] 577

Wenn einem Gesellschafter kraft Satzung ein Sonderrecht auf Geschäftsführung zusteht und er als Geschäftsführer abberufen werden soll, ist dies gegen seinen Willen nur aus wichtigem Grund möglich.[61] Anderenfalls ist der Beschluss schwebend unwirksam.[62] Eine weitere Besonderheit besteht hier darin, dass der Abberufungsbeschluss eine Satzungsänderung ist und daher gemäß § 53 Abs. 2 GmbHG der Beurkundung und der Mehrheit von drei Vierteln der abgegebenen Stimmen der Gesellschafterversammlung bedarf. 578

Wenn der Gesellschaftsvertrag Klauseln enthält wie etwa, dass ein nachhaltiger Eingriff in die bestehende Organisationsstruktur mit qualifizierter Mehrheit beschlossen werden darf, kann diese Klausel so auszulegen sein, dass die Abberufung des Geschäftsführers nur mit qualifizierter Mehrheit oder aus wichtigem Grund möglich ist.[63] 579

Ist dagegen der Gesellschafter lediglich im Gesellschaftsvertrag als Geschäftsführer bestellt, führt dies allein noch nicht zur Einschränkung der freien Abrufbarkeit bzw der Abrufbarkeit aus sachlichem Grund.[64] Allerdings dürfte auch hier eine qualifizierte Mehrheit erforderlich sein. 580

c) Einschränkungen der Abberufungsgründe außerhalb der Satzung durch Vertrag

Einschränkungen der Abberufungsgründe außerhalb der Satzung nur durch Vertrag – meist durch Anstellungsvertrag zwischen Gesellschaft und Geschäftsführer – binden nur die Gesellschaft und dies auch nur schuldrechtlich. Die Gesellschafterversammlung ist durch solche Abreden nicht gehindert, den Geschäftsführer nach § 38 Abs. 1 GmbHG ohne Grund abzuberufen.[65] 581

d) Einschränkungen der freien Abberufung nach Mitbestimmungsrecht

Die Geschäftsführer einer mitbestimmten GmbH nach §§ 1, 31 MitbestG können nur aus wichtigem Grund vorzeitig abberufen werden. Dies folgt aus der Verweisung in § 31 MitbestG auf § 84 Abs. 3 S. 1 AktG. Unterfällt die GmbH jedoch erst nach ihrem Entstehen dem MitbestG, kann der Geschäftsführer nach Ablauf von fünf Jahren jederzeit auch ohne wichtigen Grund abberufen werden (§ 37 Abs. 3 S. 5, § 1 MitbestG). 582

58 BGH BB 2008, 974.
59 BGHZ 86, 181 obiter dictum; Lutter/Hommelhoff, GmbHG, § 38 Rn 17.
60 Marsch-Barner/Diekmann in: Münchener Handbuch des Gesellschaftsrechts, Bd. 3, § 42 Rn 62, OLG Stuttgart GmbHR 1995, 228.
61 Kleveman in: Vorwerk, Das Prozessformularbuch, Kap. 104 Rn 60.
62 Lutter/Hommelhoff, GmbHG, § 38 Rn 10.
63 OLG Düsseldorf GmbHR 1994, 246; vgl auch BGHZ 86, 177 ff; BGH ZIP 1991, 23 f; weitere Beispiele bei Lutter/Hommelhoff, GmbHG, § 38 Rn 9.
64 BGH WM 1981, 439.
65 OLG Stuttgart GmbHR 1995, 230.

e) Abberufung ohne unmittelbare Bestellung eines Ersatzgeschäftsführers

583 Obwohl die GmbH grundsätzlich nur durch ihren Geschäftsführer als Organ nach außen handeln kann, kann ein Geschäftsführer auch dann abberufen werden, wenn die Gesellschaft auf diese Weise zumindest vorübergehend handlungsunfähig wird.[66] Die Gesellschafter müssen in diesem Fall lediglich unverzüglich eine neue Geschäftsführung installieren.

f) Zuständiges Organ für die Abberufung

584 Zuständiges Organ für die Abberufung des Geschäftsführers ist nach § 46 Nr. 5 GmbHG grundsätzlich die Gesellschafterversammlung, bei der mitbestimmten GmbH ausschließlich der Aufsichtsrat (§ 31 Abs. 5 MitbestG, § 12 MontanMitbestG, § 15 MitbestErgG). Im Gesellschaftsvertrag kann bei einer mitbestimmten GmbH die Abberufungskompetenz auch nicht einem Dritten, dh Nichtorganmitgliedern übertragen werden.[67] Die früher abweichende Auffassung ist inzwischen von Lutter/Hommelhoff insofern aufgegeben worden.[68]

4. GbR

585 Die Entziehung der Geschäftsführung bei der GbR richtet sich nach § 712 BGB. Danach kann dem Gesellschafter – unbeschadet seiner Gesellschafterstellung – die Befugnis zur Geschäftsführung entzogen werden, wenn ein wichtiger Grund vorliegt. Entsprechend der Regelung im AktG ist ein solcher Grund bei **grober Pflichtverletzung** und bei **Unfähigkeit zur ordnungsgemäßen Geschäftsführung** anzunehmen. Die Vorschrift ist dispositiv, jedoch mit der Einschränkung des § 671 Abs. 3 BGB, dh ein vollständiger Verzicht auf das Kündigungsrecht ist nicht möglich.[69]

586 In jüngster Zeit hat der BGH festgestellt, dass ein wichtiger Grund für die Entziehung der Geschäftsführungsbefugnis schon dann vorliegen kann, wenn der geschäftsführende Gesellschafter sich auch in seiner Eigenschaft als Geschäftsführer anderer Gesellschaften finanzielle Unregelmäßigkeiten hat zuschulden kommen lassen. Ein Schaden bei der (entziehenden) Gesellschaft ist nicht erforderlich.[70]

587 Umstritten ist, ob § 712 Abs. 1 BGB über seinen Wortlaut hinaus auch die Entziehung der Geschäftsführungsbefugnis regelt, wenn es sich nicht um eine „übertragene Befugnis" handelt, sondern um die gesetzlich vorgesehene Gesamtgeschäftsführung nach § 709 BGB. In diesem Fall sieht der Gesellschaftsvertrag also insoweit keine von § 709 BGB abweichende Geschäftsführungsbefugnis vor. Wenn es sich bei der GbR nicht um eine bloße Gelegenheitsgesellschaft handelt, sondern sie – wie üblich – auf Dauer angelegt und damit den Personenhandelsgesellschaften angenähert ist, spricht vieles dafür, § 712 BGB auch auf den Entzug der Gesamtgeschäftsführung nach § 709 BGB anzuwenden. Denn bei den Personengesellschaften wird gemäß § 117 HGB für die Entziehung der Geschäftsführung aus wichtigem Grund ebenfalls nicht zwischen der übertragenen Geschäftsführung und der Gesamtgeschäftsführung differenziert.[71]

---

66 Baumbach/Hueck, GmbHG, § 38 Rn 3.
67 Baumbach/Hueck, GmbHG, § 38 Rn 21.
68 Lutter/Hommelhoff, GmbHG, § 46 Rn 11, 12.
69 Palandt/Sprau, § 712 Rn 1.
70 BGH BB 2008, 803 = NZG 2008, 298.
71 Vgl zum Streit Hoimar v. Ditfurth in: Münchener Handbuch des Gesellschaftsrechts, Bd. 1, § 7 Rn 66.

§ 712 BGB gilt von vornherein nicht für die Entziehung der Geschäftsführungsbefugnis bei Fremdgeschäftsführern. Die Fremdgeschäftsführungsbefugnis kann jederzeit auch ohne wichtigen Grund widerrufen werden.[72] 588

Besonderheiten gelten bei der bloßen Innengesellschaft ohne Gesamtheitsvermögen. Hier tritt in der Regel nur ein Gesellschafter nach außen in Erscheinung. Die Einziehung seiner Geschäftsführungsbefugnisse würde in die Grundstruktur der Gesellschaft eingreifen.[73] Er kann deshalb nur abberufen werden, wenn zugleich ein anderer Gesellschafter an seine Stelle tritt. 589

5. Personenhandelsgesellschaften

Bei Personenhandelsgesellschaften kann dem Gesellschafter die Befugnis zur Geschäftsführung auf Antrag der übrigen Gesellschafter durch gerichtliche Entscheidung entzogen werden, wenn ein **wichtiger Grund** vorliegt (§ 117 HGB). Die Regelung gilt gemäß § 161 Abs. 2 HGB auch für den Komplementär der KG. Entsprechendes gilt für das Vertretungsrecht eines Gesellschafters nach § 127 HGB. 590

§§ 117, 127 HGB setzen zwar für den Entzug der Geschäftsführungs- bzw Vertretungsbefugnis den Antrag „der übrigen Gesellschafter" und damit eine Einstimmigkeitsentscheidung voraus. Dies gilt jedoch nicht uneingeschränkt. Insbesondere bei einer Publikums-KG hat der BGH statt der Mitwirkung aller Gesellschafter auch eine Entscheidung mit einfacher Mehrheit als ausreichend angesehen.[74] 591

6. GmbH & Co KG

Besonderheiten bestehen bei der GmbH & Co. KG, wenn in der Person des Geschäftsführers der Komplementär-GmbH ein wichtiger Grund zur Entziehung der Geschäftsführungs- oder Vertretungsbefugnis vorliegt: 592

Wichtige Gründe sind in entsprechender Anwendung des § 117 HGB **grobe Pflichtverletzungen** sowie **Unfähigkeit zur ordnungsgemäßen Geschäftsführung.**[75] Sind die Kommanditisten auch Gesellschafter der Komplementär GmbH und verfügen sie dort über die zur Abberufung des Geschäftsführers erforderliche Mehrheit, können sie innerhalb der Gesellschafterversammlung der GmbH die Abberufung des Geschäftsführers beschließen. Sie sind jedoch auf diesen Weg nicht angewiesen, sondern können auch in ihrer Eigenschaft als Kommanditisten der KG von der Komplementär-GmbH aufgrund ihrer gesellschaftlichen Treuepflicht verlangen, dass diese den Geschäftsführer abberuft und durch einen geeigneten Geschäftsführer ersetzt. Die Komplementär-GmbH muss sich gegenüber der KG das Verhalten ihrer Geschäftsführer zurechnen lassen.[76] Im Weigerungsfalle können die Kommanditisten der GmbH – nicht aber deren Geschäftsführer – nach § 117 HGB durch gerichtliche Entscheidung die Geschäftsführungsbefugnis entziehen.[77] 593

II. Beratungssituation

Die Beratungssituation kann angesichts der unterschiedlichen Gesellschaftstypen und der zahlreichen verschiedenen Konstellationen der Geschäftsführung (zB Fremd- oder Gesell- 594

72 Hoimar v. Ditfurth in: Münchener Handbuch des Gesellschaftsrechts, Bd. 1, § 7 Rn 66.
73 Ulmer in: MüKo-BGB, § 712 Rn 8.
74 BGH BB 1988, 159.
75 Wirth in: Münchener Handbuch des Gesellschaftsrechts, Bd. 2, § 7 Rn 82.
76 BGH WM 1983, 751 f.
77 Wirth in: Münchener Handbuch des Gesellschaftsrechts, Bd. 2, § 11 Rn 18.

schafter-Geschäftsführer, mit oder ohne Sonderrechte auf Geschäftsführung etc.) höchst kompliziert sein.

1. Aktiengesellschaft

595 Idealerweise wird der Rechtsanwalt bereits im Vorfeld der Abberufung des Vorstands einer Aktiengesellschaft eingeschaltet, nämlich bei der Frage, ob ein wichtiger Grund hierfür besteht oder nicht. Es stellt sich dann die Frage, ob das Vorstandsmitglied ohne Beschluss des Aufsichtsrates im Wege des einstweiligen Rechtsschutzes vorläufig abberufen bzw mit einem vollständigen oder teilweisen Tätigkeitsverbot belegt werden kann, was bei besonders gravierenden Gründen und wenn keine Zeit für eine Aufsichtsratssitzung bleibt, denkbar ist. Umgekehrt ist zu prüfen, ob sich ein Vorstandsmitglied gegen den Abberufungsbeschluss bereits im Vorfeld zur Wehr setzen kann. Hierzu wird auf die entsprechenden Ausführungen zur GmbH unten Rn 608 ff verwiesen.

596 Die Entscheidung über die Abberufung des Vorstandsmitglieds ist gemäß § 84 Abs. 3 S. 4 AktG wirksam, bis ihre Unwirksamkeit rechtskräftig festgestellt ist. Dies hat weitgehende prozessuale Folgen. Die Wirksamkeit des Abberufungsbeschlusses knüpft nur an bestimmte Formalien an, nämlich an die ordnungsgemäße Einladung und Durchführung der betreffenden Aufsichtsratssitzung und die erforderliche Stimmenmehrheit für den Beschluss. Ein vom Aufsichtsratsvorsitzenden ohne Beschluss des Gesamtaufsichtsrats ausgesprochener Widerruf der Bestellung ist unwirksam und entfaltet nicht die vorläufige Wirkung des § 84 Abs. 3 S. 4 AktG.[78] Lediglich in materieller Hinsicht ist zunächst nicht entscheidend, ob der wichtige Grund für die Abberufung des Vorstandsmitglieds tatsächlich besteht. Infolgedessen besteht für die Gesellschaft bzw für den für die Abberufung zuständigen Aufsichtsrat grundsätzlich kein Bedürfnis, die Abberufung prozessual vorläufig durchzusetzen. Aus Sicht des Aufsichtsrates bzw der Gesellschaft stellt sich allenfalls die Frage, ob das abberufene Vorstandsmitglied durch einstweiligen Rechtsschutz dazu gezwungen werden muss, etwa das Verwaltungsgebäude der Gesellschaft nicht mehr zu betreten oder keine Äußerungen bzw Erklärungen für die Gesellschaft mehr abzugeben. Ein Rechtsschutzbedürfnis besteht jedoch nur dann, wenn das abberufene Vorstandsmitglied entsprechende Ankündigungen gemacht hat oder sonst ernsthaft anzunehmen ist, dass es sich nicht an die vorläufige Abberufung halten wird.

597 Demgegenüber stellt sich bei der Beratung des abberufenen Vorstandsmitglieds eher die Frage, ob einstweiliger Rechtsschutz gegen die Abberufung in Anspruch genommen werden soll. Auch in diesem Falle schränkt die vorläufige Gestaltungswirkung des Abberufungsbeschlusses nach § 84 Abs. 3 S. 4 AktG die Reaktionsmöglichkeiten des abberufenen Vorstandsmitgliedes wie folgt ein:

598 Das abberufene Vorstandsmitglied kann gegen den Abberufungsbeschluss im einstweiligen Rechtsschutz nur vorgehen, wenn zumindest auch behauptet wird, der Abberufungsbeschluss fehle ganz oder sei formell nicht ordnungsgemäß zustande gekommen.[79]

599 Ein Angriff des Abberufungsbeschlusses im einstweiligen Rechtsschutz ist deshalb nicht möglich, wenn sich das abberufene Vorstandsmitglied ausschließlich darauf beruft, ein wichtiger Grund liege nicht vor. In diesem Fall ist es auf das Hauptsacheverfahren beschränkt und muss eine Feststellungsklage auf Feststellung der Unwirksamkeit der Abbe-

78 Vgl insoweit BGHZ 12, 327, 333 ff; OLG Stuttgart ZIP 1985, 539 ff.
79 LG München EWiR, § 84 AktG, 2/85, 833; OLG Stuttgart ZIP 1985, 539 ff.

rufung erheben.[80] Auch wenn sich in diesem Hauptsacheverfahren herausstellen sollte, dass ein wichtiger Grund zwar vorliegt, der Abberufungsbeschluss aber an formellen Mängeln leidet, bleibt die Feststellungsklage die richtige Klageart. Dann kann der für die Abberufung zuständige Aufsichtsrat einen – formell wirksamen – Bestätigungsbeschluss entsprechend § 244 AktG fassen, der den Rechtsstreit erledigt.

2. KGaA

Für die KGaA gelten gemäß § 278 Abs. 3 AktG die Vorschriften für die Aktiengesellschaft, 600
soweit sich aus den spezifischen Vorschriften für diese Gesellschaftsform oder aus dem Fehlen eines Vorstands nichts anderes ergibt. Weil der Vorstand bei der KGaA fehlt, gilt gemäß § 278 Abs. 2 AktG für das Rechtsverhältnis der persönlich haftenden Gesellschafter untereinander und gegenüber der Gesamtheit der Kommanditaktionäre sowie gegenüber Dritten und insbesondere für die Befugnis der persönlich haftenden Gesellschafter zur Geschäftsführung und zur Vertretung der Gesellschaft und damit auch für deren Abberufung aus diesen Ämtern bzw von Befugnissen das Recht der Kommanditgesellschaften. Insoweit wird indirekt verwiesen auf §§ 117, 127 HGB (siehe Rn 591 ff).

Prozessual ist die KGaA den Personenhandelsgesellschaften vergleichbar. Die Entziehung 601
der Geschäftsführungsbefugnis des Komplementärs setzt einen Beschluss voraus, der auf Antrag der KGaA durch gerichtliche Entscheidung durchgesetzt wird.[81] Dies wäre nicht notwendig, wenn auch für die KGaA § 84 Abs. 3 S. 4 AktG entsprechend anwendbar wäre. Insofern kann sich auf Seiten der KGaA, die im Prozess im Übrigen durch den Aufsichtsrat vertreten wird, die Notwendigkeit ergeben, die Entziehung der Geschäftsführungsbefugnis im einstweiligen Rechtsschutz vorläufig durchzusetzen.

Umgekehrt stellt sich für den Komplementär der KGaA, dem die Geschäftsführung durch 602
Beschluss entzogen werden soll, zunächst nicht die Notwendigkeit, gegen den Beschluss im Wege des einstweiligen Rechtsschutzes vorzugehen. Denn der Beschluss zur Entziehung der Geschäftsführungsbefugnis (siehe Rn 603 ff) ist nur durch gerichtliches Vorgehen der Gesellschaft im einstweiligen Rechtsschutz durchsetzbar.

3. Personenhandelsgesellschaften

Bei den Personenhandelsgesellschaften (OHG/KG/GmbH & Co. KG) erfolgt die Entzie- 603
hung der Geschäftsführungs- bzw Vertretungsbefugnis gemäß §§ 117, 127 HGB im Wege der Gestaltungsklage. Der Entziehungsbeschluss ist also nicht bereits mit der Bekanntgabe an den davon betroffenen Gesellschafter wirksam. Da die relativ langwierigen Hauptverfahren meist nicht geeignet sind, den Konflikt, der zur Ablösung oder Suspendierung des Geschäftsführers führt, in angemessener Zeit zu lösen, kann hier dem als Geschäftsführer abberufenen Gesellschafter die Befugnis zur Geschäftsführung insgesamt oder für einzelne Maßnahmen im Wege der einstweiligen Verfügung vorläufig verboten werden.[82] Anwendungsfälle des einstweiligen Rechtsschutzes zugunsten der Gesellschaft in diesem Zusammenhang sind nicht nur der Hauptprozess über die endgültige Entziehung der Geschäftsführungs- oder Vertretungsbefugnis, sondern auch eine Auflösungs- oder Ausschließungsklage der Gesellschafter.[83]

80 Wiesner in: Münchener Handbuch des Gesellschaftsrechts, Bd. 4, § 20 Rn 52.
81 Vgl Herfs in: Münchener Handbuch des Gesellschaftsrechts, Bd. 4, § 78 Rn 7, 9.
82 BGHZ 33, 105; Baumbach/Hopt, HGB, § 117 Rn 7; Eckardt, Anmerkung zu OLG Frankfurt NZG 1999, 214.
83 Fischer in: Großkommentar HGB, § 17 Rn 27 und § 127 Rn 11.

604 Wegen des **Grundsatzes der Selbstorganschaft** kann im Entziehungsverfahren dem Komplementär einer KG nicht unmittelbar und endgültig die Vertretungsbefugnis genommen werden, ohne dass zugleich eine Ersatzgeschäftsführung zumindest vorläufig bestellt wird. Dabei besteht ausnahmsweise die Möglichkeit, im Verfahren des einstweiligen Rechtsschutzes die Geschäftsführungs- und vor allem die Vertretungsbefugnis vorläufig auf einen Dritten zu übertragen, der der Gesellschaft nicht angehört. Dies ist nur möglich, wenn eine solche einstweilige Regelung „notwendig" ist.[84]

605 Umgekehrt stellt sich nach Beschlussfassung über die Entziehung der Geschäftsführungs- oder Vertretungsbefugnis für den davon betroffenen Gesellschafter noch nicht die Notwendigkeit, gegen den Beschluss im einstweiligen Rechtsschutz vorzugehen. Er kann vorläufig – bis zum Abschluss des Hauptverfahrens – weiter tätig bleiben, solange nicht die Gesellschaft ihm die Geschäftsführungs- und Vertretungsbefugnis vorläufig im einstweiligen Rechtsschutz entzieht.

4. GbR

606 Auch bei der GbR wird der Beschluss über die Entziehung der Geschäftsführung mit Bekanntgabe an den betroffenen Gesellschafter wirksam.[85] Hier besteht ebenfalls keine § 84 Abs. 3 S. 4 AktG entsprechende Vorschrift, die die Wirksamkeit des Entziehungsbeschlusses bis zur rechtskräftigen Feststellung der Unwirksamkeit fingiert. Besteht Streit über die Wirksamkeit des Entziehungsbeschlusses, kann dieser Streit mit einer Feststellungsklage geklärt werden. Klagebefugt ist dabei jeder Gesellschafter, auch der von der Entziehung betroffene Gesellschafter-Geschäftsführer. Die Darlegungs- und Beweislast für das Vorliegen eines wichtigen Grundes, aber auch für das Zustandekommen des Gesellschafterbeschlusses trägt hier stets derjenige, der sich auf die Wirksamkeit der Entziehung beruft.[86]

607 Da der Entziehungsbeschluss mit Bekanntgabe an den getroffenen Gesellschafter wirksam wird, ist es Sache des betroffenen Gesellschafters, sich mittels einstweiligen Rechtsschutzes gegen den Entziehungsbeschluss zur Wehr zu setzen. Dabei ist er jedoch nicht – wie bei der Aktiengesellschaft der abberufene Vorstand – darauf beschränkt, Formmängel des Entziehungsbeschlusses zu rügen. Wenn die Entziehung auf einen wichtigen Grund gestützt wird, kann er das Vorliegen des wichtigen Grundes bestreiten. Dann wird im Verfahren des einstweiligen Rechtsschutzes summarisch geprüft, ob ein wichtiger Grund vorliegt oder nicht.

5. GmbH

608 Bei der GmbH setzt die Abberufung des Geschäftsführers gemäß §§ 46 Nr. 5, 47 Abs. 1 GmbHG einen entsprechenden Beschluss der Gesellschafterversammlung voraus.

a) Vorbeugender Rechtsschutz ohne oder vor dem Abberufungsbeschluss

609 aa) **Keine vorangegangene Abstimmung in der Gesellschafterversammlung.** Besteht im Einzelfall nicht die zeitliche Möglichkeit, einen entsprechenden Gesellschaftsbeschluss herbeizuführen, kann jeder Einzelne Gesellschafter einstweiligen Rechtsschutz gemäß §§ 916, 940 ZPO mit dem Ziel nachsuchen, dem Geschäftsführer ein teilweises oder vollständiges

84 BGHZ 33, 105; Reicher/Winter, BB 1988, 981, 990; Wirth in: Münchener Handbuch des Gesellschaftsrechts, Bd 2, § 11 Rn 29.
85 Hoimar v. Ditfurth in: Münchener Handbuch des Gesellschaftsrechts, Bd. 1, § 7 Rn 69.
86 Ulmer in: MüKo-BGB, § 7 Rn 18.

Tätigkeitsverbot auferlegen zu lassen.[87] Allerdings ist ein solches vorläufiges Tätigkeitsverbot nur solange gerechtfertigt, bis die Gesellschafter über die Abberufung beschließen können bzw hätten beschließen können. Dies ist auch im Verfügungsantrag zu berücksichtigen.[88]

Für die Frage, ob und ggf wie sich ein GmbH-Geschäftsführer gegen den drohenden Abberufungsbeschluss im Wege des einstweiligen Rechtsschutzes vorbeugend wehren kann, ist zu differenzieren: 610

Mit Rücksicht darauf, dass der **Fremdgeschäftsführer** grundsätzlich ohne wichtigen Grund oder ohne sachlichen Grund jederzeit abberufen werden kann, scheidet ein vorbeugender einstweiliger Rechtsschutz für diesen Fremdgeschäftsführer aus. Dasselbe gilt für den abberufenen Gesellschafter-Geschäftsführer, der nur mit Minderheit beteiligt ist und kein satzungsmäßiges Sonderrecht auf Geschäftsführung hat.[89] 611

Vorbeugender einstweiliger Rechtsschutz kommt somit nur für den mehrheitlich beteiligten **Gesellschafter-Geschäftsführer** oder für denjenigen in Betracht, dessen freie Abberufbarkeit nach § 38 Abs. 1 GmbHG durch Satzung eingeschränkt ist. Das kann der Fall sein durch die Gewährung eines Sonderrechts auf Geschäftsführung oder, weil in der Satzung gemäß § 38 Abs. 2 GmbHG die Zulässigkeit des Widerrufs auf den Fall beschränkt wird, dass ein wichtiger Grund vorliegt. 612

Zunächst muss der von der drohenden Abberufung betroffene Gesellschafter-Geschäftsführer im einstweiligen Rechtsschutz glaubhaft machen, dass ein entsprechender Beschluss droht, etwa durch Vorlage einer entsprechenden Einladung zur Gesellschafterversammlung. Darüber hinaus muss er glaubhaft machen, dass entweder kein wichtiger Grund bzw Einschränkungen der freien Abberufbarkeit vorliegen. Materiellrechtlich ist entscheidend, dass Mitgesellschafter entsprechend ihrer gegenüber dem abzuberufenden Gesellschafter-Geschäftsführer bestehenden Treuepflicht keinen materiellrechtlich unwirksamen Gesellschafterbeschluss fassen dürfen. 613

Zu berücksichtigen ist weiterhin, dass ein vorbeugendes Verbot der Geschäftsführerabberufung durch einstweilige Verfügung zwangsläufig eine gewisse Befriedigungswirkung zur Folge hat. Selbst wenn die Verfügung über das Abberufungsverbot im Nachhinein aufgehoben würde, kann bis zu diesem Zeitpunkt eine Abberufung nicht durchgesetzt werden. Dadurch werden Fakten geschaffen. Im Hinblick darauf wurde bis vor einiger Zeit vorbeugender Rechtsschutz des von der Abberufung bedrohten Gesellschafter-Geschäftsführers generell abgelehnt.[90] Diese strikte Ablehnung besteht nicht mehr. Insbesondere wurde gefordert, dass die einstweilige Verfügung dem Gebot des geringstmöglichen Eingriffs entsprechen muss.[91] Mit Rücksicht darauf dürften regelmäßig vorbeugende Abberufungsverbote nicht im Wege des einstweiligen Rechtsschutzes durchgesetzt werden können. In den meisten Fällen sind weniger aber gravierende Eingriffe in die Befugnisse der Gesellschafterversammlung zur Sicherung der Organstellung des Gesellschafter-Geschäftsführers denkbar. Grundsätzlich kann der von der drohenden Abberufung betroffene Gesellschafter-Geschäftsführer den Abberufungsbeschluss abwarten, diesen dann im Hauptsacheverfahren anfechten und im Wege einstweiliger Verfügung der Gesellschaft verbieten lassen, den Abberufungsbeschluss zur Eintragung in das Handelsregister anzumelden und ihn sonst 614

87 OLG Frankfurt GmbHR, 1998, 1126.
88 Lutter/Hommelhoff, GmbHG, § 38 Rn 5.
89 Littbarski, Einstweiliger Rechtsschutz im Gesellschaftsrecht, S. 164; Schneider in: Scholz, GmbHG, § 38 Rn 74 d.
90 Vgl OLG Stuttgart GmbHR 1997, 312 mwN.
91 OLG Koblenz NJW 1991, 1119; OLG Hamm GmbHR 1993, 163; OLG München NZG 1989, 407.

im Außenverhältnis zu vollziehen. Mit dieser Begründung hatte zumindest das OLG Hamm in einer Entscheidung vom 6.7.1992 einen Antrag auf Erlass eines vorläufigen Abberufungsverbots abgelehnt.[92]

615 Für den Gesellschafter-Geschäftsführer, der eine drohende Abberufung verhindern will, empfiehlt sich daher regelmäßig, zunächst den Abberufungsbeschluss abzuwarten, sodann Hauptsacheklage zu erheben und im Wege des einstweiligen Rechtsschutzes eine einstweilige Verfügung gegen die Gesellschaft mit dem Antrag zu erwirken, die Eintragung des angefochtenen Abberufungsbeschlusses in das Handelsregister zu verbieten.

616 Der Verfügungsanspruch folgt insoweit aus der gesellschaftsrechtlichen Treuepflicht, einen offenbar unwirksamen Abberufungsbeschluss nicht zur Eintragung bei dem Handelsregister anzumelden. Der Verfügungsgrund kann darin bestehen, dass durch eine Veröffentlichung im Handelsregister dem von der Abberufung betroffenen Gesellschafter-Geschäftsführer persönlich Schaden droht.[93]

617 **bb) Gescheiterte Abstimmung in der Gesellschafterversammlung.** Wenn in einer Gesellschafterversammlung über die Abberufung zwar abgestimmt wurde, aber keine erforderliche Mehrheit zustande gekommen ist, fehlt es an einem Abberufungsbeschluss. Gleichwohl ist die Interessenlage nicht mit der in Rn 609 ff dargestellten Situation identisch. Hier muss vielmehr ein Gesellschafter im einstweiligen Rechtsschutz zumindest ein vorläufiges Tätigkeitsverbot gegen den Geschäftsführer erwirken können, wenn anderenfalls irreparable bzw gravierende schädigende Maßnahmen des Geschäftsführers ernsthaft zu befürchten sind und der Gesellschafter dies glaubhaft macht. Ein solches vorbeugendes Tätigkeitsverbot kann ein Gesellschafter dann allerdings nur beantragen, wenn zum einen die Ablehnung der Abberufung in der Gesellschafterversammlung rechtsmissbräuchlich war und zum anderen mildere Mittel zum Schutz der Interessen der Gesellschaft nicht ausreichen.[94]

b) Einstweiliger Rechtsschutz nach dem Abberufungsbeschluss

618 Ist der Beschluss der Gesellschafterversammlung über die Abberufung des Gesellschafter-Geschäftsführers gemäß §§ 46 Nr. 5, 47 Abs. 1 GmbHG gefasst, richten sich die Möglichkeiten einstweiligen Rechtsschutzes vor allem nach den Beschlussfolgen.

619 **aa) Grundsatz.** Ein nichtiger Abberufungsbeschluss entfaltet grundsätzlich keine Rechtswirkungen. Über die Wirkungen des lediglich anfechtbaren Abberufungsbeschlusses herrscht dagegen Streit.

620 Grundsätzlich wird er erst nach erfolgreicher Anfechtung durch entsprechendes Feststellungsurteil rückwirkend unwirksam. Die bloße Anfechtbarkeit beeinträchtigt danach seine Wirksamkeit zunächst nicht (vgl dazu ausführlich oben Rn 7).

621 **bb) Besonderheiten bei Abberufung aus wichtigem Grund.** Besonderheiten ergeben sich, wenn die Abberufung aus wichtigem Grund erfolgt ist, der abberufene Gesellschafter-Geschäftsführer darauf bestanden hat, über die Abberufung mit abzustimmen und ohne seine Stimmabgabe die Abberufung eindeutig beschlossen worden wäre. Da der von der Abberufung betroffene Gesellschafter-Geschäftsführer nur dann ein Stimmrecht hat, wenn ein wichtiger Grund nicht vorliegt, hängt die Frage der Abberufung gerade davon ab. Diese Unklarheit über das materielle Bestehen des Abberufungsgrundes hat Auswirkungen auf

92 OLG Hamm GmbHR 1993, 163 ff; Vgl zu einem ähnlichen Fall OLG Stuttgart GmbHR 1997, 312 f; vgl im Übrigen ausführlich hierzu: Lutz, BB 2000, 833, 837.
93 Lutz, BB 2000, 833, 837.
94 Schneider in: Scholz, GmbHG, § 38 Rn 72 a; BGHZ 177, 193.

die Frage der – vorläufigen – Wirksamkeit des Abberufungsbeschlusses. Insoweit herrscht jedoch keine Einigkeit.

cc) Ablehnung der Abberufung. Ist die Abberufung aus wichtigem Grund abgelehnt worden, obwohl ein wichtiger Grund vorlag und wird das Beschlussergebnis durch den Versammlungsleiter festgestellt, ist der ablehnende Beschluss zwar mangelhaft, der Geschäftsführer aber nicht abberufen. Er kann vorläufig weiter amtieren. Die in der Abstimmung unterlegene Gesellschafterminderheit kann jedoch im einstweiligen Rechtschutz eine vorläufige Regelung erreichen.[95] Dasselbe muss mE auch gelten, wenn der Beschluss nicht festgestellt wurde.[96] 622

dd) Abberufungsungsbeschluss. Wenn über das Vorliegen eines wichtigen Grundes und damit über die Wirksamkeit der Stimmabgabe des abberufenen Gesellschafter-Geschäftsführers Streit herrscht, und die Abberufung nicht vom Versammlungsleiter festgestellt wurde, ist der Abberufungsbeschluss auch nach Auffassung des BGH nicht vorläufig wirksam. Der betroffene Gesellschafter-Geschäftsführer darf weiter amtieren.[97] Für die Gesellschaft und den betroffenen Gesellschafter-Geschäftsführer bleibt die Möglichkeit einstweiligen Rechtschutzes in Form der Regelungsverfügung.[98] 623

Zum Teil wird hier eine entsprechende Anwendung des § 84 Abs. 3 S. 4 AktG vertreten, selbst wenn die GmbH nicht mitbestimmt ist.[99] Begründet wird dies damit, die Interessenlage bei der GmbH sei derjenigen bei der AG zumindest eher vergleichbar als derjenigen bei den Personengesellschaften, für die §§ 117, 127 HGB gelten. Dagegen spricht jedoch, dass bei der AG die Abberufung durch den Aufsichtsrat erfolgt, und fehlerhafte Aufsichtsratsbeschlüsse sind anders als fehlende Gesellschafterbeschlüsse in der Regel nichtig. 624

ee) Abberufung bei satzungmäßigem Sonderrecht auf Geschäftsführung. Vom Grundsatz der einstweiligen Wirksamkeit der Abberufung ist eine weitere Ausnahme für den Gesellschafter-Geschäftsführer mit einem satzungsmäßig festgelegten Sonderrecht auf Geschäftsführung zu machen. Dieser kann gegen seinen Willen nur mit wichtigem Grund abberufen werden. Weitgehend Einigkeit besteht zumindest darüber, dass der Abberufungsbeschluss nicht schon mit Beschlussfassung vorläufig wirksam ist. Zum einen wird vertreten, dass in entsprechender Anwendung der §§ 117, 127 HGB die Abberufung erst mit der rechtskräftigen gerichtlichen Bestätigung wirksam wird.[100] Zum Teil soll die Wirksamkeit der Abberufung in diesem Falle davon abhängen, ob ein wichtiger Grund vorliegt.[101] Im Ergebnis laufen beide Auffassungen darauf hinaus, dass der Abberufungsbeschluss erst mit seiner rechtskräftigen Feststellung Wirksamkeit erhält. Die Gesellschaft muss also überlegen, im Wege des einstweiligen Rechtsschutzes eine vorläufige Abberufung des Gesellschafter-Geschäftsführers mit satzungsmäßigem Sonderrecht bzw ein dahinter zurückbleibendes (evtl eingeschränktes) Tätigkeitsverbot nach dem Grundsatz des geringstmöglichen Eingriffs zu erwirken. 625

ff) Besonderheiten bei einer Zwei-Personen-GmbH. Entsprechendes gilt für den Mehrheitsgesellschafter-Geschäftsführer. Im Hinblick auf seine Abberufung in der Zwei-Personen-GmbH aus wichtigem Grund ist der Abberufungsbeschluss nicht bereits mit Beschluss- 626

95 Baumbach/Hueck, GmbHG, § 38 Rn 41; OLG Stuttgart GmbHR 1995, 228.
96 So wohl auch Baumbach/Hueck, GmbHG, § 38 Rn 37.
97 BGHZ 51, 209 f; 76, 154 f.
98 Baumbach/Hueck, GmbHG, § 38 Rn 41 und 65.
99 Schneider in: Scholz, GmbHG, § 38 Rn 63 f.
100 Schneider in: Scholz, GmbHG, § 38 Rn 66.
101 Baumbach/Hueck, GmbHG, § 38 Rn 48; Lutter/Hommelhoff, GmbHG, § 38 Rn 34; ausdrücklich offengelassen im BGHZ 86, 181.

fassung vorläufig wirksam. Zum Teil wird in analoger Anwendung der §§ 117, 127 f HGB zwar angenommen, der Beschluss sei erst mit der Rechtskraft der entsprechenden Entziehungsklage wirksam.[102] Die wohl überwiegende Auffassung geht jedoch davon aus, dass in diesen Fällen die Abberufung aus wichtigem Grund weder entsprechend § 84 Abs. 3 S. 4 AktG noch in entsprechender Anwendung der §§ 117, 127 HGB erst mit rechtskräftiger Entscheidung über die Wirksamkeit des Abberufungsbeschlusses sofort wirksam wird, sondern die Wirksamkeit der Abberufung von der materiellen Rechtslage abhängt.[103]

627 Ist insoweit der Gesellschafter-Geschäftsführer einer Zwei-Personen-GmbH aus wichtigem Grund abberufen worden, müssen ggf die Gesellschaft zur Durchsetzung dieses Beschlusses und der abberufene Gesellschafter zur Klärung der Unwirksamkeit der eine einstweilige Regelungsverfügung beantragen.

628 Typisch für den Streit in der Zwei-Personen-Gesellschaft ist darüber hinaus, dass sich die Gesellschafter-Geschäftsführer gegenseitig als Geschäftsführer abberufen. Hier können beide Gesellschafter-Geschäftsführer gegen ihre Abberufung vorläufigen Rechtsschutz im Wege der einstweiligen Verfügung beantragen. Stellen beide abberufenen Gesellschafter-Geschäftsführer entsprechende selbständige Anträge im einstweiligen Rechtsschutz, sollten beide einstweiligen Verfügungsverfahren gemäß § 147 ZPO verbunden werden. Zulässig ist ausnahmsweise der Gegenantrag eines Verfügungsbeklagten auf Untersagung der Geschäftsführertätigkeit des anderen Gesellschafter-Geschäftsführers.[104] Bei solchen Konstellationen verbietet sich die Anordnung einseitiger, über die Sicherung gleichwertiger Einflussmöglichkeiten hinausgehender Maßnahmen zugunsten der einen oder der anderen Partei, wenn eine erheblichere Wahrscheinlichkeit dafür spricht, dass die Abberufung beider Geschäftsführer entweder wirksam oder unwirksam ist.[105]

B. Prozess

I. Zuständigkeit des Gerichts

629 Für das Verfügungsverfahren gelten nach § 937 Abs. 1 ZPO dieselben Zuständigkeitsregeln wie im Hauptsacheprozess.

630 Verfügungsverfahren bei Gesellschafterstreitigkeiten in der AG und der GmbH fallen daher in die sachliche Zuständigkeit der Landgerichte entsprechend §§ 246 Abs. 3 S. 1, 249 Abs. 1 AktG. Für entsprechende Streitigkeiten in den übrigen Gesellschaftstypen gelten die allgemeinen Regelungen. Zuständig ist – sofern das LG sachlich und funktionell zuständig ist – die **Kammer für Handelssachen** gemäß § 95 Abs. 1 Nr. 4 GVG. Das gilt nicht für Streitigkeiten innerhalb einer GbR. Die örtliche Zuständigkeit bestimmt sich stets nach dem Sitz der Gesellschaft. Das folgt für die AG und die GmbH aus § 246 Abs. 3 S. 1 AktG, und für die anderen Gesellschaften aus den allgemeinen Regeln.

II. Vertretung im Verfügungsverfahren

631 Die AG wird im Streit über die Abberufung des Vorstands durch den Aufsichtsrat vertreten (§ 112 AktG). Entsprechendes gilt gemäß § 287 Abs. 2 AktG für die KGaA.

102 Schneider in: Scholz, GmbHG, § 38 Rn 74 e.
103 BGHZ 86, 181 f; OLG Köln GmbHR 1995, 299; Lutter/Hommelhoff, GmbHG, § 38 Rn 31; OLG Stuttgart GmbHR 1995, 229 nur für den Fall, dass eine förmliche Beschlussfeststellung fehlt, ansonsten sei der Beschluss vorläufig wirksam; aA Baumbach/Hueck, GmbHG, § 38 Rn 75, wonach der Geschäftsführer bis zur rechtskräftigen Entscheidung vorerst weiter amtieren kann.
104 OLG Karlsruhe, Urteil vom 23.2.1999, Az: 19 U 226/98, S. 3 des amtl. Umdrucks (nicht veröffentlicht).
105 OLG Karlsruhe, Urteil vom 23.2.1999, Az: 19 U 226/98 (nicht veröffentlicht).

Ist die GmbH Partei, wird sie im Verfügungsverfahren durch einen anderen Geschäftsführer vertreten bzw durch einen gesondert zu bestellenden Vertreter nach § 48 Nr. 8 GmbHG. Dies kann – soweit ein anderer Geschäftsführer nicht vorhanden ist – auch der Aufsichtsrat sein. Wird der Geschäftsführer durch den Aufsichtsrat bestellt bzw abberufen, vertritt der Aufsichtsrat die Gesellschaft im Verfügungsverfahren.[106] Insbesondere in einer Zwei-Personen-GmbH – wenn beide geschäftsführenden Gesellschafter sich gegenseitig als Geschäftsführer abberufen haben – kann jeder abberufende Gesellschafter Antrag auf Erlass einer einstweiligen Verfügung gegen den Mitgesellschafter-Geschäftsführer einreichen.[107] Dasselbe gilt ausnahmsweise auch für die Mehr-Personengesellschaft, wenn nicht ausreichend Zeit zum Zusammentritt der Gesellschafterversammlung und zur Fassung eines Abberufungsbeschlusses bleibt. In diesem Fall kann der die Abberufung betreibende Gesellschafter einstweiligen Rechtsschutz selbst beantragen, wenn anderenfalls kein effektiver Rechtsschutz möglich ist.[108] 632

Bei der OHG bedarf es der Klage aller übrigen Gesellschafter.[109] Bei der KG müssen entsprechend alle Kommanditisten und ggf – soweit vorhanden – auch die weiteren Komplementäre klagen.[110] 633

Im Streit über die Entziehung der Geschäftsführungs- und Vertretungsbefugnis des GbR-Gesellschafters ist jeder andere Gesellschafter klagebefugt.[111] 634

III. Schutzschrift

Erwartet der Mandant – sei es die die Abberufung des Geschäftsführers betreibende Gesellschaft oder der sich dagegen wehrende abberufene Geschäftsführer – den Erlass einer einstweiligen Verfügung der Gegenseite, so bietet sich zunächst an, eine Schutzschrift zu hinterlegen. Diese dient in der Regel dazu, den Erlass einer einstweiligen Verfügung ohne vorherige mündliche Verhandlung – und damit ohne vorherige Anhörung des Antragsgegners – zu erlassen (vgl dazu oben Rn 175 ff). Sie kann bei allen Gerichten hinterlegt werden, bei denen realistischerweise der Antrag auf Erlass einer einstweiligen Verfügung erwartet werden kann, dh bei allen zuständigen Gerichten. 635

IV. Beweislast und Beweisverfahren

Im Verfahren der einstweiligen Verfügung obliegt dem Antragsteller – sofern eine gerichtliche Entscheidung ohne mündliche Verhandlung ergehen soll – zum Ausgleich für das Fehlen des rechtlichen Gehörs des Gegners die Glaubhaftmachungslast für alle anspruchsbegründenden Tatsachen und für die nahe liegenden Einwendungen.[112] Bei Durchführung einer mündlichen Verhandlung bleibt es aber bei der üblichen Beweislastverteilung. 636

Die konstitutive Wirkung des Beschlusses einer Gesellschafterversammlung über die Abberufung des Geschäftsführers der Gesellschaft – sei es wegen der direkten oder analogen Anwendbarkeit des § 84 Abs. 3 S. 4 AktG, sei es aus anderen Gründen –, hat keine Auswirkungen auf die Darlegungs- und Beweislast. Die die Abberufung betreibende Gesellschaft bzw der diese betreibende Gesellschafter müssen darlegen und glaubhaft machen, 637

106 Schneider in: Scholz, GmbHG, § 38 Rn 70.
107 OLG Karlsruhe GmbHR 1993, 154 ff.
108 OLG Frankfurt/M GmbHR 1998, 1126.
109 Hoimar v. Ditfurth in: Münchener Handbuch des Gesellschaftsrechts, Bd. 1, § 55 Rn 19.
110 Baumbach/Hopt, HGB, § 117 Rn 6; OLG Köln BB 1977, 465.
111 Hoimar v. Ditfurth in: Münchener Handbuch des Gesellschaftsrechts, Bd. 1, § 7 Rn 69.
112 OLG Celle FamRZ 1994, 386; David in: Goebel, Zivilprozessrecht§ 15 Rn 51.

dass der wichtige Grund bzw die sonstigen Voraussetzungen für die Abberufung des Geschäftsführers vorliegen.[113]

V. Verfügungsantrag

638 Mögliche Antragsgegenstände der einstweiligen Verfügung können neben der Abberufung selbst auch Tätigkeitsverbote, Einsichtsverbote, Zutrittsverbote sein oder die Entziehung der Vertretungsmacht ohne gleichzeitige Abberufung.[114] Nach dem **Prinzip des geringstmöglichen Eingriffs** ist zu überlegen, ob dem betreffenden Geschäftsführer die Geschäftsführungs- und Vertretungsbefugnis insgesamt oder nur in bestimmten Bereichen entzogen werden soll, der ob ihm untersagt werden soll, bestimmte Tätigkeiten vorzunehmen.[115] Besteht ein wichtiger Grund insbesondere im **Verlust des Vertrauens** in den Geschäftsführer, wird die Entziehung der gesamten Geschäftsführungs- und Vertretungsbefugnis jedoch regelmäßig das angemessene Mittel sein. Ist abzusehen, dass er sich nicht an diesen Beschluss halten wird, können weitergehende Mittel beantragt werden.

VI. Begründung des einstweiligen Verfügungsantrags

639 Verfügungsgrund und Verfügungsanspruch sind gemäß §§ 920 Abs. 2, 936 ZPO darzulegen und glaubhaft zu machen.

1. Anordnungsanspruch

640 Der Anordnungsanspruch ist der materielle Anspruch, auf den das Begehren auch in der Hauptsache zu stützen ist. Der Verfügungsanspruch ist bei der Abberufung des Gesellschafter-Geschäftsführers regelmäßig die gesellschaftsrechtliche Treuepflicht.

641 Dies gilt auch umgekehrt aus der Perspektive des abberufenen Gesellschafter-Geschäftsführers. Für diesen ergibt sich die Anspruchsgrundlage für ein Vorgehen gegen einen Abberufungsbeschluss aus der gesellschaftsrechtlichen Treuepflicht seiner Mitgesellschafter bzw der Gesellschaft, ihn nur entsprechend dem Gesellschaftsvertrag zu behandeln und ihn nicht abzuberufen, ohne dass ein „wichtiger Grund" vorliegt.[116] Der „normale" Fremdgeschäftsführer kann sich ohnehin grundsätzlich nicht gegen seine Abberufung zur Wehr setzen (zur Glaubhaftmachung und den insoweit zulässigen Mitteln vgl oben Rn 182 ff).

2. Anordnungsgrund

642 Der für den Erlass jeder einstweiligen Verfügung erforderliche Anordnungsgrund besteht in einer gewissen Dringlichkeit. Die beantragte Verfügung muss in sachlicher und zeitlicher Hinsicht notwendig sein. Es darf keine andere angemessene Möglichkeit bestehen, die Verhältnisse in der Gesellschaft zu ordnen.

643 Wenn ein Abberufungsbeschluss von vornherein verhindert werden soll – etwa durch eine einstweilige Verfügung, gerichtet auf Unterlassung einer bestimmten Stimmabgabe – sind deshalb besondere Anforderungen zu beachten. Ein solcher Verfügungsantrag kommt allenfalls in Betracht, wenn die Rechtslage hinsichtlich des beabsichtigten Beschlusses eindeutig ist oder der Antragsteller ein besonderes Schutzbedürfnis hat, und die einstweilige

113 So mE zu verstehen Lutz, BB 2000, 833, 834 unter IV. 1.
114 Marsch-Barner/Diekmann in: Münchener Handbuch des Gesellschaftsrechts, Bd. 3, § 42 Rn 70.
115 Baumbach/Hueck, GmbHG, § 38, Rn 71.
116 Vgl dazu Lutz, BB 2000, 833 ff, 836.

Verfügung nicht an der Verletzung des Prinzips des geringstmöglichen Eingriffs scheitert. Letzteres dürfte aber häufig der Fall sein.[117]

VII. Besonderheiten bei gegenseitiger Abberufung in der Zwei-Personen-Gesellschaft

644 Dass auch in der Zwei-Personen-GmbH bei Abberufungskonflikten einstweiliger Rechtsschutz in Anspruch genommen werden kann, ist unstreitig. Gerade die Abhängigkeit der vorläufigen Wirkung der Abberufung eines Gesellschafter-Geschäftsführers von der erst im Hauptsacheverfahren endgültig zu klärenden Rechtslage macht eine einstweilige gerichtliche Regelung der Geschäftsführungsbefugnisse speziell bei gegenseitiger Abberufung der Gesellschafter-Geschäftsführer oft unerlässlich, um schwerwiegende Nachteile von dem Unternehmen oder den betroffenen Geschäftsführern abzuwenden. Dieser prozessuale Umstand hat Rückwirkungen auf die materielle Rechtslage insoweit, als an den wichtigen Grund als Abberufungsmotivation besonders **strenge Maßstäbe** anzusetzen sind. Die Anordnung einseitiger, über die Sicherung gleichgewichtiger Einflussmöglichkeiten hinausgehender Maßnahmen zugunsten der einen oder anderen Partei ist deshalb nicht zulässig, wenn eine erhebliche Wahrscheinlichkeit dafür spricht, dass die Abberufung beider Geschäftsführer entweder insgesamt wirksam oder insgesamt unwirksam ist. Im Verfahren des einstweiligen Rechtsschutzes können nach den dargelegten Grundsätzen deshalb nur deutlich schwerwiegende Verfehlungen eine Untersagung der Geschäftsführertätigkeit begründen. Leichte Vorwürfe, die keine schwerwiegende Gefahr für den Bestand oder die wirtschaftliche Entwicklung für das Unternehmen darstellen, sowie Konsequenzen aus unterschiedlichen Strategien oder Vorstellungen zur Geschäftsführung sind in dieser Konstellation allein noch kein hinreichender Grund, einem oder beiden der Gesellschafter-Geschäftsführer ihre Tätigkeit vorläufig zu untersagen.[118]

645 Für Fragen im Zusammenhang mit der Zustellung der einstweiligen Verfügung und Rechtsmittel wird verwiesen auf die entsprechenden Ausführungen unter Rn 175 ff.

VIII. Muster

646 1. Muster: Antrag auf Erlass einer einstweiligen Verfügung zur vorläufigen Entziehung der Geschäftsführungsbefugnis und Vertretungsmacht gemäß §§ 117, 127 HGB bei OHG

▶ An das

33

Landgericht ■■■

Kammer für Handelssachen

Antrag auf Erlass einer einstweiligen Verfügung

des Herrn A, ■■■

Antragsteller zu 1)

des Herrn B, ■■■

Antragsteller zu 2)

---

117 OLG Stuttgart NJW 780, 2449; OLG Koblenz NJW 1991, 1119; OLG Frankfurt/M GmbHR 1993, 161; vgl dazu auch Lutz, BB 2000, 833 ff, 837.

118 Hachenburg-Stein, GmbHG, § 38 Rn 128; OLG Karlsruhe, Urteil vom 23.2.1999, Az: 19 U 226/98, S. 3 des amtlichen Umdrucks.

des Herrn C, ■■■

Antragsteller zu 3)

Prozessbevollmächtigte: ■■■

gegen

Herrn D, ■■■

Beklagter

wegen vorläufiger Entziehung der Geschäftsführungs- und Vertretungsbefugnis §§ 117, 127 HGB.

Vorläufiger Streitwert: ■■■ EUR

Wir bitten, dem Antragsgegner diesen Antrag nicht zuzustellen, ohne uns zuvor auch telefonisch unter der Nr. ■■■ zu informieren. Sollte das Gericht die einstweilige Verfügung nicht ohne vorherige mündliche Verhandlung erlassen wollen, bitten wir gleichfalls um vorherige telefonische Nachricht.

Namens und in Vollmacht der Antragsteller beantragen wir, im Wege der einstweiligen Verfügung und zwar wegen der Dringlichkeit des Falles gemäß § 937 Abs. 2 ZPO ohne vorgängige mündliche Verhandlung und durch den Vorsitzenden allein anzuordnen:

1. Dem Antragsgegner wird bis zur rechtskräftigen Entscheidung über die Entziehung der Geschäftsführungsbefugnis und Vertretungsbefugnis für die Vitafrucht-OHG in Münster die Befugnis, die Geschäfte der OHG zu führen und diese Gesellschaft zu vertreten, entzogen.
2. Die Geschäftsführungsbefugnis und Vertretungsmacht werden bis zur rechtskräftigen Entscheidung über die zu Nr. 1) genannte Klage Herrn Rechtsanwalt X übertragen.
3. Der Antragsgegner trägt die Kosten des Verfahrens.

Begründung:

Die Parteien sind Gesellschafter der Vitafrucht-OHG mit Sitz in Münster/Westfalen. Aufgrund des Gesellschaftsvertrages der OHG ist dem Antragsgegner die Geschäftsführung und die Vertretung übertragen worden, während die Antragsteller von beiden Befugnissen ausgeschlossen sind.

Glaubhaftmachung: Vorlage des Gesellschaftsvertrages der Vitafrucht-OHG vom ■■■, Fotokopie Anlage AS 1.

Die Vitafrucht-OHG produziert und vertreibt Babyfertignahrung an den Großhandel, abgepackt in vakuumverschlossenen Gläsern. Vor zwei Monaten war Presseberichten – insbesondere in den Westfälischen Nachrichten, aber auch überregional – zu entnehmen, dass fünf Kleinkinder in NRW nach dem Verzehr solcher Babynahrung ernsthafte Gesundheitsschäden erlitten haben. Die Staatsanwaltschaft hat daher umgehend ein Ermittlungsverfahren gegen verschiedene Mitarbeiter der Vitafrucht-OHG und gegen den Antragsgegner eingeleitet. Die Ermittlungen sind noch nicht abgeschlossen. Die Gesellschafterversammlung hat im unmittelbaren Anschluss an die Presseberichterstattung über das Vorgehen der Vitafrucht-OHG in diesem Zusammenhang beraten und den Antragsgegner angewiesen, als Geschäftsführer umgehend für eine lückenlose Aufklärung innerhalb der OHG zu sorgen und dies auch gegenüber der Öffentlichkeit zu verdeutlichen.

Glaubhaftmachung:

1. Presseberichte, Fotokopie Anlage AS 2.
2. Gesellschafterbeschluss der Vitafrucht-OHG vom ■■■, Fotokopie Anlage AS 3.
3. Auszug aus der Ermittlungsakte StA MS, Fotokopie Anlage AS 4

Gleichwohl hat der Antragsgegner diesem Beschluss und der Anweisung der Gesellschafterversammlung nicht Folge geleitet. Vielmehr hat er in einem Interview mit der W-Zeitung vom ■■■

erklärt, es habe bereits eine umfassende Untersuchung des Vorfalls innerhalb der OHG stattgefunden. Einen Ursachenzusammenhang zwischen der Gesundheitsschädigung der Kinder und der von der OHG vertriebenen Babynahrung sei definitiv auszuschließen. Er hat auf Aussagen unabhängiger Sachverständiger unter anderem von der Universität Münster verwiesen, die jedoch eine solche Aussage nicht getroffen hatten. Vielmehr waren sie von der OHG zu diesem Zeitpunkt weder mit der Untersuchung beauftragt noch hatten sie sonst Einblick in die Verhältnisse der OHG.

Glaubhaftmachung: eidesstattliche Versicherung des Herrn W,

Fotokopie Anlage AS 5

Journalistische Recherchen der W-Zeitung haben diesen Sachverhalt aufgedeckt, was zu einer – verständlicherweise – besonders harschen öffentlichen Kritik an der Vitafrucht-OHG geführt hat.

Glaubhaftmachung: Zeitungsausschnitte, Fotokopien Anlagen AS 6.

Der Antragsgegner wurde sodann von einer umgehend einberufenen Gesellschafterversammlung für sein Vorgehen gerügt, hat jedoch in der Gesellschafterversammlung zu Protokoll gegeben, er halte sein bisheriges Vorgehen im Interesse einer zeitnahen „öffentlichkeitswirksamen" Lösung des Problems für angemessen. Die Erklärungen der angeblich beauftragten Sachverständigen würden bald „in Vergessenheit" geraten sein.

Glaubhaftmachung: Protokoll der Gesellschafterversammlung der Vitafrucht-OHG vom ..., bestätigt durch eidesstattliche Versicherung des Herrn A, Fotokopie Anlagen AS 7 und 8.

Durch das Verhalten des Antragsgegners hat die Vitafrucht-OHG empfindliche Nachteile erleiden müssen. Abgesehen von dem nach unserer Auffassung erheblichen Image-Schaden ist ihr auch ein erheblicher Vermögensschaden dadurch entstanden, dass einige Großabnehmer bereits Aufträge gekündigt haben.

Glaubhaftmachung:

1. Fotokopien Kündigungsschreiben ..., Anlage AS 9.
2. Eidesstattliche Versicherung des Mitarbeiters der Vitafrucht OHG, Herrn F Anlage AS 10.

In rechtlicher Hinsicht kann den Antragstellern nicht zugemutet werden, den Abschluss des Ermittlungsverfahrens abzuwarten, geschweige denn die rechtskräftige Verurteilung des Antragsgegners im Strafverfahren und die rechtskräftige Entscheidung des Landgerichts über die Entziehung der Geschäftsführungs- und Vertretungsbefugnis des Antragsgegners im Hauptverfahren.

Aufgrund des bisherigen Verhaltens des Antragsgegners und, weil er den schädigenden Charakter seines Verhaltens noch immer nicht erkennen will, besteht die Gefahr, dass er bis zur vollständigen Aufklärung des oben genannten Problems der OHG weiteren gravierenden und vor allem irreparablen Schaden zufügt, indem er etwa weitere unwahre Mitteilungen an die Presse gibt. Darin liegt ein wichtiger Grund im Sinne der §§ 117, 127 HGB.

Die Sache ist Handelssache gemäß § 95 Abs. 1 Nr. 4 AGVG.

...

Rechtsanwalt ◄

647 **2. Muster: Schutzschrift**

34

▶ An das

Landgericht ■■■

Kammer für Handelssachen

[GbR: Zivilkammer LG/AG]

Schutzschrift

Wir bitten, diese Schutzschrift dem mutmaßlichen Antragsteller erst zugänglich zu machen, wenn dieser einen Antrag auf Erlass einer einstweiligen Verfügung gegen den Antragsgegner gestellt hat.

In Sachen

des Herrn A, ■■■

mutmaßlicher Antragsteller

Prozessbevollmächtigte: ■■■

gegen

Herrn B, ■■■

mutmaßlicher Antragsgegner

Prozessbevollmächtigte: ■■■

zur Abwehr eines erwarteten Antrags auf Erlass einer einstweiligen Verfügung zur Untersagung eines bestimmten Stimmverhaltens des mutmaßlichen Antragsgegners überreichen wir folgende Schutzschrift.

Wir beantragen namens und in Vollmacht des Antragsgegners:

1. den möglichen Antrag des mutmaßlichen Antragstellers auf Erlass einer einstweiligen Verfügung zurückzuweisen.
2. hilfsweise nicht ohne Anberaumung einer mündlichen Verhandlung zu entscheiden.

Begründung:

Sachverhalt:

Die Parteien sind Gesellschafter der C-GmbH mit Sitz in ■■■, der mutmaßliche Antragsteller sogar mit einer Mehrheitsbeteiligung. Unternehmensgegenstand der C-GmbH ist die Erstellung und der Vertrieb von Computerprogrammen. Der mutmaßliche Antragsteller ist der derzeitige alleinvertretungsberechtigte Geschäftsführer der C-GmbH. Neben ihm war bis vor einem Monat Herr F als weiterer Geschäftsführer der C-GmbH bestellt.

Glaubhaftmachung:

1. Aktueller beglaubigter Handelsregisterauszug, Fotokopie AG 1.
2. Fotokopie des Gesellschaftsvertrags der C-GmbH, Anlage AG 2.

Am ■■■ (vor einem Monat) hat der mutmaßliche Antragsteller ohne vorherige Herbeiführung eines Gesellschafterbeschlusses der C-GmbH den Anstellungsvertrag seines Mitgeschäftsführers F mit sofortiger Wirkung gekündigt und ihm Hausverbot erteilt. Zur Begründung hat er vorgebracht, Herr F habe kurz zuvor Computerprogramme der C-GmbH kopiert und einer W-GmbH zur Verfügung gestellt, deren Angestellter Herr F angeblich gewesen sei und deren Geschäftsführerin und frühere Inhaberin die Ehefrau E des mutmaßlichen Antragsgegners ist. Es wird jedoch bestritten, dass die W-GmbH die fraglichen Computerprogramme der C-GmbH unentgeltlich bzw ohne Rechtsgrund erhalten hat. Vielmehr hat die W-GmbH über ihre Geschäftsführerin E mit der C-

GmbH, vertreten durch Herrn F (früherer Geschäftsführer), einen Software-Überlassungsvertrag geschlossen.

Glaubhaftmachung: Vorlage Software-Überlassungsvertrag, Fotokopie Anlage AG 3.

Unmittelbar nach der Kündigung des Anstellungsvertrags des Geschäftsführers F der C-GmbH verlangte der mutmaßliche Antragsgegner als Gesellschafter der C-GmbH am … die Einberufung einer außerordentlichen Gesellschafterversammlung mit den Tagesordnungspunkten:

- Bestätigung des Herrn F als Geschäftsführer der C-GmbH
- Abberufung und Kündigung des mutmaßlichen Antragstellers als Geschäftsführer wegen verschiedener Satzungsverstöße.

Glaubhaftmachung: Einladung, Fotokopie Anlage AG 4

Der mutmaßliche Antragsteller berief in seiner Eigenschaft als Geschäftsführer der C-GmbH die Gesellschafterversammlung ein. Gleichzeitig hatte er dem mutmaßlichen Antragsgegner jedoch mitgeteilt, seine (des Antragsgegners) Stimmabgabe in der Gesellschafterversammlung sei rechtswidrig. Er hat ihn aufgefordert, sich bzgl der beiden Tagungsordnungspunkte in der noch durchzuführenden Gesellschafterversammlung vom … der Stimme zu enthalten.

Glaubhaftmachung: Fotokopie Schreiben des mutmaßlichen Antragstellers an den mutmaßlichen Antragsgegner, Fotokopie Anlage AG 5.

Rechtslage:

Es ist nicht ersichtlich, weshalb der mutmaßliche Antragsgegner gehalten sein sollte, in der noch durchzuführenden Gesellschafterversammlung der C-GmbH auf die Ausübung seines Stimmrechts zu den Tagesordnungspunkten 1 und vor allem auch 2 (Abberufung des mutmaßlichen Antragstellers als Geschäftsführer) zu verzichten, und zwar nur wegen des Umstands, dass Computerprogramme der C-GmbH der W-GmbH überlassen wurden, deren Geschäftsführerin die Ehefrau des mutmaßlichen Antragsgegners ist. Das gilt erst recht, weil die Software-Überlassung aufgrund eines entsprechenden ordnungsgemäß verhandelten Vertrages geschah.

Jedenfalls wäre der vermutete Antrag auf Erlass einer einstweiligen Verfügung, gerichtet auf Untersagung der Stimmabgabe des mutmaßlichen Antragsgegners in der Gesellschafterversammlung der C-GmbH am … unbegründet. Nach der Rechtsprechung – insbesondere des OLG Hamm –

GmbHR 1993, 163 ff

ist ein solcher vorbeugender Antrag des von der Abberufung bedrohten Gesellschafter-Geschäftsführers auf Erlass einer einstweiligen Verfügung auf Untersagung der Stimmabgabe nur im Ausnahmefall zulässig, nämlich dann, wenn zugunsten des Antragstellers eine eindeutige Rechtslage oder ein überragendes Schutzbedürfnis besteht und die einstweilige Verfügung nicht am Gebot des geringstmöglichen Eingriffs scheitert. Dies entspricht im Übrigen auch der herrschenden Meinung.

Karsten Schmidt, in: Scholz, GmbHG, 9. Aufl. 2002, § 45 Rn 183 mwN.

Diese Voraussetzungen liegen hier nicht vor.

Eine eindeutige Rechtslage zugunsten des mutmaßlichen Antragstellers gegen seine Abberufung und Kündigung seines Geschäftsführeranstellungsvertrages besteht schon deshalb nicht, weil der mutmaßliche Antragsteller bei der Kündigung des Geschäftsführervertrages des Herrn F ohne vorherige Herbeiführung eines Gesellschafterbeschlusses gegen § 6 Abs. 1 der Satzung der C-GmbH verstoßen hat.

Insoweit kann sogar offenbleiben, ob die Vorwürfe gegen Herrn F berechtigt sind. Infolge dessen besteht auch kein Grund, weshalb der mutmaßliche Antragsgegner in der Gesellschafterversammlung der C-GmbH nicht auch gegen die Bestätigung des Herrn F als Geschäftsführer der C-GmbH stimmen können sollte.

Darüber hinaus ist nicht erkennbar, dass für den vermuteten Verfügungsantrag ein dringendes Schutzinteresse besteht. Dagegen spricht schon, dass der mutmaßliche Antragsteller auch bei Abberufung als Geschäftsführer der C-GmbH weiterhin maßgeblich Einfluss auf die Geschicke der C-GmbH nehmen kann, nämlich in seiner Eigenschaft als Mehrheitsgesellschafter der C-GmbH vor dem Hintergrund, dass nach § 9 der Gesellschaftssatzung alle Beschlüsse mit einfacher Mehrheit gefasst werden müssen, außer denjenigen, die kraft Gesetzes einer größeren Mehrheit bedürfen.

Darüber hinaus stellt der vermutete Antrag auf Erlass einer einstweiligen Verfügung auf Untersagung der Stimmabgabe auch nicht den geringstmöglichen Eingriff in die Rechte des mutmaßlichen Antragsgegners dar. Es ist anerkannt, dass die Untersagung einer Beschlussausführung gegenüber der Untersagung der Beschlussfassung im Rahmen des einstweiligen Rechtsschutzes stets den Vorrang besitzt.

OLG Hamm GmbHR 1993, 163, 164 mwN.

Damit ist der vermutete Antrag auf Erlass einer einstweiligen Verfügung abzuweisen.

■■■

Rechtsanwalt ◀

648 **3. Muster: Antrag auf Erlass einer einstweiligen Verfügung zu vorläufigen Regelungen**

35 ▶ An das

Landgericht ■■■

Kammer für Handelssachen

Antrag auf Erlass einer einstweiligen Verfügung

der A-GmbH, vertreten durch den Geschäftsführer C, ■■■

Antragstellerin

Prozessbevollmächtigte: ■■■

gegen

den Herrn B, ■■■

Antragsgegner

Prozessbevollmächtigte: ■■■

wegen einstweiliger Regelung des Verbots für die A-GmbH als Geschäftsführer tätig zu sein.

Vorläufiger Streitwert: ■■■ EUR

Wir bitten, dem Antragsgegner diesen Antrag nicht zuzustellen, ohne uns zuvor auch telefonisch unter der Nr. ■■■ zu informieren. Sollte das Gericht die einstweilige Verfügung nicht ohne vorherige mündliche Verhandlung erlassen wollen, bitten wir gleichfalls um vorherige telefonische Nachricht.

Namens und in Vollmacht der Antragstellerin beantragen wir, im Wege einer einstweiligen Verfügung und zwar wegen der Dringlichkeit des Falles gemäß § 937 Abs. 2 ZPO ohne vorgängige mündliche Verhandlung und durch den Vorsitzenden allein anzuordnen:

1. Der Antragsgegner hat sich jeder Tätigkeit und Erklärung als Geschäftsführer der A-GmbH zu enthalten.
2. Der Antragsgegner trägt die Kosten des Verfahrens.

Begründung:

Die Antragstellerin betreibt einen Handel mit Computern. Der Antragsgegner ist einer von zwei jeweils alleinvertretungsbefugten Geschäftsführern der Antragstellerin.

Glaubhaftmachung:

1. Aktueller Handelsregisterauszug, Anlage AS 1,
2. Fotokopie Gesellschaftsvertrag der Antragstellerin, Anlage AS 2.

Der Antragsgegner hat 20 PC gegen Barkasse an die W-GmbH ausgeliefert bzw ausliefern lassen, deren Kaufpreise aber für sich selbst vereinnahmt.

Glaubhaftmachung:

1. Eidesstattliche Versicherung des Herrn X, Mitarbeiter der W-GmbH, Anlage AS 3.
2. Eidesstattliche Versicherung des Herrn C, weiterer Geschäftsführer der Antragstellerin, Anlage AS 4.

Damit hat der Antragsgegner nicht nur gegen die ihm als Geschäftsführer obliegende Pflicht verstoßen, eine ordnungsgemäße Buchführung zu veranlassen. Er hat eine solche sogar vereitelt. Die von ihm zur Rechtfertigung angeführten Argumente überzeugen nicht. Die geschilderte Verfahrensweise war ihm aufgrund seiner Geschäftsführerstellung im Rahmen des ordnungsgemäßen Geschäftsbetriebs keineswegs erlaubt. Vielmehr musste er dafür Sorge tragen, dass alle Einnahmen und Ausgaben der Gesellschaft ordnungsgemäß verbucht wurden und vor allem, dass alle der Gesellschaft zustehenden Beträge dieser zufließen. Auch die von ihm behauptete „Verrechnung" mit ihm zustehenden Spesen ist nicht nachvollziehbar, zumal er keine Aufzeichnungen über tatsächlich angefallene Spesen bzw über die bar vereinnahmten Beträge gefertigt hat.

Nachdem die Vorgehensweise des Antragsgegners bei der Antragstellerin bekannt geworden war, wurde eine Gesellschafterversammlung bei der Antragstellerin einberufen und abgehalten. Dabei wurde über den Tagesordnungsbeschluss „Abberufung des Antragsgegners als Geschäftsführer sowie Kündigung seines Anstellungsvertrages" abgestimmt.

Während der Gesellschafterversammlung herrschte zwischen den Beteiligten – insbesondere zwischen dem Antragsgegner in seiner Eigenschaft als Gesellschafter und Geschäftsführer und dem Antragsgegner – Streit über den zugrunde liegenden Sachverhalt und somit über die Frage, ob ein wichtiger Grund über die Abberufung vorlag. Zumindest waren sich der Antragsgegner und die übrigen Gesellschafter einig, dass der Antragsgegner als Mehrheits-Gesellschafter nur aus wichtigem Grund abberufen werden kann. Ohne Zählung der vom Antragsgegner abgegebenen Gegenstimme in der Gesellschafterversammlung ist nach Auffassung der Antragstellerin der Abberufungsbeschluss gefasst. Leider wurde vom Versammlungsleiter versäumt, die Abberufung auch förmlich festzustellen.

Dass in dem – glaubhaft gemachten – Vorgehen des Antragsgegners ein wichtiger Grund zu seiner Abberufung als Geschäftsführer und zur Kündigung seines Anstellungsvertrages liegt, kann aus Sicht der Antragstellerin nicht ernsthaft bezweifelt werden.

Die Antragstellerin hat insbesondere ein Rechtschutzbedürfnis für den Verfügungsantrag. Denn angesichts der Stimmabgabe des Antragsgegners als Gesellschafter vor dem Hintergrund des Streits über das Vorliegen des wichtigen Grundes für seine Abberufung und wegen des Versäumnisses des Versammlungsleiters, den Abberufungsbeschluss förmlich festzustellen, ist der Abberufungsbeschluss nach Auffassung des BGH nicht vorläufig wirksam, so dass der betroffene Antragsgegner als Geschäftsführer zunächst weiter amtiert.

BGHZ 51, 209 f; 76, 154 f.

Zur vorläufigen Regelung ist daher der Antrag im Rahmen der Regelungsverfügung zulässig.

Vgl dazu Baumbach/Hueck, GmbHG, § 38 Rn 30.

■■■

Rechtsanwalt ◀

649 **4. Muster: Antrag auf Erlass einer einstweiligen Verfügung auf Untersagung der Geschäftsführung und Vertretung durch Mitgesellschafter**

36 ▶ An das

Landgericht ■■■

Kammer für Handelssachen

Antrag auf Erlass einer einstweiligen Verfügung

des Herrn A, ■■■

Antragsteller

Prozessbevollmächtigte: ■■■

gegen

den Herrn B, ■■■

Antragsgegner

Prozessbevollmächtigte: ■■■

wegen Untersagung der Geschäftsführung und Vertretung

Vorläufiger Streitwert: ■■■ EUR

Wir bitten, dem Antragsgegner diesen Antrag nicht zuzustellen, ohne uns zuvor auch telefonisch unter der Nr. ■■■ zu informieren. Sollte das Gericht die einstweilige Verfügung nicht ohne vorherige mündliche Verhandlung erlassen wollen, bitten wir gleichfalls um vorherige telefonische Nachricht.

Namens und in Vollmacht des Antragstellers beantragen wir, im Wege einer einstweiligen Verfügung und zwar wegen der Dringlichkeit des Falles gemäß § 937 Abs. 2 ZPO ohne vorgängige mündliche Verhandlung und durch den Vorsitzenden allein anzuordnen:

1. Dem Antragsgegner wird es untersagt, die Geschäftsräume der X-GmbH in ■■■ zu betreten und die Geschäftsführung und Vertretung der X-GmbH, eingetragen im Handelsregister des Amtsgerichts ■■■, HRB ■■■ wahrzunehmen.
2. Dem Antragsgegner wird angedroht, dass für jeden Fall der Zuwiderhandlung gegen das in Nr. 1 ausgesprochene Verbot ein Ordnungsgeld bis zu 250.000,00 EUR und für den Fall, dass dieses nicht beigetrieben werden kann, Ordnungshaft bis zu sechs Monaten festgesetzt werden kann.
3. Der Antragsgegner trägt die Kosten des Verfahrens.

Begründung:

Der Antragsgegner ist Mehrheitsgesellschafter und alleinvertretungsberechtigter Geschäftsführer der X-GmbH. Der Antragsteller ist ebenfalls alleinvertretungsberechtigter Geschäftsführer der X-GmbH und zugleich deren Gesellschafter.

Glaubhaftmachung:

1. Aktueller beglaubigter Handelsregisterauszug nebst Gesellschafterliste, Fotokopie Anlage AS 1.
2. Gesellschaftsvertrag der X-GmbH vom ■■■, Fotokopie Anlage AS 2.

In seiner Eigenschaft als Geschäftsführer der X-GmbH hat der Antragsgegner vor einem Monat einen Geschäftsanteil an der I-GmbH zum Preis von 100.000,00 EUR erworben, ohne sich Wertgarantien geben zu lassen und ohne eine due diligence durchführen zu lassen. Inzwischen ist der Kaufpreis auf Veranlassung des Antragsgegners an den Verkäufer überwiesen worden. Zehn Tage später hat sich herausgestellt, dass die I-GmbH bereits bei Anteilserwerb offenbar überschuldet war. Der abgetretene OHG-Gesellschaftsanteil hat daher so gut wie keinen Wert.

Glaubhaftmachung: Eidesstattliche Versicherung des Wirtschaftsprüfers W, Anlage AS 3.

Der Antragsgegner hat damit gegen seine Verpflichtung zur ordnungsgemäßen Geschäftsführung in grober Weise verstoßen. Er hätte sich entweder über eine due diligence einen Überblick über die Werthaltigkeit der I-GmbH verschaffen müssen oder sich zumindest von dem bekanntermaßen persönlich liquiden Verkäufer Wertgarantien geben lassen müssen.

Zudem war der Antragsgegner nach § 5 des Gesellschaftsvertrages der X-GmbH verpflichtet, bei Erwerb von Gesellschaftsanteilen zuvor einen zustimmenden Beschluss der Gesellschafterversammlung einzuholen. Der Antragsgegner hat sich der Auseinandersetzung über sein Vorgehen unter seinen Mitgesellschaftern in der X-GmbH dadurch entzogen, dass er – ebenfalls ohne Abstimmung – seinen „Jahresurlaub" genommen hat, der erst in einem Monat seit Stellung des Verfügungsantrages enden wird. Es wird vermutet, dass er sich im Ausland aufhält. Er ist zurzeit auch telefonisch nicht erreichbar.

Glaubhaftmachung: Eidesstattliche Versicherung des Antragstellers, Anlage AS 4.

Da der Antragsgegner derzeit nicht erreichbar ist, ist es auch nicht möglich, im laufenden Monat eine Gesellschafterversammlung einzuberufen, auf der über die Abberufung des Antragsgegners als Geschäftsführer aus wichtigem Grund abgestimmt werden kann.

Andererseits kann nicht verhindert werden, dass der Antragsgegner – auch wenn er derzeit für die Mitgesellschafter bzw den Geschäftsführer der X-GmbH nicht erreichbar ist – gleichwohl Erklärungen für die X-GmbH abgibt. Insofern ist das Geschäftsführungs- und Vertretungsverbot sowie auch das Betretungsverbot für die Geschäftsräume besonders dringlich und bedarf zu seiner Durchsetzung des Erlasses einer einstweiligen Verfügung ohne vorhergehende mündliche Verhandlung.

▪▪▪

Rechtsanwalt ◀

5. Muster: Gegenantrag auf Erlass einer einstweiligen Verfügung auf Untersagung der Geschäftsführung und Vertretung durch Mitgesellschafter 650

37

▶ An das

Landgericht ▪▪▪

Kammer für Handelssachen

Gegenantrag auf Erlass einer einstweiligen Verfügung

des Herrn B,

Antragsgegner und Gegenantragsteller

Prozessbevollmächtigte: ▪▪▪

gegen

den Herrn A,

Antragsteller und Gegenantragsgegner

Prozessbevollmächtigte: ■■■

wegen vorläufigen Verbots, Geschäftsführungs- oder Vertretungsverhandlungen für die X-GmbH vorzunehmen

Vorläufiger Streitwert: ■■■ EUR

Namens und in Vollmacht des Antragsgegners/Gegenantragstellers beantragen wir, im Wege einer einstweiligen Verfügung anzuordnen:

1. Dem Antragsteller/Gegenantragsgegner wird es bis zur rechtskräftigen Entscheidung über die Wirksamkeit seiner Abberufung als Geschäftsführer der X-GmbH verboten, Geschäftsführungs- oder Vertretungshandlungen in dieser oder für diese Gesellschaft vorzunehmen.
2. Für den Fall der Zuwiderhandlung gegen die in Nr. 1 ausgesprochene Verpflichtung wird dem Antragsteller/Gegenantragsgegner die Festsetzung eines Ordnungsgeldes bis zu 250.000,00 EUR, ersatzweise Ordnungshaft bis zu sechs Monaten angedroht.
3. Die Kosten des Verfahrens trägt der Antragsteller/Gegenantragsgegner.

Begründung:

Die Parteien des Rechtsstreits sind zu gleichen Anteilen an der X-GmbH beteiligt, deren Unternehmensgegenstand die Übernahme von Paketzustellungen ist. Die Parteien sind jeweils als alleinvertretungsberechtigte Geschäftsführer der X-GmbH im Handelsregister eingetragen.

Glaubhaftmachung:

1. Aktueller beglaubigter Handelsregisterauszug, Anlage AG 1.
2. Gesellschaftsvertrag der X-GmbH, Fotokopie Anlage AG 2.

Der Antragsteller hat eine Vielzahl von Fahrzeugen durch seine Firma A-OHG mit Rabatten bis zu 20 % angekauft, diese dann später im sale-and-lease-back-Verfahren zum Listenpreis an Leasingfirmen verkauft und zurück geleast und sodann Miet- und Leasingverträge mit der X-GmbH auf der Basis der Listenpreise abgeschlossen, wobei auch noch weitere Aufschläge in Rechnung gestellt wurden.

Glaubhaftmachung: Vorlage der entsprechenden Verträge in Fotokopie, Anlagenkonvolut AG 3.

Damit hat er gegen seine gesellschafterliche Treuepflicht verstoßen. Diese ist heute allgemein als mitgliedschaftliche Hauptpflicht anerkannt. Gegenüber der GmbH und der Gesamtheit seiner Mitgesellschafter hat der Einzelne Gesellschafter vor allem Unterlassungs- und Loyalitätspflichten. Insbesondere gehört dazu, sich nicht in Geschäftschancen der GmbH zu drängen und sie nicht zum eigenen Nutzen zu schädigen. Dabei gilt insgesamt bei Maßnahmen der Geschäftsführer ein noch strengerer Maßstab als bei der Ausübung eigennütziger Rechte durch den „einfachen" Gesellschafter, der nicht ohne weiteres seine Interessen hinter die der Gesellschaft oder der anderen Gesellschafter stellen muss.

BGH ZIP 1989, 986; Lutter/Hommelhoff, GmbHG, § 14 Rn 22

Der Antragsgegner/Gegenantragssteller hat von dieser Verfahrensweise nichts gewusst, insbesondere nicht davon, dass der Antragsteller/Gegenantragsgegner daraus einen persönlichen Gewinn auf Kosten der bzw zulasten der X-GmbH gezogen hat.

Glaubhaftmachung: Eidesstattliche Versicherung des Antragsgegners, Anlage AG 4.

Der Antragsteller/Gegenantragsgegner hat die X-GmbH zudem dadurch treuwidrig geschädigt, dass er sich von der X-GmbH, vertreten durch den Prokuristen E, für den von der Handelsgesellschaft des Antragstellers/Gegenantragsgegners übernommenen Kundenstamm eine monatliche Provision von 5.000,00 EUR hat zusagen und auszahlen lassen. Der Antragsteller/Gegenantragsgegner durfte sich für die Anwerbung der Kunden der Z-GmbH für die X-GmbH keine diese schädigende Provision ausbedingen, nachdem über das Vermögen der A-OHG das Insolvenzverfahren eröffnet wurde.

Glaubhaftmachung: Fotokopie des Eröffnungsbeschlusses, Anlage AG 5.

Dieses Verhalten des Antragstellers/Gegenantragsgegners verstieß ebenfalls gegen seine gesellschafterliche Treuepflicht.

Demgegenüber treffen die Vorwürfe des Antragstellers/Gegenantragsgegners gegen den Antragsgegner/Gegenantragsteller, mit denen dessen Abberufung als Geschäftsführer begründet werden soll, nicht zu. Insbesondere trifft nicht zu, dass der Antragsgegner/Gegenantragsteller entgegen dem Gesellschaftsvertrag der X-GmbH der gemeinsam betriebenen Gesellschaft über seine B-OHG unerlaubt Konkurrenz gemacht habe und dies auch weiterhin tue.

Glaubhaftmachung: Eidesstattliche Versicherung des Gesellschafter-Geschäftsführers C, der B-OHG, Anlage AG 6.

Der Antragsgegner/Gegenantragssteller hat am ... eine Gesellschafterversammlung zum ... einberufen, deren Tagesordnungspunkt die Abberufung des Antragstellers/Gegenantragsgegners von der Geschäftsführung der X-GmbH war. Gegen die Stimme des Antragstellers/Antragsgegners wurde dieser von seiner Geschäftsführerstellung abberufen.

Glaubhaftmachung: Fotokopie Protokoll der Gesellschafterversammlung der X-GmbH, Anlage AG 7.

Das Rechtsschutzbedürfnis für den Gegenantrag des Antragstellers/Gegenantragsgegners besteht insoweit, als der Abberufungsbeschluss betreffend den Antragsteller nicht schon mit Beschlussfassung bzw Bekanntgabe an diesen wirksam war. Insofern ist der Antragsgegner zur Durchsetzung des Abberufungsbeschlusses auf einstweiligen Rechtsschutz angewiesen. Es ist auch sinnvoll und wird dementsprechend anerkannt, einen Gegenantrag des Antragsgegners auf Untersagung der Geschäftsführungstätigkeit des anderen Gesellschafter-Geschäftsführers zu stellen, damit beide Verfügungsverfahren nicht unabhängig voneinander behandelt werden müssen mit der Gefahr nicht kompatibler Ergebnisse.

Wieczorek-Schütze, ZPO, § 33 Rn 13; Zöller/Vollkommer, ZPO, § 33 Rn 34.

Insoweit bitten wir, unter Abweisung des Verfügungsantrags des Antragstellers/Antragsgegners dem Verfügungsantrag des Antragsgegners/Gegenantragstellers alsbald stattzugeben.

...

Rechtsanwalt ◄

C. Zwangsvollstreckung

Insoweit wird verwiesen auf die Ausführungen unter Rn 217 ff. 651

§ 8 Durchsetzung von Gesellschafterinformationsrechten

A. Vorprozessuale Situation

I. Rechtsgrundlagen

652 Für nahezu alle Gesellschaftstypen sind die Informationsrechte der Gesellschafter **gesetzlich geregelt**. Es bestehen aber im Einzelfall Unterschiede im Hinblick auf die Reichweite und das Verfahren zur Durchsetzung der Informationsrechte.

1. AG

a) Anspruchsgrundlagen

653 Gemäß § 171 Abs. 2 S. 1 AktG werden die Aktionäre durch den Bericht des Aufsichtsrates an die Hauptversammlung über das Ergebnis der Prüfung des **Jahresabschlusses** nebst **Lagebericht** unterrichtet. Der genaue Inhalt des Berichts ergibt sich aus § 171 Abs. 2 S. 2 bis 5 AktG. Nach § 175 Abs. 2 S. 2 AktG ist jedem Aktionär auf Verlangen unverzüglich eine Abschrift des Jahresabschlusses, des Lageberichtes, des Berichts des Aufsichtsrates und des Vorschlages des Vorstandes für die Verwendung des Bilanzgewinns zu überlassen.

654 Daneben können Aktionäre gemäß § 131 AktG bestimmte weitere Informationen verlangen. Der Sinn dieses Auskunftsrechts besteht darin, dem Aktionär die Herrschaft über den Umgang des von ihm zur Verfügung gestellten Kapitals zu geben und seine Aktionärsrechte durchzusetzen.[1] Deshalb besteht das Auskunftsrecht unabhängig vom Aktientyp, dh auch für stimmrechtslose Aktien.[2] Die Vorschrift des § 131 AktG über das Auskunftsrecht ist zwingend (§ 23 Abs. 5 AktG). Die dem Aktionär danach zustehenden Rechte können auch nicht erweitert werden.[3]

b) Anspruchsberechtigte und Anspruchsverpflichtete

655 Das Auskunftsrecht ist **mit der Aktie verbunden** und kann nicht unabhängig von der Aktie übertragen werden. In Folge dessen hat der Treugeber bzw der Nießbraucher der Aktie kein eigenes Auskunftsrecht.

656 Nach § 131 Abs. 1 und Abs. 4 AktG ist nur der Einzelne Aktionär anspruchsberechtigt, nicht die Hauptversammlung als Ganze. Dass das Auskunftsrecht nicht unabhängig von der Aktie übertragen werden kann, hindert nicht einen entsprechend bevollmächtigten Vertreter des Aktionärs, das Auskunftsrecht in der Hauptversammlung geltend zu machen. Insofern sollte der Vertreter allerdings eine schriftliche Bevollmächtigung des Aktionärs vorlegen können, aus der er sich die Vollmacht für das konkret geltend gemachte Auskunftsbegehren ergibt. Die Vollmacht sollte angemessen weit formuliert sein.[4]

657 Zur Auskunft verpflichtet ist gemäß § 131 Abs. 1 S. 1 AktG der Vorstand. Befindet sich die AG in Liquidation, trifft den Liquidator nach § 131 Abs. 1 S. 1 AktG die Auskunftspflicht.[5]

c) Reichweite des Auskunftsrechts

658 Für die Reichweite des Auskunftsrechts ist zwischen dem Auskunftsanspruch nach § 131 Abs. 1 AktG und demjenigen nach § 131 Abs. 4 AktG zu unterscheiden.

1 BGHZ 81, 1; BGHZ 101, 1, 15 f.
2 Semler in: Münchener Handbuch des Gesellschaftsrechts, Bd. 4, § 37 Rn 2.
3 Semler in: Münchener Handbuch des Gesellschaftsrechts, Bd. 4, § 37 Rn 1.
4 Hüffer, AktG, § 131 Rn 4.
5 OLG Frankfurt/M NJW-RR 1996, 415 ff.

aa) Auskunftsrecht nach § 131 Abs. 1 AktG. Das Auskunftsrecht nach § 131 Abs. 1 AktG bezieht sich auf **alle Angelegenheiten der Gesellschaft**. Dies gilt gemäß § 131 Abs. 1 S. 2 AktG auch für die rechtlichen und geschäftlichen Beziehungen der Gesellschaft zu verbundenen Unternehmen iSv § 15 f AktG. Das Auskunftsrecht ist jedoch gemäß § 131 Abs. 1 S. 1 2. Hs AktG von vornherein dadurch beschränkt, dass die begehrte Auskunft zur sachgemäßen Beurteilung des Gegenstands der Tagesordnung in der Hauptversammlung „erforderlich" ist, in der das Auskunftsbegehren gestellt wird. Die Erforderlichkeit des Auskunftsbegehrens ist gerichtlich vollständig nach dem Maßstab eines vernünftigen Aktionärs überprüfbar, der nur über die von der Gesellschaft veröffentlichten Informationen verfügt.[6] Um einen Missbrauch des Auskunftsrechts zu vermeiden, legt die Rechtsprechung jedoch einen strengen Maßstab an.[7] 659

Soweit die AG von ihren nach §§ 266 Abs. 1 S. 3, 276, 288 HGB möglichen Erleichterungen für die Bilanzaufstellung Gebrauch macht, gibt § 131 Abs. 1 S. 3 AktG jedem Aktionär das Recht, in der Hauptversammlung über den Jahresabschluss die Vorlage des Jahresabschlusses zu verlangen, die der Abschluss ohne Anwendung der genannten HGB-Vorschriften über die Bilanzierungserleichterungen hätte. 660

Der Vorstand muss gemäß § 131 Abs. 2 AktG die Auskunft nach den Grundsätzen einer **gewissenhaften und getreuen Rechenschaft** erteilen. Die Auskunft wird in der Hauptversammlung mündlich erteilt. Der Aktionär hat kein Recht, Einsicht in die Geschäftsunterlagen der AG oder die Vorlage von Unterlagen zu verlangen.[8] Formuliert der Aktionär seine Frage erst in der Hauptversammlung, ist die Pflicht zur Beantwortung infolgedessen auf das beschränkt, was während der Hauptversammlung recherchiert werden kann. Um diese Beschränkung der Informationspflicht zu vermeiden, kündigen die Aktionäre häufig vor der Hauptversammlung schriftlich die Fragen an, die sie in der Hauptversammlung stellen wollen.[9] 661

bb) Erweitertes Auskunftsrechts nach § 131 Abs. 4 AktG. Nach § 131 Abs. 4 S. 1 AktG ist jedem Aktionär auf dessen Verlangen in der Hauptversammlung diejenige Auskunft zu geben, die einem (anderen) Aktionär wegen seiner Eigenschaft als solcher außerhalb der Hauptversammlung gegeben worden ist, auch wenn dies nicht zur sachgemäßen Beurteilung des Gegenstands der Tagesordnung erforderlich ist. Der Grund für diese auf den ersten Blick schwer verständliche Regelung liegt darin, ein Informationsmonopol von Aktionären zu verhindern, die außerhalb der Hauptversammlung Fragen stellen und Antworten erhalten. Die Vorschrift dient insofern der gleichen Behandlung aller Aktionäre. Auch das erweiterte Auskunftsrecht nach § 131 Abs. 4 AktG kann nur in der Hauptversammlung geltend gemacht werden. 662

Da das Gesetz auf die Auskunftserteilung gegenüber einem Aktionär in seiner Eigenschaft als solcher außerhalb der Hauptversammlung abstellt, kann in der Hauptversammlung eine entsprechende Auskunft nach § 131 Abs. 4 AktG nicht verlangt werden, wenn dies zur sachgemäßen Beurteilung des Gegenstands der Tagesordnung nicht erforderlich ist und wenn die Auskunft außerhalb der Hauptversammlung zwar einem Aktionär erteilt wurde, diesem jedoch nur in seiner Eigenschaft als potenzieller Erwerber einer Beteiligung.[10] 663

---

6 BGHZ 119, 1, 19 f; BGHZ 107, 296, 307.
7 OLG Düsseldorf WM 1991, 2148, 2153; OLG Frankfurt/M AG 1986, 233 f.
8 BGHZ 122, 211, 236.
9 Vgl dazu Semler in: Münchener Handbuch des Gesellschaftsrechts, Bd. 4, § 37 Rn 21.
10 Vgl zu anderen Ausnahmen Semler in: Münchener Handbuch des Gesellschaftsrechts, Bd. 4, § 37 Rn 18.

d) Auskunftsverweigerungsrechte

664 Der Vorstand darf die Auskunft nach Maßgabe des § 131 Abs. 3 Nr. 1 bis 7 AktG verweigern. Die dort genannten Verweigerungsgründe sind abschließend, § 131 Abs. 3 S. 2 AktG.

665 Gegenüber dem erweiterten Auskunftsbegehren nach § 131 Abs. 4 S. 1 AktG hat der Vorstand lediglich ein beschränktes Verweigerungsrecht. Er darf die Auskunft nicht aus den Gründen verweigern, die in § 131 Abs. 3 S. 1 Nr. 1 bis 4 genannt sind, § 131 Abs. 4 S. 2 AktG.[11]

e) Durchsetzung des Auskunftsanspruchs

666 Kommt der Vorstand dem Auskunftsbegehren nicht nach, steht dem Aktionär ein **Auskunftserzwingungsverfahren** nach § 132 AktG zur Verfügung. Unter bestimmten Voraussetzungen kann daneben Anfechtungsklage erhoben werden, wenn die Auskunft in einem Tagungsordnungspunkt verweigert wurde, zu dem ein Beschluss gefasst wurde (vgl dazu näher unter Rn 691 ff).

2. KGaA

667 Für den persönlich haftenden Komplementär der KGaA stellt sich die Frage nach seinem Auskunftsanspruch nicht. Er kann einen solchen selbst befriedigen. Anders ist dies bei Kommanditaktionären. Gemäß § 278 Abs. 3 iVm § 131 AG haben sie prinzipiell dasselbe Auskunftsrecht wie der Aktionär einer AG. Allerdings ist zu berücksichtigen, dass gemäß § 286 Abs. 1 S. 1 AktG die Hauptversammlung der KGaA auch über die Feststellung des Jahresabschlusses beschließt. Gegenüber dem Kommanditaktionär der KGaA kann daher das Auskunftsverweigerungsrecht nach § 131 Abs. 3 Nr. 3 und 4 AktG nicht geltend gemacht werden. Deshalb ist auch Auskunft über stille Reserven und über bestimmte Bewertungs- oder Abschreibungsmethoden zu erteilen. Im Übrigen gelten gegenüber den Rechten des Aktionärs der AG keine Besonderheiten.

3. GmbH

a) Anspruchsgrundlage

668 Die Informationsrechte des GmbH-Gesellschafters sind in **§ 51 a GmbHG** geregelt. Nach Abs. 1 der Vorschrift haben die Geschäftsführer jedem Gesellschafter auf Verlangen unverzüglich Auskunft über die Angelegenheiten der Gesellschaft zu geben und die Einsicht der Bücher und Schriften zu gestatten. Insofern geht das Auskunftsrecht des GmbH-Gesellschafters weit über dasjenige eines Aktionärs hinaus. Die Geltendmachung des Auskunftsbegehrens ist nicht auf die Gesellschafterversammlung beschränkt. Darüber hinaus besteht ein Einsichtsrecht für die Gesellschafter.

b) Anspruchsberechtigter und Anspruchsverpflichteter

669 Anspruchsberechtigt ist nach § 51 a Abs. 1 GmbHG **jeder Gesellschafter.** Da das Auskunftsrecht als mitgliedschaftliches Recht ausgestaltet ist, steht es nicht Treugebern oder Unterbeteiligten oder Pfändungspfandgläubigern zu. Soweit der Gesellschafter verstorben ist oder über sein Vermögen das Insolvenzverfahren eröffnet ist, übt der Testamentsvollstrecker bzw der Insolvenzverwalter das Informationsrecht aus.

670 Der Gesellschafter ist jedoch nicht gehindert, das Informationsrecht durch einen bevollmächtigten Vertreter ausüben zu lassen. Nach herrschender Meinung muss der Bevoll-

11 Vgl näher zu den einzelnen Tatbeständen für die Auskunftsverweigerung: Semler in: Münchener Handbuch des Gesellschaftsrechts, Bd. 4, § 37 Rn 28 f.

mächtigte allerdings- anders als bei der AG – von Berufs wegen zur Verschwiegenheit verpflichtet sein, wie etwa Rechtsanwälte, Wirtschaftsprüfer oder Steuerberater.[12]

Wegen des eindeutigen Wortlauts des § 51 a Abs. 1 GmbHG steht das Informationsrecht nicht dem ehemaligen Gesellschafter zu, selbst dann nicht, wenn dieser noch Ansprüche aus dem Gesellschaftsverhältnis hat.[13] Entscheidend ist insofern, ob er als Gesellschafter bei der GmbH noch (oder schon) gemeldet ist, § 16 Abs. 1 GmbHG. Das Informationsrecht des Gesellschafters beginnt im Stadium der Vor-GmbH.[14] 671

Im Falle der Kündigung der Gesellschaft bzw des Ausschlusses eines Gesellschafters steht sein Ausscheiden aus der Gesellschaft nach herrschender Meinung unter der aufschiebenden Bedingung, dass die Entschädigung für das Ausscheiden aus dem nichtgebundenen Gesellschaftsvermögen geleistet werden kann. Die Mitgliedschaftsrechte bleiben danach bis zur vollständigen Zahlung der Abfindung unberührt. Bis zum Eintritt der Bedingung bleibt auch der Ausführungsanspruch nach § 51 a GmbHG erhalten.[15] Informationsverpflichtet ist der Geschäftsführer der Gesellschaft. 672

c) Reichweite des Informationsrechts

Gemäß § 51 a Abs. 1 GmbHG umfasst die Auskunft **alle Angelegenheiten der Gesellschaft**. Der Begriff ist weit auszulegen.[16] Auch wenn der Informationsanspruch nicht – wie § 131 Abs. 1 AktG – ausdrücklich die Beziehungen der gesellschaftsverbundenen Unternehmen und zu Beteiligungsunternehmen nennt, umfasst das Auskunftsrecht auch diese. Weiterhin müssen diese Angelegenheiten für die GmbH von konkreter Bedeutung sein.[17] Neben dem Auskunftsrecht steht dem Gesellschafter auch ein Einsichtsrecht in „die Bücher und Schriften“ der Gesellschaft zu, § 51 a Abs. 1 GmbHG. Bücher sind solche iSv § 238 HGB. Das Einsichtsrecht ist nicht auf Unterlagen in klassischer Buchform beschränkt, sondern erfasst selbstverständlich auch elektronisch gespeicherte Daten.[18] 673

Das Auskunfts- und das Einsichtsrecht stehen nebeneinander. Ob die Gesellschaft sich im Einzelfall darauf berufen kann, wegen des mit dem Einsichtsrecht verbundenen Aufwands nur Auskünfte zu erteilen, ist im Einzelnen umstritten.[19] 674

Das Informationsrecht nach § 51 a GmbHG ist gemäß Abs. 3 der Vorschrift zwingend. Gleichwohl soll zumindest eine Erweiterung des Informationsrechts durch die Satzung zulässig sein.[20] 675

d) Beschränkungen des Informationsrechts

§ 51 a Abs. 2 GmbHG enthält eine gesetzliche Beschränkung des Informationsrechts. Auskunft und Einsicht dürfen verweigert werden, wenn zu besorgen ist, dass der Gesellschafter sie zu gesellschaftsfremden Zwecken verwenden und dadurch der Gesellschaft oder einem verbundenen Unternehmen ein nicht unerheblicher Nachteil zufügen wird. Die Verweigerung bedarf gemäß Satz 2 der Vorschrift eines Beschlusses der Gesellschafter. 676

12 Streitig wie hier BGHZ 25, 115, 123 zur KG; Schiessl in: Münchener Handbuch des Gesellschaftsrechts, Bd. 3, § 33 Rn 22; anderer Ansicht Zöller in: Baumbach/Hueck, GmbHG, § 51 a Rn 5.
13 BGH WM 1998, 1447 f; BayObLG GmbHR 1993, 741 f.
14 Vgl Schiessl in: Münchener Handbuch des Gesellschaftsrechts, Bd. 3, § 33 Rn 6.
15 OLG München NZG 2008, Anlagen 99 ff.
16 Lutter/Hommelhoff, GmbHG, § 51 a Rn 5.
17 Schiessl in: Münchener Handbuch des Gesellschaftsrechts, Bd. 3, § 33 Rn 11; OLG Köln ZIP 1985, 800, 804.
18 K. Schmidt in: Scholz, GmbHG, § 51 a Rn 25.
19 Vgl dazu Schiessl in: Münchener Handbuch des Gesellschaftsrechts, Bd. 3, § 33 Rn 15 mwN.
20 Baumbach/Hueck, GmbHG, § 51 a Rn 2; K. Schmidt in: Scholz, GmbHG, § 51 a Rn 51.

677 **Hauptanwendungsfall** ist die Nutzung der begehrten Informationen für ein konkurrierendes Unternehmen oder für sonst ausschließlich private Zwecke.[21] Es muss eine konkrete Besorgung der gesellschaftsfremden Verwendung der Informationen bestehen.[22] Ausnahmsweise reicht es für ein Verweigerungsrecht, wenn der Gesellschafter ein Konkurrenzunternehmen betreibt und dort nicht lediglich kapitalistisch beteiligt ist.[23] In der Praxis werden einem Gesellschafter häufig Informationen verweigert, der Informationen im Zusammenhang mit seinem Wunsch verlangt, seine Beteiligung an einen Konkurrenten der Gesellschaft zu veräußern.

678 In der Regel begründet die **Verbindung eines Gesellschafters mit einem Wettbewerber** die Besorgnis der Gefährdung der Interessen der Gesellschaft. Allerdings ist die pauschale Verweigerung jeglicher Information durch die Gesellschaft regelmäßig auch gegenüber einem Konkurrenzgesellschafter nicht gerechtfertigt. Zum Teil wird vertreten, die Verweigerung sei nicht berechtigt, wenn der potenzielle Erwerber eine Vertraulichkeitserklärung abgibt.[24] Das wird dem Geheimhaltungsbedürfnis der Gesellschaft aber dann nicht gerecht, wenn der die Informationen verlangende Gesellschafter bei dem Konkurrenzunternehmen eine führende Stellung hat und dort diese Informationen verwerten kann, ohne die Informationen aktiv weiterzugeben. Ein allgemeines Verwertungsverbot für geheimhaltungsbedürftige Informationen dürfte nur schwer weder kontrollierbar bzw beweisbar sein. Vielmehr ist im Einzelfall zu prüfen, ob die verlangten Informationen wettbewerbsrelevant sind. Ist dies der Fall, kann unter Umständen die Entgegennahme der Informationen durch einen zur Verschwiegenheit verpflichteten und für beide Seiten vertrauenswürdigen Treuhänder die Gefahr nachteiliger Verwendung beseitigen.[25]

679 In Bezug auf die Jahresabschlüsse darf die Information nicht verweigert werden. Diese lassen sich nicht dem geheimnisschutzbedürftigen Bereich der Gesellschaft zuordnen. Im Gegenteil liegt eine wesentliche Funktion des Jahresabschlusses gerade in der Befriedigung externer und interner Informationsinteressen.[26] Auch für den Anstellungsvertrag des Geschäftsführers einschließlich der Nachträge, wird ein Geheimhaltungsbedürfnis abgelehnt.[27]

680 Unabhängig von § 51 a Abs. 2 GmbHG besteht ein Verweigerungsgrund, wenn das Informationsverlangen rechtsmissbräuchlich oder treuwidrig ist.[28] Das Informationsbegehren muss erforderlich sein und den Grundsatz der Verhältnismäßigkeit beachten.[29] Dies kann der Fall bei ständigen Anfragen sein, obwohl neue Antworten praktisch ausgeschlossen sind, bei ständig neuen Auskunftsverlangen nach Verzicht auf die Teilnahme an der Gesellschafterversammlung[30] oder wenn die Informationserteilung mit unverhältnismäßigem Aufwand für die Gesellschaft verbunden und die Bedeutung der Informationen für den Gesellschafter relativ gering ist.[31]

681 Äußerst umstritten ist, ob dem Auskunftsverlangen entgegengehalten werden kann, der die Auskunft begehrende Gesellschafter habe sein Informationsbedürfnis nicht dargelegt und

21 Vgl OLG Stuttgart GmbHR 1983, 184.
22 OLG Düsseldorf WM 1990, 1823 ff.
23 OLG Karlsruhe GmbHR 1985, 362 ff; K. Schmidt in: Scholz, GmbHG, § 51 a Rn 39.
24 Vgl hierzu näher: Schiessl in: Münchener Handbuch des Gesellschaftsrechts, Bd. 3, § 33 Rn 20.
25 OLG München NZG 2008, 199 ff; vgl eher ablehnend OLG Frankfurt/M NJW-RR 1996, 415 ff.
26 OLG München NZG 2008, 199 ff; BayOBLG NZG 2000, 100.
27 OLG München NZG 2008, 199 ff.
28 OLG Köln WM 1986, 761 ff; OLG Düsseldorf WM 1990, 823 ff.
29 Schiessl in: Münchener Handbuch des Gesellschaftsrechts, Bd. 3, § 33 Rn 25.
30 OLG Jena EWiR 2004 Heft 22, 1131.
31 K. Schmidt in: Scholz, GmbHG, § 51 Rn 36.

bewiesen.[32] Einigkeit besteht nur insoweit, als das in § 51 a Abs. 1 GmbHG formulierte Informationsrecht zu weit geht. Demgegenüber sieht die Gegenauffassung das Informationsrecht des Gesellschafters nach § 51 a GmbHG lediglich durch die unzulässige Rechtsausübung begrenzt an.[33]

e) Durchsetzung des Informationsrechts

Zur Durchsetzung des Informationsanspruchs sieht § 51 b GmbHG ein spezielles Informationserzwingungsverfahren vor. Denkbar ist zudem eine Anfechtungsklage gegen den Beschluss der Gesellschafterversammlung, die verlangte Information zu verweigern. 682

4. KG, OHG

a) Anspruchsgrundlagen

Auch für die Gesellschafter von Personenhandelsgesellschaften bestehen Informationsrechte gegenüber der Gesellschaft. Diese sind zwar nicht ausdrücklich im Gesetz vorgesehen. Für den persönlich haftenden Gesellschafter wird jedoch ein individuelles Recht auf Auskunftserteilung und auf Einsicht in die Papiere der OHG aus dem **allgemeinen Kontrollrecht** gemäß § 118 Abs. HGB hergeleitet.[34] Für den Kommanditisten ist ein Auskunftsrecht über alle Angelegenheiten der Gesellschaft und ein entsprechendes Einsichtsrecht auf der Grundlage von § 166 HGB anerkannt.[35] 683

b) Anspruchsberechtigter und Anspruchsverpflichteter

Die Informationsrechte sind als Mitgliedschaftsrechte vom Geschäftsanteil untrennbar. Treugebern, Nießbrauchern oder Unterbeteiligten sowie Pfändungspfandgläubigern stehen sie also nicht zu. Sie stehen – wie bei der AG und der GmbH – nur den Gesellschaftern zu und auch nur bis zur Ablauf der Liquidationsphase.[36] Scheidet ein Gesellschafter aus, erlöschen sie ebenfalls. Allerdings verbleiben dem Gesellschafter allgemeine Auskunftsansprüche wie etwa nach §§ 810, 259 BGB.[37] 684

Verpflichtet zur Informationserteilung ist nach herrschender Meinung die Gesellschaft.[38] Darüber hinaus erlaubt die Rechtsprechung die Inanspruchnahme des jeweiligen geschäftsführungsbefugten Gesellschafters.[39] 685

c) Reichweite des Informationsrechts

Das Informationsrecht über „Angelegenheiten der Gesellschaft" ist **weit auszulegen**. Angelegenheiten der Gesellschaft umfassen die allgemeinen wirtschaftlichen Verhältnisse der Gesellschaftsbeziehungen zu Dritten und vor allem auch zu verbundenen Unternehmen sowie zu ihren Gesellschaftern.[40] 686

Bei der KG ist jedoch umstritten, in welchem Umfang die Verhältnisse innerhalb verbundener Unternehmen eine Angelegenheit der KG und damit vom Informationsrecht des 687

32 Dafür: Baumbach/Hueck, GmbHG, § 51 a Rn 27; K. Schmidt in: Scholz, GmbHG, § 51 a Rn 34 ff; OLG Köln GmbHR 1986, 385 ff; OLG Düsseldorf ZIP 1986, 1557 zu § 131 AktG.
33 Vgl dazu Schiessl in: Münchener Handbuch des Gesellschaftsrechts, Bd. 3, § 33 Rn 6 mwN.
34 Baumbach/Hopt, HGB, § 118 Rn 1 und 4.
35 Weipert in: Münchener Handbuch des Gesellschaftsrechts, Bd. 2, § 15 Rn 9.
36 BGH BB 1978, 1134.
37 Weipert in: Münchner Handbuch des Gesellschaftsrechts, Bd. 1, § 58 Rn 9.
38 Baumbach/Hopt, HGB, § 118 Rn 1; § 166 Rn 1 für die KG; OLG Celle ZIP 1983, 944.
39 BGH BB 1962, 899; OLG Celle ZIP 1983, 944; BGH WM 1983, 911.
40 Baumbach/Hopt, HGB, § 118 Rn 1.

Kommanditisten umfasst sind.[41] Darüber hinaus hat der Kommanditist gemäß § 166 Abs. 3 HGB ein außerordentliches Informationsrecht, das auf Mitteilung einer Kopie der Bilanz und des Jahresabschlusses sowie Vorlegung der Bücher und Papiere gerichtet ist.[42] Dieses Sonderrecht besteht jedoch nur, wenn ein wichtiger Grund hierfür vorliegt, dh die sofortige Überwachung ist im Interesse des Kommanditisten geboten, weil sonst Schäden drohen.

d) Beschränkung des Informationsrechts

688 Aus dem Zweck des Auskunftsanspruchs eines Gesellschafters einer Personenhandelsgesellschaft, sich sachgerecht auf Gesellschafterbeschlüsse vorbereiten zu können, folgt zugleich die Beschränkung des Auskunftsanspruchs je nach der **Qualifikation** des Gesellschafters. Ein Kommanditist hat deshalb ein eingeschränktes Auskunftsrecht, wenn es um Gesellschafterbeschlüsse oder Geschäftsführungsakte geht. Er ist gemäß § 164 S. 1 Hs 1 HGB von der Führung der Gesellschaft ausgeschlossen. Für den Sonderfall eines Beschlusses über die Entlastung des Geschäftsführers oder die Billigung des Jahresabschlusses wird jedoch vertreten, dass es dem Kommanditisten zumutbar ist, ihn auf sein Kontrollrecht zu verweisen und die Entlastung der Geschäftsführung bzw die Billigung des Jahresabschlusses vom Ergebnis einer eigenen Prüfung abhängig zu machen, statt Auskunft zu verlangen.[43]

689 Für den persönlich haftenden Gesellschafter ist das Auskunftsrecht grundsätzlich unbeschränkt. Würde jedoch die Informationserteilung voraussichtlich zu einer Schädigung der Gesellschaft führen, darf die Gesellschaft sowohl die Einsicht als auch Auskunft verweigern.[44] Die Gesellschaft muss zuvor prüfen, ob es ein milderes Mittel als die totale Informationsverweigerung gibt. In Betracht kommt insoweit die Erlaubnis, das Informationsrecht durch einen zur Berufsverschwiegenheit verpflichteten Beauftragten wahrnehmen zu lassen, wenn dieser auch als treuhänderischer Wahrer der Gesellschaftsinteressen tätig wird.[45]

e) Durchsetzung der Informationsrechte

690 Informationsansprüche des OHG-Gesellschafters sind mit der **Leistungsklage** vor den ordentlichen Gerichten durchzusetzen. Ein Sonderverfahren wie bei der GmbH steht nicht zur Verfügung. Entsprechendes gilt für das aus § 166 Abs. 1 HGB abgeleitete Informationsrecht des Kommanditisten. Das außerordentliche Informationsrecht des Kommanditisten gemäß § 166 Abs. 3 HGB war ein Verfahren nach § 145 FGG mit entsprechender Anwendung der ZPO.[46] Seit Ersetzung des FGG durch das Gesetz zur Reform des Verfahrens in Familiensachen und in den Angelegenheiten der freiwilligen Gerichtsbarkeit (FamFG) richtet sich das in § 166 Abs. 3 HGB vorgesehene Verfahren nach den Vorschriften des 5. Buches des FamFG, dh nach §§ 374 ff FamFG. Dabei handelt es sich um ein unternehmensrechtliches Verfahren gem. § 375 Nr. 1 FamFG.

---

41 Vom BGH nicht eindeutig beantwortet: BGHZ WM 1982, 910 f; im Einzelnen näher Weipert in: Münchener Handbuch des Gesellschaftsrechts, Bd. 2, § 15 Rn 14 f.
42 Baumbach/Hopt, HGB, § 166 Rn 8, 10.
43 Vgl dazu Weipert in: Münchener Handbuch des Gesellschaftsrechts, Bd. 2, § 15 Rn 27.
44 BGH ZIP 1994, 1942 f.
45 BGH WM 1982, 1403; Baumbach/Hopt, HGB, § 118 Rn 10.
46 Baumbach/Hopt, HGB, § 166 Rn 15 (vgl näher unten Rn 692 ff).

B. Prozess

Wegen der je nach Gesellschaftsform sehr unterschiedlichen Verfahren zur Auskunftserzwingung/Anfechtung ggf die Informationserteilung ablehnender Gesellschafterbeschlüsse erfolgt die Darstellung getrennt nach den einzelnen Gesellschaftstypen. 691

I. AG

Verweigert der Vorstand in der Hauptversammlung die Auskunft auf die gestellten Fragen 692 zu Unrecht, kommen für den Aktionär grundsätzlich zwei Wege zur Durchsetzung seines Informationsbegehrens in Betracht: nämlich das **Auskunftserzwingungsverfahren** und die **Anfechtungsklage**. Die Auskunftserteilung kann gemäß § 132 Abs. 1 AktG nicht im ordentlichen Zivilprozess klageweise durchgesetzt werden.

1. Auskunftserzwingungsverfahren gemäß § 132 AktG

a) Zuständiges Gericht

Gemäß § 132 Abs. 1 S. 1 und S. 2 AktG ist grundsätzlich das Landgericht örtlich und funk- 693 tionell zuständig, in dessen Bezirk die Gesellschaft ihren Sitz hat, und soweit dort eine Kammer für Handelssachen gebildet ist, diese. Die Landesregierungen sind gemäß § 132 Abs. 1 S. 3 AktG ermächtigt, die Entscheidung durch Rechtsverordnung für die Bezirke mehrerer Landgerichte einem der Landgerichte zu übertragen, wenn dies der Sicherheit einer einheitlichen Rechtsprechung dient. Dies ist in den Ländern Baden-Württemberg, Bayern, Hessen, Niedersachsen, Nordrhein-Westfalen, Rheinland-Pfalz und Sachsen geschehen.[47]

b) Antrag

Der Antrag auf Auskunftserteilung muss sich auf die in der Hauptversammlung gestellten 694 Fragen beschränken. Neue Fragen oder auch nur Abwandlungen der in der Hauptversammlung gestellten Fragen können nicht Gegenstand des Erzwingungsverfahrens nach § 132 AktG sein.[48] Anwaltszwang besteht nicht. Besondere Förmlichkeiten für den Auskunftsantrag bestehen nicht.[49]

c) Aktiv-/Passivlegitimation

Antragsberechtigt ist gem. § 132 Abs. 2 S. 1 AktG jeder Aktionär, dem die verlangte Aus- 695 kunft nicht gegeben worden ist. Darüber hinaus kann jeder in der Hauptversammlung erschienene Aktionär, der in der Hauptversammlung Widerspruch zur Niederschrift erklärt hat, den Antrag stellen, wenn über den Gegenstand der Tagesordnung, auf den sich die Auskunft bezog, ein Beschluss gefasst worden ist.

d) Darlegungs- und Beweislast

Da das Auskunftserzwingungsverfahren nach § 132 Abs. 3 iVm § 99 Abs. 1 AktG ein Ver- 696 fahren der **freiwilligen Gerichtsbarkeit** war, galt gemäß § 12 FGG der Amtsermittlungsgrundsatz. Gleichwohl musste das Gericht ohne gravierende Anhaltspunkte weder Ver-

47 Vgl dazu und zu weiteren Fundstellen der Rechtsverordnungen: Semler in: Münchener Handbuch des Gesellschaftsrechts, Bd. 4, § 37 Rn 48 mit Hinweisen in Fn 114.
48 BayOblG AG 1996, 180 f; Semler in: Münchener Handbuch des Gesellschaftsrechts, Bd. 4, § 37 Rn 47.
49 OLG Koblenz NJW-RR 1995, 1378.

weigerungsgründe prüfen noch, ob in Betracht kommende Verweigerungsgründe auch tatsächlich zutreffen.[50]

697 Seit Ersetzung des FGG durch das Gesetz zur Reform des Verfahrens in Familiensachen und in den Angelegenheiten der freiwilligen Gerichtsbarkeit (FamFG) richtet sich das Auskunftserzwingungsverfahren nach § 99 Abs. 1 bis 6 AktG. Art. 74 des FamFG sieht eine Änderung des § 99 Abs. 1 AktG dahin vor, dass dieser nicht mehr auf das FGG verweist, sondern auf das FamFG. § 26 FamFG regelt den Amtsermittlungsgrundsatz (bisher § 12 FGG). In der Sache ändert sich insoweit somit nichts gegenüber der Rechtslage nach FGG. Allerdings handelt es sich hierbei nicht um ein unternehmensrechtliches Verfahren nach § 375 FamFG. Denn die dort in Bezug genommenen Ansprüche nach AktG sind in § 375 Nr. 3 FamFG nicht genannt. Anwendbar bleiben daher die allgemeinen Vorschriften des 1. Buches des FamFG, §§ 1 bis 110).

698 Es empfiehlt sich für den Antragsteller aus Vorsorge, in der Antragsbegründung nicht nur die Richtigkeit erteilter Antworten zu rügen und auf vom Vorstand in der Hauptversammlung geltend gemachte Verweigerungsrechte einzugehen, sondern auch alle anderen evtl in Betracht kommenden Verweigerungsrechte anzusprechen und zu begründen, weshalb sie nicht einschlägig sind.

699 Ob die erteilte Auskunft richtig ist, muss die Gesellschaft nach allgemeinen Grundsätzen beweisen. Denn sie hat im Gegensatz zum Antragsteller in aller Regel den Zugriff auf die zur Beurteilung dieser Frage erforderlichen Informationen.[51]

e) Rechtsmittel

700 Gegen die Beschlussentscheidung des Landgerichts gem. § 99 Abs. 3 S. 1 AktG (auch nF nach FamFG) ist die Beschwerde zulässig. Voraussetzung ist gemäß § 132 Abs. 3 S. 2 und 3 AktG (auch nach Änderung durch Art. 74 FamFG), dass das Landgericht sie in der Entscheidung für zulässig erklärt. Hierfür verweist § 132 Abs. 3 S. 3 (nach Änderung durch FamFG) auf § 70 Abs. 2 FamFG, der die Statthaftigkeit der Rechtsbeschwerde regelt. Nach wie vor lässt das Landgericht danach die Beschwerde nur zu, wenn die Rechtssache grundsätzliche Bedeutung hat (§ 70 Abs. 2 Nr. 1 FamFG), oder wenn die Fortbildung des Rechts oder die Sicherung einer einheitlichen Rechtsprechung eine Entscheidung des Rechtsbeschwerdegerichts erfordert (§ 70 Abs. 2 Nr. 2 FamFG). Rechtsbeschwerdegericht ist hier das OLG (arg. e § 70 Abs. 2 S. 2 FamFG).

701 Die Nichtzulassung der sofortigen Beschwerde ist nicht angreifbar (nunmehr § 70 Abs. 1 FamFG). Das galt auf Grundlage des FGG selbst dann, wenn sie auf einem Versehen beruhte. Nur ausnahmsweise konnte nach FGG-Rechtslage eine außerordentliche sofortige Beschwerde auf eine „greifbare" Gesetzeswidrigkeit gestützt werden. Das kommt nur in Betracht, wenn die Entscheidung jeder gesetzlichen Grundlage entbehrt und inhaltlich dem Gesetz fremd ist, insbesondere, wenn eine Entscheidung dieser Art oder dieses Inhalts im Gesetz nicht vorgesehen ist.[52] Eine weitere Beschwerde ist in keinem Falle zulässig.[53] Diese Grundsätze dürften auch auf Grundlage des FamFG weitergelten.

2. Anfechtungsklage

702 Unabhängig vom Auskunftserzwingungsverfahren nach § 132 AktG kann auch eine Anfechtungsklage erhoben werden, wenn ein Aktionär in der Hauptversammlung eine Aus-

---

50 KG AG 1996, 131, 134.
51 So auch Semler in: Münchener Handbuch des Gesellschaftsrechts, Bd. 4, § 37 Rn 53.
52 Baumbach/Hueck, GmbHG, § 51 b Rn 13.
53 Semler in: Münchener Handbuch des Gesellschaftsrechts, Bd. 4, § 37 Rn 52.

kunft zu einem Tagesordnungspunkt verlangt hat und diese verweigert wurde, und wenn zu diesem Tagesordnungspunkt ein Beschluss gefasst wurde. Diese Möglichkeit ist in § 143 Abs. 1 und Abs. 4 AktG zumindest angedeutet. Voraussetzung für die Anfechtung des Beschlusses zu dem fraglichen Tagesordnungspunkt ist, dass sich die verweigerte Auskunft gerade auf den Tagesordnungspunkt bezieht, über den der Beschluss gefasst ist.[54] Außerdem muss der die Auskunft verlangende Aktionär gemäß § 245 Nr. 1 AktG in der Hauptversammlung, in der der Beschluss gefasst wurde, seinen Widerspruch zur Niederschrift erklärt haben.

Die Anfechtungsklage setzt nicht voraus, dass der Aktionär bereits ein Auskunftserzwingungsverfahren eingeleitet hat. Hat er dies jedoch getan, kann das Gericht, welches über die Anfechtungsklage zu entscheiden hat, gemäß § 148 ZPO das Verfahren bis zur rechtskräftigen Entscheidung im Auskunftserzwingungsverfahren aussetzen. Denn die Frage, ob ein Auskunftsverweigerungsrecht bestand, kann Vorfrage iSv § 148 ZPO für den Anfechtungsprozess sein. Jedenfalls ist das Gericht, bei welchem der Anfechtungsprozess geführt wird, an die Entscheidung im Auskunftserzwingungsverfahren gebunden.[55] 703

Im Übrigen gelten die Ausführungen zur Anfechtungsklage (§ 1) entsprechend. Besonderheiten gelten lediglich im Hinblick auf die **Kausalität der Gesetzesverletzung** für den angefochtenen Beschluss. Grundsätzlich reicht es zwar aus, wenn der klagende Aktionär die Möglichkeit nachweist, dass der angefochtene Beschluss bei Erteilung der Auskunft anders ausgefallen wäre.[56] Darüber hinaus vertritt Semler, dass auch die Erteilung einer falschen Auskunft zur Anfechtung des damit in Zusammenhang stehenden Beschlusses berechtigt, wenn der Vorstand mit der Erteilung der falschen Auskunft den Grundsätzen gewissenhafter und getreuer Rechenschaftslegung nicht entsprochen hat.[57] 704

II. GmbH

Für die Durchsetzung von Informationsansprüchen eines GmbH-Gesellschafters kommen ebenfalls zwei Verfahren in Betracht, das **Informationserzwingungsverfahren** und die **Anfechtungsklage**. 705

1. Informationserzwingungsverfahren gemäß § 51 b GmbH

Nach § 51 b S. 1 GmbHG findet für die gerichtliche Entscheidung über das Auskunfts- und Einsichtsrecht § 132 Abs. 1, 3 bis 5 AktG entsprechende Anwendung. § 51 b S. 2 GmbHG berechtigt jeden Gesellschafter zur Antragstellung, dem die verlangte Auskunft nicht gegeben oder die verlangte Einsicht nicht gestattet worden ist. Es handelt sich um ein Verfahren der freiwilligen Gerichtsbarkeit gemäß § 51 b S. 1 GmbHG, §§ 132 Abs. 3, 99 Abs. 1 AktG. 706

a) Zuständigkeit des Gerichts

Örtlich und sachlich zuständig ist das Landgericht, in dessen Bezirk die Gesellschaft Ihren Sitz hat und dort die **Kammer für Handelssachen**, § 51 b S. 1 GmbHG, § 132 Abs. 1 S. 1 und S. 2 AktG. 707

Da über § 51 b S. 1 GmbHG auch § 132 Abs. 1 S. 3 AktG gilt und somit die Landesregierungen ermächtigt sind, besondere Zuständigkeitsverordnungen zu erlassen, sind auch hier 708

54 BGHZ 119, 1; OLG München AG 1994, 375, 376.
55 OLG Stuttgart DB 1992, 1178 f.
56 BGHZ 119, 1, 19.
57 Semler in: Münchener Handbuch des Gesellschaftsrechts, Bd. 4, § 37 Rn 62.

Sonderzuständigkeiten zu beachten.[58] Alternativ kann ein Schiedsgericht zuständig sein, wenn zwischen Gesellschaft und Gesellschafter ein Schiedsvertrag gemäß §§ 1029, 1031 ZPO geschlossen wurde.[59]

b) Antrag

709 Für den Antrag gilt im Grundsatz dasselbe wie für den Antrag im Auskunftserzwingungsverfahren nach § 132 AktG. Besondere Förmlichkeiten sind nicht zu beachten. Allerdings muss der Antrag schriftlich eingereicht werden. Darüber hinaus muss der Antrag die Angelegenheiten der Gesellschaft und die Art der begehrten Information hinreichend bestimmt bezeichnen, damit der Tenor des Beschlusses einen vollstreckbaren Inhalt haben kann.[60] Für das Verfahren besteht kein Anwaltszwang.[61]

710 Da § 51 b S. 1 GmbHG nicht auf § 132 Abs. 2 AktG verweist, ist der Antrag nicht innerhalb von zwei Wochen seit Verweigerung der begehrten Information zu stellen. Das Antragsrecht kann jedoch meines Erachtens auch in zeitlicher Hinsicht verwirkt werden, wenn all zu lange gewartet wird. Rechtsprechung ist dazu – soweit ersichtlich – nicht vorhanden. Das Antragsrecht ist jedenfalls dann verwirkt, wenn der Gesellschafter sich mit der Verweigerung der Information zufrieden gegeben hat.[62]

c) Aktiv-/Passivlegitimation

711 Antragsbefugt ist jeder GmbH-Gesellschafter, dem die verlangte Information verweigert worden ist, § 51 b S. 2 GmbHG.[63] Keine Voraussetzung für den Antrag ist, dass ein Verweigerungsbeschluss gemäß § 51 a Abs. 2 S. 2 GmbHG gefasst worden ist.[64] Passivlegitimiert ist die Gesellschaft.

d) Beweislast/Amtsermittlung

712 Insoweit gilt das zur AG Gesagte entsprechend.

e) Rechtsmittel

713 Die Entscheidung ergeht gemäß § 51 b S. 1 GmbHG, §§ 132 Abs. 3 S. 1, 99 Abs. 3 S. 1 AktG durch Beschluss und ist mit der **sofortigen Beschwerde** bei dem OLG angreifbar. Dies setzt voraus, dass das Landgericht sie zugelassen hat. Die Zulassung soll nur erfolgen, wenn dadurch die Klärung einer Rechtsfrage von Bedeutung zu erwarten ist, §§ 51 b S. 1 GmbHG, 132 Abs. 3 S. 3 AktG. Ist die sofortige Beschwerde nicht zugelassen worden, ist diese Entscheidung nicht anfechtbar.[65] Es gilt aber eine Ausnahme bei greifbarer Gesetzeswidrigkeit der Entscheidung über die Nichtzulassung der Beschwerde. Insoweit gelten das oben zur AG unter Rn 666 Gesagte entsprechend.

2. Negativer Feststellungsantrag der Gesellschaft im Informationserzwingungsverfahren gemäß § 51 b GmbHG

714 **Ausnahmsweise** soll für die GmbH selbst die Möglichkeit bestehen, im Verfahren nach § 51 b GmbHG einen Feststellungsantrag mit dem Inhalt zu stellen, dass dem Gesellschaf-

58 Vgl zu den einzelnen Landesverordnungen: Driesen, GmbHR 2004, 500.
59 Herrschende Meinung: Lutter/Hommelhoff, GmbHG, § 51 b Rn 2 mwN.
60 Lutter/Hommelhoff, GmbHG, § 51 b Rn 3.
61 Lutter/Hommelhoff, GmbHG, § 51 b Rn 3.
62 Baumbach/Hueck, GmbHG, § 51 b Rn 6.
63 OLG Karlsruhe GmbHR 1985, 362.
64 BGH GmbHR 1997, 705.
65 Baumbach/Hueck, GmbHG, § 51 b Rn 11.

ter, dem gegenüber die Information verweigert worden ist, kein Auskunftsrecht zusteht. Dies soll selbst dann gelten, wenn der betreffende Gesellschafter noch keinen Antrag nach § 51 b GmbHG gestellt hat.

Das Rechtsschutzinteresse der Gesellschaft für einen solchen Antrag wird daraus hergeleitet, dass der vergeblich auskunftsbegehrende Gesellschafter nicht – wie bei der AG – innerhalb einer Zweiwochenfrist nach der Informationsverweigerung den Antrag auf Informationserzwingung stellen muss und auf diese Weise lange Zeit Unsicherheit über das Auskunftsrecht des Gesellschafters bestehen kann. Darüber hinaus ist erforderlich, dass der Gesellschafter an die Verweigerung der Auskunft Folgen knüpft, die die Gesellschaft belasten.[66] 715

3. Anfechtungsklage

Grundsätzlich ist das **Informationserzwingungsverfahren** nach § 51 b GmbHG für den Gesellschafter **vorrangig** gegenüber einer Anfechtungsklage, die gegen den Beschluss gerichtet wird, durch den die Information verweigert wurde.[67] Der Gesellschafter ist allerdings bei einer Informationsverweigerung durch die Gesellschaft nicht gezwungen, hiergegen Rechtsmittel einzulegen. Er kann sich damit begnügen, solche Beschlüsse anzufechten, die auf dem Umstand beruhen, dass sein Informationsbegehren in rechtswidriger Art und Weise verweigert wurde. Dies ist allerdings nur möglich, wenn er nicht durch sein zwischenzeitliches Verhalten zu erkennen gegeben hat, dass er sich mit der Informationsverweigerung zufrieden gibt. Dann wäre auch eine Anfechtungsklage gegen Folgebeschlüsse der Informationsverweigerung verwirkt.[68] 716

III. KG

Die KG nimmt unter den Personenhandelsgesellschaften im Hinblick auf die Durchsetzung der Informationsrechte der Gesellschafter eine Sonderstellung ein. Es stehen hier mehrere Verfahren für verschiedene Informationsansprüche zur Verfügung. 717

1. Leistungsklage für Informationsrechte nach §§ 118 Abs. 1 und 166 Abs. 1 HGB

Komplementärgesellschafter, die von der Geschäftsführung ausgeschlossen sind, können ihre Informationsansprüche gemäß **§ 118 Abs. 1 HGB** und **Kommanditisten** ihre Informationsansprüche nach **§ 166 Abs. 1 HGB** mit der Leistungsklage vor den ordentlichen Zivilgerichten verfolgen. Zuständig ist regelmäßig das Landgericht, in dem die Gesellschaft ihren Sitz hat und dort die Kammer für Handelssachen gemäß § 95 Abs. 1 Nr. 4 a GVG. Insoweit ergeben sich keine Besonderheiten für das Klageverfahren. 718

2. Sonderverfahren für Informationsrechte nach § 166 Abs. 1 HGB

Der Kommanditist kann nach herrschender Meinung auch seine allgemeinen Informationsrechte nach § 166 Abs. 1 HGB bei Vorliegen eines wichtigen Grundes iSv § 166 Abs. 3 in dem dort angesprochenen Sonderverfahren nach § 145 FGG, bzw seit Änderung des FGG durch das FamFG nach §§ 374 ff FamFG geltend machen.[69] 719

---

66 Baumbach/Hueck, GmbHG, § 51 b Rn 5.

67 BGH GmbHR 1988, 213; Schiessl in: Münchener Handbuch des Gesellschaftsrechts, Bd. 3, § 33 Rn 32.

68 Vgl dazu BGHZ 1986, 1, 3 f; Schiessl in: Münchener Handbuch des Gesellschaftsrechts, Bd. 3, § 33 Rn 32.

69 BGH BB 1984, 1273 für die stille Gesellschaft, Baumbach/Hopt, HGB, § 166 Rn 14 (vgl dazu unten zu § 166 Abs. 3 HGB).

3. Durchsetzung des außerordentlichen Informationsrechts gemäß § 166 Abs. 3 HGB

720 Bei Vorliegen eines wichtigen Grundes kann der Kommanditist bei Gericht seine Informationsrechte gemäß § 166 Abs. 3 HGB geltend machen. Es handelt sich hierbei um ein streitiges Verfahren nach § 375 Nr. 1 FamFG (vorher § 145 FGG). Zuständig ist nach wie vor das Amtsgericht (arg. e § 377 Abs. 1 FamFG, vorher § 145 FGG).

721 Für den Antrag enthalten die Sondervorschriften für unternehmensrechtliche Verfahren gem. §§ 375 ff FamFG keine Regelungen, so dass auf die allgemeinen Verfahresnvorschfiten des FamFG zurückzugreifen ist, insbesondere § 23 FamFG. Danach soll der verfahrenseinleitende Antrag unter Angabe der Beteiligten sowie der zur Begründung dienenden Tatsachen und Beweismittel begründet werden. §§ 402 ff FamFG enthalten Sondervorschriften für das Unternehmensrechtliche Verfahren.

722 Insbesondere ist auf § 402 Abs. 1 FamFG hinzuweisen. Danach ist der Beschluss des Gerichts, durch den über Anträge nach § 375 entschieden wird, durch Beschwerde anfechtbar. Insoweit finden §§ 58 bis 69 FamFG Anwendung. Ihre Zulässigkeit ist an wesentlich geringere Voraussetzungen geknüpft als die Rechtsbeschwerde gem. §§ 70 ff FamFG, die im aktienrechtlichen Auskunftserzwingungsverfahren gelten. Die Beschwerde ist zulassungsfrei. Gem. § 59 Abs. 1 FamFG ist derjenige beschwerdeberechtigt, der der durch den Beschluss in seinen Rechten verletzt ist. Gem. § 65 Abs. 1 FamFG soll die Beschwerde begründet werden.

4. Klage zur Durchsetzung der Informationsrechte nach § 166 Abs. 3 HGB

723 Nach herrschender Meinung kann der Kommanditist seine Rechte nach § 166 Abs. 3 HGB auch im streitigen Klageverfahren nach der ZPO verfolgen. Dies kann sinnvoll sein, wenn kein wichtiger Grund vorliegt oder eine solcher zumindest zweifelhaft ist, gleichwohl aber weitergehende Informationsrechte geltend gemacht werden sollen als nach § 166 Abs. 1 HGB möglich ist. Das außerordentliche Einsichtsrecht nach § 166 Abs. 3 HGB ist – anders als dasjenige nach § 166 Abs. 1 HGB – nicht auf die Kontrolle des Rechnungsabschlusses beschränkt.[70] Insofern gelten für das Verfahren keine Besonderheiten.

IV. OHG/GbR

724 Die Durchsetzung der Informationsrechte der OHG- bzw GbR-Gesellschafter erfolgt im **streitigen Klageverfahren** über die **Leistungsklage** vor den ordentlichen Gerichten. Sonderverfahren im Rahmen der freiwilligen Gerichtsbarkeit stehen insoweit nicht zur Verfügung. Allenfalls kommt eine Schiedsvereinbarung infrage, die die Zuständigkeit eines Schiedsgerichts begründet.[71] Insofern gelten hier keine Besonderheiten.

V. Einstweiliger Rechtsschutz

1. AG

725 Einstweiliger Rechtsschutz für den Aktionär, dessen Auskunftsverlagen in der Hauptversammlung abgelehnt wurde, ist angesichts des Eilcharakters des Auskunftserzwingungsverfahrens nach § 132 AktG, insbesondere wegen der danach einzuhaltenden Zweiwochenfrist (§ 132 Abs. 2 S. 2 AktG) nicht erforderlich. Darüber hinaus würde sich in einem

70 Baumbach/Hopt, HGB, § 166 Rn 14, 8; offen gelassen BayObLG BB 1991, 1589.

71 Vgl Mattfeld in: Münchener Handbuch des Gesellschaftsrechts, Bd. 1, § 59 Rn 16 für die OHG; Weipert in: Münchener Handbuch des Gesellschaftsrechts, Bd. 1, § 8 Rn 24 für die GbR.

Verfahren des einstweiligen Rechtsschutzes das Problem stellen, dass zwischen der Vorwegnahme der Hauptsache durch eine einstweilige Anordnung und der allenfalls geringen Zeitverzögerung im Verfahren nach § 132 AktG abzuwägen ist. Hier wird meist das Rechtsschutzbedürfnis für eine einstweilige Anordnung fehlen. Daran dürfte sich im Grundsatz auch nach Inkrafttreten des FamFG, das in §§ 49 ff Regelungen über die einstweilige Anordnung enthält, nichts geändert haben.

2. GmbH

Nach herrschender Meinung gilt Entsprechendes auch für das Informationsbegehren des GmbH-Gesellschafters nach § 51 a GmbHG. Neben dem Verfahren nach § 51 b GmbHG gibt es in aller Regel keinen einstweiligen Rechtsschutz.[72] 726

3. KG

Bei der KG ist zu differenzieren. Soweit dort das Sonderverfahren nach § 166 Abs. 3 HGB durchgeführt wird, ist in diesem Rahmen eine einstweilige Verfügung nicht möglich. Gleichwohl wird zum Teil eine richterliche Anordnung im FG-Verfahren für möglich gehalten.[73] Das Verfügungsverfahren ist jedoch meines Erachtens hier nicht notwendig, da das Sonderverfahren bereits Eilcharakter hat und im Unterschied zum Verfügungsverfahren sogar zu endgültigen Ergebnissen führen darf.[74] Es ist im Hinblick auf seine Voraussetzungen vergleichbar mit dem Eilverfahren zur Erlangung einer Regelungsverfügung nach § 940 ZPO. 727

Die Sondervorschriften der §§ 402 ff FamFG sehen für ein unternehmensrechtliches Verfahren iSv § 375 Nr. 1 FamFG iVm § 166 Abs. 3 HGB keine Regelungen für Eilverfahren vor. Jedoch enthalten die allgemeinen Verfahrensvorschriften des FamFG in §§ 49 bis 57 Vorschriften für einstweilige Anordnungen in den Verfahren nach FamFG. Nach § 49 Abs. 1 FamFG kann das Gericht durch einstweilige Anordnung eine vorläufige Maßnahme treffen, soweit dies nach den für das Rechtsverhältnis maßgebenden Vorschriften gerechtfertigt ist und ein dringendes Bedürfnis für ein sofortiges Tätigwerden besteht. Gem §§ 50 und 51 FamFG kann die einstweilige Anordnung auch unabhängig von der Anhängigkeit eines Hauptsacheverfahrens beantragt werden. Zwischen der Vorwegnahme der Hauptsache durch eine einstweilige Anordnung und der Zeitverzögerung im Hauptsacheverfahren besteht im Einzelfall meist nur ein geringer Unterschied. Dann kann das Rechtsschutzbedürfnis für eine einstweilige Anordnung nach §§ 49 ff FamFG fehlen. 728

Soweit jedoch sonstige Informationsansprüche geltend gemacht werden, insbesondere solche nach § 166 Abs. 1 HGB oder nach § 118 Abs. 1 HGB iVm § 161 Abs. 2 HGB, für die das Sonderverfahren nach § 166 Abs. 3 HGB grundsätzlich nicht gilt, können die betreffenden Gesellschafter vorläufigen Rechtsschutz über Regelungsverfügungen gemäß § 940 ZPO suchen.[75] Insofern wird wegen der mit der Regelungsverfügung zwangsläufig verbundenen Vorwegnahme der Hauptsache ein besonders hohes Rechtsschutzbedürfnis für den Antragsteller zu verlangen sein. 729

72 Schmidt in: Scholz, GmbHG, § 51 b Rn 32 mwN; Baumbach/Hueck, GmbHG, § 51 b Rn 10.
73 Baumbach/Hopt, HGB, § 166 Rn 15.
74 Vgl Weipert in: Münchener Handbuch des Gesellschaftsrechts, Bd. 2, § 15 Rn 54.
75 Baumbach/Hopt, HGB, § 166 Rn 14; Weipert in: Münchener Handbuch des Gesellschaftsrechts, Bd. 2, § 15 Rn 52, wenn auch kritisch im Hinblick auf die dadurch bewirkte Vorwegnahme der Hauptsache.

4. OHG/GbR

730 Die Informationsansprüche der OHG- und GbR-Gesellschaftern sind unter den allgemeinen Voraussetzungen auch mithilfe von Regelungsverfügungen nach § 940 ZPO durchsetzbar.[76] Allerdings wird auch hier – ebenso wie bei der KG – ein besonders strenger Maßstab an das Rechtsschutzbedürfnis des Antragstellers anzulegen sein. Denn die Regelungsverfügung bewirkt zugleich eine Vorwegnahme der Hauptsache.

C. Zwangsvollstreckung

I. AG

731 Die Entscheidung des Gerichts im Auskunftserzwingungsverfahren gemäß § 132 AktG wird gemäß Abs. 4 S. 2 der Vorschrift nach den Vorschriften über die Zwangsvollstreckung in der Zivilprozessordnung durchgesetzt. Die Zwangsvollstreckung richtet sich nach § 888 ZPO, da es sich bei der Auskunft um eine **unvertretbare Handlung** handelt. Sie wird deshalb mit **Zwangsgeld** bzw **Zwangshaft** durch die Gerichte der freiwilligen Gerichtsbarkeit durchgeführt.[77] Auf demselben Wege kann auch die Ergänzung einer unvollständigen oder nicht verständlichen Auskunft erzwungen werden.[78]

732 Auch wenn man der weiten Auffassung folgt, wonach im Auskunftserzwingungsverfahren auch die Richtigkeit der erteilten Auskunft überprüft werden kann, findet die Zwangsvollstreckung nach Maßgabe des § 888 ZPO statt.[79] Eine Androhung der Zwangsvollstreckung ist weder erforderlich noch zulässig.[80] Soweit neben dem Auskunftserzwingungsverfahren oder an dessen Stelle eine Anfechtungsklage in Betracht kommt, ist das darauf folgende stattgebende Urteil ein Gestaltungsurteil und wird somit nicht selbst vollstreckt.

733 Ist die Erteilung der begehrten Information unmöglich, scheidet die Zwangsvollstreckung aus. Das kann der Fall sein, wenn die begehrte Information nur mithilfe eines Dritten erteilt werden kann, etwa mithilfe eines Finanzamtes oder einer Tochtergesellschaft im Konzernverbund. In diesen Fällen tritt Unmöglichkeit nur ein, wenn die in Anspruch genommene Gesellschaft mit dem gebotenen Nachdruck versucht hat, den Dritten zur Mitwirkung zu bewegen.[81]

734 Mit dem Einwand, der Vollstreckungsgläubiger habe zwischenzeitlich seine Gesellschafterstellung verloren, weshalb in der zugesprochene Informationsanspruch nicht mehr zustehe, kann der Schuldner im Verfahren der Zwangsvollstreckung nicht gehört werden. Materielle Einwendungen gegen den titulierten Ansprüche können im Vollstreckungsverfahren grundsätzlich nicht mehr geltend gemacht werden. Insofern steht dem Schuldner des Informationsanspruchs der sogenannte Vollstreckungsgegenantrag analog § 767 ZPO zu.[82] Der Vollstreckungsgegenantrag in Analogie zu § 767 ZPO anstelle der Vollstreckungsgegenklage ist deshalb statthaft, weil über diesen die Kammer für Handelssachen beim Landgericht durch Beschluss entscheiden.[83] Es wäre ungereimt, wenn in dem der

76 Vgl Mattfeld in: Münchener Handbuch des Gesellschaftsrechts, Bd. 1, § 59 Rn 16 für die OHG; Weipert in: Münchener Handbuch des Gesellschaftsrechts, Bd. 1, § 8 Rn 26 für die GbR.
77 BayObLG AG 1975, 78.
78 Semler in: Münchener Handbuch des Gesellschaftsrechts, Bd. 4, § 37 Rn 55.
79 Semler in: Münchener Handbuch des Gesellschaftsrechts, Bd. 4, § 37 Rn 57.
80 Für die GmbH, jedoch verallgemeinerungsfähig: BayObLG ZIP 1996, 1039 ff.
81 OLG Frankfurt/M WM 1991, 1555, 1556 ff für die GmbH, jedoch wegen des Verweises auf § 132 AktG in § 51 b GmbHG auch auf die AG übertragbar.
82 BGH NJW 2005, 367 in Abgrenzung dazu: BGH NJW-RR 2006, 202; OLG München NZG 2008, 197, 198.
83 BayObLGZ 1988, 413 f, 420.

Vollstreckung zugrunde liegenden Erkenntnisverfahren über den materiellen Anspruch durch Beschluss entschieden wird – wie hier gemäß § 99 Abs. 3 S. 1 AktG (auch nach Änderung durch Art. 74 FamFG) –, im nachfolgenden Vollstreckungsverfahren aber über eine Klage durch Urteil zu entscheiden wäre.[84]

II. GmbH

Der stattgebende Beschluss des Gerichts im Informationserzwingungsverfahren nach § 51 b GmbHG wird gemäß § 888 ZPO durch Verhängung von Zwangsgeld bzw Anordnung von Zwangshaft vollstreckt. Zwangsgeld wird gegen die Gesellschaft festgesetzt und Zwangshaft gegen eine vertretungsberechtigte Anzahl namentlich zu benennender Mitglieder der Vertretungsorgane der Gesellschaft.[85] Dabei ist die Besonderheit zu beachten, dass insoweit eine Androhung der Zwangsvollstreckung weder erforderlich noch zulässig ist, § 888 Abs. 2 ZPO.[86] 735

Hängt die Informationserteilung von der Mitwirkung eines Dritten ab und ist sie deshalb ohne seine Mitwirkung unmöglich, gilt das zur AG oben unter Rn 731 ff Gesagte entsprechend.[87] Dasselbe gilt für die Geltendmachung materieller Einwände gegen den titulierten Auskunftsanspruch. Zulässiger Rechtsbehelf ist der Vollstreckungsgegenantrag analog § 767 ZPO.[88] 736

III. KG

Der Beschluss im Auskunftserzwingungsverfahren nach § 166 Abs. 3 HGB wird, weil er auf Vornahme einer unvertretbaren Handlung gerichtet ist, nach § 888 ZPO durch Anordnung zur Verhängung von **Zwangsgeld** oder Anordnung von **Beugehaft** vollstreckt. Es wird insofern auf die Ausführungen der Zwangsvollstreckung nach § 888 ZPO (unter Rn 317 ff) verwiesen. 737

Soweit KG-Gesellschafter Urteile über Informationsansprüche nach § 118 Abs. 1 HGB bzw nach § 166 Abs. 1 HGB im Wege der Zwangsvollstreckung durchsetzen wollen, ist umstritten, welches Verfahren anzuwenden ist: 738

Zum Teil wird die Zwangsvollstreckung nach § 883 ZPO, gerichtet auf Wegnahme der Papiere zum Zwecke der Herausgabe an den Titelgläubiger, für das zutreffende Vollstreckungsverfahren gehalten. Das soll jedenfalls dann gelten, wenn sich der Informationsschuldner offenbar zu Unrecht darauf beruft, die vorzulegenden Unterlagen seien nicht vorhanden, oder wenn der Titelgläubiger sicher sein will, dass die vorzulegenden Unterlagen vollständig sind. Der Anspruch auf Einsicht in die Unterlagen darf danach auch nicht lediglich Nebenpflicht einer umfassenden Auskunftsverpflichtung sein. In diesem Fall soll an die Stelle der Übergabe die Vorlage und Einsichtgewährung treten, jedoch ohne Überlassung des unmittelbaren Besitzes der Unterlagen an den Gläubiger.[89] 739

Nach anderer Auffassung ist allein die Zwangsvollstreckung nach § 888 ZPO zulässig, dh die Verhängung von Zwangsgeld bzw Anordnung von Beugehaft. Dies wird damit begrün- 740

84 So für das Informationsverfahren nach § 51 b GmbHG, OLG München NZG 2008, 197, 198, jedoch übertragbar auf das Beschlussverfahren für den aktienrechtlichen Auskunftserzwingungsanspruch gemäß §§ 132 Abs. 3, 99 Abs. 3 S. 1 AktG (auch nach Änderung durch Art. 74 FamFG).
85 OLG München NZG 2008, 197.
86 BayObLG ZIP 1996, 1039 ff; Lutter/Hommelhoff, GmbHG, § 51 b Rn 5.
87 Vgl Lutter/Hommelhoff, GmbHG, § 51 b Rn 5.
88 OLG München NZG 2008, 197, 198.
89 OLG Hamm NJW 1974, 653; OVG Koblenz NJW 1987, 1220; OLG Frankfurt/M NJW-RR 1992, 171.

det, es sei praktisch nicht möglich, die einzelnen zur Kontrolle benötigten Urkunden im Antrag zu bezeichnen, sondern lediglich die Gestattung der Einsicht in die Geschäftspapiere zu verlangen.[90]

741 Der Auffassung, die die Zwangsvollstreckung unter bestimmten Voraussetzungen nach § 883 Abs. 2 und Abs. 3 ZPO für zutreffend hält, ist zwar zuzugeben, dass die Zwangsvollstreckung nach § 883 Abs. 2 und Abs. 3 ZPO auf Herausgabe der Bücher der Gesellschaft oft eher dem Gläubigerinteresse entspricht als die Zwangsvollstreckung nach § 888 ZPO durch Verhängung von Zwangsgeldern und ggf Zwangshaft zur Vorlegung der Bücher. Zu berücksichtigen ist jedoch, dass § 166 Abs. 3 HGB nur einen Anspruch auf Vorlegung der Bücher und Papiere vorsieht, nicht aber auf Herausgabe derselben. Mit Vorlegung ist hier „Einsicht" gemeint.[91] Eine auf Herausgabe und unmittelbare Besitzverschaffung hinauslaufende Zwangsvollstreckung nach § 883 ZPO würde darüber hinausgehen. Meines Erachtens bleibt deshalb kein Raum für die Durchführung der Zwangsvollstreckung nach § 883 ZPO allein mit dem Hinweis, dies sei für den Gläubiger unter bestimmten Voraussetzungen praktikabel. Gleichwohl kann im Einzelfall durchaus der Versuch unternommen werden, die Zwangsvollstreckung nach § 883 ZPO zu betreiben, auch wenn nur Einsicht in Unterlagen verlangt werden kann. Dann sollte aber vorsorglich hilfsweise ein Antrag nach § 888 ZPO gestellt werden.

IV. OHG, GbR

742 Die Zwangsvollstreckung von Urteilen über Informationsansprüche des OHG- oder GbR-Gesellschafters folgt den Regeln über die Zwangsvollstreckung aus Urteilen, die Gesellschafter zur Informationserlangung gemäß § 118 Abs. 1 HGB erstritten haben. Insofern ist auch hier streitig, ob die Zwangsvollstreckung wegen Vornahme unvertretbarer Handlungen nach § 888 ZPO oder nach § 883 ZPO durch Wegnahme der Geschäftspapiere zu erfolgen hat.[92] Insofern wird verwiesen auf die Ausführungen zur KG unter Rn 737 ff.

V. Muster

743 #### 1. Muster: Vollstreckung des Einsichtsrechts nach § 51 a, b GmbHG entsprechend § 883 ZPO[93]

38 ▶ An das

Amtsgericht ...

Gerichtsvollzieherverteilerstelle

Vollstreckungsauftrag

zur Herausgabe beweglicher Sachen, § 883 Abs. 1 ZPO

In der Zwangsvollstreckungssache

des A, ...

Gläubigers

Verfahrensbevollmächtigte: ...

---

90 Dafür: Weipert in: Münchener Handbuch des Gesellschaftsrechts, Bd. 1, § 8 Rn 24.

91 Baumbach/Hopt, HGB, § 166 Rn 10.

92 Weipert in: Münchener Handbuch des Gesellschaftsrechts, Bd. 1, § 58 Rn 16; derselbe, § 8 Rn 24.

93 Nach Mindermeinung.

gegen

die A-GmbH, vertreten durch den alleinvertretungsberechtigten Geschäftsführer A,

Schuldnerin

überreichen wir anliegend

vollstreckbaren Schuldtitel des Landgerichts ■■■ vom ■■■, Az: ■■■, über die Verpflichtung der Schuldnerin, gemäß § 51 a, b GmbHG Einsicht in Geschäftspapiere zu gestatten, sowie beglaubigte Abschrift dieses Beschlusses mit dem Auftrag,

den Schuldtitel der Schuldnerin zuzustellen und die Zwangsvollstreckung durchzuführen durch Wegnahme der in dem Beschluss des Landgerichts ■■■ vom ■■■, Az: ■■■, herauszugebenden Geschäftspapiere.

Wir bitten, uns rechtzeitig über den Termin der Zwangsvollstreckung zu informieren, damit der Gläubiger einen zur Berufsverschwiegenheit verpflichteten Vertreter entsenden kann, der ggf die herauszugebenden Sachen identifizieren kann.

Sollten die herauszugebenden Sachen nicht in den Geschäftsräumen der Schuldnerin in ■■■ vorgefunden werden, beauftragen wir Sie, namens und kraft Vollmacht des Gläubigers,

Termin zur Abgabe einer eidesstattlichen Versicherung gemäß § 883 Abs. 2 ZPO zu bestimmen.

Sollte die Schuldnerin, vertreten durch den Geschäftsführer A, sich wider Erwarten weigern, Durchsuchung und Wegnahme zu gestatten, beauftragen wir Sie,

den beigefügten Antrag auf Durchsuchungsanordnung einzureichen und das Protokoll der Zwangsvollstreckung beizufügen.

Außerdem beantragen wir wegen der titulierten Kosten und der Vollstreckungskosten die Zwangsvollstreckung folgender Beträge: ■■■

Begründung:

(hier nur wegen der Besonderheit, dass die Zwangsvollstreckung nach § 883 ZPO streitig ist)

Nach Auffassung eines großen Teils der Rechtsprechung und Literatur werden gerichtliche Entscheidungen auf Einsichtsgewährung in bestimmte Geschäftsunterlagen nicht nach §§ 887, 888 ZPO, sondern in entsprechender Anwendung des § 883 ZPO durch den Gerichtsvollzieher vollstreckt.

OLG Hamm NJW 1974, 653; OVG Koblenz NJW 1987, 1230; OLG Köln NJW-RR 1988, 1210; NJW-RR 1989, 567; OLG Frankfurt NJW-RR 1992, 171; Zöller/Stöber, ZPO, § 883 Rn 2.

Das gilt jedenfalls, wenn – wie hier – die Verpflichtung zur Einsichtsgewährung nicht nur Nebenpflicht einer allgemeinen umfassenden Auskunftsverpflichtung ist, sondern als weitere Hauptverpflichtung neben der Verpflichtung zur Auskunftserteilung besteht. Nach dem zu vollstreckenden Beschluss vom ■■■ (siehe oben) stehen das Einsichtsrecht und das Auskunftsrecht des Gläubigers kumulativ und ohne Rangfolge nebeneinander.

■■■

Rechtsanwalt ◄

744 2. Muster: Antrag auf Festsetzung eines Zwangsgelds nach § 888 ZPO wegen Nichtbefolgung der Auskunftspflicht nach § 51 a, b GmbHG

39 ▶ An das

Landgericht[94] …

In der Zwangsvollstreckungssache

des A, …

Gläubiger und Antragsteller

Verfahrensbevollmächtigte: …

gegen

die X-GmbH, vertreten durch alleinvertretungsberechtigten Geschäftsführer X,

Schuldnerin und Antragsgegnerin

Verfahrensbevollmächtigte: …

Az: …

überreichen wir namens und kraft Vollmacht des Gläubigers die vollstreckbare Ausfertigung des Beschlusses des Landgerichts … vom …, Az: …, nebst Zustellbescheinigung.

Namens und kraft Vollmacht des Gläubigers beantragen wir,

gegen die Schuldnerin zur Erzwingung der im vollstreckbaren Beschluss des Landgerichts … vom …, Az: … festgestellten Verpflichtung der Schuldnerin, Auskunft über die Geschäftsverbindungen der Schuldnerin im Jahr 2007 zu erteilen, ein Zwangsgeld bis zu 25.000,00 EUR und für den Fall, dass dieses nicht beigetrieben werden kann, ersatzweise Zwangshaft von bis zu 6 Monaten festzusetzen, Letztere zu vollziehen an dem alleinvertretungsberechtigten Geschäftsführer X.

Begründung:

Der Gläubiger betreibt aufgrund der Auskunftsverpflichtung der Schuldnerin die Zwangsvollstreckung wegen einer unvertretbaren Handlung aus dem gemäß § 51 b GmbHG begründeten Beschluss des Landgerichts Münster vom …, Az

Der Gläubiger hat die Schuldnerin mit Schreiben vom … aufgefordert, innerhalb eines Monats nach Zugang des Aufforderungsschreibens Auskunft über die Geschäftskontakte im Jahre 2004 zu erteilen, wozu er durch den oben genannten Beschluss des Landgerichts Münster gemäß § 52 b GmbHG verpflichtet ist.

Beweis: Schreiben des Schuldners, Fotokopie Anlage 1.

Die Schuldnerin hat jedoch auf diese Aufforderung nicht reagiert. Auch die Androhung der Zwangsvollstreckung war fruchtlos.

Eine gerichtliche Androhung der Zwangsvollstreckung ist gemäß § 888 Abs. 2 ZPO nicht erforderlich.

Deshalb ist es nach unserer Auffassung geboten, gegen die Gläubigerin ein Zwangsgeld in angemessener Höhe bis zu 25.000,00 EUR und ersatzweise Zwangshaft festzusetzen, zu vollziehen an deren Geschäftsführer.

---

94 Zuständig ist das Prozessgericht der 1. Instanz.

Wir bitten um Übersendung einer vollstreckbaren Ausfertigung des Zwangsgeldbeschlusses mit Vollstreckungsklausel, Zustellbescheinigung und um Rückgabe der beigefügten Vollstreckungsunterlagen.

■■■

Rechtsanwalt ◀

3. Muster: Auskunfts-/und Einsichtserzwingungsverfahren gemäß § 51 b GmbHG 745

40

▶ An das

Landgericht ■■■

Kammer für Handelssachen

Antrag

auf gerichtliche Entscheidung über das Informationsrecht, §§ 51 a, 51 b GmbHG

des Herrn ■■■

Antragsteller

Verfahrensbevollmächtigte: ■■■

gegen

die X-GmbH, vertreten durch den alleinvertretungsberechtigten Geschäftsführer M,

Antragsgegnerin

Verfahrensbevollmächtigte: ■■■

Namens und kraft Vollmacht des Antragstellers beantragen wir:

Es wird angeordnet, dass die Antragsgegnerin dem Antragsteller Auskunft über die gesamte Vergütung des Geschäftsführers der Antragsgegnerin im Jahre 2009 erteilt, Einsicht gewährt in den Geschäftsführervertrag zwischen der Antragsgegnerin und dem ehemaligen Geschäftsführer G sowie in sämtliche zwischen diesen schriftlich getroffenen Vereinbarungen über die Honorierung der Tätigkeit des G als Geschäftsführer der Antragsgegnerin.

Begründung:

1. Sachverhalt

Der Antragsteller ist Gesellschafter der Antragsgegnerin. Nach mündlich erteilter Information des Herrn G hat dieser eine Geschäftsführervergütung von 350.000,00 EUR im Jahre 2009 erhalten. Außerdem war er während seiner Geschäftsführerstellung zugleich Mehrheitsgesellschafter der Antragsgegnerin. Der Gesamtumsatz der Antragsgegnerin im Jahre 2009 betrug gemäß Jahresabschluss 1,5 Mio. EUR. Die Antragsgegnerin hatte neben G fünf angestellte Mitarbeiter. Unternehmensgegenstand ist der Vertrieb von Markisenstoffen.

Beweis:

1. Eidesstattliche Versicherung des Antragstellers, Anlage AS 1,[95]
2. Jahresabschluss der Antragsgegnerin für das Jahr 2004, Anlage AS 2.

Der ehemalige Geschäftsführer G hat gegenüber dem Antragsteller Ende des Jahres 2008 mündlich erklärt, sein Geschäftsführergehalt belaufe sich auf jährlich 200.000,00 EUR.

95 Gemäß §§ 29, 31 FamFG ist im Verfahren der freiwilligen Gerichtsbarkeit neben den in der ZPO zulässigen Beweismitteln, Augenschein, Zeugenbeweis, Sachverständigenbeweis und Verfahren über die Abnahme von Eiden auch die Glaubhaftmachung einer tatsächlichen Behauptung eines Beteiligten zur Versicherung an Eides Statt zuzulassen.

Glaubhaftmachung: Eidesstattliche Versicherung des Antragstellers, Anlage AS 1.

Damit ist zunächst unklar, auf welcher Grundlage der Geschäftsführer G im Jahre 2009 darüber hinaus 150.000,00 EUR erhalten hat. Auf Nachfrage des Antragstellers hat G den höheren Verdienst damit erklärt, er habe weit über seine Verpflichtung nach dem Geschäftsführervertrag hinaus für die Gesellschaft gearbeitet, insbesondere neue Aufträge akquiriert, so dass die erhöhte Vergütung mehr als gerechtfertigt sei. Er habe daher für sich mit dem ebenfalls alleinvertretungsberechtigten Mitgeschäftsführer M mündlich vereinbart, dass er für solche überobligationsmäßigen Tätigkeiten, die über 8 Stunden für 5 Tage pro Woche hinausgehen, je nach Schwierigkeit und Erfolg der Tätigkeit Stundenvergütungen zwischen 100,00 und 250,00 EUR erhalten habe.

Glaubhaftmachung: Eidesstattliche Versicherung des Antragstellers, Anlage AS 1.

Der Antragsteller hat daraufhin die Antragsgegnerin über deren Geschäftsführer M aufgefordert, Auskunft zu geben über die der Vergütung im Jahre 2009 des G zugrunde liegende Vereinbarung, und Einsicht in den Geschäftsführervertrag des G sowie evtl weitere schriftliche Vereinbarungen zwischen der Antragsgegnerin und G über dessen Vergütung nehmen zu können.

Beweis: Schreiben des Antragstellers vom ■■■, Anlage AS 3.

2. Rechtslage

Das Auskunfts- und Einsichtsbegehren des Antragstellers ist ohne besondere Begründung gegeben. Darüber hinaus hat er jedoch ein besonderes Informationsbedürfnis, auf welches abzustellen wäre, wenn das Gericht entgegen der wohl herrschenden Meinung wider Erwarten ein solches für erforderlich halten würde.

Vgl zur herrschenden Meinung: OLG Stuttgart GmbHR 1983, 242 ff; KG ZIP 1988, 714 ff, Lutter/Hommelhoff, GmbHG, 16. Aufl. 2004, § 51 a Rn 3.

Aufgrund der Informationen im Jahresabschluss der Antragsgegnerin für das Jahr 2009 sowie aufgrund der mündlich dem Antragsgegner erteilten Informationen zur Gesamtvergütung des G im Jahre 2009 sowie zu den dieser Vergütung zugrunde liegenden Vereinbarungen besteht der Verdacht der verdeckten Gewinnausschüttung an den ehemaligen Geschäftsführer-Gesellschafter G. Über die im Geschäftsführeranstellungsvertrag angeblich festgelegte Vergütung hinausgehende Vergütungssumme ist vermutlich nichts schriftlich vereinbart worden, nach den mündlich erteilten Auskünften jedenfalls nicht klar und eindeutig. Letzteres wäre aber zumindest nach Abschnitt 31 Abs. 5 KStR erforderlich. Der Gesellschafter muss den Nachweis bringen, dass eine klare und eindeutige Vereinbarung vorliegt und entsprechend dieser Vereinbarung verfahren worden ist. Auch für eine mündliche Honorarvereinbarung zwischen Geschäftsführer-Gesellschafter und der Gesellschaft hat der BFH in BStBl. II 1990, 645 bestimmt, dass sich aus der regelmäßigen Durchführung, dh aus der monatlichen Zahlung der Gehälter und der Abführung von Lohnsteuer und Sozialversicherungsangaben, ein hinreichender Anhaltspunkt für eine im vorhinein getroffene mündliche Vereinbarung ergeben muss. Angesichts der mündlich erteilten Auskunft des G über die der zusätzlichen Honorierung zugrunde liegende Vereinbarung besteht jedoch der Verdacht, dass weder eine klare und eindeutige Vereinbarung geschlossen wurde, noch regelmäßige Zahlungen erfolgten.

Damit dürfte das Informationsbedürfnis des Antragstellers hinreichend belegt sein.

■■■

Rechtsanwalt ◄

4. Muster: Klage des GbR-Gesellschafters auf Einsicht in Geschäftspapiere der Gesellschaft 746

▶ An das 41

Landgericht ...

Zivilkammer

Klage

des A, ...

Kläger

Prozessbevollmächtigte: ...

gegen

die X-GbR, vertreten durch den alleinvertretungsberechtigten Gesellschafter X,

Beklagte

Prozessbevollmächtigte: ...

wegen Einsicht in Geschäftspapiere der X-GbR.

Geschätzter Streitwert:

Namens und kraft Vollmacht des Klägers erheben wir Klage und beantragen,

die Beklagte wird verurteilt, die Einsichtnahme in sämtliche Geschäftsunterlagen der Beklagten in deren Geschäftsräumen, ..., zu dulden.

Begründung:

1. Sachverhalt

Der Kläger ist Gesellschafter der X-GbR. Weitere Gesellschafter sind die Herren B, C und X. X ist allein geschäftsführungs- und vertretungsberechtigt. Der Gesellschaftszweck der X-GbR beschränkt sich auf die Verwaltung des Gesellschaftsvermögens, das in 10 Mehrparteien-Mietshäusern in ... besteht.

Beweis:

1. Gesellschaftsvertrag der X-GbR vom ..., Fotokopie Anlage K 1.
2. Zeugnis des Buchhalters B, zu laden über die Beklagte.

Die Geschäftsunterlagen der X-GbR befinden sich – soweit bekannt – lediglich in den Geschäftsräumen derselben in der ...-straße 10 in .... Der Gesellschafter-Geschäftsführer X fährt seit etwa 1 Monat einen Pkw der Luxusklasse ....

Beweis: Zeugnis des Buchhalters B, zu laden über die Beklagte.

Auf Nachfrage des Klägers hat der Geschäftsführer X erklärt, dies sei sein neues Dienstfahrzeug, er habe für die X-GbR außergewöhnlich günstige Leasingraten vereinbaren können. Darüber hinaus hat er jedoch weder die konkrete Höhe der Leasingraten noch voraussichtliche Unterhaltskosten angegeben. Er hat ebenfalls nicht angegeben, ob und auf welcher Grundlage er überhaupt befugt sei, auf Rechnung der Beklagten einen solchen Dienstwagen für sich anzuschaffen.

Beweis: Zeugnis der K, Ehefrau des Klägers, ladungsfähige Anschrift.

Der Kläger hat deshalb die Beklagte aufgefordert, den Geschäftsführervertrag des X mit der Beklagten vorzulegen und ggf auch weitere Vereinbarungen zwischen der X-GbR und dem X über dessen Berechtigung zur Anschaffung eines Dienstfahrzeugs für sich auf Rechnung der GbR sowie die Vorlage des Leasingvertrages der X-GbR über das Leasing des Pkws. Die Beklagte hat die Auskunft über ihren geschäftsführenden Gesellschafter X verweigert.

Beweis:

1. Schreiben des Klägers, Fotokopie Anlage K 3,
2. Ablehnendes Schreiben der Beklagten vom ■■■, Fotokopie Anlage K 4.

X hat daraufhin vielmehr entgegen seiner vorherigen unbefangenen Auskunft behauptet, es gebe keine schriftliche Vereinbarung über den Leasingvertrag und auch keine schriftliche Vereinbarung über seine Befugnis, auf Rechnung der Beklagten für sich einen Dienstwagen anzuschaffen. Dies sei aber aufgrund des im Gesellschaftsvertrag der X-GbR festgelegten Mehrheitsprinzips mit den übrigen Gesellschaftern – außer dem Kläger, der ohnehin nur zu 10 % beteiligt sei – abgesprochen.

Beweis: Zeugnis der K, Ehefrau des Klägers, ladungsfähige Anschrift.

Entgegen der Behauptung des Geschäftsführers X hat es jedoch eine solche mündliche Übereinkunft zwischen X und den Mitgesellschaftern des Klägers vermutlich nicht gegeben. Nach Erinnerung des C muss es aber eine Vereinbarung zwischen X und der X-GmbH geben, diese vertreten durch den seinerzeit noch ebenfalls geschäftsführungsbefugten Gesellschafter Y, wonach X bei entsprechender Vermögenslage der X-GbR befugt sein soll, einen Pkw als Dienstwagen im Wert von 30.000,00 EUR anzuschaffen.

Beweis: Zeugnis des Mitgesellschafters C, ladungsfähige Anschrift.

2. Rechtslage

Der Kläger beruft sich auf sein Einsichtsrecht nach § 716 Abs. 1 BGB. Dieses besteht auch ohne Begründung. Besondere Umstände, die es zum Schutz der Gesellschaft rechtfertigen, die Auskunft bzw die Einsichtnahme zu verweigern, bestehen nicht. Im Gegenteil kann sich der Kläger sogar auf ein besonderes Informationsbedürfnis stützen, da der Verdacht unredlicher Geschäftsführung bzw der Untreue gemäß § 266 StGB zum Nachteil der Beklagten und damit auch zum Nachteil des Klägers besteht.

■■■

Rechtsanwalt ◀

747 5. Muster: Einstweilige Verfügung zur vorläufigen Regelung des Einsichtsrechts des GbR-Gesellschafters

42 ▶ An das

Landgericht ■■■

Zivilkammer

Antrag auf Erlass einer einstweiligen Verfügung

des A, ■■■

Antragsteller

Prozessbevollmächtigte: ■■■

gegen

die X-GbR, vertreten durch den alleinvertretungsberechtigten Gesellschafter X,

Antragsgegnerin

Prozessbevollmächtigte: ■■■

wegen Einsicht in Geschäftspapiere der X-GbR.

Geschätzter Streitwert: ■■■

Namens und kraft Vollmacht des Antragstellers beantragen wir den Erlass einer einstweiligen Verfügung mit dem Inhalt:

Der Antragsgegnerin wird einstweilen bis zur rechtskräftigen Entscheidung des bei dem Landgericht ■■■ unter dem Az: ■■■ anhängigen Klageverfahrens, geboten, in den Geschäftsräumen der X-GbR, ■■■-straße 10 in ■■■, die Einsichtnahme durch den Antragsteller in die dort vorhandenen Geschäftsunterlagen der Antragsgegnerin zu dulden.

Begründung:

1. Sachverhalt

Der Antragsteller ist Gesellschafter der X-GbR. Weitere Gesellschafter sind die Herren B, C und X. X ist allein geschäftsführungs- und vertretungsberechtigt. Der Gesellschaftszweck der X-GbR beschränkt sich auf die Verwaltung des Gesellschaftsvermögens, das in 10-Mehrparteien-Mietshäusern in ■■■ besteht.

Glaubhaftmachung:

1. Gesellschaftsvertrag der X-GbR vom ■■■, Fotokopie Anlage AS 1.
2. Eidesstattliche Versicherung des Buchhalters B, Anlage AS 2

Die Geschäftsunterlagen der X-GbR befinden sich – soweit bekannt – lediglich in den Geschäftsräumen derselben in der ■■■-straße 10. Der Gesellschafter-Geschäftsführer X fährt seit etwa 1 Monat einen Pkw der Luxusklasse ■■■.

Glaubhaftmachung: Eidesstattliche Versicherung des Buchhalters B, Anlage AS 2.

Auf Nachfrage des Antragstellers hat der Geschäftsführer X erklärt, dies sei sein neues Dienstfahrzeug, er habe für die X-GbR außergewöhnlich günstige Leasingraten vereinbaren können. Darüber hinaus hat er jedoch weder die konkrete Höhe der Leasingraten noch voraussichtliche Unterhaltskosten angegeben. Er hat ebenfalls nicht angegeben, ob und auf welcher Grundlage er überhaupt befugt sei, auf Rechnung der Beklagten einen solchen Dienstwagen für sich anzuschaffen.

Glaubhaftmachung: Eidesstattliche Versicherung der K, Ehefrau des Antragstellers, Anlage AS 3.

Der Antragsteller hat deshalb die Antragsgegnerin aufgefordert, den Geschäftsführervertrag des X mit der Antragsgegnerin vorzulegen und ggf auch weitere Vereinbarungen zwischen ihr und dem X über dessen Berechtigung zur Anschaffung eines Dienstfahrzeugs für sich auf Rechnung der GbR sowie die Vorlage des Leasingvertrages der X-GbR über das Leasing eines ■■■ Pkws. Die Antragsgegnerin hat die Auskunft über ihren geschäftsführenden Gesellschafter X verweigert.

Beweis:

1. Schreiben des Antragstellers, Fotokopie Anlage AS 4,
2. Ablehnendes Schreiben der Antragsgegnerin vom ■■■, Fotokopie Anlage AS 5.

X hat daraufhin vielmehr entgegen seiner vorherigen unbefangenen Auskunft behauptet, es gebe keine schriftliche Vereinbarung über den Leasingvertrag und auch keine schriftliche Vereinbarung über seine Befugnis, auf Rechnung der Beklagten für sich einen Dienstwagen anzuschaffen. Dies sei aber aufgrund des im Gesellschaftsvertrag der X-GbR festgelegten Mehrheitsprinzips mit den übrigen Gesellschaftern – außer dem Antragsteller, der ohnehin nur zu 10 % beteiligt sei – abgesprochen.

Glaubhaftmachung: Eidesstattliche Versicherung der K, Ehefrau des Antragstellers, Anlage AS 3.

Entgegen der Behauptung des Geschäftsführers X hat es jedoch eine solche mündliche Übereinkunft zwischen X und den Mitgesellschaftern des Antragstellers vermutlich nicht gegeben. Nach Erinnerung des C muss es aber eine Vereinbarung zwischen X und der Antragsgegnerin geben, diese vertreten durch den seinerzeit noch ebenfalls geschäftsführungsbefugten Gesellschafter Y, wonach X bei entsprechender Vermögenslage der X-GbR befugt sein soll, einen Pkw als Dienstwagen im Wert von 30.000,00 EUR anzuschaffen.

Glaubhaftmachung: Eidesstattliche Versicherung des Mitgesellschafters C, Anlage AS 6.

2. Rechtslage

Der Antragsteller beruft sich auf sein Einsichtsrecht nach § 716 Abs. 1 BGB. Dieses besteht auch ohne Begründung. Besondere Umstände, die es zum Schutz der Gesellschaft rechtfertigen, die Auskunft bzw die Einsichtnahme zu verweigern, bestehen nicht. Im Gegenteil kann sich der Antragsteller sogar auf ein besonderes Informationsbedürfnis stützen, da der Verdacht unredlicher Geschäftsführung bzw der Untreue gemäß § 266 StGB zum Nachteil der Antragsgegnerin und damit auch zum Nachteil des Antragstellers besteht.

Es besteht auch ein besonderes Bedürfnis des Antragstellers, im vorläufigen Rechtsschutz über eine Regelungsverfügung Einsicht in die Geschäftsunterlagen der Antragsgegnerin zu erhalten. Angesichts des Verdachts, dass X sich zulasten der Antragsgegnerin strafbar gemacht hat, besteht die Gefahr, dass der Geschäftsführer X, bevor der Antragsteller im Hauptsacheverfahren ein vollstreckbares Urteil erhält und die Zwangsvollstreckung betreiben kann, entsprechende Unterlagen der Antragsgegnerin über die Berechtigung des X, auf Rechnung der Antragsgegnerin für sich einen Dienstwagen anzuschaffen, erstellen bzw etwa schädliche Unterlagen vernichten wird. Denn die in der eidesstattlichen Versicherung des Mitgesellschafters C gemachten Angaben würden die Untreuehandlung des Geschäftsführers X der Antragsgegnerin belegen.

Die Möglichkeiten zur Einsichtnahme in die Geschäftspapiere der Antragsgegnerin durch den Antragsteller lassen auch nicht die Besorgnis gesellschaftsschädigender Verwendung der begehrten Informationen entstehen, im Gegenteil. Insofern steht der begehrten vorläufigen Regelung des Einsichtsrechts des Antragstellers auch nicht der Umstand entgegen, dass im Wege des vorläufigen Rechtsschutzes bereits die vollständige Erfüllung des Informationsanspruchs des Antragstellers bewirkt wird.

Vgl BayOBLG DB 1978, 2406; Weipert in: Münchener Handbuch des Gesellschaftsrechts, Bd. 1, § 8 Rn 26.

Dem Verfügungsantrag ist deshalb stattzugeben.

...

Rechtsanwalt ◄

FormularBibliothek Zivilprozess

Teil 1: **Gesellschaftsrecht** Seite 5

Dr. Hans-Joachim David, Rechtsanwalt und Notar, Fachanwalt für Steuerrecht,
BAUMEISTER RECHTSANWÄLTE, Münster

Teil 2: **Wettbewerbsrecht** Seite 235

Dr. Christian Breuer, Rechtsanwalt,
TECLEGAL HABEL RECHTSANWÄLTE PARTNERSCHAFT, München

Inhalt

Verweise erfolgen auf Randnummern

Musterverzeichnis

Verweise erfolgen auf Randnummern

Literatur

Kommentare und Monorafien: Ahrens, Der Wettbewerbsprozess, 6. Aufl. 2009; Baumbach/Hefermehl, Wettbewerbsrecht, 22. Aufl. 2001; Doepner, Heilmittelwerbegesetz, 2. Aufl. 2000; Harte/Henning, UWG-Kommentar, 2004; Hartmann, Kostengesetze, 34. Auflage 2004; Hefermehl/Köhler/Bornkamm, Wettbewerbsrecht, 27. Aufl. 2009; Köhler, Das neue UWG, GRUR 2004, 2121; Münchener Kommentar zum BGB, 2004 ff; Palandt, Kommentar zum BGB, 69. Aufl. 2009; Sänger/Ullrich/Siebert, ZPO – Kommentiertes Prozessformularbuch, 2009; Speckmann, Wettbewerbsrecht, 3. Aufl. 2000; Teplitzky, Wettbewerbsrechtliche Ansprüche und Verfahren, 8. Aufl. 2002; Thomas/Putzo, ZPO, 29. Aufl. 2008; Zöller, ZPO, 27. Aufl. 2009
Aufsätze: Degen, Mahnen und Klagen per E-Mail – Rechtlicher Rahmen und digitale Kluft bei Justiz und Anwaltschaft?, NJW 2008, 1473; Eichmann, Gegenwart und Zukunft der Rechtsdemoskopie, GRUR 1999, 939; Henning-Bodewig, Das neue Gesetz gegen den unlauteren Wettbewerb, GRUR 2004, 703; Holzapfel, Zum einsteiligen Rechtsschutz im Wettbewerbs- und Patentrecht, GRUR 2003, 287; Köhler, UWG – Reform und Verbraucherschutz, GRUR 2003, 265; Körber/Mann, Werbefreiheit und Sponsoring – Möglichkeiten und Grenzen von Ambush Marketing unter besonderer Berücksichtigung des neuen UWG, GRUR 2008, 737; Lettl, Das neue UWG, GRUR-RR 2009, 43; Näher Köhler, Neue Regelungen zum Verbraucherschutz bei Telefonwerbung und Fernabsatzverträgen, NJW 2009, 2567; Lindacher, Praxis und Dogmatik der wettbewerbsrechtlichen Abschlusserklärung, BB 1984, 639 ff; Ohly, Das Neue UWG – Mehr Freiheit für den Wettbewerb?, GRUR 2004, 889; Ruess, Vollstreckung aus Unterlassungstiteln bei Erledigung des Verfahrens – das Ende einer endlosen Diskussion, NJW 2004, 485; Sack, Auswirkungen der Art. 30, 36 und 59 ff EG-Vertrag auf das Recht gegen den unlauteren Wettbewerb, GRUR 1998, 871; Scherer, Case law in Gesetzesform – die „Schwarze Liste" als neuer UWG-Anhang, NJW 2009, 324; Schricker, Hundert Jahre Gesetz gegen den unlauteren Wettbewerb – Licht und Schatten, GRUR 1996, 476; Volp, Änderung der Rechts- oder Sachlage bei Unterlassungstiteln, GRUR 1984, 486; Wimmer-Leonhardt, UWG – Reform und Gewinnabschöpfungsanspruch oder die Wiederkehr der Drachen, GRUR 2004, 12

§ 1 Einleitung

Wettbewerbsrechtliche Streitigkeiten zählen zu den facettenreichsten Verfahren im deutschen Recht. Auch wenn wettbewerbsrechtliche Gerichtsverfahren zivilprozessualer Natur sind und die Bestimmungen der Zivilprozessordnung gelten, existieren eine Vielzahl meist durch die Rechtsprechung geprägter **verfahrensrechtlicher Besonderheiten**, deren Beachtung für die erfolgreiche Verfahrens- und Prozessführung unabdingbar ist. Entsprechendes gilt für das Gros wettbewerbsrechtlicher Auseinandersetzungen, welche ohne gerichtliche Verfahren über Abmahnungen und Unterlassungsverpflichtungserklärungen beigelegt werden. 1

Vor diesem Hintergrund ist die Kenntnis der maßgeblichen Rechtsprechung in materieller wie auch in prozessualer Hinsicht von wesentlicher Bedeutung für das wettbewerbsrechtliche Mandat. 2

Das deutsche Wettbewerbsrecht ist in der Vergangenheit in beschränktem Umfang reformiert worden. In der jüngeren Vergangenheit sind, vor allem bedingt durch die Harmonisierungsbestrebungen der Europäischen Union auf dem Gebiet des Lauterkeitsrechts,[1] nachhaltige Rechtsänderungen zu verzeichnen. Eine wesentliche Reform des Wettbewerbsrechts erfolgte bereits durch die mit Wirkung zum 8.7.2004 wirksam gewordene Neufassung des Gesetzes gegen den unlauteren Wettbewerb (UWG).[2] Auf der Grundlage der EG-Richtlinie über unlautere Geschäftspraktiken[3] hat der deutsche Gesetzgeber durch das erste Gesetz zur Änderung des Gesetzes gegen den unlauteren Wettbewerb[4] zum Jahreswechsel 2008/2009 nun die bislang weitest reichende Reform des deutschen Lauterkeitsrechts beschlossen. Das neue UWG beinhaltet vor allem in materieller und rechtssystematischer Hinsicht eine erhebliche Anzahl bedeutender Neuerungen für wettbewerbsrechtliche Streitigkeiten. 3

In der Praxis wettbewerbsrechtlicher Auseinandersetzungen spielt der Unterlassungsanspruch gegenüber Schadensersatz- und sonstigen Ansprüchen eine überragende Rolle.[5] Dieser Anspruch ist darauf gerichtet, für die Zukunft bestimmte Handlungen des Anspruchsgegners zu unterbinden. 4

Aus der Natur wettbewerbsrechtlicher Streitigkeiten ergibt sich, dass der durch einen Wettbewerbsverstoß in ihren Rechten verletzten Partei häufig nicht durch ein nach Monaten oder gar Jahren ergehendes Urteil in einem zivilprozessualen Hauptsacheverfahren gedient ist. Vielmehr benötigt der von einer unlauteren geschäftlichen Handlung Betroffene idR ein kurzfristig verfügbares und effektives Instrument, um Rechtsverletzungen, wie zB die irreführende Werbung eines Mitbewerbers, schnellstmöglich unterbinden zu können. Diesem Zweck dient das einstweilige Verfügungsverfahren, §§ 935, 940 ZPO. Der Verletzte hat durch Einreichung eines Antrags auf Erlass einer **einstweiligen Verfügung** auf Unterlassung der beanstandeten geschäftlichen Handlung die Möglichkeit, außerordentlich kurzfristig die vorläufige Unterbindung der beanstandeten Maßnahme zu erreichen, wenn nach Auf- 5

1 Vgl dazu Rn 15 ff.
2 Vgl BGBl. 2004 I S. 1414.
3 Richtlinie 2005/29/EG des Europäischen Parlaments und des Rates v. 11.5.2005 – ABl. L 149 v. 11.6.2005, S. 22-39 (nachfolgend „UGP-RL").
4 Erstes Gesetz zur Änderung des Gesetzes gegen den unlauteren Wettbewerb v. 22.12.2008, BGBl. I 2008, Nr. 64 v. 29.12.2008, S. 2949 ff.
5 Vgl Hefermehl/Köhler/Bornkamm, Wettbewerbsrecht, § 8 UWG Rn 1.3.

fassung des Gerichts die formellen und materiellen Voraussetzungen für den Erlass einer einstweiligen Verfügung gegeben sind.[6]

6 Abhängig von den Umständen des konkreten Sachverhalts und der materiellen Berechtigung der Beanstandung ergibt sich für den Anspruchsgegner ein höchst unterschiedliches Spektrum von Maßnahmen, um auf die Beanstandung zu reagieren. Zwischen der Anerkennung der Forderung des Anspruchstellers und der Ausschöpfung des gesamten zur Verfügung stehenden gerichtlichen Instanzenweges bestehen vielfältige Möglichkeiten des Anspruchsgegners, eigene Wettbewerbsinteressen möglichst umfassend durchzusetzen.

A. Begriff des Wettbewerbs

7 Der Begriff des Wettbewerbs kann in unterschiedlicher Weise verstanden werden und bedarf deswegen einer Präzisierung. Eine allgemeingültige Definition ist weder der Lehre noch dem Gesetz zu entnehmen.[7] Am ehesten lässt sich der Begriff des Wettbewerbs zum einen zur Beschreibung des Verhaltens von Unternehmen auf einem bestimmten Markt, der sich daraus ergebenden Beziehungen untereinander und zu Abnehmern auf der Gegenseite, wie auch zur Umschreibung der Marktsituation eines bestimmten Produkts einschließlich seiner Substitutionsgüter und iÜ zur Kennzeichnung eines allgemeinen wirtschaftlichen Ordnungsprinzips verstehen.[8]

8 Dem Schutz des Wettbewerbs dienen eine ganze Reihe unterschiedlicher Gesetze. Dazu gehören vor allem das Gesetz gegen Wettbewerbsbeschränkungen (GWB)[9] und das Gesetz gegen unlauteren Wettbewerb (UWG). Während das GWB vorrangig der Aufrechterhaltung des wirtschaftlichen Wettbewerbs als Institution dient, wendet sich das UWG u.a. gegen den Wettbewerb verfälschende geschäftliche Handlungen der Marktteilnehmer. Dieser Aspekt des Wettbewerbsrechts und die sich daraus ergebenden Fragestellungen sind Gegenstand der nachfolgenden Ausführungen. Der Begriff Wettbewerbsrecht (Lauterkeitsrecht) bezieht sich nachfolgend auf das UWG und nachrangig auf weitere dem Schutz des lauteren Wettbewerbs dienende wettbewerbsrechtliche Nebengesetze wie u.a. das Heilmittelwerbegesetz[10] und die Verordnung über Preisangaben.[11]

B. Gegenstand und Schutzzwecke des Wettbewerbsrechts

9 Das Gesetz gegen den unlauteren Wettbewerb vom 7.6.1909[12] diente ursprünglich ausschließlich dem Wettbewerberschutz. Durch die Rechtsprechung des Reichsgerichts und die Rechtsprechung des Bundesgerichtshofs wurden zu den Schutzzwecken des Wettbewerbsrechts auch Belange des Verbraucherschutzes hinzugefügt und dann später im UWG zum Konzept eines integrierten Wettbewerber- und Verbraucherschutzes weiterentwi-

6 Vgl dazu näher Rn 443 ff.
7 Hefermehl/Köhler/Bornkamm, Wettbewerbsrecht, Einleitung UWG Rn 1.1 ff.
8 Hefermehl/Köhler/Bornkamm, Wettbewerbsrecht, Einleitung Rn 1.23.
9 Gesetz gegen Wettbewerbsbeschränkungen in der Fassung der Bekanntmachung v. 15.7.2005 (BGBl. I, S. 2114), zuletzt geändert durch Art. 13 Abs. 21 des Gesetzes v. 25.5.2009 (BGBl. I S. 1102).
10 Heilmittelwerbegesetz in der Fassung der Bekanntmachung v. 19.10.1994 (BGBl. I, S. 3068), zuletzt geändert durch Art. 2 des Gesetzes v. 26.4.2006 (BGBl. I S. 984).
11 BGBl. I 1985, S. 580.
12 RGBl. S. 499.

ckelt.[13] Hinzu tritt der ebenfalls seit einigen Jahrzehnten anerkannte Schutz des Wettbewerbs als Institution.[14]

Diese Zwecke des Schutzes der Mitbewerber, der Verbraucher und sonstigen Marktteilnehmer vor unlauteren geschäftlichen Handlungen und das Interesse der Allgemeinheit an einem unverfälschten Wettbewerb sind in die aktuelle Fassung des § 1 UWG aufgenommen worden. Die Kenntnis der Schutzzwecke ist u.a. für die teleologische Auslegung der Bestimmungen des UWG im Rahmen der Beurteilung einer unlauteren geschäftlichen Handlung wichtig. 10

C. Bisherige Rechtsprechungskasuistik zum UWG

Das aktuelle UWG ist mit Wirkung zum 30.12.2008 an die Stelle des bisherigen UWG getreten. Dies bedeutet nicht, dass die außerordentlich umfangreiche, teilweise über Jahrzehnte gewachsene Rechtsprechung nunmehr vollends irrelevant ist. Die wesentlichen Teile des bisherigen Gesetzes, insbesondere die „großen und kleinen" Generalklauseln der §§ 3 und 5 UWG, die Beispielstatbestände unlauterer geschäftlicher Handlungen, § 4 UWG, die Regelung vergleichender Werbung, § 6 UWG und die Regelungen der §§ 8-19 UWG haben weitgehend Eingang in das aktuelle UWG gefunden. 11

Die Rechtsprechung hat insbesondere zu den Generalklauseln der §§ 1, 3 UWG alter Fassung[15] eine differenzierte Kasuistik herausgearbeitet, welche in der Praxis für die Beurteilung wettbewerbsrechtlich relevanter Handlungen erhebliche Orientierungshilfe bot und die Bewertung der Sachverhalte deutlich erleichterte. Exemplarisch sei auf die Rechtsprechungskasuistik zu § 1 UWG alter Fassung verwiesen, wo im Anschluss an Baumbach/Hefermehl[16] eine Einteilung in zunächst sechs Hauptfallgruppen und zwar **Kundenfang, Behinderung, Ausbeutung, Marktstörung** und **Wettbewerb** innerhalb der Marktstufen vorgenommen wurde. Jede dieser Hauptfallgruppen war ihrerseits in diverse Unterfallgruppen aufgegliedert. Für die Bewertung der Rechtmäßigkeit einer Maßnahme war insoweit zunächst die richtige Vergleichsfallgruppe aufzufinden und dann unter Berücksichtigung der insoweit von der Rechtsprechung heraus gearbeiteten Kriterien eine Bewertung vorzunehmen. 12

Beispiel:[17] In einer Jugendzeitschrift für Kinder im Grundschulalter wurde die Aufforderung ausgesprochen, eine bestimmte gebührenpflichtige Telefonhotline eines Spielzeugherstellers anzurufen, um zu erfahren, welche „neuen, tollen" Spielzeuge es gebe. Im Rahmen der Prüfung der Werbemaßnahme kam zunächst ein möglicher Verstoß gegen § 1 UWG alter Fassung in Betracht. Als relevante Hauptfallgruppe im Rahmen des § 1 UWG alter Fassung erschienen Maßnahmen zum Kundenfang. Innerhalb dieser Hauptgruppe stieß der Bearbeiter im Rahmen der Prüfung auf die anwendbare Untergruppe Ausnutzung der Unerfahrenheit. Dort war dann die relevante Rechtsprechung zu diesem Thema sowie Regelungen zu Selbstbeschränkungen der Werbeindustrie in Bezug auf die Werbung gegenüber Kindern zu finden. Nach deren Prüfung ergab sich, dass die Werbung gegenüber Kindern strengen Beschränkungen unterliegt und insbesondere kei- 13

13 Schricker, GRUR 1996, 476.
14 Vgl BVerfG – Tier- und Artenschutz, NJW 2002, 1188.
15 Nun §§ 3, 5 UWG.
16 Vgl Baumbach/Hefermehl, Wettbewerbsrecht, 22. Aufl. München 2001, Gliederung bei § 1 UWG.
17 Vgl den Sachverhalt OLG Frankfurt NJW- RR 1994, 946.

ne unmittelbaren Konsumaufforderungen an Kinder enthalten soll. Vor diesem Hintergrund wurde die beanstandete Spiele-Hotline als unlauter betrachtet und vom Gericht verboten.[18]

14 Auch wenn manche Fallgruppen von Wettbewerbshandlungen, welche früher von der Rechtsprechung als unlauter betrachtet wurden, nach aktuellen Maßstäben des neuen UWG nicht mehr als unlauter zu betrachten sind, gilt das Prinzip der Zuordnung der fraglichen Wettbewerbshandlung zu einer bestimmten Fallgruppe innerhalb einer Anspruchsnorm nach wie vor. Der Gesetzgeber hat, wie sich aus § 4 UWG ergibt, u.a. zur Schaffung von Transparenz bestimmte bekannte Fallgruppen als **Beispielstatbestände** im Gesetz kodifiziert. In Bezug auf die in § 4 UWG wiedergegebenen Beispiele unerlaubter Handlungen findet sich die relevante Rechtsprechung dementsprechend in den zugehörigen Kommentaren, also zB die Zulässigkeit von Werbemaßnahmen gegenüber Kindern in den Kommentaren zu § 4 Nr. 2 UWG. Für viele der auf der Basis des aktuellen UWG zu bewertenden Sachverhalte wird die bisherige Rechtsprechung zum früheren UWG relevant bleiben, soweit diese nicht den Wertungen des aktuellen UWG und des zugrunde liegenden EU-Rechts widerspricht.

D. Einfluss des EU-Rechts (Richtlinien etc.)

15 In der Vergangenheit existierten nur relativ wenige Vorschriften auf der Ebene der Europäischen Union, welche unmittelbar Fragen der Werbung regelten. Für das Wettbewerbsrecht sind bis in die Gegenwart zu einem wesentlichen Teil Bestimmungen des nationalen Rechts der EU-Mitgliedstaaten maßgeblich. Vor diesem Hintergrund ist es nicht verwunderlich, dass noch immer gewisse Unterschiede zwischen dem Wettbewerbsrecht bzw Lauterkeitsrecht verschiedener EU-Mitgliedstaaten bestehen. Die Praxis des deutschen Wettbewerbsrechts dürfte auf europäischer Ebene nach wie vor als relativ strikt anzusehen sein. Gleichwohl verfolgt die Europäische Union das Ziel einer möglichst weitgehenden Harmonisierung wettbewerbsrechtlicher Bestimmungen und hat mit der UGP-Richtlinie entscheidende Schritte zur Harmonisierung geleistet.

I. Richtlinien

16 Die Europäische Union hat eine Reihe von Richtlinien erlassen, welche zu einer stufenweisen Harmonisierung beigetragen haben. Ausgangspunkt ist die Richtlinie über irreführende Werbung aus dem Januar 1984.[19] Diese Richtlinie wurde im Jahr 1997 in Bezug auf vergleichende Werbung ergänzt.[20]

17 Von Bedeutung für das Wettbewerbsrecht sind weiterhin die E-Commerce-Richtlinie aus dem Jahr 2000[21] sowie die Datenschutzrichtlinie für elektronische Kommunikation.[22] Weitere Richtlinien, welche möglicherweise noch weit gravierendere Änderungen des deutschen Wettbewerbsrechts notwendig machen könnten, sind in Vorbereitung.[23]

18 Jener Sachverhalt wird nun von § 4 Nr. 2 UWG erfasst.

19 Richtlinie 84/450/EWG zur Angleichung der Rechts- und Verwaltungsvorschriften der Mitgliedsstaaten über irreführende Werbung.

20 Richtlinie 97/55/EG zur Änderung der Richtlinie 84/450/EWG über irreführende Werbung zwecks Einbeziehung der vergleichenden Werbung.

21 Richtlinie 2000/31/EG über den elektronischen Geschäftsverkehr.

22 Richtlinie 2002/58/EG über die Verarbeitung personenbezogener Daten und den Schutz der Privatsphäre in der elektronischen Kommunikation.

23 Näher Ohly, GRUR 2004, 889 ff.

Die Richtlinie über unlautere Geschäftspraktiken 2005/29/EG (UGP-RL)[24] bezieht sich anders als das deutsche UWG ausschließlich auf das Verhältnis zwischen Unternehmern und Verbrauchern (B2C) und hat die aktuelle Reform des deutschen UWG notwendig gemacht. Da die UGP-RL bis spätestens zum 12.12.2007 durch den deutschen Gesetzgeber umzusetzen war und diese Umsetzung tatsächlich erst mit Wirkung zum 30.12.2008 erfolgte, sind wettbewerbsrechtlich relevante Sachverhalte in der Zwischenzeit stets richtlinienkonform unter Berücksichtigung der UGP-RL zu beurteilen. Auch nach Inkrafttreten des aktuellen UWG bleibt die Notwendigkeit einer richtlinienkonformen Auslegung wettbewerbsrechtlich relevanter Sachverhalte bestehen. 18

II. Rechtsprechung des EuGH

Die Rechtsprechung des Europäischen Gerichtshofs (EuGH), insbesondere in Bezug auf die Warenverkehrsfreiheit hat wesentlich zu einer gewissen Liberalisierung des deutschen UWG beigetragen.[25] Häufig haben Entscheidungen des EuGH zu einer Abmilderung strenger nationaler Unlauterkeitsgrundsätze geführt. Exemplarisch sei das vom EuGH geprägte Leitbild des aufgeklärten Verbrauchers benannt.[26] 19

E. Tendenzen, insbesondere Liberalisierung und Verbraucherschutz

Für das Wettbewerbsrecht lassen sich in diesem Zusammenhang die Tendenzen einer europäischen Harmonisierung, einer fortlaufenden Deregulierung und Liberalisierung sowie einer Stärkung des Verbraucherschutzes hervorheben. 20

I. Europäische Harmonisierung

Wesentliche Elemente der Harmonisierung wurden bereits vorstehend geschildert. Auch wenn der deutsche Gesetzgeber mit dem aktuellen UWG die genannten wettbewerbsrechtlich relevanten EG-Richtlinien, insbesondere die UGP-RL umsetzte, bedeutet dies nicht, dass damit das Ziel einer vollständigen Harmonisierung des Wettbewerbsrechts innerhalb der EU auch nur annähernd erreicht ist. Weitere Initiativen der Europäischen Union werden folgen. Auch wenn in diesem Zusammenhang ein Projekt der EU-Kommission zur Regelung der Verkaufsförderung im Binnenmarkt[27] wohl nicht mehr umgesetzt wird, werden weitere gesetzgeberische Maßnahmen der EU, insbesondere zu Zwecken des Verbraucherschutzes, folgen. Dies wird weitere, möglicherweise weitreichende Änderungen des deutschen Wettbewerbsrechts nach sich ziehen. Im Rahmen der Auslegung einer aktuellen Bestimmung des UWG ist stets das Gebot richtlinienkonformer Auslegung zu berücksichtigen.[28] 21

II. Deregulierung und Liberalisierung

Unter anderem vor dem Hintergrund der europäischen Liberalisierung sowie dem Bestreben des deutschen Gesetzgebers, Marktbedingungen zu verbessern, wurden in der Vergangenheit eine Reihe von wettbewerbsregulierenden Gesetzen, wie zB das Rabattgesetz und 22

24 Näher Hefermehl/Köhler/Bornkamm, Wettbewerbsrecht, Einleitung Rn 3.56 f.
25 Vgl Sack, GRUR 1998, 871 ff.
26 Vgl die Entscheidungen des EuGH – Gut Springerheide, GRUR International 1998, 795 ff sowie EuGH – Lifting, NJW 2000, 1173, 1175.
27 KOM (2002) 585.
28 Zur Generalklausel Hefermehl/Köhler/Bornkamm, Wettbewerbsrecht, § 3 UWG Rn 21.

die Zugabeverordnung und Teile des UWG in Bezug auf bestimmte Formen der Preiswerbung (§§ 6, 6a-6 c UWG aF) und Sonderverkäufe (§§ 7-8 UWG aF) aufgehoben. Durch das Gesetz vom 21.7.1995[29] wurde das Verbandsklagerecht auf bestimmte Verbraucherverbände ausgedehnt.[30]

III. Verbraucherschutz

23 Die Änderungen des aktuellen UWG dienen einer weiteren Stärkung des Verbraucherschutzes. Dies findet insbesondere in § 3 Abs. 2 UWG, der eine gewisse Konkretisierung unlauterer geschäftlicher Handlungen enthält und § 3 Abs. 3 UWG, welcher den Verweis auf die neu als Anhang zum Gesetz eingefügte „schwarze Liste" beinhaltet,[31] seinen Ausdruck. Auch die nachhaltige Stärkung der Verbraucherschutzrechte bedeutet ausweislich von § 8 UWG indes nicht, dass Verbraucher selbst auf der Grundlage von Bestimmungen des UWG gerichtlich gegen Unternehmer und Marktteilnehmer vorgehen können.[32]

F. Übersicht UWG neu

24 Mit Inkrafttreten des neuen UWG am 30.12.2008 ist das deutsche Wettbewerbsrecht nachhaltig reformiert worden. Anlass für die Reform war die Notwendigkeit, das deutsche Unlauterkeitsrecht an die UGP-RL und weitere EG-Richtlinien anzupassen.[33]

25 Auch wenn sich eine Reihe von Bestimmungen des bisherigen UWG im neuen Gesetz wiederfinden, ergeben sich beim Vergleich beider Gesetzestexte einige nachhaltige Unterschiede.

I. Gesetzeszweck und Definitionen

26 In § 1 des aktuellen UWG wird der integrierte Schutzzweck des Gesetzes, und zwar des Schutzes der Mitbewerber, der Verbraucher und der sonstigen Marktteilnehmer vor unlauteren geschäftlichen Handlungen sowie des Interesses der Allgemeinheit an einem unverfälschten Wettbewerb bestimmt. Dies steht in Einklang mit der bisherigen Schutzzweckbestimmung der Rechtsprechung.[34]

27 Nach § 1 UWG dient das Gesetz dem Schutz vor „unlauteren geschäftlichen Handlungen". Der früher in § 1 UWG alter Fassung verwendete Begriff des „unlauteren Wettbewerbs" wurde aufgegeben. Ebenso wenig sollte der frühere, inzwischen antiquierte Begriff der „guten Sitten" weiter verwendet werden.[35]

28 Die Hervorhebung des Schutzes der **Verbraucher** im Gesetz geht nicht mit einer Erweiterung der Klagemöglichkeiten der Verbraucher einher.[36] Das UWG schützt vielmehr Verbraucherinteressen, insbesondere durch Anerkennung eines spezifischen normativ geprägten

29 BGBl. I, S. 625 ff.
30 § 13 Abs. 2 Nr. 3 UWG aF.
31 Vgl Im Einzelnen Rn 42 ff.
32 Zur Aktivlegitimation Rn 62 ff.
33 Gesetzesentwurf der Bundesregierung „Erstes Gesetz zur Änderung des Gesetzes gegen den unlauteren Wettbewerb", BT-Drucks. 16/10145, S. 14.
34 ZB BGH, NJW 2000, 864.
35 So bereits Gesetzesentwurf der Bundesregierung „Entwurf eines Gesetzes gegen den unlauteren Wettbewerb (UWG)", BT-Drucks. 16/10145, S. 16.
36 Siehe im Einzelnen Rn 64 ff.

Informationsinteresses, in deren Mittelpunkt das Leitbild des informierten, aufmerksamen und verständigen Verbrauchers steht.[37]

§ 2 UWG beinhaltet die zentralen Definitionen des UWG. Im Zuge der aktuellen Reform des UWG hat der Gesetzgeber den bisherigen Kernbegriff der „Wettbewerbshandlung“, § 2 Abs. 1 Nr. 1 UWG aF, aufgegeben und die Definition der „geschäftlichen Handlung“, § 2 Abs. 1 Nr. 1 UWG eingeführt. IS des Gesetzes bedeutet 29

„geschäftliche Handlung“ jedes Verhalten einer Person zugunsten des eigenen oder eines fremden Unternehmens vor, bei oder nach einem Geschäftsabschluss, das mit der Förderung des Absatzes oder des Bezugs von Waren oder Dienstleistungen oder mit dem Abschluss oder der Durchführung eines Vertrags über Waren oder Dienstleistungen objektiv zusammenhängt; als Waren gelten auch Grundstücke, als Dienstleistungen auch Rechte und Verpflichtungen;

Der neue Kernbegriff ist auf der Tatbestandsseite von Wettbewerbsverstößen zu prüfen[38] 30
und beinhaltet in mehrfacher Hinsicht eine erhebliche inhaltliche Erweiterung im Vergleich zum früheren Begriff der Wettbewerbshandlung. Durch den Begriff des „Verhaltens“ wird deutlich, dass der Anwendungsbereich des UWG nicht nur positives Handeln, sondern auch Unterlassen erfasst. Ein Verhalten des Werbenden, der seinen Adressaten für die Kaufentscheidung wesentliche Informationen über sein beworbenes Produkt vorenthält, unterliegt den Maßstäben des UWG.

Aus dem Wortlaut der Definition 31

... das mit der Förderung des Absatzes ... objektiv zusammenhängt

ergibt sich, dass für die Annahme einer „geschäftlichen Handlung“ nicht mehr eine Wettbewerbsabsicht, sondern allein ein objektiver Geschäftszusammenhang maßgeblich ist.[39] Fehlt ein solcher, wie bei einem rein privaten, sozialen oder publizistischen Handeln, kommt die Anwendung des UWG nicht in Betracht.

Anders als früher sind nach dem Wortlaut von § 2 Abs. 1 Nr. 1 UWG auch Maßnahmen 32
nach Vertragsabschluss grundsätzlich vom Anwendungsbereich des UWG erfasst. Dies bedeutet nicht, dass jedes Verhalten eines Unternehmens nach Vertragsschluss dem UWG unterfällt. Vielmehr dürften nur Verhaltensweisen, welche eine Vielzahl von Kunden betreffen können, eine gewisse marktbezogene Außenwirkung haben auch an den Bestimmungen des UWG zu messen sein.[40] Dazu zählt zB das Verhalten von Unternehmen, durch Handlungen den Vertragspartner an der Geltendmachung vertraglicher Rechte, zB der Geltendmachung von Gewährleistungsansprüchen, zu hindern.[41]

Der Begriff der geschäftlichen Handlung umfasst auch Maßnahmen im Vertikalverhältnis 33
zwischen Unternehmen, zB zwischen Groß- und Zwischenhändlern.

Der Begriff der Marktteilnehmer, § 2 Nr. 2 UWG, bezeichnet neben Mitbewerbern und 34
Verbrauchern sämtliche juristischen oder natürlichen Personen, die als Anbieter oder Nachfrager von Waren- oder Dienstleistungen tätig sind. Er wird u.a. in den §§ 3, 4 Nr. 1 und 10 sowie § 6 UWG verwendet.

„Mitbewerber“ ist nach § 2 Abs. 1 Nr. 3 UWG, wer mit anderen Unternehmern in einem 35
konkreten Wettbewerbsverhältnis steht.

37 Näher Harte/Henning/Schünemann, UWG, § 1 Rn 69 f.
38 Hefermehl/Köhler/Bornkamm, Wettbewerbsrecht, § 2 UWG Rn 3 ff.
39 Vgl Lettl, Das neue UWG, GRUR-RR 2009, 42.
40 Harte/Henning/Keller, UWG, § 2 Rn 33 f.
41 Hefermehl/Köhler/Bornkamm, Wettbewerbsrecht, § 2 Rn 85.

36 Als „Verbraucher" iS des UWG werden bezugnehmend auf § 13 BGB diejenigen natürlichen Personen bezeichnet, welche Geschäfte nicht zu gewerblichen oder selbständigen beruflichen Zwecken abschließen. Der Zweck des Rechtsgeschäfts ist objektiv zu bestimmen.[42]

37 § 2 Abs. 1 Nr. 4 UWG definiert den Begriff der „Nachricht" insbesondere in Bezug auf die elektronische Post (E-Mail). Diese Definition ist vor allem für die in § 7 Abs. 2 und 3 UWG genannten Formen belästigender Werbung von Bedeutung.[43]

38 Neu aufgenommen in das Gesetz wurde die Definition des „Verhaltenskodex", § 2 Abs. 1 Nr. 5 UWG. Verhaltenskodizi wie zB die Richtlinien des Zentralverbands der deutschen Werbewirtschaft e.V. (ZAW)[44] enthalten zumeist Konkretisierungen des Lauterkeitsgebots. Bei Verstößen gegen derartige Kodizes kommt häufig auch ein Verstoß gegen Bestimmungen des UWG in Betracht.

39 Nach der neu aufgenommenen Definition in § 2 Abs. 1 Nr. 6 UWG bedeutet „Unternehmer"

jede natürliche oder juristische Person, die geschäftliche Handlungen im Rahmen ihrer gewerblichen, handwerklichen oder beruflichen Tätigkeit vornimmt, und jede Person, die im Namen oder Auftrag einer solchen Person handelt;

40 Im Hinblick auf die in der Definition genannten Hilfspersonen ist eine einschränkende Auslegung geboten. Dieser Teil der Definition ist auf die §§ 3-6 UWG zu beschränken. Dort ist jeweils durch Auslegung zu ermitteln, ob sich der Begriff des „Unternehmers" auch auf die Hilfsperson erstreckt.[45]

41 In § 2 Abs. 1 Nr. 7 UWG wird der in § 3 Abs. 2 UWG enthaltene Begriff der „fachlichen Sorgfalt" als

der Standard an Fachkenntnissen und Sorgfalt, von dem billigerweise angenommen werden kann, dass ein Unternehmer ihn in seinem Tätigkeitsbereich gegenüber Verbrauchern nach Treu und Glauben unter Berücksichtigung der Marktgepflogenheiten einhält.

definiert. Die Einführung des neuen Begriffs erfolgte im Rahmen der Umsetzung der UGP-RL. Der notwendigen Bewertung der Unlauterkeit einer geschäftlichen Handlung dürfte aus dieser Definition am ehesten der Verweis auf die Berücksichtigung der Marktgepflogenheiten dienen.[46]

II. Generalklausel und schwarze Liste, § 3 UWG

42 Auch das neue UWG beinhaltet in § 3 UWG eine Generalklausel, welche unlautere geschäftliche Handlungen verbietet.[47] Mit der in § 3 Abs. 1 UWG enthaltenen Spürbarkeitsklausel werden Bagatellfälle, bei denen keine objektive Wahrscheinlichkeit der Beeinträchtigung der Interessen von Mitbewerbern, Verbrauchern oder sonstigen Marktteilnehmern besteht, von der Anwendung des UWG ausgeschlossen.

43 Die neu in § 3 Abs. 2 UWG eingefügte Regelung, wonach Verstöße gegen die „fachliche Sorgfalt" unzulässige geschäftliche Handlungen darstellen können, beruht auf Art. 2 lit. h

42 BGH, NJW 2005, 1273, 1274.
43 Näher Harte/Henning/Keller, UWG, § 2 Rn 141 ff.
44 Vgl http://www.zaw.eu, dort die Kategorie Services und Literatur.
45 Näher Hefermehl/Köhler/Bornkamm, Wettbewerbsrecht, § 2 Rn 121, 122.
46 Harte/Henning/Keller, UWG, § 2 Rn 165 f.
47 Vgl dazu im Einzelnen Rn 99 ff.

der UGP-RL und soll als Auffangtatbestand zu den §§ 3 Abs. 1 und 3 UWG fungieren.[48] Inwieweit der neue Begriff der „fachlichen Sorgfalt“ zu einer Konkretisierung des Unlauterkeitskriteriums dienen wird, bleibt abzuwarten.

Von weitaus größerer Relevanz ist die neue Regelung im Anhang zu § 3 Abs. 3 UWG, die sog. „schwarze Liste“, welche stets unzulässige geschäftliche Handlungen beschreibt.[49] 44

III. Beispiele unlauterer geschäftlicher Handlungen, § 4 UWG

Die Generalklausel des § 3 UWG wird gem. § 4 UWG durch einen Beispielkatalog typischer unlauterer geschäftlicher Handlungen ergänzt. Die vorliegende Systematik des § 4 Nr. 1-11 UWG aktueller Fassung ist in wesentlichen Teilen an die bisherige, von der Rechtsprechung geprägte Kasuistik angelehnt.[50] 45

IV. Irreführungsverbot, §§ 5, 5 a UWG

Im Zuge der UWG-Reform wurde der zentrale Irreführungstatbestand des § 5 UWG aF nachhaltig umgestaltet und in einem neuen § 5 a UWG um Regelungen zur Frage des Irreführens durch Unterlassen ergänzt. § 5 UWG knüpft nicht mehr an „irreführende Werbung“, sondern an „irreführende geschäftliche Handlungen“ an. In § 5 Abs. 1 S. 2 UWG ist nun eine Definition des Begriffs der Irreführung enthalten.[51] 46

Entsprechend Art. 7 der UGP-RL sind die Bestimmungen zur Irreführung durch Unterlassen nun gesondert in § 5 a UWG geregelt. Für die Frage einer unlauteren Irreführung durch Unterlassen kommt es maßgeblich auf die entsprechende Verkehrsauffassung und die Eignung des Verschweigens zur Beeinflussung der Entscheidung des Abnehmers an.[52] Die neuen Regelungen des § 5 a Abs. 2-4 UWG begründen für konkrete Angebote von Waren und Dienstleistungen erweiterte Informationspflichten gegenüber Verbrauchern.[53] 47

V. Unzumutbare Belästigungen, § 7 UWG

Die Regelungen des UWG zur Frage unzumutbarer Belästigungen, § 7 UWG, welche praktisch insbesondere Direktmarketing, Maßnahmen per Post, E-Mail und Telefon betreffen, sind auch vor dem Hintergrund nach wie vor hoher Zahlen unerbetener Maßnahmen solcher Art,[54] zweifach reformiert worden. Nachdem durch Änderungen in § 7 UWG im Zuge der UWG-Reform zum 30.12.2008 ein eigener Tatbestand geschaffen und die Norm an die UGP-RL angepasst wurde, hat der deutsche Gesetzgeber durch das Gesetz zur Bekämpfung unerlaubter Telefonwerbung und zur Verbesserung des Verbraucherschutzes bei besonderen Vertriebsformen vom 29.7.2009[55] die Zulässigkeit und Sanktionen in Bezug auf unerwünschte Telefonwerbung weiter verschärft.[56] 48

---

48 Hefermehl/Köhler/Bornkamm, Wettbewerbsrecht, § 3 Rn 31 f.
49 Vgl Rn 99 ff.
50 Vgl zur früheren Kasuistik Baumbach/Hefermehl, Wettbewerbsrecht, 22. Aufl München 2001, Inhaltsübersicht zu § 1 UWG (S. 493 ff).
51 Näher Rn 154 ff.
52 Lettl, GRUR-RR 2009, 43.
53 Im Einzelnen Rn 170 ff.
54 Vgl BT-Drucks. 16/10734, S. 9.
55 BGBl. 2009 I S. 2413 f.
56 Zum Ganzen Rn 176 ff.

VI. Sonstiges

49 Die bisherige Regelung vergleichender Werbung, § 6 UWG aF, wurde relativ geringfügig in § 6 Abs. 1 und 2 UWG verändert. Die Bestimmung des § 6 Abs. 3 UWG aF, der Vergleiche bei Sonderangeboten betraf, wurde gestrichen.

50 Die verfahrensrechtlichen Regelungen in Kapitel 2 des aktuellen UWG (§§ 8-11) wurden im Zuge der aktuellen Reform nur geringfügig aufgrund der Anerkennung von § 7 UWG als eigenständigem Tatbestand modifiziert. Kapitel 2 beinhaltet die Regelung unterschiedlicher Arten von Ansprüchen wie Beseitigung und Unterlassung, Schadensersatz, und – neu eingefügt – Gewinnabschöpfung[57] sowie die Regelung der Verjährung.

51 Kapitel 3 des aktuellen UWG enthält eine Reihe verfahrensrechtlicher Regelungen. Dazu gehören zunächst Bestimmungen zur Anspruchsdurchsetzung einschließlich des Abmahnverfahrens, zur Urteilsveröffentlichung und zur Bestimmung des Streitwerts, § 12 UWG.[58] In §§ 13 und 14 UWG werden die sachliche und örtliche Zuständigkeit der Gerichte geregelt.[59] § 15 UWG beinhaltet detaillierte Regelungen zum Einigungsstellenverfahren. Diese Bestimmungen wurden durch die aktuelle UWG-Reform nicht verändert. Allerdings hat das Gesetz zur Bekämpfung unerlaubter Telefonwerbung und zur Verbesserung des Verbraucherschutzes bei besonderen Vertriebsformen[60] anstelle der bisherigen §§ 20-22 UWG alter Fassung in der neu gefassten Bestimmung des § 20 UWG einen Bußgeldtatbestand geschaffen, der bei Verstößen gegen § 7 UWG die Möglichkeit der Verhängung von Bußgeldern von bis zu EUR 50.000,00 eröffnet.

52 In Kapitel 4 des aktuellen UWG sind die, im Wesentlichen an die bisherigen Regelungen im alten Gesetz angelehnten, Strafvorschriften wie u.a. zur strafbaren Werbung und zum Geheimnisverrat enthalten.

57 Siehe dazu im Einzelnen Rn 224 ff.
58 Siehe dazu im Einzelnen Rn 257 ff sowie Rn 448 ff.
59 Siehe dazu im Einzelnen Rn 401 ff.
60 BGBl. 2009 I S. 2413.

§ 2 Vorprozessuale Situation

A. Ausgangspunkte für Streitigkeiten

Auch wenn das Spektrum wettbewerbsrechtlicher Auseinandersetzungen vielfältig ist, ergeben sich in der Praxis häufig typische Ausgangspunkte für Rechtsstreitigkeiten. Je nach Art der in Betracht kommenden Fallgruppe stehen neben dem nahezu stets relevanten **Unterlassungsanspruch** auch teilweise weitere Ansprüche, wie insbesondere Auskunfts- und **Schadensersatzansprüche**, im Raum. 53

I. Werbung

Werbemaßnahmen von Marktteilnehmern stellen einen zentralen Ausgangspunkt für wettbewerbsrechtliche Auseinandersetzungen dar. Das gilt für Werbung in Printmedien wie auch in sonstigen Medien und im Internet. In vielen Fällen wird von Mitbewerbern oder Verbänden ein irreführender Gehalt der Werbung, §§ 5, 5 a UWG, oder Verstöße gegen die wettbewerbsrechtliche Generalklausel, § 3 UWG bzw den Beispielstatbeständen unlauterer geschäftlicher Handlungen, § 4 UWG, geltend gemacht. Sonstige Ansprüche wie Auskunfts- und Schadensersatzansprüche sind in diesen Fällen eher selten, da der Nachweis des Schadens für den betreffenden Mitbewerber idR nur sehr schwierig zu führen ist. 54

Besondere Überlegungen ergeben sich bei Auseinandersetzungen über Werbemaßnahmen im Internet. Das gilt einerseits in Bezug auf die Frage des anwendbaren Rechts und des Gerichtsstandes, wenn der Werbende nicht in der Bundesrepublik Deutschland ansässig ist sowie bei der Durchsetzung und Vollstreckung von Ansprüchen bei gerichtlichen Streitigkeiten mit grenzüberschreitendem Inhalt. Darüber hinaus folgen gerade in den Fällen, in denen der unmittelbare Verletzer nicht oder nur mit großen Schwierigkeiten greifbar ist, Fragen nach der Inanspruchnahme von Dritten wie zB dem zuständigen Internetprovider oder inländischen Tochtergesellschaften des Verletzers. 55

II. Vertriebsmaßnahmen

Der Vertrieb von Waren- und Dienstleistungen bildet eine weitere typische Fallgruppe für wettbewerbsrechtliche Auseinandersetzungen. Der Unlauterkeitsvorwurf kann sich insoweit u.a. aus dem Produkt selbst (zB dessen Gestaltung und Aufmachung) oder aber der Art und Weise des Vertriebes (zB Belästigung oder aleatorische Anreize) ergeben. Obwohl Unterlassungs- und Beseitigungsansprüchen auch hier zentrale Bedeutung zukommt, kommen in diesen Szenarien häufig auch Auskunfts- und Schadensersatzansprüche von Mitbewerbern in Betracht. Selbst wenn die Bezifferung eines Schadensersatzanspruches sich für einen betroffenen Mitbewerber als schwierig gestaltet, kann bereits die Durchsetzung eines detaillierten Auskunftsanspruchs[1] den Mitbewerber empfindlich treffen. 56

Zu berücksichtigen ist iÜ, dass derartige Streitigkeiten, die den Vertrieb von Produkten berühren, idR weit höhere wirtschaftliche Bedeutung haben. Deswegen werden die beteiligten Parteien in solchen Fällen auch eher zur Durchführung einer gerichtlichen Auseinandersetzung neigen. Höhere wirtschaftliche Risiken ergeben sich hier auch für den Beschwerdeführer, da dieser, sollte sich die Beanstandung als unberechtigt erweisen, Adressat 57

---

1 ZB Auskunft hinsichtlich des Umfangs der Produktion und des Vertriebes, gestaffelt nach der Art der einzelnen Produkte und einzelnen Abnehmer.

von Gegenmaßnahmen des Anspruchsgegners wie zB einer Gegenabmahnung und von signifikanten Schadensersatzansprüchen, zB gem. § 945 ZPO, werden kann.

III. Unzumutbare Belästigungen

58 Stetig höheren Stellenwert gewinnen angesichts der massenhaften Nutzung Streitigkeiten über Fragen des Direktmarketings via E-Mail und Telefon. Aufgrund der aktuellen Einschränkungen dieser Maßnahmen durch § 7 UWG und der daraus folgenden Probleme für Unternehmer dürften solche Streitigkeiten weiter zunehmen.

IV. Sonstige unlautere Handlungen

59 Aus der unübersehbaren Menge in Betracht kommender Szenarien für wettbewerbsrechtliche Streitigkeiten sind Fälle gezielter Maßnahmen eines Marktteilnehmers gegen einen Mitbewerber hervorzuheben. Beispielsweise kann es sich um Geschäftsehrverletzungen, besondere Formen der **Preisunterbietung** in **Vernichtungsabsicht** oder die **unmittelbare Übernahme** fremder Leistungen handeln. In derartigen Konstellationen wird sich die Streitigkeit, sofern ein gewisser Schaden durch die geschäftliche Handlung entstanden ist, neben der Durchsetzung von Unterlassungsansprüchen zumeist auch auf die Durchsetzung von Schadensersatzansprüchen im Hauptverfahren erstrecken.

B. Parteien

60 Der Kreis möglicher Beteiligter in wettbewerbsrechtlichen Streitigkeiten ist weiter als üblich in zivilprozessualen Verfahren. Das Gesetz bestimmt in § 2 UWG u.a. die „Marktteilnehmer", § 2 Abs. 1 Nr. 2 UWG, „Mitbewerber", § 2 Abs. 1 Nr. 3 UWG und „Unternehmer", § 2 Abs. 1 Nr. 6 UWG sowie in § 8 Abs. 3 Nr. 2-4 UWG bestimmte rechtsfähige Verbände, bestimmte qualifizierte Einrichtungen sowie die Industrie- und Handelskammern oder Handwerkskammern. Sämtliche Beteiligte können unter bestimmten Voraussetzungen als Anspruchsgläubiger an wettbewerbsrechtlichen Streitigkeiten beteiligt sein.

61 Auf Seiten der Anspruchsgegner können neben dem unmittelbar handelnden Verletzer auch weitere Dritte wie zB Anstifter oder Gehilfen oder das Unternehmen des unmittelbar handelnden Verletzers als Adressaten wettbewerbsrechtlicher Ansprüche in Betracht kommen.

I. Gläubiger

62 Auch wenn das aktuelle UWG eine Reihe möglicher Beteiligter bzw klageberechtigter Personen nennt, sind diese teilweise nur in beschränktem Umfang bzw überhaupt nicht berechtigt, Ansprüche aus dem Gesetz geltend zu machen.

63 Darüber hinaus ist im Rahmen der Beurteilung der Gläubigerstellung stets sorgfältig zwischen der materiellen Anspruchsberechtigung einerseits und der von Amts wegen im Rechtsstreit zu prüfenden Prozessführungsbefugnis zu differenzieren.

1. Verbraucher

64 Das UWG bestimmt in § 1 ausdrücklich, dass sich das Gesetz auch auf den Schutz der Verbraucher bezieht. Gem. § 2 Abs. 2 UWG, § 13 BGB ist ein Verbraucher jede natürliche Person, die ein Rechtsgeschäft zu einem Zweck abschließt, das weder ihrer gewerblichen noch ihrer selbständigen beruflichen Tätigkeit zugerechnet werden kann.

Diese Schutzzweckbestimmung begründet keinen Individualrechtschutz des Verbrauchers. Die Zuerkennung von individuellen Klagerechten des Verbrauchers bei Verstößen gegen das UWG wurde bereits im Zuge der Vorbereitung der UWG-Reform im Jahr 2004 diskutiert. Der Gedanke wurde verworfen, da betroffene Unternehmen und sonstige Marktteilnehmer in einer derartigen Situation voraussichtlich mit einer Vielzahl von Klagen von Verbrauchern und entsprechenden Belastungen rechnen müssten, was in der Bundesrepublik Deutschland Standortnachteile nach sich ziehen könnte. Die Zuerkennung von individuellen Klagerechten für Verbraucher hätte insoweit eine nach Auffassung der Reformbeteiligten nicht erstrebenswerte Absenkung des wettbewerbsrechtlichen Schutzniveaus erfordert.[2] 65

Der Begriff des Verbrauchers ist einerseits funktional (Deckung des privaten oder geschäftlichen Bedarfs) und andererseits objektiv (objektive Verbrauchereigenschaft der angesprochenen Person) zu bestimmen.[3] Handelt die betreffende Person im Rahmen ihres privaten Bereichs, zB als gelegentlicher Verkäufer von Gegenständen in Internetbörsen, fehlt es zugleich an einer geschäftlichen Handlung, § 2 Abs. 1 UWG. 66

Insoweit bleiben Verbraucher, wenn sie sich gegen vermeintlich unrechtmäßige geschäftliche Handlungen von Unternehmen und sonstigen Marktteilnehmern zur Wehr setzen wollen, auf das allgemeine Vertrags- und Deliktsrecht beschränkt. Auf diese Weise wird ein ausreichender Schutz der Verbraucher gewährleistet.[4] Der Schutz der Verbraucher vor unlauterer Werbung für Produkte oder Dienstleistungen wurde jüngst durch die aktuelle UWG-Reform und Gesetz zur Bekämpfung unerlaubter Telefonwerbung und zur Verbesserung des Verbraucherschutzes bei besonderen Vertriebsformen weiter verbessert. 67

Insbesondere zum Schutz von Verbraucherinteressen billigt das Gesetz in § 8 Abs. 3 Nr. 3 UWG **Verbraucherverbänden** Unterlassungs- und Beseitigungsansprüche sowie ggf Ansprüche auf Herausgabe eines etwaigen Verletzergewinns, § 10 UWG,[5] zu. 68

2. Marktteilnehmer

In § 1 und § 2 Abs. 1 Nr. 2 UWG wird die Kategorie „Marktteilnehmer“ bestimmt. Nach der Legaldefinition des § 2 Abs. 1 Nr. 2 UWG sind dies neben Mitbewerbern und Verbrauchern alle Personen, die als Anbieter oder Nachfrager von Waren oder Dienstleistungen tätig sind. Hiermit sind vor allem Unternehmer gemeint, die in Bezug auf die betreffende geschäftliche Handlung nicht in einem konkreten Wettbewerbsverhältnis zu anderen Unternehmen stehen, also keine „Mitbewerber“ sind.[6] Die Aufnahme dieses Begriffes dient dazu, den Schutz vor unlauterem Wettbewerb in Vertikalverhältnissen auch auf andere Beteiligte als Verbraucher zu erstrecken, wie zB nachfragende Unternehmen oder juristische Personen des öffentlichen Rechts.[7] Damit ist u.a. bezweckt, die unternehmerische Marktgegenseite im Rahmen des sog. Stufenwettbewerbs zu erfassen.[8] 69

Sonstige Marktteilnehmer können Ansprüche nach dem UWG nicht individuell geltend machen. Der Schutz dieser Beteiligten wird insbesondere kollektivrechtlich über die Anspruchsberechtigten gem. § 8 Abs. 3 Nr. 2 und 4 gewährleistet. 70

2 Gesetzesentwurf der Bundesregierung „Entwurf eines Gesetzes gegen den unlauteren Wettbewerb (UWG)“, BT-Drucks. 16/10145, S. 22.
3 Hefermehl/Köhler/Bornkamm, UWG, § 2 Rn 137, 138.
4 Im Einzelnen Köhler, GRUR 2003, 265 ff.
5 Siehe dazu im Einzelnen Rn 251 ff.
6 Harte/Henning/Keller, UWG, § 2 Rn 104.
7 Hefermehl/Köhler/Bornkamm, Wettbewerbsrecht, § 2 UWG Rn 89.
8 Harte/Henning/Keller, UWG, § 2 Rn 104.

3. Verbände zur Förderung gewerblicher oder selbständiger beruflicher Interessen

71 Bereits nach § 13 Abs. 2 Nr. 2 des früheren UWG vor der Novelle 2004 waren derartige Verbände berechtigt, bestimmte Unterlassungsansprüche, insbesondere nach den Generalklauseln der §§ 1 und 3 UWG aF, geltend zu machen. Eine ähnliche Befugnis ist nunmehr der Bestimmung des § 8 Abs. 3 Nr. 2 UWG zu entnehmen. Solche Verbände müssen, um anspruchsberechtigt zu sein, bestimmte in § 8 Abs. 3 Nr. 2 UWG festgelegte Anforderungen erfüllen. Dazu gehört einerseits der entsprechende Satzungszweck zur Förderung gewerblicher oder selbständiger beruflicher Interessen. Die Verbände müssen rechtsfähig und damit als juristische Personen des Privat- oder des öffentlichen Rechts strukturiert sein. Als Verbände iS von § 8 Abs. 3 Nr. 2 UWG kommen u.a. **Fachverbände**[9] oder privatrechtlich verfasste **Berufsorganisationen** bzw die **Kammern der freien Berufe** in Betracht.[10] Zu letzteren gehören u.a. die Anwalts-, Steuerberater-, Ärzte- und Architektenkammern.

72 Insbesondere bei kleineren Verbänden kann sich die Frage ergeben, ob diese entsprechend den Anforderungen des § 8 Abs. 3 Nr. 2 UWG eine erhebliche Anzahl von Mitgliedern haben, die Waren oder Dienstleistungen gleicher oder verwandter Art auf demselben Markt vertreiben. Insoweit ist zu prüfen, ob diese Mitgliedsunternehmen des Verbandes dem Anspruchsgegner auf demselben sachlich und räumlich relevanten Markt als Wettbewerber gegenübertreten.[11]

73 Für die Frage, was als eine „erhebliche Zahl“ von Mitgliedsunternehmen iS des § 8 Abs. 3 Nr. 2 UWG anzusehen ist, besteht keine fixe prozentuale Grenze. Jedenfalls sollten Mitbewerber in einem gewissen repräsentativen Umfang vertreten sein, so dass ein Missbrauch des agierenden Verbandes ausgeschlossen ist.[12] Zu fragen ist, ob die Anzahl der betreffenden Verbandsmitglieder den Schluss, dass der Verband nicht allein Individualinteressen, sondern kollektive Interessen der Wettbewerber wahrnimmt,[13] rechtfertigt. Die Zentrale zur Bekämpfung unlauteren Wettbewerb e.V., Bad Homburg (Wettbewerbszentrale), stellt den bedeutendsten Verband in diesem Bereich dar. Eine Auflistung von weiteren, auch nach dem Unterlassungsklagegesetz[14] aktivlegitimierten Verbänden, ist § 1 der Unterlassungsklageverordnung[15] zu entnehmen.

74 Der Nachweis einer entsprechenden Anspruchsberechtigung wird in der Praxis von Verbänden iS des § 8 Abs. 3 Nr. 2 UWG durch den beweisbelasteten Verband im Wege der Vorlage einer Liste, welche idR die Namen, Branchen und Geschäftsbereiche der Mitglieder beinhaltet, geführt.

4. Anspruchsberechtigte entsprechend den Bestimmungen des § 8 Abs. 3 Nr. 3 und 4 UWG

75 **Qualifizierte Einrichtungen** iS von § 4 des Unterlassungsklagegesetzes bzw dem Verzeichnis der EU-Kommission nach Art. 4 der Richtlinie 98/27/EG sind nach aktuellem Recht anspruchsberechtigt, § 8 Abs. 3 Nr. 3 UWG. Insoweit kommen vor allem Verbraucher- und Mietervereine in Betracht. Eine Aufstellung insoweit klageberechtigter Klageverbände mit

9 BGH – Fachverband, GRUR 2000, 1093 f.
10 Harte/Henning/Bergmann, UWG, § 8 Rn 275.
11 BGH – Preisrätselgewinnauslobung IV, GRUR 1997, 146.
12 BGH – Händlervereinigung, GRUR 1998, 170.
13 Baumbach/Hefermehl/Köhler, Wettbewerbsrecht, § 8 UWG Rn 3.42.
14 BGBl. 2004 I S. 3102.
15 BGBl. 2004 I S. 1414.

dem Stand 1.7.2009 ist u.a. den Webseiten des Bundesjustizamts[16] zu entnehmen. Anders als die Verbände iS des § 8 Abs. 3 Nr. 3 UWG müssen diese Anspruchsberechtigten im Rahmen einer Abmahnung oder eines Gerichtsverfahrens nicht den mitunter mühseligen Nachweis ihrer Anspruchsberechtigung führen.

IÜ sind die Industrie- und Handelskammern sowie die Handwerkskammern gem. § 8 Abs. 3 Nr. 4 UWG anspruchsberechtigt. 76

5. Mitbewerber

Der im Gesetz in § 2 Nr. 3 UWG definierte Begriff wurde bereits vorstehend[17] erläutert. In einem konkreten Wettbewerbsverhältnis stehen Unternehmen dann, wenn sie die gleichen oder gleichartige Waren- oder Dienstleistungen innerhalb desselben Abnehmerkreises anbieten und die beanstandete Wettbewerbshandlung den Absatz. des anderen Unternehmens beeinträchtigen kann.[18] Es bedarf insoweit einer Analyse, ob die Beteiligten auf demselben sachlich, räumlich und zeitlich relevanten Markt tätig sind. Dies kann ggf auch bei einer Angehörigkeit der Beteiligten auf unterschiedlichen Wirtschaftsstufen, zB zwischen einem Hersteller und Händler, der Fall sein.[19] Letzteres liegt vor, wenn zwischen den Vorteilen eines Unternehmers und der Beeinträchtigung eines anderen eine gewisse Wechselbeziehung besteht.[20] An das Vorliegen einer solchen Wechselbeziehung sind keine hohen Anforderungen zu stellen. 77

Eine Abtretung von Ansprüchen durch Mitbewerber oder Verbände ist aufgrund der höchstpersönlichen Natur der Ansprüche nach dem UWG gem. § 399 Alt. 1 BGB ausgeschlossen. 78

6. Missbrauch, § 8 Abs. 4 UWG

§ 8 Abs. 4 UWG will die missbräuchliche Geltendmachung von Unterlassungs- und Beseitigungsansprüchen unterbinden. Hintergrund der Bestimmung sind insbesondere missbräuchliche Verhaltensweisen von Marktteilnehmern in der Vergangenheit, bei deren Abmahnungen bzw gerichtlichen Maßnahmen Gebührenerzielungsabsichten oder die Belastung des Anspruchsgegners mit erhöhten Prozesskosten erkennbar im Vordergrund standen.[21] Wie sich aus dem Text von § 8 Abs. 4 UWG ergibt, ist insoweit eine Abwägung der Gesamtumstände des Einzelfalles geboten. 79

Die Anspruchsberechtigung iS von § 8 UWG kann uU entfallen, wenn diese vom Anspruchsführer zu nicht gesetzeskonformen Zwecken missbraucht wird. Diese Bestimmung ist insbesondere auf die Bekämpfung von Mehrfachabmahnungen oder gar „Konzernsalven“ gemünzt, bei denen vor allem Gebührenerziehungsabsichten oder ggf auch der Ansatz, besondere Kosten und Aufwand beim Abgemahnten auszulösen, im Vordergrund stehen.[22] Dabei handelte es sich in der Praxis zB um diverse, einheitlich koordinierte Abmahnungen in Bezug auf einen identischen Sachverhalt, welche von jeweils eigenständig als GmbH strukturierten Fachmärkten einer bundesweit tätigen Fachmarkt-Kette ausgingen. 80

16 http://www.bundesjustizamt.de/cln_101/nn_258902/SharedDocs/Publikationen/Verbraucher__Liste__qualif__Eintr,templateId=raw,property=publicationFile.pdf/Verbraucher_Liste_qualif_Eintr.pdf.
17 Vgl Rn 35.
18 BGH – Immobilienpreisangaben, GRUR 2001, 258.
19 BGH – EG-Neufahrzeug I, GRUR 1999, 1122, 1123.
20 BGH – Bundesdruckerei, GRUR 2007, 1079 f.
21 ZB BGH – Missbräuchliche Mehrfachverfolgung, GRUR 2000, 1089, 1090.
22 Im Einzelnen Hefermehl/Köhler/Bornkamm, Wettbewerbsrecht, § 8 Rn 4.10 ff.

81 Auch die Anspruchsverfolgung durch Verbände kann missbräuchlich erscheinen, wenn diese primär der Erzielung von Abmahngebühren und Vertragsstrafen dient.[23] Indizien für einen solchen Missbrauch können u.a. in der vielfachen Verfolgung von Verstößen und dem Mangel jeglicher sonstigen Verbandstätigkeit bestehen.

II. Schuldner

82 Als Schuldner wettbewerbsrechtlicher Ansprüche kommen nicht allein der unmittelbar Handelnde, sondern auch weitere Dritte in Betracht.

1. Verletzer

83 Verletzer ist derjenige, der eine unlautere geschäftliche Handlung, § 2 Abs. 1 Nr. 1 UWG, begeht und gegen eine Bestimmung des UWG oder wettbewerbsrechtlicher Nebengesetze wie zB das Heilmittelwerbegesetz[24] verstößt.

84 Nach der Rechtsprechung[25] sind zur Bestimmung des Verletzers auch die Begriffe von Täterschaft und Teilnahme heranzuziehen.

85 Täter einer unlauteren geschäftlichen Handlung kann nach dieser Rechtsprechung[26] auch sein, wer eine wettbewerbsrechtliche Verkehrspflicht, insbesondere Prüfungs- und Überwachungspflichten, verletzt. Dies setzt voraus, dass die Beeinträchtigung der Interessen von Marktteilnehmern für den Täter objektiv erkennbar und die Maßnahmen zu deren Beseitigung möglich und zumutbar waren. Weiter erforderlich für die Annahme einer Täterschaft aufgrund einer Verkehrspflichtverletzung ist die Schutzbedürftigkeit des Verletzten. Diese soll nicht gegeben sein, wenn es dem Gläubiger zumutbar und möglich sei, gegen den Dritten vorzugehen.[27]

86 Als Teilnehmer an einer fremden geschäftlichen Handlung haftet, wer den Täter zu dessen vorsätzlich begangener Tat vorsätzlich bewegt (Anstifter) sowie der Gehilfe, der einem solchen Täter vorsätzlich Hilfe leistet.[28] Derartige Teilnehmer[29] kommen selbst als Schuldner wettbewerbsrechtlicher Ansprüche in Betracht.

87 Wie sich aus dem Wortlaut von § 2 Abs. 1 Nr. 1 UWG ergibt, kann die unlautere geschäftliche Handlung auch zugunsten eines fremden Unternehmens erfolgen. Der Handelnde kann zB bestrebt sein, durch bestimmte Maßnahmen den Absatz eines oder mehrerer dritter Unternehmen zu fördern.[30] Selbst eine Tätigkeit eines Verbandes zur Förderung der gewerblichen Interessen einer ganzen Gruppe von Mitgliedsunternehmen,[31] kann bei einem Verstoß gegen Bestimmungen des UWG oder wettbewerbsrechtlicher Nebengesetze den Tatbestand der Wettbewerbshandlung und die Verletzereigenschaft des Verbandes begründen.

2. Haftung für Dritte

88 Die Haftung des Unternehmens für unlautere geschäftliche Handlungen oder Unterlassungen von Repräsentanten richtet sich nach den §§ 31, 89 BGB. Diese **Repräsentantenhaf-**

23 Näher Harte/Henning/Bergmann, UWG, § 8 Rn 317.
24 BGBl. 1994 I S. 3068.
25 BGH – Jugendgefährdende Medien bei ebay, GRUR 2007, 890.
26 BGH – Jugendgefährdende Medien bei ebay, GRUR 2007, 890.
27 Hefermehl/Köhler/Bornkamm, Wettbewerbsrecht, § 8 Rn 2.5 b.
28 Teplitzky, Wettbewerbsrechtliche Ansprüche und Verfahren, Kap. 14 Rn 3.
29 BGH – Kleidersack, GRUR 2003 624.
30 BGH – Beteiligungsverbot für Schilderpräger, GRUR 2000, 344, 347.
31 BGH – Testfotos II, WRP 1996, 1100.

tung wurde von der Rechtsprechung[32] auch auf sonstige Führungskräfte wie leitende Mitarbeiter ausgedehnt, welche kraft ihrer Position eigenverantwortlich eine bedeutsame Funktion des Unternehmens ausüben. Dies kann zB einen Marketingleiter, Führungskräfte im Vertrieb oder entscheidungsbefugte Mitarbeiter in der Rechtsabteilung des Unternehmens betreffen. In diesen Fällen kann der von einer unlauteren geschäftlichen Handlung Betroffene mithin sowohl gegen das Unternehmen als auch gegen die unmittelbar handelnde Führungskraft vorgehen.

Aufgrund der aktuellen Bestimmung des § 8 Abs. 2 UWG ist der Haftungszurechnungstatbestand des § 831 BGB für Verrichtungsgehilfen[33] und die damit verbundene Entlastungsmöglichkeit des Unternehmers im Fall von Beseitigungs- und Unterlassungsansprüchen gem. § 8 Abs. 1 UWG irrelevant. Nach § 8 Abs. 2 UWG haftet das Unternehmen für Zuwiderhandlungen von Mitarbeitern oder Beauftragten. Eine Entlastungsmöglichkeit des Unternehmens besteht insoweit nicht. Es kommt für die Haftungszurechnung nicht auf das Wissen des Unternehmers oder den Umstand, dass möglicherweise sogar gegen seinen Willen gehandelt wurde, an.[34] 89

Diese Zurechnungsnorm gilt lediglich für Unterlassungs- und Beseitigungsansprüche, nicht jedoch für Schadensersatzansprüche.[35] Der Begriff der „Beauftragten" iS von § 8 Abs. 2 UWG ist weit auszulegen. Dazu können u.a. auch außenstehende Dritte wie zB Franchisenehmer,[36] Handelsvertreter sowie Werbeagenturen gehören.[37] 90

Im Zuge des stetig steigenden Stellenwerts des Internets als Werbeforum bleibt festzuhalten, dass die Anbieter von Tele- bzw Mediendiensten für eigene Informationen, welche sie im Internet bereitstellen, grundsätzlich nach allgemeinen Gesetzen haften, § 7 Abs. 1 Telemediengesetz[38] (TMG). Eine Identifizierung des jeweiligen Anbieters der Webseite wird durch die im kommerziellen Bereich notwendige Angabe des Impressums, § 5 TMG, mit detaillierten Angaben über den Anbieter des Dienstes erleichtert. 91

Eine differenzierte und teilweise eingeschränkte Haftung des Diensteanbieters in Bezug auf die Bereitstellung von fremden Informationen folgt aus §§ 7 Abs. 2, 8-10 TMG. 92

Wie sich aus § 7 Abs. 2 S. TMG ergibt, gelten die Haftungsbeschränkungen zugunsten von Diensteanbietern nicht für Unterlassungsansprüche. Wird ein Diensteanbieter darauf aufmerksam gemacht, dass sich auf seinen Webseiten rechtswidrige Informationen, gleichgültig ob eigene oder fremde, befinden, muss er diese entfernen. Erfolgt keine Entfernung binnen angemessener Frist, so haftet der Diensteanbieter auch bei fremden Informationen selbst. 93

Die Haftung für die Setzung von Hyperlinks richtet sich nicht nach den §§ 7-10 TMG, sondern allgemeinen wettbewerbsrechtlichen Grundsätzen.[39] 94

Anders als bei Diensteanbietern ist die Haftung der Vergabe- und Verwaltungsstelle für .de-Domains (DENIC) weitgehend ausgeschlossen.[40] 95

Stellt sich heraus, dass der betreffende Anbieter einer Website seinen Sitz in einem Mitgliedstaat der Europäischen Union hat, gilt nach § 3 Abs. 5 TMG das sog. Herkunftsland- 96

32 BGH – Haftung eines Wirtschaftsberatungsunternehmens, NJW 1998, 1854, 1856.
33 Wozu idR Mitarbeiter des Unternehmens zählen werden.
34 Harte/Henning/Seitz/Bergmann, UWG, § 8 Rn 242.
35 BGH – Neu in Bielefeld, NJW 2001, 441.
36 BGH – Franchisenehmer, GRUR 1995, 605, 607.
37 Hefermehl/Köhler/Bornkamm, Wettbewerbsrecht, § 8 Rn 2.45 mwN.
38 Telemediengesetz vom 26.2.2007, BGBl. I S. 179.
39 BGH – Schöner Wetten, GRUR 2004, 694.
40 BGH – ambiente.de, GRUR 2001, 1039 f.

prinzip, was dazu führen kann, dass das jeweilige Heimatrecht des Anbieters auf die Streitigkeit anzuwenden ist.[41]

97 Falls verschiedene Personen nebeneinander Schuldner eines wettbewerbsrechtlichen Anspruches sind, kann der Gläubiger frei entscheiden, ob er alle Beteiligten, einen Teil der Beteiligten oder aber nur einen einzelnen Beteiligten in Anspruch nimmt.

C. Anspruchsgrundlagen – Übersicht

98 Das UWG, in der seit 30.12.2008 gültigen Fassung, beinhaltet eine Reihe wesentlich umgestalteter Anspruchsgrundlagen. Insbesondere die Generalklausel, § 3 UWG, die Irreführungstatbestände der §§ 5, 5 a UWG sowie der Tatbestand unzumutbarer Belästigungen wurde nachhaltig verändert und erweitert.

I. Generalklausel, § 3 UWG

99 Die aktuelle Bestimmung des § 3 UWG beinhaltet entsprechend der früheren Regelung des § 3 UWG aF ein allgemeines Verbot unlauterer geschäftlicher Handlungen. Eine solche Generalklausel bietet den notwendigen Spielraum, auch neuartige Wettbewerbsmaßnahmen sachgerecht zu beurteilen und gleichzeitig sich wandelnden Auffassungen und Wertmaßstäben Rechnung zu tragen.[42] Die Konkretisierung der Bestimmung bleibt zwar Aufgabe der Rechtsprechung. Die Gerichte erhalten jedoch vor allem durch die neuen § 3 Abs. 2 und 3 UWG, die Beispielstatbestände in § 4 UWG sowie den §§ 5, 5 a, und 6 UWG wesentliche Orientierungshilfen. In Anbetracht all jener gesonderten Tatbestände ist der unmittelbare Anwendungsbereich von § 3 Abs. 1 begrenzt. Gleichwohl ergeben sich immer wieder Fallkonstellationen, in denen die Rechtsprechung auch aktuell mangels eines Sondertatbestands unmittelbar auf § 3 UWG zurückgreift.[43] Die Feststellung eines Verstoßes gegen die wettbewerbsrechtliche Generalklausel setzt abgesehen von den Tatbeständen der schwarzen Liste im Anhang des UWG eine Interessenabwägung der objektiven Umstände des Einzelfalls voraus.

100 Nach der Bestimmung des § 3 Abs. 1 UWG sind unlautere geschäftliche Handlungen, die geeignet sind, die Interessen von Mitbewerbern, Verbrauchern oder sonstigen Marktteilnehmern spürbar zu beeinträchtigen, unzulässig. Gegenüber dem alten § 3 UWG weicht die aktuelle Bestimmung zunächst im Hinblick auf den Begriff der „geschäftlichen Handlung" ab (dieser wurde oben unter Rn 29 erläutert).

101 Eine Definition des Begriffs der Unlauterkeit ist im aktuellen Gesetz nicht enthalten. Nach der Gesetzesbegründung zur UWG-Reform im Jahr 2004[44] wurden alle Handlungen, die den anständigen Gepflogenheiten im Handel, Gewerbe, Handwerk oder selbständigen beruflichen Tätigkeiten zuwiderlaufen, als unlauter eingestuft.

102 Der unbestimmte Rechtsbegriff der Unlauterkeit ist nach aktueller Rechtslage auf verschiedenen Ebenen zu konkretisieren. Dies erfolgt einerseits durch § 3 Abs. 2 und 3 UWG, die Beispielstatbestände in § 4 UWG sowie den §§ 5, 5 a, und 6 UWG. Zum anderen erfolgt die Konkretisierung durch den Richter unter Berücksichtigung maßgeblichen Gemein-

41 Vgl dazu näher Rn 401 ff.
42 Gesetzesentwurf der Bundesregierung „Entwurf eines Gesetzes gegen den unlauteren Wettbewerb (UWG)", BT-Drucks. 16/10145, S. 16.
43 ZB BGH – Jugendgefährdende Medien bei ebay, NJW 2008, 890.
44 Gesetzesentwurf der Bundesregierung „Entwurf eines Gesetzes gegen den unlauteren Wettbewerb (UWG)", BT-Drucks. 16/10145, S. 16.

schaftsrechts, insbesondere der richtlinienkonformen Auslegung im Bereich der UGP-RL und des anwendbaren Verfassungsrechts.[45]

Nach der früheren Rechtsprechung zu § 1 UWG aF beinhaltete der Unlauterkeitsvorwurf ein subjektives Tatbestandselement. Der Verletzer musste die Tatumstände kennen, welche bei objektiver Betrachtung die Sittenwidrigkeit seines Handelns begründeten.[46] Demgegenüber wird nach aktueller Rechtslage der Begriff der Unlauterkeit objektiv bestimmt und von den nachteiligen Auswirkungen der geschäftlichen Handlung auf die Marktteilnehmer und den Wettbewerb abhängen. 103

Mit der in § 3 Abs. 1 UWG enthaltenen Spürbarkeitsklausel werden Bagatellfälle, bei denen keine objektive Wahrscheinlichkeit der Beeinträchtigung der Interessen von Mitbewerbern, Verbrauchern oder sonstigen Marktteilnehmern besteht, von der Anwendung des UWG ausgeschlossen. Aufgrund der Aufnahme der Spürbarkeitsklausel in die Generalklausel des § 3 Abs. 1 UWG ist die Frage der Spürbarkeit bei sämtlichen Ansprüchen iS der §§ 8-10 UWG zu berücksichtigen. Die gewählte Formulierung in § 3 Abs. 1 UWG „Eignung" zur Beeinträchtigung verdeutlicht, dass keine tatsächliche, sondern bereits eine potentielle Beeinträchtigung ausreicht. 104

Als Kriterien zur Beurteilung der Frage der Relevanz des Verstoßes kommen in Rahmen einer Abwägung u.a. der Umfang des durch die Wettbewerbshandlung erzielten Vorteils, die Anzahl der in ihren Interessen betroffenen Marktteilnehmer, wirtschaftliche und sonstige Interessen der Verbraucher (zB Gesundheit) in Betracht.[47] Eine durch den Verstoß geschaffene Nachahmungsgefahr ist nach aktueller Rechtslage für die Beurteilung der Spürbarkeit irrelevant. 105

Die neu in § 3 Abs. 2 UWG eingefügte Regelung, wonach Verstöße gegen die „fachliche Sorgfalt" gegenüber Verbrauchern unzulässige geschäftliche Handlungen darstellen können, beruht auf Art. 2 lit. h der UGP-RL und soll als Auffangtatbestand zu den §§ 3 Abs. 1 und 3 UWG fungieren.[48] Inwieweit der neue Begriff der „fachlichen Sorgfalt" zu einer Konkretisierung des Unlauterkeitskriteriums dienen wird, bleibt abzuwarten. Für die Tatbestände des § 3 Abs. 3 UWG ist § 3 Abs. 2 UWG ohnehin bedeutungslos. 106

Von weitaus größerer Relevanz ist die neue Regelung des § 3 Abs. 3 UWG, wonach die im Anhang des Gesetzes, der sog. „schwarze Liste", enthaltenen geschäftlichen Handlungen „stets unzulässig" sind. Eine Prüfung der geschäftlichen Relevanz bzw „Spürbarkeit" solcher Handlungen oder deren lauterkeitsrechtliche Bewertung im Einzelfall entfällt.[49] Die Liste enthält insgesamt 30 Einzel-Tatbestände, welche zum großen Teil Irreführungsfälle und einige aggressive Geschäftspraktiken betreffen.[50] 107

Die Tatbestände der „schwarzen Liste" sind entsprechend dem jeweiligen Zweck richtlinienkonform auszulegen. Eine verallgemeinernde Auslegung bzw analoge Anwendung auf vergleichbare Sachverhalte dürfte unzulässig sein.[51] 108

II. Beispielskatalog, § 4 UWG

Die aktuelle Fassung des § 4 UWG, welche nur in Bezug auf den Begriff der „geschäftlichen Handlung" geändert wurde, kodifiziert vor allem bestimmte **Fallgruppen**, welche bereits 109

45 Hefermehl/Köhler/Bornkamm, Wettbewerbsrecht, § 3 Rn 63 f.
46 BGH – Indizienkette, GRUR 1995, 693, 695.
47 Näher Hefermehl/Köhler/Bornkamm, Wettbewerbsrecht, § 3 Rn 120 ff.
48 Hefermehl/Köhler/Bornkamm, Wettbewerbsrecht, § 3 Rn 31 f.
49 Näher Scherer, NJW 2009, 324 f.
50 Im Einzelnen Harte/Henning, UWG, Kommentierung Anhang zu § 3 Abs. 3 UWG, S. 2487 ff.
51 Hefermehl/Köhler/Bornkamm, Wettbewerbsrecht, § 3 Rn 27.

von der Rechtsprechung zu § 1 UWG aF herausgebildet wurden. Dies dient dazu, die Generalklausel des § 3 UWG zu präzisieren und größere Transparenz im Umgang mit der Generalklausel zu schaffen.[52] Wie die eingangs in § 4 UWG verwendete Formulierung „insbesondere" verdeutlicht, ist der Katalog des § 4 UWG nicht abschließend.

110 Bestimmte Fallgruppen nach § 1 UWG alter Fassung wie zB die allgemeine Marktbehinderung sind nicht im Beispielskatalog des aktuellen § 4 UWG wiedergegeben. Daraus ist umgekehrt jedoch nicht abzuleiten, dass derartige Verhaltensweisen zukünftig stets als lauter zu behandeln sind. Die mangelnde Erwähnung solcher Fallgruppen im aktuellen Beispielskatalog des § 4 UWG kann bestenfalls als Indiz zugunsten der Lauterkeit solcher Maßnahmen gewertet werden. Es bedarf auch in Bezug auf solche Verhaltensweisen einer Prüfung, ob die betreffende geschäftliche Handlung die Informations- und Entscheidungsfreiheit der verständigen und aufmerksamen Verbraucher mehr als nur unerheblich beeinträchtigt.

1. Beeinträchtigung der Entscheidungsfreiheit, § 4 Nr. 1 UWG

111 § 4 Nr. 1 UWG bestimmt, dass derjenige, der geschäftliche Handlungen vornimmt, die geeignet sind, die Entscheidungsfreiheit der Verbraucher oder sonstiger Marktteilnehmer durch Ausübung von Druck, in menschenverachtender Weise oder durch sonstigen unangemessenen unsachlichen Einfluss zu beeinträchtigen, unlauter handelt. Mitbewerber werden nicht durch diese Bestimmung geschützt. Im Rahmen dieses Beispielstatbestandes kommt ein außerordentlich breites Spektrum möglicher unlauterer Wettbewerbshandlungen in Betracht.[53]

112 Die Problematik von § 4 Nr. 1 UWG besteht in der Abgrenzung zulässiger von unzulässigen Maßnahmen.[54] Prinzipiell zielt jede Werbemaßnahme auf eine Beeinflussung des Entscheidungsverhaltens der angesprochenen Adressaten. Diese sind den Umgang mit Werbung gewöhnt und werden diesbezüglich im Einklang mit dem geltenden Leitbild des „verständigen Durchschnittsverbrauchers"[55] in vielen Fällen nicht mehr schutzbedürftig sein.

113 Unter Berücksichtigung eines solchen Verbraucherleitbildes wird eine unangemessene Beeinträchtigung der Entscheidungsfreiheit der Adressaten der Werbemaßnahmen nur dann anzunehmen sein, wenn sich im Rahmen einer Gesamtwürdigung entweder die Widerrechtlichkeit des Mittels der Wettbewerbshandlung oder aber die mangelnde Verhältnismäßigkeit dieses Mittels zum beabsichtigten Zweck ergibt.

114 Die Fallgruppe „Ausübung von Druck" bezieht sich auf die früher von der Rechtsprechung unter der Hauptgruppe „Kundenfang" geprägte Untergruppe „Nötigung". Im Rahmen dieser Unterfallgruppe geht es um die Ausübung von physischem, psychischem, moralischem und autoritärem Druck.[56] Im Hinblick auf Fälle der Ausübung moralischen Drucks. ist zunächst der Sondertatbestand des Anhangs zu § 3 Abs. 3 UWG, dort Nr. 30, zu beachten. Ansonsten dürfte in Anbetracht der Gewöhnung der Verbraucher an moralische Appelle innerhalb der Werbung nur in eingeschränkten Ausnahmefällen eine unlautere moralische Druckausübung anzunehmen sein.

---

52 Gesetzesentwurf der Bundesregierung zur UWG-Reform 2004 „Entwurf eines Gesetzes gegen den unlauteren Wettbewerb (UWG)", BT-Drucks. 16/10145, S. 17.
53 Vgl die Übersicht bei Hefermehl/Köhler/Bornkamm, Wettbewerbsrecht zu § 4 Nr. 1 UWG (S. 260-266).
54 Henning-Bodewig, GRUR 2004, 703, 716 mwN.
55 Siehe dazu im Einzelnen Rn 207 ff.
56 Hefermehl/Köhler/Bornkamm, Wettbewerbsrecht, § 4 UWG R 1.19-1.33 a.

Unter bestimmten Voraussetzungen kann auch die ansonsten zulässige Ausübung von wirtschaftlichem Druck den Tatbestand des § 4 Nr. 1 UWG erfüllen. Ein Beispiel für die unlautere Ausübung von Druck wäre die Empfehlung eines Arbeitgebers an dessen Arbeitnehmer, von der Mitgliedschaft in ihren bisherigen Krankenkassen in die eigene Betriebskrankenkasse überzuwechseln.[57] 115

Eine weitere Fallgruppe des § 4 Nr. 1 UWG beinhaltet diejenigen Szenarien, in denen in der Weise auf den Kunden eingewirkt wird, dass dieser sich **anstandshalber verpflichtet fühlt**, ein Angebot zu akzeptieren. Dies kann bei Kaffeefahrten anzunehmen sein, wenn Teilnehmer sich der persönlichen Beeinflussung durch Verkäufer nicht entziehen können. Insgesamt sind die Schwellen für die Annahme eines unzulässigen Kaufzwangs auch hier hoch anzusetzen. Der Fall der Werbung eines Herstellers eines Haartönungsmittels für eine unentgeltliche erste Tönung, die von Friseuren aus der Sicht des Kunden als Gratisleistung vorgenommen wird,[58] dürfte aus heutiger Sicht nicht mehr als unlautere geschäftliche Handlung angesehen werden. 116

Eine sonstige Fallgruppe innerhalb des § 4 Nr. 1 UWG bildet die Wertreklame.[59] Grundsätzlich dürfte ein breites Spektrum solcher Maßnahmen als zulässig zu betrachten sein, solange nicht eine Irreführung, § 5 UWG oder ein sonstiger Unlauterkeitstatbestand, zB § 4 Nr. 4, 5 und 6 UWG, hinzukommt. Als unlauter angesehen werden können u.a. die Verknüpfung von Preisausschreiben oder Gewinnspielen mit dem Bezug von Waren,[60] oder bestimmte aggressive Formen von Kundenbindungssystemen, bei denen der Verbraucher bestimmte Umsätze tätigen muss, damit er keine Vorteile (zB angesparte Bonuspunkte) verliert.[61] 117

Durch die Aufhebung der ZugabeVO wurde der Spielraum für **Kopplungsgeschäfte** erweitert. Kopplungsgeschäfte sind als Ausfluss der Freiheit des Wettbewerbs grundsätzlich zulässig. Gleichwohl können bestimmte Kopplungsgeschäfte, insbesondere wenn sie die Gefahr einer Preisverschleierung und Irreführung des Kunden begründen bzw die gebotene Aufklärung über Preise nach der PAnGV nicht beinhalten, nach wie vor als unlauter einzustufen und auch vom Tatbestand des § 4 Nr. 1 UWG umfasst sein.[62] Zu beachten ist, dass im Bereich des Heilmittelwerberechts[63] nach wie vor enge Schranken für die Gewährung von Zugaben bestehen. 118

Eine Übersicht der Fallkonstellationen zu § 4 Nr. 1 UWG findet sich bei Hefermehl/Köhler/Bornkamm.[64] 119

2. Ausnutzung besonderer Umstände, § 4 Nr. 2 UWG

Nach dieser Bestimmung handelt unlauter, wer geschäftliche Handlungen vornimmt, die geeignet sind, geistige oder körperliche Gebrechen, die **geschäftliche Unerfahrenheit**, die Leichtgläubigkeit, die Angst oder die Zwangslage von Verbrauchern auszunutzen. 120

Entsprechend der bisherigen Rechtsprechung geht es in dieser Bestimmung zum einen um die Werbung gegenüber Kindern und Jugendlichen sowie sonstigen Verbrauchern, welche 121

57 OLG Düsseldorf, NZS 2002, 597.
58 BGH – Erstcoloration, GRUR 1998, 475.
59 Hefermehl/Köhler/Bornkamm, Wettbewerbsrecht, § 4 Rn 1.40 ff.
60 BGH – Entkopplungsangebot I, GRUR 2002, 976, 978.
61 Baumbach/Hefermehl/Köhler, Wettbewerbsrecht, § 4 UWG Rn 1.104.
62 Harte/Henning/Stuckel, UWG, § 4 Nr. 1 Rn 35 ff.
63 Im Einzelnen Rn 191 ff.
64 Baumbach/Hefermehl/Köhler, Wettbewerbsrecht, § 4 UWG Übersicht zu § 4 Nr. 1 (S. 186 bis 192).

geschäftlich unerfahren sind. Zu sonstigen Verbrauchern in diesem Sinne können zB Asylanten oder Aussiedler zählen, die noch keine hinreichenden geschäftlichen Erfahrungen sammeln konnten.[65] Eine Ausnutzung gem. § 4 Nr. 2 UWG wird insbesondere gegeben sein, wenn die betreffenden Adressaten die Folgen eines Geschäfts, insbesondere in finanzieller Hinsicht, nicht abschätzen können. Dies mag zB der Fall sein, wenn Kinder oder Jugendliche aufgefordert werden, entgeltlich Inhalte über das Internet oder das Mobilfunknetz herunterzuladen und damit weitgehende Abonnementsverpflichtungen für Klingeltöne oder Handyapplikationen eingehen.[66]

122 Wenn Verbraucher aufgrund von körperlichen oder geistigen Gebrechen, zB Einschränkungen des Sehvermögens oder einer Demenz, anders als der Durchschnittsverbraucher in ihrer Fähigkeit informierte geschäftliche Entscheidungen zu treffen, eingeschränkt sind und die geschäftliche Handlung des Unternehmers geeignet ist, dies ausnutzen, ist ebenfalls ein Fall des § 4 Nr. 2 UWG anzunehmen.

123 Eine weitere Fallgruppe des § 4 Nr. 2 UWG betrifft die Ausnutzung einer wirtschaftlichen oder sonstigen Zwangslage der Werbeadressaten. Ein Beispiel könnte in der Überrumpelung von Angehörigen bei Trauerfällen bestehen, um diesen bestimmte Leistungen anzubieten, welche sie bei einer verständigen Nachfrageentscheidung nicht treffen würden.

3. Verbot der verdeckten Werbung, § 4 Nr. 3 UWG

124 Mit dieser Bestimmung wird die Verschleierung des Werbecharakters von geschäftlichen Handlungen als unlauter gekennzeichnet.

125 Darunter fällt zum einen das Verbot der **Schleichwerbung**, welche in unterschiedlichsten Formen auftreten kann. Fallgruppen in diesem Sinne bilden u.a. die Verschleierung werblicher Kontakte, also zB die Darstellung von Kaffeefahrten als Ausflüge, oder die Tarnung von Werbung in der Berichterstattung der Medien. Dazu gehören u.a. Verstöße gegen das Gebot der Trennung von redaktionellen und werbenden Beiträgen, welches für sämtliche Medien gilt, oder der sog. Rechnungsbetrug.[67] Unter einem „Rechnungsbetrug" wird im wettbewerbsrechtlichen Sinne in diesem Zusammenhang die Übermittlung einer, in Form einer Rechnung gemachten, Aufforderung zu Bestellungen von Waren oder Dienstleistungen angesehen. Der Empfänger kann insoweit den Eindruck gewinnen, dass eine solche „Rechnung" auf einer früheren Bestellung basiert und deswegen versehentlich eine entsprechende Zahlung und Bestellung veranlassen.[68]

126 Der Unlauterkeitsvorwurf im Rahmen des § 4 Nr. 3 UWG bezieht sich in erster Linie darauf, dass die Adressaten der Werbung durch die vermeintlich neutrale, nicht werbebezogene Information dazu veranlasst werden, der Maßnahme mehr Aufmerksamkeit und mehr Vertrauen zu schenken, als dies ein verständiger Verbraucher bei erkennbaren Werbemaßnahmen tun würde.

4. Informationspflichten bei Verkaufsförderungsmaßnahmen, § 4 Nr. 4 UWG

127 Nach dieser Fallgruppe handelt unlauter, wer bei Verkaufsförderungsmaßnahmen wie Preisnachlässen, Zugaben oder Geschenken die Bedingungen für ihre Inanspruchnahme

65 BGH – Verkaufsveranstaltung im Aussiedlerwohnheim, GRUR 1998, 1041.
66 Vgl BGH – Werbung für Klingeltöne, NJW 2006, 2479.
67 Hefermehl/Köhler/Bornkamm, Wettbewerbsrecht, § 4 Übersicht zu § 4 Nr. 3 (S. 361 f).
68 Ein solches Verhalten verstößt iÜ u.a. gegen § 5 UWG sowie die §§ 823 ff BGB.

nicht klar und eindeutig angibt. Es geht um die **Transparenz** des Angebots für den Werbeadressaten.

Die Regelung entspricht § 6 Abs. 1 Nr. 3 TMG. Derjenige, der Preisnachlässe, Geschenke oder ähnliches auslobt, muss zum einen die Berechtigung zur Inanspruchnahme und zum anderen die Modalitäten der Inanspruchnahme in einer Weise darstellen, die durchschnittlich verständige Adressaten ohne weiteres nachvollziehen können.[69] 128

5. Transparenz bei Preisausschreiben und Gewinnspielen, § 4 Nr. 5 UWG

Im Einklang mit der bisherigen Rechtsprechung und der bereits für den elektronischen Geschäftsverkehr geltenden Regelung des § 6 Abs. 1 Nr. 4 TMG, bestimmt § 4 Nr. 5 UWG, dass unlauter handelt, wer bei Preisausschreiben und Gewinnspielen mit Werbecharakter die **Teilnahmebedingungen** nicht klar und eindeutig angibt. 129

Zu den klar und eindeutig anzugebenden Bedingungen gehören u.a. Angaben zu berechtigten Teilnehmerkreisen, Angaben zu den für die Spielteilnahme nötigen Mitwirkungshandlungen der Teilnehmer sowie die Angabe des Einsendeschlusses. Im Hinblick auf § 4 Nr. 5 UWG ist zudem die Bereitstellung von transparenten und für die Teilnehmer leicht verständlichen Spielbedingungen durch den Veranstalter zu empfehlen. 130

6. Kopplung von Preisausschreiben und Gewinnspielen mit der Inanspruchnahme von Waren oder Dienstleistungen, § 4 Nr. 6 UWG

Im Einklang mit der früheren Rechtsprechung[70] ist die Verknüpfung von Gewinnspielen oder Preisausschreiben mit dem Warenabsatz oder der Inanspruchnahme von Dienstleistungen verboten. 131

Neben einer rechtlichen Kopplung ist auch eine tatsächliche Kopplung für das Eingreifen des Kopplungsverbots ausreichend. Das kann zB anzunehmen sein, wenn Teilnehmer einem faktischen Kaufzwang unterliegen, um am Preisausschreiben teilnehmen zu können. 132

Eine Ausnahme gilt für sog. „naturgemäße“ Verbindungen, mithin denjenigen Kopplungen, in denen Preisausschreiben oder Gewinnspiele ein Teil von Presse- oder Rundfunkerzeugnissen sind, also zB das Kreuzworträtsel im Programmheft. Dies wird mit dem Umstand begründet, dass derartige Gewinnspiele auch die Attraktivität des jeweiligen Unterhaltungsmediums steigern sollen.[71] 133

Die Veranstalter von Preisausschreiben oder Gewinnspielen können den Unlauterkeitsvorwurf des § 4 Nr. 6 UWG beseitigen, in dem sie zB gleichwertige alternative Teilnahmemöglichkeiten an der Maßnahme ohne Kopplung an die angebotenen Waren oder Leistungen anbieten.[72] 134

7. Herabwürdigung von Mitbewerbern und Geschäftsehrverletzung, § 4 Nr. 7 UWG

Diese Bestimmung verbietet die unlautere Herabwürdigung von Kennzeichen, Waren, Dienstleistungen, Tätigkeiten oder persönlichen oder geschäftlichen Verhältnissen eines Mitbewerbers. Dies kann abwertende Meinungsäußerungen oder Werturteile, jedoch auch die Verbreitung wahrer oder unwahrer Tatsachen umfassen, durch die Mitbewerber direkt oder auch nur indirekt herabgewürdigt werden. 135

69 Hefermehl/Köhler/Bornkamm, Wettbewerbsrecht, § 4 UWG Rn 4.10-4.14.
70 ZB BGH – Gewinnspiel im Radio, GRUR 2002, 1003, 1004.
71 BGH – Werbung im Programm, GRUR 1990, 610, 616.
72 Im Einzelnen Harte/Henning/Bruhn, UWG, § 4 Nr. 6 Rn 21 f.

136 Bei derartigen Verhaltensweisen kommen ebenso zivilrechtliche Bestimmungen zum Schutz vor Rufschädigung oder Geschäftsehrverletzungen in Betracht, §§ 824, 826 und § 823 BGB, letztere insbesondere in Verbindung mit dem Recht am eingerichteten und ausgeübten Gewerbebetrieb bzw dem allgemeinen Persönlichkeitsrecht. Stehen die möglicherweise herabwürdigenden Äußerungen im Zusammenhang mit vergleichender Werbung, § 6 UWG,[73] richtet sich deren Zulässigkeit ausschließlich nach § 6 UWG.[74]

137 Bei der Beurteilung der Zulässigkeit einer Meinungsäußerung ist zwischen der Meinungsfreiheit und der vom UWG geschützten Lauterkeit des Wettbewerbs abzuwägen. Die Grenze der Zulässigkeit wird diesbezüglich regelmäßig im Falle der Schmähkritik erreicht sein.[75] Eine solche Güterabwägung kommt bei der Verbreitung von herabwürdigenden Tatsachen indes nicht in Betracht. Auch die Verbreitung wahrer Tatsachen kann wettbewerbsrechtlich in engen Grenzen unzulässig sein.[76]

8. Anschwärzung, § 4 Nr. 8 UWG

138 IS dieser Nr. sind Behauptungen oder die Verbreitung von Tatsachen über Waren oder Dienstleistungen des Unternehmen eines Mitbewerbers oder über den Unternehmer oder ein Mitglied der Geschäftsleitung unlauter, die geeignet sind, den Betrieb des Unternehmens oder den Kredit des Unternehmens zu schädigen, sofern die Tatsachen nicht erweislich wahr sind. Vertraulicher Mitteilungen, an denen der Mitteilende oder der Empfänger der Mitteilung ein berechtigtes Interesse hat, sind nur dann unlauter, wenn die dort enthaltenen Tatsachen der Wahrheit zuwider behauptet oder verbreitet wurden.

139 Die aktuelle Bestimmung des § 4 Nr. 8 UWG sollte die frühere Regelung des § 14 UWG alter Fassung ersetzen.[77] Dementsprechend kann auf die bisherige Rechtsprechung und Literatur zu § 14 UWG alter Fassung weiter zurückgegriffen werden.

140 Neben dem Tatbestand des § 4 Nr. 8 UWG kommen zum Vorgehen gegen derartige Anschwärzungshandlungen auch u.a. die Bestimmungen der §§ 823, 824 und 826 BGB in Betracht.

141 Im Zusammenhang mit § 4 Nr. 8 UWG wird sich häufig die Problematik der Abgrenzung einer Tatsachenbehauptung von bloßen Meinungsäußerungen ergeben. Diesbezüglich ist zu prüfen, ob die beanstandeten Äußerungen objektiv im Wege des Beweises überprüfbar sind.[78] Sie müssen jedenfalls einen Tatsachenkern beinhalten. Die Abgrenzung der Tatsachenbehauptung von der Meinungsäußerung kann im Einzelfall Schwierigkeiten bereiten.

142 Aus der Formulierung in § 4 Nr. 8 UWG

... sofern die Tatsachen nicht erweislich wahr sind; ...,

folgt eine Beweislastumkehr. Derjenige, der die beanstandeten Äußerungen verbreitet, hat deren Wahrheit im Streitfalle zu beweisen, was bei Umständen aus der Sphäre eines Dritten vielfach Schwierigkeiten bereitet.

73 Siehe Rn 173 ff.
74 BGH – Pippig Augenoptik, GRUR 2003, 533 Rn 43, 44.
75 Harte/Henning/Bruhn, UWG, § 4 Nr. 7 Rn 11 mwN.
76 Harte/Henning/Omsels, UWG, § 4 Nr. 8 Rn 21 f.
77 Gesetzesentwurf der Bundesregierung „Entwurf eines Gesetzes gegen den unlauteren Wettbewerb (UWG)“, BT-Drucks. 16/10145, S. 18.
78 ZB BGH – Illegaler Fellhandel, GRUR 1993, 409.

9. Wettbewerbsrechtlicher Leistungsschutz, § 4 Nr. 9 UWG

Diese Bestimmung regelt die früher von der Rechtsprechung in bestimmten Fallgruppen von § 1 UWG alter Fassung behandelte Problematik ergänzenden wettbewerbsrechtlichen Leistungsschutzes. 143

Aus dem bestehenden spezialgesetzlichen Leistungsschutz für gewerbliche wie nicht-technische geistige Schöpfungen, der vor allem durch das Patentgesetz, das Gebrauchsmustergesetz, das Urheberrechtsgesetz und diverse weitere spezielle Schutzgesetze gewährleistet wird, folgt der Grundsatz, das diejenigen Leistungen, welche nicht von Spezialgesetzen geschützt werden, prinzipiell frei zugänglich sein sollen. Nachahmungen von Waren und Dienstleistungen sind, sofern kein spezialgesetzlicher Schutz greift, deswegen nur in den besonderen, in § 4 Nr. 9 lit. a-c UWG geregelten Fällen unzulässig. 144

§ 4 Nr. 9 lit. a UWG betrifft Fälle der **vermeidbaren Herkunftstäuschung.** Dieser Tatbestand setzt im Einklang mit der bisherigen Rechtslage eine hinreichende wettbewerbliche Eigenart des nachgeahmten Produkts voraus.[79] Dies kann u.a. dann anzunehmen sein, wenn das nachgeahmte Produkt die Eignung besitzt, bei Verbrauchern auf eine besondere Herkunft oder Güte hinzuweisen. Dies kann von Anfang an zB durch eine besondere Gestaltung oder aber durch einen später erworbenen Bekanntheitsgrad der Fall sein.[80] 145

Durch die Nachahmung, welche entweder in Form einer identischen Übernahme fremder Leistungen oder u.a. durch eine ähnliche, stark angelehnte Übernahme erfolgen kann, muss der Abnehmer über die Herkunft des Produkts getäuscht werden können. Die Täuschung ist vermeidbar, wenn der Handelnde diese durch geeignete und zumutbare Maßnahmen, zB die deutliche Hinzufügung einer Herkunftskennzeichnung, hätte verhindern können.[81] Ist die wettbewerbliche Eigenart des nachgeahmten Erzeugnisses festgestellt, bedarf es dann zusätzlich der Feststellung besonderer, den Unlauterkeitsvorwurf begründender Elemente.[82] 146

§ 4 Nr. 9 lit. b UWG regelt den Fall unlauterer Nachahmung, wenn insoweit die Wertschätzung der nachgeahmten Ware oder Dienstleistung unangemessen ausgenutzt oder beeinträchtigt wird. Spezialgesetzliche Bestimmungen wie zB § 14 Abs. 2 Nr. 3 MarkenG genießen Vorrang vor dem wettbewerbsrechtlichen Leistungsschutz. Ein Beispiel für diese Fallgruppe wäre der Fall nachgeahmter Luxusuhren durch einen Kaffeeröster.[83] 147

Eine weitere Fallkonstellation unredlicher Nachahmungen beinhaltet § 4 Nr. 9 lit. c UWG. Hier basiert der Unlauterkeitsvorwurf auf der unredlichen Erlangung der für die Nachahmung erforderlichen Informationen. Das kann zB durch den Missbrauch im Rahmen eines Vertrauens- oder Vertragsverhältnisses erlangter Informationen der Fall sein.[84] 148

10. Behinderung von Mitbewerbern, § 4 Nr. 10 UWG

Dieser Unlauterkeitstatbestand richtet sich gegen die gezielte Behinderung von Mitbewerbern. Im Rahmen einer objektiven Würdigung des Sachverhaltes bedarf es der Feststellung, dass die im Raum stehende Maßnahme nicht primär der Stärkung des eigenen Absatzes, 149

79 Gesetzesentwurf der Bundesregierung „Entwurf eines Gesetzes gegen den unlauteren Wettbewerb (UWG)“, BT-Drucks. 16/10145, S. 18.
80 Harte/Henning/Sambuc, UWG, § 4 Nr. 9 Rn 61 f.
81 BGH – Merkmalklötze, GRUR 1976, 434, 436.
82 Im Einzelnen Hefermehl/Köhler/Bornkamm, Wettbewerbsrecht, § 4 Rn 9.40 f.
83 BGH – Tchibo/Rolex I, GRUR 1985, 876.
84 Baumbach/Hefermehl/Köhler, Wettbewerbsrecht, § 4 UWG Rn 9.62 mwN.

sondern der Behinderung des Wettbewerbs dient. Dies muss anhand von konkreten Indizien positiv festgestellt werden.[85]

150 Eine Übersicht über die diversen, insoweit in Betracht kommenden Fallgruppen, u.a. die **Kundenabwerbung, Mitarbeiterabwerbung,** wie auch **Boykottaufrufe** oder veranlasste Betriebsstörungen des Mitbewerbers kann u.a. Hefermehl/Köhler/Bornkamm[86] entnommen werden.

11. Rechtsbruch, § 4 Nr. 11 UWG

151 Nach dieser Bestimmung handelt unlauter, wer gesetzlichen Bestimmungen zuwider handelt, die auch dazu bestimmt sind, im Interesse der Marktteilnehmer das Marktverhalten zu regeln. In der Vergangenheit vor Inkrafttreten des aktuellen UWG wurde zur Bestimmung der Frage, ob ein unlauterer Rechtsbruch vorliegt, auf die Wertbezogenheit der betreffenden Norm abgestellt.[87]

152 In der Begründung des Regierungsentwurfes zum Entwurf eines Gesetzes gegen den unlauteren Wettbewerb[88] wurde bereits 2004 deutlich gemacht, dass der unlauterkeitsrechtliche Tatbestand nicht mehr allein durch einen Verstoß gegen eine „wertbezogene Norm"[89] erfüllt wird. Vielmehr bedarf es im Einklang mit der aktuellen Rechtsprechung des BGH[90] der Feststellung, dass der verletzten Bestimmung zumindest eine sekundäre Schutzfunktion zugunsten des Wettbewerbs zukommen muss.[91] In dem Fall ging es um einen Verstoß der Stadtwerke München gegen Art. 87 der bayerischen Gemeindeordnung. Insoweit könne nur dann von einem relevanten Rechtsbruch iS des § 1 UWG ausgegangen werden, wenn die betreffende Norm gerade auch das Ziel verfolge, den privaten Wettbewerber vor Wettbewerb durch die öffentliche Hand zu schützen. Eine solche Schutzfunktion konnte der fraglichen Bestimmung nicht entnommen werden.

153 Etwas anderes gilt nach der Rechtsprechung[92] für das Weglassen eines Impressums iS von § 5 TMG.

III. Irreführung, § 5 UWG

154 Auf der Grundlage von Art. 6 der UGP-RL wurde der zentrale Irreführungstatbestand des § 5 UWG aF grundlegend umgestaltet und in § 5 a UWG entsprechend Art. 7 der UGP-RL um einen neuen Tatbestand zur Frage des Irreführens durch Unterlassen ergänzt. § 5 UWG knüpft an „irreführende geschäftliche Handlungen" an. In § 5 Abs. 1 S. 2 UWG ist nun eine Definition des Begriffs der Irreführung enthalten.

155 Für die Frage einer unlauteren Irreführung durch Unterlassen kommt es maßgeblich auf die entsprechende Verkehrsauffassung und die Eignung des Verschweigens zur Beeinflussung der Entscheidung des Abnehmers an.[93] Die neuen Regelungen des § 5 a Abs. 2-4 UWG begründen für konkrete Angebote von Waren und Dienstleistungen erweiterte Informationspflichten gegenüber Verbrauchern.

---

85 OLG München, GRUR 2000, 519.
86 Hefermehl/Köhler/Bornkamm, Wettbewerbsrecht, § 4 UWG Übersicht vor Rn 10.1.
87 Hefermehl/Köhler/Bornkamm, Wettbewerbsrecht, § 4 UWG Rn 11.2.
88 BT-Drucks. 16/10145, S. 19.
89 Vgl dazu Harte/Henning/v. Jagow, UWG, § 4 Nr. 11 Rn 5, 6, mit einer Aufzählung diverser wertbezogener bzw wertneutraler Normen.
90 BGH – Elektroarbeit, GRUR 2002, 825.
91 Vgl BGH – Abgasemissionen, GRUR 2000, Seite 1076.
92 OLG Hamburg GRUR-RR 2003, 92, 93; str.
93 Lettl, GRUR-RR 2009, 43.

Nach § 5 Abs. 1 UWG handelt unlauter, wer eine irreführende geschäftliche Handlung vornimmt. Praktisch bedeutet dies, dass es für § 5 UWG auf irreführende Angaben im geschäftlichen Verkehr ankommt. Durch die nunmehr fehlende Bezugnahme auf § 3 UWG im Text der Bestimmung des § 5 UWG wird deutlich, dass dem „Spürbarkeitskriterium" des § 3 Abs. 1 UWG bei § 5 UWG keine eigenständige Bedeutung zukommt. Dies bedeutet nicht, dass wettbewerbsrechtlich irrelevante Irreführungen im Rahmen des § 5 UWG wie auch des § 5 a UWG zu berücksichtigen sind. Denn nach dem Schutzzweck der Bestimmung sind nur wettbewerbsrechtlich relevante Irreführungen zu berücksichtigen.[94] Bei der Prüfung irreführender Angaben ist stets eine Gesamtwürdigung aller relevanter Umstände geboten. 156

Die Beurteilung der Frage, ob eine Wettbewerbshandlung als irreführend und unlauter einzustufen ist, hängt wesentlich von der maßgeblichen **Perspektive der angesprochenen Adressaten** ab. Die Rechtsprechung des BGH[95] knüpft insoweit seit einigen Jahren an die entsprechende Rechtsprechung des EuGH an, wonach der Verständnishorizont eines durchschnittlich informierten, verständigen und situationsadäquat aufmerksamen Werbeadressaten maßgeblich für die Beurteilung der unlauteren Handlung sei. Dieses Verbraucherleitbild liegt auch dem § 5 UWG zugrunde.[96] 157

Ein solcher normativer Verständnishorizont führt im Vergleich zur früheren Rechtsprechung des BGH,[97] welche jedenfalls teilweise empirische Kriterien zugrunde legte, zu wesentlich höheren Schwellen für die Annahme einer unlauteren Irreführung. 158

IÜ wird die Frage, ob die Werbung den durchschnittlich informierten, aufmerksamen und verständigen Durchschnittsempfänger irreführt, stets von der angesprochenen Adressatengruppe abhängen. Abhängig von der gewählten Adressatengruppe, welche von Fachkreisen, mit den beworbenen Produkten oder Leistungen sehr vertrauten Personen, über den Durchschnittsverbraucher bis hin zu irreführungsanfälligen Personenkreisen wie zB Kindern reichen kann, werden sich unterschiedliche Verständnisresultate ergeben. 159

Auch nach der Neufassung des § 5 Abs. 1 UWG verbleibt entsprechend der früheren Rechtsprechung zu § 5 UWG aF die Notwendigkeit, bei der Beurteilung einer Irreführung eine Gesamtwürdigung vorzunehmen. Insoweit sind wie früher schon die in § 5 Abs. 1 S. 2 Nr. 1-3 UWG aufgeführten Umstände wie u.a. die wesentlichen Merkmale der Waren oder Dienstleistungen, Verkaufsanlass, Preis- und Lieferbedingungen, geschäftliche Verhältnisse des Werbenden bei der Beurteilung einer behaupteten Irreführung zu berücksichtigen. 160

In den Nr. 4 -7 von § 5 Abs. 1 S. 2 UWG wurden im Zuge der aktuellen Umsetzung der UGP-RL weitere Umstände hinzugefügt, welche ebenfalls für die Frage einer Irreführung von Bedeutung sein können. 161

§ 5 Abs. 1 S. 2 Nr. 4 UWG betrifft Angaben im Zusammenhang mit **Sponsoring**[98] bzw der „Zulassung" des Unternehmens bzw dessen Waren oder Dienstleistungen. § 5 Abs. 1 S. 2 Nr. 5 UWG regelt Irreführungen über die **Notwendigkeit von Leistungen bzw Reparaturen**. Der nachfolgende § 5 Abs. 1 S. 2 Nr. 6 UWG betrifft Fälle der Einhaltung eines Ver- 162

94 BGH – Klosterbrauerei, GRUR 2003, 628, 630.
95 BGH – Thermal-Bad, GRUR 2003, 447, 448.
96 Gesetzesentwurf der Bundesregierung „Entwurf eines Gesetzes gegen den unlauteren Wettbewerb (UWG)", BT-Drucks. 16/10145, S. 19.
97 Vgl BGH – GRUR 1995, 612, 614.
98 Vgl dazu Körber/Mann, GRUR 2008, 737, 738.

haltenskodex, wenn der Werbende im geschäftlichen Verkehr behauptet, an einen solchen gebunden zu sein, sich aber gleichwohl nicht an dessen Bestimmungen hält.[99]

163 Weit größere praktische Bedeutung als den § 5 Abs. 1 S. 2 Nr. 4-6 UWG dürfte dem Fall der Irreführung von Verbrauchern über vertragliche Rechte, § 5 Abs. 1 S. 2 Nr. 7 UWG, zukommen.[100] Die Bestimmung gilt für ausdrückliche unzutreffende Angaben über Verbraucherrechte. Die wettbewerbsrechtliche Relevanz des **Verschweigens** bestimmter Rechte ist an § 5 a UWG zu messen. Ein Beispiel für eine irreführende Garantie iS von § 5 Abs. 1 S. 2 Nr. 7 UWG wäre eine Garantie eines Gebrauchtwagenhändlers, welche gewöhnliche und außergewöhnliche Verschleißschäden ausschließt und damit selbst die gesetzliche Gewährleistung deutlich unterschreitet.[101]

164 Die Liste der Umstände in § 5 Abs. 1 S. 2 Nr. 1-7 UWG ist nicht abschließend, wie sich aus dem Wortlaut der Bestimmung ergibt.

165 Die der Umsetzung der UGP-RL geschuldete neue Regelung des § 5 Abs. 2 UWG, wonach eine geschäftliche Handlung auch irreführend ist, wenn sie im Zusammenhang mit der Vermarktung von Waren oder Dienstleistungen, einschließlich vergleichender Werbung, eine **Verwechslungsgefahr** mit einer anderen Ware oder Dienstleistung oder mit der Marke oder einem anderen Kennzeichen eines Mitbewerbers hervorruft, stellt das bisherige Vorrangverhältnis des marken- und geschmacksmusterrechtlichen Sonderrechtsschutzes in Frage. Diese Frage ist durch die künftige Rechtsprechung zu klären.

166 § 5 Abs. 4 UWG bezieht sich auf die Problematik der **Mondpreiswerbung**, bei der zunächst ein hoher Ausgangspreis zugrunde gelegt wird, um dann, nach der häufig mit relativ geringem Zeitabstand erfolgten Herabsetzung dieses Preises, mit scheinbar hohen Preissenkungen zu werben. Die Bestimmung beinhaltet eine Vermutung für eine Irreführung in diesem Zusammenhang, wenn der Ausgangspreis nur für eine „unangemessene kurze Zeit" gefordert wurde. Ohne eine systematische Beobachtung der Wettbewerber und Sicherung entsprechender Beweise dürfte es Mitbewerbern jedoch schwer fallen, entsprechende Fakten vorzutragen, welche für den Fall einer Mondpreiswerbung sprechen werden.[102]

167 Die Bestimmung des früheren § 5 Abs. 5 UWG betrifft die Fälle der **Lockvogelwerbung** und wurde im Rahmen der Umsetzung der UGP-RL aufgehoben. Denn in der schwarzen Liste, Anhang zu § 3 Abs. 3 UWG, dort Nr. 5 ist eine weitgehend deckungsgleiche Regelung enthalten. Danach gehören zu den unzulässigen geschäftlichen Handlungen

> **Waren- oder Dienstleistungsangebote iS des § 5 a Abs. 3 zu einem bestimmten Preis, wenn der Unternehmer nicht darüber aufklärt, dass er hinreichende Gründe für die Annahme hat, er werde nicht in der Lage sein, diese oder gleichartige Waren oder Dienstleistungen für einen angemessenen Zeitraum in angemessener Menge zum genannten Preis bereitzustellen oder bereitstellen zu lassen (Lockangebote). Ist die Bevorratung kürzer als zwei Tage, obliegt es dem Unternehmer, die Angemessenheit nachzuweisen;**

168 Der Werbende kann ein Eingreifen des neuen Tatbestandes durch deutlich sichtbare aufklärende Zusätze wie zB „nur 100 Stück vorrätig" oder „Restposten" ausschließen.[103]

169 Was nun ein angemessener Vorrat iS dieser Bestimmung ist, ergibt sich einerseits aus der Person und dem Umfang der geschäftlichen Aktivitäten des Werbenden. Zum anderen sind

99 Hefermehl/Köhler/Bornkamm, Wettbewerbsrecht, § 5 Rn 5.164.
100 Im Einzelnen Harte/Henning/Dreyer/Weidert, UWG, § 5 Abs. 1 S. 2 Nr. 7 Rn 1 f.
101 OLG Saarbrücken NJW-RR 1996, 1326.
102 Köhler, GRUR 2004, 2121, 2125.
103 Vgl BGH – Computerwerbung II, GRUR 2003, 163.

die Art und der Umfang der in Betracht kommenden Werbemaßnahme entscheidend. Der überregional tätige und werbende Elektronikfachmarkt muss ungleich größere Mengen bevorraten als der einzelkaufmännisch tätige Elektronikfachhändler, der seine Ware in einem Flugblatt in geringer Auflage lokal bewirbt.

IV. Irreführung durch Unterlassen, § 5 a UWG

Mit der UWG-Reform 2009 hat der Gesetzgeber in Umsetzung von Art. 7 der UGP-RL eine neue Regelung zur Frage der Irreführung durch Unterlassen, § 5 a UWG, geschaffen, welche voraussichtlich vor allem zum Umfang der Informationspflichten durch den Unternehmer manche Kontroverse nach sich ziehen wird. 170

Die Regelung enthält eine Zweiteilung. Sie stellt zunächst in § 5 a Abs. 1 UWG klar, dass sich aus dem Verbot irreführender Angaben auch das Verbot ergibt, durch beredtes Schweigen zu täuschen. Diese Regelung gilt auch im Verhältnis zwischen Unternehmern. § 5 a Abs. 2-4 UWG gelten nur im Verhältnis zwischen Unternehmern und Verbrauchern und statuieren besondere Informationspflichten bei bestimmten Angeboten von Waren und Dienstleistungen. § 5 a Abs. 3 UWG konkretisiert diese wie folgt: 171

Werden Waren oder Dienstleistungen unter Hinweis auf deren Merkmale und Preis in einer dem verwendeten Kommunikationsmittel angemessenen Weise so angeboten, dass ein durchschnittlicher Verbraucher das Geschäft abschließen kann, gelten folgende Informationen als wesentlich im Sinne des Absatzes 2, sofern sie sich nicht unmittelbar aus den Umständen ergeben:
1. alle wesentlichen Merkmale der Ware oder Dienstleistung in dem dieser und dem verwendeten Kommunikationsmittel angemessenen Umfang;
2. die Identität und Anschrift des Unternehmers, gegebenenfalls die Identität und Anschrift des Unternehmers, für den er handelt;
3. der Endpreis oder in Fällen, in denen ein solcher Preis auf Grund der Beschaffenheit der Ware oder Dienstleistung nicht im Voraus berechnet werden kann, die Art der Preisberechnung sowie gegebenenfalls alle zusätzlichen Fracht-, Liefer- und Zustellkosten oder in Fällen, in denen diese Kosten nicht im Voraus berechnet werden können, die Tatsache, dass solche zusätzlichen Kosten anfallen können;
4. Zahlungs-, Liefer- und Leistungsbedingungen sowie Verfahren zum Umgang mit Beschwerden, soweit sie von Erfordernissen der fachlichen Sorgfalt abweichen, und
5. das Bestehen eines Rechts zum Rücktritt oder Widerruf.

Ein wesentlicher Teil dieser Informationspflichten besteht bereits im Rahmen des Fernabsatzrechts.[104] Ungeachtet der Bestimmung des § 5 a UWG besteht keine allgemeine Aufklärungspflicht des Unternehmers. Die Frage der geschäftlichen Relevanz des Schweigens ist nach allgemeinen Regeln für die Beurteilung einer Irreführung zu prüfen. Zu den Fallgruppen, in denen eine geschäftlich relevante Irreführung durch Unterlassen anzunehmen sein könnte, zählen unter anderem das Verschweigen der Tatsache, dass es sich bei der Ware um ein Auslaufmodell handelt[105] oder das Verschweigen von Reimporten bei Kraftfahrzeugen.[106] 172

104 Vgl § 1 BGB-InfoV.
105 Hefermehl/Köhler/Bornkamm, Wettbewerbsrecht, § 5 a UWG Rn 12-15.
106 Hefermehl/Köhler/Bornkamm, Wettbewerbsrecht, § 5 a UWG Rn 18.

V. Vergleichende Werbung, § 6 UWG

173 Die Regelung vergleichender Werbung[107] wurde nahezu unverändert in § 6 des aktuellen UWG übernommen. Entscheidend für die Annahme einer vergleichenden Werbung ist, dass diese einen Mitbewerber bzw dessen Waren oder Dienstleistungen erkennbar macht, § 6 Abs. 1 UWG. Dies ist aus der Sicht der angesprochenen Werbeadressaten zu beurteilen.[108] Ist Erkennbarkeit in diesem Sinne gegeben, muss sich die vergleichende Werbung an den Kriterien des § 6 Abs. 2 Nr. 1-6 UWG messen lassen.

174 Danach sind u.a. Vergleiche in Bezug auf Produkte mit unterschiedlichen Zweckbestimmungen, in Bezug auf subjektive Produkteigenschaften wie dem Geschmack oder die Darstellung von Produktimitationen unzulässig.

175 Bereits begrifflich setzt eine vergleichende Werbung die Gegenüberstellung von mindestens zwei Unternehmen oder deren Produkten voraus.

VI. Unzumutbare Belästigungen, § 7 UWG

176 Wie geschildert[109] wurde die Regelung des § 7 UWG durch die UWG-Reform 2009 und das Gesetz zur Bekämpfung unerlaubter Telefonwerbung insbesondere vor dem Hintergrund der erheblichen Zunahme belästigender Werbung in der elektronischen Kommunikation zweifach modifiziert.

177 Mit der neuen Regelung wurde ein eigenständiger, von § 3 UWG unabhängiger Verbotstatbestand geschaffen. Das bedeutet, dass ein Spürbarkeitskriterium bei den Tatbeständen des § 7 Abs. 2 UWG, wie der Wortlaut von § 7 Abs. 2 UWG dokumentiert („Eine unzumutbare Belästigung ist stets anzunehmen, …"), nicht anzuwenden ist. Verstöße gegen § 7 Abs. 2 UWG sind stets unzulässig, wie marginal sie auch sein mögen.

178 § 7 Abs. 1 UWG enthält eine neue kleine Generalklausel. Nach der Bestimmung ist eine geschäftliche Handlung, durch die ein Marktteilnehmer in unzumutbarer Weise belästigt wird, unzulässig. Dies gilt insbesondere für Werbung, obwohl erkennbar ist, dass der angesprochene Marktteilnehmer diese Werbung nicht wünscht. Die offene Formulierung von § 7 Abs. 1 UWG ermöglicht auch die Sanktionierung zukünftiger, bislang noch unbekannter Formen belästigender Werbung.

179 § 7 Abs. 2 UWG beinhaltet einige besonders praxisrelevante Beispielsfälle stets unzulässiger unzumutbarer Belästigungen.

180 § 7 Abs. 2 Nr. 1 UWG regelt den Fall der erkennbaren Ablehnung der Werbung durch den Empfänger. Ein Hauptanwendungsfall dieses Tatbestandes wird in der **Briefkastenwerbung** bestehen, wenn die ausgewählten Adressaten der Werbung durch entsprechende Hinweise wie zB Aufkleber auf Briefkästen ihre Ablehnung derartiger Werbung kundgetan haben. Nach aktuellem Recht ist allein ein „hartnäckiges", also wiederholtes Ansprechen von Verbrauchern nach dieser Bestimmung unzulässig.[110]

181 § 7 Abs. 2 Nr. 2 UWG regelt die **Telefonwerbung** gegenüber Verbrauchern und sonstigen Marktteilnehmern. Diese Bestimmung wurde durch das Gesetz zur Bekämpfung unerlaubter Telefonwerbung und zur Verbesserung des Verbraucherschutzes bei besonderen Ver-

---

107 § 2 UWG aF wurde durch das Gesetz zur vergleichenden Werbung und Änderung wettbewerbsrechtlicher Vorschriften v. 1.9.2000 in das UWG aufgenommen.
108 Hefermehl/Köhler/Bornkamm, Wettbewerbsrecht, § 6 UWG Rn 35- 42.
109 Siehe oben Rn 48.
110 Näher Harte/Henning/Ubber, UWG, § 7 Rn 142.

triebsformen[111] verschärft.[112] Eine unzumutbare Belästigung durch einen Telefonanruf ist nun stets anzunehmen

bei Werbung mit einem Telefonanruf gegenüber einem Verbraucher ohne dessen vorherige ausdrückliche Einwilligung oder gegenüber einem sonstigen Marktteilnehmer ohne dessen zumindest mutmaßliche Einwilligung.

Mit diesem Gesetz wurde zugleich ein neuer Sanktionstatbestand, § 20 UWG, eingefügt, der Verstöße gegen diese Regelung als Ordnungswidrigkeit klassifiziert und die Verhängung von Bußgeldern bis zu EUR 50.000,00 zulässt. 182

In Bezug auf sonstige Marktteilnehmer, mithin Unternehmer, ist gem. § 7 Abs. 2 Nr. 2 UWG deren mutmaßliche Einwilligung ausreichend. Eine solche Einwilligung ist idR anzunehmen, wenn der Werbende aufgrund konkreter Umstände ein sachliches Interesse des anzurufenden Adressaten am Anruf vermuten kann.[113] Das kann zB bei einer bestehenden Geschäftsverbindung zwischen den Beteiligten der Fall sein. 183

Auch durch die schriftliche Ankündigung von Telefonanrufen zu Werbezwecken ergibt sich nicht deren Zulässigkeit. Das gilt auch dann, wenn Verbraucher derartigen Ankündigungen nicht widersprochen haben.[114] 184

§ 7 Abs. 2 Nr. 3 UWG regelt die in den letzten Jahren stark verbreitete **Fax- oder E-Mail-Werbung** (Spamming). Dazu bedarf es stets einer ausdrücklichen vorherigen Einwilligung der betreffenden Adressaten. Lediglich in bestimmten von § 7 Abs. 3 UWG geregelten Ausnahmeszenarien kann gegenüber Unternehmen bzw Kunden auf eine derartige Zustimmung verzichtet werden.[115] 185

Die Formulierung einer wirksamen Einwilligungserklärung unterliegt insbesondere bei der Verwendung von allgemeinen Geschäftsbedingungen engen Grenzen.[116] Auch die Verknüpfung von Einwilligungsklauseln mit Gewinnspielkarten, bei denen Teilnehmer durch ein „Opt-in" zustimmen sollen, verstößt gegen das Recht der allgemeinen Geschäftsbedingungen.[117] 186

VII. UWG-Straftatbestände, §§ 16 ff UWG

Besonders nachteilige Handlungen im Wettbewerb werden auch strafrechtlich gem. den §§ 16-19 UWG sanktioniert. Hervorzuheben ist die aktuelle Regelung des § 16 Abs. 2 UWG, welche dazu dient, bedauerlicherweise verbreitete Maßnahmen progressiver Kundenwerbung wie **Schneeballsysteme** oder sog. **Pyramidensysteme** zu unterbinden.[118] Derartige Maßnahmen werden in vielen Fällen ohnehin als zivilrechtlich sittenwidrig anzusehen sein. 187

IdR werden bei Verstößen gegen § 16 UWG auch die Bestimmungen der §§ 3, 4 Nr. 11 und 5 UWG erfüllt sein, so dass sich diesbezüglich Ansprüche auf Unterlassung, Beseitigung und Schadensersatz sowie ggf auch Gewinnabschöpfungsansprüche, § 10 UWG,[119] ergeben können. Hinzu kommen in zivilrechtlicher Hinsicht bei Verstößen gegen § 16 UWG regel- 188

111 BGBl. 2009 I S. 2413.
112 Näher Köhler, NJW 2009, 2567 f.
113 BGH – Telefonwerbung IV, GRUR 1995, 220, 221.
114 OLG Köln RDV 2009, 120, 121.
115 Näher Harte/Henning/Ubber, UWG, § 7 Rn 184 ff.
116 BGH-Payback, GRUR 2008, 1010 f.
117 Hanseatisches OLG K&R 2009, 414 f.
118 ZB BGH – World Trading Systems, NJW 1997, 2314.
119 Siehe dazu Rn 251 ff.

mäßig auch Ansprüche nach § 123 BGB (Anfechtung) sowie deliktische Ansprüche gem. § 823 BGB.

189 Die Bestimmungen der §§ 17-19 UWG wurden im Wesentlichen unverändert übernommen. Auch diesbezüglich werden sich bei Verstößen stets zusätzlich weitere wettbewerbsrechtliche Ansprüche nach den §§ 3, 4 Nr. 11 UWG sowie deliktische Ansprüche, § 823 BGB, ergeben.

VIII. Sonstige wettbewerbsrechtlich relevante Bestimmungen (HWG, LFGB, PAngV)

190 Neben den Bestimmungen des UWG können sich wettbewerbsrechtliche Ansprüche im Zusammenhang mit einigen wettbewerbsrechtlichen Nebenbestimmungen ergeben. Dazu zählen u.a. das Heilmittelwerbegesetz (HWG),[120] das Lebensmittel- und Futtermittelgesetzbuch (LFGB)[121] sowie die Preisangabenverordnung (PAngV).[122]

1. Heilmittelwerbegesetz (HWG)

191 Das HWG beinhaltet besondere Werbebeschränkungen und -verbote in Bezug auf Arznei- und sonstige Heilmittel und dient dazu, die Gesundheit der Verbraucher und die Gesundheitsinteressen der Allgemeinheit zu schützen.[123] In Anbetracht der hohen Risiken, welche von unzutreffender Werbung in diesen Bereichen ausgehen können und der Schutzbedürftigkeit der Verbraucher enthält das HWG eine Reihe besonders restriktiver Beschränkungen und Verbote. Inhaltlich wird zudem zwischen Regelungen, welche sich an Angehörige der Heilberufe oder des Heilgewerbes richten (Fachkreise, § 2 HWG) und solchen, welche die Werbung außerhalb dieser Fachkreise betreffen, differenziert.

192 Das HWG zählt zum Nebenstrafrecht. Es ist gleichwohl für das Wettbewerbsrecht von erheblicher Bedeutung, da Verstöße gegen das HWG als Rechtsbruch iS des § 4 Nr. 11 UWG anzusehen sind.[124] In der Praxis erfolgt die Sanktionierung von Verstößen gegen das HWG deswegen inhaltlich überwiegend nach den Bestimmungen des UWG über Abmahnungen und Ansprüche von Marktteilnehmern und anspruchsberechtigten Verbänden.

193 Gem. § 1 HWG findet das Gesetz Anwendung auf Arzneimittel, Medizinprodukte und andere Mittel, Verfahren, Behandlungen und Gegenstände, soweit sich die Werbeaussage auf die Erkennung, Beseitigung oder Linderung von Krankheiten, Leiden, Körperschäden oder krankhaften Beschwerden bei Mensch und Tier bezieht. Zu berücksichtigen ist, dass auch sonstige Produkte wie zB Kosmetika oder Lebensmittel durch eine Werbung mit krankheitsbezogenen Aussagen möglicherweise in den Anwendungsbereich des HWG einzubeziehen sind.

194 § 3 HWG verbietet eine irreführende Werbung. Unter den dort enthaltenen Beispielstatbeständen ist insbesondere § 3 S. 2 Nr. 1 HWG hervorzuheben, welcher eine Irreführung über die therapeutische Wirksamkeit oder eine Irreführung über die Wirkungen der Produkte verbietet.

---

120 Heilmittelwerbegesetz in der Fassung der Bekanntmachung v. 19.10.1994 (BGBl. I, S. 3068), zuletzt geändert durch Art. 2 des Gesetzes v. 26.4.2006 (BGBl. I S. 984).

121 Lebensmittel- und Futtermittelgesetzbuch in der Fassung der Bekanntmachung v. 24.7.2009 (BGBl. I, S. 2205), zuletzt geändert durch Art. 6 des Gesetzes v. 29.7.2009 (BGBl. I S. 2355).

122 Preisangabenverordnung in der Fassung der Bekanntmachung v. 18.10.2002 (BGBl. I, S. 4197), geändert durch die Verordnung v. 3.8.2009 (BGBl. I S. 2630).

123 Doepner, Heilmittelwerbegesetz, Einleitung Rn 40 mwN.

124 Doepner, Heilmittelwerbegesetz, Einleitung Rn 41; vgl auch Hefermehl/Köhler/Bornkamm, Wettbewerbsrecht, § 4 Rn 11.132-135.

§ 4 HWG bestimmt spezifische Pflichtangaben für die Werbung mit Arzneimitteln. Für die Werbung außerhalb der Fachkreise ist der Umfang der Pflichtangaben des § 4 HWG teilweise eingeschränkt. Notwendig gem. § 4 Abs. 3 HWG ist jedenfalls der hervorgehobene und deutlich abgesetzte Hinweis 195

Zu Risiken und Nebenwirkungen lesen Sie die Packungsbeilage und fragen Sie ihren Arzt oder Apotheker.

Eine entsprechend angepasste Hinweispflicht gilt nach § 4 Abs. 5 HWG auch für die Werbung in audiovisuellen Medien. 196

Auch nach Aufhebung von Rabattgesetz und Zugabeverordnung ist gem. § 7 HWG im Arzneimittelbereich die Gewährung bzw Annahme von Zuwendungen oder sonstigen Werbegaben nur sehr eingeschränkt zulässig. 197

Hinzuweisen ist auf die Bestimmung des § 11 HWG, welche gravierende Werbebeschränkungen für die Werbung für Arzneimittel und sonstige Mittel außerhalb der Fachkreise beinhaltet.[125] 198

Ein Muster für eine Abmahnung durch einen Verband wegen Verstoßes ist unter Rn 379 enthalten. 199

2. Lebensmittel- und Futtermittelgesetzbuch (LFBG) und Health-Claims-VO

Einige wettbewerbsrechtlich relevante Bestimmungen sind auch im Lebensmittel- und Futtermittelgesetzbuch (LFGB) enthalten. 200

Das LFGB beinhaltet spezifische Werbebeschränkungen für Lebensmittel, Tabakerzeugnisse und Kosmetika. In Bezug auf Lebensmittel ist das Verbot der irreführenden Werbung in § 11 Abs. 1 LFGB hervorzuheben. Die Bestimmung verbietet, Lebensmittel zB mit Wirkungen zu bewerben, welche ihnen tatsächlich nach den Erkenntnissen der Wissenschaft nicht zukommen oder zB zur Täuschung geeignete Aufmachungen zu verwenden. § 12 LFGB beinhaltet ein Verbot der krankheitsbezogenen Werbung für Lebensmittel. Deswegen sind u.a. Aussagen, die sich auf die Beseitigung, Linderung oder Verhütung von Krankheiten beziehen, für Lebensmittel unzulässig. Das LFGB beinhaltet darüber hinaus zum Schutz der Verbraucher und Gesundheitsschutz Werbeverbote u.a. in Bezug auf Kosmetika, § 27 LFGB. 201

Verstöße gegen die vorgenannten Bestimmungen des LFGB stellen Marktverhaltensregelungen iS des § 4 Nr. 11 UWG dar und können insoweit Ansprüche nach dem UWG begründen.[126] 202

Zu beachten ist, dass insbesondere bei sog. „Borderline"-Produkten die Bewerbung des Produktes eine maßgebliche Rolle für dessen Klassifizierung als Lebensmittel, Kosmetikum oder Arzneimittel spielen kann. Wird zB ein Multivitaminprodukt mit einer Dosierung entsprechend den Empfehlungen der Deutschen Gesellschaft für Ernährung (DGE) als „erfrischend fruchtiges Getränk" beworben, handelt es sich um ein Lebensmittel. Wird hingegen das gleiche Produkt als „wirksam gegen Hautkrankheiten" beworben, mag eine Einstufung als Arzneimittel und damit die Anwendung der Bestimmungen und Werbebeschränkungen des HWG in Betracht kommen. 203

Auch die sog. Health-Claims-VO der EU, welche bestimmte Vorgaben bzw Verbote für nährwert- und gesundheitsbezogene Angaben bei der Kennzeichnung und Aufmachung von 204

125 Vgl Doepner, Heilmittelwerbegesetz, S. 612 ff.
126 Hefermehl/Köhler/Bornkamm, Wettbewerbsrecht, § 4 UWG Rn 11.132 sowie 11.136.

Lebensmitteln stellt, ist als Marktverhaltensregelung iS des § 4 Nr. 11 UWG anzusehen.[127] Verstöße sind insoweit wettbewerbsrechtlich sanktionierbar.

3. Preisangabenverordnung (PAngV)

205 Die Art und Weise der Preisangabe für Waren oder Leistungen gegenüber Endverbrauchern wird durch die Preisangabenverordnung (PAngV) geregelt. In der Praxis ist insbesondere die Bestimmung des § 1 PAngV von Bedeutung.[128]

206 Verstöße gegen die PAngV erfüllen den Tatbestand des § 4 Nr. 11 UWG.[129] Im Fall von marginalen Verstößen gegen die PAngV wird in vielen Fällen die Spürbarkeitsklausel des § 3 Abs. 1 UWG eingreifen, so dass eine wettbewerbsrechtliche Sanktionierung ausscheidet.

IX. Verbraucherleitbild

207 Die Bedeutung des aktuellen, von der Rechtsprechung des EuGH geprägten und vom BGH übernommenen Verbraucherleitbildes für die Beurteilung irreführender Werbung wurde bereits diskutiert.[130] Dem aktuellen UWG liegt das Leitbild eines „durchschnittlich informierten und verständigen Verbrauchers zugrunde, der das Werbeverhalten mit einer der Situation angemessenen Aufmerksamkeit verfolgt".[131] Ist eine Werbung nicht an Verbraucher, sondern an sonstige Marktteilnehmer gerichtet, gilt das Prinzip des Verbraucherleitbilds entsprechend für diese. Insoweit wird die relevante Verkehrsauffassung dann durch „durchschnittlich informierte und verständige" sonstige Marktteilnehmer, welche zu den Adressaten der Werbung gehören, ermittelt.

208 Für die Beurteilung des Verständnisses einer Werbung ist deren Zielgruppe zu ermitteln. Ergibt sich, dass sich die Werbung nicht allgemein an Verbraucher, sondern an eine spezifische Zielgruppe (zB bestimmte fachlich vorgebildete Adressaten) richtet, ist deren Verständnis nach den Maßstäben des Verbraucherleitbildes maßgeblich.

209 Die Bestimmung des Maßstabes für die durchschnittliche Aufmerksamkeit des Verbrauchers richtet sich neben der konkreten Situation der Auseinandersetzung mit der Werbung auch nach dem wirtschaftlichen Wert der zu erwerbenden Gegenstände oder Leistungen. Der Verbraucher wird der Werbung und sämtlichen Informationen zum Erwerb eines hochpreisigen Guts weit mehr Aufmerksamkeit schenken als der Werbung beim Erwerb preiswerter Gegenstände des täglichen Lebens. Der Grad der Verständigkeit des Verbrauchers und dementsprechend die Schwelle für die Irreführung sind beim Erwerb hochpreisiger Güter höher anzusetzen. Hier ist durchschnittlich weitaus eher von einer reiflichen Überlegung und Prüfung von Vergleichsangeboten durch den Verbraucher vor Abschluss des Vertrages auszugehen.[132]

210 In Fällen belästigender Werbung, § 7 UWG, kommt es nicht auf den durchschnittlich informierten, aufmerksamen und verständigen Werbeadressaten, sondern den durchschnittlich empfindlichen Verbraucher bzw sonstigen Marktteilnehmer an.[133]

127 Vgl OLG Nürnberg ZLR 2008, 731.
128 Vgl die Kommentierung bei Hefermehl/Köhler/Bornkamm, Wettbewerbsrecht, S. 1376 ff.
129 Hefermehl/Köhler/Bornkamm, Wettbewerbsrecht, § 4 Rn 11.142, 11.143.
130 Siehe oben Rn 157 ff.
131 Gesetzesentwurf der Bundesregierung „Entwurf eines Gesetzes gegen den unlauteren Wettbewerb (UWG)", BT-Drucks. 16/10145, S. 19.
132 BGH – Umgekehrte Versteigerung II, NJW 2004, 852, 854.
133 Hefermehl/Köhler/Bornkamm, Wettbewerbsrecht, § 1 UWG Rn 32.

In Rechtsstreitigkeiten kann der Richter das Verständnis der Verbraucher ohne Inanspruchnahme von Sachverständigen und Einholung eines Meinungsforschungsgutachtens beurteilen, wenn er aufgrund seines Erfahrungswissens selbst über die erforderliche Sachkunde verfügt. Dies wird im Allgemeinen der Fall sein, wenn er selbst zu den durch die Werbemaßnahmen angesprochenen Verkehrskreisen zählt.[134] 211

X. Verjährung, § 11 UWG

Die Verjährung von Ansprüchen nach den Bestimmungen des UWG ist nach wie vor kurz ausgestaltet und beträgt für die in §§ 8, 9 und 12 Abs. 1 S. 2 UWG genannten Ansprüche sechs Monate, § 11 Abs. 1 UWG. Der Beginn jener kurzen Frist setzt die Entstehung des Anspruchs und die Kenntnis oder grobfahrlässige Unkenntnis des Gläubigers vom Anspruch voraus. 212

Für sonstige Ansprüche wie den Gewinnabschöpfungsanspruch, § 10 UWG, aber auch insbesondere Unterlassungs- und Beseitigungsansprüche, gilt ohne Rücksicht auf Kenntnis oder grob fahrlässige Unkenntnis vom Anspruch eine Verjährungsfrist von drei Jahren von der Entstehung des Anspruchs an, § 11 Abs. 4 UWG.[135] Es ist umstritten, ob die einen Schadensersatzanspruch vorbereitenden Auskunftsansprüche entsprechend dem Schadensersatzanspruch verjähren oder aber der Regelverjährung des § 195 BGB unterliegen.[136] Ansprüche auf Vertragsstrafen unterliegen keiner kurzen, sondern der regelmäßigen Verjährung nach den Bestimmungen des BGB, §§ 195 f.[137] 213

Die präzise Berechnung des Beginns, der Hemmung, des Neubeginns sowie des Ablaufes der Verjährungsfristen ist von entscheidender Bedeutung für die Anspruchsdurchsetzung. Der Beginn der Verjährungsfrist richtet sich nach § 11 Abs. 2 UWG. Danach muss zunächst der Anspruch entstanden, mithin der zugrunde liegende Tatbestand der in Betracht kommenden Norm verwirklicht sein. Bei Schadensersatzansprüchen ist für den Beginn der Verjährung auch die Entstehung eines Schadens notwendig. Besondere Verjährungsregeln gelten für Dauer- und fortgesetzte Handlungen.[138] Weitere Voraussetzung für den Beginn der Verjährungsfrist ist die positive Kenntnis des Gläubigers von den anspruchsbegründenden Umständen und der Person des Schuldners bzw entsprechende grob fahrlässige Unkenntnis. 214

Für die Zurechnung von Kenntnis innerhalb eines Gläubigerunternehmens gelten allgemeine zivilrechtliche Grundsätze. Insoweit ist nicht allein die Kenntnis jeglicher Mitarbeiter ausreichend. Neben der Firmenleitung kommen diejenigen Personen, welche nach der betrieblichen Organisation für die Aufnahme und ggf Weiterleitung wettbewerbsrechtlich relevanter Information zwecks Verfolgung von Wettbewerbsverstößen zuständig sind bzw von denen eine solche Zuständigkeit aufgrund ihrer Stellung im Unternehmen typischerweise erwartet werden kann, in Betracht.[139] 215

Für die Praxis wettbewerbsrechtlicher Auseinandersetzungen sind angesichts der Kürze der besonderen Verjährungsfrist die Hemmung, Ablaufhemmung und der Neubeginn der Verjährung, von erheblicher Bedeutung. Diese richten sich nach den §§ 203-213 BGB. Zunächst können Verhandlungen über den geltend gemachten Anspruch zu einer Hemmung der Verjährung führen, § 203 BGB. „Verhandlungen" in diesem Sinne sollen bereits gege- 216

134 BGH – Marktführerschaft, GRUR 2004, 244.
135 Hefermehl/Köhler/Bornkamm, Wettbewerbsrecht, § 11 Rn 1.36.
136 Harte/Henning/Schulz, UWG, § 11 UWG Rn 19.
137 BGH – Kurze Verjährungsfrist, GRUR 1995, 678.
138 Im Einzelnen Hefermehl/Köhler/Bornkamm, Wettbewerbsrecht, § 11 UWG Rn 1.21, 1.22.
139 Hefermehl/Köhler/Bornkamm, Wettbewerbsrecht, § 11 Rn 1.27.

ben sein, wenn der Schuldner über die Abgabe und den Wortlaut einer Unterlassungserklärung verhandelt.[140] In Anbetracht der Möglichkeit eines späteren Streits der Parteien über die Frage einer Hemmung der Verjährung sollte jegliche Korrespondenz und Verhandlung sorgfältig, wenn möglich schriftlich, dokumentiert werden.

217 Eine bedeutende Änderung des früheren Verjährungsrechts im Falle der Durchführung eines einstweiligen Verfügungsverfahrens beinhaltet § 204 Abs. 1 Nr. 9 BGB. Nunmehr bewirkt bereits die Zustellung eines Antrags auf eine einstweiligen Verfügung, oder, wenn der Antrag nicht zugestellt wird, dessen Einreichung, wenn die einstweilige Verfügung innerhalb eines Monats seit Verkündung oder Zustellung an den Gläubiger dem Schuldner zugestellt wird, die Hemmung der Verjährung.

218 Im Falle des § 203 BGB tritt die Verjährung frühestens drei Monate nach dem Ende der Hemmung ein, § 203 S. 2 BGB. Im Falle des § 204 Abs. 1 Nr. 9 BGB endet die Hemmung sechs Monate nach der rechtskräftigen Entscheidung oder anderweitigen Beendigung des Verfahrens, § 204 Abs. 2 BGB.

219 Durch die Erhebung einer Leistungs- oder Feststellungsklage, § 204 Abs. 1 Nr. 1 BGB, wird die Verjährung des Anspruchs ebenfalls gehemmt. Dies gilt jedoch nur für den jeweils eingeklagten Anspruch. Wird mithin nur ein Unterlassungsanspruch eingeklagt, wird die Verjährung eines etwaigen Schadensersatzanspruchs nicht gehemmt.[141] Der Gläubiger hat insoweit stets den Umfang des prozessualen Streitgegenstands im Vergleich zu sonstigen in Betracht kommenden Ansprüchen zu prüfen. Wird in diesem Zusammenhang zunächst nur die konkrete Verletzungsform eingeklagt, erhebt sich die Frage, ob insoweit auch eine Verjährungshemmung hinsichtlich einer erweiternden verallgemeinernden Anspruchsfassung eintritt. Dies soll nach einer wesentlichen Meinung in der Literatur[142] der Fall sein.

220 IÜ können die Parteien die Verjährungsfristen gem. § 202 Abs. 2 BGB stets einvernehmlich verkürzen oder verlängern. Solche Vereinbarungen sollten stets in Schriftform erfolgen.

221 Auch bereits vor Eintritt der Verjährung können sich Einwendungen des Schuldners nach dem aus Treu und Glauben, § 242 BGB, abzuleitenden Grundsatz der Verwirkung ergeben. Im Rahmen einer Gesamtwürdigung der Umstände des Einzelfalles ist insoweit nicht allein ein Untätigbleiben des Gläubigers ausreichend. Es bedarf vielmehr auch insbesondere eines idR vom Gläubiger zu schaffenden Vertrauenstatbestandes, wonach der Schuldner berechtigt auf die Duldung seines Verhaltens vertrauen durfte.[143]

XI. Konkurrenzen

222 Neben Ansprüchen nach dem UWG können abhängig von den Umständen des Sachverhalts sowohl in Bezug auf Unterlassungs- und Beseitigungsansprüche, als auch in Bezug auf Schadensersatzansprüche zusätzlich weitere Anspruchsgrundlagen außerhalb des UWG bestehen. In Betracht kommen u.a. Bestimmungen zum Schutze des Namens bzw der Firma (§ 12 BGB sowie § 37 HGB) und deliktische Ansprüche (§§ 823 ff BGB) einschließlich des Rechts am eingerichteten und ausgeübten Gewerbebetrieb, wobei sich bei widerrechtlichen Eingriffen in geschützte Rechte auch Unterlassungsansprüche in Verbindung mit § 1004 BGB ergeben können.

140 Harte/Henning/Schulz, UWG, § 11 Rn 78.
141 Palandt/Heinrichs, BGB, § 204 Rn 13 ff mwN.
142 Teplitzky, Wettbewerbsrechtliche Ansprüche und Verfahren, Kap. 16 Rn 38.
143 Hefermehl/Köhler/Bornkamm, Wettbewerbsrecht, § 11 Rn 2.19 f.

IÜ können markenrechtliche Unterlassungs- und Schadensersatzansprüche, §§ 14, 15 MarkenG, urheberrechtliche Unterlassungs- und Schadensersatzansprüche, §§ 97 ff UrhG sowie patentrechtliche Unterlassungs- und Schadensersatzansprüche, § 139 PatG, im Raum stehen. Sämtliche derartigen Ansprüche verjähren nach den dortigen, spezialgesetzlich festgelegten Verjährungsregeln (zB §§ 141 PatG, 102 UrhG und 20 MarkenG).[144] 223

D. Anspruchsarten

Das aktuelle UWG regelt die in Betracht kommenden wettbewerbsrechtlichen Ansprüche zusammenhängend in den §§ 8-10 UWG. Gegenüber der bisherigen Rechtslage wurden einige bedeutsame Neuerungen hinzugefügt. Zu berücksichtigen ist, dass in den Fällen, in denen Schadensersatz-, Beseitigungs- oder Gewinnabschöpfungsansprüche bestehen, häufig auch Auskunfts- und Unterlassungsansprüche mit geltend gemacht werden. 224

I. Unterlassung und Beseitigung, § 8 UWG

Die aktuelle Fassung von § 8 UWG knüpft an die frühere Bestimmung des § 13 UWG und die zugehörige Rechtsprechung an. Weder der Beseitigungsanspruch noch der Unterlassungsanspruch setzen im Gegensatz zu Schadensersatzansprüchen, § 9 UWG, ein Verschulden des Anspruchsgegners voraus. 225

1. Unterlassungsanspruch

In der Praxis ist der Unterlassungsanspruch der bei weitem **bedeutsamste** Anspruch im Wettbewerbsrecht. Voraussetzung für den Unterlassungsanspruch ist die Begehungsgefahr, welche entweder in Form der **Wiederholungsgefahr** oder als **Erstbegehungsgefahr** auftritt. Die Begehungsgefahr ist eine materielle Anspruchsvoraussetzung des Unterlassungsanspruchs und im Rahmen des Tatbestandes der betroffenen Norm zu prüfen. Als Wiederholungsgefahr wird die Gefahr der erneuten Begehung einer konkreten Verletzungshandlung, die der Verletzer in gleicher Form bereits rechtswidrig begangen hat, bezeichnet.[145] 226

Im Fall eines erstmalig drohenden Verstoßes ergibt sich die Begehungsgefahr in Form der Erstbegehungsgefahr. Dazu muss der Gläubiger im Rechtsstreit objektive Umstände darlegen, welche die drohende und unmittelbar bevorstehende Gefahr einer erstmaligen Begehung begründen.[146] In diesem Zusammenhang ist zu bedenken, dass eine Begehungsgefahr auch durch das Verhalten des Beklagten im Rahmen seiner Rechtsverteidigung geschaffen werden kann, wenn dem die Bereitschaft zu entnehmen ist, sich iS der zur Rechtsverteidigung vertretenen Auffassung zu verhalten.[147] Will der Beklagte eine solche Schlussfolgerung vermeiden, hat er durch entsprechende Vorbehalte deutlich zu machen, dass der betreffende Vortrag nur zum Zweck der Rechtsverteidigung im Verfahren erfolgt.[148] 227

Demgegenüber wird im Falle eines bereits eingetretenen Verstoßes die Wiederholungsgefahr grundsätzlich vermutet.[149] Die Wiederholungsgefahr kann abgesehen von eng begrenzten Ausnahmesituationen nur durch Abgabe einer unbedingten strafbewehrten Unterlassungsverpflichtungserklärung ausgeräumt werden. 228

---

144 Vgl Harte/Henning/Schulz, UWG, § 11 Rn 37 f.
145 Teplitzky, Wettbewerbsrechtliche Ansprüche und Verfahren, Kap. 6 Rn 1.
146 Hefermehl/Köhler/Bornkamm, Wettbewerbsrecht, § 8 UWG Rn 1.17.
147 BGH – Berühmungsaufgabe, GRUR 2001, 1175.
148 Hefermehl/Köhler/Bornkamm, Wettbewerbsrecht, § 8 UWG Rn 1.20.
149 BGH – TCM-Zentrum, GRUR 2001, 453, 455.

229 Allein die tatsächliche Aufgabe eines wettbewerbswidrigen Verhaltens oder die Zusage des Verletzers, den Verstoß zukünftig zu unterlassen, reicht nicht zur Beseitigung der Wiederholungsgefahr aus. Eine tatsächliche Veränderung des Sachverhalts, zB die Einstellung der Geschäftstätigkeit des Schuldners, führt ebenso wenig zum Wegfall der Wiederholungsgefahr, falls eine Wiederaufnahme nicht objektiv ausgeschlossen werden kann.[150]

230 Der Erlass einer einstweiligen Verfügung gegen den Schuldner beseitigt die Wiederholungsgefahr nur dann, wenn der Schuldner diese Regelung durch Abgabe einer entsprechenden Abschlusserklärung[151] endgültig gemacht hat. IÜ kann die Wiederholungsgefahr auch durch Abgabe einer hinreichend strafbewehrten Unterlassungsverpflichtungserklärung gegenüber einem anderen Gläubiger entfallen, sofern sich keine Zweifel an der Ernsthaftigkeit dieser Erklärung ergeben.

231 Nach der Rechtsprechung des BGH[152] umfasst die Wiederholungsgefahr nicht allein die identische Verletzungsform, sondern alle im Kern gleichartigen Verletzungsformen. Gleichartige Verletzungsformen beinhalten idR einen nahezu identischen tatsächlichen Kern bei geänderter Begehungsform. Das kann zB bei einer wettbewerbswidrigen Werbeanzeige durch Verbreitung über ein unterschiedliches Werbemedium anzunehmen sein, also zB die Verbreitung der Werbung statt in Printanzeige auf einer Internet-Website des Unternehmens. Diese sog. Kerntheorie dient zur Bestimmung des Schutzumfangs des Unterlassungstitels.[153]

2. Beseitigungsanspruch

232 Der Beseitigungsanspruch zielt auf die Beseitigung eines vorher herbeigeführten unlauteren Störungszustandes, wobei die von diesem Zustand ausgehenden Störungen rechtswidrig sein müssen. Daraus folgt, dass die vom Verletzer geschaffene Störung fortdauern muss.[154] Der Anspruch ist inhaltlich durch den Grundsatz der Verhältnismäßigkeit begrenzt und rechtfertigt nur solche Maßnahmen, die geeignet und erforderlich sind, die bestehende Störung zu beseitigen und dem Schuldner zugleich zumutbar sind.[155]

233 Beispiele möglicher Inhalte von Beseitigungsansprüchen wären Lieferungsverbote, eine berichtigende Aufklärung gegenüber Adressaten irreführender Werbung, eine berichtigende Werbung oder sogar Beschäftigungsverbote.[156] Denkbar wäre zB auch ein Anspruch auf Entfernung rechtswidriger Bezeichnungen.[157] Ebenfalls in Betracht kommt zB die Vernichtung von wettbewerbswidrigem Werbematerial, falls aus Verhältnismäßigkeitsüberlegungen keine Korrektur durch Schwärzungen oder ähnliches in Betracht kommt.

234 Endet die vom Verletzer geschaffene fortdauernde Störung während des Rechtsstreits in einer Tatsacheninstanz, muss der Gläubiger den Rechtsstreit für erledigt erklären.[158]

235 Ein weiterer Anwendungsbereich von Beseitigungsansprüchen ergibt sich in Bezug auf unrechtmäßig eingetragene Domain-Namen. Hier kann nach der Rechtsprechung[159] die Er-

150 BGH – Testpreis-Angebot, GRUR 1998, 824, 828.
151 Im Einzelnen Rn 509 ff.
152 BGH – Wegfall der Wiederholungsgefahr I, GRUR 1996, 290.
153 Teplitzky, Wettbewerbsrechtliche Ansprüche und Verfahren, Kap. 57 Rn 11 f.
154 Vgl BGH – Wirtschaftsregister, GRUR 1998, 416.
155 Gesetzesentwurf der Bundesregierung „Entwurf eines Gesetzes gegen den unlauteren Wettbewerb (UWG)“, BT-Drucks. 16/10145, S. 22.
156 Vgl die Aufstellung bei Harte/Henning/Seitz, UWG, § 8 Rn 136 ff.
157 BGH – Gebäudefassade, GRUR 1977, 614.
158 KG GRUR-RR 2002, 337.
159 BGH – shell.de, GRUR 2002, 626.

klärung des eingetragenen Inhabers gegenüber der DENIC zum Verzicht auf die Domain erzwungen werden.

Betrifft die fortdauernde Störung eine unwahre, insbesondere rufschädigende Tatsachenbehauptung, kommt ein Widerrufsanspruch gem. § 8 Abs. 1 UWG in Betracht.[160] 236

Zu beachten ist, dass der Beseitigungsanspruch nach § 8 Abs. 1 UWG kein Verschulden des Verletzers voraussetzt. Zur Vorbereitung von Beseitigungsansprüchen können auch Auskunftsansprüche dienen. 237

3. Zurechnung, § 8 Abs. 2 UWG

Gem. § 8 Abs. 2 UWG haftet der Unternehmer für von Mitarbeitern oder Beauftragten begangene Zuwiderhandlungen ebenfalls und ohne die Möglichkeit einer Entlastung. Es handelt sich um eine uneingeschränkte Erfolgshaftung.[161] Der Begriff der Beauftragten iS des § 8 Abs. 2 UWG ist weit auszulegen. Die Zurechnungsnorm des § 8 Abs. 2 UWG gilt für Unterlassungs- und Beseitigungsansprüche, nicht für sonstige Ansprüche wie zB Schadensersatzansprüche. 238

II. Schadensersatz, § 9 UWG

Im Fall von schuldhaften Zuwiderhandlungen gegen § 3 UWG sowie § 7 UWG gewährt § 9 UWG Mitbewerbern,[162] nicht jedoch sonstigen Marktteilnehmern und Verbrauchern,[163] Schadensersatzansprüche. Schadensersatzansprüche von Verbrauchern ergeben sich auch nicht gem. § 823 Abs. 2 BGB, da die Normen des §§ 3-7 UWG keine Schutzgesetze iS jener Bestimmung sind.[164] Schadensersatzansprüche für Verbraucher, insbesondere aufgrund belästigender Werbung, kommen lediglich auf allgemeiner deliktischer und evtl vertraglicher Grundlage in Betracht. 239

In der Praxis sind wettbewerbsrechtliche Schadensersatzansprüche im Vergleich zu Unterlassungsansprüchen in vielen Konstellationen von eher untergeordneter Bedeutung, da die Darlegung und exakte Bezifferung eines Schadens des Verletzten abgesehen von Rechtsverfolgungskosten sowie Fällen der Naturalherstellung häufig Schwierigkeiten bereitet.[165] 240

Ein für einen Gläubiger mitunter attraktiver Aspekt kann jedoch darin bestehen, einen Schadensersatzanspruch mit einem vorgeschalteten **detaillierten Auskunfts- und Rechnungslegungsanspruch** zu verbinden. Auf diese Art und Weise kann der Schuldner gezwungen werden, die ihm häufig höchst unangenehme Auskunft über Details der Verletzungshandlung und deren Adressaten sowie zugehöriger Umsätze zu erteilen. Dies kann dann zur Preisgabe von geheimhaltungsbedürftigen Informationen über Kunden führen.[166] Ist ein Schadensersatzanspruch noch nicht bezifferbar, zB weil der Umfang des Schadens noch nicht abzusehen ist, kommt ein Feststellungsanspruch in Betracht. Dieser sollte idR die Feststellung einer Ersatzpflicht für alle bereits eingetretenen Schäden und – wenn dies nicht ausgeschlossen werden kann – zukünftiger Schäden aufgrund der Verletzungshandlung umfassen. 241

---

160 Im Einzelnen Hefermehl/Köhler/Bornkamm, Wettbewerbsrecht, § 8 UWG Rn 1.95 f.
161 Vgl BGH – Filialleiterfehler, GRUR 2000, 909.
162 § 2 Abs. 1 Nr. 3 UWG – siehe oben Rn 35.
163 Hefermehl/Köhler/Bornkamm, Wettbewerbsrecht, § 9 UWG Rn 1.10, 1.11.
164 Palandt/Sprau, BGB, § 823 Rn 71.
165 Näher Teplitzky, Wettbewerbsrechtliche Ansprüche und Verfahren, Kap. 33, 34.
166 Vgl dazu näher Rn 245 ff.

242 Neben einem Verstoß gegen die betreffende Anspruchsgrundlage des § 3 oder § 7 UWG muss der Gläubiger für einen Schadensersatzanspruch insbesondere das Verschulden des Schuldners, die Kausalität und einen nach den §§ 249 f BGB ermittelten Schaden darlegen. In bestimmten Fällen wie zB bei Nachahmung von Produkten, § 4 Nr. 9 UWG, kann der Gläubiger auf die Möglichkeit der sog. dreifachen Schadensberechnung zurückgreifen.[167]

243 Im Rahmen der Prüfung des Verschuldens ist zu berücksichtigen, das die Rechtsprechung auch bei Irrtümern des Handelnden über Tatumstände oder über die Rechtswidrigkeit seines Handelns hohe Anforderungen an dessen Sorgfaltspflichten stellt.[168] Als Mindesterfordernis ist, soweit zumutbar, eine eigene sorgfältige Prüfung der geschäftlichen Handlung sowie eine Prüfung durch Fachleute geboten.

244 § 9 S. 2 UWG beinhaltet eine Erweiterung des bisherigen Presseprivilegs für verantwortliche Personen von Zeitungen, Zeitschriften und sonstigen wiederkehrenden Druckwerken. Eine Schadensersatzhaftung solcher Beteiligter kommt nur bei vorsätzlichen Verstößen in Betracht.

III. Auskunfts- und Besichtigungsansprüche

245 Gläubigern wettbewerbsrechtlicher Ansprüche werden häufig die notwendigen Informationen über den Umfang von Verletzungshandlungen fehlen, um eigene Ansprüche darlegen und beziffern zu können. Vor diesem Hintergrund gewährt die Rechtsprechung den Gläubigern bei Wettbewerbsverstößen unter Berücksichtigung des Grundsatzes von Treu und Glauben unter bestimmten Voraussetzungen Auskunftsansprüche.[169]

246 Es ist diesbezüglich zwischen selbständigen und unselbständigen („akzessorischen") Auskunftsansprüchen zu unterscheiden. In der Praxis kommt selbständigen Auskunftsansprüchen nur in untergeordnetem Umfang, zB in Fällen ergänzenden wettbewerbsrechtlichen Leistungsschutzes, Bedeutung zu.[170] Vergleichsweise höheren Stellenwert haben akzessorische Auskunftsansprüche, die zur Vorbereitung und Durchsetzung bestimmter Hauptansprüche gegen den Schuldner dienen. IdR werden sich Auskunftsansprüche auf die Vorbereitung eines Schadensersatzanspruchs, eines Beseitigungsanspruchs oder eines Bereicherungsanspruchs beziehen.[171]

247 Ein Muster einer Klage auf Auskunft und Feststellung einer Schadensersatzpflicht ist unter Rn 634 beigefügt. Die Vollstreckung eines Auskunftsanspruchs erfolgt gem. § 888 ZPO.

248 Der Auskunftsanspruch setzt neben der durch den Wettbewerbsverstoß geschaffenen Sonderbeziehung die Notwendigkeit der Auskunft voraus. Diese ist nur gegeben, wenn der Gläubiger unter Ausschöpfung aller ihm zur Verfügung stehenden Informationsquellen, zumutbarer Maßnahmen und allen vertretbaren Aufwands nicht in der Lage ist, sich die Information selbst zu beschaffen. Der Umfang der Auskunft hängt von den Anspruchsvoraussetzungen des Hauptanspruchs ab. Er ist auf Inhalt und Umfang der konkreten Verletzungshandlung beschränkt.[172]

249 Eine Grenze für die Auskunftserteilung durch den Schuldner ergibt sich aus Zumutbarkeitsgesichtspunkten. Im Rahmen einer Würdigung des Sachverhalts und unter Berück-

167 Hefermehl/Köhler/Bornkamm, Wettbewerbsrecht, § 9 UWG Rn 1.36.
168 Teplitzky, Wettbewerbsrechtliche Ansprüche und Verfahren, Kap. 30 Rn 13-15.
169 BGH – Entfernung der Herstellungsnummern II, GRUR 2001, 841, 842.
170 Hefermehl/Köhler/Bornkamm, Wettbewerbsrecht, § 9 UWG Rn 4.2.
171 BGH – Cartier-Armreif, GRUR 1994, 630, 632.
172 BGH – Entfernung der Herstellungsnummern II, GRUR 2001, 841, 844.

sichtigung von Verhältnismäßigkeitskriterien ist abzuwägen, ob die beantragte Auskunft hinsichtlich des erstrebten Erfolgs verhältnismäßig ist.[173]

250 In bestimmten Szenarien, zB im Falle der Herstellung von Waren unter Bruch von Geschäftsgeheimnissen, kommt auch ein Besichtigungsanspruch des Gläubigers gegen den Besitzer einer Sache gem. § 809 BGB in Betracht. Ein solcher Anspruch setzt neben dem Interesse zur Feststellung der Rechtsverletzung eine gewisse Wahrscheinlichkeit einer Rechtsverletzung voraus, was u.a. im Falle des Wechsels von Mitarbeitern vom Gläubiger zu dem Mitbewerber und einer gewissen Ähnlichkeit der Ware mit derjenigen des Gläubigers anzunehmen sein kann.[174]

IV. Gewinnabschöpfung, § 10 UWG

251 Die Bestimmung des § 10 UWG wurde im Jahr 2004 eingeführt. Mit ihr sollen iS des § 8 Abs. 3 Nr. 2-4 UWG klageberechtigte Verbände und Verbrauchervereine sowie die Industrie- und Handelskammern bzw die Handwerkskammern unter bestimmten Voraussetzungen bei vorsätzlichen Verstößen gegen § 3 UWG vom Verletzer die Herausgabe eines etwaigen Gewinns verlangen können. Derartige Gewinne sind an den Bundeshaushalt abzuführen. Nach dem Gesetzentwurf der Bundesregierung aus dem Jahr 2004[175] sollen mit dieser Regelung Wettbewerbsverstöße mit sog. **Streuschäden** bekämpft werden. Deswegen setzt § 10 Abs. 1 UWG die Erzielung eines Gewinns „... zu Lasten einer Vielzahl von Abnehmern ...“ voraus.

252 Der Anspruch setzt zunächst einen vorsätzlichen Wettbewerbsverstoß voraus. Grobe Fahrlässigkeit reicht insoweit nicht aus. Allerdings hält die Rechtsprechung[176] im Falle von § 10 UWG bedingten Vorsatz für ausreichend. Im Falle der Nutzung veralteter Warentests ist indes ohne Feststellung weiterer Umstände nicht davon auszugehen, dass dies zumindest bedingt vorsätzlich iS des § 10 UWG erfolgt ist.[177] Vorsätzlich handelt bereits, wer eine vom eigenen Verhalten abweichende rechtliche Zulässigkeit der Maßnahme in Betracht zieht, aber gleichwohl ins Blaue hinein und unter bewusstem Verzicht auf eine weitere Prüfung der Rechtslage Fakten schafft.[178]

253 Die Höhe des Gewinnabschöpfungsanspruchs errechnet sich aus den Umsatzerlösen des Verletzers abzüglich der Herstellungskosten sowie eventuell angefallenen Betriebskosten. Gemeinkosten und sonstige unspezifische Aufwendungen sind insoweit nicht abzugsfähig. Gem. § 10 Abs. 2 UWG sind individuelle Ersatzansprüche der Abnehmer und der Mitbewerber, aber auch des Staates, vorrangig zu befriedigen. Zur Ermittlung der Anspruchshöhe kann der Gläubiger Auskunfts- und Rechnungslegungsansprüche geltend machen.

254 Gegen den Gewinnabschöpfungsanspruch wurden vielfältige Bedenken geltend gemacht.[179] Es bleibt abzuwarten, ob der Gewinnabschöpfungsanspruch in der Praxis der Verbände- und Verbrauchervereine zukünftig eine relevante Bedeutung erlangen wird. Im Rahmen eines Anspruches nach § 10 UWG erstrittene Gelder sind an den Bundeshaushalt abzuführen.

173 BGH – Cartier-Armreif, GRUR 1994, 630, 633.
174 Hefermehl/Köhler/Bornkamm, Wettbewerbsrecht, § 9 UWG Rn 4.44.
175 Gesetzesentwurf der Bundesregierung „Entwurf eines Gesetzes gegen den unlauteren Wettbewerb (UWG)“, BT-Drucks. 16/10145, S. 23.
176 OLG Stuttgart – Veralteter Matratzentest, GRUR 2007, 435.
177 LG Bonn GRUR-RR 2006, 111.
178 Vgl Harte/Henning/Goldmann, UWG, § 10 Rn 44.
179 Wimmer-Leonhardt, GRUR 2004, 12 ff.

V. Sonstige Ansprüche

255 Im Zusammenhang mit der Herausgabe von Verletzervorteilen kommen auch im Bereich des Wettbewerbsrechts Bereicherungsansprüche gem. den §§ 812 ff BGB in Betracht.[180]

256 Nach § 12 Abs. 3 UWG kann das Gericht der obsiegenden Partei bei Unterlassungsklagen auf Antrag die Befugnis zusprechen, das Urteil auf Kosten der unterliegenden Partei öffentlich bekannt zu machen, wenn die Klagepartei ein berechtigtes Interesse dartut. Für die Frage eines berechtigten Interesses sind die Interessen der Parteien gegeneinander abzuwägen und zu prüfen, ob eine Urteilsbekanntmachung zur Beseitigung einer fortdauernden Störung geeignet und erforderlich ist.[181] Für einen Antrag nach § 12 Abs. 3 UWG sollte der Gläubiger u.a. substantiiert Art, Dauer und Schwere der eingetretenen Verletzung und deren Wahrnehmung und Präsenz in der Öffentlichkeit darlegen.

E. Vorprozessualer Ablauf

257 Der weit überwiegende Großteil wettbewerbsrechtlicher Auseinandersetzungen wird **ohne gerichtliche Auseinandersetzung** abgeschlossen.[182] Zur effektiven und schnellen Auseinandersetzung zwischen den Parteien hat sich in der Praxis ein Verfahren herausgebildet, welches idR eine schriftliche Abmahnung und eine vertragsstrafebewehrte Unterlassungserklärung beinhaltet. Die Rechtsprechung hat sowohl dem Gläubiger wie auch dem Schuldner bestimmte Handlungs- und Informationspflichten im Rahmen außergerichtlicher wettbewerbsrechtlicher Streitigkeiten aufgebürdet.

258 Da der Großteil gerichtlicher Auseinandersetzungen im Wettbewerbsrecht im **einstweiligen Verfügungsverfahren** stattfindet,[183] ist das vorgerichtliche Verfahren stets unter Berücksichtigung anwendbarer Dringlichkeitsfristen für einen Antrag auf eine einstweilige Verfügung zu führen.[184] Noch bedeutsamer ist in vielen Fällen die sich aus dem Gegenstand der Auseinandersetzung selbst ergebende Dringlichkeit. Gerade Mitbewerber werden in vielen Fällen auf eine Unterbindung des Wettbewerbsverstoßes innerhalb von Tagen, teilweise innerhalb von Stunden[185] angewiesen sein, um größere Nachteile für sich zu vermeiden. Dementsprechend steht für die Durchführung einer außergerichtlichen wettbewerbsrechtlichen Streitigkeit häufig nur ein sehr begrenzter Zeitrahmen zur Verfügung.

I. Sachverhaltsermittlung und Beweissicherung

259 Eine umfassende und zugleich rasche Ermittlung des Sachverhalts und die Sicherung aller für die Anspruchsdurchsetzung notwendiger Glaubhaftmachungsmittel und Beweise sind Voraussetzung für die erfolgreiche Durchführung des Verfahrens.

1. Aufklärung

260 Die umfassende Aufklärung des Sachverhalts sollte jeder nachfolgenden Bewertung vorausgehen. Abhängig von der Position als Gläubiger oder Schuldner des Verfahrens sind zunächst stets genaue Informationen über die in Betracht kommende Gegenpartei, ein-

180 Näher Harte/Henning/Bergmann, UWG, Vorb. zu § 8 Rn 3 ff.
181 Hefermehl/Köhler/Bornkamm, Wettbewerbsrecht, § 12 UWG Rn 4.7.
182 Es soll sich um einen Anteil von mehr als 90 % handeln – vgl Ahrens/Deutsch, Wettbewerbsprozess, Kap. 1 Rn 9 mwN.
183 Holzapfel, GRUR 2003, 287 mwN.
184 Vgl dazu Rn 450 ff.
185 Wie zB im Fall von wettbewerbsrechtlichen Streitigkeiten auf Messen.

schließlich Kontaktinformationen, sowie, wenn möglich, ein Handelsregister- sowie Gewerberegisterauszug über den potentiellen Schuldner einzuholen. Inhalt, Zeitraum und Umfang des in Betracht kommenden Verstoßes sind exakt zu ermitteln und zu dokumentieren. Zu klären ist, welche mündliche oder schriftliche Korrespondenz zwischen den Beteiligten einschließlich E-Mails und Telefonaten über den Sachverhalt geführt wurde.

IÜ ist, u.a. zur Klärung der Frage der Mitbewerberstellung, § 2 Abs. 1 Nr. 3 UWG, die 261
Marktposition der beteiligten Parteien zu ermitteln.

Daneben ist es für die Beurteilung der Dringlichkeit sowie einer etwaigen Verjährung es- 262
sentiell festzustellen, welche beteiligten Personen, insbesondere in der Geschäftsleitung des Gläubigers sowie auf der organisatorisch für die Behandlung von Wettbewerbsverstößen verantwortlichen Ebene, wann erstmals Kenntnis vom Wettbewerbsverstoß hatten.[186] Bleibt der beanstandete Sachverhalt für den abgemahnten Schuldner unklar, kann sich in Ausnahmesituationen unter Berücksichtigung einer im Raum stehenden Dringlichkeitsfrist eine Aufforderung zur weiteren Aufklärung gegenüber dem Anspruchsgegner empfehlen.

Darüber hinaus sollte die Vorgeschichte der aktuellen Auseinandersetzung und etwaige 263
frühere Auseinandersetzungen zwischen den Beteiligten sowie der wirtschaftlichen Hintergrund der Auseinandersetzung aufgeklärt werden.

2. Sicherung von Beweisen (Unterlagen, Protokolle, Zeugen, Glaubhaftmachung, Testkäufe)

Tatsächliche Behauptungen, auf die eine gerichtliche Entscheidung gestützt werden soll, 264
müssen entsprechend den maßgeblichen materiellen und prozessualen Bestimmungen sowie der allgemeinen **Darlegungs- und Beweislast** bewiesen werden können. Vor diesem Hintergrund sind beide Parteien gehalten, in Betracht kommende Mittel zum Beweis bzw zur Glaubhaftmachung, § 294 ZPO, frühestmöglich zu sichern. Das Vorhanden- bzw Nichtvorhandensein dieser Mittel wird die Strategie des Vorgehens zentral bestimmen.

In diesem Zusammenhang kommt u.a. der eingehenden Befragung von Beteiligten, Siche- 265
rung jeglicher für den Sachverhalt relevanter Unterlagen und E-Mails, etwaiger Vermerke über Telefonate und Besprechungen, Protokolle, Muster, Ausdruck von Webseiten, von beanstandeten Produkten und jeglicher relevanter Werbematerialien entscheidende Bedeutung zu. Darüber hinaus ist die Verfügbarkeit von Zeugen und deren Position in der Auseinandersetzung aufzuklären. In Betracht kommende Zeugen sollten frühestmöglich dazu angehalten werden, für Zwecke der Glaubhaftmachung notwendige eidesstattliche Versicherungen abzugeben. Diese sind unmittelbar auf Vollständigkeit und Übereinstimmung mit dem Vortrag der Partei zu überprüfen.

Darüber hinaus kann sich die Notwendigkeit ergeben, **Testmaßnahmen** zur Aufdeckung 266
eines Wettbewerbsverstoßes durchzuführen. Diese können unterschiedlicher Natur sein und zB Testkäufe, Testbeobachtungen oder Testgespräche umfassen. Derartige Testmaßnahmen sind grundsätzlich zulässig, solange sich der Tester als normaler Nachfrager geriert.[187]

Eine unzulässige Testmaßnahme, zB unter Verstoß gegen ein bestehendes Hausverbot eines 267
Mitbewerbers, kann ihrerseits einen Wettbewerbsverstoß darstellen. Ein aufgrund einer unzulässigen Testmaßnahme gewonnenes Mittel zum Beweis bzw zur Glaubhaftmachung

186 Vgl Harte/Henning/Schulz, UWG, § 11 Rn 69-71.
187 BGH – Testfoto I, GRUR 1991, 843, 844.

darf häufig nicht verwertet werden.[188] Rechtswidrig aus Testmaßnahmen erlangte Beweismittel können uU einen Missbrauchseinwand des Betroffenen begründen.[189]

II. Abmahnung

268 Eine Abmahnung ist die Mitteilung eines Anspruchsberechtigten an einen Verletzer, er habe sich wettbewerbswidrig verhalten, verbunden mit der Aufforderung, das beanstandete Verhalten zukünftig zu unterlassen und binnen einer bestimmten Frist eine strafbewehrte Unterwerfungserklärung abzugeben. Der Anspruchsberechtigte hat die beanstandete Handlung im Rahmen der Abmahnung genau zu bezeichnen.[190] Üblicherweise enthält die Abmahnung zugleich das Angebot einer vom Gläubiger vorgefertigten Unterlassungsverpflichtungserklärung.

269 Von der Praxis seit Jahrzehnten genutzt, ist die Abmahnung neben der strafbewehrten Unterlassungserklärung das zentrale **Mittel zur außergerichtlichen Streitbeilegung** in Wettbewerbssachen. Die Rechtsprechung hat die notwendigen Elemente einer Abmahnung über Jahrzehnte präzisiert.[191]

270 Seit 2004 hat der Begriff der Abmahnung nunmehr auch Eingang in das Gesetz gefunden. Nach § 12 Abs. 1 UWG sollen die zur Geltendmachung eines Unterlassungsanspruchs Berechtigten den Schuldner vor Einleitung eines Rechtsstreits abmahnen und ihm Gelegenheit geben, die Auseinandersetzung durch Abgabe einer angemessenen strafbewehrten Unterlassungsverpflichtung beizulegen.

1. Notwendigkeit

271 Wie sich aus § 12 Abs. 1 UWG ergibt, „soll“ der Anspruchsberechtigte den Schuldner vor Beginn einer gerichtlichen Auseinandersetzung abmahnen. Ungeachtet dieser Formulierung ist die Abmahnung keine prozessuale Voraussetzung für die gerichtliche Geltendmachung eines Unterlassungsanspruchs.[192]

272 Unterlässt der Anspruchsberechtigte eine vorherige Abmahnung, droht ihm in einem gerichtlichen Verfahren, wenn der Schuldner den Anspruch unverzüglich zu Beginn des gerichtlichen Verfahrens anerkennt, gem. § 93 ZPO die Auferlegung der Kosten des Verfahrens.[193]

273 In bestimmten Szenarien kann der Anspruchsberechtigte von einer Abmahnung absehen, ohne das Risiko etwaiger Kostennachteile gem. § 93 ZPO einzugehen. Dazu zählt u.a. die Situation, dass eine Abmahnung bei vernünftiger Würdigung der Umstände durch den Gläubiger keinen Erfolg verspricht, was zB bei einem schwerwiegenden vorsätzlichen Wettbewerbsverstoß der Fall sein kann.[194]

274 Entsprechendes gilt, wenn ein neuer Verstoß nach Abgabe einer strafbewehrten Unterlassungserklärung durch den Schuldner begangen wird.[195] In Ausnahmefällen kann auch äu-

188 Ahrens/Bähr, Wettbewerbsprozess, Kap. 27 Rn 31 f.
189 Ahrens/Bähr, Wettbewerbsprozess, Kap. 27 Rn 41.
190 Gesetzesentwurf der Bundesregierung „Entwurf eines Gesetzes gegen den unlauteren Wettbewerb (UWG)“, BT-Drucks. 16/10145, S. 25.
191 Vgl zB Hefermehl/Köhler/Bornkamm, Wettbewerbsrecht, § 12 UWG Rn 1.12 ff.
192 ZB OLG München WRP 1988, 62.
193 Zöller/Herget, ZPO, § 93 Rn 4 sowie Rn 6, Stichwort „Wettbewerbsstreitigkeiten“.
194 OLG Hamburg WRP 1995, 1037, 1038.
195 BGH – Aufklärungspflicht des Unterwerfungsschuldners, GRUR 1990, 542, 543.

ßerste Eilbedürftigkeit eine Abmahnung entbehrlich machen.[196] Das kann zB bei Wettbewerbsverstößen auf Messen der Fall sein.

IÜ kann eine Abmahnung auch in den Fällen entbehrlich sein, in denen durch eine vorherige Abmahnung die Gefahr einer Anspruchsvereitelung geschaffen würde.[197] Ein solcher Fall könnte gegeben sein, falls das Risiko besteht, dass ein Nachahmer seine Produkte nach Kenntnisnahme von der Abmahnung schnellstmöglich an Dritte veräußert und damit eine Beschlagnahme und weitere Maßnahmen vereitelt. 275

2. Form und Zugang

Auch wenn eine Abmahnung grundsätzlich formlos möglich ist, ist idR bereits zu **Beweiszwecken die Schriftform** geboten.[198] 276

Es ist umstritten, ob der Gläubiger den Zugang der Abmahnung sicherstellen muss bzw lediglich dessen ordnungsgemäße Absendung nachweisen muss. Die erstere Auffassung wird nun von der Rechtsprechung vertreten.[199] IdR wird eine Versendung per Telefax und Einwurf-Einschreiben ausreichend sein. 277

Eine Versendung per Einschreiben mit Rückschein birgt die Problematik, dass bei Nichtannahme des Einschreibens bzw Nichtanwesenheit die Abmahnung nicht physisch in den Herrschaftsbereich des Schuldners gelangt, sondern lediglich ein Benachrichtigungsschein hinterlassen wird. Holt der Empfänger das Einschreiben jedoch vorsätzlich nicht ab, ist er nach Auffassung der Rechtsprechung so zu behandeln, als sei ihm das Schreiben zugegangen.[200] Allerdings können sich bei einer Versendung per Einschreiben mit Rückschein gewisse Zugangsverzögerungen ergeben, wenn der Adressat das Schreiben erst am nächsten Tag, oder bei Zusendungen zum Wochenende, am Beginn der folgenden Woche abholt. 278

3. Inhalt

Eine Abmahnung sollte zunächst neben der **Angabe der Parteien** eine präzise Beschreibung der beanstandeten verletzenden Handlung und die sich daraus ergebene Rechtsfolge beschreiben, so dass die abgemahnte Partei in die Lage versetzt wird, die Beanstandung zu überprüfen.[201] 279

Die Hinzufügung von Beweismitteln zur Abmahnung ist nicht notwendig und aus taktischen Erwägungen möglicherweise nachteilig. Daneben sollte die Abmahnung die **Aufforderung zur Abgabe einer strafbewehrten Unterlassungserklärung** beinhalten. Die Beifügung einer vorformulierten Unterwerfungserklärung zählt nicht zum notwendigen Inhalt der Abmahnung, ist jedoch in der Praxis verbreitet.[202] 280

Ob eine Fristsetzung zum notwendigen Inhalt einer Abmahnung gehört, wird teilweise bestritten.[203] Eine entsprechende Fristsetzung ist jedoch in jedem Fall sinnvoll und in der Praxis gang und gebe. Die Angemessenheit der Frist bestimmt sich nach der Dringlichkeit des Sachverhalts und den Umständen des Einzelfalles. Bei außerordentlich eilbedürftigen Sachverhalten kann eine Frist von wenigen Stunden ausreichend sein. IdR wird dem An- 281

196 Harte/Henning/Brüning, UWG, § 12 Rn 15.
197 Speckmann, Wettbewerbsrecht, Rn 1387.
198 Ahrens/Deutsch, Wettbewerbsprozess, Kap. 1 Rn 100.
199 Harte/Henning/Brüning, UWG, § 12 Rn 24 Fn 51.
200 OLG Dresden WRP 1997, 1203.
201 OLG München NJW-Entscheidungen Wettbewerbsrecht 1998, 65 f.
202 Zur Formulierung der Unterwerfungserklärung siehe Rn 283 ff.
203 Harte/Henning/Brüning, UWG, § 12 Rn 47.

spruchsgegner jedoch eine Frist von mehreren Werktagen zur Prüfung und Stellungnahme zuzubilligen sein, so dass unter Berücksichtigung der Zeiten für die Übermittlung einer Abmahnung eine Wochenfrist zu setzen ist. Eine unangemessen kurze Frist setzt ohne weiteres Zutun des Gläubigers eine angemessene Frist in Kraft.[204]

282 Darüber hinaus sind dem Verletzten **gerichtliche Maßnahmen** für den Fall fruchtlosen Fristablaufs anzudrohen. Es ist umstritten, ob einer Abmahnung stets eine Vollmacht beizufügen ist.[205] In praktischer Hinsicht empfiehlt es sich vor dem Hintergrund der unterschiedlichen Auffassungen, das Original oder jedenfalls die beglaubigte Abschrift einer Vollmacht, falls nach den Umständen möglich, ebenfalls zu übersenden.

4. Formulierung des Unterlassungsbegehrens

283 Es ist sinnvoll und entspricht der Praxis entweder im Abmahnschreiben oder diesem beigefügt die erstrebte strafbewehrte Unterlassungserklärung des Schuldners vorzuformulieren. Auf diese Weise kann der Anspruchsberechtigte die von ihm erstrebte Fassung des Verbotstenors zunächst vorgeben.

284 Muster zur Formulierung von Abmahnungen finden sich unter den Rn 366 (wegen Anschwärzung), Rn 369 (wegen Belästigung) sowie Rn 372 (Abmahnung durch einen Verband) und Rn 379 (Abmahnung durch einen Verband wegen Verstoßes gegen das HWG).

285 Wird durch einen Wettbewerbsverstoß eine Wiederholungsgefahr begründet, umfasst diese nicht nur die vollkommen identische Verletzungsform, sondern auch sämtliche im Kern gleichartige Verletzungsformen.[206] Bei der Bestimmung, welche Verletzungsformen noch „im Kern gleichartig“ sind, sind Handlungen mit identischen oder nahezu identischen Tatsachenkern einzubeziehen. Die Form der Handlung kann jedoch abweichen. Entscheidend ist, dass in der Unterlassungsverpflichtung die charakteristischen Elemente der Verletzungshandlung wiedergegeben werden.[207]

286 Eine Verallgemeinerung unter Berücksichtigung der charakteristischen Elemente der Verletzungshandlung kann zB das Werbemedium betreffen. Daneben kann eine Verallgemeinerung auch in Bezug auf die vom Wettbewerbsverstoß betroffenen Produkte erfolgen. Insoweit könnte der Anspruchsberechtigte, statt an das spezifische Produkt, ggf an die Produktkategorie anknüpfen.

287 Die Verallgemeinerung kann sich darüber hinaus auch auf die konkrete Handlung beziehen, wenn die ähnliche Handlung der konkret begangenen Handlung den charakteristischen Merkmalen nach entspricht.[208] Ist die vorgenommene Verallgemeinerung nicht mehr von den charakteristischen Merkmalen der Verletzungshandlung gedeckt, ist die Abmahnung unbegründet und es drohen Gegenmaßnahmen des Abgemahnten und Kostennachteile.

288 Um derartige Risiken zu begrenzen, wird das Unterlassungsbegehren nach einer zuvor erfolgten Verallgemeinerung häufig durch Zusätze wie „insbesondere“, „so wie“ konkretisiert.[209] Allerdings sind unbestimmte Zusätze wie zB „ähnlich“, „Eindruck erwecken“ oder „unmissverständlich“ zu unbestimmt und nicht zu einer Konkretisierung des Antrags geeignet.[210] Es ist zu empfehlen, die ins Auge gefasste Formulierung und Konkretisierung des

204 OLG Hamburg GRUR 1995, 836.
205 Hefermehl/Köhler/Bornkamm, Wettbewerbsrecht, § 12 UWG Rn 1.25-1.28.
206 BGH – Wegfall der Wiederholungsgefahr II, GRUR 1997, 379.
207 Im Einzelnen Ahrens/Jestaedt, Wettbewerbsprozess, Kap. 22 Rn 15 ff.
208 Ahrens/Jestaedt, Wettbewerbsprozess, Kap. 22 Rn 20, 35-36.
209 Speckmann, Wettbewerbsrecht, Rn 1628, 1629.
210 Baumbach/Hefermehl/Bornkamm, Wettbewerbsrecht, § 12 UWG Rn 2.39.

Unterlassungsantrages vorab nach den Maßstäben der Rechtsprechung auf deren Eignung und Zulässigkeit zu überprüfen.

Gläubiger werden vor dem Hintergrund der Kerntheorie häufig bestrebt sein, möglichst umfassende tatsächliche oder vermeintlich „kerngleiche" Handlungen mit in die Unterlassungsforderung einzubeziehen. Gleichwohl sollte der Gläubiger neben den Vorteilen auch die rechtlichen und praktischen Risiken eines solchen Vorgehens im Auge behalten. Je weiter die Unterlassungsverpflichtung formuliert wird, desto höher ist die Wahrscheinlichkeit, dass ein Schuldner keine oder nur eine eingeschränkte Unterlassungserklärung abgibt. IÜ steigen bei einem derartigen Vorgehen die Risiken, dass dem Gläubiger bei der Konkretisierung[211] der Unterlassungsforderung ein Fehler unterläuft und insoweit ein Unterliegen bzw Teilunterliegen gegenüber dem Schuldner droht. 289

III. Reaktion des Abgemahnten

Durch eine berechtigte Abmahnung wird zwischen dem Gläubiger und dem Schuldner das durch einen Wettbewerbsverstoß geschaffene **deliktische Schuldverhältnis** konkretisiert.[212] Im Falle einer berechtigten Abmahnung ergeben sich daraus neben dem im Raum stehenden Unterlassungsanspruch bzw weiteren Ansprüchen noch zusätzliche Informations- und Aufklärungspflichten. 290

Der Empfänger einer wettbewerbsrechtlichen Abmahnung sollte sorgfältig prüfen, in welcher Weise er auf die Abmahnung reagiert. Diese Reaktion ist zunächst wesentlich von der Prüfung der Rechtmäßigkeit der Abmahnung bestimmt. Selbst im Falle berechtigter Abmahnungen können sich für den Schuldner aus wirtschaftlichen oder taktischen Erwägungen heraus eine Reihe unterschiedlicher Reaktionsmöglichkeiten ergeben. Der Adressat einer Abmahnung sollte die materielle Berechtigung der Abmahnung, wie seine zur Verfügung stehenden Handlungsoptionen überprüfen. Die Abgabe einer strafbewehrten Unterlassungsverpflichtung entsprechend dem vom Gläubiger vorgegebenen Erklärungswortlaut wird in der Praxis nicht immer die optimale Lösung zur Beilegung der Auseinandersetzung aus der Schuldnerperspektive darstellen. 291

1. Abgabe der geforderten Unterlassungserklärung

Kommt der Schuldner zu dem Ergebnis, dass der mit der Abmahnung geltend gemachte Anspruch besteht und der Anspruchsteller berechtigt ist, diesen geltend zu machen, ist die Abgabe einer strafbewehrten Unterlassungserklärung in vielen Fällen sachgerecht. Damit werden weitere, häufig kostenträchtige und aufwendige Auseinandersetzungen vermieden. 292

Umgekehrt können Gründe dafür sprechen, eine strafbewehrte Unterlassungserklärung nicht abzugeben. Durch die Annahme des Angebots des Gläubigers, einen **Unterwerfungsvertrag** abzuschließen, wird eine neue selbständige vertragliche Unterlassungsverpflichtung geschaffen. Es handelt sich um ein **abstraktes Schuldanerkenntnis.**[213] In diesen Fällen entfällt die Wiederholungsgefahr und der zuvor geltend gemachte wettbewerbsrechtliche Anspruch, falls die Unterwerfungserklärung ihrerseits keine Mängel aufweist. 293

Durch diesen Unterwerfungsvertrag wird ein zeitlich grundsätzlich **unbefristetes Dauerschuldverhältnis** geschaffen. Die Unterlassungsverpflichtung bleibt bestehen, solange diese 294

211 Ahrens/Jestaedt, Wettbewerbsprozess, Kap. 22 Rn 32-33.
212 BGH – Aufklärungspflicht gegenüber Verbänden, GRUR 1988, 717.
213 BGH – kurze Verjährungsfrist, NJW 1995, 2788.

vom Schuldner nicht wirksam beendigt werden kann.[214] Unter bestimmten Bedingungen, zB einem Wegfall des Wettbewerbsverstoßes aufgrund der Aufhebung einer Verbotsnorm, kommt gem. § 313 BGB für die Zukunft die Anpassung oder gar Kündigung des Verbotsvertrages in Betracht.[215]

295 Der Gläubiger eines solchen Unterwerfungsvertrages wird vielfach ein größeres Interesse als im Fall des Bestehens eines gerichtlichen Titels haben, das Verhalten des Schuldners zu überwachen und etwaige Verstöße zu verfolgen. Angesichts pauschalierter, in der Praxis regelmäßig signifikanter Vertragsstrafen, ist das wirtschaftliche Risiko des Schuldners in vielen Fällen deutlich höher als im Falle eines gegen den Schuldner gerichteten Unterlassungstitels.[216] Der Gläubiger hat einen finanziellen Anreiz, durch die Beitreibung von Vertragsstrafen eigene Einnahmen zu erzielen.

296 Hinzu kommt, dass Unterwerfungsverträge weiter auszulegen sind als gerichtliche Unterlassungstitel. Für erstere gelten die allgemeinen Grundsätze der Vertragsauslegung, §§ 133, 157 BGB. Demgegenüber gelten für die Auslegung von Unterlassungstiteln die Regeln der sog. Kerntheorie.[217] Die Regeln für die gerichtliche Auslegung des Unterlassungstitels können für die vertragliche Unterwerfungserklärung nur mittelbar und eingeschränkt herangezogen werden.

297 Der Gläubiger muss im Falle der Zuwiderhandlung gegen eine vertragliche Unterwerfungserklärung anders als bei Verstößen gegen einen gerichtlichen Unterlassungstitel nicht den Nachweis des Verschuldens des Schuldners führen. Dieser Entlastungsbeweis obliegt aufgrund der Bestimmung des § 280 Abs. 1 S. 2 BGB dem Schuldner.[218]

298 Aufgrund der Einstufung als abstraktes Schuldanerkenntnis ist für die Unterwerfungsklärung grundsätzlich die Schriftform erforderlich. Die Notwendigkeit der Schriftform entfällt, wenn der Schuldner Kaufmann ist,[219] ist aber auch dort zu Beweiszwecken uneingeschränkt zu empfehlen. Die Abgabe einer Unterwerfungserklärung hat darüber hinaus uneingeschränkt, unwiderruflich, ohne Hinzufügung von aufschiebenden Bedingungen[220] und angemessen strafbewehrt zu erfolgen.[221] Nur eine solche und zudem ernsthafte Unterwerfungserklärung beseitigt die bestehende Wiederholungsgefahr.

2. Abgabe einer modifizierten Unterlassungserklärung

299 Die Abgabe einer strafbewehrten Unterlassungsverpflichtungserklärung entsprechend dem vom Gläubiger übermittelten Entwurf wird, selbst wenn der zugrunde liegende Anspruch ganz oder teilweise berechtigt ist, in vielen Fällen nicht die den Interessen des Schuldners bestmöglich entsprechende Regelung zur Beilegung der Streitigkeit darstellen. Selbst wenn der Schuldner sich entscheidet, eine strafbewehrte Unterlassungserklärung abzugeben, können Modifikationen der Unterlassungserklärung zur Beschränkung des Pflichtenkreises des Schuldners und der potentiellen Risiken der Erklärung sinnvoll sein. Das gilt sowohl im Hinblick auf die inhaltliche Ausgestaltung der Unterlassungsverpflichtung als auch der Form und des Umfangs der Strafbewehrung.

---

214 Harte/Henning/Brüning, UWG, § 12 UWG Rn 152 ff.
215 Harte/Henning/Brüning, UWG, § 12 UWG Rn 162-165.
216 Speckmann, Wettbewerbsrecht, Rn 1406-1409.
217 ZB OLG Frankfurt NJW-RR 1992, 751.
218 BGH – Modenschau im Salvatorkeller, GRUR 1998, 471.
219 Hefermehl/Köhler/Bornkamm, Wettbewerbsrecht, § 12 UWG Rn 1.102-104.
220 Teplitzky, Wettbewerbsrechtliche Ansprüche und Verfahren, Kap. 8 Rn 8 mwN.
221 BGH – Bedingte Unterwerfung, GRUR 1993, 677, 679.

Entscheidet sich der Schuldner im Falle einer berechtigten Abmahnung zur Abgabe einer Unterlassungserklärung, muss diese zunächst eindeutig, unmissverständlich und grundsätzlich ohne Vorbehalte erklärt werden. 300

Die Unterlassungserklärung muss darüber hinaus, um die Wiederholungsgefahr auszuräumen, an Inhalt und Umfang des Unterlassungsanspruchs des Gläubigers orientiert sein. Dies gilt nicht allein für die konkrete Verletzungsform, sondern auch ebenfalls für sämtliche im Kern identischen Handlungen.[222] Der Schuldner kann sich insoweit nicht darauf beschränken, lediglich eine auf die konkrete Verletzungsform beschränkte Erklärung abzugeben, sondern muss auch vom Gläubiger geltend gemachte kerngleiche Verstöße mit seiner Erklärung abdecken. 301

Ergibt sich im Rahmen der Analyse des Unterlassungsanspruchs und der geltend gemachten Unterlassungsforderung, dass die Forderung inhaltlich über den materiellen Anspruch hinausgeht, kann der Schuldner die Formulierung dementsprechend einschränken und auf das notwendige Maß anpassen. Im Falle einer zu weitgehenden Unterlassungsforderung des Gläubigers ist der Schuldner nicht berechtigt, die Unterlassungsforderung grundsätzlich zurückzuweisen. Um die Wiederholungsgefahr auszuräumen, muss er vielmehr eine objektiv ausreichende Erklärung abgeben.[223] 302

Gibt der Schuldner eine objektiv unzureichende Unterlassungserklärung ab, führt dies nicht zum Wegfall der Wiederholungsgefahr.[224] 303

In den Fällen, in denen der Gläubiger mehrere voneinander trennbare Wettbewerbsverstöße gemeinsam geltend macht,[225] kann es sich für den Schuldner empfehlen, nur für einen abtrennbaren Teilbereich eine Unterlassungserklärung abzugeben.[226] Nach der Rechtsprechung sind unter bestimmten Voraussetzungen Teilunterwerfungen zulässig.[227] 304

Auch wenn für aufschiebende Bedingungen und Befristungen im Rahmen der Abgabe einer Unterlassungserklärung idR kein Raum besteht, können in besonderen Fällen diesbezüglich Ausnahmen in Betracht kommen. In bestimmten Szenarien kann ausnahmsweise auch die Aufnahme einer aufschiebenden Befristung kein Hindernis für eine wirksame Unterlassungserklärung darstellen.[228] Dies kann zB der Fall sein, wenn bezüglich eines möglicherweise wettbewerbswidrigen Prospekts des Schuldners noch eine zeitlich begrenzte Aufbrauchfrist gewährt wird. 305

Im Hinblick auf die Art und die Höhe der Strafbewehrung der Unterlassungserklärung können sich für den Schuldner gewisse Spielräume bzgl einer Anpassung der Erklärung ergeben. Allerdings ist zu berücksichtigen, dass eine Unterlassungserklärung mit einer unzureichend hohen Vertragsstrafe nicht zu einem Wegfall der Wiederholungsgefahr führt.[229] 306

Grundsätzlich verfolgt die wettbewerbsrechtliche Vertragsstrafe einen doppelten Zweck. Es geht einerseits darum, die Erfüllung der Unterlassungsverpflichtung durch ein Druck- 307

222 BGH – Vorratslücken, GRUR 2000, 337, 338.
223 OLG München WRP 1994, 645.
224 Teplitzky, Wettbewerbsrechtliche Verfahren und Ansprüche, Kap. 8 Rn 16 c.
225 ZB ein irreführendes Werbeinserat und eine beanstandete Verkaufsveranstaltung.
226 Speckmann, Wettbewerbsrecht, Rn 1443.
227 Vgl BGH – Teilunterwerfung, GRUR 2002, 824 f.
228 BGH – Weit vor Winterschlussverkauf, GRUR 2002, 180, 181.
229 BGH – Weit vor Winterschlussverkauf, GRUR 2002, 180, 181.

mittel gegen zukünftige Verstöße zu sichern. Zum anderen dient die Vertragsstrafe dem Gläubiger zu einem vereinfachten Schadensausgleich.[230]

308 Die Höhe der Vertragsstrafe muss angemessen sein. Maßgeblich ist die Sicherungsfunktion der Vertragsstrafe. Diese muss so bestimmt sein, dass sich weitere Verstöße für den Schuldner wirtschaftlich nicht mehr lohnen. Im Fall eines unbedeutenden Verstoßes in einer Kleinanzeige eines Kleinunternehmers, in der irreführend für geringwertige Produkte geworben wird, wird idR bereits eine relativ bescheidene Vertragsstrafe ausreichend sein, um den Schuldner abzuschrecken. Umgekehrt bedarf es bei unlauteren, bundesweit vorgenommenen Handlungen eines national tätigen Mitbewerbers einer hohen Vertragsstrafe, um diesen wirtschaftlich von weiteren Verstößen abzuschrecken.

309 Würden die Folgen einer Unterlassungsverpflichtung einen Schuldner, der zwischenzeitlich fahrlässig zB in großer Anzahl Produkte mit einer beanstandeten Gestaltung hergestellt hat, außerordentlich hart treffen, kommt unter Berücksichtigung von Treu und Glauben uU die Bewilligung einer Aufbrauchfrist in Betracht. Rechtlich ist die Aufbrauchsfrist als eine aus dem Verhältnismäßigkeitsgrundsatz abzuleitende materiellrechtliche Beschränkung des Unterlassungsanspruchs anzusehen.[231] Die Berechtigung einer solchen Aufbrauchfrist setzt eine Abwägung der gegenseitigen Interessen voraus, in deren Rahmen die Interessen der Parteien und der Grad des Verschuldens des Schuldners zu berücksichtigen sind.

310 Gerade in den Fällen, in denen der Schuldner von einem Unterlassungsanspruch überrascht wird und **leicht fahrlässig** gehandelt hat, wird ein Anspruch auf eine Aufbrauchfrist zu erwägen sein, wenn der Schuldner bei unmittelbarer Wirksamkeit des Unterlassungsanspruchs einen hohen wirtschaftlichen Schaden, zB durch ein Verbot der Auslieferung bestimmter Produkte, erleiden würde. Stehen derartige Risiken für einen Schuldner im Raum, ist aus der Perspektive des Schuldners in praktischer Hinsicht dazu zu raten, schnellstmöglich eine Vereinbarung mit dem Gläubiger zu suchen, welche u.a. die Gewährung einer Aufbrauchfrist beinhaltet.

311 Anstelle einer fixen Vertragsstrafe besteht die Möglichkeit einer hinreichenden Strafbewehrung auch durch die Formulierung einer Strafbewehrung nach dem sog. neuen **Hamburger Brauch**. Insoweit wird dem Gläubiger das Recht überlassen, die Höhe der Vertragsstrafe zu bestimmen. Der Schuldner hat das Recht, im Streitfall die Angemessenheit der Vertragsstrafe von einem bestimmten Gericht überprüfen zu lassen. Dies kann zB durch eine Formulierung wie etwa

...Der Schuldner verpflichtet sich bei Meidung einer für jeden Fall der Zuwiderhandlung fälligen und vom Gläubiger zu bestimmenden Vertragsstrafe, deren Angemessenheit im Streitfalle vom zuständigen Landgericht zu prüfen ist, es zu unterlassen ....

erfolgen.[232]

312 Die Wahl einer derartigen Formulierung der Strafbewehrung wird den Gläubiger idR dazu veranlassen, bei der Geltendmachung einer Vertragsstrafe Angemessenheitskriterien im Auge zu behalten, da anderenfalls mit Wahrscheinlichkeit eine gerichtliche Auseinandersetzung über die Angemessenheit der Vertragsstrafe droht. Die früher noch gebilligte Praxis, wonach die Bestimmung der Vertragsstrafe unmittelbar durch ein Gericht erfolgen konnte,

230 Ahrens/Schulte, Wettbewerbsprozess, Kap. 7 Rn 22 ff.
231 Hefermehl/Köhler/Bornkamm, Wettbewerbsrecht, § 8 UWG Rn 1.59.
232 Hefermehl/Köhler/Bornkamm, Wettbewerbsrecht, § 12 UWG Rn 1.142-1.144.

ist nicht mehr aufrechtzuerhalten.[233] Möglich bleibt, die Bestimmung der Vertragsstrafe in die Hände eines Dritten zu legen, § 317 BGB.

Bei der Formulierung von Unterlassungsverpflichtungen ergibt sich die Frage, wie mit einer Mehr- oder gar Vielzahl von Verstößen umzugehen ist. Üblicherweise wird die Vertragsstrafe „für jeden einzelnen Fall der Zuwiderhandlung" versprochen. Allerdings können mehrere Einzelverstöße aus Rechtsgründen zu einem einzigen Verstoß zusammenzufassen sein. Um dies auszuschließen, findet sich im Rahmen von vorformulierten Unterlassungsverpflichtungserklärungen teilweise noch der Zusatz 313

... es unter Verzicht auf die Einrede des Fortsetzungszusammenhanges [....] zu unterlassen, ...

Zunächst ist der Verzicht auf diese Einrede kein notwendiges Element für eine wirksame strafbewehrte Unterlassungserklärung.

Die Rechtsprechung hatte einen solchen Verzicht jedenfalls in allgemeinen Geschäftsbedingungen für unwirksam erklärt.[234] Nach der aktuellen Rechtsprechung ist für die Frage der Zusammenfassung von Verstößen nicht mehr auf die Rechtsfigur des Fortsetzungszusammenhangs, sondern den Begriff der rechtlichen Einheit abzustellen.[235] Insoweit können einzelne Handlungen durch den Begriff der natürlichen Handlungseinheit, oder aus weiteren rechtlichen Gründen zusammen zu fassen sein.[236] 314

3. Ablehnung bzw keinerlei Reaktion

Die Ablehnung einer geforderten Unterlassungserklärung oder der Verzicht auf eine Reaktion kommen zunächst in Betracht, wenn die Abmahnung unbegründet ist und dem Anspruchsführer kein durchsetzbarer Unterlassungsanspruch zusteht. Das Fehlen des Anspruchs kann sich sowohl auf die Anspruchsberechtigung, § 8 Abs. 3 UWG, als auch auf fehlende materiellrechtliche Voraussetzungen des geltend gemachten Anspruchs beziehen. 315

Die abgemahnte Partei kann in diesen Fällen nach eigenem Ermessen entscheiden, ob sie sich an den Anspruchsteller wendet und die Ablehnung begründet oder aber auf eine Reaktion verzichtet. In Fällen unberechtigter Abmahnungen besteht nach der Rechtsprechung[237] keinerlei Hinweis- oder Aufklärungspflicht des Abgemahnten. 316

In praktischer Hinsicht kann sich eine Reaktion auf eine unberechtigte Abmahnung u.a. dann empfehlen, wenn aufgrund einer Stellungnahme eine schnelle Beilegung des Disputs wahrscheinlich ist. IÜ erhebt sich für den Empfänger einer unbegründeten Abmahnung die Frage, ob er eine Schutzschrift,[238] einen vorsorglichen Schriftsatz zur Erwiderung auf einen erwarteten Antrag auf Erlass einer einstweiligen Verfügung, bei dem oder den für eine gerichtliche Auseinandersetzung potentiell zuständigen Gerichten hinterlegt. 317

Es ist iÜ strittig, ob die unberechtigt abgemahnte Partei Anspruch auf Ersatz der Kosten (zB Rechtsanwaltskosten) für die außergerichtliche Abwehr einer Abmahnung hat.[239] Bei einer redlich handelnden abmahnenden Partei wird dies abgelehnt. Etwas anderes gilt bei unredlich handelnden Personen[240] sowie im Falle von unberechtigten Schutzrechtsverwar- 318

233 Teplitzky, Wettbewerbsrechtliche Ansprüche und Verfahren, Kap. 8 Rn 22 mwN.
234 BGH – Fortsetzungszusammenhang, NJW 1993, 721 ff.
235 BGH – Trainingsvertrag, GRUR 2001, 758.
236 Hefermehl/Köhler/Bornkamm, Wettbewerbsrecht, § 12 UWG Rn 1.149.
237 BGH – Kosten bei unbegründeter Abmahnung, GRUR 1995, 169.
238 Vgl dazu das Muster unter Rn 381.
239 Ahrens/Deutsch, Wettbewerbsprozess, Kap. 3 Rn 11 ff.
240 Ahrens/Deutsch, Wettbewerbsprozess, Kap. 3 Rn 8.

nungen. Insoweit wird von der Rechtsprechung ein Schadensersatzanspruch aufgrund eines Eingriffs in den eingerichteten und ausgeübten Gewerbebetrieb, § 823 BGB, und damit ein Anspruch auf Erstattung von Rechtsanwaltskosten bejaht.

319 Die Ablehnung eines Unterlassungsanspruchs kommt auch in den Fällen in Betracht, in denen der Schuldner zuvor gegenüber einem Dritten eine hinreichende strafbewehrte Unterlassungserklärung über den beanstandeten Sachverhalt abgegeben hat. Den Schuldner treffen dann aber bestimmte Aufklärungspflichten gegenüber dem Absender der erneuten Abmahnung, so dass er sich nicht auf die Ablehnung des Anspruchs ohne Erläuterung beschränken bzw ganz auf eine Reaktion verzichten kann. In dem Muster unter Rn 375 ist ein solcher Hinweis enthalten.

320 Im Falle einer weiteren Abmahnung ist der Schuldner, der bereits gegenüber einem anderen Gläubiger eine strafbewehrte Unterlassungserklärung abgegeben hat, zur Aufklärung verpflichtet. Er muss den weiteren Gläubiger auf die Drittunterwerfung hinweisen und die relevanten Unterlagen über die vorausgehende Abmahnung, mithin das Abmahnschreiben und die darauf folgende Unterlassungserklärung oder einen gerichtlichen Vergleich,[241] übermitteln.[242]

321 Unterlässt der Schuldner eine solche Aufklärung, macht er sich ggf selbst gegenüber dem weiteren Gläubiger schadensersatzpflichtig, zB im Hinblick auf Rechtsanwaltsgebühren oder die Kosten für eine überflüssige Klage.

322 Liegen dem weiteren Gläubiger die Abmahnung des Erstgläubigers sowie die Unterlassungserklärung des Schuldners vor, kann dieser prüfen, ob die bisherige Unterlassungserklärung hinreichend ist, um die Wiederholungsgefahr allgemein auszuschließen. Insoweit ist die Prüfung der Umstände des Einzelfalls und insbesondere die Frage, ob Anhaltspunkte für eine mangelnde Ernsthaftigkeit der Unterlassungserklärung bestehen, geboten. Dies kann zB der Fall sein, wenn der bisherige Gläubiger die Durchsetzung der Unterlassungsverpflichtung mangels hinreichender Mittel nicht gewährleisten kann.[243]

323 IÜ kann eine frühere Unterwerfung, auf welche der Schuldner hinweist, auch dann unzureichend sein, wenn nachfolgend weitere Verstöße begangen wurden.[244]

324 Gem. § 8 Abs. 4 UWG[245] kommt die Ablehnung einer Abmahnung dann in Betracht, wenn die Abmahnung unter Berücksichtigung der Umstände des Einzelfalles missbräuchlich erscheint, insbesondere der Eindruck geschaffen wird, dass die Abmahnung lediglich zur Erzielung von Gebührenansprüchen dient. Hintergrund der Regelung ist insbesondere die Problematik von mehrfachen Abmahnungen in Bezug auf den gleichen Verstoß wie den sog. Konzernsalven.[246]

4. Gegenabmahnung

325 In bestimmten Szenarien kann der Empfänger einer materiell unberechtigten Abmahnung vor Erhebung einer negativen Feststellungsklage gehalten sein, eine Gegenabmahnung auszusprechen.[247] Dies gilt, wenn der Anspruchsführer bei Abfassung der Abmahnung in tatsächlicher oder rechtlicher Hinsicht offensichtlich von unzutreffenden Annahmen ausge-

241 Vgl Muster Rn 376 am Ende.
242 BGH – Aufklärungspflicht des Abgemahnten, GRUR 1987, 54, 55.
243 BGH – Altunterwerfung I, NJW 1997, 1702, 1704.
244 Speckmann, Wettbewerbsrecht, Rn 1468 mwN.
245 Siehe oben Rn 79 ff.
246 Hefermehl/Köhler/Bornkamm, Wettbewerbsrecht, § 8 UWG Rn 4.1 ff.
247 Vgl insoweit das Muster Rn 368.

gangen ist und bei Richtigstellung mit einer entsprechenden Korrektur des Verhaltens des Abmahnenden gerechnet werden kann.[248] Der Gegenabmahnende hat dann nach der Rechtsprechung auch Anspruch auf Ersatz seiner notwendigen Aufwendungen gem. §§ 683, 670 BGB.

5. Negative Feststellungsklage

Eine zu Unrecht abgemahnte Partei kann sich gegen die Abmahnung iÜ mit einer negativen Feststellungsklage, § 256 ZPO, wehren.[249] 326

Das notwendige Rechtschutzinteresse iS des § 256 ZPO wird durch die in der Abmahnung liegende Rechtsberühmung geschaffen. Die zu Unrecht abgemahnte Partei kann die Feststellungsklage, entweder in der Form, dass die Abmahnung unbegründet sei, oder in der Form, dass die beanstandete Maßnahme zulässig sei, erheben. Zu beachten ist, dass das Rechtsschutzinteresse für eine solche Feststellung entfällt, sobald der Anspruchsführer Klage auf Unterlassung erhoben hat und nicht mehr zur einseitigen Klagerücknahme berechtigt ist.[250] 327

6. Anrufung einer Einigungsstelle

UU kann sich aus der Sicht des Schuldners, aber auch ebenso aus der Sicht des Gläubigers, die Durchführung eines Einigungsstellenverfahren, § 15 UWG, empfehlen. Ein Muster für die Anrufung einer Einigungsstelle ist unter Rn 635 zu finden. 328

Die Anrufung einer Einigungsstelle kommt einerseits in Betracht, wenn sich die Parteien einig sind, das Verfahren vor der Einigungsstelle durchzuführen, § 15 Abs. 3 S. 1 UWG. IÜ kommt eine solche Anrufung nach Satz 2 dieser Bestimmung in Betracht, wenn die 329

... Wettbewerbshandlungen [eigentlich nun geschäftlichen Handlungen] Verbraucher betreffen ...".

Eine solche Verbraucherberührung wird zB anzunehmen sein, wenn die Beteiligten um an Verbraucher gerichtete Werbung streiten.

Das Verfahren der Einigungsstellen richtet sich nach den Regeln in § 15 UWG und den auf der Grundlage dieser Bestimmung ergangenen Durchführungsverordnungen der Länder. Die Anrufung einer Einigungsstelle erfolgt durch einen zu begründenden Antrag, der ähnlich einer Klageschrift insbesondere eine Schilderung des Sachverhalts nebst vorhandenen Beweisangeboten sowie eine rechtliche Würdigung beinhalten sollte.[251] 330

Örtlich zuständig ist die Einigungsstelle, in deren Bezirk die Gegenpartei ihre Niederlassung bzw ihren Wohnsitz hat, § 15 Abs. 4 in Verbindung mit § 14 UWG. Auch die Einigungsstelle ist zuständig, in deren Bezirk die beanstandete Handlung begangen wurde, §§ 15 Abs. 4, 14 Abs. 2 UWG. Die Einigungsstellen werden bei den örtlichen Industrie- und Handelskammern errichtet. 331

Wichtig ist, dass durch die Anrufung der Einigungsstelle zum einen die Verjährung gehemmt wird, § 15 Abs. 9 S. 1 UWG. Das Einigungsverfahren ist auf eine gütliche Beilegung der wettbewerbsrechtlichen Auseinandersetzung gerichtet, § 15 Abs. 6 UWG. Insoweit kann die Einigungsstelle den Parteien auch einen schriftlichen, mit Gründen versehenen 332

248 BGH – Erstattung von Gegenabmahnungskosten, GRUR 2004, 790, 792.
249 BGH – Feststellungsinteresse, GRUR 1985, 571, 573.
250 BGH – Parallelverfahren I, GRUR 1994, 846, 847.
251 Hefermehl/Köhler/Bornkamm, Wettbewerbsrecht, § 15 UWG Rn 11 ff.

Einigungsvorschlag machen, der ohne Zustimmung der Parteien auch nicht veröffentlicht werden darf.

333 Dass Einigungsverfahren wird grundsätzlich entweder durch eine formlose Beendigung oder aber einen Vergleich beendet, § 15 Abs. 7 und Abs. 9 UWG. Eine schiedsgerichtliche Tätigkeit der Einigungsstelle kommt nur dann in Betracht, wenn die Parteien eine entsprechende Vereinbarung treffen.[252]

334 Grundsätzlich kann ein Einigungsstellenantrag jederzeit formlos zurückgenommen werden, es sei denn, dass in der für das jeweilige Bundesland anwendbaren Durchführungsverordnung die Zustimmung der anderen Partei vorgesehen ist.[253]

335 Während der Dauer eines Einigungsstellenverfahrens bleiben negative Feststellungsklagen des Antragsgegners gem. § 15 Abs. 4 UWG unzulässig. Unberührt bleibt das Recht des Gläubigers, einen Antrag auf Erlass einer einstweiligen Verfügung zu stellen.[254]

7. Schutzschrift

336 Entscheidet sich der Adressat in der Abmahnung dazu, keine strafbewehrte Unterlassungserklärung abzugeben, besteht für ihn das Risiko, dass die abmahnende Partei ihren behaupteten Anspruch gerichtlich durchzusetzen versucht und Antrag auf Erlass einer einstweiligen Verfügung stellt. In diesem Fall kann das angerufene Gericht auf der Grundlage des einseitigen Vortrags des Antragstellers auch ohne vorherige Anhörung des Antragsgegners eine Beschlussverfügung erlassen, wenn es Verfügungsgrund und -anspruch für gegeben erachtet.

337 Der Gläubiger hat es dann in der Hand, diese Beschlussverfügung durch deren Zustellung an den Schuldner zu vollziehen. Damit wird die Beschlussverfügung wirksam und der Schuldner an das Unterlassungsgebot gebunden. Selbst wenn er sofort Widerspruch einlegt, führt dies nicht dazu, dass die einstweilige Verfügung außer Kraft gesetzt wird. Der Schuldner muss insoweit nach Widerspruchseinlegung idR zunächst einen vom Gericht bestimmten Termin zur mündlichen Verhandlung abwarten. Erst dann kann er, sofern das Gericht die Verfügung auf der Basis des Vortrags des Antragsgegners nunmehr als nicht mehr gerechtfertigt betrachtet, auf eine Aufhebung der einstweiligen Verfügung hoffen. Dies wird in der Praxis Tage, mitunter auch mehrere Wochen dauern.

338 In diesem Zeitraum muss der Schuldner das gerichtliche Unterlassungsgebot beachten. Andernfalls drohen ihm bei Nichtbeachtung Ordnungsmittel.

339 Als Instrument gegen derartige Risiken wurde von der Praxis des gewerblichen Rechtsschutzes das Instrument der Schutzschrift geschaffen.[255] Die Schutzschrift ist ein **vorsorglicher Schriftsatz** des möglichen Antragsgegners, gerichtet an dasjenige oder diejenigen Gerichte,[256] welche für einen Verfügungsantrag des abmahnenden Gläubigers potentiell sachlich und örtlich zuständig sind.

340 Ein Muster einer Schutzschrift ist unter Rn 381 zu finden.

341 Die Schutzschrift entspricht inhaltlich weitgehend einem Antrag des Schuldners auf Zurückweisung des Antrags auf eine einstweilige Verfügung und beinhaltet die Schilderung des relevanten Sachverhalts aus der Perspektive des angegriffenen Anspruchsgegners nebst

252 Ahrens/Ahrens, Wettbewerbsprozess, Kap. 13 Rn 55.
253 Hefermehl/Köhler/Bornkamm, Wettbewerbsrecht, § 15 UWG Rn 14.
254 Hefermehl/Köhler/Bornkamm, Wettbewerbsrecht, § 15 UWG Rn 30 am Ende.
255 Ahrens/Spätgens, Wettbewerbsprozess, Kap. 6 Rn 1 ff.
256 Dies können abhängig von den in Betracht kommenden Gerichtsständen diverse Landgerichte sein.

entsprechenden Glaubhaftmachungsmitteln sowie Einwendungen und Einreden des Anspruchsgegners und eine rechtliche Auseinandersetzung mit den vom Gläubiger geltend gemachten Ansprüchen. Neben dem vorsorglichen Antrag auf Zurückweisung eines möglichen Antrags auf Erlass einer einstweiligen Verfügung enthält die Schutzschrift des weiteren idR den Antrag, über den Verfügungsantrag jedenfalls nicht ohne vorherige mündliche Verhandlung zu entscheiden.[257] Geht eine Schutzschrift bei Gericht vor Anhängigkeit des Verfügungsantrages ein, wird diese in das Eingangsregister aufgenommen. Wenn der Verfügungsantrag eingeht oder bereits zuvor eingegangen ist, wird die Schutzschrift zu den Akten des Verfügungsverfahrens genommen.[258]

Aus Gründen des **rechtlichen Gehörs** muss das Gericht eine ihm vor Erlass einer einstweiligen Verfügung zugeleitete Schutzschrift beachten.[259] Darüber hinaus hat das Gericht dem Antragsteller, wenn dessen Verfügungsantrag eingeht, auf Verlangen eine Abschrift der Schutzschrift zu übermitteln. 342

Die Schutzschrift sollte der Gegenpartei jedoch nicht ohne Eingang eines entsprechenden Verfügungsantrages zugänglich gemacht werden. Insoweit sollte die Schutzschrift einen Vermerk beinhalten, dass diese dem Antragsteller nur bei Eingang eines entsprechenden Verfügungsantrages zugänglich gemacht werden darf. 343

Die Kosten einer Schutzschrift können nach § 91 ZPO ausgleichspflichtig sein. Wird das Verfahren nach Einreichung der Schutzschrift fortgesetzt, sind die Kosten der Schutzschrift nach den Bestimmungen des RVG anteilig anzurechnen.[260] Besondere Bedeutung haben die Kosten der Schutzschrift, wenn der Verfügungsantrag bei vorliegender Schutzschrift durch Beschluss zurückgewiesen wird oder der Antragsteller den Verfügungsantrag bei Vorliegen der Schutzschrift nach § 269 ZPO zurücknimmt. 344

IV. Abschluss des außergerichtlichen Verfahrens und Kosten

1. Verfahrensabschluss

Häufig werden wettbewerbsrechtliche Auseinandersetzungen außergerichtlich durch die Abgabe einer hinreichend strafbewehrten Unterlassungserklärung abgeschlossen. Nimmt der Gläubiger die strafbewehrte Unterlassungserklärung an, tritt eine vertragliche Unterlassungsvereinbarung an die Stelle des gesetzlichen Schuldverhältnisses. In der Praxis wird die Unterlassungserklärung in schriftlicher Form abgegeben. Aus Gründen der Klarheit und zu Beweiszwecken empfiehlt sich die schriftliche Annahme des Unterlassungsangebotes. 345

Die Parteien begründen insoweit ein Dauerschuldverhältnis, welches nur nach rechtsgeschäftlichen Regeln beendet werden kann. 346

In manchen Fällen, zB vor dem Hintergrund einer geänderten Rechtslage, mögen die Parteien, bereit sein, die Unterlassungsvereinbarung im Wege einer weiteren Vereinbarung aufzuheben. 347

Eine Unterlassungserklärung kann in engen Grenzen unter dem **Vorbehalt einer Änderung** der Rechtslage abgegeben werden.[261] Tritt die auflösende Bedingung ein, entfällt die Unterlassungsvereinbarung mit Wirkung für die Zukunft.[262] IÜ kann sich nach den Regeln 348

257 Zur Antragsformulierung ferner Sänger/Ullrich/Siebert/Haidl, ZPO, § 935 Rn 26-32.
258 Ahrens/Spätgens, Wettbewerbsprozess, Kap. 6 Rn 13 am Ende.
259 Hefermehl/Köhler/Bornkamm, Wettbewerbsrecht, § 12 UWG Rn 3.40.
260 Ahrens/Spätgens, Wettbewerbsprozess, Kap. 6 Rn 25.
261 BGH – bedingte Unterwerfung II, GRUR 1997, 386.
262 BGH – Altunterwerfung IV, NJW 2000, 3645.

der Störung der Geschäftsgrundlage, § 313 BGB, ein Anrecht des Schuldners zur Kündigung der Vereinbarung ergeben. Auch eine solche Beendigung der Vereinbarung erfolgt mit Wirkung für die Zukunft.[263]

349 IÜ kann eine Beendigung des vorgerichtlichen Verfahrens u.a. durch die Rücknahme der Abmahnung oder den Verzicht des Gläubigers auf den geltend gemachten Anspruch, zB vor dem Hintergrund der Drohung des Anspruchsgegners mit einer negativen Feststellungsklage, erfolgen.

2. Kosten

350 Auch außergerichtliche Auseinandersetzungen im Bereich des Wettbewerbsrechts führen zu Kosten der Beteiligten. In erster Linie kommen anwaltliche Gebühren für die Durchsetzung bzw die Abwehr wettbewerbsrechtlicher Ansprüche in Betracht. Erweist sich das Vorgehen eines wettbewerbsrechtlichen Anspruchsgläubigers als unberechtigt, sind uU Kostenerstattungs- und Schadensersatzansprüche der jeweiligen anderen Partei zu begleichen.[264]

351 Der Gläubiger einer berechtigten Abmahnung kann einen Anspruch auf Kostenerstattung geltend machen. Während dies früher nach den Regeln der Geschäftsführung ohne Auftrag, §§ 683, 670 BGB, erfolgte, enthält das UWG in § 12 Abs. 1 S. 2 unmittelbar einen Anspruch auf Ersatz der „erforderlichen Aufwendungen". Der Anspruch auf Aufwendungsersatz setzt zunächst eine berechtigte Abmahnung voraus, was u.a. bei missbräuchlichen Mehrfachabmahnungen nicht anzunehmen ist.

352 Erforderlich sind diejenigen Aufwendungen, welche der Gläubiger entsprechend der Regel des § 91 ZPO zur hinreichenden Rechtsverfolgung für notwendig halten durfte. Früher war umstritten, ob Unternehmen, die eine eigene Rechtsabteilung unterhalten, Anspruch auf Erstattung von Anwaltskosten haben.[265] Fehlte eine Rechtsabteilung, konnte das Unternehmen notwendige Anwaltskosten idR ersetzt verlangen. Nach aktueller Rechtsprechung[266] ist nun idR davon auszugehen, dass Abmahnkosten im Zweifel als erforderlich anzusehen sind und keine Einzelfallprüfung mehr stattfinden muss.

353 Wettbewerbsvereinen ist es idR zuzumuten, Abmahnungen auch ohne Inanspruchnahme anwaltlicher Hilfe durchzuführen, solange die Sachverhalte nicht überdurchschnittlich komplex erscheinen.[267] Erst für das weitere Vorgehen, zB nach einer Zurückweisung der Abmahnung durch den Schuldner, kann dann Kostenerstattung für die Inanspruchnahme anwaltlicher Hilfe in Betracht kommen.

354 Der Höhe nach bestimmt sich der Anspruch auf **Anwaltskostenerstattung** nach der Gebühr gem. den §§ 2 Abs. 2, 13 RVG in Verbindung mit Nr. 2300 des Vergütungsverzeichnisses (VV). Es ergibt sich vor diesem Hintergrund bei nicht umfangreichen oder schwierigen Abmahnungen eine Mittelgebühr von 1,3, bei dementsprechend schwierigeren Sachverhalten eine Mittelgebühr von 1,5. Wird eine Auseinandersetzung zwischen den Parteien im Wege eines Gerichtsverfahrens fortgesetzt, ist die durch die Abmahnung ausgelöste Ge-

263 Zur Kündigung der Unterwerfungserklärung, insbesondere wegen des Wegfalls der Geschäftsgrundlage, Ahrens/Achilles, Wettbewerbsprozess, Kap. 7 Rn 42 ff.
264 Vgl dazu auch Rn 318.
265 Vgl OLG Karlsruhe, WRP 1996, 591.
266 BGH – Abmahnkostenersatz, NJW 2008, 2651.
267 BGH – Wettbewerbsverein IV, GRUR 1990, 282, 286; Hefermehl/Köhler/Bornkamm, Wettbewerbsrecht, § 12 Rn 1.97.

schäftsgebühr zur Hälfte, maximal in Höhe eines Satzes von 0,75, auf eine Verfahrensgebühr anzurechnen.

Der **Streitwert** der anwaltlichen Abmahnung entspricht dem der potentiellen Hauptsache. Für die Bemessung des Streitwerts sind u.a. die Art, die Gefährlichkeit und der Umfang der Verletzungshandlung maßgeblich.[268] Ebenfalls relevant für die Bemessung des Streitwerts sind die wirtschaftliche Bedeutung des Verstoßes und die Bedeutung und der Umsatz des Geschädigten. Unter Berücksichtigung dieser Faktoren sollte der Gläubiger den Streitwert nach § 3 ZPO schätzen und dementsprechend bemessen. 355

Der von einer ungerechtfertigten Abmahnung Betroffene hat im Bereich des Wettbewerbsrechts (anders als bei unberechtigten Schutzrechtsberühmungen) idR keinen Anspruch auf Ersatz von Kosten für die Prüfung des Verstoßes. Etwas anderes gilt für den Fall einer berechtigten Gegenabmahnung sowie im Falle einer erfolgreichen negativen Feststellungsklage. 356

3. Management von Verpflichtungen

Der Abschluss von vertraglichen Unterlassungsvereinbarungen begründet ein Dauerschuldverhältnis zwischen den beteiligten Gläubigern und Schuldnern. Die strafbewehrte Unterlassungsverpflichtung des Schuldners bleibt grundsätzlich zeitlich unbegrenzt bestehen, solange sie nicht einvernehmlich oder durch Kündigung auf der Grundlage des § 313 BGB (Wegfall der Geschäftsgrundlage) beendet wird. Ein solches Recht kann sich u.a. ergeben, wenn die der Unterlassungsverpflichtung zugrunde liegende Norm aufgehoben wird. Insbesondere für umfangreich werbende Unternehmen, die Marketing und Vertrieb aggressiv betreiben, kann sich insoweit im Verlauf der Zeit ein erheblicher Bestand von Unterlassungsverpflichtungen ergeben. 357

Abhängig von der Größe des Unternehmens und Art und Umfang der Werbe- und Vertriebsaktivitäten ist für Unternehmen eine sorgfältige Berücksichtigung bestehender Unterlassungsverpflichtungen im Hinblick auf zukünftige Werbe-, Marketing- und Vertriebsaktivitäten geboten. Das Unternehmen muss berücksichtigen, dass der Schutzumfang der Unterlassungsvereinbarung nach §§ 133, 157 BGB auszulegen ist. Das bedeutet, dass die Unterlassungsvereinbarung auch solche Verhaltensweisen umfassen kann, welche durchaus von der in der Vereinbarung geschriebenen Handlung abweichen, jedoch eine inhaltsgleiche Verletzungsform beinhalten.[269] Je höher eine vereinbarte Vertragsstrafe im Verhältnis zur Bedeutung des gesicherten Anspruchs ausfällt, umso enger am Wortlaut orientiert muss die Auslegung der Unterlassungsvereinbarung erfolgen.[270] 358

Vor diesem Hintergrund ist es zu empfehlen, dass sämtliche **bestehende Unterlassungsvereinbarungen** vom Unternehmen durch einen entsprechend qualifizierten Mitarbeiter **zusammenhängend verwaltet** werden. Ein solcher Mitarbeiter sollte zudem mit Werbung, Marketing und Vertrieb befassten Teilen des Unternehmens vernetzt sein, damit mögliche Verstöße gegen bestehende Unterlassungsvereinbarungen rechtzeitig im Unternehmen erkannt werden. Darüber hinaus bietet eine solche Überwachung und ein zentrales Management den Vorteil, dass das Unternehmen sich bemühen kann, diejenigen Vereinbarungen, welche nicht mehr sachgerecht sind (zB aufgrund einer Änderungen der Gesetzeslage), durch Vereinbarung mit dem Gläubiger oder Kündigung zu beseitigen. 359

---

268 Hartmann, Kostengesetze, 34. Auflage 2004, § 3 ZPO Rn 63.
269 BGH – Wegfall der Wiederholungsgefahr II, GRUR 1997, 379.
270 BGH – Hotelfoto, GRUR 2003, 545.

V. Verletzung einer Verpflichtungserklärung und Vertragsstrafe

360 Erfolgen nach Abschluss einer Unterlassungsvereinbarung weitere mögliche Verletzungshandlungen des Schuldners, wird der Gläubiger prüfen, ob diese Handlungen gegen die bestehende Unterlassungsvereinbarung verstoßen. Auch diejenigen Handlungen, welche nicht exakt mit den im Rahmen der Vereinbarung beschriebenen Handlungen übereinstimmen, unterfallen den allgemeinen Auslegungsregeln, §§ 133, 157 BGB und sind deswegen ggf in die Unterlassungsvereinbarung einzubeziehen.[271] Eine erneute Verletzungshandlung nach Abschluss der Unterlassungsvereinbarung begründet zugleich einen neuen gesetzlichen Unterlassungsanspruch, wenn diese objektiv wettbewerbswidrig ist. Der Gläubiger kann nun zum einen Sanktionen entsprechend der strafbewehrten Unterlassungsvereinbarung geltend machen und eine oder mehrere Vertragsstrafen beziffern. Er kann jedoch ebenso gegen den erneuten, objektiv wettbewerbswidrigen Verstoß vorgehen und diesbezüglich eine höher strafbewehrte Unterlassungserklärung verlangen bzw gerichtliche Maßnahmen einleiten.[272]

361 Eine im Rahmen einer Unterlassungsvereinbarung enthaltene Vertragsstrafe ist auch ohne entsprechende Regelung im Text der Vereinbarung nur dann verwirkt, wenn der Schuldner schuldhaft, also fahrlässig oder gar vorsätzlich, gegen die Unterlassungsverpflichtung verstoßen hat. Ist der Verstoß gegen die Unterlassungsverpflichtung festgestellt, wird das Verschulden des Schuldners vermutet.[273] An den durch den Schuldner zu führenden Entlastungsbeweis sind hohe Anforderungen zu stellen.[274] Dem Schuldner obliegen strenge Sorgfaltspflichten, um Verstöße gegen die Unterlassungsvereinbarung zu verhindern.

362 Der Schuldner haftet auch gem. § 278 BGB für schuldhafte Verstöße seiner Erfüllungsgehilfen. Dazu gehören nicht allein eigene Mitarbeiter des Unternehmens, die für den Unternehmer tätig werden. Erfüllungsgehilfen können auch Dritte außerhalb des Unternehmens des Schuldners sein, wie zB eine Werbeagentur, die für den Unternehmer tätig ist, oder ein Verlag, bei dem das Unternehmen Anzeigen schaltet.[275]

363 Ist eine Vertragsstrafe verwirkt, kann diese grundsätzlich nur im nichtkaufmännischen Verkehr auf Antrag herabgesetzt werden, § 343 BGB. Im kaufmännischen Verkehr ist eine Herabsetzung aufgrund der Bestimmung des § 348 BGB grundsätzlich ausgeschlossen. Die Parteien einer Unterlassungsvereinbarung können jedoch einen solchen Ausschluss der Herabsetzung vertraglich abbedingen.[276] IÜ kann eine im kaufmännischen Verkehr verwirkte Vertragsstrafe nur in Ausnahmefällen nach Treu und Glauben korrigiert werden.[277]

364 IdR werden Vertragsstrafen für jeden Fall der Zuwiderhandlung versprochen, so dass sich, zB bei wiederholten Vertrieb von Produkten, bei der wiederholten Wiedergabe von wettbewerbswidrigen Aussagen oder der Verbreitung von unlauteren Broschüren eine mitunter hohe Anzahl von Einzelverstößen ergeben kann. Vor diesem Hintergrund erhebt sich die Frage, inwieweit mehrfache Einzelverstöße, welche für sich betrachtet möglicherweise außerordentlich hohe Vertragsstrafenansprüche auslösen können, zusammenzufassen sind.[278]

271 Im Einzelnen Teplitzky, Wettbewerbsrechtliche Ansprüche und Verfahren, Kap. 8 Rn 16 ff.
272 Hefermehl/Köhler/Bornkamm, Wettbewerbsrecht, § 12 UWG Rn 1.155.
273 BGH – Senioren-Pass, GRUR 1982, 691.
274 Teplitzky, Wettbewerbsrechtliche Ansprüche und Verfahren, Kap. 20, Rn 15.
275 BGH – Verlagsverschulden II, GRUR 1998, 964.
276 Teplitzky, Wettbewerbsrechtliche Ansprüche und Verfahren, Kap. 20 Rn 8.
277 Baumbach/Hefermehl/Bornkamm, Wettbewerbsrecht, § 12 UWG Rn 1.145.
278 Vgl dazu Rn 360 ff.

F. Muster

I. Muster: Vollmacht 365

▶ **Vollmacht** 43

hiermit wird	Rechtsanwälten ABC [Adresse]
durch	A-GmbH, vertreten durch den Geschäftsführer Herr X
in Sachen	B-GmbH wegen unlauterer Werbung

Vollmacht erteilt:

1. Zur Prozessführung (u.a. nach §§ 81 ff ZPO) einschließlich der Befugnis zur Erhebung von Klagen und Widerklagen;[279]
2. zur Vertretung in sonstigen Verfahren und bei außergerichtlichen Verhandlungen und Verfolgung von Ansprüchen aller Art (u.a. zur Geltendmachung von zivil- und wettbewerbsrechtlichen Ansprüchen und Ansprüchen aufgrund des MarkenG, PatG, UrhG etc. sowie zur Vertretung vor jeglichen zuständigen Patent- und Markenämtern);
3. zur Begründung und Aufhebung von Vertragsverhältnissen und zur Abgabe und Entgegennahme von einseitigen Willenserklärungen (zB Kündigungen).

Die Vollmacht gilt für alle Instanzen und erstreckt sich auf Neben- und Folgeverfahren aller Art (zB Arrest und einstweilige Verfügung, Kostenfestsetzungs-, Zwangsvollstreckungs- und Hinterlegungsverfahren sowie Insolvenz- und Vergleichsverfahren über das Vermögen des Gegners). Sie umfasst insbesondere die Befugnis, Zustellungen zu bewirken und entgegenzunehmen, die Vollmacht ganz oder teilweise auf andere zu übertragen (Untervollmacht), Rechtsmittel einzulegen, zurückzunehmen oder auf sie zu verzichten, den Rechtsstreit oder außergerichtliche Verhandlungen durch Vergleich, Verzicht, oder Anerkenntnis zu erledigen, Geld, Wertsachen und Urkunden, insbesondere auch den Streitgegenstand und die von dem Gegner, von der Justizkasse oder von sonstigen Stellen zu erstattenden Beträge entgegenzunehmen sowie Akteneinsicht zu nehmen.

..., den ...

A-GmbH ◀

II. Muster: Abmahnung wegen Anschwärzung und Entwurf einer Verpflichtungserklärung 366

▶ A-GmbH 44

Geschäftsleitung [Adresse]

[Datum]

Herr X/B-GmbH ./. A-GmbH

Sehr geehrte Damen und Herren,

wir zeigen die anwaltschaftliche Vertretung von Herrn X [Adresse], sowie der Firma B-GmbH, gesetzlich vertreten durch den Geschäftsführer Herrn X, [Adresse], an. Ordnungsgemäße Bevollmächtigung wird durch die im Original beigefügte Vollmacht nachgewiesen.

Unseren Mandanten ist bekannt, dass Sie gegenüber potentiellen Veranstaltungsteilnehmern telefonisch wie auch durch die Versendung von E-Mails behaupten, dass unsere Mandanten sich in „ganz erheblichen finanziellen Schwierigkeiten" befänden und deswegen voraussichtlich nicht

279 In bestimmten Szenarien, zB wenn sich der Sitz der Mandantschaft im Ausland befindet und die Zustellung eines Titels gegen die Mandantschaft ggf erschwert ist, kann aus taktischen Erwägungen eine Bestellung lediglich für das außergerichtliche Verfahren sinnvoll sein.

in der Lage seien, die B-Veranstaltung am 16.6.2009 in München durchzuführen. Deswegen, so erklären Sie den potentiellen Adressaten der Veranstaltung, sollten diese Ihre A-Veranstaltung vom 7.7.2009 am München und nicht die Konkurrenzveranstaltung der A-GmbH besuchen.

Ihr vorsätzliches Vorgehen ist eklatant rechtswidrig. Es erfüllt u.a. den Tatbestand der §§ 3, 4 Nr. 7 und 8 UWG. Sie verunglimpfen durch Ihre objektiv ohnehin haltlosen Behauptungen das geschäftliche Ansehen unserer Mandanten, und sind zur Förderung Ihrer eigenen Veranstaltung sogar gewillt, den geschäftlichen Kredit unserer Mandanten wider besseres Wissen zu schädigen. Nach § 4 Nr. 8 UWG müssen Sie im Rechtsstreit die Wahrheit Ihrer Behauptungen beweisen.

Namens und im Auftrag unserer Mandantschaft haben wir Sie aufzufordern, die beigefügte Verpflichtungserklärung bis spätestens

[einwöchige Frist / Datum und Uhrzeit]

rechtsverbindlich unterzeichnet zu unseren Händen zurückzuleiten. Sollte bis zu diesem Zeitpunkt keine oder eine nur unzureichende Erklärung Ihrerseits vorliegen, besteht Auftrag, die Rechte unserer Mandanten unverzüglich gerichtlich durchzusetzen. Vor dem Hintergrund Ihres Vorgehens kommt eine Fristverlängerung nicht in Betracht. Sie haben darüber hinaus die Kosten unserer Inanspruchnahme zu tragen, § 12 Abs. 1 S. 2 UWG, welche in Nr. 3 der beigefügten Verpflichtungserklärung beziffert werden.

Mit freundlichen Grüßen

■■■

Rechtsanwalt ◄

367 **III. Muster: Verpflichtungserklärung**

45 ► **Verpflichtungserklärung**

Hiermit verpflichtet sich die

A-GmbH, gesetzlich vertreten durch den Geschäftsführer Herrn Z, [Adresse]

gegenüber

1. Herrn X, [Adresse]
2. Firma B-GmbH, gesetzlich vertreten durch den Geschäftsführer
   Herrn X, [Adresse]

(nachfolgend gemeinsam die „Gläubiger")

1. es zu unterlassen, im geschäftlichen Verkehr im Rahmen der Bewerbung der A-Veranstaltung zu behaupten, dass Herr X und/oder die Firma B-GmbH nicht über hinreichende finanzielle Mittel verfügen, um die ordnungsgemäße Vorbereitung und Durchführung der B-Veranstaltung am 16.6.2009 in München sicherzustellen;
2. für jeden Einzelfall der Zuwiderhandlung gegen die Unterlassungsverpflichtung gem. Nr. 1 an die Gläubiger eine Vertragsstrafe iHv EUR 15.000 (fünfzehntausend Euro) zu bezahlen;
3. die Kosten der Rechtsanwälte ABC iHv EUR 1.641,96 (1,3 Gebühr gem. 2300 VV RVG zzgl Auslagen und MwSt. – Streitwert EUR 50.000) zum Ausgleich zu bringen.

Ort, Datum

Unterschrift, Firmenstempel ◄

IV. Muster: Ablehnung einer Unterlassungserklärung mit Gegenabmahnung 368

46

▶ Rechtsanwälte ABC

Herrn Rechtsanwalt B

[Adresse]

[Datum]

A-GmbH ./. Herr X und B-GmbH wegen Abmahnung vom 23.2.2009

Sehr geehrter Herr Kollege B,

hiermit zeigen wir Ihnen an, dass uns die A-GmbH, gesetzlich vertreten durch den Geschäftsführer Herrn Z, [Adresse], mit der Beantwortung Ihrer Abmahnung vom [Datum] beauftragt hat. Ordnungsgemäße Bevollmächtigung wird anwaltlich versichert.

Unsere Mandantin hat die von Ihren Mandanten behaupteten Äußerungen niemals getätigt. Unsere Mandantin hat nie behauptet, dass sich Ihre Mandanten in ganz erheblichen finanziellen Schwierigkeiten befänden und deswegen voraussichtlich nicht in der Lage seien, die B-Veranstaltung am 16.6.2009 in München durchzuführen. Ihre entgegengesetzten Behauptungen sind schlechthin unzutreffend und werden entschieden zurückgewiesen.

Namens und im Auftrag unserer Mandantin fordern wir Ihre Mandanten daher auf, bis spätestens

[einwöchige Frist/Datum und Uhrzeit],

von den mit Schreiben vom [Datum] behaupteten Ansprüchen ausdrücklich Abstand zu nehmen und auf diese gegen unsere Mandantin gerichteten Ansprüche zu verzichten.

Andernfalls wäre unsere Mandantin gezwungen, ohne weitere Ankündigung negative Feststellungsklage zu erheben.

Mit freundlichen kollegialen Grüßen

...

Rechtsanwalt ◀

V. Muster: Abmahnung wegen Belästigung, § 7 UWG 369

47

▶ A-GmbH

Geschäftsleitung

[Adresse]

[Datum]

E-Mail-Werbung vom [Datum]

Sehr geehrte Damen und Herren,

hiermit zeigen wir die anwaltliche Vertretung der Reisebürokette XX GmbH, gesetzlich vertreten durch den Geschäftsführer Herrn B, [Adresse], an. Ordnungsgemäße Bevollmächtigung wird durch die im Original beigefügte Vollmacht nachgewiesen.

Sie haben unserer Mandantin am [Datum/Uhrzeit] per E-Mail einen Newsletter mit werbendem Inhalt an die Adresse ihres Geschäftsführers B@XX.de gesandt, in welchem Sie für ihren „Newsletter Ausgabe Dezember 2008" werben. Unsere Mandantin hatte zuvor niemals Kontakt zu ihrem Unternehmen, insbesondere hat sie diesen Newsletter nie bestellt.

Gem. der Bestimmung des § 7 Abs. 2 Nr. 3 UWG ist eine E-Mail-Werbung stets als unzumutbare Belästigung anzusehen, wenn der Adressat nicht zuvor ausdrücklich einer solchen Werbung zugestimmt hat.

Auch nach bisheriger Rechtsprechung stellt die Werbung mittels E-Mail eine unzulässige Belästigung iS von §§ 823, 1004 BGB dar, da Sie die Aufmerksamkeit des Betroffenen über Gebühr hinaus in Anspruch nimmt und zwar auch dann, wenn sie zur Aufnahme eines erstmaligen geschäftlichen Kontaktes dient.

Von einem stillschweigenden Einverständnis kann grundsätzlich nicht ausgegangen werden, insbesondere dann nicht, wenn kein sachlicher Zusammenhang zwischen dem Angebot der Werbung und dem geschäftlichen Bereich des Adressaten besteht. Dies ist der Fall, da der Newsletter nichts mit der geschäftlichen Sphäre unserer Mandantin zu tun hat. Diese wird schwerlich irgendwelche Reisen bei Ihnen buchen. Eine Zulässigkeit der Werbung nach § 7 Abs. 3 UWG kommt nicht in Betracht.

Wir fordern Sie daher auf, jegliche Werbung per E-Mail an die E-Mail-Adresse B@XX.de zu unterlassen und bis zum

[einwöchige Frist/Datum und Uhrzeit]

eine Unterlassungserklärung gem. dem beigefügten Muster abzugeben.

Sie sind unserer Mandantin gem. § 12 Abs. 1 S. 2 UWG zur Erstattung von Abmahnkosten verpflichtet. Anbei erhalten Sie als Angebot zur Abgabe der Unterlassungserklärung eine Vorformulierung, die Sie bitte unterschrieben zurücksenden möchten. Die Abmahnkosten dürfen wir Ihnen wie folgt bekannt geben:

KOSTENRECHNUNG

Streitwert: EUR 10.000,00

1,3 Geschäftsgebühr gem. Nr. 2300 VV RVG	EUR 631,80
Auslagenpauschale gem. Nr. 7002 VV RVG	EUR 20,00
Zwischensumme	EUR 651,80
19 % MwSt. gem. Nr. 7008 VV RVG	EUR 123,84
Gesamtbetrag	**EUR 775,64**

Zudem werden Sie aufgefordert, gem. § 34 BDSG Auskunft darüber zu geben,

a) welche persönlichen Daten zur Person unseres Geschäftsführers in Ihrem Unternehmen gespeichert sind, auch soweit sie sich auf Herkunft und Empfänger beziehen,

b) welcher Zweck mit der Speicherung dieser Daten verfolgt wird und

c) an welche Personen oder Stellen diese Daten regelmäßig übermittelt werden.

Wir erwarten diese Auskunft und die Begleichung unserer Kostenrechnung bis zum [zweiwöchige Frist/Datum]

Sollten wir nach Ablauf der Frist die Unterlassungserklärung nicht in Händen haben, werden wir unverzüglich gerichtliche Schritte einleiten.

Mit freundlichen Grüßen

■■■

Rechtsanwalt ◄

VI. Muster: Unterlassungserklärung 370

48

▶ **UNTERLASSUNGSERKLÄRUNG**

Die Firma A-GmbH, [Adresse], verpflichtet sich, bei Meidung einer Vertragsstrafe von EUR 3.000, 00 für jeden Fall der Zuwiderhandlung, zahlbar an die Firma XX [Adresse], es zu unterlassen, im geschäftlichen Verkehr an die an die E-Mail-Adresse B@xx.de der Firma XX zur Aufnahme eines geschäftlichen Kontaktes unaufgefordert Werbeschreiben über Reiseangebote per E-Mail zu übersenden.

■■■, den ■■■

(Unterschrift Geschäftsführer und Firmenstempel) ◀

VII. Muster: Ablehnung einer Verpflichtungserklärung 371

49

▶ Herrn Rechtsanwalt B

[Adresse]

[Datum]

Firma XX ./. A-GmbH

Abmahnung vom [Datum]

Sehr geehrter Herr Kollege B,

wir erlauben uns anzuzeigen, dass wir die Interessen der Firma A-GmbH, vertreten durch den Geschäftsführer Herrn Z, [Adresse], vertreten. Ordnungsgemäße Bevollmächtigung wird anwaltlich versichert.

Unsere Mandantin hat uns die vorgenannte Abmahnung übermittelt und den Sachverhalt geschildert.

Fakt ist, dass der Geschäftsführer Ihrer Mandantin Herr B sich am [Datum] über die Webseite unserer Mandantin http://www.A-GmbH.de für den Bezug des E-Mail-Newsletters registriert hat. Uns liegt eine entsprechende Stellungnahme des für die Newsletter-Datenbank zuständigen Mitarbeiters sowie ein Datenbank-Log vom [Datum] vor. Er hat zwischenzeitlich gegenüber unserer Mandantin nicht den Wunsch geäußert, diese Registrierung zu löschen und hat von den in jedem Newsletter enthaltenen Klick-Boxen zur Löschung aus dem Verteiler keinen Gebrauch gemacht. Ich darf Ihnen jedoch namens unserer Mandantin mitteilen, dass diese die genannte E-Mail-Adresse B@XX.de am [Datum] gelöscht hat, so dass Sie für den Zeitraum ab [Datum] keinerlei Newsletter oder sonstige Kommunikation von A erhalten werden.

Ihre Abmahnung erweist sich als gegenstandslos.

Sollten Sie der Auffassung sein, die angeblichen Ansprüche Ihrer Mandantin gerichtlich durchsetzen zu wollen, wird unsere Mandantin unverzüglich sämtliche in Betracht kommenden Rechtsmittel wegen der missbräuchlichen Abmahnung in die Wege leiten. Bitte betrachten Sie uns als zustellungsbefugt.

Der Ordnung halber teilen wir Ihnen weiterhin mit, dass unsere Mandantin, abgesehen von der genannten E-Mail-Adresse, keinerlei persönliche Daten über den Geschäftsführer Ihrer Mandantin gespeichert hat, die zwischenzeitlich nicht mehr registrierte E-Mail-Adresse lediglich zum Zwecke der Übermittlung des E-Mail-Newsletters diente und diese Daten an keinerlei weitere Personen oder Stellen regelmäßig übermittelt wurden. Die E-Mail-Adresse von Herrn B wurde mit gleichem Datum vom Server unserer Mandantin gelöscht.

Mit freundlichen kollegialen Grüßen

■■■

Rechtsanwalt ◀

372 **VIII. Muster: Abmahnung durch einen Verband**

50 ▶ Schutzverband für Endverbraucher e.V.

A-GmbH

[Adresse]

[Datum]

Abmahnung Az [__]

Werbeaktion unter Verstoß gegen UWG

Sehr geehrte Damen und Herren,

Sie bieten Mitarbeitern von Reisebüros, über welche Sie Reisen vertreiben, eine sog. „A-Card" an. Deren Nummer ist bei jeder vermittelten Buchung anzugeben. Daraufhin wird dem einzelnen Reisebüro-Mitarbeiter pro Buchung eine Anzahl von Punkten auf ein speziell hierfür angelegtes Konto gutgeschrieben, und zwar im gleichen Wert wie die Beitragshöhe der Reservierung. Bei dem Buchungssystem entsprechen 100 Bonuspunkte = 1 Euro. Ab einer gewissen Zahl von Punkten kann der Betrag ausgezahlt oder zur Buchung von Reisen verwendet werden.

Es handelt sich um eine unmittelbare Leistung an die Mitarbeiter des vermittelnden Unternehmens, indem entweder die Überweisung auf deren Privatkonto vorgenommen wird oder die Punkte auf die Buchung einer Reise durch Sie angerechnet werden. Ihr Vorgehen verstößt gegen §§ 3, 4 Nr. 1, 3 UWG. Derartige Prämien, die unmittelbar dem Personal des Anbieters der Leistung zufließen, sind sittenwidrig, denn sie verzerren den Leistungswettbewerb. Das Merkmal der Unlauterkeit liegt darin, dass die Angestellten in ihrer vom Kunden erwarteten objektiven und neutralen Beratung beeinflusst werden. Während der Verbraucher, der sich an den Vermittler wendet, darauf vertraut, dass er von diesem bezüglich der Auswahl des Reiseunternehmens objektiv und neutral beraten wird, beeinflussen die Prämien die Angestellten dahin, unabhängig von der für den Kunden günstigsten Lösung Ihr Angebot bevorzugt zu unterbreiten, und zwar allein deshalb, damit Prämienumsätze erzielt werden. Ein solches Geschäftsgebaren ist mit den guten Sitten im geschäftlichen Verkehr nicht zu vereinbaren.

Wir müssen Sie deshalb auffordern, es ab sofort zu unterlassen, im geschäftlichen Verkehr Mitarbeitern von Unternehmen, die Reisen vermitteln, für die Vermittlungsleistung von Produkten der A-GmbH eine Provision (1,00 EUR Reiseumsatz = 1 Bonuspunkt = 1 Cent bei Einlösung) zu versprechen und/oder zu gewähren.

Wir sind eine im Vereinsregister des Amtsgerichts Y-Stadt eingetragene qualifizierte Einrichtung (Verbrauchervereinigung) gem. § 8 Abs. 3 Nr. 3 UWG mit derzeit 356 Mitgliedern. Wir haben unter der obigen Anschrift eine voll eingerichtete und ausgestattete Geschäftsstelle, in der wir Verbraucherberatung betreiben. Ein Nachweis über unsere Eintragung als qualifizierte Einrichtung ist diesem Schreiben beigefügt.

Wir müssen Ihnen eine First zur Unterlassung der vorgenannten Werbung setzen bis zum

[einwöchige Frist/Datum und Uhrzeit]

Nach fruchtlosem Ablauf der Frist müssten wir gerichtliche Schritte gegen Sie einleiten.

Da nach höchstrichterlicher Rechtsprechung die Wiederholungsgefahr nur durch eine strafbewehrte Unterwerfungserklärung beseitigt wird, sollten Sie Ihre Erklärung mit dem Versprechen einer Vertragsstrafe verbinden. Wir halten im vorliegenden Falle eine Vertragsstrafe von EUR 15.000,00 für jeden Fall der Zuwiderhandlung für ausreichend, aber auch erforderlich.

Abschließend weisen wir darauf hin, dass uns – ebenfalls aufgrund höchstrichterlicher Rechtsprechung sowie der aktuellen Bestimmung des § 12 Abs. 1 S. 2 UWG – eine Abmahnpauschale zusteht, die wir generell mit EUR 120,00 zzgl MwSt., zusammen also EUR 142,80 ansetzen. In dieser Pauschale sind Kosten für die Durchführung unserer Aufklärungs-- und Beratungstätigkeit, insbesondere für die Unterhaltung unserer Geschäftsstelle, Kosten für die Einholung von Rechtsrat sowie für die Fertigung dieses Schreibens enthalten.

Wir sehen der Zahlung des genannten Betrages innerhalb der gleichen vorgenannten Frist entgegen.

Mit freundlichen Grüßen

Herr Y (Vorsitzender)

Anlage:

Kopie der Bescheinigung des BVWA über die Eintragung in die Liste qualifizierter Einrichtungen gem. § 4 UklG

Unterlassungserklärung ◀

IX. Muster: Unterlassungserklärung 373

51

▶ **UNTERLASSUNGSERKLÄRUNG**

Wir, die unterzeichnete Firma

a) [vollständiger Firmenname, bei Einzelfirma mit Vor- und Familienname]

b) [Name des Geschäftsführers oder des Vertretungsbefugten obiger Firma]

c) [vollständige Anschrift]

[Bitte unbedingt ausfüllen, in Übereinstimmung mit dem Eintrag im Handelsregister oder örtlichem Gewerbeverzeichnis]

verpflichten uns gegenüber dem Schutzverband für Endverbraucher e.V., [Adresse],

1. es zu unterlassen, im geschäftlichen Verkehr Mitarbeitern von Unternehmen, die Reisen vermitteln, für die Vermittlungsleistung von Produkten der A-GmbH eine Provision (1,00 EUR Reiseumsatz = 1 Bonuspunkt = 1 Cent bei Einlösung) zu versprechen und/oder zu gewähren;
2. für jeden Fall der Zuwiderhandlung gegen die unter Nr. 1 aufgeführte Verpflichtung an den Schutzverband für Endverbraucher e.V., eine Vertragsstrafe von EUR 15.000,00 zu zahlen;
3. dem Schutzverband für Endverbraucher e.V. entsprechend § 12 Abs. 1 S. 2 UWG einen angemessenen Anteil der Aufwendungen für die Rechtsverfolgung von EUR 142,80 (EUR 120,00 zzgl MwSt. = EUR 22,80) zu erstatten.

[Datum]

[Stempel]

[rechtsverbindliche Unterschrift] ◀

374 **X. Muster: Bescheinigung des Bundesverwaltungsamts**

52 ▶ **Bundesverwaltungsamt**

II B 4

Bescheinigung

über die Eintragung in die Liste qualifizierter Einrichtungen gem. § 4 des UKlG

Der Schutzverband für Endverbraucher e.V. erfüllte die Voraussetzungen gem. § 4 UKlG.

Er wird mit Wirkung zum [Datum] mit folgenden Angaben in die Liste qualifizierter Einrichtungen eingetragen:

Name:	Schutzverband für Endverbraucher e.V.
Anschrift:	[Adresse]
Registergericht:	Amtsgericht ■■■
Registernummer:	VR ■■■
Satzungsmäßiger Zweck:	Wortlaut gem. § 4 der Satzung in der Fassung vom ■■■

Die Eintragung ist gem. § 4 UKlG mit Wirkung für die Zukunft zu streichen, wenn

1. der Verein dies beantragt oder
2. die Voraussetzungen für die Eintragung nicht vorlagen oder weggefallen sind.

Köln, den ■■■

Im Auftrag

[Sachbearbeiter] ◀

375 **XI. Muster: Ablehnung mit Hinweis auf Drittunterwerfung**

53 ▶ Schutzverband für Endverbraucher e.V.

Herr Y

[Adresse]

[Datum]

Ihre Abmahnung gegenüber der A-GmbH vom [Datum]

Sehr geehrter Herr Y,

wir zeigen an, dass uns die Firma A-GmbH mit der Vertretung ihrer Interessen für die vorgerichtliche Auseinandersetzung betraut hat. Ordnungsgemäße Bevollmächtigung wird anwaltlich versichert.

Unsere Mandantschaft hat erhebliche Bedenken gegenüber der Ihrerseits geltend gemachten Unterlassungsforderung.

Dies gilt einerseits, weil Incentive-Systeme zugunsten von Reisebüro-Mitarbeitern in der Branche seit vielen Jahren gang und gäbe sind und wesentliche Mitbewerber inhaltlich ähnliche Angebote machen. Die Prämien sind darüber hinaus geringwertig und werden – auch im Zusammenhang mit der Branchenüblichkeit – keine Beeinträchtigung einer objektiven und neutralen Beratung durch Reisebüromitarbeiter auslösen. Wir weisen ferner daraufhin, dass sich unsere Mandantschaft in einem Rechtsstreit vor dem Landgericht München I, Az ■■■, gegenüber der Zentrale zur Bekämpfung unlauteren Wettbewerbs, bereits zur Unterlassung verpflichtet hat. Wir fügen einen Auszug des gerichtlichen Protokolls anliegend bei. Insoweit besteht nach diesseitiger Auffassung keine Wiederholungsgefahr für die geltend gemachte Forderung.

Mit freundlichen Grüßen

■■■

Rechtsanwalt

Anlagen: Protokoll des Landgerichts München I ◀

XII. Muster: Protokoll des Gerichts 376

▶ Geschäftsnummer: 54

■■■ HKO ■■■

Protokoll

aufgenommen in öffentlicher Sitzung der ■■■ Kammer für Handelssachen des Landgerichts München I am ■■■

Gegenwärtig:

Vorsitzender:	Vors. Richter am LG A
Beisitzer:	Handelsrichter B
Beisitzer:	Handelsrichter C
Urk.B. der Geschäftsstelle:	Justizangestellte D

In Sachen

Zentrale zur Bekämpfung unlauteren Wettbewerbs e.V., Zweigstelle Bayern, vertr. durch den Hauptgeschäftsführer Herrn B, Karlstr. 36/I, 80333 München

- Klägerin -

Prozessbevollmächtigte:

Rechtsanwälte XYZ, [Adresse]

gegen

A-GmbH, vertreten durch den Geschäftsführer Herrn S, [Adresse]

- Beklagte -

Prozessbevollmächtigte:

Rechtsanwälte ABC, [Adresse]

wegen Unterlassung

erschienen nach Aufruf der Sache

für die Klagepartei: Rechtsanwalt X

für die beklagte Partei: Rechtsanwalt A

Der Vorsitzende führt in die Sach- und Rechtslage ein.

Die Sach- und Rechtslage wird mit den Parteien erörtert.

Die Sitzung wird unterbrochen.

Die Sitzung wird fortgesetzt.

Nach Erörterung der Sach- und Rechtslage schließen die Parteien folgenden Vergleich:

Vergleich:

I. Die Beklagte verpflichtet sich gegenüber der Klägerin, es bei Meidung einer für jeden einzelnen Fall der Zuwiderhandlung fällig werdenden Vertragsstrafe, deren Höhe von der Klägerin angemessen festzusetzen und im Streitfall von einem Zivilgericht zu überprüfen ist, wenigstens jedoch EUR 5.000,00, es zu unterlassen, im geschäftlichen Verkehr zu Zwecken des Wettbewerbs im Bereich der Vermittlung von Pauschalreisen:

a) ohne schriftliche Zustimmung des Inhabers eines in Deutschland ansässigen Reisebüros gegenüber dessen Mitarbeitern Sondervergünstigungen in Form von Bargeldauszahlungen oder ermäßigten Reisepreisen für den Fall anzukündigen und/oder zu gewähren, dass diese Mitarbeiter für Kunden eine Buchung der von der Beklagten angebotenen Reisen vornehmen,

b) Inhabern der „A-Card", Sonderpreisen auf A-Reisen anzukündigen und/oder zu gewähren.

Die vorstehende Verpflichtung zu a) tritt in Kraft ab ■■■, soweit laufende, ausgegebene oder freigegebene „A-Cards" betroffen sind. Die Verpflichtung gilt uneingeschränkt für neu ausgegebene Karten. ◀

377 **XIII. Muster: Verpflichtungserklärung nach neuem Hamburger Brauch**

55 ▶ Wettbewerbszentrale Az: ■■■

Unterlassungserklärung

Die A-GmbH, [Adresse]

verpflichtet sich hiermit gegenüber

der Zentrale zur Bekämpfung unlauteren Wettbewerbs e.V. (Wettbewerbszentrale), [Adresse]

1. es zu unterlassen, im geschäftlichen Verkehr zu Zwecken des Wettbewerbs im Zusammenhang mit Vermittlung von Reisen in Reisebedingungen Stornopauschalen zu verwenden, ohne den Verbraucher auf die Möglichkeit des Nachweises eines geringeren Schadens hinzuweisen;
   und/oder
   sich bei der Abwicklung bestehender Verträge auf derartige Stornopauschalen zu berufen, ohne den Verbraucher auf die Möglichkeiten des Nachweises eines geringeren Schadens hinzuweisen;
   wobei diese Unterlassungsverpflichtungen mit Wirkung zum ■■■ und in Bezug auf Winterpreislisten ■■■/■■■ sowie Voucherhüllen von A-GmbH erst mit Wirkung zum ■■■ 2009 wirksam werden;
2. für jeden Fall zukünftiger schuldhafter Zuwiderhandlung gegen die unter Nr. 1. aufgeführte/n Verpflichtung/en eine von der Wettbewerbszentrale zu bestimmende Vertragsstrafe zu zahlen, deren Angemessenheit im Streitfalle vom zuständigen Landgericht zu überprüfen ist, sowie
3. der Wettbewerbszentrale in Anwendung von § 12 Abs. 1 S. 2 UWG einen angemessenen Anteil der Aufwendungen für diese Rechtsverfolgung iHv netto EUR 176,64 zuzüglich 7 % Mehrwertsteuer, EUR 12,36, gesamt **EUR 189,00** (auf Steuernummer ■■■) zu ersetzen und diesen Betrag unter Angabe des oben angegebenen Aktenzeichens innerhalb einer Woche nach Abgabe der Unterlassungserklärung auf das Konto ■■■ Frankfurt am Main Nr. ■■■ zu zahlen.

[Ort, Datum

Firmenstempel, rechtsverbindliche Unterschrift] ◀

XIV. Muster: Annahme einer Verpflichtungserklärung 378

▶ Herrn Rechtsanwalt R 56

[Adresse]

[Datum]

A-GmbH./. B-GmbH wegen Abmahnung vom [Datum]

Sehr geehrter Herr Kollege R,

ich beziehe mich auf Ihr Schreiben vom [Datum] in obiger Angelegenheit, welches wir zwischenzeitlich mit unserer Mandantin besprechen konnten. Namens und in deren Auftrag nehmen wir die von Ihrer Mandantin angebotene Unterlassungsverpflichtungserklärung an. Die Angelegenheit wäre insoweit in der Hauptsache erledigt. In der Anlage ist unsere Kostennote mit der Bitte um Ausgleich auf das dort angegebene Konto beigefügt.

Mit freundlichen kollegialen Grüßen

■■■

Rechtsanwalt ◀

XV. Muster: Abmahnung durch einen Verband wegen HWG-Verstoß 379

▶ Comp Sports GmbH, 57

[Adresse]

14.3.2008

F 7 4361/08

Abmahnung

Sehr geehrte Damen und Herren,

Wir wurden auf Ihren Internetauftritt unter www.comp-sports.de aufmerksam gemacht. Außerdem liegt uns Ihre Broschüre vor, in der Sie für Ihre Sportsocken werben (in Kopie beigefügt).

Wir gehen davon aus, dass es sich bei den von Ihnen angebotenen Comp-Sportsocks um Kompressionsstrümpfe und damit um Medizinprodukte handelt. Kompressionsstrümpfe sind als Medizinprodukte einzuordnen, sofern Sie den Kompressionsklassen 1-4 angehören, wobei die erste Kompressionsstufe bereits bei 18 mmHg beginnt. Diese Werte werden von Ihren Strümpfen ausweislich Ihrer Website mit 25 mmHg auch erreicht. Auch nach den Leitlinien der Deutschen Gesellschaft für Phlebologie, in denen die Qualitätsmerkmale, die Beschaffenheit und die Druckintensität der Kompressionsstrümpfe definiert werden, ergibt sich die Einordnung der Kompressionsstrümpfe als Medizinprodukte. Für die Bewertung der Werbung ist deshalb nicht nur das Gesetz gegen den unlauteren Wettbewerb (UWG) sondern auch das Heilmittelwerbegesetz (HWG) maßgeblich.

Im Einzelnen:

1. Werbung mit einer Studie der Technischen Universität München
   Auf Ihrer Website heißt es:
   „Neben höchstem Tragekomfort, sind die Comp-Sportsocks die ersten Sportsocks mit wissenschaftlich nachgewiesener Leistungssteigerung."
   Sie verweisen dazu als Quelle auf eine Studie der Technischen Universität München vom ■■■ 2007. Diese Studie ist in Ihrem Internetauftritt auch abrufbar. Es handelt sich hierbei um eine Stellungnahme der Technischen Universität München, welche von Herrn Dr. ABC erstellt wurde. Dieser Stellungnahme liegt lediglich ein praktischer Test Ihrer Socken zugrunde. Im

Resümee nimmt Herrn Dr. ABC Bezug auf die Ware anderer Hersteller und vergleicht deren Funktionsweise mit den Eigenschaften der von ihm geprüften Comp-Sportsocks. Tatsächlich kann er zu einem derartigen Vergleich aber keinerlei Aussagen treffen, da lediglich Ihre Produkte Gegenstand der von ihm durchgeführten Untersuchung waren. Der Test enthält keinerlei Aussagen, die auf eine Leistungssteigerung durch ihre Produkte hindeuten.
Ihre Werbung verstößt insoweit gegen § 5 UWG sowie § 3 Nr. 1 HWG.

2. Äußerungen Dritter
Auf Ihrer Homepage veröffentlichen Sie eine große Zahl von Erfahrungsberichten Ihrer Kunden, die das Produkt in Extremsport-Situationen getestet haben und zum Teil auch über medizinische Fachkenntnisse verfügen. Die Werbung mit derartigen Äußerungen Dritter führt zu einer unsachgemäßen Beeinflussung des Verbrauchers. Sie verstoßen damit gegen § 11 Abs. 1 Nr. 11 HWG, wonach es außerhalb der Fachkreise nicht erlaubt ist, mit Äußerungen Dritter, insbesondere mit Dank-, Anerkennungs- oder Empfehlungsschreiben zu werben.
Da es sich bei den Vorschriften des Heilmittelwerbegesetzes um sog. Marktverhaltensregeln handelt, stellen Verstöße hiergegen zugleich auch Wettbewerbsverstöße nach §§ 3, 4 Nr. 11 UWG dar.

Die Wettbewerbszentrale ist als Verband zur Förderung gewerblicher Interessen gem. § 8 Abs. 3 Nr. 2 UWG klagebefugt (st Rspr BGH WRP 1995, 104; BGH WRP 1996, 19; OLG Düsseldorf WRP 2006, 1399.). Zudem ist sie klagebefugt nach § 3 Abs. 1 Nr. 2 des Unterlassungsklagegesetzes (UKlG) und darf Auskunftsansprüche nach § 13 UKlG geltend machen (vgl § 13 Abs. 5 Nr. 1 UKlG).

Der uns aus dem oben dargestellten Gesetzesverstoß zustehende Unterlassungsanspruch kann nur durch Abgabe einer strafbewehrten Unterlassungserklärung ausgeräumt werden. Diese Unterlassungserklärung muss geeignet sein, die Wiederholungsgefahr für die Zukunft zu beseitigen. Eine Unterlassungserklärung, die diesen Voraussetzungen genügt, haben wir entworfen und als Anlage beigefügt. Für den Fall, dass keine die Wiederholungsgefahr vollständig ausräumende strafbewehrte Unterlassungserklärung bei uns bis zum

24.3.2008

Eingegangen ist, werden wir unseren Unterlassungsanspruch gerichtlich geltend machen. Eine Fristverlängerung können wir grundsätzlich wegen der Eilbedürftigkeit bei wettbewerbsrechtlichen Auseinandersetzungen nicht gewähren.

Mit freundlichen Grüßen

DIE GESCHÄFTSFÜHRUNG

(RA ▪▪▪) ◄

380 XVI. Muster: Unterlassungserklärung

58

► Wettbewerbszentrale Az: ▪▪▪

Datum 14.3.2008

Unterlassungserklärung

Die Comp Sports GmbH, [Adresse]

verpflichtet sich hiermit gegenüber

der Zentrale zur Bekämpfung unlauteren Wettbewerbs e.V. (Wettbewerbszentrale), [Adresse]

1. es zu unterlassen, im Wettbewerb handelnd
   a) in der Werbung für seine Sportsocken auf eine Studie der Technischen Universität München vom ... 2007 hinzuweisen und/oder mit dieser Studie zu werben und/oder diese Studie zum Abruf bereitzustellen und/oder
   b) mit Aussagen von Kunden zu werben, die sich lobend über die Socken äußern und/oder
2. für jeden Fall zukünftiger schuldhafter Zuwiderhandlung gegen die unter Nr. 1 aufgeführte/n Verpflichtung/en an die Wettbewerbszentrale eine Vertragsstrafe iHv
   EUR 5.000,00 (fünftausend Euro)
   zu zahlen,
3. der Wettbewerbszentrale gem. § 12 Abs. 1 S. 2 UWG einen angemessenen Anteil der Aufwendungen für diese Rechtsverfolgung iHv netto EUR 176,64 zuzüglich 7 % Mehrwertsteuer, EUR 12,36, gesamt **EUR 189,00** zu ersetzen und diesen Betrag unter Angabe des oben angegebenen Aktenzeichens innerhalb einer Woche nach Abgabe der Unterlassungserklärung auf das Konto ..., zu zahlen.

[Ort, Datum
Firmenstempel, rechtsverbindliche Unterschrift] ◀

XVII. Muster: Schutzschrift 381

59

▶ Landgericht München I
[Adresse][Datum]

Schutzschrift der Rechtsanwälte ABC

Rechtsanwälte ABC, [Adresse]

In einer möglichen Verfügungssache

Schutzverband für Endverbraucher e.V., [Adresse]

– möglicher Antragssteller -

gegen

Firma A-GmbH, gesetzlich vertreten durch den Geschäftsführer Herrn Z, [Adresse]

- mögliche Antragsgegnerin -

zeigen wir an, dass wir die mögliche Antragsgegnerin vertreten.

Wir bitten, einen möglichen Antrag auf Erlass einer einstweiligen Verfügung, darauf gerichtet, die Antragsgegnerin habe es zu unterlassen,

im geschäftlichen Verkehr Mitarbeitern von Unternehmen, die Reisen vermitteln, für die Vermittlungsleistung eine Provision (EUR 1,00 Reiseumsatz gleich 1 Bonuspunkt gleich EUR 0,01 bei Einlösung) zu versprechen und/oder zu gewähren

oder einen sinngleichen bzw nur geringfügig abweichenden Antrag gem. § 937 Abs. 2 ZPO

kostenpflichtig zurückzuweisen;

hilfsweise, über einen entsprechenden Antrag auf Erlass einer einstweiligen Verfügung jedenfalls nicht ohne vorherige mündliche Verhandlung zu entscheiden.

Wir sind damit einverstanden, dass die vorliegende Schutzschrift dem möglichen Antragssteller zugänglich gemacht wird, allerdings nur, wenn ein entsprechender Antrag auf Erlass einer einstweiligen Verfügung bei Gericht eingereicht ist. Sollte dies der Fall sein, bitten wir höflich um telefonische Benachrichtigung.

Zur

Begründung

führen wir seitens der möglichen Antragsgegnerin folgendes aus:

I.

1. Mit Schreiben vom [Adresse] wurde die mögliche Antragsgegnerin von dem möglichen Antragssteller abgemahnt. Dieses Schreiben legen wir vor als
   Anlage AG-1
   Der mögliche Antragssteller behauptet, hinsichtlich der beanstandeten Provision für die Vermittlung von Reisen Unterlassungsansprüche geltend machen zu können.
2. Zur Vermeidung einer gerichtlichen Auseinandersetzung hat die mögliche Antragsgegnerin daraufhin mit Schreiben ihrer anwaltlichen Vertreter vom [Datum]
   Anlage AG-2
   zur Sache Stellung genommen und u.a. darauf hingewiesen, dass sich die mögliche Antragsgegnerin bereits strafbewehrt hinsichtlich der Provisionierung von Reisevermittlungen durch Mitarbeiter von Reisebüros gegenüber der Wettbewerbszentrale unterworfen hat. Eine Abschrift jener Vereinbarung wurde dem möglichen Antragsteller übermittelt und ist der Schutzschrift als
   Anlage AG-2
   beigefügt.
   Es ist gleichwohl nicht auszuschließen, dass der mögliche Antragssteller wegen der behaupteten Unterlassungsansprüche einen Antrag auf Erlass einer einstweiligen Verfügung einreichen wird.
3. Die Provisionierung von Reisebüromitarbeitern in Deutschland für die Vermittlung von Reisen durch Sondervergünstigungen, etwa in Form von Bargeldauszahlungen oder ermäßigten Reisetarifen oder Geschenken ist in der Branche seit Jahren üblich. […].
   Glaubhaftmachung: Eidesstattliche Versicherung von Herrn T vom [Datum] als Anlage AG-3
   Eine einstweilige Verfügung, wie von dem möglichen Antragssteller erstrebt, würde der möglichen Antragsgegnerin schwerwiegende, möglicherweise existenzgefährdende Nachteile bereiten. Auf den A-Cards der möglichen Antragsgegnerin, welche den Kern ihres Provisionierungssystems bilden, ist eine individuelle Schlüsselnummer der jeweiligen Reisebüromitarbeiter enthalten. Ohne diese Nummer sind Buchungen bei der möglichen Antragsgegnerin nicht möglich. Wird die Gewährung der geringfügigen Zuwendungen an Mitarbeiter von Reisebüros verboten, welche über diese A-Cards erfolgte, ist zu erwarten, dass diverse Reisebüromitarbeiter diese Karten nicht mehr nutzen. Eine Unterlassungsverpflichtung wie von der möglichen Antragsgegnerin erstrebt würde den Vertrieb der Antragsgegnerin für geraume Zeit nahezu blockieren.
   Glaubhaftmachung: wie vor

II.

Unterlassungsansprüche stehen dem möglichen Antragssteller unter keinem Gesichtspunkt zu.

1. Es ist eine Tatsache, dass die wesentlichen Anbieter von Reisen auf dem Deutschen Markt individuelle Vergünstigungen für Angestellte von Reisebüros für die Vermittlung von Reisen gewähren. Dies geschieht seit Jahren und ist branchenüblich. Insoweit wird der Mitarbeiter des jeweiligen Reisebüros keineswegs in seiner vom Kunden erwarteten effektiven und neutralen Beratung beeinflusst.
   Wie von der möglichen Antragstellerin dargestellt, ist die den Mitarbeitern von Reisebüros gewährte Prämie geringwertig. Sie beträgt umgerechnet lediglich 1 % des Reiseumsatzes.

Derart geringe Prämien sind bereits objektiv nicht geeignet, die Beratungsentscheidung der Reisebüromitarbeiter unsachlich zu beeinflussen.

2. Die mögliche Antragsgegnerin gewährt die Prämien ausschließlich mit Zustimmung der jeweiligen verantwortlichen Geschäftsleitung des Reisebüros. Nach der Rechtsprechung zum früheren § 12 UWG fehlt es bei Billigung der jeweiligen Reisebüro-Geschäftsherren bereits an jeglicher Gefahr einer unlauteren Beeinflussung der Reisebüromitarbeiter. Dies muss auch für den identischen Vorwurf auf der Basis von §§ 3, 4 Nr. 1, 3 UWG gelten (Hefermehl/Köhler/Bornkamm, Wettbewerbsrecht, 27. Aufl. 2009, § 4 Rn 1.174 c mwN).
   Es ist auch darauf hinzuweisen, dass Incentive-Systeme, wie sie von der möglichen Antragsgegnerin und den meisten ihrer Mitbewerber genutzt werden, in anderen EU-Mitgliedstaaten seit vielen Jahren erlaubt und gang und gäbe sind. Eine anderweitige Beurteilung würde zu einer Inländerdiskriminierung der möglichen Antragsgegnerin führen.

■■■

Rechtsanwalt

Anlagen: wie erwähnt ◄

§ 3 Gerichtliche Verfahren

A. Wettbewerbsrechtliche Streitigkeiten

382 Wettbewerbsrechtliche Streitigkeiten sind bürgerlich-rechtliche Rechtsstreitigkeiten, § 13 GVG, und gehören in die Zuständigkeit der Zivilgerichte.

383 Aus der Natur der Streitigkeiten zwischen den Beteiligten wie zB im Bereich der Werbung, der Vermarktung und des Vertriebes von Waren und Dienstleistungen ergibt sich, dass den durch eine unlautere geschäftliche Handlung in ihren Rechten verletzten Parteien häufig nur durch eine schnelle gerichtliche Entscheidung geholfen werden kann. Dementsprechend findet das Gros wettbewerbsrechtlicher Streitigkeiten im einstweiligen Verfügungsverfahren statt.

384 Wettbewerbsrechtliche Streitigkeiten unterscheiden sich in vielerlei Hinsicht von sonstigen zivilprozessualen Verfahren. Rechtsprechung und Lehre haben über Jahrzehnte diverse verfahrensrechtliche Besonderheiten geprägt, welche im Interesse einer effektiven und erfolgreichen Prozessführung stets berücksichtigt werden sollten.

B. Vorbereitung der gerichtlichen Streitigkeit

385 Die ordnungsgemäße Vorbereitung gerichtlicher Maßnahmen und präzise Sachverhaltsaufklärung sind wesentliche Voraussetzungen für die Bestimmung des sachgemäßen prozessualen Vorgehens.

I. Vollmacht

386 Der beauftragte anwaltliche Vertreter hat die Bevollmächtigung grundsätzlich durch eine schriftliche Vollmacht nachzuweisen und diese zu den Gerichtsakten zu geben, § 80 ZPO. Auch wenn ein Gericht in der Praxis ohne besonderen Anlass den Nachweis einer schriftlichen Vollmacht nicht anfordern wird, sollte stets sichergestellt werden, dass von einem vertretungsberechtigten Organ der Partei mindestens ein Original einer umfassenden Prozessvollmacht iS des § 81 ZPO unterzeichnet wurde. Eine solche Vollmacht sollte die zugrunde liegende Angelegenheit bezeichnen.

387 Das Original der Vollmacht ist zu jedem gerichtlichen Termin mitzuführen. Auf eine mögliche Rüge des Prozessgegners hin, § 88 ZPO, kann das Original dann im Termin vorgelegt werden. Fehlt es an einer hinreichenden Vollmacht, zB weil das Dokument nicht zum Termin mitgeführt wurde, sollte der Bevollmächtigte zur Vermeidung von Nachteilen den notwendigen Antrag nach § 89 ZPO auf einstweilige Zulassung zur Prozessführung stellen und die Vollmacht dann schnellstmöglich fristgerecht nachreichen.

388 Darüber hinaus kann die schriftliche Vollmacht auch im Innenverhältnis gegenüber dem Mandanten zum Nachweis entsprechender Beauftragung dienen.

389 Ein Muster einer Vollmacht auch für gerichtliche Auseinandersetzungen findet sich unter Rn 365.

II. Weitere Sachverhaltsaufklärung

Auch wenn bereits vor Ausspruch einer Abmahnung Maßnahmen zur Aufklärung des Sachverhalts durchgeführt wurden,[1] empfiehlt sich vor Einleitung des gerichtlichen Verfahrens eine vertiefte Überprüfung und Aufklärung des Sachverhaltes. 390

Dazu gehört die nochmalige Überprüfung der seitens des Anspruchstellers übermittelten Informationen, die Klärung bislang offengebliebener Umstände, welche für die Darlegung von Anspruchsvoraussetzungen relevant sind und der Abgleich der Informationen des Anspruchstellers mit vorhandenen Beweis- oder Glaubhaftmachungsmitteln, Unterlagen zum Sachverhalt oder bereits vorliegenden eidesstattlichen Versicherungen. Ebenso kann es hilfreich sein, die Website des voraussichtlichen Anspruchsgegners und sonstige Informationen über den Anspruchsgegner im Internet zu überprüfen. Dies kann auch insoweit nutzen, als bei unlauteren geschäftlichen Handlungen im Internet idR in jedem Bezirk, in dem die Informationen bestimmungsgemäß abgerufen werden können, ein Gerichtsstand des Begehungsorts geschaffen wird.[2] Bei der E-Mail-Werbung ist Begehungsort iS des § 14 Abs. 2 UWG sowohl der Absendeort des Versenderechners wie auch der Ort des Rechners, an dem die E-Mail empfangen wird. 391

Weiterhin ist zu überprüfen, ob seit der Abmahnung weitere Verstöße des Anspruchsgegners zu verzeichnen sind, oder dieser sein Verhalten geändert hat. Entsprechendes gilt für die Prüfung der Reaktion des Abgemahnten auf die Abmahnung. Danach können sich neue Elemente des Sachverhalts ergeben, welche eine Prüfung und ggf Anpassung des bisherigen Vorgehens nahe legen können. 392

Der Anspruchsteller wird idR ein bestimmtes Gericht für die Durchführung der geplanten gerichtlichen Streitigkeiten im Auge haben. Insoweit ist zu prüfen, ob der Anspruchsteller bereits einen Verstoß des Anspruchsgegners im Bezirk des ins Auge gefassten Gerichts nachweisen kann. Ist dem nicht so, sind Maßnahmen wie zB ein Testkauf zu erwägen, um die örtliche Zuständigkeit des Gerichts zu begründen. 393

Vor Einleitung der gerichtlichen Auseinandersetzung sollten auch Informationen über frühere oder bestehende geschäftliche Beziehungen zwischen den Parteien eingeholt werden. In diesem Zusammenhang sind auch die tatsächlichen Voraussetzungen für die Frage, ob die Beteiligten im Hinblick auf die von ihnen angebotenen Waren- oder Dienstleistungen aktuelle Mitbewerber iS des § 2 Abs. 1 Nr. 3 UWG sind, zu prüfen. 394

Die umfassende und präzise Sachverhaltsermittlung reduziert das Risiko einer unzutreffenden juristischen Würdigung und verbessert die Grundlage für die erfolgreiche Durchführung und Ausrichtung des gerichtlichen Verfahrens. 395

III. Sicherung von Beweismitteln (Unterlagen, Zeugen, eidesstattliche Versicherungen, Notwendigkeit von Meinungsforschungsgutachten)

Im Zuge der Vorbereitung des gerichtlichen Vorgehens sollte der Anspruchsteller schnellstmöglich prüfen, welche Beweis- bzw Glaubhaftmachungsmittel für die erfolgreiche Durchführung des von ihm angestrebten Verfahrens benötigt werden und deren Beschaffung koordinieren. 396

Abhängig von den in Betracht kommenden Anspruchsgrundlagen ist frühestmöglich festzustellen, welche Elemente der Anspruchsnorm von Seiten des Anspruchstellers glaubhaft 397

1 Siehe oben Rn 259 ff.
2 Baumbach/Hefermehl/Köhler, Wettbewerbsrecht, § 14 UWG Rn 16; BGH – Arzneimittelwerbung im Internet, GRUR 2006, 513.

gemacht, bzw bewiesen werden können. Sind die beweisbedürftigen Tatsachen identifiziert, gilt es zunächst, vorhandene Unterlagen, Kopien sonstiger relevanter Korrespondenz, beanstandete Werbemittel, Rundfunk- oder Videomitschnitte, Internetausdrucke, beanstandete Produkte oder Verpackungen (wenn möglich mit Kaufbeleg) zu sichten. Fehlen noch notwendige Beweismittel, sind diese schnellstmöglich zu beschaffen. Im Falle von beanstandeten Produkten oder Dienstleistungen ist zur Sicherung der örtlichen Zuständigkeit des anzurufenden Gerichts (§ 14 Abs. 2 S. 1 UWG) ein Testkauf im Bezirk des angerufenen Gerichts durch einen Dritten mit entsprechenden Kaufbelegen und einer entsprechenden Bestätigung durch den Testkäufer über Ort, Gegenstand und Zeitpunkt des Erwerbs durchzuführen.

398 Bei wettbewerbswidrigen Handlungen im Internet empfiehlt es sich, den relevanten Vorgang von einem Computer im Gerichtsbezirk durch einen Dritten unter Ausschaltung des Zwischenspeichers (Cache) abzurufen und ordnungsgemäße Ausdrucke nebst einer Bestätigung des Dritten, dass die Information im Internet zu einem bestimmten Zeitpunkt an einem bestimmten Ort abgerufen wurde, zu beschaffen.[3]

399 In einer Reihe von Fällen wird die **Beschaffung von eidesstattlichen Versicherungen** zur Vorbereitung eines Verfügungsantrages eine wesentliche Rolle spielen.[4] Der Anspruchsteller hat insoweit zum einen den notwendigen Inhalt der eidesstattlichen Versicherung zu ermitteln und zum anderen das Original der Erklärung zu beschaffen. Eidesstattliche Versicherungen sollten sich ausschließlich auf eigene unmittelbare Wahrnehmungen über Tatsachen beziehen und keinerlei mittelbare Bekundungen vom Hörensagen oder gar rechtliche Wertungen beinhalten.

400 In Ausnahmesituationen kann sich zudem, wenn die eigene Sachkunde des Gerichts voraussichtlich nicht ausreicht, die Notwendigkeit der Einholung eines privaten Meinungsforschungsgutachtens ergeben.[5] Entscheidet sich der Anspruchsteller zur Einholung eines Privatgutachtens, ergeben sich daraus idR wesentliche Kosten sowie zeitliche Implikationen im Hinblick auf die Dringlichkeit des Verfahrens. Auch deswegen wird die Einholung von Meinungsforschungsgutachten der Parteien in einstweiligen Verfügungsverfahren kaum in Betracht kommen.

IV. Gerichtsstand und anwendbares Recht

401 Im Rahmen der Vorbereitung des Verfahrens muss der Antragsteller das oder die für ein geplantes Verfahren sachlich und örtlich zuständigen Gerichte identifizieren. Dies richtet sich zunächst nach den §§ 13 und 14 UWG. Die Zuständigkeitsfrage spielt u.a. eine Rolle für die Frage, ob zusätzlich oder anstelle anwaltlicher Hilfe vor Ort noch anwaltliche Vertretung am möglicherweise geografisch entfernten Gerichtsort benötigt wird und dadurch bedingte erhöhte Anwaltskosten entstehen. Die Wahl des Gerichtsortes kann auch unter Berücksichtigung einer für den Anspruchsteller günstigen lokalen Rechtsprechung am Gerichtsort, zB im Hinblick auf die Dringlichkeit,[6] erfolgen.

402 Ergibt sich im Rahmen der Prüfung, dass der in Betracht kommende Anspruchsgegner im Inland weder über einen Sitz noch eine Niederlassung verfügt, ist seitens des Antragstellers zu prüfen, ob nach den Umständen des Sachverhaltes gleichwohl ein Gerichtsstand im In-

3 Vgl Rn 403 f.
4 Im Einzelnen dazu Rn 264 ff.
5 Siehe dazu Rn 560 ff.
6 Dazu im Einzelnen Rn 450 ff.

land gegeben ist oder nur ein Verfahren im Ausland in Betracht kommt.[7] Im Bereich der Europäischen Union ist in diesem Zusammenhang die Verordnung (EG) Nr. 44/2001 über die gerichtliche Zuständigkeit und die Anerkennung und Vollstreckung von Entscheidungen in Zivil- und Handelssachen (EuGVVO) vom 22.12.2001 zu berücksichtigen. Für unlautere geschäftliche Handlungen ist insoweit Art. 5 Nr. 3 EuGVVO von Bedeutung. Danach kann bei Vorliegen einer unerlaubten Handlung eine Person mit Sitz in einem Mitgliedstaat auch in einem anderen Mitgliedstaat vor dem Gericht des Ortes, an dem das schädigende Ereignis eingetreten ist oder einzutreten droht, verklagt werden.

Mit der Frage des Gerichtsstandes in grenzüberschreitenden Streitigkeiten ist häufig auch 403
die Frage des anwendbaren Rechts verbunden. Das anwendbare Recht ist nach den kollisionsrechtlichen Regeln des internationalen Privatrechts zu bestimmen. Unlautere Wettbewerbshandlungen werden nach herrschender deutscher Auffassung als Delikt und dementsprechend als Teil des internationalen Deliktsrechts angesehen.[8] Dementsprechend gelten für die Bestimmung des anwendbaren Rechts die Artikel 40-42 EGBGB. Diese erfahren durch das von der deutschen Rechtsprechung geprägte **Marktortprinzip** eine gewisse Modifizierung.[9] Als Ort der wettbewerbsrechtlichen Streitigkeit ist danach grundsätzlich der Marktort anzusehen, an dem auf die Entscheidung des Kunden eingewirkt werden soll. Richtet sich also zB eine Website eines ausländischen Mitbewerbers gezielt auf den deutschen Markt (zB deutsche Sprache, inhaltliche Ausrichtung auf den deutschen Markt, nur Kunden aus Deutschland können bestellen etc.), kommt es nach dem Marktortprinzip zur Anwendung deutschen Rechts.

Im Bereich der Europäischen Union wird das Marktortprinzip im Bereich der elektroni- 404
schen Kommunikation durch das **Herkunftslandprinzip**, welches durch die Richtlinie 2000/31/EG über den elektronischen Geschäftsverkehr vom 8.6.2000 eingeführt wurde, ausgeschlossen. Die Richtlinie wurde im Inland u.a. durch das frühere Teledienstegesetz,[10] dessen Bestimmungen weitgehend in das Telemediengesetz aufgenommen wurden, umgesetzt. Die maßgebliche Bestimmung ist aktuell in § 3 TMG enthalten. Danach gilt für in Deutschland ansässige Diensteanbieter deutsches Recht auch dann, wenn die Teledienste in einem anderen EU-Staat erbracht werden. Für ausländische Anbieter mit Sitz in der Europäischen Union gilt nach § 3 Abs. 2 TMG zunächst das Marktortprinzip. Soweit sich danach die Anwendbarkeit deutschen Rechts ergibt, ist in einem weiteren Schritt das daraus folgende Ergebnis am Gemeinschaftsrecht, vor allem der Dienstleistungsfreiheit, zu messen. Ergeben sich aus der Anwendung deutschen Rechts zusätzliche Beschränkungen des Anbieters im Vergleich zu dessen Heimatrecht, werden diese letztlich nicht angewendet.[11] Wettbewerbsrechtliche Streitigkeiten zählen zu den bürgerlichen Rechtsstreitigkeiten, so dass die ordentlichen Gerichte zuständig sind, § 13 GVG. Die Zuständigkeit eines Gerichts richtet sich grundsätzlich nach dem für die Hauptsache zuständigen Gericht. Für das Verfügungsverfahren ist danach zu entscheiden, ob bereits eine Hauptsache anhängig ist oder nicht. Ist ersteres der Fall, ist ausschließlich dieses Gericht zuständig, § 943 ZPO. Fehlt ein Hauptsacheverfahren, kann der Anspruchsteller noch zwischen sämtlichen in Betracht kommenden Hauptsache-Gerichtsständen wählen.

7 Zur internationalen Zuständigkeit Ahrens/Ahrens, Wettbewerbsprozess, Kap. 16 Rn 1 ff.
8 Hefermehl/Köhler/Bornkamm, Wettbewerbsrecht, Einleitung UWG Rn 5.4.
9 Vgl zB OLG Hamburg – Die Hunde sind los, NJW-RR 2003, 761.
10 Gesetz über die Nutzung von Telediensten v. 22.7.1997, BGBl. I S. 1870.
11 Hefermehl/Köhler/Bornkamm, Wettbewerbsrecht, Einleitung Rn 5.22.

405 Nach der UWG-Reform sind die **Landgerichte ausschließlich für Streitigkeiten nach dem UWG zuständig,** § 13 Abs. 1 S. 1 UWG. Durch den in § 13 Abs. 1 S. 2 UWG enthaltenen Verweis auf § 95 Abs. 1 Nr. 4 GVG wird nochmals verdeutlicht, dass jeweils die Kammer für Handelssachen funktionell zuständig ist. Anträge auf einstweilige Verfügungen bzw Klagen auf der Grundlage des UWG sind insoweit stets im Rubrum an die zuständige Kammer für Handelssachen zu richten. Erfolgt keine derartige Bezeichnung, besteht das Risiko, dass die Angelegenheit versehentlich in die Zuständigkeit einer Zivilkammer gelangt.

406 Etwas anderes kann nur gelten, wenn neben Ansprüchen nach dem UWG auch noch weitere, nicht in die Zuständigkeit einer Handelskammer gehörige Ansprüche, zB deliktische Ansprüche nach den §§ 823 ff BGB, geltend gemacht werden. Dann kommt bei unterschiedlichen Streitgegenständen entweder eine Prozesstrennung oder eine **gesamte Verweisung an die Zivilkammer** in Betracht.[12] Bei einheitlichen Streitgegenständen und unterschiedlichen Anspruchsgrundlagen, also zB § 7 UWG und §§ 823 Abs. 1, 1004 BGB, kommt sowohl eine Anrufung der Zivil- wie auch einer Handelskammer ohne die Möglichkeit einer nachfolgenden Verweisung in Betracht.[13]

407 Die örtliche Zuständigkeit richtet sich nach der Bestimmung des § 14 UWG. Grundsätzlich ist für Klagen auf der Grundlage des UWG das Gericht zuständig, in dessen Bezirk der Anspruchsgegner seine gewerbliche oder selbständige berufliche Niederlassung hat. Besteht kein solcher Gerichtsstand, ist der Wohnsitz des Anspruchsgegners, §§ 7 ff BGB, maßgeblich.

408 Sind die Parteien nicht im Bezirk des gleichen Gerichts ansässig, kann die Anrufung des „Heimatgerichts" des Anspruchsgegners, zB wegen zusätzlicher Reisekosten oder der mangelnden Vertrautheit des Anspruchstellers mit der lokalen Rechtsprechung am fremden Gerichtsort, mitunter zusätzliche Probleme des Anspruchstellers schaffen.

409 Vor diesem Hintergrund ist die Bestimmung des § 14 Abs. 2 S. 1 UWG von wichtiger Bedeutung für den Anspruchsteller. Die dort enthaltene Anknüpfung an den Begehungsort bedeutet, dass der Anspruchsteller bestimmen muss, wo sich Begehungshandlung und Begehungserfolg geografisch feststellen lassen. Danach kann der Mitbewerber auch an den Orten, wo der Wettbewerbsverstoß tatsächlich stattgefunden hat, das im Bezirk zuständige Landgericht anrufen. Wie bereits dargestellt[14] können die in Betracht kommenden Tatorte durchaus durch den Anspruchsteller, zB durch einen Testkauf, mitbestimmt werden.

410 In manchen Szenarien, zB bei der Werbung im Internet oder beim Vertrieb von Presseerzeugnissen kommen vor dem Hintergrund des Begehungsortprinzips mehrere Gerichtsstände in Betracht, zwischen denen der Anspruchsteller wählen kann. Bei Presserzeugnissen besteht jedoch der Vorbehalt, dass das Presseerzeugnis in dem Bezirk, den der Anspruchsteller erstrebt, auch bestimmungsgemäß verbreitet wird.[15] Bei unlauteren geschäftlichen Handlungen im Internet gewährt die deutsche Rechtsprechung[16] auch dort einen Gerichtsstand, wo der beanstandete Internetinhalt bestimmungsgemäß abgerufen werden kann.

411 Der Gerichtsstand des Begehungsortes steht Verbänden und Vereinen und weiteren Anspruchsberechtigten nach § 8 Abs. 3 Nr. 2-4 UWG zumeist nicht zur Verfügung, § 14 Abs. 2 S. 2 UWG. Diese müssen gegen den Schuldner an dessen Heimatgerichtsstand vor-

12 Harte/Henning/Retzer, UWG, § 13 Rn 34.
13 näher Harte/Henning/Retzer, UWG, § 13 Rn 35 f.
14 Siehe oben Rn 403 f.
15 OLG Köln GRUR 1991, 775.
16 ZB OLG Karlsruhe MMR 2002, 815.

gehen, es sei denn, der Beklagte verfügt im Inland über keinen Sitz bzw keine Niederlassung. Im Falle einer vorbeugenden Unterlassungsklage ist das Gericht zuständig, in dessen Bezirk der Wettbewerbsverstoß voraussichtlich stattfinden wird.[17]

Erhebt der Anspruchsgegner eine negative Feststellungsklage, ist das insoweit angerufene 412 Gericht ausschließlich für das weitere Verfahren zuständig.

V. Kosten

Wettbewerbsrechtliche Auseinandersetzungen können signifikante Kosten verursachen, 413 deren voraussichtlicher Umfang der Anspruchsteller bereits im Vorfeld der gerichtlichen Auseinandersetzung und im Rahmen der internen Strategiebestimmung auf jeden Fall mindestens grob abschätzen sollte.

In diesem Zusammenhang können Faktoren wie der vom Anspruchsteller in beschränktem 414 Umfang selbst zu bestimmende Streitwert,[18] das angestrebte Verfahren, in Betracht kommende Anwaltshonorare sowie Gerichtskosten und Kosten der Beweiserhebung eine wesentliche Rolle spielen. Ebenso wichtig ist der vom Anspruchsteller gewählte einfache oder komplexe Streitgegenstand des Verfahrens und die wirtschaftliche Bedeutung der Angelegenheit für die Beteiligten.

Während ein einfach gelagerter Fall einer irreführenden Werbung voraussichtlich bereits 415 durch eine einzige Gerichtsentscheidung entschieden werden mag, wird eine komplexe, möglicherweise die wirtschaftliche Existenz eines der Beteiligten betreffende Streitigkeit mit Wahrscheinlichkeit über alle in Betracht kommenden Instanzen betrieben. In der Praxis werden auch das geschäftliche bzw emotionale Verhältnis der Streitbeteiligten, bisherige Auseinandersetzungen zwischen den Beteiligten und die Wirtschaftskraft der Parteien eine wesentliche Rolle für die Bestimmung einer Prozessstrategie spielen.

Der Anspruchsteller sollte vor dem Hintergrund dieser Faktoren die Kosten und Nutzen 416 eines Vorgehens sorgfältig gegeneinander abwägen und seine Maßnahmen dementsprechend ausgestalten.

VI. Verfügungs- und/oder Hauptsacheverfahren

Auch wenn das Gros wettbewerbsrechtlicher Streitigkeiten vor Gericht in einstweiligen 417 Verfügungsverfahren ausgetragen wird, ist seitens des Anspruchstellers gleichwohl zu prüfen, ob die angestrebten Anspruchsziele im Wege eines einstweiligen Verfügungsverfahrens voraussichtlich erfolgreich durchsetzbar sind.

Einstweilige Verfügungsverfahren zielen auf eine rasche und vorläufige Streitregelung. Wie 418 das Gesetz in § 12 Abs. 2 UWG indiziert, sind einstweilige Verfügungsverfahren grundsätzlich für Unterlassungsansprüche geeignet.

Problematisch sind Verfügungsverfahren, wenn durch die angestrebte Regelung faktisch 419 eine **Vorwegnahme des Hauptsacheverfahrens** bewirkt würde. Dies wird insbesondere bei Beseitigungs- und Widerrufsansprüchen sowie Auskunftsansprüchen häufig der Fall sein.[19] Vor diesem Hintergrund kommt ein einstweiliges Verfügungsverfahren für die

17 BGH – Beta, GRUR 1994, 532.
18 Siehe insoweit Rn 448 f.
19 Hefermehl/Köhler/Bornkamm, Wettbewerbsrecht, § 12 UWG Rn 3.9-3.10.

Durchsetzung von Schadensersatzansprüchen auf Geldzahlung oder Abgabe von Willenserklärungen nicht in Betracht.[20]

420 Einstweilige Verfügungsverfahren werden darüber hinaus abgesehen von Ausnahmesituationen nicht in Betracht kommen, wenn zur Durchsetzung der Ansprüche umfangreiche Sachaufklärungen und Beweismittel, wie zB Meinungsforschungsgutachten, notwendig sind.

421 Schwierigkeiten wird die Durchsetzung eines Anspruches im einstweiligen Verfügungsverfahren auch bereiten, wenn dessen Zusprechung zu **irreparablen Nachteilen** des Antragsgegners führen würde oder die Entscheidung des Rechtsstreits von komplexen Rechtsfragen abhängt und dem Antragsgegner im Fall des Unterliegens gravierende Schäden drohen, welche nicht durch eine Sicherheitsleistung aufgefangen werden können.[21]

422 Der Anspruchsteller sollte auch stets im Auge behalten, dass ihm für den Fall, dass er zwar eine vorläufige Regelung zu seinen Gunsten erzielen konnte, wie zB ein Produktionsverbot eines Mitbewerbers, im Falle der späteren Aufhebung einer solchen Entscheidung **Schadensersatzansprüche** des belasteten Mitbewerbers drohen, § 945 ZPO. Diese Risikohaftung tritt unabhängig von einem Verschulden des Anspruchsgläubigers ein.[22] Ansprüche nach § 945 ZPO können den gesamten unmittelbaren und mittelbaren Schaden des Anspruchsgegners, dessen Aufwendungen zur Schadensminderung und Kosten, zB für die Rechtsverteidigung, umfassen.[23]

C. Verfügungsverfahren

423 In der Praxis spielen einstweilige Verfügungsverfahren die zentrale Rolle für die Durchsetzung von Unterlassungsansprüchen. Ein Muster eines Antrages auf Erlass einer einstweiligen Verfügung ist in Rn 624 enthalten.

I. Notwendiger Inhalt des Verfügungsantrages

424 Jeder Verfügungsantrag muss bestimmte notwendige Elemente beinhalten.

425 Ebenso wie eine Hauptsacheklage setzt ein Verfügungsverfahren das **Bestehen eines allgemeinen Rechtschutzbedürfnisses** des Anspruchstellers voraus. Im Allgemeinen ergibt sich das Rechtschutzbedürfnis aus der behaupteten Nichterfüllung des geltend gemachten Unterlassungsanspruchs.[24] Das Rechtsschutzbedürfnis des Anspruchstellers kann fehlen, wenn ihm einfachere Wege zur Anspruchsdurchsetzung zur Verfügung stehen.[25] Dies mag zB der Fall sein, wenn ein rechtskräftig titulierter Unterlassungsanspruch besteht, aus dem der Gläubiger vollstrecken kann. Demgegenüber schließt allein das Bestehen eines anderweitigen einstweiligen Verfügungsverfahrens ohne rechtskräftige Entscheidung das Rechtsschutzbedürfnis des Anspruchstellers nicht aus.[26]

426 Nach Inkrafttreten des aktuellen Missbrauchsverbots ist die Geltendmachung von Unterlassungsansprüchen, welche vorwiegend zu Zwecken des Aufwendungsersatzes bzw der Erzielung von (anwaltlichen) Gebühren dienen, § 8 Abs. 4 UWG, nicht mehr im Rahmen

20 Hefermehl/Köhler/Bornkamm, Wettbewerbsrecht, § 12 UWG Rn 3.11.
21 Ahrens/Jestaedt, Wettbewerbsprozess, Kap. 56 Rn 7 ff.
22 Hk-ZPO/Kemper, § 945 Rn. 1.
23 Zöller/Vollkommer, ZPO, § 945 R 14.
24 BGH – Preisrätselgewinnauslobung, GRUR 1994, 824.
25 Im Einzelnen Hefermehl/Köhler/Bornkamm, Wettbewerbsrecht, § 12 Rn 2.15 ff.
26 BGH – Goldene Armbänder, GRUR 1973, 384.

des allgemeinen Rechtsschutzbedürfnisses zu prüfen.[27] Dies ist nunmehr eine Frage der Begründetheit.

427 Ebenso wie jegliche verfahrenseinleitende Klage setzt auch ein Antrag auf einstweilige Verfügung die **eindeutige Bezeichnung des angerufenen Gerichts**[28] sowie eine präzise Bezeichnung der Parteien voraus. Ein weiteres notwendiges Element des Verfügungsantrages besteht in einem **bestimmten Klageantrag**, § 253 Abs. 2 Nr. 2 ZPO.[29]

428 Der **Antrag auf Androhung von Ordnungsmitteln** ist kein notwendiger Bestandteil des Verfügungsantrages, jedoch im Interesse der Vollstreckung des Titels unbedingt geboten.[30] Weiterhin hat der Anspruchsteller im Rahmen des Verfügungsantrags den Verfügungsanspruch sowie den Verfügungsgrund, §§ 935, 940 ZPO, substantiiert darzulegen.

429 Der **Verfügungsanspruch** ergibt sich aus dem zugrunde liegenden materiellen Anspruch, idR dem wettbewerbsrechtlichen Unterlassungsanspruch. Der **Verfügungsgrund** wird durch die zu vermutende Dringlichkeit des Anspruches, § 12 Abs. 2 UWG, geschaffen.[31]

430 Der Anspruchsteller hat sämtliche anspruchsbegründenden Voraussetzungen und sonstige Prozessvoraussetzungen gem. §§ 936, 920 Abs. 2, 294 ZPO darzulegen und glaubhaft zu machen. Die dargelegten und glaubhaft gemachten Umstände müssen dem Gericht die Prüfung der Schlüssigkeit des Anspruchs ermöglichen. Sind entscheidungserhebliche Tatsachen nicht durch den Anspruchsteller glaubhaft gemacht, muss das Gericht Termin zur mündlichen Verhandlung bestimmen.[32] In der Praxis sind insbesondere die präzise Darstellung sämtlicher anspruchsbegründenden Tatsachen und die vollständige Übereinstimmung der vorgetragenen Tatsachen mit den beigefügten Glaubhaftmachungsmitteln wichtige Voraussetzungen für den Prozesserfolg.

431 Als glaubhaft gelten Angaben, deren Richtigkeit mit einer ernstliche Zweifel ausschließenden Sicherheit dargetan ist.[33] Im Rahmen der Glaubhaftmachung, zB einer eidesstattlichen Versicherung, sollten lediglich Tatsachen, nicht rechtliche Würdigungen, vorgetragen werden.

II. Formulierung der Anträge

432 Im Rahmen der Vorbereitung einer einstweiligen Verfügung kommt der Formulierung des Unterlassungsantrages entscheidende Bedeutung zu.

433 Der Verfügungsantrag dient zur **Titulierung** des vom Anspruchsteller begehrten Unterlassungsanspruchs. Der Unterlassungsantrag muss den von Amts wegen zu prüfenden Voraussetzungen für eine Klageschrift genügen und u.a. einen bestimmten Antrag beinhalten, § 253 Abs. 2 Nr. 2 ZPO. Der Unterlassungsantrag muss so formuliert sein, dass einerseits der erhobene Anspruch nach Inhalt und Umfang konkret beschrieben wird und zum anderen so gefasst sein, dass eine Zwangsvollstreckung aus dem Titel möglich ist.[34] Wie bereits dargelegt, umfasst das Anspruchsbegehren nicht nur die vollkommen identische Verletzungsform, sondern auch sämtliche „im Kern gleichartigen" Verletzungsformen.[35]

27 Ahrens/Schmukle, Wettbewerbsprozess, Kap. 44 Rn 20.
28 ZB nicht „Landgericht München", sondern „Landgericht München I" oder „Landgericht München II".
29 Dazu im Einzelnen Rn 541 ff.
30 OLG Hamm GRUR 1991, 336.
31 Dazu im Einzelnen Rn 450 ff.
32 Hefermehl/Köhler/Bornkamm, Wettbewerbsrecht, § 12 UWG Rn 3.21.
33 Ahrens/Scharen, Wettbewerbsprozess, Kap. 50 Rn 24.
34 Thomas/Putzo/Reichold, ZPO, § 253 Rn 11 mwN.
35 BGH – Wegfall der Wiederholungsgefahr II, GRUR 1997, 379.

434 Der Anspruchsteller hat verschiedene Möglichkeiten seinen Antrag zu formulieren. Er kann sich zunächst auf die konkrete Verletzungsform für den Antrag beschränken. Derartige Anträge sind vor dem Hintergrund des Bestimmtheitsgebots idR unproblematisch.[36] Der Anspruchsteller wird jedoch häufig bemüht sein, den Umfang des Antrages zu erweitern, um auch entsprechend der Kerntheorie Handlungen mit identischem oder nahezu identischem Tatsachenkern abzudecken. Solche Erweiterungen des Antrages sind grundsätzlich sinnvoll, jedoch im Hinblick auf das Bestimmtheitsgebot sowie dem zugrunde liegenden materiellen Anspruch mit Risiken behaftet. Je weiter sich der Anspruchsteller von der konkreten Verletzungsform entfernt, desto größer wird das Risiko, dass er die Grenzen des § 253 Abs. 2 Nr. 2 ZPO und des zugrundeliegenden materiellen Anspruchs überschreitet.[37] Aus sich selbst heraus nicht eindeutig auszulegende Anträge sind unter Berücksichtigung der Klagebegründung auszulegen.[38]

435 Zur Frage der **Bestimmtheit** des Unterlassungsantrags existiert umfangreiche Rechtsprechung, welche bei Abweichung der Antragsformulierung von der konkreten Verletzungsform stets berücksichtigt werden sollte.[39] Vor dem Hintergrund der mitunter restriktiven Rechtsprechung sollte der Anspruchsteller im Zweifel auf verallgemeinernde Formulierungen verzichten und sich strikt am Umfang des zugrundeliegenden materiellen Anspruchs orientieren.

436 Möglichkeiten der **Verallgemeinerung** können sich zB auf Werbemedien beziehen. Wenn der Schuldner irreführend in einem Zeitungsprospekt für seine Produkte wirbt, liegt es nahe, dass eine solche Werbung auch in anderen Medien, wie zB Illustrierten oder dem Internet, erfolgt. Der Anspruchsteller kann insoweit schlicht eine Formulierung wie „... es zu unterlassen, in der Werbung zu behaupten, ...“ verwenden.[40]

437 Ähnliches gilt hinsichtlich einer vorsichtigen Verallgemeinerung der beworbenen Produkte.[41] Auch hinsichtlich der Werbeaussage bzw der beanstandeten Handlung kann eine vorsichtige Verallgemeinerung unter Berücksichtigung des Bestimmtheitsgebotes in Betracht kommen. In jedem Fall genügt die Wiedergabe eines Gesetzeswortlauts zur Umschreibung der beanstandeten Verletzungshandlung den Erfordernissen in diesem Zusammenhang nicht.[42]

438 Teilweise werden verallgemeinernde Formulierungen in Unterlassungsanträgen mit wiederum einschränkenden Konkretisierungen versehen. Dies kann zB durch Zusätze wie „... so wie dies in der nachfolgend eingeblendeten Anzeige ... geschehen ist“ erfolgen.[43] In diesem Zusammenhang gelten einschränkende Zusätze wie etwa „... ähnlich wie ...“ oder „... sinngemäß ...“ jedoch als unbestimmt.

439 Das Gericht hat die **Sachdienlichkeit** und damit auch die Bestimmtheit des Antrages gem. § 139 Abs. 1 ZPO zu prüfen und gegenüber den Parteien auf die Stellung eines sachdienlichen Antrages hinzuwirken. Solche Hinweise sollten im Interesse des Anspruchstellers stets berücksichtigt und der Antrag entsprechend angepasst werden.

440 IÜ ist es üblich und zweckmäßig, den Unterlassungsantrag mit der **Androhung von Ordnungsmitteln** zu verbinden. Die Möglichkeit dazu ergibt sich aus § 890 Abs. 2 ZPO. Der

36 Vgl BGH – Sooo ... billig, GRUR 2002, 75.
37 Teplitzky, Wettbewerbsrechtliche Ansprüche und Verfahren, Kap. 51 Rn 4 ff.
38 BGH – Fachliche Empfehlung II, GRUR 1991, 930.
39 Im Einzelnen Harte/Henning/Brüning, UWG, vor § 12 Rn 91 mit div. Beispielen.
40 Vgl Speckmann, Wettbewerbsrecht, Rn 1620.
41 BGH – Telefonische Vorratsanfrage, GRUR 2002, 1095.
42 BGH – Gesetzeswiederholende Unterlassungsanträge, GRUR 2000, 440.
43 Speckmann, Wettbewerbsrecht, aaO, Rn 1628, 1629.

Wortlaut der Ordnungsmittelandrohung orientiert sich an § 890 Abs. 1 ZPO und könnte etwa wie folgt lauten:

Der Antragsgegnerin wird bei Meidung eines Ordnungsgeldes bis zu EUR 250.000,00, ersatzweise Ordnungshaft oder von Ordnungshaft bis zu sechs Monaten, diese jeweils zu vollziehen an den gesetzlichen Vertretern der Antragsgegnerin Herrn X und Y, für jede einzelne Zuwiderhandlung verboten, im geschäftlichen Verkehr zu behaupten ....

In der Praxis werden, auch wenn dies nicht erzwingend erforderlich ist, Anträge im Hinblick auf die Kosten des Rechtsstreits („Die Antragsgegnerin hat die Kosten des Verfahrens zu tragen.“) gestellt. Anträge in Bezug auf die vorläufige Vollstreckbarkeit sind für den Verfügungsantrag entbehrlich, da Beschlüsse oder Urteile, mit denen ein Arrest oder eine einstweilige Verfügung erlassen wird, ohne besonderen Ausspruch vorläufig vollstreckbar sind.[44] 441

Gem. der aktuellen Bestimmung des § 12 Abs. 3 UWG kann das Gericht der obsiegenden Partei die Befugnis zusprechen, das Urteil auf Kosten der unterliegenden Partei öffentlich bekannt zu machen, wenn sie ein berechtigtes Interesse dartut. Die Bestimmung soll zur Beseitigung von fortdauernden Beeinträchtigungen der obsiegenden Partei dienen. Der Anspruchsteller muss einen bestimmten Antrag stellen, in welcher Art und Weise das Urteil veröffentlicht werden soll. Ein „berechtigtes Interesse“ iS des § 12 Abs. 3 UWG setzt voraus, dass nach einer Abwägung der gegenseitigen Interessen die Veröffentlichung geeignet und erforderlich ist, um eine fortdauernde Störung zu beseitigen.[45] Dies ist u.a. nicht anzunehmen, falls noch keine Irreführung eingetreten ist oder dem Anspruchsgegner unter Berücksichtigung der Schwere des Wettbewerbsverstoßes durch die Veröffentlichung unverhältnismäßige Nachteile drohen würden. 442

III. Glaubhaftmachung

Gem. §§ 920 Abs. 2, 936 ZPO hat der Antragsteller den Verfügungsanspruch und Verfügungsgrund glaubhaft zu machen. Die Glaubhaftmachung, § 294 ZPO, bedeutet gegenüber dem ordentlichen Verfahren insofern eine Erleichterung für die Beteiligten und insbesondere den Antragsteller. Anstatt eines Vollbeweises muss das Gericht im Rahmen der Prüfung der Glaubhaftmachung auf der Grundlage freier Beweiswürdigung, § 286 ZPO, lediglich mit **Wahrscheinlichkeit** vom Bestehen der glaubhaft gemachten Tatsache ausgehen.[46] 443

Im Rahmen der Glaubhaftmachung gilt das Präsenzgebot. Nicht unmittelbar verfügbare Beweismittel kommen zur Glaubhaftmachung nicht in Betracht. Der Antragsteller muss die anspruchsbegründenden Voraussetzungen sowie den Verfügungsgrund mit **geeigneten Glaubhaftmachungsmitteln** belegen. Nach § 294 Abs. 2 ZPO muss die Glaubhaftmachung jeweils sofort möglich sein. Der Anspruchsteller kann insoweit alle üblichen sofort präsenten Beweismittel wie zB **Unterlagen, Sachverständigengutachten** oder **Produktmuster** zur Glaubhaftmachung nutzen. Zeugenaussagen kommen im Verfügungsverfahren nur durch präsente Zeugen im Rahmen der mündlichen Verhandlung in Betracht. 444

Eine wichtige Rolle für die Glaubhaftmachung im einstweiligen Verfügungsverfahren spielen eidesstattliche Versicherungen der Parteien oder etwaiger Zeugen, welche eine eigene 445

44 Vgl Thomas/Putzo/Putzo, ZPO, § 708 Rn 7.
45 Baumbach/Hefermehl/Köhler, Wettbewerbsrecht, § 12 UWG Rn 4.7.
46 BGHZ 156, 139.

Darstellung der glaubhaft zu machenden Tatsache beinhalten müssen.[47] Deswegen sollten eidesstattliche Versicherungen zum einen keine Darstellung vom Hörensagen beinhalten[48] und zum anderen keine Bezugnahmen auf Schriftsätze bzw sonstige Schreiben oder subjektive Wertungen des Erklärenden enthalten.[49]

446 Die eidesstattliche Versicherung sollte schriftlich abgefasst und vom Erklärenden unterzeichnet werden. Tatsachen, welche der Rechtsanwalt in dieser Eigenschaft selbst wahrgenommen hat, können unter Berufung auf anwaltliche Standespflichten „anwaltlich versichert" werden und stellen dann ein geeignetes Mittel zur Glaubhaftmachung dar.[50]

IV. Gerichtliche Zuständigkeit

447 Die in Betracht kommende gerichtliche Zuständigkeit wurde bereits vorstehend erörtert.[51] Gem. § 937 Abs. 1 ZPO ist das Gericht der Hauptsache für den Erlass einstweiliger Verfügungen zuständig. „Hauptsachegericht" in diesem Sinne ist auch das der negativen Feststellungsklage des Anspruchsgegners.[52]

V. Streitwert

448 Der Streitwert des Verfügungsverfahrens wird zunächst durch die **Wertangabe des Antragstellers** im Verfügungsantrag bestimmt. Zu den relevanten Bewertungsparametern für die Bemessung des Streitwerts wurde bereits unter Rn 448 Stellung genommen.[53] Der Anspruchsteller sollte sich bei der Bemessung des Streitwerts möglichst an anerkannten objektiven Bewertungskriterien und insbesondere der wirtschaftlichen Bedeutung der Angelegenheit für ihn selbst orientieren. Das Interesse des Anspruchsgegners ist für die Bemessung des Streitwerts irrelevant.[54] Es ist einzuräumen, dass die Bewertung des Streitwerts in der Praxis häufig schwierig erscheint, weswegen mitunter recht grob unter Berücksichtigung der Interessen des Antragstellers und des wirtschaftlichen Werts der Angelegenheit geschätzt wird.

449 Teilweise werden seitens der Rechtsprechung auch in gewissem Umfang **Regelstreitwerte** zugrunde gelegt.[55] Das Gericht wird, sofern der durch den Antragsteller angegebene Streitwert nicht offensichtlich verfehlt erscheint oder der Antragsgegner sachliche Gründe für abweichende Bewertung des Streitwerts anführt, die Wertbestimmung des Antragstellers idR akzeptieren. Letztlich hat das Gericht den Streitwert des Verfahrens nach § 3 ZPO festzusetzen.

VI. Dringlichkeit

450 Ein Antrag auf Erlass einer einstweiligen Verfügung setzt neben dem Verfügungsanspruch auch die objektive **Eilbedürftigkeit** der Angelegenheit für den Antragsteller, § 935 ZPO, den sog. Verfügungsgrund, voraus. Die Frage der Dringlichkeit ist Prozessvorausset-

---

47 BGH NJW 2003, 3558.
48 BGH, NJW 2004, 3492.
49 Zöller/Greger, ZPO, § 294 Rn 4.
50 Zöller/Greger, ZPO, § 294 Rn 5.
51 Siehe oben Rn 447.
52 Zöller/Greger, ZPO, § 937 Rn 1 mwN.
53 Vgl iÜ Ahrens/Berneke, Wettbewerbsprozess, Kap. 40 Rn 18 ff.
54 BGH GRUR 1990, 1053.
55 Ahrens/Berneke, Wettbewerbsprozess, Kap. 40 Rn 47 f.

zung[56] und insoweit von Amts wegen vom Gericht zu prüfen. Der Antragsteller sollte stets berücksichtigen, dass die gerichtliche Praxis zur Beurteilung der Dringlichkeitsfristen in den jeweiligen Oberlandesgerichtsbezirken deutlich differiert.

Neben dem allgemeinen Rechtschutzbedürfnis stellt der Verfügungsgrund eine besondere Form des Rechtschutzbedürfnisses dar. Dieses besteht nur dann, wenn der Erlass einer einstweiligen Verfügung zB zur Abwendung wesentlicher Nachteile oder aus anderen Gründen, zB wegen drohender Schäden, notwendig ist.[57] Der Anspruchsteller muss den Verfügungsgrund grundsätzlich glaubhaft machen. Er muss dementsprechend im Rahmen des Verfügungsantrages substantiiert darlegen, dass er auf die gerichtliche Eilmaßnahme angewiesen ist und muss dies, zB durch Vorlage einer eidesstattlichen Versicherung, auch glaubhaft machen. 451

Diese Anforderungen gelten nicht für Unterlassungsansprüche im Rahmen des § 12 Abs. 2 UWG. Danach können einstweilige Verfügungen in Bezug auf Unterlassungsansprüche, nicht jedoch Beseitigungs- oder sonstige Ansprüche, nach den Bestimmungen des UWG auch ohne die Darlegung und Glaubhaftmachung des Verfügungsgrundes, §§ 935, 940 ZPO, erlassen werden. Aufgrund dieser Dringlichkeitsvermutung bleibt für das Gericht unter Berücksichtigung des eigenen Vortrages des Antragstellers lediglich zu prüfen, ob die Vermutung der Dringlichkeit durch längeres Zuwarten des Antragstellers widerlegt wird.[58] 452

Das setzt voraus, dass der Antragsteller in Kenntnis der den Verstoß begründenden Tatsachen sowie der Person des Verletzers keine gerichtlichen Maßnahmen ergreift. Insoweit ist positive Kenntnis oder grobfahrlässige Unkenntnis[59] des Anspruchstellers notwendig. Eine fahrlässige Unkenntnis genügt nicht. Bei der Frage, wann solche Kenntnis besteht, wird sich insbesondere in Unternehmen häufig die Frage nach der Zurechnung positiver Kenntnis von bestimmten Personen auf das Unternehmen stellen. Dies wird bei Vertretern von Organen einer juristischen Person oder Personengesellschaft anzunehmen sein. Darüber hinaus kommt eine Wissenszurechnung gem. dem Prinzip der sog. „Wissensvertreter" in Betracht. Dazu gehören u.a. Personen, die aufgrund ihrer eigenverantwortlichen Position innerhalb des Unternehmens befugt sind, über Maßnahmen gegen Wettbewerbsverstöße zu entscheiden.[60] Dies könnte in der Praxis zB den Marketingleiter des Unternehmens, der auch über Abmahnungen mitentscheidet oder zuständige Mitarbeiter in der Rechtsabteilung des Unternehmens betreffen. Die Kenntnisse außenstehender Dritter, wie zB dem mit der Sachverhaltsaufklärung beauftragten Anwalt, sind nur maßgeblich, wenn diese ausdrücklich als Wissensvertreter vom Unternehmen bestellt wurden.[61] 453

Eine besondere Problematik im Rahmen eines Verfügungsantrages ergibt sich durch die Frage, wann der Antrag nicht mehr dringlich ist und der Verfügungsgrund damit entfällt. Insoweit sind mangels des Bestehens eines fixen Zeitraumes die Umstände des Einzelfalles maßgeblich. In diesem Zusammenhang ist u.a. auf Art und Umfang des Verstoßes, notwendige Recherchen des Anspruchstellers und die Reaktion des Anspruchsgegners abzu- 454

56 Ahrens/Schmukle, Wettbewerbsprozess, Kap. 45 Rn 1.
57 Zöller/Vollkommer, ZPO, § 940 Rn 4; Hk-ZPO/Kemper, § 940 Rn. 8.
58 Harte/Henning/Brüning, UWG, § 12 Rn 304 ff.
59 Ahrens/Schmukle, Wettbewerbsprozess, Kap. 45 Rn 19.
60 Harte/Henning/Brüning, UWG, § 12 Rn 313 mwN.
61 Vgl BGH GRUR 1998, 138.

stellen.[62] Bedauerlicherweise existiert keine einheitliche Rechtsprechung zur Frage bestimmter Regelfristen für den Ablauf der Dringlichkeit.

455 De facto bestehen erhebliche Unterschiede in der Beurteilung der Regeldringlichkeitsfrist, welche der Antragsteller unbedingt berücksichtigen sollte. Eine strenge Auffassung vertreten die OLG München,[63] Hamm,[64] Jena und Nürnberg. Diese Gerichte gehen von einer Widerlegung der Dringlichkeitsvermutung aus, wenn der Anspruchsteller länger als einen Monat seit Kenntnis von einem Verstoß mit der Stellung eines Verfügungsantrags zuwartet, ohne dass besondere Umstände für eine Verlängerung dieser Frist vorliegen. Das OLG Köln geht insoweit von einer Frist von fünf Wochen aus.[65] Das OLG Saarbrücken hält eine Regelfrist von mehr als 7 Wochen in einfach gelagerten Fällen für zu lang.[66] Das OLG Düsseldorf legt eine Obergrenze von zwei Monaten zugrunde.[67] Eine Regelfrist von drei Monaten halten die OLG Koblenz, Rostock und Schleswig noch für gerechtfertigt. Noch großzügiger zeigen sich die OLG Hamburg und Brandenburg. Diese lehnen unter Verweisung auf die Maßgeblichkeit der Umstände des Einzelfalls eine feste Regelgrenze unterhalb von sechs Monaten ab.[68] Eine Übersicht der außerordentlich umfangreichen Rechtsprechung zur Frage der Dringlichkeitsfristen findet sich u.a. bei Harte/Henning.[69]

456 Ergeben sich für den Anspruchsteller mehrere Gerichtsstände im Bereich verschiedener Oberlandesgerichtsbezirke, mag in einem Fall der Verfügungsgrund bereits entfallen sein, während dieser im anderen Oberlandesgerichtsbezirk noch bejaht wird. Gleichwohl sollte auch bei Wahl eines Gerichts mit „großzügigerer" Dringlichkeitsfrist nicht unnötig mit der Einreichung eines Verfügungsantrages zugewartet werden.

457 Für Verbände oder sonstige Anspruchsberechtigte iS des § 8 Abs. 3 Nr. 2-4 UWG gelten entsprechende Dringlichkeitsfristen.[70]

VII. Einstweilige Verfügung

458 Wie bereits dargelegt, ist eine **Kammer für Handelssachen** beim angerufenen Landgericht für die Entscheidung über den Erlass einer einstweiligen Verfügung zuständig. IdR wird aufgrund der besonderen Dringlichkeit der **Vorsitzende** der Kammer allein entscheiden, § 944 ZPO.

459 Bereits mit Einreichung des Antrags auf eine einstweilige Verfügung wird die **Rechtshängigkeit** beim angerufenen Gericht begründet.[71] Die Einreichung des Verfügungsantrages führt nach § 204 Abs. 1 Nr. 9 BGB zur Hemmung der Verjährung.

460 Der Antragsteller kann seinen Verfügungsantrag einseitig ohne Beteiligung des Antragsgegners bis zu einem bestimmten Zeitpunkt im Verfahren zurücknehmen. Im Beschlussverfahren ist dies bis zum Erlass einer einstweiligen Verfügung ganz oder teilweise möglich. Im Urteilsverfahren kann der Antragsteller seinen Verfügungsantrag bis zum Zeitpunkt der Antragsstellung in der mündlichen Verhandlung einseitig zurücknehmen.[72] Weist das Ge-

62 OLG Köln GRUR 1993, 567.
63 ZB GRUR 1992, 328; WRP 2008, 976.
64 „IdR 1 Monat" – vgl OLG Hamm, GRUR 1993, 855.
65 OLG Köln GRUR 2000, 167.
66 OLG Saarbrücken GRUR-RR 2001, 71.
67 OLG Düsseldorf GRUR 2006, 785.
68 Vgl Ahrens/Schmukle, Wettbewerbsprozess, Kap. 45 Rn 41, 42 mwN.
69 Harte/Henning/Retzer, UWG, Anhang zu § 12.
70 Zu Verbänden vgl OLG München GRUR 1980, 330.
71 Vgl zB OLG Hamm NJW 1978, 58.
72 Ahrens/Jestaedt, Wettbewerbsprozess, Kap. 49 Rn 15.

richt den Verfügungsantrag durch Beschluss zurück, kommt für den Antragsteller das Rechtsmittel der sofortigen Beschwerde, § 567Abs. 1 Nr. 2 ZPO, in Betracht.

Das Gericht kann entweder dem Antrag in vollem Umfang oder teilweise durch Beschluss stattgeben, dem Antragsgegner Gelegenheit zur schriftlichen Stellungnahme geben, Termin zur mündlichen Verhandlung bestimmen oder den Verfügungsantrag durch Beschluss ablehnen.[73] Das Gericht entscheidet gem. § 937 Abs. 2 ZPO nach pflichtgemäßem Ermessen. Allein der Umstand, dass der Anspruchsgegner zuvor eine Schutzschrift eingereicht hat, schließt den Erlass einer einstweiligen Verfügung durch Beschluss keineswegs zwingend aus. 461

1. Inhalt

Nach dem Rubrum beinhaltet die einstweilige Verfügung neben der Unterlassungs-, Beseitigungs-, Leistungs- oder sonstigen Verfügung eine Entscheidung über die Kosten des Verfahrens, eine Entscheidung über den Streitwert und möglicherweise weitere Anordnungen wie zB die Bindung der Wirksamkeit der Zustellung an die gleichzeitige Übersendung des Verfügungsantrages vom Anspruchsteller an den Antragsgegner. 462

Eine **Begründung** der einstweiligen Verfügung findet nur statt, wenn dem Antrag nicht in vollem Umfang stattgegeben wird. Die Kostenentscheidung im Rahmen einer Beschlussverfügung des Gerichts richtet sich nach dem jeweiligen Umfang des Obsiegens bzw Unterliegens der Parteien, §§ 91 ff ZPO. 463

Die einstweilige Verfügung ist grundsätzlich **ohne Sicherheitsleistung** vorläufig vollstreckbar. Allerdings kann das Gericht gem. §§ 936, 921 S. 2 ZPO in besonderen Fällen, zB bei einem signifikanten drohenden Schaden des Anspruchsgegners oder bei Bedenken in Bezug auf die Glaubhaftmachung des Antragstellers, die Anordnung der einstweiligen Verfügung oder – wohl zweckmäßiger – deren Vollziehung von der Beibringung einer angemessenen Sicherheitsleistung abhängig machen.[74] 464

2. Zustellung

Das Gericht hat dem Antragsteller die seinem Antrag ganz oder teilweise entsprechende einstweilige Verfügung in Form einer Ausfertigung zuzustellen. Im Interesse der Beschleunigung der Zustellung kann sich ein im Verfügungsantrag enthaltener Hinweis des Antragstellers, womit er im Falle des Erlasses der einstweiligen Verfügung um telefonische Benachrichtigung bittet, als hilfreich erweisen. Nach einer solchen Benachrichtigung kann der Antragsteller die Verfügung bei Gericht **selbst abholen** und möglicherweise **schneller zustellen.** 465

Wie sich aus den §§ 936, 929 Abs. 2 ZPO ergibt, bedarf eine einstweilige Verfügung zu ihrer Wirksamkeit der Vollziehung. Der Antragsteller kann entscheiden, ob und wann er die einstweilige Verfügung vollzieht. Eine nicht sofortige Vollziehung wird indes nur in Ausnahmesituationen, zB wenn ein rascher Vergleich erstrebt wird oder der Antragsteller eine einstweilige Verfügung ohne vorherige Abmahnung erwirkte, für den Antragsteller in Betracht kommen. Die Vollziehung der einstweiligen Verfügung muss gem. § 929 Abs. 2 ZPO innerhalb eines Monats nach erfolgter Zustellung der einstweiligen Verfügung an den 466

73 Hefermehl/Köhler/Bornkamm, Wettbewerbsrecht, § 12 UWG Rn 3.23, 3.24.
74 Zöller/Vollkommer, ZPO, § 921 Rn 4.

Antragsteller[75] erfolgen. Allein die formlose Aushändigung der Verfügung an den Antragsteller setzt diese Frist nicht in Lauf.[76] Der Antragsteller hat darauf zu achten, dass die von ihm zuzustellende Ausfertigung der einstweiligen Verfügung gem. § 317 Abs. 3 ZPO einen ordnungsgemäßen Vermerk über die Ausfertigung enthält und vollständig an den Antragsgegner zugestellt wird. Hat das Gericht für die Vollziehung die Zustellung weiterer Unterlagen wie dem Verfügungsantrag angeordnet, sind auch diese im Interesse der wirksamen Vollziehung vollständig mit zuzustellen.

467 Die Zustellung erfolgt grundsätzlich im **Parteibetrieb** und ist Sache des Antragstellers. IdR erfolgt die Zustellung durch entsprechenden Zustellungsauftrag an den Gerichtsvollzieher, § 192 ZPO, der das Dokument dann zustellt. Der zuständige Gerichtsvollzieher für den Sitz bzw Wohnsitz des Antragsgegners lässt sich über die, idR beim Amtsgericht im Bezirk des Anspruchstellers angesiedelte, Gerichtsvollzieher-Verteilerstelle identifizieren. Der Zustellungsauftrag kann an die zuständige Verteilerstelle oder aber unmittelbar an den für die Ausführung verantwortlichen Gerichtsvollzieher gerichtet werden.

468 Ein Muster für einen Zustellungsauftrag in Bezug auf eine einstweilige Verfügung an einen Gerichtsvollzieher ist unter Rn 679 beigefügt.

469 Eine besondere Situation ergibt sich in den Fällen, in denen sich für das Verfügungsverfahren bereits ein Prozessbevollmächtigter bestellt hat, § 172 ZPO. Das kann bereits in der vorprozessualen Korrespondenz durch eine entsprechende Erklärung wie zB

Hiermit zeigen wir die anwaltschaftliche Vertretung der Firma X in obiger Angelegenheit an. Eine entsprechende Prozessvollmacht ist beigefügt.

erfolgen.[77] Bestellt sich ein anwaltlicher Vertreter allein für das Abmahnverfahren, kommt die Zustellung der einstweiligen Verfügung an den anwaltlichen Vertreter nicht in Betracht.[78] Dies ist aus der Sicht des Anspruchsgegners insoweit sinnvoll, als die Zustellung an den anwaltlichen Vertreter zumeist deutlich weniger Zeit beansprucht.

470 Hat sich ein anwaltlicher Vertreter des Antragsgegners auch für das Gerichtsverfahren bestellt, erfolgt die Zustellung von Anwalt zu Anwalt gem. § 195 ZPO. Sie kann, wie sich aus dem Verweis auf § 174 Abs. 2 ZPO ergibt, sogar per Telefax erfolgen.

471 Versäumt der Antragsteller die rechtzeitige ordnungsgemäße Vollziehung der einstweiligen Verfügung, wird diese unheilbar unwirksam.[79] In diesem Fall kann der Antragsgegner die Verfügung mit einem Antrag nach § 927 ZPO unschwer aufheben und dem Antragsteller sämtliche Kosten des Verfahren auferlegen lassen.

472 Der Antragsteller sollte ferner berücksichtigen, dass bei jeder wesentlichen inhaltlichen Änderung der einstweiligen Verfügung eine erneute Vollziehung erfolgen muss.[80]

VIII. Widerspruch, § 924 ZPO

473 Der Antragsgegner hat verschiedene Möglichkeiten, sich gegen die einstweilige Verfügung zu verteidigen. Er kann, wenn die Hauptsache noch nicht anhängig ist, einen Antrag auf

75 Harte/Henning/Brüning, UWG, § 12 Rn 516.
76 Zöller/Vollkommer, ZPO, § 929 Rn 5.
77 Vgl das Vollmachtsmuster unter Rn 365.
78 Vgl zB OLG Hamm GRUR 1998, 175.
79 Teplitzky, Wettbewerbsrechtliche Ansprüche und Verfahren, Kap. 55 Rn 50.
80 OLG Hamm GRUR 1989, 931.

Erhebung einer Hauptsacheklage, § 926 ZPO stellen,[81] oder gem. § 927 ZPO einen Antrag auf Aufhebung der einstweiligen Verfügung wegen veränderter Umstände stellen.[82]

Entscheidet er sich dazu, sich im Verfügungsverfahren gegen die im Beschlusswege ergangene einstweilige Verfügung zu verteidigen, kommt ein Widerspruch, §§ 936, 924 ZPO, in Betracht. 474

1. Antrag

Ein Widerspruch setzt einen bestimmten Antrag voraus.[83] Der Widerspruchsantrag bezieht sich, wenn unter Berücksichtigung des Streitgegenstands auch keine Teilanerkennung in Betracht kommt, auf die **Aufhebung** der genau zu bezeichnenden einstweiligen Verfügung und auf die Zurückweisung des Antrages auf einstweilige Verfügung. Ein Widerspruch kann sich inhaltlich u.a. auch auf den Anspruch auf Gewährung einer Aufbrauchfrist zugunsten des Antragsgegners beziehen.[84] Ein Widerspruch soll bereits vor Zustellung einer einstweiligen Verfügung im Parteibetrieb zulässig sein.[85] 475

Grundsätzlich unterliegt ein Widerspruch keiner Frist, sondern lediglich dem **Verwirkungseinwand**. Er ist auch noch Monate nach Zustellung der einstweiligen Verfügung zulässig. Sachlich zuständig für den Widerspruch ist das Gericht, welches die Beschlussverfügung erlassen hat. Dies gilt nicht, wenn die einstweilige Verfügung erst nach Beschwerde vom übergeordneten Oberlandesgericht erlassen wurde. Dann ist, um dem Widersprechenden die Instanz nicht zu nehmen, der Widerspruch gleichwohl beim zuständigen untergeordneten Landgericht, einzulegen.[86] 476

Für die Einlegung des Widerspruchs besteht, anders als für die Einreichung des Antrages auf Erlass der einstweiligen Verfügung, **Anwaltszwang**. Die Einlegung eines Widerspruchs hemmt die Wirkung der vollzogenen einstweiligen Verfügung nicht. Der Widersprechende hat das Unterlassungsgebot weiter zu beachten. 477

Ein Antrag auf vorläufige Einstellung der Zwangsvollstreckung aus der einstweiligen Verfügung, §§ 936, 924 Abs. 3 ZPO, dürfte in der Praxis nur in besonderen Ausnahmeszenarien Erfolg versprechen.[87] Er setzt hinreichende Erfolgsaussichten in der Sache sowie gem. § 707 Abs. 1 ZPO in aller Regel eine Sicherheitsleistung voraus. Bei der Abwägung der wirtschaftlichen Interessen haben im Zweifel die Interessen des Gläubigers Vorrang.[88] 478

2. Notwendiger Inhalt

Aus der Bestimmung des § 924 Abs. 2 ZPO ergibt sich, dass der Antragsgegner im Widerspruch die Gründe darzulegen hat, die eine Aufhebung der einstweiligen Verfügung rechtfertigen sollen. Der Antragsgegner sollte deshalb bereits im Rahmen des Widerspruchsschriftsatzes substantiiert die relevanten Gründe für die Aufhebung der einstweiligen Verfügung vortragen und glaubhaft machen. Ein Widerspruchsmuster findet sich unter Rn 626. 479

---

81 Vgl das Muster unter Rn 628.
82 Vgl das Muster unter Rn 629.
83 Vgl zur Formulierung eines Widerspruchs Sänger/Ullrich/Siebert/Jäckel, ZPO, § 924 Rn 2-14.
84 Hefermehl/Köhler/Bornkamm, Wettbewerbsrecht, § 12 Rn 3.42.
85 Harte/Henning/Brüning, UWG, § 12 Rn 467 mwN.
86 Zöller/Vollkommer, ZPO, § 924 ZPO Rn 6 mwN.
87 Zöller/Vollkommer, ZPO, § 924 Rn 13 mwN.
88 Zöller/Stöber/Herget, ZPO, § 707 Rn 10.

3. Kostenwiderspruch

480 In bestimmten Fällen, in denen der Antragsgegner den mit der Verfügung titulierten Hauptanspruch nicht erfolgversprechend angreifen kann, kommt gleichwohl ein Kostenwiderspruch in Betracht.

481 Die Möglichkeit eines Kostenwiderspruchs wird von Rechtsprechung und Lehre allgemein anerkannt[89] und verspricht u.a. Erfolg, wenn der Antragsteller den Schuldner nicht abgemahnt hat, obwohl ihm dies zuzumuten gewesen wäre oder er schuldhaft die ordnungsgemäße Übermittlung der Abmahnung, zB durch Versendung an eine alte Adresse des Schuldners, vereitelt hat. Inhaltlich sollte sich der Antrag des Schuldners in diesem Fall darauf beziehen, die bisherige Kostenentscheidung in der einstweiligen Verfügung abzuändern und die Kosten des Verfahrens dem Antragsteller aufzuerlegen.

482 Ein Muster eines Kostenwiderspruchs findet sich unter Rn 627.

483 Darüber hinaus empfiehlt es sich in diesem Zusammenhang anzukündigen, dass die einstweilige Verfügung als endgültige und verbindliche Regelung anerkannt wird und der Antragsgegner auf das Recht zum Widerspruch, § 924 ZPO, sowie die Rechte aus § 926 ZPO zum Antrag auf Erhebung einer Hauptsacheklage und § 927 ZPO zum Antrag auf Aufhebung wegen veränderter Umstände verzichtet. Der Verzicht auf die Rechte aus § 927 ZPO sollte aus Sicht des Verpflichteten auf diejenigen Einwendungen beschränkt werden, welche zum Zeitpunkt der Zustellung der Beschlussverfügung bereits bestanden.[90]

484 Anstelle eines Kostenwiderspruchs kann der Schuldner auch ebenso vor oder gleichzeitig mit dem Widerspruch eine strafbewehrte Unterlassungserklärung abgeben. Die Hauptsache ist dann vom Anspruchsteller für erledigt zu erklären. Hat der Antragsgegner keinen Anlass zur Klageerhebung gegeben, kommt die Kostenfolge des § 93 ZPO in Betracht.[91]

IX. Mündliche Verhandlung

485 Nach Eingang eines Widerspruchs wird das zuständige Gericht unter Berücksichtigung der Ladungsfristen, § 217 ZPO, und des Beschleunigungsgrundsatzes im Verfügungsverfahren unverzüglich Termin zur mündlichen Verhandlung bestimmen, § 924 Abs. 2 S. 2 ZPO.

486 Das Gericht kann sich iÜ auch nach Eingang eines Verfügungsantrages dazu entscheiden, einen Termin zur mündlichen Verhandlung anzuberaumen. Im Rahmen einer mündlichen Verhandlung soll nach einer Auffassung der Literatur[92] auch dann entschieden werden, wenn durch die aufgrund einer mündlichen Verhandlung eintretende Zeitverzögerung das Rechtsschutzziel des Antragstellers nicht verfehlt oder gar vereitelt würde.

487 Das summarische Verfahren und die mündliche Verhandlung werden durch die umfassend anwendbare Beschleunigungsmaxime geprägt. Deswegen gelten die Verfahrensvorschriften der §§ 272 ff ZPO zur Bestimmung der Verfahrensart und Ladung der Parteien nicht. Für das Verfügungsverfahren kann sich das Gericht gem. den §§ 936, 920 ZPO auf die Feststellung einer überwiegenden Wahrscheinlichkeit für das Vorhandensein der im Wege der Glaubhaftmachung dargelegten entscheidungsrelevanten Umstände beschränken. Es bedarf keines Vollbeweises. Mittel des Vollbeweises sind jedoch nicht ausgeschlossen, soweit diese, wie zB ein anwesender Zeuge, im Termin präsent sind.

89 Ahrens/Scharen, Wettbewerbsprozess, Kap. 51 Rn 55 f.
90 Vgl Speckmann, Wettbewerbsrecht, Rn 2790.
91 OLG Köln GRUR 1990, 310.
92 Ahrens/Bähr, Wettbewerbsprozess, Kap. 52 Rn 1 mwN.

Ein Risiko des Verfügungsverfahrens und insbesondere der mündlichen Verhandlung in einem Verfügungsverfahren besteht darin, dass beide Parteien bis zum Schluss der mündlichen Verhandlung noch weitere Tatsachen und präsente Glaubhaftmachungsmittel vorbringen können. Die Parteien sollten sich dementsprechend wappnen. Eine Grenze für neue Angriffs- und Verteidigungsmittel ergibt sich lediglich in den durch Rechtsmissbrauch gezogenen Grenzen.[93] Die Bestimmung des § 296 ZPO ist nicht anwendbar. Allerdings kann das Gericht im Interesse der Gewährung angemessenen rechtlichen Gehörs, Art. 103 Abs. 1 GG, auch eine sehr kurzfristige Vertagung anordnen.[94] 488

Um in der mündlichen Verhandlung unmittelbar auf neue Fakten und Glaubhaftmachungsmittel reagieren zu können, sollten die Parteien die Anwesenheit sachkundiger Mitarbeiter im Termin sicherstellen. 489

X. Urteil

Das Gericht entscheidet idR unmittelbar nach Durchführung der mündlichen Verhandlung durch Urteil, § 300 ZPO. Insoweit wird das Gericht auf der Grundlage des gesamten Vortrages der Parteien bis zum Schluss der mündlichen Verhandlung eine Entscheidung, idR ein Stuhlurteil, § 310 ZPO, treffen. 490

Weist das Gericht den Widerspruch zurück, lautet die Tenorierung, dass die einstweilige Verfügung bestätigt wird. Entscheidet das Gericht nach dem Widerspruch, hebt es die einstweilige Verfügung auf und weist den zugrundeliegenden Verfügungsantrag zurück. Abhängig von den Umständen des Einzelfalles kann ebenso eine Teilzusprechung bzw Teilzurückweisung der streitgegenständlichen Ansprüche erfolgen. 491

Ergibt sich, dass das Urteil Schreibfehler oÄ enthält, Fehler im Tatbestand vorhanden sind oder bestimmte geltend gemachte Ansprüche nicht abgeurteilt wurden, kommen für die beschwerte Partei **Berichtigungs- bzw Ergänzungsanträge** nach den §§ 319-321 ZPO in Betracht.[95] 492

Wurde im Vorhinein noch keine einstweilige Verfügung erlassen, tituliert das Gericht den Anspruch nach allgemeinen Regeln unter Berücksichtigung der Antragsformulierung der Parteien und des Bestimmtheitsgrundsatzes. Die Frage der Vollstreckbarkeit des Titels richtet sich nach den §§ 708 ff ZPO. Ein anspruchszusprechendes Urteil ist ebenso ohne Sicherheitsleistung vorläufig vollstreckbar wie ein Urteil, mit dem geltend gemachte Ansprüche zurückgewiesen werden. 493

Die unterliegende Partei muss ein im Termin verkündetes anspruchszusprechendes Urteil aufgrund der in der einstweiligen Verfügung idR enthaltenen Ordnungsmittelandrohung unmittelbar befolgen. Anträge auf eine einstweilige Einstellung der Zwangsvollstreckung, §§ 707 ZPO oder – nach Einreichung eines Rechtsmittels – § 719 ZPO, versprechen nur in besonderen Ausnahmesituationen Erfolg.[96] 494

XI. Berufung und Beschwerde

Für die Anfechtung eines Urteils oder eines Beschlusses durch die in einem einstweiligen Verfügungsverfahren beschwerte Partei kommen die Rechtsmittel der Berufung, § 511 ZPO, sowie sofortigen Beschwerde, § 567 ZPO, in Betracht. Zuständig ist das dem erken- 495

93 Zöller/Vollkommer, ZPO, § 922 Rn 15.
94 Hefermehl/Köhler/Bornkamm, Wettbewerbsrecht, § 12 Rn 3.26 mwN.
95 Dazu näher Rn 586.
96 Vgl Rn 669 ff, sowie Hk-ZPO/Kindl, § 707 Rn. 5.

nenden erstinstanzlichen Gericht jeweils übergeordnete Berufungsgericht bzw Beschwerdegericht, §§ 72, 119 GVG.

1. Berufung

496 Das Berufungsverfahren im einstweiligen Rechtsschutz unterliegt ebenso wie das erstinstanzliche Verfahren den Bestimmungen der §§ 936, 920, 294 ZPO und ist summarischer Natur. Die Berufung zum sachlich zuständigen übergeordneten Oberlandesgericht ist statthaft gegen Endurteile, § 300 ZPO, der erstinstanzlich in Wettbewerbsstreitigkeiten zuständigen Landgerichte, § 13 Abs. 1 UWG.

497 Ein Muster einer Berufung und Berufungsbegründung im einstweiligen Verfügungsverfahren ist unter Rn 632 enthalten.

498 Für die Form und Frist der Berufung gelten allgemeine zivilprozessuale Regeln, §§ 517, 519 ZPO. Die Berufungsfrist ist eine Notfrist und beträgt nach § 517 ZPO einen Monat nach wirksamer Amtszustellung des vollständigen Urteils. Fehlt es an einer wirksamen Zustellung, läuft diese Frist spätestens mit dem Ablauf von 5 Monaten nach Verkündung des Urteils ab.[97]

499 Mit der Berufung können falsche oder unzweckmäßige Verbotsbegehren, welche erstinstanzlich zurückgewiesen wurden, nicht korrigiert werden.[98] Aufgrund der Reformen des Zivilprozessrechts ergeben sich auch für die Berufung im einstweiligen Rechtsschutz signifikante Beschränkungen des Prüfungsumfangs für das Berufungsgericht. Dazu zählt insbesondere die Bestimmung des § 529 ZPO, nach welchem neue Tatsachen nur zu prüfen sind, soweit deren Berücksichtigung zulässig ist.[99] IÜ entscheidet das Berufungsgericht auf der Basis der erstinstanzlich festgestellten Tatsachen, soweit nicht konkrete Zweifel an der Richtigkeit und Vollständigkeit der erstinstanzlichen Tatsachenfeststellung bestehen.[100]

500 In Bezug auf neue Angriffs- und Verteidigungsmittel, deren Zulässigkeit nach den §§ 530, 531 ZPO zu beurteilen ist, haben die Parteien insbesondere die Bestimmung des § 531 Abs. 2 ZPO zu berücksichtigen. Danach sind u.a. neue Angriffs- und Verteidigungsmittel, die im ersten Rechtszug nicht geltend gemacht wurden, nur zuzulassen, wenn dies nicht auf Nachlässigkeit einer Partei beruht, § 531 Abs. 2 Nr. 3 ZPO. Nachlässigkeit ist anzunehmen, wenn eine Partei fahrlässig einen bestimmten Tatsachenvortrag in erster Instanz entgegen ihrer Prozessförderungspflichten, § 282 ZPO, unterlassen hat. Bereits einfache Fahrlässigkeit soll zur Annahme von Nachlässigkeit genügen.[101] Ob in einstweiligen Verfügungsverfahren geringere Anforderungen an die Zulassung von neuem Vortrag zu stellen sind,[102] ist angesichts des Wortlauts der Bestimmung fraglich. Im Hinblick auf das Risiko der Nichtzulassung ist vor der Zurückhaltung von Vortrag bis in die Berufungsinstanz aus taktischen Erwägungen zu warnen.[103]

501 Jedenfalls können im Berufungsverfahren Tatsachen, die sich nach Schluss der mündlichen Verhandlung in erster Instanz ereignet haben, vorgebracht werden. Zur Vermeidung einer etwaigen Zurückweisung neuen Vorbringens in der Berufungsinstanz sollten die Parteien

97 Dazu Thomas/Putzo/Reichold, ZPO, § 517 Rn 4.
98 Ahrens/Bähr, Wettbewerbsprozess, Kap. 29 Rn 2 mwN.
99 Vgl OLG Hamburg – Bryan Adams, GRUR 2003, 136.
100 Vgl BGH, NJW 2003, 3480.
101 Zöller/Heßler, ZPO, § 531 Rn 30 f.
102 So OLG Hamburg GRUR-RR 2003, 135.
103 BGH VersR 2007, 373.

die Gründe für ein Nichtvorbringen dieses Vortrags in erster Instanz ebenfalls substantiiert darlegen.

Auch in wettbewerbsrechtlichen Berufungsverfahren des einstweiligen Rechtschutzes wird die Berufungsbegründung teilweise erst mit einem separaten Schriftsatz nach der Berufungseinlegung eingereicht. Die Möglichkeit dazu ergibt sich aus der Bestimmung des § 520 ZPO. Gem. § 520 Abs. 2 ZPO ist die Berufung innerhalb einer Frist von 2 Monaten nach Zustellung des Ersturteils zu begründen. § 520 Abs. 2 S. 2 und 3 ZPO schaffen die Möglichkeit einer Verlängerung dieser Begründungsfrist. Derartige Verlängerungen sollten jedoch in einstweiligen Verfügungsverfahren ohne besondere Gründe vom Antragsteller grundsätzlich nicht in Anspruch genommen werden, da diese uU den Vorwurf einer Verzögerung des Verfahrens und damit das Risiko der Widerlegung der Dringlichkeit, § 12 Abs. 2 UWG, rechtfertigen können.[104] Der in erster Instanz unterlegene Antragsteller sollte das Verfahren auch in zweiter Instanz zügig weiterführen. 502

Das Berufungsgericht ist gehalten, nach Eingang der Berufungsbegründung in Verfügungsverfahren, umgehend einen Termin zur mündlichen Verhandlung bestimmen. Entsprechende Terminszeiten für Rechtsmittelverhandlungen in Angelegenheiten des einstweiligen Rechtschutzes werden von den OLG allgemein vorgehalten. 503

Das Berufungsgericht kann die Berufung noch vor einer mündlichen Verhandlung durch Beschluss zurückweisen, wenn es den Parteien zuvor Gelegenheit zu einer Stellungnahme gegeben hat und die Berufung nach Auffassung des Gerichts keine Aussicht auf Erfolg hat, keine grundsätzliche Bedeutung hat und die Durchführung des Berufungsverfahrens zur Fortbildung des Rechts oder Sicherung einer einheitlichen Rechtsprechung nicht erforderlich ist, § 522 Abs. 2 ZPO.[105] 504

IÜ entscheidet das Gericht nach Durchführung einer mündlichen Verhandlung durch Berufungsurteil, § 540 ZPO. Ein Berufungsurteil im einstweiligen Verfügungsverfahren ist nicht revisionsfähig, § 542 Abs. 2 ZPO. 505

2. Beschwerde

Hat das erstinstanzlich angerufene Landgericht einen Antrag auf Erlass einer einstweiligen Verfügung durch Beschluss zurückgewiesen, kommt als Rechtsmittel nicht eine Berufung, sondern die sofortige Beschwerde, § 567 ZPO, des beschwerten Antragstellers in Betracht. Form und Frist der Beschwerde richten sich nach § 569 ZPO. Danach ist die Beschwerde binnen einer Notfrist von zwei Wochen nach Zustellung der Entscheidung durch Einreichung eines Beschwerdeschriftsatzes bei dem Gericht, welches die beanstandete Entscheidung erlassen hat, einzureichen. Sie sollte eine hinreichende Begründung und ggf auch etwaige neue Angriffs- und Verteidigungsmittel beinhalten, § 571 Abs. 1, Abs. 2 ZPO. 506

Das Gericht hat die Beschwerde zu prüfen und ihr abzuhelfen, wenn es die Beschwerde für begründet hält. Anderenfalls legt das Gericht die Beschwerde dem übergeordneten OLG zur Entscheidung vor, § 572 Abs. 1 ZPO. 507

Betrachtet das OLG die Beschwerde als unzulässig oder unbegründet, wird die Beschwerde gem. § 572 Abs. 2 ZPO zurückgewiesen. Hält das Beschwerdegericht die Beschwerde für 508

104 Ahrens/Schmukle, Wettbewerbsprozess, Kap. 45 Rn 51 mwN.
105 Thomas/Putzo/Reichold, ZPO, § 522 Rn 14, 15; Hk-ZPO/Wöstmann, § 522 Rn. 11.

zulässig und begründet, kann es entweder der Vorinstanz die erforderliche Anordnung übertragen, § 572 Abs. 3 ZPO, oder aber selbst eine Beschlussverfügung erlassen.[106]

XII. Verjährung und Abschlusserklärung

509 Wie unter Rn 212 ff bereits erörtert, verjähren wettbewerbsrechtliche Ansprüche in sechs Monaten nach Anspruchsentstehung und Kenntnis des Gläubigers. Die Zustellung eines Antrags auf Erlass einer einstweiligen Verfügung führt gem. § 204 Abs. 1 Nr. 9 BGB zu einer Hemmung der Verjährung. Sie wirkt nach § 167 ZPO auf den Zeitpunkt der Einreichung des Antrags bei Gericht zurück. Nach § 204 Abs. 2 BGB endet die Hemmung erst sechs Monate nach der rechtskräftigen Entscheidung oder anderweitigen Beendigung des Verfahrens.

510 Unabhängig von einer Verjährung kann dem Gläubiger in bestimmten Ausnahmeszenarien der Einwand der **Verwirkung** entgegengehalten werden. Dazu bedarf es idR eines vom Gläubiger gesetzten längeren Duldungsanscheins, der sich auch verkürzen kann, wenn die Parteien am gleichen Ort tätig sind und vielfache Berührungspunkte haben.[107]

511 Im Gegensatz zur früheren Rechtslage muss sich der Anspruchsteller während des Ablaufes des einstweiligen Verfügungsverfahrens nicht mehr um eine verjährungshemmende Vereinbarung mit dem Anspruchsgegner bemühen oder zu diesem Zweck Hauptsacheklage erheben.

512 Gleichwohl führt auch ein durch Erlass einer einstweiligen Verfügung abgeschlossenes Verfügungsverfahren zu keinem dauerhaften und rechtskräftigen Abschluss der wettbewerbsrechtlichen Streitigkeit. Unternimmt der Anspruchsteller keine weiteren Schritte, um eine rechtskräftige Klärung der Streitigkeit herbeizuführen, beginnt die Verjährung nach Ende der Hemmung weiterzulaufen, so dass sich die Verjährung der betreffenden wettbewerbsrechtlichen Ansprüche letztlich gem. §§ 204 Abs. 2 BGB, 11 UWG vollendet.

513 Zur Vermeidung eines solchen Effekts und als effektive und wenig kostenträchtige Alternative zu einem Hauptverfahren haben Rechtsprechung und Lehre das sog. **Abschlussverfahren** entwickelt, das zu einer **endgültigen Beendigung** der Auseinandersetzung und einer dauerhaften Regelung führt.[108] Das Abschlussverfahren beinhaltet zwei Schritte und zwar das Abschlussschreiben des Gläubigers sowie die Abschlusserklärung des Schuldners.

514 Grundsätzlich sollte der Gläubiger nach Zustellung einer einstweiligen Verfügung bzw Verkündung, einen gewissen Zeitraum abwarten und dem Antragsgegner Gelegenheit zur Prüfung der gerichtlichen Entscheidung geben. Üblicherweise wird eine solche Bedenkfrist mindestens zwei Wochen betragen.[109]

515 Unter Bezugnahme auf die einstweilige Verfügung sollte der Antragsteller dann den Antragsgegner mit dem Abschlussschreiben dazu auffordern, auf die Rechte aus den §§ 924, 926 ZPO, dh auf das Recht zur Erhebung eines Widerspruchs gegen die einstweilige Verfügung bzw auf einen Antrag auf Anordnung der Erhebung einer Hauptsacheklage, zu verzichten. Weiter ist der Antragsgegner aufzufordern, auf die Rechte zur Aufhebung der einstweiligen Verfügung wegen veränderter Umstände, § 927 ZPO, zu verzichten.[110] Aus

106 Ahrens/Scharen, Wettbewerbsprozess, Kap. 51 Rn 75.
107 BGH – Temperaturwächter, GRUR 2001, 327.
108 Vgl Lindacher, BB 1984, 639 ff.
109 OLG Frankfurt – Wartefrist, GRUR 2003, 294.
110 Der notwendige Umfang eines solchen Verzichts ist streitig – s. Ahrens/Ahrens, Wettbewerbsprozess, Kap. 58 Rn 15 ff.

der Sicht des Antragstellers ist in der Praxis ein uneingeschränkter Verzicht auf die Rechte aus § 927 ZPO durch den Anspruchsgegner einzufordern. Darüber hinaus ist aus Sicht des Antragstellers vom Antragsgegner zu fordern, die einstweilige Verfügung als endgültige und verbindliche Regelung anzuerkennen.[111]

Ebenso wie das Abschlussschreiben muss auch die Abschlusserklärung schriftlich abgegeben werden.[112] Die entsprechende Abschlusserklärung des Schuldners muss dem Gläubiger zugehen und muss mindestens den geforderten Verzicht auf die Rechte aus den §§ 924, 926, 927 ZPO, die Anerkennung der einstweiligen Verfügung als einem rechtskräftigen Hauptsachetitel gleichwertig und den Verzicht auf alle Vorgehensrechte gegen den zugrundeliegenden Anspruch, soweit auch ein Vorgehen gegen einen rechtskräftigen Hauptsachetitel ausgeschlossen wäre, beinhalten.[113] Hinsichtlich des Verzichts auf die Rechte aus § 927 ZPO ist es aus der Sicht des Schuldners ausreichend, auf einen Antrag auf Aufhebung wegen veränderter Umstände mit Ausnahme künftiger Umstände, die auch einem rechtskräftigen Hauptsachetitel entgegengesetzt werden könnten, zu verzichten. 516

Der Antragsteller hat Anspruch auf Ersatz der notwendigen Kosten für das Abschlussschreiben, wenn der Antragsgegner trotz angemessener Bedenkzeit von sich aus keine hinreichende Abschlusserklärung abgibt. Es handelt sich insoweit um Kosten der Vorbereitung der Hauptsache. Dies kann auch die Inanspruchnahmekosten eines Anwalts beinhalten, sofern der Antragsteller nicht aufgrund eigener Sachkunde das Abschlussschreiben formulieren konnte. 517

Die Abschlusserklärung darf keinerlei sonstige Bedingungen oder Vorbehalte des Antragsgegners beinhalten. 518

XIII. Antrag auf Erhebung der Hauptsacheklage, § 926 ZPO

Ein Muster eines Antrages auf Erhebung der Hauptsacheklage, § 926 ZPO, befindet sich unter Rn 628. 519

Solange über den Streitgegenstand eine Hauptsacheklage neben dem einstweiligen Verfügungsverfahren noch nicht anhängig ist, hat der Antragsgegner die Möglichkeit, gem. § 926 ZPO eine Aufforderung an den Antragsteller zu richten, binnen einer bestimmten Frist Hauptsacheklage zu erheben. 520

Ein solcher Antrag kann jederzeit nach Wirksamwerden der einstweiligen Verfügung gestellt werden. Der Antragsgegner sollte vor dem Hintergrund der ihm im Verfügungsverfahren vorliegenden Fakten sorgfältig prüfen, ob er über einen derartigen Antrag eine Verdoppelung des Verfahrens mit entsprechenden Kostenrisiken herbeiführt. In Anbetracht des durch einen Antrag nach § 926 ZPO geschaffenen Aufwandes müssen besondere Gründe, wie zB signifikante Vorteile bei der Beweisführung, für einen Antrag nach § 926 ZPO sprechen. 521

Auf einen Antrag gem. § 926 ZPO hin fordert das Gericht den Antragsteller auf, binnen einer bestimmten Frist Hauptsacheklage über den Streitgegenstand einzureichen. Erfolgt eine solche Klageeinreichung nicht fristgerecht, kann der Antragsgegner durch einen weiteren Antrag die Aufhebung der einstweiligen Verfügung durch Endurteil erreichen, § 926 Abs. 2 ZPO. Anstelle des Antrages nach § 926 ZPO kann der Schuldner auch negative 522

111 Lindacher, BB 1984, 642.
112 Harte/Henning/Retzer, UWG, § 12 Rn 645.
113 Hefermehl/Köhler/Bornkamm, Wettbewerbsrecht, § 12 UWG Rn 3.74.

Feststellungsklage erheben und nach obsiegendem Urteil Aufhebung der einstweiligen Verfügung nach § 927 ZPO verlangen.[114]

XIV. Antrag auf Aufhebung der einstweiligen Verfügung wegen veränderter Umstände, § 927 ZPO

523 Ein Muster eines solchen Antrages auf Aufhebung der einstweiligen Verfügung wegen veränderter Umstände, § 927 ZPO, befindet sich unter Rn 629.

524 Dieses Verfahren dient dem Antragsgegner dazu, aufgrund einer Veränderung der Umstände nachträglich die Aufhebung einer einstweiligen Verfügung zu erwirken. Bei dem Verfahren gem. § 927 ZPO handelt es sich um ein **Urteilsverfahren.** Zuständig ist das Gericht des Verfügungsverfahrens, bzw falls vorhanden, der Hauptsache. Der Antrag ist zulässig, wenn die allgemeinen Prozessvoraussetzungen vorliegen. Das Rechtschutzbedürfnis für einen Antrag nach § 927 ZPO fehlt, wenn parallel ein Widerspruchsverfahren betrieben wird oder das Verfahren aus sonstigen Gründen noch nicht rechtskräftig abgeschlossen ist.[115] Das Rechtschutzinteresse für einen Antrag nach § 927 ZPO fehlt auch, wenn der Antragsteller auf seinen Titel verzichtet und dem Antragsgegner die Ausfertigung der einstweiligen Verfügung übermittelt. Etwas anderes kann gelten, wenn der Antragsgegner die Rückzahlung von Ordnungsgeldern erstrebt.[116]

525 Zur Vermeidung von Kosten und Aufwand der Beteiligten kann der Antragsgegner die Aufhebung der einstweiligen Verfügung auch außergerichtlich durch Vereinbarung mit dem Antragsteller erreichen. Dazu muss der Antragsteller auf sämtliche Rechte an der einstweiligen Verfügung verzichten und den Verfügungstitel an den Antragsgegner herausgeben.[117]

526 Es kommen verschiedene Gründe in Betracht, welche die Aufhebung der einstweiligen Verfügung gem. § 927 ZPO rechtfertigen können. Diese können sich auf den Verfügungsanspruch beziehen, der zwischenzeitlich erloschen sein kann, durch sachlich berechtigte Geltendmachung der Verjährung undurchsetzbar wurde oder aufgrund eines rechtskräftigen klageabweisenden Urteils im Hauptsacheverfahren.[118]

527 Gründe für die Aufhebung der einstweiligen Verfügung können sich auch im Zusammenhang mit dem Verfügungsgrund ergeben. Dazu zählt, dass der Antragsgegner nachträglich nachweisen kann, dass der Antragsgegner bereits wesentlich früher als behauptet vom Wettbewerbsverstoß Kenntnis hatte und deswegen die Dringlichkeit fehlt. Entsprechendes gilt, wenn in der Hauptsache ein rechtskräftiges Urteil über den Gegenstand ergeht und die einstweilige Verfügung insoweit entbehrlich wird oder wenn der Antragsteller die rechtzeitige Vollziehung der einstweiligen Verfügung, § 929 Abs. 2 ZPO, versäumt.[119]

528 Ein weiterer Grund für die Aufhebung der einstweiligen Verfügung kann sich u.a. dann ergeben, wenn der Antragsgegner erfolgreich mit einer negativen Feststellungsklage gegen den titulierten Anspruch vorgegangen ist.[120] Die Kosten des Verfahrens nach § 927 ZPO richten sich nach den §§ 91 ff ZPO. UU kann auch eine wesentliche Veränderung der tat-

114 Zöller/Vollkommer, ZPO, § 926 Rn 3.
115 Zöller/Vollkommer, ZPO, § 927 Rn 2 mwN.
116 OLG Celle WRP 1991, 586.
117 Ahrens/Ahrens, Wettbewerbsprozess, Kap. 60 Rn 40.
118 Hefermehl/Köhler/Bornkamm, Wettbewerbsrecht, § 12 UWG Rn 3.56.
119 Zöller/Vollkommer, ZPO, § 927 Rn 6.
120 OLG Koblenz WRP 1985, 440.

sächlichen und rechtlichen Grundlagen die Aufhebung einer einstweiligen Verfügung rechtfertigen.[121]

Die Aufhebung einer einstweiligen Verfügung entfaltet nur für die Zukunft kassatorische Wirkung.[122] 529

Ein Antrag kommt nicht mehr in Betracht, wenn der Antragsteller zuvor uneingeschränkt auf das Recht zur Aufhebung der einstweiligen Verfügung, § 927 ZPO, verzichtet hat. 530

D. Hauptsacheverfahren

Wettbewerbsrechtliche Verfahren in der Hauptsache folgen allgemeinen zivilprozessualen Regeln. In wettbewerbsrechtlichen Streitigkeiten kommt die Durchführung eines Hauptsacheverfahrens in Betracht, wenn der notwendige Verfügungsgrund (Dringlichkeit) fehlt oder ein Verfügungsverfahren aus sonstigen Gründen, zB den Anspruchszielen, nicht in Betracht kommt.[123] Sämtliche summarischen Elemente eines Verfahrens, wie u.a. die vereinfachte Beweisführung durch Glaubhaftmachung oder der Beschleunigungsgrundsatz im Verfügungsverfahren, sind im Hauptsacheverfahren nicht anzuwenden. 531

Kommen für den Anspruchsberechtigten grundsätzlich sowohl ein Verfügungs- als auch ein Hauptsacheverfahren in Betracht, wird die Entscheidung u.a. von den Rechtsschutzzielen des Anspruchsberechtigten, den zur Verfügung stehenden Beweismitteln, dem zu deren Erreichung verfügbaren Zeitraum und dem voraussichtlichen Verhalten des Schuldners abhängen. Vor dem Hintergrund der Möglichkeit, im Verfügungsverfahren eine rasche Entscheidung zu erreichen, wird der Anspruchsberechtigte nur in Ausnahmesituationen[124] unmittelbar ein Hauptsacheverfahren anstreben. 532

I. Allgemeines

In wettbewerbsrechtlichen **Hauptsacheverfahren** gelten die allgemeinen zivilprozessualen Regeln. Anders als im Verfügungsverfahren hat das Gericht insoweit die Art des Verfahrens, §§ 272 ff ZPO, zu bestimmen und entweder einen frühen ersten Termin zur mündlichen Verhandlung oder ein schriftliches Vorverfahren durchzuführen. Letzteres wird insbesondere bei der Notwendigkeit einer umfassenden Vorbereitung des Haupttermins in Betracht kommen.[125] 533

Die Frage der örtlichen und sachlichen Zuständigkeit des Gerichts wurde bereits im Rahmen des Verfügungsverfahrens erörtert.[126] Die dort genannten Regeln gelten ebenso für das Hauptsacheverfahren. 534

Die Parteien des Hauptsacheverfahrens haben im Hauptsacheverfahren anders als im Verfügungsverfahren auch das sich aus § 296 ZPO ergebende Gebot rechtzeitigen Vorbringens zu berücksichtigen. Die **Zurückbehaltung von Vorbringen**, um die andere Partei zB in einer mündlichen Verhandlung zu überraschen, ist insoweit mit dem **Risiko der Zurückweisung** durch das Gericht wegen Verspätung, § 296 ZPO, behaftet. Gem. § 296 Abs. 1 ZPO erfolgt die Zurückweisung zwingend, wenn Angriffs- und Verteidigungsmittel erst nach Ablauf einer hierfür gesetzten Frist vorgetragen werden und die Zulassung zu einer Ver- 535

121 Teplitzky, Wettbewerbsrechtliche Ansprüche und Verfahren, Kap. 56 Rn 34.
122 Harte/Henning/Retzer, UWG, § 12 Rn 580.
123 Vgl oben Rn 417 ff.
124 ZB wenn ein Verband im Wege eines Musterverfahrens die grundsätzliche Klärung einer Rechtsfrage erstrebt.
125 Thomas/Putzo/Reichold, ZPO, § 272 Rn 7.
126 Siehe oben Rn 447.

spätung führen würde, es sei denn, die Partei entschuldigt die Verzögerung genügend.[127] Nach der Rechtsprechung gilt der Begriff der absoluten Verzögerung,[128] dh eine Verzögerung ist anzunehmen, wenn die Zulassung des Vortrags nach Fristablauf zu irgendeiner zeitlichen Verschiebung des Verfahrens führt. Bei Verstößen gegen § 296 Abs. 1 ZPO ist bereits einfache Fahrlässigkeit schädlich.

536 Gem. § 296 Abs. 2 ZPO erfolgt die Zurückweisung nach Ermessen des Gerichts bei Verletzungen der Prozessförderungspflicht, § 282 ZPO, durch eine Partei, wenn insoweit eine Verzögerung zu befürchten ist und die Verspätung des Vortrags auf grober Nachlässigkeit der Partei beruht.[129] Die Parteien sind jeweils vor einer Entscheidung des Gerichts anzuhören.

537 Hinsichtlich der **Frage des Umfangs richterlicher Hinweispflichten**, § 139 ZPO, ergeben sich keine Unterschiede zum Verfügungsverfahren. Entsprechendes gilt grundsätzlich ebenso für die Frage der Darlegungs- und Beweislast. Allerdings kann die darlegungs- und beweisbelastete Partei im Hauptsacheverfahren nicht mehr auf Mittel der Glaubhaftmachung, wie zB eidesstattliche Versicherungen, zurückgreifen.[130] Insbesondere bei eidesstattlichen Versicherungen der Parteien drohen insoweit in folgenden Hauptsacheverfahren Beweisnachteile, falls der beweisbelasteten Partei keine alternativen Beweismittel zur Verfügung stehen.

538 Für den Fall der Erhebung einer positiven bzw negativen **Feststellungsklage** ist das besondere Feststellungsinteresse, § 256 ZPO, von Amts wegen zu prüfen. Ein solches Interesse ist idR anzunehmen, wenn der Anspruchsteller an der alsbaldigen Feststellung des Bestehens bzw Nichtbestehens eines Rechtsverhältnisses zwischen den Parteien ein rechtliches Interesse hat.[131] Die im Wettbewerbsrecht häufigste Art der Feststellungsklage ist die Klage auf Feststellung des Nichtbestehens eines bestimmten Unterlassungsanspruchs.[132] In der Praxis wird der Anspruchsgegner, wenn er eine verbindliche Klärung der Angelegenheit in der Hauptsache anstrebt, eine negative Feststellungsklage einreichen.

539 Das besondere Feststellungsinteresse fehlt zB, wenn dem Kläger eine bessere Rechtsschutzmöglichkeit, insbesondere die Möglichkeit einer Klage auf Leistung, zur Verfügung steht.[133] Dazu soll auch die Möglichkeit einer Stufenklage ausreichen, falls der Umfang des Schadens zum Zeitpunkt der Klageerhebung bereits feststeht.[134] Das Feststellungsinteresse entfällt nicht, wenn der Kläger die Möglichkeit der dreifachen Schadensberechnung hat.[135]

540 Bei einer negativen Feststellungsklage, mithin der erstrebten Feststellung des Nichtbestehens eines Rechtsverhältnisses, ist das notwendige negative Feststellungsinteresse in Wettbewerbsstreitigkeiten erst gegeben, wenn der Anspruchsteller eine Abmahnung übermittelt hat.[136] Das Rechtsschutzbedürfnis für die negative Feststellungsklage kann u.a. dann entfallen, wenn der abmahnende Anspruchsteller eine Klage auf Unterlassung eingereicht hat und diese nicht mehr einseitig zurücknehmen kann.[137]

---

127 Zu Entschuldigungsgründen Zöller/Greger, ZPO, § 296 Rn 23.
128 BGH NJW 1983, 576.
129 BGH NJW 1987, 501.
130 Siehe dazu im Einzelnen Rn 443 ff.
131 Vgl Hk-ZPO/Saenger, § 256 Rn. 4-6.
132 Vgl Teplitzky, Wettbewerbsrechtliche Ansprüche und Verfahren, Kap. 52 Rn 10.
133 Zöller/Greger, ZPO, § 256 Rn 7 a.
134 BGH – Feststellungsinteresse II, GRUR 2001, 1177; str. – vgl Zöller/Greger, ZPO, § 254 Rn 2.
135 BGH – Feststellungsinteresse III, GRUR 2003, 960.
136 BGH – Kauf auf Probe, GRUR 2001, 1037.
137 Baumbach/Hefermehl/Köhler, Wettbewerbsrecht, § 12 UWG Rn 2.20.

II. Antragsformulierung

Die Stellung eines bestimmten, § 253 Abs. 2 Nr. 2 ZPO, sachlich mit dem materiellen Anspruch korrespondierenden Klageantrages ist für den Ausgang des Verfahrens von entscheidender Bedeutung. Zur Problematik und zu den Techniken der Formulierung eines sachgerechten Unterlassungsantrages wurde bereits Stellung genommen.[138] Diese Grundsätze gelten ebenso für die Formulierung des Unterlassungsantrages im Hauptsacheverfahren. 541

Die Formulierung des Klageantrags für einen Beseitigungsanspruch richtet sich nach der zu beseitigenden andauernden Störung. Es gilt der **Grundsatz der Verhältnismäßigkeit**, dh der Anspruchsgegner ist lediglich zur Durchführung der Maßnahmen verpflichtet, welche zur Beseitigung der Störung geeignet und erforderlich sind. Nach der Rechtsprechung[139] sind insoweit auch Zumutbarkeitsgesichtspunkte zugunsten des Verpflichteten zu berücksichtigen. IÜ soll dem Anspruchsgegner in bestimmten Szenarien aus Verhältnismäßigkeitsgesichtspunkten eine Aufbrauchfrist zu gewähren sein.[140] Dies wird u.a. dann der Fall sein, wenn die sofortige Beseitigung bei einer verhältnismäßig geringen Verletzung der Rechte des Anspruchsstellers einen hohen wirtschaftlichen Schaden des Schuldners herbeiführen würde. 542

Kommt nur eine einzige Möglichkeit der Beseitigung des wettbewerbswidrigen Zustandes in Betracht, ist diese im Antrag zu bezeichnen. Bei Vorliegen mehrerer gleichwertiger Möglichkeiten der Beseitigung, kommt eine alternative Antragsformulierung mit der einleitenden Formulierung „... nach Wahl des Beklagten ..." in Betracht. Der Kläger hat dann die verschiedenen Alternativen zur Beseitigung bestimmt zu bezeichnen.[141] 543

Im Rahmen der Formulierung eines Feststellungsantrages auf Schadensersatz ist an den korrespondierenden Unterlassungsantrag anzuknüpfen und darüber hinaus ein Zeitpunkt zu formulieren, ab dem Schadensersatz begehrt wird.[142] 544

Eine negative Feststellungsklage bezieht sich in Wettbewerbsstreitigkeiten idR darauf, dass ein vom Anspruchsteller gegen den klagenden Anspruchsgegner geltend gemachter Unterlassungsanspruch nicht besteht. Das negative Feststellungsinteresse folgt aus einer vorhergehenden Abmahnung des Anspruchstellers und ist gegeben, wenn die Abmahnung ernsthaft ist und die rechtlichen und wirtschaftlichen Interessen des Klägers berührt.[143] Die Formulierung des Klageantrags bezieht sich darauf, feststellen zu lassen, dass der bestimmt zu bezeichnende, gegen den Kläger geltend gemachte Unterlassungsanspruch nicht besteht. Umgekehrt kann auch eine positive Formulierung, wonach das beanstandete Handeln des Feststellungsklägers rechtlich zulässig ist, gewählt werden. Der Feststellungsantrag muss materiell rechtlich mit dem zugrundeliegenden, gegen den Kläger geltend gemachten Anspruch korrespondieren. 545

Ansprüche auf Auskunft bzw Rechnungslegung kommen insbesondere zur Vorbereitung von Schadensersatz-, Schadensersatzfeststellungs- sowie bereicherungsrechtlichen Ansprüchen in Betracht. Umfang und Inhalt des Auskunftsanspruchs ergeben sich aus dem zugrunde liegenden Hauptanspruch und sind auf die insoweit erforderlichen Informationen 546

138 Siehe oben Rn 432 ff.
139 BGH – Plagiatsvorwürfe II, GRUR 1992, 527.
140 Ahrens/Loewenheim, Wettbewerbsprozess, Kap. 73 Rn 4 am Ende.
141 Harte/Henning/Brüning, UWG, vor § 12 Rn 139.
142 Harte/Henning/Brüning, UWG, vor § 12 Rn 151.
143 BGH – Funny Paper, WRP 1995, 817.

zu beschränken. Der Antrag unterliegt dem Bestimmtheits- und Konkretisierungsgebot und muss genau beschreiben, worüber der Prozessgegner Auskunft erteilen soll.[144]

547 Der Umfang der Auskunft hängt u.a. auch von der in Betracht kommenden Berechnungsart für den Schaden ab.[145] Für den Gläubiger kommen grundsätzlich drei unterschiedliche Berechnungsmethoden in Betracht.[146] Dazu zählt der konkrete Nachweis des entgangenen Gewinns,[147] die Erstattung einer üblichen Lizenzgebühr oder die Herausgabe des vom Anspruchsgegner tatsächlich erzielten Gewinns. Abhängig davon, ob zB ein konkreter Schaden geltend gemacht wird oder im Rahmen der Schadensberechnung die Zahlung einer angemessenen Lizenzgebühr verlangt wird, sind unterschiedliche Informationen geboten. Etwaige Gemeinkosten des Schuldners sind bei der Berechnung eines Schadens grundsätzlich nicht zu berücksichtigen.[148] Im Falle der Geltendmachung eines konkreten Schadens kann der Gläubiger Informationen über Art, Anzahl, Umfang, Zeitpunkt und Dauerverstöße verlangen.[149] Der Gläubiger kann während des Verfahrens die von ihm gewählte Methode der Schadensberechnung wechseln.

548 Ein Muster einer Hauptsacheklage auf Unterlassung, Auskunft und Feststellung einer Schadensersatzpflicht ist unter Rn 634 beigefügt.

549 Ein **Anspruch auf Rechnungslegung** kann in der wettbewerbsrechtlichen Praxis dann in Betracht kommen, wenn der Anspruchssteller die Möglichkeit einer dreifachen Schadensberechnung hat und der Kläger seinen Schaden im Wege der Lizenzanalogie bzw nach Maßgabe des Verletzergewinns berechnen möchte.[150] Das kann zB in unlauteren Nachahmungsfällen der Fall sein.

550 Inhaltlich orientiert sich der Rechnungslegungsanspruch an der Bestimmung des § 259 BGB sowie Treu und Glauben. Wenn der Beklagte ein berechtigtes Interesse daran hat, bestimmte Angaben aus seiner Unternehmenssphäre geheim zu halten, kann er einen sog. Wirtschaftsprüfervorbehalt geltend machen.[151] Dann muss der Schuldner nicht dem Gläubiger, sondern einem beruflich zur Verschwiegenheit verpflichteten Wirtschaftsprüfer Auskunft erteilen. Auch beim Rechnungslegungsanspruch hat eine Zumutbarkeitsabwägung zwischen den Interessen der Parteien stattzufinden.[152]

551 Ist die erteilte Auskunft- bzw Rechnungslegung des Beklagten unvollständig, kann der Kläger durch einen bestimmten Antrag noch fehlende Informationen nachfordern.[153] Ergibt sich aufgrund objektiver Umstände der Verdacht, dass die erteilten Informationen nicht mit der erforderlichen Sorgfalt gemacht wurden, kann der Anspruchsteller verlangen, dass der Verpflichtete eine eidesstattliche Versicherung über die Vollständigkeit seiner Angaben abgibt, §§ 259 Abs. 2, 260 Abs. 2 BGB.[154] Beispiele für eine Antragsformulierung von Auskunfts- bzw Rechnungslegungsansprüchen sowie einen Wirtschaftsprüfervorbehalt finden sich u.a. bei Harte/Henning/Brüning.[155]

144 Harte/Henning/Brüning, UWG, vor § 12 Rn 154.
145 Ahrens/Loewenheim, Wettbewerbsprozess, Kap. 72 Rn 5.
146 Vgl zB BGH NJW 1993, 1989.
147 Wobei eine Beweiserleichterung durch Schadensschätzung gem. § 287 ZPO in Betracht kommen kann.
148 BGH – Gemeinkostenanteil, GRUR 2001, 329, 331.
149 Vgl für eine Antragsformulierung vgl Baumbach/Hefermehl/Köhler, Wettbewerbsrecht, § 12 UWG Rn 2.64.
150 BGH – Rollhocker, GRUR 1981, 517.
151 BGH – Wirtschaftsprüfervorbehalt, GRUR 1981, 535.
152 Ahrens/Loewenheim, Wettbewerbsprozess, Kap. 72 Rn 19.
153 BGH – Cartier-Armreif, GRUR 1994, 631.
154 Vgl dazu Rn 659.
155 Harte/Henning/Brüning, UWG, vor § 12 Rn 158.

Ansprüche auf Auskunftserteilung oder Rechnungslegung werden idR mit einem Anspruch auf Feststellung einer Schadensersatzpflicht sowie einem Unterlassungsanspruch verbunden. Die Verbindung ersterer Ansprüche im Rahmen einer Stufenklage kann in der Praxis insoweit ungünstig sein, als sich diesbezüglich Nachteile in Bezug auf die Anspruchsverjährung ergeben.[156] 552

Im Hinblick auf die neu eingeführte Möglichkeit einer Gewinnabschöpfungsklage[157] wird zur Ermittlung eines relevanten Gewinns des Schuldners idR ebenfalls eine Verbindung mit einer Klage auf Auskunftserteilung oder Rechnungslegung geboten sein.[158] 553

III. Beweismittel

1. Allgemeines

Die Parteien haben im Rahmen ihrer jeweiligen Darlegungs- und Beweislast sämtliche notwendigen Tatsachen und sonstigen Voraussetzungen für bzw gegen die in Betracht kommenden Ansprüche darzulegen und im Falle des Bestreitens zu beweisen. Die Klagepartei trägt insoweit die Darlegungs- und Beweislast für sämtliche anspruchsbegründenden Voraussetzungen. Art und Umfang des insoweit notwendigen Vortrages richten sich nach der jeweiligen Anspruchsnorm und der Art des geltend gemachten Anspruches. Besonderheiten ergeben sich bei Irreführungen, § 5 UWG, durch fachlich umstrittene Behauptungen.[159] Deren Richtigkeit bzw hinreichende fachliche Absicherung muss die Partei beweisen, welche die Behauptung aufgestellt hat.[160] 554

Schwierigkeiten bei der Darlegung und insbesondere dem Beweis werden sich für den Kläger insbesondere dann ergeben, soweit es um Umstände aus dem Verantwortungsbereich des Beklagten geht. Nach der Rechtsprechung wird der Klagepartei insoweit eine Erleichterung gewährt, als die beklagte Partei nach dem Vortrag einer für eine Wettbewerbswidrigkeit sprechenden Tatsache durch den Kläger und einem entsprechenden Beweisangebot unter Berücksichtigung des Gebotes redlicher Prozessführung eine prozessuale Erklärungspflicht trifft.[161] Dabei handelt es sich noch nicht um eine echte Umkehr der Beweislast. Eine solche wird bislang nach der Rechtsprechung[162] nur in Fällen fachlich umstrittener Behauptungen anerkannt. 555

Wenn sich eine Werbung auf **innerbetriebliche Vorgänge** des Beklagten bezieht, der Kläger Tatsachen vorträgt, die konkret für eine unlautere geschäftliche Handlung sprechen und dem Kläger notwendige weitere Kenntnisse aus der Unternehmenssphäre des Beklagten fehlen, trifft diesen nach Treu und Glauben eine entsprechende Erklärungspflicht,[163] soweit ihm dies zumutbar ist. IÜ kommen u.a. im Fall einer Allein- oder Spitzenstellungswerbung prozessuale Erklärungspflichten der beklagten Partei in Betracht, wenn die Klagepartei zu einer solchen Aufklärung nicht oder nur mit erheblichen Schwierigkeiten in der Lage ist.[164] 556

Die beklagte Partei trägt dagegen die Darlegungs- und Beweislast für diejenigen Umstände, welche den rechtsbegründenden Tatsachen ihre Bedeutung oder Grundlage nehmen. 557

156 Ahrens/Loewenheim, Wettbewerbsprozess, Kap. 71 Rn 3 mwN.
157 Siehe oben Rn 251 ff.
158 Hefermehl/Köhler/Bornkamm, Wettbewerbsrecht, § 10 UWG Rn 15.
159 Vgl das Muster unter Rn 379 und die Behauptung „wissenschaftlich nachgewiesene Leistungssteigerung".
160 Vgl OLG Frankfurt GRUR-RR 2003, 295.
161 BGH – Space Fidelity Peep Show, NJW 2000, 1136, 1138.
162 BGH – Rheumalind II, GRUR 1991, 848.
163 Teplitzky, Wettbewerbsrechtliche Ansprüche und Verfahren, Kap. 47 R 31, 32.
164 Vgl Hefermehl/Köhler/Bornkamm, Wettbewerbsrecht, § 12 UWG Rn 2.92-2.94.

558 Das Gericht darf angebotene Beweismittel u.a. dann übergehen, wenn es die zu entscheidende Sachfrage aufgrund eigener Sachkunde beantworten kann. Dies wird in der Praxis insbesondere in den Fällen der Beurteilung der Verkehrsauffassung[165] bei irreführender Werbung der Fall sein. Die Eigenbeurteilung der Verkehrsauffassung in einer Irreführungsfrage ist dem Richter erst dann möglich, wenn die Klagepartei konkret dargelegt hat, wie der Verkehr die beanstandete Werbeaussage versteht.[166] Wenn das Gericht zu den angesprochenen Adressatenkreisen gehört, kann es die Frage der Verkehrsauffassung aufgrund eigener Sachkunde entscheiden.[167] Insoweit hat das Gericht zur Ermittlung der Verkehrsauffassung den Verständnishorizont eines durchschnittlich informierten, situationsadäquat aufmerksamen und verständigen Adressaten zugrunde zu legen.

559 Eine weiterer Weg zur Ermittlung der Verkehrsauffassung kann in der Einholung amtlicher Auskünfte, §§ 273 Abs. 2 Nr. 2, 358 a S. 4 Nr. 2 ZPO, bestehen.[168] Adressanten solcher gerichtlichen Anfragen können zB die lokale Industrie- und Handelskammer oder Berufsverbände sein.

2. Meinungsforschungsgutachten

560 Wenn das Gericht nicht zu den von einer Werbung angesprochenen Verkehrskreisen zählt und die relevante Verkehrsauffassung im Rahmen einer irreführenden Werbung auf diese Weise nicht beurteilen kann, kommt die **Feststellung des Verkehrsverständnisses** durch ein vom Gericht angeordnetes Sachverständigengutachten eines Meinungsforschungsunternehmens in Betracht. Es gelten die Bestimmungen der §§ 402-413 ZPO. Dies setzt voraus, dass die beweisbelastete Partei zuvor die erforderlichen Tatsachen zur Beantwortung der Beweisfrage und entsprechende Fragestellungen vorträgt.[169]

561 Die mit der Einholung eines Meinungsforschungsgutachtens verbundenen Implikationen sind, insbesondere für die in Bezug auf die Frage der Irreführung beweisbelastete Partei, weitreichend. In wirtschaftlicher Hinsicht ist zu beachten, dass die Kosten der Einholung eines Meinungsforschungsgutachtens idR im fünfstelligen Euro-Bereich liegen.[170] Diese Kosten sind von der beweisbelasteten Partei vorzuschießen und letztlich von der im Rechtsstreit unterliegenden Partei, § 91 ZPO, zu tragen.

562 Durch die Vorbereitung, Durchführung und Bewertung des Gutachtens wird eine deutliche Verlängerung des Rechtstreits bewirkt. Vor diesem Hintergrund und den Unwägbarkeiten sowohl im Rahmen der Durchführung des Gutachtens als auch der Resultate wird dieses Beweismittel nur dann in Betracht kommen, wenn keinerlei alternative Beweismittel vorliegen, die wirtschaftliche Bedeutung der Angelegenheit die Einholung des Gutachtens gerechtfertigt erscheinen lässt und die eigene Sachkunde des Gerichts zur Ermittlung der Verkehrsauffassung nicht ausreicht.[171]

563 Gem. § 144 ZPO kann das Gericht die Durchführung eines Meinungsforschungsgutachtens auch ohne entsprechenden Antrag der beweisbelasteten Partei anordnen.[172] Einem solchen

165 Vgl Rn 207 ff.
166 Vgl Ahrens/Bähr, Wettbewerbsprozess, Kap. 27 Rn 7.
167 BGH – Lastminute-Reisen, GRUR 2000, 240.
168 Vgl im Einzelnen, Ahrens/Bähr, Wettbewerbsprozess, Kap. 27 Rn 17 ff.
169 BGH – Verschenktexte II, GRUR 1993, 490.
170 Vgl Hefermehl/Köhler/Bornkamm, Wettbewerbsrecht, § 12 UWG Rn 2.76.
171 Vgl Hefermehl/Köhler/Bornkamm, Wettbewerbsrecht, § 12 UWG Rn 2.76.
172 BGH – Markführerschaft, NJW 2004, 1163, 1164.

Beschluss sollte gem. § 139 ZPO ein Hinweis an die insoweit beweisbelastete Partei vorausgehen.[173]

Erfolg bzw Misserfolg der Durchführung eines Meinungsforschungsgutachtens sind vom Aufbau und der Auswahl der Fragen des Gutachtens abhängig.[174] Ausgangspunkt für die Erarbeitung des Fragekatalogs ist der Vortrag der beweisbelasteten Partei zur Frage der Verkehrsauffassung. Vom Verfahren her sollte das Gericht nach Vorerörterung zunächst einen Beweisbeschluss mit allgemein gefasster Beweisfrage und Bezeichnung des Kreises der zu befragenden Personen fassen.[175] Nach Auswahl eines Meinungsforschungsinstituts wird der Gutachter des Instituts dem Gericht auf Anfrage zunächst einen Befragungsvorschlag übermitteln, der die Methode der Befragung und das Verfahren zur Auswahl der zu Befragenden und die vorgesehene Fragenabfolge beinhaltet.[176] Die Reihenfolge der Fragen richtet sich von anfänglich allgemein gefassten Fragen über sog. Nachfassfragen bis zu gestützten Fragen.[177] 564

Das Gericht leitet den Vorschlag des Gutachters den Parteien unter Fristsetzung zur Stellungnahme zu. Diese können dann Vorschläge zu Korrekturen bzw Ergänzungen des Gutachtens unterbreiten. Die Resultate der Prüfung der Stellungnahmen der Parteien und die endgültige Fassung des Fragenkataloges[178] sind mit den Parteien im Rahmen eines gesonderten Termins zu erörtern, § 404 a Abs. 2 ZPO. Daran anschließend legt das Gericht den endgültigen Fragenkatalog durch ergänzenden Beweisbeschluss fest. Der Gutachter hat auf der Grundlage der ermittelten Daten die notwendigen Erläuterungen und eine fachliche Bewertung abzugeben.[179] 565

Das Gericht übermittelt das Gutachten den Parteien, welchen dann gem. der Bestimmung des § 411 Abs. 4 ZPO eine angemessene Zeit zur Prüfung des Gutachtens und zum Vorbringen etwaiger Einwendungen und Anträge zu gewähren ist.[180] Die Parteien können bei Mängeln oder Lücken des Gutachtens u.a. entsprechende Korrekturen bzw Ergänzungen verlangen und eine weitere Befragung des Gutachters in einem gesonderten Termin beantragen. Das Gericht hat das Meinungsforschungsgutachten nach § 286 ZPO frei zu würdigen. 566

IV. Reaktion der beklagten Partei

1. Allgemeines

Gem. §§ 271, 272 ZPO muss das Gericht die Klageschrift verbunden mit den Aufforderungen an die beklagte Partei zur Durchführung eines frühen ersten Termins zur mündlichen Verhandlung, § 275 ZPO oder zur Durchführung eines schriftlichen Vorverfahrens, § 276 ZPO, zustellen. Sowohl im Verfahren nach § 275 ZPO als auch im schriftlichen Vorverfahren nach § 276 ZPO bestimmt das Gericht der beklagten Partei eine Frist zur Klageerwiderung. Im Verfahren des frühen ersten Termins erfolgt die Fristsetzung zur Kla- 567

173 Zöller/Greger, ZPO, § 144 Rn 2.
174 Eichmann, GRUR 1999, 939, 941 ff.
175 Ahrens/Spätgens, Wettbewerbsprozess, Kap. 28 Rn 21.
176 Ahrens/Spätgens, Wettbewerbsprozess, Kap. 28 Rn 23.
177 Vgl im Einzelnen Eichmann, GRUR 1999, 942 ff.
178 Zur Formulierung der Fragenkataloge näher Teplitzky, Wettbewerbsrechtliche Ansprüche und Verfahren, Kap. 47 Rn 20 ff.
179 BGH – Dresdner Stollen II, GRUR 1990, 462.
180 Zöller/Greger, ZPO, § 411 Rn 5 e.

geerwiderung nach Ermessen des Gerichts,[181] ist jedoch in der Praxis – soweit übersehbar – die Regel.

568 Der Beklagte hat die Anordnungen des Gerichts sowie die Klageschrift inhaltlich sorgfältig zu prüfen. Dies umfasst vor allem die Zulässigkeit und Begründetheit der Klage. Abhängig vom Ergebnis einer solchen Prüfung, kann er sich entscheiden, ob er sich auf das Verfahren einlässt und eine Klageerwiderung vorbereitet oder auf eine Reaktion auf die Klage verzichtet. Für diesen Fall droht der beklagten Partei bei Vorhandensein eines ordnungsgemäßen Antrages, § 253 Abs. 2 S. 2 ZPO, und Schlüssigkeit des klägerischen Vorbringens ein Versäumnisurteil, § 331 ZPO. Versäumnisurteile sind sofort und ohne Sicherheitsleistung des Klägers vollstreckbar, § 708 Nr. 2 ZPO.

2. Klageerwiderung

569 Abhängig von der Art des vom Gericht gewählten Verfahrens, §§ 275, 276 ZPO sowie dem gewährten Zeitraum für die Einreichung der Klageerwiderung hat der Beklagte zu entscheiden, ob er sogleich eine Klageerwiderung samt Begründung vorbereitet oder zunächst eine Vertretungs- bzw Vertretungs- und Verteidigungsanzeige an das Gericht richtet.

570 Ergibt sich nach Prüfung der Klageschrift und interner Rücksprache, dass der Zeitrahmen für die Beibringung der Klageerwiderung durch den Beklagten zu kurz bemessen ist, sollte sich der Beklagte schnellstmöglich um eine entsprechende Fristverlängerung, § 224 ZPO, bemühen. Ein Antrag auf Fristverlängerung setzt gem. § 224 Abs. 2 ZPO die Glaubhaftmachung eines erheblichen Grundes durch den Antragsteller voraus. Dazu können u.a. die Arbeitsüberlastung eines alleinigen anwaltlichen Sachbearbeiters, Schwierigkeiten der Beschaffung von Informationen zur Vorbereitung der Klageerwiderung oder Zeitnot in Bezug auf die notwendige Besprechung der Sache mit der Partei gehören.[182] Eine Vereinbarung der Parteien über eine Fristverlängerung, ohne dass insoweit ein erheblicher Grund vorliegt, ist kein geeigneter Grund für eine Fristverlängerung.[183]

571 Inhaltlich wird sich die Klageerwiderung naturgemäß wesentlich am klägerischen Vortrag orientieren. Aus Sicht des Beklagten ist eine substantiierte sachliche Auseinandersetzung mit dem klägerischen Vortrag geboten. Dabei sollte inhaltlich präzise zwischen der Auseinandersetzung mit dem Tatsachenvortrag des Klägers und den Rechtsausführungen differenziert werden.

572 Im Rahmen der Klageerwiderung wie auch der Klage sind zudem die Bestimmungen der §§ 138, 277, 282 ZPO zu beachten. Gem. § 282 Abs. 3 ZPO hat die beklagte Partei Rügen, welche die Zulässigkeit der Klage betreffen, vor einer Verhandlung zur Hauptsache vorzubringen.[184] Dazu können u.a. der Einwand der anderweitigen Rechtshängigkeit, der entgegenstehenden Rechtskraft oder Zuständigkeitsrügen gehören.[185] Derartige Rügen[186] sind an den Anfang einer Klageerwiderung zu stellen.

573 Aus der Bestimmung des § 138 ZPO ergibt sich, dass sich die Parteien vollständig und wahrheitsgemäß zur Sache äußern müssen. Für die beklagte Partei wird die Erklärungspflicht durch § 138 Abs. 2 ZPO konkretisiert, wonach der Beklagte sich zu den vom Kläger behaupteten Tatsachen erklären muss. Voraussetzung für eine solche Erklärungspflicht ist,

181 Siehe Zöller/Greger, ZPO, § 275 Rn 3.
182 Zöller/Heßler, ZPO, § 520 Rn 19.
183 Thomas/Putzo/Hüßtege, ZPO, § 224 Rn 7.
184 Hk-ZPO/Saenger, § 282 Rn. 14 ff.
185 Thomas/Putzo/Reichold, ZPO, vor § 253 Rn 8 ff.
186 Vgl Zöller/Greger, ZPO, § 282 Rn 5.

dass die Klagepartei zunächst entsprechend ihrer Darlegungslast die zur Rechtfertigung der Klage erforderlichen Tatsachen vorgetragen hat.[187] Offenbar ins Blaue hinein abgegebene Behauptungen der Klagepartei lösen keine Erklärungspflicht der beklagten Partei aus. Im Rahmen seiner Darlegung der Tatsachen kann sich die Beklagte auf diejenigen Umstände beschränken, welche die für sie erstrebte Rechtsfolge begründen.[188]

Die Beklagte sollte den anspruchsbegründenden Tatsachenvortrag des Klägers, welchen sie für unzutreffend hält, ausdrücklich bestreiten, da andernfalls die Zustimmungsfiktion des § 138 Abs. 3 ZPO eingreifen kann und die fragliche Tatsache möglicherweise vom Gericht als zugestanden betrachtet wird. In jedem Fall hat jegliches Bestreiten substantiiert, mithin bezugnehmend auf bestimmte Behauptungen der Klagepartei, zu erfolgen. Ein pauschales Bestreiten wie zB 574

Der gesamte übrige Vortrag des Klägers wird bestritten, solange er nicht in der Klageerwiderung ausdrücklich zugestanden wurde

ist prozessual unbeachtlich.

Nach der Rechtsprechung kann ein **substantiiertes Bestreiten** der beklagten Partei mitsamt der Darlegung der nach Auffassung der beklagten Partei zutreffenden Umstände ausnahmsweise gefordert werden, wenn der beweisbelasteten Klagepartei die nähere Darlegung des Umstandes nicht möglich oder nicht zumutbar ist, weil der Umstand nur der Beklagten bekannt und ihr insoweit Vortrag zumutbar ist.[189] 575

Ein **Bestreiten mit Nichtwissen** ist nur dann zulässig, wenn die beklagte Partei keine Kenntnis von der insoweit relevanten Tatsache hat. Nach § 138 Abs. 4 ZPO können eigene Handlungen oder Wahrnehmungen einer Partei nicht mit Nichtwissen bestritten werden. Dies kann zB Vorgänge aus der jeweiligen Unternehmenssphäre des Klägers betreffen. Ausnahmen von diesem Grundsatz kommen nur in außerordentlich engen Grenzen in Betracht.[190] 576

Nach der Bestimmung des § 277 Abs. 1 ZPO hat die Beklagte ihre Verteidigungsmittel entsprechend einer sorgfältigen, auf die Förderung des Verfahrens bedachten Prozessführung vorzubringen. Der Umfang der Klageerwiderung wird durch die Klage und die jeweilige Darlegungs- und Beweislast der Parteien bestimmt.[191] Vor diesem Hintergrund kann sich die Beklagte hinsichtlich der Tatsachen, deren Darlegung und Beweis dem Kläger obliegen, auf einfaches Bestreiten in Bezug auf die jeweils in Betracht kommenden Umstände beschränken. Ausführliches Bestreiten der Beklagten und der Vortrag von dem klägerischen Anspruch entgegenstehenden Umständen wird insbesondere in Betracht kommen, wenn die Beklagte über Beweismittel verfügt, welche zur Widerlegung der vom Kläger behaupteten Tatsachen geeignet sind. Eine substantiierte Darlegung ist iÜ durch die Beklagte geboten, soweit diese die Darlegungs- und Beweislast trägt. Dies gilt insbesondere für etwaige rechtshindernde, -vernichtende oder -hemmende Einwendungen und Einreden. 577

Die beklagte Partei hat nach der Vorschrift des § 282 Abs. 1 ZPO ihre Angriffs- und Verteidigungsmittel unter Berücksichtigung einer sorgfältigen und auf die Förderung des Verfahrens bedachten Prozessführung rechtzeitig vorzubringen. Grundsätzlich sollen insoweit sämtliche zur Erwiderung auf die Klage notwendigen Angriffs- und Verteidigungsmittel im Rahmen der Klageerwiderung vorgebracht werden. 578

187 Zöller/Greger, ZPO, § 138 Rn 8.
188 BGH NJW 2000, 3286.
189 BGH NJW 1993, 2168.
190 Thomas/Putzo/Reichold, ZPO, § 138 Rn 20.
191 BGH NJW 1997, 129.

579 Für die **Zurückbehaltung** von möglicherweise **prozessrelevanten Tatsachen** bleibt nur insoweit Raum, als nach dem gegnerischen Vorbringen unter Berücksichtigung von Fragen, Aufforderungen und Hinweisen des Gerichts ein Vortrag noch nicht veranlasst ist.[192] Bei Nichtbeachtung der Rechtzeitigkeitsmaxime drohen der Beklagten die Sanktionen des § 296 Abs. 2 ZPO. Das Gericht hat insoweit ein Ermessen, verspätet vorgebrachte Angriffs- und Verteidigungsmittel zurückzuweisen.[193] Eine Zurückweisung wird bei grober Nachlässigkeit der betreffenden Partei in Betracht kommen. Dies wird bei der Zurückbehaltung eines Sachvortrages, um die Gegenpartei zu einem späteren Zeitpunkt zu überraschen, anders als im Verfügungsverfahren,[194] regelmäßig anzunehmen sein. Die Beklagte sollte entsprechend ihrer Darlegungs- und Beweislast bereits im Rahmen der Klageerwiderung sämtliche für die Entscheidung erheblichen Angriffs- und Verteidigungsmittel mit entsprechenden Beweisangeboten versehen.

V. Mündliche Verhandlung

580 Der Gang der mündlichen Verhandlung im Hauptsacheverfahren wird durch die §§ 278, 279 ZPO bestimmt. Danach geht der eigentlichen mündlichen Verhandlung zunächst grundsätzlich eine Güteverhandlung, § 278 Abs. 2 ZPO, voraus. Das Gericht soll nur in Ausnahmefällen von der Durchführung einer **Güteverhandlung** absehen. Das gilt u.a. dann, wenn nach dem Inhalt der gewechselten Schriftsätze eine gütliche Beilegung des Rechtsstreits ausgeschlossen erscheint.[195] Im Rahmen der mündlichen Verhandlung erörtert das Gericht die Sach- und Rechtslage mit den Parteien und gibt diesen Gelegenheit zur Stellungnahme. Kommt eine gütliche Beilegung der Streitigkeit nicht zustande, schließt sich an die Güteverhandlung idR unmittelbar die mündliche Verhandlung an, § 279 ZPO.

581 Anders als in der mündlichen Verhandlung im einstweiligen Verfügungsverfahren[196] werden die Parteien im Hauptsacheverfahren vor verspäteten Angriffs- oder Verteidigungsmitteln der Gegenpartei geschützt. Diesem Zweck dient die Bestimmung des § 283 ZPO. Kann sich danach eine Partei in der mündlichen Verhandlung nicht auf einen verspäteten Schriftsatz der Gegenseite, der neue Tatsachen oder ein anderes neues Vorbringen enthält und nicht mindestens eine Woche vor der mündlichen Verhandlung zugestellt wurde, § 132 ZPO, erklären oder präsentiert die andere Partei im Termin neue Angriffs- oder Verteidigungsmittel iS von § 282 Abs. 2 ZPO, kann die betroffene Partei zur Erwiderung auf diese neuen Angriffs- und Verteidigungsmittel eine Schriftsatzfrist beantragen.

582 Das Gericht hat eine solche Schriftsatzfrist nach Ermessen zu gewähren. Soweit das neue Vorbringen jedoch entscheidungserheblich ist, kommt als Alternative des Gerichts lediglich eine Vertagung der mündlichen Verhandlung in Betracht. Verstöße des Gerichts verletzen den Anspruch der betroffenen Partei auf rechtliches Gehör[197] und können die Anfechtung eines auf den neuen Tatsachen oder auf das neue Vorbringen gestützten Urteils rechtfertigen. Die Partei, welche im Termin gem. § 283 ZPO eine Stellungnahmefrist beantragt hat, sollte zu Beweiszwecken darauf achten, dass der entsprechende Antrag in das Protokoll der Verhandlung, § 160 ZPO, aufgenommen wird.

192 Zöller/Greger, ZPO, § 282 Rn 3 mwN.
193 BGH NJW 1981, 1218.
194 Vgl insoweit Rn 488.
195 Thomas/Putzo/Reichold, ZPO, § 278 Rn 7.
196 OLG Koblenz GRUR 1987, 319.
197 Zöller/Greger, ZPO, § 283 Rn 3 a.

VI. Urteil

Gegenüber dem Urteil in einem einstweiligen Verfügungsverfahren ergeben sich insoweit keine Unterschiede, so dass zunächst auf die obigen Ausführungen zu verweisen ist.[198] 583

Der Inhalt des Urteils ergibt sich aus der Bestimmung des § 313 ZPO. Danach beinhaltet das Urteil neben der Bezeichnung der Parteien sowie des Gerichts insbesondere die Urteilsformel, den Tatbestand und die Entscheidungsgründe. Das Gericht hat den Parteien das vollständige Urteil gem. § 317 ZPO von Amts wegen zuzustellen. Diese Zustellung, nicht eine etwaige frühere Verkündung des Urteils im Termin, § 311 ZPO, setzt die Rechtsmittelfristen, insbesondere die Berufungsfrist, § 517 ZPO, in Lauf.[199] 584

In wettbewerbsrechtlichen Rechtsstreitigkeiten wird sich der Gegenstand des Tenors der Entscheidung idR auf ein Leistungs- oder Feststellungsurteil beziehen. Es ist Sache der Parteien, den Inhalt des Urteils und dort vor allem den Tenor, den Tatbestand und die Entscheidungsgründe unter Berücksichtigung in Betracht kommender Rechtsmittelfristen rasch und sorgfältig zu prüfen. 585

Stellen die Parteien im Rahmen der Prüfung der Entscheidung Schreibfehler, Rechenfehler oder ähnliche offenbare Unrichtigkeiten des Urteils fest, können sie jederzeit eine entsprechende Berichtigung beantragen. Solche Fehler sind jederzeit vom Gericht von Amts wegen zu berichtigen, § 319 ZPO.[200] Unrichtigkeiten sind „offenbar" iS des § 319 ZPO, wenn die festgestellten Fehler evident sind und sich für den Außenstehenden aus dem Zusammenhang des Urteils oder aus Vorgängen bei Erlass oder Verkündung des Urteils ohne weiteres ergeben.[201] Gegenstand einer Berichtigung iS des § 319 ZPO können alle Bestandteile des Urteils sein, insbesondere die Bezeichnung der Parteien, der Tenor der Entscheidungen und der Tatbestand. Ein Urteil soll auch offenbar unrichtig sein, wenn es ohne Begründung mit einem anderen Tenor verkündet wurde als es beraten und in der mündlichen Verhandlung angekündigt wurde.[202] 586

Der Tatbestand des Urteils beurkundet beweiskräftig iS des § 314 ZPO das gesamte Vorbringen der Parteien. Eine solche Beweiskraft besteht nur dann nicht, soweit der Tatbestand in sich widersprüchlich ist.[203] Umgekehrt beweist das Schweigen des Tatbestandes nicht, dass die Parteien etwas nicht vorgetragen haben.[204] 587

Die Parteien haben zu berücksichtigen, dass durch eine Berufung der Inhalt des Tatbestands nicht berichtigt werden kann. Das Berufungsgericht ist weitgehend an die tatsächlichen Feststellungen des Erstgerichts gebunden. Korrekturen können lediglich durch einen **Tatbestandsberichtigungsantrag** nach § 320 ZPO erfolgen.[205] Fehler des Tatbestandes können sowohl eine falsche Feststellung im Tatbestand als auch eine Lücke im Tatbestand, dh das Fehlen einer bestimmten Erklärung betreffen.[206] Der Gegenbeweis ist grundsätzlich nur über entsprechende Feststellungen im Sitzungsprotokoll zu führen. Beinhaltet der Tatbestand des Urteils Unrichtigkeiten, welche nicht gem. § 319 ZPO zu korrigieren sind, kommt ein Antrag auf Tatbestandsberichtigung gem. § 320 ZPO in Betracht. Ein Antrag nach 588

198 Siehe oben Rn 490 ff.
199 Zöller/Vollkommer, ZPO, § 317 Rn 1.
200 Vgl zum Inhalt des Antrags ferner Sänger/Ullrich/Siebert/Boeckh, ZPO, § 319 Rn 8 ff.
201 BGH NJW 1994, 2834.
202 BGH NJW-RR 2002, 712.
203 BGH NJW 2000, 3007.
204 BGH NJW 2004, 1879.
205 Zöller/Vollkommer, ZPO, § 314 Rn 2.
206 Thomas/Putzo/Reichold, ZPO, § 320 Rn 1.

§ 320 ZPO kann lediglich binnen einer Frist von zwei Wochen nach Zustellung des vollständigen Urteils erfolgen, § 320 Abs. 1, 2 ZPO.

589 Stellt sich im Rahmen der Prüfung des Urteils durch die Parteien heraus, dass das Gericht Ansprüche der Parteien ganz oder teilweise nicht abgeurteilt hat, kommt ein Antrag auf **Urteilsergänzung,** § 321 ZPO, in Betracht. Ebenso wie im Fall einer Tatbestandsberichtigung muss ein solcher Antrag binnen einer zweiwöchigen Frist nach Zustellung des Urteils schriftsätzlich erfolgen, § 321 Abs. 2 ZPO. Ob auch eine übergangene Rechtsmittelzulassungsentscheidung im Urteil einen Antrag nach § 321 ZPO rechtfertigt, ist streitig.[207]

590 Von entscheidender Bedeutung für die Parteien ist der **Umfang der Bindungswirkung** des Urteils für die Parteien und gegen die Parteien, die materielle Rechtskraft, § 322 ZPO. Die materielle Rechtskraft setzt zunächst die formelle Rechtskraft, § 705 ZPO, dh die Unanfechtbarkeit des Urteils voraus. Die materielle Rechtskraft eines Urteils hindert abweichende Entscheidungen desselben oder eines anderen Gerichts innerhalb bestimmter objektiver, subjektiver und zeitlicher Grenzen.[208]

591 Zur Bestimmung der Rechtskraft ist zunächst auf den Inhalt der Urteilsformel abzustellen. Soweit dieser für sich genommen nicht ausreicht, sind zur Bestimmung des Gegenstandes der materiellen Rechtskraft auch der Tatbestand und die Entscheidungsgründe des Urteils sowie das zugrunde liegende Vorbringen der Parteien zu berücksichtigen.[209] Die tatsächlichen Feststellungen des Gerichts sind ebenso wie Vorfragen nicht Gegenstand der Rechtskraft. Die Rechtskraft umfasst nur die erhobenen Ansprüche und wenn Ansprüche nur anteilig zugesprochen werden, nur solche Teile.[210] Anknüpfungspunkt für die Bestimmung der objektiven Grenzen der Rechtskraft ist ausschließlich der Streitgegenstand, über den tatsächlich entschieden wurde.[211] Ein wettbewerbsrechtliches Urteil entfaltet mithin Rechtskraft nur soweit, wie über den Anspruch entschieden worden ist. Damit werden auch alle kerngleichen Formen einer Verletzung bei einem Unterlassungsurteil verboten.[212] IÜ wird eine Bindungswirkung geschaffen, wenn die festgestellte Rechtsfolge für eine Entscheidung in einem späteren Rechtsstreit vorgreiflich ist.[213]

592 Der Streitgegenstand oder prozessuale Anspruch wird durch den Klageantrag und den insoweit zur Begründung vorgetragenen konkreten Sachverhalt in prozessualer Hinsicht bestimmt.[214]

593 Wenn die Klagepartei ihren Anspruch von vornherein erkennbar auf eine bestimmte Norm stützt, ist der Streitgegenstand auf diese Norm beschränkt.[215] Dies bedeutet neben der Beschränkung der Rechtskraft auf den vorgetragenen Anspruch auch, dass das Gericht einer auf eine andere Norm gestützten Klage nicht die Rechtskraft des bisherigen Urteils entgegensetzen kann.[216] Auch deswegen kann es sich empfehlen, sich zur Rechtfertigung eines Anspruchs noch auf eine weitere Norm zu beziehen.[217]

594 Eine Beseitigung der Rechtskraft kommt nur in engen Ausnahmefällen in Betracht. Dazu zählt der Fall einer Wiedereinsetzung aufgrund versäumter Fristen, §§ 233 ff ZPO, ein

207 Zöller/Vollkommer, ZPO, § 321 Rn 5 mwN.
208 Zöller/Vollkommer, ZPO, vor § 322 Rn 3.
209 ZB BGH NJW-RR 1999, 1006.
210 Thomas/Putzo/Reichold, ZPO, § 322 Rn 21 ff.
211 Zöller/Vollkommer, ZPO, vor § 322 Rn 35 mwN.
212 Teplitzky, Wettbewerbsrechtliche Ansprüche und Verfahren, Kap. 57 Rn 16, 16 a.
213 BGH NJW 1995, 2993.
214 Thomas/Putzo/Reichold, ZPO, Einleitung II, Rn 5 ff.
215 Hefermehl/Köhler/Bornkamm, Wettbewerbsrecht, § 12 Rn 2.23 mwN.
216 BGH – Telefoncard, GRUR 2001, 757.
217 ZB neben einem Verstoß nach § 3 UWG einen Verstoß nach § 5 UWG geltend zu machen.

Wiederaufnahmeverfahren gem. §§ 178 ff ZPO oder in engen Grenzen der Einwand einer vorsätzlichen sittenwidrigen Schädigung.[218]

VII. Berufung und Revision

In wettbewerbsrechtlichen Hauptsachestreitigkeiten kommt nach dem Rechtsmittel der Berufung unter bestimmten, eng begrenzten Voraussetzungen noch die Möglichkeit einer Revision in Betracht. In der Praxis wird sich das Rechtsmittel der durch eine erstinstanzliche Entscheidung beschwerten Partei zumeist auf die Durchführung eines Berufungsverfahrens beschränken. 595

1. Berufung

In diesem Zusammenhang ist zunächst auf die Erläuterungen zur Berufung im einstweiligen Verfügungsverfahren zu verweisen, sofern sich diese nicht auf die summarische Natur des Verfahrens beziehen.[219] 596

Im Rahmen der Berufungsschrift sind die Parteien und dass zuständige Berufungsgericht präzise und zutreffend zu bezeichnen. Eine fehlerhafte Adressierung des Gerichts bzw der Zugang bei einem unzuständigen Gericht wahrt die Berufungsfrist nicht.[220] Die Berufung geht erst dann beim zuständigen Berufungsgericht ein, wenn diese in die tatsächliche Verfügungsgewalt des Gerichts gelangt ist.[221] Allerdings ist auch das unzuständige Gericht aufgrund seiner prozessualen Fürsorgepflichten gehalten, die Berufungsschrift unverzüglich nachdem der Fehler festgestellt wurde, an das zuständige Gericht weiterzuleiten, um einer Fristversäumung vorzubeugen.[222] Die rechtzeitige Weiterleitung wahrt die Frist.[223] 597

Gem. § 519 Abs. 2 ZPO muss die Berufungsschrift eine Bezeichnung des Urteils, gegen das die Berufung gerichtet wird sowie die Erklärung, dass gegen das Urteil Berufung eingelegt wird, enthalten. Dem Berufungsschriftsatz soll eine Abschrift des angefochtenen Urteils beigefügt werden, § 529 Abs. 3 ZPO. Eine Berufungsschrift kann iÜ auch per Telefax eingereicht werden.[224] Wird dem Telefax noch ein Originalschriftsatz auf dem Postweg nachgeschickt, führt dies zu einer Mehrfacheinlegung. Es liegt aber gleichwohl nur ein Rechtsmittel vor.[225] 598

Zukünftig kann von den zuständigen Landesregierungen die Übermittlung von elektronischen Dokumenten, zB per E-Mail, zugelassen werden (vgl § 130 a ZPO). Entsprechende Ausführungsverordnungen wurden bereits von den Bundesländern erlassen.[226] Soweit übersehbar, existieren auf der Ebene der Land- bzw Oberlandesgerichte bislang einige Modellprojekte.[227] Eine elektronisch eingereichte Berufungsschrift bedarf gem. § 130 Abs. 1 ZPO einer qualifizierten elektronischen Signatur nach dem Signaturgesetz. Jedenfalls trägt die das Rechtmittel einlegende Partei sowohl im Rahmen einer Übermittlung per Post als auch per Telefax oder E-Mail die Beweislast für den rechtzeitigen Eingang der Berufungsschrift. 599

218 Vgl im Einzelnen Thomas/Putzo/Reichold, ZPO, § 322 Rn 50 ff.
219 Vgl Rn 496.
220 BGH NJW 1990, 990.
221 BGH NJW-RR 1997, 892.
222 BGH NJW-RR 2001, 1730.
223 BGH NJW 1981, 1674.
224 BGH NJW 1990, 188.
225 Zöller/Heßler, ZPO, § 519 Rn 3, 18 a.
226 Vgl Zöller/Greger, ZPO, § 130 a Rn 5 a.
227 Näher Degen, NJW 2008, 1473 f.

600 Eine wirksame Einlegung einer Berufung setzt darüber hinaus voraus, dass der den Rechtsmittelschriftsatz unterzeichnende Anwalt diesen handschriftlich eigenhändig unterschreibt.[228] Nach Aufhebung des anwaltlichen Lokalisationsgebots auch vor den OLG kann ein an einem OLG in der Bundesrepublik Deutschland zugelassener Anwalt auch bei sämtlichen anderen deutschen OLG auftreten.

601 Die Formulierung der Sachanträge richtet sich nach dem Tenor des erstinstanzlichen Urteils. Die beschwerte Partei kann das erstinstanzliche Urteil ganz oder teilweise anfechten. War die beschwerte Partei in erster Instanz in vollem Umfang unterlegen, wird sich der Sachantrag darauf richten, das bestimmt zu bezeichnende Urteil erster Instanz aufzuheben und die andere Partei entweder gem. den bereits erstinstanzlich erstrebten Anträgen zu verurteilen bzw die Klage abzuweisen. Die Zulässigkeit von Klageänderungen in der Berufungsinstanz ist durch die Bestimmung des § 533 ZPO deutlich eingeschränkt und kommt nur in Betracht, wenn sie sich auf zulässige neue Tatsachen, § 529 ZPO, stützt und die Gegenseite zustimmt bzw das Gericht die Klageänderung für sachdienlich hält.

602 Bei einer Teilverurteilung wird sich der Berufungsantrag darauf richten, die bestimmt zu bezeichnende erstinstanzliche Entscheidung abzuändern und dann einen Antrag entsprechend dem in erster Instanz nicht zugesprochenen Teils zu stellen.

603 In **Ausnahmeszenarien** kann auch ein Vollstreckungsschutzantrag in Betracht kommen, der, wenn überhaupt, idR nur gegen Beibringung einer angemessenen Sicherheitsleistung gewährt werden darf, §§ 712, 719 ZPO.[229]

604 Neben den entsprechenden Sachanträgen sollte die Berufungsbegründung, § 520 ZPO, ausdrücklich eine Erklärung beinhalten, in welchem Umfang das Urteil angefochten wird, § 520 Abs. 3 Nr. 1 ZPO. Der inhaltliche Aufbau der Berufungsbegründung wird sich darüber hinaus an den Bestimmungen des § 520 Abs. 3-5 ZPO orientieren.[230] Inhaltlich kann die Berufung gem. § 513 ZPO nur darauf gestützt werden, dass die Entscheidung auf einer Rechtsverletzung beruht bzw die nach § 529 ZPO zu berücksichtigenden Tatsachen eine abweichende Entscheidung rechtfertigen.

605 IÜ kommt vor dem Hintergrund des eingeschränkten Revisionsrechts, § 543 ZPO, neben der Berufungsbegründung oder bis zum Schluss der letzten mündlichen Berufungsverhandlung ein Antrag auf Zulassung der Revision in Betracht.

606 Die inhaltliche Gliederung der Berufung sollte sich an der Reihenfolge der in § 520 Abs. 3 ZPO enthaltenen Erklärungen und Umstände orientieren. Im Rahmen der Berufungsbegründung ist substantiiert und bezogen auf den streitigen Sachverhalt darzulegen, in welchen Punkten tatsächlicher oder rechtlicher Art das Ersturteil unzutreffend ist sowie aus welchen Gründen der Berufungskläger das angefochtene Urteil für unzutreffend erachtet.[231] Insoweit ist eine Auseinandersetzung mit Rechtsfehlern, auf welchen die Erstentscheidung beruht, geboten.

607 Von wesentlicher Bedeutung ist zudem die konkrete Angabe von Tatsachen, aus denen sich die Unrichtigkeit oder Unvollständigkeit der Tatsachenfeststellung erster Instanz ergibt. Dazu ist substantiierter Vortrag erforderlich und die konkrete Darlegung, in welchen Details Tatsachenfeststellungen nicht stimmen, weshalb eine Beweiswürdigung unzutreffend

228 BGH NJW 1996, 997.
229 Vgl näher Rn 669 ff.
230 Vgl zum Aufbau der Berufung ferner Sänger/Ullrich/Siebert/Weigel, ZPO, § 520 Rn 2-14.
231 Zöller/Heßler, ZPO, § 520 Rn 33.

ist und inwieweit erstinstanzliche Beweisanträge zu Unrecht übergangen wurden.[232] Letzteres gilt jedenfalls insoweit, als keine Gehörsrüge gem. § 321 a ZPO in Betracht kommt.

Im Rahmen der beanstandeten Tatsachen ist das Gericht an die Bestimmung des § 529 ZPO gebunden und hat grundsätzlich die erstgerichtlich festgestellten Tatsachen zugrunde zu legen. Etwas anderes gilt nach § 529 Abs. 1 Nr. 1 ZPO nur dann, wenn konkrete Anhaltspunkte Zweifel an der inhaltlichen Richtigkeit der entscheidungserheblichen erstinstanzlichen Tatsachen begründen. Die beschwerte Partei hat insoweit schlüssige Gegenargumente vorzutragen, welche die erhebliche Tatsachenfeststellung in Frage stellen.[233] 608

Der Vortrag von neuen Angriffs- und Verteidigungsmittel, § 520 Abs. 3 Nr. 4 ZPO, setzt eine substantiierte Darlegung und die Darlegung der Umstände, welche nach § 531 Abs. 2 ZPO ihre Zulassung rechtfertigen, voraus.[234] Anderenfalls droht die Zurückweisung des neuen Vorbringens. 609

IÜ erfolgt im Rahmen der Berufungsbegründung idR am Ende eine ergänzende Bezugnahme auf den erstinstanzlichen Vortrag der Partei. Allerdings ist eine pauschale Bezugnahme wie etwa 610

Im Übrigen wird auf den gesamten erstinstanzlichen Vortrag Bezug genommen

nicht ausreichend. Vielmehr ist eine **konkrete Bezugnahme** auf die nach Auffassung der Partei aus erster Instanz relevanten Schriftsätze und Beweisangebote geboten.[235]

Erscheint die Berufungsbegründung nach Auffassung des Berufungsgerichts als unzulässig, kann die Berufung unverzüglich gem. § 522 Abs. 1 ZPO durch Beschluss als unzulässig verworfen werden. 611

Kommt das Gericht aufgrund der Berufungsbegründung zu der Auffassung, dass die Berufung keine Aussicht auf Erfolg habe, § 522 Abs. 2 ZPO, kann es diese durch Beschluss zurückweisen, sofern das Gericht den Parteien zuvor unter Hinweis auf die maßgeblichen Gründe Gelegenheit zur Stellungnahme gegeben hat, § 522 Abs. 2 S. 2 ZPO. Diese Möglichkeit dient dazu, unnötige mündliche Verhandlungen zu vermeiden. Das Rechtsmittelgericht wird ein solches Verfahren wählen, wenn es das Rechtsmittel für aussichtslos hält. Eine offensichtliche Unbegründetheit ist insoweit nicht erforderlich.[236] 612

Das Berufungsurteil richtet sich nach der Bestimmung des § 540 ZPO und beinhaltet eine durch mögliche Bezugnahme auf das erstinstanzliche Urteil abgekürzte Wiedergabe des Tatbestandes und die Wiedergabe der wesentlichen Entscheidungsgründe. Falls gegen das Urteil eine Nichtzulassungsbeschwerde in Betracht kommt, muss aus dem Urteil zu ersehen sein, von welchem Sach- und Streitstand das Gericht ausgegangen ist, welches Rechtmittelbegehren die Parteien verfolgt haben und welche tatsächlichen Feststellungen der Entscheidung zugrunde liegen. Das Revisionsgericht muss die Möglichkeit haben, zu überprüfen, ob ein Zulassungsgrund gegeben ist.[237] 613

Darüber hinaus wird das Berufungsurteil eine Entscheidung über die Zulassung oder die Nichtzulassung einer Revision, § 543 Abs. 1 Nr. 1 ZPO, beinhalten. Die Entscheidung über die Zulassung ist dem Berufungsgericht von Amts wegen übertragen. Fehlt eine Entscheidung des Berufungsgerichts über die Zulassung der Revision, liegt keine Zulassung vor.[238] 614

232 Thomas/Putzo/Reichold, ZPO, § 520 Rn 23.
233 Zöller/Heßler, ZPO, § 529 Rn 3-9.
234 BGH NJW 2003, 2531.
235 BGH NJW 1982, 581.
236 Thomas/Putzo/Reichold, ZPO, § 522 Rn 14.
237 BGH NJW 2004, 239.
238 Zöller/Heßler, ZPO, § 543 Rn 17.

2. Revision

615 Das Revisionsrecht wurde durch das Zivilprozessreformgesetz vom 27.7.2001[239] umgestaltet und deutlich eingeschränkt. Nach dem Gesetz wurde eine generelle Zulassungsrevision eingeführt. Die Zulassung der Revision findet entweder statt, wenn das Berufungsgericht diese in seinem Urteil zugelassen hat oder das Revisionsgericht aufgrund einer Nichtzulassungsbeschwerde die Revision zulässt, § 543 ZPO.

616 Die Gründe für eine Zulassung der Revision sind nach der Bestimmung des § 543 Abs. 2 ZPO gegeben, wenn die Angelegenheit entweder grundsätzliche Bedeutung hat oder die Fortbildung des Rechts bzw die Sicherung einer einheitlichen Rechtsprechung eine Entscheidung des BGH erfordert. Seit Inkrafttreten des neuen Revisionsrechts sind der nachfolgenden Rechtsprechung des BGH zu den Zulassungsgründen bestimmte Leitlinien zu entnehmen.[240] Allein Rechtsfehler einer Berufungsentscheidung, mögen sie auch im Einzelfall gravierend sein, rechtfertigen für sich genommen noch nicht die Zulassung der Revision.[241]

617 Eine **grundsätzliche Bedeutung der Angelegenheit** iS des § 543 Abs. 2 Nr. 1 dürfte vor dem Hintergrund der Rechtsprechung[242] jedenfalls dann anzunehmen sein, wenn die für die Angelegenheit entscheidungserhebliche Rechtsfrage höchstrichterlich nicht geklärt ist und ein Interesse der Allgemeinheit an einer einheitlichen Handhabung der Rechtsfrage besteht. Das kann zB der Fall sein, wenn sich die Rechtsfrage in einer Vielzahl von Fällen ergeben kann, oder wenn sie von wesentlicher Bedeutung für die beteiligten Verkehrskreise ist. Insoweit wird der Umstand, dass das Auftreten der Rechtsfrage in einer unbestimmten Vielzahl von Fällen zu erwarten ist, eine Rolle spielen.[243] Diese Anforderung wird auch durch die Aussage, dass dem Rechtsfehler „symptomatische Bedeutung“ zukommen müsse, zum Ausdruck gebracht.[244]

618 Das Zulassungskriterium der **Fortbildung des Rechts** bzw der **Sicherung einer einheitlichen Rechtsprechung**, § 543 Abs. 2 Nr. 2 ZPO ist gegeben, wenn in Anbetracht der entscheidungserheblichen Gründe des Berufungsurteils Anlass besteht, Leitsätze für die Auslegung der betroffenen Bestimmungen aufzustellen, oder wenn Gesetzeslücken auszufüllen sind.[245] Das Kriterium der Sicherung einer einheitlichen Rechtsprechung wird insbesondere dann zu bejahen sein, wenn durch die anzufechtende Entscheidung des Berufungsgerichts im Vergleich zu einer höheren oder gleichrangigen Entscheidung abweichend entschieden wird.[246]

619 Des Weiteren wurde eine Zulassung iS des § 543 Abs. 2 Nr. 2 ZPO zur Sicherung einer einheitlichen Rechtsprechung in Betracht kommen, wenn die anzufechtende Entscheidung das Risiko einer Nachahmung durch andere Gerichte begründet[247] oder im Falle von Verstößen gegen das Willkürverbot bzw einer Verletzung von Verfahrensgrundrechten.[248]

620 Die überwiegende Mehrzahl der Berufungsurteile wird keine Zulassung einer Revision beinhalten. Will die beschwerte Partei das Berufungsurteil gleichwohl anfechten, kann dies

239 BGBl. I S. 1887.
240 Näher Zöller/Heßler, ZPO, § 543 Rn 10 a ff.
241 Vgl zB BGH NJW 2003, 831.
242 BGH NJW 2003, 1943 sowie 3765.
243 Vgl Zöller/Heßler, ZPO, § 543 Rn 11 mwN.
244 BGH NJW 2003, 65.
245 Zöller/Heßler, ZPO, § 543 Rn 13.
246 BGH NJW 2003, 1943.
247 Kritisch BGH NJW 2005, 154.
248 Thomas/Putzo/Reichold, ZPO, § 543 Rn 4 b mwN.

lediglich im Wege einer Nichtzulassungsbeschwerde, § 544 ZPO, geschehen. Die Frist für die Einlegung einer Nichtzulassungsbeschwerde beträgt grundsätzlich einen Monat nach Zustellung des vollständigen Berufungsurteils, spätestens jedoch sechs Monate nach Verkündung des Berufungsurteils, § 544 Abs. 1 S. 2 ZPO.

In Verfahren vor dem BGH sind lediglich die bei dem Gericht zugelassenen Rechtsanwälte postulationsfähig, § 78 Abs. 1 S. 3 ZPO. 621

Ebenso wie im Rahmen einer Berufungsschrift soll auch diesbezüglich eine Ausfertigung des anzufechtenden Urteils beigefügt werden. Eine Begründung der Zulassungsbeschwerde muss nach der Bestimmung des § 544 Abs. 2 ZPO innerhalb von zwei Monaten nach Zustellung des vollständigen Urteils erfolgen, spätestens jedoch innerhalb von 7 Monaten nach Verkündung. Die Begründung muss eine detaillierte Darlegung der Zulassungsgründe iS des § 543 Abs. 2 ZPO beinhalten. Das Revisionsgericht muss durch diese Begründung in der Lage sein, allein auf der Basis dieser Begründung und des Berufungsurteils die Voraussetzungen der Zulassung der Revision prüfen zu können.[249] Es bedarf in jedem Fall einer konkreten und substantiierten Darlegung der geltend gemachten Revisionsgründe.[250] 622

Das Revisionsgericht gibt der anderen Partei gem. § 544 Abs. 3 ZPO Gelegenheit zur Stellungnahme zur Nichtzulassungsbeschwerde. Im Rahmen der Entscheidung werden dann allein die geltend gemachten Revisionszulassungsgründe überprüft. Soweit übersehbar, führt nur eine geringe Anzahl der Nichtzulassungsbeschwerden zu einer positiven Entscheidung des Revisionsgerichts und zur Zulassung der Revision. In diesen Fällen wird das Beschwerdeverfahren als Revisionsverfahren fortgesetzt, § 544 Abs. 6 ZPO. 623

E. Muster

I. Muster: Antrag auf Erlass einer einstweiligen Verfügung wegen Verstoß gegen §§ 3, 4 Nr. 7 und 8 UWG 624

▶ Landgericht [...] 60

- Kammer für Handelssachen -

[Adresse]

Antrag auf Erlass einer einstweiligen Verfügung

In Sachen

A-GmbH, gesetzlich vertreten durch den Geschäftsführer Herrn X, [Adresse]

- Antragstellerin -

Verfahrensbevollmächtigte der Antragstellerin:

Rechtanwälte ABC, [Adresse]

gegen

B-GmbH, gesetzlich vertreten durch den Geschäftsführer Herrn Z, [Adresse]

- Antragsgegnerin -

wegen Unterlassung (UWG)

Namens und im Auftrag der Antragsteller, deren Vollmacht wir versichern,

249 BGH NJW 2003, 65.
250 Zöller/Heßler, ZPO, § 544 Rn 10 a.

beantragen wir

den Erlass einer einstweiligen Verfügung gegen die Antragsgegnerin und zwar wegen der besonderen Dringlichkeit des Falles ohne vorherige mündliche Verhandlung.

Folgende Formulierung der einstweiligen Verfügung wird vorgeschlagen:

I. Der Antragsgegnerin wird bei Meidung eines Ordnungsgeldes bis zu EUR 250.000,00, ersatzweise Ordnungshaft oder Ordnungshaft bis zu sechs Monaten, die Ordnungshaft jeweils zu vollziehen am Geschäftsführer der Antragsgegnerin Herrn Z, für jeden einzelnen Fall der Zuwiderhandlung verboten, im geschäftlichen Verkehr zu behaupten und/oder behaupten zu lassen, dass sich die A-GmbH in erheblichen finanziellen Schwierigkeiten befinde und deswegen die A-Veranstaltung am 16.6.2005 nicht stattfinden werde.

II. Die Antragsgegnerin hat die Kosten des Verfahrens zu tragen.

III. Der Streitwert wird auf EUR 75.000,00 festgesetzt.

Begründung

Die Beteiligten stehen auf dem Gebiet von Veranstaltungen für [...] im Wettbewerb. Die Antragsgegnerin schwärzt die Antragstellerin im Rahmen der Bewerbung ihrer eigenen Konkurrenzveranstaltung systematisch gegenüber potentiellen Veranstaltungsteilnehmern mit der Behauptung an, die Antragstellerin sei aufgrund finanzieller Schwierigkeiten nicht in der Lage, ihre A-Veranstaltungen zu organisieren. Die Antragstellerin begehrt Unterlassung dieser unlauteren, sachlich unzutreffenden und darüber hinaus kreditgefährdenden Behauptungen.

I. Zum Sachverhalt

1. Die Parteien
   a) Die Antragstellerin betreibt ... [Beschreibung des Geschäftsgegenstandes].
      Glaubhaftmachung: Eidesstattliche Versicherung von Herrn X vom [Datum], als Anlage AST-1
   b) Die Antragsgegnerin ist als ... [Beschreibung der Tätigkeit] tätig.
      Glaubhaftmachung: Ausdruck aus der Website http://www.B-GmbH.de, als Anlage AST-2
2. [Beschreibung der Vorgeschichte und der Tätigkeiten der Antragstellerin in den Vorjahren].
   Glaubhaftmachung: Veranstaltungsprospekte der A-GmbH aus dem Zeitraum von [Datum] bis [Datum], als Anlage AST-3
3. Die Antragstellerin erhielt am [Datum] Kenntnis von einer E-Mail des Vertriebsdirektors der Antragsgegnerin, Herrn XY, in deren Rahmen sich die Antragsgegnerin auch eingehend zur Antragstellerin äußert. Dort wird erwähnt, dass sich die „finanzielle Situation" der Antragstellerin zu einer Gefahr für die Veranstaltung entwickelt habe.
   Glaubhaftmachung: E-Mail der Antragsgegnerin vom [Datum] an Herrn K, als Anlage AST-4
   Diese E-Mail wurde in inhaltlich identischer Form an potentielle Veranstaltungsteilnehmer versendet. Die Antragsgegnerin hat es nicht bei den E-Mails belassen, sondern telefonisch weiter nachgefasst. Sie erklärte gegenüber verschiedenen potentiellen Konferenzteilnehmern in Bezug auf die konkurrierende Veranstaltung der Antragstellerin, dass davon auszugehen sei, dass die A-Veranstaltung wegen ganz erheblicher finanzieller Schwierigkeiten der Antragstellerin nicht stattfinden werde und sich die Adressaten deswegen für die Teilnahme an der Veranstaltung der Antragsgegnerin entscheiden sollten.
   Glaubhaftmachung: Eidesstattliche Versicherung von Herrn L vom [Datum], als Anlage AST-5

4. Die Behauptungen der Antragsgegnerin sind inhaltlich unwahr. Die Antragstellerin ist jederzeit in der Lage, die Veranstaltung zu finanzieren und erfolgreich durchzuführen. Sämtliche fälligen Zahlungen für die Veranstaltung wurden ordnungsgemäß geleistet.
   Glaubhaftmachung: Eidesstattliche Versicherung von Herrn X, Anlage AST-1
5. Die Antragstellerin hat die Antragsgegnerin aufgefordert, ihr eklatant unlauteres und kreditgefährdendes Vorgehen zu unterlassen.
   Glaubhaftmachung: Schreiben der Rechtsanwälte ABC vom [Datum], als Anlage AST-6
   Die Antragsgegnerin hat die Abgabe der strafbewehrten Verpflichtungserklärung abgelehnt und behauptet, sie habe die beanstandeten Äußerungen „zu keiner Zeit" getätigt.
   Glaubhaftmachung: Schreiben der Rechtsanwälte DEF vom [Datum], als Anlage AST-7
   Auch diese Aussage ist, wie dokumentiert, unwahr. Vor diesem Hintergrund sind sofortige gerichtliche Maßnahmen unabdingbar.

II. Rechtliche Würdigung

Die Antragstellerin hat Anspruch auf Unterlassung der eklatant unlauteren und kreditgefährdenden Behauptungen. Die Parteien sind unmittelbare Mitbewerber ... [weitere Rechtsausführungen].

Mit ihrem Vorgehen verstößt die Antragsgegnerin u.a. gegen die Bestimmungen der §§ 3, 4 Nr. 7 und 8 UWG. Ihre Behauptungen sind zudem als irreführend iS des § 5 UWG zu werten.

Die Antragsgegnerin handelt vorsätzlich und potentiellen Veranstaltungsteilnehmern gegenüber mit dem Ziel, diese von einer Veranstaltungsteilnahme bei der Antragstellerin abzuhalten und stattdessen für die eigene Veranstaltung anzuwerben.

Die systematisch verbreiteten herabsetzenden Äußerungen der Antragsgegnerin sind geeignet, der Antragstellerin schweren Schaden zuzufügen. Herabsetzende Äußerungen über die persönlichen oder geschäftlichen Verhältnisse eines Mitbewerbers sind grundsätzlich wettbewerbswidrig (§ 4 Nr. 7 UWG).

Die Aussagen der Antragsgegnerin sind als Tatsachen einzustufen. Die finanzielle Verfassung der Antragstellerin ist jederzeit objektivierbar. Die unrichtigen Behauptungen der Antragsgegnerin sind geeignet, den geschäftlichen Kredit der Antragstellerin schwer zu schädigen und verstoßen gegen die Bestimmung des § 4 Nr. 8 UWG. Der Antragsgegner muss deswegen die Wahrheit seiner böswilligen Behauptungen beweisen, was ihm nicht gelingen kann.

Im Übrigen bewirkt das Vorgehen der Antragsgegnerin eine erhebliche Irreführung der potentiellen Veranstaltungsteilnehmer, da diesen zur Förderung des eigenen Wettbewerbs der Antragsgegnerin vorgespiegelt wird, sie sollten nicht an der A-Veranstaltung teilnehmen, weil deren Durchführung aufgrund der finanziellen Probleme der Antragstellerin vermeintlich gefährdet sei. Insoweit verstößt die Antragsgegnerin auch gegen § 5 UWG.

III. Sonstiges

1. Die prozessrechtlichen Voraussetzungen für den Erlass einer einstweiligen Verfügung ergeben sich aus den §§ 935, 940 ZPO. Angesichts des Umstandes, dass die Antragsgegnerin ihre eklatant unlauteren Behauptungen offenbar systematisch weiterverbreitet, ist die Angelegenheit außerordentlich dringlich.
   Das angerufene Gericht ist nach §§ 13, 14 UWG sowie § 32 ZPO örtlich und sachlich zuständig.
2. Der zugrunde gelegte Streitwert für das Verfügungsverfahren orientiert sich an einem Betrag in Höhe eines Drittels des von der Antragstellerin zu erwartenden Umsatzes für deren Veranstaltung.

3. Sobald die einstweilige Verfügung erlassen worden ist, bitten wir um telefonische Benachrichtigung. Für weitere Rückfragen steht der Unterzeichner jederzeit telefonisch zur Verfügung.

Um antragsgemäße Entscheidung wird gebeten.

...

Rechtsanwalt ◀

625 II. Muster: Eidesstattliche Versicherung

61 ▶ **Eidesstattliche Versicherung**

In Kenntnis der strafrechtlichen Folgen einer falschen oder unvollständigen Versicherung an Eides Statt, und in dem Bewusstsein, dass diese Erklärung zur Vorlage bei Gericht bestimmt ist, erkläre ich hiermit an Eides statt Folgendes:

I. Zur Person:

Mein Name ist XX. Ich bin geboren am [Geburtsdatum] und [Adresse]. Ich bin [Beruf].

II. Zur Sache:

1. Ich bin seit [Datum] allein verantwortlich für die Buchhaltung und den Vertrieb der A-GmbH, [Adresse].
2. Die A-GmbH befindet sich nicht in erheblichen finanziellen Schwierigkeiten, welche die Vorbereitung und/oder Durchführung der A-Veranstaltung am [Datum] gefährden könnten. Jegliche fälligen Forderungen im Zusammenhang mit der A-Veranstaltung wurden von der A-GmbH beglichen.
   Die finanzielle Situation der A-GmbH hat die Vorbereitung und/oder Durchführung der oben genannten Veranstaltung bislang in keiner Weise beeinträchtigt. Es liegen keinerlei Zahlungstitel gegen die A-GmbH vor.
3. Darüber hinaus erwartet die A-GmbH kurzfristig verbindlich gebuchte Umsätze in knapp sechsstelliger Höhe von Ausstellern/Sponsoren der Veranstaltung.

[Datum

Unterschrift] ◀

626 III. Muster: Widerspruch gegen eine einstweilige Verfügung wegen irreführender Werbung, § 5 UWG

62 ▶ Landgericht [...]

[Adresse]

Aktenzeichen: [... HK O ...]

Widerspruch

In Sachen

B-GmbH, vertreten durch den Geschäftsführer Herrn Z, [Adresse]

- Antragstellerin -

Prozessbevollmächtigte: Rechtsanwälte DEF, [Adresse]

gegen

A-GmbH, vertreten durch den Geschäftsführer Herrn X, [Adresse]

- Antragsgegnerin -

Prozessbevollmächtigte: Rechtsanwälte ABC, [Adresse]

wegen Unterlassung

Streitwert: EUR 75.000

bestellen wir uns für die Antragsgegnerin und erheben gegen die einstweilige Verfügung der angerufenen Kammer vom [Datum] namens und in Vollmacht der Antragsgegnerin Widerspruch. Wir richten an die angerufene Kammer die Bitte, einen möglichst nahen Verhandlungstermin anzuberaumen, in dem wir beantragen werden:

1. Die einstweilige Verfügung vom [Datum], Az [... HK 0 ...], wird aufgehoben.
2. Der Antrag auf Erlass einer einstweiligen Verfügung der Antragstellerin vom [Datum] wird zurückgewiesen.
3. Die Antragstellerin trägt die Kosten des Verfahrens.

Begründung

Die Antragstellerin behauptet, die Antragsgegnerin würde zu ihren Lasten mit dem unzutreffenden Hinweis auf eine neunjährige Veranstaltungstradition irreführende Werbung betreiben. Die Kammer hat auf der Grundlage des – wie sich zeigen wird – unzutreffenden Vortrags der Antragstellerin eine einstweilige Verfügung erlassen. Denn die Antragsgegnerin hat in der Tat die A-Veranstaltung bereits neunmal durchgeführt. Ihre beanstandeten Werbeaussagen sind nach dem Verständnis der angesprochenen Veranstaltungsadressaten uneingeschränkt zutreffend.

Im Einzelnen:

I. Zum Sachverhalt

1. Die Antragsgegnerin veranstaltet Konferenzen zum Thema [...]. Solche Veranstaltungen fanden bereits seit [Datum] mindestens einmal jährlich statt.

   Glaubhaftmachung:

   1. Eidesstattliche Versicherung von Herrn X; beigefügt als Anlage AG-1
   2. Veranstaltungsunterlagen 1999-2008; in Kopie beigefügt als Anlagenkonvolut AG- 2
2. Am [Datum] veranstaltet die Antragsgegnerin in München ihre Fachkonferenz, die sich wie in den Vorjahren mit dem Thema [...] beschäftigt.

   Glaubhaftmachung: Computerausdruck der Internetseite der Antragsgegnerin, als Anlage AG-3

   Wie sich bereits aus dem Vergleich der vorgelegten Unterlagen ergibt, ist die Thematik der Veranstaltung über die Jahre nahezu vollkommen identisch geblieben. Herr X, der Geschäftsführer der Antragsgegnerin, hat die Konferenz mit dieser Thematik in München in federführender Funktion während der letzten 10 Jahre durchgeführt und veranstaltet.

   Glaubhaftmachung: Eidesstattliche Versicherung von Herrn X; beigefügt als Anlage AG-1

   Daher ist die Aussage, dass diese Veranstaltung mit dieser Thematik zum 11. Mal stattfindet, vollkommen berechtigt und sachlich richtig.
3. Ein Geschäftspartner der Antragsgegnerin, Herr U, hat die Antragstellerin bereits im vergangenen Jahr über die geplante Veranstaltung der Antragsgegnerin informiert und auf die insoweit bereitgestellte Website verwiesen. Die beanstandeten Werbeaussagen sind dort seit Dezember 2008 aufgeführt. Herr Z hat den Inhalt der Webseite mit Herrn U im Dezember 2008 gemeinsam betrachtet.

Glaubhaftmachung: Eidesstattliche Versicherung von Herrn U; beigefügt als Anlage AG-4

II. Zur Rechtslage

Die Antragstellerin hat keinen Anspruch aus § 5 UWG. Eine Irreführung der maßgeblichen Verkehrskreise liegt nicht vor. Auch die Dringlichkeit des Antrags ist nicht gegeben.

1. Streitig ist vorliegend das „Alter" bzw die „Tradition" des Veranstaltungsprodukts „A-Veranstaltung" der Antragsgegnerin. Mit der Tradition bzw der Dauer der Präsenz eines Unternehmens auf dem Markt sind im Verkehr zumeist positive Vorstellungen über Qualität und Erfolg des Unternehmens verbunden. Die Antragstellerin behauptet, dass die Veranstaltung nicht zum 11. Mal durchgeführt werde und daher diese Werbeangabe irreführend sei.
   In der Rechtsprechung hat sich eine umfangreiche Kasuistik zur werblichen Zulässigkeit der Angabe des Alters bzw der Tradition von Unternehmen herausgebildet, welche vergleichend herangezogen werden kann. Irreführende Angaben über Eigenschaften und Bedeutung des Unternehmens können danach eine irreführende Werbung iS von § 5 UWG begründen. Die Rechtsprechung hat hier eine Irreführung angenommen, wenn ein Eindruck von Kontinuität vorgetäuscht wird, der in Wirklichkeit nicht besteht. Die Rechtsprechung verlangt, dass die wirtschaftliche Fortdauer des Unternehmens während der behaupteten Jahre anzunehmen ist. Erforderlich ist dafür grundsätzlich wirtschaftliche Geschäftskontinuität (Hefermehl/Köhler/Bornkamm, Wettbewerbsrecht, 27. Aufl. 2009, § 5 UWG Rn 5.58).
2. Unter Berücksichtigung dieser Rechtsprechung sind die beanstandeten Aussagen auf der Website der Antragsgegnerin uneingeschränkt zutreffend.
   a) Für die Bestimmung der Irreführung einer Werbeaussage ist das für § 5 UWG maßgebliche Verständnis der Adressaten zu ermitteln. Ob eine Angabe irreführend ist, „bestimmt sich nach der Auffassung der Verkehrskreise, für die die Werbeaussage bestimmt ist und von denen der Werbende verstanden werden will" (OLG Dresden GRUR 1998, S. 172). Demgemäß entscheidet alleine die Verkehrsauffassung, welchen Sinn die Angaben „zum 11. Mal" bzw „11. Jahrgang" haben.
      Die entscheidenden Verkehrskreise sind vorliegend Unternehmen der [...]-Branche.
      Die Aussagen „zum 11. Mal" bzw „11. Jahrgang" erzeugen bei diesen aufgeklärten Adressaten den Eindruck, dass der Veranstalter über ein über Jahre hinweg gewachsenes Know-how hinsichtlich dieser Art von Veranstaltungen verfügt und dass er diese Konferenz über diesen Zeitraum hinweg in der Praxis erfolgreich durchgeführt hat.
   b) Aus den vorgelegten Unterlagen ergibt sich, dass die Aussage der Antragsgegnerin zutreffend von den maßgeblichen Verkehrskreisen verstanden wurde.
      [...]
3. Auch der Verfügungsgrund ist nicht gegeben.
   Nach der Rechtsprechung des OLG München ist die Angelegenheit „dringlich", wenn der Anspruchsberechtigte innerhalb einer Regelfrist von einem Monat nach Kenntnisnahme vom unlauteren Verhalten und der Person des Verletzers Antrag auf Erlass einer einstweiligen Verfügung stellt (vgl Hefermehl/Köhler/Bornkamm, aaO, § 12 UWG Rn 3.15). Stellt der Anspruchsberechtigte den Antrag später, ist eine besondere Dringlichkeit nicht mehr gegeben. Der Anspruchsberechtigte muss sich dabei die Kenntnis seiner Organe gem. §§ 31, 89 BGB hinsichtlich des Zeitpunktes der Kenntnisnahme zurechnen lassen.

Die Geschäftsführung der Antragstellerin wusste seit Ende des Jahres 2008 von der beanstandeten Website und dem beanstandeten Inhalt. Vor diesem Hintergrund ist auch der behauptete Verfügungsgrund der Antragstellerin nicht gegeben.

Wir bitten um antragsgemäße Entscheidung

...

Rechtsanwalt ◄

IV. Muster: Kostenwiderspruch 627

63

► An das

Landgericht [...]

[Adresse]

Aktenzeichen: [... HK O ...]

Kostenwiderspruch

In Sachen

A-GmbH, gesetzlich vertreten durch den Geschäftsführer, Herrn X, [Adresse]

- Antragstellerin -

Prozessbevollmächtigte: Rechtsanwälte ABC, [Adresse]

gegen

B-GmbH, gesetzlich vertreten durch den Geschäftsführer, Herrn Z, [Adresse]

- Antragsgegnerin –

Prozessbevollmächtigte: Rechtsanwälte DEF, [Adresse]

zeigen wir die anwaltliche Vertretung der Antragsgegnerin an. Namens und in deren Auftrag erheben wir hiermit Kostenwiderspruch gegen die einstweilige Verfügung des Landgerichts [...] vom [Datum], Az [... HK O ...].

Im Termin zur mündlichen Verhandlung werden wir beantragen:

I. Die einstweilige Verfügung des Landgerichts [...] vom [Datum], Az [... HK O ...] wird hinsichtlich der Kostenentscheidung abgeändert.

II. Die Antragstellerin trägt die Kosten des Rechtsstreits.

Begründung

1. Der Antragsgegnerin wurde am [Datum] eine einstweilige Verfügung des Landgerichts [...] vom [Datum], Az [... HK O ...] vom Gerichtsvollzieher zugestellt. Die Antragsgegnerin hat vor Beantragung der einstweiligen Verfügung keine schriftliche Abmahnung erhalten.

   Die Antragsgegnerin ist seit [Datum] 2009 nicht mehr unter der von der Antragstellerin angegebenen Adresse [...], sondern unter der Adresse [...] ansässig.

   Glaubhaftmachung:

   1. Mitteilung über die Verlegung des Sitzes der B-GmbH an das Amtsgericht München, Handelsregister, vom [Datum], als Anlage AG-1
   2. Mitteilung der B-GmbH an die Deutsche Post vom [Datum] nebst Nachsendeantrag, als Anlage AG-2

   Der Zeitraum für den Nachsendeantrag ist seit geraumer Zeit abgelaufen.

   Darüber hinaus hat die Antragsgegnerin den Wechsel ihrer Geschäftsadresse auf ihrem Geschäftspapier wie auch über ihre Website http://www.b-GmbH.de bekannt gemacht.

Glaubhaftmachung: Eidesstattliche Versicherung des Geschäftsführers der B-GmbH, Herrn Z, als Anlage AG-3

Selbst bei einer Google-Recherche über die „B-GmbH" taucht bereits unter den ersten Treffern die zutreffende Adresse der Antragsgegnerin auf.

Glaubhaftmachung: Auszug aus der Webseite google.de vom [Datum], als Anlage AG-4

Die Antragsgegnerin hat die von der Antragstellerin als Anlage AST-1 vorgelegte Abmahnung erst nach der Zustellung der einstweiligen Verfügung erhalten.

Glaubhaftmachung: Eidesstattliche Versicherung des Geschäftsführers der B-GmbH, Herrn Z, als Anlage AG-3

2. Die Antragsgegnerin kündigt an, im Termin zur mündlichen Verhandlung die einstweilige Verfügung des Landgerichts [...] vom [Datum] als endgültige und verbindliche Regelung anzuerkennen und auf ihre Rechte aus den §§ 924, 926 und 927 ZPO mit Ausnahme künftiger Umstände, die einem rechtskräftigen Hauptsachetitel entgegen gesetzt werden können, zu verzichten.
3. Eine Fallkonstellation, in deren Rahmen die Antragstellerin ohne etwaige Kostennachteile auf eine Abmahnung hätte verzichten können (vgl Baumbach/Hefermehl/Bornkamm, Wettbewerbsrecht, 27. Aufl. 2009, § 12 Rn 1.43 ff), ist nicht ersichtlich.

Im Rahmen eines sorgfältigen Vorgehens hätte die Antragstellerin ohne weiteres die richtige Adresse der Antragstellerin identifizieren können. Die Antragsgegnerin hat keine Veranlassung zur Beantragung einer einstweiligen Verfügung gegeben. Deswegen sind die Kosten des Rechtsstreits der Antragstellerin gem. § 93 ZPO analog aufzuerlegen.

...

Rechtsanwalt ◀

628 **V. Muster: Antrag auf Erhebung einer Hauptsacheklage gem. § 926 ZPO**

64 ▶ Landgericht [...]

[Adresse]

Aktenzeichen: [... HK O ...]

Antrag auf Hauptsacheklageerhebung gem. § 926 ZPO

In Sachen

B-GmbH, gesetzlich vertreten durch den Geschäftsführer Herrn Z, [Adresse]

- Antragstellerin -

Prozessbevollmächtigte: Rechtsanwälte DEF, [Adresse]

gegen

A-GmbH, gesetzlich vertreten durch den Geschäftsführer Herrn X, [Adresse]

- Antragsgegnerin -

Prozessbevollmächtigte: Rechtsanwälte ABC, [Adresse]

bestellen wir uns für die Antragsgegnerin.

Wir beantragen namens und im Auftrag der Antragsgegnerin, ohne mündliche Verhandlung anzuordnen, dass die Antragstellerin binnen einer vom Gericht zu bestimmenden hinreichenden Frist Hauptsacheklage zu erheben hat.

...

Rechtsanwalt ◀

VI. Muster: Antrag auf Aufhebung der einstweiligen Verfügung gem. § 927 ZPO 629

▶ Landgericht [▪▪▪] 65

[Adresse]

Az: [▪▪▪ HK O ▪▪▪]

Antrag auf Aufhebung einer einstweiligen Verfügung gem. § 927 ZPO

In Sachen

B-GmbH, gesetzlich vertreten durch den Geschäftsführer, Herrn Z, [Adresse]

- Antragstellerin –

Prozessbevollmächtigte: Rechtsanwälte DEF [Adresse]

gegen

A-GmbH, gesetzlich vertreten durch den Geschäftsführer, Herr X, [Adresse]

- Antragsgegnerin –

Prozessbevollmächtigte: Rechtsanwälte ABC, [Adresse]

beantragen wir namens und in Vollmacht der Antragsgegnerin:

I. Die einstweilige Verfügung des Landgerichts [▪▪▪] vom [Datum], Az [▪▪▪ HK O ▪▪▪], wird aufgehoben.

II. Die Antragstellerin trägt die gesamten Kosten des Rechtsstreits.

Begründung

Die Antragstellerin hat der Antragsgegnerin die vorgenannte einstweilige Verfügung vom [Datum] am [Datum] zugestellt.

Glaubhaftmachung: Abschrift der einstweiligen Verfügung nebst Zustellungsurkunde, als Anlage AG-1

Die Parteien haben zwischenzeitlich ein Hauptsacheverfahren in derselben Angelegenheit durchgeführt. Mit Urteil vom [Datum] wurde der Anspruch der Antragstellerin rechtskräftig zurückgewiesen.

Glaubhaftmachung: Kopie des Urteils des Landgerichts [▪▪▪] vom [Datum], Az [▪▪▪ HK O ▪▪▪] nebst Rechtskraftvermerk, als Anlage AG-2

Die Antragsgegnerin hat die Antragstellerin nach Rechtskraft des Hauptsacheurteils aufgefordert, auf die Rechte aus der einstweiligen Verfügung zu verzichten.

Glaubhaftmachung: Schreiben der Rechtsanwälte ABC vom [Datum], als Anlage AG-3

Die Antragstellerin reagierte nicht fristgerecht, so dass die gerichtliche Aufhebung der einstweiligen Verfügung geboten ist.

▪▪▪

Rechtsanwalt ◀

VII. Muster: Abschlussschreiben 630

▶ Herrn Rechtsanwalt Y 66

Rechtsanwälte DEF

[Adresse]

A-GmbH ./. B-GmbH –

LG [▪▪▪], Az [▪▪▪ HK O ▪▪▪]

Sehr geehrter Herr Kollege Y,

in obiger Sache hat das Landgericht […] antragsgemäß eine einstweilige Verfügung erlassen. Diese wurde Ihrer Mandantin am [Datum] zugestellt. Die bisher getroffene Regelung hat lediglich vorläufigen Charakter. Zur Vermeidung der Erhebung einer Hauptsacheklage habe ich Ihre Mandantschaft daher namens und in Vollmacht unserer Mandantschaft aufzufordern, zu erklären, dass

1. diese die am [Datum] ergangene einstweilige Verfügung des Landgerichts […], Az: [… HK O …], als endgültige und zwischen den Parteien materiellrechtlich verbindliche Regelung anerkennt und insbesondere auf die Einlegung eines Widerspruchs gem. § 924 ZPO sowie auf die Rechtsbehelfe gem. den §§ 926, 927 ZPO verzichtet;
2. Ihre Mandantschaft sich verpflichtet, die meiner Mandantschaft durch unsere Einschaltung entstandenen Kosten auf der Grundlage eines Gegenstandswerts von EUR […] in Höhe einer 0,8 Verfahrensgebühr zuzüglich Auslagen und MwSt., mithin EUR […], zu erstatten. Anliegend finden Sie eine entsprechende Gebührenrechnung.

Die Abgabe einer Abschlusserklärung gehört gebührenrechtlich zum Hauptsacheverfahren.

Für den Eingang der vorstehenden Erklärung habe ich mir den

[Datum]

vorgemerkt. Nach fruchtlosem Fristablauf müssten wir davon ausgehen, dass Ihre Mandantin einer gerichtlichen Entscheidung und Fortsetzung des Verfahrens in der Hauptsache den Vorzug gibt.

Mit freundlichen kollegialen Grüßen

…

Rechtsanwalt ◀

631 VIII. Muster: Einseitige Erledigungserklärung des Antragstellers

67 ▶ Landgericht […]

[Adresse]

Az: [… HK O …]

Einseitige Erledigungserklärung

In Sachen

A-GmbH, gesetzlich vertreten durch den Geschäftsführer Herr X, [Adresse]

- Antragstellerin -

Prozessbevollmächtigte: Rechtsanwälte ABC, [Adresse]

gegen

B-GmbH, gesetzlich vertreten durch den Geschäftsführer Herr Z, [Adresse]

- Antragsgegnerin –

Prozessbevollmächtigte: Rechtsanwälte DEF, [Adresse]

erklärt die Antragstellerin die Hauptsache für erledigt und beantragt, der Antragsgegnerin die Kosten des Rechtsstreits aufzuerlegen.

Begründung

1. Wie sich aus der der Kammer vorliegenden Antragsschrift der Antragstellerin vom [Datum] ergibt, wurde die Antragsgegnerin mit Schreiben vom [Datum] (Anlage AST-1) unter Frist-

setzung zur Abgabe einer strafbewehrten Unterlassungsverpflichtungserklärung aufgefordert.

Das Gericht hat zwischenzeitlich am [Datum] die Antragsschrift der Antragstellerin an die Antragsgegnerin übermittelt und Termin zur mündlichen Verhandlung auf den [Datum] bestimmt.

Die Rechtsanwälte DEF haben mit Schriftsatz vom [Datum] die anwaltschaftliche Vertretung der Antragsgegnerin angezeigt.

Glaubhaftmachung: Schreiben vom [Datum] als Anlage AST-5

2. Die Antragstellerin erhielt nunmehr die erstrebte strafbewehrte Unterlassungsverpflichtungserklärung unterschrieben von der Antragsgegnerin zurück.

   Glaubhaftmachung: Schreiben der Antragsgegnerin vom [Datum] nebst Unterlassungsverpflichtungserklärung vom [Datum], als Anlage AST-6

Die Antragstellerin hat die Unterlassungsverpflichtungserklärung angenommen und regt an, dass sich die Antragsgegnerin der Erledigungserklärung unverzüglich anschließt, damit ohne mündliche Verhandlung über die Kosten des Verfahrens entschieden werden kann.

...

Rechtsanwalt ◄

IX. Muster: Berufung und Berufungsbegründung gegen durch Urteil bestätigte einstweilige Verfügung wegen Verstoßes gegen §§ 3, 4 Nr. 1 UWG[251] 632

► Oberlandesgericht [...] 68

[Adresse]

Az. erster Instanz: [... HK O ...]

Berufung und Berufungsbegründung

In Sachen

A-GmbH, vertreten durch den Geschäftsführer Herrn X,

[Adresse]

- Antragsgegnerin und Berufungsklägerin –

Prozessbevollmächtigte: Rechtsanwälte ABC, [Adresse]

gegen

Schutzverband für Endverbraucher, vertreten durch den Vorsitzenden Herrn Y,
[Adresse]

- Antragsteller und Berufungsbeklagter –

Prozessbevollmächtigte erster Instanz: Rechtsanwälte DEF, [Adresse]

Beschwerwert: EUR 50.000

legen wir hiermit im Namen der Antragsgegnerin und Berufungsklägerin gegen das am [Datum] verkündete und am [Datum] zugestellte Urteil des Landgerichts [...], Az: [... HK O ...]

Berufung

ein.

Zwei beglaubigte Abschriften des Urteils sind beigefügt.

---

251 Dieses Muster knüpft an den Sachverhalt der Muster unter Rn 372 und Rn 375 an.

Im Termin zur mündlichen Verhandlung werden wir beantragen:

I. Das Urteil des Landgerichts [...] vom [Datum], Az: [... HK O ...] sowie die einstweilige Verfügung vom [Datum] werden aufgehoben und der Antrag auf Erlass einer einstweiligen Verfügung vom [Datum] wird zurückgewiesen.

II. Der Berufungsbeklagte trägt die Kosten des Rechtsstreits.

Begründung

Das Urteil des Erstgerichts ist in mehrfacher Hinsicht unzutreffend und wird deswegen in vollem Umfang zur Überprüfung gestellt. Das vom Antragsteller beanstandete Incentive-System beinhaltet materiellrechtlich keinerlei Verstöße gegen §§ 3, 4 Nr. 1 UWG oder andere wettbewerbsrechtliche Bestimmungen. Im Einzelnen:

1. Das Erstgericht hat den Antragsteller und Berufungsbeklagten zu Unrecht als klagebefugt eingestuft. Eine hinreichende Auseinandersetzung mit der von Amts wegen zu prüfenden Bestimmung des § 8 Abs. 2 Nr. 3 UWG fand nicht statt.
   Die Antragsgegnerin und Berufungsklägerin hat beanstandet, dass der Antragsteller außerhalb seines Satzungszweckes handelt. Der Antragsteller ist ein reiner Verbraucherverein mit ausschließlich natürlichen Personen als Mitgliedern, der es sich satzungsgemäß zur Aufgabe gemacht hat, deutsche Endverbraucher durch Aufklärung und Beratung bei Kaufentscheidungen und bei Entgegennahme von Dienstleistungen zu unterstützen. Die Beanstandung der vermeintlich unlauteren Maßnahmen zwischen bestimmten Marktstufen des Handels (Reiseveranstalter-Reisebüro) betrifft keine Beratung bzw Aufklärung von Endverbrauchern in Deutschland.
2. Nicht minder unrichtig ist die Behauptung, dass die seitens der Antragsgegnerin bereits vorgerichtlich übermittelte Unterlassungsverpflichtungserklärung gegenüber der Wettbewerbszentrale, Anlage AG-2, irrelevant sei.
   [...]
3. Das Erstgericht meint, dass das Verhalten der Beklagten unter dem Gesichtspunkt einer unzulässigen Laienwerbung gegen § 4 Nr. 1 UWG verstoße. Dies ist unzutreffend. Unter Berücksichtigung der maßgeblichen Rechtsprechung (siehe Hefermehl/Köhler/Bornkamm, Wettbewerbsrecht, 27. Aufl. 2009, § 4 UWG Rn 1.172, 1.174 c) sind Reisebüromitarbeiter keine Laien, sondern Angehörige der Fachkreise der Reisebürobranche.
   Das Erstgericht meint weiter, dass die Branchenüblichkeit von Incentives für die Beurteilung der behaupteten Wettbewerbsmaßnahmen keine Rolle spiele. Das ist ebenfalls unzutreffend und steht im Widerspruch zur fortlaufenden obergerichtlichen Rechtsprechung. Wir zitieren aus einer Entscheidung des BGH („Telefonwerbung für Blindenware" – u.a. abgedruckt in GRUR 2001, S. 1181 ff):
   „Die Annahme des Berufungsgerichts, der Branchenüblichkeit komme bei der nach § 1 UWG gebotenen Interessenabwägung maßgebliche Bedeutung zu, ist revisionsrechtlich allerdings nicht zu beanstanden. Denn bei der Beurteilung, ob die angegriffene Werbemaßnahme der Beklagten als sittenwidrig iS von § 1 UWG anzusehen ist, kommt es entscheidend auf die Auffassung der angesprochenen Verkehrskreise an, die ihrerseits in erster Linie davon beeinflusst werden, ob entsprechende Werbemethoden in der in Frage stehenden Branche üblich sind; die Verkehrsauffassung bildet und orientiert sich regelmäßig an dem, was ihr in der Branche begegnet (vgl BGHZ 103, S. 349 [352]) ..."
   Der Antragsteller hat ebenso wie das Erstgericht den Wert der behaupteten Zuwendung als wichtiges Kriterium für die angebliche Unlauterkeit der Maßnahme gewertet. Die behaup-

teten Zuwendungen sind außerordentlich geringwertig. Nach den unstreitigen Buchungszahlen der Antragsgegnerin könnten Expedienten, dh Reisebüromitarbeiter, nach den Behauptungen des Berufungsbeklagten durchschnittlich pro Jahr Punkteprämien im Wert von ca. EUR 7 erzielen.

Der BGH (GRUR 1977, S. 259) hat zur angeblichen unsachlichen Beeinflussung von Einzelhändlern festgestellt, dass die Gewährung von Werbehilfen nur wettbewerbswidrig sei, wenn sie nach Art und Umfang geeignet sind, diese unsachlich zu beeinflussen. Dies ist vorliegend ebenso wenig der Fall. Eine persönliche Prämie von maximal wenigen Euro pro Jahr ist nicht geeignet, das Beratungsverhalten von Reisebüromitarbeitern zu beeinflussen.

Hinzu kommt, dass, wie erstinstanzlich vorgetragen, die Gewährung der Incentives nur mit ausdrücklicher Zustimmung der jeweiligen Inhaber der Reisebüros erfolgt. Ein solches Vorgehen ist ebenso wie die unmittelbare Gewährung von Incentives an den Inhaber zu behandeln und grundsätzlich zulässig (vgl Hefermehl/Köhler/Bornkamm, aaO, Rn 1.174 b, 1.174 c).

4. Auf das gesamte erstinstanzliche Vorbringen der Antragsgegnerin, insbesondere die Schutzschrift vom [Datum] sowie die Schriftsätze vom [Datum] und [Datum] und die zugehörigen Beweisangebote, wird ergänzend Bezug genommen.
5. Zusammenfassend ergibt sich, dass der Antragsteller weder klagebefugt ist, noch das angebliche Verhalten in irgendeiner Weise gegen §§ 3, 4 Nr. 1 UWG verstößt. Deswegen ist die Entscheidung des Erstgerichts antragsgemäß zu korrigieren.

■■■

Rechtsanwalt ◀

X. Muster: Unterlassungsklage im Hauptverfahren wegen Verstoßes gegen § 5 UWG 633

▶ Landgericht [■■■] 69

Kammer für Handelssachen

[Adresse]

Klage

In Sachen

Schutzverband der Endverbraucher e.V., gesetzlich vertreten durch den Vorsitzenden Herrn XY, [Adresse]

- Kläger -

Prozessbevollmächtigte: Rechtsanwälte ABC

gegen

Firma A-GmbH, gesetzlich vertreten durch den Geschäftsführer Herrn Z

[Adresse]

- Beklagte -

wegen Unterlassung (UWG)

Streitwert (vorläufig geschätzt): EUR 150.000,00

(Verrechnungsscheck über Gerichtskosten iHv EUR 3.468 anbei)

Namens und im Auftrag des Klägers erheben wir gegen die Beklagte

Klage

zum sachlich und örtlich zuständigen Landgericht [...], Kammer für Handelssachen, und werden im Termin zur mündlichen Verhandlung

beantragen:

I. Die Beklagte wird verurteilt, es bei Meidung eines vom Gericht für jeden einzelnen Fall der Zuwiderhandlung festzusetzenden Ordnungsgeldes bis zu EUR 250.000,00 ersatzweise Ordnungshaft bis zu sechs Monaten, oder von Ordnungshaft bis zu sechs Monaten, die Ordnungshaft jeweils zu vollziehen am Geschäftsführer der Antragsgegnerin Herrn Z, zu unterlassen, für das Erzeugnis „Goldo" in Werbeanzeigen mit der Aussage „Goldo Kaffee – besser als frisch gemahlen!" nach näherer Maßgabe der aktuellen Printwerbung, welche auf der nachfolgenden S. 1 a eingeblendet wird, zu werben.

II. Die Beklagte trägt die Kosten des Rechtsstreits.

III. Das Urteil ist – notfalls gegen Sicherheitsleistung – vorläufig vollstreckbar.

Begründung

I. Die Parteien

1. Der Kläger
   Der Kläger ist ein im Vereinsregister des Amtsgerichts [...] unter der Nummer [...] eingetragener Verein. Zweck des Vereins ist es unter anderem, „den unlauteren Wettbewerb in allen Erscheinungsformen im Zusammenwirken mit Behörden und Gerichten zu bekämpfen." Der Kläger und seine Klagebefugnis gem. § 8 Abs. 3 Nr. 2 UWG sind gerichtsbekannt.
2. Die Beklagte
   Die Beklagte betreibt eine Kaffee-Großrösterei und vertreibt das Produkt „Goldo" national und international an den Verbraucher. Sie zählt jedenfalls bundesweit zu den großen Anbietern im Geschäft mit vakuumverpacktem Kaffee und gefriergetrockneten Instant-Kaffeeprodukten.

II. Sachverhalt

1. Gegenstand der Auseinandersetzung zwischen den Parteien ist die vorstehend auf Seite 1 a eingeblendete Werbeanzeige der Beklagten für ihr Produkt „Goldo". Wie sich aus der Anzeige ergibt, handelt es sich bei dem beworbenen Produkt um gefriergetrockneten Instant-Kaffee.
   a) In der Werbeanzeige wird neben einer Verpackung des Produkts und einer Schale mit gerösteten Kaffeebohnen und einer Kaffeemühle eine Darstellerin gezeigt, welche offenbar genussvoll eine Tasse „Goldo" kostet.
      Die Werbung wird mit folgendem Text unterlegt:
      „Goldo Kaffee – besser als frisch gemahlen!"
   b) Mehr als 99 % des Produkts „Goldo" werden fertig verpackt international und national an Großmärkte und Einzelhandel vertrieben. Es handelt sich insoweit um gefriergetrockneten Instant-Kaffee, der industriell in Großröstereien der Beklagten hergestellt wird.
      Die Beklagte zählt zu den Marktführern im Bereich des Angebots von gefriergetrocknetem Instant-Kaffee in Deutschland. Sie wird nicht bestreiten, dass das in Großröstereien hergestellte und dort verpackte Produkt auf dem Vertriebsweg bis zum Kunden einen längeren Zeitraum benötigt und anschließend aufgrund der Herstellung und der Verpackung etliche Monate haltbar ist. Ebenso wenig wird die Beklagte bestreiten, dass sich beim Vergleich zwischen tatsächlich röstfrisch gemahlenem und sogleich zube-

reiteten Kaffee und gefriergetrocknetem Instant-Kaffee unterschiedliche Aromen und geschmackliche Unterschiede zum frisch gerösteten Kaffee ergeben, welche der Kunde durchaus zu würdigen weiß.
Beweis (im Bestreitensfalle): Einholung eines Sachverständigengutachtens

2. Der Kläger hat die Beklagte wegen der Werbeanzeige abgemahnt.
Beweis: Schreiben der Unterfertigten vom [Datum] als Anlage K-1
Da die Beklagte die Abgabe der geschuldeten Unterlassungserklärung verweigert, ist Klage geboten.

III. Rechtslage

Die angegriffene Werbung der Beklagten für „Goldo" führt aufgrund der im Textzusammenhang gemachten Aussage „Goldo – besser als frisch gemahlen" Verbraucher über die Qualität und Eigenschaften des Kaffees in die Irre und verstößt gegen § 5 Abs. 1 Nr. 1 UWG.

1. Die Frage, inwieweit vakuumverpackter und damit haltbar gemachter Kaffee mit dem Attribut „frisch" beworben werden darf, ist obergerichtlich seit langem geklärt (vgl OLG Hamburg – „vakuumfrisch" und „vakuumfrisch II", GRUR 1978, 313 ff und 1979, 63 ff). Ebenso hat die Rechtsprechung jüngst (OLG Düsseldorf GRUR 2005, S. 55 – Leitsatz 2) deutlich gemacht, dass Verbraucher unter frischem Kaffee ein Getränk aus dem klassischen Ausgangsstoff (geröstete und alsbald gemahlene Kaffeebohnen) und kein Getränk, dass aus einem Zwischenprodukt stammt, verstehen.
Die Rechtsprechung stellt völlig zutreffend darauf ab, dass der Verbraucher im Verkehr den besonderen Geschmacks- und Aromaeigenschaften des frisch gerösteten, alsbald gemahlenen und dann zubereiteten Kaffees erheblichen Stellenwert zumisst. Dem Verbraucher sei bewusst, dass diese Eigenschaften durch Zeitablauf zu schwinden drohen (vgl OLG Hamburg GRUR 1978, 314).
Wird Kaffee demgemäß mit den Attributen „frisch" oder – wie vorliegend – „besser als frisch gemahlen" beworben, darf es sich nicht um gefriergetrockneten Instant-Kaffee handeln, da der Verbraucher ansonsten nach § 5 UWG irregeführt wird.
2. Die Aussagen der angegriffenen Werbung beinhalten aber unter Berücksichtigung des Verständnisses der Adressaten eine solche irreführende Werbung für den auf dem Markt gefriergetrocknet angebotenen „Goldo".
   a) Tatsache ist, dass das Gros der Verbraucher das Beklagtenprodukt „Goldo" als bundesweit im Einzelhandel erhältlichen gefriergetrockneten Kaffee kennt.
   b) Dieses Verständnis des Produkts wird in der beanstandeten Werbung vorausgesetzt. Den Verbrauchern wird nun suggeriert, dass das Produkt nicht nur geschmacklich und damit qualitativ mit frisch zubereitetem Kaffee vergleichbar, sondern diesem sogar überlegen sei.
   Dies ist tatsächlich nicht der Fall. Zwischen „klassisch" frisch zubereitetem Kaffee und gefriergetrocknetem Kaffee bestehen geschmacklich, aromatisch und qualitativ signifikante Unterschiede. Die Werbung der Beklagten sucht diese Unterscheide sogar umzukehren.
   Diese Werbung ist für gefriergetrockneten Kaffee unzulässig und verstößt gegen § 5 UWG.
3. Die Bemessung des Streitwertes orientiert sich bei Berücksichtigung der Verbreitung der Werbung und dem sog. „Angriffsfaktor" an der unteren Grenze der Bedeutung der Angelegenheit. ◀

634 **XI. Muster: Klage auf Unterlassung, Auskunft und Feststellung einer Schadensersatzpflicht wegen Verstoßes gegen §§ 3, 4 Nr. 7 und 8 UWG**[252]

70 ▶ Landgericht [...]

- Kammer für Handelssachen -

[Adresse]

Klage

In Sachen

A-GmbH, gesetzlich vertreten durch den Geschäftsführer Herrn X, [Adresse]

- Klägerin -

Prozessbevollmächtigte: Rechtsanwälte ABC, [Adresse]

gegen

B-GmbH, gesetzlich vertreten durch den Geschäftsführer Herr Z, [Adresse]

- Beklagte –

wegen Unterlassung, Auskunft und Schadensersatz (UWG)

Streitwert: EUR 100.000

(Verrechnungsscheck über Gerichtskosten iHv EUR 2.568 anbei)

Namens und im Auftrag der Klägerin erheben wir gegen die Beklagte Klage zum sachlich und örtlich zuständigen Landgericht [...], Kammer für Handelssachen, und werden im Termin zur mündlichen Verhandlung beantragen:

1. Die Beklagte wird verurteilt, es bei Meidung eines vom Gericht für jeden einzelnen Fall der Zuwiderhandlung festzusetzenden Ordnungsgeldes iHv bis zu EUR 250.000,00, ersatzweise Ordnungshaft oder von Ordnungshaft bis zu sechs Monaten, die Ordnungshaft jeweils zu vollziehen am Geschäftsführer der Antragsgegnerin Herrn Z, für jeden einzelnen Fall der Zuwiderhandlung verboten zu behaupten, dass sich die A-GmbH in erheblichen finanziellen Schwierigkeiten befinde und deswegen die A-Veranstaltung in [...] am 16.6.2009 nicht stattfinden werde.
2. Die Beklagte wird verurteilt, der Klägerin Auskunft zu erteilen über den Umfang der Handlungen gem. Nr. 1., insbesondere durch Bekanntgabe von Namen und Adressen der Adressaten der Handlungen gem. Nr. 1. sowie des jeweiligen Zeitpunkts der Handlungen und der insoweit erzielten Umsätze.
3. Es wird festgestellt, dass die Beklagte verpflichtet ist, der Klägerin allen Schaden zu ersetzen, der ihr aus den Handlungen iS von Nr. 1. bereits entstanden ist und/oder noch entstehen wird.
4. Die Kosten des Rechtsstreits trägt die Beklagte.

Das Urteil ist – notfalls gegen Sicherheitsleistung – vorläufig vollstreckbar.

Begründung

Die Beteiligten stehen auf dem Gebiet von Veranstaltungen für [...] im Wettbewerb. Die Beklagte schwärzt die Klägerin systematisch gegenüber potentiellen Veranstaltungsteilnehmern mit der Behauptung an, die Klägerin sei aufgrund erheblicher finanzieller Schwierigkeiten nicht in der Lage, deren A-Veranstaltung zu organisieren. Die Klägerin begehrt Unterlassung dieser unlauteren, sachlich unzutreffenden und darüber hinaus kreditgefährdenden Behauptungen, Auskunft

252 Dieses Muster orientiert sich am Sachverhalt der Muster unter Rn 366, 368.

über den Umfang der Verletzungshandlungen der Beklagten sowie die Feststellung einer Schadensersatzpflicht.

I. Zum Sachverhalt

1. Die Parteien
   a) Die Klägerin veranstaltet seit vielen Jahren Fachveranstaltungen zu den Themen [Beschreibung des Geschäftsgegenstandes].
      Beweis (im Bestreitensfalle): Mitarbeiter der Klägerin Herr N., zu laden über die Klägerin, als Zeuge
   b) Die Beklagte ist ebenfalls als Veranstalter im Bereich [...] tätig. [Beschreibung der Tätigkeit]
      Beweis: Ausdruck aus der Website [...], als Anlage K-1
2. Die Klägerin organisiert bereits seit mehr als 10 Jahren erfolgreich Veranstaltungen im Bereich von [...]
   Beweis: Veranstaltungsprospekte von 1999-2008, als Anlage K-2
3. Die Klägerin erhielt am [Datum] Kenntnis von einer E-Mail des Vertriebsdirektors der Beklagten, Herr XY, in deren Rahmen sich die Beklagte auch eingehend zur Klägerin äußert. Dort wird erwähnt, dass sich die „finanzielle Situation" der Klägerin zu einer Gefahr für die Veranstaltung entwickelt habe. Diese E-Mail wurde in inhaltlich identischer Form an weitere potentielle Veranstaltungsteilnehmer versendet.
   Beweis:
   1. E-Mail der Antragsgegnerin vom 21.2.2009 an Herrn K, als Anlage K-3
   2. Herr K, [Adresse], Herr J, [Adresse] und Herr I, [Adresse], als Zeugen

   Die Beklagte hat es nicht bei diesen E-Mails belassen, sondern telefonisch weiter nachgefasst. Sie erklärte gegenüber verschiedenen potentiellen Veranstaltungsteilnehmern in Bezug auf die konkurrierende Veranstaltung der Klägerin, dass davon auszugehen sei, dass die Veranstaltung der Klägerin wegen ganz erheblicher finanzieller Schwierigkeiten nicht stattfinden werde und sich die Adressaten deswegen für die Teilnahme an der Veranstaltung der Beklagten entscheiden sollten.
   Beweis: Herr K, b.b., Herr J, b.b. und Herr I, b.b. als Zeugen
4. Die Behauptungen der Beklagten sind inhaltlich unwahr. Die Klägerin ist jederzeit in der Lage, die Veranstaltung zu finanzieren und erfolgreich durchzuführen. Sämtliche Zahlungen für die Veranstaltung wurden ordnungsgemäß geleistet.
   Beweis: Herr XY, zu laden über die Klägerin als Zeuge
   Der Zeuge XY ist verantwortlicher Sachbearbeiter der Klägerin für die Organisation der A-Veranstaltung am 16.6.2009.
5. Die Klägerin hat die Antragsgegnerin aufgefordert, das eklatant unlautere und kreditgefährdende Vorgehen zu unterlassen und Auskunft zu erteilen, sowie ihre Pflicht zum Schadensersatz wegen des beanstandeten Vorgehens zu akzeptieren.
   Beweis: Schreiben der Rechtsanwälte ABC vom [Datum], als Anlage K-4
   Die Antragsgegnerin hat die Abgabe der strafbewehrten Verpflichtungserklärung sowie die weiteren Ansprüche abgelehnt und behauptet, sie habe die beanstandeten Äußerungen „zu keiner Zeit" getätigt.
   Beweis: Schreiben der Rechtsanwälte DEF vom [Datum], als Anlage K-5
   Auch diese Aussage ist, wie dokumentiert, unwahr.

6. Die Klägerin hat seit dem [Datum] bislang insgesamt 34 Teilnehmerstornierungen für die aktuelle A-Veranstaltung hinnehmen müssen. Dabei beriefen sich die Teilnehmer in 5 Fällen sogar ausdrücklich auf die ihnen bekannt gewordenen „erheblichen finanziellen Schwierigkeiten" der Klägerin.
   Beweis: Storno-Schreiben von Teilnehmern der A-Veranstaltung (insgesamt 34) vom [Datum] bis [Datum], als Anlagekonvolut K-6
   In den Jahren 2006-2008 musste die Klägerin insgesamt nur 8 Stornierungen für die thematisch identischen Konferenzen hinnehmen. Die Beklagte hat in diesem Zeitraum bereits ebenfalls ihre thematisch ähnliche Fachkonferenz veranstaltet.
   Beweis: Mitarbeiter der Klägerin Herr N, b.b., als Zeuge

II. Rechtliche Würdigung

Die Parteien sind unmittelbare Mitbewerber, § 2 Abs. 1 Nr. 3 UWG. Die eklatant unlauteren und kreditgefährdenden Behauptungen der Beklagten begründen Unterlassungs- und Auskunftsansprüche der Klägerin sowie einen Anspruch auf Feststellung einer Schadensersatzpflicht.

1. Mit ihrem Vorgehen verstößt die Beklagte u.a. gegen die Bestimmungen der §§ 3, 4 Nr. 7 und 8 UWG. Ihre Behauptungen sind zudem grob irreführend iS des § 5 UWG. Die Beklagte verunglimpft die geschäftliche und finanzielle Reputation der Beklagten gezielt. Behauptungen über die finanzielle Verfassung eines Unternehmens, insbesondere die Behauptung „erheblicher finanzieller Schwierigkeiten", durch welche das betroffene Unternehmen in die Nähe der Insolvenz bzw Kreditunwürdigkeit gerückt wird, sind jederzeit objektivierbar und deswegen Tatsachenbehauptungen. Die systematisch verbreiteten herabsetzenden Äußerungen der Beklagten sind geeignet, dies zeigt die bereits erfolgte Stornierungswelle, der Klägerin schweren Schaden zuzufügen. Die Äußerungen der Beklagten über die persönlichen oder geschäftlichen Verhältnisse eines Mitbewerbers sind wettbewerbswidrig, § 4 Nr. 7, 8 UWG.
   Das Verhalten der Beklagten ist im Übrigen als rechtswidriger Eingriff in den Geschäftsbetrieb der Klägerin und vorsätzliche Kreditschädigung einzustufen, §§ 823 Abs. 1, 824, 826 BGB. Die Beklagte handelt vorsätzlich und potentiellen Veranstaltungsteilnehmern gegenüber mit dem Ziel, diese von einer Veranstaltungsteilnahme bei der Klägerin abzuhalten und stattdessen für die eigene Veranstaltung anzuwerben.
2. Der Klägerin sind durch die bereits erfolgten Kündigungen, welche sich teilweise ausdrücklich auf die von der Beklagten verbreiteten unzutreffenden Aussagen über die finanzielle Verfassung der Klägerin beziehen, bereits erhebliche Nachteile entstanden. Da die Buchungsfrist für die Veranstaltung noch nicht abgelaufen ist, können die genauen Nachteile noch nicht beziffert werden.

Vor diesem Hintergrund hat die Klägerin Anspruch auf die begehrte Auskunft und auf Feststellung einer Schadensersatzpflicht.

Um antragsgemäße Entscheidung wird gebeten.

■■■

Rechtsanwalt ◄

XII. Muster: Antrag auf Einleitung eines Einigungsstellenverfahrens, § 15 UWG[253] 635

71

▶ Einigungsstelle zur Beilegung von

Wettbewerbsstreitigkeiten bei der IHK [...]

[Adresse]

Antrag auf Einleitung eines Einigungsstellenverfahrens gem. § 15 UWG

In Sachen

Schutzverband für Endverbraucher e.V., vertreten durch den Vorsitzenden Herrn Y, [Adresse]

- Antragsteller –

Verfahrensbevollmächtigte: Rechtsanwälte DEF, [Adresse]

gegen

A-GmbH, gesetzlich vertreten durch den Geschäftsführer Herrn X, [Adresse]

- Antragsgegnerin –

Der Antragsteller bittet, die Antragsgegnerin zur Herbeiführung eines gütlichen Ausgleichs gem. § 15 UWG vor die gesetzliche Einigungsstelle in Bezug auf die nachfolgend geschilderte wettbewerbsrechtliche Streitigkeit zu laden und das persönliche Erscheinen der Geschäftsführung der Antragsgegnerin anzuordnen.

Begründung

I. Die Parteien

1. Der Antragsteller ist ein im Vereinsregister des Amtsgerichts [...] unter der Nummer [...] eingetragener Verbraucherverband, dessen Klagebefugnis aus § 8 Abs. 3 Nr. 3 UWG folgt. Der Antragsteller ist beim Bundesverwaltungsamt als qualifizierte Einrichtung iS von § 8 Abs. 3 Nr. 3 UWG eingetragen. Eine Abschrift der Eintragung ist als Anlage 1 beigefügt.
2. Die Antragsgegnerin zählt zu den wichtigen Veranstaltern und Vermittlern von Reisen und weiteren touristischen Leistungen in Deutschland.

II. Zum Sachverhalt

1. Die Antragsgegnerin bietet Mitarbeitern von Reisebüros zum Zwecke der Verkaufsförderung eine sog. „A-Card“ an, welche den Inhabern der Karte persönliche Vergünstigungen und Boni für die Vermittlung von Reisen an Endkunden verschaffen soll.
   Beweis: A-Card Information der A GmbH, Stand 10/2008, als Anlage AST-1
2. Dieses Vorgehen der A-GmbH verstößt gegen die Bestimmungen der §§ 3, 4 Nr. 1 UWG. Durch die Auslobung von besonderen Vergünstigungen für Mitarbeiter von Reisebüros sollen diese unmittelbar veranlasst werden, zur Erzielung von persönlichen finanziellen Vorteilen die Produkte der A-GmbH und nicht Produkte von deren Wettbewerbern zu vertreiben. Ein derartiges Vorgehen führt zu einem Missbrauch des Vertrauens des Kunden auf eine objektive und neutrale Beratung. Die Rechtsprechung hat derartige Prämien idR als unzulässig angesehen (vgl zB OLG Düsseldorf WRP 1999, 1197).
   [...]
   Die Antragsgegnerin wurde mit Schreiben vom [Datum] abgemahnt und zur Abgabe einer strafbewehrten Unterlassungsverpflichtungserklärung aufgefordert.

---

253 Dieses Muster knüpft an den Sachverhalt gem. der Muster unter Rn 372, 375 an.

Beweis: Schreiben des Antragstellers vom [Datum], als Anlage AST-2

Die Antragsgegnerin hat zwar den geltend gemachten Verstoß geleugnet, sich jedoch mit der Durchführung eines Einigungsstellenverfahrens einverstanden erklärt.

Beweis: Schreiben der Rechtsanwälte ABC vom [Datum], als Anlage AST-3

3. Die Parteien haben in der Folgezeit noch telefonisch über den behaupteten Verstoß korrespondiert. Der Antragsteller sieht die Möglichkeit, zur Vermeidung einer gerichtlichen Auseinandersetzung eine gütliche Einigung mit der Antragsgegnerin zu erzielen und schlägt folgende Einigung zwischen den Parteien vor:
   1. Die Antragsgegnerin verpflichtet sich, es zukünftig zu unterlassen, Mitarbeiter von Reisebüros für die Vermittlungsleistungen von Reisen persönliche Provisionen zu versprechen und/oder zu gewähren.
   2. Die Antragsgegnerin verpflichtet sich, für jeden Fall zukünftiger Zuwiderhandlung gegen die vorstehend in Nr. 1 aufgeführte Verpflichtung an den Antragsteller eine Vertragsstrafe iHv EUR 5.000,00 zu bezahlen.
   3. Der Antragsteller gewährt der Antragsgegnerin für die Umstellung ihres Provisionssystems eine Aufbaufrist bis [Datum], so dass die Verpflichtung gem. Nr. 1 erst mit Wirkung zum [Datum] wirksam wird.

Unterschrift Herr X

Vorsitzender ◀

§ 4 Zwangsvollstreckung

A. Allgemeines

Angesichts der überragenden Bedeutung von Unterlassungsansprüchen nimmt die **Vollstreckung von Unterlassungstiteln** wesentlichen Raum im Rahmen wettbewerbsrechtlicher Zwangsvollstreckungsmaßnahmen ein. Unterlassungsverpflichtungen sind unvertretbare Handlungen. Insoweit kann der Schuldner nicht mit unmittelbarem Zwang zur Beachtung der im Titel enthaltenen Verpflichtungen veranlasst, sondern lediglich durch indirekte Zwangsmittel dazu gebracht werden, den Unterlassungstitel zu beachten.[1] 636

Gegenüber den wichtigen Unterlassungstiteln ist die Vollstreckung von Beseitigungstiteln in der Praxis von geringerer Bedeutung.[2] IÜ erhebt sich in wettbewerbsrechtlichen Streitigkeiten die Frage der Vollstreckung von Auskunfts- bzw Rechnungslegungsansprüchen sowie der Möglichkeiten des Schuldners, eine Einstellung von Vollstreckungsmaßnahmen des Gläubigers zu erreichen. 637

B. Vollstreckung von Unterlassungstiteln

I. Titel und Vollstreckungsandrohung

Als Titel im Rahmen einer Unterlassungsvollstreckung, kommen mindestens vorläufig vollstreckbare Unterlassungsurteile oder Beschlussverfügungen, wirksame Prozessvergleiche, § 794 Abs. 1 Nr. 1 ZPO, Einigungsstellenvergleiche, § 15 Abs. 7 Nr. 2 UWG, sowie – nach vorheriger Vollstreckbarerklärung – Schiedssprüche[3] in Betracht. Eine einstweilige Verfügung ist ohne vorherige Vollstreckbarerklärung (§ 724 ZPO) unmittelbar vollstreckbar, §§ 936, 929 Abs. 1 ZPO. 638

Die Zwangsvollstreckung aus Unterlassungstiteln richtet sich nach § 890 ZPO und erfolgt auf Antrag des Gläubigers durch die gerichtliche Verhängung von Ordnungsgeld bzw Ordnungshaft.[4] Die Verhängung des Ordnungsmittels erfolgt nach vorheriger Anhörung des Schuldners durch Beschluss, § 891 ZPO. Gem. § 890 Abs. 2 ZPO muss der Verhängung von Ordnungsmitteln eine vorherige **Androhung vorausgehen**. Im Fall von gerichtlich geltend gemachten Unterlassungsansprüchen wird eine derartige Androhung idR zweckmäßig bereits im Rahmen des Unterlassungsantrages **mitbeantragt**.[5] Im Rahmen des Antrags auf Androhung von Ordnungsmittel sind diese konkret zu bezeichnen und jedenfalls deren Höchstmaß anzugeben.[6] Die Ordnungsmittelandrohung erfolgt zweckmäßigerweise zB wie folgt: 639

... es bei Meidung eines für jeden Fall der Zuwiderhandlung fälligen Ordnungsgeldes iHv bis zu EUR 250.000,00, ersatzweise Ordnungshaft oder von Ordnungshaft bis zu 6 Monaten [bei juristischen Personen: jeweils zu vollziehen an ihrem gesetzlichen Vertreter Herrn/Frau ...], es zu unterlassen ...

Wenn die Androhung nicht bereits im Unterlassungstitel enthalten ist, bedarf es wie zB im Falle gerichtlicher Vergleiche eines gesonderten Antrages zur Androhung von Ordnungsmitteln an das Gericht. Das Gericht hat auch insoweit den Schuldner anzuhören, § 891 640

1 Ahrens/Spätgens, Wettbewerbsprozess, Kap. 63 Rn 2.
2 Teplitzky, Wettbewerbsrechtliche Ansprüche und Verfahren, Kap. 58 Rn 1.
3 Näher Ahrens/Spätgens, Wettbewerbsprozess, Kap. 64 Rn 16 ff.
4 Vgl zur Antragsformulierung Sänger/Ullrich/Siebert/Pukall, ZPO, § 890 Rn 2-13.
5 Siehe oben Rn 432 ff.
6 BGH – Feuer, Eis und Dynamit I, GRUR 1995, 749.

ZPO, und erlässt dann einen besonderen Androhungsbeschluss, der dem Schuldner von Amts wegen zuzustellen ist.[7] Zuständig ist das Prozessgericht des ersten Rechtszuges, § 890 Abs. 1 ZPO. Die Androhung der Ordnungshaft gegenüber einer juristischen Person hat mit der Maßgabe, dass diese an einem gesetzlichen Vertreter der juristischen Person zu vollziehen ist, zu erfolgen. Die Angabe mindestens eines bestimmten Vertreters ist dabei notwendig, führt jedoch dazu, dass ein Vollzug des Ordnungsmittels an einem anderen gesetzlichen Vertreter ohne gesonderte Androhung nicht zulässig ist.[8] Deswegen sollten sämtliche gesetzliche Vertreter der Schuldnerin in der Androhung bezeichnet werden.

641 Wenn ein Urteil nur gegen Sicherheitsleistung vorläufig vollstreckbar ist, muss der Gläubiger die Erbringung der Sicherheit vor Vollstreckungsbeginn gegenüber dem Prozessgericht nachweisen.[9]

II. Zuwiderhandlung

642 Die Verhängung eines Ordnungsmittels kommt nur bei einer Zuwiderhandlung gegen den Unterlassungstitel in Betracht. Die Zuwiderhandlung umfasst zum einen ein objektives Element, einen Verstoß des Schuldners gegen das Unterlassungsgebot und zum anderen das Verschulden des Schuldners als subjektives Element.

1. Objektive Zuwiderhandlung

643 Der Schuldner des Unterlassungstitels kann den Verbotstatbestand entweder durch eine aktive Handlung oder aber eine pflichtwidrige Unterlassung verwirklichen. Letzteres kommt zB in Betracht, wenn der Schuldner zulässt, dass Mitarbeiter seines Unternehmens gegen das Unterlassungsgebot verstoßen.

644 Sofern die den Verstoß begründende Handlung oder Unterlassung gegen den Unterlassungstitel nicht völlig identisch mit dem titulierten Unterlassungsgebot ist, ist zur Feststellung der Zuwiderhandlung idR eine **Auslegung der Reichweite des Unterlassungstitels** notwendig.[10] Im Rahmen dieser Auslegung können das Urteil, Tatbestand und Entscheidungsgründe, wenn notwendig, auch das Parteivorbringen der Beteiligten herangezogen werden. Eine im Beschlussverfahren ergangene einstweilige Verfügung ist unter Berücksichtigung der Antragsschrift auszulegen.[11]

645 Der Schutzumfang des Unterlassungstitels umfasst nach der sog. **Kerntheorie** auch diejenigen Verletzungsfälle, welche von der Verbotsform unbedeutend abweichen bzw das Charakteristische der Verletzungshandlung unberührt lassen.[12]

646 Kommen mehrere Verstöße in Betracht, ist nach der Rechtsprechung nicht mehr auf den sog. Fortsetzungszusammenhang, sondern nurmehr auf die Rechtsfigur der rechtlichen Einheit zurückzugreifen.[13]

2. Verschulden

647 Die Verhängung von Ordnungsmitteln setzt voraus, das der Schuldner dem Unterlassungsgebot selbst vorsätzlich oder fahrlässig zuwider gehandelt hat. Ihm kann zwar ein Ver-

---

7 Zöller/Stöber, ZPO, § 890 R 12 a.
8 Zöller/Stöber, ZPO, § 890 Rn 12.
9 ZB OLG Frankfurt GRUR 1989, 458.
10 Hefermehl/Köhler/Bornkamm, Wettbewerbsrecht, § 12 UWG Rn 6.4.
11 Hefermehl/Köhler/Bornkamm, Wettbewerbsrecht, § 12 UWG Rn 6.4.
12 ZB OLG München WRP 2002, 267.
13 Siehe oben Rn 255 f.

schulden seiner Organe gem. § 31 BGB zuzurechnen sein,[14] nicht jedoch ein Verschulden von Hilfspersonen gem. den §§ 278, 831 BGB. Die Bestimmung des § 8 Abs. 2 UWG findet hinsichtlich der Verschuldenszurechnung im Fall einer Zuwiderhandlung gegen einen Unterlassungstitel keine Anwendung.

Gleichwohl kann sich ein eigenes Verschulden des Schuldners durch ein Organisationsver- 648
schulden wie die schuldhafte Unterlassung von hinreichend deutlichen Anordnungen des Schuldners zur Beachtung eines Unterlassungstitels oder den Mangel an sonstigen Maßnahmen, welche die Zuwiderhandlung durch Mitarbeiter oder sonstige Dritte verhindern können, ergeben.[15] Die an den Schuldner zu stellenden Anforderungen sind insoweit sehr hoch. Auch leicht fahrlässige Verstöße des Schuldners rechtfertigen die Verhängung von Ordnungsmitteln. Fahrlässigkeit in diesem Sinne bedeutet, dass der Unterlassungsschuldner die zur Beachtung des Titels gebotene kaufmännische Sorgfalt außer Acht lässt. Dazu zählt auch ein Organisationsverschulden des Schuldners. Die Organisationspflichten des Schuldners in Bezug auf einen Unterlassungstitel beinhalten u.a. den Einsatz von Filterverfahren im Internet durch den Betreiber einer Internet-Plattform und nachdrückliche Weisungen an Mitarbeiter und beauftragte Dritte zur Sicherstellung der Einhaltung des Unterlassungstitels.[16]

Der Gläubiger hat die Voraussetzungen für die Verhängung des Ordnungsmittels, insbe- 649
sondere die Zuwiderhandlung und das Verschulden des Schuldners, zu beweisen.[17] Allerdings kommen zu seinen Gunsten **Beweiserleichterungen** in Betracht, da es wesentlich um Umstände aus der Sphäre des Schuldners geht. Deswegen hat der Schuldner, wenn ein Verstoß dargelegt ist, anschließend zu erläutern, welche Maßnahmen er zur Verhinderung von Verletzungshandlungen unternommen hat bzw auf welche Art und Weise er die Einhaltung eines Unterlassungstitels sicherstellen wollte.[18]

III. Antrag auf Verhängung und Bemessung des Ordnungsmittels

Die Festsetzung eines Ordnungsmittels nach § 890 ZPO findet ausschließlich auf Antrag 650
des Gläubigers statt. Der Antrag ist schriftsätzlich an das Prozessgericht erster Instanz zu richten, und sollte eine Schilderung des Sachverhaltes und einen bestimmten Antrag beinhalten. Im Rahmen der Schilderung des Sachverhaltes werden zweckmäßigerweise der zugrunde liegende Unterlassungstitel bezeichnet und die Voraussetzungen für die Vollstreckung, im Falle einer mit einer Ordnungsmittelandrohung versehenen einstweiligen Verfügung u.a. deren ordnungsgemäße Zustellung, geschildert. Darüber hinaus ist der Verstoß des Schuldners substantiiert darzulegen. Der Schriftsatz ist in Bezug auf die anspruchsbegründenden Tatsachen mit entsprechenden Unterlagen bzw sonstigen Beweismitteln zu versehen.

Ein Muster eines Antrags auf Verhängung von Ordnungsmitteln ist nachfolgend unter 651
Rn 680 enthalten.

Die Auswahl und Bemessung der Ordnungsmittel stehen im Ermessen des Gerichts.[19] Bei 652
der Wahl und Bemessung eines Ordnungsmittels hat das Gericht der Schwere und Ausmaß der Zuwiderhandlung, der Dauer des Verstoßes, der Folgen für den Gläubiger und dem

14 BGH – Fachliche Empfehlung II, NJW 1992, 749.
15 Teplitzky, Wettbewerbsrechtliche Ansprüche und Verfahren, Kap. 57 Rn 26.
16 Ahrens/Spätgens, Wettbewerbsprozess, Kap. 64 Rn 70 mwN.
17 Teplitzky, Wettbewerbsrechtliche Ansprüche und Verfahren, Kap. 57 Rn 26 mwN.
18 Hefermehl/Köhler/Bornkamm, Wettbewerbsrecht, § 12 UWG Rn 6.8.
19 BGH – Euro-Einführungsrabatt, WRP 2004, 235, 239.

Grad des Verschuldens des Schuldners ebenso Rechnung zu tragen wie dem Umstand, dass dem Schuldner eine Verletzung des Titels keinen wirtschaftlichen Vorteil verschaffen soll.[20] Es gilt der Grundsatz der Verhältnismäßigkeit. Bei wiederholten Verstößen nach bereits verhängten Ordnungsmitteln bedarf es einschneidenderer Ordnungsmittel, um den Schuldner von weiteren Verletzungen des Titels abzuhalten.[21]

653 Vor dem Hintergrund des Entscheidungsermessens des Gerichts ist dem Gläubiger eine Formulierung des Ordnungsmittelantrags in Höhe eines fixen Ordnungsgeldbetrages nicht zu empfehlen. Verhängt das Gericht ein Ordnungsmittel unterhalb des erstrebten Betrages, wäre insoweit ein Teilunterliegen des Gläubigers mit entsprechenden Kostennachteilen anzunehmen. Vielmehr sollte eine Formulierung wie zB

... beantragen wir, gegen den Schuldner wegen des Verstoßes gegen [Unterlassungstitel genau bezeichnen] ein empfindliches Ordnungsgeld zu verhängen, dessen Höhe in das Ermessen des Gerichts gestellt wird.

gewählt werden. Das Gericht entscheidet gem. § 891 S. 1 ZPO durch Beschluss über die Verhängung eines Ordnungsmittels oder die Zurückweisung des Ordnungsmittelantrages. Entscheidet sich das Gericht zur Verhängung eines Ordnungsmittels, ist bei juristischen Personen der organschaftliche Vertreter, bei Personengesellschaften der vertretende Gesellschafter oder bei natürlichen Personen die Person selbst namentlich im Rahmen der Verhängung des Ordnungsmittels zu benennen,[22] damit gegenüber dem Schuldner für den Fall, dass das verhängte Ordnungsgeld nicht beigetrieben werden kann, Ersatzhaft verhängt werden kann.

654 Zu berücksichtigen ist, dass Ordnungsgelder anders als Vertragsstrafen der Staatskasse zugute kommen. Gegen die Verhängung eines Ordnungsmittels kommt das Rechtsmittel einer sofortigen Beschwerde, § 793 ZPO, in Betracht. Für die sofortige Beschwerde gilt grundsätzlich eine Notfrist von 2 Wochen nach Zustellung der Ordnungsmittelentscheidung, §§ 569 Abs. 1 ZPO, 793 ZPO.

IV. Zwangsvollstreckung und Wegfall des Unterlassungstitels

655 Unter bestimmten Umständen wie zB einer Aufhebung des Unterlassungstitels nach § 927 ZPO oder einem nachfolgenden Prozessvergleich kann es zu einem rückwirkenden Wegfall des der Zwangsvollstreckung zugrunde liegenden Titels kommen. In derartigen Fällen sind weitere Vollstreckungsmaßnahmen unzulässig.[23] Vor dem Hintergrund einer Entscheidung des BGH, bei der ein erledigendes Ereignis zum Wegfall des Unterlassungstitels führte, erscheint aus der Sicht des Gläubigers eine Beschränkung der Erledigungserklärung auf den Zeitraum nach dem erledigenden Ereignis zweckmäßig.

656 Wenn bereits ein Ordnungsmittel festgesetzt wurde und der Titel dann nachträglich rückwirkend wegfällt, kommt ein Antrag gem. §§ 775, 776 ZPO auf Aufhebung des Ordnungsmittelbeschlusses in Betracht.

C. Vollstreckung von Auskunfts- und Rechnungslegungsansprüchen gem. § 888 ZPO

657 Hat der Gläubiger gegen den Schuldner einen Anspruch auf Auskunftserteilung bzw Rechnungslegung erwirkt, ist er von der Kooperationsbereitschaft des verpflichteten Schuldners

---

20 Zöller/Stöber, ZPO, § 890 Rn 18 mwN.
21 Hefermehl/Köhler/Bornkamm, Wettbewerbsrecht, § 12 UWG Rn 6.12.
22 Vgl BGH NJW 1992, 749.
23 BGH – Euro-Einführungsrabatt, GRUR 2004, 264, 266; vgl dazu auch Ruess, NJW 2004, 485 ff.

abhängig. Leistet der Schuldner nicht, erhebt sich die Frage nach den in Betracht kommenden Maßnahmen zur Erzwingung der Handlungen des Schuldners.

I. Vorgehen gem. § 259 Abs. 2 BGB

Die Vollstreckung eines Auskunfts- oder Rechnungslegungsanspruchs kommt nicht in Betracht, wenn der Schuldner bereits Auskunft bzw Rechnung erteilt hat, jedoch Grund zu der Annahme besteht, dass die Informationen nicht mit der erforderlichen Sorgfalt erstellt wurden. 658

Der Gläubiger muss einen entsprechenden Verdacht darlegen, der sich auf Tatsachen begründen muss. Dieser Verdacht kann sich zunächst aus der unvollständigen oder erkennbar nachlässig erteilten Auskunft bzw Rechnungslegung selbst ergeben.[24] Ein Verdacht kann sich auch aus sonstigen Umständen wie zB mehrfach berichtigten Rechnungslegungen ergeben.[25] In diesen Fällen kommt ein Antrag des Anspruchsberechtigten, der Verpflichtete habe an Eides statt zu versichern, dass er die Auskunft bzw Rechnung nach bestem Wissen so vollständig abgegeben habe, wie ihm dies möglich sei, in Betracht. Rechtsgrundlage für den Anspruch ist eine entsprechende Anwendung des § 259 Abs. 2 BGB.[26] 659

Ein solcher Antrag scheidet aus, wenn sich der Berechtigte auf einfachere Weise eine umfassende Klarstellung verschaffen kann.[27] 660

II. Vollstreckung von unvertretbaren Handlungen, § 888 ZPO

Auf Antrag des Gläubigers kann das Gericht den Schuldner durch Zwangsgelder oder Zwangshaft zur Erbringung der unvertretbaren Handlungen anhalten. Zuständig ist das Prozessgericht des ersten Rechtszuges, § 802 ZPO. Wie sich aus § 888 Abs. 2 ZPO ergibt, findet diesbezüglich anders als im Ordnungsmittelverfahren nach § 890 ZPO keine vorherige Androhung der Zwangsmittel statt. Ein Verfahren nach § 888 ZPO kommt sowohl für die Vollstreckung von Auskunftsansprüchen,[28] als auch im Rahmen der Rechnungslegung[29] in Betracht. 661

III. Voraussetzungen der Vollstreckung

Insoweit müssen zunächst die allgemeinen Voraussetzungen für die Zulässigkeit der Zwangsvollstreckung gegeben sein. Dazu gehört u.a. ein bestimmter Auskunfts- bzw Rechnungslegungstitel. Der verpflichtete Schuldner muss die Möglichkeit zur Erteilung der titulierten Auskünfte haben und hat in dem Zusammenhang alle ihm zumutbaren Schritte zu unternehmen.[30] Ein fehlendes Verschulden des Schuldners ist für den Antrag nach § 888 ZPO irrelevant. Der Schuldner muss die Erteilung der Informationen trotz Aufforderung nicht erteilt haben. Der Schuldner ist deswegen mindestens einmal fristgebunden schriftlich zur Erteilung der geschuldeten Informationen aufzufordern. 662

Darüber hinaus setzt ein Antrag keine Wahl eines bestimmten Zwangsmittels, also Zwangsgeld oder Zwangshaft voraus. Die Entscheidungen über die Verhängung, die Art und den 663

24 MüKo-BGB/Krüger, § 259 Rn 39.
25 Palandt/Heinrichs, BGB, §§ 259-261 Rn 30.
26 Palandt/Heinrichs, BGB, §§ 259-261 Rn 29.
27 BGH NJW 1998, 1636.
28 OLG München NJW-RR 1992, 704.
29 Zöller/Stöber, ZPO, § 888 Rn 3, Stichwort „Rechnungslegung“; strittig.
30 OLG Köln NJW-RR 1992, 633.

Umfang des Zwangsmittels ist Sache des Gerichts.[31] Insoweit ist eine Antragsformulierung, welche zum einen die Bezugnahme auf den zugrunde liegenden Titel und die nicht erteilte Auskunft bzw Rechnungslegung enthält und zum anderen den Antrag auf ein empfindliches Zwangsgeld, ersatzweise Zwangshaft beinhaltet, geboten. Dem Schuldner ist rechtliches Gehör zum Antrag zu gewähren.

664 Ein Muster eines Antrages auf Verhängung von Zwangsmitteln gem. § 888 ZPO ist unter Rn 681 enthalten.

IV. Beschluss des Gerichts

665 Das Gericht entscheidet gem. § 891 ZPO idR durch Beschluss. Liegen die Voraussetzungen für ein Zwangsmittel vor, werden diese sofort festgesetzt und zwar für den Fall, dass die Handlung nicht bis zu einem bestimmten Datum bzw einer bestimmten Frist nach Zustellung vorgenommen wird.[32] Die maximale Höhe eines Zwangsgeldes wird durch § 888 Abs. 1 S. 2 ZPO auf EUR 25.000,00 pro Einzelfall begrenzt.

666 Soweit es um die erstmalige Verhängung eines Beugemittels geht, wird das Gericht zunächst idR ein bestimmtes Zwangsgeld und für den Fall, das dieses nicht beigetrieben werden kann, Zwangshaft[33] festlegen.

667 Die Vollstreckung eines Beschlusses nach § 888 ZPO erfolgt durch den Gläubiger. Der Beschluss ist Vollstreckungstitel iS des § 794 Abs. 1 Nr. 3 ZPO. Es war früher umstritten, ob der Schuldner im Verfahren nach § 888 ZPO den Einwand rechtzeitiger Erfüllung der Auskunft bzw Rechnungslegung erheben kann.[34] Nach aktueller Rechtsprechung ist dies jedoch anzunehmen.[35]

668 Gegen einen Beschluss des Gerichts kann sich die beschwerte Partei mit dem Rechtsmittel einer sofortigen Beschwerde, § 793 ZPO, wehren.

D. Einwendungen und Rechtsmittel des Schuldners

669 Die Möglichkeiten des Schuldners, Einwendungen und Rechtsmittel gegen titulierte wettbewerbsrechtliche Ansprüche des Gläubigers durchzusetzen, sind in der Praxis beschränkt.

670 Der Schuldner kann sich unter bestimmten Bedingungen um eine einstweilige Einstellung der Zwangsvollstreckung, §§ 712, 707 ZPO, bemühen. In einstweiligen Verfügungsverfahren wird eine einstweilige Einstellung der Zwangsvollstreckung jedoch regelmäßig nicht in Betracht kommen.[36] Nach Auffassung des OLG Hamburg setzt eine Einstellung der Zwangsvollstreckung im Verfügungsverfahren voraus, dass mit hoher Wahrscheinlichkeit von einer Aufhebung des zugrundeliegenden Titels auszugehen ist.[37]

671 Ausnahmen kommen nur bei Vorliegen ganz besonderer Umstände in Betracht.[38] Wenn das Gericht einem Antrag auf einstweilige Einstellung der Zwangsvollstreckung zustimmt, wird dies idR nur gegen Sicherheitsleistung erfolgen.

672 Drohen dem Schuldner aufgrund einer bereits vollzogenen einstweiligen Verfügung massive Nachteile, zB die Einstellung seiner Produktion oder die Kündigung von Kunden, kann er

31 Zöller/Stöber, ZPO, § 888 Rn 8.
32 Thomas/Putzo/Putzo, ZPO, § 888 R 11.
33 Zöller/Stöber, ZPO, § 888 Rn 9, 10.
34 Zöller/Stöber, ZPO, § 888 Rn 11 mwN.
35 BGH NJW 2005, 367.
36 Thomas/Putzo/Reichold, ZPO, § 925 Rn 8.
37 OLG Hamburg NJW 2000, 51; vgl auch Hefermehl/Köhler/Bornkamm, Wettbewerbsrecht, § 12 Rn 6.18.
38 Vgl BGH NJW-RR 1997, 1155 mwN.

sich im Rahmen eines Widerspruchsantrags[39] um die einstweilige Einstellung der Zwangsvollstreckung bemühen. Eine solche Einstellung wird, nach Ermessen des Gerichts der Hauptsache, idR nur gegen Sicherheitsleistung und bei hinreichenden Erfolgsaussichten des Schuldners in der Sache[40] in Betracht kommen.

Wirtschaftliche Nachteile des Schuldners sind im Allgemeinen nicht zu berücksichtigen, da 673 im Rahmen der Abwägung der wirtschaftlichen Auswirkungen den Gläubigerinteressen im Zweifel Vorrang gebührt.[41] Unter den oben genannten Voraussetzungen kommt auch ein Antrag nach § 712 ZPO, welcher iÜ den drohenden Eintritt von für den Schuldner unersetzlichen Nachteilen (irreparable, existenzbedrohende Nachteile durch die Vollstreckung etc.) voraussetzt, in Betracht.

Ähnliches gilt für einen Antrag auf einstweilige Einstellung der Zwangsvollstreckung bei 674 Einlegung eines Rechtsmittels, § 719 ZPO. Nach Ersturteilen, die eine einstweilige Verfügung bestätigen oder erlassen, ist eine Einstellung der Zwangsvollstreckung lediglich in Ausnahmesituationen geboten.[42] In diesen Fällen kann eine einstweilige Einstellung in den Fällen, in denen der Schuldner die fehlende Dringlichkeit einer einstweiligen Verfügung glaubhaft machen kann, Erfolg versprechen.[43] Im Rahmen einer Berufung sollte die Zwangsvollstreckung nur bei hinreichender Erfolgsaussicht eingestellt werden.[44]

Gegen Beschlüsse, mit denen Ordnungs- bzw Zwangsmittel verhängt werden, kommt die 675 sofortige Beschwerde, § 793 ZPO, in Betracht. Die Voraussetzungen für die Zulässigkeit der sofortigen Beschwerde und deren Begründetheit richten sich nach §§ 567 ff ZPO. Für die Frist und Form der Beschwerde gilt § 569 ZPO. Die Beschwerde muss binnen einer Frist von zwei Wochen nach Zustellung der Entscheidung eingelegt werden. Falls keine Zustellung erfolgte, beträgt die Frist insoweit fünf Monate nach Verkündung des Beschlusses. Der Inhalt der Beschwerdeschrift richtet sich nach § 569 Abs. 2 ZPO. Zu berücksichtigen ist, dass die Beschwerde gegen die Festsetzung von Ordnungs- und Zwangsmitteln nach §§ 888, 890 ZPO[45] gem. § 570 ZPO aufschiebende Wirkung hat.

Ergeben sich nach Schluss der mündlichen Verhandlung bzw Erlass des Titels rechtsver- 676 nichtende oder rechtshemmende Einwendungen des Schuldners, können diese mit einer Vollstreckungsabwehrklage gem. § 767 ZPO geltend gemacht werden. Zuständig ist auch insoweit das Prozessgericht erster Instanz.

Eine Vollstreckungsabwehrklage verspricht Erfolg, wenn sich der Schuldner auf eine rechts- 677 vernichtende oder rechtshemmende Einwendung berufen kann, welche nach dem Schluss der mündlichen Verhandlung, § 767 Abs. 2 ZPO bzw dem Zeitpunkt, bis zu dem Schriftsätze eingereicht werden konnten, entstanden ist.[46] Dies kann zB der Fall sein, wenn der Schuldner im Nachhinein feststellt, dass die vom Gläubiger behauptete Dringlichkeit nicht gegeben war, weil der Gläubiger bereits wesentlich früher vom Wettbewerbsverstoß wusste.[47] Demgegenüber begründet eine Änderung der Rechtsprechung zu den dem Titel zugrundeliegenden Sach- und Rechtsfragen keine relevante Einwendung iS des § 767 ZPO.

Das Prozessgericht entscheidet durch Urteil über die Klage des Schuldners gem. § 767 ZPO. 678

39 Thomas/Putzo/Putzo, ZPO, § 707 Rn 3.
40 OLG Bamberg NJW-RR 1989, 576.
41 Zöller/Stöber/Herget, ZPO, § 707 Rn 10.
42 OLG Frankfurt/M WRP 1992, 120.
43 OLG Köln GRUR 1982, 504.
44 Zöller/Herget, ZPO, § 719 Rn 3.
45 OLG Köln NJW-RR 2004, 760.
46 Näher Thomas/Putzo/Putzo, ZPO, § 767 Rn 20.
47 Vgl Volp, GRUR 1984, 486.

E. Muster

679 I. Muster: Zustellung einer einstweiligen Verfügung gem. § 192 ZPO

72

▶ Amtsgericht [■■■]

- Gerichtsvollzieherverteilerstelle –

[Adresse]

Az: [■■■]

Zustellung einer einstweiligen Verfügung des Landgerichts [■■■]

In Sachen

A-GmbH, gesetzlich vertreten durch den Geschäftsführer Herrn X, [Adresse]

- Antragstellerin –

gegen

B-GmbH, gesetzlich vertreten durch den Geschäftsführer Herrn Z, [Adresse]

- Antragsgegnerin –

übermitteln wir namens und im Auftrag der Antragstellerin anbei eine Ausfertigung der einstweiligen Verfügung des Landgerichts [■■■] vom [Datum], Az [■■■] sowie folgende Anlagen:

Antragsschriftsatz vom [Datum]

zur Zustellung an

B-GmbH

[Adresse]

Ordnungsgemäße Bevollmächtigung wird anwaltlich versichert. Wir bitten um alsbaldige Zustellung der Ausfertigung in Person und Rückleitung der weiter beigefügten beglaubigten Abschrift mit Zustellungsurkunde zu unseren Händen.

■■■

Rechtsanwalt ◀

680 II. Muster: Ordnungsmittelantrag gem. § 890 ZPO

73

▶ Landgericht [■■■]

- Kammer für Handelssachen –

[Adresse]

Az: [■■■]

In Sachen

A-GmbH, gesetzlich vertreten durch den Geschäftsführer Herr X, [Adresse]

- Antragstellerin -

gegen

B-GmbH, gesetzlich vertreten durch den Geschäftsführer Herrn Z, [Adresse]

- Antragsgegnerin –

beantragen wir namens und im Auftrag der Antragstellerin,

gegen die Antragsgegnerin wegen Verstoßes gegen die am [Datum] erlassene und am [Datum] zugestellte einstweilige Verfügung des Landgerichts [■■■], Az [■■■], ein Ordnungsgeld nach Ermessen des Gerichts zu verhängen, und für den Fall, dass das Ordnungsgeld nicht beigetrieben werden kann, Ordnungshaft gegenüber dem Geschäftsführer der B-GmbH, Herrn Z, festzusetzen.

Begründung

1. Der Antragsgegnerin wurde durch Beschluss des Landgerichts [...] vom [Datum] untersagt, im Rahmen der Bewerbung ihrer B-Veranstaltung zu behaupten, dass die Antragstellerin aufgrund eigener finanzieller Schwierigkeiten nicht in der Lage sei, ihre B-Veranstaltung durchzuführen.
   Beweis: Einstweilige Verfügung des Landgerichts [...] vom [Datum], Az [...], als Anlage AST-1
   Die Antragstellerin hat der Antragsgegnerin den Beschluss am [Datum] zugestellt.
   Beweis: Zustellungsurkunde des Gerichtsvollziehers, Herrn [...], vom [Datum], als Anlage AST-2
2. Die Antragstellerin musste jedoch mittlerweile feststellen, dass die Antragsgegnerin nach wie vor ihre Anschwärzungen und kreditgefährdenden Behauptungen über die Antragstellerin weiterverbreitet.
   Beweis: E-Mail der Antragsgegnerin vom [Datum] an Herrn [...], als Anlage AST-3
   Die Antragstellerin konnte durch entsprechende Nachfragen feststellen, dass die Antragsgegnerin auch, wie bereits vor Erlass der einstweiligen Verfügung, ungerührt weiter telefonischen Kontakt mit potentiellen Veranstaltungsteilnehmern aufnimmt und in diesem Rahmen die ihr verbotenen Äußerungen weiter verbreitet.
   Beweis: Herr XY, [Adresse], als Zeuge
3. Die Antragsgegnerin verstößt durch ihr vorsätzliches Vorgehen weiter ungerührt gegen die einstweilige Verfügung vom [Datum].

Es ist darüber hinaus zu befürchten, dass sich die Antragsgegnerin angesichts der identischen Vorgehensweise im Vergleich zum früheren Verstoß nach wie vor systematisch an diverse weitere potentielle Veranstaltungsteilnehmer wendet. In Anbetracht des hohen Verschuldensgrades sowie der Schwere der neuen Verletzungshandlungen hält die Antragstellerin die Verhängung eines hohen Ordnungsgeldes für geboten, damit weitere Verletzungen des Titels nicht mehr lohnend erscheinen (vgl Zöller/Stöber, ZPO, 27. Aufl. 2009, § 890 Rn 18).

...

Rechtsanwalt ◄

III. Muster: Zwangsmittelantrag gem. § 888 ZPO 681

► Landgericht [...] 74

- Kammer für Handelssachen -

[Adresse]

Az: [...]

Antrag gem. § 888 ZPO

In Sachen

A-GmbH, gesetzlich vertreten durch den Geschäftsführer Herrn X, [Adresse]

- Antragstellerin –

Prozessbevollmächtigte: Rechtsanwälte ABC, [Adresse]

gegen

B-GmbH, gesetzlich vertreten durch den Geschäftsführer Herrn Z, [Adresse]

- Antragsgegnerin –

Prozessbevollmächtigte: Rechtsanwälte DEF, [Adresse]

beantragen wir namens und in Vollmacht der Antragstellerin, zu beschließen:

Gegen die Antragsgegnerin wird wegen Nicht-Vornahme der Auskunftserteilung gem. Nr. I. 2. des Urteils des Landgerichts [...] vom [Datum], Az [...] ein empfindliches Zwangsgeld festgesetzt, und, für den Fall, dass dieses nicht beigetrieben werden kann, Zwangshaft, zu vollziehen am Geschäftsführer der Antragsgegnerin Herrn Z, angeordnet.

Begründung

1. Mit dem im Antrag genannten Urteil des Landgerichts [...] wurde die Antragsgegnerin dazu verurteilt, der Antragstellerin Auskunft über den Umfang ihrer gem. Nr. I. 1. des Urteils verbotenen Verletzungshandlungen, geordnet nach Zeitpunkt, Name und Adresse der Adressaten der rechtsverletzenden Behauptungen, zu erteilen.
   Beweis: Urteil des Landgerichts [...], Az [...], als Anlage AST-1
2. Die Antragstellerin hat der Antragsgegnerin am [Datum] eine vollstreckbare Ausfertigung des Urteils zugestellt.
   Beweis: Zustellungsurkunde des Gerichtsvollziehers, Herrn [...], vom [Datum], als Anlage AST-2
3. Gleichwohl hat die Antragsgegnerin trotz mehreren telefonischen und einer fristgebundenen schriftlichen Aufforderung die notwendige Auskunft nicht erteilt
   Beweis: Aufforderungsschreiben der Rechtsanwälte ABC vom [Datum], als Anlage AST-3

Insoweit ist die Antragsgegnerin durch Zwangsmittel zur Auskunftserteilung anzuhalten.

Es sind auch keinerlei Gesichtspunkte ersichtlich, weswegen der Antragsgegnerin eine Auskunftserteilung nicht möglich oder nicht zumutbar sein sollte. Die Verletzungshandlungen fanden im Rahmen der gezielten Vertriebsaktivitäten der B-GmbH zur Bewerbung ihrer B-Veranstaltung statt. Insoweit kann die Antragsgegnerin ohne weitere Klärung mitteilen, an wen sie die beanstandeten Aussagen wann verbreitet hat.

...

Rechtsanwalt ◄

Stichwortverzeichnis

Verweise erfolgen auf Teile (fett) und Randnummern (mager).